सुखमय भट्टाचार्य

सुखमय भट्टाचार्य का जन्म 6 जनवरी, 1909 को श्रीहट्ट में हुआ था। श्रीहट्ट, मयमन सिंह और कोलकाता के प्रख्यात अध्यापकों के पास साहित्य, पुराण, न्याय, तर्क, तंत्र, मीमांसा, सांख्य, वेदान्तशास्त्र आदि का अध्ययन किया। इसी दौरान शास्त्री, तीर्थ आदि की परीक्षाएँ उत्तीर्ण कीं। प्राइवेट से प्रवेशिका परीक्षा भी पास की। स्वत: अंग्रेज़ी का अभ्यास किया। अध्ययन के दौरान ही उनके लेखन का सिलसिला शुरू हुआ। कुछ मासिक पत्र-पत्रिकाओं में लेख लिखे। उत्तर बंगाल के एक राजघराने में कुछ महीनों तक अध्यापन भी किया। जब 26 साल की उम्र थी, तभी रवीन्द्रनाथ ने बुला लिया। 04 अगस्त, 1937 को विश्वभारती के विद्याभवन में शोधकर्ता अध्यापक के रूप में नियुक्त हुए। संस्कृत साहित्य, अलंकार और दर्शनशास्त्र पढ़ाया। फरवरी, 1974 में सेवानिवृत्त हुए।

उन्होंने विभिन्न विषयों पर 13 पुस्तकें और 200 से अधिक लेखों की रचना की। जिनमें प्रमुख हैं—'महाभारतेर समाज', 'न्याय दर्शन', 'रामायणेर चरितावली'।

1975 में 'रवीन्द्रनाथ इन संस्कृत' पुस्तक के लिए उन्हें 'रवीन्द्र पुरस्कार' प्रदान किया गया।

27 जनवरी, 1999 को शान्तिनिकेतन में निधन।

पुष्पा जैन

सन् 1933 में एक परम्परागत जैन परिवार में पुष्पा जैन का जन्म हुआ था। बिहार के एक जैन आश्रम में शिक्षा-दीक्षा मिली। एक गुजराती सहेली से उसकी भाषा सीखने के बाद विभिन्न भाषाएँ सीखने में रुचि जगी। आगे बांग्ला और अन्य भाषाएँ भी सीखीं। शिक्षा के बाद पानीपत के एक स्कूल में नौकरी की।

उनके द्वारा अनूदित प्रमुख कृतियाँ हैं—'बारह बांग्ला श्रेष्ठ कहानियाँ', 'महाभारतकालीन समाज', 'बीता काल', 'महास्थविर जातक', 'कोजागर'।

महाभारतकालीन समाज

सुखमय भट्टाचार्य

अनुवाद

पुष्पा जैन

प्रस्तावना

डॉ. मोतीचन्द

लोकभारती पेपरबैक्स

पहला संस्करण
1959 में प्रकाशित

लोकभारती पेपरबैक्स में
पहला संस्करण : 2023

लोकभारती पेपरबैक्स : उत्कृष्ट साहित्य के लोकप्रिय संस्करण

लोकभारती प्रकाशन
पहली मंजिल, दरबारी बिल्डिंग, महात्मा गांधी मार्ग,
प्रयागराज-211 001
द्वारा प्रकाशित

वेबसाइट : www.lokbhartiprakashan.com
ईमेल : info@lokbhartiprakashan.com

शाखाएँ : 1-बी, नेताजी सुभाष मार्ग, दरियागंज, नई दिल्ली-110 002
अशोक राजपथ, साइंस कॉलेज के सामने, पटना-800 006

बी.के. ऑफसेट
नवीन शाहदरा, दिल्ली-110 032
द्वारा मुद्रित

मूल्य : ₹599

MAHABHARATKALIN SAMAJ
Translated by Pushpa Jain

ISBN : 978-81-19133-43-7

लेखकीय भूमिका

शक संवत १८५९ में मैं विश्वभारती के खोजकार्य में नियुक्त हुआ था। कवि-गुरु रवीन्द्रनाथ के निर्देशानुसार महाभारत में वर्णित तत्कालीन सामाजिक आचार-व्यवहार पर खोजकार्य शुरू किया। कुछ प्रबंध लिखे जा चुके तो कवि-गुरु ने 'शिक्षा' नामक प्रबंध देखने की इच्छा प्रकट की। इस प्रबंध को पढ़कर उन्होंने उस पर दो मन्तव्य लिखे, जो उस ग्रंथ के 'शिक्षा' प्रबंध की पादटीका में उद्धृत किये गये हैं।

रवीन्द्रनाथ की मृत्यु के उपरान्त शक संवत १८६८ के वैशाख महीने में ये सब संकलित प्रबंध बंगला भाषा के ग्रंथ रूप में 'महाभारतेर समाज' के नाम से प्रकाशित हुए। यह ग्रंथ 'विश्वभारती खोज ग्रंथमाला' के अन्तर्गत आ जाता है।

शक संवत १८८१ के कार्तिक महीने में ग्रंथ का द्वितीय संस्करण प्रकाशित हुआ। बंगाली पाठक-पाठिकाओं ने इस ग्रंथ को सादर ग्रहण करके मेरे श्रम को सार्थक बना दिया।

महाभारत भारतीय सभ्यता के प्राचीनकाल का इतिहास होने के साथ-साथ हिन्दुओं का धर्मग्रंथ भी है। स्वयं वेदव्यास ने इसे पंचम वेद कहा है। विषयवस्तु की गुरुता एवं आकृति की विशालता में यह ग्रंथ संसार का अद्वितीय ग्रंथ है। इसकी उपमा ढूँढ़े नहीं मिलती। समुद्र के समान यह ग्रंथ स्वयं ही अपनी उपमा है। मनुष्य जीवन की ऐसी कोई अवस्था नहीं है, जिस पर महाभारत के दृष्टान्त या उपदेश लागू न होते हों। स्वयं ग्रन्थकार ने इस ग्रंथ के संबंध में जो कुछ कहा है, उसी से इसका काफी परिचय मिल जाता है—

धर्मे चार्थे च कामे च मोक्षे च भरतर्षभ।
यदिहास्ति तदन्यत्र यन्नेहास्ति न कुत्रचित्।। आदि २।३९०

'जो महाभारत में नहीं है वह भारत में नहीं है" यह प्राचीन उक्ति व्यास-वचन की प्रतिध्वनि मात्र है। यह हम पहले ही कह चुके हैं कि महाभारत प्रधानतः इतिहास होते हुए भी भारतवर्ष का श्रेष्ठ धर्मग्रंथ है। अध्यात्मशास्त्र के रूप में भी इसकी तुलना का दूसरा ग्रंथ नहीं मिलता। उपनिषद् व दर्शन आदि के चरम तत्व की आलोचना महाभारत में ही सर्वापेक्षा अधिक हुई है। इसके अन्तर्गत वर्णित 'श्री-

मद्भगवद्गीता', 'सनत्सुजातीय,' 'मोक्षधर्म' आदि अंशो की तुलना भी किसी दूसरे अध्यात्मशास्त्र से नहीं की जा सकती। महाभारत का आदर हर सम्प्रदाय ने सिर झुकाकर किया है। यद्यपि कौरव-पांडवों के युद्ध को लेकर ही महाभारत की रचना हुई है, तथापि युद्ध का वर्णन इसका गौण उद्देश्य रहा है। ऐतिहासिक घटनाओं एवं उपाख्यानों के माध्यम से मनुष्य का हर अवस्था में पथप्रदर्शन तथा सत्य का प्रचार ही महाभारत का प्रधान उद्देश्य है।

रवीन्द्रनाथ ने कहा है—"देश में जो विद्या, जो चिन्तनधारा इधर-उधर निक्षिप्त थी, यहाँ तक कि कहीं-कहीं लुप्तप्राय हो गई थी, उनको संग्रह करके संहत करने की दृढ़ भावना किसी समय पूरे देश में जाग्रत हुई थी। अपने आत्मोत्कर्ष के युग-व्यापी ऐश्वर्य को यदि अच्छी तरह न समझा जाय तो वह अनादृत व अपरिचित रहने के कारण क्रमशः जीर्ण होकर विलुप्त हो जाता है। किसी काल में इसी आशंका ने देशभर में चेतना की एक लहर ला दी थी और फिर अपने सूत्रछिन्न रत्नों को पुनः ढूँढ़ कर, इकट्ठा करके फिर से सूत्रबद्ध करने की एवं उसे हर काल के हर व्यक्ति के व्यवहार के लिए उत्सर्ग करने की एक प्रबल इच्छा व्याप्त हो गई थी। अपनी विराट् चिन्मयी प्रवृत्ति को फिर से समाज में साक्षात् प्रतिष्ठित करने के लिए देश उत्सुक हो उठा था। जो विषय केवल कुछ विशिष्ट पंडितों के अधिकार में था, उसे अखंड रूप में जनसाधारण के समक्ष रखने का यह एक आश्चर्यजनक अध्यवसाय था। इसके अन्दर एक प्रबल चेष्टा, अक्लान्त साधना एवं एक सम्पूर्ण दृष्टि थी। इस प्रयत्न की महिमा को शक्तिमयी प्रतिभा ने अपना लक्ष्य बनाया था, इसका स्पष्ट प्रमाण 'महाभारत' नाम में मिलता है। महाभारत के महत् उज्ज्वल रूप को जिन्होंने अपनी कल्पना में देखा था उन्हीं ने 'महाभारत' नामकरण किया था। वह रूप काल्पनिक होने के साथ-साथ भौमंडलिक भी था। उन्होंने भारतवर्ष की आत्मा को अपनी आत्मा के अन्दर देखा था। उसी विश्वदृष्टि के प्रबल आनन्द में उन्होंने भारतवर्ष में चिरकाल तक स्थायी रहनेवाली शिक्षा की प्रशस्त-भूमि तैयार कर दी। वह शिक्षा, धर्म, कर्म, राजनीति, तत्वज्ञान आदि के रूप में बहुव्यापक रही। उसके बाद से भारतवर्ष ने अपने निष्ठुर इतिहास के हाथों आघात पर आघात सहे, उसकी मर्मग्रंथि, बार-बार विश्लिष्ट हुई, दैन्य एवं अपमान से वह जर्जर हो गया, किन्तु इतिहास-विस्मृत इस युग की उस कीर्ति ने ही अब तक लोक-शिक्षा की जलसिंचन प्रणाली को अनेक धाराओं द्वारा पूर्ण व सचल कर रखा है। गाँव-गाँव में, घर घर में आज भी इसका प्रभाव विद्यमान है। उस मूल उद्गम से यदि शिक्षा की यह धारा निरन्तर प्रवाहित न होती रहती, तो दुख, दारिद्र्य व असम्मान से यह देश मनुष्यता को बर्बरता के अंधकूप में विसर्जित कर देता। . .

भारतवर्ष में महाभारतीय विश्वविद्यालय के जिस युग का उल्लेख मैंने किया है, उस युग में तपस्या थी, इसलिये उसका लक्ष्य भंडार भरना नहीं था, उसका उद्देश्य था, सर्वजनीन चित्त का उद्दीपन उद्‌बोधन और चरित्रनिर्माण"।

उन्होंने अन्यत्र कहा है—"ऐसा प्रतीत होता है मानो गंगा और हिमालय की तरह ही रामायण और महाभारत भारतवर्ष के अंग ही हैं। वाल्मीकि और व्यास उपलक्ष्य मात्र हैं।...भारत की धारा ने इन दो महाकाव्यों में अपनी कथा व संगीत को बचाये रक्खा है।...रामायण और महाभारत भारतवर्ष के चिरकालीन इतिहास हैं।...एकान्तचित्त होकर श्रद्धा सहित विचार करना चाहिये कि हजारों वर्षों से सम्पूर्ण देश ने इन ग्रंथों को किस रूप में ग्रहण किया है। मैं चाहे कितना भी बड़ा समालोचक क्यों न होऊँ, किंतु यदि सम्पूर्ण देश की इतिहास प्रवाहित सर्वकालीन विचारधारा के आगे यदि मेरा मस्तक नत न हो तो वह औद्धत्य लज्जा का कारण है।...रामायण और महाभारत को भी मैं विशेषतया इसी प्रकार देखता हूँ। इसके सरल अनुष्टुप छंद में भारतवर्ष का हृत्पिण्ड हजारों वर्षों से धड़कता आया है"।[१]

कविगुरु की इस सश्रद्ध समीक्षा के बाद महाभारत के संबंध में और कुछ कहने के लिए नहीं रह जाता। हम तो इस कालजयी ग्रंथ के सौंदर्य पर मुग्ध व विस्मित होकर केवल इसके रचयिता ऋषि कवि के चरणों में अपना प्रणाम निवेदित करते हैं—

नमः सर्वविदे तस्मै व्यासाय कविते धसे।

प्राच्य पंडितों का सिद्धान्त है कि कौरव-पांडवों का युद्ध ईसा के जन्म से ३१०१ वर्ष पूर्व हुआ था और परीक्षित के शरीर-त्याग के बाद जनमेजय के सर्पसत्र से पहले महाभारत की रचना हुई थी। अर्थात् ईसा से ३०४१ वर्ष पूर्व महर्षि कृष्ण द्वैपायन ने महाभारत की रचना शुरू की और तीन साल में यह रचना पूर्ण हुई। पाश्चात्य पंडितों ने महाभारत को २००० वर्ष बाद का ग्रंथ माना है। इस संबंध में प्राच्य पंडितों का अभिमत ठोस तर्क व प्रमाणों पर आधारित है। महाभारत में आये ज्योतिष-वचनों की सहायता से भी उनके सिद्धान्त का प्रतिपादन होता है। खोज के इच्छुक पाठक-पाठिकाओं को भारताचार्य, महामहोपाध्याय श्रीयुत हरिदास सिद्धान्तवागीश महाशय के महाभारत की भूमिका में इन विषयों पर बहुत से तथ्य मिल सकते हैं।

उपाख्यान के भाग को मिलाकर महाभारत की श्लोकसंख्या एक लाख है और उसे छोड़कर चौबीस हजार। महाभारत का संक्षिप्त वृत्तान्त या सूची

---

१. 'प्राचीन साहित्य'।

अनुक्रमणिका अध्याय में (आदि १ला अध्याय) डेढ़ सौ श्लोकों में वर्णित हुई है।

इस विशाल ग्रंथ की रचना करके महर्षि व्यास ने सर्वप्रथम अपने पुत्र शुकदेव को यह पढ़ाया, तदुपरान्त पैल, सुमन्त, जैमिनी और वैशम्पायन —इन चारों शिष्यों को इसकी शिक्षा दी। आदिपर्व के प्रथम अध्याय में इन विषयों का विस्तृत वर्णन हुआ है।

महाभारत का प्रथम प्रचार तक्षशिला में (पंजाब के रावलपिंडी जिला में) जनमेजय के सर्पसत्र में हुआ । व्यासदेव भी उस यज्ञ में उपस्थित थे। महाराज जनमेजय और ब्राह्मणों के विशेष आग्रह पर महर्षि ने अपने निकट बैठे अपने शिष्य वैशम्पायन को महाभारत सुनाने का आदेश दिया। गुरु के आदेश से मुनि वैशम्पायन ने उस यज्ञ में भारत-कथा सुनाई। वहाँ बहुत से मुनि, ऋषि व गुणी व्यक्ति उपस्थित थे। महाभारत की दूसरी आवृत्ति नैमिषारण्य में, कुलपति शौणक के द्वादैशवर्षी यज्ञ में हुई। वहाँ वक्ता थे लोमहर्षण के पुत्र उग्रश्रवा और उपस्थित याज्ञिक व दर्शकगण श्रोता थे। अतः 'महाभारतकालीन समाज' का मतलब आज से पाँच हजार वर्ष पूर्व के समाज से हुआ।

महाभारत में तीन स्तर देखने में आते हैं। रचनाकाल में बहुत पहले की घटनाओं व उपाख्यान आदि को भी इसमें स्थान मिला है—रामायण का वर्णन, नलोपाख्यान, सावित्री की कहानी आदि। प्रायः प्रत्येक पर्व में पुरातन इतिहास की बहुत सी कथाएँ लिपिबद्ध हुई हैं, विशेषतः शांति और अनुशासन पर्व के भीष्म-युधिष्ठिर संवाद में प्राचीन इतिहास के अनगिनत उदाहरण मिलते हैं। उन सब वर्णनों को प्राक्महाभारतीय स्तर रूप में लिया जा सकता है। महाभारत में वर्णित पात्र-पात्रियो के चरित्र एवं तात्कालिक दूसरे इतिवृत्त को महाभारतीय स्तर रूप में लिया जा सकता है। महाभारत की रचना के बाद अर्थात् कलियुग के आचार-व्यवहारो का भी थोड़ा सा वर्णन मार्कण्डेय सभास्या (वनपर्व) आदि में मिलता है, इन प्रकरणों को परमहाभारतीय स्तर रूप में लिया जा सकता है। अतएव समझना चाहिए कि प्राक्महाभारतीय समाज पाँच हजार वर्षों से भी प्राचीन है और परमहाभारतीय समाज महाभारत के रचनाकाल से दो-चार सौ वर्ष बाद का है। अर्थात् आज से साढ़े चार हजार वर्ष पूर्व के प्रायः एक हजार वर्षों का भारतीय इतिहास महाभारत में वर्णित हुआ है।

किसी-किसी प्राच्य व पाश्चात्य पंडित ने महाभारत के बहुत से अंशों को प्रक्षिप्त कहा है। यहाँ तक कि उन्होंने तो श्रीमद्भगवद्गीता को भी प्रक्षिप्त कहने से नहीं छोड़ा। किसी-किसी ने तो प्रक्षिप्त अंश समझने का नया ढंग भी निकाल

लिया है। जिस प्रकार यह कहना ठीक नहीं है कि इसमें कोई भी अंश प्रक्षिप्त नहीं है, उसी प्रकार यह कहना भी युक्तियुक्त नहीं है कि स्वार्थान्ध व्यक्तियों ने इसमें जहाँ-तहाँ अपने श्लोक जोड़ दिये हैं। मुद्रण प्रणाली के प्रचलन से पहले अनेक कारणो से मूल पाठ में परिवर्तन और परिवर्द्धन का होना कोई विचित्र बात नहीं है। देशभेद, लिपिभेद, कीड़ों द्वारा खाये स्थान पर अनुमानिक संयोजन, कथक व पाठक द्वारा रचित क्रोड़पत्र एवं उनकी लिखी किंवदंतियों का उनकी मृत्यु के उपरान्त दूसरे लेखकों द्वारा मूल में जोड़ा जाना आदि कारण अवश्य थे, अन्यथा पाठभेद, अध्याय व श्लोकों की संख्या में असामंजस्य नहीं रहता, किन्तु तब भी महाभारत जैसे वृहद् ग्रंथ का प्रक्षिप्त अंश निर्धारित करना आसान काम नहीं है। विरोधी वचनों के समाधान की चेष्टा किये बिना ही उसे प्रक्षिप्त कहकर टाल देना भी एक प्रकार का दुःसाहस ही है। अपनी रुचि के बिपरीत अंश को प्रक्षिप्त कहकर अपना सिद्धान्त स्थापित करना ऐसे तो आसान है, परन्तु शास्त्र समीक्षा की भारतीय पद्धति यह नहीं है। भारतीय पंडित पद-वाक्य व प्रमाण शास्त्र (व्याकरण, पूर्वमीमांसा और न्याय) की सहायता से शास्त्रों के पूर्णतया अन्तर्विरोधी अंशों के समाधान की भी चेष्टा करते हैं और अपनी इस चेष्टा में बिल्कुल ही असफल होने पर हारकर उस विरोधी अंश को प्रक्षिप्त कहते हैं। पूना के भंडारकर ओरियन्टल रिसर्च इन्स्टिट्यूट द्वारा प्रकाशित महाभारत के प्रकाशन-काल में मैंने भी दीर्घकाल तक कार्य किया था। उस समय मुझे भारतवर्ष के विभिन्न प्रदेशों की हस्तलिखित महाभारत की अनेक पांडुलिपियाँ पढ़ने का अवसर मिला था। विभिन्न प्रदेशों की उन पांडुलिपियों में मुझे तो कहीं भी आकाश-पाताल का अन्तर नहीं दिखाई दिया। दीर्घकाल का व्यवधान होने के कारण ग्रंथ में काफी परिवर्तन-परिवर्द्धन हुआ है यह तो सत्य है, किन्तु अब वेदव्यास रचित यथार्थ अंश निकालना शायद बिल्कुल ही असाध्य है। और अपनी अक्षमता के कारण ही मैंने यह दुःसाहस नहीं किया।

मनुष्य के संघ को समाज कहते हैं। महाभारत में मनुष्य को बहुत ऊँचा स्थान दिया गया है। 'हंसगीता' (शांति २९९वाँ अध्याय) में उद्धृत है—

"गुह्यं ब्रह्म तदिदं वो ब्रवीमि"
न मानुषाच्छ्रेष्ठतरं हि किंचित"

अर्थात्—मैं एक गुह्य महत् तत्व बतलाता हूँ कि मनुष्य से श्रेष्ठ और कुछ नहीं है।

महाभारतकार ने मनुष्य को मनुष्य के रूप में ही देखा है, उसे देवत्व में उन्नीत

नहीं किया। स्वाभाविक व अस्वाभाविक बातों के विचित्र समावेश से महाभारत भरपूर है। देवता और मनुष्य की मित्रता, ऋषियों की तपस्या तथा उनका सामयिक स्खलन, वर और शाप का देना, स्त्री-पुरुष का निःसंकोच मिलन, अस्वाभाविक जन्म-वृत्तान्त आदि अनेक प्रकार की घटनाओं का वर्णन होने के कारण महाभारत मानो मर्त्यलोक का ग्रंथ होते हुए भी त्रिलोकवासियों का पाठ्यग्रंथ बन गया है। इसके पात्र-पात्रियों का जीवित चरित्र-चित्रण जितना विचित्र है; सामाजिक आचार-व्यवहार भी उतना ही विचित्र है; किन्तु उस काल के बहुत से आचार आज भी भारतीय हिन्दू समाज में ज्यों के त्यों विद्यमान हैं यह देखकर बहुत ही आश्चर्य होता है। प्राचीनकाल से चले आ रहे इन आचरणों के माध्यम से हम इस काल के मनुष्य के बारे में भलीभाँति समझ सकते हैं। महाकाल के निर्विकार साक्षी की तरह निरासक्त होकर महर्षि ने अपनी इस अपूर्व रस-समृद्ध संहिता की रचना की है। श्री कृष्ण को साक्षात् भगवान बताते हुए भी बीच-बीच में उनके चरित्र में मानवीयता दिखाई गई है। एक महामति विदुर के अलावा हर एक के चरित्र में दो-चार दुर्बलताएँ अवश्य प्रस्फुटित हुई हैं। भीष्म, द्रोण, गांधारी, युधिष्ठिर कोई नहीं छूटा। सरल भाषा अपने जन्म का वर्णन करने में भी सत्यनिष्ठ ग्रंथकार का कंठ कंपित नहीं हुआ, यद्यपि उस युग में भी कानीन पुत्र का समाज में कोई बहुत अच्छा स्थान नहीं था। महर्षि व्यास की यह अपूर्व सत्यनिष्ठा महाभारत में पद-पद पर दिखाई देती है।

रवीन्द्रनाथ के आदेश को शिरोधार्य करके मैंने महाभारतकालीन समाज का चित्रांकन करने की चेष्टा की है। मनुष्य का वास्तविक परिचय समाज द्वारा ही होता है। पादटीका में उद्धृत प्रमाण शक संवत १८२६ में कलकत्ता के बंगवासी प्रेस से प्रकाशित पंडित प्रवर पंचानन तर्करत्न द्वारा सम्पादित महाभारत से लिये हैं।

महाभारत में अठारह पर्व हैं यथा——आदि, सभा, वन, विराट, उद्योग, भीष्म, द्रोण, कर्ण, शल्य, सौप्तिक, स्त्री, शांति, अनुशासन, अश्वमेध, आश्रमवासिक, मौषल, महाप्रस्थानिक और स्वर्गारोहण। हरिवंश आदि ग्रंथ महाभारत के परिशिष्ट माने जाते हैं, महाभारत में हरिवंश को परिशिष्ट रूप मे लिया गया है। हरिवंश के तीन पर्व हैं——हरिवंश, विष्णु और भविष्य। अपनी पुस्तक में मैंने हरिवंश से भी प्रमाण लिये हैं। पादटीका में प्रमाण उद्धृत करते हुए पर्व के नाम का प्रथम अक्षर या प्रथम दो अक्षर लिये गये हैं। जैसे——विराट पर्व का सांकेतिक 'वि', आदि पर्व का 'आदि' इत्यादि। जिस विषय में एकार्थक बहुत सी उक्तियाँ महाभारत में मिलती हैं, वहाँ वक्तव्य के समर्थन में दो-एक उक्तियाँ सम्पूर्ण लेकर बाकी के पर्व, अध्याय व श्लोक-संख्या एक साथ दे दी है।

प्रायः तीन वर्ष पूर्व श्रीयुत पद्मकुमार जैन का एक प्रस्ताव आया था, जिसमें उन्होंने 'महाभारतेर समाज' का अपनी पत्नी श्रीमती पुष्पा जैन से अनुवाद कराकर प्रकाशित करने की अनुमति माँगी थी। मैंने यह प्रस्ताव सोत्साह स्वीकार कर लिया था

इस ग्रंथ के अनुवाद में श्रीमती पुष्पा जैन ने यथोचित सतर्कता बरती है। बंगला के दूसरे संस्करण में थोड़ा-बहुत परिवर्तन व परिवर्धन हुआ था, उसी संस्करण का हिन्दी अनुवाद किया गया है।

अधिक से अधिक पाठक इस ग्रंथ को पढ़ें इसी से मेरा, जैन महाशय का और उनकी पत्नी का श्रम सार्थक होगा। इति।

२५ वैशाख
शक संवत १८८१

—श्री सुखमय भट्टाचार्य
विश्वभारती विश्वविद्यालय
शांति निकेतन, पश्चिम बंगाल

प्रस्तावना

महाभारत को प्राचीन भारतीय संस्कृति, इतिहास धर्म, राजनीति, तत्वज्ञान तथा उपाख्यानों का खजाना माना गया है। भारतीय जीवन-धारा का कोई भी ऐसा अंग नहीं है जिसे व्यास ने न छुआ हो और जिसकी व्याख्या न की हो इसीलिए कहा गया है **व्यासोच्छिष्ठं जगत्सर्वं**। पौराणिक विश्वास तो यही है कि व्यास ने स्वयं महाभारत की एक ही समय में रचना की पर आधुनिक खोजों के आधार पर यह कहा जा सकता है कि महाभारत का यह रूप एक समय का न होकर सदियों में परिवर्धित हुआ। जैसे-जैसे भारतीय सभ्यता विकसित होती गई और उसकी विचारधाराओं में उन्नति होती गई, तथा जैसे-जैसे सांस्कृतिक और सामाजिक पृष्ठभूमियों में परिवर्तन होते गये वैसे-वसे ही महाभारत में विकास की ये सब सामग्रियाँ एकत्रित होती गईं। महाभारत की विचारधाराओं और भौगोलिक आधारों में जो विसंगतियाँ पाई जाती हैं उन सबका मुख्य कारण यही है कि महाभारत एक कालिक न होकर बहुकालिक है। तथा उसमें एक ही विचारधारा को प्रश्रय न देकर अनेक विचारधाराओं को जिनका आपस में मेल नहीं खाता था पर जिनका भारतीय तत्वज्ञान से अविच्छिन्न संबंध है प्रश्रय दिया गया है।

पर महाभारत केवल दर्शन या तत्वज्ञान और धार्मिक विचारों का ही पुंजीकरण नहीं है। महाभारत के सारे प्रासाद की रचना मानवता की नींव पर उठाई गई है इसीलिए इसके पात्र देवता न होकर मनुष्य हैं और मानव में जो सारी अच्छाइयाँ और बुराइयाँ होती हैं उनमें हैं। मानवता को ही धर्म का प्रतीक मानने के कारण व्यास ने धर्म की व्याख्या ही कुछ दूसरे तरीके से की है। व्यास के अनुसार धर्म वाह्याचारों और विश्वासों का प्रतीक न होकर वह शक्ति है जो समाज को धारण करती है। तथा जिसके आधार पर समाज का संगठन होता है तथा सामाजिक व्यक्तियों का एक दूसरे के साथ में संबंध का निराकरण होता है। इसीलिए व्यास ने धर्म की व्याख्या करते हुए कहा है—**धारणात् धर्म मित्याहुः** अथवा **नमो धर्माय महते धर्मो धारयति प्रजा**। व्यास का धर्म मानवधर्म था और इसीलिए महाभारत के पात्र मानव हैं। मानवता का उनकी दृष्टि में इतना मूल्य था कि उन्होंने मनुष्य को देवताओं से भी बड़ा मानकर कहा-**नहि मानुषाच्छ्रेष्ठतरं हि किंचित्**—मनुष्य से श्रेष्ठ कोई नहीं है।

मानवता को ही सबके ऊपर रखने के कारण महाभारत में उन सब बातों का उल्लेख हुआ है जिनसे मानव-जीवन का निकटतर संबंध है; यह जीवन एकांगी न होकर बहुमुखी है जिसके अन्तर्गत विवाह-पद्धति, नारी-जीवन और नारी का स्थान, संस्कार, चातुर्वर्ण्य, चतुराश्रम, शिक्षा, कृषि और पशुपालन, शिल्प, वेषभूषा तथा श्रृंगार-पटार, पारिवारिक व्यवहार, व्यापार, अतिथिसेवा, धर्म, उपासना, राजधर्म, दर्शन इत्यादि सभी बातें आ जाती हैं। इन सब विषयों पर पंडित सुखमय भट्टाचार्य ने अपनी पुस्तक में विस्तारपूर्वक विचार किया है तथा महाभारत से ही उद्धरण देकर उन विषयों की पुष्टि की है। उनकी शैली इतनी रोचक है कि जिस विषय को वे हाथ में लेते हैं उसका सजीव चित्र सामने खड़ा हो जाता है। पर ऐतिहास दृष्टिकोण से महाभारत का अध्ययन करनेवालों के सामने यह प्रश्न बराबर बना ही रहता है कि शास्त्रीजी ने महाभारत के आधार पर भारतीय जीवन, राजधर्म और तत्वज्ञान के जो पहलू हमारे सामने उपस्थित किए हैं क्या वे एक ही युग के हैं, अथवा भिन्न भिन्न युगों की परंपराओं की क ड़ियाँ जोड़कर समाज और धर्म के चित्र प्रस्तुत किए गए हैं। इसमें संदेह नहीं कि महाभारत में अनेक स्तर हैं और इन स्तरों के कारण विचारों में तथा सामाजिक और राजनीतिक विचारधाराओं में असंगतियाँ भी दीख पड़ती हैं। इन स्तरों का निराकरण कैसे किया जाय और फिर उन्हें एकत्रित करके युग-विशेष में भारतीय संस्कृति का चित्र कैसे खींचा जाय यह प्रश्न हमारे सामने बराबर बना रहेगा। श्री भट्टाचार्य का प्रयत्न इस दृष्टि से स्तुत्य है कि उन्होंने प्रस्तुत सामग्री के आधार पर महाभारत का विश्लेषण करके प्राचीन भारत का एक सांगोपांग चित्र उपस्थित किया है। और इस तरह श्री हापकिन्स के काम को आगे बढ़ाया है।

पर महाभारतकालीन समाज का चित्र खींचने के पहले यह आवश्यकता अधिक जान पड़ती है कि जिस समाज का शास्त्रीजी ने चित्र खींचा है उसके भौगोलिक आधार क्या थे, उस समाज का वृहत्तर भारत तथा निकटपूर्व के देशों से क्या संबंध था तथा भारत की महाजाति के संगठन में समय-समय पर मध्य एशिया और ईरानी नस्ल के कबीलों ने क्या योगदान दिया इस संबंध में लोग जानें। सभापर्व में युधिष्ठिर के राजसूय यज्ञ प्रकरण तथा पांडवों के दिग्विजय यात्रा के प्रकरणों से हमें उस भारतीय संस्कृति का जो चित्र मिलता है जिसका विस्तार भारत की भौगोलिक सीमा तक ही स्थिर न होकर वंक्षु और परिवंक्षु प्रदेश तथा द्वीपांतरों तक फैला हुआ था तथा यहाँ के व्यापारी स्थल मार्ग से एशिया माइनर में अंतारवी तक जाते थे तथा समुद्री व्यापारी लाल सागर होकर स्थल मार्ग से यवनपुरी यानी सिकंदरिया तक पहुँचते थे। इतना ही नहीं युधिष्ठिर को भेंट देने वालों में केवल इस देश के

लोग ही नहीं थे। उनमें शक, पह्लव, दरद, कंक, हूण इत्यादि अनेक मध्य एशिया के लोग भी थे जो न केवल समय-समय पर इस देश में आकर बस भी जाते थे, वे अपने देशों से भारत के साथ बराबर व्यापारिक और सांस्कृतिक संबंध कायम करने के लिए प्रयत्नशील भी रहते थे। स्मृतिकार इन विदेशियों के उन आचार-विचारों से जिनका भारतीय आदर्शों से मेल नहीं खाता था असंतुष्ट होकर उनकी भर्त्सना करते थे। महाभारत में भी इनकी कोई विशेष प्रशंसा नहीं की गई है पर ऐतिहासिक और पुरातात्विक दृष्टि से इस बात में सन्देह नहीं कि भारतीय हिन्दू समाज ने जो रूढ़िगत होता जा रहा था इन आगंतुकों से एक नई संस्कृति और एक नया दृष्टिकोण पाया जिसकी स्पष्ट छाप हम भारतीय जीवन और कला के अनेक अंगों पर स्पष्ट रूप से देख सकते हैं।

इसमें मुझे जरा भी सन्देह नहीं है कि महाभारत संबंधी अनेक विवादग्रस्त प्रश्नों के बावजूद पं० सुखमय भट्टाचार्य ने महाभारतकालीन समाज का जो चित्र हमारे सामने रखा है वह विद्वत्तापूर्ण है। इससे महाभारत सम्बन्धी अध्ययन को प्रोत्साहन मिलेगा ऐसी आशा की जा सकती है।

इस ग्रंथ की अनुवादक श्रीमती पुष्पा जैन के संबंध में भी कुछ कहना अनुचित न होगा। उन्होंने ऐसी सरल और सुबोध हिन्दी में इस बंगला पुस्तक का अनुवाद किया है कि इसके पढ़ने वाले को मूलग्रंथ की भाषा का आनंद आ जाता है।

प्रिंस आफ वेल्स म्यूजियम, —(डॉ०) **मोतीचन्द**
बम्बई। ३१-५-१९६६

अनुवादिका के
दो शब्द

हिन्दी पाठकों के समक्ष श्री सुखमय भट्टाचार्य के बंगला ग्रंथ 'महाभारतेर समाज' का हिन्दी अनुवाद प्रस्तुत करते हुए मुझे अत्यन्त हर्ष हो रहा है। अपनी प्रथम पुस्तक '१२ बंगला श्रेष्ठ कहानियाँ' के प्रकाशन के बाद मैं इस उलझन में थी कि अब कौन सी पुस्तक हाथ में लूं। उपन्यास, कहानी की ओर कोई विशेष झुकाव न था और कोई ठोस कार्य करना चाहती थी। मेरे पतिदेव ने पंडितजी की इस पुस्तक के अनुवाद का आग्रह करते हुए कहा कि इस अनुवाद के प्रकाशन से हिन्दी भाषा की एक बड़ी कमी पूरी हो जायेगी।

मुझे संदेह था कि मैं लेखक व पाठकों के साथ न्याय कर पाऊँगी या नहीं। इस उलझन से छुटकारा दिलाया हिन्दी जगत के देदीप्यमान तरुण लेखक स्वर्गीय डा० रांगेय राघव ने, जो अपने जीवन के अंतिम काल में अपने असाध्य रोग का उपचार कराने बम्बई आये थे और कुछ काल के लिए हमारे साथ ठहरे थे। यह अनुवाद उन्हीं की पुण्य स्मृति को समर्पित है। उनकी दी हुई प्रेरणा आज भी निरंतर व अबाध कार्य के लिए प्रेरित करती रहती है।

किसी भाषा की किसी पुस्तक को अनुवाद के लिए हाथ में लेने पर अनुवादक का कर्त्तव्य हो जाता है कि वह लेखक और पाठक के साथ पूरा न्याय करे। मैंने इस अनुवाद में पूरा प्रयत्न किया है कि लेखक को यह महसूस न हो कि जो कुछ वह कहना चाहते थे, उसे मैं अच्छी तरह व्यक्त नहीं कर पाई और पाठक कहीं इससे ऊब कर इसे ताक पर उठाकर न रख दें। अनुवाद में बहुत से शब्द ऐसे हैं जो पाठकों को कुछ अप्रचलित व नये लगेंगे; लेकिन मुझे बाध्य होकर वे शब्द उसी प्रकार रखने पड़े हैं, जैसे कि मूल पुस्तक में थे। उन शब्दों के सरल पर्यायवाची शब्द ढूंढ़ने को मैंने बहुत कोशिश की परन्तु समानार्थक शब्द न मिलने पर मैंने उन्हें ज्यों का त्यों रखना उचित समझा। एक चीज पाठकों के समक्ष और आयेगी वह है पुनरावृत्ति। लेकिन जानते हुए भी मुझे ये पुनरावृत्तियाँ ज्यों की त्यों रखनी पड़ी हैं। पुस्तक के विषय को देखते हुए और अनुवादक होने के नाते मुझे यह अधिकार नहीं था कि मैं अपनी ओर से कुछ घटा या बढ़ा सकूँ।

'महाभारत' के उद्‌गम, विकास, काल और भाषा से संबंधित साहित्य अंग्रेजी तथा अन्य यूरोपीय भाषाओं में तो प्रचुर मात्रा में प्राप्य हैं, परन्तु हिन्दी में इस प्रकार की कोई भी पुस्तक देखने में नहीं आई जिसमें महाभारतकाल के आचार-व्यवहार, अर्थ-काम आदि जीवन के समस्त पहलुओं पर विस्तृत प्रकाश डाला गया हो। प्राच्य विद्या विशेषज्ञ सौरेन्सन, बार्थ, सिल्वेंलवी, पिश्चैल, जैकोबी, बाप, औल्डन बर्ग, हौपकिन्स, लास्सैन, वेबर, लुडविग तथा विन्टरनिट्स आदि अधिकारियों ने महाभारत के अलग-अलग अंगों का तो विवेचन किया है और विवाद भी खड़े किये हैं, परन्तु जहाँ तक इस अल्पविज्ञ अनुवादिका को सूचना है, किसी एक ही पुस्तक में इतने विस्तार से महाभारत ग्रंथ पर ही आधारित तत्कालीन समाज का चित्रण किसी ने भी नहीं किया है जितना पं० सुखमय भट्टाचार्य जी ने। मराठी के महान लेखक और विद्वान चिंतामणि वद्य की पुस्तक का हिन्दी अनुवाद 'महाभारत मीमांसा' के नाम से ३० वर्ष से भी अधिक हुए प्रकाशित हुआ था, जो अब अप्राप्य है। गीता प्रेस की ओर से महाभारत की नामानुक्रमणिका प्रकाशित हुई है और सौरेन्सन का मूल्यवान ग्रंथ भी 'महाभारत की नामानुक्रमणिका' के नाम से हाल ही में प्रकाशित हुआ है। पर हिंदी में अब तक इस विषय की कोई पुस्तक उपलब्ध नहीं है। आशा है कि हिन्दी-जगत इसका स्वागत करेगा।

अंत में मैं पंडित जी को आभार प्रदर्शित करती हूँ कि उन्होंने इस ग्रंथ के अनुवाद की अनुमति दी और पुस्तक के अनुवाद में अपना पूर्ण सहयोग दिया। उन सब विद्वानों के प्रति मैं आभारी हूँ जिन्होंने अपनी मूल्यवान सम्मतियाँ देकर अनुवाद में सहायता की और कठिनाई पड़ने पर उसे दूर करके निरन्तर आगे बढ़ने के लिये उत्साहित किया। डा० मोतीचंद तथा डा० हजारीप्रसाद द्विवेदी जी का तो मैं जितना भी आभार प्रकट करूँ थोड़ा है। मेरे इस प्रयास की सफलता का श्रेय तो वास्तव में आप लोगों को ही है। पुस्तक का विश्लेषण इतनी अच्छी तरह से करके आपने पाठकों के लिये सहज मार्ग बना दिया है। मैं तो हृदय से आभारी हूँ कि आप लोगों ने मेरा उत्साह बढ़ाते हुए भविष्य में आगे कार्य करते रहने की प्रेरणा दी। लोकभारती प्रकाशन संस्था और साहित्य सम्मेलन प्रेस को धन्यवाद है कि उन्होंने पुस्तक के मुद्रण में विशेष रुचि दिखाई व सतर्कता बरती।

—पुष्पा जैन

अनुक्रम

● **तृतीय खंड**

प्रथम खण्ड

विवाह (क)

भारतीय सामाजिक ढाँचे में विवाह का स्थान सर्वप्रथम है। इस कारण 'विवाह' से ही हमारी आलोचना आरंभ होती है।

सुदूर प्राचीन काल में स्त्री-पुरुष का स्वैराचार––समाज में विवाह-प्रथा अनादिकाल से चली आ रही हो, ऐसी बात नहीं, नर-नारी का यथेच्छ मिलन ही प्राचीन प्रथा थी। नारी का बहुत से पुरुषों के प्रति एवं पुरुष का बहुत सी नारियों के प्रति आकृष्ट होना सामाजिक रूप से दोष नहीं माना जाता था। बल्कि इस प्रकार के स्वैराचार को ही उस युग में धर्म के रूप में ग्रहण किया जाता था। श्रुति में भी देखा जाता है कि वामदेव्य व्रत में समागमार्थिनी नारी की मनोवासना पूर्ण करना धर्मकृत्यों में गिना जाता था।

स्वैराचार ही प्राकृतिक है––पशु-पक्षी भी चिरकाल से इसी प्रकार के व्यवहार के अभ्यस्त हैं। उनमें वह प्राचीन प्रथा वैसी ही चली आ रही है, उसमें कोई परिवर्तन नहीं हुआ है।

महाभारत के समय भी उत्तर कुरु में यही आचार था––उत्तर कुरु में यह प्रथा काफी दिनों तक वर्तमान रही। पांडु की उक्ति से पता लगता है कि उनके राजत्वकाल में भी उत्तरकुरु में विवाह-प्रथा प्रचलित नहीं हुई थी। इस प्रकार के आचरण को स्त्रियों के प्रति विशेष अनुग्रह बताया गया है।[1]

श्वेतकेतु द्वारा विवाह-मर्यादा की स्थापना––कालान्तर में समाज में विवाह-प्रथा शुरू हुई। उद्दालक नामक ऋषि के पुत्र श्वेतकेतु ने सर्वप्रथम विवाह-प्रथा का नियम बनाया। कहा गया है कि एक बार श्वेतकेतु अपने माता-पिता के पास बैठे थे। उसी समय एक ब्राह्मण वहाँ आया और उनकी माँ का हाथ पकड़कर

---

१. अनावृताः किल पुरा स्त्रियः आसन् वराननने। इत्यादि। आदि १२२।४-८
द्रष्टव्य नीलकंठ।
अनावृताः स्त्रियः सर्व्वा नराश्च वरवर्णिनी।
स्वभाव एष लोकानां विकारोऽन्य इति स्मृतः॥ वन ३०६।१५
उत्तरेषु च रम्भोरु कुरुष्वद्यापि पूज्यते।
स्त्रीणामनुग्रहकरः स हि धर्म्मः सनातनः॥ आदि १२२।७

बोला, 'चलो, हम लोग चलें।' श्वेतकेतु को उस अज्ञातकुलशील ब्राह्मण की इस अशिष्टता पर अत्यन्त क्रुद्ध होते देख उद्दालक बोले, 'वत्स, क्रुद्ध मत होओ; स्त्रियाँ भी गाय की तरह आवरणहीना एवं स्वैराचारिणी होती हैं।'

ऋषिपुत्र पिता के वाक्यों से शान्त नहीं हुए। वे और भी क्रुद्ध होकर बोले, "मैं यह नियम बनाता हूँ कि अब से मनुष्य समाज में स्त्री-पुरुष दोनों में से कोई भी यौन व्यापार में स्वच्छंदाचरण को प्रश्रय नहीं दे सकेगा। मेरा नियम उल्लंघन करने वाले को भ्रूणहत्या का पाप लगेगा। लेकिन जो नारी पुत्रोत्पादन के निमित्त पति का आदेश मिलने पर भी दूसरे पुरुष के साथ संभोग न करके आदेश का उल्लंघन करेगी, उसी पाप की भागिनी होगी।"[१]

दीर्घतमाकर्तृक नारियों के लिये एकपतित्व-विधान—दीर्घतमा नामक एक ऋषि जन्मान्ध थे। उन्होंने प्रद्वेषी नाम की किसी सुन्दरी ब्राह्मण कन्या से पाणिग्रहण किया था। कामधेनु के पुत्र से गोधर्म का अध्ययन करके वे उसी तरह के (प्रकट मैथुन) आचरण में प्रवृत्त हुए। उनके इस अशिष्ट आचरण से क्रुद्ध होकर आश्रम के मुनियों ने हर तरह से उनका साथ छोड़ दिया। प्रद्वेषी को भी उन पर पहले जितनी श्रद्धा नहीं रही। अंध दुर्विनीत पति उन पर ही आश्रित थे। एक दिन उन्होंने पति से कहा, "मैं अब तुम्हारा भरण-पोषण नहीं कर सकूंगी।" पत्नी के कठोर वचनों से क्रुद्ध होकर दीर्घतमा बोले, "मैंने अब से यह नियम बना दिया कि कोई भी स्त्री कभी भी एक से ज्यादा पति नहीं रख सकेगी। पति के जीवित रहते या मृत्यु के बाद जो नारी दूसरे पुरुष को ग्रहण करेगी, वह समाज द्वारा निन्दित होगी। पतिहीना नारियाँ किसी भी ऐश्वर्य का उपभोग नहीं कर पायेंगी।"[२]

दीर्घतमा के अनुशासन का व्यतिक्रम—दीर्घतमा कृत नियम महाभारत की समसामयिक समाज-व्यवस्था में कोई बहुत आदृत नहीं हुए। इस विषय पर आगे आलोचना होगी।

ऋतुकाल छोड़कर स्वच्छन्द विहार—ऋतुकाल के दिनों को छोड़कर नारियाँ इच्छानुकूल विहार कर सकती थीं, केवल ऋतुकाल में पति के अलावा दूसरे पुरुष का संसर्ग नहीं करती थीं; यह नियम भी कभी समाज में प्रचलित था।[२क]

---

१. मर्यादियम् कृता तेन धर्म्या वै श्वेतकेतुना। इत्यादि। आदि १२२।१०-२०

२. जात्यन्धो वेदवित् प्राज्ञः पत्नीं लेभे स विद्यया। इत्यादि। आदि १०४।२३-३७

२. (क) ऋतावृतौ राजपुत्रि स्त्रिया भर्त्ता पतिव्रते। इत्यादि। आदि १२२।२५, २६

विवाह संस्कार और उसकी पवित्रता—विवाह स्त्री व पुरुष का एक विशेष संस्कार है। यह वहुत ही पवित्र बन्धन है। महाभारत के 'आश्रम धर्म' एवं 'पतिव्रताधर्म' की आलोचना में इस विषय पर विस्तृत रूप से प्रकाश डाला जायगा। गार्हस्थ्य धर्म की समस्त सुख-शान्ति व कर्त्तव्यनिष्ठा इसी पवित्र बंधन पर आधारित है।

विवाह का प्रधान उद्देश्य पुत्रोत्पत्ति—विवाह का प्रधान उद्देश्य पितृऋण का परिशोध करना है। सन्तानोत्पत्ति द्वारा वह ऋण उतरता है। पितरों की अविच्छिन्न संततिधारा की रक्षा करने से ही वे प्रसन्न होते हैं। (चतुराश्रम प्रकरण देखिए)।

गृहस्थ के लिये विवाह एक आवश्यक कर्त्तव्य—ब्रह्मचर्य-पालन के बाद जो गृहस्थ होना चाहता हो, पत्नी ग्रहण करना उसके लिये अनिवार्य है। जरत्कारु के साथ उनके पितृगण का जो कथोपकथन वर्णित है, उसमें स्पष्टतः उल्लिखित है कि गृहस्थ के लिये स्त्री-ग्रहण एक आवश्यक कर्त्तव्य है, नहीं तो पितृगण नरकगामी होते हैं।[1]

पुत्रलाभ की श्लाघ्यता—जगत में जितने भी पार्थिव लाभ हैं, उन सबमें पुत्रलाभ ही सबसे अधिक श्लाघनीय है। धर्मपत्नी द्वारा पुत्रोत्पत्ति होने से वंश की अविच्छिन्न संतति-धारा रक्षित होती है।[2]

एकमात्र पुत्र के विवाह की अपरिहार्यता—जो व्यक्ति अपने पिता का एकमात्र पुत्र हो, उसके लिये नैष्ठिक ब्रह्मचर्य निषिद्ध है। पुत्रोत्पत्ति के निमित्त उसे पत्नीग्रहण करनी ही होगी। जरत्कारुतत्पितृसंवाद में यह बात वारवार कही गई है।[3]

द्वापरयुग से स्त्री-पुरुष के संयोग से सन्तानोत्पत्ति—कहा गया है कि सत्ययुग में मनुष्य की मृत्यु स्वेच्छाधीन थी। यम का भय बिल्कुल नहीं था। उस काल में

---

१. आदि १३ वाँ अ०।
रतिपुत्रफला नारी। सभा ५।११२, उ० ३८।६७
उत्पाद्य पुत्राननृणांश्च कृत्वा। उ० ३७-३९

२. विवाहांश्चैव कुर्वीत पुत्रानुत्पादयेत च।
पुत्रलाभो हि कौरव्य सर्वलाभाद् विशिष्यते॥ अनु ६८।३४
कुलवंशप्रतिष्ठां हि पितरः पुत्रमब्रुवन्। आदि ७४।९८
वृथा जन्म ह्यपुत्रस्य। वन १९९।४

३. आदि १३ श अ। आदि ४५ श और ४६ श अ०।

संकल्प करते ही सन्तान की उत्पत्ति हो जाती थी। त्रेतायुग में भी मैथुनधर्म का प्रचलन नहीं हुआ था, नारी के स्पर्शमात्र से ही सन्तान की उत्पत्ति हो जाती थी। द्वापरयुग में आकर स्त्री-पुरुष का संयोग पहले-पहल शुरू हुआ। (ये सब उक्तियाँ युक्तियुक्त हैं कि नहीं, यह विद्वानों के लिये विवेचनीय हैं)। पुत्रोत्पत्ति के निमित्त स्त्रीग्रहण के प्रचलन को भी तभी से समाज में स्थान मिला।[1]

संभवतः बहुत प्राचीनकाल में विवाह-प्रथा समाज में व्यापक रूप से प्रचलित नहीं हुई, इस कारण ही भिन्न-भिन्न युग में व्यवहारवैषम्य का उल्लेख है।

साधारण स्त्री-पुरुषों के लिये विवाह न करना कोई अच्छा आदर्श नहीं था––सौ में से निन्यानवे स्त्री-पुरुष उस काल में विवाहबंधन में आवद्ध होते थे। जो स्त्री-पुरुष नैष्ठिक ब्रह्मचर्य व्रत लेते थे, उनकी बात अलग थी, उनके प्रति साधारण मनुष्यों की अगाध श्रद्धा थी। उदाहरण के लिये देवव्रत भीष्म व तपस्विनी सुलभा का नाम लिया जा सकता है।

परस्त्री में आसक्ति अतिशय निन्दित––परन्तु जो विवाह का दायित्व ग्रहण न करके स्वच्छंद रूप से विचरण करते थे, वे समाज में अतिशय घृणा के पात्र समझे जाते थे। परस्त्री में आसक्ति इहलोक व परलोक दोनों के लिये अकल्याणकारी है। इसलिए जो गृहस्थाश्रम में प्रवेश करते थे, उन्हें विवाह करना ही पड़ता था। विवाह का बंधन बहुत ही पवित्र समझा जाता था। भार्या को सहधर्मिणी कहा जाता था।

भार्या ही त्रिवर्ग का मूल––"भार्या ही मनुष्य के त्रिवर्ग अर्थात् धर्म, अर्थ, काम-प्राप्ति का प्रधान साधन है"––आदि असंख्य वाक्य विवाह के समर्थन में कहे गये हैं। धर्मचारिणी भार्या के साथ मिलकर संसारयात्रा का निर्वाह करने से धर्म, अर्थ, काम (त्रिवर्ग) तीनों एक साथ प्राप्त होते हैं। गृहस्थधर्म में त्रिवर्ग के बीच परस्पर कोई विरोध नहीं है। एकमात्र पतिव्रता भार्या की सहायता से पुरुष धर्म, अर्थ व काम रूप त्रिवर्ग का एक साथ उपभोग कर सकता है।[2]

---

१. **यावद् यावदभूचछ्रद्धा देहं धारयितुम् नृणाम्।
तावत्तावदजीवंस्ते नासीद् यमकृतं भयम्॥ इत्यादि। शा २०७।३७-४०**

२. **परदारेषु ये सक्ता अकृत्वा दारसंग्रहम्।
निराशाः पितरस्तेषां श्राद्धकाले भवन्ति हि॥ इत्यादि। अनु १२९।१०२
अर्द्धं भार्या मनुष्यस्य भार्या श्रेष्ठतमः सखा। इत्यादि। आदि ७४।४१-४८
यदा धर्मश्च भार्या च परस्परवशानुगौ।
तदा धर्मार्थकामानां त्रयाणामपि संगमः॥ वन ३१२।१०२**

धर्मपत्नी का स्थान उच्च—समाज की शुचिता एवं अन्यान्य नाना प्रकार की उन्नति का प्रधान हेतु विवाह-प्रथा है, यह उस समय के मनीषियों ने विशेष रूप से सोचा था। धर्मपत्नी को उन्होंने जो गौरव दिया है, वह प्राचीन समाज की सभ्यता का एक उज्ज्वल चित्र है, इसमें सन्देह नहीं है। विवाह-संस्कार द्वारा गृहस्थ जीवन को मधुर बनाने का आदर्श बहुत जगह बहुत रूपों में प्रकट हुआ है।

नारी का उज्ज्वल रूप—नारी के कन्या, सहधर्मिणी व माता के रूप में असाधारण स्नेह, प्रेम व भक्ति का जो आश्चर्यजनक निदर्शन मिलता है, वही असल में उस समय के समाज का एक उज्ज्वल पवित्र चित्र हमारी आँखों के सामने उपस्थित करता है।

गृहस्थ का दायित्व—पति-पत्नी के प्रणय में भी अखिल विश्व के कल्याण का दायित्व निहित था। गृहस्थाश्रम का दायित्व कितना अधिक था, यह आगे के प्रकरण में (चतुराश्रम) विस्तृत रूप से बताया जायगा। केवल इन्द्रियों की परितृप्ति के उद्देश्य से विवाह के कर्त्तव्य का स्थिरीकरण नहीं हुआ था। परिपूर्ण मानव-जीवन-यापन करना ही उसका उद्देश्य था। (इस विषय में 'नारी प्रबंध' देखिए) भार्या और गार्हस्थ्य संबंधी अध्यायों को पढ़ने से उस समय के समाज की विचारधारा का आदर्श अच्छी तरह समझा जा सकता है।

पति व पत्नीवाचक कुछ शब्दों के अर्थ—पतिवाचक व पत्नीवाचक कई शब्दों के व्युत्पत्तिगत अर्थ भी उल्लिखित हैं। पति भार्या का भरण-पोषण व प्रतिपालन करें, ऐसा भर्ता व पतिशब्द में निर्देश किया गया है।[1] पत्नी को पुत्र प्रदान करने के कारण पति को 'वरद' कहा जाता है।[2] पत्नी पुरुष द्वारा पोषित है, इस कारण उसे 'भार्या' कहा जाता है।[3] पति (शुक्र रूप में) स्वयं भार्या के गर्भ में प्रवेश करके पुत्ररूप में जन्मग्रहण करता है, इस कारण पत्नी को 'जाया' कहा गया है।[4]

---

१. भार्याया भरणाद् भर्ता पालनाच्च पतिः स्मृतः ॥ आदि १०४।३०।—शा २६५।३७। अश्व ९०।६२

२. पुत्रप्रदानाद्वरदः। अश्व ९०।५३

३. भर्तव्यत्वेन भार्या च। शा २६५।५२

४. भार्यां पतिः संप्रविश्य स यस्माज्जायते पुनः।
जायायास्तद्धि जायात्वं पौराणाः कवयो विदुः ॥ आदि ७४।३७
आत्मा हि जायते तस्यां तस्माज्जाया भवत्युत। वन १२।७०। वि०२१।४१

पत्नी सदा आदर की पात्री है, इसलिये उसे 'दारा' कहा गया है।[१] पति के व्यसनी होने से पत्नी दुखी होती है, इसलिये उसे 'वासिता' कहा गया है।[२]

मातृवाचक कुछ शब्दों की निरुक्ति---जठर में धारण करती है, इसलिये माता को 'धात्री', जन्म की हेतु है, इसलिए 'जननी', सन्तान के अंगों का पोषण करने के कारण 'अम्बा'; वीरपुत्र प्रसव करने के कारण 'वीरसू'; और शिशु की सुश्रूषा करने के कारण 'शुश्रु' नामों में अभिहित किया गया है।[३]

विवाह की अवस्था का स्थिरीकरण---वर व कन्या की उम्र के संबंध में महाभारतकार ने बहुत संक्षेप में दो-एक बातें कही हैं। तीस वर्ष का वर दस वर्ष की वयस्का, एवं इक्कीस वर्ष का वर सात वर्ष की नग्निका से पाणिग्रहण करे। आचार्य गौतम ने समावर्तन काल में प्रौढ़ शिष्य उतंक से कहा था, "यदि तुम आज षोडशवर्षीय युवक होते, तो मैं अपनी कन्या को तुम्हें समर्पित कर देता।" इस उक्ति से पता चलता है कि पुरुष सोलह साल की अवस्था में भी विवाह कर सकता था।[४]

नग्निका विवाह एक भी नहीं---अजातरजस्का, अनागतयौवना कुमारी का विवाह करना ही शास्त्रीय विधान था। किन्तु समाज में इस आदर्श का बहुत कम पालन हुआ। विवाह के सब चित्र युवक-युवती विवाह के मिलते हैं। बालिका विवाह एक भी नजर में नहीं आता।

महाभारत की महिलाएँ यौवन-काल में विवाहित---महाभारत में जिन प्राचीन इतिहासों का उल्लेख हुआ है, उन सबसे पता लगता है कि दमयन्ती, सावित्री, शकुन्तला, देवयानी, शर्मिष्ठा आदि कोई भी विवाह के समय अनागतयौवना बालिका नहीं थीं। एकमात्र सीता अवश्य बालिका थीं, किन्तु उनके पिता ने जो भीषण प्रतिज्ञा की थी, उससे शायद दीर्घकाल तक अविवाहित रहना भी सम्भव था। अतएव बाल-विवाह का दृश्य महाभारत में उद्धृत प्राचीन इतिहास में भी नहीं मिलता, यह कह सकते हैं।

---

१. दारा इत्युच्यते लोके। इत्यादि। अनु ४७।३० (द्रष्टव्य नीलकंठ)।

२. व्यसनित्वाच्च वासिताम्। शा २६५।५२

३. कुक्षिसंधारणाद्धात्री जननाज्जननी स्मृता। इत्यादि। शा २६५।३१, ३२

४. त्रिंशद्वर्षो दशवर्षां भार्यां विन्देत नग्निकाम्।
एकविंशतिवर्षो वा सप्तवर्षामवाप्नुयात्॥ अनु ४४।१४
युवा षोडशवर्षो हि यद्यद्य भविता भवान्। इत्यादि। अश्व ५६।२२

महाभारत की पात्राओं में सत्यवती, अम्बिका, अम्बालिका, गांधारी, कुंती, द्रौपदी, माद्री, सुभद्रा, चित्रांगदा, उलूपी आदि प्रमुख महिलाओं में प्रत्येक अपने पूर्ण यौवन-काल में परिणीता हुई थीं। उस काल में जो युवतियाँ स्वयंवरा होती थीं, उनकी तो बात ही अलग है, लेकिन पिता-माता आदि प्रमुख अभिभावक भी प्रायः बाल्यकाल बीत जाने पर ही कन्या का विवाह करते थे। कुन्ती ने तो विवाह के पूर्व पितृगृह में ही सन्तान (कर्ण) प्रसव की थी, ऋषि कुणिगर्ग की कन्या ने विवाह के विषय में पिता की आज्ञा का उल्लंघन किया था, इस तरह के उदाहरण भी महाभारत में मिलते हैं।[1] एक बालिका के लिये इतना साहस दिखाना संभव नहीं था।

वयस्का कन्या माता-पिता की दुश्चिन्ता का कारण---यद्यपि युवती-विवाह का प्रचलन ही अधिक था, तब भी घर में अविवाहिता वयस्का कन्या के रहने पर पास-पड़ोसी कन्या के पिता को जब-तब सचेत करते रहते थे। सावित्री के पिता अश्वपति से नारदमुनि ने जिज्ञासा की थी, "कन्या तो युवती हो गई है, अब इसका विवाह क्यों नहीं कर देते?" अश्वपति ने भी वर का निश्चय करते समय सावित्री को उपदेश देते हुए कहा था, "जो पिता यथासमय कन्या का विवाह नहीं करता, वह समाज में निन्दनीय है।"[2]

पड़ोसियों की अकारण जिज्ञासा---कन्या की उम्र कुछ अधिक होते ही पिता कुछ चिन्तित हो जाते थे, विशेषतः पड़ोसियों की अवांछित दृष्टियों के कारण और भी आकुल होते थे।[3]

पितृगृह में ऋतुमती होने के तीन वर्ष बाद कन्या को वर-निरूपण की स्वतन्त्रता---पितृगृह में ऋतुमती होने के बाद तीन साल तक कन्या प्रतीक्षा करे कि पिता उपयुक्त वर ढूँढ़ता है या नहीं। तीन साल बाद पिता के मत की प्रतीक्षा किये बिना अपना पति चुन ले। महाभारत में यह विधान है।[4]

आठ प्रकार के विवाह---विवाह के आठ प्रकार का विधान मिलता है।

---

१. शल्य ५२।६-८।

२. किमर्थं युवतीं भर्त्रे न चैनां संप्रयच्छसि। वन २९३।४
अप्रदाता पिता वाच्यः। वन २९२।३५

३. वैदर्भीन्तु तथायुक्तां युवतीं प्रेक्ष्य वै पिता।
मनसा चिन्तयामास कस्मै दद्यामिमां सुताम्॥ वन ९६।३०

४. त्रीणि वर्षाण्युदीक्षेत कन्या ऋतुमती सती।
चतुर्थे त्वथ सम्प्राप्ते स्वयं भर्तारमर्जयेत्॥ अनु ४४।१६

जैसे--ब्राह्म, दैव, आर्ष, प्राजापत्य, असुर, गांधर्व, राक्षस एवं पैशाच। स्वयंभूय (आदिमनु) ने इन आठ प्रकार के विवाहों की व्यवस्था की थी।[१]

ब्रह्म--वर की विद्या, बुद्धि, वंश आदि के बारे में विशेष रूप से पता लगाकर सद्वंशज, सच्चरित्र वर को कन्या का संरक्षक यदि कन्या सम्प्रदान करे, तो वह विवाह 'ब्राह्म' होता है।[२]

दैव--यज्ञ में वृत ऋत्विक् को यदि कन्या दान की जाय, तो उस विवाह को 'दैव' कहते हैं।[३] (राजा लोमपाद ने दैवविधान से ऋष्यश्रृंग के साथ शांता का विवाह किया था।)

आर्ष--कन्या के शुल्क रूप में वर से दो गायें लेकर कन्यादान करने को 'आर्ष' विवाह कहते हैं।[४]

प्राजापत्य--वर को धनसम्पत्ति से सन्तुष्ट करने के बाद यदि उसे कन्या दान की जाय, तो उस बिवाह को 'प्राजापत्य' के नाम से जानना चाहिए।[५]

आसुर--कन्यादाता को बहुत सा धन देकर या कन्या के परिवार वालों को नाना प्रकार से प्रलोभित करके यदि कन्या ग्रहण की जाय, तो उसे 'आसुर'-विवाह कहेंगे।[६]

गांधर्व--वर व कन्या के परस्पर प्रणय के फलस्वरूप जो विवाह सम्पादित हो, उसका नाम 'गांधर्व' विवाह है। दूसरी जगह कहा गया है कि कामी पुरुष यदि सकामा कुमारी के साथ एकांत में संसर्ग करे, तो वह मिलन ही 'गांधर्व' विवाह है।[७]

---

१. अष्टावेव समासेन विवाहा धर्मतः स्मृताः। इत्यादि। आदि ७३।८, ९।१०२। १२-१६।
२. शीलवृत्ते समाज्ञाय विद्यां योनिं च कर्म च। इत्यादि। अनु ४४।३, ४
३. ऋत्विजे वितते कर्मणि दद्यादलंकृता स दैवः। अनु ४४।४ (नीलकंठ)
४. आर्षे गोमिथुनं शुल्कम्। अनु ४५।२०
गोमिथुनं दत्वोपयच्छेत स आर्षः। अनु ४४।४ (नीलकंठ)।
५. यो दद्यादनुकूलतः। अनु ४४।४ (नीलकंठ)।
६. धनेन बहुधा क्रीत्वा सम्प्रलोभ्य च बांधवान्। इत्यादि। अनु ४४।७
७. अभिप्रेता च या यस्य तस्मै देया युधिष्ठिर।
गंधर्वमिति तं धर्मं प्राहुर्वेदविदो जनाः॥ अनु ४४।६
सा त्वं मम सकामस्य सकामा वरवर्णिनि।
गंधर्वेण विवाहेन भार्या भवितुमर्हसि॥ आदि ७३।१८, २७

राक्षस—कन्याकर्त्ता के कन्याप्रदान में असम्मत होने पर भी उद्धृत परिणेता यदि कन्यापक्ष वालों पर अमानुषिक अत्याचार करके सिर पीटती और रोती-बिलखती कन्या को बलपूर्वक ले जाता है, तो उस विवाह को 'राक्षस' विवाह कहते हैं।[1]

पैशाच—सुप्त अथवा प्रमत्त कन्या के साथ बलात्कारपूर्वक रमण करने का नाम 'पैशाच' विवाह है।[2]

विवाह का धर्म-अधर्म—उपर्युक्त विवाहों में ब्राह्म, दैव व प्राजापत्य ये तीन धर्मसम्मत हैं। आर्ष व असुर विवाह में कन्याकर्त्ता वर से धन ग्रहण करता है, इसलिए ये दोनों विवाह धर्मसम्मत नहीं हैं। विशेषतः असुर विवाह अत्यन्त निन्दनीय है। गांधर्व एवं राक्षस विवाह उतने प्रशस्त न होते हुए भी क्षत्रियों के लिये अधर्मकारक नहीं हैं। पैशाच विवाह सर्वथा परित्याज्य है।[3]

जातिविशेष में विवाह के प्रकारभेद—अन्यत्र कहा गया है कि ब्राह्म, दैव, आर्ष एवं प्राजापत्य विवाह ब्राह्मणों के लिए प्रशस्त हैं। क्षत्रियों के लिए ये चार एवं गांधर्व और राक्षस विवाह प्रशस्त हैं। वैश्य और शूद्र के लिए 'असुर' विवाह भी निन्दनीय नहीं है। पैशाच विवाह का शास्त्र समर्थन नहीं करता। राक्षस विवाह भी किसी अन्य प्रशस्त विधान के साथ मिश्रित होने पर निन्दनीय नहीं है।[4]

मिश्रित विवाह-विधि—उल्लिखित आठ विवाह-विधियों में से कोई एक बिल्कुल विशुद्ध रूप से हमेशा समाज में पूर्ण नहीं होती थी। कभी कभी देखा गया है कि एक ही विवाह में दो विधान मिश्रित हुए हैं। दमयन्ती के स्वयंवर में ब्राह्म एवं गांधर्व विवाह मिश्रित थे। रुक्मिणी का विवाह राक्षस व गांधर्व मिश्रित था, सुभद्रा के विवाह में राक्षस व प्राजापत्य विधियाँ मिश्रित थीं।[5]

गांधर्व व राक्षस-विधि को लोग कोई बहुत अच्छा नहीं समझते थे—गांधर्व और राक्षस विवाह के क्षत्रियों में काफी प्रचलित होते हुए भी लोगों की दृष्टि में

---

१. हंत्वा छित्वा च शीर्षाणि रुदतां रुदतीं गृहात्।
प्रसह्य हरणं तात राक्षसो विधिरुच्यते॥ अनु ४४।८

२. अनु ४४।८ (नीलकंठ)। आदि ७३।९ (नीलकंठ)।

३. पंचानान्तु त्रयो धर्म्या द्वावधर्म्यौ युधिष्ठिर।
पैशाचश्चासुरश्चैव न कर्त्तव्यौ कथञ्चन॥ अनु ४४।९। आदि ७३।११

४. प्रशस्तांश्चतुरः पूर्वान् ब्राह्मणस्योपधारय। इत्यादि। आदि ७३।१०-१३
प्रसह्य हरणञ्चापि क्षत्रियानां प्रशस्यते। आदि २०९।२२, १०२।१६

५. अनु ४४।१० (नीलकंठ)।

वह निन्दनीय ही माना जाता था। एकमात्र पात्र व पात्री का परस्पर मिलन होते ही गांधर्व विवाह सम्पन्न हो जाता था। किसी के भी अभिभावक की सम्मति की आवश्यकता नहीं होती थी। और राक्षस विवाह एकमात्र वर की इच्छा व दैहिक बल पर आधारित था। मार्जित भाषा में उसे राक्षस विवाह कहने पर भी वह प्रथा एक प्रकार से गुंडई में गण्य थी। इसी कारण शायद समाज में काफ़ी लोग उन्हें बहुत पसन्द नहीं करते थे। स्वयंवर प्रथा भी काफ़ी अंशों में गांधर्व विवाह जैसी ही है। इसलिए स्वयंवर को भी सब लोग प्रशस्त पद्धति में नहीं गिनते थे।[1]

समाज में गांधर्व व राक्षस-विधि का प्रसार––समाज में ऊँचे आदर्शों के बीच स्थान न मिलने पर भी गांधर्व विवाह का वर्णन ही अधिक मिलता है। भ्राता विचित्रवीर्य के लिये भीष्म द्वारा काशिराज की कन्या का हरण, दुर्योधन का चित्रांगद कन्या का हरण, अर्जुन का सुभद्राहरण एवं कृष्ण का रुक्मिणीहरण राक्षस विधान के अन्तर्गत ही आते हैं। दूसरों में अन्य विधानों के मिश्रित होते हुए भी भीष्म का हरण तो केवल शारीरिक बल ही प्रकट करता है।

ब्राह्मविधान ही सर्वापेक्षा प्रशस्त––ब्राह्मविधान दूसरे विधानों से श्रेष्ठ समझा जाता था। कहा गया है कि जो ब्राह्मविधान से कन्यादान करते हैं, वे इस लोक में दास, दासी, क्षेत्र, अलंकार आदि उपभोग्य वस्तुओं को प्राप्त करते हैं एवं मृत्यु के बाद इंद्रलोक में वास करते हैं।[2]

विवाह में शास्त्रीय विधि-निषेध––कौन सी कन्या विवाह के योग्य है, कौन-सी अयोग्य, इस विषय में अनेक प्रकार के विधि-निषेध महाभारत में वर्णित हैं। वर के संबंध में भी दो-चार बातें मिलती हैं। कन्या विवाह योग्य है या नहीं, इसका निर्णय करने के लिए शारीरिक शुभाशुभ लक्षणों को भी देखने का नियम था। बाहरी तौर पर शुभलक्षणा दिखाई देने वाली कन्या शास्त्रानुसार विवाह-योग्य है कि नहीं, इस पर भी ऋषि-वचनों के अनुसार अच्छी तरह विचार करना पड़ता था। लोगों की धारणा थी कि शास्त्रीय निषेध अमान्य करने पर यों तो विवाह में कोई बाधा नहीं पड़ेगी, लेकिन निषेध का उल्लंघन करने से वर व कन्या दुर्भाग्य ग्रस्त रहेंगे और ऐहिक व पारलौकिक श्रेय प्राप्ति में नाना प्रकार के विघ्न आयेंगे।

---

१. एतत्तु नापरे चक्रुरपरे जातु साधवः। अनु ४५।५

२. यो ब्रह्मदेयान्तु ददाति कन्यान्। वन १८६।१५
दासी दासमलंकारान् क्षेत्राणि च गृहाणि च।
ब्रह्मदेयां सुतां दत्वा प्राप्नोति मनुजर्षभ॥ अनु ५७।२५

उस समय की शास्त्र व्यवस्था आज तक हिन्दू समाज में अपरिवर्तित रूप से ही चली आ रही है।

हिन्दू समाज में विवाह का स्थान--मैंने पहले ही कहा है कि केवल शारीरिक उपभोग वर्णाश्रम समाज के विवाह का चरम लक्ष्य नहीं था। हिन्दू लोग विवाह को धर्म के अन्यतम अपरिहार्य अंगरूप में मानते थे, एवं शास्त्रीय संस्कारों में भी विवाह को ही सबसे अधिक प्राधान्य देते थे। गार्हस्थ्य धर्म और समाज-भित्ति का मूल ही थी विवाह संस्कार की पवित्रता।[1]

वर-कन्या के वंश की परीक्षा--विवाह में सर्वप्रथम यह देखा जाय कि वर एवं कन्या का पितृवंश और मातामह वंश प्रशस्त हो। उत्कृष्ट या समान कुल की कन्या ग्रहण करने से विवाह का फल शुभ होता है।

स्त्रीरत्नं दुष्कुलाद्वापि--वंश की तरफ से अपेक्षाकृत नीच होने पर भी यदि रूप-गुण में कन्या सर्वांग सुन्दरी हो तो उस स्त्रीरत्न को निम्न कुल की होने पर भी ग्रहण कर लेना चाहिए।[2]

कन्या का बहिरंग शुभाशुभ विचार--हीनांगी, अधिकांगी, वयोज्येष्ठा, प्रव्रजिता, अन्यासक्ता, पिंगलवर्णा, चर्मरोगग्रस्ता, कुष्ठरोग से पीड़ित, तथा मिरगी व सफेद कोढ़ वाले कुल की कन्या विवाह के लिए अतिशय निन्दनीय मानी गई हैं। बुद्धिमान पुरुष शास्त्रोक्त शुभलक्षणा कन्या को ग्रहण करें, नहीं तो अनेक प्रकार के अनिष्ट की आशंका रहती है।[3]

वर के शारीरिक लक्षणों का विचार--जिन अशुभ लक्षणों के कारण कन्या को वर्जित बताया गया है, वर के लिये भी वे समस्त लक्षण सम्पूर्ण रूप से लागू होते हैं। "सर्वांगसुन्दरी कन्या को माता-पिता उसके अनुरूप वर को सौंप दें, अन्यथा उन्हें ब्रह्महत्या के समान पाप लगेगा"--इसी उक्ति से समझा जा सकता है कि वर के शारीरिक शुभलक्षण देखना भी जरूरी माना जाता था।[4] महाभारत

---

१. भार्यापत्योर्हि संबंधः स्त्रीपुंसोः स्वल्प एव तु।
रतिः साधारणो धर्म इति चाह स पार्थिवः॥ अनु ४५।९

२. स्त्रीरत्नं दुष्कुलाद्वापि विषादप्यमतं पिबेत्। शा १६५।३२
कुलीना रूपवत्यश्च ताः कन्याः पुत्र सर्वशः॥ आदि ११०।६।

३. वर्जयेद्व्यंगिनीं नारीं तथा कन्यां नरोत्तम॥ इत्यादि। अनु १०४।१३१-१३६
महाकुले प्रसूतांच प्रशस्तां लक्षणैस्तथा। अनु १०४।१२४

४. आत्मजां रूपसम्पन्नां महतीं सदृशे वरे। इत्यादि। अनु २४।९

के शास्त्रीय---(अदृष्ट फल के लिये जो किया जाता है) सिद्धान्त मनुसंहिता के अनुरूप हैं। विधिनिषेध के सम्पर्क में मनु का अनुशासन पालन करना ही महाभारत का उद्देश्य है। इसलिये देखा जाता है कि मनु के वचन उद्धृत करके व्यासदेव अपने अभिमत का समर्थन करते हैं।

पिता व मातामह का संबंध-विचार---मनु की व्यवस्था के अनुसार वर अपने वंश व नाना के वंश में विवाह नहीं कर सकता। नाना के कुल के साथ रक्तसंबंध होने के कारण पंचम स्थानीय कन्या तक विवाह के अयोग्य है। नाना से गणना करके ऊपर या नीचे पाँच पीढ़ियों के किसी व्यक्ति की शाखा से जो कन्या पाँच पीढ़ियों में आये, उससे विवाह नहीं किया जा सकता। उसी प्रकार पिता से गणना करके ऊपर या नीचे सात पीढ़ियों में अगर किसी पुरुष की सप्तम स्थानीया कन्या हो, तो वह भी विवाह के अयोग्य है।[1]

समान गोत्र-प्रवर परित्याग---समानगोत्रा या समान प्रवरा कन्या से विवाह करना निषिद्ध है।[2]

मातुल कन्या से विवाह---मनु के ये नियम समाज में हर जगह अमल में नहीं लाये गये। अर्जुन ने सुभद्रा से, सहदेव ने मद्रराजकन्या से, शिशुपाल ने भद्रा से एवं परीक्षित ने उत्तर की कन्या इरावती से विवाह किया। प्रत्येक कन्या परिणेता के मामा की कन्या थी।[3]

परिवेदन परिवेत्ता प्रभृति---मातुल कन्या से विवाह की प्रथा अभी तक दक्षिण भारत में प्रचलित है। सहोदर भाइयों में ज्येष्ठ के अविवाहित रहते, कनिष्ठ विवाह नहीं कर सकता था। अगर करता था, तो उसे शास्त्रानुसार प्रायश्चित्त करना पड़ता था। अविवाहित ज्येष्ठ भ्राता एवं विवाहिता पत्नी को भी प्रायश्चित्त करना पड़ता था। पुत्रवधू की तरह व्यवहार करने के लिये कनिष्ठ भ्राता अपनी पत्नी को ज्येष्ठ भ्राता के सामने उपस्थित करके, बाद में ज्येष्ठ भ्राता की अनुमति से उसे पुनः पत्नीरूप में ग्रहण करके प्रायश्चित्त करता था। किन्तु ज्येष्ठ भ्राता यदि गृहस्थ बनने का अनिच्छुक हो और कनिष्ठ को विवाह की अनुमति दे अथवा

---

१. असपिण्डा च या मातुरसगोत्रा च या पितुः।
इत्येतामनुगच्छेत तं धर्मं मनुरब्रवीत्॥ अनु ४४।१८
मातुः स्वकुलजां तथा। अनु १०४।१३१

२. समार्षां व्यंगिताम्। इत्यादि। अनु १०४।१३१

३. सभा ४५।११॥ आदि २२०।८। आदि ९५।८०। श्रीमद्भागवत १।१६।२

ज्येष्ठ यदि पतित हो, तो कोई भी पाप नहीं होगा। भ्राताओं में उल्लिखित नियम का उल्लंघन करके जो विवाह करता है—उसे 'परिवेत्ता' और अविवाहित ज्येष्ठ को 'परिवित्ति' कहा जाता है।[1]

नियम का उल्लंघन, भीम का हिडिम्बा से विवाह—युधिष्ठिर के विवाह से पहले ही भीमसेन ने गंधर्वविधान से हिडिम्बा का पाणिग्रहण किया था। इससे पता लगता है कि उल्लिखित शास्त्रनियम का भी व्यतिक्रम हुआ था। कुन्ती व युधिष्ठिर ने कामातुर हिडिम्बा की कातर प्रार्थना पर भीमसेन को अनुमति दी थी—यहाँ तक कहा जा सकता है।[2]

ज्येष्ठा व कनिष्ठा कन्या के विवाह का नियम—श्वसुर की ज्येष्ठा कन्या के विवाह से पहले कनिष्ठा का पाणिग्रहण करना निषिद्ध है एव कनिष्ठा के पाणिग्रहण के बाद उसकी ज्येष्ठा भगिनी से जो व्यक्ति विवाह करे, उसे भी प्रायश्चित्त करना पड़ता है। किन्तु ज्येष्ठा यदि आमरण ब्रह्मचर्य पालन करना चाहे अथवा दीर्घकाल से रोगभुक्त होने के कारण उसका विवाह न हो तो, कनिष्ठा के विवाह से वर या कन्या किसी को पाप नहीं लगेगा। जो ज्येष्ठा के विवाह से पहले कनिष्ठा से विवाह करता है, उसे 'अग्रेदिधिषु' कहा जाता है। कनिष्ठा के विवाह के बाद जो ज्येष्ठा से विवाह करता है, उसे 'दिधिषूपपति' कहा जाता है।[3]

भ्रातृहीना कन्या विवाह के अयोग्य—जो कन्या भ्रातृहीना हो, उससे विवाह नहीं करना चाहिए। इस निषेध का कारण भी बताया गया है। पुत्रहीन व्यक्ति दौहित्र द्वारा किये गये श्राद्ध से सद्‌गति लाभ कर सकता है। यदि कोई पुत्रहीन कन्यावान व्यक्ति मन ही मन यह संकल्प करे कि—"मेरी कन्या के गर्भ से जो पुत्र उत्पन्न होगा, वही मुझे एवं मेरे पूर्व पुरुषों को पिंडदान देगा," तो वह दौहित्र मातामह का 'पुत्रिकापुत्र' कहलायेगा, यह शास्त्रों का सिद्धान्त है। इस अवस्था में दौहित्र मातामह के वंश का ही श्राद्ध करेगा, पितृकुल का कुछ भी नहीं कर सकेगा। अतः इसके द्वारा पितृपितामह के वंश की रक्षा नहीं होती। इसलिए अपुत्रक व्यक्ति की कन्या को ग्रहण न करना ही उचित है—ऐसा शास्त्रों का मत है। इसी कारण

---

१. परिवित्तिः परिवेत्ता या चैव परिविद्यते।
पाणिग्राहस्त्वधर्मेण सर्वे ते पतिताः स्मृताः॥ इत्यादि। शा १६५।६८-७०
परिवित्तिः परिवेत्ता। इत्यादि। शा ३४।४

२. आदि १५५ वाँ अ०।
भिक्षिते पारदार्यञ्च तद्धर्मस्य न दूषकम्। शा ३४।४

३. दिधिषूपपतिर्यः स्यादग्रेदिधिषुरेव च॥ शा ३४।४

साधारणतः भ्रातृहीना कन्या से लोग विवाह नहीं करते थे। किन्तु यदि पता चले कि कन्या के पिता का वैसा कोई अभिप्राय नहीं है, तो विवाह शास्त्रसंगत है।[१]

गुरुकन्या से विवाह निषिद्ध—कच-देवयानी संवाद में प्रकट होता है कि दोनों में एक दूसरे के प्रति यथेष्ट आसक्ति थी, बल्कि कच की अपेक्षा देवयानी की आसक्ति ही अधिकतर प्रकट हुई है। देवयानी के आत्मनिवेदन के उत्तर में कच ने कहा है—"तुम धर्मतः मेरी भगिनी हो, तुम गुरुपुत्री हो; इसी कारण तुम्हारे प्रस्ताव से सम्मत नहीं हो सका था।"[२] अस्वीकृता देवयानी के कच को अभिशाप देने पर कच बोले—"देवयानी, मैं तो ऋषियों द्वारा प्रतिपादित धर्म की बात ही कह रहा था, अभिशाप देने का तो कोई कारण है नहीं।"[३]

इस प्रकरण की आलोचना में देखा जाता है कि गुरुकन्या से विवाह करना प्राचीन काल से ही शास्त्रनिषिद्ध था।

निषेध के प्रतिकूल समाज में व्यवहार—महाभारत में गुरुकन्या से विवाह के अनेक उदाहरण मिलते हैं। इससे लगता है कि उस समय से ही उस निषेध का माहात्म्य, चाहे किसी भी कारण से क्यों न हो—समाज में काफी शिथिल पड़ गया था। ऋषि उद्दालक ने शिष्य कहोड़ को एवं आचार्य गौतम ने शिष्य उतंक को कन्या दान की थी।[४] यह दीर्घकाल तक एकत्र वास करने के फलस्वरूप हो अथवा गुरु व गुरुपत्नी के अत्यधिक स्नेह के आकर्षण से हो, उल्लिखित दोनों शिष्यों ने समावर्तन के बाद गुरुकन्या को पत्नीरूप में ग्रहण किया था। शुक्राचार्य यदि कच से अनुरोध करते, तो वे भी देवयानी का पाणिग्रहण कर लेने में आपत्ति नहीं करते—उनकी उक्ति में यह इंगित भी होता है।[५] इससे पता लगता है कि शास्त्रीय निषेध होने पर भी वह नियम समाज में सर्वत्र प्रतिपालित नहीं हुआ। (आधुनिक समाज

---

१. यस्यास्तु न भवेद् भ्राता पिता वा भरतर्षभ।
नोपयच्छेत तां जातु पुत्रिका-धर्मिणी हि सा॥ अनु ४४।१५
पुत्रिकाहेतुविधिना संज्ञिता भरतर्षभ॥ इत्यादि। आदि २१५।२४, २५

२. भगिनी धर्मतो मे त्वं मैवं वोचः सुमध्यमे। इत्यादि। आदि ७७।१४-१७

३. आर्षं धर्मं ब्रुबोणोऽहं। इत्यादि। आदि ७७।१८

४. तस्मै प्रादात् सद्य एव श्रुतञ्च,
भार्याञ्च वै दुहितरं स्वां सुजाताम्॥ वन १३२।९
ददानि पत्नीं कन्याञ्च स्वां ते दुहितरं द्विज। अश्व ५६।२३
ततस्तां प्रतिजग्राह युवा भूत्वा यशस्विनीम्। अश्व ५६।२४

५. गुरुणा चाननुज्ञातः। आदि ७७।१७

में तो गुरुकन्या से विवाह करने के यथेष्ट उदाहरण मिलते हैं।) हर जगह देखने को मिलता है कि शास्त्रों के आदर्श एवं समाज के व्यवहार में कभी भी पूरा मेल नहीं रहा।

विमाता की बहन से विवाह—अन्ततः जो आचार विसदृश लगते हैं, ऐसे व्यवहार भी विवाह आदि में देखने को मिलते हैं। भीमसेन ने अपनी विमाता माद्री की बहन से विवाह किया था।[1]

जातिभेद में कन्याग्रहण—जाति व वर्ण के हिसाब से भी विवाह के अनेक विधि निषेध महाभारत में वर्णित हैं। ब्राह्मण ब्राह्मण, क्षत्रिय और वैश्य की कन्या को पत्नीरूप में ग्रहण कर सकता है। इसी प्रकार क्षत्रिय क्षत्रिय और वैश्य कन्या को, वैश्य वैश्य कन्या को एव शूद्र केवल शूद्रकन्या को ग्रहण करने का अधिकारी है। किसी-किसी ने कहा है कि चारों वर्णों के लिये शूद्रकन्या ग्रहण करने का अधिकार, शास्त्रानुमोदित है। किन्तु अनेक ऋषि इस मत से सहमत नहीं हैं। उन्होंने कहा है—द्विज यदि शूद्र कन्या की कोख से संतान उत्पन्न करेगा, तो वह प्रायश्चित्त का अधिकारी होगा।[2]

ब्राह्मण की ब्राह्मण एवं क्षत्रिय की क्षत्रिय पत्नी की प्रधानता—ब्राह्मण की ब्राह्मणजातीय एवं क्षत्रिय की क्षत्रियजातीय पत्नी ही प्रधान होती है। उनकी गर्भजात संतानों में धन-विभाजन के विषय में भी पक्षपात है। ('दायविभाग' प्रबन्ध में इसके बारे में कहा जायगा)।[3]

विवाह निश्चित करना अभिभावक का अधिकार ही समीचीन प्रथा—स्वयंवर प्रथा जनसाधारण में बहुत समादृत नहीं मानी जाती थी—यह पहले ही कह दिया गया है। भीष्म ने युधिष्ठिर से कहा था कि—"सावित्री दमयन्ती आदि साध्वियों के स्वयंवर के सम्बन्ध में भी समाज की धारणा कोई बहुत अच्छी नहीं थी। कन्या को अपना वर स्वयं ढूंढ़ने की अनुमति देना अभिभावकों के लिए सर्वथा गर्हित था। स्त्रियों को स्वतन्त्रता देना एक तरह से असुर धर्म के अन्तर्गत

---

१. इयं स्वसा राजचमूपतेश्च
प्रवृद्धनीलोत्पलदामवर्णा ।
पस्पर्द्ध कृष्णेन सदा नृपो ये।
वृकोदरस्यैष परिग्रहोऽग्रयः॥ आश्र २४।१२

२. तिस्रो भार्या ब्राह्मणस्य द्वे भार्ये क्षत्रियस्य तु॥ इत्यादि। अनु ४४।११-१३। अनु ४७।४

३. ब्राह्मणी तु भवेज्ज्येष्ठा क्षत्रिया क्षत्रियस्य तु। अनु ४४।१२, अनु ४७।३१

माना जाता था। प्राचीन काल में ऐसा व्यवहार नहीं था। भार्या व पति का संबंध बहुत ही कोमल होता है। यद्यपि परस्पर एक दूसरे के प्रति अनुराग, युवक-युवतियों की एक साधारण मनोवृत्ति है, तब भी केवल सामयिक उत्तेजना में अंधे होकर स्वतंत्र रूप से विवाह-बंधन में आबद्ध होने का परिणाम सुखकर नहीं होता।"[१]

विपक्षमत की प्रबलता--उपर्युक्त कथन से पता चलता है कि विवाह के विषय में युवक-युवती की निरंकुश स्वाधीनता उस काल के समाज में भी विवेकवान व्यक्ति बहुत पसन्द नहीं करते थे। किंतु समग्र महाभारत की आलोचना करने पर यह अवश्य कहना पड़ेगा कि उस समय भी इस मत के विरोधियों का एक सशक्त दल था एवं उनका प्रतिकूल आचरण ही समाज में विजयी हुआ था। इस प्रसंग में निम्नलिखित प्रकरण उदाहरणस्वरूप लिये जा सकते हैं।

दुष्यन्त-शकुन्तला-संवाद--राजा दुष्यन्त ने शकुन्तला से कहा था--"तुम्हारा शरीर तुम्हारे अधीन है, पिता की आज्ञा की प्रतीक्षा करने से क्या लाभ ? आत्मा ही आत्मा की बंधु है, आत्मा ही आत्मा की गति है। अतएव तुम स्वयं ही मुझे आत्मसमर्पण कर सकती हो।"[२]

पराशर-सत्यवती-संवाद--सत्यवती ने पराशर से कहा था--"भगवन्, मैं पिता के अधीन हूँ, अतः आप संयत हों। मेरा कौमार्य दूषित हो गया, तो मुझे घर में स्थान कैसे मिलेगा ?" इसके बाद अनेक प्रकार के वरदानों द्वारा सम्मत करके ऋषिवर ने सत्यवती का कौमार्य भंग किया।[३]

सूर्य-कुन्ती-संवाद--कुन्ती देवी ने एक बार पिता के घर ही रजस्वला-अवस्था में सूर्य को आह्वान किया। किन्तु सूर्य को उपस्थित देखते ही भयभीत चित्त से प्रार्थना करती हुई कुंती बोली--"देव! मेरे माता-पिता व प्रमुख गुरुजन मुझे दान करने के अधिकारी हैं। दया करके मझे अधर्म में लिप्त मत कीजियेगा।" कहना न होगा कि कुन्ती की प्रार्थना विफल गई।[४]

पण-प्रथा, कन्या शुल्क ही अधिक प्रचलित--महाभारत के काल में भी किसी-किसी समाज में शुल्क प्रथा विद्यमान थी। उन दिनों कन्यापक्ष ही अधिकतर शुल्क

---

१. स्वयं-वृतेन साज्ञप्ता पित्रा वै प्रत्यपद्यत। इत्यादि। अनु ४५।४-९

२. आत्मनैवात्मनो दानं कर्त्तुमर्हसि धर्मतः। आदि ७३।७

३. विद्धि मां भगवन् कन्यां सदा पितृवशानुगाम्। आदि ६३।७५

४. पिता माता गुरवश्चैव येऽन्ये।
देहस्यास्य प्रभवन्ति प्रदाने॥ वन ३०५।२३

लेता था। वरपक्ष के पण ग्रहण के साक्षात् दृष्टान्त न मिलने पर भी एक जगह उस प्रथा की निंदा की गई है। अतः लगता है कि वरपक्ष भी शुल्क ग्रहण करता था।[1] किसी-किसी अभिजात वंश में कन्यापक्ष का शुल्कग्रहण कुलप्रथा के रूप में वर्तमान था।

मद्रदेश में (पंजाब) वरकर्ता भीष्म ने मद्रराज की पुरी में उपस्थित होकर माद्री का विवाह पांडु के साथ करने का प्रस्ताव किया। मद्रराज शल्य सानन्द सम्मति देते हुए बोले—"ऐसे वर को भगिनीदान करना बहुत ही प्रशस्य है, किन्तु तब भी आपको थोड़ा शुल्क देना पड़ेगा—यह बात कहते हुए मुझे लज्जा आ रही है, परन्तु आप तो हमारे कुलधर्म के बारे में जानते ही हैं? साधु हो या असाधु, कुलधर्म तो छोड़ नहीं सकता।" शल्य के वाक्यों से भीष्म संतुष्ट हुए एवं शुल्क स्वरूप अनेक प्रकार के रत्न आदि देकर माद्री को लेकर चले आये।[2]

ऋचीक का पत्नीग्रहण—ऋचीक मुनि द्वारा कान्यकुब्ज नरेश गाधि से कन्या की प्रार्थना पर गाधि ने उत्तर दिया—"आपसे कहते हुए संकोच हो रहा है, किन्तु हमारी कुलप्रथा है, इसलिये बिना कहे भी नहीं रहा जायगा। एक हजार श्वेतवर्ण द्रुतगामी अश्व हमारे वंश की कन्याओं का शुल्क है, अश्वों का एक कान लाल रंग का होना चाहिये।" ऋचीक ने राजा वरुण से इस तरह के एक हजार घोड़े लिये और गाधि को देकर उनकी कन्या सत्यवती को ग्रहण किया।[3]

काशिराज दुहिता माधवी का शुल्क—गालव चरित में कहा गया है कि गालव ने काशिराज ययाति की अपरूप सुन्दरी कन्या माधवी को ग्रहण किया एवं विभिन्न राजाओं से शुल्क लेकर निर्दिष्ट काल के लिये शुल्कदाताओं की पत्नी रूप में माधवी को प्रदान किया।[4]

इन सब वर्णनों से पता लगता है कि किसी-किसी संभ्रान्त वंश में भी कन्या-शुल्क लेने की प्रथा थी।

शुल्कग्रहण विक्रय के समान—कहा गया है कि कन्या या पुत्र के विवाह में

---

१. नैव निष्ठाकरं शुल्कं ज्ञात्वासीत्तेन नाहृतम्। इत्यादि। अनु ४४।३१-४६
यो मनुष्यः स्वकं पुत्रं विक्रीय धनमिच्छति। अनु ४५।१८

२. पूर्वे प्रवर्त्तितं किंचित् कुलेऽस्मिन् नृपसत्तमैः। इत्यादि। आदि ११३। ९–१६

३. कान्यकुब्जे महानासीत् पार्थिवः सुमहाबलः। इत्यादि। वन ११५।२०-२९। अनु ४।१०

४. उ० ११६ वां अध्याय—११९ वां अ०।

शुल्क ग्रहण करना उन्हें शुल्कदाताओं को बेच देना है। शुल्कग्रहण पूर्वक विवाह करने को दान नहीं कहा जाता।[१]

शुल्क की निन्दा—अति प्राचीन काल से ही शुल्कग्रहण प्रथा की निंदा होती चली आ रही है। इस विषय में पौराणिक गण महर्षि यम की एक गाथा की चर्चा करते हैं। गाथा यह है—"जो व्यक्ति अपने पुत्र या कन्या का विक्रय करता है अर्थात् जो उनके विवाह में शुल्क ग्रहण करता है, वह कालसूत्र नामक नरक में जाकर अंतहीन यन्त्रणा भोगता रहता है। आर्ष विवाह में शुल्क स्वरूप जो गायों की जोड़ी लेने की प्रथा है, वह भी संगत नहीं है। क्योंकि कम हो या अधिक, शुल्कस्वरूप कुछ लेना ही विक्रय के समान है। लोभ वश कोई-कोई शुल्क प्रथा का आचरण करते हैं यह सच है, किन्तु वह धर्मसंगत नहीं है। इसी प्रकार राक्षस विवाह भी अत्यन्त पापजनक है। पशु बेचना भी अनुचित है, फिर मनुष्य की तो बात ही क्या है। विशेषतः पुत्र व कन्या का विक्रय करना तो अतिशय गर्हित है।"[२]

कन्या के निमित्त अलंकार ग्रहण करना दोषयुक्त नहीं—अन्यत्र कहा गया है कि कन्या का पिता यदि कन्या को अलंकारादि देने के लिये वरपक्ष से शुल्क ग्रहण करे, तो उसमें कोई दोष नहीं है। इस रूप में ग्रहण करना विक्रय नहीं है। वरपक्ष से आभरण आदि लेकर कन्या को दे देने की प्रथा बहुत पहले से प्रचलित है।[३]

शुल्कदाता ही सच्चा वर—कन्या का पिता यदि वरपक्ष से शुल्क ग्रहण करे तो वह फिर किसी दूसरे वर के साथ कन्या का विवाह नहीं कर सकता। दूसरा कोई पुरुष धर्मानुसार इस कन्या से विवाह नहीं कर सकता।[४]

शुल्कदाता के विवाह से पूर्व विदेश चले जाने पर अन्य पुरुष के संसर्ग से पुत्रोत्पत्ति—शुल्कदान के बाद विवाह से पूर्व ही यदि शुल्कदाता दीर्घकाल के लिये कहीं

---

१. न हि शुल्कपरा सन्तः कन्यां ददति कर्हिचित्॥ अनु ४४।३१

२. यो मनुष्यः स्वकं पुत्रं विक्रीय धनमिच्छति।
कन्यां वा जीवितार्थाय यः शुल्केन प्रयच्छति॥ इत्यादि। अनु ४५।१८-२२
अन्योऽप्यथ न विक्रेयो मनुष्यः किं पुनः प्रजाः। अनु ४५।२३
ददातु कन्यां शुल्केन। अनु ९३।१३३। अनु ९४।३१
स्वसुतां चोपजीवतु। अनु ९३।११९
विक्रयञ्चाप्यत्यस्य कः कुर्यात् पुरुषो भुवि। आदि २२१।४
न ह्येव भार्या क्रेतव्या न विक्रेया कथञ्चन। अनु ४४।४६

३. अलंकृत्वा वहस्वेति यो दद्यादनुकूलतः। इत्यादि। अनु ४४।३२, ३३

४. यापुत्रकस्य ऋद्धस्य प्रतिपाल्या तदा भवेत्। अनु ४५।२

विदेश चला जाय, तो वह वाग्दत्ता कन्या किसी दूसरे उत्तम पुरुष के संसर्ग से सन्तान प्रसव कर सकती है। किन्तु वह सन्तान शुल्कदाता की सन्तान कहलावेगी, बीजी का उस पर कोई अधिकार नहीं होगा।[1]

प्रथम प्रस्तावक वरपक्ष---गुरुजनों की रुचि के अनुसार इन्हीं के कर्त्तृत्व में जो विवाह सम्पन्न होता था, उसमें प्रथम प्रस्ताव वरपक्ष की तरफ से होता था। शान्तनु, धृतराष्ट्र, पांडु, विदुर आदि प्रमुख व्यक्तियों के विवाह में उनकी तरफ से ही पहले प्रस्ताव किया गया था।[2] अभिमन्यु के विवाह में कन्यापक्ष प्रथम प्रस्तावक था। अज्ञातवास के बाद अर्जुन आदि वीरों का परिचय जान पाते ही मत्स्यराज ने उन्हें विशेष रूप से सम्मानित करने के लिये अर्जुन को कन्यादान करने की इच्छा प्रकट की। वह प्रस्ताव नीतिसंगत न समझने पर अर्जुन ने उत्तरा को पुत्रवधू के रूप में ग्रहण करने का प्रस्ताव किया और अंत में वही हुआ।[3]

परिवार में वयोवृद्ध व्यक्ति का दायित्व---परिवार में जो व्यक्ति बड़ा होता था, वही पुरोहित आदि के साथ कन्या के अभिभावक के घर जाकर संबंध का प्रस्ताव करता था। धृतराष्ट्र, पांडु व विदुर के विवाह में भीष्म वरकर्त्ता थे ।

पुरोहित भेजने का नियम---कभी-कभी विवाह का प्रस्ताव लेकर स्वयं न जाकर पुरोहित को भी भेजा जाता था। अर्जुन के लक्ष्यभेद के बाद द्रुपदराज ने अज्ञातवासी पांडवों के पास अपने पुरोहित को भेजा था।[4]

ब्राह्मणों की मध्यस्थता---ब्राह्मणों में कोई-कोई कार्यवश देश-विदेश का भ्रमण करता था और प्रसंगतः पात्र या पात्री की भी खोज करता था। सम्भवतः वह लोग घटक की तरह होते थे।[5]

स्वयंवर द्वारा कन्या-प्रार्थना---वर के स्वयं कन्यादाता के यहाँ जाकर कन्या के लिए प्रार्थना करने के भी उदाहरण महाभारत में विरल नहीं हैं। महर्षि अगस्त्य

---

१. तस्यार्थेऽपत्यमीहेत येन न्यायेन शक्नुयात्। अनु ४५।३

२. अभिगम्य दाशराजं कन्यां वव्रे पितुः स्वयम्। आदि १००।७५
ततो गांधारराजस्य प्रेषयामास भारत। आदि ११०।११
तामहं वरयिष्यामि पांडोरर्थे यशस्विनीम्॥ आदि ११३।६
ततस्तु वरयित्वा तामानीय भरतर्षभः।
विवाहं कारयामास विदुरस्य महामतेः॥ आदि ११४।१३

३. विः ७१ वाँ व ७२ वाँ अध्याय।

४. पुरोहितं प्रेषयामास तेषाम् ।आदि १९३।१४

५. अथ शुश्राव विप्रेभ्यो गांधारीं सुबलात्मजाम्। आदि ११०।९

ने विदर्भराज के निकट उपस्थित होकर कन्या के 'लिये प्रार्थना की थी।[१] ऋचीक मुनि ने कान्यकुब्जपति गाधि के कन्या के लिये प्रार्थना की थी।[२]

राजा प्रसेनजित से जमदग्नि ने कन्या के लिये प्रस्ताव किया था।[३] शान्तनु ने केवटराज के निकट उपस्थित होकर सत्यवती को माँगा।[४] अर्जुन ने मणिपुर-पति चैत्रवाहन के निकट उपस्थित होकर सत्यवती के लिये प्रार्थना की।[५]

पहले प्रस्ताव किये बिना कन्यादान---पहले किसी भी तरह का प्रस्ताव किये विना अश्वपति अपने मंत्री, मित्र, पुरोहित व कन्या सावित्री को साथ लेकर द्युमत्सेन के पुत्र सत्यवान को कन्यादान करने के उद्देश्य से उनके आश्रम में उपस्थित हुए, यद्यपि दरिद्र होने के कारण द्युमत्सेन पहले राजी नहीं हुए. किन्तु अश्वपति के बहुत अनुरोध करने पर अंत में सम्मति देने के लिये बाध्य हुए।[६]

वाग्दान---अभिभावकों द्वारा जो विवाह सम्पन्न होते थे, उनमें कन्यापक्ष वाले वरपक्ष वालों को जो वचन देते थे, इसका नाम था'वाग्दान'।[७]

अनिवार्य कारण से वाग्दान के बाद भी दूसरे पात्र को कन्यादान---वाग्दान के बाद यदि वर के शारीरिक या चरित्रगत दोष के बारे में पता लगे, तो दूसरे पात्र को कन्यादान करना ही उचित है। पाणिग्रहण से पूर्व केवल वाग्दान द्वारा कौमार्य भंग नहीं होता।

सब जगह ऐसा नियम नहीं था---यह हरेक को मान्य नहीं था। सावित्री ने अपने पिता से कहा था---"सिर्फ एक ही पात्र को कन्या दी जा सकती है, अतः एक बार जिसको मन ही मन स्वामी रूप में वरण कर लिया है, अब वही मेरा पति है।"[८]

स्वयंवर पिता के घर, राक्षस विवाह ससुराल में---स्वयंवर-सभा का अनुष्ठान कन्या के पिता के यहाँ होता था और राक्षस-विवाह एकमात्र वर के घर

---

१. वरये त्वां महीपाल लोपामुद्रां प्रयच्छ मे। वन ९७।२

२. ऋचीको भार्गवस्ताञ्च वरयामास भारत। वन ११५।२१

३. स प्रसेनजितं राजन्नधिगम्य जनाधिपम्।
रेणुकां वरयामास स च तस्मै ददौ नृपः॥ वन ११६।२

४. स गत्वा पितरं तस्या वरयामास तां तदा॥ आदि १००।५०

५. अभिगम्य च राजानमवदत् स्वं प्रयोजनम्। आदि २१५।१७

६. वन २९४ वाँ अध्याय।

७. दास्यामि भवते कन्यामिति पूर्वं न भाषितम्। अनु ४४।३४

८. तस्मादाग्रहणात् पाणेर्याचयन्ति परस्परम्। इत्यादि। अनु ४४।३५, ३६
यथेष्टं तत्र देया स्यान्नात्र कार्या विचारणा। अनु ४४।५१
सकृत् कन्या प्रदीयते। वन २९३।२६

होता था। दूसरे विवाहों के बारे में इस तरह का कोई नियम नहीं था। कभी वर के घर कन्या को लाकर विवाह हुआ करता था और कभी वर को कन्या के घर बुला लिया जाता था। भीष्म ने सत्यवती को हस्तिनापुर लाकर शान्तनु के साथ उसका विवाह किया था।[1] गांधार राजपुत्र शकुनि ने भगिनी सहित हस्तिनापुर उपस्थित होकर धृतराष्ट्र के साथ गांधारी का विवाह किया था।[2]

भीष्म माद्री को लेकर हस्तिनापुर गये और शुभलग्न में पांडु के साथ उनका विवाह किया।[3] विदुर का विवाह भी हस्तिनापुर में ही सम्पन्न हुआ था।[4]

कन्यादाता के घर विवाह—द्रौपदी का विवाह उनके पिता के घर हुआ। लक्ष्यभेद के बाद द्रुपदराजा को पता लगा कि पांडुपुत्र अर्जुन ही द्रौपदी का वर है। तब उन्होंने पुरोहित भेजकर पांडवों को अपनी नगरी में आने का निमंत्रण भेजा। उनके घर ही पाँचों पांडवों का विवाह सम्पन्न हुआ।[5] अभिमन्यु का विवाह भी उनकी ससुराल में ही हुआ था।[6]

उल्लिखित दोनों विवाहों के समय पांडव गृहहीन वनवासी थे। ससुराल में विवाह होने का यह कारण भी रहा होगा।

बराती—द्रौपदी व उत्तरा दोनों के विवाह में वरपक्ष वाले बहुत से सगे-संबंधी साथ लाये थे। पुरोहित व अन्य विज्ञ ब्राह्मणों को भी ससम्मान बराती बनाया गया था।

वर की माँ व अन्य महिलाएँ भी बरात में जाती थीं—वर के साथ उसकी माँ एवं अन्य संबंधी महिलाएँ भी जाती थीं।[7]

विवाहोत्सव में सगे-संबंधियों का निमन्त्रण—विवाह का निमन्त्रण मिलने पर सभी सगे-संबंधी विवाहोत्सव में सम्मिलित होने की चेष्टा करते थे। उस समय भी समाज में दूसरे उत्सवों की अपेक्षा विवाहोत्सव ही प्रधान माना जाता था।[8]

---

१. आगम्य हस्तिनपुरं शान्तनोः सं न्यवेदयत्। आदि १००।१००
२. ततो गांधारराजस्य पुत्रः शकुनिरभ्यगात्। इत्यादि। आदि ११०।१५, १६
३. स तां माद्रीमुपादाय भीष्मः सागरगाः सुतः। इत्यादि। आदि ११३।१७, १८
४. ततस्तु वरयित्वा तामानीय भरतर्षभः। इत्यादि। आदि ११४, १३
५. आदि १९९ वाँ अध्याय।
६. वि : ७२ वाँ अध्याय।
७. कुंती तु कृष्णां परिगृह्य साध्वीमन्तःपुरं द्रुपदस्याविवेश। आदि १९४।९
वि : ७२ वाँ अध्याय
८. वि : ७२ वाँ अध्याय।

लग्न-निश्चय---दोनों पक्षों की सम्मति से विवाह का लग्न तय किया जाता था। निर्दिष्ट शुभ लग्न में कन्या का पिता या दूसरा कोई संबंधी अग्नि की साक्षी से कन्यादान करता था।

विवाह में होम आदि अनुष्ठान---वर अग्नि में आहुति देकर अग्नि को साक्षी बनाकर कन्या को धर्मपत्नी के रूप में ग्रहण करता था। मन्त्रपूर्वक पत्नीग्रहण प्रकृत विवाह है---महाभारत का यही अभिमत है।[१] उमा-महेश्वरसंवाद में कहा गया है कि यद्यपि वर व कन्या के अभिभावकों के एक दूसरे को वचन दे देने से ही विवाह सम्पन्न हो जाता है, तथापि अग्नि के साक्ष्य से वर-कन्या का परस्पर प्रतिज्ञा करना ही सहधर्माचरण का आधार है। सहधर्माचरण दम्पति का सनातन धर्म है।[२]

पुरोहित द्वारा होम---द्रौपदी के विवाह-वर्णन में देखने को मिलता है---पुरोहित धौम्य ने मंत्र द्वारा प्रज्वलित अग्नि में आहुति प्रदान की।[३]

दम्पति की अग्निप्रदक्षिणा---दम्पति एक दूसरे का हाथ पकड़कर अग्नि की प्रदक्षिणा करते थे।[४]

पाणिग्रहण---वर द्वारा कन्या का पाणिग्रहण विवाह के अन्यतम प्रधान अंग के रूप में विवेचित होता था। गांधर्व एवं स्वयंवर विधान में भी पाणिग्रहण का नियम था। शकुन्तला, देवयानी, द्रौपदी आदि के विवाह में यह अनुष्ठान यथारीति सम्पादित हुआ था।[५] पाणिग्रहण एक आवश्यक कर्त्तव्य होने के कारण विवाह का दूसरा नाम 'पाणिग्रहण' पड़ा।

---

१. **बन्धुभिः समनुज्ञाते मन्त्रहोमौ प्रयोजयेत्। इत्यादि। अनु ४४।२५-२७**
अनुकूलामनुवंशां भ्रात्रा दत्तामुपाग्निकाम्। अनु ४४।५६

२. **स्त्रीधर्मः पूर्व एवायं विवाहे बन्धुभिः कृतः।**
सहधर्मचरी भर्त्तुर्भवत्यग्निसमीपतः।। अनु १४६।३४
दम्पत्योरेष वै धर्मः सहधर्म कृतः शुभः।। अनु १४६।४०
हुत्वा सम्यक् समिद्धाग्निम्। वि० ७२।३७

३. **ततः समाधाय स वेदपारगः।**
जुहाव मन्त्रैर्ज्वलितं हुताशनम्।। आदि १९९।११

४. **प्रदक्षिणं तौ प्रगृहीतपाणी। आदि १९९।१२**

५. **जग्राह विधिवत् पाणौ। ७३।२०**
पाणिं कृष्णायास्त्वं गृहाणाद्य पूर्वम्।। आदि १९९।५
पाणिग्रहणमन्त्राश्च प्रथितं वरलक्षणम्। द्रो० ५३।१६
पाणिधर्मो नाहुषायं न पुंभिः सेवितः पुरा।। आदि ८१।२१

सप्तपदी के बाद विवाह पूर्ण होता है—विवाह-संस्कार में एक शास्त्रीय अनुष्ठान और भी है, उसका नाम है 'सप्तपदीगमन'। वर और कन्या को सात पद साथ उठाने पड़ते हैं। आमरण सब कार्यों में दम्पति एक दूसरे के संगी और सहायक हैं, इसका ही एक इशारा सप्तपदी अनुष्ठान में निहित है। इस क्रिया के न होने तक विवाह सम्पूर्ण नहीं होता। पित्रादि द्वारा अग्नि की साक्षी से कन्यादान, वर का पाणिग्रहण और मेरी भार्या है, आदि कई अनुष्ठानों को ही विवाह कहा जाता है। सप्तपदी (फेरे) ही विवाह का प्रधान अंग है। सप्तपदी के बाद कन्या पितृगोत्र त्यागकर पतिगोत्र को प्राप्त होती है।[1]

हरिद्रास्नान—विवाह में और एक अनुष्ठान था, जो केवल आचार रूप में ही गिना जाता था। वर व कन्या हल्दी का चूर्ण एक दूसरे के शरीर पर मल देते थे। नीलकंठ ने कहा है—पाणिग्रहण से पूर्व कई मांगलिक अनुष्ठान होते थे, इन्हीं में हरिद्रास्नान भी एक था।[2]

विवाहमंडप-वर्णन—विवाह-मंडप को उत्कृष्ट अगर द्वारा धूपित किया जाता था, चन्दन से लीपकर अनेक प्रकार की सुगंधित पुष्पमालाओं से भूषित किया जाता था। विवाह-मंडप की सौंदर्य-वृद्धि में सामर्थ्यानुसार कोई भी त्रुटि नहीं रखता था। मांगलिक शंख एवं तूर्य-निनाद से विवाह-गृह मुखरित रहता था। लोगों के आनन्द की, कोलाहल की कोई सीमा नहीं रहती थी। 'दीयतां', 'भोज्यतां' आदि शब्दों से और आत्मीय-अनात्मीय स्त्री-पुरुषों के आवागमन के कारण विवाह-गृह में एक मुहूर्त के लिये भी शांति नहीं रह पाती थी। महाभारत में जिन दो-चार विवाहघरों का चित्र खींचा गया है, वह बहुत ही उज्ज्वल है।[3]

स्वयंवर-वर्णन—स्वयंवर सभाओं के उत्सव-मुखरित मंडप में ब्राह्मण, क्षत्रिय, वैश्य, शूद्र, पंडित, मूर्ख, धनी, दरिद्र सभी उपस्थित रहते थे। कन्याप्रार्थियों की साजसज्जा में भी तड़क-भड़क की कमी नहीं रहती थी। वे भी कानों में कुंडल,

---

१. **पाणिग्रहणमन्त्राणां निष्ठा स्यात् सप्तमे पदे॥ अनु ४४।५५**
नन्वेषां निश्चिता निष्ठा निष्ठा सप्तपदी स्मृता॥ द्रो ५६।१६

२. **पादप्रक्षालनं कुर्यात् कुमार्याः सन्निधौ मम॥ उ ३५।३८। नीलकंठ द्रष्टव्य।**
सर्वमंगलमन्त्रं वै। अनु ४४।५४। नीलकंठ द्रष्टव्य।

३. **तूर्यौघशतसंकीर्णः परार्ध्यागुरुधूपितः। इत्यादि। आदि १८५।१८-२२**
ततः शंखाश्च भेर्यश्च पणवानक-गोमुखाः। इत्यादि। वि ७२।२७
तन्महोत्सवसंकाशं हृष्टपुष्टजनावृतम्।
नगरं मत्स्यराजस्य शुशुभे भरतर्षभ॥ वि ७२।४०

गले में बहुमूल्य हार, मूल्यवान वस्त्रों तथा उत्तरीय आदि से सुसज्जित होते थे। चंदन, कुंकुम आदि सुगंधित द्रव्यों का अनुलेप करके उत्कंठा मिश्रित आनन्द से प्रत्येक बराती प्रतीक्षा करता था। (कोई-कोई तो दो-तीन सप्ताह पहले ही कन्या के पितृगृह में उपस्थित हो जाता था) यथासमय शुभमुहूर्त में सुवसना, सर्वाभरण-भूषित कन्या हाथ में पुष्पमाला या कांचनमाल लिये सभामंडप में प्रवेश करती। चारों दिशाएँ तूर्यध्वनि से मुखरित रहतीं। पुरोहित सभामंडप में ही कुश-कंडिका करके अग्नि में वेदमन्त्रों के पाठ के साथ घृताहुति देते। उपस्थित ब्राह्मण समस्वर में स्वस्तिवचन का पाठ करते। उसके बाद पितृपक्ष के आदेश से तूर्यध्वनि बंद होती। सभा निःशब्द हो जाती। कन्या का भाई (अथवा बहन या कोई भी निकट संबंधी) अभ्यागत प्रार्थियों में से प्रत्येक का नाम और गोत्र बताकर बहन को परिचित कराता। कन्या यदि पहले से ही किसी की शूरवीरता की कहानी सुनकर उस पर आकृष्ट होती, तो उसी के गले में वरमाला डाल देती। माला के साथ वर को शुक्लवस्त्र देने की प्रथा भी थी। इसके बाद कन्या का पिता शास्त्रीय विधान के अनुसार शुभमुहूर्त में मनोनीत वर के हाथ में कन्या का हाथ पकड़ा देता।[1]

कन्यादान द्वारा प्रदत्त दहेज---कन्या के विवाह में हर कोई यथाशक्ति कन्या को अलंकृत करने में कृपणता नहीं दिखाता था। वर को भी यथेष्ट परिमाण में उत्कृष्ट वस्त्राभरण आदि कन्या का पिता ही देता था। विवाह के बाद वर को हाथी, घोड़े, मणि, माणिक्य, वस्त्र, अलंकार, दास, दासी आदि यथाशक्ति दहेज में दिये जाते थे।[2] दहेज देने के जितने भी उदाहरण मिलते हैं, सब धनी समाज के मिलते हैं। दरिद्रों में किस तरह व्यवहार होता था, महाभारत में इसका कोई उदाहरण नहीं है।

भोजन-पान---विवाह में सम्मिलित, निमन्त्रित, अनिमन्त्रित सभी की विधिवत् अभ्यर्थना करके उन्हें अच्छी तरह खिलाया-पिलाया जाता था।[3]

---

१. आदि ११२ वाँ अध्याय। आदि १८५ वाँ अ०। वन ५७ वाँ अ०
आदाय शुक्लांवरमाल्यदाम, जगाम कुन्तीसुतमुत्स्मयन्ती। आदि १८८।२७

२. कृते विवाहे द्रुपदो धनं ददौ। इत्यादि। आदि १९९।१५-१७
तेषां ददौ हृषीकेशो जन्यार्थे धनमुत्तमम्॥ इत्यादि। आदि २२१।४४।५०
तस्मै सप्तसहस्राणि हयानां वातरंहसाम्। इत्यादि। वि० ७२। ३६, ३७
दत्वा स भगिनीं वीर यथार्हञ्च परिच्छदम्। आदि ११०।१७

३. उच्चावचान् मृगान् जघ्नुः। वि० ७२।२८
भोजनानि च हृद्यानि पानानिविविधानि च॥ वि० ७२।४०

ब्राह्मणों को दान---उपस्थित ब्राह्मणों की शास्त्रानुसार अर्चना करके दक्षिणा में उन्हें धन, रत्न आदि दिये जाते थे। दोनों पक्ष ब्राह्मणों को दान देते थे।[1]

आत्मीय स्वजनों द्वारा उपहार प्रदान---विवाह के बाद सगे-संबंधी वर व कन्या को अनेक प्रकार के वस्त्र, अलंकार आदि उपहार में देते। जो स्वयं उत्सव में सम्मिलित नहीं हो पाते, वे किसी के हाथ भेज देते। पांडवों के विवाह के बाद श्रीकृष्ण ने प्रचुर मात्रा में उत्कृष्ट उपहार भेजे थे। अभिमन्यु के विवाह में भी तरह-तरह के उपहार लेकर वे स्वयं उपस्थित हुए थे।[2]

वर के घर कन्यापक्षवालों का सत्कार---नये संबंध स्थापित होने के बाद नववधू के भाई या पितृपक्ष से किसी दूसरे निकट संबंधी के वर के घर आने पर आमोद-प्रमोद की धूम मच जाती थी। और फिर लौटते वक्त वरपक्ष वाले भी उन्हें अनेक प्रकार के मणिरत्नादि वस्तुएँ उपहार में देते थे।[3] यहाँ भी जितने वर्णन मिलते हैं, सब धनी समाज के ही हैं, मध्यवित्त व दरिद्रों के उत्सव आदि का कोई चित्र नहीं मिलता। धनी समाज के नियम संभवतः सभी समाजों में अपनी-अपनी सामर्थ्य के अनुसार प्रचलित थे। आनन्द सबके लिए ही समान था। हर बात में ही श्रेष्ठों का अनुकरण समाज में सदा से प्रचलित रहा है।

---

१. अर्च्चायत्वा द्विजन्मनः। वि० ७२।३७
ब्राह्मणेभ्यो ददौ वित्तं यदुपाहरदच्युतः॥ वि० ७२।३८

२. ततस्तु कृतदारेभ्यः पांडुभ्यः प्राहिणोद्धरिः।
वैदूर्यमणिचित्राणि हैमान्याभरणानि च॥ इत्यादि। आदि १९९।१३-१८

३. रत्नान्यादाय शुभ्राणि दत्तानि कुरुसत्तमैः। आदि २२१।६२

विवाह (ख)

विवाह में वर्ण-विचार—उस काल के समाज में ब्राह्मण के लिये ब्राह्मण, क्षत्रिय या वैश्य किसी भी कन्या के साथ विवाह करना निषिद्ध नहीं था। क्षत्रिय क्षत्रिय और वैश्य कन्या से विवाह करते थे। वैश्य केवल वैश्य कन्या से ही विवाह कर सकता था। शूद्र के लिये किसी दूसरे वर्ण की कन्या से विवाह करने का नियम नहीं था।

प्रतिलोम विवाह की निन्दा—महाभारत में प्रतिलोम विवाह को बहुत निन्दनीय बताया गया है। क्षत्रिय राजा ययाति ने ब्राह्मण कन्या देवयानी का पाणिग्रहण किया था। पहले तो धर्मग्लानि के डर से उन्होंने देवयानी की प्रार्थना स्वीकार नहीं की। बाद में जब शुक्राचार्य ने कहा—"तुम विवाह करो, तुम्हारे अधर्म का प्रतीकार मैं करूँगा"—तभी राजा विवाह के लिये तैयार हुए।[1]

विदुर यदि चाहते, तो क्षत्रिय कन्या से विवाह न कर सकते, ऐसी बात नहीं थी, धर्मनाश के डर से ही उन्होंने पारशवी (जिसका पिता ब्राह्मण एवं माता शूद्र थी) कन्या से विवाह किया।[2]

शकुन्तलोपाख्यान में भी देखने को मिलता है कि दुष्यन्त ने शकुन्तला को ब्राह्मणदुहिता समझकर जरा निराश स्वर में ही उसका कुलशील जानने के लिये प्रश्न किया था। शकुन्तला का जन्मवृत्तान्त सुनते ही जरा भी हिचकिचाये बिना अत्यन्त आग्रह सहित उन्होंने उससे विवाह का प्रस्ताव किया था। प्रतिलोम विवाह का प्रचलन होता, तो ब्राह्मण कन्या से विवाह करने में क्षत्रियों को आशंका का कोई कारण न रहता ; दुष्यन्त पहले ही प्रस्ताव कर सकते थे।[3]

द्रौपदी की स्वयंवर सभा में ब्राह्मण आदि समस्त जातियों के पुरुष उपस्थित थे। कर्ण भी लक्ष्यभेद के उद्देश्य से सभा में गया था। उसके धनुष पर वाण चढ़ाते

---

१. विद्धौशनसि भद्रन्ते न त्वामर्होऽस्मि भाविनि।
अविवाह्या हि राजानो देवयानी पितुस्तव॥ आदि ८१।१८-३०

२. अथ पारशवीं कन्यां देवकस्य महीपतेः। इत्यादि। आदि ११४ १२, १३

३. आदि ७१ वाँ और ७२ वाँ अध्याय।

ही द्रौपदी उच्च स्वर में बोल पड़ी—"मैं सूतपुत्र को वरण नहीं करूँगी।"[1] उस सभा में उपस्थित व्यक्तियों में से किसी ने भी कर्ण को मना नहीं किया। धृष्टद्युम्न भी उपस्थित थे, उन्होंने भी कुछ नहीं कहा; जब कि कर्ण को सभी सूतपुत्र के रूप में जानते थे। इससे लगता है कि प्रतिलोम विवाह निषिद्ध या निन्दित होते हुए भी समाज में बिल्कुल ही अप्रचलित नहीं था। जिन स्वयंवरों में वीरत्व ही प्रण होता हो, उन स्थलों पर जाति-धर्म पर विचार करना सम्भव हो सकता है कि नहीं, यह भी विचारणीय है। वीरत्व या रण-कौशल देखकर कोई कन्यादान करना चाहे, तो फिर जाति-वर्ण आदि पर विचार करने की बात ही कहाँ उठती है।

अनुलोम विवाह—अनुलोम विवाह के उदाहरण असंख्य मिलते हैं। पराशर का सत्यवती से विवाह (आदि ६३ वाँ अ०) च्यवनऋषि का सुकन्या से विवाह (वन १२२ वाँ अ०) ऋचीक का गाधिकन्या से विवाह (वन ११५।२१, अनु० ४।१९), ऋष्यशृंग का शान्ता से विवाह (वन ११३ वाँ अ०), अगस्त्य का लोपामुद्रा से विवाह (वन ९७ वाँ अ०), जमदग्नि का रेणुका से विवाह (वन ११६।२) आदि अनुलोम विवाह के उदाहरण हैं। विवाह से पूर्व शान्तनु सत्यवती को धीवरकन्या के रूप में ही जानते थे। धीवरकन्या से विवाह किया जा सकता है कि नहीं—इस विषय में कोई सन्देह ही उनके मन में पैदा नहीं हुआ था, कुंठाहीन चित्त से उन्होंने दाशराज के समीप उपस्थित होकर कन्या के लिये प्रार्थना की थी। इससे भी अच्छी तरह समझ में आ जाता है कि अनुलोम विवाह निन्दनीय नहीं था। (आदि १००वाँ अध्याय)

द्विजाति का शूद्राग्रहण निन्दनीय—द्विजाति का शूद्रजातीय पत्नी ग्रहण करना किसी-किसी समाज में प्रचलित होने पर भी निन्दनीय माना जाता था। काफी लोग थे, जो इस व्यवहार का समर्थन नहीं करते थे।[2] कृतघ्नोपाख्यान में एक मध्यदेशी ब्राह्मण की कथा वर्णित है। अपना परिचय देते हुए उसने बताया था—"मैं कोल-भीलों में रहता हूँ, मेरी भार्या शूद्रा है विशेषतः पुनर्भू (जो पहले किसी दूसरे के साथ ब्याही जा चुकी हो)। ब्राह्मण बिल्कुल ही दुराचारी था, यह उस प्रकरण को देखने से अच्छी तरह समझ में आ जाता है।[3] और भी एक स्थान पर किसी ब्राह्मण की निषाद-पत्नी का वर्णन मिलता है।[4]

---

१. दृष्ट्वा तु तं द्रौपदी वाक्यमुच्चैर्जगाद नाहं वरयामि सूतम् ॥ आदि १८७।२३
२. अहोस्विदन्ततो नष्टं श्राद्धं शूद्रपिताविव। द्रो ६९।३
३. मध्यदेशप्रसूतोऽहं वासो मे शबरालये। इत्यादि। शा १७१।५
४. निषादी मम भार्येऽयं निर्गच्छतु मया सह। आदि २९।३

द्विजाति के शूद्राग्रहण में मतभेद—महाभारत में विवाह-कथन प्रकरण में किसी के मत का उल्लेख करते हुए कहा गया है कि द्विज केवल संभोग के निमित्त शूद्रा भार्या ग्रहण कर सकता है, किन्तु उनके द्वारा उत्पन्न सन्तान -संतति को धर्मानुसार पारलौकिक कार्य करने का अधिकार नहीं दिया जायेगा और किसी का मत है कि शूद्रा से विवाह द्विजाति के लिये बिल्कुल गर्हित है। क्योंकि पति स्वयं पुत्र रूप में पत्नी के गर्भ में आता है।[1]

विभिन्न जाति के मिलन से उत्पन्न सन्तान का परिचय—अनुलोम विवाह से उत्पन्न सन्तान समाज में कहीं पिता के परिचय से, कहीं माता के परिचय से गृहीत होती थीं। देवयानी की सन्तानें पिता की जाति से परिचित थीं, जननी के ब्राह्मण कन्या होने पर भी वे ब्राह्मण नहीं कहलाईं। कृष्णद्वैपायन धीवरपालिता क्षत्रिय-कन्या के गर्भ से उत्पन्न होने पर भी पिता के परिचय अर्थात् ब्राह्मण रूप में ही समाज में गृहीत हुए थे। विदुर ब्राह्मण के औरस पुत्र होने पर भी जननी की जाति के अनुसार शूद्र रूप में ही समाज में परिचित थे। इससे पता लगता है कि सन्तान के जाति-परिचय के बारे में कोई निर्दिष्ट नियम नहीं था।

वर्ण-संकर सन्तान का मातृजाति से परिचित होने का नियम—साधारणतः विभिन्न जातीय स्त्री-पुरुष के मिलन से जो सन्तान उत्पन्न होती है, उसका जननी की जाति में ही परिचित होने का नियम है।[2] किन्तु महाभारतकालीन समाज में यह नियम सर्वत्र प्रचलित नहीं था। समान वर्ण वर-कन्या का विवाह सर्वोपेक्षा प्रशस्त माना जाता था।

महाभारत के अनुशीलन से और भी एक विशेषता लक्ष्य में आती है। अधिकांश धार्मिक व वीर पुरुषों का जन्मवृत्तान्त साधारण नियम के व्यतिक्रम की सूचना देता है। अनेक स्थलों पर पिता व माता की जाति विभिन्न मिलती है। इस प्रकार के विवाह का कोई विशेष कारण था कि नहीं, यह सोचने का विषय है।

देवता, यक्ष आदि के साथ मनुष्य का विवाह—देवता, यक्ष, राक्षस, नाग, सुपर्ण आदि भिन्न जातीय स्त्री-पुरुषों में विवाह की प्रथा भी समाज में प्रचलित थी। नाग, सुपर्ण आदि भी मनुष्य थे, यह निश्चित रूप से कहा जा सकता है। राक्षस

---

१. रतर्थ्यमपि शूद्रा स्यान्नेत्याहुरपरे जनाः।
अपत्यजन्म शूद्रायां न प्रशंसन्ति साधवः।। अनु ४४।१२ नीलकंठ द्रष्टव्य।

२. भार्याश्च तस्यो विप्रस्य द्वयोरात्मा प्रजायते।
आनुपूर्व्या द्वयोर्हीनौ मातृजात्यौ प्रसूयतः।। अनु ४८।४ नीलकंठ द्रष्टव्य।

नामक जिस सम्प्रदाय को हम विभीषका की दृष्टि से देखते हैं, वह भी वस्तुतः वैसा नहीं था। वह लोग शायद मनुष्यों में ही अपेक्षाकृत उग्रपंथी लोग थे। देवता भी इसी प्रकार सम्भवतः विशेष शक्तिसम्पन्न मनुष्य-सम्प्रदाय का ही नामान्तर है। इस प्रकार सोचे बिना विवाह-संबंध के सामञ्जस्य की रक्षा नहीं की जा सकती। महाभारत में वर्णित बहुत से विवाह जाति वैचित्र्य के उदाहरण हैं, जैसे—शान्तनु एवं गंगा का विवाह, जरत्कारु ऋषि एवं वासुकिभगिनी का विवाह, भीम व हिडिम्बा का विवाह, अर्जुन व उलूपी का विवाह, मर्हषि मन्दपाल व शारंगी का परिणय आदि। नागराज वासुकि ने भीम को अपने दौहित्र का दौहित्र बताया है।[1] इससे प्रमाणित होता है, महाभारत की रचना के बहुत पहले से समाज में ये व्यवहार प्रचलित थे।

सौन्दर्य के आकर्षण से विवाह—जहाँ केवल सौन्दर्य के आकर्षण से विवाह सम्पन्न हुआ हो, इस तरह के उदाहरण भी महाभारत में बहुत मिलते हैं। शान्तनु के साथ गगा के विवाह को, अर्जुन के साथ चित्रांगदा और उलूपी के विवाह को एवं भीम के साथ हिडिम्बा के विवाह को उदाहरणस्वरूप लिया जा सकता है। किसी-किसी जगह युवक प्रथम प्रस्तावक है, तो किसी जगह युवती ने पहले आत्मसमर्पण किया है।

स्त्री-पुरुष के मिलन की आकांक्षा का प्राधान्य—यद्यपि सन्तानोत्पत्ति द्वारा वंशधारा की रक्षा करना ही विवाह का प्रधान उद्देश्य माना जाता था, लेकिन वह आदर्श तात्कालिक समाज में सिर्फ मुँह की बात तक ही सीमित था। स्त्री-पुरुष के मिलन की आकांक्षा को ही महाभारत में प्रधानता दी गई है। पुत्र होते हुए भी शान्तनु का पुर्नविवाह, विचित्रवीर्य का एकाधिक विवाह, पांडु के दो विवाह एवं ब्रह्मचारी अर्जुन के उलूपी और चित्रांगदा परिणय से हम इस निष्कर्ष पर पहुँच सकते हैं।

आदर्श-स्खलन—आदर्श एक बात है, समाज की गति दूसरी बात। कोई भी समाज किसी भी काल में आदर्श का पूर्ण रूप से अनुसरण नहीं कर सका। महाभारत में काफी ऊँचे आदर्शों का विधान होते हुए भी समाज इन्हें मानकर नहीं चल सका। इसीलिए विवाह आदि जैसे प्रधान-प्रधान विषयों में भी समय-समय पर आदर्श से च्युत होने के दृष्टांत मिलते हैं। महाभारत की तो विशेषता यही है। प्रत्येक पात्र के चरित्र में मनुष्यसुलभ दो-चार दोष या दुर्बलताएँ अवश्य मिलती हैं। विवाह में भी शायद वही दुर्बलता विजयी हुई है।

---

१. तदा दौहित्रदौहित्रः परिष्वक्तः सुपीडितम्। आदि १२८।६५

विवाह का प्रधान उद्देश्य—शास्त्रीय विधान के अनुसार विवाह का प्रधान उद्देश्य पुत्रलाभ है। महाभारत में बहुत जगह इस संबंध में कहा गया है।[1]

पुत्र शब्द का अर्थ—इहलोक व परलोक दोनों में जो समस्त अकल्याणों से रक्षा करे, वही पुत्र का पुत्रत्व है।[2]

पुत्र के प्रकार-भेद—महाभारत में बारह प्रकार के पुत्रों का उल्लेख किया गया है।

(क) **स्वयंजात**—विवाहिता पत्नी से जिस पुत्र की स्वयं उत्पत्ति की जाय, उसकी संज्ञा 'स्वयंजात' है।

(ख) **प्रणीत**—विवहिता पत्नी से किसी दूसरे उत्तम पुरुष द्वारा जो पुत्र-लाभ किया जाय, उसका नाम 'प्रणीत' है।

(ग) **परिक्रीत**—दूसरे पुरुष को धन द्वारा प्रलोभित करके अपनी विवाहिता पत्नी रो नियोग कराने के फलस्वरूप जो पुत्र उत्पन्न होता है, उसे 'परिक्रीत' कहते हैं।

(घ) **पौनर्भव**—दूसरे की विवाहिता पत्नी को यदि कोई पुरुष द्वितीय बार स्त्रीरूप में ग्रहण करे, तो द्वितीय पति के औरस से उस स्त्री के गर्भ में जिस पुत्र की उत्पत्ति होती है, इसकी संज्ञा 'पौनर्भव' है। पौनर्भव पुत्र पिता के पुत्ररूप में ही समाज में गृहीत होता है।

(ङ) **कानीन**—विवाह से पूर्व ही कुमारी के गर्भ से जो पुत्र उत्पन्न हो, वह 'कानीन' कहलाता है।

(च) **स्वैरिणीज**—विवाहिता स्वैरिणी महिला के गर्भ में पति के अलावा कोई समान जातीय या उत्तम जातीय पुरुष जिस पुत्र का उत्पादन करे, उस पुत्र को 'स्वैरिणीज' कहते हैं।

---

१. बहुकल्याणमिच्छन्त ईहन्ते पितरः सुतान्। शा १५०।१४
भार्यायां जनितं पुत्रमादर्शेस्विव चाननम्। इत्यादि। आदि ७४।४९, ६६
अनपत्यः शुभांल्लोकान्न प्राप्स्यामीति चिन्तयन्। आदि १२०।३०
तत्तारयति सन्तत्या पूर्वप्रेतान पितामहान्। आदि ७४।३८
कुलवंशप्रतिष्ठां हि पितरः पुत्रमब्रुवन्। आदि ७४।९८
वृथा जन्म ह्यपुत्रस्य। वन १९९।४
रेतोधाः पुत्र उन्नयति नरदेव यमक्षयात्। आदि ७४।१११
अग्निहोत्रं त्रयी विद्यासन्तानमपि चाक्षयम्।
सर्वाण्येतान्यपत्यस्य कलां नार्हन्ति षोडशीम्॥ आदि १००।६८
[illegible]था [illegible]येत् पुत्रः पुत्र इत्युच्यते बुधैः। आदि १५९।५

उल्लिखित छह प्रकार के पुत्रों में 'स्वयंजात' और 'पौनर्भव' पुत्र को 'औरस' पुत्र कहा जाता है। कानीन पुत्र 'औरस' न होते हुए भी 'व्यवहित-औरस-पुत्र' कहा जाता है। 'प्रणीत', 'परिक्रीत' एवं 'स्वैरिणीज' इन तीनों प्रकार के पुत्रों को 'क्षेत्रज पुत्र' कहते हैं। उल्लिखित छह प्रकार के पुत्रों को 'बंधुदायाद' कहा जाता था, अर्थात् वे पिता की सम्पत्ति के उत्तराधिकारी होते थे ।

अन्य जिन छह प्रकार के पुत्रों का उल्लेख किया जायगा, वे पिता की सम्पत्ति के अधिकारी नहीं होते थे , इसलिये उन्हें 'अबंधुदायाद' कहा गया है।

(छ) **दत्त**––माता-पिता जिस पुत्र को अन्य अपुत्रक व्यक्ति के पुत्ररूप में दान कर देते हैं उसे 'दत्त' कहते हैं।

(ज) **क्रीत**––मूल्य के विनिमय से यदि किसी का पुत्र खरीद कर लाया जाय, तो उस पुत्र को 'क्रीत' कहते हैं।

(झ) **कृत्रिम**––यदि कोई बालक स्वयं उपस्थित होकर किसी को पेता कह कर सम्बोधित करे, तो उस पुत्र को 'कृत्रिम' संज्ञा दी जाती है।

(ञ) **सहोढ़**––यदि विवाह के समय ही पात्री गर्भवती हो, तो उस गर्भजात सन्तान को 'सहोढ़' कहा जाता है।

(ट) **ज्ञातिरेता**–सहोदर से भिन्न दूसरी जाति के पुत्र को 'ज्ञातिरेता' कहा जाता है।

(ठ) **हीनयोनिधृत**––अपनी अपेक्षा अधम जातीय स्त्री से उत्पादित पुत्र को 'हीनयोनिधृत' कहा जाता है।

उल्लिखित बारह प्रकार के पुत्रों में क्रमशः पूर्व-पूर्व के पुत्र प्रशस्त हैं।[1]

पंचविध पुत्र––अन्यत्र पाँच प्रकार के पुत्रों का वर्णन किया गया है। औरस, लब्ध, क्रीत, पालित एवं क्षेत्रज ये पाँच प्रकार के पुत्र इहलोक में धर्म व प्रीति की वृद्धि करते हैं और परलोक में पितृगण को नरक से परित्राण दिलाते हैं।[2]

बीस प्रकार के पुत्र––भीष्म-युधिष्ठिर-संवाद में बीस प्रकार के पुत्रों का उल्लेख किया गया है। पूर्वोक्त बारह प्रकार के पुत्रों के अलावा जिन आठ प्रकार के पुत्रों का वर्णन मिलता है, वे विभिन्न जातीय स्त्री-पुरुष के मिलन से उत्पन्न वर्णसंकर सन्तान होती हैं।[3]

---

१. स्वयंजातः प्रणीतश्च परिक्रीतश्च वा सुतः। इत्यादि। आदि १२०।३३-३५ नीलकण्ठ द्रष्टव्य।

२. स्वपत्नीप्रभवान् पंच लब्धान् क्रीतान् विवर्द्धितान्। इत्यादि। आदि ७४। ९९, १००

३. अनु ४९ वां अध्याय।

पुत्रिकापुत्र मातामह का वंशरक्षक—'पुत्रिकापुत्र' मातामह के वंशरक्षक के रूप में गृहीत होता था। भ्रातृहीना कन्या को अविवाहयोग्य क्यों माना गया है, इसके बारे में बताते वक्त इस विषय पर विस्तृत रूप में कहा जा चुका है।[१] बभ्रुवाहन (अर्जुन का पुत्र) अपने मातामह के पुत्रिकापुत्र थे।[२] टीकाकार नीलकंठ ने कहा है कि दक्षिण केरल में पुत्रिकापुत्र ही मातामह की सम्पत्ति का अधिकारी होता है, औरस पुत्र को सम्पत्ति नहीं मिलती।[३]

क्षेत्रजपुत्र पर क्षेत्री का ही अधिकार, बीजी का नहीं—क्षेत्रज पुत्र के संबंध में जो नियम है, उससे पता लगता है कि क्षेत्रज हमेशा पाणिग्रहीता का पुत्र माना जाता था, बीजी का नहीं। व्यास के औरस से जन्म लेने पर भी धृतराष्ट्र आदि तीन भाई विचित्रवीर्य के ही क्षेत्रज पुत्र कहलाये। पंचपांडव भी पांडु के पुत्ररूप में समाज में गृहीत थे। महाभारत में इस तरह के अनेकों उदाहरण उद्धृत हैं। अनुशासन पर्व के पुत्रविभाग प्रकरण में भीष्म युधिष्ठिर से कहते हैं, "यदि कोई परस्त्री के गर्भ में पुत्रोत्पत्ति करे, तो उस पुत्र पर उत्पादक का ही अधिकार होता है, किन्तु यदि लोकापवाद के भय से उत्पादक पिता उस पुत्र का त्याग करे, तो जिस नारी के गर्भ से पुत्र जन्मा हो, उसका पाणिग्रहीता ही पुत्र का पिता होगा।"[४] महाभारत में कहीं भी इस नियम के अनुकूल कोई उदाहरण नहीं मिलता। इससे लगता है कि वह नियम इस काल के समाज में प्रचलित नहीं था। सर्वत्र क्षेत्री ही पुत्र का अधिकारी होता था, बीजी का कोई अधिकार समाज स्वीकार नहीं करता था।

कुमारी की सन्तान पर पाणिग्रहीता का अधिकार—यदि कोई व्यक्ति गर्भवती कुमारी से विवाह करता था, तो उस गर्भजात सन्तान को समाज में पाणिग्रहीता की सन्तान के रूप में ही स्थान मिलता था।[५] किन्तु महाभारत में गर्भवती कन्या से विवाह का कोई उदाहरण नहीं मिलता। अतः इस विषय में उस काल के समाज में कैसा नियम प्रचलित था, यह समझने का कोई उपाय नहीं है।

---

१. विवाह (क) पृ० १४

२. पुत्रिकाहेतुविधिना संज्ञिता भरतर्षभ। इत्यादि। आदि २१५।२४, २५

३. अद्यापि पुत्रिकापुत्रस्यैव राज्यमिति दक्षिणकेरलेषु आचारो दृश्यते। नीलकंठ टीका आदि २१५।२५

४. आत्मजं पुत्रमुत्पाद्य यस्त्यजेत् कारणान्तरे।
न तत्र कारणं रेतः स क्षेत्रस्वामिनो भवेत्॥ अनु ४९।१५

५. पुत्रकामो हि पुत्रार्थे यां वृणीते विशाम्पते।
क्षेत्रजं तु प्रमाणं स्यान्न वै तत्रात्मजः सुतः॥ अन ४९।१६ द्रष्टव्य—नीलकंठ

'कृतक'-पुत्र के संस्कारादि का नियम––जिस पुत्र का माता-पिता गुप्त रूप से परित्याग कर देते थे, उस पुत्र का दयावश जो व्यक्ति लालन-पालन करता था, वही उसका पिता होता था। ऐसे पुत्र को 'कृतक'-पुत्र कहा जाता था। उस पुत्र के नामकरण आदि संस्कार से पहले यदि पालक पिता को उसके माता-पिता का पता लग जाता, तो पिता की जाति और धर्म के अनुसार उसकी संस्कार क्रिया करने का नियम था, और यदि जाति-धर्म किसी के बारे में पता नहीं लगता, तो अपने जाति-गोत्र के अनुसार ही संस्कारादि करने पड़ते थे।[1] कुन्ती द्वारा परित्यक्त कर्ण का राधा व अधिरथ नामक किसी सूत दम्पत्ति ने पालन किया था, एवं सूतजाति के विधान के अनुसार ही कर्ण के विवाह तक के सब संस्कार किये।

कानीन पुत्र का नियम––जातपुत्रा कुमारी से जो विवाह करता था, कानीन पुत्र उसी को पिता बताकर अपना परिचय देता था।[2]

कृष्णद्वैपायन 'कानीन' होते हुए भी 'शान्तनु' पुत्र के नाम से परिचित नहीं हुए––कृष्णद्वैपायन को सत्यवती के कानीन पुत्र होते हुए भी कहीं भी शान्तनु पुत्र नहीं कहा गया है। 'सत्यवतीसुत' एवं 'पाराशर्य' के नाम से ही परिचित हैं। अतः उल्लिखित शास्त्रीय विधान समाज ने सर्वत्र स्वीकार नहीं किया था।

कर्ण पांडु के ही कानीन पुत्र––कर्ण असल में पांडु के ही कानीन पुत्र थे। किन्तु लोक-लज्जा के डर से उन्हें नदी में बहा देने के कारण समाज में यह बात अप्रकट थी कि वे कुन्ती के गर्भजात हैं। इसी कारण वे सूत दम्पत्ति के कृतक-पुत्र थे।

कानीन व अध्यूढ़-पुत्र की निन्दा––कानीन व अध्यूढ़ पुत्र को समाज में प्रशस्त स्थान नहीं प्राप्त था, उनका जीवन जैसे अभिशप्त था। महाभारतकार ने उन्हें 'किल्विष' (पाप) की संज्ञा दी है। पालक पिता अपने वर्ण-गोत्र के अनुसार उनका वैदिक संस्कार करें––इस नियम में उनके प्रति किंचित् अनुग्रह प्रकट होता है। अन्यगोत्र या अन्यवर्णज होते हुए भी संस्कार द्वारा संस्कर्त्ता के ही वर्ण एवं गोत्र का तो होगा, किन्तु उन वर्णोचित क्रियाकलापों में कानीन पुत्र को अधिकार दिया जायगा कि नहीं, इस विषय में महाभारतकार ने कुछ नहीं कहा है। 'किल्विष'–विशेषण से अन्दाज लगता है कि उनके अधिकार भी सम्भवतः सीमित थे, व्यासदेव के कानीन होते हुए भी, उनकी बात साधारण से पृथक् थी।[3]

---

१. **मातापितृभ्यां यस्त्यक्तः पथि यस्तं प्रकल्पयेत्।
न चास्य मातापितरौ ज्ञायेतां स हि कृत्रिमः॥ इत्यादि। अनु ४९।२०-२५**

२. **वोढारं पितरं तस्य प्राहुः शास्त्रविदो जनाः। उ १४०।८**

३. **कानीनाध्यूढजौ वापि विज्ञयौ पुत्र किल्विषौ।
तावपि स्वाविव सुतौ संस्कार्याविति निश्चयः॥ अनु ४९।२५। द्र०—नीलकंठ**

कुमारी का सन्तान-प्रसव कलंक—पिता के घर कुमारी का सन्तान प्रसव करना समाज में बहुत बड़ा कलंक माना जाता था। कुन्ती देवी ने कुमारी अवस्था में ही गर्भधारण कर लिया था, किन्तु गर्भकाल उन्होंने बहुत ही गोपनीय रूप से बिताया था। एक धात्री के अलावा कोई भी यह बात नहीं जानता था। यथासमय उन्होंने सन्तान प्रसव की। दूसरे ही क्षण कलंक की बात ध्यान में आते ही उन्होंने धात्री से परामर्श लेकर एक मंजूषा को अच्छी तरह मोम से निश्छिद्र बनाया। अनिच्छा होते हुए भी समाज के डर से रोते-रोते उस मंजूषा में सद्यःजात शिशु को लिटाया और पेटी उठाकर नदी की ओर चलीं। बहुत ही अधीर होकर पेटी को नदी के स्रोत में बहा दिया। रोते-रोते देवताओं से पुत्र के कल्याण के लिये प्रार्थना की और गंभीर रात्रि में उस धात्री के साथ राजभवन लौटीं। इस असहाय वेदना को वे जीवन भर हृदय में छुपाये रहीं, समाज के प्रतीकार के डर से किसी पर सत्य प्रकट नहीं किया। कर्ण की मृत्यु के बाद उनकी पारलौकिक क्रिया के लिये युधिष्ठिर से कहते समय पहले-पहल सत्य प्रकट किया।[1]

इस घटना से अच्छी तरह समझ में आ जाता है कि कानीन पुत्र एवं अध्यूढ़-पुत्र को समाज में अच्छा स्थान नहीं मिलता था। कुमारी का गर्भधारण भी अत्यन्त गर्हित कहा जाता था। इसी कारण कुन्ती समाज के डर से जीवन भर तिल-तिल करके जलती रहीं। कुन्ती के चरित्र-चित्रण से भी यह पता लगता है कि इस घटना के बाद से ही उनके अंतःकरण ने जैसे कठोरता का अवलम्बन ले लिया था। महाप्रस्थानिक पर्व में धृतराष्ट्र व गांधारी के साथ प्रव्रज्याग्रहण के समय भी कुन्ती की यह मनोदशा प्रकट हुई है। बाद में उन्होंने व्यासदेव को कर्ण का जन्म-वृत्तान्त आद्योपांत कह सुनाया था।

बहुपुत्र-प्रशंसा—किसी-किसी जगह बहुपुत्रोत्पत्ति की प्रशंसा की गई है। आरण्यक में गयामाहात्म्य वर्णन के प्रसंग में कहा गया है—"गृहस्थ व्यक्ति बहु पुत्रों की कामना करें। क्योंकि बहुत से पुत्र होने पर कोई पितरों का गया-श्राद्ध करेगा, कोई अश्वमेधयज्ञ द्वारा पितरों की प्रीति का अर्जन करेगा और कोई पितरों की तृप्ति के उद्देश्य से नीलवृष उत्सर्ग करेगा।"[2]

---

१. गूहमानापचारं सा बंधुपक्षभयात् तथा।
उत्ससर्ज्ज कुमारं तं जले कुन्ती महाबलम्॥ आदि १११।२२
वन ३०७ वाँ अ०।

२. एष्टव्या बहवः पुत्रा यद्येकोऽपि गयां व्रजेत्।
यजेत बाश्वमेधेन नीलं वा वृषमुत्सृजेत्॥ वन ८४।९७

एकमात्र पुत्र अपुत्र रूप में गण्य––एक पुत्र तो पुत्र ही नहीं माना गया है। शान्तनु ने भीष्म से कहा था––"धर्मज्ञ कहते हैं, कि एकपुत्रता तो सन्तानहीनता में गण्य है। जिसके एक ही पुत्र हो, उसकी वंशरक्षा का भरोसा बहुत कम होता है।"[१]

शान्तनु की यह उक्ति ठोस प्रमाण स्वरूप नहीं ली जा सकती। क्योंकि उस समय वे सत्यवती के असाधारण रूप लावण्य पर मग्ध होकर उसे पत्नी रूप में पाने के लिये व्याकुल थे। इसीलिये "एक पुत्र पुत्र ही नहीं है" आदि शास्त्रवचनों की दुहाई देकर वे उपयुक्त पुत्र देवव्रत को कौशल से अपने मनोभाव समझाने की चेष्टा कर रहे थे।

तीन पुत्र होने से अपुत्रताबोष खत्म होता है––दानधर्म में कहा गया है कि तीन पुत्रों के जन्म के बाद अपुत्रत्वदोष का नाश हो जाता है। इन सब उक्तियों का तात्पर्य बूसरा है। शब्द का लाक्षणिक अर्थ ग्रहण करने से काम नहीं चलेगा, क्योंकि एक पुत्र के पैदा होते ही गृहस्थ पितृऋण से मुक्त हो जाता है। अतएव कहना पड़ेगा कि बहुपुत्रोत्पत्ति की प्रशंसा ही इसका उद्देश्य है।[२]

बहुपुत्रक की निन्दा––अन्यत्र देखा जाता है कि जिनके पुत्रों की संख्या अधिक होती थी, वे कोई बहुत प्रसन्न नहीं होते थे। दरिद्र का बहु-पुत्रक होना अभिशाप ही माना जाता था।[३] बहु-पुत्रक दरिद्र पिता को समाज में करुणा की दृष्टि से देखा जाता था। दानधर्म में कहा गया है, "बहुपुत्रक को दान देने से दाता उत्तम गति को प्राप्त होता है।"[४] दूसरे रूप में उनकी थोड़ी-बहुत सहायता करना समाज के लिये उचित है, इसीलिये क्या यह फलश्रुति बनाई है?

रुचिभेद से मतिभेद––व्यक्तिगत रुचि के अनुसार ही शायद एक पुत्र और बहु-पुत्र की निन्दा व प्रशंसा की गई है। इन सब विषयों में कभी भी सबका एकमत नहीं रह सकता। उस समय भी माता-पिता इन सब विषयों पर अलग-अलग तरह से सोचते थे––उल्लिखित मतभेद इसी का प्रमाण देता है।

पितृत्व एवं मातृत्व का गौरव––देश की शासन-प्रणाली सुव्यवस्थित होने एवं अर्थलाभ के अनेक पथ होने के कारण पितृत्व या मातृत्व साधारण समाज में दुःसह

---

१. अनपत्यतैकपुत्रत्वमित्याहुर्धर्म्मवादिनः॥ आदि १००।६७

२. अपुत्रतां त्रयः पुत्राः। अनु ६९।१९

३. अगतिर्बहुपुत्रः स्यात्। अनु ९३।१२८

४. भिक्षेव बहुपुत्राय श्रोत्रियाया हिताग्नये।
दत्वा दश गवां दाता लोकानाप्नोत्यनुत्तमान्॥ अनु ६९।१६

अभिशाप का बोझ नहीं समझा जाता था। इसीलिये बहुसंतान के माता पिता की चिन्ता का कोई कारण था, ऐसा नहीं लगता। उस काल के समाज में स्वच्छंद जीवन-यापन में कोई भी समस्या दिखाई नहीं देती। इसी कारण देखने में आता है कि सन्तान का मुख देखने के लिये बहुत से माता-पिता अत्यन्त कष्टसाध्य तपस्या में आत्मनियोग करने में जरा भी नहीं हिचकिचाते थे। सपत्नीक अश्वपति, द्रुपद और सोमदत्त की तपस्या-वर्णन से यह अच्छी तरह समझ में आ जाता है। ('देवता' प्रबंध देखिये)

वंध्यात्व वेदनादायक—उपयुक्त उम्र में सन्तान का मुख न देख पाने पर स्त्रियों के कष्ट की सीमा नहीं रहती थी। नारियों के लिये वंध्यात्व असह्य वेदना का कारण था।[१]

नियोग प्रथा या अन्यान्य उपायों द्वारा सन्तानोत्पत्ति के विधान में भी यही मनोभाव प्रकट होता है कि नहीं, यह सोचने का विषय है।

धनी की संतानसंख्या कम, दरिद्र की अधिक—प्रायः देखने में आता है कि धनी व्यक्ति की सन्तानों की संख्या कम होती है। बहुत से बड़े-बड़े परिवारों में पुत्र का गोद लेना जैसे परम्परागत नियम बन जाता है। जो व्यक्ति सन्तान का उपयुक्त भरण-पोषण करने में अक्षम होता है, नियति उसी का घर बच्चों से भर देती है; दरिद्र समाज में अपुत्रक व्यक्ति विरले ही मिलते हैं। महाभारत में ठीक इसी तरह की एक उक्ति है—"जो निर्धन पिता सन्तान नहीं चाहते, उनके घर तो बच्चों की भीड़ लग जाती है और जो धनी हैं, जो शिशु का लालन-पालन करके उसे मनुष्य बनाने में समर्थ होते हैं, वे पुत्र का मुख देखने को तरसते रहते हैं, विधि की यही विचित्र लीला है।[२] चिकित्साशास्त्र के विद्वान उसे विधि की लीला न कहकर अन्य कारणों का उल्लेख कर सकते हैं, किन्तु महाभारतकार इस विषय में सिर्फ अदृष्ट की दुहाई देकर ही विरत हो गये हैं।

नियोग-प्रथा—सन्तानोत्पत्ति में असमर्थ होने पर कोई-कोई पुरुष अपनी पत्नी से किसी दूसरे उत्कृष्ट पुरुष के संयोग द्वारा पुत्रोत्पत्ति की व्यवस्था करते थे। किसी-किसी जगह पति की मृत्यु होने पर अपुत्रा नारी वंश-लोप के डर से किसी उत्तम पुरुष के संयोग से गर्भधारण करती थी। इसी प्रकार के संयोग को 'नियोग-प्रथा' कहते थे और इस प्रकार उत्पन्न पुत्र को "क्षेत्रज" कहा जाता था।

---

१. अप्रसूतिरकिञ्चनः। अनु ९३।१३५

२. सन्ति पुत्रा सुबहवो दरिद्रानामनिच्छताम्।
नास्ति पुत्रः समृद्धानां विचित्रं विधिचेष्टितम्॥ शा २८।२४

नियोग-प्रथा धर्म-विगर्हित नहीं—यह नियम धर्मविगर्हित नहीं है—महाभारत का यही अभिप्राय है। उस समय के समाज में यह प्रथा प्रचलित थी।[1] परवर्ती काल में यह रीति समाज में अचल हो गई। मनुसंहिता में भी इस रीति के पक्ष व विपक्ष दोनों में आलोचना की गई है। अन्यान्य स्मृतिग्रंथों में कलियुग के लिए इस प्रथा का निषेध किया गया है। स्मृतिनिबंधकारों ने भी एक वाक्य में कह दिया है—कलियुग में यह नियम नहीं चल सकेगा।

ब्राह्मण के औरस से क्षत्रिय का जन्म—परशुराम ने क्रमानुसार इक्कीस बार पृथ्वी को क्षत्रिय हीन किया। तब विधवा क्षत्रिय रमणियाँ वंशरक्षा के निमित्त ब्राह्मणों की शरणापन्न हुईं। संशितव्रत ब्राह्मणों ने धर्मबुद्धि से समागमार्थिनी विधवाओं का गर्भाधान किया। उन्होंने सिर्फ ऋतुकाल में ही अभिगमन किया था, कामनावश स्पर्श भी नहीं किया। इस प्रकार फिर से पृथ्वी पर क्षत्रिय जाति की उत्पत्ति हुई थी।[2]

'तगरवी' 'संशितव्रत' आदि विशेषण शब्दों से पता चलता है कि उन सब क्षत्रिय-जनक ब्राह्मणों ने इन्द्रिय-लालसावश क्षत्रिय नारियों के साथ संभोग नहीं किया, धर्मरक्षा निमित्त उन्हें ऐसा करना पड़ा था।

विचित्रवीर्य की मृत्यु—धृतराष्ट्र, पांडु व विदुर के जन्मदाता श्रीकृष्णद्वैपायन ही थे। काशिराज कन्या अम्बिका व अम्बालिका से विवाह करने के सात वर्ष बाद यक्ष्मा रोग से विचित्रवीर्य की मृत्यु हो गई। तब तक उनकी कोई सन्तान नहीं जन्मी थी।[3]

धर्मरक्षा निमित्त सत्यवती का भीष्म से अनुरोध—विचित्रवीर्य की जननी सत्यवती धर्मरक्षा निमित्त भीष्म से अनुरोध करती हुई बोली, "तुम श्रुति, स्मृति, वेदांग आदि सब शास्त्रों के तत्त्व से अवगत हो, अतः शान्तनु के वंश की प्रतिष्ठा का भार अब तुम्हारे ऊपर है। अकाल में परलोकगत निःसन्तान विचित्रवीर्य की रूप-

---

१. **सन्नियोगान्महाबाहो धर्मं कर्त्तुमिहार्हसि। आदि १०३।१०**
ममैतद्ववचनं धर्म्यं कर्त्तुमर्हस्यनिन्दिते। आदि १२२।२५
सज्जना चरिते पथि। सभा ४१।२४

२. **तदा निःक्षत्रिये लोके भार्गवेण कृते सति।**
ब्राह्मणन् क्षत्रिया राजन् सुतार्थिन्योऽभिचक्रमुः॥ इत्यादि। आदि ६४।५-८
आदि १०४।५, ६

३. **ताभ्यां सह समाः सप्त विहरन् पृथिवीपतिः।**
विचित्रवीर्यस्तरुणो यक्ष्मणा समगह्यत॥ इत्यादि। आदि १०२।७०, ७१

यौवन-सम्पन्न दोनों बहुएँ पुत्रकामी हैं। हे भीष्म, तुम मेरे नियोग के अनुसार उनके गर्भ में सन्तान की उत्पत्ति करके धर्म की रक्षा करो।" दूसरे सुहृद् व्यक्तियों ने भी इस सम्बन्ध में देवव्रत से अनुरोध किया।

भीष्म की अस्वीकृति—प्रत्युत्तर में देवव्रत ने विमाता से कहा, "माता, आपने जो भी कहा है, वह धर्मशास्त्रों द्वारा अनुमोदित है, इसमें सन्देह नहीं है। किन्तु आप तो मेरी प्रतिज्ञा को जानती हैं। मैं किसी भी तरह प्रतिज्ञा भंग नहीं कर सकता।"[1]

गुणवान ब्राह्मण से नियोग करने का भीष्म का प्रस्ताव—इसके बाद दीर्घतमा के उपाख्यान का वर्णन करते हुए भीष्म माता से बोले—"माता, किसी गुणवान ब्राह्मण को धनरत्न आदि देकर इस कार्य में नियोग कराने को मैं उचित समझता हूँ।"[2]

सत्यवती-व्यास संवाद—सत्यवती के महर्षि कृष्णद्वैपायन का प्रस्ताव करते ही भीष्म ने सन्तुष्ट मन से समर्थन किया। सत्यवती के कृष्णद्वैपायन को स्मरण करने पर वे आकर उपस्थित हुए। अन्यान्य कथा-वार्त्ताओं के बाद सत्यवती असली बात पर आईं, बोली—"वत्स, विचित्रवीर्य तुम्हारा छोटा भाई था; उसकी दोनों युवती विधवा पत्नी पुत्रकामी हैं, तुम धर्मतः उनको गर्भाधान कराकर कुरुवंश की रक्षा करो।"[3] व्यास बोले, "माता, आप निवृत्ति एवं प्रवृत्ति धर्म के रहस्य से अवगत हैं। हे महाप्राज्ञे, आपकी बुद्धि धर्मानुकूल है। मैं आपके नियोगानुसार धर्मरक्षा के निमित्त भ्रातृवधुओं का गर्भाधान करूँगा। यह सनातन धर्म में भी उक्त है। दोनों बहुओं को मेरे निदेशानुसार एक साल तक व्रत करके शुद्ध होना पड़ेगा। व्रतादि द्वारा विशुद्ध हुए बिना कोई भी नारी मेरा तेज सहन नहीं कर पायेगी।"[4]

धृतराष्ट्रादि का जन्म—सत्यवती ने, दीर्घकाल तक राज्य को अराजक अवस्था रखना अनुचित है, यह कहकर शीघ्र ही गर्भाधान कराने के लिये कृष्णद्वैपायन से अनुरोध किया। अम्बिका व अम्बालिका दोनों ही कृष्णद्वैपायन का तेज नहीं सह

---

१. आदि १०३ वाँ अध्याय।

२. ब्राह्मणो गुणवान् कश्चिद्धनेनोपनिमन्त्र्यताम्।
विचित्रवीर्य क्षेत्रेषु यः समुत्पादयेत् प्रजाः॥ आदि १०५।२

३. यवीयसस्तव भ्रातुर्भार्ये सुरसुतोपमे।
रूपयौवनसम्पन्ने पुत्रकामे च धर्मतः॥ इत्यादि। आदि १०५।३७, ३८

४. वेत्थ धर्मं सत्यवति परञ्चापरमेव च॥ इत्यादि। आदि १०५।३९–४३

पाईं। फलस्वरूप अम्बिका का पुत्र हुआ जन्मान्ध और अम्बालिका का पांडुवर्ण। सत्यवती ने पुनः अम्बिका को भेजा। किन्तु स्वयं न जाकर अम्बिका ने अपनी दासी को उत्कृष्ट वस्त्राभूषणों से सुसज्जित करके शयन-मन्दिर में भेज दिया। दासी की सयत्न परिचर्या से महर्षि तृप्त हुए और दासी के गर्भ से दीर्घदर्शी विदुर का प्रादुर्भाव हुआ।[1]

पांडु द्वारा कुन्ती का नियोग—किन्दम मुनि के अभिशाप से सन्तानोत्पत्ति में असमर्थ होने पर पांडु ने कुन्ती से किसी उत्कृष्ट पुरुष द्वारा गर्भाधान करने के लिए अनुरोध किया।[2] अधर्म की आशंका से पहले तो कुन्ती सम्मत नहीं हुई, बाद को पांडु द्वारा उद्धृत बहुत से दृष्टांत व शास्त्र-वचनों से आश्वस्त होकर क्रमानुसार धर्म, वायु और इन्द्र से गर्भधारण करके उन्होंने तीन पुत्र प्रसव किये।[3]

नकुल व सहदेव की उत्पत्ति—माद्री ने भी कुन्ती की सहायता से अश्विनी-कुमारों का प्रसाद पाकर नकुल व सहदेव को जन्म दिया।[4]

महाभारत की मूल घटना में उल्लिखित कई क्षेत्रज सन्तानों का परिचय मिलता है। उसके अलावा और भी कई पुरानी घटनाएँ महाभारत में उल्लिखित हुई हैं। क्षत्रियहीन पृथ्वी पर पुनः क्षत्रियों की उत्पत्ति के संबंध में पहले कहा जा चुका है। राजा सौदास ने अपनी स्त्री मदयन्ती के गर्भ से सन्तानोत्पत्ति के निमित्त अपने कुल-पुरोहित महर्षि वशिष्ठ को नियुक्त किया था। मदयन्ती व वशिष्ठ से उत्पन्न पुत्र का नाम अश्मक था।[5]

बलि के लिए दीर्घतमा की पुत्रोत्पत्ति—धर्मज्ञ राजा बलि ने दीर्घतमा मुनि को अपनी पत्नी सुदेष्णा को गर्भाधान कराने के निमित्त नियुक्त किया था। मुनि को वृद्ध एवं अंध देखकर स्वयं उनके पास न जाकर सुदेष्णा ने एक धात्री को भेज दिया। दीर्घतमा के औरस द्वारा उस धात्रेयी के गर्भ से काक्षीवान् आदि पुत्रों ने जन्म लिया। बाद में दीर्घतमा से समस्त विवरण जानने पर राजा ने पुनः सुदेष्णा को उनके पास भेजा। सुदेष्णा ने क्रमानुसार पाँच पुत्र प्रसव किये। उनके नाम थे—अंग, बंग,

---

१. आदि १०६ वाँ अध्याय।

२. सदशाच्छ्रेयसो वा त्वं विद्ध्यपत्यं यशस्विनि। आदि १२०।३७

३. आदि १२३ वाँ अध्याय।

४. आदि १२४ वाँ अध्याय।

५. सौदासेन च रम्भोरु नियुक्ता पुत्रजन्मनि।
मदयन्ती जगामर्षि वशिष्ठमिति नः श्रुतम्। इत्यादि। आदि १२२।२१-२२
राज्ञस्तस्याज्ञया देवी वशिष्ठमुपचक्रमे। आदि १७७।४३

कलिंग, पुन्ड्र और सूक्ष्म। प्रत्येक के नाम पर एक एक देश ने प्रसिद्धि प्राप्त की।[१] बलि राजा पुत्रोत्पत्ति के लिए असमर्थ थे, ऐसा महाभारत में लिखा हुआ नहीं है। सम्भवतः उत्कृष्ट धार्मिक पुत्र-लाभ के लिए उन्होंने मुनि को नियुक्त किया होगा।

नियोग प्रथा से शारदण्डायिनी के तीन पुत्र—शारदण्डायिनी नामक किसी महिला ने अपने पति के आदेश से एक सिद्ध ब्राह्मण द्वारा गर्भधारणपूर्वक दुर्जय आदि तीन महारथी पुत्रों को जन्म दिया था।[२]

आचार्यपत्नी का सन्तान-प्रसव—आचार्य उद्दालक ने सन्तानोत्पत्ति के लिए अपनी पत्नी से एक शिष्य का नियोग कराया। शिष्य के औरस से श्वेतकेतु का जन्म हुआ।[३] ऐसे तो वे सब व्यवहार बहुत ही जघन्य मालूम देते हैं, लेकिन जहाँ धर्म-बुद्धि प्रबल हो, वहाँ काम की प्रेरणा को प्रश्रय नहीं मिल पाता, यही इन घटनाओं का मूल है या नहीं, यह विचारणीय विषय है।

नियोगप्रथा द्वारा तीन पुत्रों से अधिक की आकांक्षा करना निन्दनीय—तीन पुत्रों के जन्म के बाद पांडु ने पुनः कुन्ती से किसी उत्तम पुरुष द्वारा गर्भधारण करने के लिए कहा। कुन्ती ने उत्तर दिया, "आपद्काल में भी तीन सन्तान से अधिक की कामना करने की बात किसी शास्त्र में नहीं है। जो नारी चार बार परपुरुष का संसर्ग करती है, उसे स्वैरिणी कहा जाता है, और जो पाँच बार ऐसा कार्य करती है, वह वेश्या के समान है।"[४]

नियोगप्रथा में धर्म की आशंका—यद्यपि नियोग प्रथा को धर्मसंगत कहा गया है, तब भी बहुत से लोग उसमें आशंका करते थे। सत्यवती ने गोपनीय रूप से अम्बिका के निकट उपस्थित होकर अनेक कथावार्ताओं के बाद बड़ी मुश्किल से उन्हें सहमत किया था।[५] पांडु ने जब कुन्ती से क्षेत्रज पुत्रोत्पादन का प्रस्ताव किया, तो कुन्ती बोली, "हे धर्मज्ञ, आप पर पूर्ण रूप से आसक्त इस धर्मपत्नी को ऐसा आदेश मत दीजिए।"[६]

---

१. जग्राह चैनं धर्मात्मा बलिः सत्यपराक्रम।
ज्ञात्वा चैनं स वव्रेऽथ पुत्रार्थे भरतर्षभ॥ इत्यादि। आदि १०४। ४३-५५

२. श्रृणु कुंति कथामेतां शारदण्डायिनीं प्रति। इत्यादि। आदि १२०।३८-४०

३. उद्दालकः श्वेतकेतुं जनयामास शिष्यतः। शा ३४।२२

४. नातश्चतुर्थं प्रसवमापत्स्वपि वदन्त्युत।
अतः परं स्वैरिणी स्याद्बन्धकी पंचमे भवेत्॥ आदि १२३।७७

५. सा धर्मतोऽनूनीयैनां कथञ्चिद्धर्मचारिणीम्॥ आदि १०५।५४

६. न मामर्हसि धर्मज्ञ वक्तुमेवं कथञ्चन। आदि १२१।२

अनेकों प्राचीन उदाहरण देने पर भी पांडु जब कुन्ती को सहमत नहीं कर सके, तो बोले—"हे भीरु, हम लोगों के जन्म का वृत्तान्त तो तुम जानती ही हो। कुरुवंश की रक्षा के निमित्त कृष्णद्वैपायन ने हम लोगों का पितृत्व स्वीकार किया था। शास्त्र-कारों ने कहा है, धर्म हो या अधर्म, पत्नी को हमेशा पति का आदेश शिरोधार्य करना चाहिए। हे अनवद्यांगि, विशेषतः पुत्र के मुख-दर्शन की दुर्दमनीय लालसा ने मुझे व्याकुल कर रखा है। मैं करबद्ध होकर प्रार्थना करता हूँ कि मेरी इच्छा पूर्ण करो। तुम्हारे अनुग्रह से ही मैं उत्तम गति को प्राप्त होऊँगा।" पांडु की करुण प्रार्थना पर हारकर कुन्ती को सहमत होना पड़ा।[1]

पुत्रोत्पत्ति के निमित्त पति का आदेश मिलने पर भी जो नारी परपुरुष का संसर्ग नहीं करती, वह पाप में लिप्त होती है।[2] मुँह से धर्म की दुहाई देने पर भी यह नियम धर्मसंगत है या नहीं, इसमें स्वयं पांडु को भी संदेह था। माद्री की प्रार्थना पर पांडु के मनोभाव प्रकट हुए थे। कुन्ती के पुत्रों को देखकर माद्री ने भी एक दिन एकान्त में पांडु पर अपनी मनोभिलाषा प्रकट की थी कि वह भी नियोग प्रथा से क्षेत्रज पुत्र का मुँह देखना चाहती है। पांडु बोले, "मेरे मन में भी यह आकांक्षा थी, पर तुम मन में क्या कहोगी, इस आशंका से तुम पर प्रकट करने का साहस नहीं हुआ।[3]

क्षेत्रज पुत्र को समाज बहुत अच्छी दृष्टि से नहीं देखता था—सर्वसाधारण क्षेत्रज पुत्र को बहुत अच्छी दृष्टि से नहीं देखता था। अस्त्रविद्या परीक्षा के रंगमंच पर कर्ण के अर्जुन को द्वन्द-युद्ध के लिये ललकारने पर भीम ने सूतपुत्र कहकर कर्ण का उपहास किया। उस विद्रूप के प्रत्युत्तर में दुर्योधन ने कहा, "भीम, कर्ण का उप-हास करना तुम्हारे लिये उचित नहीं है। तुम्हारे जन्म का वृत्तांत भी हम लोग जानते हैं।"[4] जयद्रथ, दुःशासन, व दुर्योधन पांडवों को प्रायः 'पांडु के क्षेत्रज पुत्र' कहकर सम्बोधित किया करते थे। उस सत्य उक्ति में भी एक गूढ़ इंगित रहता

---

१. अस्माकमपि ते जन्म विदितं कमलेक्षणे।
कृष्णद्वैपायनाद्भीरु कुरूणां वंशवृद्धये॥ इत्यादि। आदि १२२। २३-३२

२. पत्या नियुक्ता या चैव पत्नी पुत्रार्थमेव च।
न करिष्यति तस्याश्च भविष्यति तदेव हि॥ आदि १२२।१९

३. ममाप्येष सदा माद्रि हृद्यर्थः परिवर्तते।
न तु त्वां प्रसहे वक्तुमिष्टानिष्टविवक्षया॥ आदि १२४।७

४. भवताञ्च यथा जन्म तदप्यागमितं मया॥ आदि १३७।१६

था। जन्म के विषय को लेकर मजाक करने पर मनुष्य स्वभावतः ही उत्तेजित हो जाता है।[1]

अर्थिनी ऋतुस्नाता उपेक्षणीया नहीं—यदि कोई ऋतुस्नाता स्त्री किसी पुरुष से प्रार्थना करे, तो उसकी उपेक्षा करना महाभारत में पाप बताया गया है।[2]

शर्मिष्ठा के गर्भ से ययाति की पुत्रोत्पत्ति का उपर्युक्त शास्त्रानुशासन द्वारा समर्थन किया गया है।[3]

क्षत्रिय विधवाओं के गर्भ से ब्राह्मणों की, बलिराजा की पत्नी सुदेष्णा की दासी के गर्भ से दीर्घतमा मुनि, एवं अम्बिका की दासी के गर्भ से कृष्णद्वैपायन द्वारा पुत्रोत्पत्ति भी शास्त्र द्वारा समर्थित हो सकती है। टीकाकार नीलकंठ ने इस विपय पर श्रुति को उद्धृत करते हुए कहा है—समागमार्थिनी नारी को निराश करना उचित नहीं है, यह वामदेव्य व्रत में उल्लिखित है। कामातुर परस्त्रीगमन से तेजस्वी पुरुष को पातक भले ही न लगता हो, किन्तु सर्वसाधारण के लिये परस्त्रीगमन दोषयुक्त है इसमें कोई सन्देह नहीं। स्त्रियों का भी परपुरुष से संसर्ग करना पाप होता है। तेजस्वियों के आचरण साधारण समाज के लिये अनुकरणीय नहीं हैं।[4]

विधवा विवाह—विधवा स्त्रियों का ब्रह्मचर्य पालन करना ही उत्तम धर्म है। (सहमरण और ब्रह्मचर्य के संबंध में 'नारी' प्रबन्ध द्रष्टव्य है) महाभारत में विधवा के द्वितीय बार पतिग्रहण का विधान भी मिलता है। पति के अभाव में देवर को पतिरूप में वरण करने के समर्थन में दो चार वाक्य ही कहे गये हैं।[5] किन्तु देवर को पतिरूप में वरण करने के कई उदाहरण मिलते हैं। पुत्र-निरूपण प्रसंग में 'पौनर्भव' पुत्र का उल्लेख किया गया है। 'पौनर्भव' पुत्र की जननी एक

---

१. पांडोः क्षेत्रोद्भवाः सुताः॥ द्रो ३८।२५
 योऽसौ पांडोः किल क्षेत्रे जातः शक्रेण कामिना॥ द्रो ७२।४

२. ऋतुं वै याचमानाया न ददाति पुमानृतुम्।
 भ्रूणहेतुच्युते ब्रह्मन् स इह ब्रह्मवादिभिः॥ इत्यादि। आदि ८३।३३-३५
 प्रमाणदृष्टो धर्मोऽयं पूज्यते च महर्षिभिः। आदि १२२।७

३. पूजयामास शर्मिष्ठां धर्मञ्च प्रत्यपादयेत्॥ आदि ८२।२४

४. दृश्यते च वेदे "न कांचन परिहरेत्"। इत्यादि। नीलकंठ आदि १२२।७-१८

५. नारी तु प्रत्यभावे वै देवरं कुरुते पतिम्। अनु ८।२२
 उत्तमाद्देवरात् पुंसः कांक्षन्ते पुत्रमापदि। आदि १२०।३५
 देवरं प्रविशेत् कन्या तप्येद्वापि तपः पुनः। अनु ४४।५२
 पत्यभावे यथैव स्त्री देवरं कुरुते पतिम्। शा ७२।१२

बार से अधिक विभिन्न पति ग्रहण करती रहती है।[१] नल राजा के अज्ञातवासी होने पर उनकी पत्नी दमयन्ती ने अयोध्या में संवाद भेजा कि राजा नल बहुत दिनों से लापता हैं, वे जीवित हैं या नहीं, यह भी पता नहीं लगता। अतएव आगामी कल दमयन्ती अन्य व्यक्ति को पतिरूप में वरण करेगी। संवाद मिलते ही तत्क्षण अयोध्यापति ऋतुपर्ण दमयन्ती के पाणिग्रहण के उद्देश्य से चल दिये। यदि नारी का अन्य पतिग्रहण समाज में बिल्कुल ही अप्रचलित होता, तो इस संवाद एवं ऋतुपर्ण के यात्रा पर चल पड़ने में कोई सामञ्जस्य नहीं होता।[२]

उस समय दमयन्ती दो सन्तानों की जननी थी, अजातपुत्रा नहीं। इससे पता लगता है कि इस काल के समाज में किसी-किसी अवस्था में विवाहिता पुत्रवती नारी भी इच्छा होने पर अपर पुरुष को पतिरूप में ग्रहण कर सकती थी।[३]

नागराज कौरव की कन्या उलूपी ने पहले किसी नागजातीय पुरुष से विवाह किया था। अपने पति के सुपर्ण द्वारा अपहृत होने पर वैधव्य का अवलम्बन लेकार वह पिता के घर रहती थी। अर्जुन के तीर्थयात्रा-काल में एक बार गंगाद्वार (हरिद्वार) में स्नान करने के लिये नदी में अवतरण करने पर उलूपी उन्हें आकर्षित करके अपने पिता की पुरी में ले गई। अर्जुन के रूप पर मोहित होकर उनके साथ संसर्ग की प्रबल आकांक्षा प्रकट करने पर अर्जुन ने वह रात्रि नागराज भवन में बिताई।[४] इस वर्णन से पता लगता है कि अर्जुन ने "न कांचन परिहरेत" इस नियम का पालन किया था। किन्तु अन्यत्र वर्णित है कि उलूपी के पिता ने स्वयं अर्जुन को कन्या दी थी। अर्जुन ने कामार्ता उलूपी को पत्नीरूप में ग्रहण करके उसके गर्भ से इरावान् नामक एक पुत्र की उत्पत्ति की।[५] (कोई-कोई विद्वान कहते हैं कि उलूपी विधवा नहीं थी, उसका पति सिर्फ अपहृत हुआ था।) विधवा के गर्भ से क्षेत्रज पुत्र की उत्पत्ति के अलावा ऐसे कई विवाहों के उदाहरण महाभारत में मिलते हैं।

कलियुग में निषिद्ध—टीकाकार नीलकंठ ने कहा है, विधवाओं का अन्य पति-

---

१. 'पौनर्भवः पूर्वमन्येन ऊढ़ाः' इत्यादि। नीलकंठ, आदि १२०।३३

२. सूर्योदये द्वितीयं सा भर्तारं वरयिष्यति।
न हि स ज्ञायते वीरो नलो जीवति वा न वा॥ वन ७०।२६

३. हयांस्तत्र विनिक्षिप्य सूतो रथवरंच तम्।
इन्द्रसेनाञ्च तां कन्यामिन्द्रसेनञ्च बालकम्॥ वन ६०।२३

४. आदि २१४ वाँ अध्याय।

५. अर्जुनस्यात्मजः श्रीमान्निरावान् नाम वीर्यवान्।
स्नुषायां नागराजस्य जातः पार्थेन धीमता॥ इत्यादि। भी ९०।७-९

ग्रहण या देवर द्वारा सुतोत्पत्ति कलिकाल में विहित नहीं है। शास्त्रों में इसका निषेध है।[१]

दासियों की नैतिक शिथिलता—धनी परिवारों में जो दासियाँ रहती थीं, उनकी नैतिक शुचिता बहुत ही शिथिल थी। मालिक के साथ हर तरह के सम्पर्क में जैसे उन्हें जरा भी आपत्ति नहीं थी। अधिकांश परिवारों में दासी की यही दुर्गत थी। विशेषत: उत्सव आदि में सुन्दरी-दासो का दान कुलीनता का अन्यतम अंग समझा जाता था। (नारी-प्रबंध में इस विषय पर कहा जायगा) पति के जीवित रहते दासी का अन्य पति-ग्रहण या स्वामी का इन्द्रियतर्पण करना दासियों के लिये सामाजिक दोष नहीं समझा जाता था। विराटसभा के कीचक द्वारा द्रौपदी की लांछना सहृदय पाठक मात्र के लिये कष्टदायक है। कीचक के पास द्रौपदी को भेजने के लिये राजमहिषी का षड्यन्त्र भी कम घृणाजनक नहीं है। इस संबंध में राजा विराट की भीरुता एवं अधर्म-पक्षपात भी उल्लेख योग्य है। परिचारिकाओं पर पड़ने वाली नरपशुओं की गिद्ध दृष्टि का कोई विशेष प्रतिकार विराट के राज्य में था, ऐसा नहीं लगता। दूसरी किसी भी जगह ऐसा जघन्य चित्र नहीं मिलता।[२]

कुरुसभा में दुःशासन द्वारा अपमानित पांचाली को लक्ष्य करके कही गई कर्ण की एक उक्ति बहुत ही अशिष्ट लगती है। कर्ण ने कहा था—"हे सुन्दरी, पांडव तो अब पराजित हो गये हैं, तुम इच्छानुसार दूसरे पति का वरण कर लो। दासियों के लिये अन्य पुरुष-सेवा जरा भी निन्दनीय नहीं है।"[३] ऐश्वर्य में अंधे दुर्योधन का द्रौपदी को वाम उरु दिखाने में भी दासी को अपमानित करने का इशारा स्पष्ट है।[४]

कर्ण की उक्ति सुनकर भीमसेन को युधिष्ठिर पर बहुत गुस्सा आया। बहुत ही गुस्से में भरकर उन्होंने युधिष्ठिर से कहा था, "सूतपुत्र पांचाली से जो कह रहा है, वह शास्त्र-विरुद्ध नहीं है। तुम्हारे व्यसन के कारण ही तो आज ये सब अप्रिय बातें सुननी पड़ रही हैं।"[५] इससे पता चलता है कि भद्रसमाज में भी परिचारिकाएँ अपना मान-सम्मान नहीं रख पाती थीं। इस विषय में सामाजिक अवस्था बहुत ही कलुषित थी। परिचारिकाओं का विवाह सिर्फ मुँह की बात थी, उनके सतीत्व का

---

१. कलौ देवरात् सुतोत्पत्तेर्निषेधात्। नीलकंठ—अनु० ४४।५२
२. वि० १५ वाँ और १६ वाँ अध्याय।
३. अवाच्या वै पतिषु कामवृत्तिर्नित्यं दास्ये विदितं तत्तवास्तु॥ सभा ७१।३
४. द्रौपद्याः प्रेक्षमाणायाः सव्यमूरूमदर्शयेत्। सभा ७१।१२
५. नाहं कूप्ये सूतपुत्रस्य राजन् एष सत्यं दासधर्मः प्रदिष्टः। सभा ७१।७

कोई मूल्य नहीं था। साधारण लोगों के मन में भी उनके सतीत्व की बात नहीं आती थी। विचित्रवीर्य की ज्येष्ठा पत्नी अम्बिका ने जरा भी इतस्ततः किये बिना दासी को अपने वस्त्राभूषणों से सुसज्जित करके शयनमन्दिर में भेज दिया था। कृष्ण-द्वैपायन के अनुग्रह से परिचारिका विदुर की जननी हुई।[१] महाभारत की घटनाओं से बहुत पहले बलिराजा की पत्नी सुदेष्णा के व्यवहार में अम्बिका के व्यवहार के अनुरूप परिचय मिलता है। उन्होंने भी पति के आदेश का उल्लंघन करके एक अलंकृता परिचारिका को दीर्घतमा मुनि के शयनकक्ष में भेज दिया था।[२] इन दोनों राजमहिषियों के आचरण से अनुमान लगता है कि दासियों को किसी भी तरह की स्वतन्त्रता नहीं थी। उनकी आशा-आकांक्षा, कर्तव्य-अकर्तव्य सब कुछ एक ही वाक्य था—"यथा नियुक्तास्मि तथा करोमि"। दोनों दासियों में से किसी ने भी तो जरा भी आपत्ति नहीं की। दूसरी जड़ वस्तुओं की तरह परिचारिकाओं को भी इच्छानुसार व्यवहार में लाने का अधिकार प्रभुओं को था।

दासियाँ भी प्रभुओं की स्त्रियों के रूप में गण्य थीं—विदुर को कहा गया है—"कुरुवंशविवर्द्धन'।[३]

दासी का गर्भजात महर्षिपुत्र 'कुरुवंशज' क्यों कहा गया, यह प्रश्न सबसे पहले मन में आता है। तो क्या दासियाँ भी राजाओं को स्त्री रूप में गहीत होती थीं? इस प्रश्न का उत्तर भी महाभारत में मिलता है। विदुरजननी परिचारिका को महाभारत में विचित्रवीर्य की क्षेत्र (स्त्री) कहा गया है।[४] अतएव आसानी से यह सोचा जा सकता है कि अन्तःपुरचारिणी परिचारिकाएँ भी धनी समाज में हर तरह के सुखभोग की पात्री थीं।

शर्मिष्ठा ने ययाति से कहा था—"महाराज, आप मेरी सखी के पति हैं, सखी के पति को पतिरूप में वरण करना अन्याय नहीं है। मैं देवयानी की दासी हूँ; अतएव देवयानी की तरह मैं भी आपके अनुग्रह की आशा कर सकती हूँ। दया करके

---

१. ततः स्वैर्भूषणैर्दासीं भूषयित्वाप्सरोपमाम्।
प्रेषयामास कृष्णाय ततः काशिपतेः सुता। आदि १०६।२४

२. स्वां तु धात्रेयिकां तस्मै वृद्धाय प्राहिणोत्तदा। आदि १०४।४६

३. जज्ञिरे देवगर्भाभाः कुरुवंश विवर्द्धनाः। आदि १०६।३२
विदुरः कुरुनन्दनः। आदि ११४।१४

४. एते विचित्रवीर्यस्य क्षेत्रे द्वैपायनादपि। आदि १०६।३२
"क्षेत्रत्वं दास्या अपि इत्यनेनैव गम्यते इति केचित्।" नीलकंठ। आदि १०६।३२

मेरी वासना पूर्ण करिये।"[१] इस प्रार्थना के ढंग से ही पता लगता है कि स्वामी से सन्तानोत्पत्ति की कामना करना दासी के लिये दूषणीय नहीं था।

रक्षिता-पोषण—गांधारी जब प्रौढ़गर्भा थीं, तब एक वेश्या ने धृतराष्ट्र की परिचर्या की थी। इसी के गर्भ से युयुत्सुर नामक पुत्र का जन्म हुआ था। वह वेश्या दासियों में गण्य थी, यह महाभारत में कहीं भी नहीं मिलता। सामाजिक आचरण के रूप में इन सब उदाहरणों को लिया जा सकता है। ये व्यवहार काफी अंशों में रखैल रखने-जैसे हैं।[२]

पुरुष का एक साथ एक से अधिक विवाह—चाहने पर पुरुष एक साथ एक से अधिक विवाह कर सकता था।

पत्नी-वियोग होने पर पुर्नविवाह—पत्नी-वियोग होने पर पुर्नविवाह करने में कोई बाधा नहीं पड़ती थी। कहा गया है कि पुरुषों के लिये बहुपत्नीत्व दोष नहीं है, इससे धर्महानि नहीं होती।[३] विचित्रवीर्य, पांडु एवं युधिष्ठिर आदि पाँच भाइयों की प्रत्येक की एक से अधिक पत्नियाँ थीं। युधिष्ठिर ने गोवासन शैव्य की देविका नामक कन्या स्वयंवर में प्राप्त की थी। शल्य की भगिनी काली और काशिराज-दुहिता वलन्धरा, ये दोनों भीम की पत्नियाँ थीं। धृष्टकेतु की भगिनी करेणुमती नकुल की भार्या थी। मद्रराजसुता विजया एवं जरासंध की दुहिता सहदेव की पत्नियाँ थीं और अर्जुन के बहुविवाह तो सर्वविदित हैं।[४]

एकपत्नीत्व की प्रशंसा—बहुविवाह के समाज में प्रचलित होने पर भी महाभारत में एकपत्नीत्व को ही प्रशस्त कहा गया है।[५]

---

१. समावेतौ मतौ राजन् पति सख्याश्च यः पतिः।
समं विवाहमित्याहुः सख्या मेहसि वृतः पतिः॥ आदि ८२।१९
देवयान्या भुजिष्यास्मि वश्या च तव भार्गवी।
सा चाहञ्च तया राजन् भजनीये भजस्व माम्॥ आदि ८२।२३

२. गांधार्यां क्लिश्यमानायामूदरेण विवर्द्धता।
धृतराष्ट्रं महाराजं वैश्या पर्यचरित् किल॥ इत्यादि। आदि ११५ ४१-४३

३. न चाप्यधर्मः कल्याण बहुपत्नीकता नृणाम्॥ आदि १५८।३६
नापराधोऽस्ति सुभगे नराणां बहुभार्यता॥ अश्व ८०।१८
एकस्य वहेव्या विहिता महिष्यः कुरुनन्दन। आदि १९५।२७

४. आदि ९५वाँ अ०। आश्र २५।१२। श्रीमद्भागवत् ९।२२ अ०।

५. शा १४४ वाँ अ०।

पत्नियों के प्रति समान प्रीति-व्यवहार कर्त्तव्य—एक से अधिक पत्नियाँ होने पर सबके प्रति समान प्रीति-व्यवहार करना उचित है, चन्द्र व दक्ष के उपाख्यान द्वारा ऐसा उपदेश दिया गया है। चन्द्र की सत्ताईस पत्नियाँ थीं। उनमें वे एक ही (रोहिणी) को अधिक चाहते थे। इसी कारण दक्ष के अभिशाप से वे यक्ष्माग्रस्त हो गये।[1]

बहुपत्नीत्व प्राचीन काल से ही प्रचलित—बहुत प्राचीन काल से ही समाज में बहुपत्नीत्व प्रथा चली आ रही है। ब्रह्मा के मानसपुत्र दक्ष प्रजापति ने मारीच काश्यप को तेरह एवं धर्म को दस कन्याएँ दान की थीं। इसी प्रकार इन्होंने चन्द्र को सत्ताईस कन्याएँ दान की थीं।[2]

दुश्चरित्रा व अप्रियवादिनी स्त्री परित्याज्य—अप्रियवादिनी एवं दुश्चरित्रा पत्नी का परित्याग करना ही उत्तम है—यह महाभारत का उपदेश है। अप्रियवादिनी से सम्पर्क न रखने पर भी उसका भरण-पोषण पति को ही करना पड़ेगा; किंतु दुश्चरित्रा का भरण-पोषण करने के लिये पति बाध्य नहीं है। ऐसी अवस्था में अगर इच्छा हो, तो कर भी सकता है और नहीं करे, तो उसमें भी कोई क्षति नहीं है।

प्रायश्चित्त-व्यवस्था—हर अवस्था में पाप का प्रायश्चित्त करना ही पड़ेगा। व्यभिचार जैसे पाप का प्रायश्चित्त पुरुष व स्त्री दोनों के लिए समान है।[3]

बलात्कार में स्त्री का दोष नहीं—उस युग में स्त्री जाति नर-पशुओं की पाशविकता का शिकार बिल्कुल ही नहीं होती थी, ऐसी बात नहीं है। (नारी-प्रबंध द्रष्टव्य।) किसी महिला के बलात्कृत होने पर समाज में उसके लिए दंडविधान नहीं था, बल्कि उसके पति को ही कापुरुष कहा जाता था। चिरकारिकोपाख्यान में कहा गया है कि नारियों को स्वतन्त्रता प्राप्त नहीं थी, वे पुरुषों के अधीन थीं। आपद्-विपद् में पुरुष यदि उनकी रक्षा न कर सके, तो वह पुरुष ही नहीं है। पुरुषों की अक्षमता के लिये नारी को दोष देना उचित नहीं है।[4]

---

१. शल्य ३५ वाँ अ०।
२. शल्य ३५ अ०। शा २०७ वाँ अ०।
३. भार्यां चाप्रियवादिनीम्। शा ५७।४५
स्त्रियास्तथापचारिण्या निष्कृतिः स्याददूषिका। शा ३४।३०
भार्यायां व्यभिचारिण्यां निरुद्धायां विशेषतः।
यत् पुंसः परदारेषू तदेनां चारयेद् व्रतम्॥ शा १६५।६३
४. नापराधोऽस्ति नारीणां नर एवापराध्यति।
सर्वकार्यापराध्यत्वान्नापराध्यन्ति चाङ्गनाः॥ शा २६५।४०

पुरुष स्त्री का भरण-पोषण करता है, इसीलिये उसे भर्त्ता कहा जाता है, और स्त्री का वह हर प्रकार से पालन करता है, इसलिये उसे पति कहते हैं। यदि किसी की पत्नी दुराचारी द्वारा आक्रान्त हो और पति उसका उद्धार न कर सके, तो समझना चाहिये वह पति बिल्कुल कापुरुष है, भर्ता या पति नाम के लिये अयोग्य है।[1]

स्वेच्छा से व्यभिचार की कठोर सजा—यदि कोई स्त्री स्वेच्छा से पति का त्याग करके अन्य पुरुष के साथ व्यभिचार में लिप्त हो, तो उसे कठोर सजा देने की व्यवस्था है। पति तो उसे त्याग ही देगा; लेकिन इसके बाद राजा किसी प्रकट स्थान पर सबके सामने कुत्तों से उसको नुचवायेगा। स्वेच्छा से व्यभिचारिणी स्त्री एवं परस्त्री गामी व्यभिचारी पुरुष दोनों का एक साथ उत्तप्त लोहे की शय्या पर सुलाकर वध कराना राजा का कर्त्तव्य है।[2]

परदार-गमन की निन्दा व पापख्यापन—पुरुष के लिये भी परस्त्री-गमन अत्यन्त पापजनक है, यह बहुत स्थानों पर उल्लिखित है। इससे बड़ा आयु-क्षयकारी दुष्कार्य और कुछ भी नहीं हो सकता। तरह-तरह के नरकों व कठोर प्रायश्चित्त का वर्णन देखने से ही पता लगता है कि इस विषय में विशेष रूप से सावधान करने के लिये तात्कालिक समाज में कितनी कठोर व्यवस्था थी।[3]

नारी के बहुपतित्व का प्रचलन नहीं था—पुरुष के एक ही समय एक से अधिक विवाहों के समान, नारी के एक ही समय में एक से अधिक पुरुषों को वरण करने के दृष्टान्त विरले ही मिलते हैं।

द्रौपदी के पाँच पति नियम का व्यतिक्रम मात्र—द्रौपदी के पाँच पति एक साथ वरने को नियम का व्यक्तिक्रम कहा जा सकता है। क्योंकि पाँचों भाई पांचाली से विवाह करेंगे, युधिष्ठिर के मुँह से कुन्ती देवी का यह अभिप्राय सुनकर द्रुपद राजा बहुत ही शंकित हो गये थे। राजा द्रुपद ने युधिष्ठिर से कहा, "तुम शुचि व धर्मज्ञ हो, तुम्हारे मुख पर ऐसी लोकवेद-विरोधी बात? तुम्हारी इस बुद्धिभ्रष्टता का कारण

---

१. भरणाद्धि स्त्रियो भर्त्ता पात्याच्चैव स्त्रियः पतिः।
गुणस्यास्य निवृत्तौ तु न भर्त्ता न पुनः पतिः॥
शा २६५।३७

२. श्रेयांसं शयनं हित्वा यान्यं पापं निगच्छति।
श्वभिस्तामर्दयेद् राजा संस्थाने बहुविस्तरे॥ इत्यादि। शा १६५। ६४, ६५

३. अनु १०४ वाँ अ०। शा १६५ वाँ अ०।

मैं समझ नहीं पा रहा हूँ।"[1] समाज में बहुपतित्व का प्रचलन होता, तो द्रुपदराजा निश्चय ही इतने आश्चर्यचकित नहीं होते। युधिष्ठिर ने भी जननी के आदेश पर निर्भर होकर ही इस तरह का प्रस्ताव किया था।[2]

युधिष्ठिर ने द्रुपद से कहा था—"महाराज, धर्म की गति बहुत सूक्ष्म है, हम उसका निर्णय करने में असमर्थ हैं। पूर्वज महापुरुषों के पथ का अनुसरण करना ही हमारा कर्त्तव्य है।"[3] युधिष्ठिर की बात सुनकर राजा द्रुपद बहुत चिन्तित हुए। ठीक उसी समय महर्षि व्यासदेव आकर उपस्थित हुए। उन्होंने प्राचीन युग की दो नारियों के बहुपतित्व का उपाख्यान उन्हें सुनाया। उससे भी द्रुपद का संशय दूर नहीं हुआ। तब द्रौपदी के पूर्वजन्म का वृत्तान्त विशद रूप से सुनाकर पंचपति का कारण बताया। व्यासदेव के मुँह से समस्त विवरण जानकर पांचालराज ने सानन्द पंचपांडव सहित कन्या के विवाह के लिये सम्मति दे दी।[4]

प्राचीन युग में जटिला व बार्क्षी का बहुपतित्व—प्राचीन युग की जिन दो नारियों के बहुपतित्व का उल्लेख किया गया है, उनमें एक का नाम जटिला और दूसरी का बार्क्षी था। जटिला ने सात ऋषियों से एक साथ विवाह किया था, और बार्क्षी प्रचेता नामक स्त्री दस संशितव्रत पुरुषों के साथ विवाह-सूत्र में आबद्ध हुई थीं। वे दसों व्यक्ति आपस में भाई-भाई थे।[5]

माधवी के एक के बाद एक, चार विवाह—गालवोपाख्यान में आया है कि ययाति की कन्या माधवी ने एक के बाद एक चार पुरुषों से विवाह किया था।[6]

---

१. लोकवेदविरुद्धं त्वं नाधर्म्मं धर्मविच्छुचिः।
कर्त्तुमर्हसि कौन्तेय कस्मात्ते बुद्धिरीदृशी। आदि १९५।२८
न चाप्याचरितः पूर्वैरयं धर्मो महात्मभिः॥ आदि १९६।८

२. एवं प्रव्याहृतं पूर्वं मम मात्रा विशाम्पते। आदि १९५।२३
एवञ्चैव वदत्यम्बा। आदि १९५।३०

३. सूक्ष्मो धर्मो महाराज नास्य विद्मो वयं गतिम्। आदि १९५।२९

४. आदि १९७ वाँ और १९८ वाँ अध्याय।

५. श्रूयते हि पुराणेऽपि जटिला नाम गौतमी।
ऋषीनध्यासितवती सप्त धर्मभृतां वरा॥
तथैव मुनिजा बार्क्षी तपोभिर्भावितात्मनः।
संगताभूद्दश भ्रातृनेकनाम्न प्रचेतसः॥ आदि १९६।१४, १५

६. उ ११६।२१

इन सब प्राचीन प्रमाणों के रहते हुए भी द्रुपद की उक्ति से अच्छी तरह समझ में आता है कि महाभारत के काल में स्त्रियों का बहुपतित्व समाज द्वारा समर्थित नहीं था।

कुरु आदि में नारियों का बहुपतित्व—कुरु आदि उत्तर प्रान्तों में उस समय भी नारियों का पति रूप में बहुत से पुरुषों का वरण एवं स्वातन्त्र्य-प्रथा कुछ प्रचलित थी। कुन्ती से कही गई पांडु की उक्ति से यह समझा जा सकता है।[1]

सब पतियों को समान रूप से न देखना पाप का हेतु—सब पतियों के प्रति द्रौपदी का समान भाव नहीं था, उसने अर्जुन को ही अपने पति रूप में वरण किया था। महाभारतकार ने इस पक्षपात को पाप का हेतु बताया है।

पांचाली के प्रति सबकी अच्छी धारणा नहीं थी—दुःशासन द्वारा अभद्रता सहित द्रौपदी को राजसभा में लाते देख कर कर्ण ने कहा था, "देवताओं ने स्त्रियों के एक पति का विधान बनाया है; द्रौपदी तो अनेकों की पत्नी है। अतएव वह बंधकी (वेश्या) है। एक वस्त्र में अथवा निर्वस्त्र करके उसे राजसभा में लाने में कोई दोष नहीं है।"[2]

बहुपतित्व निषिद्ध—एक नारी का बहुपति-ग्रहण अतिशय गर्हित है, इस विषय में कई स्पष्ट उक्तियाँ महाभारत में उल्लिखित हैं।[3] इसीलिये पहले कहा गया है कि द्रौपदी का विवाह सामाजिक नियम का व्यतिक्रम मात्र था; उसका समर्थन करने के लिये प्राचीन व्यवहार, पूर्व जन्म के कर्मफल और सबसे अधिक माँ के आदेश पर ज्यादा महत्त्व देना पड़ा है। नियम का व्यतिक्रम न होकर यदि सामाजिक व्यवहार के अनुरूप होता, तो आशंका व उसके समाधान के लिये नाना प्रकार की कल्पनाओं की आवश्यकता नहीं थी।

पात्रनिर्वाचन में दरिद्र का अनादर—विवाह के निमित्त पात्रनिर्वाचन में दरिद्र हमेशा समाज में उपेक्षित रहा है। पितरों के आदेश से पत्नीग्रहण के इच्छुक

---

१. उत्तरेषु च रम्भोरु! कुरुष्वद्यापि पूज्यते। आदि १२२।७

२. इयं त्वनेकपतिका बंधकीति विनिश्चिता। इत्यादि। सभा ६८।३५, ३६
पक्षपातो महानस्या विशेषेण धनंजये। महा प्र २।६

३. एको भर्त्ता स्त्रिया देवैर्विहितः कुरुनन्दन। सभा ६८।३५
नैकस्या बहवः पुंसः श्रूयन्ते पतयः क्वचित्॥ आदि १९५।२७
न ह्येका विद्यते पत्नी बहूनां द्विजसत्तम। आदि १९६।७
स्त्रीणामधर्मं सुमहान् भर्तुः पूर्वस्य लंघने। आदि १५८।३६
नापराधोऽस्ति सुभगे नराणां बहुभार्यता।
प्रमदानां भवत्येष मा तेऽभूद् बुद्धिरीदृशी॥ अश्व ८०।१४

जरत्कारु ने कहा है—"मैं तो दरिद्र हूँ, मुझे कौन कन्या देगा ?[१] अगस्त्य मुनि ने विदर्भराज के निकट उपस्थित होकर उनकी कन्या लोपामुद्रा को पत्नी रूप में ग्रहण करने की इच्छा प्रकट की। मुनि की इच्छा जानकर राजा संकट में पड़ गये। इच्छा पूरी न होने पर मुनि द्वारा अभिशप्त होने का डर था और दूसरी तरफ यह संकट था कि दरिद्र को कन्या कैसे दें। बाद में बाध्य होकर लोपामुद्रा की इच्छानुसार उन्होंने अगस्त्य को कन्या दे दी। दरिद्र को कन्यादान करने में बहुत लोग सकुचाते थे, सुदर्शनोपाख्यान में भी यही बात मिलती है।[२] समाज की यह भावना शाश्वत है। कोई भी जहाँ तक बने, दरिद्र को कन्यादान नहीं करना चाहता।

धनी की कन्या से विवाह करना दरिद्र के लिये संकटदायक—एक बार ऋतुस्नाता लोपामुद्रा ने पति से कहा, "मैं अपने पिता के यहाँ प्रासाद में जिस तरह के पलंग और शय्या पर शयन करती थी, उसी तरह के प्रासाद में उसी तरह की शय्या की व्यवस्था करो। तुम भी माला-चन्दनादि से विभूषित होओ, और मुझे भी आभरणों से अलंकृत करो। इस पवित्र गैरिकवस्त्र का परिधान करके मेरी तुम्हारे समीप आने की इच्छा नहीं होती।" पत्नी के वाक्य सुनकर अगस्त्य मुनि विपत्ति में पड़ गये। स्त्री की अभिलाषा भी पूर्ण करनी थी, क्योंकि इधर ऋतुकाल के सोलह दिनों में से केवल दो-चार दिन अवशिष्ट थे। मुनि ने भिक्षा माँग कर अत्यन्त कष्ट से पत्नी की अभिलषित वस्तुएँ संगृहीत करके धर्म की रक्षा की।[३] दरिद्र के लिये धनी की कन्या से विवाह करने का परिणाम आनन्दप्रद नहीं होता, इस आख्यान में यह उपदेश अत्यन्त स्पष्ट है।

समान घर में संबंध सुखकर—अन्यत्र कहा गया है कि जिनकी आर्थिक अवस्था एवं शिक्षा-दीक्षा समान हो, उनमें परस्पर विवाह आदि संबंध व मित्रता स्थापित करना अच्छा है। धनी व दरिद्र में आदान-प्रदान का फल अच्छा नहीं होता।[४]

---

१. दरिद्राय हि मे भार्यां को दास्यति विशेषतः। आदि १३।३०

२. प्रत्याख्यानाय चाशक्तः प्रदातुञ्चैव नैच्छत। इत्यादि। वन ९७।३-७
दरिद्रश्चासवर्णश्च ममायमिति पार्थिवः।
न दित्सति सुतां तस्मै तां विप्राय सुदर्शनाम्॥ अनु २।२२

३. वन ९७ वाँ और ९८ वाँ अध्याय।

४. ययोरेव समं वित्तं ययोरेव समं श्रुतम्।
तयोर्विवाहः सख्यञ्च न तु पुष्टविपुष्टयोः॥ आदि १३१।१०
समैर्विवाहं कुरुते न हीनैः। उ ३३।१२१

पत्नी या ससुर पर बोझ बनकर रहना दुखदायक—पत्नी के रुपये-पैसे अपने ऊपर खर्च करना एवं श्वसुर पर बोझ बन कर अपने भरण-पोषण की व्यवस्था करना जिस तरह आजकल समाज में बहुत सुखकर नहीं है, उसी तरह तात्कालिक समाज में भी नहीं था। इस तरह घृणित जीवन यापन करना पुरुष के लिये अभिशाप समझा जाता था।[१]

---

१. भार्यया चैव पुष्यतु। अनु ९४।२२
श्वशुरात्त्वस्य वृत्ति स्यात्।

गर्भाधानादि-संस्कार

दस संस्कार---वर्णाश्रम समाज में गर्भाधान, पुंसवन, सीमन्तोन्नयन, जातकर्म, नामकरण, निष्क्रमण, अन्नप्राशन, चूड़ाकर्म, उपनयन एवं विवाह ये दस संस्कार अत्यन्त प्राचीन काल से ही धर्म के अन्यतम प्रधान अंगरूप में चले आ रहे हैं। उपनयन सिर्फ द्विजाति के लिये विहित है। दूसरे नौ संस्कार शूद्र के भी होते हैं। कभी समाज में कन्याओं का भी उपनयन संस्कार होता था, बाद में वह वर्जित हो गया। महाभारत में सब संस्कारों का वर्णन विशद रूप से नहीं मिलता। जिन दो-चार के वर्णन मिलते हैं, उन पर इस प्रकरण में प्रकाश डाला जायगा।

किसी-किसी धर्मसूत्र व स्मृतिसंहिता में ब्राह्म संस्कार, यज्ञ, दैव संस्कार, पाकयज्ञ, हविर्यज्ञ एवं सोमसंस्थ वर्ग के भेद से चालीस संस्कारों का उल्लेख मिलता है। किन्तु मनु, याज्ञवल्क्य, पराशर आदि के स्मृति-ग्रंथों में दस संस्कारों का ही उल्लेख है। चालीस संस्कारों के बारे में महाभारत में भी कोई उल्लेख नहीं मिलता।

(क) गर्भाधान या ऋतुसंस्कार---महाभारत में गर्भाधान का विस्तृत वर्णन मिलता है। गृह्यसूत्र एवं मन्वादिस्मृति के साथ महाभारत की विधि में कोई अन्तर नहीं है। होम के समय वह्नि जिस तरह काल की प्रतीक्षा करती है, उसी तरह ऋतुकाल में स्त्रियाँ पुरुष की कामना करती हैं। अतएव ऋत्वभिगमन प्रत्येक विवाहित के लिये धर्मकृत्यों में गण्य है। ऋतुकाल के दिनों को छोड़कर जो स्त्रीसम्भोग से विरत रहते हैं, वे गृहस्थ होते हुए भी ब्रह्मचर्य में प्रतिष्ठित होते हैं।[1]

ऋतु-अभिगमन आवश्यक कर्त्तव्य---"केवल ऋतुकाल के दिनों में जो सन्तान की कामना से संभोग करते हैं, उनकी सन्तान बलिष्ठ, दीर्घजीवी, धार्मिक व सत्य-परायण होती है। पशु-पक्षी भी प्राचीन काल से ही ऋतुकाल के अलावा प्रवृत्त नहीं होते, मनुष्य की तो बात छोड़िये। आधि-व्याधि-विमुक्त सन्तान का पिता

---

१. **होमकाले यथा वह्निः कालमेव प्रतीक्षते।**
ऋतुकाले तथा नारी ऋतुमेव प्रतीक्षते॥ इत्यादि। अनु १६२। ४१, ४२

बनने की इच्छा हो तो संयतचित्त होकर सिर्फ ऋतुकाल में ही अभिगमन करना आवश्यक कर्त्तव्य है।"[1]

अनृतुगमन निन्दनीय—ऋत्वभिगमन धर्मकृत्यों के अन्तर्गत है। अन्य काल में स्वच्छंद विहार महाभारत के अनुसार अत्यन्त निन्दनीय है।[2]

ऋत्वभिगमन न करना पाप—सन्तानोत्पत्ति के उद्देश्य से धर्मपत्नी के साथ संभोग करना गृहस्थों के लिये श्रेष्ठ धर्म है। ऋतुकाल में स्त्री की उपेक्षा करना पाप होता है।[3] एक पुत्र का जन्म न होने तक यही विधान है। उसके बाद उपेक्षा में भी पाप नहीं होता।

ऋत्वभिगमन से ब्रह्मचर्य स्खलित नहीं होता—ऋत्वभिगमन से ब्रह्मचर्यव्रत स्खलित नहीं होता। गृहस्थों में जो ब्रह्मचारी होते हैं, वे दीर्घायु को प्राप्त होकर आनन्दमय जीवन व्यतीत करते हैं।[4]

चतुर्थ रात्रि से अभिगमन—ऋतुमती पत्नी का तीन रात पूर्ण रूप से त्याग करना चाहिए। चतुर्थ रात्रि से सोलहवीं रात तक गर्भाधान के लिए विहित हैं।

---

१. स्वदारतुष्टस्त्वृतुकालगामी। शा ६१।११
अभ्यगच्छन् ऋतौ नारीं न कामान्नानृतौ तथा।
तथैवान्यानि भूतानि तिर्यग्योनिगतान्यपि॥ इत्यादि। आदि। ६४। १०-१२

२. अभ्यगच्छन् ऋतौ नारीं न कामान्नानृतौ तथा। आदि ६४।१०
ऋतुकालाभिगामी च। अनु १४३।२९
ग्राम्यधर्मं न सेवेत स्वच्छन्देनार्थ कोविदः।
ऋतुकाले तु धर्मात्मा पत्नीमुपशयेत् सदा॥ अनु १४३।३९
स्वदार-निरता ये च ऋतुकालाभिगामिनः। अनु १४४।१३
न चापि नारीमनृताह्वयीत। शा २६८।२७
नानृतावाह्वयेत् स्त्रियम्। शा २४२।७
अनृतौ मैथुनं यातु। अनु ९३।१२४

३. यात्रार्थं भोजनं येषां सन्तानार्थञ्च मैथुनम्॥ शा ११०।२३
स्वभार्यामृतुकालेषु। इत्यादि। द्रो० १६।३२

४. भार्यां गच्छन् ब्रह्मचारी ऋतौ भवति चैव ह। अनु ९३।११
नान्यदा गच्छते यस्तु ब्रह्मचर्यन्तु तत् स्मृतम्॥ अनु १६२।४३
ब्रह्मचर्येण जीवितम्। अनु ७।१४

विषम में कन्या एवं सम में पुत्र का जन्म---विषम रात्रि में गर्भाधान होने से साधारणतः कन्या एवं सम रात्रि में गर्भाधान होने से पुत्र का जन्म होता है।[1]

संभोग की गोपनीयता---बिल्कुल निर्जन स्थान में गोपनीयता से संभोग करने का नियम है। सभ्य समाज में ये सब नियम स्थान या काल द्वारा निर्णीत नहीं हुए और भविष्य में भी नहीं होंगे।[2]

परित्याज्य काल---अमावस्या, पूर्णिमा, चतुर्दशी, अष्टमी एवं रवि-संक्रांति के दिनों में पूर्ण रूप से ब्रह्मचर्य का पालन करना चाहिए। इन दिनों को पर्वकाल कहते हैं। पर्वकाल में स्त्रीसंसर्ग से पाप होता है।[3] दिन के समय एवं रजोदर्शन के शुरू के तीन दिन सहवास बिल्कुल निषिद्ध है। इस निषेध की उपेक्षा करने से नाना प्रकार के रोगों का जन्म होता है एवं मनुष्य अकाल मृत्य को प्राप्त होता है।[4]

प्रथम तीन रात्रि परित्याग---ऋतुकाल में प्रथम तीन रातों को सहवास करना गर्हित है। उन दिनों स्त्री का स्पर्श करना या उससे बातचीत करना पापजनक है। कहा गया है कि जो व्यक्ति उन दिनों पत्नी-सहवास करता है, वह ब्रह्महत्या के पाप का भागी होता है। सम्भवतः कामुक पुरुषों को रोकने के लिये ही पाप का इतना बड़ा डर दिखाया गया है।[5]

गर्भिणीगमन गर्हित---गर्भिणीगमन को भी बहुत बड़ा अन्याय बताया गया है।[6]

---

१. स्नातां चतुर्थदिवसे रात्रौ गच्छेद्विचक्षणः। इत्यादि। अनु १०४।१५१, १५२

२. मैथुनं सततं गुप्तमाहाराञ्च समाचरेत्। अनु १६२।४७

३. नायोनौ न च पर्वसु। शा २२८।४५
पर्वकालेषु सर्वेषु ब्रह्मचारी सदा भवेत्। अनु १०४।८९
अमावस्यां पौर्णमास्यां चतुर्द्दश्याञ्च सर्वशः।
अष्टम्यां सर्वपक्षालां ब्रह्मचारी सदा भवेत्। अनु १०४।२९

४. न दिवा मैथुनं गच्छेन्न कन्यां न च बंधकीम्।
न चास्नातां स्त्रियं गच्छेत्तथायुर्विन्दते महत्॥ अनु १०४।१०८

५. उदक्यया च सम्भाषां न कुर्वीत कदाचन॥ अनु १०४।५३
न चास्नातां स्त्रियं गच्छेत्। अनु १०४।१०८
रजस्वलासु नारीषु यो वै मैथुनमाचरेत्।
तमेषा यस्यति क्षिप्रं व्येतु वो मानसो ज्वरः॥ शा २८१।४६

६. न चाज्ञातां स्त्रियं गच्छेद् गर्भिणीं वा कदाचन। अनु १०४।४७

अभिगमन के बाद शुद्धि—ऋतुकाल में स्त्रीसंभोग के बाद स्नान करके पवित्र होना पड़ता है।[१]

सहवास काल में उत्कृष्ट सन्तान की कामना—स्त्री-पुरुष दोनों ही उत्कृष्ट सन्तान लाभ की कामना करते हैं। सहवास के समय यह कामना करना बहुत ही आवश्यक है। साधारणतः पुरुष की अपेक्षा स्त्री को ही उत्कृष्ट संतान लाभ की आकांक्षा अधिक होती है। क्योंकि गर्भाधान के बाद गर्भिणी हमेशा ही गर्भस्थ सन्तान की मंगल कामना करती है।[२]

अत्यासक्ति निन्दनीय—जो व्यक्ति स्त्री-सहवास को ही परम पुरुषार्थ मानता है और काम-भावना से पत्नी पर अत्यन्त आसक्त होता है, वह पुरुष नितान्त कापुरुष कहलाता है।[३]

उत्कृष्ट सन्तान-लाभ के निमित्त तपस्या—तपस्या, देवार्चन, यागयज्ञ का अनुष्ठान, वन्दना, तितिक्षा, ब्रह्मचर्य, उपचारा, व्रत आदि सत्कार्यों द्वारा माता-पिता धार्मिक, सुन्दर एवं दीर्घायु संतान लाभ कर सकते हैं। केवल ऐन्द्रिक कार्य पूरा करने से सुपुत्र लाभ नहीं होता। प्रजापति, ब्रह्मा, श्रीकृष्णद्वैपायन व भगवान श्रीकृष्ण को दीर्घकाल की तपस्या के फलस्वरूप ही सत्पुत्र लाभ हुए थे। सत्पुत्र लाभ के निमित्त श्रीकृष्ण की कठोर तपस्या की बात महाभारत में वर्णित है।[४]

माता-पिता की शुचिता का फल—माता-पिता से ही पुत्र की उत्पत्ति होती है। सहवास के समय उनकी मानसिक अवस्था जैसी ही सन्तान की मानसिक अवस्था होती है। साधारणतः माता-पिता के पुण्य बल से ही संतान धर्मपरायण होती है। अतएव माता-पिता की शुचिता बहुत आवश्यक है, विशेषतः सहवास करते समय।[५]

---

१. मैथुनेन सदोच्छिष्टाः। अनु १३१।४

२. दम्पत्योः प्राणसंश्लेषे योऽभिसंधि कृतः किल।
तं माता च पिता चेति भूतार्थो मातरि स्थितः॥ शा २६५।३४

३. सम्भोगसंविद्विषमः। उ ४३।१९। उ ४५।४
पानमक्षास्तथा नार्यः···प्रसंगोऽत्र दोषवान्॥ शा १४०।२६

४. बहुकल्याणमिच्छन्त ईहन्ते पितरः सुतान्।
तपसा दैवतेज्याभिर्वन्दनेन तितिक्षया। शा १५०।१४। शा ७।१३, १४
एवं विधस्ते तनयो द्वैपायन भविष्यति। शा ३२३।२७ अनु १४ वाँ अध्याय।
आराध्य पशुभर्त्तारं रुक्मिण्यां जनिताः सुताः॥ अनु १४।३२

५. सुक्षेत्राच्च सुवीजाच्च पुण्यो भवति संभवः। शा २९६।४

काम धर्म के अनुकूल—भगवान श्रीकृष्ण ने अर्जुन से कहा है, "सब प्राणियों में धर्म के अनुकूल कामरूप में मैं ही अवस्थित हूँ।" काम शब्द का अर्थ वासना है। जिस कामना से धर्म की क्षति नहीं होती, वही भगवत्स्वरूप है। कौन सी कामना धर्म के अनकूल है और कौन सी प्रतिकूल, यह वेद, स्मृति, पुराण आदि शास्त्रों द्वारा जानना चाहिये। सहगमन शास्त्र द्वारा नियमित हुआ है—ऋतुकाल में पुत्र की कामना से प्रवृत्त हो—इत्यादि। अतएव उच्छृंखलता से शास्त्र के नियमों की उपेक्षा न करके संयत होकर काम का उपभोग करना दूषणीय नहीं है।[1]

महाभारत में संकलित वचनों से पता चलता है कि वंश की प्रतिष्ठा के निमित्त सुसन्तान लाभ करना हो तो माता-पिता के लिए संयम व तपस्या आवश्यक है। उच्छृंखल मिलन से स्वस्थ, सबल सन्तान की आशा नहीं की जा सकती। इसीलिये गर्भाधान-संस्कार के संबंध में इतनी बातें कही गई हैं।

गर्भाधान-संस्कार धर्म, अर्थ व काम का हेतु—भीष्म ने युधिष्ठिर से कहा है, "गर्भाधान-संस्कार धर्म, अर्थ व काम का हेतु है। धार्मिक सद्वृत्त पुरुष गर्भाधानोक्त विधान के अनुसार यदि सत्पुत्र की कामना से पत्नी सहवास करे, तो योनि-संस्कार-रूप धर्म, पुत्ररूप अर्थ एवं सम्भोग रूप काम इन तीनों का लाभ करने में समर्थ होता है। गर्भाधान संस्कार की शुचिता पर समाज का कल्याण निर्भर होता है। संयम ही उपभोग का प्रधान सहायक है।"[2]

(ख) पुंसवन, (ग) सीमन्तोन्नयन—पुंसवन व सीमन्तोन्नयन के संबंध में कोई विस्तृत विश्लेषण नहीं किया गया है। संस्कारों में इनका भी नाम लिया गया है।[3]

(घ) जातकर्म—सन्तान का जन्म होने के बाद जो वैदिक संस्कार करने का नियम है, उसका नाम जातकर्म है। महाभारत में बहुत स्थानों पर जातकर्म का उल्लेख किया गया है। पुत्र के जातकर्म का जो विधान है, कन्या के लिये भी वही है। महाराज शान्तनु को कृप व कृपी वन में पड़े मिले। वे उन्हें अपने घर ले आये और दोनों के जातकर्मादि संस्कार किये गये। अश्वपति ने सावित्री के जात-

---

१. धर्माविरुद्धो भूतेषु कामोऽस्मि भरतर्षभ॥ भी ३१।११

२. यदा ते स्युः सुमनसो लोके धर्मार्थ निश्चये।
कालप्रभवसंस्थासु सज्जन्ते च त्रयस्तदा॥ शा १२३।३ नीलकंठ द्रष्टव्य।

३. भर्त्रा चैव समायोगे सीमन्तोन्नयने तथा। शा २६५।२० नीलकंठ द्रष्टव्य।

कर्मादि संस्कार किये। शिखण्डी के भी सब संस्कार किये गये थे। और भी बहुतों के जातकर्मादि संस्कार का वर्णन मिलता है।[1]

नवजात सन्तान के कल्याण के लिये दान-दक्षिणा—संतान के जन्म लेने पर उसकी कल्याण-कामना से तरह-तरह की दान-दक्षिणा दी जाती थीं। तब आनन्दमय घर से कोई भी खाली हाथ नहीं लौटता था।[2]

शिशु को आशीर्वाद—आत्मीय स्वजनों में, जो उस समय उपस्थित रहते थे, वे नवजात शिशु का मुँह देखकर धनरत्न आदि आशीर्वादपूर्वक देते थे।[3] यह रीति अभी भी समाज में चली आ रही है।

(ङ) **नामकरण**—शिशु का नामकरण भी एक वैदिक संस्कार है। जन्म के ग्यारहवें या बारहवें दिन इस संस्कार के करने का विधान है। महाभारत में इस संस्कार का भी विस्तृत विवरण नहीं मिलता है। दो-एक जगह बहुत संक्षेप में कहा गया है।[4]

(च) **निष्क्रमण,** (छ) **अन्नप्राशन**—निष्क्रमण व अन्नप्राशन के संबंध में उल्लेख न होने पर भी जातकर्मादि शब्द में "आदि" शब्द के द्वारा इन दोनों को ग्रहण कर लिया गया है।

---

१. ततस्तस्य तदा राजा पितृकर्माणि सर्वशः। इत्यादि। आदि ७४।११९
जातकर्मादि संस्कारं कण्वः पुण्यकृतां वरः। आदि ७४।३
जातकर्मादिकास्तस्य क्रियाः स मुनिसत्तमः। आदि १७८।२
संस्कारैः संस्कृतास्ते तु॥ आदि १०९।१८
अथाप्तवन्तो वेदोक्तान् संस्कारान् पांडवास्तदा॥ आदि १२८।१४
स हि मे जातकर्मादि कारयामास माधव। उ १४१।९। शा २३३।२। आदि २२१।७१। आदि २२१।८७। उ १९०।१९। अनु ९५।२६
ततः संवर्द्धयामास संस्कारैश्चाप्ययोजयत्। आदि १३०।१८
क्रियाश्च तस्या मुदितश्चक्रे स नृपसत्तमः। वन २९२।२३। उ १९०।१९

२. यस्मिन् जाते महातेजाः कुन्तीपुत्रो युधिष्ठिरः
अयुतं गा द्विजातिभ्यः प्रादान्निष्कांश्च भारत॥ आदि २२१।६९

३. तस्य कृष्णो ददौ हृष्टो बहुरत्नं विशेषतः।
तथान्ये वृषिशार्दूलाः....॥अश्व ७०।१०

४. अभिमन्युमिति प्राहुरार्ज्जुनिं पुरुषर्षभम्। आदि १२१।६७
नाम चास्याकरोत प्रभुः। अश्व ७०।१०

(ज) चड़ाकर्म, (झ) उपनयन—चूड़ा व उपनयन संस्कार का विस्तृत विवरण महाभारत में नहीं है। सिर्फ नाम लिया गया है।[1]

(ञ) विवाह—विवाह के संबंध में विवाह प्रकरण में प्रकाश डाला जा चुका है।

गोदान—दस संस्कारों में यद्यपि गोदान का स्थान नहीं है, तथापि गोदान नामक एक वैदिक क्रिया थी। केशछेदन उसका मुख्य अंग था। गो शब्द का एक अर्थ 'केश' और दान शब्द का एक अर्थ 'छेदन' भी है।[2]

उपकर्म—उपकर्म नामक एक और वैदिक अनुष्ठान का उल्लेख महाभारत में मिलता है। गृहस्थ के लिए विहित संस्कारों से बाहर होने के कारण इसका नाम उपकर्म है। पिता प्रवारा से घर वापस आने पर पुत्र के सिर पर हाथ रखकर कई मंत्रों का जप किया करता था। वही जप उपकर्म का प्रधान अंग है।[3]

---

१. जातकर्माण्यानुपूर्व्यात् चूड़ोपनयनादि च।
चकार विधिवद् धौम्यस्तेषां भरत सत्तम। आदि २२१।८७
जातकर्माणि सर्वाणि व्रतोपनयनानि च। अनु ९५।२५
क्रिया स्यादासमावृत्तेराचार्ये वेदपारगे। शा २३३।२

२. गोदानानि विवाहश्च। अनु ९५।२५

३. जातकर्मणि यत प्राह पिता यच्चोपकर्मणि॥ शा २६५।१६

नारी

नारी के संबंध में जितने भी वर्णन मिलते हैं, वे सब एक दूसरे के इतने अन्तर्विरोधी लगते हैं कि कहीं-कहीं तो सामंजस्य बनाये रखना बहुत ही मुश्किल हो जाता है। नारी को नरक का द्वार भी कहा गया है और दूसरी तरफ उसे स्वर्गारोहण के लिये सोपान भी बतलाया गया है।

नारी व पुरुष के मिलन में ही गृहस्थ का संसार है। गार्हस्थ्य-निर्वाह में नारी को विशिष्ट स्थान दिया गया है। उनके अधिकारों को महाभारत में खंडित नहीं किया गया है, बल्कि किसी-किसी जगह तो अधिकार का क्षेत्र अस्वाभाविक रूप से प्रशस्त कर दिया गया लगता है। हस्तिनापुर के कोष का भार द्रौपदी पर डालना, प्रकाश्य मंत्रणा सभा में गांधारी का साहचर्य आदि घटनाओं को उदाहरणस्वरूप लिया जा सकता है। पुरुष व नारी के कर्मक्षेत्र में अनेक प्रकार की भिन्नता होते हुए भी एक के कर्म में दूसरे की सहायता को विशेष रूप से स्वीकार किया गया है।

पुत्र व कन्या में समानता—सम्पूर्ण महाभारत में कन्या को दुःसह बोझ समझे जाने का एक भी उदाहरण नहीं मिलता। कन्या का जन्म होने पर पिता के चेहरे पर चिन्ता की एक रेखा तक नहीं होती थी। किसी ब्राह्मण कुमारी के शब्दों में अवश्य किंचित् व्यतिक्रम दिखाई देता है—"कृच्छ्रन्तु दुहिता किल।"[1] रामायण के एक ऋषि ने आक्षेप किया है—"कन्यापितृत्वं दुःखं हि सर्वेषां मानकांक्षिणाम्।"[2] किन्तु महाभारतीय समाज में कन्या का जन्म पिता के लिये 'भार' माना जाता था, ऐसा नहीं लगता। दुहिता को कृच्छ्रस्वरूप क्यों कहा गया, इसका कारण समझ में नहीं आता। दृष्टान्त तो इसके उल्टे ही देखने को मिलते हैं।

नारी के स्थान विचार में प्रधान वस्तु चरित्र—उस काल की नारियाँ थीं पूर्ण अर्थों में पुरुष की कर्मसंगिनी। महाभारत में सर्वत्र नारी का सहयोग ही दिखाई देता है। नारी की अज्ञता से कहीं भी पुरुष की गति अवरुद्ध नहीं होती। गांधारी, कुन्ती, द्रौपदी, सुभद्रा, सत्यभामा, विदुला आदि स्त्रियों के चरित्र में जो ओजस्विता और कमनीयता का सम्मिश्रण देखने में आता है, वही उस काल की नारी का स्थान

---

१. आदि १५९।११

२. उत्तरकांड ९।११

विचार करने में हमारा प्रधान आधार है। सब नारियाँ वैसी ही तेजस्विनी एवं कर्त्तव्यपरायण थीं यह तो नहीं कहा जा सकता, क्योंकि साधारण समाज की, या समाज के निम्न स्तर की नारियों के संबंध में कोई उदाहरण नहीं मिलता। ऐसी जगह नारियों के काम-काज के संबंध में जो विधि-निषेध व्यवस्थित हुए हैं, उनकी सहायता से अनुमान करने के अलावा और कोई चारा नहीं है। महाभारत में जिन नारी चरित्रों से हमारा साक्षात् परिचय होता है, उनका परिचय केवल नारीत्व रूप में सीमित नहीं है, परिपूर्ण मनुष्यत्व रूप में वे परिचित हैं। उनकी पूर्णता व महिमा बहुत ही उच्च प्रकार की है।

कन्या के भी जातकर्मादि संस्कार—पुत्र एवं कन्या में कोई बहुत ज्यादा अन्तर नहीं था। जातकर्मादि संस्कार जिस तरह पुत्र के किये जाते थे, उसी तरह कन्या के भी किये जाते थे। महाराज शान्तनु वन में पड़े हुए कृप व कृपी (गौतम के पुत्र-कन्या) को उठाकर अपने घर लाये और शास्त्रानुसार उनके नामकरण आदि संस्कार किये।[१] महाराज अश्वपति ने भी सावित्री के जातकर्म आदि सब संस्कार किये थे।[२]

पितृगृह में कन्या की शिक्षा—विवाह से पूर्व कन्या को पितृगृह में अनेक विषयों की शिक्षा दी जाती थी। ('शिक्षा' में स्त्रीशिक्षा प्रकरण देखिए)। कोई-कोई कुमारी पूजा-अर्चनादि भी करती थी। पिता के घर गांधारी की शिवपूजा का उल्लेख किया गया है।[३] कुंती ब्राह्मण एवं अतिथियों की परिचर्या पर नियुक्त थी।[४]

दत्तक पुत्र की तरह कन्या का भी दान—सन्तानहीन व्यक्ति दूसरे की कन्या भी लेते थे, यह प्रथा काफी अंशों में दत्तक ग्रहण करने के समान थी। यदुश्रेष्ठ शूर ने अपनी कन्या पृथा, अपने फुफेरे भाई कुन्तीभोज को दे दी थी।[५] कुन्तीभोज

---

१. यथैवात्मा तथा पुत्रः पुत्रेण दुहिता समा॥ अनु ४५।११
ततः संवर्द्धयामास संस्कारैश्चाप्ययोजयत्।
प्रातिपेयो नरश्रेष्ठो मिथुनं गौतमस्य तत्॥ आदि १३०।१८

२. प्राप्ते काले तु सुषुवे कन्यां राजीवलोचनाम्।
क्रियाश्च तस्या मुदितश्चक्रे च नृपसत्तमः॥ वन २९२।२३

३. अथ शुश्राव विप्रेभ्यो गांधारीं सुबलात्मजाम्।
आराध्य वरदं देवं भगनेत्रहरं हरम्॥ आदि ११०।९

४. नियुक्ता सा पितुगहे ब्राह्मणातिथिपूजने॥ आदि १११।४

५. अग्रजामथ तां कन्यां शूरोऽनुग्रहकांक्षिणे।
प्रददौ कुंतिभोजाय सखा सख्ये महात्मने॥ आदि १११।३

ने उसे अपनी लड़की की तरह पाला और स्वयंवर-विधान द्वारा उसका विवाह किया। कुंतीभोज की कन्या होने के कारण पृथा का नाम 'कुंती' हो गया था। बाद में सर्वत्र कुंती को कुंतीभोज की कन्या कहकर उल्लेख किया गया है।[१] इससे पता चलता है कि पालिता कन्या भी दत्तक की तरह होती थी। कन्या भी समाज में पुत्र की तरह आदृत न होती, तो कुन्तीभोज शायद अपने भाई की कन्या को नहीं लेते। स्नेहवश यदि ले ली हो, तो भी विचित्र बात नहीं है।

पितृगृह में बालिका का काम-काज—पिता के घर कन्याएँ किसी-किसी पारिवारिक कार्य में काफी सहायता करती थीं। धीवरकन्या सत्यवती पिता के आदेश से नदी पार कराने वाली नौकाओं में मल्लाह का काम करती थीं।[२]

कुंती की अतिथि-परिचर्या की चर्चा पहले ही की जा चुकी है। महर्षि कण्व फल संग्रह करने के लिये जाते वक्त अतिथि सत्कार का भार शकुन्तला पर छोड़ गये थे। इसलिये दुष्यन्त के पुकारते ही तापसीवेशधारिणी शकुन्तला ने राजा की अभ्यर्थना की और पाद्य आदि देकर कुशल-प्रश्न पूछा।[३]

विवाह-काल तक कन्या पिता के घर ही प्रतिपालित होती थी। विवाह के उपयुक्त वयस होने पर साधारणतः वरपक्ष की तरफ से ही संबंध के प्रस्ताव आते थे।

किसी-किसी कुमारी का नैष्ठिक ब्रह्मचर्य—साधारणतः सब कन्याएँ ही विवाहित होकर घर-गृहस्थी चलाती थीं। कोई-कोई नैष्ठिक ब्रह्मचर्य का भी पालन करती थीं। साधारणतया कुमारी कन्याओं की संख्या बहुत कम थी।

योगिनी सुलभा—सुलभा नाम की एक योगिनी बालब्रह्मचारिणी थीं। मोक्षविद्या की चर्चा के उद्देश्य से वे देश-देशान्तरों का भ्रमण किया करती थीं। मिथिला के धर्मध्वज नामक राजा जनक की सभा में उपस्थित होकर उन्होंने जिस योग व अध्यात्म ज्ञान का परिचय दिया था, वह मोक्षधर्म में वर्णित है। पहले उन्होंने

---

१. नियुक्ता सा पितुर्गेहे ब्राह्मणातिथि पूजने॥ आदि १११।४
दुहिता कुंतिभोजस्य पृथा पृथुललोचना। आदि ११२।१

२. आजगाम तरीं धीमांस्तरिष्यन् यमुनां नदीम्।
सा तार्यमाणो यमुनां मामुपेत्या ब्रवीत्तदा। आदि १०५।८
साऽब्रवीद्दाशकन्यास्मि धर्मार्थं वाहये तरीम्। आदि १००।४८
पितुर्नियोगाद् भद्रं ते दाशराज्ञो महात्मनः। आदि १००।४९

३. श्रुत्वाथ तस्य तं शब्दं कन्या श्रीरिव रूपिणी।
निश्चक्रामाश्रमात् तस्मात् तापसीवेषधारिणी। इत्यादि। आदि ७१।३-५

भिक्षुणी के वेश में राजसभा में प्रवेश किया। राजा उनके असाधारण रूप-लावण्य एवं योगज-दिव्यकांति देखकर आश्चर्यचकित हो गये। धर्मध्वज द्वारा यथा रीति अर्चित होने पर योगिनी सुलभा ने राजा की योगशक्ति की परीक्षा करने के उद्देश्य से योग-बल द्वारा अपनी बुद्धि आदि वृत्ति को राजा की बुद्धि-वृत्ति से मिलाकर राजा को निश्चल करने की चेष्टा की। राजा भी योग-प्रक्रिया में अभिज्ञ थे। वे जरा भी विचलित हुए बिना तरह तरह के अटपटे प्रश्न पूछकर सुलभा की परीक्षा करने लगे, किन्तु सुलभा का मोक्षशास्त्र में असाधारण पांडित्य देखकर मुग्ध हो गये और श्रद्धा से सिर झुका दिया। अपना परिचय देते हुए सुलभा ने राजा से कहा—"राजन्, मैंने प्रधान नामक राजर्षि के वंश में जन्म लिया है, मैं ब्रह्मचारिणी हूँ, मुझे अपने उपयुक्त वर नहीं मिला। मैंने गुरुजनों से विद्या ग्रहण की है और अब नैष्ठिक ब्रह्मचर्य का अवलम्बन लेकर एकाकिनी भ्रमण कर रही हूँ। मैंने लोगों के मुँह से सुना था कि आप मोक्षधर्म में प्रवीण हैं, इसलिये आपसे मिलने के उद्देश्य से मिथिला आई हूँ।"[१]

तपस्विनी शाण्डिल्य दुहिता—प्राचीन काल में कुरुक्षेत्र के पास एक सिद्ध आश्रम था। शाण्डिल्य दुहिता ने वहाँ तपस्या करके सिद्धि-लाभ किया था। वह भी बालब्रह्मचारिणी थीं।[२]

सिद्धा शिवा—शिवा नामक वेदपरायण एक ब्राह्मण दुहिता ने समग्र वेदों का अध्ययन करके बाद को तपस्या द्वारा सिद्धिलाभ किया। ये भी ब्रह्मचारिणी थीं।[३]

नारी के नैष्ठिक ब्रह्मचर्य के विरोध में एक उदाहरण—शल्यपर्व के सारस्वतोपाख्यान में कहा गया है कि कुणिर्गर्ग ऋषि की कन्या वृद्धावस्था पर्यन्त तपस्या में संलग्न रहीं। वे इतनी वृद्ध हो गई थीं कि एक जगह से उठकर दूसरी जगह भी नहीं जा सकती थीं। अतएव उन्होंने वह जीर्ण कलेवर त्यागकर परलोकगमन की कामना की। उन्हें देहत्याग की इच्छुक जानकर नारद ऋषि बोले, "तुम तो असंस्कृता (अविवाहित) हो, तुम्हें तो किसी भी अच्छे लोक में स्थान नहीं मिलेगा।"[४]

---

१. शा ३२० वाँ अ०।

२. अत्रैव ब्राह्मणी सिद्धा कौमारब्रह्मचारिणी।
योगयुक्ता दिवं याता तपःसिद्धा तपस्विनी॥ इत्यादि। शल्य ५४। ६-८

३. अत्र सिद्धा शिवा नाम ब्राह्मणी वेदपारगा।
अधीत्य साखिलान् वेदान् लेभे स्वं देहमक्षयम्॥ उ १०९।१९

४. असंस्कृतायाः कन्यायाः कुतो लोकस्तवानघे॥ शल्य ५२।१०

बाद में उस वृद्धा तपस्विनी ने प्राकश्रृंगवान् नामक ऋषिकुमार से विवाह किया और अल्प समय पश्चात ही परलोकगामी हुई। नारद के इस विधान के विपरीत उदाहरण ही अधिक मिलते हैं। अतएव यह विधान माना नहीं जा सकता।

टीकाकार नीलकंठ ने कहा है—विवाह से पहले एवं विधवा होने पर नारियाँ संन्यास की अधिकारिणी हैं।[1] इस उक्ति से पता लगता है कि नीलकंठ ने नैष्ठिक ब्रह्मचर्य का समर्थन नहीं किया। नीलकंठ के काल में शायद नारियों का नैष्ठिक ब्रह्मचर्य सब पसन्द नहीं करते थे। लेकिन उसके बावजूद भी, आज भी वाराणसी आदि तीर्थस्थानों में नैष्ठिक ब्रह्मचारिणी तपस्विनियाँ देखने में आती हैं।

ब्रह्मवादिनी प्रभास-पत्नी—हरिवंश में उल्लिखित है कि अष्टम वसु प्रभास की पत्नी, विश्वकर्मा की जननी, बृहस्पति की भगिनी, ब्रह्मवादिनी एवं योगसिद्धा थीं। परिव्राजिकाओं की तरह उन्होंने भी अनेक देशों का भ्रमण किया था।[2] इस उदाहरण से पता लगता है कि जननी होकर भी, चाहने पर नारी संन्यास ग्रहण कर सकती थी।

स्त्रियों की पराधीनता—स्त्रियों की स्वतन्त्रता महाभारत में स्वीकृत नहीं हुई है। बाल्यावस्था में पिता के, यौवन में पति के एवं वृद्धावस्था में पुत्र की देख-रेख में रहना पड़ता था। किन्तु जो चिरकौमार्य का व्रत लेती थीं, उनके लिये यह नियम लागू नहीं था।[3]

विवाहिता स्त्री का सामयिक रूप से पितृगृह आदि जाना—विवाहिता स्त्रियों का घर पतिगृह है, साधारण रूप से यही नियम था; परन्तु कारणवश कभी-कभी पिता के घर या दूसरे संबंधी के घर भी चली जाती थीं। पांडव जब वनवास के लिये निकले, तो सुभद्रा आदि स्त्रियाँ अपने-अपने बच्चों को लेकर पितृगृह चली गई

---

१. **'स्त्रीणामपि प्राग् विवाहाद् वैधव्यादूर्ध्वं वा संन्यासेऽधिकारोऽस्ति।'**
नीलकंठ टीका—शा ३२०।७

२. **बृहस्पतेस्तु भगिनी वरस्त्री ब्रह्मवादिनी।**
योगसिद्धा जगत् कृत्स्नमसक्ता विचचार ह॥ हरि प० ३।१६०

३. **पिता रक्षति कौमारे भर्ता रक्षति यौवने।**
पुत्राश्च स्थाविरे भावे न स्त्री स्वातन्त्र्यमर्हति॥ अनु ४६।१४।
अनु २०।२१

नास्ति त्रिलोके स्त्री काचित् या वै स्वातन्त्र्यमर्हति॥ अनु २०।२०
प्रजापतिमतं ह्येतन्न स्त्री स्वातन्त्र्यमर्हति॥ अनु २०।१४

थीं। उनके भाई आकर उन लोगों को लिवा ले गये थे।[1] कृष्ण जब पांडवों से मिलने वन में गये, तो सत्यभामा उनके साथ थी।[2]

दीर्घकाल तक पितृगृह में रहना निन्दनीय--विवाहिता स्त्रियों के दीर्घकाल तक पिता के घर रहने को लोग अच्छी नजरों से नहीं देखते थे।[3]

संतानहीन विधवाओं का पितृगृह में निवास--संतानहीन निराश्रित विधवाओं का पिता के घर रहना ही अधिक प्रचलित था।[4]

पातिव्रत्य ही आदर्श सतीत्व--पातिव्रत धर्म पर बहुत जोर दिया गया है। महाभारत में सतीत्व-वर्णन की बहुलता देखने में आती है। विवाहिता नारी का परमधर्म था पतिभक्ति। पति के परिवार के सब लोगों को सन्तुष्ट करना ही सती का प्रधान कार्य माना जाता था। इसीलिये गांधारी को बिवाह के बाद समस्त कुरुवंश की भलाई के लिये व्यस्त पाया जाता है।[5]

सतीत्व परम धर्म--सावित्री, दमयन्ती, शकुन्तला, गांधारी, द्रौपदी, सत्यभामा, सुभद्रा आदि नारियों के चरित्र पर दृष्टिपात करने से पता लगता है कि महाभारत में वेदव्यास ने आदर्श सतीत्व का ही चित्रांकन किया है। सतीत्व की रक्षा में नारी का चरित्र अधिक उज्ज्वल हो उठता है। क्या घर और क्या जंगल, हर जगह नारी अपने पति की परम सहायक एवं सहधर्मिणी रही है। नारी ही गृहलक्ष्मी है।

नारी की तेजस्विता--शकुन्तला, गांधारी, कुन्ती एवं द्रौपदी के चरित्रों में हम असाधारण तेज पाते हैं।

शकुन्तला--पुत्र सहित शकुन्तला जब हस्तिनापुर दुष्यन्त के दरबार में उपस्थित हुई, तो दुष्यंत ने उसकी उपेक्षा की। उस समय की फड़कते ओठों वाली

---

१. सुभद्रामभिमन्युञ्च रथमारोप्य कांचनम्।
आरुरोह रथं कृष्णं पांडवैरभिपूजितः॥ इत्यादि। वन २२।४७-५१

२. उपासीनेषु विप्रेषु पांडवेष महात्मसु।
द्रौपदी सत्यभामा च विविशाते तदा समम्॥ वन २३२।१

३. नारीणां चिरवासो हि बांधवेषु न रोचते।
कीर्त्तिचारित्रधर्मघ्नस्तस्मान्नयत मा चिरम्॥ आदि ७४।१२
विप्रवासमलाः स्त्रियः। उ ३९।८०। ज्ञातीनां गृहमध्यस्था। अनु ९३।१३२

४. भगिनी चानपत्या। उ ३३।७४

५. गान्धर्यापि वरारोहा शीलाचारविचेष्टितैः।
तुष्टिं कुरूणां सर्व्वेषां जनयामास भारत॥ आदि ११०।१८

शकुन्तला का जो चित्र अंकित हुआ है वह उसकी तेजस्विता का द्योतक है। उसने राजा को जो नीतिसंगत कठोर वचन कहे थे, क्रोध में भी उस तरह के सन्तुलित, समयोपयोगी वचनों का प्रयोग करना हर किसी के लिये संभव नहीं है। तेजस्विता के साथ धैर्य व बुद्धिमत्ता का ऐसा सम्मिश्रण शकुन्तला के चरित्र की असाधारण विशेषता है।[1]

विदुला—विदुला नाम की क्षात्रधर्मरत दीर्घदर्शिनी एक नारी का वर्णन भी मिलता है। उसका पुत्र संजय सिंधुराज द्वारा पराजित होकर बहुत ही दीनता से काल-यापन कर रहा था। जननी ने पुत्र को युद्ध के लिये उत्साहित करने के हेतु तरह-तरह के वीरता भरे उपदेश देते हुए कहा, "पुत्र, तुम क्षत्रिय-सन्तान हो। भूसे की आग की तरह धीरे-धीरे मत जलो। अधिक नहीं कर सको, तो सिर्फ एक मुहूर्त के लिए ही दावाग्नि की तरह अपनी शिखा फैलाकर दिखा दो कि तुम क्षत्रिय-सन्तान हो। यदि तुम वीरता का प्रमाण नहीं दे सकते, तो तुम्हारी मृत्यु ही उत्तम है। जिस पुत्र में शौर्य-वीर्य कुछ भी नहीं है, उसे पुत्र कहकर बुलाने में भी शर्म आती है। विदुला का पुत्रानुशासन अध्याय पढ़ने से नितान्त आलसी, कापुरुष में भी कर्म-प्रेरणा जाग्रत हो जायगी।[2]

गांधारी—गांधारी भी अत्यन्त तेजस्विनी थीं। दुःशासन जब अपमानित करने के लिये द्रौपदी को बाल पकड़ कर घसीटते हुए कुरु-सभा में ले आया, तो गांधारी क्षोभ और लज्जा से म्रियमाण सी हो गई। बाद में एक दिन धृतराष्ट्र के समीप उपस्थित होकर कहा, "राजन्, तुम अपराध में मत डूबो, अशिष्ट पुत्रों के प्रत्येक आचरण का अनुमोदन करना तुम्हें शोभा नहीं देता। तुम युधिष्ठिर आदि के परामर्श से चलो। धर्मज्ञ विदुर तुम्हारे मंत्री हैं, जैसा वे कहें, वैसा करो। कुल-कलंकी दुर्योधन का परित्याग कर दो। लगता है, तुम्हारा पुत्रस्नेह ही इस वंश के विनाश का कारण होगा। अब और ग़लती मत करो, अपना कर्त्तव्य निश्चित करो, पुत्रस्नेह के आकर्षण में धर्म का विसर्जन मत करो।[3]

दोनों पक्षों की शान्ति के निमित्त पाँच गाँव माँगने के लिए श्रीकृष्ण पांडवों के दूत बनकर कुरुसभा में उपस्थित हुए। उनकी युक्तिसंगत सब बातें व्यर्थ गईं। तब धृतराष्ट्र के आदेश से विदुर दीर्घदर्शी गांधारी को राजसभा में लेकर आये।

---

१. आदि ७४ वाँ अ०।

२. उ० १३३ वाँ अ०।

३. त्वन्नेत्राः सन्तु ते पुत्राः मा त्वां दीर्णाः प्रहासिषुः।
तस्मादयं मद्वचनात् त्यज्यतां कुलपांसनः॥ इत्यादि। सभा ७५।८-१०

गांधारी ने धृतराष्ट्र के मुख से सब वृत्तान्त सुनकर कहा, "राज्यलोभी, धर्मार्थ-लोभी अशिष्ट पुत्र को तुमने ही तो इतना सिर चढ़ाया है, उस पापबुद्धि के सारे कुचक्रों का तुम्हीं तो अनुमोदन करते रहते हो, मेरी बात तो कभी सुनी नहीं।" बाद में उन्होंने विदुर को भेजकर दुर्योधन को राजसभा में बुलवाया और उसे बहुत समझाया बुझाया।[1]

कुन्ती—विदुला के वाक्य उद्धृत करके कुन्ती ने ही युधिष्ठिर को युद्ध के लिये उत्साहित किया था। उन्होंने कृष्ण से कहा था, "दरिद्रता और मृत्यु एक ही चीज हैं। क्षत्रिय-सन्तान शक्ति-सामर्थ्य होते हुए भी निर्बल की तरह अभिभूत होकर रहे, यह बहुत ही आश्चर्य की बात है। कृष्ण, तुम युधिष्ठिर से कहना, मैंने उसे विदुला के वचन स्मरण करा दिये हैं, क्षत्रिय-सन्तान युद्ध में भयभीत न हो। मैं क्षत्रिय-कन्या एवं क्षत्रिय-पत्नी हूँ और चाहती हूँ कि क्षत्रिय-जननी के रूप में भी अपना परिचय दे सकूँ।"[2]

द्रौपदी—द्रौपदी के चरित्र में और सब चीजों के साथ-साथ दृढ़ता भी काफी दिखाई देती है। वनपर्व में युधिष्ठिर के साथ हुए उनके वार्तालाप में क्षत्रिय-नारीसुलभ महाशक्ति का परिचय मिलता है।[3] दुर्दान्त लम्पट कीचक से भी वे डरी नहीं, उनके एक जोर के धक्के से वह हतभागा छिन्नमूल वृक्ष की तरह गिर पड़ा था।[4] वह हर प्रकार से एक परिपूर्ण स्त्री थीं। उनके विकास के सर्वांगीण चित्र ने सारे महाभारत को उज्ज्वल बना दिया है। युधिष्ठिर ने पासा खेलते हुए जब उन्हें भी दाँव पर लगा दिया, तो दुःशासन के हाथों अपमानित होकर भी उन्होंने धैर्य नहीं छोड़ा। युधिष्ठिर के लिये दो-चार कटुवाक्यों का प्रयोग करना उस समय उनके लिये स्वाभाविक था, लेकिन पातिव्रत्य के अलावा और किस प्रवृत्ति ने उनकी इस स्वाभाविक इच्छा का दमन किया, यह कहा नहीं जा सकता। इस तरह के चित्तविक्षेप के समय भी वे विकल नहीं हुईं। वनवास काल में अम्लान-वदना द्रौपदी ने सब तरह के दुःख-कष्ट सहे। उनके चरित्र जैसा मृदु-कठोर नारी चरित्र महाभारत में एक भी नहीं है।

जुआ खेलते वक्त द्रौपदी को दाँव पर लगाने में नारीत्व की मर्यादा (२)—समाज में स्त्रियों का स्थान बहुत ऊँचा था, इसके प्रमाण यद्यपि महाभारत में हर

---

१. उ १२९ वाँ अध्याय।

२. दारिद्रयमिति यत् प्रोक्तं पर्यायमरणं हि तत्। इत्यादि। उ १३४।१३-४१

३. अवज्ञानं हि लोकेऽस्मिन् मरणादपि गर्हितम्। इत्यादि। वन २८।१२-३६

४. पपात शाखीव निकृत्तमूलः। वि १६।८

स्थान पर नहीं मिलते, फिर भी मोटे तौर पर यह कहा जा सकता है कि स्त्रियों के प्रति यथेष्ट सम्मान प्रदर्शित किया जाता था। युधिष्ठिर ने जुआ खेलते हुए द्रौपदी को दाँव पर लगा दिया था। यदि क्षत्रिय-धर्म पालन के अनुरोध से उन्होंने ऐसा किया था, तब तो कहने की कोई बात ही नहीं है, वरन् इससे युधिष्ठिर के साथ-साथ द्रौपदी का भी महत्त्व ही प्रकट होता है। अन्यथा इस आचरण का तात्पर्य समझना कठिन है।

भार्या की प्रशंसा—भार्या की प्रशंसा करते हुए कहा गया है—भार्या ही मनुष्य का आधा अंग है, भार्या श्रेष्ठ सखी है, भार्या ही धर्म, अर्थ व काम की मूल है।[1] जिनकी भार्या साध्वी एवं पतिव्रता हो, वे धन्य होते हैं। धर्म, अर्थ एवं काम ये तीनों भार्या के अधीन हैं। हर कार्य में भार्या पुरुष की परम सहायक है। रोग-शोक से पीड़ित पुरुष का भार्या जैसा कोई उपचार नहीं है। जिसके घर में साध्वी प्रियंवदा भार्या का अभाव हो, उसके लिये घर और जंगल दोनों एक समान हैं।[2] पत्नी की साधुता से ही पुरुष का जीवन मधुर हो उठता है। धर्म, अर्थ, काम, संतान, पितृतृप्ति आदि पत्नी के ही अधीन हैं। भार्या के प्रति सद्व्यवहार करना मनुष्य मात्र का कर्त्तव्य है।[3]

पत्नी मातृवत् सम्माननीया—भार्या लक्ष्मी से भिन्न नहीं है, उसके साथ जन्म-जन्मान्तर का संबंध होता है। पत्नी मातृवत् सम्मान योग्य है। गृहस्थ का आनन्द, धर्म आदि सब कुछ पत्नी के अधीन है। अतएव पत्नी के प्रति असद्-व्यवहार करना उचित नहीं है।[4]

---

१. अर्द्धं भार्या मनुष्यस्य भार्या श्रेष्ठतमः सखा।
भार्या मूलं त्रिवर्गस्य भार्या मूलं तरिष्यतः॥ आदि ७४।४१

२. शा १४४ वाँ अ०।

३. धर्मकामार्थकार्याणि शुश्रूषा कुलसन्ततिः।
दारेष्वधीनो धर्मश्च पितॄणामात्मनस्तथा॥ अश्व ९०।४७

४. भार्यावन्तः प्रमोदन्ते भार्यावन्तः श्रिया युताः। आदि ७४।४२
श्रियः एताः स्त्रियो नाम सत्कार्या भूतिमिच्छता॥ अनु ४६।१५
एतस्मात् कारणाद् राजन् पाणिग्रहणमिष्यते।
यदाप्नोति पतिभार्यामिह लोके परत्र च॥ आदि ७४।४७
तस्माद् भार्यां नरः पश्येन्मातृवत् पुत्रमातरम्॥ आदि ७४।४८
सुसंरब्धोऽपि रामाणां न कुर्यादप्रियं नरः।
रतिं प्रीतिञ्च धर्मञ्च तास्वायत्तमवेक्ष्य हि॥ आदि ७४।५१

स्त्री जाति की पूज्यता—स्त्री जाति सर्वथा पूज्यनीया है। जिस परिवार में स्त्रियों का यथायोग्य सम्मान किया जाता है, उसमें देवता निवास करते हैं। स्त्रियाँ हर अवस्था में परम पवित्र होती हैं। जहाँ स्त्रियों का सम्मान नहीं किया जाता, वहाँ कोई भी शुभ आयोजन सफल नहीं होता। जिस परिवार में स्त्रियाँ मनोदुःख से दुःखी रहती हैं, उसमें हर शुभ कर्म विफल जाता है।[1]

परिवार में नारी का सम्मान—हर परिवार में गृहलक्ष्मियाँ विशेष रूप से सम्मानित होती थीं। द्रौपदी के संबंध में कहे गये युधिष्ठिर के एक वाक्य से पता लग जाता है कि धर्मपत्नी का स्थान कितना ऊँचा था। उन्होंने कहा था—"वह द्रौपदी हमारी प्रिय भार्या है, प्राणों से अधिक प्यारी है, माता की तरह परिपाल्या है व ज्येष्ठा भगिनी की तरह पूज्य है।"[2] माता व बड़ी बहन हर परिवार में सम्मान व भक्ति की पात्री होती थीं। इसलिये पत्नी को दोनों की उपमा दी गई है। नकुल और सहदेव वन में चलने से क्लान्त हो गई द्रौपदी के पाँव दबाया करते थे।[3]

नारी का स्वभावजात गुण—धीरता, कोमलता, व्याकुलता नारी के स्वभावजात गुण हैं, यह ऋषि-मुनि कह गये हैं।[4]

पतिव्रता का आचरण—नारी को मधुर स्वभाव वाली होना चाहिये। सुवचना,

---

१. पूज्या लालयितव्याश्च स्त्रियो नित्यं जनाधिप।
स्त्रियो यत्र च पूज्यन्ते रमन्ते तत्र देवताः॥ अनु ४६।५
पूजनीया महाभागाः पुण्याश्च गृहदीप्तयः।
स्त्रियः श्रियो गृहस्योक्तास्तस्माद् रक्ष्या विशेषतः॥ उ ३८।११
अपूजिताश्च यत्रैता सर्वास्तत्राफलाः क्रियाः।
तदा चैतत् कुलं नास्ति यदा शोचन्ति जामयः॥ अनु ४६।६
जामीशप्तानि गेहानि निकृत्तानीव कृत्यया।
नैव भान्ति न वर्द्धन्ते श्रिया हीनानि पार्थिव॥ अनु ४६।७

२. इयं हि नः प्रिया भार्या प्राणेभ्योऽपि गरीयसी।
मातेव परिपाल्या च पूज्या ज्येष्ठेव च स्वसा॥ वि ३।१७

३. तस्या यमौ रक्ततलौ पादौ पूजितलक्षणौ।
कराभ्यां किणजाताभ्यां शनकैः संतवाहतुः॥ वन १४४।२०

४. मृदुत्वञ्च तनुत्वञ्च विक्लवत्वं तथैव च।
स्त्रीगुणा ऋषिभिः प्रोक्ता धर्मतत्त्वार्थनिश्चये॥ अनु १२।१४

सुखदर्शना व अनन्यचित्ता होकर धर्माचरण में पति की सहायता करनी चाहिए। जो नारी पति को देवता मानती है, वही धर्मभागिनी होती है। जो हमेशा पुत्र-मुख-दर्शन की तरह पति-मुख-दर्शन से आनन्दित होती है, वही साध्वी है। जो पत्नी पति के कठोर वचन सुनकर भी प्रसन्नमुख सद्व्यवहार कर सके, वही असली पतिव्रता होती है।[1] साध्वी रमणी को पति के अलावा और किसी का भी उच्छिष्ट भोजन व पादप्रक्षालन नहीं करना चाहिये। दमयन्ती ने चेदिराजपुरी में और द्रौपदी ने विराटपुरी में रहते समय इन सब नियमों का पालन किया था। (वन ६५।६८, २६५।३, वि० ९।१२)।

पुत्र की अपेक्षा पति प्रिय—जो स्त्री दरिद्र, दीन, व्याधिमुक्त, पथश्रम से क्लान्त पति की पुत्र की तरह प्यार से सेवा करती है, वही धर्मप्राण है। जो कुटुंबियों का भरण-पोषण करती है, काम, भोग, ऐश्वर्य या सुख में कभी भी पति के अलावा किसी दूसरे पुरुष का ख्याल नहीं करती, वही धर्मचारिणी कहलाती है। साध्वी नारी पुत्र की अपेक्षा पति को अधिक चाहती है।[2]

तपस्विनी गृहिणी—प्रातः अँधेरे उठकर जो गृह कार्यों में लग जाती हैं, गोबर द्वारा घर को लीप पोत कर साफ करती हैं, अग्निकार्य (खाना बनाना) आदि निपाटती हैं, देवता व अतिथियों की सेवा में सहायता करती हैं, परिवार के सब

---

१. सुस्वभावा सुवचना सुवृत्ता सुखदर्शना।
अनन्यचित्ता सुमुखी भर्तुः सा धर्मचारिणी॥ इत्यादि। अनु १४६। ३५, ३६
दैवतं परमं पतिः। अश्व ९०।५१। शा १४५ वा अ०—१४८ वाँ अ०।
पुत्रवक्त्रमिवाभीक्ष्णं भर्तुर्वदनमीक्षते।
या साध्वी नियताहारा सा भवेद्धर्मचारिणी॥ इत्यादि। अनु १४६। ३८-४२

२. दरिद्रं व्याधितं दीनमध्वना परिकर्शितम्।
पतिं पुत्रमिवोपास्ते सा नारी धर्मचारिणी॥ इत्यादि। अनु १४६। ४४, ४५
पुत्रलोकात् पतिलोकां वृण्वाना सत्यवादिनी।
प्रियान् पुत्रान् परित्यज्य पांडवाननुरुध्यते॥ उ ९०।४४
कामं स्वपितु बालोऽयं भूमौ मत्यवशं गतः।
लोहिताक्षो गुडाकेशो विजयः साधु जीवतु। अश्व ८०।१३

लोगों के भोजन कर लेने पर स्वयं अन्नग्रहण करती हैं, सास-ससुर आदि के प्रति भक्ति भाव बरतती हैं, वही तपस्विनी होती हैं।[1]

जो सरल प्रकृति व सत्यभाषिणी होती हैं, देवता व अतिथि की परिचर्या से आनन्दित होती हैं, जो कल्याणमयी एवं पतिव्रता हैं, लक्ष्मी स्वयं इन सती लक्ष्मियों की आश्रित होकर निवास करती हैं।[2] यही सदगृहिणी के लक्षण माने जाते थे। जो इसके विपरीत आचरण करती हैं, उनका स्थान बहुत भिन्न होता है। समाज की दृष्टि में वे बहुत हेय होती हैं।

सास की बुराइयाँ करते फिरना, उसे घर के कामों में संलग्न रखना, एवं पति के प्रति दुर्व्यवहार करना, अत्यन्त गर्हित है। शपथप्रकरण में इन सब बातों का उल्लेख किया गया है। उस काल में, शपथ लेते हुए कहा जाता था, "जिसने अमुक गर्हित कार्य किया हो, उसने पति के प्रति दुर्व्यवहार किया हो।" अर्थात् उस पाप का फल उसे ही भोगना पड़ेगा। किसी साध्वी के मुँह से इस तरह का शपथवाक्य सुनकर लोग मन में सोचते थे कि जिसने इतने बड़े पाप (पति के प्रति दुर्व्यवहार) के नाम से शपथ खाई है, उसने ऐसा गर्हित काम नहीं किया होगा।[3]

सांसारिक कार्यों में स्त्री का दायित्व---परिवार के सब छोटे-मोटे कार्यों की देख-रेख करना स्त्री का ही काम था। द्रौपदी सत्यभामा संवाद में आया है

---

१. कल्योत्थानरतिर्नित्यं गृहशुश्रूषणे रता।
सुसंमृष्टक्षया चैव गोशकृत्कृतलेपना॥
अग्निकार्यपरा नित्यं सदा पुष्पबलिप्रदा।
देवतातिथिभृत्यानां निर्वाप्य पतिना सह॥
शेषानमुपभुञ्जाना यथान्यायं यथाविधि।
तुष्टपुष्टजना नित्यं नारी धर्मेण युज्यते॥
श्वश्रूश्वशुरयोः पादौ तोषयन्ती गुणान्विता।
मातापितृपरा नित्यं या नारी सा तपोधना॥ अनु १४६।४८-५१

२. सत्यस्वभावार्जवसंयुतासु वसामि देवद्विजपूजिकासु। इत्यादि। अनु ११।११-१४

३. श्वश्वापवादं वदतुभर्त्तुर्भवतु दुर्मनाः। अनु ९४।३८
नित्यं परिभवेच्छ्वश्रुं भत्तुर्भवतु दुर्मनाः।
एका स्वादु समश्नातु विसस्तैन्यं करोति या॥ अनु ९३।१३१
यदा श्वश्रूं स्नुषा वृद्धां परिचारणे योक्ष्यते। शा २२७।११३

कि गृहस्थी के हर कार्य में द्रौपदी का एक विशेष स्थान था। उनके ऊपर भार डाल कर ही पांडव निश्चिन्त होकर अपना-अपना कार्य कर पाते थे।[1]

पुरुष के विकास में नारी की सहायता—यदि इन सब उदाहरणों को उस काल के सामाजिक चित्रों के रूप में लिया जाय, तो निस्सन्देह कहा जा सकता है कि पुरुष का सम्पूर्ण विकास नारी की कार्य-कुशलता पर निर्भर होता है। महाभारत में इसके दृष्टान्त पद-पद पर मिलते हैं। पति के सर्वांगीण विकास में पत्नी के गृह-कार्य बहुत ही सहायक थे।

भोजनादि का तत्त्वावधान—विशेषतः खाने-पीने के मामले में हर तरह की खोज-खबर रखना स्त्रियों का ही काम था। काम-काज के अवसरों पर स्वयं भूखी रहकर सबकी खोज-खबर लेने एवं शृंखलाबद्ध सब कार्य सम्पादित करने में उस काल की औरतें बहुत पटु होती थीं।"[2]

पातिव्रत्य का फल—एक स्थान पर कहा गया है कि जो नारी पतिसेवा जैसे धर्मपथ पर चलती है, वह अरुन्धती की तरह स्वर्ग में भी पूजी जाती है।[3] पतिव्रता स्त्री का माहात्म्य तरह-तरह से चित्रित हुआ है। देवता भी जिस लोक से वंचित रहते हैं, पतिव्रता स्त्री को वह सहज रूप से प्राप्त हो जाता है।[4]

सतीत्व एक प्रकार का योग—महाभारत के अध्ययन द्वारा पता चलता है कि सतीत्व एक तरह का 'योग' है। यौगिक प्रक्रिया द्वारा ऐश्वर्य लाभ किया जा सकता है, यह योगशास्त्र में प्रसिद्ध है। सतीधर्म के प्रतिपालन से भी नारी अनन्त ऐश्वर्य की अधिकारिणी होती है। इस तथ्य को समझाने के लिये अनेकों उपाख्यानों का उल्लेख किया गया है।

पतिव्रता उपाख्यान—वनपर्व के पतिव्रता उपाख्यान में योग-ऐश्वर्य के बारे में बहुत कहा गया है। एक कथा यह भी है—कौशिक नाम का एक ब्राह्मण वेद, उपनिषद् आदि शास्त्रों का अध्ययन करता था। एक दिन वह वृक्ष के नीचे

---

१. मयि सर्वं समाजस्य कुटुम्बं भरतर्षभाः।
उपासनरताः सर्वे घटयन्ति वरानने॥ वन २३२।५४

२. अभुक्तं भुक्तवद्वापि सर्वमाकुब्जवामनम्।
अभुञ्जाना याज्ञसेनी प्रत्यवैक्षद् विशाम्पते॥ सभा ५२।४८

३. इमं धर्मपथं नारी पालयन्ती समाहिता।
अरुंधतीव नारीणां स्वर्गलोके महीयते॥ अनु १२३।२०

४. संति नानाविधा लोका यांस्त्वं शक्र न पश्यसि।
पश्यामि यानहं लोकानेक पत्न्यश्च याः स्त्रियः॥ अनु ७३।२

बैठा वेद की आवृत्ति कर रहा था, इसी समय पेड़ पर बैठे एक बक ने ब्राह्मण के ऊपर बीट कर दी। ब्राह्मण ने क्रुद्ध होकर उसकी तरफ देखा। ब्राह्मण की क्रुद्ध-दृष्टि से वक का प्राणशून्य शरीर नीचे आ गिरा। इससे ब्राह्मण को बहुत खेद हुआ और वह भिक्षावृत्ति करके जीवन-यापन करने लगा। एक बार किसी गृहस्थ के दरवाजे पर जाकर उसने भिक्षा के लिये प्रार्थना की। घर की मालकिन उसे प्रतीक्षा करने के लिये कहकर बर्तन माँजने लगी। ठीक उसी समय उसका भूखा-प्यासा पति घर आया। गृहलक्ष्मी ब्राह्मण से थोड़ी देर और प्रतीक्षा करने को कहकर पति की सेवा में लग गई। बाद में जब ब्राह्मण को भिक्षा देने गई, तो देखा ब्राह्मण गुस्से से आगबबूला हो रहा था। स्त्री ने क्षमा-प्रार्थना करते हुए समस्त घटना कह सुनाई। ब्राह्मण शान्त होने के बजाय और भी जल-भुन गया। पतिव्रता स्त्री बोली, "गुस्सा करके मेरा क्या बिगाड़ोगे, मैं कोई बक तो हूँ नहीं!" ब्राह्मण पतिव्रता का अलौकिक प्रत्यक्ष ज्ञान देखकर अत्यन्त लज्जित हुआ। अपनी तपस्या का अधूरापन समझने पर एवं क्रोधजय करने का उपदेश सुनकर पतिव्रता के निर्देशानुसार शास्त्रों के तत्त्व जानने के लिये वह मातृपितृभक्त व्याध के पास मिथिला चला गया। इस उपाख्यान से पता लगता है कि पतिसेवा से ही उस स्त्री ने असाधारण यौगिक क्षमता अर्जित की थी।[1]

गांधारी का कृष्ण को अभिशाप—महाभारत में बताया गया है कि इस तरह की असाधारण शक्ति पतिव्रताओं को सहज प्राप्त थी। पुत्रशोक से अधीर गांधारी ने कुरुक्षेत्र की श्मशानभूमि में कृष्ण को शाप दिया था—"हे कृष्ण, मेरे पुत्रों और पांडवों में कलह थी, तुम चाहते, तो उसे मिटा सकते थे। समर्थ होकर भी तुमने उपेक्षा की। मैं तुम्हें शाप देती हूँ कि तुम्हारे सब ज्ञाति (पितृवंश में उत्पन्न) आपसी कलह द्वारा विनष्ट होंगे और तुम भी बुरी मौत मरोगे। पतिसेवा द्वारा मैंने जो पुण्य अर्जित किया, उसी पुण्य के बल पर मैंने तुम्हें अभिशाप दिया है।"[2]

आदिपर्व के वसिष्ठोपाख्यान में भी एक पतिव्रता के आँसुओं का अग्नि में परिणत होना दिखाया है।[3]

दमयन्ती द्वारा व्याध का भस्म होना—दुःखी दमयन्ती के क्रोध से लम्पट

---

१. वन २०४ वाँ अध्याय।

२. पतिशुश्रूषा यन्मे तपः किञ्चिदुपार्जितम्।
तेन त्वां दुरवापेन शपस्ये चक्रगदाधर॥ स्त्री २५।४२

३. तस्याः क्रोधाभिभूताया यान्यश्रूव्यपतन् भुवि।
सोऽग्निः समभवद्दीप्तस्तञ्च देशं व्यदीपयत्॥ आदि १८२।१६

व्याध तत्क्षण भस्म हो गया था।[1] सती के असाधारण माहात्म्य को प्रकट करना ही इन सब उदाहरणों की सार्थकता है। उस काल में पातिव्रत्य धर्म को बहुत श्रद्धा की दृष्टि से देखा जाता था, इसमें सन्देह नहीं है। सम्भवतः स्वर्गादि फलश्रुतियाँ भी नारियों को पातिव्रत्य की ओर आकर्षित करने के उद्देश्य से ही रची गई थीं।

सावित्री-उपाख्यान—सावित्री-उपाख्यान सर्वजनविदित है। सतीत्व की शक्ति से सावित्री ने अनेक असम्भव कार्यों को भी संभव बना दिया था।[2]

पातिव्रत्य समाज का आदर्श—नारी को पतिव्रता एवं उत्तम गृहिणी बनाना ही समाज का आदर्श था। हर जगह पतिव्रता के माहात्म्य का इस तरह कीर्तन किया गया है कि लगता है, उस समय के समाज में नारी को गृहलक्ष्मी रूप में पाना ही सबसे बड़ी बात थी। और नारियों के आदर्शरूप में सीता, सावित्री, दमयन्ती एवं गाँव की पतिव्रता कुलवधुएँ विद्यमान थीं। ये सब उपाख्यान भी सतीधर्म के उदाहरण स्वरूप ही लिये गये हैं।

कल्याणी को किस तरह आशीर्वाद दिया जाता था—गुरुजन कल्याणी को किस तरह आशीर्वाद देते थे, इसका एक नमूना आदिपर्व में मिलता है। नववधू द्रौपदी के सास कुन्ती देवी को प्रणाम करने पर उन्होंने आशीर्वाद देते हुए कहा—"इन्द्राणी जैसे इंद्र की, स्वाहा जैसे अग्नि की, रोहिणी जैसे सोम की, दमयन्ती जैसे नल की, भद्रा जैसे वैश्रवण की, अरुंधती जैसे वशिष्ठ की, एवं लक्ष्मी जैसे विष्णु की अनुगामिनी हैं, तुम भी इसी तरह पति की अनुगामिनी बनो। वीरपुत्र की माता बनो, सुख से जीवन बिताओ, सुहागिन, पतिव्रता और यज्ञपत्नी बनो। पतियों द्वारा जीती गई पृथ्वी के मणि-रत्न आदि अश्वमेध यज्ञ में ब्राह्मणों को दान करो।"[3]

---

१. उक्तमात्रे तु वचने सत था मृगजीवनः।
व्यसुः पपात मेदिन्यामग्निदग्ध इव द्रुमः॥ वन ६३।३९

२. वन २९६ वाँ अध्याय।

३. यथेन्द्राणी हरिहये स्वाहा चैव विभावसौ।
रोहिणी च यथा सोमे दमयन्ती यथा नले॥
यथा वैश्रवणे भद्रा वशिष्ठे चाप्यरुन्धती।
यथा नारायणे लक्ष्मीस्तथा त्वं भव भर्तृषु॥ आदि १९९।५, ६
जीवसूर्वीरसुर्भद्रे बहुसौख्यसमन्विता।
सुभगा भोगसम्पन्ना यज्ञपत्नी पतिव्रता॥ आदि १९९।७
पतिभिर्निर्ज्जितामूर्वीं विक्रमेण महाबलैः।
कुरु ब्राह्मणसात् सर्वामश्वमेधे महाक्रतौ॥ आदि १९९।१०

उसी नववधू ने जब पाँचों पतियों के साथ वन गमन किया, तो फिर कुन्ती ने उपदेश देते हुए कहा—"वत्से, इस महान् विपत्ति में भी शोक मत करना, तुम शील एवं आचार में उत्कृष्ट हो, विशेषतः स्त्रीधर्म से अभिज्ञ हो। पतियों के साथ कैसा व्यवहार करोगी, उन्हें यह बताने की जरूरत नहीं है, तुम साध्वी हो, तुम्हारे द्वारा पितृकुल एवं भर्तृकुल दोनों कुल अलंकृत हुए हैं।"[1]

अनुशासन पर्व में गांधारी के प्रश्न के उत्तर में उमा ने जिस तरह स्त्रीधर्म की व्याख्या की है, उससे भी लगता है कि उस काल में पातिव्रत्य ही स्त्री का चरम लक्ष्य था। धर्म, अर्थ और काम इन तीनों में पति की सहायता करना नारी जीवन की परम सार्थकता समझी जाती थी। पति को देवता के समान समझना, स्त्रियों का ऊँचा आदर्श माना जाता था। हर बात में एक ही स्वर दिखाई पड़ती है।

अग्नि की साक्षी में सहधर्मिणीत्व का ग्रहण—पिता, भाई आदि जब कन्या का विवाह करते हैं, तब अग्नि के सम्मुख नारी पति की सहधर्मिणी रूप में स्वीकृत होती है।[2]

स्वतन्त्र रूप से यज्ञादि में अनधिकार—पति को छोड़कर स्वतन्त्र रूप से याग-यज्ञ, व्रत, उपवास आदि धर्मकार्य करने का विवाहिता स्त्री को अधिकार नहीं है। उसे तो एकमात्र पति-सेवा से ही स्वर्गप्राप्ति हो जाती है, महाभारत का यही कहना है। पति की अनुमति मिलने पर ही वह व्रत-उपवास आदि कर सकती है।[3]

शाण्डिली-सुमना-संवाद—शाण्डिली-सुमना-संवाद में भी स्त्रियों का धर्म वर्णित हुआ है। वहाँ भी शाण्डिली सुमना को सतीधर्म पर जो उपदेश देती हैं, वह ठीक अनुशासन पर्व के १४६वें अध्याय की उक्ति के समान है। एकमात्र पतिसेवा करके ही शाण्डिली ने देवलोक में स्थान पाया था।[4]

प्रोषितभर्तृका का व्यवहार—पति जिसे अच्छा न समझता हो, ऐसा कोई काम नहीं करना चाहिये। मंगलसूत्र धारण (?) करके ताम्बूल आदि का वर्जन करके

---

१. **वत्से शोको न ते कार्यः प्राप्येदं व्यसनं महत्।**
स्त्रीधर्माणामभिज्ञासि शीलाचारवती तथा॥
न त्वां सन्देष्टुमर्हामि भर्तृन प्रति शुचिस्मिते।
साध्वी गुणसमापन्ना भूषितं से कुलद्वयम्॥ सभा ७९।४, ५

२. **स्त्रीधर्मः पूर्व एवायं विवाहे बन्धुभिः कृतः।**
सहधर्मचरी भर्तुर्भवत्यग्निसमीपतः॥ अनु १४६।३४

३. **नास्ति यज्ञक्रिया काचिन्न श्राद्धं नोपवासकं।**
धर्मः स्वभर्त्तृशुश्रूषा तया स्वर्गं जयन्त्युत॥ अनु ४६।१३
यथाप्रत्याश्रयो धर्मः स्त्रीणां लोके सनातनः॥ अनु ५९।२९

४. **अनु १२३ वाँ अध्याय।**

पति के ध्यान में काल-यापन करना चाहिए। अंजन, रोचना, सुगंधित तेल, स्नान माला, गंधादि का अनुलेपन एवं अन्यान्य प्रसाधन प्रोषितभर्तृका के लिए सम्पूर्ण रूप से परित्याज्य हैं। हर तरह के आमोद-प्रमोद से दूर रहकर उसे केवल पति की कल्याण कामना में रत रहना चाहिये।[1]

नारी का युद्ध करना (?)—महाभारत में नारी कहीं भी योद्धा के वेश में दिखाई नहीं देती। शिखण्डी को यदि नारी रूप में लिया जाय, तो बस वही एकमात्र उदाहरण है; किन्तु शिखण्डी तो बाद में पुरुषत्व को प्राप्त हो गया था।

विवाहिताओं का अन्तःपुर वास—विवाहिता नारियाँ साधारणतः अंतःपुर में ही वास करती थीं। लेकिन भद्रसमाज में अन्तःपुर प्रथा हर जगह प्रचलित नहीं थी।[2]

अन्यत्र गमन के लिये अनुमति ग्रहण—विवाहिता महिला को अगर पित्रालय आदि जाना होता था, तो सास-ससुर आदि गुरुजनों से अनुमति लेनी पड़ती थी।[3]

उत्सव आदि में बहिर्गमन—विशेष-विशेष उत्सवों में नारियाँ भी योग देती थीं।[4]

संभ्रान्त घर की महिलाएँ शिविका में आती-जाती थीं—शिविका का व्यवहार काफी होता था। पालकी आदमी ही ले जाते थे। यह नियम आज भी बहुत से स्थानों में प्रचलित है। पूर्वी बंगाल के ग्रामांचलों में अभी भी पालकी और शिविका (डोली) का व्यवहार होता है।[5]

---

१. प्रवासं यदि मे जाति भर्त्ता कार्येण केनचित्।
मंगलैर्बहुभिर्युक्ता भवामि नियता तदा॥ इत्यादि। अनु १२३।१६, १७

२. नगरादपि याः काश्चिद्गमिष्यन्ति जनार्दनम्।
द्रष्टुं कन्याश्च कल्याण्यस्ताश्च यास्यन्त्यनावृताः॥ उ ८६।१६
या नापश्यंश्चन्द्रमसम्। आश्र १५।१३

३. युधिष्ठिरस्यानुमते जनार्दनः। अश्व ५२।५५

४. शातकुम्भमयं दिव्यं प्रेक्षागारमुपागमत्।
गांधारी च महाभागा कुन्ती च जयताम्बर।
स्त्रियश्च राज्ञः सर्वस्ताः सप्रेष्याः सपरिच्छदाः॥ आदि १३४।१५

५. ततः कन्यासहस्रेण वृता शिविकया तदा।
पितुर्नियोगात्त्वरिता निश्चक्राम पुरोत्तमात्॥ आदि ८०।२१
प्रास्थापयद् राजमाता श्रीमतीं नरवाहिना॥
यानेन भरतश्रेष्ठ स्वन्नपानपरिच्छदाम्॥ वन ६९।२३
द्रौपदी प्रमुखाश्चापि स्त्रीसंधाः शिविकायुताः॥ इत्यादि। आश्र २३।१२
प्रषयिष्ये तवार्थाय वाहिनीं चतुरंगिणीम्। आदि ७३।२१

पुरुष भी स्त्रियों के साथ रहते थे—उत्सव आदि में या किसी अन्य कारण से महिलाएँ जब बाहर जाती थीं, तो पुरुष भी उनके साथ जाते थे। ब्राह्मण आदि हर जाति के लोगों में यह नियम था। धनी परिवार की महिलाओं के तत्त्वावधान के लिए उस समय एक अध्यक्ष नियुक्त होता था।[1]

मुनि-ऋषियों का सपत्नीक पर्यटन—लोक-शिक्षा के उद्देश्य से मुनि-ऋषि देश-विदेश का पर्यटन करते वक्त अपनी-अपनी पत्नी को साथ ही रखते थे। उपयुक्त श्रोता या जिज्ञासु मिलने पर दोनों ही उपदेश देते थे।[2]

सभा-समिति में नारियों का आसन—सभा-समिति आदि में नारियों के बैठने की व्यवस्था अलग की जाती थी। कौरव-पांडवों की परीक्षा के उद्देश्य से जो प्रेक्षागार बनाया गया था, उसमें भी महिलाओं के बैठने के लिए एक तरफ ऊँचा मंच बनाया गया था। गांधारी, कुंती आदि महिलाएँ उसी मंच पर बैठी थीं।[3]

सोमरस पान—कुन्ती की एक उक्ति से पता चलता है कि पति के साथ सोमरस पान करने का अधिकार स्त्री का भी था।[4]

वानप्रस्थ अवलम्बन—वयस होने पर पुत्रवधू के ऊपर गृहस्थी का भार छोड़कर कोई-कोई स्त्री वानप्रस्थ आश्रम में प्रवेश करती थी। सत्यवती, कुन्ती, गांधारी सत्यभामा आदि महिलाओं के प्रव्रज्याग्रहण का वर्णन महाभारत में हुआ है।[5]

---

१. मुहूर्त्तोदित आदित्ये सर्वे बालपुरस्कृताः।
सदारास्तापसान् द्रष्टुं निर्ययुः पुरवासिनः॥
स्त्रीसंघाः क्षत्रसंघाश्च यानसंघसमास्थिताः।
ब्राह्मणैः सह निर्जग्मुर्ब्राह्मणानाञ्च योषितः॥ आदि १२६।१२, १३
स्त्र्यध्यक्षगुप्ताः प्रययुः॥ आश्र २३।१२

२. साध्वी चैवाप्यरुन्धती। अनु ९३।२१

३. मंचांश्च कारयामासुस्तत्र जानपदा जनाः।
विपुलानुच्छ्रयोपेतान् शिविकाश्च महाधनाः॥ आदि १३४।१२

४. पीतः सोमो यथाविधि। आश्र १७।१७

५. वनं ययौ सत्यवती स्नुषाभ्यां सह भारत। आदि १२८।१२
श्वश्रूश्वशुरयोः कृत्वा शुश्रूषां वनवासिनाः।
तपसा शोषयिष्यामि युधिष्ठिर कलेवरम्॥ आश्र १७।२०
गांधारीसहितो धीमानभ्यनन्दद् यथाविधि॥ आश्र १५।२
सत्यभामा तथैवान्या देव्यः कृष्णस्य सम्मताः।
वनं प्रविविशु राजन्! तापस्ये कृतनिश्चयाः॥ मौ० ७।७४

उद्देश्य की सफलता के निमित्त तपस्या—सुलभा, शिवा आदि ब्रह्मचारिणियों की तपस्या का उद्देश्य मोक्ष-प्राप्ति था। प्रतिहिंसा वृत्ति को चरितार्थ करने के निमित्त काशिराज-कन्या अम्बा ने तपस्या में आत्मनियोग किया था। अंबा काशिराज की ज्येष्ठा कन्या थी। उसने मन ही मन शाल्वपति को अपने पति रूप में वरणकिया था। भीष्म को यह बात मालूम नहीं थी, वह दूसरी दोनों बहनों के साथ विचित्रवीर्य का विवाह करने के निमित्त अंबा को भी उठा लाये थे। बाद में अंबा के मुख से उसके संकल्प के विषय में सुनकर वृद्ध ब्राह्मणों एवं धाय को साथ करके अंबा को शाल्वपति के पास भेज दिया। शाल्वपति ने अंबा को अन्य-पूर्वा समझकर ग्रहण नहीं किया। अंबा ने भीष्म को ही अपने दुर्भाग्य का कारण समझा और उनके निधन का संकल्प करके तपस्या में निरत हो गई। कठिन तपस्या करने के बाद उसने स्वयं ही चिता जलाकर अपने शरीर की आहुति दे दी। उसके बाद अगले जन्म में द्रुपद दुहिता शिखण्डी के रूप में जन्म लिया और महादेव के वरदान से पुरुषत्व लाभ किया।[1]

स्त्रियों की निन्दा—साधारणतः नारी की काफी प्रशंसा होते हुए भी कहीं-कहीं उसका व्यतिक्रम हुआ है। नारद-पंचचूड़ा-संवाद में नारद के प्रश्न के उत्तर में पंचचूड़ा ने नारी के जिस स्वरूप का वर्णन किया है, उससे पता लगता है, नारी दोषों की खान है। उसे पाप-पुण्य, धर्माधर्म आदि का जरा भी ज्ञान नहीं होता। मनष्य के चरित्र में जितने भी प्रकार के दोष हो सकते हैं, वे सब नारी के चरित्र में होते हैं।[2] श्रीमद्‌भागवत में भगवान ने कहा है, पूर्वजन्म के पापों के फलस्वरूप ही जीव स्त्रीरूप में जन्म ग्रहण करता है।[3] स्त्रियों के संबंध में और भी दो-चार जघन्य उक्तियाँ देखने को मिलती हैं।[4]

---

१. उ १८८ वाँ—१९० वाँ अध्याय। २. अनु ३८ वाँ अध्याय।

३. मां हि पार्थ व्यपाश्रित्य येऽपि स्युः पापयोनयः।
स्त्रियो वैश्यास्तथा शूद्रास्तेऽपि यान्ति परां गतिम्॥ भी ३३।३२

४. न हि स्त्रीभ्यः परं पुत्र पापीय किंचिदस्ति वै। अनु ४०।४
निरिन्द्रिया ह्यशास्त्राश्च स्त्रियोऽनृतमिति श्रुतिः॥ अनु ४०।१२
ईप्सीतश्च गुणः स्त्रीणामेकस्या बहुभर्त्तृता॥ आदि २०२।८
असत्यवचना नार्यः कस्ते श्रद्धास्यते वचः॥ आदि ७४।७३
स्त्रीसु राजसु सर्वेषु स्वाध्यायप्रभुशत्रुसु।
भोगेष्वायुषि विश्वासं कः प्राज्ञः कर्त्तुमर्हति॥ उ० ३७।५७
दरिद्रस्येव योषिता। द्रो २८।४२
न हि कार्यमनुध्याति नारी पुत्रवती सती॥ आदि २३३।३१

नारियों की निन्दा, वैराग्य-उत्पत्ति के निमित्त—ऊपर नारियों की जो निन्दा की गई है, वह शायद पुरुष के मन में वैराग्य की उत्पत्ति करने के लिए की गई है। धर्म की विरोधी कामना का त्याग करके संयम धारण करने का उपदेश देना ही इस निन्दा का यथार्थ उद्देश्य है। असत् स्वभाववाली स्त्रियों की अपवित्र लीला की परिधि से दूर रहने के लिए महत्त्वाकांक्षी व्यक्ति को सावधान करना भी इन निन्दाओं का उद्देश्य हो सकता है। यदि इनका शाब्दिक अर्थ ही ग्रहण किया जाय, तो अन्यान्य प्रशंसामुखर अध्यायों के साथ इनका सामंजस्य बनाये रखना कठिन हो जाता है। नैष्ठिक ब्रह्मचारी कामिनी-कांचन का खराब पक्ष ही देखते हैं, इससे उनकी विषयासक्ति शिथिल होती है। इसी कारण देखा जाता है कि संन्यासी सम्प्रदाय के बहुत से लोग कामिनी व कांचन को एक ही सूत्र में बाँधकर दोनों की बुराई करते फिरते हैं और दूसरी तरफ मातृजाति के प्रति श्रद्धा करने का उपदेश देते हैं। ये दोनों बातें परस्पर विरोधी नहीं हैं। ब्रह्मचारी व संन्यासियों को संसार के आकर्षण से दूर रखने के निमित्त ही नारी जाति की निन्दा की गई है।

विवाहादि में यौतुकस्वरूप नारी प्रदान—विवाह में दहेज के रूप में[1], श्राद्ध में देय द्रव्यस्वरूप,[2] एवं किसी विशेष व्यक्ति के सम्मान में उपहारस्वरूप[3] अन्यान्य द्रव्यों के साथ अलंकृता नारी भी दान की जाती थी। इस विषय में महाभारत में बहुत प्रमाण पाये जाते हैं। यहाँ तक कि युधिष्ठिर ने राजसूय यज्ञ में निमन्त्रित ब्राह्मणों को दक्षिणा में स्वर्ण आदि के साथ स्त्रियाँ भी दी थीं।[4] यह प्रथा अवश्य राजा-महाराजाओं तक ही सीमित थी, दूसरों के लिये इतना बड़ा दान देना तो संभव भी नहीं था। लेकिन इस प्रथा की अंतिम परिणति क्या होती थी, इसके बारे में कुछ नहीं कहा गया है। उन प्रदत्ता नारियों को समाज में कैसा कौन-सा स्थान प्राप्त था, गृहीता के औरस द्वारा उनके गर्भ द्वारा सन्तान आदि होती थी कि नहीं और अगर होती

---

१. तथैव दासीशतमग्र्यौवनम्। आदि १९८।१६
द्विसहस्रेण कन्यानां तथा शर्मिष्ठया सह॥ आदि ८१।३७
स्त्रीणां सहस्रं गौरीणां सुवेशानां सवर्चसाम्॥ आदि २२१।४९
२. सालंकारान् गजानश्वान् कन्याश्चैव वरस्त्रियः॥ आश्र १४।४
३. ददाम्यलंकृता कन्या वसूनि विविधानि च। वि ३४।५
दासानामगुतञ्चैव सदाराणां विशाम्पते॥ सभा ५२।२९
रत्नान्यनेकान्यादाय स्त्रियोऽश्वानायुधानि च॥ अश्व ८५।१८
नारीं चापि वयोपेतां भर्त्रा विरहितां तथा॥ शा १६८।३३
४. रुक्मस्य योषिताञ्चैव धर्मराजः पृथग्ददौ॥ सभा ३३।५२

थी, तो समाज में उनका क्या स्थान था, आदि बातों पर कोई प्रकाश नहीं पड़ता। ('विवाह' प्रकरण में थोड़ा-बहुत प्रकाश डाला गया है। देखिए ४४वाँ पृष्ठ)।

नारी-धर्षण—उस काल का समाज भी लम्पटों के उपद्रव से मुक्त नहीं था। स्वेच्छाचारी धर्षकों (सतीत्व हरण करने वाले) की कलुषित दृष्टि से प्राप्तवयस्का युवती की रक्षा के लिये हमेशा सतर्क रहना पड़ता था। वृष्णि और अंधककुल की विधवाओं को हस्तिनापुर लाते हुए रास्ते में पंचनद प्रदेश में दस्युओं ने आक्रमण किया था। स्वयं अर्जुन उनके रक्षक थे, पर वे भी उनकी रक्षा नहीं कर पाये, डाकू, सुन्दरी विधवाओं को बलपूर्वक उठा ले गये थे। महावीर अर्जुन का वीर्य भी उनके सामने पराभूत हो गया था।[1]

दुश्चरित्रा नारी—उसी समय काफी स्त्रियाँ स्वेच्छा से दस्युओं के साथ चली गईं। अर्जुन उन्हें भी नहीं रोक पाये या हो सकता है, रोकने की चेष्टा ही न की हो। वृष्णि व अंधक कुल की विधवाओं की यह दुर्बुद्धि पाठकों को बहुत दुख देती है। यदि परपुरुष को ग्रहण करने की इच्छा प्रबल हो, तो भी अज्ञातकुलशील दस्युओं के साथ जाने में क्या सार्थकता हो सकती है![2]

धर्षिता नारी का स्थान—जो नारियाँ नरपशुओं के बलात्कार से पीड़ित होती थीं, समाज उनकी किसी भी प्रकार की निन्दा नहीं करता था। ऐसे मौके पर परिवार के पुरुष ही अपनी अक्षमता के लिये अपराधी माने जाते थे। पुरुष की अक्षमता के कारण जो नारियाँ बलात्कृत की जाती थीं, उनके प्रति समाज की दृष्टि सहानुभूतिपूर्ण होती थी।[3] लेकिन जो नारी स्वेच्छा से कलंकिनी बनती थी, उसे कठोर सजा देने का विधान था। (देखिए "विवाह (ख)" पृष्ठ ५०)।

साधारण घरों की विधवाओं का स्थान—अभिजात कुलों की विधवाएँ सुख-सम्मान से ही दिन बितातीं थीं। सत्यवती, कुन्ती, उत्तरा और दुर्योधन आदि की पत्नियाँ इसका उदाहरण हैं। किन्तु साधारण दरिद्र घरों में विधवाओं

---

१. अहंकृतावलिप्तैश्च प्रार्थ्यमानामिमां सुताम्।
अयुक्तैस्तव सम्बन्धे कथं शक्ष्यामि रक्षितुम्॥ आदि १५८।११
प्रेक्षतस्त्वेव पार्थस्य वृष्ण्यन्धकवरस्त्रियः।
जग्मुरादाय ते म्लेच्छाः समन्ताज्जनमेजय॥ मौ ७।६३

२. कामाच्चान्याः प्रवव्रजुः॥ मौ ७।५९

३. नापराधोऽस्ति नारीणां नर एवापराध्यति।
सर्वाकार्यापराध्यत्वान्नापराध्यन्ति चांगनाः। शा २६५।४०।
द्र० नीलकंठ।

को शायद वे सब सुविधाएँ प्राप्त नहीं थीं। एक ब्राह्मण-पत्नी के मुख से कहलवाया गया है कि जमीन पर पड़े मांस के टुकड़ों पर जिस तरह गिद्धों की लोलुप दृष्टि रहती है, पतिहीना नारी भी उसी तरह अनेकों की अभिलषित होती है। इस एक प्रसंग को छोड़कर सम्पूर्ण महाभारत में और कहीं भी इस तरह की उक्ति नहीं पाई जाती।[1]

सहमरण—पति की मृत्यु होने पर कोई-कोई महिला अपने पति की सहगामिनी बनने के लिए पति की चिता में ही अपने शरीर की आहुति दे देती थी। यह सहमरण प्रथा सर्वत्र व्यापक रूप से प्रचलित नहीं थी। पांडु की मृत्यु पर माद्री सती हुई थीं, किन्तु कुन्ती ने दीर्घकाल तक ब्रह्मचर्य का पालन करने के बाद वानप्रस्थ का अवलम्बन लिया था। वसुदेव की पत्नी देवकी, भद्रा, रोहिणी और मदिरा, इन चारों ने पति के साथ सहगमन किया था। कृष्ण के देह त्यागने पर उनकी कई पटरानियों ने उनका अनुगमन किया था, लेकिन सबने नहीं।[2]

सहमरण प्रशंसा—यद्यपि सहमरण की प्रशंसा काफी की गई है, लेकिन समाज में यह प्रथा व्यापक रूप से प्रचलित नहीं थी। सत्यवती, कुंती, सत्यभामा आदि विधवाओं के ब्रह्मचर्य-पालन के दृष्टांतों से यह अच्छी तरह समर्थित हो जाता है। उल्लिखित ब्राह्मण पत्नी के वचनों से भी इस तथ्य का समर्थन होता है।[3] सहमरण के पक्ष एवं विपक्ष में हजारों वर्षों से मतभेद चला आ रहा था। उपर्युक्त उदाहरणों से पता लगता है कि उस काल में भी समाज में दोनों पक्षों का समर्थन किया जाता था।

---

१. उत्सृष्टमामिषं भूमौ प्रार्थयन्ति यथा खगाः।
प्रार्थयन्ति जनाः सर्वे पतिहीनां तथा स्त्रियं॥ आदि १५८।१२

२. पूर्वं मृतं च भर्त्तारं पश्चात् साध्व्यनुगच्छति॥ आदि ७४।४६
मद्रराजसुता तूर्णमन्वारोहद् यशस्विनी। आदि १२५।३१
तं देवकी च भद्रा च रोहिणी मदिरा तथा।
अन्वारोहन्त च तदा भर्त्तारं योषितां वराः॥ मौ० ७।१८
तं चिताग्निगतं वीरं शूरपुत्रं वरांगनाः।
ततोऽन्वारुरुहुः पत्न्यश्चतस्रः पतिलोकगाः॥ मौ० ७।२४
रुक्मिणी त्वथ गान्धारी शैव्या हैमवती सती।
देवी जाम्बवती चैव विविशुर्जातवेदसम्॥ मौ० ७।७३

३. यापि चैवंविधा नारी भर्त्तारमनुवर्त्तते।
विराजते हि सा क्षिप्रं कपोतीव दिवि स्थिता॥ शा० १४९।१५

पति पुत्रवती की मृत्यु, सौभाग्य का फल—साध्वी महिलाओं की सदा यही आकांक्षा रहती थी कि वे पति-पुत्र से पहले ही परलोकगामी हों, एवं इस तरह की मृत्यु को अपना सौभाग्य मानती थीं। नारियों की इस आकांक्षा में आज तक कोई परिवर्तन नहीं हुआ है। आज भी सधवा पुत्रवती की मृत्यु को हिन्दू सौभाग्य का फल ही मानते हैं।[1]

(नारी की शिक्षा-दीक्षा आदि विषय 'शिक्षा' प्रकरण में आलोचित होंगे)।

---

१. व्युष्टिरेषां परा स्त्रीणां पूर्वं भर्त्तुः परां गतिम्।
गन्तुं ब्रह्मन् सपुत्राणामिति धर्मविदो विदुः॥ आदि १५८।२२

चातुर्वर्ण्य

वर्णाश्रम समाज—महाभारतकालीन समाज को 'वर्णाश्रम समाज' का नाम दिया है। उस समय तक 'हिन्दू' शब्द का प्रचलन नहीं हुआ था। जिस समाज में शास्त्रीय वर्ण व जाति और ब्रह्मचर्यादि आश्रमों की व्यवस्था प्रचलित थी, उसी का नाम 'वर्णाश्रम समाज' है। सनातन धर्म के संबंध में किसी भी तरह की आलोचना करने के लिए पहले वर्ण-धर्म की ही व्याख्या करनी पड़ती है। क्योंकि वर्णभेद में अनुष्ठान व रीति नीति का पार्थक्य स्पष्ट था।

वर्ण व जाति—ब्राह्मण, क्षत्रिय, वैश्य एवं शूद्र ये चार 'वर्ण' के नाम से अभिहित थे। इन चारों वर्णों में समान वर्ण के स्त्री-पुरुष से उत्पन्न सन्तान भी माता-पिता के वर्ण से ही परिचित होती थी, किन्तु विभिन्न वर्णों के स्त्री-पुरुष के संसर्ग से जो संतान होती थी उसका सिर्फ जाति द्वारा समाज में परिचय होता था, उसका वर्ण कोई नहीं होता था। मूर्द्धाभिसिक्त, अम्बष्ठ, आदि जाति होती थी, किन्तु वर्ण नहीं। परवर्ती काल में, भाषा में वर्ण व जाति का इस तरह विचारपूर्वक प्रयोग कोई बहुत नहीं दिखाई देता। आजकल वर्ण के अर्थ में भी जाति शब्द का व्यवहार होता है। वर्ण एवं जाति के संबंध में चर्चा की जाये तो महाभारत से अनेक तथ्य मिल सकते हैं।

देवताओं में जातिभेद—देवताओं में भी जातिभेद पाया जाता है।[1]

मनुष्यों में जन्म के द्वारा ही वर्ण निश्चित किया जाता था, महाभारत में यही उल्लिखित है; ब्राह्मण का पुत्र ब्राह्मण, क्षत्रिय का पुत्र क्षत्रिय, इस तरह वर्ण स्थिर करने को ही जन्मगत कहा जाता है। और अगर क्षत्रियपुत्र अपने कार्यों द्वारा ब्राह्मणत्व का लाभ करे अथवा ब्राह्मणपुत्र शूद्रत्व को प्राप्त हो तो जन्मगत वर्ण में परिवर्तन होने पर कर्मगत वर्ण स्थिर करना पड़ता है। इन दोनों तरह से ही वर्ण व जाति के संबंध में बहुत कुछ कहा गया है।

---

१. इन्द्रो वै ब्रह्मणः पुत्रः क्षत्रियः कर्मणाभवत्। शा २२।११
एवमेते समाम्नाता विश्वेदेवास्तथाश्विनौ। इत्यादि। शा २०८।२३, २४

वर्णसृष्टि——जन्मगत वर्ण की जो व्याख्या है उसमें देखा जाता है कि भगवान ने स्वयं ही वर्ण की सृष्टि की है। उन्होंने मुख से ब्राह्मण, बाहु से क्षत्रिय, ऊरु से वैश्य एवं पाँवों से शूद्र की सृष्टि की।[1] पुत्र हमेशा पिता का ही प्रतिरूप होता है, यह श्रुतिप्रसिद्ध है, अतएव पिता का जो वर्ण होता है, पुत्र का भी जन्म से ही वही वर्ण होता है।[2]

जन्मगत वर्णजाति के विषय में उक्ति——सब प्राणियों का जन्म से ही अपना-अपना कर्म निश्चित होता है।[3] जन्मगत जातिधर्म किसी भी अवस्था में परित्याज्य नहीं है।[4]

ब्राह्मण कुल में जन्म लेने से ही ब्राह्मण पूजनीय होता है।[5]

सब प्राणियों को मित्रस्वरूप देखना, दान, अध्ययन, तपस्या आदि करना ब्राह्मण का ही कर्म है। राजा को ये सब कर्म करने का अधिकार नहीं है। इससे प्रमाणित होता है कि जिस जाति में जन्म होता है उससे भिन्न जाति के कर्त्तव्य-कर्म करने का अधिकार मनुष्य को नहीं होता। अतएव जन्म द्वारा ही जाति निश्चित होती है।[6]

व्यासदेव ने अपने पुत्र शुकदेव को उपदेश देते हुए कहा था——"बहुत से जन्मों के सुकर्मों के फलस्वरूप ही प्राणी ब्राह्मणकुल में जन्म लेता है। ऐसे दुर्लभ ब्राह्मण जन्म को अवहेलना से नष्ट करना उचित नहीं है, विषय-भोगों के लिये ब्राह्मण-कुल में जन्म नहीं होता। वेदाध्ययन, तपस्या आदि ब्राह्मणसन्तान का

---

१. मुखतः सोऽसृजद्विप्रान् बाहुभ्यां क्षत्रियांस्तथा।
वैश्यांश्चाप्यूरुतो राजन् शूद्रान् वै पादतस्तथा॥ भी ६७।१९
ब्राह्मणो मुखतः सृष्टो ब्रह्मणो राजसत्तम।
बाहुभ्यां क्षत्रियः सृष्ट ऊरुभ्यां वैश्य एव च॥ इत्यादि शा ७२।४, शा० २९६।६

२. यदेतज्जायतेऽपत्यं स एवायमिति श्रुतिः॥ शा २९६।२

३. स्वयोनितः कर्म सदा चरन्ति। वन २५।१६

४. कुलोचितमिदं कर्म पितृपैतामहं परम्॥ वन २०६।२०
सहजं कर्म कौन्तेय सदोषमपि न त्यजेत्॥ भी ४२।४८

५. ब्राह्मणो नाम भगवान् जन्मप्रभृति पूज्यते॥ शा २६८।१२

६. मित्रता सर्वभूतेषु दानमध्ययनं तपः।
ब्राह्मणस्यैव धर्मः स्यान्न राज्ञो राजसत्तम॥ शा १४।१५

कर्त्तव्य कर्म है। यहाँ भी देखा जाता है कि शुकदेव जन्म के द्वारा ही ब्राह्मण कहलाये थे।[1]

जन्म से ही ब्राह्मण का पुत्र ब्राह्मण, क्षत्रिय का क्षत्रिय ऐसा माना जाता है, एवं उसी के अनुसार हर एक के वर्णोचित संस्कार किये जाते हैं।[2] जन्म से ही ब्राह्मण अन्यान्य वर्णों का गुरु होता है।[3] ब्राह्मण-कुल में उत्पन्न दस वर्ष का बालक सौ साल के क्षत्रिय के पितातुल्य होता है।[4]

ब्राह्मणों के धन का अपहरण करना उचित नहीं है। बालक अथवा दरिद्र ब्राह्मण का भी तिरस्कार नहीं करना चाहिये।[5] पशुपक्षी आदि के रूप में अनेकों बार जन्म लेकर प्राणी मनुष्य योनि में सर्वप्रथम चंडाल के रूप में जन्म लेता है। क्रमशः अच्छे कर्मों के फलस्वरूप शूद्र, वैश्य, क्षत्रिय और ब्राह्मण वंश में जन्म होता है।[6] बालक से लेकर वृद्ध तक, हर ब्राह्मण सम्मान करने योग्य है। ब्राह्मण विद्वान हो या मूर्ख, हर अवस्था में पूज्य है। अग्नि का जिस तरह असंस्कृत होते हुए भी माहात्म्य नष्ट नहीं होता, उसी प्रकार ब्राह्मण भी चाहे जैसी अवस्था में क्यों न हो, उसकी जन्मगत विशेषता नष्ट नहीं होती।[7]

---

१. सम्पतन् देहजालानि कदाचिदिह मानुषे।
ब्राह्मण्यं लभते जन्तुस्तत् पुत्र परिपालय॥ इत्यादि। शा ३२१।२२-२४

२. यत् कार्यं ब्राह्मणेनेह जन्मप्रभृति तच्छृणु।
कृतोपनयनस्तात भवेद् वेदपरायणः॥ इत्यादि। शा ३२६।१४-१९

३. जन्मनैव महाभाग ब्राह्मणो नाम जायते।
नमस्यः सर्वभूतानामतिथिः प्रसृताग्रभुक्॥ अनु ३५।१
ब्राह्मणो जायमानो हि पृथिव्यामनुजायते।
ईश्वरः सर्वभूतानां धर्मकोशस्य गुप्तये॥ शा ७२।६

४. क्षत्रिय शतवर्षी च दशवर्षी द्विजोत्तमः।
पितापुत्रौ च विज्ञेयौ तयोर्हि ब्राह्मणो गुरुः॥ अनु ८।२१

५. न हर्त्तव्यं विप्रधनं क्षन्तव्यं तेषु नित्यशः।
बालाश्च नावमन्तव्या दरिद्राः कृपणा अपि॥ अनु ९।१८

६. अनु २८ वाँ अ०।
तिर्यग्योन्याः शूद्रतामभ्युपैति, शूद्रो वैश्यं क्षत्रियत्वञ्च वैश्यः। इत्यादि। अनु ११८।२४

७. येषां वृद्धश्च बालश्च सर्वः सम्मानमर्हति। इत्यादि। अनु १५१।१९-२३

ब्राह्मण के कर्त्तव्य वर्णन-प्रसंग में कहा गया है कि जातकर्म से ब्राह्मण का संस्कार शुरू होता है। उसके संस्कार अन्य वर्णों के संस्कारों से अलग होते हैं।[१]

अश्वत्थामा क्षत्रिय वृत्ति अर्थात् युद्धादि में निरत थे तब भी वे ब्राह्मण ही माने जाते थे। इसी कारण भीम ने उनका वध नहीं किया था।[२]

द्रोणाचार्य का वध करने के कारण धृष्टद्युम्न को धिक्कारते हुए सात्यकि ने कहा है, "तुमने ब्राह्मण का वध किया है, तुम्हारा मुंह देखना भी पाप है।" द्रोणाचार्य भी ब्राह्मण की निर्दिष्ट वृत्ति से जीविकोपार्जन नहीं करते थे, वरन् अति रुद्रकर्मा क्षत्रिय की तरह ही रहते थे, तब भी उन्हें ब्राह्मण ही कहा गया है।[३] वनवास काल में असह्य दुख से अधीर होकर भीम के दुर्योधन को युद्ध के लिये ललकारने पर, यधिष्ठिर ने उन्हें समझा बुझा कर युद्ध रोकना चाहा। इस पर भीम ने क्रुद्ध होकर कहा, "आपकी दया तो ब्राह्मणों के लिये ही उचित है, क्यों आपने क्षत्रिय-कुल में जन्म लिया? क्षत्रियवंश में तो प्रायः क्रूरबुद्धि पुरुष ही जन्म लेते हैं।" युधिष्ठिर का चरित्र ब्राह्मणोचित होने पर भी भीम ने उन्हें ब्राह्मण नहीं कहा।[४] श्रीमद्भागवत में भी पाया जाता है कि भगवान ने अर्जुन को तरह-तरह से वर्णाश्रमतत्त्व समझाया है। "क्षत्रियों के लिये धर्मयुद्ध से श्रेयस्कर कुछ भी नहीं है, धर्मयुद्ध में निहत होने पर तुम स्वर्ग को प्राप्त होगे और यदि विजयी हुए तो पृथ्वी के अधीश्वर बनोगे।" अर्जुन की ब्राह्मणसुलभ दया का भगवान ने अनुमोदन नहीं किया। गुण व कर्म के अनुसार वर्ण स्थिर करने से भगवान की कही हुई उन बातों का कोई मूल्य नहीं रह जाता।[५]

शम-दम आदि गुण न होने पर ब्राह्मण-कुल में उत्पन्न व्यक्ति असाधु ब्राह्मण माना जाता था। इसी प्रकार भीरु क्षत्रिय, चातुर्यहीन वैश्य एवं प्रतिकल आचरण करने वाला शूद्र भी असाधु कहकर पुकारे जाते थे। इससे प्रमाणित होता है कि

---

१. जातकर्म प्रभृत्यस्य कर्मणां दक्षिणावताम्। इत्यादि। शा २३३।२

२. जित्वा मुक्तो द्रोणपुत्रो ब्राह्मण्याद्‌गौरवेण च॥ सौ १६।३२

३. त्वांच ब्रह्महणं दृष्ट्वा जनः सूर्यमवेक्षते।
ब्रह्महत्या हि ते पापं प्रायश्चित्तार्थमात्मनः॥ द्रो १९७।२१

४. घृणी ब्राह्मणरूपोऽसि कथं क्षत्रेषु जायेथाः।
अस्यां हि योनौ जायन्ते प्रायशः क्रूरबुद्धयः॥ वन ३५।२०

५. धर्म्याद्धि युद्धाच्छ्रेयोऽन्यत् क्षत्रियस्य न विद्यते॥ भी २६।३१
हतो वा प्राप्यसि स्वर्गं जित्वा वा भोक्ष्यसे महीम्॥ भी २६।३७

यथोचित गुण न रहने पर भी आदमी जिस वर्ण में पैदा होता था उसी का माना जाता था, दूसरा वर्ण ग्रहण नहीं कर सकता था।[1]

ब्राह्मण कुल में जन्म लेकर क्षात्रधर्म का अवलम्बन लेने के कारण अश्वत्थामा ने अपने भाग्य को धिक्कारते हुए शिष्ट पुरुषों के अधर्म आचरण के लिये खेद प्रकट किया था।[2] युधिष्ठिर के राजसूय यज्ञ में यज्ञ की वेदी के पास सब वर्णों के लोगों को नहीं जाने दिया गया था।[3] वर्ण या जाति जन्मगत नहीं मानी जाती तो प्रत्येक की उसके कर्म द्वारा परीक्षा करके यह निश्चित करना चाहिए था कि वह यज्ञवेदी के निकट जाने लायक है या नहीं।

ब्राह्मण का हृदय तो नवनीत की तरह कोमल होता है लेकिन वचन उस्तरे की धार की तरह तीक्ष्ण होते हैं। क्षत्रिय के पक्ष में इसका बिल्कुल उल्टा होता है, उसके वचन बड़े मीठे होते हैं और हृदय कठोर।[4] जन्मगत ब्राह्मण एवं क्षत्रिय को लक्ष्य करके ही यह बात कही गई है, प्रत्येक के चरित्र की परीक्षा करके नहीं। कर्ण की क्षतयन्त्रणा सहन करने की क्षमता देखकर ही परशुराम ने उन्हें क्षत्रिय कहा था। पौरोहित्य, मन्त्रित्व, दौत्य आदि कार्यों से ब्राह्मणत्व विशुद्ध नहीं रह पाता। जो ब्राह्मण इन वृत्तियों द्वारा जीवन यापन करते हैं वे क्षत्रिय के समान हैं। जो ब्राह्मण अपने जन्मोचित कर्मों से पराङ्मुख होते हैं वे शूद्र के समान हैं।[5]

---

१. अदान्तो ब्राह्मणोऽसाधुर्निस्तेजाः क्षत्रियोऽधमः।
अदक्षो निन्द्यते वैश्यः शूद्रश्च प्रतिकूलवान्॥ सौ ३।२०

२. सोऽस्मि जातः कुलश्रेष्ठे ब्राह्मणानां सुपूजिते।
मन्दभाग्यतयास्म्ये तं क्षत्रधर्ममनुश्रितः। सौ ३।२१

३. न तस्यां सन्निधौ शूद्र कश्चिदासीन्न चाव्रती।
अन्तर्वेद्यां तदा राजन्! युधिष्ठिरनिवेशने॥ सभा ३६।९

४. नवनीतं हृदयं ब्राह्मणस्य वाचि क्षुरो निशितस्तीक्ष्णधारः।
तदुभयमेतद् विपरीतं क्षत्रियस्य वाङ् नवनीतं हृदयं तीक्ष्णधारम्।
आदि ३।१२३
अति तीक्ष्णन्तु ते वाक्यं ब्राह्मण्यादिति मे मतिः॥ उ २१।४

५. ऋत्विक् पुरोहितो मंत्री दूतो वार्त्तानुकर्षकः।
एते क्षत्रसमा राजन् ब्राह्मणानां भवन्त्युत॥ शा ७६।७
जन्मकर्मविहीना ये कदर्या ब्रह्मबंधवः।
एते शूद्रसमा राजन् ब्राह्मणानां भवन्त्युत॥ शा ७६।४

यहाँ 'समान' शब्द लक्ष्य करने योग्य है। कर्म के द्वारा यदि वर्ण परिवर्त्तित होता तो "क्षत्रिय के समान" या "शूद्र के समान" न कहकर 'क्षत्रिय' एवं 'शूद्र' ही कहा जाता।

प्रत्येक जाति अपने अपने जन्मोचित कार्यों द्वारा अपनी सार्थकता को प्राप्त होती है। जिस वंश में जन्म हो उसी वंश के अनरूप कार्य करना उचित है, यही महाभारत का अभिप्राय है।[१] वर्णसंकर के फलस्वरूप जिस ब्राह्मण की उत्पत्ति हो, जो दुष्कर्मों द्वारा पतित हो अथवा पतितों के साथ जिसका संबंध हो, उस ब्राह्मण को श्राद्ध आदि कार्यों के लिये नहीं बुलाना चाहिए। यहाँ भी देखा जाता है कि पतित होने पर भी उसे ब्राह्मण ही कहा गया है।[२]

जिस कर्म पर अपना जन्मगत अधिकार हो, उसे छोड़कर यदि कोई ब्राह्मण शूद्र का कर्म करने लगे तो वह भी शूद्र के समान हो जाता है। उसका स्पर्श किया अन्न ग्रहण करना दूसरे ब्राह्मणों के लिये निषिद्ध है। यहाँ भी शूद्र के समान कहा गया है, 'शूद्र' नहीं।[३] जो किसी संकटग्रस्त की सहायता जैसे साधुकार्य करते रहते हैं वे शूद्र हों या चाहे जो हों हमेशा सम्मान के पात्र हैं। जाति अगर जन्म से ही निर्धारित न होती तो 'शूद्र हो या चाहे जो हो' यह उक्ति निरर्थक हो जाती। इस तरह के महात्मा पुरुष को ब्राह्मण ही कह दिया जाता।[४]

शुभ कर्मों द्वारा जिनका मन पवित्र हो गया है, जो जितेन्द्रिय हैं, वे शूद्र होते हुए भी द्विजवत् सम्माननीय हैं। जाति तो जन्मगत ही होती है किन्तु साधु कर्मों द्वारा सम्मान प्राप्त किया जा सकता है।[५] ब्राह्मणी के गर्भ से नाई के औरस से मतंग का जन्म हुआ। ब्राह्मणत्व प्राप्ति के निमित्त मतंग ने कठोर तपस्या की थी,

---

१. दमेन शोभते विप्रः क्षत्रियो विजयेन तु।
धनेन वैश्यः शूद्रस्तु नित्यं दाक्ष्येण शोभते॥ शा २९३।२१

२. संकीर्णयोनिर्विप्रश्च संबंधी पतितश्च यः।
वर्जनीया बुधैरेते निवापे समुपस्थिते॥ अनु ९१।४४

३. शूद्रकर्म तु यः कुर्यादवहाय स्वकर्म च।
स विज्ञेयो यथा शूद्रो न च भोज्यः कदाचन॥ अनु १३५।१०

४. अपारे यो भवेत् पारमप्लवे यः प्लवो भवेत्।
शूद्रो वा यदि वाप्यन्यः सर्वथा मानमर्हति॥ शा ७८।३८

५. कर्मभिः शुचिभिर्देवि शुद्धात्मा विजितेन्द्रियः।
शूद्रोऽपि द्विजवत् सेव्य इति ब्रह्माब्रवीत् स्वयम्॥ इत्यादि।
अनु० १४३।४८,४९

किन्तु इंद्र ने उसे ब्राह्मणत्व प्राप्ति का वरदान नहीं दिया। अनेक जन्मों की तपस्या से ब्राह्मण-कुल में जन्म लेने का सौभाग्य प्राप्त होता है, यही इंद्र-मतंग संवाद का सार है।[१] इतने बड़े ज्ञानी होकर भी विदुर अपना परिचय 'शूद्र' कहकर ही देते थे। सनत्सुजातीय के प्रारम्भ में उन्होंने स्वयं कहा है, "मैंने शूद्रा के गर्भ से जन्म लिया है, इसलिये अध्यात्मशास्त्र के कथन का अधिकार मुझे नहीं है।"[२]

अगर कर्म द्वारा ही जाति निर्धारित होती तो वर्णसंकर प्रकरण की सार्थकता कैसे रहती, क्योंकि फिर तो जो जिस जाति के कर्म करता उसी जाति का माना जाता और वर्णसंकरता तो केवल जन्म के द्वारा ही निश्चित होती है। अतएव जाति जन्मगत ही होती है।[३] ब्राह्मण आदि चार वर्णों के अलावा और भी कई जातियाँ मानी गई हैं, उन्हीं का नाम संकर है। अतिरथ, अंबष्ठ, उग्र, वैदेहक, श्वपाक, पुक्कश, निषाद, सूत, मागध, मद्रनाभ, अ.हिंडक, चर्मकार, श्वपाक आदि बहुत सी जातियाँ बिभिन्न वर्ण और जाति के माता-पिता के मिलन से उत्पन्न होती हैं।[४] उल्लिखित प्रमाणों को, जन्म द्वारा जाति-निर्णय, के पक्ष में उद्धृत किया जा सकता है।

कर्म द्वारा वर्ण व जाति—कर्म द्वारा ब्राह्मणादि वर्ण और जाति निर्धारित की जाती थी, इसके प्रमाण भी महाभारत में कम नहीं हैं।

जो ब्राह्मणों के निर्दिष्ट कर्म (यजन, याजन, अध्यापना, तपस्या आदि) करते थे, उन्हें ब्राह्मण कहा जाता था। जो क्षत्रिय के कर्म जैसे राज्यशासन आदि करते थे, उन्हें क्षत्रिय कहा जाता था। इसी तरह वैश्य और शूद्र का भी निर्णय किया जाता था।

सर्परूपी नहुष के प्रश्न के उत्तर में ब्राह्मण के लक्षण बताते हुए युधिष्ठिर ने कहा था, "सत्य, दया, कोमलता, दान, क्षमा, तपस्या आदि गुण जिस व्यक्ति में हों वही ब्राह्मण है।" युधिष्ठिर का उत्तर सुनकर नहुष ने फिर से प्रश्न किया, "सत्य' दान, क्षमा आदि गुण तो जन्मगत शूद्र में भी पाये जाते हैं?" उत्तर में युधिष्ठिर ने कहा—"शूद्र के गुण (परिचर्या आदि) यदि ब्राह्मण में पाये जायेंगे तो मैं उसे शूद्र ही कहूँगा, और ब्राह्मण के गुण (शम, दम आदि), यदि शूद्र में होंगे तो मैं उस शूद्र को ब्राह्मण ही कहूँगा।"[५] जो शूद्रा माता के गर्भ से जन्म लेकर भी सत्कर्म करते हैं, वे क्रमशः वैश्यत्व, क्षत्रियत्व एवं ब्राह्मणत्व का लाभ

---

१. अनु० २८ वाँ एवं २९ वाँ अध्याय।

२. शूद्रयोनावहं जातो नातोऽन्यद्वक्तुमुत्सहे ॥ उ ४१।५

३. ततोऽन्ये स्वतिरिक्ता ये ते वै संकरजाः स्मृताः। इत्यादि। शा २९६।७-९

४. शा २९६ वाँ अध्याय। अनु ४८ वाँ अध्याय।

५. वन १८० वाँ अध्याय।

करते हैं।[1] यक्ष युधिष्ठिर संवाद में, जब यक्ष, ब्राह्मणत्व किस तरह प्राप्त होता है, यह प्रश्न पूछता है तो युधिष्ठिर कहते हैं—"कुल, वेदाध्ययन आदि कुछ भी द्विजत्व का कारण नहीं है, एकमात्र चरित्र द्वारा ही द्विजत्व प्राप्त होता है।"[2] उमा-महेश्वरसंवाद में महेश्वर के मुख से सुना जाता है—"जो सच्चरित्र, दयालु, अतिथि-परायण, निरहंकार गृहस्थ है वह नीच जाति में जन्म लेने पर भी द्विजत्व लाभ करता है। और जो ब्राह्मण होकर भी चरित्रहीन, सर्वभक्षी, निन्दितकर्मा होता है, वह शूद्रत्व प्राप्त करता है।"[3]

वर्णभेद पहले नहीं था। ब्रह्मा द्वारा सृष्ट होने के कारण सब मनुष्य ब्राह्मण कहे जाते थे। बाद में जो कामभोगप्रिय, क्रोधी, साहसी, रजोगुणप्रधान थे, वे क्षत्रिय कहे जाने लगे। जो रज एवं तम गुणयुक्त थे और जो गो-पालन और कृषि द्वारा जीविकानिर्वाह करने लगे, वे वैश्यत्व को प्राप्त हो गये और जो लोभी, मिथ्याप्रिय, सर्वकर्मोपजीवी, शौचाशौचविचारहीन थे, वे शूद्र कहे जाने लगे। इस प्रकार ब्राह्मण ही कर्म द्वारा विभिन्न वर्णों को प्राप्त हुए हैं।[4]

भृगुभरद्वाज संवाद में कहा गया है—जो जात-कर्मादि संस्कार द्वारा संस्कृत, वेदाध्ययनशील, संध्या, स्नान, जप, तप आदि षट्कर्मों में निरत होते हैं, वही ब्राह्मण हैं। जो युद्ध के लिये तत्पर, प्रजापालन में रत व वेदाध्ययन सम्पन्न होते हैं, वे क्षत्रिय, जो वाणिज्य, कृषि व पशुपालन में रत एवं वेदाध्ययन सम्पन्न होते हैं, वे वैश्य, और जो सर्वभक्षी, अपवित्र, अनाचारी होते हैं वही शूद्र हैं। उल्लिखित कर्म ही वर्णविभाग का कारण है। जो सदा शौच व सदाचार का पालन करते हैं, प्राणि-मात्र पर दया करते हैं वही द्विज हैं।[5] कर्म द्वारा वर्ण निर्धारित करने के विषय में उमामहेश्वर संवाद के पूरे अध्याय में बहुत सी बातों के बाद अंत में महेश्वर कहते

---

१. शूद्रयोनौ हि जातस्य सद्गुणानुपतिष्ठतः।
वैश्यत्वं लभते ब्रह्मन् क्षत्रियत्वं तथैव च॥ इत्यादि वन २११।११, १२

२. शृणु यक्षकुलं तात न स्वाध्यायो न च श्रुतम्।
कारणं हि द्विजत्वे च वृत्तमेव न संशयः॥ वन ३१२।१०८
न योनिर्नापि संस्कारो न श्रुतं न च सन्ततिः।
कारणानि द्विजत्वस्य वृत्तमेव तु कारणम्॥ अनु १४३।५०, ५१।

३. एतैः कर्मफलैर्देवि न्यूनजाति कुलोद्भवः।
शूद्रोऽप्यागमसम्पन्नो द्विजो भवति संस्कृतः॥ अनु १४३।४६, ४७

४. शा १८८ वाँ अध्याय।

५. शा १८९ वाँ अध्याय।

हैं—"शूद्रकुल में जन्म लेकर भी किस तरह ब्राह्मणत्व प्राप्त किया जा सकता है और ब्राह्मण भी किस तरह धर्मच्युत होकर शूद्रत्व को प्राप्त होता है, यह गुह्यतत्व मैंने तुम्हें बतलाया है।"[१]

कौरव-पांडवों की शस्त्रविद्यापरीक्षा के समय कर्ण के सभास्थल पर उपस्थित होने पर भीम ने सूतपुत्र कहकर उनका उपहास किया था। प्रत्युत्तर में दुर्योधन ने भीम से कहा था—"अग्नि की जल से, वज्र की दधीचि की अस्थियों से भगवान गुह की अग्नि, कृत्तिका, रुद्र व गंगा इन चारों से उत्पत्ति हुई है। विश्वामित्र आदि क्षत्रियों ने भी ब्राह्मणत्व का लाभ किया था। आचार्य द्रोण कलश से और गौतम शरस्तम्ब से उत्पन्न हैं। अतएव मनुष्य के कर्म द्वारा उसे ऊँच-नीच समझना चाहिये, जन्म से नहीं।"[२] विश्वामित्र ने क्षत्रियकुल में जन्म लेकर भी कठोर तपस्या करके ब्राह्मणत्व प्राप्त किया था।[३] महर्षि भृगु के प्रसाद से क्षत्रिय हैहयराज ब्रह्मर्षि बने थे।[४]

सिंधु द्वीप व देवापि ने सरस्वती के उत्तरी तीर पर महर्षि आर्ष्टिषेण के आश्रम में ब्राह्मणत्व प्राप्त किया था।[५]

उल्लिखित प्रमाणों से पता चलता है कि मनुष्य चाहे किसी भी जाति के माता-पिता के घर जन्म लेता था पर उसके गुण व कर्म के अनुसार ही उसकी जाति या

---

१. एतत्ते गुह्यमाख्यातं यथा शूद्रो भवेद्द्विजः।
ब्राह्मणो वाच्युतो धर्माद् यथा शूद्रत्वमाप्नुते॥ अनु १४३।५९

२. सलिलादुत्थितो वह्निर्येन व्याप्तं चराचरम्।
दधीचस्यास्थितो वज्रं कृतं दानवसूदनम्॥ इत्यादि। आदि १३७।१२-१७

३. स गत्वा तपसा सिद्धिं लोकां विष्टभ्य तेजसा।
ततापं सर्वान् दीप्तौजा ब्राह्मणत्वमवाप्तवान्॥ आदि १७५।४७
क्षत्रभावादपगतो ब्राह्मणत्वमुपागतः। उ १०६।१८
तपसा वै सुतप्तेन ब्राह्मणत्वमवाप्तवान्॥ शल्य ४०।११
ततो ब्राह्मणतां यातो विश्वामित्रो महातपः॥ अनु ४।४८
तत्प्रसादान्मया प्राप्तं ब्राह्मण्यं दुर्लभं महत्॥ अनु १८।१७
स लब्ध्वा तपसोऽग्रेण ब्राह्मणत्वं महाशयाः॥ शल्य ४०।२९

४. एवं विप्रत्वमगमद् वीतहव्यो नराधिपः।
भृगोः प्रसादाद् राजेन्द्र क्षत्रियः क्षत्रियर्षभ॥ अनु ३०।६६

५. तस्मिन्नेव तदा तीर्थे सिन्धुद्वीपः प्रतापवान्।
देवापिश्च महाराज ब्राह्मण्यं प्राप्नतुमर्हत्। शल्य ४०।१०

वर्ण निर्धारित किये जाते थे। देखने से ऐसा लगता है कि ये सब वचन व व्यक्तिगत उदाहरण जन्मानुसार जातिनिर्धारण के प्रतिकूल प्रदर्शित हुए हैं।

दोनों मतों का सामञ्जस्य-विधान—आलोचित दोनों मत एक दूसरे के बिल्कुल अन्तर्विरोधी हैं। दोनों में सामंजस्य स्थापित करने के लिये निम्नलिखित सम्भाव्य विषयों पर नजर रखनी पड़ेगी।

(क) कालभेद में दोनों प्रकार के वर्ण-विभाग। (ख) देशभेद में विभिन्न व्यवस्था। (ग) जन्मगत एवं कर्मगत जाति रूप में दोनों की सत्यता।

इन तीनों में, पहले दो बहुत समीचीन नहीं लगते, क्योंकि वेद व मनुसंहिता में वर्ण और जातिभेद के यथेष्ट उदाहरण देखने को मिलते हैं किन्तु उस भेद को जन्मगत माना गया है। महाभारत ने वेद को स्वतन्त्र प्रमाण माना है। मनु के वचनों पर भी महाभारतकार की श्रद्धा असीम है। [देखिये "विवाह(क)पृष्ठ१४]

देशभेद के अनुसार जाति के संबंध में विभिन्न व्यवस्था थी कि नहीं, इसका कोई प्रमाण महाभारत में नहीं मिलता।

अब प्रश्न उठता है कि जन्मगत जाति के अनुसार यदि ब्राह्मण का पुत्र ब्राह्मण, क्षत्रिय का पुत्र क्षत्रिय—इस प्रकार विभाग किया जाये तो जो सर्वप्रथम ब्राह्मण, क्षत्रिय, वैश्य, शूद्र कहे गये उनकी जाति किसने निर्धारित की थी? इस प्रश्न के उत्तर में भीष्म पर्व की भगवद्-उक्ति उपस्थित की जा सकती है। भगवान ने कहा है—"सत्वादि गुणों के एवं याग-यज्ञ, शम, दम, युद्ध, वाणिज्य, परिचर्या आदि कर्मों के विभाग द्वारा मैंने चार प्रकार के वर्णों की सृष्टि की है।"[1]

पूर्व जन्म के कर्मानसार जीव के सत्वादि गुण थोड़े-बहुत होते ही हैं। शरीर-धारण के पूर्व क्षण में जीव में जिस तरह का गुण होता है, ईश्वर उसी तरह की जाति में जीव को जन्म देते हैं। पूर्व जन्म के कर्मानुसार ही ब्राह्मणादि कुल में जन्म होता है, यह बात उपनिषद् में भी कही गई है। 'रमणीय चरणा रमणीयां योनिमापद्यन्ते' इत्यादि। (छान्दोग्योपनिषद् ५।१०।७)। जन्म के बाद जाति के अनुसार ही कर्म करने पड़ते हैं। सबसे पहले कब इस प्रकार वर्ण विभाग हुआ, इसका कोई उल्लेख महाभारत में नहीं मिलता। आदि सृष्टि में भगवान के किसी को ब्राह्मण, किसी को क्षत्रिय, किसी को वैश्य बनाने में उनके पक्षपात करने की आशंका होती है। समस्त सृष्टि के बारे में ही यह आशंका है। इसके उत्तर में दार्शनिकगण कहते हैं कि सृष्टि की एक धारा है, जो अनादि है। आस्तिक दर्शनों में भी सष्टि धारा के अनादित्व को स्वीकार किया गया है। अन्यथा पक्षपात दोष से भगवान की रक्षा

---

१. **चातुर्वर्ण्यं मया सृष्टं गुणकर्मविभागशः॥ भी २८।१३**

नहीं की जा सकती। उल्लिखित भगवद्-उक्ति के अंत में कहा गया है "कर्त्ता होते हुए भी वास्तविक पक्ष (रूप) में मुझे अकर्त्ता ही समझना।" यह उक्ति भी समस्त सृष्टि-प्रवाह के अनादित्व का समर्थन करती है।[1] भगवान ने यह भी कहा है कि स्वभावजात गुण के अनुसार जीव का कर्म विभाग किया गया है।[2]

इस रीति से विचार करने पर यह नहीं कहा जा सकता कि समाज में अलग-अलग काल में अलग-अलग जातिभेद की व्यवस्था थी। तृतीय पक्ष (ग) का अवलम्बन लेने पर दोनों की सत्यता थी, यह सिद्ध करना पड़ता है। सम्भवतः महाभारत का यही अभिप्राय है और यही अधिक युक्तियुक्त भी है। दो-चार प्रमाणों की सहायता से इसे सिद्ध करने की कोशिश करता हूँ। चातुर्वर्ण्य प्रथा दो रूपों में विद्यमान थी, एक तो औपाधिक अथवा रूढ़ रूप में जिसे अब तक जन्मगत कहा गया है और दूसरी स्वभाविक अशवा गणगत रूप में।

द्रोणाचार्य, अश्वत्थामा एवं कृपाचार्य औपाधिक ब्राह्मण एवं स्वाभाविक क्षत्रिय थे। केवल ब्राह्मण के औरस से उनका जन्म हुआ था, ब्राह्मणोचित वृत्ति का अवलम्बन उन्होंने नहीं लिया था, क्षत्रिय-वृत्ति युद्धविग्रह आदि के अनुशीलन द्वारा ही जीवन यापन करते थे। इसी तरह दुर्योधन, दुःशासन आदि को औपाधिक क्षत्रिय कहा जा सकता है। गुणगत रूप से उनमें वैश्यत्व व शूद्रत्व का मिश्रण था। एक-आध बार तो युद्धक्षेत्र से भाग भी खड़े हुए थे। विदुर, धर्मव्याध, तुलाधार आदि प्रमुख व्यक्ति शूद्र एवं वैश्य थे, किन्तु गुणों से वे श्रेष्ठ ब्राह्मणत्व के अधिकारी थे। स्वाभाविक ब्राह्मणत्व, क्षत्रियत्व आदि धर्म सत्वादि गुणों पर निर्भर हैं। सत्वगुण-प्रधान व्यक्ति ब्राह्मण, सत्वयुक्त रजःप्रधान व्यक्ति क्षत्रिय, तमोयुक्त रजःप्रधान व्यक्ति वैश्य एवं रजोयुक्त तमःप्रधान व्यक्ति शूद्र होता है। इस प्रकार प्रत्येक व्यक्ति के कर्मों से उसके चरित्र में जिन गुणों का विकास होता था, उन्हीं के अनुसार स्वाभाविक जाति निश्चित की जाती थी।

स्वाभाविक ब्राह्मण का स्वरूप बताते हुए कहा गया है, जो क्रोध एवं मोह का त्याग कर सकते हों, देवता उन्हीं को ब्राह्मण कहते हैं। जो सत्यवादी, इन्द्रियों का दमन करने वाला एवं ऋजुस्वभावी हो, वही असली ब्राह्मण है।[3] जो किसी भी

---

१. तस्य कर्त्तारमपि मां विद्धकर्त्तारमव्ययम्॥ भी २८।१३

२. कर्माणि प्रविभक्तानि स्वभावप्रभवैर्गुणैः॥ भी ४२।४१

३. क्रोधः शत्रुः शरीरस्थो मनुष्याणां द्विजोत्तम।
यः क्रोधमोहौ त्यजति तं देवा ब्राह्मणं विदुः॥ इत्यादि वन २०५।३२-३९

अवस्था में सत्य से विचलित न हो वही ब्राह्मण कहलाने योग्य है।[१] क्षमा ही ब्राह्मण का बल है[२] जो समस्त प्राणियों पर मैत्रीभाव रक्खे, वही ब्राह्मण है।[३]

जो सब प्राणियों की रक्षा करे वही क्षत्रिय है।[४]

ब्राह्मण को किसी की हिंसा नहीं करनी चाहिए, उसका स्वभाव सौम्य होना चाहिये।[५] सब पर जिसकी समान दृष्टि हो निर्गुण निर्मल ब्रह्म जिसमें प्रतिष्ठित हो वही प्रकृत द्विज है।[६]

जिसका जीवन केवल धर्म के लिये उत्सर्ग होता हो, जिसका धर्मानुष्ठान भगवान के उद्देश्य से किया गया हो, काल स्वयं जिसके निकट पुण्य के निमित्त उपस्थित हो, उसे देवता ब्राह्मण कहकर पुकारते हैं।[७] जो हर अवस्था में सन्तुष्ट रहे वही असली ब्राह्मण है।[८] इन सब उक्तियों से समझा जा सकता है कि स्वाभाविक ब्राह्मण साधारण मनुष्य की तुलना में बहुत उच्च स्थान पर प्रतिष्ठित है। और भी बहुत सी जगह इस प्रकार की ब्राह्मण-प्रशंसा मिलती है।[९] यह प्रशंसा केवल ब्राह्मण सन्तान की नहीं है, जिनमें उल्लिखित गुण हों वही प्रशंसा के योग्य हैं, उनकी प्रशंसा में बहुत से उपाख्यान भी उद्धृत हुए हैं।

कुलोचित कर्म की प्रशंसा—जो जिस कुल में जन्म ले वह उसी कुल के कर्त्तव्य कर्म करे, उसके हितैषी यही कामना करते थे। युद्ध का समस्त आयोजन हो जाने

---

१. य एव सत्यान्नापैति स ज्ञेयो ब्राह्मणस्त्वया॥ उ ४३।४९

२. ब्राह्मणानां क्षमा बलम्॥ आदि १७५।२९

३. सर्वभूतेषु धर्मज्ञ मैत्रो ब्राह्मण उच्यते॥ आदि २१७।५
कुर्य्यादन्यन्नवा कुर्य्यान्मैत्रो ब्राह्मण उच्यते॥ शा ६०।१२। शा २३७।१३
ब्राह्मणे दारुणं नास्ति मैत्रो ब्राह्मण उच्यते॥ अनु २७।१२

४. कुर्य्यादन्यन्नवा कुर्य्यादैन्द्रो राजन्य उच्यते॥ शा ६०।२०

५. तस्मात् प्राणभृतः सर्वान्न हिंस्याद् ब्राह्मणः क्वचित्।
ब्राह्मणः सौम्य एवेह भवतीति परा श्रुतिः॥ आदि ११।१४

६. ब्राह्मः स्वभावः सुश्रोणि समः सर्वत्र मे मतिः।
निर्गुणं निर्मलं ब्रह्म यत्र तिष्ठति स द्विजः॥ अनु १४३।५२

७. जीवितं यस्य धर्मार्थं धर्मोऽर्य्यर्थमेव च।
अहोरात्राश्च पुण्यार्थं तं देवा ब्राह्मणं विदुः॥ इत्यादि शा २४४।२३, २४

८. येन केनचिदाच्छन्नो येन केनचिदाशितः। इत्यादि। शा २४४।१२-१४

९. शा ३८।३५। शा ३४२ वाँ अध्याय। अनु० ९ वाँ, ३३ वाँ, ३४ वाँ, ५४ वाँ और १५१ वाँ अध्याय।

पर अर्जुन के मन में वैराग्य का उदय हुआ और वे धनुष-वाण छोड़कर बैठ गये। तब भगवान कृष्ण ने उन्हें युद्ध के लिये उत्साहित करने के निमित्त बार-बार उनकी क्षत्रियता का स्मरण कराया।[1] पुत्र शुकदेव को ब्राह्मणत्व में प्रतिष्ठित करने के निमित्त महर्षि वेदव्यास ने उन्हें बहुत उपदेश दिये।[2]

जन्मोचित कर्म को "सहज कर्म" के नाम से अभिहित किया गया है।[3] जो सत्पुरुष उसी कर्म को करता था वह चाहे किसी भी जाति का हो, समाज में साधु पुरुष के रूप में ही सम्मानित होता था। ब्राह्मण कौशिक ने मिथिला के बाजार में, मांसविक्रेता व्याध से कहा था, "तात, यह घोर कर्म (पशुवध व मांस-विक्रय) तुम्हारे लिये बहुत ही खराब है, तुम्हारा यह अशोभनीय कर्म देखकर मुझे बड़ा अनुताप हो रहा है।" उत्तर में व्याध बोला—"हे द्विज, यह वृत्ति हमारी परम्परागत है, अतएव यही मेरा धर्म है। मैं श्रद्धासहित गुरुजनों की सेवा करता रहता हूँ। देवता, अतिथि, पोष्यवर्ग एवं भृत्यों को देने के बाद जो अवशिष्ट रह जाता है इसी का मैं व्यवहार करता हूँ। परनिन्दा, परचर्चा, असूया, मिथ्या आदि मुझमें स्थान नहीं बना पाते।"[4] यहाँ भी देखा जाता है कि मनुष्य के ग्रहण करने योग्य सत्य, दया आदि गुणों के अनुशीलन से अपनी जन्मगत वृत्ति द्वारा जीवन बिताने वाले एक व्याध को भी ब्राह्मण सन्तान के उपदेशक गुरु का सम्मान मिला है। वर्णजाति को गौण रख कर गुणियों का सम्मान करने के बहुत से उदाहरण महाभारत में मिलते हैं। युधिष्ठिर के यज्ञ में शूद्रों की भी यथारीति अभ्यर्थना की गई थी।[5]

साधु-चरित्र गुणवान का समाज में सम्मान—ब्राह्मण आदि चार वर्णों एवं अन्य जातियों में ब्राह्मण ही यद्यपि सबकी अपेक्षा समाज में अधिक सम्मान पाता था, लेकिन तब भी कुत्सित आचारवाला ब्राह्मण कहीं भी सम्मानित नहीं होता था। शास्त्रनिर्मित कर्मों के अनुष्ठाता चरित्रवान ब्राह्मण को ही सम्मान मिलता था। जन्म चाहे किसी भी जाति में क्यों न हुआ हो, लेकिन मनुष्य चरित्र की साधारण सद्वृत्तियों का जिसके चरित्र में जितना ही अधिक विकास होता था, वह उतने ही

---

१. श्रीमद्भगवद्गीता (भीष्म पर्व)।

२. शा० ३२१ वाँ अध्याय।

३. सहजं कर्म कौन्तेय सदोषमपि न त्यजेत्। भी० ४२।४८

४. वन २०६ वाँ अध्याय।

५. विशश्च मान्यान् शूद्रांश्च सर्वानानयतेति च॥ सभा ३३।४१
ज्यायांसमपि शीलेन विहीनं नैव पूजयेत्।
अपि शूद्रञ्च धर्मज्ञं सद्वृत्तमभिपूजयेत्॥ अनु० ४८।४८

सम्मान का अधिकारी होता था। पूरा समाज साधु, सच्चरित्र पुरुष को श्रद्धा की दृष्टि से देखता था। विदुर शूद्रा माता के गर्भ से पैदा हुए थे, स्वयं भी उन्होंने सर्वत्र अपना परिचय शूद्र कहकर ही दिया है, लेकिन महाभारत के पात्रों में उनके जैसा दृढ़चित्त और कोई नहीं है। वे सर्वत्र उसी रूप में सम्मान के अधिकारी रहे हैं। भगवान कृष्ण की भी विदुर पर यथेष्ट श्रद्धा थी। कृष्ण के विदुर का आतिथ्य स्वीकार करने पर समाज में उनका सम्मान और भी बढ़ गया था। महाभारत में विदुर के लिये 'महात्मा' विशेषण का प्रयोग किया गया है। युधिष्ठिर, दुर्योधन आदि क्षत्रिय भी उन्हें चरण छूकर प्रणाम करते थे। प्रणाम करना संगत था कि नहीं, यह प्रश्न यहाँ नहीं उठायेंगे। लेकिन इससे विदुर के प्रति लोगों की अगाध श्रद्धा अवश्य प्रकट होती है।[1]

धर्मव्याध, तुलाधार आदि व्यक्ति अपेक्षाकृत नीच जाति में जन्म लेने पर भी सबकी श्रद्धा पाने में समर्थ हुए थे। इन सब उदाहरणों से पता चलता है कि किसी भी जाति में जन्म लेने पर सम्मान पर कोई असर नहीं पड़ता था। जाति के साथ चरित्र का कोई संबंध नहीं था। जन्मगत जाति के अनुसार सामाजिक स्तर एवं काजकर्म नियन्त्रित होते हुए भी वह समाज की श्रद्धा आर्कषित करने के लिये यथेष्ट नहीं था। द्रोणाचार्य, कृप आदि प्रमुख योद्धा जन्म से ब्राह्मण होते हुए भी ब्राह्मणोचित श्रद्धा व सम्मान प्राप्त नहीं कर सके।[2] ब्राह्मण कुल में जन्म लेकर भी ब्राह्मणोचित कर्म न करने के कारण वे केवल नाम के ब्राह्मण या 'ब्राह्मणब्रव' थे। ब्राह्मण की तरह उनकी श्रद्धा करना किसी के लिये संभव नहीं था। समाज में हमेशा से यही विचारधारा चली आ रही है। दूसरी जातियों के संबंध में भी यही बात थी। अपने-अपने वर्णोचित कार्य करते हुए जो साधु पुरुष की तरह जीवन व्यतीत करते थे, वही वर्णाश्रम समाज में आदर्श व्यक्ति के रूप में सम्मानित होते थे।[3]

जाति जन्मगत—उपर्युक्त विवेचना से पता चलता है कि जाति तो जन्म के अनुसार ही निश्चित की जाती थी, लेकिन सामाजिक सम्मान या गौरव कर्म पर निर्भर था। जन्म एवं कर्म दोनों की ही जिनमें विशिष्टता होती थी, वे सबकी

---

१. निर्याय च महाबाहुर्वासुदेवो महामनाः।
निवेशाय ययौ वेश्म विदुरस्य महात्मनः॥ उ ९१।३४।
अन्येषां चैव वृद्धानां कृपस्य विदुरस्य च॥ आदि १४५।२
अजातशत्रुर्विदुरं यथावत्। सभा ५८।४। वन २५६।८

२. बीभत्सो विप्रकर्माणि विदितानि मनीषिणाम्। इत्यादि। द्रो० १९६।२४, २५

३. तथा मायां प्रयुंजानमसह्यं ब्राह्मणब्रुवम्। इत्यादि। द्रो० १९६।२७

असीम श्रद्धा के पात्र होते थे।[1] भीष्म, भीम, अर्जुन, अभिमन्यु आदि क्षत्रिय इसके उत्कृष्ट उदाहरण हैं। तुलाधार एक वणिक (जिसका पिता क्षत्रिय एवं माता शूद्रा हो) थे (शा० २६० वाँ अ०) धर्मव्याध मांसविक्रेता थे (वन२०६ वाँ अ०) लेकिन समाज में क्या उनका सम्मान कम था!

कर्म द्वारा जाति स्वीकार करना असंगत—कर्म द्वारा जाति स्थिर की जाती थी, इस सिद्धान्त को माना जाय तो बहुत सी चीजों का औचित्य बनाये रखना मुश्किल हो जाता है। जैसे—

(क) जातकर्मादि संस्कार करने का ब्राह्मण सन्तान के लिये जो नियम है, क्षत्रिय सन्तान के लिये वे नहीं हैं। इसी तरह वैश्य और शूद्र के भी नियम अलग-अलग हैं। प्रत्येक जाति के नियम दूसरी तीन जातियों से भिन्न हैं। कर्म के द्वारा वर्ण विभाग किया जाय तो सद्योजात शिशु का वर्ण स्थिर नहीं किया जा सकता, और उनके जातकर्मादि संस्कार नहीं किये जा सकते।

(ख) उपनयन द्विजाति का प्रधान संस्कार है, इस जगह भी ब्राह्मण तीनों वर्णों रो भिन्न है। उपनयन से पूर्व किसी बालक के गुण व कर्म देखकर उसका वर्ण स्थिर करना संभव नहीं है। विशेषतः ब्राह्मणत्व आदि गुणसम्पन्न किसी शूद्र सन्तान के यज्ञोपवीत की व्यवस्था कहीं भी दिखाई नहीं देती।

(ग) एक ही पुरुष भिन्न-भिन्न समय में विभिन्न वर्ण के कर्म कर सकता है। भीष्म, द्रोण, कृष्ण, विदुर, युधिष्ठिर आदि महाभारतीय व्यक्तियों के विभिन्न वर्णोचित कर्मों का परिचय मिलता है। कर्म के द्वारा जाति परिवर्त्तन मान लेने पर उनकी कोई भी जाति स्थिर नहीं की जा सकती। इस सिद्धान्त को मानने से किसी की भी एक जाति नहीं रह सकती। एक ही व्यक्ति की कालविशेष में बार बार जाति परिवर्त्तित होती रहेगी। और फिर समाज में विश्रृंखलता आने में कोई संदेह नहीं रहेगा। यह भी हो सकता है कि किसी व्यक्ति के गुण तो ब्राह्मणोचित हों, लेकिन कर्म क्षत्रिय, वैश्य या शूद्र के हों, फिर उसका कौन-सा वर्ण निश्चित किया जायगा? और व्यक्ति के सहज गुण किस वर्ण के हैं, इसका फैसला ही कौन करेगा?

विश्वामित्र आदि की जाति का परिवर्त्तन तपस्या का फल या साधारण नियम का व्यतिक्रम मात्र—तपःशक्ति से असंभव भी संभव हो जाता है। यौगिक प्रक्रिया द्वारा तो शरीर के तत्त्वों तक को बदला जा सकता है। तपःसिद्ध व्यक्ति के प्रसाद

---

१. तपः श्रुतं च योनिश्चाप्येतद् ब्राह्मण्यकारणम्।
त्रिभिर्गुणैः समुदितस्ततो भवति वै द्विजः॥ अनु० १२१।७

से भी बहुत कुछ हो सकता है। विश्वामित्र की माता का मन्त्रपूत हव्यान्नभक्षण भी भूलने वाली चीज नहीं है। मन्त्रशक्ति व तपःशक्ति में महाभारतकार कहीं भी सन्देह प्रकट नहीं करते, वरन् सर्वत्र उनकी श्रद्धा व विश्वास ही देखने को मिलता है। ब्राह्मणजनक चरु का माहात्म्य बहुत बार वर्णित हुआ है।[१] सिन्धुद्वीप व देवापि के ब्राह्मणत्व प्राप्तिस्थल पर ब्राह्मणत्व का अर्थ ब्रह्मज्ञान है कि नहीं, यह भी विचारने योग्य विषय है।

गोत्रकारक ऋषियों की तपस्या—अंगिरा, कश्यप, वशिष्ठ व भृगु इन चारों को मूल गोत्र कहा गया है। गोत्रकारक ऋषि तपस्या द्वारा गोत्र की प्रतिष्ठा किया करते थे।[२]

संकर जाति—अतिरथ, अम्बष्ठ, उग्र, वैदेहक, श्वपाक, पुक्कश, निषाद, सूत, मागध, तक्षा, सैरंध्र, आयोगव, मद्गुर, आहिंडक आदि अनेक संकर जातियों के नाम एवं उनके कर्म वर्णसंकर अध्याय में वर्णित हुए हैं। लोभ, काम, एवं वर्णविषय में अज्ञानता, इन तीन कारणों से सर्वप्रथम संकर जाति की उत्पत्ति हुई।[३]

चातुर्वर्ण्य की प्रतिष्ठा इस काल की सामाजिक स्थिति के अनुकूल थी। आज भी समाज में वर्णव्यवस्था प्रचलित है, लेकिन समाज में सब इस व्यवस्था को श्रद्धा की दृष्टि से देखते हैं यह कहना ठीक नहीं होगा। कुछ लोग जन्मगत वर्णनिर्णय के प्रतिकूल अपने मत को सिद्ध करते हैं। भारतीय आस्तिक शास्त्रों में कर्मफल व जन्मान्तरवाद ने एक विशिष्ट स्थान अधिकृत कर रक्खा है। जन्मान्तरवाद को छोड़ देने से बहुत से प्रश्नों का उत्तर ढूंढ़े नहीं मिलता। पूर्वजन्म के पुण्यफल से उच्च वर्ण व अभिजात वंश में जन्म होता है, और पाप के फल से हीन वर्ण व नीच वंश में। जन्म पूरी तरह दैवाधीन है। जिस जाति में जन्म होता है, श्रद्धापूर्वक उसीके कर्त्तव्य कर्म करना सच्चा आदर्श है, इस जन्म में इसी को मान लेना पड़ेगा, क्योंकि संसार में विश्वामित्र जैसे तपस्वी बहुत कम पैदा होते हैं। समग्र महाभारत के वर्णविभाग व उसके कारणों की आलोचना करने के लिये जन्मान्तरीय कर्मफल को ही प्रधान रूप में ग्रहण करना पड़ता है।

---

१. वन ११५ वाँ अध्याय। अनु० ४ था अध्याय।

२. मूलगोत्राणि चत्वारि समुत्पन्नानि पार्थिव।
अंगिराः कश्यपश्चैव वशिष्ठो भृगुरेव च॥ शा० २९६।१७। द्र० नीलकंठ।

३. शा० २९६ वाँ अध्याय। अनु० ४८ वाँ अध्याय।

चतुराश्रम

वर्णधर्म के साथ आश्रम का संबंध बहुत घनिष्ठ है। आश्रमवासी नहीं होगा तो वर्णधर्म रहेगा कहाँ और किस तरह? इसी कारण चातुर्वर्ण्य की आलोचना के बाद ही चतुराश्रम की आलोचना करनी पड़ती है।

आश्रम चार हैं—शास्त्रकारों ने कहा है, प्रत्येक मनुष्य को किसी न किसी आश्रमधर्म का पालन करना चाहिये। आश्रम चार हैं : ब्रह्मचर्य, गार्हस्थ्य, वानप्रस्थ और संन्यास। जीवन के एक-एक स्तर पर एक-एक आश्रम के धर्म-पालन का विधान मिलता है। समाज की स्थिति व क्रमोन्नति के निमित्त प्राचीन भारत में चतुराश्रम की प्रतिष्ठा की गई थी। प्रत्येक का व्यक्तिगत जीवन सुगठित होकर मोक्ष की ओर अग्रसर हो, इस उद्देश्य को लेकर ही शायद चतुराश्रम का उपदेश दिया गया है। भारतीय सामाजिक धर्म की स्थापना चातुर्वर्ण्य, एवं व्यक्तिगत जीवन धर्म की स्थापना चार आश्रमों पर हुई है। इसीलिये महाभारतीय सामाजिक धर्म को वर्णाश्रमधर्म और समाज को वर्णाश्रम समाज के नाम से अभिहित किया गया है।

संसार में हम लोगों के बहुत से कर्त्तव्य हैं। अर्थ एवं काम में मनुष्य की आसक्ति स्वाभाविक है। केवल प्रवृत्तिवश चलने से कर्त्तव्य में अनेक त्रुटियाँ हो जाती हैं, इस कारण नियमित रूप से अर्थ व काम की सेवा करने का विधान दिया गया है। ब्रह्मचर्याश्रम में विद्या, शिक्षा व संयम रूप व्रत का पालन करके गार्हस्थ्य के प्रारंभ में उसका उद्यापन करना, गार्हस्थ्य में धर्माविरुद्ध अर्थ व काम का उपभोग एवं मन को मोक्षाभिमुख करना, गार्हस्थ्य के अंत में विषय-वासना का परित्याग करके निर्लिप्त भाव से रहना, यही वानप्रस्थ का उद्देश्य है। संन्यास आश्रम में मुक्ति की चेष्टा की जाती है। धर्म, अर्थ, काम व मोक्ष इन चारों का नाम पुरुषार्थ है अर्थात् जीव की अभिलाषा है। इस पुरुषार्थ चतुष्टय की सिद्धि से जीव कृतकृत्य होता है। जीव की यह चरितार्थता ही शायद आश्रम-धर्म व्यवस्था का लक्ष्य है।

आश्रम धर्म की व्यवस्था ईश्वरकृत—मनुष्य-जीवन को सार्थक बनाने के लिये स्वयं भगवान ने आश्रमधर्म की व्यवस्था की है।[1]

---

१. पूर्वमेव भगवता ब्रह्मणा—इत्यादि। शा० १९१।८

चारों वर्ण अधिकारी—ब्राह्मणादि चारों वर्ण आश्रम धर्म पालन के अधिकारी हैं। शूद्रों में सिर्फ अच्छे शूद्र को ही यह अधिकार दिया गया है; किन्तु वेदाध्ययन हर शूद्र के लिये निषिद्ध है। निषेध होते हुए भी विदुर के वेदाध्ययन की बात मिलती है।[१]

जीवन के प्रथम काल में ब्रह्मचर्य—जीवन के प्रथम काल में ब्रह्मचर्य का अवलम्बन लेना पड़ता है। उपनयन संस्कार के बाद ब्रह्मचारी के लिये गुरु के घर रहने का विधान है। (शूद्र के गुरुगृहवास का कोई चित्र महाभारत में नहीं मिलता)।

ब्रह्मचारी के कर्त्तव्य-अकर्त्तव्य—ब्रह्मचारी गुरु की सेवा करे, नतमस्तक हो उनके प्रत्येक आदेश का पालन करे। गुरु के सो जाने पर स्वयं सोने जाय और गुरु के उठने से पहले ही शय्यात्याग कर दे।[२] शिष्य एवं भृत्य के जो-जो कार्य हैं, गुरु के वे सब कर्म शिष्य को प्रसन्नवदन होकर करने चाहिये। अध्ययन के आरम्भ में शुद्ध भाव से गुरु के दोनों चरण पकड़कर विनीत भाव से प्रार्थना करनी चाहिये, "भगवन्, मुझे विद्या दान कीजिये।" ब्रह्मचर्य के प्रतिकूल तीक्ष्ण गंध, रस का व्यवहार न करे। व्रत एवं उपवास करके शरीर को कष्टसहिष्णु बनाये। इस प्रकार जीवन का प्रथम चतुर्थांश, साधारणतः चौबीस वर्ष तक, गुरु के घर रहने का नियम है।[३]

ब्रह्मचारी शुद्ध होकर प्रातः एवं सायं दोनों वक्त सूर्य व अग्नि देवता की उपासना करे, उसके बाद वेदाभ्यास में प्रवृत्त हो, गुरुगृह में भिक्षा प्राप्त हविष्य का भोजन करके, वेद का अध्ययन करे। प्रातः एवं सायं अग्नि में होम करे और गुरु की आज्ञानुसार ब्रह्मचर्य के सभी नियमों का पालन करे।[४] ब्रह्मचारी ब्रह्मचर्य व्रत का पालन करते हुए आचार्य की सेवा द्वारा वेद के तत्त्व से अवगत हो।[५] उपयुक्त रूप से ब्रह्मचर्य पालन करना दुष्कर कार्य है। काम, क्रोध आदि रिपुओं को वशीभूत करने के लिये ब्रह्मचारी को कठोर तपस्या करनी चाहिये। समस्त प्रलोभनों से स्वयं

---

१. आश्रमा विहिताः सर्वे वर्जयित्वा निराशिषम्। शा ६३।१३
वेदवेदांगतत्त्वज्ञा सर्वत्र कृतनिश्चयाः। आदि १०९।२०

२. आदि ९१ वाँ अध्याय। शा २४१ वाँ अध्याय।

३. शा २४१ वाँ अध्याय।

४. शा १९१ वाँ अध्याय।
एवमेतेन मार्गेण पूर्वोक्तेन यथाविधि।
अधीतवान् यथाशक्ति तथैव ब्रह्मचर्यवान्॥ इत्यादि। अश्व० ४६।१-४

५. ब्रह्मचारी व्रतं नित्यं नित्यं दीक्षापरो वशी। इत्यादि। शा० ६१।१९-२१

को मुक्त रक्खे, विशेषतः स्त्रियों से बातचीत करना तो बिल्कुल ही निषिद्ध है। गुरुपत्नी के संबंध में यह नियम लागू नहीं है। चित्त में किसी भी प्रकार का विकार उपस्थित होने पर तत्क्षण विचारपूर्वक कठिन प्रायश्चित्त करने का विधान है। शरीर व मन की समस्त बुराइयों से सावधानीपूर्वक रक्षा करनी चाहिये। विशेषतः शुक्ररक्षण ही ब्रह्मचारी के प्रधान कर्त्तव्य में गिना जाता है।[1]

ब्रह्मचर्य से अमरत्व––ब्रह्मचर्य की सहायता से मनुष्य अमरत्व का लाभ कर सकता है।

ब्रह्मचर्य के चार चरण––ब्रह्मचर्य के चार चरण हैं। प्रथम चरण है, गुरु-शुश्रूषा, वेदाध्ययन, अभिमान एवं क्रोध को जीतना। द्वितीय चरण है आचार्य के प्रिय कर्मों का पूर्ण रूप से अनुष्ठान, आचार्यपत्नी एवं पुत्रों की यथोचित सेवा। तृतीय चरण है आचार्य के अनुग्रह को स्मरण रखते हुए हमेशा उनके प्रति श्रद्धा रखना और चतुर्थ है विनीत भाव से निरभिमानी होकर गुरु को भक्तिपूर्वक दक्षिणा देना।[2]

ब्रह्मचर्य का माहात्म्य––ब्रह्मचर्य-व्रत पालन के लाभों के संबंध में सनत्सुजात पर्व के सनत्सुजात-उपदेश में (३४४वाँ अ०) बहुत सी बातें कही गई हैं। जैसे देवताओं ने भी ब्रह्मचर्य की शक्ति से ही देवत्व प्राप्त किया है। ऋषियों की ब्रह्मलोक प्राप्ति ब्रह्मचर्य के ही अधीन है। जो लोग ब्रह्मचर्य के तत्त्व से अवगत हैं, संसार में उन्हें भय का कोई कारण नहीं है। वे निर्भय, आतमतृप्त तथा चिरप्रफुल्ल हैं। ब्रह्मचर्य द्वारा हर वस्तु प्राप्त की जा सकती है।[3]

ब्रह्मचारी शब्द का अर्थ––जो मन-वचन-कर्म से ब्रह्म की सेवा करे वही ब्रह्मचारी है। ब्रह्म शब्द का अर्थ है ईश्वर एवं वेद।[4]

नैष्ठिक ब्रह्मचर्य का गुणगान––आमरण ब्रह्मचर्य या नैष्ठिक ब्रह्मचर्य का बहुत रूपों में गुणगान हुआ है। निष्ठा शब्द का अर्थ है मृत्यु। मृत्यु पर्यन्त जो ब्रह्मचर्य का पालन किया जाय, उसी का नाम ब्रह्मचर्य है। जो मृत्यु पर्यन्त ब्रह्मचर्य का पालन करता है उसके लिये तीनों लोकों में कुछ भी अप्राप्य नहीं रह जाता। वह नैष्ठिक ब्रह्मचारी महापुरुष मृत्यु के बाद ब्रह्मलोक को प्राप्त होते हैं, ब्रह्मचर्य के तेज से उनकी पापराशि भस्म हो जाती है। तपस्वी ब्रह्मचारियों से इन्द्र

---

१. सुदुष्करं ब्रह्मचर्यमुपायं तत्र मे शृणु॥ इत्यादि। शा २१४।११-१५
२. विद्या हि सा ब्रह्मचर्येण लभ्या। इत्यादि। उ ४४।२-१५
३. ब्रह्मचर्येण वै लोकान् जयन्ति परमर्षयः। शा २४१।६
४. ब्रह्मण्येव चारः कायवाङ्मनसां प्रवृत्तिर्येषाम्। शा १९२।२४(नीलकंठ)

भी डरता है। ऋषियों में जो अलौकिक क्षमता पाई जाती है, वह भी ब्रह्मचर्य का ही फल है। ब्रह्मचर्य मनुष्य को दीर्घजीवी बनाता है।[1]

नैष्ठिक ब्रह्मचारी पर पितृऋण नहीं रहता—जो आमरण ब्रह्मचर्य पालन करते हैं, उनपर पितरों का कोई ऋण नहीं रहता। अतएव गार्हस्थ्य धर्म के अनुसार विवाहादि न करने पर भी वे पाप के भागी नहीं होते।[2] जो गृहस्थाश्रम में प्रविष्ट नहीं होते थे, उन्हें नैष्ठिक ब्रह्मचारी या ब्रह्मचारिणी कहा जाता था। भीष्म, सुलभा (शा० ३२०) शिवा (उ० १०९) आदि ब्रह्मचारी या ब्रह्मचारिणी उसी श्रेणी के अन्तर्गत हैं।

समावर्त्तन—ब्रह्मचारी गुरु की अनुमति से उन्हें यथाशक्ति दक्षिणा दान द्वारा व्रत का उद्यापन करके गुरु का आशीर्वाद लेकर अपने घर लौट आते थे। इसी का नाम 'समावर्त्तन' है।[3]

स्नातक—ब्रह्मचर्य आश्रम के बाद ही गृहस्थाश्रम है। जो ब्रह्मचारी गार्हस्थ्य में प्रवेश करते थे, उन्हें 'उपकुर्वाण' कहा जाता था। गृहस्थ होने के लिये तत्पर ब्रह्मचारी की संज्ञा स्नातक है। समावर्त्तन के बाद, विवाह से पूर्व तक ब्रह्मचारी को स्नातक कहा जाता था। स्नातक के तीन प्रकार हैं— विद्यास्नातक, व्रतस्नातक और विद्याव्रतस्नातक। अल्प समय में जो सिर्फ एक वेद का पाठ करके गुरु के घर से लौट आते थे, उन्हें विद्यास्नात कहा जाता था। जो गुरु के घर रहकर बारह वर्ष तक सिर्फ व्रत का पालन करते थे, उन्हें व्रतस्नातक कहते थे। और जो विद्या व व्रत दोनों के अंतिम छोर तक जाते थे, उन्हें विद्याव्रत स्नातक कहा जाता था।[4]

भारत के गुरुगृह बहुत पहले समाप्त हो चुके हैं। कई चतुष्पाठियों व विद्यालयों ने उस आदर्श को लक्ष्य में रखकर चलने की चेष्टा की है लेकिन सफलता बहुत ही कम मिली है। आजकल गुरुगृहवास भी नहीं रहा और ब्रह्मचर्याश्रम भी नहीं रहा। विजातीय शिक्षा का प्रसार, जीवनयात्रा प्रणाली की कष्टसाध्य प्रतियोगिता एवं परीक्षा-उत्तरण का कौशल आदि कारणों से चतुष्पाठियों का बचा-खुचा आदर्श

---

१. **ब्रह्मचर्यस्य च गुणं त्वं वसुधाधिपः। इत्यादि। अनु ७५।३५-४०**
ब्रह्मचर्येण जीवितम्॥ अनु ७।१४। अनु ५७।१०

२. **अष्टावक्रदिक् संवादः। अनु० १८ वाँ २० वाँ अध्याय।**

३. **गुरवे दक्षिणां दत्त्वा समावर्त्तेद् यथाविधि। शा० २४१।२९। शा० १९१। १०। शा० २३३।३।**

४. **वेदव्रतोपवासेन चतुर्थो चायुषो गते। शा० २४१।२९**

भी लुप्तप्राय हो गया है। आजकल सब विद्यार्थी विद्यास्नातक हैं, साध्यानुसार पढ़-लिख कर वे गार्हस्थ्य का अवलम्बन ले लेते हैं।

जीवन का द्वितीय भाग गार्हस्थ्य—जीवन का द्वितीय भाग गृहस्थ के रूप में यापन करने का विधान है।[1]

गार्हस्थ्य में पत्नीग्रहण—गुरुगृह छोड़ने के बाद ब्रह्मचारी को शुभलक्षण पत्नीग्रहण करके यथाविधि गार्हस्थ्य धर्म का पालन करना चाहिये।

जीविका के चार प्रकार—गृहस्थ की चार प्रकार की जीविकाएँ हैं : (क) कुशूलधान्य, (ख) कुंभधान्य, (ग) अश्वस्तन, (घ) कापोती वृत्ति। कुशूलधान्य शब्द का अर्थ है प्रचुर धन का संचय, कुंभधान्य माने अल्प संचय, अश्वस्तन का मतलब है आगामी दिन के लिये खाद्यादि का भी संचय न करना और कपोती वृत्ति शब्द का अर्थ है कपोत की तरह खेत से धान्य कण बीन कर, उसके द्वारा ही जीविका निर्वाह करना। इसे उंछवृत्ति भी कहा जाता था। उल्लिखित वृत्तियाँ क्रमशः एक दूसरे से श्रेष्ठ हैं।[2]

गृहस्थ का कर्त्तव्य—गृहस्थ के समस्त कर्त्तव्यों को व्रत के नाम से अभिहित किया गया है। यह व्रत बहुत ही महत्वपूर्ण है। खाद्यसंग्रह केवल अपने उद्देश्य से नहीं करना चाहिये। यज्ञ के अलावा किसी और उद्देश्य में प्राणिहिंसा नहीं करनी चाहिये। दिन में, संध्या के बाद गोधूलि के समय और रात्रि के अंतिम भाग में सोया नहीं रहे। दिन में एक बार एवं रात्रि में एक बार भोजन करे। ऋतुकाल के अलावा अन्य दिनों में स्त्रीसंभोग न करे। अभ्यागतों की यथोपयुक्त अभ्यर्थना करना, उनकी पूजा करना गृहस्थ अपना कर्त्तव्य समझे। अपने कुलोचित धर्म में आस्था रखते हुए उसीको जीविका का साधन बनाना, माता, पिता, पत्नी, पुत्र, भृत्य व अतिथियों के बाद भोजन करना; परिवार के व्यक्तियों के साथ आनन्दपूर्वक रहना आदि गृहस्थ के धर्मरूप में वर्जित हुए हैं।[3] उत्तम उपायों से धनोपार्जन करके, उसके द्वारा देवता, अतिथि व पोष्यवर्ग की सेवा

---

१. धर्मलब्धैर्युतो दारैरग्नीनुत्पाद्य यत्नतः।
द्वितीयमायुषो भागं गृहमेधी भवेद् व्रती॥ शा २४१।३०। शा २४२।१।

२. गृहस्थवृत्तयश्चैव चतस्रः कविभिः स्मृताः।
कुशूलधान्यः प्रथमः कुंभधान्यस्त्वनन्तरम्॥ इत्यादि शा २४२।२,३
शा ३६२ वाँ अध्याय, ३६५ वाँ अध्याय (उंछवृत्त्युपाख्यान)।

३. शा० ६१ वाँ अध्याय, १९१ वाँ अध्याय, २२१ वाँ अध्याय।

करना एवं किसी के भी धन पर लोभ न रखना ये दो नियम गृहस्थ के लिये आवश्यक हैं।[1]

पंचयज्ञ—गृहस्थ के लिये प्रतिदिन पंचयज्ञ करने का विधान है—अध्ययन एवं अध्यापना नाम का ब्रह्मयज्ञ, तर्पण नाम का पितृयज्ञ, होम नाम का दैवयज्ञ, बलि अर्थात् सर्वभूत उद्देश्य से भोज्योत्सर्ग नाम का भूतयज्ञ और अतिथिसत्कार नाम का नृयज्ञ। प्रत्येक गृहस्थ को पंचयज्ञों का अनुष्ठान करने का आदेश दिया गया है। कहा गया है जो गृहस्थाश्रमी मोह के वशीभूत होकर पंचयज्ञों का अनुष्ठान नहीं करेगा, वह धर्मानुसार इहलोक व परलोक में समृद्धि से वंचित रहेगा। अर्थात् ऐहिक व पारलौकिक सुखभोग उसे प्राप्त नहीं होगा और वह नाना प्रकार के अकल्याणों द्वारा दुखी होगा।

ब्रह्मयज्ञ—ऋषि ही सर्वप्रकार के ज्ञानविज्ञान के प्रचारक हैं, वे ही सत्यद्रष्टा हैं। प्रतिदिन ऋषियों से मिलकर उनके पवित्र दान की बात सोचे। अपने में उनके ज्ञान को प्रकट करने की कोशिश करे एवं दूसरे को वह ज्ञान वितरण करे। अध्ययन व अध्यापन का ही नाम ब्रह्मयज्ञ है; ब्रह्मयज्ञ द्वारा ऋषिऋण का परिशोध होता है। ऋषियों की ज्ञान साधना गृहस्थों के ब्रह्मयज्ञ द्वारा ही सार्थक होती है।

पितृयज्ञ—जिनके वंश में हमने जन्म लिया है उनकी साधनाओं का आंशिक रूप से हम भी उपभोग कर रहे हैं। वे यद्यपि हमारी दृष्टि से परे परलोक में वास कर रहे हैं, तब भी उनकी तृप्ति के उद्देश्य से प्रतिदिन एक शास्त्रीय विधि का पालन करना हमारा कर्त्तव्य है। ऐसा सोचना गृहस्थ का धर्म है। वर्णाश्रम धर्म का यह कहना है कि श्राद्ध, तर्पण आदि अनुष्ठानों द्वारा पितरगण भी तृप्त होते हैं और अनुष्ठाता को भी आत्मतुष्टि मिलती है। पितृतर्पण के साथ साथ ब्रह्म से लेकर तृणगुच्छ तक अर्थात् चेतन-अचेतन सब पदार्थों के उद्देश्य से श्रद्धा-निवेदन किया जाता है।

देवयज्ञ—परमेश्वर की इच्छा से उन्हीं की शक्तियाँ विभिन्न रूपों में जगत का कल्याण कर रही हैं। उन शक्तिरूपी देवताओं को होम द्वारा परितुष्ट करना ही देवयज्ञ का उद्देश्य है।

भूतयज्ञ—कीटपतंगादि प्राणियों के साथ भी गृहस्थ को मेल रखना चाहिये। उनको यथासाध्य भोजन देना चाहिये। अपने खाद्य का एक अंश सर्वप्रथम उनके उद्देश्य से श्रद्धासहित निवेदन करना ही भूतयज्ञ है।

---

१. धर्मागतं प्राप्य धनं यजेत् दद्यात् सदैवातिथीन् भोजयेच्च।
अनाददानश्च परैरदत्तं सैषा गृहस्थोपनिषत् पुराणी। आदि ९१।३॥

नृयज्ञ--अतिथि सेवा का नाम मनुष्ययज्ञ है। वैश्वदेव-बलि (देवताओं के उद्देश्य से अन्न निवेदन) के बाद गृहस्थ कुछ देर अतिथि के आगमन की प्रतीक्षा करे। दूसरे गाँव से आया हुआ, परिश्रान्त, क्षुधा-तृष्णा से कातर व्यक्ति ही अतिथि है। केवल एक बार ठहरने से वह अतिथि हो जाता है। अतिथि को साक्षात् नारायण का अवतार मानकर उसकी सेवा करनी चाहिये।[1] (दूसरे प्रकरण में अतिथिसेवा देखिये)

ऐश्वर्य लाभ का उपाय--श्री-वासव-संवाद में ऐश्वर्य लाभ के उपायों के रूप में गृहस्थ के आचरणयोग्य कई उत्तम कर्मों का उल्लेख किया गया है। स्वधर्म का अनुष्ठान, धैर्यशीलता, दान, अध्ययन, यज्ञ, देवताओं व पितरों की पूजा, गुरु व अतिथि का सत्कार, होम, सत्यवादिता, श्रद्धा, अनसूया, अनीर्षा, सरलता, प्रफुल्लता, जितेन्द्रियत्व, पत्नी-पुत्र भृत्य व अमात्यों का भरण-पोषण, उपवास, तपःशीलता, प्रातः उठना, दिवानिद्रावर्जन, अहिंसा, परस्त्रीवर्जन, ऋत्वभिगमन, उत्साह, अनहंकार, करुणात्म, प्रियवादिता, अभक्ष्यवर्जन, वृद्धसेवा आदि प्रमुख हैं।[2]

युधिष्ठिर के प्रश्न के उत्तर में भीष्म ने गृहस्थ के पालन करने योग्य कई सदाचारों का वर्णन किया है। जैसे--राजपथ पर, गोशाला में, या धान के खेत में मलमूत्र त्याग नहीं करना चाहिये। शौच व आचमन के लिये एकान्त आवश्यक है। देवार्चना व पितृतर्पण नित्य करने चाहिये। सूर्योदय से पूर्व शय्या त्याग करनी चाहिये। प्रातःकाल व सायंकाल सावित्री जप (उपासना) करना उचित है। हाथ, पाँव मुँह अच्छी तरह धोकर, पूर्व की ओर मुँह करके भोजन करना चाहिये। गीले पाँव नहीं सोना चाहिये। यज्ञशाला, देवालय, वृष, ब्राह्मण आदि की रोज प्रदक्षिणा करना उचित है। अतिथि, कुटुम्बीजनों व भृत्यों के साथ एक ही तरह का भोजन करना और दिन व रात को एक एक बार आहार करना चाहिये। वृथामांस (जो यज्ञादि में निवेदित न किया गया हो) एवं अन्यान्य अभक्ष्य वस्तुएँ आहार रूप में ग्रहण नहीं करना चाहिये। गुरुजन का अभिवादन करे, नवोदित सूर्य का दर्शन न करे एवं सूर्य की ओर मुख करके मलमूत्र का त्याग

---

१. **पंचयज्ञांस्तु यो मोहान्न करोति गृहाश्रमी।**
तस्य नायं न च परो लोको भवति धर्मतः॥ शा १४६।७

२. **स्वधर्ममनुतिष्ठत्सु धैर्यादचलितेषु च।**
स्वर्गमार्गाभिरामेषु सत्त्वेषु निरताह्यहम्॥ इत्यादि। शा २२८।२९-४९

आदि न करे। पत्नी के साथ एक शय्या पर नहीं सोना चाहिये तथा एक ही पात्र में भोजन भी नहीं करना चाहिये।[1]

उमा-महेश्वर-संवाद में कहा गया है कि अहिंसा, सत्यवचन, प्राणि मात्र पर दया, अदत्तवस्तु ग्रहण न करना, मद्य, मांस का वर्जन आदि गार्हस्थ्य धर्म के उत्तम लक्षण हैं।[2]

भाग्यहीन का आचार—श्री वासव-संवाद में कई बुरे आचारों का वर्णन मिलता है। कहा गया है उन पर चलने से गृहस्थ भाग्यहीन हो जाता है। जैसे—वयोवृद्ध व ज्ञानवृद्ध की बात पर अवज्ञा प्रदर्शन, अभ्यागत व गुरुजनों की अभ्यर्थना न करना, शास्त्रविहित कर्त्तव्यों का उल्लंघन करना, पिता, माता, आचार्य व दूसरे गुरुजनों के प्रति अश्रद्धा रखना, अभक्ष्य व अपेय का व्यवहार करना, शौचाशौच के विषय में अविचारी होना, बँधे हुए पशु को चारा न देना, अकेले खीर, पूड़ी, हलवा, मिठाई आदि स्वादु पदार्थों का भोजन करना, शिशुओं को यथोचित खाद्य न देना, यज्ञादि में अनिवेदित मांस का भक्षण करना, आश्रमधर्म का पालन न करना, हमेशा परिवार के लोगों से कलह करना, दूसरे के भाग्य से ईर्ष्या होना, तथा कृतघ्नता, नास्तिकता, गुरुपत्नीगमन आदि। दानवों ने जब इन सब असाधु आचरणों पर चलना शुरू किया तो लक्ष्मी ने उसी समय इनका परित्याग कर दिया।[3]

मनुष्य के चार ऋण—जन्म से ही मनुष्य चार ऋणों से बँधा हुआ होता है—देवऋण, ऋषिऋण, पितृऋण और मनुष्यऋण। अन्यत्र कहा गया है कि अतिथिऋण भी एक प्रकार के ऋणों में गण्य है, अतिथि की सेवा करके यह ऋण उतारना पड़ता है।[4]

ऋण परिशोध का उपाय—यज्ञानुष्ठान द्वारा देवताओं का, वेदाध्ययन व तपस्या द्वारा ऋषियों का, पुत्रोत्पादन एवं श्राद्ध द्वारा पितृगणों का और दया द्वारा मनुष्य का ऋण परिशोध करने का विधान है।[5]

---

१. शा० १९३ वाँ अध्याय।

२. अहिंसा सत्यवचनं सर्वभूतानुकम्पनम्।
शमो दानं यथाशक्ति गार्हस्थ्यो धर्म उत्तमः॥ इत्यादि। अनु १४१।२५,२७

३. शा० २२८।५०-८१।

४. ऋणैश्चतुर्भिः संयुक्ता जायन्ते मानवा भुवि। इत्यादि। आदि १२०।१७-२२
ऋणमुन्मुच्य देवानामृषीणाञ्च तथैव च। आदि २२९।११-१४
पितृणामथ विप्राणामतिथिनाञ्च पंचमम्। इत्यादि। अनु ३७।१७, १८

५. यज्ञैस्तु देवान् प्रीणाति स्वाध्यायतपसा मुनीन्॥ इत्यादि। आदि १२०।१९, २० । शा० १९१।१३।

गार्हस्थ्याश्रम की श्रेष्ठता--चारों आश्रमों में गृहस्थाश्रम सबसे श्रेष्ठ है। गार्हस्थ्य व समाज स्थिति के पक्ष में मनुष्य जीवन के सब कर्त्तव्य गार्हस्थ्याश्रम में ही प्रतिपालित होते हैं। ब्रह्मचर्याश्रम में केवल तदनुकूल शिक्षा लाभ किया जाता है। ब्रह्मचारी, परिव्राजक, व भिक्षुक गृहस्थ का ही आश्रय लेते हैं एवं दूसरे जीव-जन्तु भी गृहस्थ द्वारा ही प्रतिपालित होते हैं। वानप्रस्थ और संन्यास इन दोनों आश्रमों में आश्रमी मुख्यतः अपने आध्यात्मिक कल्याण की कामना करते हैं, संसार की कल्याणचिन्ता गौण होती है। लेकिन गृहस्थ का दायित्व बहुत अधिक है। चातुर्वर्ण्य धर्म के प्रधान अनुष्ठान का क्षेत्र गार्हस्थ्य-आश्रम है।[1]

गृहस्थ का दायित्व--गृहस्थ बनना आसान बात नहीं है, असंयत मनुष्य गृहस्थ बनने के लिए अनुपयुक्त है। गृहस्थ के आलसी होने से काम नहीं चलता, सारे प्राणिजगत की दृष्टि उसी की ओर रहती है। सागर जिस तरह समस्त नद-नदियों का अंतिम आश्रय है, गृहस्थ भी उसी तरह दूसरे आश्रमियों का आश्रय स्थान है। गृहस्थ को अलग कर देने से समाज अचल हो जाता है। जिस समाज में अच्छे गृहस्थों का अभाव हो, वह समाज बिल्कुल भाग्यहीन होता है।[2]

साधु गृहस्थों की मुक्ति--अच्छे गृहस्थ यथा रीति कर्त्तव्य पालन द्वारा मुक्ति रूपी परम पुरुषार्थ को प्राप्त करने में समर्थ होते हैं। गार्हस्थ्य ही उनकी अभिलषित प्राप्ति का साधन होता है। उन्हें मुक्ति के लिए वानप्रस्थ या संन्यास ग्रहण की आवश्यकता नहीं होती। राजर्षि जनक इस विषय में महाभारत के सर्वश्रेष्ठ दृष्टान्त हैं। गार्हस्थ्य धर्म का यथा रीति पालन मुक्ति प्राप्ति का श्रेष्ठ उपाय है।

दूसरा आश्रम ग्रहण करने से ही मुक्ति नहीं हो जाती--जो गार्हस्थ्याश्रम को दोषों का हेतु समझकर दूसरे आश्रम में प्रवेश करते हैं उनकी भी आसक्ति जल्दी

---

१. तद्धि सर्वाश्रमाणां मूलमुदाहरन्ति। इत्यादि। शा १९१।१०
तस्माद् गार्हस्थ्यमुद्वोढुं दुष्करं प्रब्रवीमि वः। शा ११।१९
यथा मातरमाश्रित्य सर्वे जीवन्ति जन्तवः।
एवं गार्हस्थ्यमाश्रित्य वर्तन्त इतराश्रमाः॥ शा २६८।६। शा १२।१२।
शा २३।४, ५। शा २३३।६।

२. तं चराद्य विधिं पार्थ दुश्चरं दुर्बलेन्द्रियैः। शा २३।२६
यथा नदीनदाः सर्वे सागरे यान्ति संस्थितिम्।
एवमाश्रमिणः सर्वे गृहस्थे यान्ति संस्थितिम्॥ शा २९५।३९
शा ६१।१५, शा ६६।३५, आदि ३।३९०, शा १२।१२, शा ३३४।२६, अश्व ४५।१३।

से खत्म नहीं होती। राजाओं की तरह भिक्षुओं की विषयासक्ति भी प्रबल हो सकती है। अपने-अपने विषय में किसी की आसक्ति कम नहीं होती। अकिंचनता ही मुक्ति का एकमात्र कारण है, यह कहा नहीं जा सकता।[1]

उल्लिखित आलोचना से पता चलता है कि साधु गृहस्थ सब आश्रमवासियों का अवलंबन है। उसकी उपयोगिता समाज में सर्वापेक्षा अधिक है, यही महाभारत का अभिप्राय है।

वानप्रस्थ का काल—गृहस्थ जब पुत्र-पौत्र वाला होकर आनन्द से संसार यात्रा कर रहा हो तभी उसे संसार से निःस्पृह हो जाना चाहिए। जीवन के तृतीय भाग (पचास साल की उम्र के बाद) में वानप्रस्थ आश्रम के कार्यकलाप करने का विधान है। शरीर में वृद्धावस्था की सूचना मिलते ही गृहस्थ को सम्पत्ति आदि पुत्र के हाथों में सौंपकर संसार से विमुख होकर जीवन यापन करना चाहिये। ईश्वर मनन में समय बिताने के निमित्त गृहस्थ को वन की शरण लेनी चाहिए। घर छोड़ कर वन में रहना पड़ता है इसीलिए इस आश्रम का नाम वानप्रस्थ है।[2]

सपत्नीक वानप्रस्थ—पत्नी भी यदि पति के साथ वनगमन करने की इच्छुक हो तो पत्नी को साथ लेकर गहस्थ वन की ओर प्रस्थान करे, नहीं तो पत्नी को पुत्रादि के पास छोड़ जाये।[3]

वानप्रस्थी का कर्त्तव्य—वानप्रस्थ लेने के बाद उपनिषद् आदि आरण्यक शास्त्रों का अध्ययन करने का नियम था।[4]

वानप्रस्थी तीर्थक्षेत्रादि में अथवा नदी के उद्गम जैसे जंगल में जाकर तपस्या करते हुए काल यापन करते थे। साधारण जन समाज के साथ उनके आचार-व्यवहार, खान-पान, पहनने-ओढ़ने में कोई मेल नहीं था। गृहस्थोचित वसनभूषण व खाद्य उनके लिए सर्वथा वर्जनीय था। वन्य ओषधि, फलमूल व शुष्क पत्र आदि उनकी क्षुधा निवारण करते थे। वे लोग नदी व झरनों का जल व्यवहार में लाते थे। भूमि, शिलातल, बालू आदि उनकी शय्या होती थी। कास, कुश, चर्म एवं वल्कल उनके वस्त्र होते थे। हजामत बनाना उनके लिए निषिद्ध था। एकमात्र धर्मानुष्ठान

---

१. शा ३२० वाँ अध्याय, शा ६१।१०

२. तृतीयमायुषो भागं वानप्रस्थाश्रमे वसेत् ॥ शा २४३।५। उ ३७।३९, शा २३३।७।

३. सदारो वाप्यदारो वा आत्मवान् संयतेन्द्रियः। इत्यादि। शा ६१।४

४. तत्रारण्यकशास्त्राणि समधीत्य स धर्मवित्।
ऊद्ध्वरेता प्रव्रजित्वा गच्छत्यक्षरसात्मताम् ॥ शा ६१।५, शा २४२।२९

उनके शरीर धारण का उद्देश्य था। सर्वभूत में मैत्री रखना ही वानप्रस्थ धर्म का मर्म है। यथाकाल में स्नानादि से निवृत्त होकर होम का अनुष्ठान करना, समित्, कुश, पुष्प आदि आनुष्ठानिक द्रव्यों का संग्रह करना एवं परमतत्व के साक्षात् के अनुकल चिन्ता में निमग्न होकर कालयापन करना ही वानप्रस्थ धर्म है। जो इस प्रकार तृतीय आश्रम के कर्मों का अनुष्ठान करते हैं[1] वे अनायास समस्त कलुषताओं से निष्कृति पा जाते हैं। समस्त कलुषताओं से मुक्त, स्वावलम्बी, दाता, परोपकारी, सर्वभूतहित में रत, आहारविहारादि में संयमी आरण्यक ऋषि उत्कृष्ट सिद्धि लाभ करते हैं। अग्निहोत्री गृहस्थ अग्नि के साथ अरण्य की ओर गमन करे, आहार-विहारादि में संयत चित्त होकर दिवस के छठे भाग में शरीर पोषण के निमित्त फलमूलादि ग्रहण करे। अग्निहोत्र, दर्शपूर्णमास एवं चातुर्मास आदि में जो हवि व्यवहार करे वह अनायास लभ्य एवं अरण्यजात होनी चाहिए।[2]

चार प्रकार का वानप्रस्थ---वानप्रस्थाश्रम में भी चार प्रकार की वृत्तियों का उल्लेख है---सद्यसंचय, मासिक संचय, वार्षिक संचय एवं द्वादशवार्षिक संचय। जो एक साल या बारह साल की उपयोगी खाद्य सामग्री का संग्रह करते थे उनका उद्देश्य अतिथि-सेवा व यज्ञानुष्ठान था।[3]

वानप्रस्थ धर्म का उद्देश्य---अत्यन्त कष्ट साधना द्वारा चित्त शुद्धि करना वानप्रस्थ धर्म का प्रधान उद्देश्य है। परमात्मदर्शन के निमित्त स्वयं को प्रस्तुत करने के उद्देश्य से गृहस्थ को वानप्रस्थ का अवलम्बन लेना पड़ता है।[4]

धृतराष्ट्रादि का वानप्रस्थ ग्रहण---धृतराष्ट्र, गांधारी, कुन्ती, विदुर व संजय के वानप्रस्थग्रहण का चित्र आश्रमवासिक पर्व में चित्रित हुआ है।

धृतराष्ट्र ने वल्कल व चर्मवस्त्र परिधान करके अग्निहोत्र होम की संस्कृति अग्नि लेकर गांधारी के साथ वन की ओर प्रस्थान किया था। भागीरथी के तीर पर जंगल में तपस्वी धृतराष्ट्र आदि वानप्रस्थावलम्बी कुशशय्या पर शयन करते थे।[5]

---

१. शा० १९२।१, २; अनु० १४२।१-१९।

२. तानेवाग्नीन् परिचरेद् यजमानो दिवौकसः। इत्यादि। शा० १४३।५-७, आदि ९१।४।

३. वानप्रस्थाश्रमेऽप्येताश्चतस्रो वृत्तयः स्मृताः।
सद्यः प्रक्षालकाः केचित् केचिन्मासिकसंचयाः ॥ इत्यादि। शा०२४३।८-१४

४. सर्वेष्वेवर्षिधमेषु ज्ञेयोत्मा संयतेन्द्रियैः ॥ अनु० १४१।१०८।

५. आश्र० १५ वां और १८ वां अध्याय।

केकयराज शतयूप--अरण्य में और भी अनेक वानप्रस्थी उन्हीं की तरह आरण्यक धर्माचरण में कालयापन कर रहे थे। केकयराज शतयूप कुरुक्षेत्र के किसी आश्रम में रहकर वानप्रस्थ धर्म का पालन कर रहे थे, उनके साथ धृतराष्ट्र आदि का साक्षात् हुआ था।[1]

ययाति--गृहस्थाश्रम में जी भर कर विषयभोग करने के बाद ययाति ने वानप्रस्थ का अवलम्बन किया था। फलमूल द्वारा शरीर का पोषण करते हुए शास्त्रानुसार धर्मानुष्ठान करके वे स्वर्ग जाने में समर्थ हुए थे।[2]

पांडु का अवैध वानप्रस्थ--महाराज पांडु के वानप्रस्थ का उल्लेख भी मिलता है। उन्होंने सपत्नीक प्रव्रज्या ग्रहण की थी। मृगरूपधारी किन्दम मुनि की हत्या करने पर उन्हें वैराग्य हुआ, सामयिक वैराग्य ही उनके गृहत्याग का कारण था। शास्त्रीय समय के अनुसार उन्होंने वानप्रस्थ ग्रहण नहीं किया था।[3]

राजर्षियों का नियम--अंतिम जीवन में वन में वास करना राजर्षियों के आवश्यक कर्त्तव्यों में गण्य था।[4]

संन्यास--जीवन के अंतिम भाग में, वानप्रस्थ का काल यापन करने के बाद संन्यास ग्रहण का विधान था। शरीर जब नितान्त जराग्रस्त हो, नाना प्रकार की व्याधियों से आक्रान्त हो, उस वक्त प्राजापत्य का अनुष्ठान करके सब कुछ त्याग करने का विधान बनाया गया है। शास्त्रीय विधान में विहित कर्म का त्याग करना ही संन्यास है। अगर इच्छा हो तो संन्यास ग्रहण के पूर्व अपने श्राद्धादि स्वयं ही सम्पादित किये जा सकते हैं।

संन्यासी का कृत्य--संन्यासाश्रम में स्त्री-पुत्र-परिजन किसी को भी साथ नहीं रक्खा जा सकता। केश-दाढ़ी-मूंछ आदि का भी मुंडन करने का नियम है।[5]

गार्हस्थ्य एवं वानप्रस्थ इन दोनों आश्रमों के समस्त अनुष्ठानों द्वारा स्वयं को संन्यास के लिए तैयार करना एक विशिष्ट साधना है। यथार्थ आश्रम कर्मों के प्रात्यहिक अनुष्ठान द्वारा ही चित्त की शुद्धि पैदा होती है, चित्त शुद्धि ही परमतत्व के साक्षात्कार में प्रधान सहायक होती है। भिक्षु के धर्माचरण में दूसरों की सहायता

---

१. आससादाथ राजर्षिं शतयूपं मनीषिणम् ॥ इत्यादि। आश्र १९।९, १०।

२. आदि ८६ वाँ अध्याय।

३. आदि ११९ वाँ अध्याय।

४. राजर्षीणां हि सर्वेषामन्ते वनमुपाश्रयः॥ आश्र ४।५।

५. जरया च परिद्यूनो व्याधिना च प्रपीडितः।
चतुर्थे चायुषः शेषे वानप्रस्थाश्रमं त्यजेत्॥ इत्यादि। शा २४३।२२, ३०

की आवश्यकता नहीं होती। विधिपूर्वक अग्नि का परित्याग करके सर्वत्यागी योगी को थोड़े से उदरान्न के लिये गृहस्थ से भिक्षा लेनी चाहिये। भिक्षापात्र व गैरिक वस्त्र ये दो वस्तुएँ ही उनके लिए प्रयोजनीय हैं। उनका निर्दिष्ट वासस्थान नहीं होता। मान-अपमान दोनों उनके लिए समान हैं। एकमात्र ईश्वरचिन्तन के अलावा और सब विषयों के प्रति उदासीनता ही संन्यासी का यथार्थ लक्षण है।[1] सभी प्राणियों के प्रति समताभाव व मैत्री संन्यासी के हृदय में सदा रहनी चाहिए। आत्मचिन्तन के साथ-साथ संन्यासी को सर्वभूत की कल्याण कामना भी करनी चाहिए। हृदय अगर अपवित्र हो तो दंडधारण, मुंडन, उपवास, अग्निहोत्र, ब्रह्मचर्य, वनवास आदि सब कुछ निष्फल हो जाता है।[2]

चार प्रकार के संन्यासी--भिक्षुओं को चार श्रेणियों में विभक्त किया गया है--(क) कुटीचक, (ख) वहूदक, (ग) हंस, (घ) परमहंस। (क) कुटीचक-संन्यासी एक जगह ही बैठे रहकर ईश्वर चिन्तन में लीन रहते हैं। अपने स्त्री-पुत्रादि से भी भिक्षा ग्रहण करने में इन्हें कोई आपत्ति नहीं होती। (ख) वहूदक संन्यासी सत्यनिष्ठ ब्राह्मण गृहस्थ से भिक्षा ग्रहण करते हैं और दंड, कमंडल, शिखा, यज्ञोपवीत, काषायवस्त्र आदि का परित्याग नहीं करते। कुटीचक व बहूदक संन्यासी त्रिदंड धारण करते हैं। (ग) हंस सन्यासी भी शिखा आदि तो रखते हैं लेकिन किसी भी स्थान पर एक रात्रि से अधिक व्यतीत नहीं करते। ये केवल एक दंड धारण करते हैं। (घ) परमहंस समस्त विधि-निषेधों से ऊपर होते हैं। इन्हें शौचाशौच का विचार न हो तो भी कोई बात नहीं है। ये भी एक दंडधारी होते हैं। सत्व, रज, तम ये तीनों गुण इनकी वश्यता स्वीकार कर लेते हैं, ये निस्त्रैगुण्य होते हैं।[3]

संन्यासाश्रम का फल--शास्त्रों के अनुसार संन्यासाश्रम धर्म के पालन का फल ब्रह्मत्व प्राप्ति है।[4]

---

१. शा० २४४ वाँ अध्याय।
निस्तुतिर्निर्नमस्कारः परित्यज्य शुभाशुभे।
अरण्ये विचरैकाकी येन केनचिदाशितः॥ शा २४१।९। अनु १४१।८०-८८
२. सर्वाण्येतानि मिथ्या सूर्यदि भावो न निर्मलः। वन १९९।९७। शा २४४ वाँ अ०।
३. चतुर्विधा भिक्षवस्ते कुटीचकवहूदकौ।
हंसः परमहंसश्च यो यः पश्चात् स उत्तमः॥ अनु १४१।८९। द्र० नीलकंठ
४. निराशी स्यात् सर्वसमो निर्भोगो निर्विकारवान्।
विप्रः क्षेमाश्रमं प्राप्तो गच्छत्यक्षरसात्मताम्। शा ६१।९। शा २४१।८। शा १९२।६

संन्यासियों की परहितैषणा—बहूदक संन्यासी तीर्थयात्रा प्रसंग में समाज के लिये अनेकों तरह से कल्याण साधना करते थे। काम्यक वन में युधिष्ठिर आदि से साक्षात् होने पर ऋषि मैत्रेय ने कौरवों के कल्याण के निमित्त कुरुसभा में आकर पांडवों से मित्रता करने के लिए धृतराष्ट्र से अनुरोध किया था।[१] वनपर्व में मार्कण्डेय वृहदश्व, लोमश आदि ऋषियों की परहितैषणा स्पष्ट रूप से चित्रित हुई है।

योगविभूति का अप्रकाश्य—भिक्षु उदरान्न के लिए साधु गृहस्थों के द्वार पर भिक्षापात्र हाथ में लिये उपस्थित होते थे, किन्तु किसी भी प्रकार के पांडित्य या योगशक्ति का प्रदर्शन करके भिक्षा प्राप्त करना बिल्कुल गर्हित था।[२]

आश्रमधर्म पालन की परिणति—आश्रमधर्म के अनुष्ठान से मनुष्य का जीवन एक नियन्त्रित पथ पर चल पाता था, इसमें कोई सन्देह नहीं है। कर्मपटु गृहस्थ बनने के लिये ब्रह्मचर्य की उपयोगिता कितनी अधिक है वह उस काल के समाज के परिचालक अच्छी तरह समझ सके थे। विहित कर्मों के अनुष्ठान से गार्हस्थ्याश्रम को सर्वापेक्षा मधुर बनाया जा सकता है, यह भी महाभारत में स्पष्ट रूप में लिखा हुआ है। नैष्ठिक ब्रह्मचर्य या संन्यास के लिये अधिक प्रेरित करना महाभारत का उद्देश्य नहीं है, यह उसमें की हुई गार्हस्थ्य की शतमुखी प्रशंसा से अच्छी तरह समझा जा सकता है। सब आश्रमों में एक ऐसा अच्छेद्ययोग सूत्र देखने को मिलता है कि उस सूत्र के कहीं से भी छिन्न होते ही जीवन का मूल सुर ठीक से झंकृत नहीं होगा और मानव जीवन का उद्देश्य व्यर्थ हो जायगा। जीवन के एक-एक स्तर को एक-एक आश्रम के नियमाधीन करने में हम उस युग की सामाजिक स्थिति के एक महत् परिणाम की कल्पना कर सकते हैं। आश्रमधर्म उज्ज्वल भविष्य को लक्ष्य में रखकर परिचालित होता था, इस विषय में किसी को भी सन्देह करने का मौका शायद नहीं मिल सकता। महाभारत में उल्लिखित व्यक्तियों के जीवन पर ध्यान देने पर पता लगता है कि सबके जीवन में शास्त्रानुसार आश्रमधर्म का पालन नहीं हुआ। द्रोणाचार्य वृद्धावस्था तक (८० वर्ष तक) गृहस्थ ही थे। धृतराष्ट्र, विदुर, कृष्ण इनमें से किसी ने भी यथासमय वानप्रस्थ का अवलम्बन नहीं लिया था। भीष्म की बात आलोच्य नहीं है, वे थे नैष्ठिक ब्रह्मचारी। इन सब व्यतिक्रमों को देखकर यह नहीं मानना चाहिये कि महाभारत काल में आश्रम धर्म शिथिल हो गया था।

---

१. वन १० वां अ०।

२. एवन्ते वान्तमश्नाति स्ववीर्यस्योपसेवनात्॥ उ० ४२।३३

इनमें प्रत्येक किसी विशेष घटनावश ठीक वक्त पर कर्त्तव्यपालन नहीं कर पाये थे अथवा आश्रमान्तर ग्रहण की अपेक्षा उस काल के महायुद्ध में योग देना ही उनके लिए कर्त्तव्य बन गया होगा। आश्रमधर्म के गुणगान में कहा गया है—ब्रह्मचारी, गृहस्थ, वानप्रस्थ, संन्यासी एवं यदि निष्ठापूर्वक अपने-अपने कर्म का पालन करेंगे तो वे परमगति अर्थात् मुक्ति को प्राप्त होंगे।[1]

---

१. ब्रह्मचारी गृहस्थश्च वानप्रस्थोऽथ भिक्षुकः।
यथोक्तचारिणः सर्वे गच्छन्ति परमां गतिम्॥ शा २४२।१३

शिक्षा

'चतुराश्रम' में ब्रह्मचर्य के विषय में कहा गया है। ब्रह्मचर्याश्रम में ब्रह्मचारी को विद्याध्ययन करना पड़ता था। शास्त्रविद्या व शस्त्रविद्या के सम्बन्ध में हम इस प्रकरण में चर्चा करेंगे, क्योंकि महाभारत में केवल इन दोनों प्रकार की शिक्षा-पद्धति ही प्रदर्शित हुई है। दूसरी विद्याओं की शिक्षा इस प्रबंध के लिए आलोच्य नहीं है।

विद्यार्थी का ब्रह्मचर्य व्रत—प्रत्येक विद्यार्थी को ब्रह्मचर्य व्रत का सहारा लेना पड़ता था। ब्रह्मचर्य शब्द का अर्थ हम इस रूप में ले सकते हैं—मन-प्राण में उच्च भावों का पोषण करना, शुभ चिन्तन से शरीर व मन को क्रमशः उन्नतिशील बनाना, समस्त बुराइयों से अपनी रक्षा करके उन्नति की चेष्टा करना ही ब्रह्मचर्य है। मन के स्थिर संकल्प को व्रत कहा गया है। ब्रह्मचर्य को अपना लक्ष्य मानकर विद्यार्थी को साधना करनी पड़ती थी। बहुत कष्टों द्वारा कठोर संयम से शरीर व मन को उपदेश ग्रहण के उपयोगी बनाने की व्यवस्था थी।

गुरुगृह में रहना और गुरु को अपने घर में रखना—शिक्षा के दो नियम थे। कोई गुरु के घर जाकर शिक्षा ग्रहण करता था और किसी-किसी परिवार में गृह-शिक्षक रखने की व्यवस्था भी थी। दूसरी व्यवस्था सम्भवतः धनी परिवारों तक ही सीमित थी, वह भी सब धनी परिवारों में नहीं। इस विषय पर आगे प्रकाश डाला जायगा।

शिक्षा-आरम्भ की उम्र—विद्यार्थी बाल्यकाल में ही अध्ययन शुरू करते थे। गार्हस्थ्य अवलम्बन से पहले ययाति ने कहा है—"ब्रह्मचर्य की सहायता से मैंने समग्र वेदों का अध्ययन कर लिया है।" भीष्म ने अपने शैशवकाल में ही वशिष्ठ के पास वेदों का अध्ययन कर लिया था। धृतराष्ट्रादि का वेदाध्ययन उपनयन के बाद ही शुरू हो गया था। इससे अनुमान लगाया जा सकता है कि ब्राह्मण बालक का पाँच वर्ष से आठ के, क्षत्रिय का दस से ग्यारह के और वैश्य का ग्यारह से बारह साल के अन्दर गुरु-गृह जाने का काल था। इसी उम्र में ब्राह्मणादि का उपनयन संस्कार होता था। शूद्र का उपनयन संस्कार नहीं होता था किन्तु बारह-तेरह वर्ष की उम्र में सम्भवतः शूद्र संतान का भी विद्यारम्भ हो जाता था।[1]

---

१. आदि ८१।१। आदि १००।३५। आदि १०९।१८

सब जाति-वर्णों की समान शिक्षा---ब्राह्मणादि तीन वर्णों की शिक्षा की बात तो हर जगह मिलती है। शूद्रागर्भजात महामति विदुर का ज्ञान भी अतुलनीय था। वे सर्वशास्त्रों के पंडित थे। सूतजातीय लोमहर्षण, संजय एवं सौति भी कम ज्ञानी नहीं थे। सौति महाभारत के प्रचारक थे। ये लोग सब शास्त्रों के ज्ञाता थे, वेदपाठ न करने पर भी पुराणादि की सहायता से वेदादि के मर्म के अभिज्ञ थे। युधिष्ठिर ने युयुत्सु को हस्तिनापुर की रक्षा के लिए नियुक्त किया था। निश्चय ही अज्ञानी के स्कंधों पर इतना बड़ा दायित्व नहीं डाला जा सकता था। युधिष्ठिर के राजसूय यज्ञ में जब लोगों को निमंत्रित करने के लिए दूत भेजा गया तो उससे कहा गया था "मान्य शूद्रों को भी निमंत्रित करना"। शायद विद्वान्, पारंगत व्यक्ति को ही "मान्य" कहा जाता था। राजा जो अमात्य नियुक्त करता था उनमें भी तीन शूद्रों को नियुक्त करना पड़ता था। जैसे तैसे व्यक्ति को अमात्य रूप में नियुक्त करने से राजकाज नहीं चल सकता यह सभी समझ सकते हैं।[1]

शिक्षणीय विषय---वेद, अंधवीक्षिकी (तर्कविद्या), वार्त्ता (कृषि, वाणिज्य आदि) व दंडनीति शिक्षणीय विषय माने जाते थे। सब विद्यार्थी सब विद्याओं को पढ़ते थे ऐसी बात नहीं थी। कोई-कोई एक, कोई एक से अधिक विद्या का अध्ययन करते थे। युक्तिशास्त्र, शब्दशास्त्र, गांधर्वशास्त्र, (नृत्यगीतादि), पुराण, इतिहास, आख्यान एवं कलाविद्या भी शिक्षणीय विषयों में गण्य थे।[2]

राजाओं के लिये आवश्यक विद्याएँ---हस्तिसूत्र, अश्वसूत्र, रथसूत्र, धनुर्वेद, यंत्रसूत्र (आग्नेय औषधियों की सहायता से सीसा, काँसा व पत्थर से निर्मित गोले को फेंकनेवाली लोहे की नली को नीलकंठ ने यन्त्र कहा है। जिस ग्रन्थ में यन्त्र व्यवहार के सूत्र या नियमप्रणाली लिखी हो वही यन्त्रसूत्र कहलाता था। नीलकंठ के लिखने के ढंग से लगता है कि यन्त्र शब्द से वह बन्दूक समझाना चाहते हैं, यह ठीक है कि नहीं विचारणीय विषय है।) एवं नागरशास्त्र (नगर के हितकार्यों की ज्ञानजनक विद्या) राजाओं के लिए विशेष रूप से ज्ञातव्य थे।[3]

---

१. मान्यान् शूद्रांश्च। इत्यादि। सभा ३३।४१। शल्य २९।९१
त्रींश्च शूद्रान् विनीतांश्च शुचीन् कर्मणि पूर्वके। शा ८५।८

२. त्रयी चाम्बीक्षिकी चैव वार्त्ता च भरतर्षभ।
दण्डनीतिश्च विपुला विद्यास्तत्र निर्दशिताः॥ शा ५९।३३
युक्तिशास्त्रं च ते ज्ञेयं शब्दशास्त्रं च भारत। इत्यादि। अनु० १०४।१४९

३. हस्तिसूत्राश्वसूत्राणि रथसूत्राणि वा विभो। इत्यादि। सभा० ५।१२०, १२१ आदि १०९।१९, २०। आदि १२६।२९। स्त्री १३।२

म्लेच्छ भाषा—कोई-कोई अपभ्रंश भाषा में भी पांडित्यलाभ करता था। सम्भवतः भिन्न देशीय लोगों के सम्पर्क में आकर बुद्धिमान व्यक्ति विभिन्न भाषाओं के ज्ञाता हो जाते थे। पांडवों ने जब कुंती के साथ वारणावत की ओर प्रस्थान किया था, उस वक्त विदुर ने युधिष्ठिर को भविष्य में आनेवाली विपत्ति से सावधान करते हुए कौशल से जो उपदेश दिया था, वह भाषा युधिष्ठिर के अलावा और कोई नहीं समझ पाया था। विदुर ने क्या कहा था वह बाद को कुन्ती ने युधिष्ठिर से पूछा था।[1]

विभिन्न भाषाओं के पंडित—महाराज युधिष्ठिर की राजसभा में गुणियों को बहुत आदर सम्मान दिया जाता था। विभिन्न भाषाओं के पंडित भी राजसभा में सम्मानित किये जाते थे एवं राजकोष से आर्थिक सहायता पाकर राजसभा की श्री-वृद्धि करतें थे।[2]

वेदचर्चा—इस काल के समाज में वेदचर्चा का आधिपत्य था। सब ब्राह्मणों को वेदपाठ करना पड़ता था। स्वाध्याय या वेदपाठ की नित्यता कही हुई है, अर्थात् द्विजाति को प्रतिदिन वेदपाठ करना चाहिए, नहीं करने से वह पाप का भागी होता है। वेद-वेदान्तों की व्यापकता का वर्णन करने में महर्षि ने दो बातें अस्वाभाविक कही हैं, एक तो शक्तिपुत्र की वेदावृत्ति और दूसरी पिता की शास्त्र व्याख्या में कहोड़पुत्र अष्टावक्र का दोष निकालना। दोनों वेदज्ञ इस वक्त मातृगर्भ में थे। इन दोनों बातों की सत्यता पर विश्वास नहीं होता। रूपक की सहायता से शायद शास्त्रचर्चा की व्यापकता प्रदर्शित की गई है।[3]

गुरुगृहवास का काल—शिष्य कितने समय तक गुरु के घर रहे, इसका कोई नियम नहीं था (चतुराश्रम प्रबंध प० १०२) बचपन में ही शिक्षा आरम्भ हो जाती थी। लेकिन कोई कोई दीर्घ काल तक गुरु के घर ही रहता था। उतंक के बाल गुरु के घर रहते-रहते ही सफेद हो गये थे। बाद में उन्होंने विवाह किया था।[4]

शिष्य संख्या—गुरुगृह के जो दो-चार चित्र महाभारत में देखने को मिलते हैं उनमें शिष्यों की संख्या बहुत अस्पष्ट है। महर्षि वेदव्यास जनमानवविहीन पर्वत पर ही गुरु के आसन पर उपविष्ट थे, चरणों में मात्र चार विद्यार्थी बैठे थे—

---

१. प्राज्ञः प्राज्ञप्रलापज्ञः प्रलापज्ञमिदं वचः।
प्राज्ञं प्राज्ञः प्रलापज्ञः प्रलापज्ञं वचोऽब्रवीत्॥ आदि १४५।२०

२. निवासं रोचयन्ति स्म सर्वभाषाविदस्तथा॥ आदि २०७।३९

३. आदि १७७।१५। वन १३२।२१

४. तस्य काष्ठे विलग्नाभूज्जटाः रूपसमप्रभा। अश्व ५६।११

सुमन्त, वैशम्पायन, जैमिनि और पैल।[1] उद्दालक नामक एक ऋषि थे। उनके शिष्यों में एक का नाम कहोड़ था। पंडित बनकर जब कहोड़ ने समावर्त्तन किया तो उनके भी कई शिष्य उस समय उपस्थित हुए। एक जगह लिखा हुआ है एक बार वह शिष्यों को पढ़ा रहे थे कि उनके पत्नीगर्भस्थ पुत्र अष्टावक्र ने पिता की व्याख्या में दोष निकाला। पुत्र के आचरण द्वारा शिष्यों के बीच लज्जित होने से महर्षि मन ही मन क्रुद्ध हुए।[2] इस कथन से हम समझ सकते हैं कि कहोड़ के निश्चय ही कई शिष्य थे। आचार्य धौम्य के उपमन्यु, आरुणि और वेद नामक तीन शिष्य थे।[3] कण्वमुनि के मनोहारी आश्रम में प्रवेश करते ही राजा दुष्यन्त ने वेदज्ञों के मुख से निकलती पदक्रमयुक्त वेदध्वनि, नियतव्रत ऋषियों का मधुर सामगीत, संहिता आदि की आवृत्ति सुनी थी। यहाँ भी शिष्यों की संख्या का अंदाज नहीं लगता। तब भी एक साथ अगर अनेकों रूपों में आवृत्ति चल रही थी तो शिष्यों की संख्या बिल्कुल कम नहीं होगी।[4]

गुरुगृह-वास के चित्र—खेती-बाड़ी में सहायता करना, गो-पालन, होम के लिए लकड़ी बीनना आदि भी शिष्यों के आवश्यक कर्त्तव्यों में विवेचित होते थे।

धौम्य व आरुणि—आचार्य धौम्य ने अपने शिष्य आरुणि को खेत की मेड़ बाँधने को भेजा। आरुणि जब किसी भी तरह मेड़ ठीक नहीं कर पाये तो पानी रोकने के लिए स्वयं ही टूटी जगह लेट गये। शाम होने पर गुरु ने शिष्य को अनुपस्थित देखा तो दूसरे शिष्यों के साथ खेत पर गये और आरुणि को पुकारा। आचार्य के पुकारने पर शिष्य उठकर आया और प्रणाम करके सम्पूर्ण वृत्तान्त कह सुनाया। गुरु ने प्रसन्न होकर उसे आशीर्वाद दिया—"तुम्हारी असाधारण गुरुभक्ति से मैं बहुत प्रसन्न हुआ हूँ। मैं आशीर्वाद देता हूँ कि तुम समस्त वेद व धर्मशास्त्र के ज्ञाता बनोगे।" गुरु को प्रणाम करके शिष्य ने बिदा ली।

उपमन्यु की गुरुभक्ति—उपमन्यु नामक एक और शिष्य गुरु धौम्य के आदेश से गो-पालन पर नियुक्त था। गुरु ने उसे काफी हृष्ट-पुष्ट देखकर एक दिन पूछा, "वत्स, तुम बहुत हृष्ट-पुष्ट हो, क्या खाते हो?" शिष्य ने उत्तर दिया, "प्रभो, भिक्षालब्ध द्रव्य ही मेरा आहार है।" उपाध्याय ने कहा, "गुरु को निवेदित किये बिना भिक्षालब्ध द्रव्य ग्रहण करना तो शिष्य के लिए उचित नहीं है।" थोड़े दिन

---

१. **विविक्ते पर्वततटे पाराशर्यो महातपाः। इत्यादि। शा ३२७।२६, २७**

२. **उपालब्धः शिष्यमध्ये महर्षिः। वन १३२।११**

३. **आदि ३।२१**

४. **ऋचो बह्वृचमुख्यैश्च प्रेर्यमाणाः पदक्रमैः। इत्यादि। आदि ७०। ३७, ३८**

बाद गुरु ने फिर वही प्रश्न पूछा। इस बार शिष्य ने उत्तर दिया, "प्रभो, मैं प्रथम बार का भिक्षाद्रव्य आपको निवेदित करता हूँ और दूसरी बार भिक्षा से जो मिलता है वही खाता हूँ। गुरु ने कहा, "वह भी उचित नहीं है, इससे दूसरे भिक्षुक की वृत्ति नष्ट होती है और विशेषतः तुम्हारा भी लोभ बढ़ता है।" फिर कुछ दिन बाद गुरु ने वही प्रश्न किया। उत्तर में उपमन्यु ने कहा, "मैं इन गौओं का दूध पीकर उदर पूर्ति करता हूँ।" गुरु ने इसका भी निषेध करते हुए कहा, "मैंने तो तुम्हें इसके लिए अनुमति दी नहीं थी, अतएव अब आगे यह दुग्धपान नहीं चलेगा।" फिर थोड़े दिन बाद गुरु के वही प्रश्न पूछने पर शिष्य ने जबाब दिया कि बछड़ों के मुँह पर जो फेन (झाग) लगा रह जाता है, वह उसी को चाटकर रहता हूँ। गुरु ने कहा, "बछड़े शायद तुम पर दया करके ज्यादा फेंन उगलते हैं, इसलिये तुम उनका पेट काटते हो।" उपमन्यु पहले की तरह सन्तुष्ट चित्त गायें चराता रहा। एक दिन भूख की ज्वाला से अत्यन्त विह्वल होकर उसने धतूरे के पत्ते खा लिये। धतूरा खाकर अंधा हो जाने से वह इधर-उधर भटकता हुआ एक कुएँ में गिर पड़ा। यथासमय जब वह आश्रम नहीं लौटा तो गुरु शिष्यों को साथ लेकर वन में गये और उसका नाम लेकर पुकारने लगे। उपमन्यु ने कुएँ में से जबाब देकर सम्पूर्ण वृत्तान्त कह सुनाया। इसके बाद गुरु के उपदेश से उसने वैद्य अश्विनीकुमारों की आराधना से खोई हुई दृष्टि वापस पाई। स्वस्थ होने पर उपमन्यु के गुरु को प्रणाम करते ही गुरु ने आशीर्वाद देते हुए कहा, "वत्स, तुम परीक्षा में उत्तीर्ण हुए हो, मैं आशीर्वाद देता हूँ कि तुम समस्त वेदों व धर्मशास्त्रों के पण्डित बनोगे।[1]

आचार्य धौम्य के एक और शिष्य का नाम वेद था। वह भी इसी प्रकार दीर्घकाल तक गुरु की सेवा-शुश्रूषा करके समस्त विद्याओं के पारंगत बने थे।[2]

आचार्य वेद का शिष्य वात्सल्य—उतंक वेद के शिष्य थे। उन्होंने भी दीर्घ काल तक गुरु के घर रहकर समस्त विद्याओं में पांडित्य लाभ किया था। आचार्य वेद को गुरु-गृह वास के दुःख कष्टों का अनुभव अच्छी तरह था, कष्टसाध्य कार्य करना उन्हें अच्छा नहीं लगता था। इसलिये आचार्य बनने पर अपने शिष्यों को

---

१. चैत १३४४ में रवीन्द्रनाथ ने इस प्रबंध को देखकर इस स्थल पर अपना मंतव्य लिखा था—"इस तरह की प्राणान्तकर परीक्षा गुरु-शिष्य-संबंध का शोभनीय दृष्टान्त नहीं है, ज्ञान शिक्षा के निमित्त इसकी नितान्त आवश्यकता भी समझ में नहीं आती—इस तरह का व्यवहार बहुत ही अस्वाभाविक है, इसके अनुरूप दृष्टान्त और कहीं नहीं मिलते।"

२. आदि ३ रा अध्याय।

जो उनके यहाँ रहते थे, उस तरह कष्टसाध्य कार्यों पर नियुक्त नहीं करते थे।[१] वेद के चरित्र से पता चलता है कि किसी किसी गुरु का कठोर आदेश सब शिष्यों को सहन नहीं होता था।

शुक्राचार्य और कच—विद्यालाभ साधना-सापेक्ष है। वृहस्पतिनन्दन कच जब संजीवनी विद्या सीखने के उद्देश्य से दैत्यगुरु शुक्राचार्य के चरणों में उपस्थित हुए तो आचार्य ने उन्हें ब्रह्मचर्य व्रत पालन करने का उपदेश दिया। शिष्य ने भी आचार्य के आदेश का पालन करने में मन लगाया। समित्, कुश, काष्ठ आदि बटोरना, गौएँ चराना, गुरु व गुरुकन्या का आदेश पालन करना यही उनका नित्यप्रति का कर्म था। इस प्रकार दीर्घकाल तक गरु के घर रहकर कच ने अभिलषित विद्या प्राप्त की थी।[२]

द्रोणाचार्य की शिक्षा—द्रोणाचार्य जब पितामह भीष्म के निकट प्रथम बार उपस्थित हुए तो अपने संबंध में उन्होंने बताया था, "मैंने धनुर्वेद की शिक्षा लेने के लिए महर्षि अग्निवेश को गुरु रूप में वरण किया था। कई वर्षों तक ब्रह्मचर्य व्रत का पालन करता हुआ गुरु की शुश्रूषा में रत था।"[३]

अर्जुन की तपस्या—महादेव व इन्द्र से अस्त्रलाभ करने के निमित्त अर्जुन की कठोर तपस्या वर्णित है। इन सब अमानुषिक विषयों में सन्देह का यद्यपि काफी मौका है तब भी विद्यालाभ में तपस्या की उपयोगिता दिखाना ही इनका उद्देश्य है।[४]

शुकदेव के गुरु वृहस्पति—व्यासपुत्र शुकदेव ने वृहस्पति को अपना गुरु बनाकर वेद, इतिहास, राजधर्म आदि की शिक्षा ली थी। विद्या प्राप्ति के निमित्त शुकदेव की तपस्या का वर्णन भी मिलता है।[५]

शिष्य की योग्यता के अनुसार विद्यादान—शिष्य की योग्यता का अंदाज लगाये बिना कोई भी आचार्य उपदेश नहीं देते थे। सबसे पहले यह तय करना पड़ता था

---

१. दुखाः भिज्ञो हि गुरुकुलवासस्य शिष्यान् परिक्लेशेन योजयितुं नेयेष। आदि ३।८१

२. कस्माच्चिरायितोऽसीति पृष्टस्तामाह भार्गवीम्।
समिधश्च कुशादीनि काष्ठभारं च भाविनि। इत्यादि। आदि ७६।३५, ३६

३. महर्षेरग्निवेशस्य सकाशमहमच्युत। इत्यादि। आदि १३१।४०, ४१

४. वन ३८।२३-२९

५. शा० ३२४।२३-२५

कि कौन शिक्षा का अधिकारी है, किस में ग्रहण करने की कितनी क्षमता है; इन सब बातों की परीक्षा लिये बिना आचार्य कुछ नहीं कहते थे।"[1]

अध्यात्मविद्या का अनधिकारी—तपस्या द्वारा शरीर व मन को प्रस्तुत किये बिना आचार्यों से कुछ भी नहीं सीखा जा सकता था। अध्यात्मशास्त्र श्रवण के बारे में तो बहुत ही कड़ाई थी। शुद्ध, शान्त श्रद्धावान, आस्तिक, बुद्धिसम्पन्न, गुरुभक्त छात्र को ही आचार्य ईश्वरत्व के संबंध में उपदेश देते थे।[2]

शिष्य की कुल व गुण-परीक्षा—सोने को जिस तरह आग में तपाकर, काटकर कसौटी पर कसकर उसकी शुद्धता की परीक्षा की जाती है, उसी प्रकार शिष्य के कुल व गुणों की भी तरह-तरह से परीक्षा करके उपदेश देने का नियम था।[3]

वेद पर शूद्र का अनधिकार—शिष्य की कुल परीक्षा का एक और कारण था—सब वर्णों का सब विद्याओं पर अधिकार नहीं होता। वेद पर शूद्र का अधिकार नहीं माना जाता। सम्भवतः शूद्र वैदिक अनुष्ठानादि को उतनी श्रद्धा की दृष्टि से नहीं देखते थे, आचार्य भी उन्हें वेदों का उपदेश नहीं देते थे। जो श्रद्धावान होते थे, वे चाहे किसी भी कुल में जन्मे हों, आचार्य उन्हें शिष्य रूप में ग्रहण कर लेते थे। लेकिन उनका जाति वर्ण जाने-बिना उपदेश नहीं देते थे।[4]

शस्त्रविद्या में सम्भवतः जाति विचार नहीं था, (द्रोण व कर्ण)—कर्ण एक दिन सरहस्य ब्रह्मास्त्र विद्या ग्रहण के निमित्त एकान्त में गुरु द्रोण के निकट उपस्थित हुए। आचार्य ने इन्कार करने के उद्देश्य से जाति की दुहाई देते हुए कहा, "एकमात्र ब्राह्मण ही ब्रह्मास्त्र ज्ञान का अधिकारी है अतएव मैं तुम्हें यह विद्या नहीं दे सकता।"[5] एकमात्र यदि ब्राह्मण ही इसका अधिकारी है तो अर्जुन ने ब्रह्मास्त्र का लाभ किस तरह किया, कर्ण को यह सन्देह होना स्वाभाविक था। आचार्य ने जैसे इस सन्देह के पैदा होने की बात सोचकर उसे दूर करने के निमित्त कर्ण से कहा, "जो क्षत्रिय यथारीति

---

१. अहमेवं च तं कालं वेत्स्यामि कुरुनन्दन। आदि २३४।११

२. तद्विद्धि प्रणिपातेन परिप्रश्नेन सेवया।
उपदेक्ष्यन्ति ते ज्ञानं ज्ञानिनस्तत्त्वदर्शिनः॥ भी २८।३४
गुरुशुश्रूषया विद्या। अनु ५७।१२। अनु १३०।६। अनु १३३।२। अनु १३४।१७

३. नापरीक्षितचारित्रे विद्या देया कथंचन। इत्यादि। शा ३२७।४६, ४७

४. न च तां प्राप्तवान मूढः शूद्रो वेदश्रुतिमिव। सभा ४५।१५। वन ३१।८

५. ब्रह्मास्त्रं ब्राह्मणो विद्यात्। शा० २।१३

तपस्या करता है वह भी ब्रह्मास्त्र का अधिकारी होता है।"[1] आचार्य की यह उक्ति सत्य नहीं थी। कर्ण को न सिखाना ही उनका उद्देश्य था, यह पहले श्लोक से अच्छी तरह समझ में आ जाता है। कर्ण के प्रार्थना करते ही अर्जुन के प्रति अधिक स्नेह होने के कारण और कर्ण की दुर्जनता स्मरण आने पर उनकी उपेक्षा करने के उद्देश्य से ही जाति की बात उठाई थी।[2] अगर कर्ण ब्राह्मण न होने के कारण ब्रह्मास्त्र के अधिकारी नहीं थे, यह बात सत्य होती तो अर्जुन के प्रति पक्षपात एवं कर्ण की दुर्जनता का स्मरण इन दोनों बातों की कोई सार्थकता नहीं रहती।

द्रोण और एकलव्य––महाबीर एकलव्य की कहानी में भी हम यही चीज देखते हैं। निषादराज हिरण्यधनु का पुत्र एकलव्य जब धनुर्विद्या ग्रहण के उद्देश्य से आचार्य द्रोण के निकट उपस्थित हुआ तो आचार्य ने उसे शिष्य रूप में ग्रहण नहीं किया। इसमें दो कारण थे––एक तो एकलव्य जाति का निषाद था और दूसरा धनुर्विद्या में पारदर्शी होकर अर्जुन आदि शिष्यों से अधिक बीर बन जाने की संभावना। यदि एकमात्र निषादवंश में जन्म ही एकलव्य के अनधिकार का कारण होता तो आचार्य के मन में दूसरी चिन्ताओं को स्थान क्यों मिलता? एकलव्य की गठन बहुत ही वीरत्व व्यंजक थी और आचार्य संभवतः उसे देखकर ही समझ गये थे कि इस वीर के धनुर्विद्या में उच्च शिक्षा लाभ से अर्जुन आदि शिष्यों की गरिमा कम होने की आशंका है।[3] यहाँ एक प्रश्न और उठता हैं। यदि एकमात्र अर्जुन आदि शिष्यों की उन्नति कामना से ही आचार्य ने एकलव्य को इंकार किया था तो "नैषादिरिति चिन्तयन्" यह बात तर्कसंगत नहीं रह जाती। सामंजस्य बनाये रखने के लिए यह मानना पड़ता है कि बहुत बार निषाद अनावश्यक प्राणिहत्या करते थे। हत्या करना जैसे उनके आमोद प्रमोद का एक अंग था। यद्यपि एकलव्य राजा का पुत्र था, तब भी जन्मगत स्वभावसिद्ध क्रूरता से शायद मुक्त नहीं था। अतएव धनुर्विद्या में अधिक पारदर्शिता लाभ करने से उसके द्वारा जगत के अकल्याण की आशंका ही अधिक थी। यही शायद आचार्य द्रोण की चिंता का कारण था। ऐसा सोचे विना दोनों कारणों के सामंजस्य की रक्षा नहीं की जा सकती। द्रोण के वाक्यों से पता चलता है कि शस्त्रविद्या ग्रहण में किसी की जाति अन्तराय नहीं होती थी।

---

१. क्षत्रियो वा तपस्वी वा नान्यो विद्यात् कथञ्चन। शा २।१३

२. द्रोणस्तथोक्तः कर्णेन सापेक्षः फाल्गुनं प्रति।
दौरात्म्यं चैव कर्णस्य विदित्वा तमुवाच ह॥ शा २।१२

३. न सतं प्रतिजग्राह नैषादिरिति चिन्तयन्।
शिष्यं धनुषि धर्मज्ञस्तेषामेवान्ववेक्षया॥ आदि १३२।३२

शूद्र का शास्त्रज्ञान—विदुर, धर्मव्याध आदि महाज्ञानियों के असाधारण पांडित्य से पता चलता है कि वे अध्यात्मशास्त्र के भी पंडित थे। कोई-कोई कहता है कि विदुर ब्राह्मण के औरस से पैदा हुए थे, अतः माता शूद्रा होते हुए भी वे ब्राह्मण ही थे, इस कारण वेद-वेदान्तों के अध्ययन में उन्हें कोई बाधा नहीं थी। यह मत बहुत कमजोर लगता है क्योंकि प्रजागर पर्व में उल्लिखित है, महामति विदुर एक बार धृतराष्ट्र को अनेकों प्रकार के नीति वाक्य सुना रहे थे, धृतराष्ट्र भी तन्मय होकर सुन रहे थे। अंत में धृतराष्ट्र ने कहा, "विदुर, बहुत विचित्र बातें बताईं तुमने, यदि और कुछ कहने लायक हो तो वह भी कहो।"[1] विदुर ने कहा, "राजन्, सनत्कुमार ने कहा है, मृत्यु नाम की कोई चीज नहीं है। वही आपको सभी गुह्य व प्रकाश्य तत्वों का उपदेश देंगे।' धृतराष्ट्र ने पूछा, "क्यों? जो वह बतायेंगे, वह क्या तुम नहीं जानते? अगर जानते हो तो तुम्हीं बताओ।" विदुर ने उत्तर दिया, "मैंने शूद्रा के गर्भ से जन्म लिया है, इसलिए अधिक कहने की इच्छा नहीं होती। कुमार सनतसुजात का ज्ञान शाश्वत है, यह मैं जानता हूँ। ब्राह्मण कुल में जन्म लेने पर गुह्य तत्वों को प्रकट करने से भी देवताओं द्वारा निन्दित नहीं होना पड़ता।[2] यहाँ देखा जाता है कि विदुर अपने को शूद्र कहकर ही परिचय देते थे और उसी कारण अध्यात्म तत्व प्रकट करने के अनिच्छुक थे। यह विदुर का बड़प्पन था इसमें सन्देह नहीं है, ऐसे वे जानते सब थे।

शास्त्रीय उपदेश श्रवण पर सबका अधिकार—शूद्र मुनि सम्वाद में कहा गया है, निकृष्ट वर्ग अर्थात् शूद्र को कोई उपदेश नहीं देना चाहिये। जरा आगे चलकर कहा है, किसी के प्रश्न किये बिना स्वतः प्रवृत्त होकर कोई उपदेश नहीं दे लेकिन श्रद्धा से अवनत जिज्ञासु को यथार्थ उत्तर देना चाहिए। जिस उपदेश के देने से जिज्ञासु को धर्म लाभ हो, वही उपदेश देना चाहिए। इस अध्याय में यह भी है कि शूद्र को पितृकार्य का उपदेश देने से एक मुनि ने अगले जन्म में पुरोहित रूप में जन्म लिया। पुरोहित जी की निन्दा करना ही इस उपाख्यान का उद्देश्य है। उपदेश श्रवण में शूद्र का अनधिकार प्रदर्शन नहीं है।[3]

---

१. अनुक्तं यदि ते किंचिद्वाचा विदुर विद्यते।
तन्मे शुश्रूषते ब्रूहि विचित्राणि हि भाषसे॥ उ० ४१।१

२. शूद्रयोनावहं जातो नातोहन्यद्वक्तुमुत्सहे।
कुमारस्य तु या बुद्धिर्वेद तो शाश्वतीमहम्। इत्यादि उ० ४१।५, ६

३. न च वक्तव्यमिह हि किंचिद वर्णावरे जने। अनु० १०।६८। अनु० १०।५५,५६

हर जाति-वर्ण के उपदेशक—एकमात्र ब्राह्मण ही उपदेश देने के अधिकारी थे इसके विपरीत उदाहरण भी महाभारत में कम नहीं हैं। मिथिला निवासी एक स्वधर्मनिष्ठ व्याध ने तपस्वी ब्राह्मण कौशिक को धर्म के विषय में उपदेश दिया है।[1] अन्यत्र एक बनिये उपदेष्टा एवं तपस्वी ब्राह्मण श्रोता का वर्णन भी मिलता है।[2] राजर्षि जनक ने वेदव्यास के पुत्र शुकदेव को आत्मतत्व के बारे में उपदेश दिया था। (उपनिषद् आदि में भी देखा जाता है कि अनेक गुह्य तत्वों के क्षत्रिय ही जानकार थे, ब्राह्मणों ने क्षत्रियों का शिष्यत्व स्वीकार करके उन तत्वों को ग्रहण किया था।) राजर्षि जनक की अध्यात्म विद्या की ख्याति बहुत अधिक थी। शुकदेव ने अपने पिता के आदेशानुसार राजर्षि के समीप उपस्थित होकर उन्हें गुरु रूप में वरण किया था। राजर्षि ने भी बिना किसी द्विधा के निःसंकोच भाव से ब्राह्मण तनय को उपदेश दिये थे।[3] महाभारत के कथक तो सूतजातीय थे। ऋषियों ने भी उनके मुख से महाभारत सुनी थी। एकमात्र ब्राह्मण ही यदि उपदेष्टा होते तो इन सब वर्णनों की यथार्थता नहीं रखी जा सकती।

हीनवर्ण से विद्याग्रहण—अपनी अपेक्षा हीनवर्ण के अध्यापक से विद्याग्रहण करने का विधान भी मिलता है। नीच एवं शूद्र से भी ज्ञानार्जन करने का उपदेश दिया गया है।[4]

साधारणतः ब्राह्मण ही अध्यापक—ज्ञान चर्चा में संलग्न रहना ब्राह्मण का ही कर्म था, गुरु के आसन पर उन्हीं का अधिकार था। अध्यापना उनकी जीविका थी। इसी कारण अध्ययन या अध्यापना का ब्राह्मणों में ही अधिक प्रसार हुआ था। (वृत्ति व्यवस्था प्रकरण दे)[5]

गुरुपरम्परा में विद्याविस्तृति—उस युग में समस्त विद्याएं गुरुपरम्परा द्वारा ही विस्तृत होती थीं। आचार्य मुँह से ही उपदेश देते थे और शिष्य श्रद्धा सहित सुनते थे फिर बार-बार उसका मनन करके उस विषय को अधिकृत करते थे, लिखने-पढ़ने का व्यवहार भी था। गुरु से उपदेश ग्रहण के अलावा विद्याभ्यास उस काल

---

१. वन २०६ वाँ अध्याय।

२. शा २६० वाँ अध्याय।

३. शा ३२६ वाँ अध्याय।

४. श्रद्दधानः शुभां विद्यां हीनादपि समाप्नुयात्। शा १६५।३१। शा ३१८।८८

५. भूमिरेतौ निगिरति सर्पो विलशयानिव।
राजानं चाप्ययोद्धारं ब्राह्मणं चाप्रवासिनम्॥ इत्यादि। उ ३३।५७। अनु ३६।१५। शा ७८।४३

में निषिद्ध था।[1] द्रोणाचार्य के एकलव्य को शिष्यरूप में ग्रहण न करने पर भी एकलव्य ने अपनी चेष्टा व अध्यवसाय के बल पर धनुर्विद्या में दक्षता प्राप्त की थी। लेकिन यहाँ भी देखा जाता है कि उसने मिट्टी से द्रोण की एक मूर्ति बनाई थी और उसी मूर्ति के चरणों में बैठकर धनुर्वेद की तपस्या की थी। उसकी एकनिष्ठ साधना ने ही उसे सिद्धि का संधान दिया था।

ग्रंथादि का अस्तित्व—गुरु के उपदेश के अलावा दूसरे उपायों द्वारा विद्याभ्यास के निषेध रहने से लगता है कि विद्याभ्यास का और भी कोई रास्ता था। दूसरा उपाय अगर नहीं होता था बिना बात को अप्रसिद्ध विषय का निषेध नहीं किया जाता। कोई उपाय था यह बात अगर ठीक है तो किताबों के अलावा और कौन सा रास्ता हो सकता है ? यद्यपि विद्यार्थी समाज में कलम दावात एकत्रित करने का कोई उदाहरण नहीं मिलता तब भी महाभारत की आलोचना से लगता है कि उस काल का समाज लिपिज्ञान से परिचित था। व्यासदेव की प्रार्थना पर गणेश ने महाभारत लिखी थी। वक्ता व्यासदेव थे और लेखक गणेश।[2]

ऐतिहासिक दृष्टि से इस उपाख्यान का कोई मूल्य न होने पर भी लेखनी व्यवहार के समर्थक रूप में इसकी उपयोगिता है। लगता है यह उपाख्यान परवर्ती काल में संयोजित हुआ है। क्योंकि व्यास ने, वैशम्पायन आदि शिष्यों को महाभारत मुँह से ही सुनाई थी, वहाँ पुस्तक का कोई उल्लेख नहीं है। वैशम्पायन ने जब जनमेजय को सुनाई तब भी मुँहजुबानी ही सुनाई थी। लोमहर्षण के पुत्र सौति, को जब महाभारत के वक्ता के रूप में देखते हैं तब भी पुस्तक का कोई जिक्र नहीं है। गणेश द्वारा लिपिबद्ध करने की कहानी महाभारत के शरू में ही मिलती है। महाभारत की समाप्ति पर कहा गया है, "महाभारत ग्रथ जिनके घर रहेगा, उन्हें हर काम में सफलता मिलेगी। यह उक्ति अगर व्यासदेव की ही है तो यह समझना चाहिए कि महाभारत उसी वक्त ग्रन्थ रूप में प्रकाशित हो गया था। ग्रन्थ के आकार या दूसरी चीजों के बारे में कुछ भी पता नहीं लगता।[3] अक्षरों के आकार के संबंध में कोई उल्लेख न होने पर भी अक्षरों के अस्तित्व की ज्ञापक बहुत सी बातें मिलती हैं। युद्धक्षेत्र में भीम, अर्जुन, कर्ण आदि वीर जिन वाणों का व्यवहार करते थे, उन पर उनके अपने-अपने नाम लिखे होते थे।[4] नारद ने युधिष्ठिर

---

१. न बिना गुरुसम्बंधं ज्ञानस्याधिगमः स्मृतः। शा० ३२६।२२। अनु ९३।१२३
२. ओंमित्युक्त्वा गणेशोऽपि बभूव किल लेखकः। आदि १।७९
३. भारतं भवने यस्य तस्य हस्तगतो जयः। स्वर्गा ६।८९
४. द्रो०९७।७। द्रो० १२३।४७। द्रो० १३६।५। द्रो० १५७।३७। शल्य २४।५६

से पूछा था, "तुम्हारी आयव्यय के हिसाब के लिए नियुक्त गणक लेखक पूर्वाह्न में ही हिसाब ठीक कर लेते हैं न ?[१] इस कथन से भी लिपि का अस्तित्व पता चलता है। लेकिन किस चीज पर किस प्रकार की स्याही से कैसे कलम से लिखा जाता था यह जानने का कोई उपाय महाभारत में नहीं मिलता। लिखने में संलग्न किसी गुरु या विद्यार्थी से भी महाभारत साक्षात् नहीं होता।

शस्त्रविद्या में गुरुपरम्परा—शास्त्रविद्या की तरह शस्त्रविद्या भी गुरुपरम्परा द्वारा चलती थी। अर्जुन के आग्नेयास्त्र प्राप्ति की कहानी में देखा जाता है कि वृहस्पति से भरद्वाज, भरद्वाज से अग्निवेश, अग्निवेश से द्रोणाचार्य और द्रोणाचार्य से अर्जुन ने इस अस्त्र विद्या का लाभ किया था।[२] और भी देखा जाता है कि भीष्म ने जामदग्न्य परशुराम का शिष्यत्व ग्रहण करके धनुर्विद्या की शिक्षा ली थी। द्रुपद, द्रोण, व कर्ण भीष्म के ही सहपाठी थे। युधिष्ठिर आदि पाँच भाइयों व कौरवों ने पहले कृपाचार्य से, बाद में द्रोण से शस्त्र विद्या सीखी थी। भीमसेन व दुर्योधन ने बलराम से गदायुद्ध की शिक्षा ली थी। शिखण्डी, धृष्टद्युम्न आदि वीरों को भी द्रोणाचार्य से धनुर्विद्या प्राप्त हुई थी। प्रद्युम्न, सात्यकि व अभिमन्यु ने अर्जुन से, द्रौपदी पुत्रों ने प्रद्युम्न व अभिमन्यु से, इस प्रकार सब किसी न किसी गुरु से विद्या लाभ किया करते थे।

एक से अधिक गुरु—शास्त्रविद्या व शस्त्रविद्या में एक के बाद एक कइयों को गुरुरूप में वरण करने का नियम भी था। उल्लिखित उदाहरण से यह पता लगता है। हर आचार्य का सर्वशास्त्रों में पंडित होना संभव नहीं था, अतएव शिष्य को आवश्यकतानुसार विद्यालाभ के निमित्त एक से अधिक को गुरु रूप में वरण करने के लिए बाध्य होना पड़ता था।

अपने घर गुरु को रखना—साधारणतः यही नियम था कि विद्यार्थी गुरु के घर जाकर विद्योपार्जन करे। कोई-कोई धनी व्यक्ति पुत्र कन्याओं के शिक्षा निमित्त अपने घर भी आचार्य को रख लेता था। द्रुपदराजा ने अपने पुत्र-कन्याओं को इसी तरह शिक्षा दिलाई थी।[३] कृपाचार्य एवं आचार्य द्रोण भीष्म द्वारा ही स्थापित और प्रतिपालित हुए थे। उन्होंने राजगृह में रहकर ही कौरव-पांडवों को शस्त्र-विद्या की शिक्षा दी थी।[४] राजर्षि जनक ने आचार्य पंचशिक को चार वर्षों से भी

---

१. सभा० ५।७२

२. पुरास्त्रमिदमाग्नेयं प्रादात् किल बृहस्पतिः। इत्यादि। आदि १७०।२९, ३०

३. ब्राह्मणं मे पिता पूर्वं वासयामास पंडितम्। इत्यादि। वन ३२।६०-६२

४. आदि १३२ वाँ अध्याय।

अधिक काल तक अपने घर रखकर ही सांख्यविद्या का अध्ययन किया था।[1] आचार्य को अपने घर रखने के तीन दृष्टान्त मिलते हैं और वे तीनों ही धनी परिवार के हैं। समाज के अन्य स्तरों में शायद यह नियम प्रचलित नहीं था।

गुरु-शिष्य सम्प्रदाय—उस युग में भी गुरु-शिष्यों के बीच परम्परागत सम्प्रदाय गठित होता था। गुरु के गुरु का सम्मान करने के लिए प्रशिष्य बाध्य थे एवं स्वभावतः ही गुरु के ऊर्ध्वतन सम्प्रदाय के प्रति सम्मान प्रकट करने में वे कुंठित नहीं होते थे। द्रोणाचार्य के वध के बाद अर्जुन व धष्टद्युम्न के बीच वाग्युद्ध हुआ। सात्यकि अर्जुन के शिष्य थे। उन्होंने अर्जुन व द्रोण की निन्दा न सह सकने के कारण धृष्टद्युम्न का बहुत तिरस्कार किया। तिरस्कार का कारण गुरुनिन्दा था, विशेषतः गुरु के गुरु की निन्दा।[2]

अध्ययन की नियम प्रणाली—आचार्य का दायाँ पैर दाँयें हाथ से व बाँया पैर बाँयें हाथ से पकड़कर विद्याप्रार्थना करने एवं अन्यान्य नियम प्रणालियों के सम्बन्ध में चतुराश्रम प्रबंध में कहा जा सकता है। (दे० १०२वाँ पृष्ठ)

विद्यालाभ के तीन शत्रु—महात्मा विदुर ने कहा है, गुरु के उपदेश श्रवण की अनिच्छा, शिक्षणीय विषय को अल्पकाल में ही अधिकृत करने की व्याकुलता और 'शिक्षित हो गया हूँ' यह सोचकर मन में अंधकार का पोषण करना, ये तीन विद्यालाभ के प्रधान शत्रु हैं।[3]

विद्यार्थी के लिये परित्याज्य—विदुर ने और भी कहा है—आलस्य, अहंकार मोह, चपलता, अनेकों के साथ एक जगह रहना, औद्धत्य, अभिमान और लोभ ये सब विद्यार्थी के लिए परित्याज्य हैं।[4] विद्यालाभ करना हो तो सुख की आशा छोड़ दे। यदि सुख में अत्यधिक आसक्ति हो तो विद्यालाभ को आकाश का चाँद समझना चाहिये।[5] गुरु के घर सब विद्यार्थियों के लिए सुखकर नहीं थे, यह आचार्य वेद के चरित्र से जाना जा सकता है। सच्चे विद्यार्थी सुख की आशा छोड़कर ही विद्योपार्जन में मन लगायें।

विद्यार्थी का पहनावा—विद्यार्थी के पहनावे के विषय में कोई विस्तृत विवरण महाभारत में नही मिलता। अर्जुन से जो क्षत्रिय धर्नविद्या की शिक्षा लेते थे,

---

१. वार्षिकांश्चतुरो मासान् पुरा मयि सुखोषितः। शा ३२०।२६
२. गुरोर्गुरुञ्च भूयोऽपि क्षिपन्नैव हि लज्जसे। द्रो० १९७।२२
३. अशुश्रूषा त्वरा श्लाघा विद्यायाः शत्रवस्त्रयः॥ उ० ४०।४
४. आलस्यं मदमोहौ च चापलं गोष्ठिरेव च। इत्यादि । उ० ४०।५,६
५. सुखार्थिनः कुतो विद्या नास्ति विद्यार्थिनः सुखम्। उ० ४०।६

उन सबका परिधेय मृगचर्म था।[1] युयुधान, सात्यकि, अनिरुद्ध आदि राजकुमार भी जब मृगचर्म पहनते थे तो दूसरे विद्यार्थियों के सम्बन्ध में इसी नियम के लागू होने का अनुमान लगाया जा सकता है। एकलव्य का परिधान भी कृष्ण मृगचर्म ही था।[2] शिक्षार्थी के लिए ब्रह्मचर्य व्रत का पालन जरूरी था। अतः इन सब बातों से यह समझा जा सकता है कि उनका चाल-चलन बहुत ही सीधा-साधा होता था विशेषतः मृगचर्म के साथ सामंजस्य बनाये रखने के लिए यह मानना पड़ेगा कि दूसरे परिधानादि भी उसी तरह के होंगे। महर्षि गौतम के शिष्य उतंक के सिर पर जटा देखकर लगता है कि ब्रह्मचारी बाल, हजामत आदि नहीं बनवाते थे। तेल आदि स्निग्ध पदार्थों का व्यवहार करना उनके लिये निषिद्ध था।[3]

विद्यार्थियों के अन्नवस्त्र की व्यवस्था—विद्यार्थी भिक्षा लाकर गुरु को दे देते थे और गुरु ही उनके खाने पहनने की व्यवस्था करते थे। हर गृहस्थ विद्यार्थी को भिक्षा देने के लिए बाध्य था। इस विषय में आगे विस्तृत रूप से कहा जायगा।

दिन में किस समय आचार्य अध्यापन करते थे, इसका कोई वर्णन महाभारत में नहीं मिलता।

अनध्याय (छुट्टी)—किसी-किसी कारण से बीच-बीच में अध्ययन-अध्यापन बन्द रहता था। छुट्टी के दिन अध्ययन व अध्यापन करने को पापजनक बताया गया है।[4] युद्धविग्रह के समय विद्या-चर्चा स्थगित रहती थी। युधिष्ठिर के राजसूय यज्ञ के बाद श्रीकृष्ण जब द्वारिका गये तो देखा वहाँ स्वाध्याय, यागयज्ञ होम आदि सब कुछ बंद पड़ा था, पुरनारियों ने अलंकारादि उतार दिये थे। पूछने पर पता लगा कि शाल्वराज ने द्वारिका नगरी को घेर रक्खा था।[5]

तेज आँधी-तूफान, भूकम्प एवं अन्यान्य प्राकृतिक दुर्योगों के समय भी छुट्टी मनाई जाती थी।[6]

परीक्षा—धनुर्विद्या में परीक्षा देनी पड़ती थी। युधिष्ठिर आदि भाइयों की अस्त्र शिक्षा खत्म होने पर आचार्य द्रोण ने उनकी परीक्षा ली थी।

---

१. अर्जुनं ये च संश्रित्य राजपुत्रा महाबलाः।
अशिक्षन्त धनुर्वेदं रौरवाजिन वाससः॥ सभा ४।३३

२. स कृष्णमलदिग्धांगं कृष्णाजिन जटाधरम्। इत्यादि। आदि १३२।३९

३. अश्व ५६।९। शा २४२।२५

४. अनध्यायेष्वधीयीत। अनु ९३।११७। अनु ९४।२५। अनु १०४।७३

५. वन २०१२

६. शा ३२८।५५।५६

एक दिन आचार्य ने शिष्यों को बिना बताये शिल्पी द्वारा एक कृत्रिम पक्षी बनवाकर पेड़ की डाल पर रखवा दिया। शिष्यों से कहा, "उस पक्षी के सिर को लक्ष्य बनाकर बाण छोड़ना होगा।" लक्ष्य ठीक है कि नहीं यह समझने के लिए आचार्य ने एक एक से पूछा, "क्या देख रहे हो?" अर्जुन के अलावा सबने एक ही उत्तर दिया, "आपको, भाइयों को एवं सामने की हर चीज देख रहा हूँ।" लक्ष्य पर उनकी दृष्टि स्थिर नहीं थी, यह जानकर आचार्य ने सबकी भर्त्सना की। बाद में प्रिय शिष्य अर्जुन से भी वही प्रश्न पूछने पर अर्जुन ने उत्तर दिया, "मुझे सिर्फ पक्षी का मस्तक दिखाई दे रहा है।" गुरु ने आह्लादित होकर वाण छोड़ने की आज्ञा दी। आज्ञा मिलते अर्जुन ने पक्षी का सिर उड़ा दिया। यह थी प्राथमिक परीक्षा।[1] फिर एक दिन आचार्य ने कुरुराज धृतराष्ट्र से कहा कि कुमारों की शिक्षा समाप्त हो गई है। महाराज की अनुमति मिलने पर वे एक दिन सबके सामने अपना कौशल दिखायेंगे। धृतराष्ट्र ने सहर्ष चित्त आचार्य के प्रस्ताव का अनुमोदन किया। निर्दिष्ट दिन हाथ जोड़े, तरकश बाँधे, कटिबद्ध धनुर्धारी वीर कुमारों ने अनगिनत लोगों के बीच उपस्थित होकर अपने-अपने कौशल दिखाये। कुमारों की पटुता देखकर सब आश्चर्य चकित हो गये।[2]

गुरुदक्षिणा—शिक्षा समाप्त होने पर आचार्य को दक्षिणा देनी पड़ती थी। गुरु की सन्तुष्टि ही श्रेष्ठ दक्षिणा मानी जाती थी।"[3]

उतंक की दक्षिणा—उतंक ने आचार्य वेद के शिष्य रूप में विद्यालाभ किया था। उन्होंने समावर्त्तन से पहले गुरुदक्षिणा के लिए गरु को आदेश देने की प्रार्थना की। गुरु बोले "उपाध्याय पत्नी जो कहे वही करो।" उतंक के उपाध्याय पत्नी को प्रणाम करके पूछने पर उन्होंने आदेश दिया, "आज से चौथे दिन पुण्यक व्रत है। पौष्य राजा की क्षत्रिय पत्नी जो कुंडल पहनती है. वही कुंडल पहन कर मैं उस दिन ब्राह्मणों को भोजन परोसना चाहती हूँ। अतएव तुम वे दोनों कुण्डल माँग कर ले आओ।" उतंक ने कितने कष्ट से उपाध्याय पत्नी के आदेश का पालन किया था, यह विशद रूप से वर्णित है।[4]

विपुल की दक्षिणा—आचार्य देवशर्मा के शिष्य विपुल ने गुरुपत्नी के आदेश पर अत्यन्त कष्ट उठाकर स्वर्गीय पुष्प लाकर गुरुदक्षिणा दी थी।[5]

---

१. आदि १३२ वाँ व १३३ वाँ अ०।
२. आदि १३४ वाँ अ०।
३. दक्षिणा परितोषो वै गुरूणां सद्भिरुच्यते। अश्व ५६।२१। शा १२२।१३
४. आदि ३ रा अध्याय।
५. अनु ४२ वाँ अध्याय।

गुरु को प्रसन्न करने के निमित्त शिष्यों की कठोर साधना का बहुत स्थानों पर उल्लेख मिलता है। गुरु के आशीर्वाद से भी शिष्य सर्वविद्याओं के पंडित बनते थे। ब्रह्मचर्य का तेज व गुरुभक्ति ही उनकी शक्तिवृद्धि के प्रधान कारण थे।

कौरव-पांडवों की दक्षिणा—शस्त्र शिक्षा समाप्त होने पर जब कौरव पांडवों ने दक्षिणा के लिए गुरु की अनुमति माँगी तो आचार्य ने कहा, "पांचालराज द्रुपद को युद्ध में पराजित करके बन्दी रूप में मेरे सामने ले आओ, वही मेरी अभिलषित श्रेष्ठ दक्षिणा होगी।" आचार्य की आज्ञा मिलते ही शिष्यों ने प्रस्थान किया। कहने की बात नहीं है, आचार्य की इच्छा पूर्ण हुई। वीरश्रेष्ठ अर्जुन पांचालराज को बन्दी बनाकर ले आये। दरिद्र द्रोणाचार्य के विपत्ति के दिनों में सहपाठी द्रुपद ने उनका बंधुत्व स्वीकार करने से इन्कार कर दिया था एवं ऐश्वर्य के मद में मत्त होकर कहा था, दरिद्र ब्राह्मण के साथ राजा की मैत्री नहीं हो सकती। उन्होंने द्रोण का उपहास करके उनकी उपेक्षा की थी। उसी अपमान का बदला लेने के लिए आचार्य ने शिष्यों से दक्षिणा में अपना अभिप्राय पूर्ण करने को कहा था। बंदी पांचालराज को जब द्रोण के समक्ष उपस्थित किया गया तो द्रोण ने पांचालराज को क्षमा कर दिया और शिष्यों द्वारा जीते गये राज्य का आधा हिस्सा द्रुपद को लौटाकर उनसे मैत्री स्थापित कर ली। द्रोणाचार्य ने अपनी राजधानी भागीरथी के उत्तर तीर पर अहिच्छत्रापुरी में बनाई।[1]

अर्जुन की दक्षिणा—कौरव-पांडवों द्वारा दी गई सम्मिलित दक्षिणा में यद्यपि अर्जुन का हाथ ही अधिक था तब भी आचार्य ने अर्जुन से दुबारा दक्षिणा माँगी। अर्जुन को ब्रह्मशिरास्त्र देकर बोले, "युद्धक्षेत्र में मैं अगर तुम पर प्रहार करूँ तो तुम भी प्रतियुद्ध करना, यही मेरी दक्षिणा है।" अर्जुन ने आचार्य का आदेश शिरोधार्य करके बिदा ली।[2]

गालव की दक्षिणा—विश्वामित्र के शिष्य तपस्वी गालव ने गुरु के आदेश से आठ सौ घोड़े दक्षिणास्वरूप प्रदान किये थे। घोड़ों का रंग सफेद एवं कान के बाहर का हिस्सा काला था। गालव ने कितनी मुश्किलों से दक्षिणा जुटाई थी यह महाभारत में १३ अध्यायों में लिखी गई है।"[3]

एकलव्य की दक्षिणा—एकलव्य की दक्षिणा अपूर्व थी। ऐसी दक्षिणा का और एक भी उदाहरण नहीं मिलता। द्रोणाचार्य के उसे शिष्य रूप में ग्रहण न करने पर

---

१. आदि १३८ वाँ अध्याय।

२. युद्धेऽहं प्रतियोद्धव्यो युध्यमानस्त्वयानघ। आदि १३९।१४

३. उ० १०६ वाँ अ०—११८ वें अध्याय तक।

भी वह द्रोण की मिट्टी की मूर्ति बनाकर एकान्त में साधना करने लगा। एकाग्रता के प्रभाव से एकलव्य ने धनुर्वेद में सिद्धि प्राप्त कर ली। वाण विमोक्षण (वाण छोड़ना) आदान, प्रदान आदि विषयों में सिद्धहस्त हो गया।

एक बार कौरव पांडव द्रोण की अनुमति लेकर रथ पर सवार होकर शिकार को निकले, साथ में एक अनुचर था, जिसके पास कुत्ता था। कुमार वन वन घूम रहे थे, इतने में कुत्ते को अचानक एकलव्य दिखाई दिया। एकलव्य का शरीर धूल-धूसरित था, सिर पर जटाएँ थीं और बदन पर मगचर्म था। उसको देखते ही कुत्ते ने भौंकना शुरू कर दिया। एकलव्य ने भी पल भर में सात वाण कुत्ते के मुँह में छोड़ दिये। कुत्ता उसी हालत में पांडवों के निकट दौड़ा-दौड़ा आया। उसे देखकर पांडव वाण छोड़ने वाले की शब्दभेद-सामर्थ्य एवं वाण प्रक्षेपण की निपुणता समझ कर मन ही मन उसकी प्रशंसा करते हुए उसे खोजने को चल दिये। जंगल में कुछ दूर जाते ही एक लगातार वाण छोड़नेवाले कुरूप वीर पुरुष को देखकर उसका परिचय पूछा। प्रत्युत्तर में वीरपुरुष ने बताया कि वह निषादराज हिरण्यधनु का पुत्र एवं आचार्य द्रोण का शिष्य है। पांडवों ने लौटकर आचार्य से सम्पूर्ण वृत्तान्त कह सुनाया। अर्जुन ने अकेले में आचार्य से कहा, "आपने तो मुझे आशीर्वाद देकर कहा था, कि आपका कोई भी शिष्य मुझसे अधिक वीर नहीं होगा, लेकिन यह निषाद तो मुझसे अधिक कुशल है।" आचार्य अर्जुन के साथ एकलव्य के पास गये। गुरु को अपने समक्ष पाकर एकलव्य ने साष्टांग प्रणाम किया और हाथ जोड़कर खड़ा हो गया। आचार्य बोले, "तुम यदि मेरे शिष्य हो तो मैं आदेश देता हूँ कि मेरी गुरु दक्षिणा अभी दो।" शिष्य ने गुरु की आज्ञा से अपने को भाग्यवान समझकर गुरु की इच्छा जाननी चाही। अर्जुन के प्रति स्नेह से अंधे आचार्य ने उससे दाहिने हाथ का अँगूठा दक्षिणा में देने को कहा। शिष्य ने तत्क्षण प्रसन्न मुख, गुरु के आदेश का पालन करके अपने को धन्य माना। इस उपाख्यान में एकलव्य की मनुष्यता प्रस्फुटित हो उठी है। लेकिन द्रोण के चरित्र की दुर्बलताओं या कलंकसमूहों में यह कलंक दुर्निवार है। अर्जुन जैसे वीर पुरुष की यह ईर्ष्या भी समर्थन योग्य नहीं है।[1]

समावर्त्तन के बाद किसी-किसी शिष्य को गुरु द्वारा कन्यादान—आचार्य शिष्यों की श्रद्धा-भक्ति से इतने आकृष्ट होते थे कि कोई-कोई तो समावर्त्तन के बाद शिष्य के हाथों में अपनी कन्या सौंपकर गुरुशिष्य संबंध को और भी घनिष्ठ बना

---

१. आदि १३२ वाँ अध्याय।

देते थे। आचार्य उद्दालक ने शिष्य कहोड़ को एवं आचार्य गौतम ने शिष्य उतंक को अपनी कन्या दी थी। (दे० विवाह (क) पृ० १६)[1]

स्त्रियों की शिक्षा—महाभारत में अनेकों विदुषी महिलाओं के साथ हमारा साक्षात् होता है, लेकिन महर्षि द्रौपदी और उत्तरा के अलावा किसी की भी शिक्षा प्रणाली से हमारा परिचय नहीं होने देते।

गृहशिक्षक—यदि इन दोनों को ही दृष्टान्त स्वरूप लिया जाय तो कहना पड़ेगा कि कन्या के अभिभावक घर में शिक्षक रखकर ही कन्या की शिक्षा की व्यवस्था करते थे।

अभिभावक द्वारा शिक्षण—जिनकी वृत्ति अध्यापना थी वे स्वयं ही अपनी-अपनी कन्याओं की शिक्षा का भार लेते थे, उसके बारे में भी एक इशारा मिलता है। आचार्य गौतम ने शिष्य उतंक के समावर्त्तन के समय कहा था, "मेरी इस कन्या के अलावा दूसरी कोई कुमारी तुम्हारी पत्नी बनने के योग्य नहीं है।" उतक दीर्घकाल तक गुरु के घर रहकर अनेक विद्याओं के पंडित बने थे, अतएव लगता है आचार्य ने पहले से ही कन्या को पढ़ा-लिखाकर शिष्य की उपयुक्त पत्नी लायक बना दिया था। उनकी उक्ति से यही इंगित होता है।[2]

---

१ प्रबंध में इस जगह रवीन्द्रनाथ ने लिखा था—"गुरुकन्या से विवाह क्या निषिद्ध नहीं है?" मुझे लगता है बंगाली समाज में बहुत से लोग गुरुकन्या-विवाह को निषिद्ध ही समझते हैं, रवीन्द्रनाथ भी यही समझते थे। स्मार्त्त भट्टाचार्य रघुनन्दन ने अपने विवाहतत्त्व में, "गुरुपुत्रीति कृत्वाहं प्रत्याचक्षे न दोषतः" (आदि ७७।१७) महाभारत के इस श्लोक के 'दोषतः' शब्द की 'दृष्टदोषतः' के रूप में व्याख्या की है। अर्थात् "तुम गुरुकन्या हो, इसी कारण तुम्हें अस्वीकृत कर रहा हूँ, तुमसे विवाह करना दृष्टतः निर्दोष होते हुए भी पाप होगा", रघुनन्दन के अनुसार कच की उक्ति का यह तात्पर्य है। आगे भी रघुनन्दन ने "ब्रह्मदातुर्गुरोश्चैव सन्ततिः प्रतिषिध्यते", मत्स्यसूक्त के इस वचन को उद्धृत करके गुरुकन्या से विवाह की निषिद्धता का समर्थन किया है। किन्तु महाभारत के वचनों द्वारा रघुनन्दन का मत समर्थित नहीं होता। शुक्राचार्य यदि कच से अनुरोध करते तो कच भी देवयानी के पाणिग्रहण में आपत्ति नहीं करते; कच की "गुरुणा चाननुज्ञातः" (आदि ७७। १७) इस उक्ति से यही आभास मिलता है। बंगाली समाज के अनेकों प्रसिद्ध वंशों में भी गुरुकन्या विवाह के उदाहरण मिलते हैं। ढाका जिले में मितरा ग्राम के अर्द्धकाली वंश के पूर्वज राघवराम भट्टाचार्य ने अपने गुरु की कन्या अर्द्धकाली से विवाह किया था।

२. एतामृतेऽगना नान्या त्वत्तेजोऽर्हति सेवितुम्। अश्व ५६।२३

शकुन्तला——तापसी वेशधारणी कुमारी शकुन्तला ने पिता के आदेश से अतिथि-सत्कार का भार ग्रहण किया था। समागत अतिथि दुष्यन्त को पाद्यादि देकर उन्होंने कुशल-प्रश्न पूछा। कण्व ने जब उन्हें वरदान देना चाहा तो उन्होंने धर्म में चित्त की स्थिरता एवं पतिवंश के कल्याण का वरदान माँगा था। हस्तिनापुर की राजसभा में दुष्यन्त के साथ जो उनकी कथा-वार्ता हुई थी वह भी उनकी बुद्धिमत्ता व पांडित्य का परिचायक है। उनके चरित्र की आलोचना करने से पता लगता है कि उन्होंने ऊँची शिक्षा पाई थी।[१]

सावित्री——मन ही मन सत्यवान को वरण करने के बाद नारद के मुख से भावी पति की आसन्न मृत्यु की बात सुनकर भी सावित्री विचलित नहीं हुई। नारद तथा पिता अश्वपति द्वारा बार-बार अनुरोध किये जाने पर भी दूसरे को वरण नहीं किया। उस समय सावित्री ने जो युक्तिपूर्ण शास्त्रानुमोदित बातें कहीं थीं, उसी से उनके शास्त्र-ज्ञान का परिचय मिल जाता है। धर्मराज के साथ अचिर विवाहिता सावित्री का जो कथोपकथन हुआ था वह भी उनके पांडित्य को प्रकट करता है।[२] उनके पिता भी उन्हें गुणवती व शिक्षिता ही कहते थे।[३]

शिवा——वेद-वेदान्त आदि विषयों में भी किसी-किसी महिला को असाधारण पांडित्य प्राप्त था। शिवा नाम की एक महिला ने वेदादि शास्त्रों का अध्ययन करके तपस्या में अमरता प्राप्त की थी।[४]

विदुला, सुलभा तथा प्रभासभार्या——विदुला की तेजस्विता, सुलभा एवं प्रभासभार्या के योगपांडित्य के बारे में पहले ही कहा जा चुका है। (दे० ६५, ६६ वाँ० व ६७वाँ पृष्ठ)।

ब्रह्मज्ञा गौतमी——गौतमी नामक एक महिला बहुत पंडिता थीं। उनके एकमात्र पुत्र के सर्पदंशन से मर जाने पर मृत्युतत्व के संबन्ध में उन्होंने जो बातें कही थीं, वे गम्भीर पांडित्य व तपस्या की परिचायक हैं।[५]

आचार्या अरुंधती——महर्षि वशिष्ठ की पत्नी अरुन्धती उन्हीं जैसी समानशीला तथा विदुषी थीं।[६] कहा गया है कि ऋषि, देवता तथा पितगण शास्त्रतत्व के बारे

---

१. आदि ७१ वें से ७४ वें अध्याय तक।
२. वन २९२ वें से २९६ वें अध्याय तक।
३. स्वयमन्विच्छ भर्त्तारं गुणैः सदृशमात्मनः। वन २९२।३२
४. उ० १०९।१९
५. अनु० पहला अध्याय।
६. समानशीला वीर्येण वशिष्ठस्य महात्मनः। अनु० १३०।२

में उनसे उपदेश सुना करते थे। समागत जिज्ञासुओं की श्रद्धा व ज्ञानपिपासा की विशेष रूप से परीक्षा किये बिना वे उपदेश नहीं देती थीं। सब शास्त्रों पर उनका पूर्ण अधिकार था।[1]

पतिव्रता शांडिली—पातिव्रत्य धर्म के बारे में शांडिली को बहुत ज्ञान था। कैकयी सुमना के प्रश्न के उत्तर में उन्होंने जो उपदेश दिया है वह उनके गंभीर पांडित्य का द्योतक है।[2]

दमयन्ती—नल-दमयन्ती उपाख्यान में दमयन्ती के जिस धैर्य, बुद्धिमत्ता और मार्जित रुचि का परिचय मिलता है, इससे उनकी उच्च शिक्षा का अनुमान लगाया जा सकता है।[3]

एक ब्राह्मणी—ब्राह्मण गीता में देखा जाता है कि एक ब्राह्मण दम्पत्ति अध्यात्मतत्व की बातें कर रहे थे। पत्नी प्रश्न पूछ रही थी और पति उत्तर दे रहा था। इस दम्पति की शास्त्र चर्चा से पता चलता है कि अगर पति पंडित होता था तो उससे भी पत्नी शिक्षा ग्रहण किया करती थी। यद्यपि ब्राह्मण दम्पति की कल्पना मन तथा बुद्धि के रूप में की गई है, तब भी अगर समाज में ऐसा व्यवहार प्रचलित न होता तो कल्पना करना भी असंभव होता।[4]

शिखंडी—शिखण्डी का उपाख्यान बहुत ही अजीब है। उन्होंने कन्या रूप में जन्म लिया था, बाद में महादेव के वर के प्रभाव से पुरुषत्व प्राप्त किया था। कन्या अवस्था में ही उन्होंने धनुर्विद्या और शिल्पादि विद्याओं की शिक्षा ली थी। धनुर्विद्या में द्रोणाचार्य उनके गुरु थे।[5] उन्होंने द्रोण के घर जाकर शिक्षा ली थी या द्रोण को अपने घर रक्खा था, इसके बारे में कुछ पता नहीं लगता। वह पुरुष की तरह ही पोशाक आदि पहनती थीं एवं पुरुष रूप में ही अपना परिचय देती थीं। इससे लगता है कि उन्होंने गुरु के ही घर जाकर धनुर्विद्या की शिक्षा ली थी। इन सब उपाख्यानों से स्त्रियों की शिक्षा के विषय में बहुत कुछ जाना जा सकता है। कुरुराज्य के अन्तःपुर में जिन रमणियों के साथ हमारा साक्षात् होता है, उनमें से प्रत्येक धर्म तथा राजनीति में विशेष रूप से पारंगत थीं।

---

१. अनु १३० वाँ अध्याय।

२. अनु १२३ वाँ अध्याय।

३. वन ५७ वें अध्याय से ७७ वें अध्याय तक।

४. अश्व २० वें अध्याय से ३४ वें अध्याय तक।

५. उ० १९१ वें अध्याय से १९४ वें अध्याय तक।

गंगा---शान्तनु-पत्नी गंगा देव व्रत भीष्म की जननी थीं। उन्होंने सर्वगुण विभूषिता के रूप में कीर्ति अर्जित की है।[1]

सत्यवती---विचित्रवीर्य की अकालमृत्यु के बाद सत्यवती के बुद्धिबल से ही नष्टप्राय कुरुवंश पुनः प्रतिष्ठित हुआ था। वे निवृत्ति एवं प्रवृत्ति धर्म के रहस्य से अवगत थीं।[2] उन्होंने कहाँ, किस तरह शिक्षा पाई थी यह पता नहीं चलता।

गांधारी---कुमारी अवस्था में ही गांधारी रोज शिव की उपासना करती थीं। पति के अन्धत्व की बात सुनकर विवाह के समय आँखों पर पट्टी बाँधकर वे भी अन्ध बन गई थीं। पतिगृह में अनेक कार्यों में उनकी तीक्ष्ण बुद्धि का परिचय मिलता है। व्यासदेव ने कहा है, गांधारी महाप्रज्ञा, बुद्धिमती, धर्मार्थदर्शिनी एवं अच्छे-बुरे की विवेचना में निपुण थीं।[3] धृतराष्ट्र, विदुर आदि व्यक्ति भी गांधारी को दीर्घदर्शी मानते थे। अनेक विषयों में उनकी असाधारण तेजस्विता प्रकट होती है। (दे० नारी प्रबंध पृ० ६८)

कुन्ती---कुन्ती की शिक्षा के सम्बन्ध में कोई जानकारी नहीं मिलती। ब्राह्मण तथा अतिथि-सत्कार का भार कुमारी अवस्था में ही कुन्तीभोज ने उनके कंधों पर डाल दिया था।[4] जतुगृह-दाह के बाद जब वे एकचक्रा नामक नगरी में एक ब्राह्मण के घर रही थीं तब अपने पुत्र भीम को राक्षस के पास भेजकर ब्राह्मण परिवार को भयानक विपत्ति से बचाया था। उनके चरित्र से पता लगता है कि वे भी अशिक्षिता नहीं थीं।

द्रौपदी---द्रौपदी ने एक गृहशिक्षक से वृहस्पति राजनीति की शिक्षा ली थी। उनके चरित्र के बारे में पहले ही कहा जा चुका है (दे० नारी प्रबंध पृ० ६९)। पंडिता, पतिव्रता, धर्मज्ञा, धर्मदर्शिनी आदि विशेषणों से उनके पांडित्य का अंदाज लगाया जा सकता है।[5] द्वैतवन में (वन २८ वाँ अ०) युधिष्ठिर के साथ हुए उनके

---

१. आदि ९८ वाँ अध्याय।

२. वेत्थ धर्मं सत्यवति परंचापरमेव च। आदि १०५।३९

३. महाप्रज्ञा, बुद्धिमती देवी धर्मार्थदर्शिनी।
आगमापायतत्त्वज्ञा कच्चिदेषा न शोचति॥ आश्र २८।५। आदि ११० वाँ अ०।

४. नियुक्ता सा पितुर्गेहे ब्राह्मणातिथिपूजने। आदि १११।४

५. प्रिया च दर्शनीया च पंडिता च पतिव्रता। वन २७।२
लालिता सततं राज्ञा धर्मज्ञा धर्मदर्शिनी। शा १४।४
ब्राह्मणं मे पिता पूर्वं वासयामास पंडितम्। इत्यादि। वन ३२।६०-६२

कथोपकथन से पता चलता है कि वे अनेकों पौराणिक उपाख्यानों एवं राजधर्म को भली भाँति जानती थीं। कृष्ण के दूतरूप में कुरु सभा में जाने से पहले उन्होंने जो कुछ कहा था उससे भी उनके राजनीतिक ज्ञान का परिचय मिलता है। (उ० ८२ वाँ अ०)। सत्यभामा के साथ विश्रम्भालाप के समय भी (वन ३३२ वाँ अ०) उनके पातिव्रत्य धर्म की अभिज्ञता देखकर दाँतों तले उँगली दबानी पड़ती है। अतिथि की अभ्यर्थना किस तरह करनी चाहिए यह भी वह अच्छी तरह जानती थीं। (वन २६५ वाँ अ०) अपने दैनिक कार्यों के संबंध में अपने मुख से उन्होंने जो कुछ कहा है, उससे पता चलता है कि रोज हजारों आदमियों के खाने पीने का तत्वाधान उन्हीं को करना पड़ता था। सैकड़ों दास दासियों के काम काज पर नजर रखना, समय पर उन्हें वेतन देना, उनके अभावादि पर लक्ष्य रखना आदि अन्तःपुर के हर कार्य का भार उन्हीं के कन्धों पर था। राजकोष के आय व्यय के हिसाब रखने का दायित्व भी उन्हीं पर था। वह अकेली ही सब हिसाब रखती थीं।[1] इतनी क्षमता तथा पांडित्य महाभारत में दूसरी किसी भी गृहिणी में दिखाई नहीं पड़ती।

उत्तरा—विराट् राजा की कन्या उत्तरा और उसकी सखियों ने बृहन्नला (अर्जुन) से गीत, नृत्य व वाद्य की शिक्षा ली थी। अज्ञातवास के समय अर्जुन ने विराट् राजा की पुरी में संगीतशिक्षक के रूप में अपना परिचय दिया था और उनके अन्तःपुर की बालिकाओं के शिक्षकरूप में नियुक्त हुए थे।[2]

माधवी—ययाति राजा की कन्या माधवी संगीत विद्या में पारंगत थीं।[3] उनकी शिक्षा किस तरह हुई थी इसके बारे में पता नहीं लगता।

जो कुछ उदाहरण मिले हैं, उनमें प्रायः सभी धनी एवं संभ्रांत परिवारों की कन्याओं के हैं। साधारण समाज में कन्याओं की शिक्षा किस तरह होती थी इसका कोई संकेत महाभारत में नहीं मिलता।

शास्त्रों पर स्त्रियों का अधिकार—स्त्रियों के शास्त्र चर्चा करने के विरोध में सिर्फ एक उक्ति मिलती है।[4] लेकिन पक्ष में उदाहरण स्वरूप अनेकों पंडिताओं तथा दीर्घदर्शिनियों को लिया गया है। लगता है, वेद पर स्त्रियों का अधिकार उसी काल में खत्म होना शुरू हो गया था। इसी कारण किसी-किसी ने शास्त्रों पर स्त्रियों का अनधिकार बताया है।

---

१. वन २३२ वाँ अध्याय।

२. स शिक्षयामास च गीतवादितम्। इत्यादि। वि० ११।१२, १३

३. बहुगन्धर्वदर्शना। उ० ११६।३

४. निरिन्द्रिया ह्यशास्त्राश्च स्त्रियोऽनृतमिति श्रुतिः। अनु० ४०।१२

वेदाभ्यास द्विजाति का नित्यकर्म—प्रतिदिन वेदपाठ करना द्विजाति के नित्यकर्मों के अन्तर्गत था। नित्यकर्मों का अनुष्ठान न करना पाप समझा जाता था। अधीत विषय की बार-बार आलोचना करने से संस्कार दृढ़ होते हैं। उस समय श्रुति, स्मृति आदि शास्त्रों की व्याख्या की व्याख्या विस्तृति व स्थायित्व विशेषतः मौखिक आलोचना पर ही निर्भर था, इस कारण ही सम्भवतः स्वाध्याय की नित्यता विहित हुई है। वेदपाठ का प्रासंगिक फल ब्रह्मलोक प्राप्ति माना जाता था। स्वाध्याय के गुणगान के साथ-साथ विद्यादान का गुणगान भी हुआ है। जो उपयुक्त शिष्य को उपदेश देता है उसे भूदान व गोदान का पुण्य लगता है ऐसा कहा गया है।[1]

वेदाभ्यास हर अवस्था में अपरित्याज्य—द्विजाति चाहे किसी भी अवस्था में क्यों न रहे वेदाभ्यास का परित्याग नहीं कर सकता। राजा दुष्यन्त ने कण्वमुनि के आश्रम में प्रवेश करते ही वेदध्वनि सुनी थी।[2] विपत्ति के दिनों में भी गृहहीन पांडवों ने वेदाभ्यास नहीं छोड़ा। बक-राक्षस निधन के बाद जब उन्होंने ब्राह्मण के घर आश्रय लिया था तब भी रीति अनुसार दैनिक स्वाध्याय चलता था।[3] कर्ण स्वयं को क्षत्रिय ही मानते थे। कर्णकुन्ती संवाद में देखा जाता है कि कुन्ती भागीरथी की ओर जा रही थीं; पुत्र से साक्षात् होने से पहले ही उन्होंने वेदाध्ययन की ध्वनि सुनी थी।[4] स्वाध्याय का नित्यत्वविधान शास्त्रों की रक्षा का श्रेष्ठ उपाय है। नित्यप्रति वेदपाठ न करने से पाप होगा यह सोचकर हर ब्राह्मण थोड़ा-बहुत अध्ययन अवश्य करता था।

निःस्वार्थ अध्यापना—मृतकाध्यापना (विद्यार्थी से अर्थ लेकर पढ़ाना) अत्यन्त घृणित समझा जाता था। इस तरह की अध्यापना निषिद्ध बताई गई है।[5] निःस्वार्थ अध्यापना का आदर्श उस काल के अध्यापक समाज में विशेष रूप से आदृत माना जाता था। इस कारण दरिद्र के लिये भी उच्च शिक्षा दुष्प्राप्य नहीं थी। आश्रम की शिक्षा या तपोवन की शिक्षा हर विद्यार्थी के लिये उस तरह सुप्राप्य न होते हुए भी पंडितों द्वारा कहानी के माध्यम से होनेवाली शिक्षा का काफी प्रसार था।

---

१. इहलोके च वा नित्यं ब्रह्मलोके च मोदते। अनु ७५।१०
यो ब्रूयाच्चापि शिष्याय धर्म्यां ब्राह्मीं सरस्वतीम्। इत्यादि। अनु ६९।५

२. आदि ७० वाँ अध्याय।

३. तत्रैव न्यवसान् राजन् निहत्य वकराक्षसम्।
अधीयानाः परः ब्रह्म ब्राह्मणस्य निवेशने॥ आदि १६५।२

४. गंगातीरे पृथा श्रोषी द्वेदाध्ययननिस्वनम्॥ उ० १४४।२७

५. सत्यानृतेन हि कृत उपदेशी हिनस्ति हि॥ अनु १०।७४

वनपर्व में मार्कण्डेय, वृहद्रथ, लोमश आदि मुनि-ऋषियों के नाना प्रकार के उपदेश भी सम्भवत : हमारे अनुमान के समर्थक होंगे।

पर्यटक मुनि ऋषिगण—एक तरह के पर्यटक अध्यापक भ्रमण के दौरान में उपदेश दिया करते थे। उनके द्वारा वर्णित उपाख्यान इस काल की लोकशिक्षा के प्रधान सहायक थे। वे कहानी के माध्यम से वेद-वेदान्तों के गूढ़ रहस्य का अत्यन्त सरल भाषा में प्रचार करते थे। इस श्रेणी के अध्यापक बिल्कुल निर्लोभी होते थे। उनकी आवश्यकताएँ भी अधिक नहीं थीं। जंगल के फल मूल द्वारा ही उनका जीवन निर्वाह होता था। वनपर्व में ऋषि-मुनियों की तीर्थयात्रा के वर्णन से लगता है कि वे लोग मानों चलन्त विद्यालयों की तरह उपदेश देते हुए फिरते थे।

ज्ञानविस्तार की आकांक्षा—शान्ति व अनुशासन पर्व के अनेकों अध्यायों के अंत में देखा जाता है कि जनसमाज में उपाख्यानों तथा दूसरे तत्वों को प्रकाश में लाने के लिये महर्षि कितने उत्सुक थे। प्रकाश में लाने वाले के न जाने कितने पुण्यों का उल्लेख किया है। प्रकाशित करने में और कोई पुण्य चाहे होता हो या न होता हो, लेकिन सर्वसाधारण का लाभ होता था, इसमें सन्देह नहीं है। ऋषि-कवि की प्रकाश में लाने की इस आन्तरिक इच्छा से भी उस काल की जनशिक्षा-प्रणाली की एक धारा से हमारा परिचय होता है।

कहानी के माध्यम से शिक्षा का विस्तार——मौखिक रूप से कहानी द्वारा शिक्षा-प्रसार की आवश्यकता उन्होंने अच्छी तरह समझी थी, इसी कारण इतनी उत्सुकता थी। जनशिक्षा के लिये कहानी के माध्यम से उपाख्यानादि सुनाना कितना उत्कृष्ट था यह बात हम लोग आजकल करीब-करीब भूल गये हैं। पुराण पाठ एवं सुकंठ वाले कथक की कथाओं द्वारा समाज की हर श्रेणी के स्त्री-पुरुषों तक कितनी अच्छी बातें पहुँचतीं थीं।

पुराण, इतिहास आदि की प्रचारव्यवस्था—जो पुराण, इतिहास आदि शास्त्रों के तत्व श्रद्धालु लोगों तक पहुँचाते थे उन्हें 'पंक्तिपावन' के नाम से प्रशंसित किया गया है।[1]

शिक्षा की व्यापकता—जनसाधारण में मौखिक रूप से ही शिक्षा का विस्तार होता था। पुराण पाठक, कथक व अन्यान्य उपांगों के उपदेष्टा पंडित राजसभा में

---

१. यतयो मोक्षधर्मज्ञा योगाः सुचरितव्रताः।
ये चेतिहासं प्रयताः श्रावयन्ति द्विजोत्तमान॥ इत्यादि। अनु ९०।
३३, ३४

विशेष रूप से सम्मानित किये जाते थे। शिक्षा प्रतिष्ठानों की संख्या बहुलता का कोई उल्लेख न होते हुए भी साधारण लोगों में शिक्षा का जो प्रसार देखने में आता है उससे विद्या या पांडित्य की विस्तृति के विषय में कोई सन्देह नहीं रह सकता। बाजार-हाट में, कसाईखाने में, बनिये की दुकान पर उपनिषद् व धर्मशास्त्रों की आलोचना में संलग्न, स्वकर्मनिरत महापंडितों के साथ महाभारत के पाठक का साक्षात् होता है। इससे यह अनुमान लगाया जा सकता है कि उस युग में विद्या-चर्चा का प्रभाव कितना अधिक था। विशेषतः शिक्षा ग्रहण के आश्रम बहुत ही सीधे-साधे व आडम्बररहित थे, अतः किसी प्रकार की आर्थिक कठिनाई का सवाल ही नहीं उठता था। अध्यापक विद्यार्थी से किसी तरह का पारिश्रमिक तो लेते ही नहीं थे, उस पर विद्यार्थी के अन्न-वस्त्र की व्यवस्था भी उन्हीं को करनी पड़ती थी। पूर्व में जो गुरुगृहों के कुछ उदाहरण देखने को मिले हैं उन सबमें यही व्यवस्था थी।

अध्यापना में शास्त्रीय प्ररोचन—'जो अध्यापक दुःख को दुःख नहीं समझता वह स्वर्ग का अधिकारी है'।[1] इस तरह की फलश्रुतियाँ या उत्साहवर्द्धक शास्त्र-वचन भी, लगता है विद्या-प्रसार में सहायक थे। पाप, पुण्य, स्वर्ग, नरक आदि में विश्वास रखने वाले आस्तिक संभवतः इन वाक्यों से उत्साहित होते थे।

सशिष्य गुरु का देश-भ्रमण—अनेकों अध्यापक शिष्यों के साथ देश-विदेश का भ्रमण करते थे। दुर्वासा के सशिष्य भ्रमण से लगता है कि देश देश के भ्रमण के दौरान में हुए नये ज्ञान का संधान, अनेकों अनजान प्रकृतियों से परिचय आदि भी उस काल में शिक्षा के एक अंगरूप में ही विवेचित होते थे। किसी निर्दिष्ट स्थान विशेष तक शिक्षा सीमित नहीं थी। इसी कारण सर्वांगीण चित्तवृत्ति विकास के विरोधी तत्वों को पनपने का मौका नहीं मिलता था। इस आरण्यक शिक्षा, प्राकृतिक शिक्षा तथा पथ की शिक्षा को उस काल की एक एक विशेष शिक्षा पद्धति के रूप में लिया जा सकता है।[2]

शिक्षा-विस्तार में तीर्थों का सहयोग—शिक्षा के उपाय एवं विस्तृति के सम्बन्ध में गौर करने पर दो एक बातें और भी ध्यान में आती हैं। वन पर्व या शल्य पर्व की तीर्थवर्णना में भौगोलिक रूप से अखंड भारत के परिचय के अलावा लगता है एक और उद्देश्य भी था। काशी, गंगाद्वार (हरिद्वार), अयोध्या, मथुरा, द्वारका आदि तीर्थ क्षेत्रों में साधु, महात्मा, ब्रह्मर्षि, पंडित, अपंडित आदि हर तरह के लोग पुण्यलाभ की इच्छा या मुक्ति-कामना से आकर इकट्ठे होते थे। तीर्थों में महा-

---

१. अध्यापकः परिक्लेषादक्षयं फलमश्नुते। अनु० ७५।१८

२. वन २६२ वाँ अध्याय।

पुरुषों द्वारा दिये गये अनेकों प्रकार के उपदेश व वेद, उपनिषद्, पुराण, इतिहास आदि की आलोचना से भी सम्भवतः सभी उपकृत होते थे। तीर्थराज काशी तो अभी तक भारत का श्रेष्ठ शिक्षा केन्द्र है। महापुरुषों के समागम में श्रेष्ठ व गौण विद्याओं की कैसी आलोचना होती थी, उसका प्रकृष्ट प्रमाण 'कुंभमेला' है। बुद्धदेव भी धर्मप्रचार के लिए सबसे पहले काशी ही गये थे। अतएव तीर्थभ्रमण से भी शिक्षा प्रसार में बहुत सहायता मिलती है, यह अनायास ही कहा जा सकता है। सम्भवतः तीर्थ भ्रमण के प्रलोभन तथा गुणगान में इस तरह का गूढ़ रहस्य भी था। तीर्थभ्रमण का अन्यतम उद्देश्य शिक्षा में परिणत हुआ कि नहीं, यह भी सोचने का विषय है।

विद्वानों की बस्ती में रहने का उपदेश––जिस देश में विद्वान् व्यक्ति न रहते हों, शास्त्रकारों ने उस जगह को रहने के लिए अनुपयुक्त बताया है।[1] शिक्षाप्रसार के उपायों में ये उपदेश भी उपेक्षणीय नहीं हैं।

यज्ञमंडप शिक्षा-प्रसार के केन्द्र––शिक्षा-प्रसार का एक और भी साधन था। प्राचीन भारत के यज्ञमंडपों में यज्ञदर्शक व्यक्तियों को पवित्र होम धूम्रसेवन के साथ-साथ अनेकों प्रकार की शास्त्रीय आलोचनाएँ सुनने का भी मौका मिलता था। नाना देशों से आये हुए याज्ञिकों की वेदालोचना से यज्ञभूमि निरन्तर मुखरित रहती थी। अधिकांश पुराण व इतिवृत्त यज्ञभूमि द्वारा ही जनसाधारण तक पहुँचते थे। महाभारत का प्रथम प्रचार––तक्षशिला (रावलपिंडी) में जनमेजय के सर्पयज्ञ के मंडप में हुआ था। दूसरी आवृत्ति नैमिषारण्य में कुलपति शौनक के द्वादश वार्षिक यज्ञ में हुई थी। अतएव यह अनुमान बिल्कुल सही है कि यज्ञमंडप भी एक विराट् शिक्षणालय का काम करते थे। यज्ञ भी उस युग में कम नहीं होते थे। प्रत्येक जनपद में याज्ञिक ब्राह्मण थे। विशेषतः अग्निहोत्र उस युग में प्रातः व सायंकाल के नित्यकर्मों में गण्य था।

शिक्षा की बलिष्ठता––यद्यपि राजसमर्थन ही शिक्षा का प्रधान साधन था, तब भी इन सब साधनों द्वारा भी शिक्षा का प्रसार होता था। यद्यपि शिक्षा राजतन्त्र के अन्तर्गत थी, राज्य के साथ उसे अविच्छिन्न रूप से जुड़ा रहना पड़ता था, तब भी राजाओं की धर्मप्रवणता एवं पूरे समाज का समर्थन होने के कारण शिक्षा व्यवस्था की अपनी अबाधित गति में कहीं कोई रुकावट नहीं पड़ती थी।

राजसभा में विद्वान––उस समय भारतवर्ष में छोटे-बड़े अनेकों राज्य थे। सभापर्व के दिग्विजय वर्णन में उन सबके साथ हमारा परिचय होता है। हस्तिनापुर या द्वारका की अपेक्षा छोटे होते हुए भी सभ्यता एवं चाल-चलन में वे सब

---

१. अनु० १६३ वाँ अध्याय।

राज्य एक ही समान थे। हस्तिनापुर, इन्द्रप्रस्थ व द्वारिकापुरी की राजसभाओं में पंडित यथेष्ट आदर पाते थे।[1] हस्तिनापुर में नारद, व्यास आदि ऋषि प्रायः ही उपस्थित रहा करते थे। पंडित धौम्य युधिष्ठिर के पुरोहित थे। दूसरी राजसभाओं के वर्णन में पंडितों के विषय में विशेष उल्लेख न मिलने पर भी गुणीजनों का आदर अवश्य होता था, यह अंदाज लगता है। गुणी एवं पंडितों को सम्मान का आसन देना राजधर्म के अन्तर्गत था। हर जगह कवि व गुणियों ने राजाओं की सहायता से ही अपनी-अपनी प्रतिभा दिखाई है। आज भी शिक्षा के विषय में धनी व्यक्तियों का दान उल्लेखनीय है। घर में ही चतुष्पाठी स्थापित करके अध्यापक व विद्यार्थियों का भरण पोषण करना अभी भी प्राचीनपंथी धनी समाज में आभिजात्य (कुलीनता) का लक्षण माना जाता है।

मिथिला की विद्यापीठ—वे सब निर्लोभी पंडित राजसभा में रहते हुए अनेकों शास्त्रों का उपदेश देते थे, उससे भी शिक्षा में सहायता मिलती थी। मिथिलानगरी उस काल के भारत में शिक्षा का बृहत्तम केन्द्र थी ऐसा लगता है। वनपर्व में देखा जाता है कि एक व्याध जो मिथिला के बाजार में बैठकर मांस विक्रय करता है, वह भी सब शास्त्रों का ज्ञाता है।[2] आचार्य पंचशिख मिथिला के राजपरिवार के साथ चार साल से भी अधिक रहे थे। उस समय राजर्षि जनक ने सांख्य दर्शन का अध्ययन किया था।[3] ब्रह्मचारिणी सुलभा मिथिला का सुनाम सुनकर ही वहाँ राजर्षि से मिलने गई थी।[4] हर प्रसिद्ध आचार्य को एक बार मिथिला जाना ही पड़ता था। माण्डव्य, पाराशर, वशिष्ठ, अष्टावक्र आदि ऋषियों को मिथिला में राजर्षि जनक के साथ शास्त्र-चर्चा में संलग्न पाया जाता है।[5]

धनियों के यहाँ द्वार पंडित—राजर्षि की सभा में बन्दी नामक एक बहुत बड़े दार्शनिक पंडित थे। उनके पांडित्य की ख्याति चारों ओर फैली हुई थी। उनके साथ शास्त्रार्थ करने के उद्देश्य से अनेकों देशों के पडित आया करते थे। कहा गया है कि महर्षि अष्टावक्र बारह वर्ष की अवस्था में अपने मामा श्वेतकेतु के साथ

---

१. तत्रागच्छन् द्विजा राजं सर्ववेदविदां वराः। आदि २०७।३८
ब्राह्मणा नैगमास्तत्र परिवार्योपतस्थिरे। मौ ७।८

२. वन २०५ वाँ अध्याय।

३. स यथा शास्त्रदृष्टेण मार्गेनेह परिभ्रमण।
वार्षिकांश्चतुरो मासान् पुरा मयि सुखोषितः॥ शा ३२०।२६

४. तव मोक्षस्य चाप्यस्य जिज्ञासार्थमिहागता॥ शा ३२०।१८६

५. शा० २७५ वाँ अ०, २९० वाँ अ०, ३०२ वाँ अध्याय।

जनक की सभा में शास्त्रार्थ करने के लिए मिथिला गये। लेकिन बीच में द्वाररक्षक के साथ भी थोड़ी चर्चा करनी पड़ी, बाद को वे सभा में गये। अष्टावक्र के साथ पंडित बंदी का शास्त्रार्थ हुआ। विषय था 'आत्मतत्त्व'। बालक महर्षि से प्रख्यात पंडित बंदी शास्त्रार्थ में पराजित हो गये।[1] मिथिला में ब्रह्मविद्या-आलोचना का जो प्रशस्त क्षेत्र देखने में आता है, उससे लगता है कि मिथिला नगरी विद्या-चर्चा का एक प्रधान केन्द्र थी, विशेषतः दर्शनशास्त्र की ऐसी आलोचना और कहीं नहीं होती थी।

बद्रिकाश्रम की विद्यापीठ—पहले ही कहा जा चुका है कि महर्षि द्वैपायन एक पर्वत पर अध्यापना करने थे। सम्भवतः बद्रिकाश्रम ही उनकी अध्यापना का केन्द्र था। क्योंकि श्रीमद्भागवत में पाया जाता है कि व्यासदेव का आश्रम बद्री में था। (वर्तमान बद्रिकाश्रम ही क्या ?) उनके आश्रम में भी चार शिष्य होने का उल्लेख है। देवर्षि नारद भी बद्री-आश्रम में दीर्घकाल तक रहे थे। लगता है वह आश्रम भी विद्या-चर्चा के लिए प्रसिद्ध था।[2]

नैमिषारण्य में महाविद्यालय—महाभारत के प्रारम्भ में ही हमारा एक आश्रम के साथ परिचय होता है, उसका नाम है नैमिषारण्य। वहाँ शौणक नामक एक कुलपति ने द्वादश वर्षीय एक यज्ञ किया था।[3] कुलपति शब्द का साधारण अर्थ है जो 'कुल में प्रधान हो'। किन्तु शब्द-शास्त्र का नियम है कि शब्द का यदि कोई और सर्वजन प्रसिद्ध (रूढ़) अर्थ हो तो साधारण अर्थात् यौगिक अर्थ दुर्बल पड़ जाता है।[4] जो दस हजार शिष्यों को अन्नदान के साथ विद्यादान देता हो उसे 'कुलपति' कहते हैं। यह अर्थ रूढ़ है।[5] टीकाकार नीलकंठ ने रूढ़ अर्थ ही लिया है। रूढ़ अर्थ ग्रहण के पक्ष में एक तर्क यह भी है कि शिष्य सम्पद अधिक न होने पर बारह साल व्यापी एक महायज्ञ की परिचालना करना संभव नहीं होता। महर्षि दुर्वासा की शिष्य संख्या भी अयुत अर्थात् दस हजार मिलती है।[6] 'बहु' के अर्थ में भी सहस्र, अयुत आदि शब्द प्रयुक्त होते हैं।[7] यदि यही मान लिया जाय तो समझना

---

१. वन १३३ वाँ व १३४ वाँ अध्याय।
२. शा० ३४४ वें से ३४६ वें अध्याय तक।
३. नैमिषारण्ये शौनकस्य कुलपतेर्द्वादशवार्षिके सत्रे। आदि १।१
४. लब्धात्मिका सती रूढ़िर्भवेद्योगापहारिणी ।। (तन्त्रवार्त्तिक)
५. एको दशसहस्राणि योऽन्नदानादिना भरेत्।
स वै कुलपतिः—।। नीलकंठ टीका, आदि १।१
६. अभ्यगच्छत् परिवृत्तः शिष्यैरयुतसम्मितैः। वन २६२।२
७. मीमांसादर्शन ६।७।३१

चाहिए कि महर्षि शौणक बहुत से विद्यार्थियों को अन्नदान के साथ विद्यादान देते थे। जिन्हें राजसभा में सभापंडित या द्वारपंडित का आसन मिलता था, वे भी विद्यार्थियों से अध्यापना के पारिश्रमिक रूप में किसी भी प्रकार की दक्षिणा नहीं लेते थे। भृतकाध्यापन (शुल्क लेकर पढ़ाना) की निन्दा के विषय में पहले ही कहा जा चुका है।

आचार्यों की वृत्ति—विद्यार्थी भिक्षा माँगते थे और लाकर गुरु को देते थे, उपमन्यु के उपाख्यान से यह पता चलता है। गुरु सब शिष्यों को अपने परिवार का अंग बना लेते थे। शिष्य को हर प्रयोजनीय वस्तु आचार्य ही देते थे। गुरु-गृहों के जितने उदाहरण मिलते हैं, सबमें यही व्यवस्था देखने में मिलती है। खाद्य वा वस्त्र संग्रह करने की किसी शिष्य की कोई चेष्टा दिखाई नहीं देती। कर्त्तव्य बोध के कारण ही मानों गुरु के उद्देश्य से भिक्षा माँगने का नियम था। जो दरिद्र आचार्य स्वतन्त्र रूप से अध्यापना करते थे उन्हें राजसरकार से कुछ दक्षिणा मिलती थी। नारद ने युधिष्ठिर से पूछा था, "तुम उपयुक्त गुणी व्यक्तियों को यथोचित दान तो देते रहते हो न?"[1]

राजकीय सहायता—जो लोग याजन, अध्यापना व विशुद्ध प्रतिग्रह आदि ब्राह्मणवृत्ति द्वारा जीविका-निर्वाह करते थे उनसे कर लेना राजा के लिये वर्जित था।[2] जिस समाज में राजधर्म के साथ समस्त शुभ अनुष्ठान अंगागिभाव से सम्बद्ध थे उस समाज में अध्यापकों को खाने पहनने की तकलीफ थी, यह आशंका करना निर्मूल है। (ख्याल रहे राजनीति और राजधर्म एक नहीं है। जिस राजनीति को धर्म के अंगरूप में लिया जाता था, वही राजधर्म था।)

साधारण समाज का दान—गहस्थ आचार्य सर्वसाधारण की श्रद्धा के पात्र थे। इसीलिये यागयज्ञ में भी उनको निमन्त्रण दिया जाता था। उन्हें मिलनेवाली दक्षिणा की आय भी शायद उनके बृहत् परिवार के प्रतिपालन में सहायता करती थी। आचार्य देवशर्मा एवं आचार्य वेद को इसी तरह दक्षिणा मिलने का वर्णन मिलता है।[3] आज भी हिन्दू समाज में बड़े-बड़े अनष्ठानों में ब्राह्मण पंडितों को बिदाई देने के नियम हैं। देने में समर्थ होने पर सभी उसे गौरव की बात समझते

---

१. यथार्हं गुणतश्चैव दानेनाभ्युपपद्यसे? सभा। ५।५३

२. एतेभ्यो बलिमादद्याद्धीनकोशो महीपतिः।
ऋते ब्रह्मसमेभ्यश्च देवकल्पेभ्य एव च॥ शा ७६।९

३. यज्ञकारो गमिष्यामि। इत्यादि। अनु ४०।२३
अथ कस्मिंश्चित् काले वेदं ब्राह्मणम्। इत्यादि। आदि ३।८२

हैं। अध्यापक-पोषण की वह प्राचीन प्रथा आज भी ब्राह्मण निमन्त्रण, एवं ब्राह्मण भोजन के माध्यम से चली आ रही है।

विद्यार्थी समाज द्वारा पोषित—विद्यार्थी समाज द्वारा पोषित वर्ग में गिने जाते थे। विद्यार्थी जिसके भी द्वार पर हाथ में भिक्षापात्र लेकर उपस्थित हो जाता था उसे दान देना ही पड़ता था। विद्यार्थी सब प्रकार के विलासव्यसनों से दूर होते थे एवं थोड़े ही में सन्तुष्ट हो जाते थे। इन सब कारणों से उन्हें बहुत अधिक वस्तुओं की आवश्यकता भी नहीं होती थी।

वर्णगत वृत्तिव्यवस्था में शिक्षा की गंभीरता—महाभारतकालीन समाज के मनीषियों ने केवल शिक्षा की व्यापकता के बारे में ही नहीं, उसकी गहराई के बारे में भी काफी सोचा-विचारा था। वर्णगत कर्म व जीविका का निर्देश होने के कारण एक श्रेणी के ज्ञानतपस्वियों को पाठन का सुयोग परम्परागत रूप से मिलता था। एक-एक अध्यापक परिवार में परम्परागत रूप से अध्यापक की ही सृष्टि होती थी। वे अध्यापक अध्ययन व अध्यापना को धर्म के अंग एवं जीविका के साधनरूप में ग्रहण करते थे। शायद यही कारण था कि अनेकों प्रकार की विद्याओं का प्रसार तथा गंभीरता संभव हो सकी थी। केवल व्यापकता के द्वारा ही विद्या को बचाये नहीं रक्खा जा सकता। किसी भी विषय में बिना गहन अध्ययन के, अधूरे ज्ञान से अध्यापना नहीं की जा सकती। इन्हीं सब कारणों से अध्यापना एक श्रेणी के लोगों की जीविका रूप में गण्य थी। विद्या की यथेष्ट गहनता के बिना महाभारत जैसा ग्रन्थ नहीं रचा जा सकता था।

शिक्षा के साथ वास्तविकता का संबंध—शिक्षा के साथ जीवन का एक विशेष संबंध था। स्वावलम्बी, कष्टसहिष्णु किस तरह बना जा सकता है आदि विषयों के बारे में व्यावहारिक रूप से जानने का सुयोग उस काल में मिलता था। गुरुगृह ही इसका केन्द्र था। सच्ची तपस्या द्वारा विद्यार्थी का चरित्र उन्नत बनता था। विशुद्ध मनुष्य तैयार करने के लिये जिन आदर्शों की सहायता की आवश्यकता होती है, वे आदर्श लोभ व अभिमानहीन आचार्यकुलों में अखंड रूप से विराजमान रहते थे। समूचे महाभारत में शिक्षा के जिस ऐश्वर्य से हमारा साक्षात्कार होता है, उस ऐश्वर्य का उन्नत राजप्रासादों में प्रादुर्भूत न करके अरण्यों तथा पर्वततटों पर प्रादुर्भूत करने में भी एक महत्त्वपूर्ण अभिव्यक्ति लक्ष्य की जा सकती है।

जीवनव्यापी शिक्षा का काल—कहा गया है कि गुरु की शुश्रूषा से एक चरण, परस्पर शास्त्रीय आलोचना द्वारा दूसरा चरण, उत्साह द्वारा तीसरा चरण एवं बुद्धि की परिणति के साथ-साथ चौथे चरण रूप में विद्यालाभ किया जा सकता

है।[1] इस उक्ति से पता चलता है कि विद्वानों ने सम्पूर्ण जीवन को ही विद्या शिक्षा के कालरूप में लिया था। समावर्त्तन होने से ही शिक्षा का अंत हो गया, यह अभिप्राय नहीं था।

विद्या की सार्थकता चरित्रगठन एवं पुण्यकर्म में—मनुष्य के चरित्र एवं कर्म द्वारा उसकी शिक्षा-दीक्षा का अंदाज लगाया जा सकता है। एकमात्र चरित्रगठन ही शिक्षा का प्रधान लक्ष्य था। महाभारत में दो स्थानों पर कहा गया है कि विद्या की सार्थकता चरित्रगठन एवं पुण्यकर्म में है।[2]

चरित्रहीन व्यक्ति की विद्या निष्फल है। जिस प्रकार कुत्ते के चमड़े से निर्मित पात्र में रक्खा हुआ घी यज्ञादि के काम में नहीं लाया जा सकता, उसी प्रकार चरित्र-हीन व्यक्ति की विद्या से उसका अपना या समाज का कोई उपकार नहीं होता।[3]

---

१. कालेन पादं लभते तथार्तम्। इत्यादि। उ० ४४।१६

२. शील वृत्तफलं श्रुतम्। सभा० ५।११२। उ० ३९।६६

३. कपाले यद्वदापः स्युः श्वदतौ च यथा पयः। इत्यादि। शा० ३६।४२

जीविका-व्यवस्था

समाज-परिचालन की सुव्यवस्था के निमित्त विभिन्न वर्ण एवं जाति विभिन्न प्रकार की वृत्तियों अथवा जीविका का विधान बनाया गया था।

जीविका-व्यवस्था की प्राचीनता—महाभारतकार कहते हैं कि यह जीविका-व्यवस्था मनुष्यकृत नहीं है। प्रजावर्ग की सृष्टि से पहले ही प्रजापति ने उसकी जीविका की व्यवस्था कर दी थी। मनुष्य के जन्म से पहले ही उसकी वृत्ति निश्चित रहती है। यह वृत्ति मनुष्य को उत्तराधिकार के सूत्र से प्राप्त होती है।[1]

जातिवर्णभेद में जीविका भेद—जातिवर्णभेद में पृथक्-पृथक् कर्म की व्यवस्था होने से समाज में जीविका की कोई समस्या दिखाई नहीं देती। एक वर्ण के सामाजिक अधिकारों में दूसरे का प्रवेश बिल्कुल निषिद्ध था। बहुत ही आवश्यक हो जाने पर, आपत्तिकाल में प्राण बचाने के निमित्त यद्यपि थोड़े-बहुत व्यतिक्रम का अनुमोदन किया गया है पर वह भी बहुत सावधानीपूर्वक। सम्पूर्ण मानव समाज की विधाता के शरीर रूप में कल्पना की गई है। ब्राह्मण को मस्तक, क्षत्रिय को बाहु, वैश्य को ऊरु एवं शूद्र को पाद माना गया है। किसी की भी उपेक्षा करने से समाज नहीं चल सकता। परस्पर एक दूसरे का अविच्छिन्न सम्बन्ध स्वीकृत हुआ है। प्रत्येक का लक्ष्य समाज रूपी शरीर की परिपुष्टि करना है। वृत्तिव्यवस्था में यह लक्ष्य स्पष्ट रूप से दिखाई देता है। निष्ठा सहित अपने-अपने कार्य द्वारा समाज के एक-एक अंश का कल्याण करना एवं समाज को परिपूर्ण आदर्श मानवसमाज रूप में गठित करना ही संभवतः वृत्तिव्यवस्था का उद्देश्य था।

जीविका भेद का फल—आलोचना से ऐसा लगता है कि पृथक्-पृथक् वर्ण व जाति के उद्देश्य से पृथक्-पृथक् वृत्ति की जो व्यवस्था की गई थी उसका प्रधान उद्देश्य था समाज के गठन में सामञ्जस्य बनाये रखना। वृत्ति का नियम न होने पर काम को लेकर आपस में संघर्ष होने के फलस्वरूप विद्रोह की आशंका रहती है। किसी का कोई अनिष्ट किये बिना अपने परिवार का पालन करने वाली व्यवस्था को महाभारत में श्रेष्ठ धर्मरूप में स्वीकृत किया गया है। किसी के भी साथ द्रोह

---

१. **असृजद्वृत्तिमेवाग्रे प्रजानां हितकाम्यया। अनु ७३।११**
पूर्वं हि विहितं कर्म देहिनं न विमुञ्चति। वन २०७।१९। वि० ५०।४

किये बिना शान्त भाव से अपना कार्य करते जाना ही वृत्ति-नियन्त्रण का श्रेष्ठ आदर्श था। 'किसी की भी जीविका के साधन से हमारे जीविका साधन का संघर्ष न हो' इस प्रकार विवेचनापूर्वक श्रद्धा सहित कुलोचित कर्म का अनुष्ठान करना महाभारत की वृत्तिव्यवस्था का सार है।[1]

कुलोचित वृत्ति सर्वथा अपरित्याज्य--उत्तराधिकारसूत्र से जिस वंशोचित कर्म पर मनुष्य का अधिकार होता है, वह अगर असाधु कर्म भी लगे तो भी उसका परित्याग करना अनुचित है। अपने जन्मजात कर्मों को करने से अगर मृत्यु हो हो जाय तो वह भी श्रेय है, लेकिन दूसरे के आचरणीय कर्म करना बहुत ही भयावह हैं; उसका परिणाम सुखकर नहीं होता।[2] जो कुलोचित कर्म पूर्वजों की परम्परा से चले आ रहे हों, उन्हीं का अनुष्ठान करना प्रत्येक व्यक्ति का धर्म है। किसी भी अवस्था में वह परित्याज्य नहीं है।[3]

स्वधर्मपालन का फल एवं उपेक्षा से क्षति--जन्मजात अधिकार से जिन कर्मों को करना मनुष्य का कर्त्तव्य है, उनकी उपेक्षा करने से निन्दा एवं पाप का भागी बनना पड़ता है। जो अपने-अपने जातिगत कर्मों में रत रहते हैं वे सिद्धि लाभ करते हैं। दूसरे के कर्मों का दोषरहित पालन करने की अपेक्षा अपने कर्मों के अनुष्ठान में अगर कुछ गलती भी हो तो वह अच्छा है। जातिगत कर्मों के अनुष्ठान में स्खलन का भय नहीं होता।[4] भगवद्गीता के अध्ययन से समझा जा सकता है कि उसका सार ही स्वधर्म पालन है। यदि इस बात को अस्वीकृत किया जाय तो अर्जुन को दिये गये भगवान कृष्ण के उपदेशों का कोई मतलब ही नहीं होता। युद्धक्षेत्र में जब अर्जुन को ब्राह्मणसुलभ वैराग्य हुआ तब उन्हें ब्राह्मणोचित क्रियाकलापों के बारे में थोड़ा उपदेश देकर खत्म कर देना चाहिये था, क्यों श्रीकृष्ण ने बार-बार अर्जुन को क्षत्रियधर्म स्मरण कराया; अध्याय पर अध्याय, केवल अर्जुन को क्षात्रधर्म समझाने की चेष्टा में रच डालने की क्या जरूरत थी?

---

१. अद्रोहेनैव भूतानामल्पद्रोहेण वा पुनः।
या वृत्ति स परो धर्मस्तेन जीवामि जाजले॥ शा २६१।६

२. सहजं कर्म कौन्तेय सदोषमपि न त्यजेत्। भी० ४२।४८
स्वधर्मे निधनं श्रेयः परधर्मो भयावहः। भी० २७।३५

३. कुलोचितमिदं कर्म पितृपैतामहं परम्। वन २०६।२०

४. ततः स्वधर्मं कीर्तिञ्च हित्वा पापमवाप्स्यसि। भी० २६।३३
स्वे स्वे कर्मण्यभिरतः संसिद्धिं लभते नरः। भी० ४२।४४
श्रेयान् स्वधर्मो विगुणः परधर्मात् स्वनुष्ठितात्। भी० ४२।४७

कुलधर्म कभी भी परित्याज्य नहीं है—वनपर्व के द्विज-व्याध-संवाद एवं शान्तिपर्व के तुलाधार-जाजलि-संवाद में यह बात विस्तृत रूप से कही गई है; विशेषतः उपदेश के द्वारा प्रकट न करके उपाख्यान के द्वारा वक्तव्य विषय को स्पष्ट करने की अधिक कोशिश दिखाई देती है। (देखिये ९७ वाँ व ९८ वाँ पृ०) उल्लिखित दोनों उपाख्यानों से पता लगता है कि वंशपरम्परागत सामाजिक अधिकारों का व्यतिक्रम करना उस युग में युक्तिसंगत नहीं कहा जा सकता था, उनका यथोचित रूप से प्रतिपालन करने में ही समाज का कल्याण समझा जाता था। एकमात्र वर्णाश्रम धर्म एवं उसके आधार-अनुष्ठान को लक्ष्य में रखकर ही महाभारत की वृत्तिव्यवस्था की गई है। सम्पूर्ण मानवसमाज के साधारण-आचरणीय कर्म के संबंध में महाभारत में बहुत कुछ कहा गया है। ठीक है पर उन सबकी हम इस प्रबंध में आलोचना नहीं करेंगे।

मनुष्य का साधारण धर्म—अनृशंसता, अहिंसा, अप्रमाद, आतिथेयता, सत्य, अक्रोध, क्षमा आदि गुण मानवसमाज के लिए कल्याणप्रद हैं। इनके अभाव में मनुष्य को मनुष्य नहीं कहा जा सकता।[1]

ब्राह्मण की वृत्ति—ब्राह्मण का पुत्र ब्राह्मण, क्षत्रिय का पुत्र क्षत्रिय, इस तरह वर्ण स्थिर करना ही जीविका का विधान बनाना है। ऐसा नहीं करने से कितने ही असंगत विरोधों की संभावना रहती। 'चातुर्वर्ण्य' प्रबंध में यह आलोचित किया जा चुका है। (देखिये ९७ वाँ पष्ठ) यज्ञ, अध्ययन एवं दान—ब्राह्मण, क्षत्रिय एवं वैश्य तीनों के ही कर्त्तव्य हैं। याजन, अध्यापना करने वाले एवं शचि व स्वधर्म-निरत व्यक्ति से दान लेना ब्राह्मण का धर्म है। ब्रह्मचर्य, तपस्या एवं सत्य ब्राह्मण के लिए सर्वदा प्रतिपाल्य हैं।[2] अध्ययन, अध्यापना, यजन, याजन, दान व प्रतिग्रह ये छह ब्राह्मण के कर्म हैं। इन छह में अध्यापना, याजन व प्रतिग्रह ही जीविका के साधन हैं। भिक्षावृत्ति भी ब्राह्मण के लिये गौरवान्वित समझी जाती थी।[3]

किसी को दुख नहीं देना चाहिये—ब्राह्मण को जीविका-निर्वाह इस तरह करना चाहिये जिससे किसी को कष्ट नहीं पहुँचे। किसी दूसरे की वृत्ति के साथ

---

१. आनृशंस्यमहिंसा चाप्रमादः संविभागिता। इत्यादि। शा २९६।२३, २४

२. यज्ञाध्ययनदानानि त्रयः साधारणाः स्मृताः। वन १५१।३४
याजनाध्यापनं विप्रे धर्मश्चैव प्रतिग्रहः। वन १५१।३५। वन २०६।२५

३. अधीयीत ब्राह्मणो वै यजेत। इत्यादि। उ २९।२३। अश्व ४५।२१
कपालं ब्राह्मणंवृतम्। इत्यादि। उ ७२।४७। उ १३२।३। शा० २३४ वाँ अ०। अनु० १४१।६७-६९

अपनी वृत्ति का किसी तरह का संघर्ष न हो इस बात का विशेष रूप से ख्याल रखना चाहिये। स्वल्पसन्तुष्टि भी ब्राह्मण की जीविका की सहायक होती है। अधिक का प्रयोजन न हो तो थोड़े में ही जीविका चल जाती है।[1]

अर्थसंचय निषिद्ध—ब्राह्मण की संचयबुद्धि नहीं होनी चाहिये। यजमान शिष्यादि से ब्राह्मण को दान में जो कुछ मिले, वह सिर्फ उदरान्न के निमित्त उसका व्यवहार नहीं कर सकता। उस अर्थ से उसे यज्ञ एवं दान ये दोनों कर्म भी करने जरूरी हैं। अपने द्वारा पोषितों के भरण-पोषण के अलावा और कोई सामाजिक दायित्व ब्राह्मण पर नहीं था। दूसरे सब दायित्व राजधर्म के अन्तर्गत आते थे।[2]

प्रतिग्रह निन्दनीय—ब्राह्मण की वृत्ति रूप में स्थान पाने पर भी प्रतिग्रह उस काल में अन्य वृत्तियों की अपेक्षा निन्दनीय समझा जाता था। विशेषतः राजा से दान लेना तो बहुत ही निन्दनीय माना जाता था। दान लेने से ब्राह्मण की तेजस्विता नष्ट हो जाती है अतएव बहुत से ब्राह्मण उस युग में प्रतिग्रह को विष के समान परित्याज्य समझते थे।[3]

उपयाज का अप्रतिग्रह—राजा द्रुपद के कश्यपगोत्रीय ब्राह्मण उपयाज को अपने पुत्रेष्टि यज्ञ में ऋत्विक के पद पर आसीन करने के निमित्त बहुत कोशिश की थी, किन्तु तेजस्वी ब्राह्मण उपयाज किसी भी तरह तैयार नहीं हुए। उनके पाँव पकड़ने पर एवं प्रचुर धन का लोभ दिखाने पर भी राजा का मनोरथ सफल नहीं हुआ था।[4]

पतित से प्रतिग्रह व अयाज्ययाजन विशेष रूप से निषिद्ध—शुचि व विशुद्ध पुरुष से दान लेना ही जब समाज में निन्दनीय समझा जाता था तो अशुचि, पतित का दान बिल्कुल ही अग्राह्य होगा यह आसानी से समझा जा सकता है। अयाज्ययाजन एवं पतित से प्रतिग्रह दोनों ही ब्राह्मण के लिए बिल्कुल निषिद्ध है।[5] वनपर्व के अन्तर्गत मार्कण्डेय समस्यापर्व में ब्राह्मण की प्रशंसा करते हुए कहा गया है—प्रतिग्रह याजन, अध्यापना आदि किसी से भी ब्राह्मण को दोष नहीं लगता; ब्राह्मण

---

१. वन २०८।४४। शा० २३४।४

२. यजेद्दद्यान्नैकऽश्नीयात् कथञ्चन। शा० २३३।१२। शा ६०।११

३. प्रतिग्रहेण तेजो हि विप्राणां शाम्यतेऽनघ। अनु ३५।२३। अनु ९३। ३४, ३६, ४०-४२

४. आदि १६७ वाँ अध्याय।

५. पतितात् प्रतिगृह्याथ खरयोनौ प्रजायते। अनु १११।४६
अयाज्यस्य भवेदृत्विक्। इत्यादि। अनु ९३।१३०। अनु० ९४।३३

प्रज्वलित अग्नि के समान होता है।[1] इस उक्ति का उद्देश्य है ब्राह्मण की प्रशंसा करना, यह तात्पर्य नहीं है कि अयाज्य याजन व पतित के प्रतिग्रह में भी पाप नहीं है।

किसी-किसी ब्राह्मण का असाधु आचरण—उत्सव आदि में अनेक ब्राह्मण निमन्त्रण न मिलने पर भी राजमहल में जाते थे, दान लेने में भी उन्हें कोई आपत्ति नहीं होती थी वरन् उससे आनन्दित ही होते थे।[2]

ब्राह्मण का आपद्धर्म—शास्त्रविहित वृत्ति के द्वारा जीविका निर्वाह करने में बिल्कुल ही असमर्थ होने पर ब्राह्मण के लिए अन्य प्रकार की व्यवस्था भी थी। बहुत ही संकटापन्न अवस्था हो जाने पर बीच-बीच में दूसरे की जिस वृत्ति को ग्रहण करना पड़ता था उसी का नाम 'आपद्धर्म' था। अपनी वृत्ति द्वारा जीविका निर्वाह करने में जो ब्राह्मण अशक्त हो उसे क्षत्रिय या वैश्य की वृत्ति ग्रहण करनी चाहिये। कृषि, गोरक्षा, वाणिज्य आदि वैश्यकर्म बिल्कुल ही मजबूर होने पर अवलम्बनीय हैं।[3] जिस ब्राह्मण के परिवार में पोष्यसंख्या अधिक हो वह निरुपाय होकर कृषि, वाणिज्य, कुसीद (सूद लेना), भिक्षा आदि वृत्ति का अवलम्बन ले सकता है। जिसके परिवार में लोकसंख्या कम हो, उसे याजन, अध्यापना या प्रतिग्रह द्वारा ही अपने परिवार का पोषण करना चाहिये। उंछवृत्ति उपाख्यान में (शा० ३५२ वें से ३६५ वाँ अ०) उस वृत्ति की विशेष रूप से प्रशंसा की गई है। जमीन पर गिरे हुए धान्यादि शस्यों के कणों को इकट्ठा करके उससे जीविका निर्वाह करने का नाम 'उंछवृत्ति' है। अनाज की बालियाँ या बालियों के गुच्छे इकट्ठे करने का नाम 'शिलवृत्ति' है। उंछ अथवा शिलवृत्ति 'ऋत' अर्थात् निष्कलुष होती है। इससे किसी का भी अनिष्ट नहीं होता। बिना माँगे जो स्वयं आ जाय, उसकी संज्ञा 'अमृत' है। ब्राह्मण के लिए यह उंछ व अमृतवृत्ति सबसे उत्तम है। समाज में यही वृत्तियाँ गौरवान्वित समझी जाती थीं। यद्यपि भिक्षा को भी वृत्ति रूप में स्थान दिया गया है, किन्तु मनु के मत से वह अत्यन्त ग्लानिजनक है। इसी कारण उसकी संज्ञा 'मृतवृत्ति' है। आपत्काल में ग्रहणीय कृषिवृत्ति को भी मनु ने 'प्रमृत' की संज्ञा दी है। बहुत से

---

१. **नाध्यापनाद् याजनाद्वा अन्यस्माद्वा प्रतिग्रहात्।**
दोषो भवति विप्राणां ज्वलिताग्निसमा द्विजाः॥ वन १९९।८७

२. **एवं कौतूहलं कृत्वा दृष्ट्वा च प्रतिगृह्य च।**
सहास्माभिर्महात्मानः पुनः प्रतिनिर्वत्स्यथ॥ आदि १८४।१७

३. **अशक्तः क्षत्रधर्मेण वैश्यधर्मेण वर्तयेत्।**
कृषिगोरक्षमास्थाय व्यसने वृत्तिसंक्षये॥ शा० ७८।२

भूमिस्थ जीवों का नाश होने के कारण वह भी समदर्शी ब्राह्मण के लिये निन्दनीय है। वाणिज्य में झूठ-सच दोनों मिश्रित होते हैं, इसलिए उसकी दूसरी संज्ञा 'सत्यानृत' है। इन सब संज्ञाओं से वृत्तियों के आपेक्षिक उत्कर्ष व अपकर्ष समझे जा सकते हैं।[1] महाभारत में इन सब संज्ञाओं का उल्लेख न होते हुए भी गार्हस्थ्य धर्म के प्रकारान्तर में इसके बारे में कहा गया है। (द्र० चतुराश्रम पृ० १०३) युद्ध विग्रह आदि भी ब्राह्मण का धर्म नहीं है, तब भी आपत्तिकाल में ब्राह्मण का शस्त्रग्रहण महाभारत द्वारा अनुमोदित है। आत्मरक्षा, वर्णाश्रम धर्म की रक्षा एवं दुर्दान्त दस्युओं आदि को सजा देने के निमित्त ब्राह्मण का शस्त्रग्रहण दूषणीय नहीं है। अगस्त्य ऋषि का मृगया करने का उल्लेख भी पाया जाता है। मृगया भी क्षत्रिय का ही धर्म है, ब्राह्मण का नहीं।[2]

आपत्तिकाल में भी ब्राह्मण के लिये अविक्रेय—आपत्तिकाल में वैश्यवृत्ति का अवलम्बन लेने पर भी ब्राह्मण सुरा, लवण, तिल, पशु, मधु, मांस एवं अन्न का विक्रय नहीं कर सकता।[3]

शूद्रवृत्ति वर्जनीय—ब्राह्मण चाहे कितने भी संकट में क्यों न पड़े पर किसी भी अवस्था में शूद्रवृत्ति ग्रहण नहीं कर सकता। परिचर्या रूप शूद्रवृत्ति ग्रहण करने से ब्राह्मण की पदच्युति होती है।[4]

आपत्तिकाल में भी वर्जनीय—कुछ कार्य हर अवस्था में ब्राह्मण के लिए वर्जनीय हैं। जीविका निर्वाह के लिये ब्राह्मण चिकित्सा, पुराध्यक्षता एवं सामद्रिक विद्या (हस्तरेखा विचार आदि) कभी भी ग्रहण नहीं कर सकता। राजा की पुरोहिती भी अतिशय निन्दनीय है। सम्पत्ति के लोभ में वृषली नारी (शूद्रा एवं पुनर्भू) का पतित्व स्वीकार करना भी बिल्कुल निषिद्ध है। जीविका के लिये धनवान की खुशामद करना भी वर्जनीय है।[5]

ब्राह्मण की सन्तुष्टि—उल्लिखित आलोचना से पता चलता है कि वृत्ति के

---

१. ऋतुमुंछशिलं ज्ञेयममृतं स्यादयाचितम्।
मृतन्तु याचितं भैक्षं प्रमृतं कर्षणं स्मृतम्॥ मनु ४।५

२. आत्मत्राणे वर्णदोषे दुर्द्दम्यनियमेषु च। इत्यादि। शा ७८।३४।२९
अगस्त्यः सत्रमासीनश्चकार मृगयामृषिः। आदि ११८।१४

३. सुरा लवणमित्येव तिलां केशरिणः पशून्। इत्यादि। शा ७८;४-६

४. शूद्रधर्मा यदा तु स्याओदा पतति वै द्विजः। शा २९४।३

५. चिकित्सकः काण्डपृष्ठः पुराध्यक्षः पुरोहितः। इत्यादि। अनु १३५।११
वन १२४।९ उ० ३८।४। अनु ९४।२२, ३३। अनु ९३।१२७, १३०

संकोच एवं दरिद्रता के कारण कभी-कभी ब्राह्मण को अपनी तेजस्विता से भ्रष्ट नहीं होना चाहिये, शास्त्रविरुद्ध कर्म के द्वारा अर्थोपार्जन की चेष्टा नहीं करनी चाहिये। कष्टसाध्य वृत्ति ही ब्राह्मण का भूषण है।

पुरोहित नियोग व उनका कर्त्तव्य—पुरोहित के पद पर किसी शिक्षित आचारवान् ब्राह्मण को नियुक्त करना राजाओं का आवश्यक कर्त्तव्य माना जाता था। राजा का कल्याण मुख्य रूप से पुरोहित पर ही निर्भर होता था। पुरोहित राजा के धर्म-कर्म में नियुक्त रहते थे, किसी सम्मानित अतिथि के आने पर उसे मधुपर्क आदि प्रदान करते थे।[1] अतएव यह समझा जा सकता है कि उस समय राजसभा में पुरोहित की भी यथेष्ट उपयोगिता थी। पुरोहितों का पद दूसरे अमात्यों की अपेक्षा ऊँचा ही होता था। पुरोहित धौम्य का युधिष्ठिर पितृवत् सम्मान करते थे, महाभारत की आलोचना से यह अच्छी तरह समझा जा सकता है।

पौरोहित्य वृत्ति की निन्दा का कारण—पौरोहित्य की इतनी निन्दा करने का कारण ढूंढ़ने पर सबसे पहले जो बात ध्यान में आती है वह यह है कि पौरोहित्य भी एक तरह की राजसेवा में गण्य था। जहाँ सेव्यसेवक का भाव रहता है, वहाँ स्वामी का मन रखते हुए चलना पड़ता है। बहुत बार अनिच्छा होते हुए भी अपनी विवेक-बुद्धि के प्रतिकूल काम करना पड़ता है। इस तरह की दास्यवृत्ति से अपनी स्वतन्त्रता या तेजस्विता की रक्षा करना संभव नहीं हो पाता।

यजमान ऋत्विक के ऊपर भी काफी आधिपत्य जमाते थे। किसी-किसी यजमान की इस तरह की मनोवृत्ति महाभारत के पूर्वकाल में भी मिलती है। अश्वमेध पर्व के संवर्त्तमरुत्तीय प्रकरण के इन्द्र वृहस्पति संवाद में इन्द्र की एक दर्पयुक्त उक्ति में स्वामी सुलभ मनोभाव स्पष्ट रूप से प्रकट हुआ है। नृपति मरुत्त देवगुरु वृहस्पति को यज्ञ में ऋत्विक का पद देना चाहते थे, वृहस्पति के देवराज से अनुमति माँगने पर उन्होंने कहा, "मरुत्त के यज्ञ में नियुक्त होने पर फिर हमारे यहाँ आपकी जरूरत नहीं रहेगी।[2]

दूसरे की स्तुति करना साधारणतः ब्राह्मणों के लिये आसान नहीं था। ब्राह्मण का मन तो सरल होता था और वचन कठोर। सर्वसाधारण की धारणा थी कि

---

१. य एव तु सतो रक्षेदसतश्च निवर्त्तयेत्।
स एव राज्ञा कर्त्तव्यो राजं राजपुरोहितः॥ शा ७२।१। शा ७४।१। शा० ९२।१८। आदि १७४।१३। आदि १८३।६। उ ३३।८३। उ ८९।१९

२. मां वा वृणीष्वं भद्रं ते मरुत्तं वा महीपतिम्।
परित्यज्य मरुत्तं वा यथा जोषं भजस्व माम्॥ अश्व ५।२१

ब्राह्मण कड़ी भाषा का प्रयोग करते हैं।[१] पुरोहिती में दूसरे का मन देखकर काम करना पड़ता था, इसीलिए शायद यह वृत्ति ब्राह्मण के स्वभाव के प्रतिकूल होने के कारण समाज में प्रशंसित नहीं हुई। देवयानी के प्रति शर्मिष्ठा की एक सगर्व उक्ति से पता लगता है कि अत्यन्त प्रभावशाली पुरोहित को भी स्वामी को मनस्तुष्टि के निमित्त खुशामद करनी पड़ती थी। शर्मिष्ठा कहती है, "तुम्हारे पिता (आचार्य शुक्र) हमेशा विनीत भाव से स्तावक की तरह मेरे पिता की स्तुति करते रहते हैं।"[२] साधारण लोग पुरोहिती को असम्मानजनक कार्य समझते थे। पूर्वजन्म के दुष्कर्मों के फल से ब्राह्मण पौरोहित्य वृत्ति द्वारा जीविका निर्वाह करते हैं, सर्वसाधारण की यही धारणा थी। इसीलिए याजन को यद्यपि वृत्ति रूप में स्थान मिला है, पर महाभारत में कहीं भी उसकी प्रशस्तता स्वीकृत नहीं हुई है।[३] अधिकतर तेजस्वी ब्राह्मण पौरोहित्य वृत्ति ग्रहण नहीं करते थे। ब्रह्माण्ड पुराण के अन्तर्गत अध्यात्मरामायण में भी वशिष्ठ की एक उक्ति में पौरोहित्य की निन्दा पाई जाती है। रघुकुल गुरु वशिष्ठ भगवान रामचन्द्र से कहते हैं, "पौरोहित्य गर्हित एवं दूषणीय वृत्ति है यह मैं अच्छी तरह जानता हूँ, किन्तु तुम्हारा आचार्य बन सकने की आशा से ही मैंने गर्हित कार्य करना भी स्वीकार किया है।"[४]

अप्रतिग्राही ब्राह्मण की रक्षा करना राजधर्म—ब्राह्मण की रक्षा का भार विशेषतः क्षत्रियों पर था। जो ब्राह्मण याजन व प्रतिग्रह न करके शास्त्रचिन्तन में रत रहते थे, उनकी जीविका की व्यवस्था राजा करता था। जो प्रतिग्रह द्वारा जीवन यापन करते थे उनके भी अभावादि की तरफ नजर रखना राजा का कर्त्तव्य था।[५]

अध्यापक को राजकोष से कैसी सहायता मिलती थी, उसके बारे में 'शिक्षा प्रबन्ध' में कहा जा चुका है। एक श्रेणी के ब्राह्मणों की वही जीविका थी।

---

१. अतितीक्ष्णन्तु ते वाक्यं ब्राह्मण्यादिति मे मतिः॥ उ २१।४। आदि ३।१२३

२. आसीनञ्च शयानञ्च पिता ते पितरं मम।
स्तौति वन्दीव चाभीक्ष्णं नीचैः स्थित्वा विनीतवत्। इत्यादि। आदि ७८।९, १०

३. एतेन कर्मदोषेण पुरोधास्त्वमजायथाः॥ अनु० १०।५६

४. पौरोहित्यमहं जाने विगर्ह्यं दूष्यजीवनम्। इत्यादि। अयोध्या का० २।२८

५. प्रतिग्रहं ये नेच्छयुस्तेभ्यो रक्ष्यं त्वया नृप। अनु० ३५।२३। अनु० ८।२८

ब्रह्मत्र भूमि—राजा ब्राह्मणों को बिना कर की जमीन दान करते थे। इस दान से भी बहुत से ब्राह्मणपरिवार वंश-परम्परागत सुख चैन से जीवन बिताते थे।[1]

ब्राह्मण के लिये राजाओं का कृपण वैश्य से धनग्रहण—ब्राह्मण की रक्षा करने के उद्देश्य से राजाओं को कृपण वैश्यों का धन बलपूर्वक हरण करने का अधिकार था। उसमें किसी तरह के पाप की आशंका नहीं थी, बल्कि इस तरह की जबर्दस्ती धर्म-कार्यों में ही गण्य थी।[2] ब्राह्मण को अगर किसी भी तरह की तकलीफ होती थी तो उसके लिए क्षत्रिय ही दोषी समझा जाता था। ब्राह्मण का धन अपहरण करना अत्यन्त दूषणीय माना जाता था। ब्राह्मण को वेदाध्ययन, अध्यापना, यज्ञ आदि में संलग्न रहकर समाज का कल्याण करने का सुयोग मिले इस ओर पूरा समाज सदा सतर्क रहा करता था। ब्राह्मण भी ज्ञान-विज्ञान के अनुशीलन से समाज को उपकृत किया करते थे।[3]

क्षत्रिय की वृत्ति—क्षत्रिय को अपने बाहुबल द्वारा समाज पर शासन करना चाहिये। दूसरे किसी की जीविका के साधन पर आँच न आये, इस ओर लक्ष्य रखना उनका आवश्यक कर्त्तव्य था। दुष्टों का दमन, शिष्टों का पालन, युद्ध में पराक्रम-प्रदर्शन, दक्षता आदि उनका स्वभावगत धर्म था। अपने धर्म में संलग्न रहकर जो कर प्रजा से ले उससे प्रजा की सुख-सुविधाओं की व्यवस्था करके अपना जीवननिर्वाह करना चाहिये।[4] दान लेना क्षत्रिय के लिये सर्वथा अनुचित है। ब्राह्मण, क्षत्रिय, वैश्य व शूद्र इन चारों वर्णों से अपना-अपना धर्म प्रतिपालित करवाना क्षत्रिय का धर्म है।[5]

समाजसेवा के फलस्वरूप करग्रहण—प्रजा से पैदावार का छठा हिस्सा कर रूप में लिया जाता था, वही क्षत्रियों की जीविका का अवलम्बन था। किन्तु इस प्रकार कर लेना भी कम दायित्वपूर्ण नहीं था। प्रजा का सुख-दुःख, विशेष रूप से

---

१. कच्चिद्दायां मामकान् धार्त्तराष्ट्रौ द्विजातीनां सञ्जय नोपहन्ति। उ० २३।१५ सभा ५।११७। शा ८९।३। शा ५९।१२५

२. अदातृभ्यो हरेद्वित्तं विख्याप्य नृपतिः सदा।
तथैवाचरतो धर्मो नृपतेः स्यादथाखिलः॥ शा १६५।१०

३. ब्राह्मणस्वं न हर्त्तव्यं पुरुषेण विजानता।
ब्राह्मणस्वं हृतं हन्ति नृगं ब्राह्मणगौरिव॥ अनु ७०।३१

४. पालनं क्षत्रियाणां वै। वन ५०।३५। उ १३२।३०। शा ६०।१३-२०

५. न हि धर्मः स्मृतो राजं क्षत्रियस्य प्रतिग्रहः। शल्य ३१।५५
चातुर्वर्ण्यं स्थापयित्वा स्वधर्मे पूतात्मा वै मोदते देवलोके। शा २५।३६

राजकार्यपरिचालन पर निर्भर रहता था। अतएव स्वधर्मानुसार जीविका निर्वाह करते हुए क्षत्रिय को भी अक्लान्त रूप से समाजसेवा करनी पड़ती थी। समाजसेवा या राज्यशासन के लिये प्रयोजनीय दंडनीति पर एकमात्र राजाओं का ही अधिकार था। राष्ट्रनीति के अध्ययन से पता लगता है कि राष्ट्रपालन के पारिश्रमिक स्वरूप जो कर अदा किया जाता था, वही क्षत्रिय की वृत्ति या जीविका निर्वाह का निर्दिष्ट साधन माना जाता था।[1]

मृगया—शिकार में पशुवध करना क्षत्रिय के लिये दूषणीय नहीं समझा जाता था वरन् प्रशस्त कहा जाता था।[2]

युद्ध क्षत्रिय की वृत्ति नहीं—यद्यपि युद्ध क्षत्रिय के धर्म में परिगणित था लेकिन वह उनकी वृत्ति का साधन नहीं था। केवल बुराइयों को खत्म करने के उद्देश्य से युद्ध करना ही उनका धर्म माना जाता था।[3]

क्षत्रिय की कष्टसहिष्णुता—ब्राह्मण की अपेक्षा क्षत्रिय में कष्ट सहने की क्षमता कहीं अधिक होती थी। कर्ण व परशुराम के उपाख्यान से इसका अनुमोदन होता है। कर्ण की कीटदर्शन सहन करने की अद्भुत क्षमता देखकर ही परशुराम ने अंदाज लगाया था कि वह ब्राह्मण नहीं क्षत्रिय हैं।[4] शायद इसी कारण शारीरिक कष्टसाध्य वाले कठोर कार्य क्षत्रियों के अधीन थे। जीविका निर्वाह के लिये भी उन्हें अपनी वीरता का प्रदर्शन करना पड़ता था।

आपत्तिकाल में अन्य वृत्ति ग्रहण—आपत्ति काल में क्षत्रिय भी अपनी वृत्ति का त्याग कर देते थे। कहा गया है कि परशुराम के डर से द्रविड़, आभीर, पुण्ड्र, शबर आदि क्षत्रियों ने स्वेच्छा से शूद्रत्व का वरण कर लिया था।[5]

क्षत्रिय के आपद्काल में अन्य वर्ण का राज्यशासन—क्षत्रिय के आपदग्रस्त

---

१. **क्षत्रियस्य स्मृतो धर्मः प्रजापालनमादितः। इत्यादि। अनु १४१।४७-५३। शा ९१।४**

२. **आरण्याः सर्व्वदैवत्या सर्वशः प्रोक्षिता मृगाः।**
अगस्त्येन पुरा राजन् मगया येन पूज्यते॥ अनु० ११६।१६

३. **युध्यस्व निरहंकारो बलवीर्यव्यपाश्रयः॥ भी १२२।३७**

४. **अतिदुःखमिदं मूढ़ न जातु ब्राह्मणः सहेत्।**
क्षत्रियस्येव ते धैर्यं कामया सत्यमच्यताम्॥ शा ३।२५

५. **एवं ते द्रविडाभीराः पुण्ड्राश्च शबरैः सह।**
वृषलत्वं परिगता व्युत्थानात् क्षत्रधर्मिणः॥ अश्व २९।१६

होने पर दूसरे वर्ण के व्यक्ति को राज्यशासन करने का अधिकार था। ब्राह्मण, वैश्य व शूद्र हर एक का इस पर अधिकार माना गया है।[1]

ब्राह्मण व क्षत्रिय का परस्पर मिलन—ब्राह्मण व क्षत्रिय दोनों को मिलकर काम करने के उद्देश्य से अनेकों उपदेश दिये गये हैं। जीविका के विषय में इसकी कोई विशेष उपयोगिता न होते हुए भी राष्ट्रीय सुख-शान्ति एवं सामाजिक दिशा की ओर से लक्ष्य करने पर इसकी उपयोगिता अधिक दिखाई देती है। जो लोग शासनकार्य में संलग्न रहते थे, उनके लिये ब्राह्मण की तरह ज्ञान-विज्ञान की आलोचना करना संभव नहीं था। अतएव मन्त्रणा के निमित्त विचक्षण ब्राह्मण को मंत्री के पद पर नियुक्त किया जाता था।[2]

वैश्य की वृत्ति—वैश्य की वृत्ति के संबंध में कहा गया है कि कृषिकर्म, पशुपालन एवं वाणिज्य ही उनकी प्रधान जीविका है। वैश्य को पशुओं का पालन सस्नेह करना चाहिये उनके प्रति कभी भी निर्दय व्यवहार नहीं करना चाहिये।[3]

पशुरक्षण का लभ्यांश—किसी दूसरे की गोपालन करने पर शुल्कस्वरूप हर छह गायों पर एक का दूध पालक को ग्रहण करना चाहिये। सौ गौओं की अहीर रखवाली करता हो तो वार्षिक वेतनस्वरूप एक गाय व एक बैल उसे मिलना चाहिये।[4]

व्यवसाय में लभ्यांश—वैश्य जिसके मूलधन से वाणिज्य करे उससे लाभ का सप्तमांश अपने पारिश्रमिकस्वरूप ले।[5] यदि जंगली गायों आदि के सींगों का व्यवसाय करे तो सब कुछ महाजन को देकर लाभ का सातवाँ हिस्सा स्वयं ले और अगर किन्हीं पशुओं के मूल्यवान खुरों का व्यवसाय करे तो उसे पारिश्रमिकस्वरूप लाभ का सोलहवाँ हिस्सा मिलेगा, अवशिष्ट लाभांश पर मूलधन देने वाले का अधिकार होगा।[6] कृषि में भी भूमि के मालिक से एक वर्ष के पारिश्रमिकस्वरूप

---

१. ब्राह्मणो यदि वा वैश्यः शूद्रो वा राजसत्तम। इत्यादि। शा ७८।३६

२. ब्रह्म वर्द्धयति क्षत्रं क्षत्रतो ब्रह्म वर्द्धते। शा ७३।३२। शा ७८।२१। वन २६।१४-१६

३. वैश्यस्यापि हि यो धर्मस्तं ते वक्ष्यामि शाश्वतम्। इत्यादि। शा० ६०। २१-२३ शा ९१।४। अनु १४१।५४-५६

४. तस्य वृत्तिं प्रवक्ष्यामि यच्च तस्योपजीवनम्।
षण्णामेकां पिबेद्धेनुं शताच्च मिथुनं हरेत्॥ शा० ६०।२४

५. लब्धाच्च सप्तमं भागम्। शा ६०।२५

६. लब्धाच्च सप्तमं भागं तथा शृंगे कला खुरे। शा ६०।२५

उत्पन्न फसल का सप्तमांश लेने का नियम है।[1] इस प्रकार परिश्रम लब्ध धन के द्वारा ही वैश्य के जीविका निर्वाह करने की व्यवस्था थी। स्वाधीन रूप से कृषि, वाणिज्य आदि पर भी एकमात्र वैश्य का ही वर्षगत अधिकार माना जाता था।

गोपालन पर विशेष अधिकार--वैश्य कभी गोपालन में आपत्ति न करे एवं वैश्य जातीय ग्वाला अगर गौएँ रखना चाहे तो दूसरा कोई उसके कार्य में बाधा न दे यही उस काल का विधान था।[2] अग्निक्षेत्र, दान, अध्ययन आदि पर वैश्य का भी अधिकार तो स्वीकृत हुआ है लेकिन वह इनमें से किसी को भी जीविका के साधन रूप में ग्रहण नहीं कर सकता।[3]

वाणिज्य में अविक्रेय वस्तु--वाणिज्य में भी दो-चार विधिनिषेध देखने में आते है। किसी-किसी वस्तु का विक्रय निषिद्ध बताया गया है जैसे, तिल, गंधद्रव्य, नमक, पका हुआ अन्न, दही, दूध, तेल, घी, मांस, फलमूल, साग, लाल रंग का कपड़ा, गुड़ इत्यादि।[4] इन सब चीजों का विक्रय किस कारण निषिद्ध हुआ यह बताना मुश्किल है। वाणिज्य व्यवसाय पर सिर्फ वैश्य का अधिकार होने से घी, दूध, तेल, मांस आदि में मिलावट कर देना असंभव नहीं था इसीलिये शायद इन चीजों का विक्रय निषिद्ध था। दूसरी निषिद्ध वस्तुओं के संबंध में भी निषिद्ध होने के कारण का अंदाज नहीं लग पाता। वनपर्व के द्विजव्याध संवाद से अंदाज लगता है कि व्याधजातीय लोग मांस बेचते थे।

शूद्रवृत्ति--द्विज आदि तीनों वर्णों की सेवा करके जीविकोपार्जन करना ही शूद्र की वृत्ति मानी गई है।[5] ब्राह्मण, क्षत्रिय एवं शूद्र ये तीनों वर्ण शूद्र की रक्षा के लिये बाध्य थे। शूद्र को अपने भरण-पोषण की चिन्ता नहीं करनी पड़ती थी। निरलस होकर सेवाभाव से तीनों वर्णों की शुश्रूषा करना ही उसका धर्म माना जाता था। उसकी गृहस्थी के निर्वाह का भार मालिक पर होता था। छतरी, पंखे, कपड़े, जूते आदि पुराने होने पर परिचारक को दे दिये जाते थे। यही शूद्र का धर्मधन

---

१. शस्यानां सर्वजीवानामेषा सांवत्सरी भृतिः॥ शा ६०।२६

२. न च वैश्यस्य कामः स्यान्न रक्षेयं पशूनिति। इत्यादि। शा ६०।२६

३. वैश्योऽधीत्य कृषिगोरक्षपण्यैः। इत्यादि। उ २९।२५। अनु १४१।५४

४. तिलान् गन्धान् रसांश्चैव विक्रीणीयान्न चैव हि। अनु १४१।५६। उ ३८।५

५. तस्माच्छूद्रस्य वर्णानां परिचर्या विधीयते। इत्यादि। शा ६०।२८, २९ अनु १४१।७५

होता था। प्रत्येक व्यक्ति अपने परिचारक का समस्त पारिवारिक खर्च उठाने के लिये बाध्य था और वह प्रसन्नचित्त अपने कर्त्तव्य का पालन करता था। अतएव शूद्र अपने जीविकोपार्जन के लिये जरा भी चिन्तित नहीं होता था। अपने मालिक की सेवा करना ही उसका एकमात्र कर्त्तव्य माना जाता था।[1] ऐसा लगता है कि शुश्रूषा के अलावा शूद्र की जीविका का साधन शायद कुछ और भी था; किन्तु क्या था, यह कहीं भी उक्त नहीं है। पराशरगीता में कहा गया है कि शूद्र की अगर कोई पैतृक वृत्ति निर्दिष्ट न हो तो वह किसी दूसरे की वृत्ति ग्रहण न करके शुश्रूषा में ही अपना चित्त लगाये।[2] इस उक्ति से प्रमाणित होता है कि शूद्र की कोई और वृत्तियाँ भी थीं, लेकिन सेवा ही उनकी श्रेष्ठ वृत्ति मानी जाती थी।[3]

संकर जाति की वृत्ति—'चातुर्वर्ण्य' प्रबंध में (पृ० १००) कई संकर जाति के नाम बताये गये हैं। समाज में इनकी प्रत्येक की भिन्न-भिन्न वृत्ति नियत थी। सबकी वृत्ति का अलग-अलग वर्णन महाभारत में नहीं मिलता, केवल दो-चार संकर जाति की वृत्ति का उल्लेख किया गया है। धनी विलासी पुरुषों को साज-पोशाक पहनाना सैरन्ध्र जाति के लोगों का कार्य था, सैरन्ध्री इन विलासियों के अन्तःपुर में महिलाओं को अलंकृत करने के कार्य पर नियुक्त होते थे। सूतजातीय व्यक्ति सारथी का काम करते थे, वे राजाओं का स्तुतिगान भी किया करते थे। अन्तःपुर का पहरा देना एवं अंतःपुर की सुरक्षा की व्यवस्था करना वैदेहक का काम था। राजदंड से बध्य व्यक्ति का सिर काटना चंडाल की वृत्ति थी। राजसभा में उपस्थित रह कर उपयुक्त समय यथोचित बात कहना बन्दी का काम था। कपड़े धोना रजक जाति की जीविका थी। मद्य बनाना मैरेयक जाति की वृत्ति थी। निषाद जाति का काम था मछली पकड़ना। जाल बुनना आयोगर जाति का कार्य था। दाश (स?) जाति के लोग नाव चलाकर जीविका निर्वाह करते थे। इस प्रकार प्रत्येक संकर जाति का कार्य समाज में निर्दिष्ट था।[4]

वृत्तिव्यवस्था का सुफल—वृत्तिविभाग के संबंध में सोचने-विचारने पर स्पष्ट रूप से समझ में आ जाता है कि समाज में प्रत्येक के वर्ण या जाति के हिसाब से विभिन्न प्रकार की वृत्तियों के नियत होने के कारण किसी को भी परिवार के भरण-

---

१. अवश्यं भरणीयो हि वर्णानां शूद्र उच्यते। इत्यादि। शा ६०।३८-३५
२. वृत्तिश्चेन्नास्ति शूद्रस्य पितृपैतामही ध्रुवा।
न वृत्तिं परतो मार्गेच्छुश्रूषान्तु प्रयोजयेत्। शा २९३।२
३. शूद्रस्तु नित्यं दाक्ष्येण शोभते॥ शा २९३।२१। अनु १४१।५७
४. अनु० ४८ वाँ अध्याय। शा ९१।२

पोषण की चिन्ता नहीं करनी पड़ती थी। एक जाति की जीविका के साधन से दूसरी जाति की जीविका के साधन का संघर्ष नहीं होता था। सभी अपनी-अपनी वृत्ति में संलग्न होकर जातिगत विद्या के अनुशीलन से उस विद्या की और साथ-साथ समाज की उन्नति करते थे। हर एक की वृत्ति का समाज में एक अलग स्थान था। किसी की भी वृत्ति को 'न स्यात्' करने का उपाय नहीं था। किसी ने कभी भी अपनी वृत्ति को दूसरे की अपेक्षा घृण्य समझा हो, ऐसा कोई उदाहरण महाभारत में नहीं मिलता। वरन् हर एक के मुँह से स्वजाति वर्णोचित कर्म की प्रशंसा ही सुनने को मिलती है। 'चातुर्वर्ण्य' प्रबंध में इस विषय पर काफी कहा जा चुका है। समाज में जीविका के विषय में संघर्ष को बचाने का श्रेष्ठ उपाय जन्मगत वृत्तिव्यवस्था था, यही शायद सर्वसम्मत माना गया था। यह वृत्तिव्यवस्था राजशक्ति के सुतीक्ष्ण नियन्त्रण द्वारा रक्षित होती है। प्रत्येक व्यक्ति स्वकर्म द्वारा अपने परिवार का भरण-पोषण कर सके, इस पर सदा राजा की नजर रहती थी।

कृषि, पशुपालन व गो-सेवा

अध्यापना, याजन, प्रतिग्रह आदि ब्राह्मण की वृत्ति है। ब्राह्मण वृत्ति के सम्बन्ध में 'शिक्षा' व 'वृत्तिव्यवस्था' नामक प्रबंध में काफी कहा जा चुका है। क्षत्रिय की वृत्ति के संबंध में 'राजधर्म' नामक प्रबंध में कहा जायगा। शूद्र की परिचर्या वृत्ति की आलोचना भी 'वृत्तिव्यवस्था' में हो चुकी है। कृषि, पशुपालन, आदि पर वैश्य का जन्मगत अधिकार माना जाता है, यही उनकी जीविका का साधन बताया गया है। यहाँ वैश्यवृत्ति पर ही विस्तृत रूप से प्रकाश डाला जा रहा है।

कृषि द्वारा समृद्धि लाभ—संसार में समृद्धि लाभ के जो कुछ साधन हैं, कृषि उनमें सर्वश्रेष्ठ है। स्वयं लक्ष्मी कहती हैं, "कृषि निरत वैश्य के शरीर में मैं स्वयं वास करती हूँ।[1]

राजा का लक्ष्य—कृषि में वैश्य उन्नतिलाभ करे, इस ओर लक्ष्य रखना राजा का कर्त्तव्य माना गया है। राजा की असावधानी के कारण यदि चोर, राजकर्मचारी, अथवा राज व्यवस्था की ओर से कृषक को भय या सन्देह हो तो उस अवांछनीय या क्षतिकर अवस्था के लिए राजा ही पूर्ण रूप से जिम्मेदार होता था।[2]

कृषकों की सन्तुष्टि का विधान—जिन उपायों से भी कृषि की उन्नति संभव होती थी, राजा को सब करने पड़ते थे। कृषकों को सन्तुष्ट रखना एवं उनके दुःख दूर करना राजा का आवश्यक कर्त्तव्य माना जाता था।[3]

कृषि के निमित्त जलाशय खोदना—जो स्थान देवमातृक नहीं होते थे अर्थात् जहाँ स्वाभाविक वृष्टि के जल से खेती नहीं होती थी वहाँ आवश्यकतानुसार तालाब खुदवाना राजा का कर्त्तव्य माना जाता था।[4]

दरिद्र कृषकों को बीज आदि का दान—जो कृषक दरिद्र होते थे राजा उनके

---

१. वैश्ये च कृष्याभिरते वसामि। अनु ११।१९। उ ३६।३१

२. नरश्चेत् कृषिगोरक्ष्यवाणिज्यञ्चाप्यनुष्ठितः। इत्यादि। शा ८८।२८

३. तथा सन्धाय कर्माणि अष्टो भारत सेवसे। सभा ५।२२, ७६

४. कच्चिद्राष्ट्रे तडागानि पूर्णानि च वृहन्ति च।
भागशो विनिविष्टानि न कृषिर्द्देवमातृका॥ सभा ५।७७

खाने के लिए अन्न आदि का इन्तजाम तो करता ही था उस पर कृषि आदि के लिए बीज वगैरह भी उसे ही देने पड़ते थे।[१]

वार्त्ताकर्म में साधु पुरुषों की नियुक्ति––वार्त्ताकर्म अर्थात् कृषि, वाणिज्य, पशुपालन, एवं महाजनी के काम पर सज्जन पुरुषों को नियुक्त करना एवं उन पर दयादृष्टि रखना राजा का काम था क्योंकि वार्त्ताकर्म की समृद्धि पर ही लोकस्थिति निर्भर होती है।[२]

कृषक प्रतिपालन––कृषक एवं वणिक ही राष्ट्र को सम्पत्तिशाली बनाते हैं, फलतः वही राजा एवं प्रजा की रक्षा करते हैं। अतएव वे करभार या किसी दूसरे कारण से पीड़ित न हों, इस ओर राजा को तीक्ष्ण दृष्टि रखनी चाहिये। देवता, पितर, मनुष्य, राक्षस, सरीसृप, पशु-पक्षी आदि सब कृषक व वणिक के श्रम पर निर्भरशील होते हैं, इस कारण सहृदयता के साथ उनके अभावादि पूर्ण करने के लिये राजा को बार-बार सतर्क किया गया है।[३]

कररूप में षष्ठांश-ग्रहण––प्रजा की रक्षा के निमित्त उनकी आय का षष्ठांश कर रूप में लेने का नियम है। राजा उससे अधिक नहीं ले सकता था।[४]

मासिक एक रुपये सैकड़े के सूद पर कृषक को ऋण देना––कर्ज लेने की आवश्यकता पड़ने पर कृषक को राजकोष से कर्ज देने की व्यवस्था थी। एक रुपये सैकड़े महीने पर राजकोष से ऋण दिया जाता था। उस काल में आजकल के रुपये-पैसे की तरह मुद्रा का प्रचलन तो था नहीं अतएव यह मानना चाहिये कि जिस तरह की मुद्रा प्रचलित थी उसी का सौवाँ हिस्सा मासिक सूद रूप में लिया जाता था।

अनुग्रह ऋण––साधारण महाजन से शायद इतने कम सूद पर कर्ज नहीं मिलता था इसी कारण राजकोष से मिलने वाले ऋण को 'अनुग्रह ऋण' कहा गया है।[५]

दरिद्र कृषकों को हमेशा के लिये दान––दरिद्र कृषक गोरक्षक या वणिक

---

१. कच्चिन्न भुक्तं बीजञ्च कर्षकस्यावसीदति। सभा ५।७८
२. वार्त्तायां संश्रितस्तात लोकोऽयं सुखमेधते। सभा ५।७९
३. कच्चित् कृषिकरा राष्ट्रं न जहत्यतिपीडिताः। इत्यादि। शा ८९।२४-२६
४. आददीत बलिञ्चापि प्रजाभ्यः कुरुनन्दन।
स षड्भागमपि प्राज्ञस्तासामेवाभिगुप्तये॥ शा ६९।२५। शा ७१।१०
५. प्रत्येकञ्च शतं वृद्ध्या ददास्य ऋणमनुग्रहम्॥ सभा ५।७८

अगर ऋण लेकर अपनी आय द्वारा उसका परिशोध नहीं कर पाते थे तो सहृदय राजा उन्हें उस ऋण से मुक्त कर देता था।[१]

कर वसूल करने के लिये निष्णात व्यक्ति की नियुक्ति—प्रजा से कर वसूल करने के लिये शूर एवं बुद्धिमान व्यक्ति को नियुक्त करने का विधान था। अतएव कहीं भी अन्याय या उत्पीड़न की सम्भावना नहीं रहती थी।[२]

परिस्थितियों के अनुसार कृषिकर्म की विभिन्न व्यवस्था—अलग-अलग जगह अलग-अलग ढंग से खेती की जाती थी। जहाँ-जहाँ वर्षा के जल से खेती होती थी, उस जगह को "देवमातृक" कहा जाता था। जहाँ नदी के जल से सिंचाई करके फसल उगाई जाती थी, उस जगह को "नदीमातृक" कहा जाता था। समुद्र किनारे की जमीन को, जहाँ बिना अधिक परिश्रम के ही फसल पैदा हो जाती थी, "प्रकृति मातृक" नाम दिया गया था। और जहाँ इनमें से कोई भी साधन उपलब्ध नहीं होता था, वहाँ तालाब खोदकर, उसके जल से सिंचाई की जाती थी।[३]

अनाज आदि सूर्य की ही देन—"देवमातृक" कृषि के सम्बंध में कहा गया है कि सूर्य जब उत्तरायण में होता है तो अपने तेज से भूमि के जलांश को अपनी ओर आकर्षित करके उसे उर्वर बनाता है। और फिर दक्षिणायन में चन्द्र की मध्यस्थता से अंतरिक्षगत मेघरूप में परिणत जलांश को पुनः बरसा कर फसल की सहायता करता है। सूर्य ही शस्य का जनक है। जिन्दा रहने के लिये प्राणियों को जिन खाद्यों की आवश्यकता होती है वह सूर्य के तेज की ही देन है। गीता में भी कहा गया है कि मेघ से ही अन्न की उत्पत्ति होती है।[४]

प्राकृतिक अवस्था का ज्ञान—जो कृषक प्राकृतिक अवस्था समझें बिना खेत जोतते हैं और काफी परिश्रम नहीं करते वे खेती के फल से वंचित रहते हैं।[५]

बैलों द्वारा खेती—महाभारत में केवल बैलों द्वारा खेती करने का जिक्र हुआ है और किसी साधन से भी खेती होती थी कि नहीं यह पता नहीं लगता।[६]

---

१. अनुकर्षञ्च निष्कर्षम्। इत्यादि। सभा १३।१३
२. कच्चिच्छूराः कृतप्रज्ञाः पञ्च पञ्चस्वनुष्ठिताः। सभा ५।८०
३. इन्द्रकृष्टैर्वर्त्तयन्ति धान्यैर्ये च नदीमुखैः। सभा ५१।११। सभा ५।७७
४. पुरा सृष्टानि भूतानि पीड्यन्ते क्षुधया भृशम्। इत्यादि। वन ३।५-९। भी २७।१४
५. यस्तु वर्षमविज्ञाय क्षेत्रं कर्षति मानवः। इत्यादि। शा १३९।७९। वन २५८।१६
६. एतासां तनयाश्चापि कृषियोगमुपासते। अनु ८३।१८

हल—भूमि जोतने के लिये किन उपकरणों की आवश्यकता पड़ती थी, उसका कोई उल्लेख नहीं मिलता। वैष्णव-यज्ञ में सोने के हल से यज्ञभूमि जोतने के वर्णन से लगता है कि उस काल में हल से ही खेत जोता जाता था। एक जगह लोहे के मुखवाले काष्ठ की बात कही गई है; लगता है यह भी हल की तरफ ही संकेत किया गया है।[1]

धान, जौ आदि अनाज—नाना प्रसंगों में धान, जौ, सरसों, कोदों, तिल, उड़द, मूंग आदि का नाम आया है। उस समय शायद यही सब अनाज पैदा होते थे।[2]

कृषि की निन्दा—किसी-किसी जगह खेती की निंदा भी की गई है। कहा गया है कि पाप के फ़ल से मनुष्य कृषक रूप में जन्म लेता है। तुलाधार-जाजलि-संवाद में तुलाधार कहता है—"पशु बेचारे सुख से, स्वतन्त्र रहते हैं, लेकिनं निर्दयी मनुष्य उन्हें नाना प्रकार के कष्ट देता रहता है। इस प्रकार निरीह पशुओं को यन्त्रणा देने की बजाय तो भ्रूणहत्या कहीं कम पापजनक है। कोई-कोई खेती की साधुता का बखान करता फिरता है लेकिन किसान हल से खेत में स्थित कीड़े-मकोड़ों को ऊपर निकालता है, विशेषतः बैलों की दुर्गति की तरफ तो दृष्टिपात तक नहीं करता। ऐसे नृशंस तो ब्रह्महत्या के पापी समान होते हैं।"[3] विदुर के मुँह से भी कृषि की निन्दा कराई गई है।[4] जो किसान बैलों को अधिक कष्ट देते हैं, उन्हीं को लक्ष्य करके शायद ये निन्दासूचक वाक्य कहे गये हैं। यदि कृषि की निन्दा ही इनका उद्देश्य हो तो फिर कृषि की प्रशंसा में जो वाक्य उक्त हैं, उनके साथ इनका कोई सामंजस्य नहीं रहता। या यह भी हो सकता है कि वैश्य के अलावा दूसरी जाति के लिये खेती गर्हित वताने के लिये निन्दा की गई हो।

स्वयं देखभाल करना—नौकर खेती की देखभाल अच्छी तरह नहीं करते; इसलिये स्वयं ही देखभाल करनी चाहिये। जरा सी असावधानी से बहुत बड़ी क्षति हो सकती है, अतएव सुगृहस्थ को दूसरों के भरोसे खेती का काम नहीं छोड़ना चाहिये।[5]

---

१. तेन ते क्रियतामद्य लाङ्लं नृपसत्तम। वन २५४।७
भूमिं भूमिशयांश्चैव हन्ति काष्ठमयोमुखम्। शा २६१।४६

२. अनु १११।७१

३. कर्षको मत्सरी चास्तु। अनु ९३।१२९
अदंशमशके देशे सुखसंवर्द्धितान् पशून्। इत्यादि। शा २६१।४३-४८

४. यश्च नो निर्वपेत् कृषिम्। उ ३६।३३

५. स्वयमेव कृषिं व्रजेत्। उ ३८।१२
षडिमानि विनश्यन्ति मुहूर्तमनवेक्षणात्।
गावः सेवा कृषिर्भार्या विद्या वृषलसंगतिः। इत्यादि। उ ३३।९०

पशुओं की उन्नति के लिये राजा का कर्त्तव्य—पशुपालन की जिम्मेदारी भी वैश्यों पर ही थी किन्तु राजा को इस विषय में सतर्क रहना पड़ता था। पशुपालन के लिये राजा तरह-तरह के सुयोग सुविधाएँ देता था।[1]

गौएँ—उस काल में प्रायः सभी गौएँ रखते थे। वशिष्ठ की होमधेनु का माहात्म्य महाभारत में विशद रूप से वर्णित हुआ है। दूसरे पशुओं की अपेक्षा गाय उस काल में भी मानवसमाज की सबसे अधिक हितकारी समझी जाती थी। इसीलिये महाभारत में जगह-जगह गाय की महिमा का उल्लेख किया गया है।

घर में पाले जानेवाले दूसरे पशु—हाथी, घोड़ा, गधा, कुत्ता, बिल्ली आदि गृहपालित पशुओं का उल्लेख जगह-जगह पाया जाता है।

पशुचिकित्सा—पालतू पशुओं के बीमार पड़ने पर उनकी चिकित्सा की व्यवस्था भी थी। हस्तिसूत्र, अश्वसूत्र आदि का ज्ञान राजाओं के लिये अत्यावश्यक था। लगता है उस काल के समाज में काफी लोगों को पशुपालन के बारे में यथेष्ट ज्ञान था।[2]

अश्वविद्या—राजा नल अश्वविद्या के विशारद थे। घोड़े की पहचान व उसे चलाने में वे असामान्य रूप से पटु थे। अश्वविद्या के बदले उन्होंने राजा ऋतुपर्ण से "अक्षहृदय विद्या" (पासा फेंकना) सीखी थी।[3] नकुल भी अश्वविद्या के पंडित थे। अज्ञातवास के समय विराटपुरी में अपना परिचय देते हुए उन्होंने कहा था, "मैं महाराज युधिष्ठिर के अश्वों की देखभाल करता था। घोड़े के स्वभाव, उसकी शिक्षा, दोष निराकरण का उपाय, अड़ियल घोड़े को सीधे रास्ते पर लाने एवं उनकी चिकित्सा के बारे में अच्छी तरह जानता हूँ।"

गो-विद्या—सहदेव गो-विद्या के पंडित थे। विराटपुरी में उन्होंने भी अपना परिचय गो-विद्या के ज्ञाता के रूप में दिया था।[4]

गौओं की देखभाल स्वयं करना गृहस्थ का कर्त्तव्य—गौओं की देखभाल स्वयं करने के लिये गृहस्थ को उपदेश दिया गया है। केवल नौकरों व रखवालों पर निर्भर रहकर गोपालन ढंग से नहीं हो सकता।[5]

गो-महिमा—समाज में गोपालन को अत्यावश्यक माना जाता था। गृहस्थ

---

१. कच्चित् स्वनुष्ठिता तात वार्त्ता ते साधुभिर्ज्जनैः। सभा ५।७९

२. हस्तिसूत्राश्वसूत्राणि रथसूत्राणि वा विभो। सभा ५।१२०

३. हयज्ञानस्य लोभाच्च। इत्यादि। वन ७२।२८। वि० १२।६, ७

४. वि० १०।११-१५

५. गावः सेवा कृषिः। इत्यादि। उ ३३।९०

देवता समझ कर गाय की सेवा करते थे। अनुशासनपर्व के कई अध्यायों में अनेक रूपों में गो-जाति के माहात्म्य का वर्णन किया गया है। उस पर नजर दौड़ाने से पता लगता है कि गाय को उस युग में किस दृष्टि से देखा जाता था। गाय को देवता से भी ऊँचा स्थान दिया जाता था। कहा गया है एक दिन देवराज इन्द्र ने पितामह से प्रश्न पूछा, "भगवन्, देवलोक से भी गो-लोक श्रेष्ठ क्यों है, कृपा करके मुझे समझाइये।" ब्रह्मा ने उत्तर दिया, "गौ ही यज्ञ का प्रधान अंग है, गौ के बिना यज्ञक्रिया सम्पन्न नहीं हो सकती। दूध और घी मनुष्य का प्रधान खाद्य है एवं गौ के द्वारा ही खेती होती है। सब हव्यकृत्यों का मूल ही गो जाति है, इसलिये वे ही जगत में सबकी अपेक्षा श्रेष्ठ हैं। गाय मनुष्य मात्र की जननी के समान है। उन्नतिशील मनुष्य को हर तरह से गाय की सेवा में संलग्न रहना चाहिए।"। गाय की कभी उपेक्षा नहीं करनी चाहिये, उसे पाँव से नहीं छूना चाहिये।[1] पालतू गाय की ठीक प्रकार से सेवा न की जाय तो गृहस्वामी के अकल्याण की आशंका होती है यही उस काल के लोगों की धारणा थी। गो-दर्शन से पापों का क्षय होता है, यही लोगों का विश्वास था।[2] अनुशासन पर्व के ५१ वें अध्याय में गौ की जितनी महिमा बखानी गई है उससे लगता है कि उस युग में गौ की विशेष रूप से सेवा की जाती थी। अनुशासन पर्व का ८० वाँ अध्याय भी गो-माहात्म्य वर्णन से परिपूर्ण है। उस काल में गृहस्थ कितने भक्तिभाव से गाय की पूजा करते थे यह उस अध्याय को पढ़ने से अच्छी तरह समझ में आ जाता है। घी एवं दूध की उपयोगिता उन्होंने जितनी समझी थी, उसका भी गो-माहात्म्य वर्णन से अन्दाज लगता है।[3]

गवाह्निक दान—अपने साध्यानुसार गाय की सेवा करके उसे खिलाना-पिलाना चाहिये। गाय की सेवा से जिस ढंग से आत्मसन्तुष्टि मिले उसी ढंग से

---

१. **यज्ञांगं कथिता गावो यज्ञ एव च वासव।**
एताभिश्च बिना यज्ञो न वर्त्तेत कथञ्चन॥ इत्यादि। अनु ८३।१७-२२
मातरः सर्वभूतानां गावः सर्वसुखप्रदाः। इत्यादि। अनु ६९।७, ८।
अनु १२६।२९
अनु ९३।११७। अनु० ९४।३२

२. **अग्निहोत्रमनड्वांश्च ज्ञातयोऽतिथिबांधवाः।**
पुत्रा दाराश्च भृत्याश्च निर्दहेपुरपूजिताः॥ वन २।५७
सायं प्रातर्नमस्येच्च गास्ततः पुष्टिमाप्नुयात्॥ अनु ७८।१६

३. **अमृतं ब्राह्मणा गाव इत्येतन्त्रयमेकतः।**
तस्माद् गोब्राह्मणं नित्यमर्च्चयेत यथाविधि। अनु० १६२।४२

सेवा करना कर्त्तव्य है।[1] सन्ध्या-आह्निक की समाप्ति पर गाय को कुछ खिलाना हर गृहस्थ अपना कर्त्तव्य समझता था। इसे "गवाह्निक दान" कहा जाता था। अनुशासन पर्व के १३३ वें अध्याय में इसका उल्लेख मिलता है।

कपिला का श्रेष्ठत्व——गो जाति में कपिला का स्थान सबसे ऊँचा था।[2]

गो-दान की श्रेष्ठता——दान प्रकरण में गोदान का विशेष रूप से गुणगान किया गया है। सब दानों में गोदान को ही श्रेष्ठ माना गया है। अनुशासन पर्व का ७१ वें अध्याय से ७४ वें अध्याय तक का हिस्सा गोदान की प्रशंसा से ओतप्रोत है।

गोबर व गोमूत्र की पवित्रता——गोबर व गोमूत्र को बहुत पवित्र माना जाता था। गोबर से घर लीपने पर भूमि शुद्धि होती है, समाज की यह धारणा थी। पवित्रता के लिए शरीर पर गोबर का लेप करके स्नान करने का भी नियम था। गोमूत्र पान करना शुद्धिकरण के रूप में गिना जाता था।[3] हिन्दू समाज आज भी गोबर एवं गोमूत्र की पवित्रता को उसी तरह मानता चला आ रहा है। पंचगव्य में गोबर व गोमूत्र पान करने का विधान भी हिन्दू इसी तरह मानते आ रहे हैं।

श्री-गो-संवाद——अनुशासन पर्व ८२ वें अध्याय में एक कहानी मिलती है। उस काल के समाज में गोबर एवं गोमूत्र की पवित्रता के संबंध में लोगों की क्या धारणा थी, यह उस कहानी में प्रकट हुआ है। एक बार श्री अर्थात् लक्ष्मी के सुन्दर वस्त्राभूषणों से सजधज कर गौओं के समक्ष उपस्थित होने पर उन्होंने उनके आगमन का कारण पूछा। लक्ष्मी ने उत्तर दिया——"इन्द्र, विष्णु आदि मेरे ही अनुग्रह से इतने सम्पत्तिशाली हैं; मेरा ख्याल है तुम लोग भी मुझे पाकर अवश्य ऐश्वर्यशाली होओगी।" गौएँ बोलीं, "हमें तुम्हारी जरूरत नहीं है, हम स्वभावतः ही अच्छी हैं।" लक्ष्मी जरा अप्रतिभ होकर बोलीं——"देखो——तुम लोगों की उपेक्षा से मैं संसार की नजरों में गिर जाऊँगी, अतएव मेरे प्रति प्रसन्न होओ; मैं तुम लोगों के कुत्सित अंगों में ही वास करने को तैयार हूँ। तुम लोगों के शरीर में कुछ भी घृण्य या कुत्सित नहीं रहेगा।" गौओं ने परस्पर परामर्श करके लक्ष्मी से कहा, "हमारा मूत्र एवं

---

१. गोषु चात्मसमं दद्यात्। उ ३८।१२

२. अनु ७३।४२। अनु ७१।५१।

३. पितृसद्मानि सततं देवतायतनानि च।
पुयन्ते शकृता यासां पूतं किमधिकं ततः॥ अनु ६९।११। अनु १४६।४८
अस्मत्पुरीषस्नानेन जनः पूयेत सर्वदा।
शकृता च परित्रार्थं कुर्वीरन् देवमानुषाः॥ अनु० ७९।३। अनु० ७८।१९
त्र्यहमुष्णं पिबेन्मूत्रं त्र्यहमुष्णं पिबेत् पयः॥ अनु० ८१।३५। अनु० १२८।९

गोबर बहुत पवित्र है, तुम उसी में अधिष्ठित होओ।" लक्ष्मी इस प्रस्ताव पर राजी होकर अन्तर्धान हो गई। उसी समय से गोमूत्र एवं गोबर लक्ष्मी के अधिष्ठान रूप में परिगणित होने लगे। गोमूत्र एवं गोबर से अच्छी खाद बनती है, हो सकता है इस कारण भी उन्हें लक्ष्मी के वासस्थान रूप में माना गया है।

पीठ व पूँछ की अधिक पवित्रता—गाय की पीठ व पूँछ को अधिक पवित्र माना जाता था। इन दोनों के स्पर्श को बहुत पुण्यजनक बताया गया है।[1]

गो-समृद्धिकर व्रत—गो जाति की उन्नति के निमित्त एक प्रकार के व्रत का अनुष्ठान किया जाता था जिसका नाम 'गो-पुष्टि' था। व्रत करनेवाले को गोबर से स्नान करना पड़ता था। गाय के गीले चमड़े पर बैठकर पश्चिम की तरफ मुँह करके जमीन पर घी डालकर मौन रखते हुए उसे चाटना पड़ता था। घी की आहुति देना, स्तुतिपाठ करना एवं घृतदान उस व्रत के अंग थे।[2]

गोमती विद्या या गो-उपनिषत्—गोमती विद्या या गो उपनिषत् के नाम से कई गौ-स्तुतियाँ वर्णित हैं, जिनके पाठ करने के अनेकों फललाभ बताये गये हैं। गौ की गंध सुरभि है, गौ सर्वभूत का आश्रयस्थल है, गौ शान्ति का कारण है आदि वाक्य उसके गुणगान में कहे गये हैं।[3] इन सब प्रकरणों के अध्ययन से पता लगता है कि गौ के प्रति उस काल के लोगों की श्रद्धा कितनी असीम थी।

गो-हिंसा बिल्कुल निषिद्ध—गोवध व गोमांस भक्षण बिल्कुल निषिद्ध था।[4]

उपहार के रूप में गो-दान—अतिथि के उपहार स्वरूप गौ देकर सम्मान प्रदर्शित करने के उदाहरण महाभारत में अनेक स्थलों पर पाये जाते हैं। गौ को मूल्यवान व पवित्र समझने के कारण ही दाता उसे अभ्यर्थना के श्रेष्ठ साधन रूप में व्यवहृत करते थे। आज भी हिन्दू समाज में गो-दान पुण्य का कारण माना जाता है।

गोधन व गो-परिचर्या—सभी को उस काल में गौएँ पालनी पड़ती थीं। महाराज विराट एवं दुर्योधन के पास बहुत सी गौएँ थीं। विराटपुरी में अर्जुन के साथ दुर्योधन पक्ष के वीरों का जो युद्ध हुआ था, उसका मूल कारण गो-हरण ही था।

---

१. स्पृशते यो गवां पृष्ठं बालधिं च नमस्यति ॥ अनु १२५।५० शा १९३।१८
२. गोमयेन सदा स्नायात् करीषे चापि संविशेत्। इत्यादि। अनु ७८।१९-२१
३. गावः सुरभिगन्धिन्यस्तथा गुग्गुलुगन्धयः।
गावः प्रतिष्ठा भूतानां गावः स्वस्त्ययनं महत् ॥ इत्यादि। अनु ७८।५-८
४. न चासां मांसमश्नीयाद् गवां पुष्टिं तथाप्नुयात् ॥ अनु० ७८।१७
घातकः खादको वापि तथा यश्चानुमन्यते।
यावन्ति तस्या रोमाणि तावद्वर्षाणि मज्जति ॥ अनु ७४।४

वनपर्व में दुर्योधन आदि के अहीरों के गाँव की ओर जाने के वर्णन से भी पता लगता है कि वे प्रचुर गोधन के स्वामी थे। अज्ञातवास के शुरू में विराट की राजधानी में प्रवेश करके सहदेव ने अपना परिचय महाराज युधिष्ठिर के गोधन के निरीक्षक के रूप में दिया था। गौओं की संख्या के सम्बन्ध में भी उन्होंने एक बड़ी संख्या का ही उल्लेख किया है। मत्स्यराज ने उनकी बात पर अविश्वास नहीं किया। उस काल में गौ एक विशेष सम्पत्ति मानी जाती थी। सहदेव गौ-परिचर्या में विशेष रूप से पारंगत थे यह उनके कथन से स्पष्ट होता है। इससे अन्दाज होता है कि गौ की सेवा-शुश्रूषा के विषय में अभिज्ञता अर्जन को उस काल में प्रशस्त कार्य माना जाता था। सहदेव ने मत्स्यराज से कहा था कि जिन बैलों के संयोग से बन्ध्या गाय भी गर्भिणी हो उन्हें वे बैल का मूत्र सूंघकर पहचान सकते हैं। यह कोई साधारण ज्ञानवाला आदमी नहीं कह सकता।[1]

आचार्यों के पास भी बहुत सी गौएँ रहती थीं, उनके पालन-पोषण का भार उन शिष्यों पर होता था (देखिये पृ० ११९)

महर्षि वशिष्ठ की कामधेनु—महर्षि वसिष्ठ एवं विश्वामित्र के बीच होनेवाले विवाद का मुख्य कारण वशिष्ठ की कामधेनु नन्दिनी ही थी। उसका गुण था कि उससे जो भी माँगा जाय वह दे देती थी। गौ के दूध से बनने वाली अनेकों प्रकार की उत्कृष्ट खाद्य सामग्री से हमारे शरीर की पुष्टि होती है इसी कारण शायद उसे कामधेनु कहा जाता था।[2]

यद्यपि गोपालन इस युग में प्रधानतः वैश्य का ही काम माना जाता था तब भी होम आदि नित्य कर्मों के कारण सभी गौएँ रखते थे। गोधन की वृद्धि वैश्यों के परिश्रम पर ही निर्भर करती है, इस विषय में वे पूर्ण रूप से अभिज्ञ थे। वर्णगत जीविका के साधन रूप में उन्हें गोपालन करना पड़ता था।[3]

---

१. **गोसंख्य आसं कुरुपुंगवानाम्। वि १०।५**
ऋषभानपि जानामि राजन् पूजितलक्षणान्।
येषां मूत्रमुपाघ्राय अपि वन्ध्या प्रसूयते॥ वि० १०।१४

२. **आदि १७५ वाँ अध्याय।**

३. **कृषिगोरक्षवाणिज्यं वैश्यकर्म स्वभावजम्। भी ४२।४४**

वाणिज्य

वैश्य का वर्णगत अधिकार—वाणिज्य पर एकमात्र वैश्य का ही अधिकार माना गया है, केवल आपद्‌काल में ब्राह्मण व क्षत्रिय को वाणिज्य की छूट मिली है। वाणिज्य में दूध, मांस, तेल आदि कई वस्तुओं का विक्रय निषिद्ध बताया गया है। '(देखिये पृ० १५८) इनका विक्रय उस काल के समाज में अच्छा नहीं समझा जाता था।

वाणिज्य के बारे में राजा का कर्त्तव्य—व्यवसायियों को हर तरह की सुविधा सुयोग देना राजा का कार्य माना जाता था। वाणिज्य की उन्नति विशेषतः राजा की सुव्यवस्था पर निर्भर होती है। यदि किसी दुर्व्यवस्था से व्यापारी की उन्नति रुकती थी तो उसके लिए राजा ही जिम्मेदार माना जाता था। यहाँ तक था कि अगर वाणिज्य की उन्नति के सम्पर्क में चतुर व्यापारी के मन में कोई सन्देह पैदा होता था तो समझा जाता था कि वाणिज्यसम्बन्धी कायदे कानून में राजा से कोई भूल हुई है। राजा को इस तरह के कानून बनाने पड़ते थे जिससे व्यापारी को क्षति की आशंका न हो।[1]

विदेशी व्यापारियों की तरफ राजा का ध्यान—विदेशी व्यापारियों को जितनी भी सुविधाएँ सुलभ हों, देना राजा का कर्त्तव्य माना जाता था। कोई धूर्त उन्हें ठग न सके, वे नगर, ग्राम, हर जगह बेरोक-टोक सम्मान सहित क्रय-विक्रय कर सकें, इसके बारे में सतर्क रहने के लिए राजधर्म में अनेकों जगह उपदेश दिये गये हैं। युधिष्ठिर को दिये गये नारद के उपदेश इस विषय में स्पष्ट प्रमाण हैं।[2]

यद्यपि नारद, भीष्म एवं धृतराष्ट्र ने युधिष्ठिर को लक्ष्य करके ही राजधर्म का उपदेश दिया है किन्तु उस काल में ये नियम शायद हर जगह उसी रूप में लागू थे। क्योंकि इसके विपरीत और कोई दूसरा उदाहरण महाभारत में नहीं मिलता। युधिष्ठिर हर जगह यही कहते हुए पाये जाते हैं कि "मैं इन सब नियमों का यथाशक्ति पालन करता हूँ।"

---

१. तथा सन्धाय कर्माणि अष्टौ भारत सेवसे। सभा० ५।२२ द्रष्टव्य नीलकंठ
वणिजः शिल्पिनः श्रितान्। सभा ५।७१। शा ८८।२८

२. कच्चित्ते पुरुषा राजं पुरे राष्ट्रे च मानिताः। इत्यादि। सभा ५।११५

राजसभा में व्यापारियों का आदर एवं समृद्ध नगर में विदेशियों का आगमन—राजसभा में व्यापारियों को यथेष्ट सम्मान दिया जाता था। राजधानी में वणिकों के व्यवसाय की यथोचित व्यवस्था कर दी जाती थी। समृद्ध नगरों में अनेकों देशों के व्यापारी वाणिज्य के उद्देश्य से आते थे एवं उस देश के राजा के यथोचित व्यवहार या व्यवस्था के कारण बेरोक-टोक अपने-अपने व्यवसाय को उन्नत बनाते थे।[1]

विदेशी व्यापारियों की आय के अनुसार राजकर—दूसरे देशों से जो व्यापारी वाणिज्य के उद्देश्य से आते थे, उन्हें अपनी आय के अनुसार निर्दिष्ट राजकर देना पड़ता था। कितनी आय पर कितना कर देना पड़ता था इस विषय पर कोई संकेत महाभारत में न मिलने पर भी यह आभास जरूर मिलता है कि उन पर कोई अत्याचार नहीं किया जाता था या अतिरिक्त कर देने के लिए उन्हें तंग नहीं किया जाता था।[2]

क्रय-विक्रय आदि की अवस्था देखकर कर निर्धारित करना—कहा गया है कि क्रय-विक्रय की अवस्था अर्थात् मूल्य एवं लाभ के परिमाण, अन्नवस्त्र, व्यापारी की सामर्थ्य एवं मूलधन की तरफ सतर्क दृष्टि रखते हुए राजा व्यापारियों पर कर लगाये। इस प्रकार कर अदायगी से वाणिज्य की भी क्षति नहीं होगी और राजकोष में थोड़ा संचय होता रहेगा। राजा को हर एक वक्त यह लक्ष्य में रखना चाहिये कि किसी भी तरह व्यापार में नुकसान न हो।[3]

वेतनस्वरूप कर ग्रहण—व्यापारियों से राजा जो कर लेता था, वह राजा के तत्वावधान के वेतन स्वरूप उल्लिखित हुआ है। मार्गों एवं नगरों में वणिक निरापद रूप से यातायात कर सकें, इसकी जिम्मेदारी राजा पर ही होती थी और उस जिम्मेदारी को निभाने के पारिश्रमिकस्वरूप कर लिया जाता था।[4]

भारत में सर्वत्र पण्य द्रव्यों का आयात-निर्यात—जिस युग में कृषि, गोपालन, एवं वाणिज्य के द्वारा एक पूरा सम्प्रदाय अपना जीविका निर्वाह करता था एवं देश को धनधान्य सम्पन्न बनाता था उस काल में भारत के सब प्रदेशों में, खासकर महाभारत में उल्लिखित भौगोलिक प्रदेशों में (महाभारत में भारतवर्ष के करीब-

---

१. वणिजश्चाययुस्तत्र नानादिग्भ्यो धनार्थिनः। आदि २०७।४०
हृष्टपुष्टजनाकीर्णं वणिग्भिरुपशोभितम्। आदि २२१।७५.
२. कच्चिदभ्यागता दूराद् वणिजो लाभकारणात्। इत्यादि। सभा ५।११४
कच्चित्ते वणिजो राष्ट्रे नोद्विजन्ति करार्दिताः॥ शा ८९।२३
३. विक्रयं क्रयमध्वानं भक्तञ्च सपरिच्छदम्। इत्यादि। शा ८७।१३-१८
४. शास्त्रानीतेन लिप्सेथा वेतनेन धनागमम्॥ शान्ति ७१।१०

करीब सभी प्रदेशों का उल्लेख मिलता है) परस्पर पण्य द्रव्यों का आयात-निर्यात होता था, यह अनुमान बिल्कुल गलत नहीं है। भीम अर्जुन आदि वीरों के दिग्विजय प्रकरण में देखने में आता है कि भारत में सर्वत्र अबाध रूप से यातायात की व्यवस्था उस वक्त भी थी। हिमालय से कन्याकुमारी तक और द्वारका से ब्रह्मपुत्र तक यातायात के बहुत से दृश्य महाभारत में पाये जाते हैं। युधिष्ठिर के राजसूय यज्ञ एवं कुरुक्षेत्र के युद्ध में भारत के प्रायः सब प्रदेशों के मुख्य-मुख्य व्यक्तियों ने भाग लिया था। राजसूय यज्ञ में युधिष्ठिर को विभिन्न प्रदेशों से नाना प्रकार के उपहार दिये गये थे। अतएव यह अनुमान लगाया जा सकता है कि जिस प्रदेश में जिस द्रव्य का उत्पादन अधिक होता था, वह द्रव्य दूसरे प्रदेशों में भेजा जाता था। इस प्रकार भारत में सर्वत्र ही वाणिज्य का परस्पर संबंध था।

भारत के बाहर भी दूसरे देशों से व्यापारिक संबंध—भारत के अलावा बाहर दूसरे देशों के साथ भारत के व्यापारिक संबंध नहीं थे, यह कहना भी युक्तिसंगत नहीं है। क्योंकि राजसूय यज्ञ प्रकरण में देखने में आता है कि युधिष्ठिर के लिए चीन एवं सिंहल देश से भी अनेकों प्रकार के उपहार आये थे। उन देशों के साथ अगर भारत का कोई भी संबंध नहीं होता तो कोई उपहार देने क्यों आता? यातायात, वाणिज्य एवं देशविजय के अलावा अन्य कारणों से परिचय होने की सम्भावना बहुत ही कम थी।

समुद्र-पोत—गौतम नामक एक मध्यदेशीय दुराचारी ब्राह्मण ने सामुद्रिक व्यापारियों के साथ यात्रा की थी।[1] समुद्र पोत के द्वारा भारत के बाहर भी यातायात होता था। बहुत से स्थानों पर समुद्रपोत का उल्लेख मिलता है।[2] अर्जुन दक्षिण एवं पश्चिम में कई सामुद्रिक तीर्थों को गये थे। सामुद्रिक पोत के अलावा और किसी प्रकार सामुद्रिक यात्रा संभव नहीं हो सकती थी।[3]

महाभारत की रचना से बहुत पहले के भारतीय राजा पुरूरवा स्वर्णप्रस्थ, चन्द्रशुक्ल, आवर्त्तन, रमणक, मन्दरहरिण, पांचजन्य, सिंहल, लंका, रोमकपत्तन, सिद्धपुर, यमकोटि जम्बूद्वीप एवं प्लक्षादि द्वीप के अधिपति थे। अगर इन सब द्वीपों से यातायात के संबंध नहीं होते तो जम्बूद्वीप अर्थात् भारतवर्ष का राजा दूसरे द्वीपों

---

१. सामुद्रिकान् स वणिजस्ततोऽपश्यत् स्थितान् पथि। शान्ति १६९।२

२. विस्तीर्णं लवणजलं यथा प्लवेन। आदि २।३९६
तां नावमिव पर्यस्तां वातभ्रान्तां महार्णवे। शल्य ४।२९। शल्य १९।२

३. ततः समुद्रे तीर्थानि दक्षिणे भरतर्षभः। आदि २१६।१
समुद्रे पश्चिमे यानि तीर्थान्यायतनानि च। आदि २१८।२

पर अपना आधिपत्य कैसे स्थापित करता[1] सभापर्व के दिग्विजय प्रसंग में भी पाया जाता है कि अर्जुन ने शाकल आदि सप्त द्वीपों के अधिपतियों को युद्ध में परास्त किया था।[2] दक्षिण भारत विजयी पंचम पांडव सहदेव ने सागर द्वीपवासी म्लेच्छ राजाओं को युद्ध में परास्त करके अपने अधीन किया था।[3]

पश्चिम भारत विजय के बाद नकुल ने पश्चिम समुद्र की खाड़ी में रहनेवाले दुर्दमनीय म्लेच्छ राजाओं को जीता था।[4] पांडवों की सम्पत्ति से ईर्ष्यान्वित दुर्योधन की उक्ति से भी पता लगता है कि पांडवों ने सामुद्रिक राजाओं को युद्ध में पराजित करके विशाल सम्पत्ति प्राप्त की थी।[5] दक्षिण समुद्र स्थित गोकर्ण नामक तीर्थ के यातायात की बात तीर्थयात्रा प्रसंग में उल्लिखित हुई है।[6]

तीर्थभ्रमण करते वक्त युधिष्ठिर समुद्र स्थित अनेकों तीर्थों को गये थे।[7] उल्लिखित वर्णनों से अंदाज लगता है कि उस काल में सामुद्रिक पोतों का काफी प्रचलन था। कहीं-कहीं तो स्पष्ट भाषा में समुद्र पोत का उल्लेख मिलता है। इन सब प्रकरणों में वाणिज्य का भी उल्लेख हुआ है। "वणिक जिस प्रकार मूलधन के अनुसार सामुद्रिक व्यापार में धनलाभ करते हैं, उसी प्रकार मर्त्यरूपी समद्र में प्राणी अपने कर्मानुसार विभिन्न अवस्थाओं को प्राप्त होते हैं।"[8] "विपत्ति में पड़े हुए जहाजी व्यापारियों के सागर में डूबने पर जिस तरह अन्य नाविक उनका उद्धार करते हैं, उसी प्रकार द्रौपदी के पुत्रों ने कर्णरूपी सागर में डूबते अपने मामाओं का रथ द्वारा उद्धार किया।"[9]

अर्जुन जब समुद्र की खाड़ी में स्थित निवातकवचों (एक प्रकार के दानव) के साथ युद्ध करने के लिए समुद्र में गये थे तो उन्होंने पर्वत सदृश उर्मिमालाओं के बीच असंख्यों रत्नपूर्ण नौकाएँ देखी थीं।[10] समुद्र में असंख्य रत्नगर्भ नौकाएँ अर्थात्

---

१. त्रयोदश समुद्रस्य द्वीपानश्नं पुरूरवाः। आदि ७५।१९। दे० नीलकंठ
२. साकलद्वीपवासाश्च सप्तद्वीपेषु ये नृपाः। इत्यादि। सभा २६।६
३. सागरद्वीपवासांश्च नृपतीं म्लेच्छयोनिजान्। सभा ३१।६६
४. ततः सागरकुक्षिस्थां म्लेच्छान् परमदारुणान्॥ सभा ३२।१६
५. गच्छन्ति पूर्वादपरं समुद्रं चापि दक्षिणम्। इत्यादि। सभा ५३।१६,१७।
६. समुद्रमध्ये राजेन्द्र सर्वलोकनमस्कृतम्। वन ८५।२४
७. वन ११८ वाँ अध्याय।
८. वणिग्यथा समुद्राद्वै यथार्थं लभते धनम्। इत्यादि। शा २९८।२८
९. निमज्जतस्तानथ कर्णसागरे विपन्ननावो वणिजो यथार्णवे। कर्ण ८२।२३
१०. फनवत्यः प्रकीर्णाश्च। इत्यादि। वन १६९।२, ३।
वणिजो नाति भग्नायामगाधे विप्लवा इव। शल्य ३।५

समुद्रपोत वणिकों के थे इसमें संदेह का कोई कारण नहीं है। किसी दूसरे के लिए तरह-तरह मणि-रत्नों से पूर्ण नौकाएँ समुद्र में छोड़ने का कोई कारण ही नहीं हो सकता। इन सब वर्णनों से अच्छी तरह समझ में आ जाता है कि उस काल में भारत के साथ दूसरे देशों के व्यापारिक संबंध बहुत घनिष्ठ थे। दिग्विजय एवं पुरुरवा के राज्यविस्तार वर्णन में कवि की अतिशयोक्ति की आशंका होते हुए भी यह सत्य है कि दिग्विजय एवं वाणिज्य के लिए भारत के बाहर दूसरे देशों में भी यातायात होता था। अन्तर्वाणिज्य एवं बहिर्वाणिज्य इन दोनों के द्वारा एक प्रदेश से दूसरे प्रदेश एवं एक देश से दूसरे देश के बीच संबंध स्थापित होते थे।

शिल्प

मणि, मुक्ता, मूँगा आदि—उस काल में भी मणि, मुक्ता, मूँगा, सोना, चाँदी आदि मूल्यवान रत्नों में परिगणित होते थे।[1]

सोने का व्यवहार ही अधिक—इन सबमें से सोने का व्यवहार ही अधिक होता था। धन-सम्पत्ति को लेकर कुछ कहते हुए सोने का नाम ही पहले लिया गया है, ऐसे अनगिनत उदाहरण महाभारत में मिलते हैं। मणिरत्नों में सोने का स्थान ही सबसे ऊँचा था। सोना बहुत ही पवित्र वस्तु माना जाता था।[2]

सोने का माहात्म्य—माहात्म्य बढ़ाने के लिए सोने की अग्नि में पतित महादेव के शुक्ररूप में कल्पना की गई है। इसीलिए अग्नि का एक दूसरा नाम हिरण्यरेताः भी है। जातवेदाः अर्थात् अग्नि से उत्पन्न होने के कारण सोने को जातरूप कहा जाता रहा है। सोना तैजस पदार्थों में गण्य था।[3]

शैलोदा नदी से पिपीलक-सोना (?)—जिन-जिन स्थानों पर सोना या दूसरे रत्न पाये जाते थे उनके बारे में भी महाभारत में संकेत पाया जाता है। मेरु एवं मंदर पर्वत के बीच बहनेवाली शैलोदा नामक नदी की रेत से प्रचुर परिमाण में एक तरह का सोना इकट्ठा किया जाता था। पिपीलिका अर्थात् चीटियों द्वारा संगृहीत होने के कारण इस सोने का नाम ('पिपीलक सोना') था। चींटियाँ किसलिए सोना इकटठा करती थीं, इस रहस्य का उद्घाटन करना कठिन है। इन सब वर्णनों की सत्यता में सन्देह का काफी मौका है।[4]

विन्दुसरोवर में रत्न—विन्दु सरोवर में अनेकों प्रकार के रत्न पाये जाते थे। विन्दुसरोवर हिमालय की तलहटी में था। शायद वर्तमान हरिद्वार के आसपास कहीं रहा होगा (देखिये मत्स्यपुराण १२१ वाँ अध्याय)। श्रेष्ठ शिल्पी मय ने नाना

---

१. मणिमुक्ताप्रवालञ्च सुवर्णं रजतं बहु। आदि ११३।३४

२. जगत् सर्व्वञ्च निर्म्मथ्य तेजोराशिः समुत्थितः।
सुवर्णमेभ्यो विप्रर्षे रत्नं परममुत्तमम्॥ इत्यादि। अनु ८४।४९, ५२

३. अनु ८४ वाँ और ८५ वाँ अध्याय।

४. तद्वै पिपीलिकं नाम उद्धृतं यत् पिपीलिकैः।
जातरूपं द्रोणमेयमहार्षुः पुञ्जशो नृपाः॥ सभा ५२।४

प्रकार के रत्नों द्वारा युधिष्ठिर का सभामण्डप बनाया था। मंडप के अधिकांश रत्न विन्दुसरोवर से ही लाये गये थे। उन सब रत्नों द्वारा निर्मित सभामंडप में ही दुर्योधन को जल की जगह स्थल एवं स्थल की जगह जल का भ्रम हुआ था।[१]

धातु शिल्प (अलंकार)—सोने से भुजबंद, बाजूबंद, हार आदि तरह-तरह के आभूषण बनाये जाते थे। (परिच्छेद और प्रसाधन प्रबंध देखिए)[२]

आसन—राजाओं के सभागृहों में मीनाकारी किये हुए सोने के आसन रहते थे। सम्भ्रान्त पुरुषों की उपस्थिति पर वे आसन व्यवहार में लाये जाते थे।[३]

सुवर्ण-वृत्त—सोने से निर्मित कृत्रिम वृक्षावलि राजसभा की शोभा बढ़ाती थी। राजसभा की दूसरी बहुत सी चीजें भी सोने से बनाई जाती थीं।[४]

यज्ञ के उपकरण—महाराज युधिष्ठिर के अश्वमेध यज्ञ में अनेकों यज्ञ की वस्तुएँ सोने की बनाई गई थीं। स्फ्य (खड्ग की आकृति का एक विशेष यज्ञीय उपकरण) कूर्च्च, (बिछाने के लिए कुश का आसन) आदि सोने के बने थे।[५]

यज्ञमंडप के तोरण आदि—यज्ञ मंडप के तोरण, घट, कलस, पात्र, कड़ाह आदि वस्तुएँ भी सोने की थीं।[६]

सोने की थाली, कलसी आदि—धनाढ्य परिवारों में सोने की थाली, कलसी, कमंडल आदि व्यवहार में लाये जाते थे।[७]

सुवर्णमुद्रा या निष्क—उस काल में जो मुद्रा प्रचलित थी वह भी सोने की मोहर जैसी थी। महाभारत में कहीं भी मुद्रा की आकृति, वजन या परिमाण के बारे में

---

१. कृतां विन्दुसरोरत्नैर्म्मयेन स्फटिकच्छदाम्।
अपश्यं नलिनीं पूर्णामुदकस्येव भारत॥ सभा ५०।२५

२. मालाञ्च समुपादाय काञ्चनीं समलंकृताम्। आदि १८५।३०। आदि ७३।२, ३। अनु ८४।५१।

३. सुवर्णचित्रेषु वरासनेषु। उ १।६। आदि १९६।२। सभा ५६।२०। उ ८९।८। अनु० १३९।१४।

४. सभा च सा महाराज शातकुम्भमयद्रुमा। सभा ३।२१। उ १।२।

५. स्फ्यश्च कूर्च्चश्च सौवर्णो यच्चान्यदपि कौरव। इत्यादि। अश्व ७२।१०,११

६. ददृशुस्तोरणान्यत्र शातकुम्भमयानि ते। इत्यादि। अश्व ८५।२९, ३०

७. कलसान् कांचनान् राजन्। आश्व० २७।१२। सभा० ४९।१८, वन २३२।४२,४४, सभा ५१।७, सभा ५२।४७

स्पष्ट नहीं कहा गया है। उस मुद्रा का नाम निष्क था।[1] निष्क के संबंध में एक सन्देह उपस्थित होता है। वह यह कि वह शायद हमेशा शुद्ध सोने की नहीं होती थी, अन्य धातु मिश्रित सोने की बनती थी, या केवल चाँदी अथवा किसी और धातु की बनाई जाती थी। क्योंकि दो-चार जगह केवल निष्क शब्द व्यवहार में न लाकर 'कांचनं निष्कं'[2] 'हिरण्य निष्कान्'[3] 'शातकुम्भस्य शुद्धस्य शतं निष्कान्'[4] इस प्रकार निष्क को विशेषण के साथ लिया गया है। यदि मान लिया जाय कि निष्क शब्द हमेशा सोने की मोहर के लिए ही प्रयुक्त होता था तो इन सब विशेषणों द्वारा 'सोने की निष्क' की तरह संकेत करने में कोई सार्थकता नहीं रहती और यदि विशुद्ध सोने की बनी हुई इस अर्थ को प्रकट करने के लिए ही सुवर्ण, कांचन आदि शब्दों को विशेषण रूप में प्रयुक्त किया गया है तो कहना पड़ेगा कि उल्लिखित सन्देह निर्मूल नहीं है, क्योंकि खोट मिले सोने की निष्क भी उस काल में प्रचलित थीं। और इन विशेषणों को यदि व्यावर्त्तक रूप में लिया जाय तो यह मानना पड़ेगा कि अन्य धातुओं द्वारा भी निष्क बनाई जाती थी, लेकिन यह मानना उचित नहीं लगता, क्योंकि बहुत स्थलों पर विशेषण का प्रयोग न करके केवल निष्क शब्द का प्रयोग किया गया है।

चाँदी की थाली—चाँदी से निर्मित वस्तुओं में केवल थाली का उल्लेख मिलता है।[5]

ताँबे के बर्त्तन—अनेकों प्रयोजनीय बर्तन ताँबे से भी बनाये जाते थे।[6]

काँसे के बर्त्तन—काँसे के बर्त्तनों के विषय में दो तीन जगह कहा गया है। गाय दुहने का बर्त्तन एवं भोजन करने के बर्तन काँसे के बताये हैं।[7]

---

१. आदि २२१।६९। वन ३७।१९। वन २३।२। वि ३८।४३। द्रो १६।२६ द्रो ८०।१७। शा ४५।५। अश्व ८९।९ (और बहुत सी जगह निष्क शब्द का उल्लेख मिलता है)।

२. द्रो ८०।१७

३. वन २३।२

४. वि ३८।४३

५. उच्चावचं पार्थिवभोजनीयं पात्रीषु जाम्बूनदराजतीषु॥ आदि १९४।१३

६. पात्रमौदुम्बरं गृह्य मधुमिश्रं तपोधन। अनु १२५।८२। वन ३।७२। अनु १२६।२०। आश्र २७।१३

७. दक्षिणार्थं समानीता राजभिः कांस्यदोहनाः। सभा ५३।३। शा २२८।६०। अनु ५७।३०। अनु ७१।३३। अनु १०४।६६

लौहशिल्प---लोहा व्यापक रूप से व्यवहार में लाया जाता था। युद्ध में जो अस्त्र-शस्त्र व्यवहृत होते थे, करीब-करीब सभी लोहे के थे। रोजमर्रा के काम में आनेवाली चीजों में भी फावड़ा, कुदाल, कटारी आदि का प्रचलन बहुत अधिक था।[१] लोहे से मछली पकड़ने का काँटा बनाया जाता था। काँटा डालकर मछली पकड़ना लोग उस समय भी अच्छी तरह जानते थे।[२]

मणिमुक्तादि का व्यवहार---आभूषणों के अलावा राजसभा में जो वस्तुएँ होती थीं वे बहुमूल्य मणिमुक्ताओं से जड़ित होती थीं। राजाओं की चौपड़ की गोटियाँ भी वैदूर्यनिर्मित होती थीं। युद्ध में व्यवहृत होनेवाली तलवार की मूँठ भी कोई-कोई मणि की बनवाता था।[३]

दन्तशिल्प---हाथीदाँत से बहुत सी चीजें बनाई जाती थीं। तलवार की मूँठ, योद्धाओं के कवच, चौपड़ की गोटियाँ, सोने के लिए पलंग, बैठने के आसन एवं एक प्रकार की खेलने की गुड़िया का उल्लेख मिलता है। धनी समाज में ही इन शिल्पों को स्थान प्राप्त था।[४] नागराज वासुकि ने पातालपुरी में भीम को सोने के लिए एक बहुत बड़ा नागदंत दिया था।[५] धनी व्यक्ति दाँत से छतरी की सलाइयाँ भी बनवाते थे। सम्भवतः हाथीदाँत ही इन सब चीजों के लिए व्यवहृत होता था।[६]

अस्थि व चर्मशिल्प---विभिन्न प्राणियों के चमड़े से भिन्न-भिन्न प्रकार के आवश्यक द्रव्य निर्मित होते थे। गांडी अर्थात् गेंडे के पीठ के हिस्से से अर्जुन का धनुष बना हुआ होने के कारण ही 'गांडीव' कहलाया।[७] गाय की हड्डी, चमड़े व बालों से अनेकों प्रकार की प्रयोजनीय वस्तुएँ बनाई जाती थीं। लेकिन किस प्रकार कौन सी वस्तु बनाई जाती थी, इसका कोई उल्लेख नहीं मिलता। कहा गया है कि

---

१. कुद्दालं दात्रपिटकम्। शा २२८।६०। वन १०७।२३
तथैव परशून् शितान्। सभा ५१।२८
वास्यैकं तक्षतो बाहुम्। आदि ११९।१५

२. मत्स्यो बड़िशमायसम्। उ ३४।१३। वन १५७।४५

३. मणिप्रवेकोत्तमरत्नचित्रा। उ १।२। वि १।२५
खड्गं मणिमयत्सरुम्। द्रो ४७।३७

४. शुद्धदन्तत्सरूनसीन्। सभा० ५१।१६, ३२। भी ९६।५०। वि० १।२५। शा ४०।४। उ ४७।५। वि ३७।२९

५. ततस्तु शयने दिव्ये नागदन्ते महाभुजः। आदि १२८।७२

६. समुच्छितं दन्तशलाकमस्य सुपांडुरं छत्रमतीव भाति। भी २२।६

७. एष गांडीमयश्चापः। उ ९८।१९। नीलकंठ देखिये

गाय अपने चमड़े, हड्डी, सींग एवं बालों के द्वारा भी हमारा बहुत उपकार करती है।[१] असि के साथ चर्म नामक एक प्रकार के शस्त्र का उल्लेख प्रायः सर्वत्र मिलता है, लगता है, उसका संकेत ढाल से है। बाघ के चमड़े से हौदे की गद्दी ढकी जाती थी।[२] चर्मपादुका बहुल रूप से प्रचलित थी इसमें भी सन्देह नहीं है, लेकिन वे किस जानवर के चमड़े से बनती थी, इसके बारे में कोई संकेत नहीं दिया है।[३]

छत्र एवं चर्मपादुका की उत्पत्ति के सम्बन्ध में अनुशासन पर्व के ९५ वें व ९६ वें अध्याय में एक उपाख्यान है। महर्षि जमदग्नि धनुर्विद्या का अभ्यास कर रहे थे। उनकी पत्नी रेणुका छोड़े हुए बाणों को उठाकर पति को देती जा रही थीं। दोपहर का समय था। रेणुका पाँवों के नीचे गरम रेत और सिर पर कड़ी धूप का ताप सहन नहीं कर पाई, थोड़ा विश्राम कर लेने के ख्याल से एक पेड़ के नीचे बैठ गई। बाण मिलने में देर होने पर ऋषि ने कारण जानना चाहा। रेणुका ने सूर्यदेव के अत्याचार की बात बताई। ऋषि ने क्रुद्ध होकर सूर्य को उचित सजा देने के लिए धनुष पर बाण चढ़ाया। यह देखकर सूर्य ब्राह्मण वेश में उनके समक्ष प्रगट हुआ और हाथ जोड़कर बोला, "ऋषिवर, जगत की भलाई के लिए मुझे ऐसा करना पड़ता है।" इसके बाद सूर्य ने ऋषि को सिर के लिए छत्र एवं पाँव के लिए चर्मपादुका देकर जान बचाई। छत्र एवं चर्मपादुका की अत्यन्त प्राचीनता एवं पवित्रता ख्यापन के उद्देश्य से ही शायद यह उपाख्यान लिखा गया होगा।

चमड़े से एक तरह का जलपात्र भी बनाया जाता था।[४] हरिण एवं मेढ़े के चमड़े से उत्कृष्ट आसन बनते थे। चीन देश में बहुत अच्छा चमड़ा पाया जाता था। इस देश में कम्बोज का (अफगानिस्तान का उत्तर पूर्वांशं) कदलीमृग चर्म अपने विचित्र वर्णों के लिए बहुत प्रसिद्ध था।[५]

छत्र व व्यजन—छत्र का व्यवहार भी उन दिनों बहुत अधिक होता था।

---

१. पयसा हविषा दध्ना शकृता चारव चर्मणा।
अस्थिभिश्चोपकुर्वन्ति भृंगैर्वालैश्च भारत। अनु ६६।३९।

२. वैयाघ्रपरिवारितान्। विचित्रांश्च परिस्तोमान्। सभा ५१।३४

३. दह्यमानाय विप्राय षः प्रयच्छत्युपानहौ। इत्यादि। अनु ९६।२०

४. दृतेः पादादिवोदकम्। उ ३३।८१

५. शूद्रा विप्रोत्तमार्हाणि रांकवाप्यजिनानि च। सभा ५१।९, २७
अजिनानां सहस्राणि चीनदेशोद्भवानि च। उ ८६।१०
कदलीमृगमोकानि कृष्णश्यामारुणानि च।
काम्बोजः प्राहिणोत्तस्मै...॥ सभा ४९।१९। सभा ५१।३

लेकिन छत्र किसी कपड़े से या किसी प्रकार के पत्ते से अथवा अन्य किसी चीज से बनाया जाता था, यह निश्चित रूप से नहीं कहा जा सकता। धनी लोगों के यहाँ जो छत्र काम में लाये जाते थे वे काफी चमक-दमक वाले होते थे। साधारणतः सफेद रंग के छत्र ही उस काल में बनते थे। छत्र के जितने भी उदाहरण मिलते हैं, वे सब सफेद रंग के मिलते हैं। एक सौ (असंख्य के अर्थ में भी शत सहस्रादि शब्दों का प्रयोग हुआ है।) शलाकाओं से छत्र का ढाँचा तैयार किया जाता था। कहीं-कहीं शलाकाएँ दाँत की दिखाई गई हैं। सम्भवतः इस प्रकार का बाहुल्य भी अभिजात्य के अंग रूप में एक विशेष श्रेणी तक ही सीमित था। जनसाधारण के व्यवहार में छत्र के बारे में कुछ नहीं कहा गया है।[1] युद्धक्षेत्र के वर्णन में भी सब बीरों के सिर पर सफेद रंग का छत्र पाया जाता है। हाथी एवं रथ के ऊपर श्वेतछत्र सुशोभित होता था।[2] तालवृन्त अर्थात् हाथ के पंखों का उल्लेख भी नाना स्थानों पर मिलता है।[3]

चँवर व पताका---राजा-महाराजाओं पर चंवर ढुलाये जाते थे। सफेद, लाल, काले, अनेक वर्णों के चंवरों का जिक्र मिलता है। सभामंडप, रथ आदि को सुसज्जित करने के लिए विभिन्न रंगों की पताकाएँ व्यवहार में लाई जाती थीं। किसी विशेष उपलक्ष्य में होनेवाली शोभायात्रा आदि में भी चँवर, पताकाओं आदि का आडम्बर कम नहीं होता था। पताकाएँ अनेकों रंगों की होती थीं एवं उन पर जीवजन्तु, वृक्षलता आदि के चित्र बने होते थे।[4]

कुशासन---मुनि-ऋषि साधारणतः कुशासन पर बैठते थे। अतिथि को भी कुशासन देकर अभ्यर्थना की जाती थी। कहीं-कहीं कुशासन को कृष्णचर्म से ढके जाने का उदाहरण भी मिलता है।[5]

---

१. पांडुरेणातपत्रेण ध्रियमाणेन मूर्धनि। भी १।१४। अश्व ६४।३। आश्र २३।८
समुच्छ्रितं दन्तशलाकमस्य सुपांडुरं छत्रमतीव भाति॥ भी २२।६। वन २५१।४७। अनु ९६।१८

२. श्वेतच्छत्राण्यशोभन्त वारणेषु रथेषु च। भी ५०।५८

३. तालवृन्तान्युपादाय पर्यवीजन्त सर्वशः। अनु १६८।१५। शा ३७।३६, शा ६०।३२

४. श्वेतच्छत्रैः पताकाभिश्चामरैश्च सुपांडुरैः। वन २५१।४७। सभा ५२।५, सभा ५३।१३, १४। द्रो १०३ रा अध्याय। शा ३७।३६। शा १००।८

५. कौश्यां वृष्यामासस्व यथोपजुषम्। इत्यादि। वन १११।१०। वन २९४।४। शा ३४३।४२।

खस का छत्र—ग्रीष्मकाल में व्यवहार करने के उद्देश्य से खस का चादर की तरह का एक आच्छादन बनाया जाता था। यह शिल्प किस ढंग का था, इसका ठीक अंदाज नहीं लगता।[1]

शिविका—अभिजात घरों की महिलाओं को अगर कहीं दूर जाना होता था तो वे शिविका में चढ़कर जाती थीं। शव आदि ले जाने के लिए भी शिविका ही काम में लाई जाती थी। किन-किन चीजों से शिविका बनाई जाती थी, इसका कोई उल्लेख महाभारत में नहीं मिलता। सम्भवतः लकड़ी व बाँस ही प्रधान उपकरण थे। शिविका आदमी ही कंधों पर उठाते थे, इसलिये यह तो निश्चित है कि किसी भारी धातु से नहीं बनती होगी।[2]

रथ—करीब-करीब सभी रथों के ध्वनि से पता चलता है कि रथ घोड़े खींचते थे और एक सारथी घोड़ों को चलाता था। कोई-कोई रथ वायुवेग से दौड़ता था। रथ के नीचे पहिये होते थे। रथ की निर्माण प्रणाली के संबंध में कुछ नहीं कहा गया है। किसी-किसी रथ को चार घोड़े खींचते थे। रथ तरह-तरह के चित्र, पताकाओं, ध्वजाओं आदि से सुसज्जित होते थे।[3] किसी-किसी रथ की ध्वजा का चिह्न देखकर दूर से ही आरोही पुरुष का परिचय मिल जाता था। अर्जुन, भीष्म, द्रोणाचार्य, कृप, दुर्योधन आदि प्रसिद्ध वीरों के रथ की ध्वजा का अलग-अलग चिह्न था।[4] ऊँट, खच्चर एवं गधे के द्वारा भी रथ चलाया जाता था।[5] बैल गाड़ी में जोते जाते थे, लेकिन उस गाड़ी की आकृति आधुनिक बैलगाड़ी जैसी थी या भिन्न थी, यह बताना कठिन है। युधिष्ठिर ने पहले बैलों के रथ में बैठकर ही नगर में प्रवेश किया था।[6]

वास्तु शिल्प—नया मकान बनाने के पहले जमीन नापने का नियम था। शास्त्रीय विधान के अनुसार जमीन नापने की व्यवस्था की जाती थी। कोई भी

---

१. छत्रं वेष्ठनमौशीरमुपानद्व्यजनानि च। शा ६०।३२
२. ततः कन्यासहस्रेण वृता शिविकया तदा। आदि ८०।२१। आदि १२७।७ आदि १३४।१२। वन ६९।२३।
३. यानैर्हाटकचित्रैश्च। आदि २१९।५। सभा २४।२१
४. वि० ५५ वाँ अध्याय।
५. उष्ट्राश्वतरयुक्तानि यानानि च वहन्ति माम्। अनु ११८।१४। आदि १४४।७
६. श्वस्ताञ्च शृणोम्येनं गोपुत्राणां प्रतोद्यताम्। अनु ११७।११ युक्तं षोडशभिर्गोभिः पांडुरं शुभलक्षणैः। शा ३७।३१।

विज्ञ व्यक्ति जमीन मापता था। किसी नये नगर की नींव डालते वक्त भी पूरी नाप-जोख की जाती थी : शान्तिपाठ करके काम शुरू किया जाता था।[1]

प्रासाद एवं गृहनिर्माण के जो उदाहरण महाभारत में मिलते हैं वे सभी राजा-महाराजाओं के हैं। उनकी शिल्प निपुणता व सौन्दर्य पाठकों को विमुग्ध कर देता है। वास्तु कला उस युग में काफी उन्नत थी। आदि पर्व के १३४ वें अध्याय में, हस्तिनापुर में परीक्षा प्रदर्शन के उद्देश्य से बने प्रेक्षागार का वर्णन मिलता है। मणि, मुक्ता, वैदूर्य आदि रत्नों से जड़ित, सुवर्णमय विशाल गृह बनाया गया था। १४४ वें अध्याय में जतुगृह का चित्र अंकित हुआ है। सन के तनों, सर्ज्जरस, घी, लाख आदि आग्नेय द्रव्यों के संयोग से घर बनाया गया था। घी, तेल, चर्बी आदि के साथ मिट्टी मिलाकर दीवालों पर लेप किया गया था। गृह चार कक्षों का एवं अत्यन्त मनोरम था। शिल्पी पुरोचन ने दुर्योधन के उत्तेजित करने पर जतुगृह का निर्माण किया था। उस अमंगलकारी घर का नाम था—'शिव'।[2] युधिष्ठिर आदि के कल्याण के निमित्त विदर द्वारा प्रेरित किये जाने पर एक खोदनेवाले ने घर के फर्श के नीचे एक तहखाना बनाया था।[3]

आदिपर्व के १८४ वें अध्याय में द्रौपदी की स्वयंवर सभा का वर्णन मिलता है। नगर के ईशानकोण में समभूमि पर चारों ओर प्रासादों से घिरा सभागृह बनाया गया था। खाई एवं परकोटे से घिरा, तोरण, माल्य आदि से मंडित, तरह-तरह के रत्नों से जड़ित, सुवर्णजाल से अंकित, पुष्पमालाओं से विभूषित शतद्वार विशिष्ठ, अगरु से धूपायित, चन्दनसिक्त, सुसज्जित सभागृह हिमालय श्रृंग की तरह सुशोभित हो रहा था। द्रौपदी से विवाह करने के बाद जब पांडव धृतराष्ट्र को बुलाने पर हस्तिनापुर गये तो धृतराष्ट्र ने कौरव पांडवों में पुनः संघर्ष होने के डर से पांडवों को खांडवप्रस्थ में नया नगर बसाकर रहने का आदेश दिया। धृतराष्ट्र का आदेश शिरोधार्य करके पांडव कृष्ण के साथ खांडवप्रस्थ गये और वहाँ उन्होंने वन को स्वर्ग में परिणत कर दिया।[4] शुभलंग्न में अच्छी जगह शान्तिपाठ करके महर्षि

---

१. ततः पुण्ये शिवे देशे शान्तिं कृत्वा महारथाः।
नगरं मापयामासुर्द्वैपायनपुरोगमाः॥ आदि २०७।२९। आदि १३४।८। अश्व० ८४।१२

२. निवेदयामास गृहं शिवाख्यमशिरं तदा। आदि १४६।११

३. कपाटयुक्तमज्ञातं समं भूम्याश्च भारत। आदि १४७।१७

४. ततस्ते पांडवास्तत्र गत्वा कृष्णपुरोगमाः।
मंडयाञ्चक्रिरे तद् वै परं स्वर्गवदच्युताः॥ आदि २०७।२८

द्वैपायन आदि महर्षियों ने नगर के माप आदि का कार्य सम्पन्न किया। उसके बाद प्रसिद्ध शिल्पियों ने अपना कार्य आरम्भ किया। चारों तरफ सागर जैसी परिखा (खाई) और गगनचुम्बी परकोटा बनाया गया था। सफेद वृहदाकार मेघखंडों की तरह अथवा निर्मल ज्योत्स्ना के समान मोहित करनेवाली थी उस नगर की शोभा। मंदार जैसे ऊँचे गोपुर (फाटक) द्वारा सुरक्षित शुभ्र प्रासाद श्रेणी का सौन्दर्य मानों पातालपुरी की 'भोगवती' से भी अधिक था। तरह तरह के अस्त्र-शस्त्रों द्वारा सुसज्जित गृहश्रेणियाँ स्वर्गपुरी जैसी लगती थीं।[1] नगर के चारों ओर वृक्षलताओं से सुशोभित रम्य उद्यान आदि के चित्र भी इन्द्रप्रस्थ के वर्णन में हमारी नजरों के सामने आते हैं। आम, आमड़ा, कदम्ब, अशोक, चम्पक, जूही, नागकेशर, बड़हर, कटहल, शाल, ताल, तमाल, बकुल, केतकी, आमलक, लोध, अंकोल, जम्बु, पाटल, माधवी, करील, पारिजात आदि अनेकों प्रकार के वृक्षलताओं के फल फूलों की गंध से नगर भरपूर रहता था, मानों बारहों महीने वसन्तोत्सव रहता हो। कोयल की कूक व मयूरों की केका से नगर सदा मुखरित रहता था। लतागृह, चित्रगृह, आदि से सुशोभित मनोमुग्धकारी उद्यान कमलों की सुगन्ध से सुरभित, निर्मल जल-पूर्ण जलाशय, ह्रदों व वापियों द्वारा और भी मनोरम लगते थे। अरण्यों के अन्दर लताओं से वेष्टित पुष्करिणियाँ हंस, बतख, चकवे आदि जलचर प्राणियों के क्रीड़ास्थल थे। बीच-बीच में बनाई गई कृत्रिम पर्वतश्रेणियाँ नगर की सुन्दरता में चार चाँद लगाती थीं।[2]

युधिष्ठिर के सभामण्डप का वर्णन भी अत्यन्त मनोमुग्धकारी है। सभागृह वास्तुकला का उत्कृष्ट नमूना था। अर्जुन के प्रति कृतज्ञतावश, श्रीकृष्ण के आदेश से दानवशिल्पी ने इन्द्रप्रस्थ के सभागृह का निर्माण किया था। मंडप की आकृति विमान जैसी थी। चाहने पर उसे एक जगह से दूसरे जगह ले जाया जा सकता था। एक स्थान से हटाने के लिए आठ हजार शक्तिशाली पुरुषों की आवश्यकता होती थी।[3] शुभ दिन, शुभ लग्न देखकर हजार ब्राह्मणों को खिलाया गया और बहुत सा धन उन्हें दक्षिणा में दिया गया। तब श्रेष्ठ शिल्पियों ने सभागृह के स्थान की नाप-जोख शुरू की। चतुष्कोण दस हजार हाथ भूमि को घेर कर वह सुन्दर व वृहद् मंडप बनाया गया था।[4]

१. आदि २०७।२९-३६

२. आदि २०७।४१-४८।

३. विमानप्रतिमां चक्रे पांडवस्य शुभां सभाम्। सभा १।१३। सभा० ३।२८

४. पुण्येऽहनि महातेजाः कृतकौतुकमंगलः। इत्यादि। सभा १।१८-२०। सभा० ३।२३

कैलाश पर्वत पर दानवराज वृषपर्वा का जो मणिमय यज्ञमंडप मय द्वारा बनाया गया था, उसके सब रत्न बिन्दु सरोवर से ही लाये गये थे। युधिष्ठिर के सभागृह के निर्माण के शुरू में ही शिल्पी मय ने अर्जुन से कुछ दिनों की छुट्टी माँगकर मणिरत्न इकट्ठे करने के लिए विन्दुसरोवर की तरफ प्रस्थान किया था। वहाँ से वृषपर्वा के सभागृह के स्फटिक आदि भीम के लिए सुवर्णविन्दु चित्रिल गदा एवं अर्जुन के लिए देवदत्त नामक वारुण शंख लाये गये थे। सब इकट्ठा करने के बाद दिव्य, मणिमय स्तम्भों युक्त आकाशचुम्बी मंडप तैयार हुआ था।[१] मंडप की दीवारें, तोरण आदि रत्नजड़ित थे। सभागृह के अन्दर ही शिल्पी मय ने नाना प्रकार के मणिरत्नों द्वारा कृत्रिम जलाशय बनाया था। उसमें प्रस्फुटित कमलों की पंखुड़ियाँ वैदूर्य की एवं डंडियाँ मणि की थीं। विभिन्न प्रकार के पक्षी, कछुए, मछलियाँ आदि बनाए गए थे। सभी कुछ मणि-मुक्ताओं एवं सोने से तैयार किया गया था। जलाशय में स्फटिक की सीढ़ियाँ थीं। सभागह के बीच-बीच में सचमुच के दो-चार जलाशय भी खोदे गये थे, उसमें भी पद्म, उत्पल आदि सुगंधित पुष्प लगाये गये थे; हंस, बतख चकवे आदि पक्षियों के रहने की व्यवस्था की गई थी। शिल्पी की निपुणता के कारण असली और नकली में अन्तर निकालना बहुतों के लिए मुश्किल था।[२] स्वयं कुरुपति दुर्योधन रत्नजड़ित स्फटिक से बने कृत्रिम जलाशय को असली समझकर कपड़े समेटने लगे थे, तब भीम के मुस्कुराने पर उन्हें बड़ी लज्जा महसूस हुई थी। इसके बाद एक बार धोखा खा चुकने के बाद असली जलाशय को भी कृत्रिम समझ बैठे और अर्जुन, कृष्ण, द्रौपदी व अन्य महिलाओं के उच्च हास्य के बीच जब भीगे कपड़े उतारने पड़े तो पहले की व्यथा जैसे सौगुनी हो गई थी। निर्मल शिला व स्फटिक की दीवार में पड़ते प्रतिबिम्ब को बाहर निकलने का मार्ग समझने के कारण भी दुर्योधन को सहदेव व भीम के सामने शर्मिन्दा होना पड़ा था और शिर में कम चोट नहीं लगी थी। स्वयं कुरुपति की जब यह हालत थी तो साधारण लोगों को भ्रम होना तो बहुत ही सम्भव था।[३] उस सभागृह के निर्माण में चौदह महीनों से भी अधिक समय लगा था।[४] स्तम्भों के बिना भी प्रासादनिर्माण के कौशल से उस काल के शिल्पी

---

१. तत्र गत्वा स जग्राह गदां शंखं च भारत।
स्फटिकञ्च सभाद्रव्यं गदासीद्वृषपर्वनः॥ इत्यादि। सभा ३।१८-२०

२. सभा ३ रा अध्याय।

३. सभा ५०।२५-२६। सभा ४७।३-१३

४. ईदृशीं तां सभां कृत्वा मासैः परिचतुर्दशैः। सभा ३।३७

अवगत थे।[1] युधिष्ठिर के राजसूय यज्ञ में निमन्त्रित राजाओं को जिन प्रासादों में ठहराया गया था, उनकी शोभा भी अतुलनीय थी। ऊँचे श्वेत परकोटे से घिरे, अगुरुधूपित, माल्यविभूषित एवं महार्घरत्नखचित भवन देखने में हिमालय शिखरों जैसे थे।[2]

युधिष्ठिर के सभागृह का शिल्पकार्य देखकर ईर्ष्यान्वित दुर्योधन ने धृतराष्ट्र की अनुमति लेकर हस्तिनापुर में एक सभागृह बनवाया था। धृतराष्ट्र ने नाना देशों के सुप्रसिद्ध शिल्पियों को बुलाकर, शतद्वार, सहस्रस्तम्भों वाले रत्नजड़ित सभामंडप बनाने का आदेश दिया था। उनके आदेश से एक कोस लम्बे एक को र चौड़े स्थान पर तरह-तरह के अमूल्य उपकरण लगाकर सभागृह व उद्यानादि बनाये गये थे।[3] द्वारिकापुरी का जो चित्र अंकित हुआ है, वह भी अत्यन्त मनोरम है। पुरी के चारों ओर नाना वर्ण-रंजित पताकाएँ उड़ती रहती थीं, हिमालय-शिखर जैसे श्वेत प्रासाद समूहों से पुरी सुशोभित थी। (दूसरे वर्णन इन्द्रप्रस्थ की तरह ही हैं।)[4]

पातालपुरी का सिर्फ एक ही जगह वर्णन किया गया है, लेकिन उसी में उसका असामान्य ऐश्वर्य एवं शिल्प-वैशिष्ट्य प्रस्फुटित हो उठा है। तरह-तरह के प्रासाद, अट्टालिकाओं, चूड़ाओं आदि से पातालपुरी सुसज्जित थी।[5]

कालकेय दैत्य हिरण्यपुर नामक नगर में वास करते थे। आकाश में अवस्थित होने के कारण उसका दूसरा नाम 'खपुर' था। शायद वह पुरी किसी बहुत ऊँचे पर्वत पर अवस्थित थी। एक जगह कहा गया है कि जो तीन करोड़ दैत्य समुद्र में दुर्ग बनाकर रहते थे, उनका नाम 'निवातकवच' था। अर्जुन ने उन दुर्दमनीय दैत्यों का युद्ध में वध किया था।[6]

मत्स्यराज की सभा का चित्र भी अद्‌भुत था। मणिरत्न जड़ित सभागृह में सुवर्ण खचित सिंहासन सुशोभित थे।[7] महाराज धृतराष्ट्र के गृहवर्णन में पाया जाता

---

१. स्तम्भैर्न च धृता सा तु शाश्वती न च सा क्षरा। सभा ११।१४।
२. ददुस्तेषामावसथान् धर्मराजस्य शासनात्। इत्यादि। सभा ३४।१८-२४
३. सभा ४९।४७-४९। सभा ५६।१८-२२
४. पुरी समन्ताद्विहिता सपताका सतोरणा। इत्यादि। वन १५।५-११
५. आदि ३।१३३
६. वन १७३ वाँ अध्याय।
निवातकवचा नाम दानवा देवशत्रवः
समुद्रकुक्षिमाश्रित्य दुर्गे प्रतिवसन्त्युत। वन १६८।७२।
७. सभा तु सा मत्स्यपते: समृद्धामणिप्रवेकोत्तमरत्नचित्रा। इत्यादि। उ १।२

है कि पांडु का प्रासादश्रेणी से घिरा सुन्दर प्रासाद बहुत से कक्षों में विभक्त था। धृतराष्ट्र चतुर्थ कक्ष में रहते थे।[1] दुर्योधन, दुःशासन आदि राजपुत्रों के गृह उपकरणों में मणि, मुक्ता, सोने आदि का व्यवहार ही अधिक हुआ था। प्रत्येक प्रासाद मानों कुबेर का भवन था।[2]

युद्ध के प्रारम्भ में दुर्योधन ने जो शिविर बनवाया था, वह देखने में हस्तिनापुर जैसा ही था। शत-शत दुर्ग उत्कृष्ट शिल्पकला के नमूनों रूप में सुशोभित हो रहे थे। बहुत गौर से देखने पर भी शिविर और हस्तिनापुर में अन्तर निकालना कठिन था।[3] पांडवों की तरफ भी कृष्ण की देखरेख में कुरुक्षेत्र में शिविर तैयार हुआ था। शिविर को प्रचुर काष्ठ द्वारा दुराधर्ष बनाया गया था। प्रत्येक शिविर एक-एक बहुमूल्य विमान की तरह दीखता था। सैकड़ों शिल्पियों ने यथायोग्य वेतन लेकर कार्य किया था।[4]

किसी समादृत अभ्यागत के आगमन के उपलक्ष्य में रास्ते में सभागृह का निर्माण किया जाता था। कृष्ण जब संधि का प्रस्ताव लेकर उपप्लव्य से हस्तिनापुर गये थे, तब धृतराष्ट्र के आदेश से रास्ते में पड़ने वाली रमणीक जगहों पर अनेकों सभामंडप बनाये गये थे। मणिमुक्ता जड़ित मंडप, तरह-तरह के आसन, वस्त्र, गंध, माल्य आदि द्रव्यों से सुसज्जित किये गये थे। विशेषतः 'वृकस्थल' गाँव का सभा-मंडप तरह-तरह के रत्नों द्वारा निर्मित होने के कारण हर एक का मन हर लेता था। शल्य को अपने पक्ष में मिलाने के उद्देश्य से दुर्योधन ने भी रास्ते में उसी तरह के मंडप बनवाये थे।[5]

युद्ध में विजयी होकर योद्धा जब नगर में प्रवेश करते थे तब खूब चमक दमक के साथ नगर को सजाया जाता था। विशिष्ट अभ्यागतों के शुभागमन के अवसर पर भी, उनकी अभ्यर्थना के लिये नगर, राजपथ आदि को शुभ्र माल्य, तोरण, पताका आदि से अलंकृत किया जाता था। अलंकृत राजमार्ग धूप अगुरु आदि की सुगंधि से सुरभित रहता था। प्रासाद सुगंधित द्रव्यों, तरह-तरह के पुष्पों, प्रियंगु वृक्षों,

---

१. पांडुरं पुण्डरीकाक्षः प्रासादैरुपशोभितम्। इत्यादि। उ ८९।११, १२
२. शा ४४ वाँ अध्याय।
३. न विशेषं विजानन्ति पुरस्य शिविरस्य वा। इत्यादि। उ १९७।१३, १४
४. खानयामास परिखां केशवस्तत्र भारत। इत्यादि। उ १५१।७९-८३
५. ततो देशेषु देशेषु रमणीयेषु भागशः।
सर्वरत्नसमाकीर्णाः समाश्चक्रुरनेकशः। उ ८५।१३-१७। उ ८।९-११

व माल्य आदि से भूषित किये जाते थे। नगर के द्वारों पर सफ़ेदी कराकर, पुष्पादि से सजाकर भरे हुए कलश स्थापित किये जाते थे। ध्वजा, पताकाओं से सुसज्जित नगर अभ्यागत के स्वागत की सूचना देता था। सड़कों पर पानी छिड़क कर उन्हें शीतल बनाया जाता था। कुरुक्षेत्र के युद्ध के बाद कृष्ण जब द्वारका लौटे तो रैवतक पर्वत पर उत्सव हो रहा था। उस उत्सव के उपलक्ष्य में पर्वत की जो साज-सज्जा की गई थी वह भी कला-प्रियता का उत्कृष्ट उदाहरण थी।[1] नाना प्रकार के रत्नों से सुशोभित पर्वत रत्नजड़ित आवरण से आच्छादित जैसा दिखाई देता था। सुवर्णमाल्य एवं पुष्पमाल्य से विभूषित, सुवर्णदीप-वृक्षों से सुसज्जित गिरि का अन्धकाराच्छन्न प्रान्त भी दिन के समान आलोकित हो रहा था। घंटियाँ लगी हुई पताकाएँ पुरुषों एवं नारियों द्वारा फहराई जाने के कारण एक विशेष सुर की सूचना दे रही थीं। नर-नारियों के गान, शब्द से, सुरा मैरेय आदि भक्ष्य-पेय की प्रचुरता से, रैवतक उस दिन देवलोक के अपरूप ऐश्वर्य को भी फीका बना रहा था।[2]

पटगृह (तंबू)—जलक्रीड़ा करने के निमित्त दुर्योधन ने गंगा के किनारे पटगृह अर्थात् तंबू लगवाये थे। एक ही तंबू के अन्दर बहुत से प्रकोष्ठों का निर्माण किया गया था।[3]

उडुप (डोंगी)—अत्यन्त प्राचीन काल में दीर्घतमा ऋषि को उनके पुत्रों ने अपनी माता के आदेश से एक डोंगी से बाँधकर गंगा में डुबो दिया था। अतः डोंगी का व्यवहार बहुत प्राचीन काल से चला आ रहा है। लेकिन किन-किन चीजों से डोंगी बनाई जाती थी, इसका कोई उल्लेख महाभारत में नहीं मिलता।[4]

मंजूषा—कर्ण के जन्म लेते ही कुन्ती ने एक मोम से लपेटी हुई मंजूषा में सद्योजात शिशु को लिटाकर नदी में बहा दिया था।[5]

नौका—नौका के दो-चार उदाहरण महाभारत में मिलते हैं। यमुना नदी पर

---

१. **अभियाने तु पार्थस्य नरैर्नगरवासिभिः।**
नगरं राजमार्गाश्च यथावत् समलंकृताः॥ शा ३७।४५-४९। उ ८६।१८। वि ६८।२३-२६

२. **अलंकृतस्तु स गिरिर्नानारूपैर्विचित्रितैः। इत्यादि। अश्व ५९।५-१५**

३. **ततो जल-विहारार्थं कारयामास भारत।**
चैलकम्बलवेश्मानि विचित्राणि महान्ति च॥ इत्यादि। आदि १२८। ३१, ३२

४. **बद्ध्वोडुपे परिक्षिप्य गंगायां समवासृजन्॥ आदि १०४।३९**

५. **मंजूषायां समाधाय स्वास्तीर्णायां समन्ततः॥ इत्यादि। वन ३०७।६, ७**

सत्यवती खिवैये का काम करती थीं।[1] जतुगृह में आग लगने के बाद पांडव अपनी माता कुंती के साथ सुरंग से निकल कर गंगा के किनारे पहुँचे। उसके बाद महामति विदुर की भेजी हुई नौका पर बैठकर गंगा के दूसरे किनारे पर उतरे। वह नौका यन्त्रों व पताकाओं से युक्त, सुदृढ़ व वायुवेग से चलनेवाली थी। तूफान आने पर नौका के डूबने की आशंका नहीं थी। यहाँ यन्त्र शब्द किस चीज को लक्ष्य करके कहा गया है, यह निश्चित रूप से बताना कठिन है। टीकाकार नीलकंठ ने कहा है कि यन्त्र शब्द, तूफान आने पर नौका को ठहराने के लिए जो एक तरह का लंगर डाला जाता है उसी की ओर संकेत करता है। पताका का मतलब शायद पाल है। टीकाकार ने कहा है कि पाल वाली नौका अगर वायुवेग से भी चले तो उसके अन्दर लहर प्रवेश नहीं कर सकती। सीधे शब्दों में यह कहना चाहिये कि उस काल में नौकानिर्माण एवं चलाने के सुचारु ढंग से लोग अनभिज्ञ नहीं थे।[2] अर्जुन निवात कवचों से युद्ध करने के लिये समुद्र में गये थे तो उन्होंने पर्वतसदृश उठती तरंगों के बीच असंख्य रत्नपूर्ण नौकाएँ देखी थीं। इससे अंदाज लगता है कि वे नौकाएँ भीषण तरंगों में भी अपना अस्तित्व बचाये रखने लायक उपकरणों से बनाई जाती थीं। उन्हें सामुद्रिक वाणिज्य पोतों के ही एक रूप में लिया जा सकता है।[3]

हरिवंश के विष्णुपर्व में वृष्णिवंशियों की तरह-तरह की नौकाओं का वर्णन किया गया। क्रौंच जैसी, शुक जैसी, गज जैसी आदि तरह तरह की नौकाएँ उनके पास थीं। नौकाओं में ही बड़े-बड़े कमरे बनाये जाते थे। उनका रंग सोने की तरह चमकता था। वृष्णि उन नौकाओं पर चढ़कर समुद्र में विहार करते थे।[4]

पूर्त्त-शिल्प—कुएँ, बावड़ी, तालाब, जलाशय आदि खुदवाना, धर्मकृत्यों में गिना जाता था। श्राद्ध आदि के उपलक्ष्य में प्रियजनों की सद्‌गति कामना के लिए भी ये कार्य किये जाते थे। इन सब कार्यों की ओर लक्ष्य रखना धनिकवर्ग का

---

१. शुश्रूषार्थं पितुर्नावं वाहयन्तीं जले च ताम्। आदि ६३।६९। आदि १०५।८

२. ततो वातसहां नावं यन्त्रयुक्तां पताकिनीम्।
ऊर्म्मिक्षमां दृढ़ां कृत्वा कुन्तीमिदमुवाच ह॥ आदि १४१।५। आदि १४९।५ सभा० ६५।२१

३. नावः सहस्रशस्तत्र रत्नपूर्णाः समन्ततः। वन १६९।३

४. क्रौञ्चच्छन्दाः शुकच्छन्दा गजच्छन्दास्तथापरे।
कर्णधारैर्गृहीतास्ता नावः कार्त्तस्वरोज्वलाः। इत्यादि। विष्णु पु० १४७ वाँ अ०।

कर्त्तव्य कहा गया है। इस संबंध में बहुत से उदाहरण महाभारत में मिलते हैं। पुराने जलाशय आदि की मरम्मत करवाना या उन्हें उलीचवाना धनियों का आवश्यक कर्त्तव्य माना जाता था।[१]

जलयन्त्र—हस्तिनापुर के उद्यान का वर्णन करते हुए एक जलयन्त्र का उल्लेख हुआ है। टीकाकार नीलकंठ कहते हैं कि वह यन्त्र शतधार जलयन्त्र था, जिससे पानी एक साथ असंख्य धाराओं में निकलकर तुषार की तरह पृथ्वी को आर्द्र कर देता है। इस यन्त्र को जब चाहे खोला या बन्द किया जा सकता था, इसीलिए यन्त्र को "सांचारिक" अर्थात् संचार योग्य कहा गया है।[२]

काष्ठ शिल्प—जतुगृह बनाने के लिए देवदारु के प्रयोग का उल्लेख मिलता है।[३] लकड़ी आदि से घर बनाने की व्यवस्था उस काल में भी थी।[४] बैठने के लिए काष्ठासन भी व्यवहार में लाये जाते थे।[५]

वस्त्रशिल्प—वस्त्रशिल्प भी उन दिनों काफी उन्नत था, तरह तरह के उत्कृष्ट वस्त्र तैयार होते थे। किसी-किसी जगह तो उस शिल्प ने विशेष रूप से उन्नति की थी। युधिष्ठिर के राजसूय यज्ञ में कम्बोज के राजा ने जो वस्त्र उपहार में दिये थे, वह सर्वोत्कृष्ट माने गये थे। भैंस के रोओं से बना 'और्ण', चूहों आदि के रोओं से बना 'वैल' एवं बिड़ाल के रोओं से बना 'वार्षदंश' आदि अनेकों बहुमूल्य वस्त्र वे उपहार में लाये थे।[६] वस्त्रों के बीच-बीच में सुवर्ण जाल भी था। वाह्लीक देश में (जहाँ सिंधु एवं शतद्रु नदियाँ मिली हैं उसका नाम वाह्लीक देश था। (उ० ३९। ८० नीलकंठ टीका)। एवं भारत के बाहर चीन देश में उस युग में तरह-तरह के पशमी, रेशमी व पट्टवस्त्र तैयार होते थे। विशेषतः उनमें रंग-बिरंगे चित्र बनाये जाते थे। ये वस्त्र भैंस या हरिण के रोओं से बनते थे। पाट एवं कीटज रेशम के

---

१. कूपारामसभावाप्यो ब्राह्मणावसथास्तथा। इत्यादि। आदि १०९।१२। आदि १२८।४१
उद्दिश्योद्दिश्य तेषाञ्च चक्रे राजौर्द्ध्वदेहिकम्।
सभाः प्रपाश्च विविधास्तटाकानि च पांडवः॥ शा ४२।७ शा ६९।४६, ५३

२. जालैर्यन्त्रैः सांचारिकैरपि। आदि १२८।४०

३. दारूणि चैव हि। आदि १४४।११

४. तृणच्छन्नानि वेश्मानि पंकेनाथ प्रलेपयेत्। शा ६९।४७

५. रुचिरैरासनैस्तीर्णाम् काञ्चनैर्दारवैरपि। उ ४७।५

६. और्णान् वैलान् वार्षदंशान् जातरूपपरिष्कृतान्।
प्रावाराजिनमुख्यांश्च काम्बोजः प्रददौ बहून्॥ सभा ५१।३

पद्मवर्ण हजारों वस्त्र युधिष्ठिर को उपहार में मिले थे। वस्त्र बहुत ही मुलायम थे।[१] कम्बोज के कम्बल भी बहुत प्रसिद्ध थे।[२] वैराम, पारद, आभीर आदि अभ्यागतों ने भी अन्यान्य उपहारों के साथ तरह-तरह के कंबल उपहार में दिये थे। सिंहलवासी आगन्तुकों ने युधिष्ठिर को बहुत सी कथरियाँ उपहार में दी थीं।[३] उल्लिखित उदाहरणों में यद्यपि कपास के वस्त्रों का उल्लेख नहीं किया गया है, लेकिन कपास के वस्त्र बनते ही नहीं थे, यह नहीं कहा जा सकता। चूंकि महाराज को उपहार देना था, अतः देनेवाले अपने-अपने देश की उत्कृष्ट वस्तु ही देते इसमें सन्देह नहीं है। एक जगह कहा गया है 'कपास के नहीं, ऐसे'[४] अनेकों प्रकार के मसृण कपड़े उपहार में दिये गये थे। इस उक्ति से पता चलता है कि कपास के वस्त्र नित्यप्रति के व्यवहार के लिए होते थे, इसी कारण उनके बारे में विशेष कुछ नहीं कहा गया है। लोग अपनी-अपनी रुचि के अनुसार सफेद, लाल, नीले विभिन्न रंगों के वस्त्र पहनते थे। (वस्त्राभूषण प्रबंध देखिये)। युधिष्ठिर के यज्ञ में सिंहल से जो लोग आये थे उन्होंने मणिजड़ित वस्त्र पहन रखे थे।[५] हाथीदाँत व कपड़े को मिलाकर एक तरह की गुड़िया बनाई जाती थी, इसका सिर्फ एक जगह उल्लेख हुआ है।[६]

भीम के पूर्वी भारत के विजय वर्णन में देखा जाता है कि उन्होंने बंगाल के पुंड्र, (उत्तर बंग) ताम्रलिप्त (तामलूक) कर्वट, सूक्ष्म (दक्षिणराढ़) आदि स्थानों पर विजय प्राप्त करके लौहित्य अर्थात् ब्रह्मपुत्र नदी से आगे बढ़ना शुरू किया। वहाँ म्लेच्छराजाओं को युद्ध में पराजित करके, उनसे अनेकों तरह के कर लिये। पूर्व से चंदन, अगुरु, वस्त्र, मणि, मुक्ता, कम्बल आदि असंख्य वस्तुएँ प्रचुर मात्रा में उन्हें उपहारस्वरूप मिलीं थीं। उससे अनुमान होता है कि धन-सम्पदा एवं वस्त्र, कम्बल आदि के शिल्प में पूर्व अर्थात् बंगाल व आसाम भी कम नहीं था।[७] उत्तर कुरु जीतने

---

१. ....वाह्लीचीनसमुद्भवम्।
और्णञ्च शंकवच्चैव पटजं कीटजं तथा॥ इत्यादि। सभा ५१।२६, २७
वासो रक्तमिवाविकम्। शा १६८।२१

२. काम्बोजः प्राहिणोत्तस्मै परार्ध्यानपिकम्बलान्। सभा ४९।१९

३. शतशश्च कुथांस्तत्र सिंहलाः समुपाहरन्। सभा० ५२।३६
कम्बलान् विविधांश्चैव। सभा ५१।१३

४. श्लक्ष्णं वस्त्रमकार्पासम्। सभा ५१।२७

५. संवृता मणिचीरैस्तु। इत्यादि। सभा ५२।३६

६. पाञ्चालिका। वि ३७।२९। नीलकंठ देखिये।

७. सभा ३० वाँ अध्याय।

पर अर्जुन आदि को भी काफी चीजें मिली थीं। उसमें भी बहुमूल्य वस्त्र, आभरण, क्षौम, चर्म आदि थे।[१]

सहदेव दक्षिण की तरफ गये थे। उन्होंने भी पांड्य, केरल, आंध्र, कलिंग, उष्ट्रकर्णिक आदि जगहों को जीता था। उन्हें भी उपहार स्वरूप काफी चन्दन, अगुरु, बहुमूल्य आभरण, वस्त्र, मणि आदि मिले थे। मलय व दर्दुर देशवासियों ने सुगंधित द्रव्य व तरह-तरह के महीन कपड़े उपहार में दिये थे।[२]

नकुल ने पश्चिम भारत के पंचनद, अमरपर्वत, उत्तरज्योतिष, दिव्यकूट आदि स्थानों को जीतकर काफी धनरत्न इकट्ठा किया था। नकुल को मिली वस्तुओं में वस्त्र का उल्लेख नहीं है। काम्बोज के वस्त्र, कम्बल आदि की सुन्दरता का पहले ही उल्लेख किया जा चुका है।

इन सब वर्णनों से पता लगता है कि भारत के हर प्रदेश में तरह-तरह के वस्त्र तैयार किये जाते थे। किसी-किसी प्रदेश को इसके लिये विशेष रूप से प्रसिद्धि प्राप्त थी। राजसूय में सिंहल, चीन आदि देशों के उपहारों की बहुलता से ऐसा प्रतीत होता है कि प्रत्येक देश में प्रयोजनीय वस्त्रादि द्रव्य पर्याप्त मात्रा में उत्पन्न किये जाते थे।

धार्मिक अनुष्ठान में देशज वस्त्रादि—पांडु का शव श्मशान पर ले जाने पर स्नान आदि कराया गया फिर नाना प्रकार के गंध द्रव्य लगाकर उसे अच्छी तरह सफेद वस्त्र से आच्छादित किया गया। इस वर्णन में वस्त्र के लिए एक और विशेषण का प्रयोग हुआ है। वह है—'देशज'।[३] देश में बने शुक्ल वस्त्र द्वारा शव को ढका जाता है। यहाँ 'देशज'[१] का अर्थ परिधानयोग्य है। जिन प्रदेशों में उत्कृष्ट वस्त्र बनते थे, उनके लिए भी 'देश' शब्द का प्रयोग हो सकता है। लेकिन शब्द की अभिधा से यह अर्थ प्रकट नहीं होता। चीन सिंहल आदि देशों से भी नाना प्रकार की वस्तुएँ भारत में आती थीं। युधिष्ठिर के राजसूय यज्ञ में आये उपहारों में इसका अनुमान लगाया जा सकता है। भारत में भी हर प्रदेश में वस्त्रादि शिल्प का प्रसार कम नहीं था, यह पहले ही, कहा जा चुका है। अतएव सर्वसाधारण के लिए असम्भव होने पर भी राजपरिवार के लिये दूसरे देशों के उत्कृष्ट वस्त्रों का संग्रह करना मुश्किल नहीं था, यह अनुमान सरलता से लगाया जा सकता है।

---

१. ततो दिव्यानि वस्त्राणि दिव्यान्याभरणानि च।
क्षौमाजिनानि दिव्यानि तस्य ते प्रददुः करम्॥ सभा २८।१६

२. मलयाद्दर्दुराच्चैव चन्दनागुरुसञ्चयान्।
मणिरत्नानि भास्वन्ति काञ्चनं सूक्ष्मवस्त्रकम्॥ सभा ५२।३४

३. अथैनं देशजैः, शुक्लैर्व्वासोभिः समयोजयन्। आदि १२७।२०

लेकिन पारलौकिक कृत्य आदि धार्मिक अनुष्ठानों में अपने देश के बने वस्त्र का व्यवहार करना अधिक पवित्र समझा जाता था कि नहीं, यह सोचने की बात है। 'देशज' शब्द की सार्थकता बनायी रक्खी जाय तो सबसे पहले यह अर्थ हमारे दिमाग में आता है। मुलायम, कमनीय एवं बनावट आदि की तरफ देखा जाय तो कम्बोज के वस्त्र उस काल में प्रसिद्ध थे। तब भी शायद इन्द्रप्रस्थ व उनके निकटवर्ती स्थानों में बनने वाले वस्त्र के लिये ही 'देशज' शब्द का प्रयोग हुआ है।

छींका—छींके का उल्लेख भी दो एक जगह हुआ है, लेकिन उसकी निर्माण-प्रणाली के बारे में कुछ भी पता नहीं लगता।[1]

मधु (फलज, वृक्षज, पुष्पज)—वैराम, पारद, अहीर, कितव आदि पर्वतजातीय अभ्यागत राजसूय यज्ञ में उपहार स्वरूप जो द्रव्य लाये थे उनमें फलों से बना मधु ही प्रधान था। फलों के नाम व बनाने की प्रणाली के सम्बन्ध में कुछ भी पता नहीं लगता। वृक्षों के रस से एक तरह की शराब बनाई जाती थी, जिसका नाम 'मैरेय' था। वृक्ष के नाम व निर्माणप्रणाली का उल्लेख नहीं किया गया है। हिमालय की तराई से आये हुए पहाड़ी अभ्यागत स्वादिष्ट पुष्पमधु लाये थे। (आजकल भी आसाम के खसिया पहाड़ी प्रदेश में सन्तरे का शहद मिलता है।)[2]

शिल्परक्षा के लिये राजा का कर्त्तव्य—जिन शिल्पों का नाम स्पष्ट रूप से महाभारत में मिलता है उन्हीं का वर्णन यहाँ इस प्रबंध में किया गया है। युद्ध में व्यवहृत होने वाले शस्त्रादि के बारे में दूसरे प्रबंध में कहा जायगा। देश में शिल्प की दिन-प्रतिदिन उन्नति हो, इस ओर राजाओं का विशेष रूप से लक्ष्य रहता था। राजधर्म के वर्णन में कहा गया है कि शिल्पियों को उपयुक्त वृत्ति देना, उनका पोषण करना राजाओं का आवश्यक कर्त्तव्य है।[3] राजसभा में शिल्पियों का यथेष्ट सम्मान किया जाता था। धनाढ्यों द्वारा उत्साहित होकर वे अपनी-अपनी कला की उन्नति में दत्तचित्त रहते थे। दरिद्र शिल्पी अर्थाभाव से दुखी न हों, यह ख्याल रखना राजाओं के धर्म में गण्य था। कम से कम चार महीने का पारिवारिक खर्च चलाने लायक वेतन एवं शिल्प के उपकरण राजकोष से दिये जाते थे। शिल्पियों में कोई-कोई राजधानी में ही स्थायी रूप से रहने की व्यवस्था कर लेता था।[4]

---

१. शैक्यं काञ्चन भूषणम्। सभा ५३।९

२. फलजं मधु। सभा ५१।१३। मैरेयपानानि। वि ७२।२८
हिमवत्पुष्पजच्चैव स्वादु क्षौद्रं तथा बहुः। सभा ५२।५

३. शिल्पिनः श्रितान्। सभा ५।७१

४. यंत्रैश्च परिपूर्णानि तथा शिल्पिधनुर्द्धरैः। सभा० ५।३६

धनी शिल्पियों से कर-वसूली—शिल्प के द्वारा जो धनी हो जाते थे, उन्हें शिल्प की आय का एक हिस्सा राजकर के रूप में देना पड़ता था। राजा भी उनके शिल्प के उचित पारिश्रमिक, उन्नति, प्रसार आदि का पूरा ख्याल रखता था। अच्छी तरह जाँच पड़ताल करने पर जिनकी आय अधिक लगती थी, उन्हीं से कर लिया जाता था। किन्तु कर की रकम निश्चित करने में इस बात का पूरा ध्यान रखा जाता था कि शिल्पी पर अनावश्यक बोझ न पड़े। धन की अधिक लालसा से कहीं शिल्प का मूलोच्छेद ही न हो जाय, इस ओर सतर्क दृष्टि रखने के लिए राजाओं को जगह-जगह उपदेश दिया गया है। केवल बहुत ही धनाढ्य शिल्पी को छोड़कर दूसरे शिल्पियों से कर वसूल करना बिल्कुल निषिद्ध था।[1]

शिल्प का समादर—देश में शिल्प बहुत ही समादृत था, इसका प्रमाण उल्लिखित प्रत्येक वर्णन में मिलता है। शिल्प की रक्षा का भार धनियों के ऊपर होते हुए भी साधारण जनता इसके प्रति बिल्कुल ही उदासीन नहीं थी। सभापर्व में युधिष्ठिर के राजसूय यज्ञ में जिन लोगों के अपने-अपने श्रेष्ठ शिल्प का नमूना पेश करने का उल्लेख मिलता है; उन्होंने किसी की प्रेरणावश ऐसा किया था, इसका कोई प्रमाण नहीं मिलता। अतएव यह कहा जा सकता है कि उन सब वस्तुओं के निर्माण के लिये समाज पूरी तरह उत्कंठित था। युद्ध के शस्त्र आदि केवल देश के शासकवर्ग के आदेश से एवं मणि मुक्ता के अलंकार आदि केवल धनियों के निमित्त अवश्य बनते थे, लेकिन गृहादि स्थापत्य शिल्प, प्रयोजनीय लौह एवं कांस्यशिल्प व वस्त्रादि धनी-दरिद्र सबको समान रूप से प्रयोजनीय थे। अतः इनकी उन्नति के मूल में राज्यशासन की सहानुभूति होते हुए भी वास्तव में असाधारण समाज ही इनका स्रष्टा था। जनसाधारण के आग्रह, प्रयोजन एवं उत्साह से इनकी सृष्टि, प्रसार एवं उन्नति फलीभूत होती थी। पहाड़ी जातियों में भी वस्त्र, कम्बल, चर्म, कुथ आदि के शिल्प काफी उन्नत थें। श्रेष्ठ शिल्पी मय को 'दानव' कहने का क्या कारण हो सकता है, यह समझ में नहीं आता। उनका निवासस्थान खांडवप्रस्थ था—बियावान जंगल में दानवराज वृषपर्वा के राजदरबार में उनका बहुत जाना-आना था, क्या इसीलिए वे दानव कहलाते थे? मय की कला निपुणता से लगता है कि उस

सर्व-शिल्पविदस्तत्र वासायाम्यगमंस्तदा। आदि २०७।४०

द्रव्योपकरणं किञ्चित् सर्वदा सर्वशिल्पिनाम्। इत्यादि। सभा ५। ११८, ११९

१. उत्पत्तिं दानवृत्तिञ्च शिल्पं सम्प्रेक्ष्य चासकृत्।
शिल्पं प्रति करानेवं शिल्पिनः प्रतिकारयेत्। इत्यादि। शा ८७।१४-१८

काल में शायद उच्च वर्ग की अपेक्षा साधारण वर्ग या तथाकथित दानव आदि के समाज में कलानिपुण लोगों की संख्या अधिक थी। शायद वही स्थापत्य आदि शिल्प के गुरु थे।

कृषि, वाणिज्य व कला की प्रशंसा—अर्थ की प्रशंसा करते हुए अर्जुन ने कहा है, धर्म एवं काम अर्थ के बिना नहीं टिक सकते। यह संसार कर्मभूमि है। कृषि, शिल्प व वाणिज्य के अलावा धनोपार्जन का उत्कृष्ट साधन और कुछ नहीं है। अतएव कृषि, शिल्प व वाणिज्य की उन्नति ही समस्त वैषयिक उन्नति का मूल है। समाज की आर्थिक उन्नति का मूल यही तीनों हैं।[1]

---

१. **कर्मभूमिरियं राजन्निह वार्त्ता प्रशस्यते।**
कृषिर्वाणिज्यगोरक्षं शिल्पानि विविधानि च॥ इत्यादि। शा० १६७। ११, १२

आहार व खाद्य

प्रत्येक प्राणी को शरीर रक्षा के निमित्त आहार करना पड़ता है; लेकिन मनुष्य का आहार केवल शरीर रक्षा के निमित्त नहीं होता। आहार के साथ मन का अद्भुत संबंध है, मन पर खाद्य का प्रभाव बहुत अधिक पड़ता है।

प्रकृतिभेद से खाद्यभेद—जो खाद्य वस्तुएँ आयु, सत्व, बल, आरोग्य, सुख व प्रीतिवर्द्धक होती हैं, जो स्वादिष्ट, रसीली एवं मनपसंद होती हैं, वही सात्विक प्रकृति के लोगों को प्रिय होती हैं। कटु, अम्ल, लवण, मिर्च आदि तीखे रस रहित रुक्ष एवं विदाहक खाद्य पदार्थ तामस प्रकृति के लोगों को प्रिय होते हैं।[1] एक जगह यह भी कहा गया है कि आहार में संयम रखने से पाप का क्षय होता है। पाप हो या पुण्य लेकिन यह अवश्य सत्य है कि आहार में संयम रखने से शरीर स्वस्थ रहता है एवं अनेक व्याधियों से छुटकारा मिल जाता है। शरीर व मन के अनुकूल खाद्य ग्रहण का उपदेश देने के लिये ही यह उक्तियाँ कही गई हैं।[2]

आहार में क्षुधा प्रधान सहायक—यह कहावत बँगला व अँग्रेजी दोनों भाषाओं में प्रचलित है। महाभारत में कहा गया है कि अगर भूख लगी हो तो खाद्य से अरुचि नहीं होती, वह स्वादिष्ट लगता है।[3]

केवल दो बार भोजन करने का विधान—साधारणतः दिन में एक बार व रात को एक बार, इस तरह दो बार भोजन करने का नियम था। कोई-कोई तीसरे वक्त भी खाता था। जो दिन में केवल दो बार आहार लेते थे, उन्हें 'सदोपवासी' कहा जाता था।[4] सिर्फ दो बार खाने की प्रशंसा एवं गुणगान से ऐसा प्रतीत होता है

---

१. आयुः सत्त्वबलारोग्य—सुखप्रीतिविवर्द्धनाः।
रस्याः स्निग्धाः स्थिरा हृद्या आहाराः सात्त्विकप्रियाः॥ इत्यादि।
भीष्म ४१।८-१०

२. आहारनियमेनास्य पाप्ना शाम्यति राजसः। शा २१७।१८

३. क्षुत् स्वादुतां जनयति। उ ३४।५०

४. सायं प्रातर्मनुष्याणामशनं देवनिर्मितम्।
नान्तरा भोजनं दृष्टमुपवासी तथा भवेत्॥ शांति १९३।१०। अनु ९३।१०। अनु १६२।४०

कि उस समय भी साधारण समाज में दो बार खाने का नियम प्रचलित नहीं हुआ था। अगर प्रचलित होता तो इतनी प्रशंसा करने का क्या कारण होता ?

धान व जौ प्रधान खाद्य—खाद्य में जौ व धान प्रधान थे। भोजन के प्रसंग में हर जगह अन्न का जिक्र हुआ है। जौ से क्या चीज व किस तरह बनती थी, यह पता नहीं लगता।[1]

दूसरे खाद्य—गुड़, दही, दूध, घी, तिल, मछली, मांस, अनेकों प्रकार के साग, तरकारी आदि खाद्यों के नाम उल्लिखित हुए हैं। हरिवंश में एक जगह तरह-तरह के खाद्यों का उल्लेख मिलता है। अचार, तरह-तरह के खट्टे पदार्थ एवं शर्बत का वर्णन भी वहाँ मिलता है।[2]

मांसभक्षण की निन्दा व विधान—मांसभक्षण की निन्दा भी है और उसका विधान भी। लेकिन ऐसे देखा जाता है कि प्रायः सभी मांस खाते थे। निन्दा करते हुए कहा गया है कि जो प्राणी का मांस खाकर अपने शरीर की वृद्धि करना चाहते हैं, वे बहुत ही क्षुद्र एवं नृशंस होते हैं। जो मांस खाने के लिये प्राणिहत्या करते हैं, वे भी दूसरे जन्म में निहत होते हैं।[3]

दूसरी तरफ मांसभक्षण के उदाहरण भी महाभारत में कम नहीं हैं। ब्राह्मण भी मांस खाते थे। युधिष्ठिर ने अपने राजसूय यज्ञ में ब्राह्मणों को वराह एवं हरिण का मांस दिया था।[4] अपने वनवास काल में पांडव फलमूल एवं मांस खाकर ही उदरपूर्त्ति करते थे। मांस ही उनका प्रधान खाद्य था।[5] धृतराष्ट्र ने ईर्ष्या में जलते हुए दुर्योधन से पूछा था, "मांसभात (पुलाव) खाते हो, तब भी तुम दिन-प्रति

---

१. **ब्रीहिरसं यवांश्च। अनु ९३।३३, ४४**
यत् पृथिव्यां ब्रीहियवम्। आदि ८५।१३

२. **अपूपां विविधाकारां शाकानि विविधानि च। इत्यादि। अनु ११६।२**
शालीक्षुगोरसैः। इत्यादि। अश्व ८५।२१
मांसानि पक्वानि फलाम्लिकानि। इत्यादि। हरि, विष्णु पु १४८ वाँ अ०।

३. **स्वमांसं परमांसेन यो वर्द्धयितुमिच्छति।**
नास्ति क्षुद्रतरस्तस्मात् स नृशंसतरो नरः॥ इत्यादि। अनु ११६। ११-३६।

४. **मांसैर्वाराहहारिणैः। इत्यादि। सभा ४।२**

५. **आहरेयुरिमे येऽपि फलमूलमृगांस्तथा। वन २।८**
आरण्यानां मृगानाञ्च मांसैर्नानाविधैरपि। वन २६१।३

दिन दुबले क्यों होते जाते हो?"[1] युधिष्ठिर के अश्वमेध यज्ञ में संग्रहीत खाद्य पदार्थों में पशुपक्षी भी सम्मिलित थे।[2] मौषलपर्व में कहा गया है कि अंधक व वृष्णि वंशी राजा बहुत ही मांसप्रिय थे।[3] इन सब उदाहरणों से स्पष्टतया समझा जा सकता है कि तत्कालीन समाज में मांस का काफी व्यवहार होता था एवं वह उत्कृष्ट खाद्य माना जाता था।

वैध मांसभक्षण में दोष नहीं—मांस भक्षण के विरोध में जो उक्तियाँ मिलती हैं, उनका उद्देश्य मांसाहार की निन्दा करना नहीं है, असली उद्देश्य अवैध मांसाहार की निन्दा करना है। महाभारत में कई तरह के मांसों को वैध माना गया है। पितरों की तृप्ति के उद्देश्य से पशु वध करना निषिद्ध नहीं है, विहित होने के कारण वह मांस वैध है।[4] विहित मंत्रों द्वारा बलि दिये हुए एवं ब्राह्मण के उद्देश्य से मारे गये पशुपक्षी का मांस खाना अवैध नहीं है।[5] मन्त्र द्वारा शुद्ध किये हुए मांस को 'हविः' कहा जाता है। शास्त्र सम्मत मांस का आहार दूषणीय नहीं होता।[6] वेदों में विहित यज्ञों में पशु का वध करना निषिद्ध नहीं है; अतः यज्ञादि में निहित पशु के मांस भक्षण में भी कोई दोष नहीं है।[7] अनुशासन पर्व में कहा गया है कि शिकार में मारे गये पशु का मांस खाना भी निन्दनीय नहीं है, विशेषकर क्षत्रिय के लिये। क्योंकि वन के समस्त पशुओं को अगस्त्य ऋषि ने प्रोक्षित (मन्त्र-संस्कृत) कर दिया था।[8]

अतः देखा जाता है कि वैध मांसभक्षण उस युग में भी प्रचलित था; केवल आत्म-तृप्ति के उद्देश्य से पशुपक्षी का वध करके मांसभक्षण करना निषिद्ध था।[9]

---

१. अश्नासि पिशितौदनम्। इत्यादि। सभा ४९।९

२. स्थलजा जलजा ये च पशवः। इत्यादि। अश्व ८५।३२

३. मांसमनेकशः। मौषल ३।८

४. त्रीन मासानाविकेनाहुश्चतुर्मासं शशेन ह। इत्यादि। अनु ८८।५-१०

५. प्रोक्षिताभ्युक्षितं मांसं तथा ब्राह्मणकाम्यया। इत्यादि। अनु ११५।४५ अनु० १६२।४३

६. वेदोक्तेन प्रमाणेन पितॄणां प्रक्रियासु च।
अतोऽन्यथा वृथामांसमभक्ष्यं मनुरब्रवीत्॥ इत्यादि। अनु० ११५।५२, ५३

७. विधिना वेददृष्टेन तद्भुक्त्वेह न दूष्यति। इत्यादि। अनु० ११६।१४
औषध्यो विरुधश्चैव पशवः मृगपक्षिणः।
अन्नाद्यभूता लोकस्य इत्यपि श्रुयते श्रुतिः॥ वन २०७।६

८. आरण्याः सर्वदैवत्याः सर्वशः प्रोक्षिता मगाः। अनु ११६।१६

९. आत्मने पाचयेन्नान्नं न वृथा घातयेत् पशून्। इत्यादि। वन २।५८

अभक्ष्य मांस—उल्लिखित वैध मांस के अलावा और सब प्रकार के मांस अभक्ष्य मांस माने गये हैं। देवता, अतिथि अथवा पितरों के उद्देश्य से निवेदित न किया हुआ मांस वृथामांस कहलाता था।[1] वृथामांस भक्षण उस काल में गर्हित था। यहाँ तक कि अगर किसी को शपथ लेनी होती थी तो वह कहता था, "जिसने ऐसा काम किया हो, उसने वृथामांस खाया हो।" अर्थात् वृथामांस खाना पाप का संचय करना माना जाता था।[2] शास्त्रविहित मांस खानेवाले को 'अमांसाशी' कहा जाता था।[3]

वृथामांस भोजन—भोजन आदि के विषय में मनुष्य की अपनी स्वभावजात प्रवृत्ति होती है, उपदेश देकर किसी को भी प्रवृत्त नहीं कराया जाता। निवृत्ति के लिये ही उपदेश की आवश्यकता होती है। महाभारत में जगह-जगह वृथामांस भक्षण का निषेध किया गया है, लेकिन तब भी मिथिला के बाजार में मांस की दुकान पर ग्राहकों की जो भीड़ दिखाई देती है, उससे तो यही प्रतीत होता है कि समाज ने इस निषेध को नहीं माना। अगर माना होता तो बाजार में मांस की दुकान नहीं होती।[4]

मांसवर्जन की प्रशंसा—मांसवर्जन को पुण्य का हेतु बताया गया है। जो मांस नहीं खाते, वे तपस्वी हैं, मुनि हैं, इस प्रकार की बहुत सी उक्तियाँ अनुशासनपर्व के ११४ वें व ११५ वें अध्याय में मिलती हैं। यहाँ तक कि मांसवर्जन की अश्वमेध यज्ञ से तुलना करके शतमुख प्रशंसा की गई है।[5] इतनी प्रशंसा के बावजूद भी लगता है समाज में मांसभक्षण का प्रचलन बहुत अधिक था। प्रचलन न होता तो निवृत्ति के लिये इतने उपदेश नहीं देने पड़ते।

खाद्योपयोगी मांस—मन में कुचक्र लिये हुए जब जयद्रथ वन में पांचाली की कुटिया के दरवाजे पर उपस्थित हुआ तो द्रौपदी ने समागत अतिथि की यथापूर्वक अभ्यर्थना करके कहा, "मेरे पति शिकार के लिये गये हुए हैं, उनके लौटने पर आपको

---

१. देवतानां पितृणाञ्च भुङ्क्ते दत्त्वापि यः सदा।
यथाविधि यथाश्राद्धं न प्रदूष्यति भक्षणात्॥ वन २०७।१४

२. वृथामांसाशनश्चास्तु। अनु० ९३।१२१

३. अभक्षयन् वृथामांसममांसाशी भवत्युत। अनु० ९३।१२

४. वन २०६ वाँ अध्याय।

५. यो यजेताश्वमेधेन मासि मासि यतव्रतः।
वर्जयेन्मधुमांसञ्च सममेतद् युधिष्ठिर। अनु० ११५।१०

त्रैणेय, पृषत, न्यंकु, हरिण, शरभ, शश, ऋक्ष, रुरु, शम्बर, गवय, मृग, वराह, महिष व दूसरे पशु दिये जायेंगे।"[१]

पक्षी का मांस भी भक्ष्य था। युधिष्ठिर के अश्वमेध यज्ञ में जरायुज, अंडज आदि कोई भी नहीं छूटा था।[२] जिन प्राणियों के पाँच नाखून होते हैं उनमें खरगोश, साही, गोह, गेंडा व कछुआ खाद्योपयोगी माने जाते थे।[३] किसी खास अवसर पर मांस काफी संग्रह किया जाता था। युधिष्ठिर के राजसूय एवं अश्वमेध यज्ञ में और अभिमन्यु की शादी में मांस प्रचुर मात्रा में इकट्ठा किया गया था। हरिण एवं वराह का मांस ही अधिक प्रचलित था।[४]

मांस का व्यवहार ही सबसे अधिक—सब खाद्यों में मांस का व्यवहार ही सबसे अधिक होता था। भोज वगैरह के प्रसंग में मांस का वर्णन ही विस्तृत रूप से हुआ है। यहाँ तक कहा गया है कि विराटपुरी में जब भीम रसोइये के रूप में थे तो वे भी चारों भाइयों को सबकी नजर बचाकर मांस ही अधिक दिया करते थे।[५] धनी परिवारों में खाद्य वस्तुओं में मांस का व्यवहार ही सबसे अधिक होता था।[६]

मछली—मछली का प्रचलन उतना नहीं था। मांस की अपेक्षा मछली का उल्लेख बहुत कम मिलता है। कहा गया है कि मान्धाता ने ब्राह्मणों को रोहित मछली दान में दी थी।[७] पितृकृत्य में मछली का व्यवहार देखने में आता है। महाभारत में लिखा हुआ है कि श्राद्ध में अगर मछली का दान दिया जाय तो पितर दो महीने तक परितृप्त रहते हैं।[८] जिन मछलियों पर शल्क (चोई) नहीं होते वे ब्राह्मण के लिये अखाद्य बताई गई हैं। इससे प्रतीत होता है कि ब्राह्मण के अलावा

---

१. त्रैणेयान् पृषतान्न्यंकून् हरिणान् शरभन् शशान्। इत्यादि। वन २६६। १४, १५
२. जरायुजाण्डजातानि। इत्यादि। अश्व ८५।३४
३. पञ्च पञ्चनखा भक्ष्या ब्रह्मक्षत्रस्य वै विशः।
यथाशास्त्रं प्रमाणन्ते माभक्ष्ये मानसं कथाः॥ शान्ति १४१।७०
४. मांसैर्वाराहहारिणैः। सभा ४।२
५. भीमसेनोऽपि मांसानि भक्ष्याणि विविधानि च। विराट १३।७
६. आढ्यानां मांसपरमम्। उद्योग ३४।४९
७. अददद् रोहितान् मत्स्यान् ब्राह्मणेभ्यो विशाम्पते। द्रोण ६०।१२। शांति २९।९१
८. द्वौ मासौ तु भवेत्तृप्तिर्मत्स्यैः पितृगणस्य ह। अनु ८८।५

दूसरे लोग सब तरह की मछलियाँ खाते थे, ब्राह्मण केवल शल्क वाली मछली ही खाते थे।[1]

स्वादिष्ट द्रव्य अकेले खाना उचित नहीं—खाने के बारे में और भी कई उपदेश दिये गये हैं। साधारण खाद्य वस्तुओं को छोड़कर कोई विशेष स्वादिष्ट चीज पहले किसी दूसरे को खिलाये बिना स्वयं खाना निन्दा का विषय माना गया है। महर्षि ने तो इसे पापजनक तक कह डाला है। खीर, खिचड़ी, मांस, पिष्टक (पिट्ठी की रोटी) आदि स्वादिष्ट चीजें अकेले-अकेले नहीं खानी चाहिये।[2]

परिवार में सबका एक सा खाना—परिवार के दूसरे लोग, अतिथि व नौकरों के लिये जो भोजन बने वही कर्त्ता को खाने का विधान महाभारत में बताया है। अपने स्वयं के लिये अलग कुछ बनवाना निषिद्ध माना गया है।[3] देवता, पितर एवं परिवार के दूसरे लोगों को जो भोजन कराकर बाद में स्वयं करे उसे, 'विघसाशी' की संज्ञा दी गई है।[4] सबके खाने के बाद बचे हुए भोजन को 'अमृत' कहा गया है। केवल अपने खाने के निमित्त भोजन बनाना निषिद्ध बताया है।[5]

योगियों का आहार—विभिन्न श्रेणी के लोगों के लिये आहार की भी विभिन्न व्यवस्था थी। योगियों को कण, पिण्याक, यापक व फलमूल खाने के लिये कहा गया है। स्निग्ध पदार्थों के लिये निषेध बताया है।[6] ऋष्यश्रृंगोपाख्यान में मुनियों के खाद्योपयोगी कई आरण्यक फलों का उल्लेख मिलता है। महर्षि ऋष्यश्रृंग समागता

---

१. अभक्ष्या ब्राह्मणैर्मत्स्याः शल्कैर्ये वै विवर्जिताः। शान्ति ३६।२२

२. संयावं कृसरं मांसं शष्कुलीं पायसं तथा।
आत्मार्थं न प्रकर्त्तव्यं देवार्थन्तु प्रकल्पयेत्॥ अनु १०४।४१। शांति ३६।३३-३५। शांति २२८।६३
एका स्वादु समश्नातु। अनु० ९३।१३१। अनु ९४।३८।२१। उद्योग ३३।४५

३. अतिथीनाञ्च सर्वेषां प्रेष्याणां स्वजनस्य च।
सामान्यं भोजनं भृत्यैः पुरुषस्य प्रशस्यते॥ शान्ति १९३।९

४. देवेभ्यश्च पितृभ्यश्च संश्रितेभ्यस्तथैव च।
अवशिष्टानि यो भुङ्क्ते तमाहुर्विघसाशिनम्॥ अनु ९३।१५

५. अमृतं केवलं भुङ्क्ते इति विद्धि युधिष्ठिर। अनु ९३।१३
भुञ्जते ते त्वघं पापा ये पचन्त्यात्मकारणात्। भीष्म २७।१३

६. कणानां भक्षणे युक्तः पिण्याकस्य च भारत। इत्यादि। —शान्ति ३००।४३, ४४

वेश्या की अभ्यर्थना करते हुए कहते हैं, "तुम्हें पके हुए भल्लातक, आमलक, करूषक, इंगुद, धन्वन, पीपल आदि दे रहा हूँ, यथा रुचि ग्रहण करो।"[१] जंगली फलफूल साधारणतः ब्राह्मणों के खाद्यस्वरूप व्यवहृत होते थे। उन्हें ब्राह्मण की सम्पत्ति समझा जाता था। जंगली फलफूल कोई नष्ट न करे, इस बात का राजा पूरा ख्याल रखता था। तिल ब्राह्मणों का प्रधान खाद्य था। वैशाख मास की पूर्णिमा के दिन ब्राह्मण को तिल का दान करने एवं तिल खाने का नियम था।[२]

पहाड़ी जातियों का **भक्ष्य**—पहाड़ी जातियों के लोग तब तक पाकप्रणाली से परिचित नहीं हुए थे। वह लोग भी फलमूल द्वारा ही उदरपूर्त्ति करते थे।[३]

दूध, दही आदि की श्रेष्ठता—दूध, दही एवं घी का व्यवहार उस काल में बहुत अधिक होता था। अनुशासनपर्व के दानधर्म प्रकरण में गोदान का माहात्म्य बताते हुए दूध की अमृत से तुलना की गई है। दही, दूध एवं घी की प्रशंसा कई स्थानों पर मिलती है।[४]

सोमरस-पान—सोमरस-पान का कोई उदाहरण महाभारत में नहीं मिलता; लेकिन एक जगह सोमपान का अधिकारी कौन हो सकता है, यह बताते हुए कहा गया है कि जिसके घर में तीन साल के लिये पर्याप्त खाद्य सामग्री हो एकमात्र वही सोमपान का अधिकारी है। इससे प्रतीत होता है कि बहुत धनी व्यक्तियों को छोड़कर जन-साधारण के लिये सोमपान की कोई सम्भावना नहीं थी।[५]

सुरापान—सुरापान की बहुत अधिकता देखने में आती है। अभिमन्यु के विवाह में सुरा का काफी इन्तजाम था।[६] आचार्य शुक्र सुरापान के अभ्यस्त

---

१. फलानि पक्वानि ददानि तेऽहं भल्लातकान्यामलकानि चैव। इत्यादि। वन १११।१३

२. वनस्पतीन् भक्ष्यफलान्न छिन्द्युर्विषये तव।
ब्राह्मणानान् मूलफलं धर्ममाहुर्मनीषिणः॥ शान्ति ८९।१
वैशाख्यां पौर्णमास्यान्तु तिलान् दद्याद्द्विजातिषु। इत्यादि। अनु ६८।१९

३. फलमूलाशना ये च किराताश्चर्म्मवाससः। सभा ५२।९

४. अमृतं वै गवां क्षीरमित्याह त्रिदशाधिपः। अनु ६६।४५
गवां रसाद् परमं नास्ति किञ्चित्। इत्यादि। अनु ७१।५१।—अनु ८३ वाँ अध्याय।

५. यस्य त्रैवार्षिकं भक्तं पर्याप्तं भृत्यवृत्तये।
अधिकं चापि विद्येत स सोमं पातुमर्हति॥ शान्ति १६४।५

६. सुरामैरेयपानानि प्रभूतान्युपहारयन्। विराट ७२।२८

थे। असुरों ने उनके शिष्य कच (वृहस्पति के पुत्र) को जलाकर, उसकी भस्म शुक्राचार्य की सुरा में मिला दी थी।[१] बाद में पता लगने पर शुक्राचार्य ने संजीवनी विद्या से कच को पुनर्जीवित किया और सुरा के संबंध में नियम बनाया कि जो ब्राह्मण सुरापान करेगा, वह इस लोक व परलोक दोनों में भ्रष्ट कहा जायगा।[२] बलराम के सुरापान का जिक्र कई जगह हुआ है।[३] उद्योगपर्व में एक जगह कृष्ण व अर्जुन दोनों को शराब के नशे में मदहोश पाया जाता है। धृतराष्ट्र ने संजय को उनके पास दूत के रूप में भेजा था। संजय से किये गये वार्त्तालाप से लगता है कि दोनों ने ही काफी अधिक मात्रा में सुरापान कर रक्खा था। बातें कर्कश एवं अहंकारसूचक थीं।[४] द्रोणपर्व में देखने में आता है कि एक दिन युद्ध में जाते समय भीम ने शान्तिस्तवन आदि करके कैरातक मधु का पान किया, फिर द्विगुणित बल अपने अन्दर महसूस करते हुए प्रस्थान किया।[५] युद्ध के लिये प्रस्थान करते वक्त उत्साहवृद्धि के निमित्त मद्यपान करना बहुतों की आदत थी। एक दिन सात्यकि को भी भीम जैसी अवस्था में पाया जाता है।[६] कोई-कोई शौक के लिये भी सुरापान करता था। कामुक कीचक ने द्रौपदी से कहा था—"आओ, मेरे साथ मधुकपुष्पज मदिरा का पान करो"।[७] यदुवंश में सुरा का व्यवहार सबसे अधिक होता था। अत्यधिक सुरापान ही यदुवंश के ध्वंस का कारण था।[८] खास-खास मौकों पर भी सुरा का काफी इन्तजाम किया जाता था। महाराज युधिष्ठिर के अश्वमेध यज्ञ में खाद्य व पेय वस्तुओं की तालिका में मांस व सुरा की ही अधिकता वर्णित हुई है।[९] अभिजात घरों की कुलवधुएँ भी सुरापान की अभ्यस्त होती थीं।

---

१. असुरैः सुरायां भवतोऽस्मि दत्तो,
हत्वा दग्ध्वा चूर्णयित्वा च काव्य॥ आदि ७६।५५

२. यो ब्राह्मणोऽद्य प्रभृतीह कश्चित्। इत्यादि। आदि ७६।६७

३. ततो हलधरः क्षीवो रेवतीसहितः प्रभुः। आदि २१९।७—आदि २२०।२०। उद्योग १५६।१९

४. उभौ मध्वासवक्षीवावुभौ चन्दनरूषितौ। इत्यादि। उद्योग ५९।५

५. आलभ्य मंगलान्यष्टौ पीत्वा कैरातकं मधु। इत्यादि। द्रोण १२५।१३, १४

६. ततः स मधुपर्कार्हः पीत्वा कैलातकं मधु। द्रोण ११०।६१

७. एहि तत्र मया सार्द्धं पिवस्व मधुमाधवीं। विराट १६।३

८. मद्यं मांसमनेकशः। इत्यादि। मौषल ३।८-३२

९. एवं बभूव स यज्ञो धर्मराजस्य धीमतः।
बह्वन्नधनरत्नौघः सुरामैरेयसागरः। अश्व ८९।३९

कृष्ण व अर्जुन जब जलक्रीड़ा के लिये यमुना तीर पर गये थे तो उनके साथ द्रौपदी, सुभद्रा आदि कुलवधुएँ भी गई थीं। कोई खुशी में नाच रही थीं, तो कोई हँस रही थीं, कोई-कोई उत्कृष्ट सुरा का भी पान कर रही थीं।[1] मत्स्यराज की महिषी सुदेष्णा प्यास बुझाने के लिये सुरापान किया करती थीं। सुरा लाने के बहाने से ही उन्होंने द्रौपदी को कीचकालय में भेजा था।[2] अभिमन्यु के शव से लिपटी शोकाकुल उत्तरा को देखकर गांधारी ने विलाप करते हुए कहा था, "माध्वीक सुरा के नशे में बेहोश होकर भी जो उत्तरा पति का आलिंगन करने में शर्माती थी, वही उत्तरा आज सबके सामने पति से लिपटी पड़ी है।"[3] इस विलापोक्ति से भी पता लगता है कि धनियों के अन्तःपुर में भी प्रायः सभी सुरा से परिचित होते थे। सम्भवतः विलासिता के श्रेष्ठ उपकरणों में सुरा भी गृहीत होती थी। साधारण समाज में भी किसी किसी महिला के मद्यपान का उदाहरण मिलता है।[4]

सुरापान की निन्दा—समाज में सुरापान का काफी प्रचलन होते हुए भी कई जगह उसकी निन्दा की गई है।[5] कर्ण व शल्य में जब पारस्परिक कलह हुई, तब कर्ण ने मद्रदेश की महिलाओं के सुरापान का जिक्र करके शल्य को ताना मारा था।[6] निन्दनीय उक्तियाँ देखने से लगता है कि सुरापान व वृथामांसभोजन सामाजिक दुष्कृतियों में गण्य थे।

गोमांस अभक्ष्य—महाभारत के काल में गोहत्या निषिद्ध थी। गोहत्या पाप बताई गई है।[7]

बहुत प्राचीन काल में गोहत्या—प्राचीनकाल में गोमांस भक्षण के बहुत उदाहरण मिलते हैं। महाभारत में भी दो-तीन जगह प्राचीन युग में गोमांस भक्षण

---

१. काश्चित् प्रहृष्टा ननृतुश्चुक्रुशुश्च तथा पराः।
जहसुश्चापरा नार्यः पपुश्चान्या वरासवम्॥ आदि २२२।२४

२. अप्रैषीद्राजपुत्री मां सुराहारीं तवान्तिकम्।
पानमाहर मे क्षिप्रं पिपासा मेति चाब्रवीत्॥ विराट १६।४

३. लज्जमाना पुरा चैनं माध्वीकमदमूर्च्छिता। इत्यादि। स्त्री० २०।७

४. सा पीत्वा मदिरां मत्ता सपुत्रा मदविह्वला। आदि १४८।८

५. सुरान्तु पीत्वा पततीति शब्दः। शांति १४१।९०। शांति १६५।३४। उद्योग ३५:३४। कर्ण ४५।२९

६. वासांस्युत्सृज्य नृत्यन्ति स्त्रियो या मद्यमोहिताः। कर्ण ४०।३४

७. वाक्पारुष्यं गोवधो रात्रिचर्या। इत्यादि। कर्ण ४५।२९
न चासां मांसमश्नीयाद् गवां पुष्टिं तथाप्नुयात्। अनु ७८।१७

के उदाहरण मिलते हैं। रन्तिदेव के उपाख्यान में कहा गया है कि वे रोज दो हजार गौओं का वध कराते थे और वह मांस दान करते थे। इस दान के कारण ही रन्तिदेव की कीर्त्ति चारों ओर फैली थी।[1] अतिथि एवं अभ्यागत के सम्मान में पाद्य, अर्घ्य आदि के साथ गौ भी दी जाती थी। हत्या की बात कहीं भी नहीं कही गई है, वरन् गोरक्षा का उपदेश ही दिया गया है। जनमेजय के सर्पयज्ञ करने का पता लगने पर व्यासदेव जब वहाँ पहुँचे तो जनमेजय ने महर्षि की यथोचित अभ्यर्थना करके गाय भी दान की। महर्षि भी सब कुछ लेकर चले आये और गाय का पालन-पोषण करने लगे।[2] अतिथि को उपहार स्वरूप गोदान करने के उदाहरण महाभारत में सर्वत्र मिलते हैं। सम्भवतः सम्मान प्रदर्शन के निमित्त यह रीति समाज में प्रचलित थी।[3]

अखाद्य—खाद्याखाद्य के संबंध में महाभारत में कई विधिनिषेध मिलते हैं। उससे उस काल के लोगों की रुचि का कुछ अन्दाज लगता है। गाय, छोटे पक्षी, श्लेष्मातक, कछुए के अलावा दूसरे चतुष्पद जलचर जीव, मेंढक, गिद्ध, हंस, गरुड़, चकवां, जलकुक्कुट, बगुला, कौवा, मद्गु, बाज, उल्लू आदि अभक्ष्य बताये हैं। मांसाहारी पशु व दाँत वाले पशु भी अभक्ष्य बताए हैं। प्रसव के बाद दस दिन तक गाय का दूध पीने का निषेध किया है। मनुष्य एवं मृगी का दूध भी अग्राह्य बताया है।[4]

अन्नग्रहण में विधिनिषेध—अन्नग्रहण के वारे में भी कई नियम वर्णित हुए हैं। प्रेत श्राद्ध का अन्न, सूतिका का अन्न व अशौची का अन्न अभक्ष्य बताया है। ब्राह्मण के लिये क्षत्रिय, वैश्य एवं शूद्र का अन्न ग्रहण करना भी अनुचित कहा गया है। क्षत्रिय का अन्न तेज का नाश करता है एवं शूद्र का अन्न ब्राह्मणत्व नष्ट करता है। ऐसे ब्राह्मण के क्षत्रिय का अन्न ग्रहण करने के बहुत उदाहरण मिलते हैं। द्रौपदी अपने हाथ से खाना बनाकर ब्राह्मणों को खिलाती थीं। राजा पौष्य ने उतंक को

---

१. उक्षाणं पक्त्वा सह ओदनेन। इत्यादि। वन १९६।२१
अहन्यहनि वध्येते द्वे सहस्रे गवां तथा। वन २०७।९

२. पाद्यमाचमनीयञ्च अर्घ्यं गाञ्च विधानतः।
पितामहाय कृष्णाय तदर्हाय न्यवेदयेत। इत्यादि। आदि ६०।१३, १४

३. सभा २१।३१। उद्योग ८।२६। उद्योग ३५।२६। शान्ति ३२६।५

४. अनड्वा मृत्तिका चैव तथा क्षुद्रपिपीलिकाः। इत्यादि। शान्ति ३६। २१-२५

अन्न दान दिया था।[1] और भी कई लोगों के अन्न को लेने का निषेध किया गया है। सुनार, पतिपुत्रहीना नारी, सूदखोर, वेश्या, दुश्चरित्रा स्त्री, स्त्री के वशीभूत पुरुष, अग्निषोमीय यज्ञ करने वाला, यजमान, कंजूस, बढ़ई, चमार, धोबी, चिकित्सक, राक्षसोपासक, चित्रकार, स्त्रीजीवी, परिवित्ति, बन्दी, जुआरी आदि का अन्न अग्राह्य बताया है। चिकित्सक का अन्न विष्ठा एवं गणिका का अन्न मूत्र के समान कहा गया है। शिल्पी का अन्न लेना भी निन्दनीय माना गया है। जो विद्या के द्वारा जीविकोपार्जन करते हैं उन्हें शूद्र समान कहा गया है--उनका अन्न भी ब्राह्मण के लिये अग्राह बताया है। दुष्ट एवं निन्दा करने वाले का अन्न भी नहीं लेना चाहिये। गोहत्या एवं ब्रह्महत्या करने वाले तथा नगरीरक्षक आदि का अन्न लेना भी अनुचित बताया है। शराबी, गुरुतल्पी जैसे पापी से भी अन्न लेना पाप है।[2] बाँयें हाथ से दिया हुआ अन्न, शराब से छुआ हुआ अन्न, जूठा, सूखा मांस, हाथ से दिया हुआ नमक आदि भी नहीं खाना चाहिये। बासी भी नहीं खाना चाहिये। रात को दही व सत्तू खाना भी अनुचित है।[3]

आपद्काल में खाद्याखाद्य का विचार नहीं--भूख से प्राण छूटने की आशंका होने पर मनुष्य को सोचने का अवकाश नहीं रहता। उस वक्त जो भी मिले वही खाकर प्राण बचाने की इच्छा होती है। आचार्य धौम्य के शिष्य ने भूख सहन न होने पर धतूरे के पत्ते खा लिये थे। (देखिये पृ० ११९-२०) शान्तिपर्व के १४१ वें अध्याय में कहा गया है कि एक बार दुर्भिक्ष पड़ने पर महर्षि विश्वामित्र जब भूख की ज्वाला सह नहीं सके, तो वे चोर की तरह एक चंडाल के घर में घुसे और एक कुत्ते की टाँग उठा लाये। सौभाग्य से वह मांस खाने की नौबत नहीं आई, उनके तपोबल से वर्षा हो गई और दुर्भिक्ष का अंत हुआ। अनुशासन पर्व के ९३ वें अध्याय में भी कहा गया

---

१. **प्रेतान्नं सूतिकान्नञ्च यच्च किंचिदनिर्दशम्। इत्यादि। शांति ३६।२६,२७**
ब्राह्मणा ब्राह्मणस्येह भोज्या ये चैव क्षत्रियाः। इत्यादि। अनु १३५।२, ३
पतींश्च द्रौपदी सर्वान् द्विजातिंश्च यशस्विनी। इत्यादि वन ५०।१०।
वन ३।८३
आदि १९२।४
स तथेत्युक्त्वा यथोपपन्नेनान्नेन भोजयामास। आदि ३।११५

२. **आयुः सुवर्णकारान्नमवीरायाश्च योषितः। इत्यादि। शांति ३६।२७-३१**
भुङ्क्ते चिकित्सकस्यान्नं तदन्नञ्च पुरीषवत्। इत्यादि। अनु १३५। १४-१९

३. **शान्ति ३६।३२, ३३। शान्ति २२८।३७। अनु १०४।९२-९४**

है कि शैव्य के यज्ञ में वृत्त ऋत्विकों ने भूख से व्याकुल हो कर मरे हुए मनुष्य के शरीर को राँधना शुरू किया। जब राजा शैव्य ने बाधा डाली तो वे लोग वन में भाग गये। इन सब उपाख्यानों की सत्यता पर विश्वास नहीं होता। विपत्ति पड़ने पर भूख से व्याकुल होकर मनुष्य सब कुछ कर सकता है, यही इन उपाख्यानों का सार है। आपद्काल में अभक्ष्य खाकर भी प्राण बचाना उचित है, यही महाभारत का उपदेश है।[1]

आर्थिक अवस्था के अनुरूप खाद्य—आर्थिक अवस्था जैसी होती है, मनुष्य का खाद्य भी उसी के अनुसार होता है। भला धनियों जैसा खाना दरिद्र कैसे खा सकता है? समाज में जो धनी थे, उनका प्रधान खाद्य मांस था। मध्यवित्त परिवार में दही-दूध भी मिल जाता था तो लोग समझते थे काफी है और दरिद्र को अगर तरकारी बनाने के लिये तेल मिल जाता था तो वह अपना सौभाग्य समझता था।[2]

धनी व दरिद्र की पाचनशक्ति में अंतर—प्रायः देखने में आता है कि जो धनी है, जिनकी षट्रस व्यंजन खाने की सामर्थ्य है वे ग्रहणीरोग से पीड़ित रहते हैं, उनकी पाचनशक्ति बहुत कम होती है; और जो पेट भर नहीं खा पाते उनकी जठराग्नि ज्यादा तेज होती है। यह सत्य उस काल में भी इसी रूप में था।[3] दरिद्र केवल सूखी रोटी पाकर ही सन्तुष्ट रहता है, उनके लिये भूख ही प्रमुख बात होती है, लेकिन धनी जो हर तरह की खाद्यसामग्री इकट्ठी कर सकता है वह अच्छी तरह खा भी नहीं सकता।[4]

पाक—साधारणतः खाना बनाने का भार स्त्रियों पर ही होता था, कोई-कोई

---

१. एवं विद्वानदीनात्मा व्यसनस्थो जिजीविषुः।
सर्वोपायैरुपायज्ञो दीनमात्मानमुद्धरेत्। शान्ति १४१।१००

२. आढ्यानां मांसपरमं मध्यानां गोरसोत्तरम्।
तैलोत्तरं दरिद्राणां भोजनं भरतर्षभ॥ उद्योग ३४।४९

३. प्रायेण श्रीमतां लोके भोक्तुं शक्तिर्न विद्यते।
जीर्यन्त्यपि तु काष्ठानि दरिद्राणां महीपते॥ उद्योग ३४।५१। शांति २८।२९

येषामपि च भोक्तव्यं ग्रहणीदोष पीडिताः।
न शक्नुवन्ति ते भोक्तुं पश्य धर्मभृतां वर॥ वन २०८।१६

४. सम्पन्नतरमेवान्नं दरिद्रा भुञ्जते सदा।
क्षुत् स्वादुतां जनयति सा चाढ्येषु सुदुर्लभा॥ उद्योग ३४।५०

पुरुष भी खाना बनाना जानता था। राजा नल बहुत अच्छा खाना बना लेते थे, खासकर मांस पकाने में तो वह दक्ष थे। कहा गया है दमयन्ती उनके हाथ का बना मांस खाते ही उन्हें पहचान गई थी। इससे प्रतीत होता है कि नल मानों शौक से प्राय: मांस बनाया करते थे। उनके बनाये मांस के स्वाद से दमयन्ती परिचित थी।[१] भीम भी पाकविद्या में काफी पटु थे। अज्ञातवास के समय राजा विराट की नगरी में रसोइये के रूप में ही उन्होंने अपना परिचय दिया था और एक साल तक यही कार्य किया था। मत्स्यनगरी में जब उन्होंने प्रवेश किया तो उनके हाथ में कड़छुल और काँटा था। राजा विराट के प्रश्न के उत्तर में अपना परिचय देते हुए भीम ने कहा था, "मैं रसोइया हूँ, आपकी सेवा करना चाहता हूँ, खाना बनाने का मैं अभ्यस्त हूँ। महाराज युधिष्ठिर का मैं रसोइया था।" विराट ने उसे नौकरी दे दी। इस घटना से अनुमान होता है कि बड़े घरों में पुरुष रसोइया रखने का प्रचलन उन दिनों भी था।[२] ऐसे शायद आम परिवारों में स्त्रियाँ ही खाना पकाती थीं। विवाह के दिन ही कुन्ती के आदेश से द्रौपदी ने खाना बनाया और परोसा था।[३] वनवास काल में भी द्रौपदी स्वयं ही खाना बनाती और परोसती थीं। इन्द्रप्रस्थ में रहते वक्त भी खाने-पीने के मामले में पूरी देखभाल उन्हीं को करनी पड़ती थी, उस काल में भी वह स्वयं खाना बनाती थीं कि नहीं, इसके बारे में ठीक पता नहीं चलता।[४] यह तो राजपरिवार का उदाहरण है। राजपरिवार में भी जब रानी को ही खाना पकाना पड़ता था तो अन्य परिवारों में तो अवश्य ही यह नियम रहा होगा। आचार्य वेद की पत्नी ने पुण्यक व्रत करते वक्त ब्राह्मणों को स्वयं भोजन परोसने का संकल्प किया था।[५]

रसोई के बर्त्तन—किस तरह के बर्त्तनों में खाना बनाया जाता था, यह पता नहीं चलता। बनवासकाल में द्रौपदी एक ताँबे की पतीली में खाना बनाती थीं।[६]

---

१. सोचिता नलसिद्धस्य मांसस्य बहुशः पुरा।
प्राश्य मत्वा नलं सूतं प्राक्रोशद् भृशदुःखिता। वन ७५।२२, २३

२. नरेन्द्रसूदः परिचारकोऽस्मि ते जानामि सूपान् प्रथमं न केवलान्। इत्यादि। विराट ८।९

३. त्वमग्रमादाय कुरुष्व भद्रे बलिञ्च विप्राय च देहि भिक्षाम्। इत्यादि। आदि १९२।४

४. युधिष्ठिरं भोजयित्वा शेषमश्नाति पार्षती॥ वन ३।८४। वन २३२।४५ वन २६२ वां अध्याय। (दुर्वासा का उपाख्यान)

५. ब्राह्मणान् परिवेष्टुमिच्छामि। आदि ३।९७

६. गृह्णीष्व पिठरं ताम्रम्। वन ३।७२

भीमसेन की कड़छुल व काँटा किस धातु का बना हुआ था, यह भी पता नहीं लगता।

भोजन के बर्त्तन—राजपरिवार में सोने व चाँदी की थाली में भोजन करने का वर्णन मिलता है। साधारण परिवारों में काँसे के बर्त्तनों का व्यवहार ही अधिक होता था।[1]

परोसना—खास-खास मौकों पर पुरुष ही खाना परोसते थे। आवश्यकता पड़ने पर दास-दासी और रसोइये भी सहायता करते थे।[2]

भोजन के बारे में दूसरे नियम—भोजन करते वक्त किस तरह बैठना चाहिये, किस तरह भोजन शुरू करना चाहिये आदि के बारे में भी बहुत सी बातें कही गई हैं। खाने के लिये बैठने से पहले अच्छी तरह हाथ, पाँव, मुँह धो लें, बैठकर तीन बार आचमन करें। बैठने का आसन व भोजन के पात्र साफ व पवित्र होने चाहिये। भोजन करते वक्त शरीर के उत्तमांग पर उत्तरीय या दूसरा वस्त्र रहना चाहिये, केवल एक वस्त्र पहनकर खाना नहीं खाना चाहिये। जूता या खड़ाऊँ पहनकर कुछ भी खाना निषिद्ध है। इन नियमों का उल्लंघन करने पर वह भोजन आसुर भोजन हो जाता है। अकेले बैठकर, एकाग्रचित्त से मौनपूर्वक भोजन करना चाहिये। पीने का पानी, दूध, दही, खीर, घी, शहद आदि अगर थाली में बच जाय तो पुत्र वगैरह को दिया जा सकता है। दही खाकर खाना खत्म नहीं करना चाहिये। दही के बाद कुछ न कुछ अवश्य खा लेना चाहिये। भोजन समाप्त होने पर तीन बार मुँह धोकर दो बार कुल्ला करना चाहिये। अनुशासनपर्व के १०४ वें अध्याय में भोजन की विस्तृत नियमावली उल्लिखित हुई है।

जब पांडव द्रुपद की नगरी में गये तो उन्हें चार पाँव और पीठ वाले बहुमूल्य आसन (कुर्सी) दिये गये थे। उस पर बैठकर ही उन्होंने भोजन किया था। इस तरह का व्यवहार और कहीं भी महाभारत में दिखाई नहीं देता।[3]

---

1. **भुञ्जते रुक्मपात्रीभिर्युधिष्ठिरनिवेशने। सभा ४९।१८। वन २३२।४२**
   उच्चावचं पार्थिवभोजनीयं पात्रीषु जाम्बूनदराजतीषु। आदि १९४।१३
   भिन्नकांस्यञ्च वर्जयेत्। अनु १०४।६६
2. **द्विजानां परिवेष्टारस्तस्मिन् यज्ञे च तेऽभवन्। सभा १२।१४। सभा ४९।३५**
   दासाश्च दास्यश्च सुमृष्टवेशाः सम्भोजकाश्चाप्युपजह्रुरन्नम्। आदि १९४।१३
3. **पञ्चार्द्रो भोजनं भुञ्ज्यात्। शान्ति १९३।६। अनु १०४।६१-६६**

परिच्छद और प्रसाधन

विभिन्न रंगों के वस्त्र—समाज में उस वक्त भी नाना प्रकार के वस्त्र पहनने का प्रचलन था। इच्छानुसार अनेक रंगों के वस्त्र लोग पहनते थे। आचार्य द्रोण एवं कृप सफेद रंग की धोती पहनते थे। कर्ण पीले और अश्वत्थामा व दुर्योधन नीले वस्त्रों का उपयोग करते थे। विराटपुरी में युद्ध करते हुए अर्जुन के हाथों परास्त होकर द्रोणाचार्य आदि महारथी जब ज्ञानशून्य अवस्था में अपने रथ में पड़े हुए जा रहे थे तो उनके पहने हुए कपड़े निकाल लाने के लिये अर्जुन ने उत्तर से कहा था। इस प्रसंग में प्रत्येक के वस्त्रों का रंग बताया गया है।[1] बलदेव नीले रंग के कपड़े पहनते थे।[2]

ब्राह्मणों के सफेद कपड़े तथा मृग-चर्म—ब्राह्मण शायद सफेद कपड़े एवं सफेद यज्ञोपवीत (जनेऊ) का व्यवहार करते थे। द्रोणाचार्य के वर्णन में तो यही पाया जाता है। एक दूसरी जगह कहा गया है कि ब्राह्मण मृगचर्म पहनते थे। जब भीम और अर्जुन कृष्ण के साथ जरासन्ध की नगरी में गये थे तो उन लोगों ने सफेद रंग के कपड़े पहने थे। उनकी वेशभूषा देखकर जरासन्ध ने उन्हें ब्राह्मण समझा था।[3]

अन्नं बुभुक्षमाणस्तु त्रिर्मुखेन स्पृशेदपः। इत्यादि। अनु १०४।५५
नैकवस्त्रेण भोक्तव्यम्। अनु १०४।६७
यद्वेष्टितशिरा भुङ्क्ते यद्भुङ्क्ते दक्षिणामुखः।
सोपानत्कश्च यद्भुङ्क्ते सर्वं विद्यात्तदासुरम्॥ अनु ९०।१९
वाग्यतो नैकवस्त्रश्च। इत्यादि। अनु १०४।९६-१००
ते तत्र वीरा परमासनेषु। इत्यादि। आदि १९४।१२

१. आचार्यशारद्वतयोस्तु शुक्ले कर्णस्य पीतं रुचिरञ्च वस्त्रम्।
द्रौणेश्च राज्ञश्च तथैव नीले वस्त्रे समादत्स्व नरप्रवीर। विराट ६६।१३

२. केशवस्याग्रजो वापि नीलवासा मदोत्कटः। वन १८।१८

३. ततः शुक्लाम्बरधरः शुक्लयज्ञोपवीतवान्। आदि १३४।१९
ब्राह्मणैस्तु प्रतिच्छन्नौ रौरवाजिनवासिभिः। आदि १९०।४१
एवं विरागवसना बहिर्माल्यानुलेपनाः।
सत्यं वदत के यूयं सत्यं राजसु शोभते॥ सभा २१।४४

शुक्ल वस्त्र की शुचिता—सफेद वस्त्रों को औरों की अपेक्षा पवित्र समझा जाता था।[१]

राजाओं का प्रावार नामक वस्त्र—राजा प्रावार नाम का बहुमूल्य वस्त्र पहनते थे। ईर्ष्या में जलते हुए दुर्योधन की शारीरिक अवस्था खराब देखकर धृतराष्ट्र ने उससे पूछा था, "तुम प्रावार पहनते हो और पुलाव खाते हो तब भी दिन पर दिन सूखते जा रहे हो।"[२]

समयानुसार विभिन्न वस्त्रों का व्यवहार—लोग हमेशा एक ही तरह के कपड़े नहीं पहनते थे। समयानुसार अलग-अलग तरह के कपड़े पहने जाते थे। गीले कपड़े पहनकर नहाने का नियम था। दूसरे का पहना हुआ वस्त्र तथा बिना पल्ले का वस्त्र पहनना वर्जित था। सोने के समय, काम-काज के समय, पूजा-पाठ के समय, अलग-अलग तरह के वस्त्र पहनने का विधान मिलता है।[३]

युद्ध में रक्त-वस्त्र—युद्ध के लिये जाते हुए वीर रक्त वस्त्र अर्थात् लाल रंग के कपड़े पहनते थे।[४] लाल रंग में एक तरह की उत्तेजना होती है, इसी कारण शायद ऐसा रिवाज था।

विभिन्न देशों के विभिन्न प्रकार के वस्त्र—अलग-अलग देशों में अलग-अलग तरह के वस्त्र व्यवहृत होते थे। राजसूय यज्ञ में आये हुए सिंहल के लोगों के मणिखचित वस्त्र थे।[५] पर्वतीय किरात पशुओं के चमड़े से अपनी लज्जा ढकते थे।[६]

राक्षसों के वस्त्रादि—राक्षस भी वस्त्रादि का उपयोग करते थे तथा गंधमाल्य आदि द्रव्यों का व्यवहार करना भी जानते थे।[७]

उष्णीष—भारत के सब प्रदेशों में पगड़ी बाँधने की प्रथा थी कि नहीं इसका बिल्कुल सही अंदाज तो नहीं लगता, लेकिन जो दो-चार उदाहरण मिलते हैं, उनसे

---

१. शुक्लवासाः शुचिर्भूत्वा ब्राह्मणान् स्वस्ति वाचयेत्॥ अनु १२७।१४

२. आच्छादयसि प्रावारानश्नासि पिशितौदनम्।
आजानेया वहन्ति त्वां केनासि हरिणः कृशः॥ सभा ४९।९। वन ३।५१

३. स्नातस्य वर्णकं नित्यमार्द्रं दद्याद्विशाम्पते।
विपर्ययं न कुर्वीत वाससो बद्धिमान्नरः। इत्यादि। अनु १०४।८५-८७

४. रक्ताम्बरधराः सर्वे सर्वे रक्तविभूषणाः। द्रोण ३३।१५

५. शतशश्च कुथांस्तत्र सिंहलाः समुपाहरन्।
संवृता मरिचीरैस्तु श्यामास्ताम्रान्तलोचनाः॥ सभा ५२।३६

६. फलमूलाशना ये च किराताश्चर्मवाससः। सभा ५२।९

७. सर्वाभरणसंयुक्तं सुसूक्ष्माम्बरवाससम। आदि १५३।१४

लगता है कि पगड़ी का उपयोग सब प्रदेशों में था। क्योंकि प्राग्ज्योतिष पुराधिपति के सिर पर भी पगड़ी देखी जाती है।[1]

पुरुषों में बाजूबंद आदि अलंकारों का व्यवहार—बाजूबंद, कुंडल आदि अलंकारों का पहनना पुरुषों में भी प्रचलित था। उस युग में देश में सोने का अभाव नहीं था, सभी आभूषण सोने के बनते थे। जो उदाहरण मिलते हैं उनसे पता लगता है कि धनी व्यक्ति ही आभूषणों का उपयोग करते थे। साधारण लोगों के वर्णन में अलंकारों का जिक्र कहीं भी नहीं पाया जाता।[2]

राजाओं के मुकुट में मणि और गले में निष्क का बना हुआ हार—राजाओं के मुकुट में मणि लगी हुई होती थी, गले में वे हार पहनते थे। वह हार उस काल की स्वर्णमुद्रा (निष्क) का बना हुआ होता था। प्रव्रज्या लेते समय पांडु ने अपने अलंकारादि उतारकर ब्राह्मण को दान कर दिये थे। उस प्रसंग के वर्णन से ही उपर्युक्त अलंकारों के बारे में पता लगता है।[3]

सोने के शिरस्त्राण आदि—युद्धक्षेत्र में पड़ी मृतदेहों के वर्णन से भी इन अलंकारों के बारे में पता लगता है। योद्धा सोने का शिरस्त्राण पहनते थे। बाजूबंद तथा कुंडल उस युग के बहुत ही प्रसिद्ध अलंकार थे। अलंकारों के वर्णन में कुंडल और बाजूबंद का जिक्र ही पहले हुआ है।[4]

पुरुषों के सिर पर लम्बे बाल, चोटी आदि—पुरुषों के बालों के अनेकों प्रकार के चित्र देखने में आते हैं। कोई-कोई लम्बे बाल रखता था और कोई केवल चोटी

---

१. श्वेतोष्णीषं श्वेतहयं श्वेतवर्माणमच्युतम्।
अपश्याम महाराज भीष्मं चन्द्रमिवोदितम्॥ भीष्म १६।२२। उद्योग १५२।१९
शिरस्तस्य विभ्रष्टं पपात च वरांशुकम्।
नालताडनविभ्रष्टं पलाशं नलिनादिव॥ द्रोण २८।४९

२. बाहून परिघसंकाशां संस्पृशन्तः शनैः शनैः।
काञ्चनांगददीप्तांश्च चन्दनागुरुभूषितान्॥ उद्योग १५२।१८

३. ततश्चूडामणिं निष्कमंगदे कुंडलानि च।
वासांसि च महार्हाणि स्त्रीणामाभरणानि च॥ आदि ११९।३८

४. अनुकर्षैः पताकाभिः शिरस्त्राणैश्च काञ्चनैः।
बाहुभिश्चन्दनादिग्धैः सांगदैश्च विशाम्पते॥ द्रोण १११।१४
शशांकसन्निकाशैश्च वदनैश्चारुकुण्डलैः। द्रोण १११।१६
शूरैः परिवृतं योधैः कुंडलांगदधारिभिः। विराट ३१।६

बढ़ाते थे। दुर्योधन के बाल लम्बे थे।[१] अर्जुन के सिर पर चोटी थी।[२] किसी किसी पहाड़ी जाति में भी लम्बी चोटी रखने का नियम था।[३] साधारणतः लम्बे बाल रखने का प्रचलन ही अधिक था। युद्धक्षेत्र में पड़े हुए कटे सिरों के वर्णन से पता लगता है कि उस युग में अधिकतर लोग लम्बे बाल ही रखते थे।[४] विराट पर्व में भीम तथा कीचक के युद्धवर्णन में कहा गया है कि भीम ने कीचक के बाल पकड़कर खींचे थे। बाल अगर लम्बे न हों तो मुट्ठी में नहीं आ सकते।[५] जरासंध के बाल भी लम्बे थे।[६]

शृंग के आकार का केशविन्यास—कोई-कोई शृंग की तरह के बाल बनाते थे। वे लोग शायद आर्य नहीं थे, क्योंकि यज्ञमंडप में प्रवेश करने की अनुमति उन्हें नहीं मिली थी।[७]

काकपक्ष—कृष्ण व अभिमन्यु के सिर पर काकपक्ष थे। प्राचीनकाल में सिर पर पाँच शिखाएँ रखने का प्रचलन भी था, उसी को काकपक्ष कहा जाता था। किसी-किसी कोशकार ने काकपक्ष शब्द का अर्थ जुल्फ बताया है।[८] जुल्फ अर्थ ही अधिक युक्तियुक्त लगता है।

व्यास और द्रोण का श्मश्रु—द्रोणाचार्य तथा वेदव्यास के अलावा और किसी भी गृहस्थ की दाढ़ी-मूछों का वर्णन नहीं मिलता।[९]

ब्रह्मचारी की पोशाक—गृहस्थों की पोशाक के साथ ब्रह्मचारी, वानप्रस्थी तथा संन्यासी की पोशाक की कोई समानता नहीं थी। ब्रह्मचारी हरवक्त हाथ में एक दंड रखते थे। दंड पलाश या बिल्वकाष्ठ का बनाया जाता था। मुंज अर्थात्

---

१. यमयन मूर्द्धजांस्तत्र वीक्ष्य चैव दिशो दश। इत्यादि। शल्य ६४।४,५

२. विमुच्य वेणीमपि नह्य कुण्डले। विराट ११।५। विराट २।२७

३. खशा एकासना ह्यर्हाः प्रदरा दीर्घवेणवः। सभा ५२।३

४. कृत्तकेशमलंकृतम्। विराट ३२।१२। केशपक्षे परामृशत्। द्रोण १३।५९
तमागलितकेशान्तं ददृशुः सर्वपार्थिवाः॥ द्रोण १३।६१

५. ततो जग्राह केशेषु माल्यवत्सु महाबलः। विराट २२।५२

६. केशान् समनुगृह्य च। सभा २३।६

७. शकास्तुषाराः कंकाश्च रोमशाः शृंगिणो नराः। इत्यादि। सभा ५१।३०

८. पूर्णचन्द्राभवदनं काकपक्षवृताक्षिकम्। द्रोण ४८।१७ हरि, विष्णुपु० ६८ वाँ अध्याय।

९. बभ्रूनि चैव श्मश्रूणि दृष्ट्वा देवी न्यमीलयत्। आदि १०६।५
शुक्लकेशः सितश्मश्रुः शुक्लमाल्यानुलेपनः। आदि १३८।१९

तृण निर्मित मेखला, यज्ञोपवीत एवं जटा धारण करना भी उनके कर्त्तव्यों में गिना जाता था।[१]

वानप्रस्थी तथा संन्यासी के वस्त्रादि—वानप्रस्थी तथा संन्यासी चमड़ा और वल्कल पहनते थे। बहुत से बाल तथा दाढ़ी-मूँछ भी रखते थे। धृतराष्ट्र, गांधारी, कुन्ती एवं विदुर वानप्रस्थाश्रम में चर्म व वल्कल ही पहनते थे। महाप्रस्थान के समय युधिष्ठिर आदि पाँच भाइयों तथा द्रौपदी ने वल्कल और चर्म पहना था। जुए में हारकर वन को जाते हुए भी उनके एक जैसे ही वस्त्र दिखाई देते हैं।[२]

यज्ञ में यजमान का पहनावा—यज्ञ में यजमान को भी काफी अंशों में ब्रह्मचारी जैसे वस्त्र पहनने पड़ते थे। आभूषण आदि पहनने के लिये कोई निषेध नहीं था। अश्वमेध यज्ञ के समय युधिष्ठिर की पोशाक से यही पता चलता है। युधिष्ठिर के गले में स्वर्णहार था, बदन पर क्षौमवस्त्र तथा काले मृग का चमड़ा था और हाथ में दंड था।[३]

महिलाओं की पोशाक—स्त्रियों के पहनावे का वर्णन महाभारत में बहुत ही संक्षिप्त मिलता है। अनेकों प्रसंगों में केवल 'सपरिच्छद' विशेषण मिलता है। इस एक शब्द के अलावा और कुछ नहीं कहा गया है।[४]

विवाह के वस्त्र—विवाह के समय द्रौपदी ने क्षौमवस्त्र (रेशमी कपड़े) पहने थे।[५] सुभद्रा ने लाल रंग का कौशेय वस्त्र पहना था।[६]

---

१. धारयीत सदा दण्डं वैल्वं पालाशमेव वा। अश्व ४६।४
मेखला च भवेत् मौञ्जी जटी नित्योदकस्तथा।
यज्ञोपवीती स्वाध्यायी अलुब्धो नियतव्रतः॥ अश्व ४६।६

२. चर्मवल्कलसंवासी। अश्व ४६।८
दान्तो मैत्रः क्षमायुक्तः केशान् श्मश्रु च धारयन्। अश्व ४६।१५
तथैव देवी गांधारी वल्कलाजिनधारिणी।
कुन्ता सह महाराज समानव्रतचारिणी॥ इत्यादि। आश्र १९।१५-१८
उत्सृज्याभरणान्यंगाज्जगृहे वल्कलान्युत। इत्यादि। महाप्र १।२०। सभा ७९।१०

३. हेममाली रुक्मकण्ठः प्रदीप्त इव पावकः।
कृष्णाजिनि दंडपाणिः क्षौमवासाः स धर्मजः॥ अश्व ७३।५

४. स्त्रियश्च राज्ञः सर्वास्ताः सप्रेष्याः सपरिच्छदाः। आदि १३४।१५। आदि १५३।१४। विराट ७२।३१

५. कृष्णा च क्षौमसंवीता कृतकौतुकमंगला। आदि ११९।३

६. सुभद्रां त्वरमाणश्च रक्तकौशेयवासिनीम्। आदि २२१।१९

स्वर्णमाला आदि अलंकार---स्वर्णमाला, कुंडल, मणिरत्न, निष्क (तात्कालिक प्रचलित स्वर्णमुद्रा), कम्बू (शंख), केयर (बाजूबंद) आदि उन दिनों अलंकारों के रूप में प्रचलित थे। निष्क से गले का हार बनाया जाता था। शंख की शायद हाथ की चूड़ियाँ बनती थीं।[1]

स्त्री-पुरुष दोनों द्वारा कुंडल का व्यवहार---पुरुष भी स्त्रियों की तरह कुंडल पहनते थे। कुंडल सोने के बनाये जाते थे। राजा सौदास की पत्नी मदयन्ती के कुंडल रत्ननिर्मित थे।[2]

भँवों के बीच कृत्रिम चिह्न---दोनों भवों के बीच एक तरह का कृत्रिम चिह्न बनाया जाता था, जिसका नाम 'पिप्ल' था। दमयन्ती के माथे पर वह चिह्न जन्मगत था। उस चिह्न को सौन्दर्यवर्द्धक अलंकार की तरह माना जाता था।[3]

छाता तथा जूता---छतरी और जूते का व्यवहार भी उन दिनों व्यापक रूप से था। इनका व्यवहार केवल अभिजात परिवारों तक ही सीमित नहीं था, क्योंकि स्नातक एवं ब्राह्मण को छाता व जूता दान करने के लिये कहा गया है।[4]

चन्दन---प्रसाधन रूप में जिन द्रव्यों का व्यवहार होता था, उनमें चन्दन सर्वप्रधान था। पुरुष और स्त्री सब शरीर पर चन्दन का लेप करते थे। चन्दन के साथ थोड़ी अगुरु भी मिलाई जाती थी। धनी परिवारों में चन्दन दासियाँ बनाती थीं। राजा विराट के अन्तःपुर में द्रौपदी इसी कार्य के लिये नियुक्त थीं।[5]

---

१. शतं दासीसहस्राणि कौन्तेयस्य महात्मनः।
कम्बूकेयूरधारिण्यो निष्ककंठ्यः स्वलंकृताः। वन २३२।४६, ४७
सुवर्णमालां वासांसि कुण्डले परिहाटके।
नानापत्तनजे शुभ्रे मणिरत्ने च शोभने॥ इत्यादि। आदि ७३।२, ३

२. श्रुत्वा च सा तदा प्रादात्ततस्ते मणिकुण्डले। अश्व ५८।३

३. अस्या ह्येष भ्रुवोर्मध्ये सहजः पिप्लुरुत्तमः। वन ६९।५
चिह्नभूतो विभूत्यर्थमयं धात्रा विनिर्मितः। वन ६९।७

४. दह्यमानाय विप्राय यः प्रयच्छत्युपानहौ।
स्नातकाय महाबाहो संशिताय द्विजातये॥ अनु ९६।२०
न केवलं श्राद्धकृत्ये पुण्यकेष्वपि दीयते। अनु ९५।२

५. शालस्तम्भनिभास्तेषां चन्दनागुरुरूषिताः।
अशोभन्त महाराज बाहवो बाहुशालिनाम्। इत्यादि।
सभा २१।२८। सभा ५८।३५

चन्दन माल्य आदि—किसी विशिष्ट व्यक्ति का सम्मान करने के लिये चन्दन, माला आदि देने का नियम था। वीरशय्या पर सोये हुए भीष्म को कुमारियों ने चन्दनादि द्वारा भूषित किया था।[1]

तुंग तथा कृष्णागुरु—'तुंग' नामक एक सुगंधित द्रव्य तथा काले अगुरु को चन्दन के साथ मिलाने की प्रथा थी। अनुलेपन के लिये श्वेत चन्दन का ही व्यवहार होता था। केवल काली अगर के लेपन के उदाहरण भी देखने में आते हैं।[2]

महाराज युधिष्ठिर के राजसूय यज्ञ में आये हुए राजाओं में से किसी-किसी ने उल्लिखित गंध द्रव्य उपहारस्वरूप दिये थे। वे लोग प्रचुर परिमाण में चन्दन, कृष्णागुरु, एवं अन्य गंधद्रव्य लाये थे। मलय तथा दर्दुर पर्वत से भी अगुरु और चन्दन उपहारस्वरूप आया था। चन्दन के रस से भरे अनगिनत सोने के कलश युधिष्ठिर को दिये गये थे।[3]

इंगुद और अगुरु-तेल—स्नान से पहले शरीर पर अगुरु का तेल और इंगुद मलने का जिक्र भी हुआ है। यह नियम शायद गृहस्थों के लिये नहीं था।[4]

स्नान के बाद पुष्पादि से सज्जित होना—स्नान के बाद चन्दन, बेल फूल, तगर, नागकेसर, बकुल आदि गंध एवं पुष्प आदि से सज्जित होने का नियम था।[5]

पुष्पमाल्य—सिर में एवं गले में मालाओं का व्यवहार प्रायः हर जगह होता था। पुष्पमालाएँ ही ज्यादा अच्छी समझी जाती थीं। लाल रंग की माला गले में पहनना वर्जित था, सफेद ही गले के लिये श्रेष्ठ मानी जाती थी। लाल रंग की माला सिर

य ना जातु स्वयं पिंषे गात्रोद्वर्त्तनमात्मनः।
अन्यत्र कुन्त्या भद्रन्ते सा पिनस्म्यद्य चन्दनम्॥ विराट २०।२३

१. कन्याश्चन्दनचूर्णैश्च लाजैर्माल्यैश्च सर्वशः।
अवाकिरंछान्तनवं तत्र गत्वा सहस्रशः। भीष्म १२१।३

२. चन्दनेन च शुक्लेन सर्वतः समलेपयन्।
कालागुरुविमिश्रेण तथा तुंगरसेन च। आदि १२७।२०
राजसिंहान् महाभागान् कृष्णागुरुविभूषितान्। आदि १८५।२४

३. चन्दनागुरुकाष्ठानां भारान् कालीयकस्य च।
चर्मरत्नसुवर्णानां गंधानांचैव राशयः। सभा १०
सुरभींश्चन्दनरसान् हेमकुम्भसमास्थितान्। इत्यादि। सभा ५२।३३,३४

४. इंगुदैरगुतैलानां स्नेहार्थे च निवेषनम्। अनु १४२।७

५. प्रियंगुचन्दनाभ्यां च बिल्वेन तगरेण च।
पृथगेवानुलिम्पते केसरेण च बुद्धिमान्। इत्यादि। अनु १०४।८७, ८८

में लगाई जा सकती है, यह कहा गया है। कमल या कुमुद की माला पहनना निषिद्ध बताया है।[१]

पुष्प-प्रेम—फूल के प्रति मनुष्य का प्रेम प्राचीन काल से ही चला आ रहा है। प्रसाधन में फूल अनुपम उपकरण माना जाता रहा है। पुष्प मन को आनन्दित करता है, शरीर व मन में उल्लास पैदा करता है, इसलिये फूल को 'सुमनस' कहा गया है।[२] जो पुष्प हृदय को पुलकित करता है, जिसके विमर्दन से मधुर सुगंध निकलती है, जिसका रूप मन को हरता है, ऐसा पुष्प मनुष्य समाज में आदर की वस्तु है।[३] सब शुभ कर्मों में फूल विशेष उपकरण माना जाता था, विशेषतः विवाह आदि शुभ कार्यों में पुष्प को यथेष्ट आदर प्राप्त था।[४]

केशविन्यास तथा अंजन—दिन के प्रथम भाग में केशप्रसाधन एवं अंजन आदि आँजने का विधान था।[५]

विधवाओं का निराभरण रहना—विधवाएँ कोई भी आभूषण नहीं पहनती थीं। केवल सफेद रंग के कपड़े तथा सफेद उत्तरीय उनका परिधान था। आश्रमवासिक पर्व में किये गये विधवाओं के वर्णन से यही प्रतीत होता है।[६]

---

१. रक्तमाल्यं न धार्यं स्याच्छुक्लं धार्यं तु पंडितैः।
वर्जयित्वा तु कमलं तथा कुवलयं प्रभो। इत्यादि। अनु १०४।८३,८४

२. मनो ह्लादयते यस्माच्छ्रियं चापि दधाति च।
तस्मात् सुमनसः प्रोक्ता नरैः सुकृतकर्मभिः। अनु ९८।२०

३. मनोहृदयनन्दिन्यो विमर्द्दे मधुराश्च याः।
चारुरूपाः सुमनसो मनुष्याणां स्मृता विभोः। अनु ९८।३२

४. सन्नयेत् पुष्टियुक्तेषु विवाहेषु रहःसु च॥ अनु ९८।३३

५. प्रसाधनञ्च केशानामंजनं दन्तधावनम्।
पूर्वाह्ण एव कार्याणि देवतानाञ्च पूजनम्॥ अनु १०४।२३

६. एतास्तु सीमन्तशिरोरुहा याः शुक्लोत्तरीया नरराजपत्न्यः।
राज्ञोऽस्य वृद्धस्य परं शताख्याः स्नुषा नृवीराः हतपुत्रनाथाः।
आश्रम २५।१६

सदाचार

सदाचार शब्द का अर्थ—अपने आचरण के द्वारा ही साधु पुरुष समाज की श्रद्धा का पात्र बनने में समर्थ होता है। समाज सज्जन एवं धार्मिक कहकर जिनकी श्रद्धा करता है, उनके आचार को ही 'सदाचार' की संज्ञा दी गई है। उनके सभी आचरण साधु हों ही, यह बात नहीं है; प्रत्येक मनुष्य से गलतियाँ होती हैं। अतः सब आचरण सदाचार रूप में ग्राह्य नहीं होते। शास्त्रविहित प्रशंसनीय आचार ही सदाचार कहलाते हैं। शास्त्रों की मर्यादा का उल्लंघन करके मनचाहे आचार को सदाचार नहीं कहा जाता।[1]

मनुष्य के आचार का फल—अपने आचार के द्वारा मनुष्य दीर्घजीवी हो सकता है, इहलोक व परलोक दोनों में धन-ऐश्वर्य तथा कीर्ति-लाभ कर सकता है। दुराचारी पुरुष दुखी और अल्पायु होता है। अतः उन्नति चाहने वाले मनुष्य को सदा शुद्ध आचरण का पालन करना चाहिये। जो व्यक्ति आर्ष अर्थात् ऋषियों द्वारा बताये गये विधिनिषेध के अनुसार नहीं चलते थे, वे शिष्टाचार की भी उपेक्षा करते हैं, इहलोक व परलोक दोनों लोकों के लिये भ्रष्ट होते हैं, उन्हें कहीं भी जगह नहीं मिलती।[2]

---

१. साधुनाञ्च यथावृत्तमेतदाचार लक्षणम्। अनु १०४।९
दुराचाराश्च दुर्द्धर्षा दुर्मुखाश्चाप्यसाधवः।
साधवः शीलसम्पन्ना शिष्टाचारस्य लक्षणम्।। अनु १६२।३४
प्रमाणमप्रमाणं वै यः कुर्यादबुधो जनः।
न स प्रमाणतामर्हेद् विवादजननो हि सः।। अनु १६२।२५

२. आचारल्लभते ह्यायुराचाराल्लभते श्रियम्।
आचारात् कीर्त्ति लभते पुरुषः प्रेत्य चेह च।। इत्यादि। अनु १०४।६-१३
अनु १०४।१५५-१५७
यस्य नार्षं प्रमाणं स्याच्छिष्टाचारश्च भाविनि।
नैव तस्य परो लोको नायमस्तीति निश्चयः।। वन ३१।२२
आचारो हन्त्यलक्षणम्। उद्योग ३९।४४

हर कार्य में सज्जन पुरुषों का अनुकरण करने के निमित्त महाभारत में अनगिनत उपदेश दिये गये हैं। कई सदाचारों का उल्लेख भी मिलता हैं। जैसे, प्रत्येक स्वस्थ व्यक्ति को ब्राह्म-मुहूर्त्त में शय्या छोड़ देनी चाहिये और फिर यथाविधि शौचादि से निवृत्त होकर उपासना करनी चाहिये। दन्तधावन, प्रसाधन, अंजन लेपन आदि भी पूर्वाह्न में ही कर लेना चाहिये। देवताओं की अर्चना पूजा भी पूर्वाह्न में ही करने का विधान है। ब्राह्मण तथा अतिथि की सेवा करना हर एक मनुष्य का कर्त्तव्य बताया गया है। इसी प्रकार प्रायः सभी कार्यों के विधिनिषेध अनुशासन पर्व के १०४ थे अध्याय में विस्तृत रूप से वर्णित हैं। वासुदेव-उग्रसेन-संवाद में अनेकों सदाचारों का उल्लेख मिलता है—"काम, क्रोध और लोभ ये तीनों मनुष्य के शत्रु हैं, उन्हें वश में रखना चाहिये। यथायोग्य श्रम तथा देखभाल करके सब कार्य पूरे करने चाहिये। किसी के ऐश्वर्य से जलना नहीं चाहिये। दुखी का दुख दूर करने के लिये साध्यानुसार चेष्टा करनी चाहिये इत्यादि।[1]

सदाचार प्रकरण—द्विज-व्याध-संवाद (वन० २०५ से २०८ वाँ अध्याय), यक्ष-युधिष्ठिर-संवाद (वन ३१२ वाँ अध्याय) श्रीवासव-संवाद (शांति० २२८ वाँ अध्याय) एवं दुर्गातितरणाध्याय (शांति० ११० वाँ अ०) में सदाचार के बारे में अनेकों बातें कही गई हैं। 'चतुराश्रम' प्रबंध के 'गृहस्थ' प्रकरण में जिन आचारों का उल्लेख किया गया है, वही सदाचार कहे गये हैं। जिन आचारों के आचरण से मनुष्य का कल्याण हो वही वास्तविक रूप में सदाचार हैं। महाभारत में बहुत से उपाख्यानों के माध्यम से भी सदाचार का ही उपदेश दिया गया है।[2]

अन्तःशुद्धि—सदाचार पालन करने के लिये बाह्य शुचिता का ख्याल रखना पड़ता है। लेकिन बाहर की शुचिता से अन्तःकरण की शुचिता का मूल्य कहीं अधिक है। मन की शुद्धि ही सबसे बड़ी चीज है। चरित्र विशुद्ध न हो और बाहर से सदाचार का पालन किया जाय तो वह पाखंड हो जाता है।[3]

आर्य और अनार्य—जो वेद आदि शास्त्रविहित साधु आचारों का पालन करते थे, उन्हें 'आर्य' कहा जाता था और जो उनके विपरीत आचरण करते थे, वे 'अनार्य'

---

१. शान्ति २३० वाँ अध्याय।

२. यत् कल्याणमभिध्यायेत्तत्रात्मानं नियोजयेत्। शान्ति ९४।१०

३. अगाधे विमले शुद्धे सत्यतोये धृतिह्रदे।
स्नातव्यं मानसे तीर्थे सत्त्वमालम्ब्य शाश्वतम्॥ इत्यादि। अनु १०८।३-९

कहलाते थे। सदाचार तथा असदाचार के द्वारा ही आर्य व अनार्य तय किया जाता था।[1] आजकल आर्य और अनार्य शब्द इस अर्थ में प्रयुक्त नहीं होते। अंग्रेजी के 'एरियन' तथा 'नॉन एरियन' शब्द के अर्थ में ही आर्य-अनार्य शब्द का प्रयोग किया जाता है।

---

१. वृत्तेन हि भवत्यार्यो न धनेन न विद्यया। उ ९०।५३। वन २६०।१ अनार्यत्वमनाचारः। अनु ४८।४१। सभा ६७।३७, ५०। सभा ५४।६ यदार्यजनविशिष्टं कर्म तन्नाचरेद्बुधः। शान्ति ९४।१०। शान्ति ९३।१६

पारिवारिक व्यवहार

प्रत्येक गृहस्थ को माता, पिता, स्त्री, पुत्र, परिजनों के साथ रहना पड़ता है। सम्पूर्ण प्राणिजगत के साथ प्रत्येक का योग है और एक की जीवनयात्रा के लिये दूसरे का दायित्व कम नहीं है, यह सत्य होते हुए भी हर मनुष्य में इस बात का ज्ञान तो नहीं होता; लेकिन प्रत्येक गृहस्थ को अपने परिवार के लिये अपने को दान करने का सुयोग अवश्य मिलता है। परिवार के प्रत्येक सदस्य के प्रति गृहस्थ का जो कर्त्तव्य एवं दायित्व होता है, यथोचित रूप से उसका पालन करने से अन्तःकरण को क्रमशः प्रसारित होने का मौका मिलता है। महाभारत में आश्रम विभाग के उद्देश्य के बारे में सोचने पर भी सर्वप्रथम यही सत्य हमारे दिमाग में आता है। महाभारत के मतानुसार संसार में गृहस्थ की जिम्मेदारी सबसे अधिक है। दूसरे के सुख के लिये अपने सुख की तिलांजलि देनी पड़ती है इस कारण सब आश्रमों में गृहस्थ ही सबसे बड़ा त्यागी माना गया है।

माता और पिता—गुरुजन तीर्थ के समान पूज्य होते हैं।[1] गुरुजनों में माता-पिता को महागुरु कहा जाता है, अतएव हर तरह से महागुरु की प्रीति अर्जन करना ही मनुष्य मात्र का कर्त्तव्य है। जो पुत्र माता-पिता के आदेश का पालन करने के लिये सदा तत्पर रहता है, उसे ही यथार्थ पुत्र कहा जा सकता है।[2] माता-पिता प्रत्यक्ष भगवान होते हैं। नौ महीने गर्भ में रखकर एवं असह्य यन्त्रणा सहकर माता सन्तान का पालन करती है। तपस्या, पूजा आदि नाना प्रकार के सत्कार्यों के फलस्वरूप माता-पिता सन्तान लाभ करते हैं। पुत्र धार्मिक, यशस्वी एवं विद्वान हो तो माता-पिता को अपार आनन्द होता है। जो माता-पिता की आशा पूर्ण करते हैं, वह इस लोक व परलोक, दोनों में सदा सुख के भागी होते हैं। अतः मन-वचन-काय तीनों से माता-पिता की सेवा करना सन्तान का परम कर्त्तव्य है।[3]

माता-पिता के श्रेष्ठत्व के बारे में मतभेद—सन्तान के लिये माता-पिता में से

---

१. तीर्थानां गुरुवस्तीर्थम्। अनु १६२।४८।

२. मातापित्रोर्वचनकृद्धितः पथ्यश्च य सुतः। इत्यादि। आदि ८५।२५-३०

३. प्रत्यक्षेण हि दृश्यन्ते देवा विप्रर्षिसत्तम। इत्यादि। वन २०४।३, ४

कौन अधिक श्रेष्ठ है, इस विषय में भी मतभेद दिखाई देता है। कोई-कोई कहता है गर्भधारण एवं प्रतिपालन में माता ही अधिक कष्ट उठाती है इसलिये पिता की अपेक्षा माता का महत्व अधिक है। कुछ लोग कहते हैं कि पिता तपस्या, देवपूजा, तितिक्षा आदि के द्वारा सत्पुत्र लाभ की आकांक्षा करता है, पुत्र के संस्कारादि कर्म भी पिता ही करता है अतएव पिता ही श्रेष्ठ है। मतभेद के बारे में अच्छी तरह अध्ययन किया जाय तो पता लगता है कि सन्तान के लिये दोनों ही समान हैं। सन्तान के लिये दोनों ही एक दूसरे की तुलना में महागुरु हैं।[1]

गुरुजनों की सेवा से सन्तान का कल्याण—पिता गार्हपत्य अग्नि के, माता दक्षिण अग्नि के एवं आचार्य आवहनीय अग्नि के समान होता है। अप्रमत्त भाव से इन तीनों की सेवा करने से इहलोक, परलोक व ब्रह्मलोक को जीता जा सकता है। मनुष्य के सब कल्याण गुरु सेवा के अधीन होते हैं। मंगल चाहने वाले पुरुष को सदा इनकी सन्तुष्टि करनी चाहिए।[2] पिता अगर सन्तुष्ट हों तो प्रजापति तुष्ट होते हैं, माता की तुष्टि से सम्पूर्ण पृथ्वी सन्तुष्ट होती है एवं आचार्य की तृप्ति से ब्रह्म की प्राप्ति होती है।[3] नारद ने कृष्ण से कहा है, जो माता, पिता एवं गुरुजनों की तुम्हारी तरह भक्ति करते हैं, वे तुम्हारी हर चीज के अधिकारी होते हैं।[4] जो गुरुओं की यथोचित पूजा करते हैं, उनकी आयु, यश, एवं श्री की वृद्धि होती है।[5]

आचार्य-पूजा—आचार्य की सेवा के संबंध में 'शिक्षा' प्रबन्ध में कहा गया है। आचार्य पूजा के विषय में कच की एक सुन्दर उक्ति है—"जो मेरे कानों में अमृत घोलते हैं, मेरी मूर्खताओं को दूर करते हैं, उन्हें मैं माता व पिता समझता हूँ। जो विद्वान पुरुष अमूल्य निधिस्वरूप वेद के दाता आचार्य की पूजा नहीं करता वह अप्रतिष्ठित होता है तथा नर्क में जाता है।"[6]

---

१. गुरुणाञ्चैव सर्वेषां माता परमको गुरुः। आदि १९६।१६
नास्ति मातसमो गुरुः। अनु १०६।६५। अनु ६२।९२। अनु १०५।१५
पिता परं देवतं मानवानां मातुर्विशिष्टं पितरं वदन्ति। शान्ति २९७।२
मातृस्तु गौरवादन्ये पितृनन्ये तु मेनिरे। इत्यादि। वन २०४।१५-१९

२. शान्ति १०८ वाँ अध्याय।

३. येन प्रीणाति पितरं तेन प्रीतः प्रजापतिः। इत्यादि। शान्ति १०८।२५, २६। अनु ७।२५, २६

४. मातापित्रोर्गुरुषु च सम्यग् वर्त्तन्ति ये सदा। इत्यादि। अनु ३१।३५

५. गुरुमभ्यर्च्य वर्द्धन्ते आयुषा यशसा श्रिया। अनु १६२।४५

६. यः श्रोत्रयोरमृतं निषिञ्चेत्। इत्यादि। आदि ७६।६३, ६४

गुरुजनों की प्रीति अर्जन करना ही श्रेष्ठ धर्म—गंधमादन पर्वत पर महर्षि अर्ष्टिसेन के साथ जब युधिष्ठिर का साक्षात्कार हुआ तो महर्षि ने कुशल मंगल पूछने के बाद प्रश्न किया, "हे पार्थ, तुम माता-पिता की आज्ञा का भली भाँति पालन तो करते हो ? गुरुओं एवं वृद्ध पंडितों की यथायोग्य पूजा तो करते हो न?"[१] माता, पिता, अग्नि, गुरु, एवं आत्मा इन पाँचों की जो पूजा करता है, वह इहलोक व परलोक दोनों में सुख का उपभोग करता है।[२] पुत्र की भलाई के लिये जो अपना सर्वस्व अर्पण कर देते हैं, उन स्नेहमय माता-पिता को सन्तुष्ट रखना ही पुत्र का प्रधान कर्त्तव्य है। महापुरुषों ने इसी को पुत्र का श्रेष्ठ धर्म बताया है।[३]

गुरुजनों की सेवा से स्वर्गप्राप्ति—जो शुद्ध आचारों का पालन करते हैं, सत्य में विश्वास रखते हुए माता-पिता की पूजा करते हैं, वे उनके ऋण से उऋण हो जाते हैं।[४] जो पिता, माता, आचार्य एवं ज्येष्ठ भ्राता की सेवा करते हैं, कभी उनकी निन्दा नहीं करते, उन्हें अभिलषित स्वर्ग की प्राप्ति होती है एवं गुरु सेवा के कारण नरक के दर्शन नहीं करने पड़ते।[५] माता-पिता आदि की आज्ञा का पालन करने में अपने हित-अहित के बारे में सोचने का अवकाश नहीं होता। वह लोग चाहे कैसा भी आदेश क्यों न दें, बिना किसी हिचक के उसका पालन करना ही पुत्र का धर्म है।[६]

मातृपितृभक्त धर्मव्याध—माता-पिता के आदर्श सेवक धर्मव्याध की कहानी सभी जानते हैं। माता-पिता की सेवा से ही उन्हें हर विषय का अद्भुत् ज्ञान प्राप्त हुआ था, सेवा के कारण ही वे श्रेष्ठ योगी बनने में समर्थ हुए थे।[७]

---

१. मातापित्रोश्च ते वृत्तिः कच्चित् पार्थ न सीदति।
कच्चित्ते गुरवः सर्वे वृद्धा वैद्याश्च पूजिताः॥ वन १५९।६, ७

२. पिता माता तथैवाग्निर्गुरुरात्मा च पञ्चमः।
यस्यैते पूजिताः पार्थ तस्य लोकावुभौ जितौ॥ वन १५९।१४

३. एतद्धर्मफलं पुत्र नराणां धर्मनिश्चये।
यत्तुष्यन्त्यस्य पितरो माता चाप्येकदर्शिनी॥ उ १४५।७

४. तपःशौचवता नित्यं सत्यधर्मरतेन च।

५. मातापित्रोः पूजने यो धर्मस्तमपि मे श्रृणु। इत्यादि। अनु ७५।४०-४२

६. मातुः पितुर्गुरूणाञ्च कार्यमेवानुशासनम्।
हितं वाप्यहितं वापि न विचार्यं नरर्षभ॥ अनु १०४।१४५

७. वन २१३ वाँ व २१४ वाँ अध्याय।

देवव्रत की मृत्युंजयता—सत्यव्रत भीष्म की पितृभक्ति भी सर्वजनविदित है। सन्तुष्ट पिता के आशीर्वाद के फलस्वरूप ही वह मृत्यु को जीतने में समर्थ हुए थे।[1]

गुरुजनों का भरणपोषण न करना पाप—जो माता-पिता का भरण-पोषण नहीं करते उन्हें महापापी कहा गया है। जो व्यक्ति बिना किसी कारण के उनका त्याग करता है, शास्त्रों में उसके लिये पतित की संज्ञा दी गई है।[2] माता-पिता का मन दुखी हो ऐसा आचरण करना सन्तान के लिये बिल्कुल गर्हित बताया गया है। जो पुत्र माता-पिता का अपमान करता है, वह मृत्यु के बाद गधे आदि के रूप में जन्म लेकर असीम कष्ट उठाता है।[3]

प्रातः उठकर गुरुओं को प्रणाम—सुबह सोकर उठने पर सबसे पहले माता-पिता एवं गुरुजनों को चरण छूकर प्रणाम करने का विधान बताया गया है।[4]

गुरुजनों के आगमन पर खड़े होकर प्रणाम करना—अपने से बड़ों के आने पर तत्क्षण उठकर खड़े होने एवं प्रणाम करने के लिये उपदेश दिया गया है।[5]

हर कार्य के लिये अनुमति लेना—माता-पिता की अनुमति लिये बिना कोई भी कार्य करना अनुचित है। कौशिक नाम के एक ब्राह्मण ने वेदाध्ययन के निमित्त माता-पिता की आज्ञा लिये बिना परदेश गमन किया था। बाद में जब वह पितृमातृभक्त धर्मव्याध से मिला तो अपने बिना कहे चले आने पर बहुत लज्जित हुआ और उनके कहने पर घर वापस लौटे तथा माता-पिता की सेवा में मन लगाया।[6]

माता-पिता की गलती नहीं पकड़नी चाहिये—कहोड़ पुत्र अष्टावक्र ने गर्भावस्था (?) में ही पिता की अध्यापना में दोष निकाला था, इसी कारण उनके शरीर के आठ अंग टेढ़े हो गये थे। माता-पिता आदि गुरुजनों के दोष निकालना

---

१. न ते मृत्युः प्रभविता यावज्जीवितुमिच्छसि। आदि १००।१०३

२. जीवतो वै गुरून् भृत्यान् भरन्त्वस्य परे जनाः। अनु ९३।१२८
त्यजत्यकारणे यश्च पितरं मातरं गुरुम्। इत्यादि। शान्ति १६५।६२
शान्ति १५३।८१।

३. पितरं मातरञ्चैव यस्तु पुत्रोऽवमन्यते। इत्यादि। अनु १११।५८-६०।

४. मातापितरमुत्थाय पूर्वमेवाभिवादयेत्। अनु १०४।४३

५. ऊर्ध्वं प्राणात्ह्युत्क्रामन्ति यूनः स्थविर आयति।
प्रत्युत्थानाभिवादाभ्यां पुनस्तान् प्रतिपद्यते॥ उद्योग ३८।१

६. स तु गत्वा द्विजः सर्वां शुश्रूषां कृतवांस्तदा। वन २१५।३३

सन्तान का कर्त्तव्य नहीं है, यह समझाने के लिए ही शायद यह उपाख्यान रचा गया है।[१]

गुरुजनों से काम कराना पाप—माता-पिता से कोई भी काम कराना पुत्र के लिये पाप का कारण बताया गया है।[२] और भी बहुत से उपाख्यानों में माता-पिता की श्रद्धा करने का उपदेश मिलता है।

महागुरु की तृप्ति से विश्व की तृप्ति—चिरकारिकोपाख्यान[३] में माता-पिता के प्रति पुत्र के कर्त्तव्य के संबंध में विस्तृत रूप से कहा गया है। उस उपाख्यान में स्पष्ट किया गया है कि, "पिता समस्त देवताओं का समष्टिस्वरूप होता है और माता देवताओं तथा मर्त्यवासी सर्वभूत की समष्टिस्वरूप होती है; अतएव अगर वे सन्तुष्ट हो जायं तो सारा ब्रह्माण्ड परितृप्त हो जाता है।[४] पिता ही धर्म है, पिता ही स्वर्ग है, पिता ही तपस्या है। पिता के परितृप्त होने से सब देवताओं की परितृप्ति होती है।[५]

पितृत्रय—जिसके द्वारा उत्पत्ति हुई हो, जो भय से छुटकारा दिलाता हो और जो अन्नदाता हो, उनकी पितास्वरूप भक्ति करनी चाहिए।[६]

दुर्दशाग्रस्त पुत्र पर माता-पिता का स्नेह अधिक—माता-पिता ऐसे तो सभी सन्तानों को एक ही दृष्टि से देखते हैं लेकिन औरों की अपेक्षा जो अधिक दयनीय अवस्था में होता है उस पर उनका स्नेह अपेक्षाकृत अधिक होता है।[७]

भाई व बहन—बड़े भाई और बड़ी बहन की श्रद्धा करने का उपदेश दिया गया है। कहा गया है कि "बड़ा भाई पिता के समान है, अतएव हर तरह उनका अनुगमन करना उचित है।"

---

१. उपालब्धः शिष्यमध्ये महर्षिः स तं कोपादुदरस्थं शशाप। वन १३२।११

२. पुत्रश्च पितरं मोहात् प्रेषयिष्यति कर्मसु। शान्ति २२७।११३

३. शान्ति २६५ वाँ अध्याय।

४. देवतानां समवायमेकस्थं पितरं विदुः।
मर्त्यानां देवतानां च स्नेहादभ्येति मातरम्॥ शान्ति २६५।४३

५. पिता धर्मः पिता स्वर्गः पिता हि परमन्तपः।
पितरि प्रीतिमापन्ने सर्वाः प्रीयन्ति देवताः॥ शान्ति २६५।२१

६. यश्चैनमुत्पादयते यश्चैनं त्रायते भयात्।
यश्चास्य कुरुते वृत्तिं सर्वे ते पितरस्त्रयः॥ अनु ६९।१८

७. दीनस्य तु सतः शक्र पुत्रस्याभ्यधिका कृपा। वन ९।१६

पांडवों तथा विदुर का आदर्श भ्रातृप्रेम—भीम वगैरह चारों भाई युधिष्ठिर का समुचित आदर करते थे, यह महाभारत में सर्वत्र ही दिखाई देता है। यद्यपि भीम को बीच-बीच में युधिष्ठिर के काम की अच्छी या बुरी आलोचना करते हुए देखा जाता है, लेकिन उसमें सामयिक अधीरता के अलावा अनादर या अश्रद्धा का भाव कहीं नहीं दिखाई देता। आदर्श क्षत्रिय एवं सरल स्वभावी भीम हर अवसर पर अपने को प्रकृतिस्थ नहीं रख पाते, इसी कारण कहीं-कहीं थोड़ी चंचलता का आभास मिलता है।[१] लेकिन बड़े भाई के आदेश का उल्लंघन करते हुए उन्हें कहीं नहीं पाया जाता। पांडवों एवं विदुर का आदर्श भातृप्रेम भी महाभारत में स्पष्ट रूप से प्रकट हुआ है। भीम, अर्जुन आदि वीर श्रेष्ठ योद्धा एवं अमित बलशाली होते हुए भी सदा अपने अग्रजों का अनुसरण करते थे। वे यदि बड़े भाई का अनुसरण न करते तो शकुनि के कपट भाव से जुआ खेलते समय ही कुरुक्षेत्र का महायुद्ध शुरू हो जाता। युधिष्ठिर तो भाइयों को छोड़कर स्वर्ग जाना भी अच्छा नहीं समझते थे।[२]

ज्येष्ठ तथा कनिष्ठ का व्यवहार—अनुशासन पर्व में, भीष्म-युधिष्ठिर-संवाद में एक अध्याय का नाम 'ज्येष्ठ कनिष्ठ-वृत्ति' है। इस अध्याय में भीष्म युधिष्ठिर को बड़े एवं छोटे भाई के पारस्परिक व्यवहार के बारे में उपदेश देते हैं। वे कहते हैं, "हे तात, तुम भाइयों में बड़े हो अतः अपने ज्येष्ठत्व का ख्याल रखते हुए छोटे भाइयों के साथ ऐसा व्यवहार करना कि वे तुम्हारा गुरु के समान सम्मान कर सकें। अकृत बुद्धि गुरु को शिष्य सम्मान की दृष्टि से नहीं देखते। गुरु में दीर्घदर्शिता का होना आवश्यक है। अगर गुरु में दीर्घदर्शिता का अभाव होगा तो शिष्य कैसे दीर्घदर्शी बनेंगे ? ज्ञानी एवं बुद्धिमान होते हुए भी बड़े भाई को समय विशेष पर छोटे भाई के दोष देखते हुए भी अंध एवं जड़ मनुष्य जैसा व्यवहार करना चाहिये। यदि छोटी-छोटी बातों में हमेशा छोटों में दोष निकाला जायगा तो छोटों का मन विद्रोही हो उठेगा। छोटों के दोष अगर नजर में आयें तो उन्हें कुशलता से दूर करने की कोशिश करनी चाहिये। यदि दूसरे लोगों के सामने छोटे भाई का तिरस्कार किया जायगा तो छिन्द्रान्वेषी, ईर्ष्यान्वित शत्रु उसे बुरी सलाह देकर अपने पक्ष में मिलाने की कोशिश करेगा। वंश में वयोज्येष्ठ व्यक्ति के सद्व्यवहार से कुल उज्ज्वल होता है और उसके

---

१. सभा ६८ वाँ अध्याय। वन ३३ वाँ तथा ३४ वाँ अध्याय। शान्ति १० वाँ अध्याय।

२. गन्तुमिच्छामि तत्राहं यत्र ते भ्रातरो गताः। महाप्रस्थानिक ३।३७

असद् आचरण से वंश का गौरव खत्म होता है। जो बड़ा भाई अपने छोटे भाई का हमेशा तिरस्कार करता रहता है वह ज्येष्ठ शब्द की सार्थकता को नहीं निभाता तथा पैतृक सम्पत्ति के बँटवारे में वह अपने को श्रेष्ठ भाग का अधिकारी भी नहीं बता सकता; बल्कि वह तो राजा से दंड पाने का अधिकारी होता है। छोटे भाई यदि कुमार्गगामी हों तो उन्हें पैतृक धन से वंचित करना ही उचित है। बड़ा भाई पिता के समान होता है, छोटे भाइयों को उसकी आज्ञा का पालन करना चाहिये तथा पिता के समान आदर करना चाहिए।"[1]

बड़े भाई का अपमान करना अनुचित——जो व्यक्ति पितृतुल्य बड़े भाई का अपमान करता है, वह दूसरे जन्म में क्रौंचयोनि में जाता है; एक साल तक उस योनि में रह कर फिर चीरक पक्षी के रूप में जन्म लेता है। इसके बाद पाप का क्षय होने पर मनुष्य रूप में जन्म लेता है।[2]

राजा नल का आदर्श भ्रातृप्रेम——राजा नल ने अपने छोटे भाई पुष्कर द्वारा लांछित होने पर भी बाद में उसे उसकी सम्पत्ति जो उन्होंने जीती थी, लौटाकर क्षमा कर दिया था। उस उपाख्यान में नल का भ्रातृस्नेह चकित कर देता है।[3]

भाइयों में बन्धुत्व व सौहार्द——पांडवों में केवल भक्ति एवं स्नेह ही नहीं था, वे आपस में एक दूसरे के मित्र भी थे। युधिष्ठिर हर कार्य में भाइयों से परामर्श लिया करते थे। कभी-कभी छोटे भाई स्वयं भी उन्हें सलाह देकर काम में सहायता पहुँचाते थे। वनवास के समय युद्ध की तैयारियों के समय तथा अश्वमेध यज्ञ करते वक्त भीम आदि चारों भाइयों को युधिष्ठिर से सलाह-मशविरा करते हुए पाया जाता है। चारों भाई सुहृद मित्र की तरह बिना माँगे हुए भी युधिष्ठिर को अपनी अपनी राय दिया करते हैं। युधिष्ठिर भी उनकी राय की मर्यादा को कभी कम नहीं होने देते थे तथा उनसे राय लेना आवश्यक समझते थे। विदुर धृतराष्ट्र के प्रधान मंत्री थे। उनसे धृतराष्ट्र अगर किसी काम में सलाह नहीं लेते थे, तो भी वे उनके हित की राय देने में नहीं चूकते थे। यही कारण था कि अविवेचक दुर्योधन के साथी उनसे कुढ़ते थे, किन्तु वे अपने कर्त्तव्य के प्रति सदा जागरूक रहते थे। विदुर तथा धृतराष्ट्र में भ्रातृप्रेम भी कम नहीं था। धृतराष्ट्र अच्छी तरह जानते थे कि विदुर ही एकमात्र उनके शुभाकांक्षी मित्र हैं, लेकिन कभी-कभी उनका विवेक अत्यधिक पुत्रस्नेह की दुर्बलता के सामने हार जाता था।

---

१. अनु १०५ वाँ अध्याय। भ्राता ज्येष्ठः समः पित्रा। शान्ति २४२।२०

२. ज्येष्ठं पितृसमं चापि भ्रातरं योऽवमन्यते। इत्यादि। अनु १११।८७, ८८

३. पुष्कर त्वं हि मे भ्राता संजीव शरदः शतम्। वन ७८।२५

परिवार के विभाजन से क्षति—महाभारत में कहा गया है कि भाइयों के साथ एक ही परिवार में रहना चाहिए। पैतृक सम्पत्ति का विभाजन करके अलग अलग रहना भाइयों के लिये अच्छा नहीं होता। इस विषय पर एक उपाख्यान भी कहा गया है। कथा इस प्रकार है—विभावसु नाम के एक क्रोधी स्वभाव वाले ऋषि थे। उनके छोटे भाई का नाम सुप्रतीक था। सुप्रतीक हमेशा अपने बड़े भाई से अलग होने के लिये कहा करता था। एक दिन विभावसु सुप्रतीक से बोले, "देखो बहुत से मूर्ख व्यक्ति भाइयों के अलग-अलग रहने को अच्छा समझते हैं। लेकिन विवेकशील व्यक्ति इसका अनुमोदन नहीं करते, क्योंकि अलग हो जाने पर भाई धन के मद में अंधे होकर आपस में कलह करते हैं। उस वक्त मुँह का मीठा मन का कपटी शत्रु सुयोग समझ कर भाइयों की कलह रूपी अग्नि के लिये ईंधन जुटाता है। फलस्वरूप दोनों ही पक्ष उस कलहाग्नि में भस्म हो जाते हैं।[1]

बड़ी बहन—बड़ी बहन माता के समान होती है। जो व्यक्ति बहन के साथ शत्रु जैसा व्यवहार करता है, वह नर्क का भागी बनकर असीम यातना भोगता है।[2]

छोटी बहन—बड़े भाई एवं छोटी बहन में आपसी व्यवहार के उदाहरण स्वरूप श्रीकृष्ण तथा सुभद्रा को लिया जा सकता है। श्रीकृष्ण सुभद्रा को बहुत प्यार करते थे। जब भी हस्तिनापुर जाते थे, बहन तथा बुआ (कुन्ती) से मिलने के लिये अन्तःपुर में अवश्य जाते थे।[3]

पतिहीना विधवा बहन का भरण-पोषण—पतिहीना विधवा बहन का भरण-पोषण करना भाई के कर्त्तव्यों में गण्य था। बहन की पूरी देखभाल का भार भाई पर ही होता था।[4]

आदर्श का हर जगह अनुसरण नहीं हुआ, गरुड़ तथा नाग—भाई-बहन का यह मधुर संबंध उस काल में आदर्श माना जाता था। किन्तु हमेशा इस आदर्श का

---

१. विभागं बहवो मोहात् कर्त्तुमिच्छन्ति नित्यशः। इत्यादि। आदि २९।१८-२१

२. ज्येष्ठा मातृसमा चापि भगिनी भरतर्षभ। अनु १०५।१९
ज्येष्ठां स्वसारं पितरं मातरं च यथा शक्जुं मदमत्ताश्चरन्ति। इत्यादि। अनु १०२।१७

३. ददर्शानन्तरं कृष्णो भगिनीं स्वां महायशाः। सभा २।४

४. चत्वारि ते तात गृहे वसन्तु...भगिनी चानपत्या। उद्योग ३३।७४

यथारीति पालन हुआ ही, यह नहीं कहा जा सकता। प्राचीन काल के सौतेले भाई गरुड़ एवं नागों की शत्रुता अभी भी प्रसिद्ध है।[1]

बड़े भाई की पत्नी माता के समान---उस काल में बड़े भाई की पत्नी को भी माता के समान मानना आदर्श समझा जाता था। पांडव वनवास के समय कुन्ती को विदुर के यहाँ छोड़ गये थे। विदुर ने तेरह साल तक उन्हें सम्मानसहित अपने यहाँ रक्खा था।[2]

कनिष्ठ का सपत्नीक बड़े भाई के शयनकक्ष में जाना दूषणीय नहीं पर बड़े के जाने में दोष---बड़े भाई की पत्नी देवर से स्नेह करती थी। युधिष्ठिर एक जगह कहते हैं कि छोटा भाई यदि अपनी पत्नी के साथ बड़े भाई के शयनकक्ष में जाय तो कोई बात नहीं है, लेकिन बड़े भाई को अपनी पत्नी के साथ छोटे भाई के शयनकक्ष में नहीं जाना चाहिये।[3]

छोटे भाई की पत्नी के साथ जेठ का व्यवहार---आश्रमवासिक पर्व में आया है कि धृतराष्ट्र, गांधारी एवं कुंती तीनों ने एक साथ प्रव्रज्या ली थी। कुन्ती के प्रति धृतराष्ट्र के स्नेहमय व्यवहार का उल्लेख मिलता है।

देवर या जेठ से गर्भाधान कराना उस काल में दूषित नहीं माना जाता था, लेकिन गर्भाधान के समय को छोड़कर बड़े भाई की पत्नी को माता के समान तथा छोटे भाई की पत्नी को पुत्रवधू के समान मानने का नियम था। (देखिए पृ० ४०)

अपने से बड़े को तुम कहना उनकी हत्या करने के समान---एक बार कर्ण के बाण से घायल होकर युधिष्ठिर ने अर्जुन को बहुत धिक्कारा, विशेषकर उनके गांडीव, रथ, पताका आदि की भी निन्दा की। अर्जुन ने धनुष की निन्दा करने वाले के शिरच्छेदन की अपनी पूर्व प्रतिज्ञा के अनुसार युधिष्ठिर का सिर काटने के लिए तलवार निकाली। उस आयी विपत्ति को देखकर कृष्ण ने अर्जुन को उपदेश देते हुए कहा, "सम्मानित व्यक्ति को जब तक सम्मान मिलता रहे, तभी तक वह जीवित रहता है, अपमान ही उसकी मृत्यु होती है। तुम्हारे युधिष्ठिर को 'तुम'

---

१. आदि ३४ वाँ अध्याय।

२. ज्येष्ठा मातृसमा चापि भगिनी भरतर्षभ।
भ्रातुर्भार्या च तद्वत् स्यात् ...॥ अनु १०५।२०
विदुरश्चापि तामार्त्तां कुन्तीमाश्वास्य हेतुभिः।
प्रावेशयद् गृहं क्षत्ता स्वयमार्त्ततरः शनैः॥ सभा ७९।३१

३. गुरोरनुप्रवेशो हि नोपघातो यवीयसः। इत्यादि। आदि २१३।३२

सम्बोधन करने से ही उनकी मृत्यु हो जायगी। अपने से बड़ों को 'तुम' कहकर उनकी अवज्ञा करना, उनकी हत्या करने के समान है।"[१]

अपमान करने के उद्देश्य से तुम कहना अन्याय है, नहीं तो नहीं---अपने से बड़ों को तुम कहने के बहुत से उदाहरण महाभारत में मिलते हैं, यहाँ तक कि बड़े भाई का नाम लेकर बुलाने के उदाहरण भी हैं। भीम को अर्जुन नाम लेकर बुलाते थे, लेकिन यह अपमान के उद्देश्य से नहीं होता था। अतः यह ख्याल रखना चाहिए कि हमेशा जिनके साथ श्रद्धा का व्यवहार करते हो, उनकी कभी भी अवज्ञा करना उचित नहीं है।[२] उस काल में पत्नी, पुत्रवधू, कन्या आदि के साथ किस प्रकार का व्यवहार सामाजिक आदर्श माना जाता था यह 'नारी' प्रकरण में बताया जा चुका है।

जमाई का आदर---उस युग में भी सास तथा ससुर जमाई का आदर-सत्कार काफी करते थे।[३]

ज्ञाति के दोष---ज्ञाति वर्ग के दोष एवं गुण दोनों ही का विशद रूप से वर्णन हुआ है। एक जगह भीष्म युधिष्ठिर से कहते हैं---ज्ञाति अर्थात् पितृवंश में उत्पन्न व्यक्ति को मृत्यु के समान भयानक समझना चाहिये। ज्ञाति जैसा सम्पत्ति का लोभी और कोई नहीं होता। जिस प्रकार एक सामन्ती राजा अपने पड़ोसी राजा की ऐश्वर्य वृद्धि से मन ही मन कुढ़ता है, उसी प्रकार एक ज्ञाति दूसरे ज्ञाति का ऐश्वर्य सहन नहीं कर पाता। एक सरलस्वभावी, मृदुभाषी, उदार, सुशील व सत्यवादी पुरुष के विनाश की कामना उसका ज्ञाति ही कर सकता है और कोई नहीं।[४]

ज्ञाति के गुण---उपर्युक्त दोषों के साथ साथ ज्ञाति के गुणों का उल्लेख भी जगह जगह हुआ है। भीष्म के कथन से पता चलता है कि जिनके रिश्तेदारों में ज्ञातिपुरुष नहीं होता, वे कभी सुखी नहीं रह सकते। ज्ञातिविहीन पुरुष प्रत्येक

---

१. यदा मानं लभते मान नार्हस्तदा स वै जीवति जीवलोके। इत्यादि। कर्ण ६९।८१-८३।
त्वंकारो वा वधो वेति विद्वत्सु न विशिष्यते। अनु १२६।५३
त्वंकारन्नामधेयञ्च ज्येष्ठानां परिवर्ज्जयेत्। शान्ति १९३।२५

२. गुरुणामवमानो हि वध इत्यभिधीयते। कर्ण ७०।९१, २। आदि १५४।१८

३. अधिका किल नारीणां प्रीतिर्जामातृजा भवेत्। आदि ११६।१२

४. ज्ञातिभ्यश्चैव वूध्येथा मृत्योरिव भयं सदा।
उपराजेव राजर्द्धि ज्ञातिर्न सहते सदा॥ इत्यादि। शान्ति ८०।३२, ३३,

की अवज्ञा का पात्र होता है, वह बड़ी आसानी से शत्रु द्वारा पराभूत हो जाता है। जब कोई मनुष्य हर एक के द्वारा परित्यक्त हो जाता है तब एकमात्र ज्ञाति ही उसका आश्रयस्थल होता है। कोई व्यक्ति अगर किसी का अपमान करे तो एक ज्ञाति ही ऐसा होता है, जो उसे सहन नहीं कर पाता।[1]

एक ज्ञाति के प्रति दूसरे ज्ञाति का व्यवहार---एक ज्ञाति दूसरे ज्ञाति के अपमान को अपना अपमान समझता है। ज्ञातियों में दोष एवं गुण दोनों ही होते हैं। वचन एवं व्यवहार के द्वारा ज्ञाति का यथोचित आदर व सम्मान करना चाहिये, उनके साथ दुर्व्यवहार करना उचित नहीं है। मन में भले ही उन पर विश्वास न हो लेकिन प्रत्यक्ष में एक विश्वस्त की तरह व्यवहार करना ही वांछनीय है। जो मनुष्य ज्ञाति की भावनाओं को समझकर, सोच विचार कर उनके साथ बर्ताव करता है वह शत्रु को भी मित्र बना सकता है।[2] एक ज्ञाति के विपदग्रस्त होने पर उसके उद्धार की चेष्टा करना दूसरे ज्ञाति का परम कर्त्तव्य है।[3]

विपदग्रस्त दुर्योधन के प्रति पांडवों का व्यवहार---अहीरों के गाँवों में जाते समय दुर्योधन आदि के पराजित एवं बन्दी होने पर दुर्योधन के बचे हुए सैनिकों ने बनवासी पांडवों के समक्ष उपस्थित होकर सहायता की भिक्षा माँगी। घमंडी दुर्योधन के इस प्रकार विपत्ति में पड़ने का समाचार सुनकर भीम प्रसन्न होकर बोले "गंधर्वों ने हमारे मित्र का काम किया है। हम लोगों के लिये जो कार्य कठिन था, वह गंधर्वों ने कर दिया है।" भीम की बात सुनकर धर्मराज गुस्से से बोले, "यह आनन्द का समय नहीं है। ज्ञातियों में आपसी कलह तो हुआ ही करती है, लेकिन किसी भी हालत में कुल की मर्यादा नष्ट करना उचित नहीं है। कोई दूसरा आदमी हमारे ज्ञाति पर हमला करे और हम बैठे-बैठे खुश हों, यह क्या कभी हो सकता है ?" इस प्रकार नीतिवाक्यों द्वारा भीम को शान्त करके युधिष्ठिर ने तत्क्षण उन्हें तथा अर्जुन को दुर्योधन के उद्धार के लिये भेजा। भीम और अर्जुन के बाहुबल द्वारा दुर्योधन को गंधर्वों से मुक्ति मिली।[4] मूल महाभारत में न होते हुए भी टीकाकार नीलकंठ ने युधिष्ठिर की उक्ति के रूप में एक श्लोक उद्धृत किया है, जिसका अर्थ

---

१. अज्ञातिनोऽपि न सुखा नावज्ञयास्ततः परम्।
अज्ञातिमन्तं पुरुषं परे चाभिभवन्त्युत॥ इत्यादि। शान्ति ८०।३४, ३५

२. आत्मानमेव जानाति निकृतं बान्धवैरपि। इत्यादि। शान्ति ८०।३६-४१

३. येन केनचिदार्त्तानां ज्ञातीनां सुखमावहेत्। आदि ८०।२४

४. यदा तु कश्चिज्ज्ञातीनां वाह्यः प्रार्थयते कुलम्।
न मर्षयति तत् सन्तो वाह्ये नाभिप्रधर्षणम्॥ इत्यादि। वन २४२।३-२२

यह है कि, "अपने आपसी विरोध के समय हम पाँच भाई एक तरह एवं दुर्योधन आदि सौ भाई दूसरी तरफ हैं, किंतु किसी अन्य के साथ विरोध होने पर हम सब मिलकर एक सौ पाँच भाई हैं।"[१]

जाति प्रेम—एक जगह विदुर धृतराष्ट्र से कहते हैं, "गुणहीन ज्ञातियों पर भी दया करनी चाहिए। आपस में खाना-पीना, बोलचाल एवं प्रेम रखना कर्त्तव्य है। सज्जन ज्ञाति दूसरे ज्ञाति का विपत्ति से उद्धार करता है और दुर्जन ज्ञाति विपत्ति में डालता है। यदि धनी ज्ञाति के आश्रय में रहकर कोई कष्टभोग करे, तो उसके लिये आश्रयदाता ही पाप का भागी होता है। अतएव महाराज आप भी पांडवों पर दया करिये।"[२]

वृद्ध ज्ञाति को आश्रय देना—असहाय वृद्ध ज्ञाति को आश्रय देना प्रत्येक कल्याण-कामी मनुष्य का कर्त्तव्य है।[३]

आपसी विरोध से शत्रुवृद्धि—जिन ज्ञातियों में हमेशा आपसी विरोध रहता है, शत्रु उन्हें बड़ी आसानी से पराजित कर देता है। एक साथ रहना, साथ साथ उठना बैठना, खाना-पीना, सलाह मशविरा करना ज्ञातियों के लिये लाभदायक है। आपसी कलह से पारिवारिक शक्ति का क्षय होता है। परस्पर सहानुभूति एवं सद्व्यवहार रखने से जलाशय के कमलों के समान ज्ञातियों की शक्ति बढ़ती रहती है।[४]

ईर्ष्या के कारण निर्धनता—जो व्यक्ति अपने गुण सम्पन्न ज्ञाति से ईर्ष्या करता है, उस असंयत मनुष्य का लक्ष्मी भी परित्याग कर देती है।[५]

---

१. परस्परविरोधे हि वयं पञ्च च ते शतम्।
अन्यैः सह विरोधे तु वयं पञ्चोत्तरं शतम्॥ नीलकंठ। शान्ति ८०।४१

२. यो ज्ञातिमनुगृह्णाति दरिद्रं दीनमातुरम्॥ इत्यादि। उद्योग ३८।१७-२७। उद्योग ३५।४३

३. वृद्धो ज्ञातिः। उद्योग ३३।७४। अनु १०४।११३।

४. एवं ये ज्ञातयोऽर्थेषु मिथो गच्छन्ति विग्रहम्।
तेऽमित्रवशमायान्ति शकुनाविव विग्रहात्॥ इत्यादि। उद्योग ६४। १०, ११।
अन्योन्यसमुपष्टम्भोदन्योन्यापाश्रयेण वा।
ज्ञातयः संप्रवर्द्धन्ते सरसीवोत्पलान्युत॥ उद्योग ३६।६५

५. यः कल्याणगुणान् ज्ञातीन् मोहाल्लोभाद्दिदृक्षते।
सोऽजितात्मा जितक्रोधो न चिरं तिष्ठति श्रियम्॥ उद्योग ९१।३०।

व्यास का धृतराष्ट्र को उपदेश—कुरुक्षेत्र के युद्ध से पहले महर्षि व्यास ने धृतराष्ट्र को उपदेश देते हुए कहा था, "महाराज, तुम्हारे पुत्रों ने विनाशकारी काल के रूप में जन्म लिया है। तुम उन्हें सुबुद्धि देकर पथ पर ला सकते हो, अतः उन्हें ज्ञातिवध करने से रोको। ज्ञातियों का वध करना अतिशय नीच कर्म है, तुम इस प्रकार के घृणित कार्य में लिप्त होकर मेरे अप्रियभाजन मत बनो। जो अपने कुल-धर्म को नष्ट करता है, वह धर्म से च्युत हो जाता है।"[1]

ज्ञातियों को वश में करने के उपाय—नारद के कथन से पता चलता है कि सद्‌व्यवहार एवं मधुर भाषा ही ज्ञातियों को अपना बना सकते हैं। यथाशक्ति अन्नदान, क्षमा, नम्रता, मृदुता, सम्मान प्रदर्शन आदि किसी को भी वशीभूत करने में सहायक होते हैं। क्षमा, संयम, त्याग एवं बुद्धि के द्वारा मनुष्य ज्ञातियों में यशस्वी बन सकता है।[2]

ज्ञातियों में विरोध होने पर मध्यस्थता करना मित्र का कर्त्तव्य—ज्ञातियों में कलह होने पर जहाँ तक हो सके उसे खत्म करने की चेष्टा करना प्रत्येक शुभाकांक्षी मनुष्य का कर्त्तव्य है। पुत्रशोक से उन्मत्तप्राय गान्धारी ने कौरव पांडवों के विद्वेष को न मिटाने के लिये कृष्ण को शाप दिया था।[3] गान्धारी के इस शाप का औचित्य विचारणीय है। क्योंकि कृष्ण ने मध्यस्थ के रूप में कुरुसभा में उपस्थित होकर इस विवाद को मिटाने के लिये यथासाध्य चेष्टा करने में कोई कसर बाकी नहीं रक्खी थी। कुरुसभा में उनके दिए हुए कथन से प्रमाणित होता है कि केवल इस आपसी विरोध को खत्म करने के लिये उन्होंने दूत का कार्य करना स्वीकार किया था। वह विदुर से कहते हैं—"हे विदुर, मैं इस विवाद को निपटाने की पूरी कोशिश करूँगा। मित्रों के संकट के समय जो सहायता नहीं करते, पंडितों ने उनके लिये 'नृशंस' शब्द का उपयोग किया है। विशेषतः ज्ञाति कलह में जो मध्यस्थता स्वीकार कर कलह के शमन का उपाय नहीं करते वे मित्र बनने के अयोग्य होते हैं। मैं यदि इस समस्या को सुलझाने की चेष्टा नहीं करूँगा तो मूढ़ व्यक्ति कहेंगे कि दोनों पक्षों के कलह निवारण के लिये समर्थ होते हुए भी कृष्ण ने चेष्टा नहीं की। समाज में मैं कलंकित न होऊँ, यही सोचकर मैं यहाँ आया हूँ।"[4]

---

१. धर्म्यं देशय पन्थानं समर्थो ह्यसि वारणे। इत्यादि। भीष्म ३।५३-५६

२. शक्त्याऽन्नदानं सततं तितिक्षार्ज्जवमार्द्दवम्। इत्यादि। शान्ति ८१।२१-२७

३. पाण्डवा धार्त्तराष्ट्राश्च दग्धाः कृष्ण परस्परम्॥ इत्यादि। स्त्री २५।३९-४५

४ सोऽहं यतिष्ये प्रशमं क्षत्तः कर्त्तुममायया। इत्यादि। उद्योग ९३।८-१७

पारिवारिक सद्व्यवहार—जो व्यक्ति परिवार के हर सदस्य के साथ उचित व्यवहार करता हुआ गार्हस्थ्य का पालन करता है, वही वास्तविक मुनि है।[1] परिवार के लोगों के साथ जो कठोरता से बर्ताव करता है वह विशुद्ध वृत्ति द्वारा जीविकोपार्जन करते हुए भी पाप का भागी होता है। उसकी सब तपस्याएँ निष्फल होती हैं।[2] साधु गृहस्थ परिवार के पोष्य वर्ग के भरण पोषण के लिये सदा प्रयत्नशील रहता है। अतिथि एवं पोष्य वर्ग के भोजन करने के बाद वह भोजन करता है। उस भोजन को 'अमृत भोजन' कहा गया है। सबको भोजन कराना ही गृहस्थ का प्रधान यज्ञ है, यज्ञ में अवशिष्ट भोज्य वस्तु को ही 'हविः' अथवा 'अमृत' कहा जाता है। गृहस्थ रोज 'अमृत' भोजन करता है इसलिये उसे 'अमृताशी' की संज्ञा भी दी गई है। भृत्यवर्ग के भोजन करने के बाद जो भोज्यद्रव्य बचता है, उसे 'विघस' कहते हैं। जो मनुष्य भृत्यों के बाद भोजन करता है उसे 'विघसाशी' कहते हैं। हर गृहस्थ को अमृत एवं विघस भोजन करना वांछनीय है। गृहस्थ को ऋत्विक, पुरोहित, आचार्य, मातुल, अतिथि, आश्रित, वृद्ध, शिशु, रुग्ण, विद्वान, मूर्ख, दरिद्र, ज्ञाति, संबंधी एवं दूसरे कुटुम्बियों के साथ रहना पड़ता है। उसे किसी से भी कलह नहीं करनी चाहिये। माता, पिता, सगोत्रा स्त्रियाँ, भ्राता, पुत्र, पत्नी, पुत्री एवं भृत्य आदि प्रत्येक के साथ सद्व्यवहार करना चाहिये। जो सज्जन व्यक्ति अपने परिवार के पालन-पोषण में सदा सतर्क रहता है, कभी भी विरक्ति का अनुभव नहीं करता वह संसार में महापुरुष कहलाता है। ऐसे व्यक्ति को ही पुरुष श्रेष्ठ की संज्ञा दी जा सकती है और वह व्यक्ति तीनों लोकों को जीतने में भी समर्थ होता है। आचार्य की पूजा से ब्रह्मलोक, मातृपितृ-भक्ति से प्रजापति लोक, अतिथिसत्कार से इन्द्रलोक एवं ऋत्विक की पूजा से देवलोक का अधिकार मिलता है। सगोत्रा स्त्रियों की सेवा से अप्सरा लोक तथा ज्ञातियों की सेवा से वैश्वदेव लोक को प्राप्त किया जा सकता है। बंधु बांधवगण दिशाओं के, माता एवं मातुल पृथिवी के, वृद्ध, बालक, रुग्ण एवं कृश व्यक्ति आकाश के अधिपति माने जाते हैं। इनकी सेवा से इन स्थानों का आधिपत्य मिलता है। बड़ा भाई पिता के समान, पत्नी व पुत्र अभिन्न शरीर, भृत्यवर्ग अपनी छाया एवं दुहिता नितान्त करुणा की पात्री होती है। ये लोग अगर कोई अनुचित कार्य कभी करें भी तो उसे सहन

---

१. तिष्ठन् गृहे चैव मुनिर्नित्यं शुचिरलंकृतः।
यावज्जीवं दयावांश्च सर्व्वपापैः प्रमुच्यते ।। वन १९९।१०१

२. न ज्ञातिभ्यो दया यस्य शुक्लदेहो विकल्मषः।
हिंसा सा तपसस्तस्य नानाशित्वं तपः स्मृतम् ।। वन १९९।१००

कर लेना चाहिये। गार्हस्थ्यधर्म को पालनेवाला धार्मिक व्यक्ति अविश्रान्त परिश्रम करता हुआ परिवार की हित कामना करे, यही उसकी तपस्या है। साधु गृहस्थ हमेशा अभिलषित सुख का उपभोग कर सकता है। सगे-संबंधियों के भरण-पोषण से मिलने वाले आनन्द की तुलना में स्वर्ग का सुख भी उसके लिये तुच्छ होता है।[१]

---

१. नास्यानश्नन् गृहे विप्रो वसेत् कश्चिदपूजितः। इत्यादि। शान्ति २४२ ७।२७

प्रकीर्ण व्यवहार

पारिवारिक व्यवहार के अलावा दूसरे सामाजिक तौर तरीकों की भी थोड़ी बहुत झाँकी महाभारत में मिलती है। उस काल के बहुत से लौकिक व्यवहार आज लुप्त हो चुके हैं, लेकिन बहुत से आज भी समाज में प्रचलित हैं।

अदृश्य-वस्तुदर्शन की विधि--किसी अदृश्य वस्तु को देखने के लिये मन्त्र-सिद्ध जल से नेत्रों को धोया जाता था। उस युग में प्रचलित बहुत से लौकिक संस्कारों में यह भी एक था। छिपे हुए जीव-जन्तुओं के प्रत्यक्ष दर्शन के निमित्त इस जल का उपयोग होता था। गुह्यक आदि देवगण इन विषयों के विशेषज्ञ थे। मंत्रसिद्धि के कारण वे लोग बहुत शक्तिशाली थे।[1]

अन्तःपुर में प्रवेश की विधि--कभी किसी विशेष अवसर पर किसी सम्भ्रान्त व्यक्ति से मिलने के लिये अगर अन्तःपुर में प्रवेश करने का मौका पड़ता था तो दोनों हाथ जोड़े हुए दृष्टि नीचे, पावों की ओर झुकाकर जाने का नियम था। इस तरह के प्रवेश का कारण था कि प्रवेशकारी का शुद्ध संयत भाव अक्षुण्ण बना रहे, शिष्टता का अतिक्रमण न हो।[2]

किसी को अपमानित करने की रीति--गुरु अपराध की सजा में अपराधी शिष्य के बाल बीच बीच में से काट कर सिर पर पाँच जगह बाल रख कर उसे छोड़ देते थे। वनवास काल में द्रौपदी का अपहरण करने के अपराध में भीम ने जयद्रथ को यही सजा दी थी।[3] विजित मनुष्य सब लोगों के सामने विजेता से जब तक 'मैं तुम्हारा दास हूँ' नहीं कह देता था, उसे क्षमा नहीं मिलती थी। इस प्रकार की स्वीकारोक्ति को बहुत ही अपमानजनक समझा जाता था।[4] धक्के देने की प्रथा उस समय भी विद्यमान थी। ताड़ित व्यक्ति इसमें बहुत अपमान समझता था। बहुत प्रभावशाली व्यक्ति ही इस प्रकार की सजा देने का साहस करते थे।[5]

---

१. इदमम्भः कुबेरस्ते महाराज प्रयच्छति। इत्यादि। वन २८८।१०

२. पादांगुलीरभिप्रेक्षण प्रयतोऽहं कृताञ्जलिः। इत्यादि। उद्योग ५९।३

३. एवमुक्त्वा सटास्तस्य पञ्च चक्रे वृकोदरः। वन २७१।९

४. दासोऽस्मीति त्वया वाच्यं संसत्सु च समासु च। वन २७१।११

५. गले गृहीत्वा क्षिप्तोऽस्मि वरुणेन महामुने। अनु १५४।२२

निपूती वगैरह नारियों का मांगलिक कार्यों में अनधिकार—निपूती, रजस्वला, श्वेत कुष्ठ रोगी स्त्रियाँ किसी मांगलिक कार्य में भाग नहीं ले सकती थीं।[१]

अभिवादन—गुरुजनों का अभिवादन करना दैनिक कर्मों में गण्य था। कल्याणकामी व्यक्ति प्रातः शय्या त्याग करते ही माता, पिता, आचार्य आदि गुरुओं को प्रणाम करते थे।[२] कहीं परदेश जाते समय बड़ों के चरण छूकर प्रणाम करने की प्रथा उस युग में भी थी। देवता, ब्राह्मण एवं उपस्थित गुरुजनों को प्रणाम किये बिना कोई भी यात्रा शुरू नहीं करता था।[३] कहीं बाहर से आने पर भी गृह-प्रवेश से पहले[४] सबको प्रणाम करना पड़ता था। अभिवादन करते समय अपना नाम लेने का विधान भी मिलता है।[५] बड़ों के पाँवों में मस्तक नवा कर एवं चरण स्पर्श करके प्रणाम किया जाता था। गुरुजन प्रणाम करने वाले का आलिंगन करके मस्तक सूँघते थे। कुशल-क्षेम के बाद पूछते थे, "तुम्हारा धर्म एवं ज्ञान तो अक्षुण्ण है न? पूज्य गुरुजनों का यथारीति सम्मान तो करते हो?"[६] दूत वगैरह के द्वारा भी बुज़ुर्गों को प्रणाम भेजा जाता था। वे लोग भी किसी आते-जाते के हाथ आशीर्वाद एवं कुशल-क्षेम भेजते थे।[७]

अभिषेक—राज्य का भार देने से पहले भावी राजा का अभिषेक किया जाता था। यह एक प्रकार का शास्त्रीय एवं लौकिक उत्सव होता था। प्रत्येक राजा को यह अनुष्ठान अवश्य करना पड़ता था। महाभारत में कर्ण[८] व युधिष्ठिर[९] के अभिषेक का विशद वर्णन मिलता है। एक जल से भरे सुवर्णघट में भुना हुआ अन्न तथा पुष्प डालकर मंत्र पढ़ते हुए ब्राह्मणों ने उस जल से सुवर्णपीठ पर बैठे कर्ण

---

१. रजस्वला च या नारी श्वित्रिकापुत्रिका च या। अनु १२७।१३

२. मातापितरमुत्थाय पूर्वमेवाभिवादयेत्। अनु १०४।४४

३. आदि १४५।१-४। आदि ११३।२२। अश्व ६३।२२

४. आदि ११३।४३। आदि २०७।२१। सभा ४९।५३। सभा २।३४

५. अभ्यवादयत प्रीतः शिरसा नाम कीर्त्तयन्। वन १५९।१
कृष्णोऽहमस्मीति निपीड्य पादौ। आदि १९१।२०

६. स तया मूर्धन्युपाघ्रातः परिष्वक्तश्च केशवः। सभा २।३
अयि धर्मेण वर्त्तध्वं शास्त्रेण च परन्तपाः। इत्यादि। आदि १६९।४

७. वृद्धाः स्त्रियो याश्च गुणोपपन्नाः। इत्यादि। उद्योग ३०।३२

८. ततस्तस्मिन क्षणे कर्णः सलाजकुसुमैर्घटैः। इत्यादि। आदि १३६।३७, ३८।

९. शान्ति। ४० वाँ अध्याय।

का अभिषेक किया था। अभिषेक के बाद उनके सिर पर छत्र लगाया गया; चँवर ढुलाये गये और चारों ओर तुमुलध्वनि की गई। राजपुत्र अर्जुन से युद्ध करने के निमित्त परीक्षा मञ्च पर ही दुर्योधन ने कर्ण का अंगराज के रूप में अभिषेक किया, फलस्वरूप उसी समय संक्षेप में मुख्य अनुष्ठान उन्हें करना पड़ा। कुरुक्षेत्र के महायुद्ध के बाद युधिष्ठिर का अभिषेक हुआ। उनके अभिषेक का वर्णन इस प्रकार है—

शुभ क्षण में युधिष्ठिर सोने के आसन पर बैठे। कुन्ती, धृतराष्ट्र, धौम्य आदि के आसन ग्रहण कर लेने पर उन्होंने पहले श्वेत पुष्प, स्वस्तिक,अक्षत, भूमि, सुवर्ण, रजत एवं मणि का स्पर्श किया। उनके सम्मुख अभिषेक में काम आने वाले उपकरण रक्खे गये। सोने,चाँदी, ताँबे एवं मिट्टी के कलश भर कर रक्खे गये। पुष्प, भुना अन्न, कुश, दूध, मधु, घी, शमी (कीकर), पीपल व पलाश की लकड़ी, श्रुव, औदुम्बर तथा शंख आदि वस्तुएँ लाई गईं। श्रीकृष्ण के आदेश से पुरोहित धौम्य ने ईशान कोण में जरा ढलाऊ एक वेदी बनाई। सफेद आसन पर व्याघ्रचर्म बिछाकर आसन बनाया और उस पर युधिष्ठिर तथा द्रौपदी को बैठाया; फिर शास्त्र-विधि से मंत्रोच्चारण करते हुए आहुति डाली। तब पहले श्रीकृष्ण ने पूजित शंख के जल से, बाद में धृतराष्ट्र, भाइयों एवं उपस्थित प्रजा ने धर्मराज का अभिषेक किया। ढोल, नगाड़े, दुन्दुभि आदि वाद्यों के स्वर एवं जयघोष से सभास्थल मुखरित हो उठा। ब्राह्मणों से स्वस्तिपाठ कराकर महाराज ने उन्हें दान दिया, उपस्थित गुरुजनों को प्रणाम करके अन्य लोगों का यथोचित अभिवादन किया। सब विधि सम्पूर्ण होने पर युधिष्ठिर ने राज्यभार ग्रहण किया।

अमंगल सूचक शब्द सुनने पर 'स्वस्ति' शब्द का उच्चारण—शृगाल आदि पशुओं के अमंगल सूचक शब्द सुनने पर विज्ञ व्यक्ति 'स्वस्ति स्वस्ति' शब्द का उच्चारण करते थे। कुरुसभा में जब द्रौपदी पर दुर्योधन आदि का अत्याचार हो रहा था, तब धृतराष्ट्र के महल में गृहाग्नि के पास अचानक शृगाल की चीत्कार सुनाई दी, उल्लू आदि पक्षियों ने भी उस प्रतिध्वनि को दोहराया। तत्वदर्शी विदुर, गांधारी, भीष्म, द्रोण एवं कृपाचार्य उस दारुण शब्द को सुनकर अमंगल की आशंका से उद्विग्न चित्त हो उच्च स्वर में 'स्वस्ति स्वस्ति' कहने लगे।[1]

आत्महत्या के उपाय—आत्महत्या के लिये विष भक्षण, अग्निप्रवेश, पानी में डूबना, फाँसी लगाना आदि तरीके अपनाये जाते थे।[2]

---

१. भीष्मद्रोणौ गोतमश्चापि विद्वान् स्वस्ति स्वस्तीत्यपि चैवाहुरुच्चैः। सभा ७१।२३।

२. बिषमग्निं बलं रज्जुमास्थास्ये तव कारणात्। वन ५६।४

किसी रिश्तेदार के घर से बिदा लेने के समय---सगे संबंधियों के घर जाने पर वहाँ से बिदा लेते वक्त सबसे मिलकर यथायोग्य अभिवादन के बाद अन्तःपुर में जाकर सबसे बिदा लेने की रीति थी।[१]

आनन्द प्रकाश---आनन्द के समय आपस में हाथ मिलाकर प्रसन्नता प्रकट की जाती थी। अचानक किसी सगे संबंधी के आ जाने पर आनन्दातिरेक से उससे हाथ मिलाया जाता था।[२] आनन्द प्रकट करने के उद्देश्य से ताली बजाना भी उस काल में प्रचलित था। रंगमंच तथा युद्धभूमि के दर्शकगण ताली बजा कर अभिनेता और योद्धा का उत्साह बढ़ाते थे।[३]

सभा-समिति में वस्त्र हिलाकर भी खुशी प्रकट की जाती थी। धृतराष्ट्र के कहने से जब द्रौपदी को दासत्व से मुक्ति मिली थी तो सभासद्गणों ने वस्त्रांचल हिलाकर हर्ष प्रकट किया था।[४] ब्राह्मण वेशधारी अर्जुन के द्रौपदी-स्वयंवर में लक्ष्यभेद कर लेने पर उपस्थित असंख्य ब्राह्मणों ने अपने अपने चैलखंड विजय-पताका की तरह ऊपर उड़ाये थे।[५] युद्ध के प्रारम्भ में दुर्योधन के सैनिकों ने भी उल्लसित होकर वस्त्रखंड हिलाये थे।[६]

'योग योग' शब्द भी आनन्द का सूचक माना जाता था। एक ही उद्देश्य से बहुत से लोगों के एक साथ इकट्ठे होने पर उल्लास के साथ योग योग कहा जाता था।[७]

आर्यगण अपशब्द का उच्चारण नहीं करते थे---आर्यगण अर्थात् सुशिक्षित एवं वैदिकाचारी व्यक्ति अपशब्द का प्रयोग नहीं करते थे। भाषा में जो विशुद्ध शब्द प्रयुक्त होते थे उनके अलावा प्रादेशिक अथवा अस्पष्ट अर्थबोधक असंगत शब्दों को म्लेच्छ शब्द कहा जाता था। जो व्यक्ति ऐसे शब्दों का प्रयोग करता था

---

१. अभिगम्याब्रवीत् प्रीतः पृथां पथुयशा हविः। इत्यादि। सभा ४५।५७-५९

२. ततः प्रहसिताः सर्वे तेऽन्योन्यस्य तलान् ददुः॥ वन २३७।२४
करेण च करं गृह्य कर्णस्य मुदितो भृशम्। इत्यादि। वन २६१।२५
उद्योग १५६।२२। शल्य ३२।४३।

३. हर्षयामासुरुच्चैर्मां सिंहनादतलस्वनैः। वन २०।२७
तं मत्तमिव मातंगं तलशब्देन मानवाः। इत्यादि। शल्य ३३।६०।

४. चेलावेधांश्चापि चक्रुर्नदन्तः। सभा ७०।७

५. चैलानि विव्यधूस्तत्र ब्राह्मणाश्च सहस्रशः। आदि १८८।२३

६. हृष्टाः सुमनसो भूत्वा चैलानि दुधुवुश्च ह। भी ४३।३०। द्रो २०।१३

७. योगो योग इति प्रीत्या ततः शब्दो महानभूत्॥ आश्व २३।२

उसे समाज में अच्छी नजरों से नहीं देखा जाता था।[१] विदुर, युधिष्ठिर आदि म्लेच्छ भाषा भी जानते थे। उनके सांकेतिक आलाप को कोई समझ न सके, इस उद्देश्य से वारणावत जाते समय विदुर ने युधिष्ठिर को म्लेच्छ भाषा में बहुत सी बातें बताई थीं।[२]

स्वेच्छा से आत्मीय स्वजन को बिदा नहीं दी जाती थी—सगे संबंधियों के घर जाने पर 'तुम जाओ' या 'अब तुम्हारा जाना उचित है' इस तरह कहकर किसी को भी घर से बिदा नहीं किया जाता था। यहाँ तक कि आये हुए स्वजन का जाना अत्यावश्यक प्रतीत होते हुए भी वे अपने मुँह से कहकर भेजना उचित नहीं समझते थे। द्रौपदी के विवाह के बाद द्रुपदपुरी में ठहरे पांडवों को हस्तिनापुर लाने के लिये धृतराष्ट्र ने विदुर को भेजा था। राजा द्रुपद ने विदुर से कहा था, "यद्यपि इनका जाना बहुत जरूरी है, लेकिन मेरा कहना तो उचित नहीं है।"[३]

उत्तेजित करना—किसी को उत्तेजित करने के लिये उसे उसके जन्म की शपथ दिलायी जाती थी। युद्ध क्षेत्र में दुर्योधन ने अर्जुन से कहा था, "पार्थ, यदि तुम पांडु के पुत्र हो तो जिन जिन दिव्यास्त्रों व दूसरे अस्त्रों की शिक्षा तुम्हें मिली है, उन सबका प्रयोग करो।"[४]

उत्सव—उत्सव आदि में नाना प्रकार के आमोद-प्रमोद होते थे। दुर्योधन के षड़यन्त्र के अनुसार पांडवों को वारणावत भेजते समय कहा गया था कि वहाँ 'पशुपति समाज' लगा हुआ है। पशुपति समाज का अर्थ था पशुपति की पूजा के उपलक्ष्य में लगा हुआ मेला। इससे प्रतीत होता है कि विशिष्ट पूजा पर्व आदि उत्सव के समय मेला भी लगता था।[५] एकचक्रा नगरी के अवस्थान काल के समय विपन्न ब्राह्मण-परिवार की रक्षा के निमित्त भीम ने माता के आदेश से वक राक्षस का वध किया था। इसके बाद उस नगर एवं निकटस्थ जनपदों के ब्राह्मण, वैश्य एवं शूद्रों ने मिल कर 'ब्रह्म उत्सव' का अनुष्ठान किया। एक ब्राह्मण के हाथों से राक्षस का वध हुआ था, इस कारण ब्राह्मण पूजा के उपलक्ष्य में इस उत्सव का आयोजन किया गया था।[६] वृष्णि एवं अन्धकवंशी स्त्री-पुरुषों ने मिल कर रैवतक पर्वत पर

---

१. नार्य्यो म्लेच्छन्ति भाषाभिर्मायया न चरन्त्युत। सभा ५९।११
२. प्राज्ञः प्राज्ञं प्रलापज्ञः प्रलापज्ञं वचोऽब्रवीत्। सभा १४५।२०
३. न तु तावन्मया युक्तमेतद् वक्तुं स्वयं गिरा। आदि २०७।२
४. तद्दर्शय मयि क्षिप्रं यदि जातोऽसि पाण्डुना। द्रोण १००।३६
५. अयं समाजः सुमहान् रमणीयतमो भुवि। आदि १४३।३
६. ततस्ते ब्राह्मणा सर्वे क्षत्रियाश्च सुविस्मिताः।

बहुदिनव्यापी उत्सव किया था। उत्सव उस पर्वत के अधिष्ठाता देवता की पूजा के लिये हुआ था। सम्मिलित वीरों ने उस उत्सव में ब्राह्मणों को नाना प्रकार के द्रव्य दान में दिये थे।[1] शरत्काल में नई फसल के पकने पर मत्स्यनगर में एक विराट उत्सव का आयोजन हुआ था। उस उत्सव का नाम 'ब्रह्मोत्सव' था। अनेक स्थानों से प्रसिद्ध पहलवान उस उत्सव में आये थे। उसी उत्सव में जीमूत नामक मल्ल के साथ पाचक वेशधारी भीम का मल्लयुद्ध हुआ था।[2]

युद्ध में विजय होने पर विजयी राजा की नगरी में उत्सव मनाया जाता था। उस उत्सव में कुमारियाँ वस्त्राभूषणों से सुसज्जित होकर पुरी के बाहर राजपथ पर जाती थीं। समूची नगरी नाना प्रकार के वाद्यों से मुखरित रहती थी। वारांगनाएँ सज-धज कर आमोद-प्रमोद में भाग लेती थीं।[3] राजपथ को पताकाओं से सुसज्जित किया जाता था। पुष्प आदि से देवताओं की पूजा की जाती थी। एक व्यक्ति हाथी पर बैठकर घंटा बजाते हुए नगरी के मुख्य-मुख्य पथों पर जयघोषणा करने के लिये घूमता था। हाथों में दही, दूर्वा आदि लिये हुए प्रजावृन्द राजा का जयगान करते हुए फिरते थे। अलंकृता कुमारियाँ तथा वारांगनाएँ विजयी राजा की आरती उतारकर राजमार्ग से ले जाती थीं।[4] उत्सव आदि में पुरुषों के साथ महिलाएँ भी जाती थीं। रैवतक उत्सव में राजा उग्रसेन अनगिनत रमणियों को साथ लेकर गये थे; कुमारियों की तो कोई बात ही नहीं। सखियों से घिरी सुभद्रा का अपहरण अर्जुन ने रैवतक उत्सव में ही किया था।[5]

उपहास—किसी व्यक्ति का हास्यास्पद आचरण देखकर अट्टहास करने को उसका उपहास माना जाता था। पुरुषों के अस्वाभाविक आचरण पर स्त्रियाँ भी अट्टहास करती थीं।[6]

वैश्या शूद्राश्च मुदिताश्चक्रुर्ब्रह्ममहं तदा॥ आदि १६४।२०

१. भोजवृष्णान्धकाश्चैव महे तस्य गिरेस्तदा। आदि २१९।२

२. अथ मासे चतुर्थे तु ब्रह्मणः सुमहोत्सवः। विराट १३।१४

३. कुमार्यःसमलंकृत्य पर्यागच्छन्तु मे पुरात्॥ इत्यादि। विराट ३४।१७,१८

४. राजमार्गाः क्रियन्तां मे पतकाभिलंकृताः। इत्यादि। विराट ६८।२३-२८

५. तथैव राजा वृष्णीनामुग्रसेनः प्रतापवान्।
अनुगीयमानो गन्धर्वैः स्त्रीसहस्रसहायवान्॥ आदि २१९।८

६. तत्र मां प्राहसन् कृष्णः पार्थेन सह सुस्वरम्।
द्रौपदी च सह स्त्रीभिर्व्यथयन्ती मनो मम॥ सभा ५०।३०

उल्का व उल्मुक—अन्धकार में कहीं बाहर जाते हुए उल्का अर्थात मशाल और उल्मुक (जलती लकड़ी) की सहायता ली जाती थी।[१]

छोटे भाई से क्षमा प्रार्थना—महाराज धृतराष्ट्र अत्यधिक पुत्रस्नेह के कारण अच्छा बुरा सोचने में भी असमर्थ हो जाते थे। एक बार सुपरामर्शदाता विदुर की उन्होंने कटुवचन कहकर भर्त्सना की। महामति विदुर धृतराष्ट्र के दुर्व्यवहार से व्यथित होकर वन में पांडवों के पास चले गये। बाद में धृतराष्ट्र ने अपनी भूल समझने पर संजय को भेजकर विदुर को बुलवाया। उनके आने पर उनसे क्षमा माँगी।[२]

क्रीड़ा-कौतुक—बच्चों के नाना प्रकार के खेलकूदों का विवरण मिलता है। बाल्यकाल में पांडव 'वीटा' से खेलते थे। 'वीटा' शब्द का अर्थ जौ की आकृति की करीब चार अंगुल की लकड़ी है। शायद उस लकड़ी को दूसरी लंबी लकड़ी से दूर फेंका जाता था। नीलकंठ की टीका से तो लगता है कि वह आधुनिक गिल्ली डंडे जैसा ही खेल था। कोई कोई वीटा का अर्थ लोहे की गिल्ली से लेते हैं।[३] बाल्यावस्था में कौरव-पांडव मिलकर बहुत से खेल खेला करते थे, जैसे धूल उड़ाना, खाना-पीना, भागना-दौड़ना आदि।[४] किसी भी खेल में भीम को कोई भी नहीं हरा पाता था। तैरना भी पांडवों को बहुत प्रिय था।[५]

एक बार भयंकर गर्मी के दिनों में कृष्ण व अर्जुन मित्रों के साथ यमुना के किनारे गये। वहाँ पहले से ही अद्भुत प्रकार के गृहादि निर्मित कराये हुए थे। तरह तरह के वृक्ष लताओं से मंडित यमुना तीर पर पहुँच कर कृष्ण व अर्जुन ने गंधमाल्य आदि धारण किया और अन्तःपुर में गये। वहाँ द्रौपदी, सत्यभामा आदि महिलाएँ उनके साथ क्रीड़ा में रत हुईं। कोई वन में, कोई जल में तो कोई घर में क्रीड़ा करने लगा। द्रौपदी तथा सुभद्रा वस्त्र, अलंकार वगैरह दान करने लगीं, वे दोनों अकल्पनीय आनन्द का अनुभव कर रही थीं। नारियों में कोई कोई तो खुशी में नाचने लगी, कोई हँसने लगी, कोई विश्रम्भालाप के लिये बैठ गई तो कोई आसव-

---

१. सहसैव समाजग्मु रादायोल्काः सहस्रशः। विराट २२।९१
उल्मुकन्तु समुद्यम्य तेषामग्रे धनञ्जयः। आदि १७०।४

२. क्षम्यतामिति होवाच यदुक्तोऽसि मयानघ। वन ६।२१

३. क्रीडन्तो वीटया तत्र वीराः पर्यचरन् मदा। आदि १३१।१७

४. जवे लक्ष्याभिहरणे भोज्ये पांसुविकर्षणे। आदि १२८।१६

५. ततो जलविहारार्थं कारयामास भारत॥ आदि १२८।३१

पान से सब कुछ भूल कर मस्त हो गईं। वेणु, वीणा व मृदंग की ध्वनि से यमुना का किनारा मुखरित हो उठा।[1]

धनीवर्ग में अक्षक्रीड़ा अर्थात् जुए का बहुत प्रचलन था। महाभारत के युद्ध की जड़ ही अक्षक्रीड़ा थी। छुट्टी के समय या उत्सव आदि में जुआ खेलकर समय बिताना जैसे उस काल का फैशन था। युद्ध में विजयी पुत्र के आगमन पर विराट राजा कंक (युधिष्ठिर) के साथ जुआ खेलने बैठ गये।[2] राजा नल एवं पुष्कर की द्यूतक्रीड़ा की परिणति से तो हर कोई परिचित है। कुरुसभा में जुआ खेलने के लिये बुलाये जाने पर युधिष्ठिर ने शकुनि से कहा था—"धूर्तों के साथ जुआ खेलना महापाप होता है, धर्मयुद्ध में विजयी होना ही वास्तविक जय है, मुनिश्रेष्ठ असित यही कह गये हैं।"[3] अक्षक्रीड़ा में विशेष अभिज्ञता अर्जन करने के लिये 'अक्षहृदय' नामक विद्या का अध्ययन करना पड़ता था। वनवासी युधिष्ठिर ने बृहदश्व मुनि से यह विद्या सीखी थी।[4] राजा नल ने ऋतुपर्ण से द्यूतकौशल सीखा था। नीलकंठ ने कहा है, पासे का अधिष्ठाता एक देवता है। उस देवता को वशीभूत करनेवाले मंत्र को अक्षहृदय कहते हैं। मंत्र के प्रयोग से खेलते वक्त अनुकूल दाँव पड़ते हैं।[5] विद्वान नीतिज्ञ व्यक्ति जुए को बुरा समझते थे। पांडवों के वनगमन के बाद श्रीकृष्ण ने उनसे कहा था, "अगर मैं कुरुसभा में उस वक्त उपस्थित होता तो इस व्यसन के दोष बताकर खेलने से रोकता। स्त्री में अत्यासक्ति, द्यूतक्रीड़ा, मृगया एवं सुरापान करने से मनुष्य की श्री का विनाश होता है।[6]

गृहारम्भ व गृहप्रवेश—देवता की अर्चना, मांगलिक उत्सव, ब्राह्मण दक्षिणा आदि गृहारम्भ या गृहप्रवेश के वक्त करना आवश्यक थे। लोगों को आमन्त्रित

---

१. ततः कतिपगाहस्य बीभत्सुः कृष्णमब्रवीत्॥ इत्यादि। आदि २२२।१४-२६
२. अक्षानाहर सैरंध्रि कंक द्यूतं प्रवर्त्ततताम्। इत्यादि। विराट ६८।३०
वन ५९ वाँ अध्याय।
३. इदं वै देवनं पापं निकृत्या कितरैः सह।
धर्मेण तु जयो युद्धे तत् परं न तु देवनम्॥ सभा ५९।१०
४. ततोऽक्षहृदयं प्रादात् पांडवाय महात्मने। वन ७९।२१
५. एवमुक्त्वा ददौ विद्यामृतुपर्णो नलाय वै। वन ७२।२९
६. वारयेयमहं द्यूतं बहून् दोषान् प्रदर्शयन्। वन १३।२
स्त्रियोऽक्षा मृगया पानमेतत् कामसमत्थितम्॥ इत्यादि। वन १३।७

करके सरस व्यंजन खिलाकर तृप्त किया जाता था। ब्राह्मण स्वस्ति एवं पुण्याह कहकर आशीर्वाद देते थे।[1]

गो-दोहन—ब्राह्मण भी गाय स्वयं ही दुहते थे। कहा गया है कि श्राद्ध के संकल्प से जमदग्नि स्वयं ही होमधेनु को दुहते थे।[2] आजकल कहीं कहीं ब्राह्मण का दुहा दूध दैव एवं पैत्र्यकर्म में नहीं लगाया जाता।

चिन्ता का प्रकाश—पाँव के अँगूठे से मिट्टी खुरचना, गम्भीर दृष्टि से नीचे देखना, चिन्ता का द्योतक माना जाता था।[3] किसी के विषण्ण भाव से गाल पर हाथ रखकर चुप बैठने को भी किसी समस्या में पड़ने का चिह्न समझा जाता था।[4]

नर्त्तक वगैरह को अन्तःपुर से पुराने कपड़े मिलते थे—वृहन्नला के भेष में अर्जुन राजा विराट के अंतःपुर की कुमारियों को नृत्यगीत की शिक्षा देते थे। कुमारियाँ भी सन्तुष्ट होकर उन्हें पुराने कपड़े वगैरह दे देती थीं।[5]

नववधू को सौंपना—नववधू को उसके पितृपक्षीय पुरुष पतिगृह की किसी वृद्ध महिला के हाथों में सौंपते थे।[6]

निमन्त्रण के लिये दूत भेजना—ब्राह्मण या राजघराने के लोगों को निमन्त्रित करने के लिये दूत भेजा जाता था।[7]

पति का नाम लेना—सधवा रमणियों में अधिकांश महिलाएँ अपने पति का नाम नहीं लेती थीं, 'आर्य' कहकर ही उनका परिचय देती थीं। कोई कोई नाम भी लेती थीं।[8]

---

१. ततः पुण्ये शिवे देशे शान्तिं कृत्वा महारथाः। इत्यादि। आदि २०७।२९ सभा १।१८
प्रविश्याभ्यन्तरं श्रीमान् दैवतान्यभिगम्य च। इत्यादि। शान्ति ३८।१४-२१

२. श्राद्धं संकल्पयामास जमदग्निः पुरा किल।
होमधेनुस्तमागाच्च स्वयमेव दुदोह ताम्॥ अश्व ९२।४१

३. दुर्योधनः स्मितं कृत्वा चरणेनोल्लिखन् महीम्। वन १०।२९

४. दध्युश्च सुचिरं कालं करासक्तमुखाम्बुजाः। सभा ७९।२३

५. वासांसि परिजीर्णानि लब्धान्यन्तःपुरेऽर्जुनः। विराट १३।८

६. द्रौपदीं सान्त्वयित्वा च सुभद्रां परिदाय च। सभा २।८

७. निमन्त्राणार्थं दूतांश्च प्रेषयामास शीघ्रगान्। वन २५५।६
समाज्ञप्तास्ततो दूताः पाण्डवेयस्य शासनात्। सभा ३३।४२

८. धिग् बलं भीमसेनस्य धिक् पार्थस्य च गांडीवम्। इत्यादि। वन १२।६७, ७७, ७८।

पति पर संदेह—ऋषि मन्दपाल का कहना है कि साध्वी से साध्वी स्त्री भी अपने पति को सशंक दृष्टि से देखती है। महर्षि वशिष्ठ पर भी अरुन्धती को संदेह रहता था। मन्दपाल ने कहा है, नारियों की यह मनोवृत्ति स्वभावजात है। ऋषि की यह धारणा शायद सामयिक क्षोभ के कारण ही है।[१]

पतिगृह एवं पितृगृह में प्रसव—साधारणतः, सन्तान का प्रसव पतिगृह में ही होता था। कोई कोई गर्भवती स्त्री ससुरालवालों की अनुमति से पिता के घर चली जाती थी और वहीं सन्तान प्रसव करती थी।[२]

परिचित व्यक्ति से साक्षात होने पर कुशल प्रश्न पूछना—किसी परिचित व्यक्ति से मुलाकात होने पर यथायोग्य अभिवादन के बाद कुशल क्षेम पूछने का प्रचलन उस काल में भी सौजन्य माना जाता था।[३]

सुप्रिय संवाद मिलने पर धनदान—अगर बातचीत के अन्तर्गत कोई शुभ-संवाद देता था, तो तत्काल उसे धन, रत्न आदि देकर पुरस्कृत किया जाता था।[४]

वरदान—देवता, मनुष्य, यक्ष, रक्ष आदि सभी प्रसन्न होने पर वरदान दे सकते हैं; यहाँ तक कि तिर्यग् योनि के प्राणियों को भी वर देने में समर्थ बताया गया है। सन्तुष्ट व्यक्ति के अन्तःकरण से मिला हुआ आशीर्वाद ही वरदान हो जाता है। वर देने एवं लेने के भी नियम थे। वैश्य व्यक्ति किसी से भी एक से अधिक वर नहीं ले सकता था। क्षत्रिय स्त्री को दो तथा क्षत्रिय पुरुष को तीन वर देने का नियम था। ब्राह्मण चाहे जितने वर ले सकता था। शूद्र के विषय में कुछ नहीं कहा गया है।[५]

वशीकरण—मन्त्र, औषध आदि की सहायता से एक व्यक्ति दूसरे व्यक्ति

नरवीरस्य वै तस्य नलस्यानयने यत। वन ६९।२९
आर्यः सूर्यरथं रोद्धुं गतोऽसौ मासचारिकः। शान्ति ३५७।८

१. सुव्रता चापि कल्याणी सर्वभूतेषु विश्रुता।
अरुन्धती महात्मानं वशिष्ठं पर्यशंकत॥ आदि २३३।२८

२. त्वन्तु जाता मया दृष्टा दशार्णेषु पितृगृहे। वन ६९।१५

३. चक्रतुश्च यथान्यायं कुशलप्रश्नसंविदम्। आदि २०६।१०

४. प्रियाख्याननिमित्तं वै ददौ बहुधनं तदा। इत्यादि। अश्व ८७।१६। विराट ६८।२२

५. एकमाहुर्वैश्यवरं द्वौ तु क्षत्रस्त्रियो वरौ।
त्रयस्तु राज्ञो राजेन्द्र ब्राह्मणस्य शतं वराः॥ सभा ७१।३५

को वश में कर सकता है, यह धारणा तत्कालीन समाज में भी थी। सुशिक्षिता सत्यभामा द्वारा वशीकरण पर प्रकाश डलवाया गया है।[1]

बालचापल्य—पति के विरह से उन्मत्तप्राय, विवर्णमुख दमयन्ती ने जब चेदिराजपुरी में प्रवेश किया था तो बालकों का एक झुंड भी कौतूहलवश उनके पीछे पीछे आ रहा था। बालकों की यह चपलता चिरकाल से ही समान रही है।[2]

विरक्ति के अर्थ में 'नमस्कार' शब्द का प्रयोग—विरक्ति या विराग के अर्थ में भी नमस्कार शब्द प्रयुक्त होता था। वैषयिक चिन्ता छोड़ने, विषयलिप्सा से निवृत्त होने के लिये उपदेश देते वक्त कहा जाता था 'विषय को नमस्कार करो।'[3]

भर्त्संना—किसी की भर्त्सना करने के लिये उसके अन्यायपूर्ण आचरण का उल्लेख करके बड़े बड़े विशेषणों द्वारा निन्दित किया जाता था। द्रोणाचार्य ने दुःशासन की इसी प्रकार निन्दा की थी।[4]

जेठ के अर्थ में श्वसुर शब्द का प्रयोग—कहीं कहीं जेठ के अर्थ में भी श्वशुर शब्द का प्रयोग मिलता है। भ्रातृश्वसुर शब्द का भ्रातृ शब्द लुप्त होकर केवल श्वशुर शब्द व्यवहृत होता था।[5]

जेठ छोटे भाई की पत्नी से नहीं बोलता था—छोटे भाई की पत्नी के जेठ से बातचीत करने का रिवाज उस काल में भी नहीं था। कुन्ती की सेवा से सन्तुष्ट होकर धृतराष्ट्र ने गांधारी के मार्फत कुन्ती को अपनी सन्तुष्टि का संवाद दिया था।[6]

भूत आदि के बारे में किंवदन्ती—महाभारत में इसके बारे में कहा गया है कि जिस प्रकार किसी पर भूतप्रेत का असर होने पर उसकी स्वतन्त्र सत्ता नहीं रहती, उसी की इच्छा से वह हर कार्य करता है; उसी प्रकार रणभूमि में योद्धागण अपने आत्मीय स्वजनों के साथ जैसे अन्य परिचालित हो कर युद्ध कर रहे थे।[7] राजा नल के ऊपर कलि के उत्पात की कहानी तो सर्वविदित है ही।[8]

---

१. व्रतचर्या तपो वापि स्नानमन्त्रौषधानि वा। इत्यादि। वन २३२।७,८
२. अनुजग्मुस्तत्र बाला ग्रामिपुत्राः कुतूहलात्। शान्ति १९६।१५
३. विषयेभ्यो नमस्कुर्याद् विषयान्न च भावयेत्। शान्ति १९६।१५
४. द्रोण १२० वाँ अध्याय।
५. कृतशौचं ततो वृद्धं श्वशुरं कुन्तीभोजजा। आश्र १९।६
६. गान्धारि परितुष्टोऽस्मि वध्वाः शुश्रूषणेन वै। आश्र १८।८
७. आविष्टा इव युध्यन्ते पाण्डवाः कुरुभिः सह। भीष्म ४६।३
८. वन ७२ वाँ अध्याय।

जमीन पर पाँव पटकना---क्रोधावेश में प्रतिपक्षी पर प्रहार करने के उद्देश्य से "मैं तुम्हारे सिर पर लात मारता हूँ" यह कहकर जमीन पर पाँव पटकते थे।[1]

मनुष्य का क्रय विक्रय---अर्थ से मनुष्य का क्रय-विक्रय करना भी समाज में प्रचलित था। एकचक्रा नगरी में जब वक राक्षस के पास आदमी भेजने की किसी ब्राह्मण परिवार की बारी होती थी तो वह परिवार रुदन करता हुआ कहता था---"क्या करूँ, मेरे पास तो इतना धन भी नहीं है कि किसी आदमी को खरीदकर उस राक्षस के भोज्यरूप में भेज दूँ।"[2]

मनुष्य विक्रय निषिद्ध---यद्यपि मनुष्य के क्रय-विक्रय का प्रसंग महाभारत में मिलता है लेकिन मनुष्य का क्रय उस काल के अनुशासन में अविहित था। संभवतः समाज में प्रचलित होते हुए भी यह वैध नहीं माना जाता था, या हो सकता है कि मनुष्य का क्रय-विक्रय किसी स्थान अथवा काल विशेष में प्रचलित रहा हो।[3]

मन्त्र द्वारा राक्षसी माया का नाश---मंत्रबल से आसुरी, राक्षसी आदि माया को खत्म करने का उल्लेख भी इस ग्रन्थ में मिलता है।[4]

मांगलिक द्रव्य--कुछ द्रव्यों का मांगलिक द्रव्यों के रूप में व्यवहार होता था। उन द्रव्यों को घर में रखना एवं उत्सव आदि में यथाविधि उनका उपयोग करना गृहस्थ के लिए श्रेष्ठ माना जाता था। भैंस तथा गाय को एक साथ रखना कल्याण-प्रद बताया गया है। चन्दन, वीणा, दर्पण, मधु, घृत, लोहा, ताम्र, शंख, शालिग्राम, गोरोचन आदि को मांगलिक द्रव्य बताया गया है।[5] भृष्टधान्य (भुना अन्न), चन्दन चूर्ण हर मांगलिक कृत्य में छितराये जाते थे।[6] दही का पात्र, घी एवं अक्षत कल्याणकारी द्रव्य माने जाते थे।[7] श्वेतपुष्प, स्वस्तिक, भूमि, सुवर्ण, रजत, मणि आदि का स्पर्श मंगलदायी कहा गया है।[8] महाभारतकार कहते हैं, जो व्यक्ति

---

१. सर्वेषां बलिनां मूर्द्धिन् मयेदं निहितं पदम्। सभा ३९।२। सभा ४४।४०
२. न च मे विद्यते वित्तं संक्रेतुं पुरुषं क्वचित्। आदि १६०।१५
३. अन्योऽप्यथ न विक्रयो मनुष्यः किं पुनः प्रजाः। अनु ४५।२३
४. अथ तां राक्षसीं मायामुत्थितां घोरदर्शनाम्। इत्यादि। वन ११।१९
५. अजोक्षा चन्दनं वीणा आदर्शो मधुसर्पिषी। इत्यादि। उद्योग ४०।१०, ११
६. लाजैश्चन्दनचूर्णैश्च विकीर्य च जनास्ततः। वन २५६।२
ततश्चन्दनचूर्णैश्च लाजैश्चापि समन्ततः। हरि, विष्णु पु० १७९ वाँ अ०।
७. वाचयित्वा द्विजश्रेष्ठान् दधिपात्रघृताक्षतैः। कर्ण १।११
८. तत्रोपविष्टो धर्मात्मा श्वेताः सुमनसोऽस्पृशत्। शान्ति ३०।७

प्रातःकाल शय्या त्याग करके गो, घृत, दधि, सरसों, प्रियंगु का स्पर्श करता है, 'वह सब प्रकार के पापों से मुक्त होता है।[1]

मृगया—इस देश में शिकार प्राचीन काल से ही राजाओं को प्रिय रहा है। महाभारत की रचना के समय जिन घटनाओं ने पुरातन इतिहास के रूप में प्रसिद्धि लाभ कर ली थी, उनमें भी मृगया का उल्लेख मिलता है। शान्तनु, पांडु, उनके पुत्रों एवं कृष्ण के शिकार करने का वर्णन मिलता है।[2]

रोदन—दारुण शोक में रोते समय स्त्रियाँ छाती भी पीटती थीं। बाल तो अपने आप ही बिखर जाते थे, आभूषण आदि अंगों से उतर जाते थे। रोते समय पल्ले से या हाथ से मुँह ढँककर रोने का दृश्य भी दिखाई देता है।[3]

शपथ—शपथ लेने के अनेकों ढंग उस काल में प्रचलित थे। आज भी वे तरीके उसी तरह अक्षुण्ण हैं। जंगल में जटासुरवध के समय भीम ने युधिष्ठिर से कहा था, "हे राजन्, मैं आत्मा ,भ्रातृगण, धर्म, सुकृत एवं इष्ट की शपथ खाकर कहता हूँ कि इस राक्षस का वध अवश्य करूँगा।" इसका भावार्थ यह है कि यदि मैं इसका वध न करूँ तो अपने व्यक्तित्व, भ्रातृसौहार्द, धर्म, सुकृत एवं इष्ट से भ्रष्ट होऊँ।[4] शपथ तथा प्रतिज्ञा प्रायः एक ही तरह की होती थीं। 'प्रतिज्ञा पालन न करूँ तो अमुक पाप या अनिष्ट का भागी बनूँ' इस प्रकार की उक्ति जिस प्रतिज्ञा से संबद्ध हो उसी का नाम शपथ है। वीर पुरुष अपने शस्त्र का स्पर्श करके शपथ लेते थे। इसका उद्देश्य होता था कि यदि अपनी प्रतिज्ञा की रक्षा न कर सकूँ तो यह शस्त्र मेरे लिये कल्याणकारी न हों।[5] सिर पर हाथ रखकर कसम खाने का उल्लेख भी मिलता है। अंबा शाल्वपति से कहती हैं—"मैं सिर पर हाथ रखकर कसम खाती हूँ कि तुम्हारे अलावा किसी दूसरे का मैंने पतिरूप में ध्यान भी नहीं किया।" सहस्रार में परम शिव का अवस्थान होता है, इसी धारणा से शायद सिर पर हाथ

---

१. कल्य उत्थाय यो मर्त्यः स्पृशेद् गां वै घृतं दधि। अनु १२६।१८

२. स कदाचिद् वनं राजन् मृगयां निर्ययौ पुरात्॥ इत्यादि। आदि ९५। ५९। आदि १७६।२। आदि ११८ वाँ अध्याय। आदि ९७।२५। आदि २२१। ६४

३. प्रकीर्णमूर्द्धजाः सर्वा विमुक्ताभरणस्रजः।
उरांसि पाणिभिर्घ्नन्त्यो व्यलपन् करुणं स्त्रियः॥ मौषल ७।१७
वाष्पमाहारयद्देवी वस्त्रेणावृत्य वै मुखम्। स्त्री १५।३३। आश्र १०।७

४. आत्मना भ्रातृभिश्चैव धर्मेण सुकृते न च। इत्यादि। वन १५७।५५

५. प्रतिजानासि ते सत्यं राजन्नायुधमालभे। वन २५२।२३

रख कर शपथ ली जाती थी। इसका अभिप्राय देवमूर्त्ति को स्पर्श करना होता है। देवमूर्त्ति का स्पर्श करके झूठ नहीं बोल सकती, यही अंबा की शपथ का अर्थ था।[1]

कुरुसभा में दुर्योधन के दुर्व्यवहार से क्षुब्ध एवं क्रुद्ध होकर भीमसेन ने शपथ ली थी कि, "युद्धक्षेत्र में अगर तुम्हारी जंघाएँ न चीरूँ तो मुझे पितरों के लोक में स्थान न मिले।"[2] "आज धनञ्जय (अर्जुन) का वध किये बिना यदि हम युद्ध-क्षेत्र से लौटें तो अव्रती, ब्रह्मघाती, शराबी, गुरुदाररत ब्रह्मस्वहारी आदि पापी जिस लोक में जाते हैं, वही लोक हमें भी मिले—" सप्त महारथियों ने यह शपथ ले रक्खी थी।[3] अभिमन्यु ने युद्ध में जाते समय कसम खाई थी कि—"आज अगर शत्रुपक्ष का कोई भी युद्ध में जीवित बच कर जाय तो मैं अर्जुन का पुत्र नहीं और सुभद्रा मेरी गर्भधारिणी नहीं।"[4] पुत्र शोक से अधीर अर्जुन ने जयद्रथ के वध के लिये तरह तरह की कसमें खाई थीं जैसे—"अगर कल शाम तक मैं युद्ध में जयद्रथ को न मार दूँ तो मुझे वीरगति प्राप्त न हो, मैं मातृघाती, पितृघाती, विश्वासघाती आदि की गति में जाऊँ।"[5] विसस्तैन्योपाख्यान में अनेकों प्रकार की शपथों का उल्लेख मिलता है—जिसने चोरी की हो वह गाय को पैर लगाये, सूरज की तरफ मुँह करके पेशाब करे, अनध्याय के दिन अध्ययन करे, शरणागत की हत्या करे, झूठी गवाही दे, पानी में पेशाब करे इत्यादि। अर्थात् इन सब कार्यों के करने से जो पाप लगता हो वही चोर को भी लगेगा।[6]

शाप—महाभारत की करीब करीब सभी मुख्य घटनाओं का मूल कोई न कोई शाप बताया गया है। जनमेजय के सर्पसत्र के भंग होने का कारण एक कुतिया का शाप था। भीष्म का, विदुर का जन्म, पांडु की मृत्यु आदि घटनाओं का मूल भी एक एक शाप था। कुरुक्षेत्र के महायुद्ध के कारणों में भी मुख्य कारण दुर्योधन को

---

१. त्वामृते पुरुषव्याघ्र तथा मूर्द्धानमालभे। उद्योग १७४।१६
२. पितृभिः सह सालोक्यं मास्म गच्छेद्वृकोदरः। सभा ७१।१४
३. ये वै लोकाश्चाव्रतिनां ये चैव ब्रह्मघातिनाम्। इत्यादि। द्रोण १६। २९-३५
४. नाहं पार्थेन जातः स्याम् न च जातः सुभद्रया॥ द्रोण ३४।२७
५. यद्येतदेवं संग्रामे न कुर्यां पुरुषर्षभाः।
मास्म पुण्यकृताल्लोकान् प्राप्न यां शूरसम्मतान्॥ इत्यादि। द्रोण ७१।२४-३९
६. अनु ९३ वां अध्याय।

दिया गया मैत्रेय ऋषि का शाप बताया गया है। यहाँ तक कि महाभारत में जिन्हें पूर्णब्रह्म का अवतार माना गया है उन पार्थसारथि कृष्ण को भी गांधीरी के शाप के कारण दयनीय दशा में इहलोक त्याग करना पड़ा। सम्पूर्ण महाभारत में दिये गये शापों का संग्रह किया जाय तो उनकी संख्या एक हजार से कम नहीं होगी। एक मनुष्य की आहत इच्छाशक्ति दूसरे मनुष्य के भाग्य, पौरुष आदि हर चीज को पराभूत कर सकती है, यह भाव प्रकट करना ही शायद इन शापों के वर्णन का उद्देश्य है। एक बात और लक्ष्य करने योग्य है, वह यह कि कहीं भी किसी के भी शाप की व्यर्थता वर्णित नहीं हुई है। शाप देने पर वह पूरा अवश्य होगा। तपःशक्ति सम्पन्न पुरुषों की मनःशक्ति अधिक होती है, उनकी इच्छा शक्ति दूसरे के प्रतिकूल कार्य कर सकती है, योगियों का यह मत है। किसी के मन को कष्ट पहुँचाने पर दुखी व्यक्ति के अन्तःकरण से निकला शाप कष्टदाता के भाग्य व पौरुष को भी निष्फल कर देता है, इस सिद्धान्त को दृढ़ करना ही प्राचीन ग्रंथकर्त्ताओं का अभिप्राय है। कोई कोई अंजलि में जल भर कर शाप देने के बाद वह जल जमीन पर फेंक देते थे।[1]

श्मशान में लगे फूल की अग्राह्यता—श्मशान एवं देवस्थान में लगे फूल विवाहादि मांगलिक कार्य तथा प्रसाधन के कार्य में व्यवहृत नहीं होते थे।[2]

संध्या समय कर्मनिवृत्ति—संध्या होने पर काम बंद कर देने का विधान था। स्नान, भोजन, अध्ययन आदि संध्या को करना निषिद्ध था। उस समय संयत-चित्त होकर भगवच्चिन्ता करने का नियम था।[3]

सपत्नी-विद्वेष—सौतों में स्नेह का होना किसी भी युग में दिखाई नहीं देता। महाभारत के कई सपत्नी विद्वेष के दृश्य हमारी दृष्टि आकर्षित करते हैं। कश्यप पत्नी कद्रु तथा विनता की ईर्ष्या व विवाद पौराणिक उपाख्यानों में बहुत प्रसिद्ध है। यह विवाद भी जनमेजय के सर्प यज्ञ करने का एक मुख्य कारण था। विनता को दासी बनाने के लिये कद्रु ने कितना जघन्य कर्म किया था।[4] कुन्ती व माद्री में भी कोई विशेष स्नेह नहीं था। एक दो जगह उनके पारस्परिक विद्वेष की झलक मिलती है। कुन्ती तीन पुत्रों की माता बन गई है यह देखकर माद्री ने एक दिन

---

१. ततः स वार्य्युपस्पृश्य कोपसंरक्तलोचनः। वन १०।३२

२. न तु श्मशानसम्भूता देवतायतनोद्भवाः।
सन्नयेत् पुष्टियुक्तेषु विवाहेषु रहःसु च॥ अनु ९८।३३

३. संध्यायाञ्च न भुञ्जीत न स्नायेन्न तथा पठेत्। अनु १०४।१४१

४. एवं ते समयं कृत्वा दासीभावाय वै मिथः। आदि २०।५

एकान्त में पांडु से कहा, "महाराज, आपकी सन्तानोत्पादन की अयोग्यता, कुन्ती का स्थान मुझसे ऊँचा होने आदि का मुझे कभी गम नहीं रहा, यहाँ तक कि गान्धारी के सौ पुत्रों के जन्म का संवाद भी मुझे दुखी नहीं कर सका, लेकिन मेरी सपत्नी कुन्ती पुत्रवती हो गई और मैं अपुत्रा ही हूँ इससे मेरा चित्त बहुत संतप्त है। कुन्ती अगर मुझ पर अनुग्रह करे तो मेरे गर्भ से भी आपके क्षेत्रज पुत्र उत्पन्न हो सकते हैं। मैं तो उसकी सपत्नी हूँ इसलिये अपनी यह अभिलाषा उस पर प्रकट नहीं कर सकती। आप यदि मुझ पर प्रसन्न होकर उससे कह दें तो मेरी अभिलाषा पूर्ण हो सकती है।"[1] बाद में कुन्ती की कृपा से माद्री के गर्भ से भी नकुल और सहदेव ने जन्म लिया। तीसरी बार फिर सन्तान हो सकती है यह सोचकर पांडु ने कुन्ती से कहा। इस पर कुन्ती बोली, "राजन्, मैं अब माद्री को आह्वान मन्त्र नहीं बता पाऊँगी; मेरी बुद्धि मोटी है, माद्री ने मेरी प्रतारणा की है। एक बार के मन्त्र से अश्विनी कुमारों का आह्वान करके वह दो पुत्रों की माता बन गई है। अबकी बार मन्त्र सिखाने पर उसके पुत्रों की संख्या अधिक हो जायगी और तब मैं और भी प्रतारित होऊँगी। अतएव मैं प्रार्थना करती हूँ, अब आप यह अनुरोध मत करियेगा।"[2] अर्जुन जब नवपरिणीता सुभद्रा को लेकर इन्द्रप्रस्थ आये तो गुरुजन आदि को प्रणाम करके अकेले ही अन्तःपुर में द्रौपदी के पास गये। उन्हें देखकर प्रणयकुपिता द्रौपदी बोली, "अब यहाँ क्यों आये हो? सुभद्रा के पास जाओ, दूसरा बंधन अधिक दृढ़ होने से पहला बंधन शिथिल हो जाता है। इस प्रकार कुपित वचनों से द्रौपदी अर्जुन की भर्त्सना करने लगी। अर्जुन ने बार बार क्षमा माँग बड़ी मुश्किल से उसे शान्त किया और तब नववधू को अन्तःपुर में ले गये।[3]

मन्दपाल की पत्नी जरिता व लपिता में भी कोई विशेष सद्भाव नहीं था। ऋषि मन्दपाल कभी कभी अपनी पत्नियों के कटु वचनों से बहुत दुखी होते थे।[4] विदुरनीति में कहा गया है कि जिन महिलाओं के सौत होती है वे बहुत दुख में जीवनंयापन करती हैं।[5] सपत्नी के अलावा ऐसे भी अगर कोई समान अवस्था

---

१. न मेऽस्ति त्वयि सन्तापो विगुणेऽपि परन्तप। इत्यादि। आदि १२४। २-६

२. कुन्तीमथ पुनः पांडुर्माद्रयर्थे समचोदयत्। इत्यादि। आदि १२४।२५-२८

३. तं द्रौपदी प्रत्युवाच प्रणयात् कुरुनन्दनम्।
तत्रैव गच्छ कौन्तेय यत्र सा सात्वतात्मजा॥ इत्यादि। आदि २२१। १६-१९

४. आदि २३३ वाँ अध्याय।

५. यां रात्रिमधिविन्ना स्त्री। इत्यादि। उद्योग ३५।३१

वाला दूसरा व्यक्ति अधिक समृद्ध हो जाय तो पहले के लिये यह सहन करना कठिन होता है। इस प्रकार ईर्ष्या पुरुष व स्त्री दोनों में ही सदा से एक सी रही है। द्रौपदी जब इन्द्रप्रस्थ से हस्तिनापुर आई तो उन्हें बहुमूल्य वस्त्राभूषणों से अलंकृत देखकर धृतराष्ट्र की पुत्रवधुएँ खुश नहीं हुईं।[1]

सभा समिति--उन दिनों राजदरबार रोज ही लगा करता था। किसी विशेष अवसर पर आपस में मिलकर सलाह मशविरा करना, आमोद प्रमोद करना पूरे देश में ही एक ही रूप में होता था। सभा में ज्ञानी पुरुषों की उपस्थिति न होने पर उसे सभा ही नहीं माना जाता था। लोगों की धारणा थी कि सभ्यगण धर्मसम्मत बात कहते हैं। धर्म नष्ट होने पर परिषद का कोई अर्थ ही नहीं रह जाता। सभा में सत्य एवं धर्म की प्रतिष्ठा खत्म होने से सभासदगण अधर्म के भागी होते हैं।[2] समिति में उपस्थित सभी सभासद नहीं बोलते थे। वक्तव्य विषय पर अगर मतभेद नहीं होता था तो सबके प्रतिनिधि के रूप में एक ही व्यक्ति अभिमत व्यक्त कर देता था। साधारणतः उम्र व विद्याबुद्धि में जिसे उपयुक्त समझा जाता था उसी को प्रतिनिधि बनाया जाता था।[3] सभा समिति में अगर किसी के साथ किसी गोपनीय विषय पर विचार विनिमय करना होता था तो उस व्यक्ति को सभागृह के बाहर ले जाकर परामर्श करने का नियम था।[4]

सोमपान--सोमपान करनेवालों को पुण्यात्मा समझा जाता था।[5]

क्षोभ से वस्त्रांचल आदि हिलाना--क्षोभ का कोई कारण उपस्थित होने पर उत्तरीय, अजिन या शरीर पर पहने किसी कपड़े को हिलाकर क्षोभ प्रकट किया जाता था।[6]

---

१. **यज्ञसेन्याः परामृद्धिं दृष्ट्वा प्रज्वलितामिव। सभा ५८।३३**

२. **न सा सभा यत्र न सन्ति वृद्धाः। उ ९५।४८। उ ३५।५८**
ध्वस्ते धर्मे परिषत् सम्प्रदुष्येत्। सभा ७१।४८

३. **तेषामथ वृद्धतमः प्रत्युत्थाय जटाजिनी।**
ऋषीणां मतमाज्ञाय महर्षिरिदमब्रवीत्॥ आदि १२६।२१
ततः सन्धाय ते सर्वे वाक्यान्यथ समासतः।
एकस्मिन् ब्राह्मणे राजन्निवेश्योचुर्नराधिपम्॥ आश्र १०।१०

४. **तत उत्थाय भगवान व्यासो द्वैपायनः प्रभुः।**
करे गृहीत्वा राजानं राजवेश्म समाविशत्॥ आदि १९६।२१

५. **पुण्यकृत् सोमपोऽग्निमान्। वन ६४।५०**

६. **उदक्रोशन् विप्रमुख्या विधुन्वन्तोऽजिनानि च। आदि १८८।२**

अतिथिसेवा और शरणागत-रक्षा

अतिथिसेवा नित्यकर्मों के अन्तर्गत—अतिथि सेवा प्राचीन काल से ही समाज में चली आ रही है। वैदिक साहित्य में इस विषय पर उपदेश दिया गया है। पंचयज्ञों में मनुष्ययज्ञ अर्थात् अतिथि सेवा को ही श्रेष्ठ माना गया है।[1] (द्रष्टव्य पृष्ठ १०७)

अतिथि की सेवा न करना पाप—अतिथि को गुरु समझ कर उसकी पूजा करने का नियम था। जिसके घर में अतिथि को यथायोग्य सम्मान नहीं मिलता, वह गोहत्या एवं स्त्रीहत्या के पाप का भागी होता है। घर के द्वार से अतिथि को लौटाने से देवता व पितर उस गृहस्थ का त्याग कर देते हैं। अतिथि के आदेश का पालन बिना किसी हिचक के करना चाहिये। संसार की कोई वस्तु ऐसी नहीं है, जो अतिथि को न दी जा सके।[2]

अतिथि शब्द का अर्थ—जो किसी भी समय गृहस्थ के घर आकर रहे, वही अतिथि होता है। अतिथि एक दिन से अधिक घर में नहीं रहता।[3]

अतिथिसत्कार में आडम्बर का निषेध—अतिथि-सत्कार में किसी भी प्रकार का आडम्बर करना निषिद्ध था। अपने निमित्त से रसोई में जो कुछ भी बने, अतिथि को भी वह देने का नियम था। अतिथि के उद्देश्य से कोई चीज बनाना उचित नहीं माना जाता था।[4] वस्तुतः तो अतिथि सेवा के नित्यकर्मों में गण्य होने के कारण अतिथि के उद्देश्य से प्रतिदिन विशिष्ट आहार की व्यवस्था करना गृहस्थ के लिये सम्भव भी नहीं था। अधिक व्यय के भय से अतिथि भक्ति के ह्रास होने

---

१. पञ्चयज्ञांस्तु यो मोहान्न करोति गृहाश्रमी। इत्यादि। शान्ति १४६।७। शान्ति ११०।५। अनु २।६९-९३। अनु १२७।९

२. अतिथिर्यस्य भग्नाशो गृहात् प्रतिनिवर्त्तते। इत्यादि। अनु १२६। २६, २८। शान्ति ११०।५। शान्ति १९१।१२

३. अनित्यं हि स्थितो यस्मात्तस्मादतिथिरुच्यते। अनु ९७।१९

४. आपो मूलं फलञ्चैव ममेदं प्रतिगृह्यताम्।
यदर्थो हि नरो राजंस्तदर्थोऽस्यातिथिः स्मृतः॥ आश्व २६।३६

की आशंका भी थी। इसीलिये शायद अतिथिसत्कार में अनावश्यक आडम्बर का निषेध किया गया है।

अतिथि पूजा की पद्धति—किसी अतिथि के पधारने पर गृहपति खड़े होकर उसका स्वागत करता था, फिर बैठने के लिये आसन देता था। पथक्लान्ति दूर होने पर पाद्य, अर्घ्य, मधुपर्क आदि से उसकी यथाविधि अर्चना की जाती थी। इस नियम का हर गृहस्थ को समान रूप से पालन करना पड़ता था।[1]

समाज के विशिष्ट अभ्यागत की आवभगत—किसी विशिष्ट व्यक्ति के आगमन के उपलक्ष्य में अभिजात घर के लोग व धनी व्यक्ति घर वगैरह की साफ सफाई कराते थे। पथ को चन्दन के रस से सिक्त करके सुगंधित द्रव्यों से सुवासित किया जाता था। उत्कृष्ट फूल उस सड़क पर बिछाये जाते थे। शहर के प्रधान व्यक्ति इकट्ठे होकर मुख्य मार्ग पर अभ्यागत का स्वागत करने जाते थे। पूरे नगर के स्त्री पुरुष मिलकर उस सम्मानित अभ्यागत की अभ्यर्थना करते थे।[2]

सम्मानित अभ्यागत को वस्त्रादि उपहार देना—धनी व्यक्ति सम्मानित अतिथि को नाना प्रकार के बहुमूल्य वस्त्र आदि उपहारस्वरूप देते थे।[3]

राजपुरी में ऋषि मुनियों की अभ्यर्थना—राजनगरी में किसी ऋषि मुनि के आगमन पर राजा मंत्री व पुरोहित को साथ लेकर उनके स्वागत को जाता था। पुरोहित आगे बढ़कर अर्घ्य आदि निवेदित करता था।[4]

---

१. अभ्यागच्छति दाशार्हे प्रज्ञाचक्षुर्नरेश्वरः।
सहैव द्रोणभीष्माभ्यामुदतिष्ठन्महायशाः॥ उ ९४।३६-३८। उ ८९। १३, १४
तमागतमृषिं दृष्ट्वा नारदं सर्वधर्मवित्। इत्यादि। सभा ५।१३-१५
पाद्यार्घाभ्यां यथान्यायमुपतस्थुर्मनीषिणः॥ वन १८३।४८। अनु ५२। १३-१८
समीपतो भीममिदं शशास प्रदीयतां पाद्यमर्घ्यं तथास्मै॥ आदि १९३।२१

२. संमृष्टसिक्तपंथानं पुष्पप्रकरशोभितम्। इत्यादि। आदि २२१।३६, ३७। उद्योग ४७।४। उद्योग ८४।२५-२९

३. उद्योग ८६ वाँ अध्याय।

४. तस्मै पूजां ततोऽकार्षीत् पुरोधाः परमर्षये। आदि १०५।२९
ततः स राजा जनको मंत्रिभिः सह भारत।
पुरः पुरोहितं कृत्वा सर्वाण्यन्तः पुराणि च। शान्ति ३२६।१-५

अतिथि शत्रु भी हो तो अभ्यर्थना विधेय—शत्रु भी यदि अतिथि के रूप में किसी के द्वार पर उपस्थित होता था तो उसकी भी यथारीति आवभगत करना गृहस्थ के लिये अनिवार्य था। गृहस्थ से शत्रुता होने के कारण उसके द्वारा प्रदत्त पाद्य आदि शत्रु अतिथि ग्रहण नहीं भी करता था।[1]

अतिथि के लौटते समय गृहस्थ का अनुगमन—अतिथि जब लौटता था तो गृहस्थ कुछ दूर तक उसे छोड़ने जाता था।[2] अतिथिसत्कार उस काल में एक उच्च आदर्श के रूप में प्रचलित था। गृहस्थ की गृहस्थी केवल आत्मीय स्वजनों तक ही सीमित नहीं थी। अनात्मीय को आत्मीय के रूप में नहीं बल्कि देवता के रूप में देखने के लिये महाभारत में जगह-जगह उपदेश दिया गया है। देवता मनुष्य का कल्याण करते हैं लेकिन अतिथि गृहस्थ को घर की क्षुद्र सीमा से निकाल कर उदारमना बनाता है।

अतिथि के भोजन करने के बाद बचे अन्न की पवित्रता—अतिथि के भोजन करने के बाद रसोई में जो आहार वस्तु बचती है उससे अधिक पवित्र और कुछ नहीं होता—इस उक्ति से प्रतीत होता है कि गृहस्थ के अन्तःकरण को उदार व प्रशस्त बनाने के लिये ही अतिथि सेवा को नित्यकर्मों में सम्मिलित किया गया है।[3] आजकल तो अतिथि दिखाई ही नहीं देते। पथश्रम से क्लान्त होने पर भी पथिक अपने खर्च से ही खाने पीने का प्रबन्ध करते हैं, किसी का अतिथि बनना पसन्द नहीं करते और गृहस्थ भी आजकल अतिथि को देवता के रूप में नहीं देखते।

शिवि का आत्मत्याग—आपदग्रस्त शरणागत को आश्रय देने के लिये भी बहुत उपदेश दिया गया है। सिर्फ मनुष्य ही नहीं, दूसरे क्षुद्र प्राणी भी ऋषि मुनियों की सदय दृष्टि से नहीं छूटे।[4] राजा शिवि के आत्मत्याग की कहानी तो जगत्प्रसिद्ध है ही। महाभारत में कई जगह इस उपाख्यान का गुणगान किया गया है।[5]

---

१. शत्रुतो नार्हणां वयं प्रतिगृह्णीम। सभा २१।५४

२. प्रत्युत्थायाभिगमनं कुर्यान्न्यायेन चार्च्चनाम्। वन २।५६
तेऽनुव्रजत भद्रं वो विषयान्तं नृपोत्तमान्। इत्यादि। सभा ४५।४५।४६

३. अतो मष्टतरं नान्यत् पूतं किञ्चिच्छतक्रतो।
दत्त्वा यस्त्वतिथिभ्योऽन्नं भुङक्ते तेनैव नित्यशः॥ वन १९३।३२

४. आगतस्य गृहं त्यागस्तथैव शरणार्थिनः। इत्यादि। आदि १६१।१०

५. वन १३० वाँ, १३१वाँ अध्याय। वन १९४ वाँ अध्याय। वन १९६ वाँ अध्याय। अनु ३२ वाँ अध्याय।

कपोत-लुब्धक-संवाद—शान्तिपर्व के कपोत-लुब्धक संवाद में शरणागत रक्षा की जो कहानी वर्णित है, वह अत्यन्त शिक्षाप्रद है। युधिष्ठिर के प्रश्न के उत्तर में भीष्म कहते हैं, "महाराज, शरणागत की रक्षा करने का फल बहुत ही बड़ा है। शिवि आदि सत्पुरुषों ने शरणागत पालन के फलस्वरूप सिद्धि प्राप्त की थी। महात्मा भार्गव ने मुचुकुन्द राजा को कपोत और लुब्धक की जो कहानी सुनाई थी, वह मैं तुम्हें सुनाता हूँ। उससे तुम समझ जाओगे कि एक कपोत ने शरणागत शत्रु व्याध की पूजा करके किस तरह अपना माँस उसे दिया था और उसके फल से उसे कौन सी गति मिली थी।[1]

स्वर्गारोहण के समय युधिष्ठिर का साथी कुत्ता—युधिष्ठिर के स्वर्गारोहण के समय कुत्ते के रूप में धर्म भी उनके साथ गया था। उस कुत्ते का परित्याग करने के लिये इन्द्र के बार बार अनुरोध करने पर भी युधिष्ठिर ने उसे नहीं छोड़ा था। उन्होंने कहा था, "इन्द्र, भक्त का त्याग करना ब्रह्महत्या के समान है, अतः आत्म-सुख के लिये मैं इस कुत्ते का त्याग कभी भी नहीं कर सकता।" भयभीत, भक्त, आर्त्त या कातर प्राणी की अपने प्राण देकर भी रक्षा करनी चाहिये। शरणागत का परित्याग, स्त्रीवध, मित्रद्रोह एवं ब्राह्मण का संपत्तिहरण ये चार कुकर्म भक्त-त्याग के समान हैं।[2]

कुन्ती की दया—जतुगृह-दाह के बाद जब पांडवों ने एकचक्रा नगरी में एक ब्राह्मण के घर आश्रय लिया था तब एक दिन वक के पास बलिरूप में एक व्यक्ति को भेजने की उस परिवार की बारी आई। सारा घर करुण क्रन्दन से भर गया। कुन्ती ने ब्राह्मण परिवार को सान्त्वना देते हुए कहा कि "मेरा एक अमित बलशाली पुत्र बलि लेकर जायगा। उसे राक्षस किसी भी तरह नहीं मार सकता।" ब्राह्मण व ब्राह्मणी के बहुत बाधा देने पर भी कुन्ती ने भीम को राक्षस के पास भेज दिया। भीम ने राक्षस को मार डाला। यद्यपि ब्राह्मण परिवार कुन्ती का शरणापन्न नहीं था, तब भी उनकी असहाय, करुण अवस्था देखकर उनका हृदय दया से प्लावित हो गया। यह भी शरणागत की रक्षा करने के जैसा ही था।[3]

---

१. शान्ति १४३ वें से १४९ वें अध्याय तक।

२. भक्तत्यागं प्राहुरत्यन्तपापम्। इत्यादि। आश्र ३।११-१६
भक्तञ्च भजमानञ्च तवास्मीति च वादिनम्।
त्रीणेतांछरणप्राप्तान् विषमेऽपि न संत्यजेत्॥ उद्योग ३३।७२

३. आदि १६१ वें से १६३ वें अध्याय तक।

क्षमा व श्रद्धा

क्षमा युधिष्ठिर के चरित्र का गुण—महाभारत के प्रधान चरित्रों पर दृष्टिपात करने से यह निर्णय किया जा सकता है कि युधिष्ठिर के चरित्र में क्षमागुण सबसे अधिक प्रकट हुआ है। आदि से लेकर अंत तक जहाँ भी उनसे साक्षात होता है उनका वही एक रूप देखने को मिलता है। मात्र एक दिन कर्ण के साथ युद्ध करते हुए उन्होंने थोड़ी सी अधीरता दिखाई थी।[1]

शमीक ऋषि की अनुपम क्षमा—महाभारत में एक और ऋषि का चरित्रांकन हुआ है, जिनका नाम शमीक था। उन्हें तो साक्षात् क्षमा की मूर्ति कहा जा सकता है। ध्यानमग्न, मौन ऋषि के कंधे पर राजा परीक्षित ने मरा हुआ साँप डाल दिया। मुनि जरा भी विचलित नहीं हुए। उनके पुत्र श्रृंगी को समवयस्क ऋषिपुत्र कृश से यह समाचार मिला। कृश की भर्त्सना से उत्तेजित होकर श्रृंगी ने शाप दिया कि, "जिस पापात्मा ने मेरे पिता के कंधे पर मरा हुआ साँप डाला है वह आज से सातवें दिन तक्षक दंशन से मृत्यु को प्राप्त हो जायगा।" जब शमीक को पुत्र के इस शाप के बारे में पता लगा तो वह श्रृंगी से बोले, "वत्स, तुमने अच्छा नहीं किया। हम जिस राजा के अधीन रहते हैं, उसी को शाप देना उचित नहीं हुआ। क्षमा ही श्रेष्ठ धर्म है। धर्म अरक्षित होने पर मनुष्य का नाश कर देता है। पुत्र के वयस्क होने पर भी पिता उपदेश देता है, इसी लिये मैं तुमसे यह सब कह रहा हूँ—तुम्हारे लिये शाप देना ठीक नहीं था। क्रोध संन्यासियों के कष्ट साध्य धर्म का हरण कर लेता है और धर्मविहीन पुरुष को इष्ट गति नहीं मिलती। क्षमा सम्पन्न यतियों के लिये एकमात्र शम ही सिद्धि का हेतु है। क्षमा के द्वारा ही इहलोक व परलोक को वश में किया जा सकता है। अब से तुम सदा क्षमा की सेवा करना। अब जहाँ तक मुझसे होगा चेष्टा करके देखूंगा, अगर महाराज का कुछ उपकार हो सके तो अच्छा है।" इतनी बात पुत्र से कहकर ऋषि ने अपने एक शिष्य को बुलाकर कहा—"तुम महाराज से जाकर कहना कि मेरे कंधे पर मरा हुआ साँप देखकर मेरा क्षुद्र-बुद्धि पुत्र उत्तेजित हो गया। उसने महाराज को यह शाप दिया है कि आज से

---

१. कर्ण ६८ वां अध्याय।

सातवें दिन सर्पदंशन से उनकी मृत्यु हो जायगी। मुझे इस बात से बहुत दुःख पहुँचा है; लेकिन क्या करूँ, इस वक्त मेरे हाथ में कुछ नहीं है। जैसे भी हो वे स्वयं आत्म-रक्षा की कोशिश करें।"[1] अपकारी के प्रति ऋषि की यह क्षमा तथा परहितेच्छा पाठकों को चकित कर देती है। महाभारत के चरित्रों में से किसी में भी क्षमा का ऐसा उदाहरण नहीं मिलता।

क्षमा की प्रशंसा, ययाति का उपदेश—स्वर्गलोक को गमन करते समय ययाति ने पुरु को उपदेश देते हुए कहा था, शान्त व्यक्ति क्रोधी व्यक्ति से तथा क्षमाशील मनुष्य असहिष्णु की अपेक्षा महान् होता है। तुमसे अगर कोई चार बात भली बुरी भी कहे तो तुम उस पर आक्रोश मत करना। किसी का दिल मत दुखाना, नृशंसों जैसा आचरण मत करना। जिन वचनों से किसी को कष्ट पहुँचे, वे वचन मत बोलना। मैत्री, दया एवं दान के द्वारा ही सबको अपना बनाया जा सकता है।"[2]

विदुर नीति—विदुर ने कहा है, चरित्र की मृदुता, अनसूया, क्षमा, धैर्य एवं मैत्री मनुष्य की आयु बढ़ाते हैं।[3] अपकारी का अपकार करने में समर्थ होते हुए भी जो व्यक्ति क्षमा के द्वारा उसे जीतता है, वही महात्मा है। क्षमा से बड़ा गुण और कोई नहीं है। अशक्त मनुष्य को तो सामर्थ्यहीन होने के कारण मजबूरन चुप रहना पड़ता है; उसकी क्षमा प्रशंसनीय नहीं होती। शक्तिशाली होते हुए भी जो क्षमा को अपनाता है वही वीरपुरुष कहलाता है।[4]

युधिष्ठिर-द्रौपदी-संवाद—वनवास के कारण अवसन्न, क्लान्त द्रौपदी को सांत्वना देते हुए युधिष्ठिर ने कहा है—"क्रोध में मनुष्य की विचारशक्ति खत्म हो जाती है, उस वक्त जो उसके मन में आता है वही करता हैं। विश्व के समस्त प्राणी यदि क्रोध के वश में होते तो यह जगत् प्राणिविहीन हो जाता, हर वक्त मारकाट होती रहती। इस पृथ्वी पर सहिष्णु व्यक्ति हैं, इसीलिये प्राणियों का

---

१. न मे प्रियं कृतं तात नैष धर्मस्तपस्विनाम्। इत्यादि। आदि ४१।२०-२२
पित्रा पुत्रो वयस्थोऽपि सततं वाच्य एव तु। इत्यादि। आदि ४२।४-७
शम एव यतीनां हि क्षमिनां सिद्धिकारकः।
क्षमावतामयं लोकः परश्चैव क्षमावताम्।। इत्यादि। आदि ४२।९-२१

२. आदि ८७ वाँ अध्याय।

३. मार्दवं सर्वभूतानामनसूया क्षमा धृतिः।
आयुष्याणि बुधाः प्राहुर्मित्राणाञ्चापि मानना।। उद्योग ३९।५३

४. नातः श्रीमत्तरं किञ्चिदन्यत् पथ्यतमं मतम्।
प्रभविष्णोर्यथा तात क्षमा सर्वत्र सर्वदा।। इत्यादि। उद्योग ३९।५७-६०

अस्तित्व बाकी है। जो सामर्थ्यवान होते हुए भी दूसरे के द्वारा सताये जाने पर उसके अपकार की भावना मन में नहीं लाते वही पुरुषश्रेष्ठ होते हैं, उन्हें ही ज्ञानी की पदवी से विभूषित किया जाता है। क्रोधी व्यक्ति अल्पज्ञ होते हैं, वे ऐहिक तथा पारलौकिक सुख से वंचित रहते हैं। महर्षि कश्यप ने क्षमावान व्यक्ति का जो गुण-गान किया है, वह तुम्हें सुनाता हूँ—क्षमाहीन व्यक्ति का धर्माचरण निरर्थक होता है, क्षमा ही धर्म है, क्षमा ही यज्ञ है और क्षमा ही श्रेष्ठ तपस्या है। क्षमाशील पुरुष को उत्तम गति मिलती है, ब्रह्मलोक भी उसके लिये सुलभ्य होता है। क्षमा तेजस्वी मनुष्य का तेज, तपस्वी का ब्रह्म एवं सत्यवादी का सत्य होती है। क्षमा ही शम है। जिस क्षमा में सत्य, ब्रह्म, यज्ञ एवं तीनों लोक प्रतिष्ठित हैं, उसका क्या त्याग किया जा सकता है? क्षमा तथा दया ही सनातन धर्म हैं।"[1]

शक्तानां भूषणं क्षमा—महामति विदुर ने कहा है—क्षमा परम बल है। क्षमा सामर्थ्यहीन का गुण एवं सामर्थ्यवान का भूषण है। क्षमा सर्वोत्तम वशीकरण है। क्षमा द्वारा हर वस्तु साध्य है। शान्ति रूपी खड्ग हाथ में हो तो दुर्जन व्यक्ति कुछ भी नहीं कर सकता। क्षमाशील व्यक्ति पर अगर कोई क्रोध करता भी है तो वह राख में दबी आग की तरह स्वयं ही शान्त हो जाता है। क्षमा ही परम शान्ति है।[2]

क्षमा क्रोधशमन का उत्कृष्ट साधन—क्रोधी का क्रोध शान्त करने के लिये क्षमा सर्वोत्तम उपाय है। क्रोधी को क्षमा से, असाधु को सज्जनता से, कृपण को दान से तथा झूठ को सत्य से जीतना चाहिये।[3]

शम-दम के प्रशंसास्थल पर क्षमा का उल्लेख—बहुत जगहों पर प्रसंगवश शम-दम की प्रशंसा की गई है। विशेषतः शान्तिपर्व में तो इस विषय पर इतना कहा गया है कि यदि उसे संकलित किया जाय तो एक पोथा तैयार हो जाय। मोक्ष-धर्म के प्रायः प्रत्येक अध्याय में इन्द्रियनिग्रह पर थोड़ा बहुत उपदेश दिया गया है।

---

१. यदि न स्युर्मानुषेषु क्षमिणः पृथिवी समाः।
न स्यात् सन्धिर्मनुष्याणां क्रोधमूलो हि विग्रहः॥ वन २९।२५-५२

२. क्षमा गुणो ह्यशक्तानां शक्तानां भूषणं क्षमा। उ ३३।५३-५६। उ ३४।७५
श्लाघनीया यशस्या च लोके प्रभावतां क्षमा। शान्ति ११।६८

३. हन्ति नित्यं क्षमा क्रोधम्। इत्यादि। उ ३९।४४। वन १९४।६
अक्रोधेन जयेत् क्रोधमसाधुं साधुना जयेत्।
जयेत् कदर्यं दानेन जयेत् सत्येन चानृतम्॥ उद्योग ३९।७३

पूर्ण मनुष्यत्व के विकास के लिये जिन मानस सद्‌वृत्तियों का अनुशीलन अनिवार्य है, उन पर दिये उपदेशों से शान्तिपर्व भरा पड़ा है। दम की प्रशंसा में कहा गया है, "दम जैसा धर्म संसार में और नहीं है। अदान्त व्यक्ति को तरह तरह के दुख उठाने पड़ते हैं। चारों आश्रमों में दम ही उत्तम व्रत है। क्षमा, धैर्य, अहिंसा, समता, सत्य, आर्जव, जितेन्द्रियता, निपुणता, मार्दव, लज्जा, अकृपणता, सन्तोष, प्रियवादिता, अनसूया आदि के सम्मिलन को ही दम कहते हैं। काम, क्रोध, लोभ, दर्प, अहंकार, रोष, ईर्ष्या, अवमानना आदि संयमी व्यक्ति में कभी भी दिखाई नहीं देते। उपर्युक्त सद्‌गुणों में से अगर एक भी चरित्र में हो तो दूसरे अपने आप ही आ जाते हैं, उनके लिये कोई चेष्टा नहीं करनी पड़ती। मैत्री, शालीनता, प्रसन्नता एवं क्षमा के द्वारा मनुष्य देवत्व के पद पर आसीन हो सकता है। संयमी पुरुष को जंगल में जाने की कोई आवश्यकता नहीं होती। वह तो जहाँ भी रहे, वही स्थान उसके लिये पवित्र आश्रम है। संयमी व्यक्ति का किसी से भी विरोध नहीं होता, वह सत्यकाम, सत्यसंकल्प होता है, तीनों लोकों में वह विचरण कर सकता है, उसे पुनर्जन्म का भय नहीं होता। शुचि, सत्यात्मा व्यक्ति क्षमा के द्वारा दोनों लोक जीतने में समर्थ होता है।[1]

क्षमाशील व्यक्ति का पराभव—क्षमा के गुण यद्यपि अनगिनत हैं, लेकिन उसमें एक दोष भी है। मूर्ख व्यक्ति क्षमावान को असमर्थ समझ कर बार बार उसके साथ दुर्व्यवहार करते हैं, सदा उसकी अवमानना करते हैं। अतः क्षमा यद्यपि एक श्रेष्ठ गुण है, किन्तु इस प्रकार के दुष्ट व्यक्तियों को क्षमा करना अनुचित है। नितान्त नीच प्रकृति के लोग क्षमा का माहात्म्य न समझ सकने के कारण सोचते हैं कि क्षमावान व्यक्ति उनसे पराजित हो गये हैं।[2]

हमेशा क्षमा करना उचित नहीं—क्षमा एवं तेजस्विता प्रदर्शन में से क्या चीज श्रेष्ठ है? बलि के इस प्रश्न के उत्तर में उनके पितामह प्रह्लाद ने उत्तर दिया था—"वत्स, हमेशा तेज का प्रदर्शन करना या हमेशा क्षमा करना, इनमें से कोई भी संगत नहीं है। जो सर्वदा क्षमा धारण किये रहते हैं, उनकी भृत्यगण अवज्ञा करते हैं, शत्रु एवं मध्यस्थ भी उसका ख्याल नहीं रखते। साधारण पढ़े लिखे लोग

---

१. शान्ति १६० वाँ अध्याय।

२. एक एव दमे दोषो द्वितीयो नोपपद्यते।
यदेनं क्षमया युक्तमशक्तं मन्यते जनः॥ शान्ति १६०।३४
एकः क्षमावतां दोषो द्वितीयो नोपपद्यते। इत्यादि। उद्योग ३३।५२
क्षमावन्तं हि पापात्मा जिताऽयमिति मन्यते। द्रोण० १९६।२६

भी उसे ठगने की चेष्टा करते हैं। उसकी धन-सम्पत्ति हर व्यक्ति ऐसे खरच करता है, जैसे उस पर सबका समानाधिकार हो। कटुवचन कहने में भी कोई नहीं हिचकता। नौकर-चाकर, पुत्र-पुत्री, पत्नी आदि के लिये भी वह नितान्त अनुग्रह का पात्र होता है। सर्वसाधारण व्यक्ति उसकी महिमा नहीं समझ पाते, और फिर उनके लिये संसार में रहना उपहासजनक बन जाता है।[1]

सतत उग्रता वर्जनीय—जो व्यक्ति क्षमा किसे कहते हैं, यह जानते ही नहीं और सदा उग्र व्यवहार करते हैं, वे भी सुखी नहीं रह पाते। मित्रों से विरोध, स्वजन-संबंधियों से ईर्ष्या, द्वेष आदि उनके जीवन में लगे ही रहते हैं। अपमान, अर्थहानि, उपालम्भ, अनादर, सन्ताप, द्वेष, ईर्ष्या, मोह आदि से निर्लिप्त रहना उनके लिये असम्भव होता है। जल्द ही उनके ऐश्वर्य का विनाश हो जाता है, यहाँ तक कि उन्हें सदा अपने प्राणों की भी चिन्ता करनी पड़ती है। जो व्यक्ति उपकारी एवं अपकारी दोनों के साथ एक-सा क्रूर व्यवहार करता है, उसे देखकर ही लोग भय से आतंकित हो जाते हैं। जिसे लोग शंकित दृष्टि से देखते हों, जिसको देखकर साधारण लोगों का मन आतंकित होता हो; उसका सारा जीवन अशांति में बीतता है, सुख उसके लिये अकल्पनीय वस्तु होती है।[2]

मौका देखकर क्रोध या क्षमा करनी चाहिये—क्रोध की जगह क्रोध एवं क्षमा की जगह क्षमा करना ही व्यक्ति के लिये श्रेयस्कर होता है। जो सत्पुरुष समयानुसार उपयुक्त व्यवहार करता है, वही इस संसार में सुखी जीवन बिता पाते हैं।[3]

क्षमा के पात्र-अपात्र व काल की विवेचना—क्षमा के उपयुक्त काल के संबंध में कहा गया है, कि जिसने पहले कभी कोई उपकार किया हो, उससे अगर जाने अनजाने कोई अपकार हो भी जाय तो उसे क्षमा कर देनी चाहिये। मनुष्य हमेशा समझबूझ कर काम नहीं करता, अतः यदि कोई बिना विचारे केवल भावना के वशीभूत होकर दुर्व्यवहार करे तो वह भी क्षमा का अधिकारी है। जानबूझ कर बुरा बर्त्ताव करके भी कोई बाद में झूठ बोले तो उस शठ, पापात्मा को कभी क्षमा नहीं देनी चाहिये। एक अपराध के लिये हर व्यक्ति को क्षमा मिलनी चाहिये। समानजातीय व्यक्ति अगर दूसरी बार भी गल्ती करे तो उसे क्षमा करना उचित नहीं है, लेकिन अगर यह पता लग जाये कि अपराध अनजाने में हुआ है तो क्रोध

---

१. न श्रेयः सततं तेजो न नित्यं श्रेयसी क्षमा। इत्यादि। वन २८।६-१५

२. अथ वैरोचने दोषानिमान् विद्ध्यक्षमावताम्। इत्यादि। वन २८। १६-२२

३. तस्मान्नात्युत्सृजेत्तेजो न च नित्यं मृदुर्भवेत्। इत्यादि। वन २८।२३, २४

करना अन्याय है। सुविवेचक अपराधी को यदि क्षमा कर दिया जाय तो उसे अपने किये पर स्वयं ही बहुत पश्चात्ताप होता है।[१]

लोकनिन्दा के भय से क्षमा—देश, काल एवं अपनी सामर्थ्य देखकर क्षमा का अवलम्बन लेना चाहिये। कई बार लोकनिन्दा के भय से भी अपराधी को माफ करना पड़ता है।[२]

श्रद्धा के बिना कोई भी कार्य निष्पन्न नहीं होता—श्रद्धा के बिना किसी भी कार्य की सिद्धि नहीं होती। आन्तरिक निष्ठा को ही श्रद्धा कहा गया है। जिस कार्य का श्रद्धा से अनुष्ठान किया जाता है, उसी का पूर्ण फल मिलता है। दान, प्रतिग्रह आदि सभी में श्रद्धा की आवश्यकता होती है। अश्रद्धा पाप होती है और श्रद्धा पापविमोचिनी। श्रद्धालु व्यक्ति प्रतिकूल अवस्था में भी पवित्र बने रहे हैं। जिसमें श्रद्धा का अभाव हो उसका कोई भी कार्य सफल नहीं होता।[३]

श्रद्धारहित यज्ञ तामस यज्ञ—श्रद्धासहित किया गया अनुष्ठान अनन्त फलदायी होता है। श्रद्धावान मनुष्य का सत्कर्मजनित धर्म अक्षयत्व का लाभ करता है। जो यज्ञ बिना श्रद्धा के किया जाता है, उस यज्ञ को भी तामसयज्ञ कहते हैं।[४]

सात्विक आदि के भेद से श्रद्धा के तीन प्रकार—जन्मजात संस्कारों के अनुसार मनुष्य सात्विक, राजस एवं तामस श्रद्धा का अधिकारी होता है। जो व्यक्ति जिस प्रकार की श्रद्धा का पोषण करता है उसकी वैसी ही प्रकृति बन जाती है। सात्विक श्रद्धासम्पन्न व्यक्ति सात्विक, राजस श्रद्धासम्पन्न व्यक्ति राजस एवं तामस श्रद्धासम्पन्न व्यक्ति तामस प्रकृति वाला होता है। इनके आचार व्यवहार एक दूसरे से बिल्कुल पृथक् होते हैं।[५]

---

१. क्षमाकालांस्तु वक्ष्यामि श्रृणु मे विस्तरेण तान्। इत्यादि। वन २८। २५-३१

२. देशकालौ तु संप्रेक्ष्य बलाबलमथात्मनः। इत्यादि। वन २८।३२, ३३

३. अश्रद्धा परमं पापं श्रद्धा पापप्रमोचिनी।
जहाति पापं श्रद्धावान् सर्पो जीर्णामिव त्वचम्॥ शान्ति २६३।१५-१९

४. अपि क्रतुशतैरिष्ट्वा क्षयं गच्छति तद्धरिः।
न तु क्षीयन्ति ते धर्माः श्रद्दधानैः प्रयोजिताः॥ अनु १२७।११
श्रद्धाविरहितं यज्ञं तामसं परिचक्षते। भीष्म ४१।१३
दैवतं हि महच्छ्रद्धा पवित्रं यजताञ्च यत्। इत्यादि। शांति ६०।४१-४५

५. त्रिविधा भवति श्रद्धा देहिनां सा स्वभावजा। इत्यादि। भीष्म ४१। २-२७

श्रद्धाविहीन अनुष्ठान निष्फल—श्रीकृष्ण ने अर्जुन से कहा है—"हे पार्थ, बिना श्रद्धा के होम करना, किसी को दान देना, तपस्या करना या कोई भी अनुष्ठान करना असत्कर्म होता है। वह अनुष्ठान इस लोक या परलोक किसी के लिये भी कल्याणप्रद नहीं होता।"[१]

---

१. अश्रद्धया हुतं दत्तं तपस्तप्तं कृतञ्च यत्।
असदित्युच्यते पार्थ न च तत् प्रेत्य नो इह॥ भीष्म ४१।२८

अहंकार व कृतघ्नता

अहंकारी दुर्योधन की परिणति––अत्यधिक अहंकार का भयानक परिणाम महाभारत में चित्रित हुआ है। अहंकारी दुर्योधन का अंत बहुत ही करुण था। उसके इस अंत का कारण ही अहंकार, गुरुजनों की अवमानना, लोभ एवं ज्ञातिहिंसा था। वीरश्रेष्ठ कर्ण का चरित्र यद्यपि बहुत उज्ज्वल था लेकिन दुर्योधन के अहंकार को बढ़ावा वही सबसे अधिक देते थे।

अहंकार त्याग का उपदेश––अहंकार के दोष बताकर उसका परित्याग करने के लिये बार बार कहा गया है। शान्तिपर्व के प्रायः प्रत्येक अध्याय में दो चार श्लोक ऐसे मिलते हैं, जिनमें शम, दम आदि का माहात्म्य बताया गया है।

अहंकार पतन का हेतु––महाप्रस्थानिक पर्व में कहा गया है कि जब सहदेव रास्ते में ही गिर पड़े तो भीम ने युधिष्ठिर से इसका कारण पूछा। युधिष्ठिर ने उत्तर दिया, "सहदेव अपने जैसा बुद्धिमान किसी दूसरे को नहीं समझते थे, यह अहंकार ही उनके पतन का कारण है।" नकुल को अपने रूप का बहुत अहंकार था। भीम और अर्जुन भी अहंकारी थे। इसी कारण ये तीनों भी रास्ते में ही मृत्युग्रस्त हो गये थे।[1]

ययाति का अधःपतन––ययाति के स्वर्ग पहुँचने पर इन्द्र ने उनसे प्रश्न पूछा, "राजन्, तुमने अपने जीवन में बहुत पुण्य कर्म किये हैं, इसलिये मैं जानना चाहता हूँ कि तपःशक्ति में तुम किसके तुल्य हो?" ययाति ने उत्तर दिया, "देवराज, मुझे तो तीनों लोकों में अपने समान तपस्वी दूसरा नहीं दिखाई देता; इतनी कठोर तपस्या दूसरा कोई कर ही नहीं सकता।" ययाति के दर्पभरे वचन सुनकर देवराज बोले, "राजन्, अतिशय गर्व से ही तुम्हारे पुण्य का क्षय हो गया है, अब तुम स्वर्गलोक में वास करने के उपयुक्त नहीं रह गये हो, शीघ्र ही तुम्हें मर्त्यलोक में जाना पड़ेगा।"[2]

---

१. महाप्रस्थानिक २ रा अध्याय।

२. नाहं देवमनुष्येषु गन्धर्वेषु महर्षिषु।
आत्मनस्तपसा तुल्यं कञ्चित् पश्यामि वासव। इत्यादि। आदि ८८।२,३

नहुष की सर्वत्व प्राप्ति—पुण्यफल से नहुष इंद्रत्व को प्राप्त करके स्वर्गलोक गये। वहाँ उन्होंने अत्याचार करना शुरू कर दिया। उनका अत्याचार इतना बढ़ गया कि एक दिन तो वे शचीदेवी को अपनी अंकशायिनी बनाने के लिये जिद करने लगे। उनके अत्याचार से देवगण अस्थिर हो उठे। बाद में बृहस्पति के परामर्श से शची ने नहुष से कहा, "यदि तुम महर्षियों को रथ का वाहन बनाकर मेरे महल में ले आओगे तो मैं तुम्हें वरण कर लूँगी।" नहुष ने हिताहित सोचे बिना बलपूर्वक अगस्त्य आदि ऋषियों को रथ में जोत दिया। रास्ते में बात बात में ऋषियों के साथ झगड़ा शुरू हो गया। क्रुद्ध दर्पी नहुष ने अगस्त्य के सिर पर लात मार दी और उन्हें अपने सब अत्याचारों का फल मिल गया। महर्षि के शाप से उसी वक्त वे साँप बनकर पृथ्वी पर गिर पड़े।[१]

आत्मप्रशंसा आत्महत्या के समान—अपने मुँह से अपनी प्रशंसा करने को आत्महत्या के समान बताया गया है। अर्जुन ने प्रतिज्ञा कर रक्खी थी कि जो भी उनके गांडीव की निन्दा करेगा वे उसका वध कर देंगे। एक दिन कर्ण के बाण से घायल होने पर युधिष्ठिर का धैर्य छूट गया। उन्होंने कटुवचन कहकर अर्जुन का तो तिरस्कार किया ही, साथ ही साथ गांडीव की भी निन्दा कर दी। अर्जुन जैसे प्रतिज्ञा पालन के लिये उद्यत हुए कि श्रीकृष्ण ने उन्हें रोककर कहा कि अपने से बड़ों का तो अपमान करना ही उनका वध करने के समान होता है। अतः युधिष्ठिर से अपमानजनक व्यवहार करने मात्र से उसकी प्रतिज्ञा की रक्षा हो जायगी। कृष्ण के मतानुसार अर्जुन ने युधिष्ठिर की भर्त्सना कर दी लेकिन करने के बाद उन्हें अपने ऊपर बहुत ही ग्लानि हुई। ग्लानि के कारण आत्महत्या के उद्देश्य से जैसे ही उन्होंने तलवार निकाली, कृष्ण उनका मतलब समझ गये। वे बोले, "अर्जुन आत्महत्या महापाप है; तुम्हारे जैसा वीर अगर इन छोटी छोटी बातों से विचलित होने लगे तो काम कैसे चलेगा। शान्त होओ, वचन के द्वारा जैसे दूसरे का वध किया जा सकता है, उसी तरह आत्महत्या भी की जा सकती है। अपने मुख से अपनी प्रशंसा करना आत्महत्या के ही समान है।" और अर्जुन ने कृष्ण की बात मान कर उसी तरह अपनी गलती का प्रायश्चित्त किया। आत्मप्रशंसा को गर्हित बताने के उद्देश्य से ही शायद यह कहानी गढ़ी गई है।[२]

---

१. उद्योग १७ वाँ अध्याय। वनु १७९ वाँ अध्याय। अनु १०० वाँ अध्याय

२. ब्रवीहि वाचाद्य गुणानिहात्मस्तथा हतात्मा भवितासि पार्थ। कर्ण ७०-२९
कामं नैतत् प्रशंसन्ति सन्तः स्वबलसंस्तवम्। आदि ३४।२

कृतघ्नता के दोष—उपकारी के प्रति सर्वदा कृतज्ञ रहना चाहिये। उनका अनिष्ट करके कृतघ्नता दिखाना नीच कर्म है। ब्रह्मघ्न, सुरापायी, चोर आदि पापियों को तो प्रायश्चित्त करने पर निष्कृति मिल भी जाती है; लेकिन कृतघ्न व्यक्ति के लिये तो कोई भी प्रायश्चित्त फलदायक नहीं होता। आमरण उसे कृतघ्नता का फल भोगना पड़ता है।[1]

१. ब्रह्मघ्ने च सुरापे च चौरे भग्नव्रते तथा।
निष्कृतिर्विहिता राजन् कृतघ्ने नास्ति निष्कृतिः॥ इत्यादि। शांति १७२।२५, २६। शांति १७३।१७

दान प्रकरण

इहलोक व परलोक में दान का फल---दान का फल मनुष्य को दोनों लोक में मिलता है। इस लोक में आत्मतुष्टि मिलती है और दूसरे लोक में अच्छी गति मिलती है। यथासाध्य दान देने के लिये सभी को उपदेश दिया गया है। अनुशासन पर्व में दान के माहात्म्य का बहुत गुणगान किया गया है। इसी वजह से अनुशासन पर्व को दानधर्म भी कहा जाता है।[1]

युधिष्ठिर ने व्यासदेव से पूछा था कि दान एवं तपस्या में अपेक्षाकृत कष्टसाध्य क्या है। प्रत्युत्तर में महर्षि ने बताया था कि दान से अधिक दुष्कर और कुछ नहीं है। अर्थोपार्जन के लिये मनुष्य जितने कष्ट उठा सकता है, उतने और किसी चीज के लिये नहीं। धन के लिये समुद्र के गर्भ में उतरना, पर्वत शिखर पर चढ़ना कुछ भी असम्भव नहीं है। अर्थ के लिये मनुष्य दासत्व तक स्वीकार करने में कुंठित नहीं होता। इतनी कठिनाइयों से अर्जित किया हुआ धन दूसरे को दान कर देना विशाल हृदय का परिचायक है। सत्पात्र को दान देना ही न्यायोपार्जित धन की उत्तम गति है।[2]

सात्विक आदि के भेद से दान के तीन प्रकार---दान तीन प्रकार का होता है—सात्विक, राजस तथा तामस। जिस व्यक्ति ने कभी दाता का कोई उपकार न किया हो उसके पात्रत्व पर विचार करके शुभस्थान पर, शुभमुहूर्त्त में उसे दान देना 'सात्विक दान' कहलाता है। प्रत्युपकार की अथवा अन्य फल की आशा से दान देना और बाद को उस प्रदत्त वस्तु के लिये अनुशोचना करना 'राजस दान' होता है। स्थान, काल व पात्र अपात्र का विचार किये बिना अवज्ञा तथा अश्रद्धा से दिया हुआ दान 'तामस' दान कहा जाता है।[3] दान देकर जो पछताते हैं उन्हें 'नृशंस' की संज्ञा दी गई है।[4]

---

१. दानं ददत् पवित्री स्यात्। अनु ९३।१२। अनु १६३।१२
अनु ६० वाँ तथा १३७ वाँ अध्याय।

२. वन २५८ वाँ अध्याय।

३. दातव्यमिति यद्दानं दीयतेऽनुपकारिणे।
देशे काले च पात्रे च तद्दानं सात्विकं स्मृतम्॥ इत्यादि। भीष्म ४१। २०-२२

४. दत्तानुतापी। उद्योग ४३।१९

किसी के मत से पांच प्रकार के दान—एक जगह् दान को पाँच प्रकार का बताया गया है। कहा है, धर्म, अर्थ, भय, काम एवं करुणा इन पाँच कारणों से दान दिया जाता है।

असूया का त्याग करके ब्राह्मण को जो दान दिया जाय वही दान धर्मदान है। अमुक व्यक्ति ने मुझे कुछ दिया है या दे रहा है अथवा भविष्य में देगा यह सोचकर दान देना प्रतिदान की इच्छा से दान देना कहलाता है। इसका दूसरा नाम अर्थदान है। अनिष्ट की आशंका से दुष्ट व्यक्ति को सन्तुष्ट रखने के लिये बुद्धिमान व्यक्ति दान देता है। इस प्रकार के दान का कारण भय होता है। प्रियजनों की प्रीति के निमित्त जो दान दिया जाता है वह काम दान कहलाता है। दीन, भिक्षुक, अनाथ आदि को करुणावश दान दिया जाता है, इस दान को कारुण्य दान की संज्ञा दी गई है।[1]

बिना श्रद्धा के दिया हुआ दान निन्दनीय—उल्लिखित पाँच प्रकार के दानों में धर्मदान एवं कारुण्य दान को सात्विक दान कहा जा सकता है। सात्विक दान से दाता के मन में अहंकार उत्पन्न नहीं होता। बिना श्रद्धा के दान देना गर्हित बताया गया है।[2]

निष्काम दान की प्रशस्तता—बिना किसी कामना के दान देना ही उत्तम होता है। शिविचरित में महाराज शिवि के निष्काम दान की शतमुख प्रशंसा की गई है।[3]

दान का उपयुक्त पात्र—शान्त, सरल, सत्यवादी, अहिंसक, अक्रोधी, सरल-प्रकृति व्यक्ति ही दान का उपयुक्त पात्र होता है। जो ब्राह्मण अपनी वृत्ति द्वारा जीवननिर्वाह करता है, उसे दान देना सर्वोत्तम है।[4]

अपात्र को दान देने से दाता का अनिष्ट—उत्कृष्ट पात्र को दान देने की जितनी प्रशंसा की गई है, उतनी अपात्र को दान देने की निन्दा। जो स्वधर्मत्यागी हो

---

१. अनु १३८ वाँ अ। जयेत् कदर्यं दानेन। उ ३९।७४। वन १९४।६

२. काले च शक्त्या मत्सरं वर्जयित्वा शुद्धात्मानः श्रद्धिनः पुण्यशीलाः। अनु ७१।४८। उद्योग ४५।४
अवज्ञया दीयते यत्तथैवाश्रद्धयापि वा।
तदाहुरधमं दानं मुनयः सत्यवादिनः॥ शान्ति २९३।१९

३. नैवाहमेतद् यशसे ददानि। इत्यादि। वन १९७।२६,२७

४. अक्रोधः सत्यवचनमहिंसा दम आर्जवम्। इत्यादि। अनु ३७।८,९ शान्ति ७९३।१७-१९। अन २२ वाँ अ।

उसे दान देने से दाता का अकल्याण होता है।[1] पतित, चोर, मिथ्यावादी, कृतघ्न, वेदविक्रयी, परिचारक आदि को दान नहीं देना चाहिये। इस प्रकार के सोलह दानों को वृथा दान बताया है।[2]

प्रार्थी को लौटाना नहीं चाहिये—अनुशासनपर्व में अन्नदान के प्रसंग में कहा गया है कि प्रार्थी का अपमान नहीं करना चाहिये। चांडाल हो या कुत्ते जैसा क्षुद्र प्राणी, किसी को भी दिया दान व्यर्थ नहीं होता।[3]

दान की प्रशंसा—प्राणदान, भूमिदान, गोदान, अन्नदान आदि अनेकों प्रकार के दानों का उल्लेख करके उनकी प्रशंसा की गई है। पूरा अनुशासनपर्व ही दान के माहात्म्य से भरपूर है। 'गोसेवा' प्रबंध में गोदान के विषय में कहा गया है। कहा गया है कि जो वस्तु अन्याय द्वारा अर्जित की गई हो, वह कभी दान में नहीं देनी चाहिये।[4]

वापी, कूप आदि खुदवाना—तालाब, कुएँ आदि खुदवाकर सर्वसाधारण के पानीय जल की व्यवस्था करने के लिये भी गृहस्थ को उपदेश दिया गया है। ऐसे कामों से मिलनेवाले फल का भी गुणगान किया गया है।[5]

काल के अनसार दान का पुण्य—मास, तिथि, नक्षत्र आदि देखकर दान देने से दान का महत्त्व अधिक होता है। इस प्रकार के बहुत से निर्देश महाभारत में मिलते हैं।[6]

अति दान निन्दित—अपने परिवार की स्थिति का ख्याल किये बिना यथेच्छ रूप से दान देने का ग्रंथकार ने अनुमोदन नहीं किया। अपनी सामर्थ्य समझे बिना दान देने वाले व्यक्ति के पास लक्ष्मी भी जाने में डरती है।[7]

---

१. ये स्वधर्मादपेतेभ्यः प्रयच्छन्त्यल्पबुद्धयः।
शतं वर्षाणि ते प्रेत्य पुरीषं भुञ्जते जनाः॥ इत्यादि। शांति २६।२९-३१। उद्योग ३३।६३

२. व्यर्थन्तु पतिते दानं ब्राह्मणे तस्करे तथा। वन १९९।६-९

३. नावमन्येदभिगतं न प्रणुद्यात् कदाचन।
अपि श्वपाके शुनि वा न दानं विप्रनश्यति॥ अनु ६३।१३

४. नो दोतव्या याश्च मूल्यैरदत्तै। इत्यादि। अनु ७७।७

५. पानीयं परमं दानं दानानां मनुरब्रवीत। इत्यादि। अनु ६५।३-६। अनु ६८।२०-२२

६. पर्वसु द्विगणं दानमृतौ दशगुणं भवेत्। वन १९९।१२४—१२७। अनु ६४ वाँ अध्याय।

७. अत्यार्यमतिदातारं....श्रीर्भयान्नोपसर्पति। उद्योग ३९।६४

द्वितीय खण्ड

धर्म

चतुर्वर्ग में धर्म का स्थान—धर्म, अर्थ, काम, मोक्ष इन चार को चतुर्वर्ग कहा गया है। इनकी प्रत्येक व्यक्ति आकांक्षा करता है, इसलिये इन्हें पुरुषार्थ की संज्ञा भी दी गई है। पुरुषार्थ चतुष्टय में मोक्ष ही सर्वोत्तम है। मनुष्य के रुचिभेद के अनुसार धर्म, अर्थ, काम में प्रत्येक का प्राधान्य होते हुए भी धर्म सर्वप्रधान है; क्योंकि धर्माचरण द्वारा मनुष्य अर्थ एवं काम की प्राप्ति कर सकता है; इनके लिये उसे पृथक् चेष्टा नहीं करनी पड़ती। धर्म से गृहस्थ मोक्ष भी प्राप्त कर सकता है।[1]

धर्म, अर्थ व काम का एक साथ उपभोग—यक्ष के प्रश्न के उत्तर में युधिष्ठिर ने कहा है, जिसकी भार्या धर्माचरण के अनुकूल हो, वह गृहस्थ धर्म, अर्थ व काम का एक साथ उपभोग कर सकता है। धर्म से ही अर्थ का लाभ होता है और अर्थ कामनापूर्ण करने में सहायक है, अतएव इन तीनों में कोई अन्तर्विरोध नहीं है।[2]

धर्म का प्रयोजन—धर्म किसे कहते हैं, इस प्रश्न का उत्तर तरह तरह से दिया गया है। एक वाक्य में उनका सार यह है कि इहलोक व परलोक के अनुकूल आचरण करना ही धर्म है।[3] आत्मतुष्टि 'चित्तशुद्धि' लोकस्थिति तथा मोक्ष-प्राप्ति धर्म का उद्देश्य है। महाभारत में धर्म की अनेकों शाखाएँ वर्णित हैं, जैसे समाजधर्म, वर्णाश्रमधर्म, राजधर्म, लौकिक धर्म, कुलधर्म आदि। कहा है, धर्म की वृद्धि से समाज का कल्याण होता है और धर्म के नाश से अकल्याण।

धर्म शब्द की दो व्युत्पत्तियाँ—महाभारत में धर्म शब्द के व्युत्पत्तिगत दो अर्थ बताये हैं। पहला है 'धन' पूर्वक 'ऋ' धातु में 'मक्' प्रत्यय के योग से धर्म शब्द बनता है। जिसका अर्थ है—जिसके द्वारा धन की प्राप्ति हो। धन शब्द से पार्थिव, अपार्थिव हर प्रकार के धन को समझना चाहिये। दूसरी तरह से धारणार्थक 'धृञ्च' धातु के साथ 'मन्' प्रत्यय का योग करने पर धर्म शब्द बनता है। इसका

---

१. शान्ति १६७ वाँ अध्याय। शान्ति २७०।२४-२७

२. यदा धर्मश्च भार्या च परस्परवशानुगौ।
तदा धर्मार्थकामानां त्रयाणामपि संगमः॥ वन ३१२।१०२

३. लोकयात्रामिहैके तु धर्मं प्राहुर्मनीषिणः। इत्यादि। शान्ति १४२।१९

अर्थ है—जो सबको धारण करे, अर्थात लोकस्थिति जिस पर निर्भर हो। उपर्युक्त दोनों अर्थों में से हम कोई भी ले सकते हैं। सारांश में—जिसके द्वारा व्यष्टि एवं समष्टि रूप से लोकस्थिति विधृत हो अर्थात् जिसको केन्द्र मानकर प्रत्येक का जीवन चलता हो अथवा जो वस्तु अर्थ-काम आदि की प्राप्ति में सहायक हो, उसे धर्म कहते हैं।[1]

अनिंद्य आचरण ही धर्म—धर्म शब्द का धातु-प्रत्यय लब्ध अर्थ चाहे कुछ भी हो, लेकिन व्यावहारिक रूप से कुछ शुद्धाचरणों को ही धर्म माना जाता है। अनेक अर्थों में प्रयुक्त धर्म शब्द को अनिंद्य आचरण के रूप में भी व्यवहृत किया जा सकता है। आचरण केवल बाहरी आचरण नहीं होता, मन की अच्छी भावनाएँ भी धर्माचरण में गण्य हैं।

धर्म दोनों लोक के लिए कल्याणप्रद—एकमात्र इहलौकिक स्थिति को धर्म का चरम उद्देश्य बताना महाभारत का अभिप्राय नहीं है। अधिकतर धर्मानुष्ठान कष्टसाध्य होते हैं। स्वभाव से कष्टविमुख मानव परलोक की हितकामना से धर्म के निमित्त ऐहिक दुख का भी वरण कर लेता है। धर्म के कुछ अनुष्ठान ऐहिक कल्याण के लिये और कुछ पारलौकिक हित के लिये किये जाते हैं। युधिष्ठिर के प्रश्न के उत्तर में भीष्म ने कहा है—"धर्म के विषय में बहुत से लोग संदिग्ध होते हैं। धर्म की विधि प्रणाली बहुत कुछ लौकिक व्यवहार पर निर्भर करती है। आपद्काल में अधर्म को भी धर्म के रूप में स्वीकार करना पड़ता है। धर्म, अधर्म का निर्णय करना मुश्किल है। किन्तु यह निःसन्देह कहा जा सकता है कि धर्म इस लोक व परलोक दोनों के लिये कल्याणकारी होता है। लोकस्थिति एवं आत्मशुद्धि के निमित्त ही धर्म का उपदेश दिया जाता है। अनुष्ठान के द्वारा चित्तशुद्धि होती है और चरम पुरुषार्थ के लिये चित्तशुद्धि सहायक होती है। अतः जो दोनों लोक के कल्याण का आकांक्षी हो, उसे धर्माचरण में मन लगाना चाहिये।" धर्माचरण का अंतिम लक्ष्य मुक्ति है।[2]

---

१. धनात् स्रवति धर्मो हि धारणाद्वेति निश्चयः॥ शान्ति ९०।१७
धारणाद्धर्ममित्याहुधर्मो धारयते प्रजाः।
यत् स्याद्धारणसंयुक्तं स धर्म इति निश्चयः॥ इत्यादि॥ कर्ण ६९।५९
शान्ति १०९।११

२. अपि ह्युक्तानि धर्माणि व्यवस्यन्त्युत्तरावरे।
लोकयात्रार्थमेवेह धर्मस्य नियमः कृतः॥ इत्यादि। शान्ति २५८।४-६

धार्मिक कृत्य का प्रधान लक्ष्य चित्तशुद्धि—ब्राह्मण-व्याध-संवाद में व्याध ब्राह्मण से कहता है—ऐसे बहुत से शास्त्रज्ञ, धार्मिक व्यक्ति हैं जो धर्म को ही जीवन का सार समझते हैं। शिष्ट पुरुषों के आचरण का अनुकरण करना प्रत्येक व्यक्ति का कर्त्तव्य है। धर्म द्वारा जिस अर्थ की प्राप्ति हो, उसी से सन्तुष्ट रहना चाहिये। नीच से नीच व्यक्ति में भी अगर कोई गुण हो तो धर्मज्ञ व्यक्ति उससे अनुराग करते हैं। धर्मध्यानी हर अवस्था में सन्तुष्ट रहता है, वही ऐहिक एवं पारत्रिक सुख का भागी होता है।

धर्म ही मोक्ष का साधन—धर्मज्ञ व्यक्ति को शब्द, स्पर्श, रूप, रस व गंध आदि बहिर्विषयों पर पूर्ण संयम होता है। धर्माचरण से जब चित्त की शुद्धि हो जाती है तो वह केवल अनुष्ठान से संतुष्ट नहीं होता। वह अतृप्ति उस व्यक्ति के अन्तर में वैराग्य का बीज डाल देती है और वह बीज एक विशाल वृक्ष के रूप में परिणत हो जाता है। कालान्तर में संसार की असारता जानकर वह व्यक्ति विषयों से विमुख हो जाता है। यही वैराग्य उसे मुक्ति के पथ पर अग्रसर करता है।[1]

धर्म के विषय में वेद को प्राथमिकता—धर्म, अधर्म का निर्णय करने के लिये वेद ही सर्वश्रेष्ठ प्रमाण हैं। वेद जिन आचरणों का समर्थन करते हैं वही धर्म है।[2]

वेद के बाद धर्मशास्त्र—वेद के बाद धर्मशास्त्रों का नम्बर आता है। मनुसंहिता आदि धर्मशास्त्रों में जिसे धर्म बताया है, वह भी धर्म है। महाभारतकार ने धर्मशास्त्रकार के रूप में मनु को बहुत सम्मान दिया है। बहुत सी जगह मनु के वचनों द्वारा अपने मत का समर्थन कराया है। यद्यपि महाभारत में यह नहीं बताया है कि धर्मशास्त्रों में किस किस को प्रामाणिक मानना चाहिये, लेकिन मन्वादिसंहिता, धर्मसूत्र, रामायण एवं पुराणों को ही शायद धर्मशास्त्र माना है। धर्मप्रतिपादक वेदसम्मत सूत्रों आदि को वेदतुल्य समझकर धर्मशास्त्र या स्मृतिशास्त्र के रूप में ग्रहण नहीं किया जा सकता। स्मृतिशास्त्र वर्णाश्रमधर्म आदि के पथ-

---

१. दुर्ज्ञेयः शाश्वतो धर्मः स च सत्ये प्रतिष्ठितः। वन २०५।४१
सतां धर्मेण वर्त्तेत क्रियां शिष्टवदाचरेत्। वन २०८।४४-५३

२. श्रुतिप्रमाणो धर्मः स्यादिति वृद्धानुशासनम्। इत्यादि। वन २०५।४१
वन २०८।२
अनु १६२ वाँ अध्याय।

प्रदर्शक एवं वेदानुमोदित होते हैं इसीलिये धर्मनिर्णय के लिये वे ही दूसरे नंबर पर आते हैं।[1]

धर्मनिर्णय में शिष्टाचार का प्रमाण—शिष्ट व्यक्ति के आचार को भी धर्म मानना पड़ता है। जिनका आचरण सत्पुरुषों द्वारा अनुमोदित हो वही साधु या शिष्ट पुरुष हैं। धर्म के विषय में शिष्टाचार का प्रमाण भी महाभारत में स्वीकृत हुआ है। (द्रष्टव्य पृष्ठ २२०) लेकिन उसका स्थान श्रुति व स्मृति के बाद आता है।[2]

प्रमाण की श्रेष्ठता—उपर्युक्त उद्धरणों से पता लगता है कि धर्म के विषय में कोई प्रश्न उठने पर सर्वप्रथम श्रुति का अभिप्राय जानना चाहिये। श्रुति से शंका का समाधान न होता हो तो धर्मशास्त्र देखने चाहिये। धर्मशास्त्र भी यदि संदिग्ध विषय की मीमांसा न बताते हों तो शिष्ट या सत्पुरुषों के आचार को देखना चाहिये एवं उन्हीं के पथ का अनुसरण करना चाहिये। इससे यह सिद्धान्त प्रतिपादित होता है कि श्रुति व धर्मशास्त्र में विरोध उपस्थित हो तो श्रौत प्रमाण को मानना चाहिये और धर्मशास्त्र तथा सदाचार में विरोध हो तो धर्मशास्त्र को प्राथमिकता देनी चाहिये। श्रुति एवं धर्मशास्त्र में आपातविरोधी उक्ति की मीमांसा करते वक्त शिष्टाचार के तरफ भी लक्ष्य रखना चाहिये क्योंकि सदाचार प्रायः अप्रामाणिक नहीं होते। सदाचार एवं स्मृति की सहायता से विलुप्त श्रुति का अनुमान लगाया जा सकता है, यह शास्त्रीय सिद्धान्त है। महाभारत में भी इसका अनुमोदन हुआ है।

महाजनो येन गतः स पन्थाः—'कः पन्थाः'—यक्ष के इस प्रश्न के उत्तर में युधिष्ठिर ने कहा है, केवल व्यावहारिक बुद्धि के सहारे किसी भी सिद्धान्त पर पहुँचना मुश्किल है, क्योंकि तर्क अनिर्णीत होता है, अर्थात् जिनकी प्रतिभा अपेक्षाकृत तीक्ष्ण होती है वे तर्क द्वारा दूसरे के सिद्धान्त का अनायास ही खंडन कर सकते

---

१. वेदोक्तः परमो धर्मो धर्मशास्त्रेषु चापरः। इत्यादि। वन २०६।८३ अनु १४१।६५
सदाचारः स्मृतिर्वेदास्त्रिविधं धर्मलक्षणम्। शान्ति २५८।३

२. शिष्टाचारश्च शिष्टानां त्रिविधं धर्मलक्षणम्। इत्यादि। वन २०६।८३, ७५। शान्ति १३२।१५॥
सदाचारः स्मृतिर्वेदास्त्रिविधं धर्मलक्षणम्। इत्यादि। शान्ति २५८।३। शान्ति २५९।५
शिष्टाचीर्णोऽपरः प्रोक्तस्त्रयो धर्माः सनातनाः। इत्यादि। अनु १४१। ६५। अनु ४५।५। अनु १०४।९

हैं। श्रुति भी विभिन्न अर्थों के प्रतिपादक लगते हैं। ऋषियों में भी मतभेद है, किसी एक ऋषि के सिद्धान्त को मानकर चला जाय, यह भी नहीं हो सकता। धर्म का तत्त्व दुरभिगम्य है, सोचे विचारे बिना किसी निर्णय पर पहुँचना कठिन है। अतएव महापुरुषों ने जिस पथ का अवलम्बन लिया है, वही प्रकृत पथ है, उनके द्वारा अनुसृत आदर्श ही हमारा आदर्श है। धर्म के विषय में शास्त्रानुमोदित तर्क के द्वारा कोई सिद्धान्त नहीं बनाया जा सकता। आर्षवाक्य तथा पूर्वपुरुषों के आचरण की प्रमाणता में आशंका करना नितान्त अशोभनीय है। आँख मीच कर महापुरुषों के मार्ग का अनुसरण करना ही श्रेष्ठ आदर्श है।[1]

श्रुति-स्मृति का सार समझने के लिए सदाचार की सहायता—वेद, स्मृति, पुराण आदि का उल्लंघन करके गन्तव्य पथ स्थिर करना, इस अर्थ में उपर्युक्त शब्द प्रयुक्त नहीं हुए हैं। अगर यही मतलब होता तो वेद एवं स्मृति आदि के प्रमाण विषयक पूर्व संकलित उद्धरणों की कोई सार्थकता नहीं होती। आपात-विरोधी अर्थ का सामञ्जस्य करने के लिये यथेष्ट पांडित्य की आवश्यकता होती है, सबके लिये वह सम्भव नहीं होता। अतः साधारण व्यक्ति के लिये महापुरुषों के पदचिह्नों पर चलना ही श्रेयस्कर है। अब प्रश्न यह उठता है कि महापुरुष किसे कहा जाय। जिन्होंने विद्या, अर्थ आदि की प्रचुरता से ख्याति प्राप्त की हो, साधारणतः हम उन्हीं को 'महापुरुष' समझते हैं, किन्तु महाभारत का मन्तव्य दूसरा है। महाभारत में साधु, सत्, शिष्ट आदि को जिस अर्थ में लिया है, महा-पुरुष को भी उसी अर्थ में लिया है। नहीं तो शिष्ट व्यक्ति का पदानुसरण करने का उपदेश बिल्कुल ही निरर्थक हो जाता है। जो वेदशास्त्रों द्वारा बताये आचार विचारों का निर्विरोध पालन करते हैं, उन्हीं को ग्रन्थकार ने महापुरुष माना है। वस्तुतः बाहरी आचार व्यवहार में थोड़ा बहुत मतभेद होते हुए भी महापुरुषों में कोई विरोध नहीं होता। वे श्रुति-स्मृति के तात्पर्य को पूर्ण रूप से न समझ पाने पर भी उनके अनुसार अपनी जीवनप्रणाली को नियन्त्रित कर लेते हैं, इसलिये श्रुति-स्मृति में विरोध उपस्थित होने पर सदाचार की तरफ लक्ष्य रखने को आवश्यक कहा गया है। सुतराम् जिस धर्म को समझना कठिन हो, उसके तत्त्व की गूढ़ता को

---

१. **तर्कोऽप्रतिष्ठः श्रुतयो विभिन्ना नैको ऋषिर्यस्य मतं प्रमाणम्।**
धर्मस्य तत्त्वं निहितं गुहायाम् महाजनो येन गतः स पन्थाः॥
वन ३१२।११७

अंधो जड इवाशंकी यद् ब्रवीमि तदाचर। अनु १६२।२२-२५

समझने के लिये हमारे जैसे साधारण मनुष्यों को सदाचारों का ही अवलम्बन लेना चाहिये। यही शायद महाभारत का उपदेश है।[१]

जातिधर्म तथा कुलधर्म—जातिधर्म एवं कुलधर्म का आचरण भी महापुरुषों के पदानुसार ही करना चाहिये। पूर्वजों द्वारा अनुष्ठित आचरण ही कुलधर्म है। कुलधर्म के व्यापक अर्थ में जातिधर्म शब्द का प्रयोग किया गया है। ब्राह्मण का जातिगत अधिकार इन कार्यों पर है, क्षत्रिय का अमुक पर है, इस प्रकार विभिन्न जातियों के जिन आचरणीय कर्मों का निर्देश दिया गया है, वही जातिधर्म है। जातिधर्म का दूसरा नाम स्वधर्म तथा सहजकर्म भी है। (देखिये पृष्ठ १४८) पूर्वजों द्वारा पालित कुलधर्म किसी भी अवस्था में परित्याज्य नहीं है। प्रत्येक व्यक्ति को अपने कुलधर्म का पालन करना चाहिये।[२]

देशधर्म—विभिन्न जगहों के विभिन्न धर्माचरण होते हैं। जहाँ जिस प्रकार के आचरण व्यवहार प्रचलित हों, उस जगह के निवासी को उन्हीं का पालन करना चाहिये।[३] युधिष्ठिर को उपदेश देने के उद्देश्य से भीष्म ने कृष्ण को सम्बोधित करके कहा था, "हे जनार्दन, मैं देशधर्म, जातिधर्म एव कुलधर्म से अच्छी तरह अभिज्ञ हूँ।"[४] इस उक्ति से प्रतीत होता है कि उस काल में सामाजिक व्यक्ति इन सब विषयों का भी अध्ययन करते थे। देशभेद के अनुसार आचार-व्यवहार में पार्थक्य इस ग्रन्थ में बहुत से विषयों में पाया जाता है।

धर्म लाभ के उपाय—याग यज्ञ, अध्ययन, दान, तपस्या, सत्यवचन, क्षमा, दया एव निस्पृहा—इन आठों को धर्मलाभ के उपाय बताया गया है। बहुत से लोग समाज में ख्याति के उद्देश्य से यज्ञ आदि शुरू करते रहते हैं। आन्तरिक इच्छा न होते हुए भी नाम की आकांक्षा से किसी तरह दिखावा करके स्वयं को कृतार्थ समझते हैं। लेकिन महापुरुषों के वास्तविक धर्म तो सत्य, क्षमा, दया

---

१. **शिष्टाचारश्च शिष्टश्च धर्मो धर्मभृतां वर।**
सेवितव्यो नरव्याघ्र प्रेत्येह च सुखेप्सुना॥ शान्ति ३५।४८
शिष्टैश्च धर्मो यः प्रोक्तः स च मे हृदि वर्त्तते। शान्ति ५४।२०

२. **जातिश्रेण्यधिवासानां कुलधर्माश्च सर्वतः।**
वर्जयन्ति च ये धर्मं तेषां धर्मो न विद्यते। शान्ति ३६।१९
ब्राह्मणेषु च या वृत्तिः पितृपैतामहोचिता। इत्यादि। अनु १६२।२४॥

३. **देशधर्मांश्च कौन्तेय कुलधर्मांस्तथैव च। शान्ति ६६।२९**
देशाचारान् समयान् जातिधर्मान्। इत्यादि। उद्योग ३३।११८

४. **देशजातिकुलानाञ्च धर्मज्ञोऽस्मि जनार्द्दन। शान्ति ५४।२०॥**

एवं निस्पृहा हैं। इन चारों का पालन मनुष्य लोक दिखावे के लिये नहीं कर सकता। इनके लिये तो आन्तरिक प्रेरणा की आवश्यकता होती है।[1]

सार्वजनीन धर्म—बिना दिये दूसरे का द्रव्य न लेना, दान, अध्ययन, तपस्या, सत्य, शौच, अक्रोध, यज्ञ आदि को धर्म कहा गया है। अक्रोध, सत्यवचन, क्षमा, स्वदाररति, अद्रोह, आर्जव व भृत्यभरण ये सार्वजनीन धर्म के रूप में ख्यात हैं। अनृशंसता, अहिंसा, अप्रमाद, संविभागिता, श्राद्धकर्म, आतिथेय, सत्य, अक्रोध, शौच, अनसूया, आत्मज्ञान व तितिक्षा इन्हें धर्म कहा गया है।[2]

धर्म की सार्वभौमिकता—जाति व वर्णविशेष से आचरित धर्माचरणों में भिन्नता होते हुए भी धर्म का आन्तरिक स्वरूप व लक्ष्य एक ही है। आत्मतुष्टि, लोकविधृति तथा ऐहिक व पारत्रिक कल्याण ही धर्म का लक्ष्य है। समस्त विश्व के सुख दुःख के साथ अपने सुख दुःख की अनुभूति को मिला देना ही महाभारत के अनुसार परम धर्म है। धर्म असल में तो आभ्यन्तर की चीज है, बाहरी अनुष्ठान तो सहायक मात्र है वह साध्य नहीं होते। साध्य तथा साधन में एकत्वबोध न हो इस उद्देश्य से कहा गया है कि—धर्म अंतःकरण की वस्तु है, अतः सर्वभूत की कल्याण-कामना ही धर्म का श्रेष्ठ आचरण है। निखिल विश्व की कल्याण कामना एवं सर्वभूत में अद्वेष रखना ही धर्म का सार है—यह सब मनीषी एकमत से स्वीकार करते हैं। स्वायम्भुव मनु ने भी अद्रोह, सत्य, दया, दम आदि को प्रधान धर्म कहा है।[3]

अहिंसा व मैत्री—तुलाधारजाजलि संवाद में जाजलि को धर्म पर उपदेश देते हुए श्रेष्ठ तपस्वी तुलाधार ने शुरू में ही कहा है—"हे जाजलि, मैं रहस्यमय सनातन धर्म से अभिज्ञ हूँ। सर्वभूत की हितचिन्ता व मैत्री ही शाश्वत धर्म है।

---

१. **इज्याध्ययनदानानि तपः सत्यं क्षमा घृणा॥ इत्यादि। उद्योग ३५।५६, ५७। वन २।७५**

२. **अदत्तस्यानुपादानं दानमध्ययनं तपः।**
अहिंसा सत्यमक्रोध इज्या धर्मस्य लक्षणम्॥ इत्यादि। शान्ति ३६।१०
शान्ति २९६।२३, २४। अनु १४१।२६, २७
अक्रोधः सत्यवचनं संविभागः क्षमा तथा।
प्रजनः स्वेषु दारेषु शौचमद्रोह एव च। इत्यादि। शान्ति ६०।७, ८।

३. **मानसं सर्वभूतानां धर्ममाहुर्मनीषिणः।**
तस्मात् सर्वेषु भूतेषु मनसा शिवमाचरेत्। शान्ति १९३।३१
अद्रोहेणैव भूतानां यः स धर्मः सतां मतः। शान्ति २१।११, १२।

किसी का अपकार न हो, इस प्रकार जीविका निर्वाह करना उत्कृष्ट धर्म है। जो अखिल विश्व के सुहृत हैं, विश्वकल्याण में निरत हैं, मन वचन काय से स्वयं को विश्वहित में लगाते हैं, वही धर्म का यथार्थ रूप जान पाते हैं।[1] अहिंसा ही धर्म का सार है; अहिंसा सत्य पर प्रतिष्ठित है। सर्वभूत में मैत्री व निखिल विश्व की शुभकामना से बढ़कर सार्वभौमिक धर्म दूसरा नहीं हो सकता। एकमात्र अहिंसा की प्रतिष्ठा ही धर्म की प्रतिष्ठा है, संसार में अहिंसा से श्रेष्ठ कुछ नहीं है।" वन-पर्व में यक्ष युधिष्ठिर संवाद में देखा जाता है कि यक्ष रूपी धर्म अपने रूप में प्रकट होकर युधिष्ठिर से कहता है—"यश, सत्य, दम, शौच, सरलता, लज्जा, अचापल्य, दान, तपस्या एवं ब्रह्मचर्य यही मेरा शरीर है। अहिंसा, समता, शान्ति, तपस्या, शौच तथा अद्वेष आदि मेरी प्राप्ति के साधन हैं।[2]

धर्म की सनातनता—ब्रह्मचर्य, सत्य, दया, धृति, व क्षमा सनातन धर्म के सनातन मूलस्वरूप हैं।[3] यहाँ धर्म व उसके मूल दोनों को सनातन कहा गया है। तात्पर्य यह है कि स्थान काल की विभिन्नता से वाह्यिक धर्माचरणों में पार्थक्य होते हुए भी इन धर्मों का मूल एक ही होता है।

प्रवृत्ति व निवृत्तिमूलक धर्म—विषय भोग में इन्द्रियों पर संयम रखने का नाम शम है। शम सब धर्मों में श्रेष्ठ है। यूँ तो गृहस्थ को प्रवृत्तिमूलक अनेकों धर्माचरणों का उपदेश दिया गया है, लेकिन उनका उद्देश्य चित्तशुद्धि है। चित्त के विकाररहित होने पर अनुष्ठाता सार्वभौमिक धर्म का अधिकारी हो जाता है।

---

१. वेदोहं जाजले धर्मं सरहस्यं सनातनम्।
सर्वभूतहितं मैत्रं पुराणं यं जना विदुः॥ इत्यादि। शान्ति २६१।५-९।

२. अहिंसा परमो धर्मः स च सत्ये प्रतिष्ठितः। वन २०६।७४
न भूतानामहिंसाया ज्यायान् धर्मोऽस्ति कश्चन। इत्यादि। शान्ति २६१।३०। अश्व ४३।२१। अश्व ५०।३।
प्रभवार्थाय भूतानां धर्मप्रवचनं कृतम्।
यत् स्यादहिंसासंयुक्तं स धर्म इति निश्चयः॥ कर्ण ६९।५७॥ अनु ११६।२१। अनु १६२।२३। शान्ति १०९।१२।
यशः सत्यं दमः शौचमार्जवं ह्रीरचापलम्। इत्यादि॥ वन ३१३।७, ८।

३. ब्रह्मचर्यं तथा सत्यमनुक्रोशो धृतिः क्षमा।
सनातनस्य धर्मस्य मूलमेतत् सनातनम्॥ इत्यादि।
अश्व ९१।३३। अनु २२।१९॥

शम दम आदि धर्म साक्षात मुक्ति के हेतु हैं। इनका पालन वानप्रस्थी तथा भिक्षुओं के लिये कल्याणप्रद है।[1]

धर्म का पथ सच्चा व सीधा—धर्म अधर्म के बारे सोचने के लिये सर्वप्रथम भलाई तथा बुराई पर दृष्टि डालनी पड़ेगी। जिस आचरण से बुराई को प्रश्रय मिलता हो वह कभी धर्म नहीं हो सकता। धर्म में पाप या अन्याय की गंध भी नहीं रह सकती। निष्कलुष कपटरहित व्यवहार को अनुष्ठेय तथा मन की सद्वृत्तियों के अनुशीलन को सार्वभौमिक धर्म की संज्ञा दी जा सकती है।

धर्म में छल या कुटिलता का स्थान नहीं—धर्म में कुटिलता का स्थान नहीं होता, इसीलिये सरलता को अनन्य धर्म के रूप में स्वीकार किया गया है।[2] एक दिन रात को किसी विशिष्ट कारणवश अर्जुन को युधिष्ठिर व द्रौपदी के शयनकक्ष में जाना पड़ा। बाद में अपनी पूर्व प्रतिज्ञा के अनुसार वनगमन के उद्देश्य से उन्होंने युधिष्ठिर से अनुमति माँगी। युधिष्ठिर बोले, "तुमने तो कोई गलती नहीं की है, क्योंकि बड़े भाई के शयनकक्ष में छोटे भाई के प्रवेश करने में कोई दोष नहीं है। हाँ, कनिष्ठ के शयनकक्ष में ज्येष्ठ का प्रवेश निषिद्ध है, अतः तुम धर्मच्युत होने की आशंका मत करो।" अर्जुन ने जवाब दिया, "राजन, छलपूर्वक धर्म की रक्षा नहीं करनी चाहिये—यह आप ही का तो उपदेश है। हम लोगों ने दूसरी तरह की प्रतिज्ञा कर रखी है, मैं उसका उल्लंघन नहीं करूँगा, आप मुझे वन में जाने की अनुमति दीजिये।"[3]

---

१. शमस्तूपरमो धर्मः प्रवृत्तः सत्सु नित्यशः।
गृहस्थानां विशुद्धानां धर्मस्य निचयो महान्॥ इत्यादि। अनु १४१।७०।
अनु २२।२४
प्रवृत्तिलक्षणो धर्मो गृहस्थेषु विधीयते।
तमहं वर्त्तयिष्यामि सर्वभूतहितं शुभम्। अनु १४१।७६
निवृत्तिलक्षणस्त्वन्यो धर्मो मोक्षाय तिष्ठति।
तस्य वृत्तिं प्रवक्ष्यामि शृणु मे देवि तत्त्वतः॥ अनु १४१।८०

२. आरम्भो न्याययुक्तो यः स हि धर्म इति स्मृतः। इत्यादि। वन २०६।७७।
शान्ति १०९।१०
आर्जवं धर्ममित्याहुरधर्मो जिह्म उच्यते। अनु १४२।३०
स वै धर्मो यत्र न पापमस्ति। शान्ति १४१।७६।

३. न व्याजेन चरेद्धर्ममिति मे भरतः श्रुतम्। आदि २१३।३४।

धर्माचरण के फल में अनासक्ति की प्रशंसा—फल की तरफ से अनासक्त रहकर जो व्यक्ति धर्म का पालन करता है, वही प्रकृत धार्मिक होता है। इस अनासक्ति की बहुत प्रशंसा की गई है।[१]

संशय होने पर ज्ञानियों का उपदेश ग्राह्य—धर्म के विषय में शंका उठने पर ज्ञानी व्यक्तियों के उपदेशानुसार कार्य करना चाहिये। दस वेदज्ञ अथवा तीन धर्म-पाठक जिस आचरण को धर्म मानें वही शंकाशील व्यक्ति को मानना चाहिये। आपद्काल में अधर्म को भी धर्म के रूप में स्वीकार करना पड़ता है।[२] अतः संशय उपस्थित होने पर ज्ञानियों का उपदेश ग्रहण करना ही उचित है।[३]

धर्म का परस्पर अविरोध—एक धर्म का दूसरे धर्म के साथ विरोध नहीं हो सकता। मानसिक सद्वृत्तियों का एक दूसरे के साथ सामञ्जस्य होना ही धर्म का असली स्वरूप है। दया के साथ क्षमा का कोई विरोध नहीं होता। अहिंसा और सहिष्णुता में कोई असामञ्जस्य नहीं है। और अगर कभी ऐसी परिस्थिति आ ही जाय तो युक्ति तर्क आदि के द्वारा एक दूसरे के महत्त्व का निर्णय करना चाहिये। जो अधिक महत्त्वपूर्ण हो उसी को ग्रहण करना उचित है।[४]

धर्म का व्यापारी अतिशय निन्दित—धर्म को जो व्यक्ति वाणिज्य का साधन समझता है, वह निन्दा का पात्र होता है। धर्म का दिखावा करके, वक्तृता करके अथवा पाखंड आदि के द्वारा धनोपार्जन करने को ही धर्म-वाणिज्य कहते हैं।[५]

धर्म को लेकर बलवानों का अत्याचार—इस काल में भी धनी व्यक्ति अधर्म को धर्म के रूप में मनवाने के लिये जोर जबर्दस्ती करते थे। अविवेकी बलवानों का अत्याचार हर युग में समान रहा है।[६]

---

१. ददामि देयमित्येव यजे यष्टव्यमित्युत। वन ३१।२

२. दश वा वेशदास्त्रज्ञोस्त्रयो वा धर्मपाठकाः।
यद् ब्रूयुः कार्य उत्पन्ने स धर्मो धर्मसंशये॥ शान्ति ३६।२०
तस्मादापद्यधर्मोऽपि श्रूयते धर्मलक्षणः॥ शान्ति १३०।१६

३. न हि धर्ममविज्ञाय वृद्धाननुपसेव्य च॥
धर्मार्थौ वेदितुं शक्यौ वृहस्पतिसमैरपि॥ वन १५०।२६

४. धर्मं यो बाधते धर्मो न स धर्मः कुवर्त्म तत्।
अविरोधात्तु यो धर्मः स धर्मः सत्यविक्रम॥ इत्यादि। वन १३१।११-१३

५. धर्मवाणिज्यको हीनो जघन्यो ब्रह्मवादिनाम्। वन ३१।५
धर्मवाणिज्यका ह्यते ये धर्ममुपभुञ्जते। अनु १६२।६२

६. सर्वं बलवतां धर्मः सर्वं बलवतां स्वकम्। आश्र ३०।२४
बलवांश्च यथा धर्मं लोके पश्यति पुरुषः। सभा ६९।१५।

धर्म में गुरु की सहायता—धर्म के विषय में किसी आदर्श पुरुष को गुरु बना लेना चाहिये। उनके कथनानुसार चलने से पथभ्रष्ट होने की आशंका नहीं रहती। जो बिना गुरु के बताये अपने मन से ही आचरण करते हैं वह बहुत बार भूल कर बैठते हैं, इसलिये किसी को गुरु बनाना बहुत जरूरी है। जो मनुष्य गुरु के अधीन रह कर धर्माचरण करता है वह कभी विपन्न नहीं होता। उपदेष्टा उसे ठीक पथ पर परिचालित करता रहता है।[1]

अकेले ही धर्माचरण करने का विधान—धार्मिक अनुष्ठान एकान्त में अकेले ही करने का उपदेश दिया गया है, संघबद्ध होकर धर्माचरण करना उचित नहीं बताया है। मिल-जुलकर उपासना आदि करने में लोकदिखावे का भाव आ सकता है और उसमें नाम की प्रत्याशा के कारण पुण्य का क्षय होता है अतः जहाँ तक बने एकान्त में ही सब क्रियाएँ करनी चाहिये। जो दिखावा करते हैं, उन्हें यश मिलने की थोड़ी बहुत आशा होती ही है, ऐसे व्यक्ति को धर्मध्वजिक कहते हैं। धर्म की पताका उड़ाकर समाज में धर्मज्ञ के रूप में ख्याति प्राप्त करना तथा आनुषंगिक रूप से धर्म को जीविका का साधन बनाना जघन्य कर्म है। प्रकट रूप में धर्मध्यान करने पर साधारण लोग धार्मिक कहकर आदर सत्कार करने लगते हैं और तब उस व्यक्ति में अहं की भावना का उदय होना अस्वाभाविक नहीं है। सम्मान की विडम्बना से अपनी रक्षा करना दुर्बल मनुष्य के लिये आसान नहीं है। इसीलिये शायद संगठित होकर धर्मानुष्ठान करने को निषिद्ध बताया है। औचित्यबोध होने पर ही धर्म का पालन करना चाहिये, अभिमान पोषण के लिये नहीं।[2]

देश काल की विवेचना से आचार में परिवर्तन—देश काल आदि के अनुसार जब जैसी परिस्थिति हो, आचार व्यवहार में इधर-उधर थोड़ा परिवर्त्तन कर लेना अनुचित नहीं है। शान्तिपर्व के आपद्धर्म प्रकरण में कहा गया है कि परिस्थिति के अनुसार धर्मकृत्य में परिवर्तन कर लेना चाहिये, लेकिन व्यक्ति के स्वैराचार को कहीं उचित नहीं बताया है। अहिंसा, सत्य, अक्रोध आदि समय विशेष पर

---

१. **यस्य नास्ति गुरुर्धर्मे न चान्यानपि पृच्छति।**
सुखतन्त्रोऽर्थलाभेषु न चिरं सुखमश्नुते॥ इत्यादि। शान्ति ९२।१८, १९

२. **एक एव चरेद्धर्मं नास्ति धर्मे सहायता। इत्यादि। शान्ति १९३।३२। शान्ति २४४।४**
एक एव चरेद्धर्मं न धर्मध्वजिका भवेत्। अनु १६२।६२।
कर्तव्यमिति यत् कार्यं नाभिमानात समाचरेत्। वन २।७६।

अधर्म का रूप ले लेते हैं। उस समय हिंसा आदि को ही धर्म समझकर अपनाना चाहिये।[1]

धर्म कभी भी परित्याज्य नहीं––मनुष्य को कभी भी धर्म का परित्याग नहीं करना चाहिये, यही महाभारत का उपदेश है। कैसी भी विपत्ति क्यों न आये धर्म छोड़ना संगत नहीं है। यहाँ तक कहा है कि यदि जीवन बचाने के लिये धर्म का त्याग करना पड़े तो वह जीवन मृत्यु के ही समान है।[2]

धर्म ही रक्षक––धर्म मनुष्य की विपत्ति से रक्षा करता है। पापों का नाश करके शान्ति का आस्वाद देता है।[3]

धर्मपालन का उपदेश––धर्मपालन के इतने उपदेश महाभारत में मिलते हैं कि अगर उन्हें संकलित किया जाय तो हजारों की संख्या में पहुँचेंगे। कहा है, धर्म से श्रेष्ठ लभ्य वस्तु संसार में और कोई नहीं है। धर्म मनुष्य की हर इच्छा पूर्ण करता है।[4] धर्म रक्षा करता है और अधर्म विनाश अतएव कल्याणेच्छु व्यक्ति को धर्म में मन लगाना चाहिये।[5] परलोक में पुण्यफल से ही शान्ति की प्राप्ति होती है। मृत्यु के बाद कोई पार्थिव वस्तु साथ नहीं जाती, धर्म ही आत्मा का साथी होता है।[6] धर्मपालन के लिये धन की कोई आवश्यकता नहीं होती। धर्म के उद्देश्य से जो धन की अभिलाषा करते हैं, उनके लिये निस्पृह रहना ही श्रेय है।[7] गृहस्थ हो या संन्यासी, प्रत्येक व्यक्ति को किसी न किसी तरह का धर्माचरण करना ही चाहिये। प्रवृत्ति तथा निवृत्ति के भेद से धर्म में विभिन्नता होते हुए भी अनुष्ठान की उपयोगिता है।[8]

---

१. धर्मो ह्यावस्थिकः स्मृतः। शान्ति ३६।११।

२. न जातु कामान्न भयान्न लोभाद्धर्मं जह्याज्जीवितस्यापि हेतोः। इत्यादि। उद्योग ४०।१२। स्वर्गा ५।६४
धर्मं वै शाश्वतं लोके न जह्याद्धनकांक्षया। शान्ति २९२।१९

३. धर्मेण पापं प्रणुदतीह विद्वान् धर्मो बलीयानिति तस्य सिद्धिः। उद्योग ४२।२५

४. न धर्मात् परमो लाभः। अनु १०६।६५

५. धर्म एव हतो हन्ति धर्मो रक्षति रक्षितः। वन ३१२।१२८।

६. धर्म एको मनुष्याणां सहायः पारलौकिकः। इत्यादि। अनु १११।१६। शान्ति २७२।२४

७. धर्मार्थं यस्य वित्तेहा वरं तस्य निरीहता। वन २।४९

८. वन २ रा अध्याय

यतो धर्मस्ततो जयः—जहाँ धर्म है वहीं जय है।[1] इस वाक्य को महाभारत का मूल सूत्र कहा जा सकता है। इस वाक्य को सूत्र मानकर ही मानों सम्पूर्ण महाभारत भाष्य के रूप में रचा गया है। धर्म का दिखाना तथा धर्म की जय और अधर्म का विनाश इसका प्रचार करना ही महाभारत का उद्देश्य है। यतो धर्मस्ततः कृष्णो यतः कृष्णस्ततो जयः। (उद्योग ६।८९। शल्य ६२।३२)।

भारत सावित्री में धर्म की महिमा का गुणगान—महाभारत के उपसंहार में वर्णित भारत सावित्री भी धर्म के माहात्म्यवर्णन से भरपूर है। व्यासदेव ने शुरू में जो चार श्लोक शुकदेव को सिखाये थे, उनमें से एक में कहा गया है कि, "मैं ऊर्ध्वबाहु होकर स्पष्ट शब्दों में घोषणा करता हूँ कि, धर्म से ही अर्थ व काम की उत्पत्ति होती है, लेकिन किसी ने कर्णपात तक नहीं किया।"[2] सुख दुख अनित्य वस्तु हैं, लेकिन धर्म नित्य है। अनित्य के लिये नित्य का त्याग करना बुद्धिमान पुरुष का काम नहीं है।[3]

धर्म जिस प्रकार अर्थ व काम का जनक है उसी प्रकार मोक्ष का भी हेतु है, यह पहले ही कहा जा चुका है। शुभकर्मी मनुष्य शान्ति प्राप्त करने में समर्थ होता है। बार बार के अभ्यास से उसकी प्रज्ञा बहुमुखी होती है, अशुभ भावनाएँ उसके अन्तर में नहीं रह पातीं। रूप, रस, गंध, स्पर्श आदि उपभोग्य वस्तुएँ धर्मज्ञ के अधीन होती हैं, वह यथेच्छ रूप से इनका उपभोग कर सकता है। लेकिन भोग से मनुष्य को चरम शान्ति नहीं मिलती, इसलिए भोग के बाद उन्हें त्याग का पथ ढूँढ़ना पड़ता है। अंत में वे इच्छारहित होकर वैराग्य धारण कर लेते हैं। यह वैराग्य उनके जीवन की गति को ही बदल देता है। तब वे कामनाओं का त्याग करके धर्माभिमुख हो जाते हैं, जीवन की अनित्यता के संबंध में उनकी धारणा सुदृढ़ हो जाती है और वे मुक्ति के लिये व्याकुल हो उठते हैं। यही व्याकुलता उन्हें सब बंधनों से मुक्त कर देती है और वे शाश्वत मुक्ति के आनन्द से पूर्णकाम होकर अपने रूप में अवस्थित हो जाते हैं।[4]

---

१. भीष्म २१।११। उद्योग ३९।९। स्त्री १४।९

२. ऊर्ध्वबाहुर्विरौम्येष न च कश्चिच्छृणोति मे।
धर्मादर्थश्च कामश्च स किमर्थं न सेव्यते। स्वर्गा ५।६३॥

३. नित्यो धर्मः सुखदुःखेत्वनित्ये। स्वर्गा ५।६४। उद्योग ४०।१२

४. कुशलेनैव धर्मेण गतिमिष्टां प्रपद्यते।
य एतान् प्रज्ञया दोषान् पूर्वमेवानुपश्यति॥ इत्यादि। शान्ति २७२।१३-२३
धर्मे स्थितानां कौन्तेय सिद्धिर्भवति शाश्वती। शान्ति २७२।२४

समाज भेद से धर्मभेद—विभिन्न समाजों में धर्म के विभिन्न रूप हैं। मनुष्य चाहे किसी भी समाज में क्यों न रहे, कुछ निर्दिष्ट नियमों का पालन उसे हर हालत में करना चाहिए। महाभारत में किरात आदि पर्वतीय जाति तथा दस्यु आदि का धर्म वर्णित हुआ है। उनके बहुत से धार्मिक नियम सभ्य समाज के नियमों से मिलते हैं।

दस्यु आदि का धर्म—मान्धाता ने देवराज इन्द्र से पूछा—"भगवन्, मेरे राज्य में यवन, किरात, गांधार, चीनी, शबर, शक, तुषार, कंक, पह्लव, आंध्र, मद्रक, पौंड्र, पुलिन्द, रमठ, कम्बोज आदि जातियों के बहुत से लोग हैं। उनमें ब्राह्मण आदि चारों वर्णों के लोग हैं। बहुत से दस्यु भी मेरे राज्य में रहते हैं, मुझे बताइये मैं उनके लिये कौन सा धर्म स्थिर करूँ।" इन्द्र ने उत्तर दिया—"माता-पिता की सेवा दस्युओं के लिए भी जरूरी है। पितृयज्ञ का अनुष्ठान, प्याऊ, हौज, आदि बनवाना, अहिंसा, सत्य, पुत्र, दारा आदि का भरण-पोषण, इन्हें सामान्यतः मानवधर्म कहा जाता है। अतः दस्युओं को भी इनका पालन करना चाहिये।"[1] आपद्धर्म प्रकरण में कहा गया है, दस्यु भी साधुजीवन व्यतीत कर सकते हैं। निरस्त्र को मारना, स्त्रियों का सतीत्व हरण करना, कृतघ्नता आदि सर्वथा वर्जनीय हैं। ब्राह्मण का धन छीनना या किसी का सर्वस्व हरण करना उचित नहीं है। किसी जनपद पर आक्रमण करके लूटपाट मचाना जघन्य कर्म है।[2]

दस्यु धर्म का भी उद्देश्य महान्—कहा गया है कि कायव्य नामक एक दस्यु सरदार ने दस्युधर्म द्वारा ही सिद्धि प्राप्त की थी। एक दिन उसके दल के लोगों ने उससे दस्यु धर्म के बारे में प्रश्न किया। उसने कहा, स्त्री, बालक, तपस्वी, निरस्त्र व्यक्ति एवं भीरु की कभी हत्या नहीं करनी चाहिये। स्त्रियों पर हाथ नहीं उठाना चाहिये, केवल धर्मरक्षा के निमित्त ही दस्यु वृत्ति अपनानी चाहिए। ब्राह्मण तथा तपस्वी की हितकामना करनी उचित है। पितर, देवता तथा अतिथि की पूजा करना कर्त्तव्य है। जो साधु पुरुष को कंष्ट पहुँचाता हो, उसे सजा देना दस्युधर्म है। जिसका धन सत्कार्यों में न लगता हो, उसकी सम्पत्ति के हरण करने में कोई पाप नहीं है। असाधु से धन छीनकर साधु पुरुष का पोषण करना धर्मकृत्य है।"[3]

---

१. शान्ति० ६५ वां अध्याय।

२. अयुध्यमानस्य वधो दारामर्षः कृतघ्नता।
ब्रह्मवित्तस्य चादानं निःशेषकरणं तथा॥ इत्यादि॥ शान्ति १३३।१५-१८

३. मा वधीस्त्वं स्त्रियं भीरुं मा शिशुं मा तपस्विनम्। इत्यादि। शान्ति १३५।१३-२४।

साधुता के उद्देश्य से जो भी किया जाय धर्म है—इन वर्णनों से स्पष्ट होता है कि मानव समाज के कल्याण के उद्देश्य से चाहे कुछ भी किया जाय, धर्म है। धर्म के संबंध में नियम नहीं बाँधे जा सकते। स्थान, काल व पात्र के भेद धर्म के विभिन्न स्वरूप होते हैं। किन्तु उद्देश्य अच्छा होना चाहिए। जिस कार्य का उद्देश्य भला हो वह जघन्य कार्य होने पर भी अधर्म नहीं है।

युगधर्म—वनपर्व के हनुमद्भीम संवाद एवं मार्कण्डेय युधिष्ठिर संवाद से पता चलता है कि सत्ययुग में धर्म ही मनुष्य का प्रधान अवलम्बन था। ईश्वर के साथ मनुष्य का संबंध ही सत्ययुग का सूचक है। जब भी मनुष्य व ईश्वर का यह संबंध दृढ़ हो जाय वही युग सत्ययुग है। त्रेता युग में धर्म के एक चरण का ह्रास हो गया था, तो भी वह अपेक्षाकृत अच्छा था। उसमें भी मनुष्य स्वधर्म में रत रहते थे। द्वापर युग में धर्म का आधा हिस्सा रह जाने के कारण मनुष्य करीब करीब सत्यभ्रष्ट हो गया था। कलियुग में धर्म का एक चरण ही बाकी रह जाता है, मनुष्य की प्रकृति कलुषित हो जाती है। नाना प्रकार की आधि-व्याधियाँ दिखाई देती हैं, मनुष्य जीवन अशान्त और अस्थिर हो जाता है।[1] युधिष्ठिर के प्रश्न के उत्तर में मार्कण्डेय मुनि ने कहा है, कलियुग में बहुत से लोग धर्म का ढोंग करके जनसाधारण को ठगेंगे। थोड़ा लिख-पढ़ लेने पर ही अहंकारी हो जायेंगे, यज्ञ आदि विलुप्त हो जायेंगे। स्वेच्छाचारी मनुष्य अपने मतलब के अनुसार किसी भी आचरण को धर्म कहकर, उसका पालन करेगा।"[2]

धर्म का आदर्श और साध्य—बाहरी आचरण हर युग में ही भिन्न होता है। लेकिन धर्म का लक्ष्य एवं मन की प्रशस्तता देश और काल के द्वारा सीमाबद्ध नहीं होती यह पहले ही कहा जा चुका है। यदि समस्त सद्वृत्तियों को धर्म के रूप में स्वीकार किया जाय तो कहा जायगा कि महाभारत में वर्णित धर्म अविनश्वर, निर्मल, सार्वजनीन एवं सार्वभौमिक है। जिस धर्म का लक्ष्य विश्वकल्याण हो, उसमें संकीर्णता को स्थान नहीं मिलता। अनुष्ठेय धर्म प्रधानतः आत्मशुद्धि के साधन हैं, अनुष्ठाता के साध्य नहीं। आत्मशुद्धि मनुष्य को महत् से महत्तर आदर्श की ओर अनुप्राणित करती है और अंत में अनुष्ठाता को अपना साध्य मिल जाता है। इसी कारण कहा गया है. 'नित्यो धर्मः सुखदुःखे त्वनित्ये।"

असाधुभ्याऽर्थमादाय साधुभ्यो यः प्रयच्छति।
आत्मानं संक्रमं कृत्वा कृत्स्नधर्मविदेव सः॥ शान्ति १३६।७

१. वन १४९ वाँ अध्याय। वन १९०।९-१२

२. वन १८८ वाँ अध्याय तथा १९० वाँ अध्याय

सत्य

सत्य वाङ्मय तपस्या—महाभारत में कहा गया है कि सत्य भी एक प्रकार की तपस्या है। अनुद्वेग, सत्य, प्रिय तथा हितवचन को वाङ्मय तपस्या बताया है।[1] तपस्या का फल आत्मतृप्ति तथा भगवद्दर्शन है। वाङ्मय तपस्या का भी वही फल मिलता है। सत्यनिष्ठा से आत्मतुष्टि मिलती है, इस विषय पर सब शास्त्र एकमत हैं।[2]

सत्य ही सब धर्मों का मूल—सत्य क्या है, किस उपाय से उसे प्राप्त किया जा सकता है एवं कैसे उसकी रक्षा की जाय, यह प्रश्न युधिष्ठिर ने भीष्म से पूछा था। भीष्म ने उत्तर दिया था, "सत्य साधुओं का परम धर्म है, सत्य सनातन धर्म है, सदा सत्य की सेवा करनी चाहिए। सत्य ही धर्म है, सत्य ही योग है, सत्य ही ब्रह्म है। सत्य की उपासना ही यागयज्ञ है।"

तेरह प्रकार के सत्य—सत्य तेरह प्रकार के हैं, जैसे—(क) सत्य—सत्य अविकारी, अक्षय एवं नित्य है, किसी भी धर्म के साथ उसका विरोध नहीं होता। सब धर्मों के अनुकूल आचरण का नाम सत्य है, यही सत्य का असली स्वरूप है। प्रकृत सत्य चिरकाल तक एक समान रहता है, स्थान या काल के द्वारा परिच्छिन्न नहीं होता। इसीलिये कहा गया है, जहाँ धर्म है वहाँ सत्य है। सत्य के द्वारा समस्त वस्तुएँ स्वीयरूप लाभ करती हैं।[3] (ख) समता—इष्ट, अनिष्ट, शत्रु, मित्र सबके साथ समान व्यवहार करना एवं सब पर समान भाव रखना ही समता है। यह भी एक प्रकार का सत्य है। (ग) दम—न राग हो न द्वेष, इस प्रकार की अवस्था भी एक प्रकार का सत्य है। इस सत्य को 'दम' कहा जाता है। काम, क्रोध आदि रिपु जिसका कुछ न बिगाड़ सकें, जो स्वनिष्ठ, गम्भीर, महिमावान हो, वही सत्य का उपासक है। (घ) अमात्सर्य—दान एवं धर्मकार्यों में संयम और

---

१. अनुद्वेगकर वाक्यं सत्यं प्रियहितञ्च यत्।
स्वाध्यायाभ्यसनञ्चैव वाङ्मयं तप उच्यते॥ भीष्म ४१।१५

२. सत्यमेकाक्षरं ब्रह्म सत्यमेकाक्षरं तपः। इत्यादि। शान्ति १९९।६४-७०
नास्ति सत्यसमं तपः। शान्ति ३२९।६

३. यतो धर्मस्ततः सत्यं सर्वं सत्येन वर्द्धते। शान्ति १९९।७०

असूया रखने को अमात्सर्य कहते हैं। इसकी गिनती भी सत्य में आती है। (ङ) क्षमा—क्षमा के असंख्य गुण हैं। साधु, क्षमाशील व्यक्ति ही सत्यनिष्ठ होता है। अतः क्षमा भी सत्य है। (च) ह्री—शुभ अनुष्ठान में निरत मनुष्य कभी भी विपन्न नहीं होता, वह प्रशान्तचित्त तथा उदारमन रहता है। धर्माचरण के द्वारा वह नम्र बनता है। (छ) तितिक्षा—तितिक्षा शब्द का अर्थ सहिष्णुता होता है अर्थात् सुख दुःख हर अवस्था में समभाव रहना। तितिक्षा के द्वारा सत्यकामी पुरुष लोगों को आकृष्ट करने में समर्थ होता है। (ज) अनसूया—सर्वभूत की हितकामना करना ही अनसूया है, वह भी सत्य के अन्तर्गत है। (झ) त्यागानुसन्धान—विषय भोग के प्रति मन के आकर्षण को कम करने की चेष्टा करना ही त्यागानुसंधान है। जो विषयों से विरत होते हैं वही त्याग के आनन्द का अनुभव कर पाते हैं। (ञ) आर्यता—आर्यता शब्द का अर्थ है सर्वभूत की शुभकामना एवं शुभानुष्ठान करना। जो वीतराग व्यक्ति आर्यता का उपासक हो उसे भी सत्य का उपासक कहा जा सकता है। (ट) धृति—सुख दुःख में धैर्य रखना ही धृति है। हर अवस्था में धैर्य रखने वाला व्यक्ति सत्य से विचलित नहीं होता। (ठ) दया—दया भी सत्य का एक प्रकार है। (ड) अहिंसा—मन-वचन-काय से हर प्राणी के प्रति अहिंसा का भाव रखना एवं विश्वकल्याण की कामना करना अहिंसा है। यह भी सत्य के अन्तर्गत है। ये तेरह प्रकार के सत्य एक महान् आदर्श की परिपुष्टि करते हैं। वह आदर्श ही यथार्थ सत्य है और उल्लिखित तेरह सद्गुण उसके व्यष्टि रूप आदर्श हैं। समष्टि रूप सत्य ही महासत्य है।[1]

सत्य सब सद्गुणों का अधिष्ठान—सत्य के गुणगान का अंत करना असंभव है। सत्य से बड़ा कोई धर्म नहीं है एवं असत्य से बड़ा पाप नहीं। सत्य ही धर्म की स्थिति है, कभी भी सत्य को अस्वीकार नहीं करना चाहिए।[2] पूर्वोल्लिखित भीष्म वाक्य में सत्य शब्द का प्रयोग बहुत व्यापक रूप में किया गया है, सब सद्गुणों के मूल में सत्यनिष्ठा ही होती है।

सत्य शब्द का साधारण अर्थ—यथार्थ वचन—यद्यपि सत्य शब्द का अर्थ बहुत व्यापक है किन्तु साधारण अर्थ में यथार्थ वचन को ही सत्य कहते हैं। पहले ही कहा गया है कि गीता के मतानुसार सत्य वाङमय तपःस्वरूप है। एक और

---

१. सत्यं त्रयोदशविधं सर्वलोकेषु भारत। इत्यादि। शान्ति १९२।७-२३।
२. नास्ति सत्यात् परो धर्मो नानृतात् पातकं परम्। इत्यादि। शान्ति १६२।२४

जगह कहा गया है—जो केवल सत्य बोलने के उद्देश्य से ही बात कहते हैं वे कभी विपद्ग्रस्त नहीं होते।[१]

सत्य की उपासना का उपदेश—श्री रुक्मिणी-संवाद में कहा गया है, जो सदा सत्यवचन बोलते हैं, उनमें श्री का वास होता है।[२] लोकयात्रा कथन में कहा गया है कि शुभाकांक्षी व्यक्ति को दुर्वचन, निष्ठुरवचन, पिशुनवचन (चुगली) एवं असत्य वचन इन चारों का परित्याग कर देना चाहिये।[३]

प्राणिहितकर वचन ही सत्य—महाभारत में सत्य शब्द 'यथार्थवचन' के अर्थ में प्रयुक्त नहीं हुआ है। जो वचन प्राणिहितकर हो तथा जिससे किसी के भी अनिष्ट की आशंका न हो, वही सत्य है। अगर किसी के हित के लिये झूठ भी बोलना पड़े तो वह भी सत्य है।[४]

अयथार्थ वचन भी सत्य है—मोक्षधर्म में भीष्म ने कहा है, "आत्मज्ञान ही परमज्ञान-है; सत्य से श्रेष्ठ कुछ नहीं है। लेकिन सत्य वचन से भी हितकारी वचन श्रेष्ठ हैं। प्राणिहितकर वचन ही सत्य है, यह मेरा अभिमत है।"[५]

सत्यासत्य की विवेचना—समयविशेष में प्राणिहित के लिये असत्य बोलना पाप नहीं है, यह महाभारत में बार-बार दुहराया गया है। परिहास में झूठ बोलना भी दोष नहीं है। कामुकी-गमन की बात गोपनीय रखना अनुचित नहीं है। विवाह के विषय में अर्थात् घटक के काम में झूठ बोलना दोषयुक्त नहीं है। यदि सत्य बोलने से किसी की प्राणहानि की आशंका हो तो उस जगह झूठ बोलना अनुचित नहीं है। अगर सच कहने से किसी के सर्वनाश का डर हो तो झूठ बोलना बुरा नहीं है। गो, ब्राह्मण, स्त्री, दीन अथवा कातर व्यक्ति के उपकार के निमित्त झूठी गवाही देना अन्याय नहीं है। गुरु के उपकार के उद्देश्य से अथवा अपना जीवन संकट में पड़ने पर झूठ का अवलम्बन लेना ही

---

१. वाक् सत्यवचनार्थाय दुर्गाण्यतितरन्ति ते। शान्ति ११०।२३
२. सत्यस्वभावार्जवसंयुतासु। इत्यादि। अनु ११।११।
३. असत्प्रलापं पारुष्यं पैशुन्यमनृतं तथा। अनु १३।४
४. यद्भूतहितमत्यन्तं तत् सत्यमिति धारणा। इत्यादि। वन २०८।४
वन २१२।३१
५. आत्मज्ञानं परं ज्ञानं न सत्याद्विद्यते परम्।
यद्भूतहितमत्यन्तमेतत् सत्यं मतं मम॥ इत्यादि। शान्ति ३२९।१३
शान्ति २८७।२०

उचित है।[१] अपनी या दूसरे की प्राणरक्षा के निमित्त झूठ बोलना भी पाप नहीं होता।[२]

दूसरे का अनिष्टकारी सत्य भी असत्य—हर समय सत्य बोलना उचित नहीं होता। अच्छी तरह सोच-विचारकर ही सच बोलना चाहिए। प्राणसंकट, विवाह, सर्वनाश, रतिगमन एवं विप्र की प्राणरक्षा के निमित्त झूठ बोलना ही उचित है। हर अवस्था में सत्य बोलने के पक्षपाती को सत्यवादी नहीं कहा जा सकता। सत्यासत्य का निर्णय अच्छी अंतर् विवेचना के बाद करना चाहिए।[३]

कौशिकोपाख्यान—दूसरे के लिये अनिष्टकारी सत्यवचन को बुरा बताने के उद्देश्य से एक उपाख्यान भी प्रमाणस्वरूप दिया गया है। यह कहानी कृष्ण ने अर्जुन को सुनाई थी। कथा इस प्रकार है—कौशिक नामक एक ब्राह्मण गाँव के निकट नदी किनारे आश्रम बनाकर रहता था। उसने सत्य बोलने की प्रतिज्ञा कर रक्खी थी। एक बार कुछ पथिक दस्युओं के भय से प्राणरक्षा के निमित्त आश्रम के निकट वन में छुप गये। दस्यु भागते हुए पथिकों का पीछा करते-करते आश्रम में पहुँचे। उन्होंने कौशिक से उन पथिकों के बारे में पूछा। कौशिक ने जहाँ पथिक छुपे हुए थे वह जगह दस्युओं को बता दी। दस्युओं ने पथिकों को मारकर उनका सर्वस्वहरण कर लिया। सच बोलने के पाप से कौशिक को मृत्यु के बाद घोर नरक में जाना पड़ा। अतः यथार्थ भाषण ही सत्य नहीं है। प्राणिहित के उद्देश्य से जो कुछ भी कहा जायँ, सत्य है।[४]

सत्य व धर्म का घनिष्ठ सम्पर्क—सत्य एवं धर्म में घनिष्ठ सम्पर्क है। एक के अभाव में दूसरे का अस्तित्व नहीं रह पाता। जिस आचरण में सत्य का अभाव हो, वह धर्माचरण नहीं कहलाता। जिससे उत्तरोत्तर वृद्धि हो वही धर्म है। अहिंसा, अपीड़न, आदि के अनुरोध से यदि असत्यपालन का आश्रय लेना पड़े तो उसे भी धर्म के रूप में स्वीकार करना पड़ता है। सर्वभूत का कल्याण जिसमें निहित हो, वही सत्य है और सत्य जिस आचरण का अंगीभूत हो वही आचरण धर्म है। धर्म

---

१. न धर्मयुक्तं वचनं हिनस्ति। इत्यादि। आदि ८२।१६, १७। वन २०८।३
न गुर्वर्थं नात्मनो जीवितार्थे। इत्यादि। शान्ति १६५।३०। शान्ति १०९ वाँ अध्याय।

२. सत्याज्ज्यायोऽनृतं वचः। इत्यादि। द्रोण १८९।४७

३. सत्यस्य वचनं साधु न सत्याद्विद्यते परम्।
तत्त्वैनैव सुदुर्ज्ञेयं पश्य सत्यमनुष्ठितम्। कर्ण ६९।३१-३६।

४. कर्ण ६९ वाँ अध्याय।

और सत्य को पृथक करके व्यष्टिरूप में नहीं देखा जा सकता, वे दोनों परस्पर संबद्ध हैं।[१]

शंखलिखितोपाख्यान—शंख व लिखित के उपाख्यान से सभी परिचित हैं। सत्य की मर्यादा की रक्षा करने के निमित्त शंख ने सामान्य-सी बात पर सहोदर भाई को कठिन दंड देकर आत्मशोधन किया था।[२]

सत्यवचन की प्रशंसा—महाभारत में सत्य की प्रशंसा शतमुख से की गई है। उमामहेश्वर-संवाद में कहा गया है कि जो सत्यधर्म में रत हैं, उन्हें स्वर्गलोक में स्थान मिलता है। जो परिहास में भी झूठ नहीं बोलते, जीविकानिर्वाह के निमित्त या अन्य किसी कारण से झूठ नहीं बोलते वे स्वर्ग में जाते हैं। जो कभी कुटिलता का साथ नहीं देते, निष्ठुर या कटुवचन मुख पर नहीं लाते, सत्य एवं मैत्र भाषण को ही जीवन के व्रतरूप में ग्रहण करते हैं, उन्हें स्वर्ग में जगह मिलती है।[३]

वाचिक तथा मनःसत्य—जो मनःसत्य का पालन करते हैं, वे भी सत्य के अधिकारी होते हैं। अरण्य में या विजन स्थान में पड़ा धन देखकर भी जो विचलित न हो, जिसका सब पर मैत्री भाव हो, जो श्रद्धाशील हो, पवित्र एवं सत्यनिष्ठ हो, वह महापुरुष स्वर्ग में स्थान पाता है। वह अपने सुदीर्घ जीवन में शुभ अनुष्ठान करता रहता है। उसके लिये शत्रु मित्र एक समान होते हैं।[४]

सत्य का फल अश्वमेध यज्ञ से भी अधिक—सत्य का पुण्य सहस्र अश्वमेध यज्ञों से भी अधिक होता है। सत्य की महिमा से ही सूर्य आलोक प्रदान करता है, अग्नि प्रदीप्त होती है, वायु प्रवाहित होती है। सारा विश्व सत्य में प्रतिष्ठित है। सत्य की उपासना से देव और पितर तृप्त होते हैं। सत्य सब धर्मों का सार है। मुनिगण सत्यपरायण व सत्यविक्रम होते हैं। सत्यव्रत, संशितचित्त महापुरुष अनन्त सुख के अधिकारी होते हैं। सत्यभ्रष्ट व्यक्ति के सब अनुष्ठान, आयोजन व्यर्थ होते हैं। चित्तशुद्धि, सत्यप्रीति एवं यज्ञ का फल एक ही होता है।[५]

---

१. नासौ धर्मो यत्र न सत्यमस्ति। उद्योग ३५।५८
प्रभवार्थाय भूतानां धर्मप्रवचनं कृतम्। शान्ति १०९।१०

२. शान्ति २३ वाँ अध्याय।

३. सत्यधर्मरताः सन्तः सर्वलिंगविवर्जिताः। इत्यादि। अनु १४४।५-२७

४. अरण्ये विजने न्यस्तं परस्वं दृश्यते यदि।
मनसापि न हिंसन्ति ते नराः स्वर्गगामिनः। इत्यादि। अनु १४४।३१-५२।

५. अश्वमेधसहस्रञ्च सत्यञ्च तुलया धृतम्।

सत्य ब्रह्मप्राप्ति का साधन—सत्य ही ब्रह्मप्राप्ति का प्रधान साधन है। प्रज्ञा-हीन व्यक्ति को ब्रह्मत्व नहीं मिलता। प्रज्ञा, सत्य पर आधारित होती है। अतएव सत्य ही प्रमुख साधन है। सनत्कुमार ने धृतराष्ट्र से कहा है—"महाराज, सत्य में अमृत प्रतिष्ठित है, सत्य ही समस्त सद्गुणों का मूल है, सत्य से ही तीनों लोक-रक्षित हैं, आप भी सत्यकाम बनिये।"[1]

सत्य द्वारा मिथ्यावादी भी पराजित होता है—सत्य के सामने सिर झुकाने को मिथ्यावादी पुरुष भी वाध्य होता है। मिथ्या की तरह मिथ्यावादी को जीतने के लिये भी प्रधान अस्त्र सत्यवचन है।[2]

सत्य के विषय में भीष्म के अन्तिम वचन—पितामह भीष्म ने युधिष्ठिर को लौकिक अलौकिक हर विषय पर उपदेश दिया है। महाभारत में युधिष्ठिर मानों मानव समाज के प्रतिनिधि हैं और भीष्म ज्ञान-विज्ञान के भंडार। मनुष्य के मन में जितने भी प्रकार के प्रश्न उठ सकते हैं वे सब ग्रंथकर्त्ता ने युधिष्ठिर के मुँह से पुछवाये हैं, बाकी कोई नहीं छोड़ा। भीष्म ने भी एक के बाद एक का उत्तर दिया है। शरीर त्यागने के पूर्व क्षण में भी उन्होंने सबको उपदेश दिया है। "तुम सब सत्य का आश्रय लेना, सत्य ही परम बल है।"[3] यही उनका अंतिम उपदेश था।

सत्य में कपट घृण्य—सत्य में कपट कभी नहीं होता। सत्य सदा सत्य होता है। चुगली का भाव आते ही उसका महत्त्व खत्म हो जाता है।[4]

हतो गज इति—कुरुक्षेत्र के युद्ध में आत्मपक्ष बचाने के लिये सत्यसंकल्प होते हुए भी युधिष्ठिर ने छल से द्रोणाचार्य-वध में सहायता की थी। उनके जीवन के कलंकों में यह भी एक था। झूठ को सत्य के आवरण में छिपाने से जो आत्म-

---

अश्वमेधसहस्राद्धि सत्यमेव विशिष्यते ॥ इत्यादि। आदि ७४।१०३-१०६, अनु ७५।३०-३५

तुल्यं यज्ञश्च सत्यञ्च हृदयस्य च शुद्धता। अनु १२७।१८

१. सत्यार्जवे ह्रीर्दमशौचविद्याः। इत्यादि। उद्योग ४२।४६
सत्यात्मा भव राजेन्द्र सत्ये लोकाः प्रतिष्ठिताः।
तांस्तु सत्यमुखानाहुः सत्ये ह्यमृतमाहितम्। उद्योग ४३।३७

२. जयेत् कदर्यं दानेन सत्येनानृतवादिनम्।
क्षमया क्रूरकर्माणमसाधुं साधुना जयेत्। वन १९४।६

३. सत्येषु यतितव्यं वः सत्यं हि परमं बलम् ॥ अनु १६७।४९

४. न तत् सत्यं यच्छलेनाभ्युपेतम्। उद्योग ३५।५८

ग्लानि होती है, वह नरक की यन्त्रणा के समान है। युधिष्ठिर को भी जीवनपर्यन्त यह ग्लानि वहन करनी पड़ी। उनके इस कपट का फल स्वर्गारोहण पर्व में विशद-रूप से वर्णित है। अंत में उन्हें नर्कगामी ही बनना पड़ा।[१]

---

१. द्रोण १८९ वां अध्याय।

व्याजेनैव ततो राजन् दर्शितो नरकस्तव। स्वर्गा ३।१५

देवता

देवता का स्वरूप—देव एक प्रकार की उन्नत श्रेणी के जीव होते हैं। उनकी सामर्थ्य मनुष्य से कहीं अधिक होती है, वे परब्रह्म की समृद्धि से समृद्ध होते हैं। श्रीमद्भगवतगीता के विभूतियोग में श्रीकृष्ण ने कहा है, "आदित्यगणों में मैं विष्णु, ज्योतिष्कों में रवि, मरुद्गणों में मरीचि एवं नक्षत्रों में शशि हूँ।" अध्याय की समाप्ति पर कहा है, "संसार में जितनी वस्तुएँ विभूतिसम्पन्न, श्रीसम्पन्न एवं तेजस्वी हैं उन सबको मेरे तेज के अंश से सृष्ट समझना।"[1]

ईश्वर के बल से बलवान—इन उद्धरणों से पता चलता है कि इन्द्र, चन्द्र, वरुण आदि देवता ईश्वर की शक्ति से ही शक्तिशाली हैं। देवताओं की अलौकिक क्षमता भी परमेश्वर की क्षमता से पृथक् नहीं है।

उपासकों के लिये उनका देवता ही परमेश्वर—दूसरी ओर दृष्टि डालने पर हम महाभारत में देखते हैं कि उपासक अपने देवता को परमेश्वर समझकर उपासना करते थे। परमेश्वर तथा उपासक के देवता में क्या अंतर है, यह समझ में नहीं आता। प्रत्येक व्यक्ति अपने अपने इष्ट देवता को परिपूर्ण ब्रह्मस्वरूप समझता था। गीता में भगवान ने कहा है—"कोई भक्त चाहे किसी भी मूर्ति की पूजा क्यों न करे, मैं उस मूर्ति पर ही उसकी अचल श्रद्धा करा देता हूँ।"[2] उपासक के लिये उसका उपास्य देवता ही भगवान होता है, वह इष्टदेवता तथा भगवान में कोई अंतर नहीं समझता। इससे यह निष्कर्ष निकलता है कि भक्त देवता के स्वरूप की भगवत् रूप में कल्पना करते हैं। लेकिन यह कल्पना भगवान ने की है या भक्त ने, इस विषय में मतभेद है। दोनों पक्षों के समर्थन में शास्त्रवचन उद्धृत हैं। किन्तु भगवान ने स्वयं कल्पना की है, इसी पक्ष पर जोर अधिक है और यही सर्वसम्मत सिद्धान्त है। यहाँ इस विषय को लेकर आलोचना करना अनावश्यक है। महा-

---

१. आदित्यानामहं विष्णुर्ज्योतिषां रविरंशुमान्। इत्यादि। भीष्म ३४।४१
यद् यद् विभूतिमत् सत्त्वं श्रीमदूर्ज्जितमेव वा।
तत्तदेवावगच्छ त्वं मम तेजोऽशसम्भवम्॥ भीष्म ३४।४१

२. यो यो यां यां तनुं भक्तः श्रद्धयार्च्चितुमिच्छति।
तस्यतस्याचलां श्रद्धां तामेव विदधाम्यहम्॥ भीष्म ३१।२१

भारत में जिन जिन देवताओं के नाम व स्वरूप आदि का उल्लेख मिलता है, उन पर ही हम प्रकाश डालेंगे।

मूल देवता तैंतीस—तैंतीस देवताओं को आदिम तथा प्राचीन देवता माना गया है। किन्तु महाभारत में इन सबका नाम नहीं दिया है।[1] ताण्ड्यब्राह्मण में (६।२।५) तथा वृहदारण्यक उपनिषद में (३।९) उल्लिखित है—आठ वसु, ग्यारह रुद्र, बारह आदित्य, प्रजापति और इन्द्र, ये तैंतीस देवता हैं। नीलकंठ की टीका में भी इन्हीं तैंतीस का नाम मिलता है।[2] रामायण में (३।१४।१४) इन्द्र व प्रजापति के स्थान पर दोनों अश्विनीकुमार को लिया है। इन तैंतीस आदि देवताओं से ही देवताओं की संख्या बढ़ते बढ़ते तैंतीस करोड़ पर पहुँच गई। नीलकंठ ने देवताओं की संख्या तैंतीस करोड़ मानी है।[3] तैंतीस करोड़ शब्द शायद वृहद् संख्या बताने के उद्देश्य से प्रयुक्त हुआ है। उस श्लोक की टीका में ही नीलकंठ ने कहा है, 'संख्या तु नैव शक्यते', अर्थात् देवताओं की गिनती करना असंभव है। पृथ्वी, अग्नि, अंतरिक्ष, वायु, आदित्य, द्युलोक, चन्द्र एवं नक्षत्रसमूह ये आठ अष्टवसु के अन्तर्गत आते हैं।

जड़वस्तु की अधिष्ठात्री के रूप में देवता की कल्पना—चक्षु, कर्ण, नासिका, जिह्वा, त्वक्, वाक्, पाणि, पाद, पायु, उपस्थ एवं मन ये ग्यारह इन्द्रियाँ ही ग्यारह रुद्र हैं। चैत्र, वैशाख आदि बारह महीने बारह आदित्य हैं। इन्द्र शब्द का अर्थ है मेघ और प्रजापति का यज्ञ। इन सब वस्तुओं की अधिष्ठात्री चेतना को ही देवता के नाम से अभिहित किया गया है। ब्राह्मण आदि ग्रंथ में भी अचेतन वस्तुओं की अधिष्ठात्री को एक एक देवता माना गया है। टीकाकार नीलकंठ ने भी पिछले श्लोक की टीका में इस सिद्धान्त का उल्लेख किया है। नित्यप्रति व्यवहार में आने वाली अत्यावश्यक जड़ वस्तुओं की अधिष्ठात्री चेतना की उपलब्धि करने पर ही ऋषियों को इन देवताओं का संधान मिला था। सर्वप्रथम उन्होंने जिन वस्तुओं का अनुसंधान किया था, उनमें देवता की उपलब्धि करके, उनकी संख्या तैंतीस निर्धारित की थी। बाद में वे जैसे जैसे दूसरी वस्तुओं की शक्ति के बारे में जानते गये, देवताओं की संख्या बढ़ती गई। इस क्रमविकास की पर्यालोचना करने पर यह समझ में आता है कि जड़ वस्तुओं में जिस महाशक्ति की लीला

---

१. त्रयस्त्रिंशत् इत्येते देवाः। इत्यादि। आदि ६६।३७। वन २६०।२५ आदि १।४१। वन २१३।१९॥ विराट ५६।८। अनु १५०।२४

२. नीलकण्ठ—आदि १।४१। आदि ६६।३७

३. त्रयस्त्रिंशत् कोटय इत्यर्थः। नीलकण्ठ। आदि १।४१

चल रही है उसी शक्ति की विभिन्न अवस्थाओं में विभिन्न देवताओं के रूप में पूजा हुई है।

देवताओं के विशेष विशेष स्वरूप––अलौकिक योगबल के द्वारा ऋषि, मुनि, देवताओं का प्रत्यक्ष स्वरूप देखने में समर्थ थे, महाभारत में इस तरह के बहुत से उल्लेख मिलते हैं। योग की शक्ति स्वीकार करने पर योगियों का प्रत्यक्ष दर्शन भी स्वीकार करना पड़ता है। ऐसी शक्ति की विभिन्न अभिव्यक्तियों को यदि देवता के रूप में मान लिया जाय तो साकार उपासक की भक्ति के आकर्षण से विभिन्न विभूतियों के रूप में अवतार लेना सर्वशक्तिमान् ईश्वर के लिये असम्भव नहीं है। उपासक अपने देवता की केवल किसी विशेष जड़ वस्तु की चेतनारूप में कल्पना नहीं करता, उसके लिये तो वही उसका सर्वस्व, विश्व की परिचालिका, महाशक्ति तथा भगवान होता है। कृष्ण, विष्णु, शिव आदि देवताओं को महाभारत में पूर्ण ब्रह्म के रूप में स्वीकृत किया गया है। ग्रंथ का देवतातत्त्व अत्यन्त दुरूह है। ईश्वर के रूप में तथा विभिन्न जड़ वस्तुओं की अधिष्ठात्री के रूप में, दोनों रूपों में ही देवता का वर्णन मिलता है। लेकिन समीक्षा से यही निष्कर्ष निकलता है कि उपासक उपास्य देवता की ईश्वर के रूप में ही पूजा करते थे। एक ईश्वर की विभिन्न जड़प्रकाशक अवस्थाओं को अथवा विभिन्न विभूतियों को विभिन्न देवताओं का नाम दिया है। वस्तुतः हैं सब एक ही।

अग्नि––अग्नि के प्रताप से तो सभी परिचित हैं। देवताओं में वह बहुत तेजस्वी माने गये हैं। वह सब देवताओं के प्रतीक हैं।[1]

आहुति प्रदान तथा उपासना––मन्त्रसंस्कृत अग्नि में आहुति प्रदान करने से देवता प्रदत्त हविः को ग्रहण करके यजमान का कल्याण करते हैं। ब्रह्मा, पशुपति, रुद्र, हिरण्यरेताः, जातवेदाः आदि अग्नि के ही दूसरे नाम हैं। अग्निहोत्री अग्नि की उपासना करते थे और दूसरे देवताओं के उद्देश्य से अग्नि में ही आहुति डालते थे।[2]

सहदेव कृत अग्निस्तुति––दिग्विजय करते हुए सहदेव जब महिष्मती नगरी में पहुँचे तो नगररक्षक अग्निदेव ने उनकी सेना को लपेट लिया। लाचार हो कर सहदेव ने अग्नि की शरण ली। सहदेव की स्तुति से प्रसन्न होकर अग्नि ने

---

१. अग्निर्हि देवताः सर्वाः। इत्यादि। अनु ८४।५६। अनु ८५।१५१।

२. अग्निर्ब्रह्मा पशुपतिः शर्वो रुद्रः प्रजापतिः। अनु ८५।१४७।
स्नात्वा प्रादुश्चकाराग्निम्। इत्यादि। अनु १९।३०। उद्योग ८३।९।

उन्हें वरदान दिया। उस स्तुति में भी यही आभास मिलता है कि अग्नि ही परमेश्वर है।[1]

मन्दपालकृत स्तुति—खांडव प्रस्थ दाह के समय पुत्र-स्त्री आदि की कल्याण कामना से ऋषि मन्दपाल ने अग्निदेवता की स्तुति की थी। उस स्तुति में कहा गया है, "हे अग्ने, तुम ही सर्वभूत के मुखस्वरूप हो। तुम्हारा स्वरूप गढ़ है। ऋषि तुम्हें दिव्य, भौम एवं औदर्य तीन भागों में विभक्त करते हैं। पंचभूत, सूर्य, चन्द्र व यजमान के रूप में तुम ही यज्ञनिर्वाहक हो। तुम्हीं में सृष्टि की स्थिति और प्रलय का कर्त्तृत्व प्रतिष्ठित है।" स्तुति के शब्दों पर दृष्टिपात करने से प्रतीत होता है कि ऋषि ने परमेश्वर के रूप में ही अग्नि की स्तुति की है।[2]

सारिसृक्कादिकृत स्तुति—मन्दपाल के पुत्र सारिसृक्क, जरितारि आदि ऋषियों ने अग्नि द्वारा अनिष्ट होने की आशंका से जो स्तुति की थी, उसमें भी प्रत्येक शब्द परमेश्वर का द्योतक है। ऋषिकुमारों ने सर्वशक्ति के भंडार रूप में अग्नि को प्रणाम किया है।[3]

अग्नि की सप्तजिह्वा—काली, मनोजवा, धूम्रा, कराली, लोहिता, स्फुलिंगिनी तथा विश्वरुचि ये सात अग्नि की जिह्वाएँ हैं। दार्शनिक व्याख्या में पाँच इन्द्रिय, बुद्धि और मन इन सातों की अग्नि की जिह्वाओं के रूप में कल्पना की गई है।[4]

इन्द्र—देवताओं के राजा को इन्द्र, वासव, शतक्रतु, पुरन्दर आदि के नामों से अभिहित किया गया है। इन्द्र सब देवताओं का शासनकर्त्ता होता है। स्वर्गलोक उसका वासस्थान होता है। उसकी पत्नी का नाम शची है।

इन्द्र की सभा का वर्णन—देवर्षि नारद ने युधिष्ठिर को इन्द्र की सभा के बारे में बताते हुए कहा है—इन्द्र का प्रधान अस्त्र वज्र है। उसका मन्त्री वृहस्पति है। इन्द्र ने वृत्रासुर का वध किया था। उसकी सभा में नित्यप्रति देवताओं तथा देवर्षियों का समागम होता रहता है। उर्वशी, रम्भा आदि अप्सराएँ नृत्यगीत से उसका मन बहलाती रहती हैं।[5]

---

१ सभा ३१।४०-५९।

२. सोऽभितुष्टाव ब्रह्मर्षिर्ब्राह्मणो जातवेदसम्। इत्यादि। आदि २२९।२२-३०

३. आत्मासि वायोर्ज्वलन शरीरमसि वीरुधाम्। आदि २३२।७-१९।

४. काली मनोजवा धूम्रा कराली लोहिता तथा। इत्यादि। आदि २३२।७। नीलकण्ठ देखिए।

५. इन्द्रो हि राजा देवानाम्। इत्यादि। आदि १२३।२२। आदि २२७।२९।

नहुष की इन्द्रत्व प्राप्ति—कठिन तपस्या के द्वारा मर्त्यवासी मनुष्य भी इन्द्रत्व का लाभ कर सकता है। कहा गया है कि राजा नहुष दीर्घकाल तक इन्द्रपद पर अधिष्ठित रहे थे।[1]

इन्द्र एक उपाधि—'इन्द्र' एक उपाधि मात्र है, जो देवताओं का राजा बन जाय, उसी को 'इन्द्र' के नाम से पुकारा जाता है।[2]

इन्द्र का कर्त्तव्य—शक्तिशाली स्कंद के अभ्युदय से ईर्ष्यान्वित होकर शचीपति देवराज इन्द्र ने उस पर चढ़ाई की, लेकिन युद्ध में पराजित होकर स्कंद को शरणापन्न होना पड़ा। बाद में इन्द्र और महर्षि मिलकर स्कंद के पास गये और उससे इन्द्रत्व ग्रहण करने के लिये अनुरोध किया। स्कंद ने महर्षियों से पूछा, 'इन्द्र के कर्त्तव्य क्या क्या हैं?' महर्षियों ने उत्तर दिया—"इन्द्र तीनों लोकों का रक्षक होता है, वह प्राणियों के बल, तेज, प्रजा व सुख का कारण होता है। वह त्रिलोक का कल्याण-कर्त्ता, दुराचारियों को दंडित करने वाला एवं सज्जनों का सम्मानकर्त्ता होता है। सूर्य, चन्द्र, अग्नि, वायु, पृथ्वी आदि सबको अपनी अपनी मर्यादा के अन्दर रखना इन्द्र का ही काम है। इन्द्र अपूर्व बलशाली होता है, उसकी कर्त्तव्यनिष्ठा पर ही सबका कल्याण निर्भर करता है।"[3] उल्लिखित उद्धरण से स्पष्ट होता है कि जो देवताओं की रक्षा का भार ग्रहण करे, उसी को 'इन्द्र' की उपाधि मिलती है।

इन्द्र मेघों का अधिपति—ब्राह्मणों के वेदमन्त्रों द्वारा यज्ञ सम्पन्न करने पर यज्ञ में पूजित देवता अपनी तृप्ति के बारे में इन्द्र को बताते हैं। इस खबर से परि-तुष्ट होकर देवराज कालोपयोगी वर्षा के द्वारा पृथ्वी को शस्य-सम्पदा से सम्पन्न कर देते हैं, जिससे निखिल प्राणिजगत उपकृत होता है।[4]

सभा ६।२१। विराट २।२३

इन्द्र का सभावर्णन—सभा ७ वाँ अध्याय

वत्रवधोपाख्यान—वन १०१ वाँ अध्याय। उद्योग १० वाँ अध्याय। वन १७४ वाँ अध्याय। वन २२३ वाँ अध्याय। वन २२६ वाँ अध्याय। शान्ति १२२।२७। शान्ति २८० वाँ अध्याय।

१. वन १७९ वाँ अध्याय। उद्योग ११ वें से १७ वें अध्याय तक। शान्ति ३४२ वाँ अध्याय। अनु १०० वाँ अध्याय।

२. बहूनीन्द्रसहस्राणि समतीतानि वासव। शान्ति २२४।५५

३. इन्द्रो दधाति भूतानां बलं तेजः प्रजाः सुखम्। इत्यादि। वन २२८।९-१२

४. बभूव यज्ञो देवेभ्यो यज्ञः प्रीणाति देवताः। इत्यादि। शान्ति १२१।३७-३९ यज्ञाद् भवति पर्ज्जन्यः। भीष्म २७।१४।

इन्द्रध्वज की पूजा---सर्वप्रथम राजा उपरिचरवसु ने इन्द्रध्वज की पूजा का प्रचलन किया। मिट्टी में एक बाँस की छड़ी गाड़कर इन्द्र की पूजा की जाती थी। वर्ष में केवल एक दिन इस पूजा के करने का विधान था। इन्द्रध्वज पूजा के दूसरे दिन वस्त्र, गंध, माल्य आदि उपकरणों द्वारा हंसरूपी इन्द्र की पूजा की जाती थी। टीकाकार नीलकंठ ने लिखा है कि, महाराष्ट्र आदि देशों में अभी भी इन्द्रध्वज स्थापित किया जाता है।[1]

ऋभुगण---ऋभु नामक एक श्रेणी के देवता स्वर्गलोक में रहते हैं। वे देवों के भी देव होते हैं।[2] एक दूसरी जगह उन्हें भी देवों के पर्याय में लिया गया है।[3]

काली (कात्यायनी, चंडी)---सौप्तिक पर्व में कहा गया है कि क्रुद्ध अश्वत्थामा जब रात को पांडवशिविर में घुसकर सुषुप्त वीरों का संहार करने लगा तब मरते हुए व्यक्तियों ने रक्तमुखी, रक्तनयना, कृष्णवर्णा, पाशहस्ता एक भयंकर मूर्ति को देखा। वह देवी कालरात्रिस्वरूप थी, और पाश में बँधे प्रेतों को अपनी ओर आकर्षित कर रही थी।[4]

काली का भीषण स्वरूप संहार का प्रतीक---कालरात्रिस्वरूप काली का संहार की प्रतिमूर्त्ति के रूप में वर्णन किया गया है। विष्णुपर्व में प्रद्युम्न की कात्यायनी पूजा व अनिरुद्ध की चंडीस्तुति विशदरूप में वर्णित है।[5]

कुबेर---धन के अधिपति देवता का नाम कुबेर है। वह गंधर्व, राक्षस आदि जातियों का भी अधिनायक होता है।[6] उसका निवासस्थान कैलास पर्वत है। मणिभद्र आदि यक्ष वीर उसके अनुचर हैं।[7] एक दूसरी जगह उसका वासस्थान 'गंधमादन' बताया है।[8]

---

१. ततः प्रभृति चाद्यापि यष्टे क्षितिपसम्भवैः।
प्रवेशः क्रियते राजन् यथा तेन प्रवर्त्तितः। आदि ६३।१८-२१

२. ऋभवो नाम तत्रान्ये देवानामपि देवताः। वन २६०।१९

३. ऋभवो मरुतश्चैव देवानां चोदिता गणः। शान्ति २०८।२२

४. काली रक्तास्यनयनां रक्तमाल्यानुलेपनाम्। सौप्तिक ८।६५-६८

५. काली स्त्री पाण्डुरैर्दन्तैः प्रविश्य हसती निशि। मौषल ३।१
नमस्त्रैलोक्यमायायै कात्यायन्यै नमो नमः। इत्यादि। हरि, विष्णुपुराण १६६ वाँ व १७८ वाँ अध्याय।

६. धनानां राक्षसानाञ्च कुबेरमपि चेश्वरम्। शान्ति १२२।२८।

७. अनु १९ वाँ अध्याय। वन १६१ वाँ तथा १६२ वाँ अध्याय।

८. गंधमादनमाजग्मुः प्रकर्षन्त इवाम्बरम्। इत्यादि। वन १६१।२९, ३०

गंगा—गंगा यद्यपि एक नदी है किन्तु महाभारत में उसका देवी के रूप में गुणगान किया है। महर्षि कपिल के शाप से सगर के पुत्र भस्म हो गये थे। उसी वंश में उत्पन्न भगीरथ ने कठोर तपस्या से गंगा को सन्तुष्ट करके उनके प्रसाद से अभिशप्त पितृकुल का उद्धार किया था। महाभारत में इसे शैलराज सुता कहा गया है। स्वर्गच्युत गंगा की धारा को सर्वप्रथम महादेव ने अपने मस्तक पर धारण किया। उसके बाद वह धारा भगीरथ द्वारा प्रदर्शित मार्ग से होती हुई समुद्र में पहुँची थी। राजा भगीरथ ने गंगा की कन्या के रूप में कल्पना की थी इसीलिये उसका दूसरा नाम भागीरथी है। जह्नु मुनि की यज्ञभूमि गंगा के जल में डूब जाने के कारण मुनि ने उसका पान कर लिया था लेकिन बाद में छोड़ दिया। इस कारण उसका एक नाम जाह्नवी पड़ा। महाभारत में भागीरथी को शान्तनु की पत्नी बताया है। भागीरथी ही देवव्रत भीष्म की जननी थीं।[1]

गंगा माहात्म्य—गंगाजल के माहात्म्य का गुणगान महाभारत में जगह-जगह गाया गया है।[2]

दुर्गा (युधिष्ठिरकृत स्तुति)—अज्ञातवास के समय जब पांडवों ने द्रौपदी के साथ मत्स्यनगर में प्रवेश किया था तो युधिष्ठिर ने मन ही मन त्रिभुवनेश्वरी दुर्गा की स्तुति की थी। उस स्तुति में कहा गया है कि दुर्गा ने यशोदा के गर्भ से नन्द गोपकुल में जन्म लिया था। कंस द्वारा शिला पर पटकी जाते ही वह आकाश में अन्तर्हित हो गई थी। देवी को दिव्यमाल्यधारिणी, दिव्याम्बरधरा व खड्ग-खेटकधारिणी बताया है। उनका वर्ण बालसूर्य जैसा, मुख पूर्ण चन्द्र जैसा है। चतुर्मुख तथा चतुर्भुज है। आगे अष्टभुज तथा कृष्णवर्णा के रूप में भी उनकी कल्पना की है। वे अष्टभुजाओं में वर, अभय, पानपात्र, पंकज, घंटा, पाश, धनु व महाचक्र धारण किये हुए हैं। कानों में कुंडल, सिर पर मुकुट और कटिसूत्र तक लटकती वेणी। देवी को महिषासुरमर्दिनी एवं विन्ध्यवासिनी बताया है। युधिष्ठिर की स्तुति से प्रसन्न होकर भगवती ने निर्विघ्न अज्ञातवास का वर दिया था।[3]

दुर्गा का अर्थ—हर प्रकार की दुर्गति से उद्धार करने के कारण उपासक भगवती की दुर्गा के नाम से उपासना करते हैं।[4]

---

१. वन १०८ वाँ तथा १०९ वाँ अध्याय।

२. आदि ९७ वाँ अध्याय। अनु २६ वाँ अध्याय।

३. विराट ६ वाँ अध्याय।

४. दुर्गात्तारयसे दुर्गे तत्त्वं दुर्गा स्मृता जनैः। विराट ६।२०

अर्जुनकृत स्तुति—कुरुक्षेत्र के मैदान में युद्ध शुरू होने से पहले श्रीकृष्ण ने अर्जुन से दुर्गा की स्तुति करने के लिये कहा था। कृष्ण के कहने पर अर्जुन ने रथ से उतर कर हाथ जोड़ कर भगवती की स्तुति की थी। उस स्तुति में भगवती को योगियों को सिद्धि देनेवाली, ब्रह्मस्वरूपिणी, सृष्टि की स्थिति व प्रलय की हेतु, जरामृत्युविहीना, भद्रकाली, विजया, कल्याणमयी, मुक्तिस्वरूपा, सावित्री, कालरूपिणी, मोहिनी, कान्तिमयी, श्री, ह्री व जननी आदि विशेषणों से विभूषित किया है। इन विशेषणों में अनेकों शब्द परमब्रह्म के वाचक हैं। संसार की आदि महाशक्ति के रूप में देवी की स्तुति की गई है। अर्जुन की स्तुति से सन्तुष्ट होकर देवी ने अंतरिक्ष से ही उन्हें शत्रुजय का वरदान दिया था।[1]

महादेव की पत्नी—दुर्गा की महादेव की पत्नी के रूप में भी कल्पना की गई है। अनुशासनपर्व के उमामहेश्वर संवाद आदि में इसी सिद्धान्त की उपलब्धि होती है।[2]

शैलपुत्री—हिमालय की कन्या के रूप में जन्म लेने के कारण उन्हें 'शैलपुत्री' कहा गया है।[3]

वरुण—वरुण जल का अधिपति है। प्राचीन काल में वे देवों के सेनापति थे। महादेव ने उन्हें जल के अधिपति पद पर नियुक्त किया।[4]

विश्वकर्मा—देवताओं के श्रेष्ठ शिल्पी का नाम 'विश्वकर्मा' है। देवों के दिव्य विमान, अस्त्र-शस्त्र व आभूषण आदि उन्हीं के द्वारा निर्मित होते हैं। मानव समाज के शिल्पकारों द्वारा भी विश्वकर्मा विशेषरूप से पूजे जाते हैं। उनकी उपासना से शिल्पियों को अपने अपने कर्मक्षेत्र में ख्याति मिलती है।[5]

विष्णु—उपासकों का एक वर्ग विष्णु की पूजा करता है।[6]

विष्णु की उपासना का फल—विष्णु के रूप में एक अविकारी अनन्त पुरुष

---

१. भीष्म २३ वाँ अध्याय।

२. देव्या प्रणोदितो देवः कारुण्यार्द्रीकृतेक्षणः। इत्यादि। शान्ति १५३।१११
उमामहेश्वर-संवाद—अनु १४० वें अध्याय से १४५ वें अध्याय तक।
अश्व ८ वाँ अध्याय।

३. शैलपुत्रा सहासीनम्। शल्य ४४।२३

४. पुरा यथा महाराजो वरुणं वै जलेश्वरम्। शल्य ४५।२२
अपां राज्ये सुराणाञ्च विदधे वरुणं प्रभुम्। शान्ति १२२।२९

५. विश्वकर्मा महाभागो जज्ञे शिल्पप्रजापतिः। इत्यादि। आदि ६६।२८-३०

६. विष्णु सनातनः। इत्यादि। वन १०१।१०। वन ११५।१५

का ध्यान करके उसकी पूजा-अर्चना के द्वारा उपासक यावतीय पुरुषार्थ का लाभ करता है। पुंडरीकाक्ष भगवान विष्णु की उपासना से साधक सब दुःखों से मुक्त हो जाता है। योग, ज्ञान, सांख्य, विद्या, शिल्प आदि का जनार्दन से ही अभ्युदय हुआ है। वह एक होकर भी तीनों लोकों में व्याप्त हैं। शब्दों के द्वारा उनकी महिमा का बखान करना संभव नहीं है। वह सर्वातिग हैं, सर्वव्यापी हैं, विश्वेश्वर हैं, अज हैं।[1] इन सब उक्तियों से पता चलता है कि विभिन्न सम्प्रदायों में विभिन्न देवताओं की परमेश्वर के रूप में पूजा होती थी। साकार उपासना में अलग-अलग सम्प्रदाय अलग-अलग रूपों में परमेश्वर की ही उपासना करते थे। साधक देवता तथा परमेश्वर में कोई अन्तर नहीं समझते थे।

काम्य विष्णु पूजा—काम्य विष्णु पूजा का अलग-अलग विधान मिलता है। मार्गशीर्ष महीने की द्वादशी को दिन रात 'केशव' की अर्चना करने से अश्वमेध यज्ञ का फल मिलता है एवं समस्त पापों का नाश होता है। पौष मास की उक्त तिथि को 'नारायण' की पूजा करने से परम सिद्धि का लाभ होता है। माघ में 'माधव', फाल्गुन में 'गोविन्द', चैत्र में 'विष्णु', वैशाख में 'मधुसूदन', ज्येष्ठ में 'त्रिविक्रम', आषाढ़ में 'वामन', श्रावण में 'श्रीधर' भाद्र में 'हृषीकेश', आश्विन में 'पद्मनाभ' एवं कार्त्तिक में 'दामोदर' के नाम से पूजा करने पर मनोवांछित फल मिलता है।[2]

विष्णु के सहस्रनाम—भीष्म ने युधिष्ठिर से विष्णु के सहस्रनाम की प्रशंसा की थी। उससे पता लगता है कि विष्णु को परमब्रह्म के रूप में जगत की सृष्टि, स्थिति व प्रलय का हेतु माना जाता है। विष्णु निखिल का चरम साध्य है। वह पवित्र से भी पवित्र, कल्याणकारी से भी अधिक कल्याणकारी, देवों के परमदेव एवं सर्वभूत के पिता हैं। (श्रीमच्छंकराचार्य ने विष्णुसहस्रनाम की रचना की थी।)[3]

विष्णु की मूर्ति—धुन्धुमारोपाख्यान में विष्णु का स्वरूप वर्णित है। भगवान विष्णु अनन्त शय्या पर शायित हैं। उनकी नाभि से सूर्यप्रभ पद्म उत्पन्न हुआ है और उसी पद्म से पितामह ब्रह्मा उत्पन्न हुए हैं। विष्णु किरीट एवं कौस्तुभधारी तथा

---

१. **तमेव चार्च्चयन्नित्यं भक्त्या पुरुषमव्ययम्। इत्यादि। अनु १४९।५,६**
योगो ज्ञानं तथा सांख्यं विद्याः शिल्पादि कर्म च। इत्यादि। अनु १४९ १३९-१४२

२. **अनु १०९ वाँ अध्याय।**

३. **अनु १४९ वाँ अध्याय।**

महाद्युतिमान हैं। उनका परिधान पीत-कौशेय वस्त्र है, सहस्रसूर्य की दीप्ति जैसा उनका शरीर है, वे तेजस्वी तथा ऐश्वर्यशाली हैं।[१]

नारायण-प्रणति—महाभारत में प्रत्येक पर्व के प्रारम्भ में ही ग्रन्थकार ने नारायण को प्रणाम किया है।[२]

ब्रह्मा—शेष-शय्या पर शायित भगवान विष्णु के नाभिकमल से ब्रह्मा की उत्पत्ति मानी जाती है। वह चतुर्मुख, चतुर्वेद तथा चतुर्मूर्त्ति स्वरूप हैं। ब्रह्मा पद्मयोनि व जगत्स्रष्टा हैं, ब्रह्मरूप में वे सृष्टि करते हैं। वह अधिकतर देवों से वयोज्येष्ठ हैं, पितामह हैं।[३]

ब्रह्मा ही महाभारत रचना के मूल प्रवर्तक—जगत की कल्याण कामना से महाभारत की रचना के निमित्त ब्रह्मा महर्षि द्वैपायन के पास पहुँचे एवं गणेश से ग्रन्थ को लिपिबद्ध कराने का सुझाव दिया।[४]

यम—यम मृत्यु का अधिपति है। सावित्री उपाख्यान में उनका स्वरूप वर्णित है। उनका वर्ण कृष्ण है, आँखें लाल हैं, शिखा बँधी हुई है। उनके वस्त्र लाल हैं और हाथ में पाश है, आकृति भयंकर है। यम की पितृलोक के अधिपति रूप में भी कल्पना की गई है।[५]

शिव—शिव, महादेव, शंकर, रुद्र आदि शब्दों के द्वारा जिस देवता की कल्पना की गई है, उसकी उपासना शायद उस काल में व्यापक रूप से प्रचलित थी। बहुत से साधकों ने शिव की उपासना से अभिलषित फल की प्राप्ति की है। शिव का वासस्थान कैलाश पर्वत है।[६]

---

१. लोककर्त्ता महाभाग भगवानच्युतो हरिः।
नागभोगेन महता परिरभ्य महीमिमाम्। इत्यादि। वन २०२।११-१८।

२. नारायणं नमस्कृत्य नरञ्चैव नरोत्तमम्।

३. युगादौ तव वार्ष्णेय नाभिपद्मादजायत। इत्यादि। वन १२।३८। वन २०२।१३, १४। वन २९०।१७।

४. तत्राजगाम भगवान् ब्रह्मा लोकगुरुः स्वयम्।
पीत्यर्थं तस्य चैवर्षेलोकानां हितकाम्यया॥ इत्यादि। आदि १।५७-७४

५. बद्धमौलिं वपुष्मन्तमादित्यसमतेजसम्। इत्यादि। वन २९६।८,९
यमं वैवस्वतञ्चापि पितृणामकरोत् प्रभुम्। शान्ति १२२।२७

६. कैलासं पर्वतं गत्वा तोषयामास शंकरम्। इत्यादि। वन १०८।२६। अनु १४ वाँ अध्याय।

सहस्रनाम स्तोत्र---शिव का सहस्रनाम स्तोत्र भी मिलता है। उसके साथ ही सहस्रनाम स्तोत्र पाठ के अनेकों फल मिलने का भी वर्णन किया है।[१]

दक्षयज्ञ-नाश---बहुत प्राचीन काल में शायद महादेव यज्ञादि में नहीं पूजे जाते थे। प्रजापति दक्ष ने अपने यज्ञ में शिव को छोड़कर बाकी सब देवताओं का आह्वान किया था। इससे शिव ने क्रुद्ध होकर यज्ञ भंग कर दिया। इस घटना के बाद से याज्ञिक रुद्र को भी यज्ञ का एक विशिष्ट अंश निवेदित करने लगे। रुद्र यदि रौद्र-मूर्त्ति धारण कर लें तो तत्क्षण त्रिलोक में प्रलय मच जायगी, यह सोचकर देवता रुद्र से बहुत डरने लगे।[२]

मूर्ति---महादेव की मूर्त्ति के संबंध में भी थोड़ा बहुत वर्णन मिलता है। व्यास ने युधिष्ठिर से कहा है, "महादेव तुम्हें स्वप्न में दर्शन देंगे। वृष उनका वाहन है, वह नीलकंठ हैं, त्रिशूलधारी हैं और चर्म उनका परिधान है।"[३] राजा सगर ने पिनाकी, शूलपाणि, त्र्यम्बक तथा बहुरूप के नाम से उमापति की आराधना की थी।[४] इन्द्र ने अर्जुन को महादेव की उपासना का उपदेश देते हुए कहा था --"वह भूतेश शिव, त्र्यक्ष एवं शूलधर हैं।"[५] अर्जुन महादेव से साक्षात् होने पर उनकी स्तुति करने लगे, "हे देवाधिदेव, नीलग्रीव, जटाधर, त्र्यम्बक, ललाटाक्ष, शूलपाणि, पिनाकपाणि महादेव प्रसन्न होइये।"[६] पाशुपत अस्त्रलाभ के निमित्त अर्जुन ने महादेव को बहुत स्तुति करके सन्तुष्ट किया था। उस स्तुति में भी उन्हें नीलग्रीव, पिनाकी, शूली, त्रिनेत्र, वसुरेताः, अम्बिकाभर्त्ता, वृषभध्वज, जटी, सहस्रशिराः, सहस्रभुज, सहस्रनेत्र, सहस्रपाद कहा गया है।[७] प्रजापति ने महादेव को वृषभ दिया था।[८] शतरुद्रीय अध्याय में व्यास ने अर्जुन से कहा है, "वह महादेव, महाकाय, द्वीपि-

---

१. अनु १७ वाँ तथा १८ वाँ अध्याय।

२. अनु १६० वाँ अध्याय। द्रोण २०१ वाँ अध्याय। सौप्तिक १८ वाँ अध्याय।

३. स्वप्ने द्रक्ष्यसि राजेन्द्र क्षपान्ते त्वं वृषध्वजम्। इत्यादि। सभा ४६।१३-१५

४. शंकरं भवमीशानं पिनाकिं शूलपाणिनम्।
त्र्यम्बकं शिवमुग्रेशं बहुरूपमुमापतिम्। इत्यादि। वन १०६।१२ शल्य ४४।३२।

५. यदा द्रक्ष्यसि भूतेशं त्र्यक्षं शूलधरं शिवम्। वन ३७।५७

६. देवदेव महादेव नीलग्रीव जटाधर। इत्यादि। वन ३९।७४-७८

७. नमो भवाय सर्वाय रुद्राय वरदाय च। इत्यादि। द्रोण ७८।५३-६२

८. वृषभञ्च ददौ तस्मै सह गोभिः प्रजापतिः। अनु ७७।२७

चर्मपरिधारी, त्रिशूलपाणि, खड्गचर्मधर, पिनाकी, सास्त्र्यक्ष, महाभुज, चीरवासा उष्णीषी, सुवक्त्र तथा सहस्राक्ष हैं। उनके बहुत से अनुचर हैं, जो जटाधारी, ह्रस्व-ग्रीव, महोदर, महाकाय, महाकर्ण, विकृतानन, विकृतपाद व विकृतवेष हैं। वे सदा महादेव की आज्ञा का पालन करते हैं।"[१]

सहस्रनाम स्तोत्र में भी महादेव के स्वरूप को प्रकट करनेवाले बहुत से शब्द मिलते हैं। विष्णुस्तोत्र में कहा गया है कि मधुकैटभ-वध के समय क्रुद्ध विष्णु के ललाट से शूलपाणि की उत्पत्ति हुई थी।[२]

महादेव का माहात्म्य और उपासना—बहुत जगहों पर महादेव के असाधारण माहात्म्य का वर्णन किया गया है।[३] शिव की उपासना के संबंध में जिस जिस स्थान पर कहा गया है, वे निम्नलिखित हैं।

द्रौपदी की पूर्वजन्म में शंकर-आराधना (आदि १६९।८, १९७।४५)। राजा द्रुपद की सभा में लक्ष्यवेध के निमित्त अर्जुन का मन ही मन शंकर को स्मरण करना (आदि० १८८।१८)। कैलाशपर्वत पर श्वेतकि राजा की शिव उपासना (आदि० २२३।३६)। जरासंध की शिव उपासना (सभा १४।६४, सभा २२।११, सभा २२।२९)। जरासंध ने रुद्रयज्ञ में मनुष्य बलि देने के लिये बहुत से राजाओं को बन्दी बना रक्खा था। कृष्ण के इशारे पर भीम ने उसे युद्ध में मार कर बन्दियों को मुक्त किया। कुमारी गांधारी की शिव उपासना (आदि० ११०।९)। मृत्तिकानिर्मित यज्ञवेदी पर अर्जुन ने माल्य द्वारा शिवपूजा की थी (वन ३९।६५)। राजा सगर ने पुत्रकामना से पत्नीसह कैलाशपर्वत पर जाकर महादेव की उपासना की थी (वन १०६।१२)। भीम द्वारा लांछित होकर जयद्रथ दीर्घकाल तक गंगा के द्वार पर शिव की उपासना करते रहे थे। तपस्या से प्रसन्न होकर रुद्र ने उन्हें वर दिया था (वन २७१।२५-२९)। अम्बा की कठोर तपस्या से सन्तुष्ट होकर महादेव ने उन्हें भीष्मवध का वरदान दिया था। अम्बा ने ही दूसरे जन्म में शिखण्डी के रूप में जन्म लिया था (उद्योग० १८९।७)। राजा द्रुपद ने सन्तान-कामना से दीर्घकाल तक शंकर की उपासना की थी (उद्योग० १९०।३)। कृष्ण व अर्जुन ने महादेव की आराधना करके पाशुपत अस्त्र प्राप्त किया था, उसी अस्त्र से अर्जुन

---

१. द्रोण २०१ वाँ अध्याय।

२. अनु १७ वाँ अध्याय।
ललाटाज्जातवान् शम्भुः शूलपाणिस्त्रिलोचनः। वन १२।८०।

३. सौप्तिक ७ वाँ अध्याय। द्रोण २०१ वाँ अध्याय। अनु १४ वाँ, १४० वाँ व १६० वाँ अध्याय। अश्व ८ वाँ अध्याय।

ने जयद्रथ का वध किया था (द्रोण० ८।५३-६२)। सोमदत्त ने वीर पुत्र की कामना से कठिन तपस्या करके शंकर को संतुष्ट किया था (द्रोण० १४२।१५)। अश्वत्थामा ने शिव की उपासना से विशेष शक्ति अर्जित की थी (सौप्तिक० ७।५४)। कृष्ण की शिव उपासना (वन० २०।१२)।

लिंग माहात्म्य व पूजाविधान—लिंग को प्रतीक मान कर महादेव की पूजा करने का विधान भी मिलता है। कहा गया है कि सर्वभूत की उत्पत्ति का हेतु मानकर जो लिंग रूप में महादेव की पूजा करते हैं, उनपर शिव की विशेष कृपा रहती है।[1] लिंग-मूर्ति की पूजा से आस्तिकों को अभिलषित फल मिलता है।[2] जो महादेव की मर्त्ति अथवा लिंगरूप मूर्त्ति की पूजा करते हैं वह अतुल्य सम्पत्ति के स्वामी बनते हैं।[3] लिंग पूजा का माहात्म्य अनुशासन पर्व के सत्रहवें अध्याय मे एवं उसकी नीलकंठ टीका में विशेष रूप से कीर्त्तित हुआ है। सौप्तिक पर्व के सत्रहवें अध्याय में शिवलिंग की उत्पत्ति का बिवरण विवृत हुआ है।

महादेव उमापति—महादेव को भगवती दुर्गा का पति माना गया है। उमा-महेश्वर-संवाद में (अनु० १४० वें से १४५ वें अध्याय तक) तथा अन्यत्र भी इस विषय में कहा गया है।[4]

शिव व रुद्र—महादेव की रुद्रमूर्त्ति संहार का प्रतीक है, दूसरी तरफ उनकी शान्त, एकाग्रचित्त योगीन्द्र मूर्त्ति भक्तों के लिये कल्याणकारी है। स्तुति-वन्दन में प्रत्येक देवता को सर्वमंगलमयी तथा सर्वशक्तिमत दोनों रूप में देखा है।[5]

श्री—'श्री', ऐश्वर्य की अधिष्ठात्री देवी है। वही लक्ष्मी है, वही सम्पदा। शुभ आदर्श का जहाँ पालन होता है वहीं उसका वास होता है। छल-कपट, अकल्याण आदि से वह सदा दूर रहती है। उसे पूजा, अर्चना द्वारा सन्तुष्ट नहीं किया

---

१. **सर्वभूतभवं ज्ञात्वा लिंगमर्च्चति यः प्रभोः।**
तस्मिन्नभ्यधिकां प्रीतिं करोति वृषभध्वजः। द्रोण २००।९६

२. **लिंगं स्वञ्चाप्यविध्यत। सौप्तिक १७।२१। नीलकण्ठ**

३. **लिंगं पूजयिता नित्यं महतीं श्रियमश्नुते। अनु १६१।१६**

४. **स ददर्श महावीर्यो देवदेवमुमापतिम्। शल्य ४४।२३**
देव्या प्रणोदितो देवः। शान्ति १५३।१११
पार्वत्या सहितः प्रभुः। वन २३०।२९।

५. **स रुद्रो दानवान् हत्वा कृत्वा धर्मोत्तरं जगत्।**
रौद्रं रूपमथोत्क्षिप्य चक्रे रूपं शिवं शिवः। शान्ति १६६।६३

जा सकता। जो सत्यनिष्ठ हो, शुचि हो, कल्याण का उपासक हो, उसके पास श्रीदेवी स्वयं ही आ जाती हैं।[1]

श्री का प्रसाद—श्री के चरित्र से समझा जा सकता है कि उपासक यदि शुद्ध, संयतचित्त हो एवं साधु आदर्श उसके जीवन का ध्येय हो तो श्री का प्रसाद सहज ही पा सकता है। यों तो सभी देवता कुटिल, दुश्चरित्र तथा अमंगलकारी व्यक्ति का परित्याग करते हैं; केवल बाह्य पूजा के द्वारा उन्हें सन्तुष्ट करना सम्भव नहीं होता। परन्तु श्री के संबंध में जो अध्याय लिखे गये हैं, उनमें यह बात अपेक्षाकृत स्पष्ट रूप से कही गई है।

श्रीकृष्ण—प्रायः सर्वत्र ही कृष्ण की परमब्रह्म के रूप में अर्चना की गई है। कृष्ण की ईश्वरीय विभूति भी नाना प्रकार से विभिन्न उपाख्यानों एवं दार्शनिक विवरणों में प्रकट हुई है।

श्रीकृष्ण ही परम ब्रह्म—महाभारत के श्रीकृष्ण केवल यदुवंशज ज्ञानी, बीर पुरुष नहीं हैं, वे हैं 'अचिंत्यगतिरीश्वरः'। उद्योग पर्व में देखने में आता है कि दूत का पथ ग्रहण करने पर उन्होंने गर्वित दुर्योधन आदि को विश्वरूप दिखाया है। भीष्म पर्व में उन्हें फिर से भक्त सखा अर्जुन को युद्ध में उत्साहित करने के लिये विश्वरूप का प्रदर्शन करते हुए देखा जाता है। शान्तिपर्व तथा सभापर्व में भीष्म-कृत स्वरूपवर्णन के प्रत्येक शब्द उनके परमब्रह्म का सूचक है। उनको भित्ति-स्वरूप मान कर ही सम्पूर्ण महाभारत रचित हुआ है, 'मूलं त्वहं ब्रह्म च ब्राह्मणाश्च' (उद्योग० २९।५३)। वह योगीश्वर हैं, अनादि हैं, अनन्त हैं, अज्ञेय हैं, परमात्मा हैं। प्रत्येक पर्व में इस तरह की असंख्यों उक्तियाँ मिलती हैं, जिनसे प्रतीत होता है कि महर्षि व्यास ने श्रीकृष्ण को पूर्ण ब्रह्म मानकर उनकी लीला दिखाने के लिये अगणित श्लोकों की रचना की है।

सरस्वती—सरस्वती वाणी की अधिष्ठात्री हैं। कहा गया है कि उन्होंने दंडनीति की रचना की थी।[2] प्रत्येक पर्व के प्रारम्भ में 'नारायणं नमस्कृत्य' आदि श्लोक में सरस्वती को भी प्रणाम किया गया है।[3]

सावित्री—मद्रराज अश्वपति ने संतान कामना से अठारह वर्ष तक कठिन नियमों का पालन करते हुए सरस्वती की उपासना की थी। सावित्री मन्त्र के साथ एक लाख आहुति देने के बाद देवी ने अग्निकुंड से निकल कर राजा को वर दिया था।

---

१. शान्ति १२४ वाँ व २२८ वाँ अध्याय। अनु ११ वाँ व ८२ वाँ अध्याय।

२. ससृजे दंडनीतिं सा त्रिषु लोकेषु विश्रुता। शान्ति १२२।२५।

३. देवीं सरस्वतीञ्चैव ततो जयमुदीरयेत्।

उनके वर से राजा को पुत्री लाभ हुआ। सावित्री के वरदान से पुत्रीरत्न प्राप्त होने के कारण राजा ने उसका नाम 'सावित्री' रक्खा।[१]

पैप्पलाद की सावित्री उपासना—जापकोपाख्यान में वर्णित है कि एक पैप्पलाद ब्राह्मण ने संयत भाव से संहिता जपपूर्वक दीर्घ काल तक ब्राह्म तपस्या की। अनेक वर्षों के बाद उसके जप से प्रसन्न होकर सावित्री ने प्रकट होकर उसे अभिलषित वर दिया।[२]

सूर्य—सूर्योपासना के भी कई उदाहरण महाभारत में मिलते हैं। प्राचीन काल में कुरुराज संवरण ने सूर्य की आराधना की थी।[३] विराटपत्नी के आदेश से सुरा लाने के लिये कीचक भवन जाते समय द्रौपदी ने रास्ते में सूर्य की आराधना की थी। उनकी आराधना के फलस्वरूप ही सूर्य ने उनकी रक्षा की व्यवस्था की थी।[४] पौरवाह्णिक नित्यक्रियाएँ सम्पन्न करके श्रीकृष्ण सूर्य की उपासना करते थे।[५] शरशय्या पर शायित भीष्म ने सूर्य की उपासना की थी।[६]

सूर्य के अष्टोत्तर-शतनाम—धौम्य ने युधिष्ठिर को सूर्य का अष्टोत्तर-शतनाम सुनाया था। उस स्तोत्र में सूर्य का ही अनन्त, विश्वात्मा, भूताश्रय, भूतपति, विश्वतोमुख, विश्वकर्मा एवं शाश्वत रूप में बखान किया है।[७]

युधिष्ठिर की सूर्यस्तुति और सूर्य का वरदान—वनवासकाल में युधिष्ठिर ने शुद्ध संयत चित्त से सूर्य की स्तुति की थी। उस स्तुति में कहा गया है—तुम्हीं सर्वभूत की उत्पत्ति का हेतु हो, तुम ईश्वर के भी ईश्वर हो। युधिष्ठिर की स्तुति से प्रसन्न होकर भगवान भास्कर दीप्यमान शरीर धारण करके युधिष्ठिर के समक्ष प्रकट हुए और उन्हें एक ताँबे की पतीली दी और वरदान दिया कि द्रौपदी के आहार करने तक उस पात्र का अन्न खतम नहीं होगा।[८]

---

१. वन २९२ वाँ अध्याय।

२. शान्ति १९९ वाँ अध्याय।

३. अथर्क्षपुत्रः कौन्तेय कुरूणामृषभो वली।
सूर्यमाराधयामास नृपः सम्वरणस्तदा। आदि १७१।१२

४. उपातिष्ठत सा सूर्यं मुहूर्तमवला ततः। विराट १५।१९

५. उपतस्थे विवस्वन्तम्। उद्योग ८३।९

६. उपासिष्ये विवस्वन्तमेवं शरशताचितः। भीष्म १२०।५४

७. वन ३।१४-२८।

८. वन ३।३५-७३।

सौरव्रत—सौरव्रत नामक एक प्रकार की सूर्योपासना प्रचलित थी। नीलकंठ की टीका में उस व्रत को बहुत सौभाग्यवर्धक बताया है।[१]

स्कन्द—स्कंद की उत्पत्ति के संबंध में नाना प्रकार के कथन मिलते हैं। सप्तर्षि की भार्याओं को देखकर अग्नि काम-ज्वर से पीड़ित हो गये, किन्तु उद्देश्य सिद्धि की सम्भावना न होने के कारण शरीरत्याग की भावना से गभीर वन में चले गये। दक्षदुहिता स्वाहा को पहले से ही अग्नि की कामना थी। उसने सप्तर्षि भार्याओं का रूप धारण करके अग्नि की वासना पूर्ण करने का निश्चय किया। पहले वह अंगिरा की पत्नी शिवा का रूप धारण करके अग्नि के पास गई और अपनी अभिलाषा पूर्ण की एवं अग्नि का शुक्र हाथ में लेकर गरुड़ की माता के रूप में, सुरक्षित तथा शरस्तंब से आच्छादित श्वेतपर्वत पर जाकर किसी कंचनकुंड में उस शुक्र को डाल दिया। अरुन्धती की तपःशक्ति व तेजस्विता असाधारण होने के कारण स्वाहा उसका रूप नहीं धारण कर सकी, बाकी पांचों ऋषिपत्नियों का रूप बारी-बारी से बदल कर पूर्वोक्त तरह से शुक्र उसी कुंड में डाल दिया। उसके बाद प्रतिपदा के दिन उस कुंड में स्कंद का जन्म हुआ।

स्कन्द का स्वरूप—पहले दिन वह स्खलित शुक्र छह सिर, बारह कान, बारह आँख, बारह भुजाएँ, एक ग्रीवा एवं एक पेट के रूप में परिणत हुआ। दूसरे दिन आकृति बनी। तीसरे दिन वह आकृति शिशु के रूप में परिणत हुई। चौथे दिन वह बालक लाल मेघों से आच्छादित विद्युत की तरह सुशोभित होने लगा। असुर विनाश के निमित्त त्रिपुरारि द्वारा प्रदत्त भीषण धनुष हाथ में लेकर अमित शक्तिशाली उस बालक ने भयंकर नाद से दसों दिशाओं को प्रकम्पित कर दिया। उसके उस भीषण नाद को सुनकर चित्र व ऐरावत नाम के दो महानाग वहाँ उपस्थित हुए। स्कंद ने उन दोनों को दो हाथों में उठा लिया। एक हाथ में शक्ति व एक हाथ में अतिशय बलवान ताम्रचूड़ कुक्कुट को लेकर वह शिशु क्रीड़ा करने लगा। दो हाथों से शंख पकड़ कर इतनी जोर से बजाया कि सारा विश्व प्रलयनिदान समझ कर शंकित हो उठा। दो हाथों से आकाश में आघात करने लगा।[२] स्कंद को हिरण्यकवच, हिरण्यस्रक्, हिरण्यचूड़, हिरण्यमुकुट, तीक्ष्णदंष्ट्र एवं कुंडलयुक्त बताया है।[३] उनके छह सिर, बारह आँख एवं बारह हाथ हैं। वह पीनांश तथा अत्यन्त शक्तिशाली हैं।[४]

---

१. **सौभाग्यवर्द्धकं सौरव्रतादिकम्। वन २३२।८**

२. **वन २२४ वाँ अध्याय।**

३. **उपविष्टन्तु तं स्कन्दं हिरण्यकवचस्रजम्। वन २२८।१-३**

४. **षडाननं कुमारन्तु द्विषड्क्षं द्विजप्रियम्। अनु ८६।१८, १९**

स्कन्द का शैशव—माताओं में धात्री स्कंद का पुत्रस्वरूप पालन-पोषण करने लगी। लोहितोदधि की कन्या क्रूरा स्कंद को गोद में लेकर लाड़-प्यार करने लगी एवं अग्नि छागवक्त्र और वहुप्रज बनकर बालक की क्रीड़ा में सहायक हुए।[1]

स्कन्द का कृत्तिका पुत्रत्व—तारकवधोपाख्यान में वर्णित है—देवताओं व ऋषियों की प्रार्थना पर कृत्तिकाओं ने अग्नि से गर्भधारण किया। उन छहों ने एक साथ सन्तान प्रसव की। छहों शिशु जब एकत्व को प्राप्त होकर शरवन में बढ़ रहे थे तब एक दिन पुत्र-स्नेहवश वे कृत्तिकाएँ वहाँ गईं और उन्होंने एक शिशु देखा। उस शिशु ने अपने छह मुखों से छहों माताओं का एक साथ स्तनपान करके उन्हें आनन्दित किया।[2]

अग्नि व गंगा से स्कन्द का जन्म—सुवर्णोत्पत्ति प्रकरण में कहा गया है कि तारकासुर का अत्याचार असहनीय हो जाने पर देवों ने एक तेजस्वी पुत्र उत्पन्न करने के लिये अग्नि से प्रार्थना की। देवों का अनुरोध मानकर अग्नि ने गंगा के साथ संभोग किया। अग्नि का तेज सहन न कर सकने के कारण गंगा ने मेरुपर्वत पर गर्भपात कर दिया। वही गर्भ शरवन में कृत्तिकाओं का स्तनपान करके परिपुष्ट हुआ। इसीलिये बालक का नाम 'कार्त्तिकेय' पड़ा।[3]

हरपार्वती से उत्पत्ति—कार्त्तिकेय ने भगवान शिव के औरस से उमा के गर्भ से जन्म लिया, यह शिवपुराणादि का मत है। महाकवि कालिदास ने इसी वर्णन को लेकर 'कुमारसम्भव' की रचना की थी। महाभारत में भी इसका गौणरूप में उल्लेख मिलता है। भगवान रुद्र ने अग्नि के और भगवती उमा ने स्वाहा के शरीर में प्रवेश किया और उन दोनों के मिलन से रुद्रसुत स्कंद की उत्पत्ति हुई।[4]

विस्तृत जन्मविवरण—स्कंद के जन्म के संबन्ध में अन्य प्रकार के विवरण भी मिलते हैं। सारस्वतोपाख्यान में कहा गया है—महेश्वर का तेज अग्नि में पतित होने पर सर्वभक्ष भगवान अग्नि भी उसे दग्ध नहीं कर पाये। ब्रह्मा के आदेश से उन्होंने वह तेज गंगा में विसर्जित कर दिया। गंगा ने भी उसे धारण करने में

---

१. सर्वासां या तु मातृणां नारी क्रोधसमुद्भवा। वन २२५।२७-२९

२. विपन्नकृत्या राजेन्द्र देवता ऋषयस्तथा।
कृत्तिकाश्चोदयामासुरपत्यभरणाय वै। इत्यादि। अनु ८६।५-१३

३. अनु ८५।५५-८२।

४. अनुप्रविश्य रुद्रेण वह्निं जातो ह्ययं शिशुः। वन २२८।३०
रुद्रेणाग्निं समाविश्य स्वाहामाविश्य चोमया।
हितार्थं सर्वलोकानां जातस्त्वमपराजितः॥ वन २३०।९।

असमर्थ होकर हिमालय पर्वत पर त्याग दिया। हिमालय पर ही वह तेज दिन-प्रतिदिन दीप्त सूर्य की तरह बढ़ने लगा। एक दिन हिमालय के शरस्तम्ब में अनल-प्रभ उस तेजपुंज को देखकर कृत्तिकाएँ 'यह हमारा है, यह हमारा है' कहती हुई उसके समीप गईं। उनके वहाँ जाते ही उस तेजपुंज ने षड़ानन शिशु का रूप धारण करके उनका स्तनपान करना शुरू कर दिया। कृत्तिकाएँ उसकी अद्‌भुत आकृति से विस्मित होकर उसे वहीं छोड़ गईं। बालक क्रमशः बढ़ता हुआ तेजस्वी रूप धारण कर रहा था। अचानक एक दिन शैलराज पुत्री के साथ प्रमथ आदि अनुचरों से घिरे महादेव को देखकर वह उनकी ओर अग्रसर हुआ। उसी समय महादेव, भगवती दुर्गा, अग्नि और गंगा ये चारों मन ही मन सोचने लगे कि देखना चाहिये यह इतना सुन्दर बालक पहले किसके पास जाता है। प्रत्येक उसे छाती से लगाने के लिये उत्कंठित था। कार्त्तिकेय ने उनका मनोभाव जानकर योगबल से चार शरीर धारण किये और एक साथ चारों के पास पहुँचे। उसकी अद्‌भुत क्षमता देखकर चारों देवता बहुत खुश हुए और उसे यथायोग्य सम्मान देने के लिये पितामह से अनुरोध किया। पितामह ने उसे सर्वभूत का सेनापति बना दिया।[1]

कुमार का अभिषेक व पारिषद वर्ग—पुण्यसलिला सरस्वती नदी के किनारे ब्रह्मा ने उसका अभिषेक किया। उपस्थित देवताओं ने नवाभिषिक्त सेनापति को साध्यानुसार वस्त्राभूषण उपहार में दिये। कुमार के अभिषेक के समय जो देवता उपस्थित थे, उनमें से अनेकों रणप्रिय देवता उसी समय कार्त्तिकेय के अनुचर बन गये।[2]

कुमार की देहरक्षिकाएँ—प्रभावती, विशालाक्षी, पालिता, भद्रकाली, शतघंटा, मुंडी, अमोघा आदि असंख्य देवमाताओं ने कुमार की देहरक्षा करने के लिये उसका अनुसरण किया।[3]

अभिषेक के संबंध में दूसरे प्रकार के वर्णन भी मिलते हैं। देवराज इन्द्र ने स्कंद से युद्ध में पराजित होने पर इन्द्रपद वरण करने के लिये अनुरोध किया, लेकिन स्कंद ने अस्वीकार कर दिया। इसके बाद इन्द्र ने उनसे सेनानायक का पद लेने के लिये कहा। स्कंद की स्वीकृति मिलने पर देवों व महर्षियों ने सेनापति के रूप में उनका अभिषेक किया। उन्होंने दानवों का नाश करने के लिये ही देवों का सेनापतित्व ग्रहण किया था। उनके सिर पर कंचन छत्र लगाया गया। विश्व-

---

१. शल्य ४४ वाँ अध्याय। अनु ८६।३१, ३२।

२. शल्य ४५ वाँ अध्याय।

३. शल्य ४६ वाँ अध्याय।

कर्मा ने उन्हें कंचनमाला पहनाई और भगवान शिव ने उमा सहित घटनास्थल पर पहुँच कर सेनापति का यथोचित सम्मान किया। लाल परिधान में सुशोभित स्कंद को अग्नि ने रथ की पताका स्वरूप एक कुक्कुट दिया।

देवसेना के साथ विवाह—प्रजापति दुहिता देवसेना को वहाँ लाकर इन्द्र स्कंद से बोले—"सेनापति, आपके जन्म से पूर्व ही प्रजापति ने आपकी पत्नी निश्चित कर दी थी, अतः आप इसका पाणिग्रहण करिये।" देवगुरु बृहस्पति के यथाविधि होम आदि क्रियाएँ सम्पन्न करने के बाद स्कंद ने देवसेना का पाणिग्रहण किया।[1]

स्कन्द द्वारा महिषासुर व तारकासुर वध—स्कंद की सहायता से देवराज युद्ध में दैत्यों को परास्त करने में समर्थ हुए। कहा गया है कि दुर्जेय दैत्य महिषासुर स्कंद के हाथों निहत हुआ तथा उसके सहचर स्कंद के अनुचरों के भक्ष्य बने। स्कंद ने तारकासुर का भी वध किया था।[2]

देवताओं में सर्वश्रेष्ठ योद्धा—कार्त्तिकेय को देवताओं में सबसे बड़ा योद्धा बताया है।[3]

स्कन्द का ईश्वरत्व—महर्षि मार्कण्डेय ने युधिष्ठिर के समक्ष स्कंद की जो स्तुति गाई है, उसमें 'सहस्रशीर्ष', 'अनन्तरूप', 'ऋतस्य कर्त्ता', 'सनातनानामपि शाश्वतः' आदि अनेकों ऐसे शब्द हैं जो परम ब्रह्म के वाचक हैं। स्कंद की उपासना करनेवाला कोई सम्प्रदाय उस काल में था, इसका प्रमाण महाभारत में कहीं नहीं मिलता।[4]

युद्ध के आरम्भ में वीरों का स्कन्द को प्रणाम—युद्ध के आरम्भ में योद्धा कार्त्तिकेय को प्रणाम करते थे। दुर्योधन की सेना के सेनानायक बनते समय भीष्म ने शक्तिशाली कार्त्तिकेय को नमस्कार किया था।[5]

कार्त्तिकेय आदि नामों का यौगिक अर्थ—कृत्तिकाओं के स्तनपान से परिपुष्ट होने के कारण उनका नाम कार्त्तिकेय और अग्नि के स्कन्न (स्खलित) शुक्र से उत्पन्न

---

१. वन २२८ वाँ अध्याय।
कार्तिकेयो यथा नित्यं देवानामभवत् पुरा। भीष्म ५०।३३

२. पपात भिन्ने शिरसि महिषस्त्यक्त जीवितः। इत्यादि। वन २३०।९६-१०१। अनु ८६ वाँ अध्याय।

३. कार्त्तिकेयमिवाहवे। द्रोण १७८।१३

४. वन २३१ वाँ अध्याय।

५. नमस्कृत्य कुमाराय सेनान्ये शक्तिपाणये।
अहं सेनापतिस्तेऽद्य भविष्यामि न संशयः॥ उद्योग १६४।७

होने के कारण स्कंद नाम पड़ा। गुहास्थित शरवन में जन्म हुआ, इसलिये एक नाम गुह भी है।[1]

जन्म के सम्बन्ध में विभिन्न मत—उस काल में कार्त्तिकेय के जन्म के संबंध में लोगों की जो अलग-अलग धारणाएँ थीं, वह एक श्लोक में बताई गई हैं।[2]

हेरम्ब (गणेश)—महर्षि कृष्णद्वैपायन महाभारत की रचना कर चुकने के बाद सोच में पड़ गये कि शिष्यों को उसका अध्ययन कैसे करायें। उनको चिन्तित देखकर भगवान पितामह उपस्थित हुए। महर्षि ने उनसे कहा—"भगवन आप ही बताइये कि अपने इस विस्तृत इतिहास को लिपिबद्ध कराने के लिये किसे नियुक्त करूँ, मुझे तो ऐसा कोई लेखक नजर नहीं आता।" पितामह ने उत्तर दिया—"इस कार्य के लिये गणेश का स्मरण करो, वही समर्थ हैं।" उनके चले जाने पर महर्षि ने गणेश का स्मरण किया और उनके उपस्थित होने पर यथाविधि पूजा करके आह्वान का उद्देश्य बताया। गणेश ने कहा—"मेरी लेखनी अविश्राम चलती रहे, इस तरह यदि आप बोल सकें तो मैं लेखनी पकड़ने के लिये तैयार हूँ।" महर्षि ने उत्तर दिया, "आप मेरी उक्तियों का अर्थ सम्यक् रूप से समझे बिना कुछ नहीं लिखेंगे, यदि यह शर्त स्वीकार करें तो मैं उसी तरह बोलूँगी कि आपकी लेखनी बिना रुके चलती रहे।" गणेश ने महर्षि की शर्त स्वीकार कर ली।[3] (बहुतों के मत से यह अंश बाद को जोड़ा हुआ है।)

अनेकों देवताओं के नाम—निम्न अध्यायों के विभिन्न प्रसंगों में अनेकों देवताओं के नाम व उत्पत्ति का विवरण मिलता है। उनमें से कई तो वर्त्तमान काल में विलुप्त हो चुके हैं। ग्रंथ के अधिक विस्तृत हो जाने के भय से उनकी यहाँ विस्तार से समीक्षा नहीं की है।

(क) आदित्यादि का वंश-वर्णन—आदि ६५ वाँ तथा ६६ वाँ अध्याय। (ख) सभावर्णन—सभा ६।१६, १७। (ग) मार्कण्डेय समस्या—वन० २०४।३ (घ) कुमारोत्पत्ति—वन० २२७ वें अध्याय से लेकर २२९ वें अध्याय तक। (ङ) स्कन्दोत्पत्ति—शल्य० ४५ वाँ अध्याय। (च) जापकोपाख्यान—शांति० १९८।५, ६।

---

१. अभवत् कार्त्तिकेयः स त्रैलोक्ये सचराचरे।
स्कन्नत्वात् स्कन्दतां प्राप्तो गुहावासाद गुहाऽभवत्॥ अनु ८६।१४।
अनु ८५।८२

२. आग्नेयः कृत्तिकापुत्रो रौद्रो गांगेय इत्यपि।
श्रूयते भगवान देवः सर्वगुह्यमयो गुहः॥ आदि १३७।१३

३. आदि १।५५-७९।

(छ) सर्वभूतोत्पत्ति--शान्ति० २०७ वाँ तथा २०८ वाँ अध्याय। (ज) शुकोत्पत्ति-शान्ति० ३२३ वाँ अध्याय। (झ) दानधर्म--अनु० ८२।७। (ञ) तारकवध--अनु० ८६।१५-१७।

अधिक पूजित देवता--उग्रप्रकृति देवताओं की ही साधारणतः अधिक पूजा की जाती है। रुद्ररूप में महादेव की संहारमूर्त्ति अत्यन्त भयंकर होती है, इसीलिये उनकी पूजा का प्रचलन अधिक है। इसी तरह स्कंद, शक्र, अग्नि, वरुण, यम, काल, वायु, वैश्रवण, रवि, वसुगण, मरुत, साध्य, विश्वदेव, आदि देवता उग्र-स्वभावी माने जाते हैं, अतः मनुष्य उनकी उपासना जी-जान से करता है; लेकिन ब्रह्मा, विष्णु आदि निरीह समदर्शी देवताओं की पूजा करना आवश्यक नहीं समझता।[1] उपयुक्त कथन अर्जुन का है; जो उन्होंने विरक्त युधिष्ठिर को उत्तेजित करने के लिये उदाहरणस्वरूप दिया था। इस उक्ति में यह इंगित तो मिल जाता है कि उस काल में इन देवताओं की पूजा का प्रचलन अधिक था, किन्तु मनुष्य का अनिष्ट करने वाले देवता सदा उग्र रूप धारण किये रहते हैं, यह कल्पना निर्मूल है। प्रत्येक देवता की यदि परमेश्वर रूप में पूजा हो तो वह उग्र रूप धारण करेगा ही क्यों ?

देवताओं का जन्म और मरण--देवों का भी जन्म-मरण होता है। वह अपेक्षाकृत दीर्घायु होते हैं, इसलिये उन्हें अमर कहा गया है। उल्लिखित है कि प्राचीन काल में देवासुर संग्राम में दैत्यगुरु शुक्राचार्य निहत असुरों को मृतसंजीवनी विद्या से पुनर्जीवित कर लेते थे, किन्तु उस विद्या से अनभिज्ञ होने के कारण देवों की संख्या दिन पर दिन कम होती जा रही थी। इस पर देवताओं ने परामर्श करके बृहस्पति के पुत्र कच को वह विद्या सीखने के लिये शुक्राचार्य के पास भेजा।[2]

जातकर्मादि क्रिया--देवताओं में भी जातकर्मादि वैदिक संस्कारों का प्रचलन था। स्कंद का जातकर्म संस्कार महर्षि विश्वामित्र ने किया था।[3] कहीं कहीं विश्वामित्र की जगह बृहस्पति का नाम आया है।

चातुर्वर्ण्य--मानव समाज की चातुर्वर्ण्य व्यवस्था की तरह देवसमाज में भी

---

१. य एव देवा हन्तारस्ताल्लोकोऽर्च्चयते भृशम्। शान्ति १५।१६-१९
शान्ति १२२ वाँ अध्याय।

२. आदि ७६ वाँ अध्याय।

३. मंगलानि च सर्वाणि कौमाराणि त्रयोदश।
जातकर्मादिकास्तस्य क्रियाश्चक्रे महामुनिः॥ वन २२५।१३
जातकर्मादिकास्तत्र क्रियाश्चक्रे बृहस्पतिः। शल्य ४४।२१।

चातुवर्ण्य विद्यमान था। उनमें भी सब समान नहीं होते थे, वे भी भिन्न-भिन्न कर्मों पर नियुक्त होते थे।[1]

देवताओं का ऐश्वर्य---देवों में सभी अणिमा आदि सिद्धियों के स्वामी होते हैं। इच्छा मात्र से वह बहुत कुछ कर सकते हैं। इन्द्र के बिसतन्तु प्रवेश एवं शिव और विष्णु की व्यापकता के वर्णन से तो यही पता लगता है।[2]

देवों के विशिष्ट चिह्न---वर्णित है कि दमयन्ती की स्वयंवर-सभा में देवों ने नल का रूप धारण करके दमयन्ती को बहुत परेशान कर दिया था। दमयन्ती ने अपनी प्रखर बुद्धि के बल से कुछ विशिष्ट चिह्नों द्वारा देवों को पहचान कर नल के गले में वरमाला डाली थी। देवों को पसीना नहीं आता, उनकी पलक नहीं झपकती, उनके पाँव जमीन से उठे हुए रहते हैं तथा उनकी पुष्पमाला कभी नहीं मुरझाती।[3]

देवता प्रकाशमान होते हैं---मनुष्य तो अपने कर्म के द्वारा प्रसिद्धि पाता है, किन्तु देवता तो स्वतः ही प्रकाशस्वरूप होते हैं। कोई विशिष्ट कार्य न करने पर भी उनका तेज मलिन नहीं पड़ता।[4]

देवों में उपास्य-उपासक भाव---देवों में भी उपास्य-उपासक की भावना होती है। वृत्रवधोपाख्यान में कहा गया है कि देवराज इन्द्र वृत्र के भय से विष्णु के शरणापन्न हुए। नारायण ने भयभीत पुरन्दर के शरीर में अपना तेज संक्रमित कर दिया, इसके बाद ही इन्द्र को विजय मिली थी।[5] हैहयाधिपति अर्जुन कार्तवीर्य के अत्याचार से तंग आकर भी देव विष्णु की शरण में गये थे।[6]

अवतारवाद---जब समाज में धर्म का नाश तथा अधर्म की वृद्धि होने लगती है, तब भगवान शरीर धारण करके मर्त्यलोक में अवतीर्ण होते हैं और दुष्टों को वश में करके धर्म की स्थापना करते हैं। वही विश्रृंखल स्थिति को मर्यादा में बाँधते हैं।[7]

---

१. शान्ति० २०८ वाँ अध्याय।

२. बिसतन्तुप्रविष्टञ्च तत्रापश्यच्छतक्रतुम्। उद्योग १४।११

३. सापश्यद्विबुधान् सर्वानस्वेदान् स्तब्धलोचनान्। इत्यादि। वन ५७।२४

४. प्रकाशलक्षणा देवा मनुष्याः कर्मलक्षणाः। अश्व ४३।२१

५. कालेयभयसंत्रस्तो देवः साक्षात् पुरन्दरः।
जगाम शरणं शीघ्रं तं तु नारायणं प्रभुम्। इत्यादि। वन १०१।९-११

६. देवदेवं सुरारिघ्नं विष्णुं सत्यपराक्रमम्। वन ११५।१५

७. यदा यदा हि धर्मस्य ग्लानिर्भवति भारत।
अभ्युत्थानमधर्मस्य तदात्मानं सृजाम्यहम्॥ इत्यादि।

श्रीकृष्ण व रामचन्द्र का अवतार—महाभारत में श्रीकृष्ण व रामचन्द्र को भगवान का अवतार माना है।[1]

कल्कि का अवतार—मार्कण्डेयसमास्यापर्व में कहा गया है कि कलियुग में जब अनाचार बहुत बढ़ जायगा तब सम्भलग्राम के एक ब्राह्मण टोले में विष्णुयशा के नाम से कल्कि का अवतार होगा। बाद में वह ब्राह्मण धर्मविजयी राज्यचक्रवर्ती के रूप में धर्म का पुनः संस्थापन करेगा।[2]

वराह—मोक्षधर्म में वराह अवतार की कथा वर्णित है।[3]

यक्ष-पिशाच आदि देवयोनियों की पूजा—किसी किसी सम्प्रदाय में यक्ष, पिशाच, गंधर्व आदि देव भी पूजे जाते थे। लोगों की धारणा थी कि उनके प्रसाद से नाना प्रकार की व्याधियों का शमन होता है और उपासक अतुल सम्पदा का स्वामी बनता है।[4] सूर्यमुखी एवं कमल के फूलों की माला आदि इन देवों को विशेष रूप से प्रिय होती हैं।[5]

गृहदेवी, राक्षसी (?) कहा गया है कि प्रत्येक गृहस्थ के घर में एक राक्षसी का वास होता है; वह गृहदेवी कहलाती है। उसकी सन्तुष्टि के लिये तरह-तरह के उत्कृष्ट द्रव्य चढ़ाने पड़ते हैं।[6] इसकी पूजाएँ भद्र परिवारों में भी प्रचलित थीं, इस पर विश्वास नहीं होता।

सात्विक आदि प्रकृति के भेद से पूज्य भेद—गीता में भगवान ने कहा है कि सात्विक प्रकृति के लोग देवताओं की पूजा करते हैं, राजस प्रकृति वाले यक्ष-राक्षस आदि की पूजा करते हैं और तामसी मनुष्य भूत-प्रेत की पूजा करते हैं।[7]

भीष्म २८।७, ८। वन १८९।२७-३१
यदा धर्मो ग्लाति वंशे सुराणाम्।
तदा कृष्णो जायते मानुषेषु॥ अनु १५८।१२

१. विष्णुः स्वेन शरीरेण रावणस्य वधाय वै॥ वन ९९।४१
अंशेनावतरत्येवं तथेत्याह च तं हरिः॥ आदि ६४।५४
२. कल्की विष्णुयशा नाम द्विजः कालप्रचोदितः। इत्यादि। वन १९०।९२-९७
३. शान्ति २०९ वाँ अध्याय।
४. वन २२९।४७-५९
५. अर्कपुष्पैस्तु ते पञ्चगणाः पूज्या धनार्थिभिः। इत्यादि। वन २३०।१४, १५
जलजानि च माल्यानि पद्मादीनि च यानि वै। इत्यादि। अनु ९८।२९
६. गृहे गृहे मनुष्याणां नित्यं तिष्ठति राक्षसी। सभा १८।२
७. यजन्ते सात्विका देवान् यक्षरक्षांसि राजसाः।
प्रेतान् भूतगणांश्चान्ये यजन्ते तामसा जनाः॥ भीष्म ४१।४

विभूति की पूजा—जहाँ किसी विशिष्ट विभूति के दर्शन होते हैं वहाँ मनुष्य का मस्तक स्वयं ही नत हो जाता है। कई बार उस तेजोमयी वस्तु की देवता के रूप में पूजा करने की इच्छा होती है। अश्वत्थ वन्दन, हिमालय वन्दन आदि विभूति की ही पूजा है।[1]

सभी देव भगवान की विभूति, वही चरम उपास्य—उपासक अपनी अपनी प्रवृत्ति के अनुसार किसी भी देवता की पूजा के द्वारा उस परम परमेश्वर की ही अर्चना करता है, यही महाभारत का सिद्धान्त है। भगवान प्रत्येक देवता के माध्यम से भक्त की अभिलाषा पूर्ण करते हैं। मन्त्र-तन्त्र, विधि-नियम सब कुछ उसी परमेश्वर को जानने के लिये होते हैं, अतः देवता भी उस परमपिता परमात्मा से पृथक् रूप में उपास्य नहीं है।[2]

---

१. अश्वत्थं रोचनां गाञ्च पूजयेद यो नरः सदा। इत्यादि। अनु १२६।५
शिशुर्यथा पितुरंके सुसुखं वर्त्तते नग।
तथा तवांके ललितं शैलराज मया प्रभो। इत्यादि। वन ४२।२७-३०

२. यदादित्यगतं तेजो जगद्भासयतेऽखिलम्।
यच्चन्द्रमसि यच्चाग्नौ तत्तेजो विद्धि मामकम्। भीष्म २९।१२
वेदैश्च सर्वैरहमेव वेद्यः। भीष्म २९।१५

उपासना

उपासना मुक्ति का साधन—मुक्तिलाभ के जितने उपाय हैं, उपासना उनमें अन्यतम है। प्रत्येक व्यक्ति भगवान का स्वरूप जानने के लिये आकुल रहता है। यह आकुलता किसी में स्वतः ही उत्पन्न हो जाती है और किसी में दूसरे साधनों से आती है; किन्तु जल्दी समझे या देर में, मनुष्य उस सत्य को समझता अवश्य है।

शाक्त-शैव आदि सम्प्रदाय—साकार उपासना करनेवाले शाक्त, शैव, बैष्णव आदि अनेकों सम्प्रदाय हैं। महाभारत में किसी भी सम्प्रदाय का नाम न होते हुए भी उपर्युक्त तीन सम्प्रदायों का वर्णन मिलता है।

निराकार-चिन्तन की दुःसाध्यता—श्रीमद्भगवतगीता में कहा गया है कि निराकार की उपासना करना कठिन है। अस्थूल, अनणु, अह्रस्व, अदीर्घ विराट पुरुष की कल्पना करना सर्वसाधारण के लिये सम्भव नहीं है, विशेषतः जब वह मन और वचन से परे है। अतः उस अव्यक्त अरूप का ध्यान करना मुश्किल है। सगुण के उपासक को किसी एक रूप का ध्यान करने के फलस्वरूप सोपान आरोहण की तरह एक एक पद आगे बढ़ने का सुयोग मिलता है। इसलिये सगुण निर्गुण की तुलना की जाय तो सगुण की उपासना काफी सहज है। निर्विषय, निरालम्ब ब्रह्म में चित्त लगाना दुष्कर है।[1]

उपासना का फल—गीता में भगवान श्रीकृष्ण ने कहा है—"जो मेरी अर्थात सगुण परमेश्वर की भगवान के रूप में उपासना करते हैं, मैं शीघ्र ही इस मृत्युरूप संसार सागर से उनका उद्धार कर देता हूँ।"[2]

पितरों की पूजा—बाह्य अनुष्ठानों में साकार उपासना की तरह पितरों की पूजा का विधान भी है। साकार उपासना में शास्त्रविधि से देवतास्वरूप भगवान

---

१. क्लेशोऽधिकतरस्तेषामव्यक्तासक्तचेतसाम्।
अवक्ता हि गतिर्दुःखं देहवद्भिरवाप्यते। भीष्म ३६।५

२. अनन्येनैव योगेन मां ध्यायन्त उपासते।
तेषामहं समुद्धर्त्ता मृत्युसंसार सागरात्॥ भीष्म ३६।६, ७

की पूजा की जाती है और पितृपूजन में स्वर्गवासी पितरों को पिंडदान देकर श्राद्ध द्वारा तृप्त किया जाता है।

देवपितृपूजन का फल---कहा गया है कि जो देवों की अर्चना एवं पितरों का श्राद्ध-तर्पण नहीं करते, वे मूढ़ होते हैं, वे कभी श्रेय लाभ नहीं कर पाते। जो पितर, देव, द्विज, अतिथि की अर्चना करता रहता है, मनोवांछित गति में जाता है। यथा-विधि पूजित होने से देव तुष्ट होते हैं। उनको तुष्ट करने के बाद मनुष्य के लिये कुछ भी अप्राप्य नहीं रहता। याग-यज्ञ आदि भी देवों को प्रीत करने के हेतु हैं।[1]

सन्ध्या, अग्निहोत्र आदि नित्यकर्म---तीनों सन्ध्या, अग्निहोत्र एवं अर्चना नित्य कर्मों में गण्य हैं। प्रत्येक ही बाह्य उपासना का अंग है।[2] नित्य-उपासना पर अनगिनत उपदेश दिये गये हैं।[3]

नैमित्तिक व काम्यपूजा---गृहप्रवेश, विदेशयात्रा, तीर्थयात्रा व प्रत्यावर्त्तन, पुत्रजन्म आदि आनन्दोत्सव पर तथा विशिष्ट तिथि नक्षत्रों में विशिष्ट कामनाओं से भगवान की विभिन्न मूर्त्तियों की पूजा करने का विधान मिलता है।[4]

उपासना में जप की प्रधानता---जप उपासना का प्रधान अंग है। जापकोपाख्यान में जप के संबंध में बहुत कुछ कहा गया है। गीता में भगवान ने कहा है---यज्ञ में जप ही श्रेष्ठ है।[5]

---

१. श्राद्धं पितृभ्यो न ददाति दैवतानि च चार्चति। उद्योग ३३।४०
सम्यक् पूजयसे नित्यं गतिमिष्टामवाप्स्यसि। अनु ३१।३६
अपि चात्र यज्ञक्रियाभिर्द्देवताः प्रीयन्ते। निवापेन पितरः। शान्ति १९१।१३
अनु १००।९, १०। अनु १०४।१४२

२. अग्निहोत्रञ्च यत्नेन सर्वशः प्रतिपालयेत्। अनु १३०।२०।
बलि होमनमस्कारैर्म्मन्त्रैश्च भरतर्षभ। वन १५०।२४
जपैर्मन्त्रैश्च होमैश्च स्वाध्यायाध्ययनेन च। वन १९९।१३

३. सभा ४६।३१। उद्योग ८४।२६। शान्ति २९२।२०-२२। शान्ति ३४३।४३। शान्ति ३४५।२६-२८। आश्र ३२।१

४. आदि १६५।१३। सभा १।१८-२०। सभा ४।६। सभा २३।४, ५। वन ३७।३३। वन ८२ वाँ व ८३ वाँ अध्याय। विराट ४।५५। उद्योग १९३।९। शांति ३७।३१। शांति ३८।१४-१८

५. रात्रावहनि धर्मज्ञ जपन् पापैर्न लिप्यते।
तत्तेऽहं संप्रवक्ष्यामि शृणुष्वैकमना नृप॥ अनु १५०।६। शान्ति १९७ अध्याय से १९९ अध्याय तक।
यज्ञानां जपयज्ञोऽस्मि। भीष्म ३४।२५।

देवपूजा के लिए पूर्वाह्ण तथा पितृपूजा के लिए अपराह्ण श्रेष्ठ—देवपूजा के लिये पूर्वाह्णकाल तथा पितृपूजा के लिये अपराह्ण काल उत्तम बताया गया है।[1]

गन्ध-पुष्प आदि बाह्य उपकरण—साकार पूजा के लिये जिन उपकरणों का उल्लेख किया गया है, उनमें गंध (चन्दन आदि), पुष्प, धूप व दीप प्रधान हैं। जगह जगह इनकी श्रेष्ठता का गुणगान किया गया है। धूप एवं दीप को किन उपायों से प्रीतिकर बनाया जा सकता है, इसका उल्लेख भी मिलता है।[2]

पूजक का खाद्य ही देवता का नैवेद्य—बाह्यपूजा में उपास्य देवता को नैवेद्य चढ़ाना पड़ता है। उपासक को अपना खाद्य पदार्थ ही देवता को चढ़ाने के लिये कहा गया है।[3]

भक्तिभाव से प्रदत्त पत्र, पुष्प आदि भी भगवान ग्रहण करते हैं—गीता में भगवान कृष्ण ने अर्जुन से कहा है—"मुझे भक्तिसहित पत्र, पुष्प, फल, जल जो कुछ भी चढ़ाया जाता है, मैं बही खुश होकर ग्रहण कर लेता हूँ।"[4]

मूर्त्तिपूजा—"जो भक्त श्रद्धासहित जिस मूर्त्ति के द्वारा मेरी पूजा करता है उसी मूर्त्ति पर मैं उसकी श्रद्धा करा देता हूँ।"[5] इस उक्ति के अलावा अन्यत्र भी प्रतिमा का जिक्र आया है।[6]

---

१. पूर्वाह्ण एव कार्याणि देवतानाञ्च पूजनम्। अनु १०४।२३

२. देवताश्यः सुमनसो यो ददाति नरः शुचिः। अनु ९८।२१
गन्धेन देवास्तुष्यन्ति। अनु ९८।३५-३८। अनु ९८।४०-५४

३. यदन्ना हि नरा राजन् तदन्नास्तस्य देवताः। अनु ६६।६१

४. पत्रं पुष्पं फलं तोयं यो मे भक्त्या प्रयच्छति।
तदहं भक्त्युपहृतमश्नामि प्रयतात्मनः॥ भीष्म ३३।२६

५. यो यो यां यां तनुं भक्तः श्रद्धयार्च्चितुमिच्छति।
तस्य तस्याचलां श्रद्धां तामेव विदधाम्यहम्॥ भीष्म ३१।२१

६. देवता प्रतिमाश्चैव। भीष्म २।२६

आह्निक व कृत्य

धर्मशास्त्र श्रेयः का निदर्शन करते हैं---कहा गया है कि षडंग वेद और धर्मशास्त्र मानव के श्रेय का निदर्शन करते हैं। श्रेयपथ प्रदर्शित करने के निमित्त ही वेद एवं धर्मशास्त्र की रचना हुई है।[1]

वेद तथा वेदानुमोदित स्मृति की प्रामाणिकता---धर्म एवं अधर्म का निर्णय करने के लिये केवल लौकिक बुद्धि पर निर्भय रहने से काम नहीं चलता, तर्क को छोड़कर श्रुति व स्मृति का आश्रय लेना चाहिये। जिस प्रकार भृत्य स्वामी की आज्ञा का पालन बिना किसी हिचक के करता है, उसी प्रकार वेद एवं धर्मशास्त्र स्वरूप प्रभु की आज्ञापालन करने के लिये सनातनधर्मावलम्बी बाध्य होते हैं। इसीलिये इन सब शास्त्रों को प्रभुसम्मत शास्त्र कहा गया है। धर्म-अधर्म या कर्त्तव्य-अकर्त्तव्य के निर्णय में वेद ही श्रेष्ठ प्रमाण हैं। जिन आचरणों को वेद अनिंद्य बताते हैं एवं जिन अनुष्ठानों को जिस वर्ण व आश्रम के लिये विहित बताते हैं उनको वर्णाश्रम-समाज नतमस्तक होकर मानता है।[2]

वेद स्वतः ही प्रमाण है, इसी कारण सब शास्त्रों में उनकी प्रधानता है।[3] धर्म के निर्णय में वेद के बाद धर्मशास्त्र का स्थान आता है। यज्ञ आदि आचार अनुष्ठानों का नाम धर्म है। धर्मप्रतिपादक शास्त्र को 'स्मृति' भी कहा जाता है। श्रुति का अर्थ स्मरण करके ऋषियों ने इस शास्त्र का निर्माण किया है, इसीलिये इसका नाम स्मृतिशास्त्र पड़ा। स्मृतिशास्त्र के वेदमूलक होने के कारण ही उसकी प्रामाणिकता स्वीकृत हुई है।[4]

---

१. धर्मशास्त्राणि वेदाश्च षडंगानि नराधिप।
श्रेयसोऽर्थे विधीयन्ते नरस्याक्लिष्टकर्मणः॥ शान्ति २९७।४०

२. श्रुतिप्रमाणो धर्मः स्यादिति वृद्धानुशासनम्। वन २०५।४१। वन २०६।८३
वन २०८।२। अनु १४१।६५
कुर्वन्ति धर्मं मनुजाः श्रुतिप्रामाण्यदर्शनात्। शान्ति २९७।३३
शुष्कतर्कं परित्यज्य आश्रयस्व श्रुतिं स्मृतिम्। वन १९९।११४

३. नास्ति वेदात् परं शास्त्रम्। अनु १०६।६५
वेदे सर्वं प्रतिष्ठितम्। शान्ति २६९।४३

४. धर्मशास्त्रेषु चापरः। इत्यादि। वन २०६।८३। अनु १४१।६५

मनु का आदर—महाभारत में मनुसंहिता के बहुत से वचन उद्धृत हुए हैं। आचार-अनुष्ठान, राजधर्म आदि के बारे में मनु का मत लिया गया है। किसी भी मत का समर्थन करने के लिये ग्रंथकार ने श्रद्धा सहित मनु का स्मरण किया है। इससे प्रतीत होता है कि उस काल में मनुसंहिता को उच्च स्थान प्राप्त था। स्मृति-शास्त्र में मनुस्मृति की प्रधानता सदा ही स्वीकृत हुई है। सनातन हिन्दू समाज तथा शास्त्रकारों पर आज भी मनुस्मृति का प्रभाव सबसे अधिक है।

गृहकर्म की विधि—शान्ति व अनुशासन पर्व के कई अध्यायों में सिर्फ नित्य कर्म आदि का विस्तृत वर्णन किया गया है। प्रातः शय्यात्याग से लेकर रात को पुनः शय्याग्रहण तक एक एक गृहस्थ को क्या-क्या करना चाहिये, इन अध्यायों में यह विस्तार से ...... है।[1] ब्रह्मचारी, वानप्रस्थी एवं भिक्षुओं के कर्तव्य आदि के संबन्ध में भी किसी-किसी अध्याग में विशद विवरण मिलता है। ('चतुराश्रम' प्रबंध देखिये।)

आर्षशास्त्र अतिक्रमणीय नहीं—श्रद्धासहित धर्मशास्त्र के नियमों का पालन करना चाहिये, ऋषिवचनों पर संदेह करना उचित नहीं है। आर्ष का उल्लंघन करके जो व्यक्ति मनमानी करता है, उसे जीवन में कभी सुख नसीब नहीं होता, वह नितान्त मूढ़ कहलाता है।[2] जो व्यक्ति आर्षशास्त्र पर अश्रद्धा करता है तथा सज्जन महापुरुषों का अनुसरण नहीं करता, वह इहलोक व परलोक कहीं भी श्रेय लाभ नहीं कर सकता।[3]

ऋषियों की सर्वज्ञता—पुराणादि शास्त्रों के रचयिता ऋषियों की प्रज्ञा में संदेह नहीं करना चाहिये। वे सर्वज्ञ एवं सर्वदर्शी होते हैं। वे अपना जीवन विश्व-कल्याण के लिये उत्सर्ग कर देते हैं।[4]

---

१. शान्ति ६३वां, ११० वां, १९३ वां तथा २९४ वां अध्याय। अनु १०४ वां, १०६ वां, १३५ वां और १४५ वां अध्याय।

२. आर्षं प्रमाणमुत्क्रम्य धर्मं न प्रतिपालयन्।
सर्वशास्त्रातिगो मूढ़ः शं जन्मसु न विन्दति॥ वन ३१।२१
यः शास्त्रविधिमुत्सृज्य वर्तते कामकारतः।
न स सिद्धिमवाप्नोति न सुखं न परां गतिम्॥ भीष्म ४०।२३

३. यस्य नार्षं प्रमाणं स्याच्छिष्टाचारश्च भाविनि।
नैव तस्य परो लोको नायमस्तीति निश्चयः॥ वन ३।२२

४. शिष्टेराचरितं धर्मं कृष्णे मा स्याभिशंकिथाः।
पुराणमृषिभिः प्रोक्तं सर्वज्ञैः सर्वदर्शिभिः। वम ३१।२३

शास्त्रादेश पालन का परिणाम शुभ—आचार अनुष्ठान आदि यदि वृथा होते तो देवता, ऋषि, मानव, गंधर्व, असुर, राक्षस आदि अनुष्ठाता शास्त्रों का अनुसरण क्यों करते? ध्यान-धारणा व तपस्या का फल हाथों-हाथ मिलता है। इससे भी अदृष्ट फल का अनुमान लगाया जा सकता है। शास्त्रीय अनुष्ठानों का परिणाम सुखकर होने के कारण ही अनुष्ठाता बिना किसी हिचक के उनका पालन करते हैं। अनुष्ठान करते ही फल नहीं मिल जाता, समय की प्रतीक्षा करनी पड़ती है। समय आने पर अनुष्ठाता को कर्मजनित शुभ या अशुभ फल मिलता है। कर्म का फल एकमात्र शास्त्रगम्य होता है, साधारण बुद्धि द्वारा शुभ या अशुभ का निर्णय करना कठिन है। अज्ञान दोष से मनुष्य की प्रज्ञा आच्छादित रहती है, अतः शास्त्रानुशासन पालन करना ही कल्याणकारक है।[1]

शास्त्रविहित अदृष्ट फल में सन्देह नहीं करना चाहिए—शुभ कर्म आदि का फल साथ के साथ न दिखाई देने पर भी धर्म पर संदेह करना उचित नहीं है, कर्म का फल अवश्यम्भावी होता है, अतएव यथाविधि यज्ञ आदि का अनुष्ठान करना प्रत्येक व्यक्ति का कर्त्तव्य है।[2]

कर्म आवश्यक कर्त्तव्य—अनुष्ठान किये बिना चित्त शुद्ध नहीं होता, अनुष्ठान ही धर्म है, इसलिये कर्म मनुष्य को करना ही चाहिये, यही मनु का अभिमत है।[3]

श्रद्धा ही सब कर्मों का मूल—शास्त्रविहित कर्म का सबसे बड़ा सम्बल श्रद्धा होती है। बिना श्रद्धा के किसी भी अनुष्ठान का फल नहीं मिलता। अश्रद्धा पाप का कारण है और श्रद्धा पापनाश का। मनुष्य के भाव यदि निर्मल न हों तो अग्निहोत्र, व्रत, उपवास आदि सब बेकार हैं।[4]

शय्या त्याग के समय स्मरणीय—ब्राह्ममुहूर्त्त में शय्या त्याग के समय विष्णु, स्कंद, अम्बिका आदि देवों; यवक्रीत, रैभ्य, अर्वावसु, परावसु, काक्षीवान, औशिज आदि राजाओं; एवं अत्रि, वशिष्ठ, कश्यप, गौतम, भरद्वाज, व्यास, विश्वामित्र

---

१. विप्रलम्भोऽमत्यन्तं यदि स्युरफलाः क्रियाः। इत्यादि। वन ३१।२८-३६

२. न फलादर्शनाद्धर्मः शंकितव्यो न देवताः।
यष्टव्यं च प्रयत्नेन दातव्यं चानसूयता॥ इत्यादि। वन ३१।३८, ३९

३. कर्तव्यमेव कर्मेति मनोरेष विनिश्चयः। वन ३२।३९

४. अश्रद्धा परमं पापं श्रद्धा पापप्रमोचिनी।
जहाति पापं श्रद्धावान् सर्पो जीर्णामिव त्वचम्॥ शान्ति २६३।१५।
अग्निहोत्रं वने वासः शरीरपरिशोषणम्।
सर्वाण्येतानि मिथ्या स्युर्यदि भावो न निर्मलः॥ वन १९९।९७

आदि महर्षियों का स्मरण करना चाहिये। जो प्रातःकाल इन्हें याद करता है उसका कभी अमंगल नहीं होता।[1]

प्रातःकाल की स्पृश्य वस्तुएँ---प्रातःकाल गरू, घृत, दही, रोचना आदि मांगलिक द्रव्यों का स्पर्श करना शुभ होता है।[2]

सूर्योदय के बाद नहीं सोना चाहिए---सूर्योदय से पूर्व ही शय्या त्याग कर देना चाहिये।[3]

मलमूत्रोत्सर्ग का नियम---राजपथ पर, चरागाह में, खेत में, जल में, राख के ढेर में एवं गाँव के बहुत निकट मल, मूत्र का त्याग करना निषिद्ध है। दिन में उत्तर की ओर मुँह करके तथा रात को दक्षिण की ओर मुँह करके मल-मूत्र त्याग करना चाहिये। खड़े होकर पेशाब नहीं करना चाहिये। मलमूत्र का त्याग करने के लिये सूर्य की ओर मुँह करके बैठना बहुत ही अनुचित है।[4]

शौच आचमन आदि---यथाविधि शौचादि करके अच्छी तरह पाँवों का प्रक्षालन व आचमन करना चाहिये। कहीं से चलकर आने के बाद भी पाँव अवश्य धोने चाहिये। कहा गया है कि पाद-प्रक्षालन न करने के कारण ही राजा नल कलि द्वारा सताये गये थे।[5]

दन्तधावन---अमावस्या तथा दूसरे किसी पर्व के दिन दातौन का व्यवहार निषिद्ध बताया है। मौन धारण करके शास्त्रविहित काष्ठ के द्वारा प्रातःकाल दंतधावन करना चाहिये।[6]

---

१. विष्णुर्देवोऽथ जिष्णुश्च स्कन्दश्चाम्बिकया सह।
× × × ×
एतान् वै कल्यमुत्थाय कीर्त्तयन् शुभमश्नुते॥ अनु १५०।२८-६०

२. कल्य उत्थाय यो मर्त्यः स्पृशेद् मां वै घृतं दधि। अनु १२६।१८

३. न च सूर्योदये स्वपेत्। इत्यादि। शान्ति १९३।५। अनु १०४।१६, ४३

४. नोत्सृजेत पुरीषण्ण क्षेत्रे ग्रामस्य चान्तिके। इत्यादि। अनु १०४।५४,६१ अनु ९३।१२४। शान्ति १९३।३।
उभे मूत्रपुरीषे तु दिवा कुर्यादुदङ्मुखः। इत्यादि। अनु १०४।७६, ६१। अनु ९३।११७।

५. कृत्वा मूत्रमुपस्पृश्य संध्यामन्वास्त नैषधः।
अकृत्वा पादयोः शौचं तत्रैणं कलिराविशत्॥ इत्यादि। वन ५९।३। शान्ति १९३।४। अनु १०४।३९।

६. दन्तकाष्ठञ्च यः खादेदमावस्यामबुद्धिमान्। इत्यादि। अनु १२७।५। अनु १०४।२३, ४२-४५।

गृहमार्जन आदि---घर को सदा साफ-सुथरा रखना चाहिये। घर यदि गंदा हो तो देवता व पितर निराश होकर लौट जाते हैं। गोबर से घर अच्छी तरह लीपना चाहिये।[1]

स्नान विधि---दंतधावन के बाद स्नान करने का नियम है। नदी में स्नान करना उत्तम बताया है।[2]

सन्ध्या आह्निक---स्नान के बाद ही संध्या-उपासना एवं तर्पण का विधान है। प्रातःकाल संध्या को संध्योपासना करने का उल्लेख मिलता है। मध्याह्न संध्या के बारे में महाभारत में कुछ नहीं कहा गया है। ऋषि-मुनि अपना अधिक समय सन्ध्या-वन्दन में बिताते थे, इसीलिये वे दीर्घजीवी होते थे। जो ब्राह्मण संध्या-वन्दन आदि से विमुख हो उससे राजा को शूद्र का काम लेने को कहा है। संध्योपासना के बिना ब्राह्मण का ब्राह्मणत्व सुरक्षित नहीं रह पाता।[3]

अग्निहोत्र---प्रातः एवं सान्ध्य कर्मों में होम भी नित्यकर्म है। शास्त्रविधि से अग्न्याध्यान करना द्विजाति का आवश्यक कर्त्तव्य है। अग्नि की परिचर्या से ब्राह्मण को उत्तम गति मिलती है। अग्निहोत्र यज्ञ ही सब वैदिक कर्मों का मूल है।[4]

अग्नि का प्रतिनिधि---अग्नि के अभाव में सुवर्ण को उसके प्रतिनिधि के रूप में लिया जा सकता है। बाल्मीकबपा, ब्राह्मणपाणि, कुशस्तंब, जल, शकट एवं अज के दक्षिण कर्ण को भी अग्नि के प्रतिनिधिस्वरूप ग्रहण करने का विधान है।[5]

यज्ञ का अधिकारी---यज्ञ का अधिकार केवल ब्राह्मण को दिया गया है, शूद्र को यज्ञ का अनधिकारी बताया है।[6] द्विजातियों में भी स्त्रियों को यज्ञ का अधिकार नहीं मिला है। अमंत्रज्ञ होने के कारण स्त्रियाँ अग्निहोत्र-होम में आहुति देने की अधिकारी नहीं होतीं। आश्वलायन ऋषि ने स्मार्त्ताग्नि-होम में स्त्रियों का अधिकार

---

१. गोशकृत् कृतलेपना। इत्यादि। अनु १४६।४८। अनु १२७।७।
२. उपस्पृश्य नदीं तरेत्। शान्ति २९३।४।
३. सायंप्रातर्ज्जपेत संध्यां तिष्ठन् पूर्वा तथेतराम्। इत्यादि। शान्ति १९३।५। अनु १०४।१६, १७।
ऋषयो नित्यसंध्यत्वाद्दीर्घमायुरवाप्नुवन्। इत्यादि। अनु १०४।१८-२०।
४. आहिताग्निर्हि धर्मात्मा यः स पुण्यकृदुत्तमः। इत्यादि। शान्ति २९२।२०, २२। अनु ९७।७।
५. अग्न्यभावे च कुरुते वह्निस्थानेषु काञ्चनम्। इत्यादि। अनु ८५।१४८-१५०
६. द्विजातिः श्रद्धयोपेतः स यष्टुं पुरुषोऽर्हति। इत्यादि। शान्ति ६०।५१, ४६। शान्ति १६५।२१।

माना है, लेकिन महाभारत में स्त्रियों का श्रौताग्निहोम करना निषिद्ध बताया है—यही नीलकंठ का मत है। शास्त्रवचन का उल्लंघन करके होमानुष्ठान आदि करने से स्त्रियाँ नर्कगामी होती हैं।[1]

यज्ञ में अविहित द्रव्य—शूद्र के घर का द्रव्य यज्ञ में नहीं लगाया जा सकता, अतः यज्ञ के निमित्त शूद्र से कुछ भी नहीं लेना चाहिये।[2]

सन्ध्या-उपासना के अनगनित उदाहरण—महाभारत में संध्या-उपासना के उदाहरण भरे पड़े हैं। यहाँ तक कि युद्धकाल में भी संध्या-उपासना की बात कोई नहीं भूला है।[3]

देवपूजा—देवपूजा के लिये पूर्वाह्न ही उत्तम है। संध्या-आह्निक के बाद देवपूजा का विधान है। देवपूजा किये बिना कहीं भी यात्रा पर नहीं जाना चाहिये।[4]

प्रसाधन—केशप्रसाधन तथा अंजन लेपन पूर्वाह्न में ही कर लेना चाहिये।[5]

मध्याह्न स्नान—मध्याह्न काल में पुनः स्नान करने का नियम है। नग्न होकर स्नान नहीं करना चाहिये। रात को स्नान निषिद्ध बताया है। स्नान के बाद शरीर पोंछना अनुचित है। गीले वस्त्र पहने रहना भी निषिद्ध है।[6]

स्नान के दस गुण—स्नान के दस गुण बताये हैं—बलवृद्धि, रूप, स्वर व वर्ण की विशुद्धि, सुस्पर्श तथा सुगंधकारक, विशुद्धिजनक, श्री व सुकुमारता की वृद्धि एवं नारी प्रियत्व।[7]

---

१. नैव कन्या न युवतिर्नामन्त्रज्ञो न बालिशः।
परिवेष्टाग्निहोत्रस्य भवेन्नासंस्कृतस्तथा॥ इत्यादि। शान्ति १६५।२१, २२। नीलकण्ठ देखिए।

२. आहरेदथ नो किञ्चित् कामं शूद्रस्य वेश्मनः।
न हि यज्ञेषु शूद्रस्य किञ्चिदस्ति परिग्रहः॥ शान्ति १६५।८

३. उपास्य संध्यां विधिवत् परन्तपाः। इत्यादि। शान्ति ५८।३०। वन १६१।१। द्रोण ७०।८। उद्योग ९४।६। आश्र २७।५।

४. पूर्वाह्न एव कुर्वीत देवतानाञ्च पूजनम्। इत्यादि। अनु १०४।२३, ४६।

५. प्रसाधनञ्च केशानामञ्जनं...। पूर्वाह्न एष कार्याणि...। अनु १०४।२३।

६. न नग्नः कर्हिचित् स्नायान्न निशायां कदाचन। इत्यादि। अनु १०४।५१, ५२।

७. गुणा दश स्नानशीलं भजन्ते बलं रूपं स्वरवर्णप्रशुद्धिः। इत्यादि। उद्योग ३७।३३।

दूसरे के पहने वस्त्र आदि का अव्यवहार—दूसरे के पहने के हुए जूते, वस्त्र आदि का व्यवहार कभी नहीं करना चाहिये।[१]

अनुलेपन—स्नान के बाद अनुलेपन करना उत्तम है।[२]

वैश्वदेवादि-बलि—भोजन करने से पहले ही बलि (भोज्यदान) तथा वैश्वदेवं विधि सम्पन्न करने का विधान है। यज्ञ द्वारा देवता, आतिथ्य द्वारा मनुष्य एवं बलि आदि कर्म द्वारा सर्वभूत की तुष्टि की जाती है।[३] अन्न पकाने के बाद उस अन्न से अग्नि में यथाविधि वैश्वदेव बलि देनी चाहिये। उसके बाद उसी अन्न की अग्नीषोम, धन्वन्तरि, प्रजापति आदि देवताओं के उद्देश्य से पृथक् पृथक् आहुति देनी चाहिये।[४]

निशाचर बलि—इसके बाद दक्षिण दिशा में यम को, पश्चिम में वरुण को, उत्तर में सोम को, पूर्व में शक्र को, ईशान कोण में धन्वन्तरि को, वास्तु के मध्य में प्रजापति को, गृहद्वार पर मनुष्य को, घर में मरुद्गणों को एवं आकाश में विश्वेदेवों को बलि देनी चाहिये। रात को निशाचरों के उद्देश्य से बलि देनी चाहिये।[५]

भिक्षादान—बलि के बाद द्वार पर उपस्थित द्विज को भिक्षा देने का नियम है। ब्राह्मण की अनुपस्थिति में भोज्य का अग्रभाग अग्नि में डाल देना चाहिये।[६]

श्राद्ध के दिन बलि का विधान—श्राद्ध के दिन श्राद्धकर्म के बाद बलि देने का विधान है[७] पितृकृत्य के बाद यथाक्रम बलि, वैश्वदेव, ब्राह्मणभोजन, अतिथि सेवा इत्यादि करने चाहिये।[८]

---

१. उपानहौ च वस्त्रञ्च धृतमन्यैर्न धारयेत्। अनु १०४।२८।

२. न चानुलिम्पेदस्नात्वा। अनु १०४।५२

३. सदा यज्ञेन देवाश्च सदातिथ्येन मानुषाः। इत्यादि। अनु ९७।६, ७

४. अग्नीषोमं वैश्वदेवं धान्वन्तर्यमनन्तरम्।
प्रजानां पतये चैव पृथग्घोमो विधीयते।। अनु ९७।१०

५. तथैव चानुपूर्व्येण बलिकर्म प्रयोजयेत्।
दक्षिणायां यमायेति प्रतीच्यां वरुणाय च।। इत्यादि। अनु ९७।११-१४

६. एवं कृत्वा बलिं सम्यग् दद्याद्भिक्षां द्विजाय वै।
अलाभे ब्राह्मणस्याग्नावग्रमुद्धृत्य निक्षिपेत्। अनु ९७।१५

७. यदा श्राद्धं पितृभ्योऽपि दातुमिच्छेत मानवः
तदा पश्चात् प्रकुर्वीत निवृत्ते श्राद्धकर्मणि।। अनु ९७।१६।

८. पितॄन् सन्तर्पयित्वा तु बलिं कुर्याद्विधानतः। अनु ९७।१७, १८

'वैश्वदेव' शब्द का अर्थ—सब प्राणियों के उद्देश्य से जो दान किया जाय, उसी को 'वैश्वदेव' कहते हैं। रात एवं दिन में भोजन से पहले 'वैश्वदेव' विधि सम्पन्न करनी पड़ती है।[१]

सबके भोजन कर लेने के बाद अन्नग्रहण—उपर्युक्त विधि से अन्न निवेदित करने के बाद परिवार के सब लोग जब भोजन कर चुकें तब गृहस्थ को अन्न ग्रहण करना चाहिये।[२]

देवयक्ष आदि के भेद से बलि का द्रव्य भेद—देवबलि में पुष्प सहित दही तथा दुग्धमय सुगंधित प्रियदर्शी अन्न निवेदित करना चाहिये। यक्ष व राक्षस की बलि में मांसादि द्रव्य, नागबलि में सुरा, आसव सहित भृष्ट धान्य इत्यादि एवं भूत बलि में गुड़ मिश्रित तिल देना प्रशंसनीय है। रोज चूंकि इन द्रव्यों का संग्रह करना संभव नहीं है, इसलिये अपने खाद्य द्रव्य की ही प्रत्येक के उद्देश्य से बलि देनी चाहिये।[३]

बलि देने से आत्मतुष्टि—जो गृहस्थ नित्य बलि देता है, उसे निरतिशय आनन्द मिलता है। जिस प्रकार देने वाले को आत्मतुष्टि मिलती है, उसी प्रकार लेने वाला भी प्रीति लाभ करता है।[४]

ब्राह्मणों का यज्ञोपवीत धारण—ब्राह्मण को नित्यप्रति यज्ञोपवीत धारण करना चाहिये। यज्ञोपवीत धारण करके ही क्रियाकांड करने चाहिये।[५]

ताम्रपात्र की प्रशस्तता—उपवास के दिन जलग्रहण, बलि-निवेदन, भिक्षादान, अर्घ्यदान एवं पितरों को तिलोदक दान आदि के लिये ताँबे का बर्त्तन श्रेष्ठ बताया है।[६]

---

१. श्वभ्यश्च श्वपचेभ्यश्च वयोभ्यश्चावपेद्भुवि।
वैश्वदेवं हि नामैतत् सायम्प्रातर्विधीयते॥ अनु ९७।२२

२. गृहस्थः पुरुषः कृष्ण शिष्टाशी च सदा भवेत्। अनु ९७।२१।

३. बलयं सह पुष्पैस्तु देवानामुपहारयेत्।
दधिदुग्धमयाः पुण्याः सुगन्धाः प्रियदर्शनाः॥ इत्यादि। अनु ९८।६०।६२

४. यथा च गृहिणस्तोषो भवेद्वै बलिकर्मणि।
तथा शतगुणा प्रीतिर्द्देवतानां प्रजायते॥ अनु १००।७।

५. नित्योदकी नित्ययज्ञोपवीती॥ उद्योग ४०।२५।

६. उपवासे बलौ चापि ताम्रपात्रं विशिष्यते। इत्यादि। अनु १२६।२२, २३
प्रगृह्यौदुम्बरं पात्रं तोयपूर्णं उदङ्मुखः॥ इत्यादि अनु १२६।२०
अनु १२५।८२। अनु १३४।४।

गोश्रृंगाभिषेक---काम्यव्रत एवं अनुष्ठानादि में गोश्रृंगअभिषेक नामक एक अनुष्ठान का भी उल्लेख मिलता है। प्रातःकाल स्नान, आह्निक के बाद चरागाह में जाकर दर्भवारि अर्थात् कुशमिश्रित जल से गोश्रृंग का अभिषेक करना चाहिये और वही जल अपने मस्तक पर लगाना चाहिये, इससे समस्त तीर्थों के स्नान का फल मिलता है।[1]

सोम बलि---पूर्णिमा के दिन खड़े होकर घृत-अक्षत युक्त जल अंजलि द्वारा सोम के उद्देश्य से निवेदित किया जाय तो होमकार्य का पुण्यफल मिलता है। दूसरी जगह कहा गया है कि ताम्र पात्र से मधुमिश्रित पके हुए अन्न की सोमबलि देने से, उस बलि को साध्य, रुद्र, विश्वदेव, अश्विनीकुमार एवं दूसरे देवता ग्रहण करते हैं।[2]

नीलवृष-अभिषेक---श्रृंग द्वारा मिट्टी लेकर तीन दिन तक नीलवृष का अभिषेक करने से समस्त अशुभ कर्मों का नाश होता है।[3]

आकाशशयन योग---पौष मास के शुक्ल पक्ष में यदि रोहिणी नक्षत्र का योग हो तो उस योग को 'आकाश-शयन' कहा जाता है। उस दिन स्नात व शुचि होकर, एक वस्त्र पहन कर भक्तिभाव से सोमरश्मि का पान करने से महायज्ञ का फल मिलता है।[4]

अमावस्या के दिन वृक्ष-छेदन निषिद्ध---अमावस्या को पेड़ वगैरह नहीं काटने चाहिये। काटने से ब्रह्महत्या का पाप लगता है।[5]

---

१. कल्यमुत्थाय गोमध्ये गृह्य दर्भान् सहोदकान्।
निषिञ्चेत गवां श्रृंगे मस्तकेन च तज्जलम्।। इत्यादि।
अनु १३०।१०-१२

२. सलिलस्याञ्जलिं पूर्णमक्षताश्च घृतोत्तराः।
सोमस्योत्तिष्ठमानस्य तज्जलं चाक्षतांश्च तान्।। इत्यादि। अनु १२७।१, २। अनु १३४।४-७

३. नीलषण्डस्य श्रृंगाभ्यां गृहीत्वा मृत्तिकान्तु यः।
अभिषेकं त्र्यहं कुर्यात्तस्य धर्मं निबोधत।। इत्यादि। अनु १३४। १-३।

४. पौषमासस्य शुक्ले वै यदा युज्येत रोहिणी।
तेन नक्षत्र योगेन आकाशशयनो भवेत्।। इत्यादि। अनु १२६।४८, ४९

५. वनस्पतिञ्च यो हन्यादमावस्यामबुद्धिमान्।
अपि ह्येकेन पत्रेण लिप्यते ब्रह्महत्यया।। अनु १२७।३।

व्रत का फल—जो शास्त्रानुसार व्रत, उपवास आदि का पालन करते हैं वह सनातन लोक को प्राप्त होते हैं। संसार में यम नियम का फल प्रत्यक्ष ही मिल जाता है।[1]

संकल्प विधान—प्रातःकाल उत्तराभिमुख होकर ताम्रपात्र में जल लेकर व्रत का संकल्प पढ़ना चाहिये। ताम्रपात्र आदि के अभाव में मन ही मन व्रत का संकल्प किया जा सकता है।[2]

मन्त्रसंस्कृत द्रव्य ही हविः—मन्त्र द्वारा संस्कृत व प्रोक्षित किये हुए द्रव्य को ही 'हविः' कहा जाता है। हविः दैव एवं पितृकर्म में व्यवहृत होता है।[3]

उपवास-विधि—सब व्रतों में अनशन ही प्रधान व्रत है। विशेष विशेष तिथि, नक्षत्र एवं मासभेद से काम्य उपवासों के बहुत फल बताये गये हैं। सबका वर्णन यहाँ करना सम्भव नहीं है।[4] जल, मूल, फल, दूध, हविः, औषध तथा ब्राह्मण या गुरु के आदेश से किसी दूसरे द्रव्य को खाने से भी उपवास भंग नहीं होता।[5]

पुण्याहवाचन—मांगलिक कार्य में पुण्याहवाचन करने का भी विधान है।[6]

दक्षिणादान—हर व्रत, अनुष्ठान आदि की सिद्धि के निमित्त दक्षिणा देनी पड़ती है। याग-यज्ञ आदि दक्षिणा के बिना पूर्ण नहीं होते। दक्षिणास्वरूप भूमि, गाय, अथवा कंचन देने का विधान है।[7]

---

१. यो व्रतं वै यथोद्दिष्टं तथा सम्प्रतिपद्यते।
अखण्डं सम्यगारभ्य तस्य लोकाः सनातनाः॥ इत्यादि। अनु ७५।८, ९

२. प्रगृह्यौदुम्बरं पात्रं तोयपूर्ण उदङ्मुखः।
उपवासन्तु गृह्णीयाद् यद्वा संकल्पयेद् व्रतम्। इत्यादि। अनु १२६।२०, २१।

३. हविर्यत् संस्कृतं मन्त्रैः प्रोक्षिताभ्युक्षितं शुचि। इत्यादि। अनु ११५।५२। अनु ११६।२२।

४. तपो नानशनात् परम्। इत्यादि। अनु १०६।६५।

५. अष्टौ तान्यव्रतघ्नानि आपो मूलं फलं पयः। इत्यादि। उद्योग ३९।७१, ७२।

६. ततः पुण्याऽघोषोऽभूत। शान्ति ३८।१९।

७. वेदोपनिषदश्चैव सर्वकर्मसु दक्षिणाः।

पुराणादि श्रवण की दक्षिणा—ब्राह्मण से तत्त्वकथा या पुराण आदि सुनने पर भी दक्षिणा देने का नियम है।[1]

अनुकल्प विधान--आपद्काल में किये जाने वाले धर्म कर्मों के लिये अनुकल्प की व्यवस्था की गई है। जो व्यक्ति समर्थ हो उसे प्रथम कल्प से अनुष्ठान आदि करने चाहिये, असमर्थ होने पर दूसरे कल्प अर्थात् अपेक्षाकृत सहज भाव से अनुष्ठानादि सम्पन्न करने पर भी फल में कोई अन्तर नहीं पड़ता। किन्तु जो पूर्ण रूप से समर्थ होते हुए भी दूसरे कल्प का आश्रय लेते हैं, उन्हें शास्त्रविहित फल नहीं मिलता। शास्त्रों में बताये फल को उसी रूप में भोग करने के लिये अनुष्ठान आदि यथासम्भव त्रुटिरहित सम्पन्न करने चाहिये।[2]

प्रतिग्रह की योग्यता—दक्षिणा आदि दान लेने से धर्मनिष्ठ ब्राह्मण को कोई पाप नहीं लगता। जो ब्राह्मण यथारीति ब्राह्मण जप करता है, जिसका चरित्र निर्मल होता है, उसकी प्रतिग्रह से कोई क्षति नहीं होती। अध्यापना, याजन तथा प्रतिग्रह तेजस्वी ब्राह्मणों के लिये दूषणीय नहीं हैं। ऐसा ब्राह्मण प्रज्ज्वलित अग्नि की तरह पवित्र होता है।[3]

अप्रतिग्राह्य द्रव्य (तिलादि)—किसी किसी द्रव्य का दान लेने से ब्राह्मण का तेज किञ्चित मलिन हो जाता है, इसलिये उसके प्रतिकार की व्यवस्था भी की गई है। तिल व घृत का दान लेने पर सावित्री मन्त्र पढ़कर अग्नि में आहुति डालनी चाहिये; मांस, मधु व लवण लेने पर सूर्य दर्शन करना चाहिये; सुवर्णदान लेने पर गुरुश्रुति मन्त्र का जप करना चाहिये; वस्त्र, स्त्री, लोहा, अन्न, खीर व इक्षुरस का दान लेने पर त्रिसन्ध्या अवगाहन करना चाहिये; आउस धान, पुष्प, फल आदि

सर्वक्रतुषु चोद्दिष्टं भूमिर्गावोऽथ काञ्चनम्। इत्यादि। अनु ८४।५। शान्ति ७९।११

१. गो कोटिं स्पर्शयामास हिरण्यं तु तथैव च। इत्यादि। शान्ति ३१८।९६। स्वर्गा ६ वाँ अध्याय।

२. अनुकल्पः परो धर्मो धर्मवादैस्तु केवलम्। इत्यादि। शान्ति १६५। १५-१६।

प्रभुः प्रथमकल्पस्य योऽनुकल्पेन वर्तते।
न साम्परायिकं तस्य दुर्मतेर्विद्यते फलम्। शान्ति १६५।१७।

३. सायंप्रातश्च संध्यां यो ब्राह्मणोऽभ्युपसेवते। इत्यादि। वन १९९।८३, ८४
नाध्यापनाद् याजनाद्वा अन्यस्माद्वा प्रतिग्रहात्।
दोषो भवति विप्राणां ज्वलिताग्निसमा द्विजाः॥ वन १९९।८७।

मिलने पर सौ बार गायत्री जप करना चाहिये। भूमिदान मिलने पर तीन रात के उपवास का विधान है।[1]

तीर्थपर्यटन—महाभारत में भारत के बहुत से तीर्थस्थानों का विस्तृत वर्णन दिया हुआ है। वनपर्व तथा शल्यपर्व में अनगिनत तीर्थों का उल्लेख मिलता है। वर्त्तमान काल की भौगोलिक स्थिति बदल जाने के कारण उनमें से बहुत से तो लुप्त हो चुके हैं और बहुतों के नाम बदल गये हैं।[2]

तीर्थयात्रा का अधिकारी—तीर्थाटन से याग-यज्ञ का फल मिलता है तथा अन्तःशुद्धि होती है। यथोक्त फल पाने के लिये चित्त की निर्मलता का होना आवश्यक है। पवित्र अन्तःकरण सबसे बड़ा तीर्थ होता है और मानसिक पवित्रता श्रेष्ठ धर्म है।[3]

तीर्थाटन के फल का अधिकारी—जिसकी इन्द्रियाँ व मन संयत हो, जो दुर्व्यसनी न हो, दंभ आदि से रहित हो, अक्रोधी, सत्यनिष्ठ, दयालु एवं भक्तिपरायण हो, उसे ही तीर्थाटन का फल मिलता है।[4]

शयन के लिए दिशा-निर्णय—उत्तर या पश्चिम की तरफ सिर करके नहीं सोना चाहिये। पूर्व तथा दक्षिण की ओर सिर करके सोना चाहिये। टूटी खाट पर नहीं सोना चाहिये।[5]

श्मश्रुकर्म—पूर्व या उत्तर की ओर मुँह करके हजामत बनाने से आयु में वृद्धि होती है।[6]

---

१. घृतप्रतिग्रहे चैव सावित्री-समिदाहुतिः। इत्यादि। अनु १३६।४-११

२. अनु २६ वाँ अध्याय।

३. तीर्थाभिगमनं पुण्यं यज्ञैरपि विशिष्यते। वन ८२।१७
तीर्थानां हृदयं तीर्थम्। शान्ति १९३।१८
मानसं सर्वभूतानां धर्ममाहुर्मनीषिणः। शान्ति १९३।३१

४. यस्य हस्तौ च पादौ च मनश्चैव सुसंयतम्।
विद्या तपश्च कीर्तिश्च स तीर्थफलमश्नुते। इत्यादि। वन ८२।९-१३

५. उदक्-शिरा न स्वपेत तथा प्रत्यक्शिरा न च।
प्राक्शिरास्तु स्वपेद्विद्वानथवा दक्षिणाशिराः॥ इत्यादि। अनु १०४।४८, ४९।

६. प्राङ्मुखः श्मश्रुकर्माणि कारयेत् सुसमाहितः।
उदङ्मुखो वा राजेन्द्र तथायुर्विन्दते महत्॥ अनु १०४।१२९।

सन्ध्या समय कर्मविरति—संध्या होने पर हर तरह के वैषयिक कार्य से विरति ले लेनी चाहिये[1]

आचार पालन से दीर्घायु—जो व्यक्ति शास्त्रविहित आचारों का पालन करता है वह सुखी एवं स्वस्थ जीवन के शत वर्ष व्यतीत करता है तथा मृत्यु के बाद उत्तमगति को प्राप्त होता है। अतः सब आचारों का पालन करने का यत्न करना उचित है।[2]

---

१. संध्यायां न स्वपेद् राजन् विद्यां नैव समाचरेत्। अनु १०४।११९, १२०, १४१

२. शतायुरुक्तः पुरुषः शतवीर्यश्च जायते। इत्यादि। अनु १०४।१-९

प्रायश्चित्त

शास्त्र से प्रतिकूल व निषिद्ध आचरण से पाप—शास्त्रविहित कर्मों का अनुष्ठान न करने से जिस प्रकार मनुष्य पाप का भागी होता है, उसी प्रकार शास्त्रनिषिद्ध आचरण करने से भी पाप का भागी बनना पड़ता है। पाप अशुभ अदृष्ट होता है। इसका प्रमाण केवल शास्त्र ही है। पाप-पुण्य के विषय में भी महाभारतकार ने मनु के मत का अनुमोदन किया है। कहा है कि अगर कोई पाप किसी ने किया हो तो चान्द्रायण आदि प्रायश्चित्त करने से पाप का नाश हो जाता है। इस प्रकार के निगम प्राचीन काल से ही समाज में चले आ रहे हैं। आज भी हिन्दू समाज में पाप के प्रायश्चित्त के लिये व्रतानुष्ठान आदि किये जाते हैं। पाप-कर्म से जिस दुर्भाग्य की उत्पत्ति होती है, शास्त्रविहित व्रत आदि के द्वारा उसका क्षय किया जा सकता है; यही प्रायश्चित्त का फल है। धर्मशास्त्रों में प्रायश्चित्त पर भी एक अलग प्रकरण होता है।

प्रायश्चित्त के अनुष्ठान से पापमुक्ति—पाप करने पर प्रायश्चित्त करना ही पड़ता है। पाप से मुक्त हुए बिना किसी को भी अच्छी गति नहीं मिलती। प्रायश्चित्त के लिये व्रत आदि करके पापमुक्त हुआ जा सकता है। पाप-पुण्य के सम्बन्ध में कुछ सोचने से पहले जन्मांतर तथा परलोक का अस्तित्व स्वीकार करना ही पड़ेगा।

जन्मान्तर में विश्वास ही प्रायश्चित्त का प्रवर्त्तक—पाप करके प्रायश्चित्त न करने से दूसरे जन्म में कष्ट भोगने पड़ते हैं, इस विश्वास पर ही प्रायश्चित्त की आवश्यकता होती है। जन्मान्तर पर संशय या अविश्वास करनेवाले के लिये प्रायश्चित्त का उपदेश व्यर्थ है। वेद, संहिता, पुराण, स्मृति आदि शास्त्र परलोक या जन्मान्तर पर विश्वास करते हैं, इसीलिये उनके उपदेशों में प्रायश्चित्त का भी एक विशिष्ट स्थान है।[1]

---

१. अकुर्वन् विहितं कर्म प्रतिषिद्धानि चाचरन्।
प्रायश्चित्तीयते ह्येवं नरो मिथ्यानुवर्तयन्॥ शान्ति ३४।२
पापञ्चेत् पुरुषः कृत्वा कल्याणमभिपद्यते।
मुच्यते सर्वपापेभ्यो महाभ्रेणेव चन्द्रमाः॥ इत्यादि। वन २०६।५७

पापजनक कर्म—शान्तिपर्व के प्रायश्चित्तीय उपाख्यान में बहुत से ऐसे कार्यों का नाम दिया है, जिन्हें पापजनक बताया है, जैसे—मिथ्याचरण, सूर्योदय-शयन (ब्रह्मचारी के लिये), बड़े भाई के विवाह से पहले दारपरिग्रह, गार्हस्थ्य प्रवेश का इच्छुक होते हुए भी बड़े भाई का छोटे भाई से पहले विवाह न करना, ब्रह्महत्या, बड़ी बहन से पहले छोटी का विवाह करना, कनिष्ठा के विवाह के बाद ज्येष्ठा का विवाह करना, व्रत तोड़ना, अपात्र को दान देना, विहित पात्र को दान न देना, बहुतों का एक साथ याजन करना, मांस, विद्या तथा सोम का विक्रय करना, स्त्री वध करना, वृथा पशु का वध करना, गृहदहन, गुरु का प्रतिरोध, प्रतिज्ञाभंग, स्वधर्म-परित्याग, परधर्म का अनुष्ठान, अयाज्ययाजन, अभक्ष्यभक्षण, शरणागत परित्याग, भृत्य का भरण-पोषण न करना, लवण, गुण आदि रस द्रव्यों का विक्रय, पशु-पक्षी, का हनन, सामर्थ्य होते हुए भी अग्न्याध्यान न करना, नित्य कर्म में शिथिल होना वचनभंग करना, प्रतिश्रुत दान न देना, ब्राह्मण की सम्पत्ति छीनना, धन के लिये पिता आदि गुरुजनों से विवाद करना, गुरुपत्नीगमन, यथाकाल धर्मपत्नी के साथ संभोग न करना आदि कामों को पाप का हेतु बताया है। पापनाश के लिये प्राय-श्चित्त का विधान है।[1]

समय विशेष में पापजनक कर्म करना भी अनुचित नहीं—उल्लिखित कर्म भी समय विशेष पर पाप नहीं होते। कहा गया है कि यदि कोई वेदान्तवादी ब्राह्मण भी युद्ध क्षेत्र में शस्त्र लेकर लड़ने आये तो उसे मारना ही उचित है। उसमें ब्रह्महत्या का दोष नहीं लगता। जो ब्राह्मण अपने जातिगत क्रियाकर्मों से विमुख होकर आततायी के रूप में सामने आये, उसकी हत्या करना पाप नहीं होता। अगर चिकित्सक किसी रोग के लिये मद्य को ही एकमात्र औषधि बतायें तो रोगमुक्त होने के लिये मद्यपान करना दूषणीय नहीं है, प्रायश्चित्तस्वरूप केवल उपनयन संस्कार दुबारा कर लेना चाहिये। खाद्याभाव में प्राणनाश की आशंका होने पर अभक्ष्य भी भक्ष्य माना जाता है। गुरु के आदेश से, गुरु के वंश की रक्षा के निमित्त गुरुपत्नी गमन करना दोष रहित है। उद्दालक का पुत्र श्वेतकेतु उनके एक शिष्य के ही औरस से उत्पन्न हुआ था। संकटकाल में गुरु के परिवार का भरण-पोषण करने के निमित्त चोरी करना भी पाप नहीं है। किसी की रक्षा करने के उद्देश्य से ब्राह्मण के अलावा किसी दूसरे का वित्तहरण करना अनुचित नहीं है। अपने अथवा

अनु १६२।५८। शान्ति १५२।३७।

प्रायश्चित्तमकृत्वा तु प्रेत्य तप्तासि भारत। शान्ति ३२।२५।

१. सूर्येणाभ्युदितो यश्च ब्रह्मचारी भवत्युत। इत्यादि। शान्ति ३४।३-१५।

दूसरे की प्राणरक्षा के उद्देश्य से झूठ बोलने में भी पाप नहीं लगता, गुरु की रक्षा के निमित्त से भी झूठ बोलना दूषणीय नहीं है। स्त्रियों से तथा विवाहादि के मामले में झूठ बोलना पाप नहीं है। स्वप्न में वीर्यपात होने से कोई विशेष पाप तो नहीं लगता लेकिन तो भी अग्नि में आहुति डालकर प्रायश्चित्त करना पड़ता है। ज्येष्ठ भ्राता दुराचारी हो या संन्यासी बन गया हो तो कनिष्ठ का विवाह करना शास्त्रविहित है। कामातुर महिला के अनुरोध पर परस्त्रीगमन पाप नहीं है। यज्ञ में पशुहिंसा विहित है। अनजाने में अपात्र को दान देने तथा सत्पात्र को दान न देने में भी दोष नहीं है। व्यभिचारिणी पत्नी की उपेक्षा करना पाप नहीं है। 'सोमरस देवताओं की परम प्रिय वस्तु है', यह सोचकर यदि कोई सोमरस का विक्रय करे तो पाप का भागी नहीं होता। जो भृत्य अपने स्वामी की सेवा से विमुख हो, उसको त्यागना पाप नहीं होता। गाय के लिये घास उगाने के निमित्त से यदि वन को भी जला दिया जाय तो पाप नहीं लगता।[1]

चौदह वर्ष से कम आयु वाले को पाप नहीं लगता—जिसकी उम्र चौदह वर्ष से कम हो वह अगर कोई अनुचित कार्य करे भी तो पाप नहीं लगता।[2]

अनुशोचना से पापक्षय—एक बार पापजनक कार्य करने पर यदि पश्चात्ताप हो तथा 'फिर ऐसा नहीं करूँगा' इस तरह का दृढ़संकल्प मन में उत्पन्न हो तभी प्रायश्चित्त सार्थक होता है; पश्चात्ताप के बिना प्रायश्चित्त की कोई सार्थकता नहीं रहती। अनुताप स्वयं ही सबसे बड़ा प्रायश्चित्त है। दूसरे प्रायश्चित्त तो बाद की बात होती है।[3]

तपस्यादि प्रायश्चित्त—तपस्या, जप, होम, उपवास, व्रत आदि सभी पापनाशक हैं। साधारणतः शास्त्र में जिन पापों के प्रायश्चित्त की विधि नहीं दी हुई है, उनके लिये जप, होम, उपवास आदि करना ही उत्तम बताया है। पुण्यसलिला नदी में स्नान करना, पुण्यपर्वत पर रहना, सुवर्णप्राशन, रत्नादिस्नान, देवस्थान-

---

१. **एतान्येव तु कर्माणि क्रियमाणानि मानवाः।**
येषु येषु निमित्तेषु न लिप्यन्तेऽथ तान् शृणु॥ इत्यादि। शान्ति ३४।१६-३२

२. **आचतुर्दशकाद् वर्षान्न भविष्यति पातकम्।**
परतः कुर्वतामेव दोष एव भविष्यति॥ आदि १०८।१७

३. **विकर्मणा तप्यमानः पापाद्धि परिमुच्यते। वन २०६।५१**
तपसा कर्मणा चैव प्रदानेन च भारत।
पुनाति पापं पुरुषः पुनश्चेन्न प्रवर्त्तते। शान्ति ३५।१

पर्यटन तथा घृतप्राशन आदि कर्म भी प्रायश्चित्त के रूप में विवेचित हुए हैं।[१] दान के द्वारा भी पापों का क्षय होता है। प्रायश्चित्तस्वरूप गो, भूमि एवं धन, सम्पत्ति का दान करना भी उत्तम बताया है।[२] ब्रह्महत्याकारी या इसी तरह के किसी बड़े पातकी का मुंह देख लेने पर सूर्य के दर्शन करके शुद्धिलाभ करनी चाहिये।[३]

नरपति के लिए अश्वमेध पापनाशक—क्षत्रिय राजा के लिये अश्वमेध-महायज्ञ समस्त पापों का नाश करनेवाला होता है। अनगिनत ज्ञाति, सुहृद तथा बंधुबांधवों के निधन के बाद पापमुक्त होने के उद्देश्य से महाराज युधिष्ठिर ने महर्षि व्यास के कहने पर अश्वमेध यज्ञ किया था।[४] पापविनाश के उद्देश्य से महर्षि शौनक ने राजा जनमेजय को अश्वमेध यज्ञ में दीक्षित किया था।[५] ब्राह्मण वृत्र का हनन करने के बाद देवराज इन्द्र ने अश्वमेध यज्ञ किया था।[६] इन उदाहरणों से पता लगता है कि कोई बड़ा पाप करने पर राजा प्रायश्चित्तस्वरूप अश्वमेध यज्ञ करते थे।

प्रायश्चित्त न करने से नरक यातना—जो पापी प्रायश्चित्त नहीं करते वे तरह तरह की यातनाएँ भोगते हैं। यमद्वार पर अवस्थित उष्णा वैतरणी नदी, असिपत्र वन, परशुवन, दंशोत्पातक, क्षुरसंवृत, लौहकुंभी आदि बहुत से नरकों का विवरण मिलता है।[७]

नैतिक हीनता से पाप—जिन आचरणों से नरक की यातना भोगनी पड़ती है, अनुशासन पर्व में उनकी एक सूची दी गई है। गुरु की प्राणरक्षा या शरणागत की रक्षा के अलावा असत्य वचन का आश्रय लेने से नरक में जाना पड़ता है। परस्त्री

---

१. तपसा तरते सर्वमेनसश्च प्रमुच्यते। अनु १२२।९
अनादेशे जपो होम उपवासस्तथैव च। इत्यादि। शान्ति ३६।६-९

२. गाश्च भूमिञ्च वित्तञ्च दत्वेह भृगुनन्दन।
पापकृत् पूयते मर्त्य इति भार्गव शुश्रुम। अनु ८४।४१

३. त्वाञ्च ब्रह्महणं दृष्ट्वा जनः सूर्यमवेक्षते। द्रोण १९७।२१

४. अश्वमेधो हि राजेन्द्र पावनः सर्वपाप्ननाम्।
तेनेष्ट्वा त्वं विपाप्मा वै भविता नात्र संशयः॥ अश्व ७१।१६

५. ततः स राजा व्यपनीतकल्मषः श्रेयोवृतः प्रज्वलिताग्नि रूपवान्। शान्ति १५२।३९

६. तत्राश्वमेधः सुमहान् महेन्द्रस्य महात्मनः। उद्योग १३।१७

७. उष्णां वैतरणीं महानदीं। इत्यादि। शान्ति ३२१।३२।
तमसा संवृतं घोरं केशशैवलशाद्वलम्। इत्यादि। स्वर्गा २।१७-२५

दर्शन तथा परस्त्रीहरण में सहायता पहुँचाना भी नरक का हेतु है। परस्वहारी परस्वविनाशक एवं परनिन्दक को भी निश्चित रूप से नरकयन्त्रणा भोगनी पड़ती है। तालाब, पोखर, सभागृह, घर आदि नष्ट करना अत्यन्त पापजनक है। अनाथ महिला की प्रतारणा करना भी पाप का कारण है। इस प्रकार के और भी बहुत से आचरणों का उल्लेख मिलता है, जिन्हें पापजनक बताया है।[1]

परपीड़न ही पाप का हेतु—साधारण बुद्धि से भी मनुष्य अपने कर्त्तव्य एवं अकर्त्तव्य को अच्छी तरह समझ सकता है। जिस काम से दूसरे की किसी प्रकार की क्षति की आशंका हो, वह काम ही पाप का हेतु है। बहुत से विषयों में अपनी विवेक बुद्धि ही सबसे बड़ी विचारक होती है। जो विषय बुद्धिगोचर न हों, उनके बारे में कुछ तय करने के लिये शास्त्रानुशासन तथा महापुरुषों का अनुसरण करना ही सुबुद्धि कार्य है।

बहुत प्रकार के पाप व उनके प्रायश्चित्त का विवरण—निम्नलिखित अध्याओं में अनेक तरह के पाप तथा उनके प्रायश्चित्त का विधान दिया हुआ है। विस्तृतरूप से सबका अलग-अलग विवरण देना यहाँ सम्भव नहीं है।

वशिष्ठ की आत्महत्या का संकल्प आदि १७६।४४। चैत्ररथपर्व, आदि १८०। ९-११। दुर्योधन का प्रायोपवेशन, वन २५१।२। विदुरवाक्य, उद्योग ३७।१२, १३। प्रायश्चित्तीय, शांति ३२वें से ३५ वें अध्याय तक। व्यासवाक्य, शान्ति ३६ वाँ अध्याय। इन्द्रोतपारिक्षितीय, शांति १५२ वाँ अध्याय। प्रायश्चित्तीय, शांति १६५ वाँ अध्याय। ब्रह्महत्या विभाग, शान्ति २८१ वाँ अध्याय। ब्रह्मघ्न कथन, अनु २४ वाँ अध्याय। अहिंसाफल कथन, अनु ११६ वाँ अध्याय। लोमशरहस्य, अनु १२९ वाँ अध्याय। प्रायश्चित्तकथन, अनु १३६ वाँ अध्याय।

---

१. निरयं येन गच्छन्ति स्वर्गं चैव हि तच्छृणु। इत्यादि। अनु २३।५९-८२।

शवदाह व अशौच

मृत्यु के बाद शव की साजसज्जा एवं अन्त्येष्टि क्रिया के संबंध में जिन आचार-व्यवहारों का उल्लेख किया गया है, इस प्रबन्ध में हम उन्हीं की रूपरेखा प्रस्तुत करेंगे।

शव का आच्छादन—शव को वस्त्र द्वारा अच्छी तरह से आच्छादित करने का नियम था।[1]

शव की साजसज्जा—भीष्मदेव का प्राणान्त होने पर विदुर एवं युधिष्ठिर ने रेशमी वस्त्र तथा मालाओं से उनके शव को अच्छी तरह ढका था। युयुत्सु ने शव पर छत्र लगाया; भीम तथा अर्जुन ने चँवर ढुलाये। नकुल, सहदेव ने पितामह के सिर पर पगड़ी बाँधी। युधिष्ठिर तथा धृतराष्ट्र उनके पाँवों में बैठे और कुरुकुल-वधुएँ तालवृन्त द्वारा धीरे-धीरे व्यजन करने लगीं।[2]

चन्दनकाष्ठ आदि द्वारा शवदाह व सामगान—नानाविध के गंधद्रव्यों तथा चन्दनकाष्ठ आदि से चिता तैयार करके, शव पर कालीयक, कालागुरु गन्धद्रव्य रक्खे गये। उसके बाद धृतराष्ट्र आदि ने चिता की प्रदक्षिणा करके यथाविधि दाहसंस्कार किया। शव के अग्निदाह के समय सामग पंडित श्मशान में बैठकर वेदगान करने लगे।[3]

दाहक्रिया—महाभारत में पांडु के शवदाह का चित्रण इस प्रकार किया गया है—पांडु की मृत्यु शतशृंग पर्वत पर हुई। उनकी दाहक्रिया के समय माद्री पति की चिता की ओर अग्रसर हुई और उसी में सती हो गई। मृत्यु के सत्रहवें दिन उन दोनों की अस्थियाँ लेकर महर्षिगण हस्तिनापुर पहुँचे और धृतराष्ट्र को सब कुछ बताया। धृतराष्ट्र ने विदुर को आदेश दिया कि दोनों की अन्त्येष्टि क्रिया राजोचित रूप से सम्पन्न की जाय। विदुर ने भीष्म से परामर्श करके एक प्रसिद्ध एवं पवित्र स्थान पर चिता तैयार की। कुरुपुरोहित आज्यगंधि अग्नि लेकर श्मशान

---

१. आदि १२७।३

२. अनु १६८।१२-१५

३. ततोऽस्य विधिवच्चक्रुः पितृमेधं महात्मनः। इत्यादि। अनु १६८।१५-१७

भूमि में पहुंचे। विविध प्रकार के पुष्पों एवं गन्धों से शिविका सजाई गई। माल्य तथा वस्त्र से आच्छादित उस शिविका में भस्मावशिष्ट अस्थियों की स्थापना की गई; तब अमात्य, ज्ञाति व सुहृदजन शिविका उठाकर श्मशान की ओर चले। श्वेतछत्र, चमर व व्यंजन आदि लेकर और भी बहुत से लोग साथ में गये। तरह तरह के वाद्यों के निनाद से चारों दिशाएँ मुखरित हो उठीं। प्रार्थियों ने जो भी चाहा, उन्हें वही मिला। सैकड़ों लोगों ने शवयात्रा में भाग लिया। गंगा के किनारे, रमणीय वन के पास वह शिविका जमीन पर रक्खी गई, उन अस्थियों को उसमें से बाहर निकालकर कालीयक, चन्दन आदि सुगंधित द्रव्यों का लेप करके जलपूर्ण सुवर्णघट से उन्हें स्नान कराया गया। स्नान के बाद पुनः उन्हें शुक्ल चन्दन तथा कालागुरु मिश्रित तुंगरस का प्रलेप करके देशज शुक्ल वस्त्र से आच्छादित किया गया। इसके बाद शव को घृतसिक्त करके तुंग, पद्मक आदि गन्धद्रव्य एवं चन्दन काष्ठ द्वारा दाह किया गया।[1]

अग्निहोत्री की दाहक्रिया—वसुदेव की मृत्यु के बाद उत्तम यान में (यान का अर्थ शायद खाट हो सकता है) उनका शव स्थापित करके घर से बाहर लाया गया। शव मनुष्य ही उठाकर लाये थे। द्वारकावासी श्मशान तक शवयात्रा के साथ गये थे। याजकगण राजा का आश्वमेधिक छत्र तथा प्रज्ज्वलित अग्नि लिये हुए आगे आगे चल रहे थे। उनकी विधवाएँ पीछे पीछे आ रही थीं। जीवित अवस्था में जो स्थान उन्हें सर्वप्रिय था, वहीं उनकी चिता तैयार की गई। देवकी आदि चार महिषियाँ उनकी चिता के साथ ही सती हुईं। चन्दन आदि नाना प्रकार के सुगंधित काष्ठों द्वारा उनकी चिता बनी थी। दाहकाल में याजकों की उच्च सामध्वनि तथा पुरवासियों के करुण क्रन्दन से श्मशानभूमि मुखरित हो उठी।[2]

युद्धक्षेत्र में मृत व्यक्ति का शवदाह—महायुद्ध के बाद भी युधिष्ठिर के आदेश से सुधर्मा, धौम्य, विदुर, संजय आदि व्यक्तियों के उद्योग से युद्धभूमि में निहत सभी लोगों की यथाविधि दाहक्रिया की गई थी। श्मशान में वेदज्ञों के सामगान, नारियों के क्रन्दन एवं आत्मीय स्वजनों के शोकोच्छ्वास ने मिलकर रात की निस्तब्धता को भी दूर कर दिया था। सभी चिताएँ घी, गंधद्रव्य एव चन्दनकाष्ठ से तैयार की हुई थीं।[3]

---

१. आदि १२७ वां अध्याय।

२. ततः शौरिं नृयुक्तेन बहुमूल्येन भारत।
यानेन महता पार्थो बहिर्निष्क्रामयत्तदा ॥ इत्यादि। मौषल ७।१९-२६।

३. एवमुक्तो महाप्राज्ञः कुन्तीपुत्रो युधिष्ठिरः।

शवदाह के बाद स्नान---शवदाह के बाद अर्थी के साथ जाने वाले लोग वृद्ध व्यक्ति को अग्रवर्ती बनाकर स्नान करके पवित्र होते थे। पास में अगर नदी होती थी तो नदी में ही स्नान करते थे।[1]

स्नान के अन्त में उदक क्रिया---स्नान करते ही मृत व्यक्ति की आत्मा की तृप्ति के उद्देश्य से उदक क्रिया (प्रेततर्पण) करते थे।[2]

यति का शव अदाह्य---जो योगबल से शरीरत्याग करें उनका शव जलाना नहीं चाहिये। महामति विदुर के योगबल से शरीर त्याग करने पर युधिष्ठिर उनके शव का दाहसंस्कार करने के लिये उद्यत हुए। तब आकाशवाणी हुई---"महाराज, विदुर के शव की दाहक्रिया मत करिये, यह शव यहीं रहेगा। महामति विदुर 'सान्तानिक' नामक लोक में जायेंगे, उन्होंने यतियों की तरह प्राण-त्याग किया है।[3]

अशौच विधि---माता-पिता आदि किसी घनिष्ठ संबंधी का वियोग होने पर अशौच पालन के कौन-कौन से नियम थे, इस पर विस्तृत रूप से कुछ नहीं लिखा गया है। पिता की मृत्यु के बाद पांडव जमीन पर सोते थे। बहुत से नगरवासी ब्राह्मण आदि भी पांडवों की तरह जमीन पर ही सोते थे।[4] पांडु की अस्थियों का दाह करने वाले दिन से लेकर बारह दिन तक अर्थात् मृत्यु के दिन से अट्ठाइस दिन तक पांडवों ने अशौच पालन किया था। अशौच काल के दिन उन्होंने नगर के बाहर बिताये थे। बारह दिन के बाद श्राद्ध आदि सम्पन्न होने पर बंधुबांधव उन्हें हस्तिनापुर लाये थे।[5]

आदिदेश सुधर्माणं धौम्यं सूतञ्च संजयम्॥ इत्यादि। स्त्री २६।२४-४३।

१. धृतराष्ट्रं पुरस्कृत्य गंगामभिमुखोऽगमत्। इत्यादि। स्त्री २६।४४। अनु १६८।१९।

२. ततो भीष्मोऽथ विदुरो राजा च सह पाण्डवैः।
उदकं चक्रिरे तस्य सर्वाश्च कुरुयोषितः॥ इत्यादि। आदि १२७।२८। अनु १६८।२०।

३. धर्मराजश्च तत्रैव सञ्चकारयिषुस्तदा।
दग्धकामोऽभवद्विद्वानथ वागभ्यभाषत॥ इत्यादि। आश्र २६।३१-३३।

४. यथैव पाण्डवा भूमौ सुषुपुः सह बान्धवैः।
तथैव नागरा राजन् शिशियरे ब्राह्मणादयम्॥ आदि १२७।३१।

५. तद्गतानन्दमस्वस्थमाकुमारमहृष्टवत्।

युद्ध में मृत्यु होने पर ज्ञातियों का सद्यःशौच––युद्ध में मृत व्यक्तियों के सपिंड व्यक्ति सद्यअशौच से मुक्त होते हैं। क्षत्रिय बारह दिन का अशौच पालन करते हैं। महायुद्ध के अठारह दिनों तक मृतकों के ज्ञातियों ने सद्यःशौच का पालन किया था। युद्ध के अन्तिम दिन निहत वीरों की मृत्यु पर उस दिन से लेकर बारह दिन तक अशौच पालन किया था। महायुद्ध में मृत राजपरिवार के व्यक्तियों के शवदाह के वाद धृतराष्ट्र, विदुर, पांडवों एवं कुरुवंश की महिलाओं ने बारह दिन तक पुरी के बाहर रहकर अशौच पालन किया था।[1]

बभुव पाण्डवैः सार्द्धं नगरं द्वादश क्षपाः ॥ इत्यादि। आदि १२७।३२।
आदि १२८।३

१. कृतोदकास्ते सुहृदां सर्वेषां पाण्डुनन्दनाः।
विदुरो धृतराष्ट्रश्च सर्वाश्च भरतस्त्रियः॥ इत्यादि। शान्ति १।१-३।
नीलकण्ठ देखिए।

श्राद्ध व तर्पण

पितृऋण परिशोध---कहा गया है कि पुत्रोत्पादन ही पितृऋण-शोध का एकमात्र उपाय नहीं है। पितरों के उद्देश्य से किये श्राद्ध एवं तर्पण के द्वारा भी पितृऋण का परिशोध किया जा सकता है।[1] (देखिये पृ० १०८) श्राद्ध एवं तर्पण के द्वारा आस्तिक व्यक्ति पितरों के साथ अपने संबंधों को स्मरण रखता है, इससे उसे आत्मतुष्टि होती है। (देखिये पृ० १०६)

श्राद्ध व तर्पण---पिंडदान आदि शास्त्रीय क्रियायुक्त अनुष्ठान का नाम 'श्राद्ध' है। श्रद्धा सहित पितरों के उद्देश्य से जलांजलि अर्पण का नाम 'तर्पण' है। श्राद्ध तथा तर्पण इन दोनों को ही शास्त्रों में 'पितृकृत्य' कहा है।[2]

'सूची कटाह-न्याय' के अनुसार पहले तर्पण पर प्रकाश डाला जा रहा है।

तर्पणविधि---सर्वप्रथम अपने वंश के मृत व्यक्तियों को जलांजलि देनी पड़ती है, उसके बाद लोकान्तरित दूसरे आत्मीय स्वजनों का तर्पण करने का विधान है।[3]

ऋषि तर्पण---पितामह भीष्म, पुलस्त्य, वशिष्ठ, पुलह, अंगिरा, ऋतु, कश्यप आदि तपस्वी महर्षि कहे जाते हैं। ये महायोगेश्वर हैं एवं पितरों की तरह तर्पणीय हैं।[4]

नित्यविधि---प्रतिदिन पितरों को स्मरण करना एवं उनके उद्देश्य से तर्पण व श्राद्ध देना प्रत्येक सन्तान का कर्त्तव्य है।[5]

---

१. स्वाध्यायेन महर्षिभ्यो देवेभ्यो यज्ञकर्मणा।
पितृभ्यः श्राद्धदानेन नृणामभ्यर्चनेन च॥ शान्ति २९२।१०

२. अद्भिश्च तर्पयन्। शान्ति ९।१०।

३. पूर्वं स्ववंशजानान्तु कृत्वाद्भिस्तर्पणं पुनः।
सुहृत्सम्बन्धिवर्गाणां ततो दद्याज्जलाञ्जलिम्॥ अनु ९२।१७

४. पितामहः पुलस्त्यश्च वसिष्ठः पुलहस्तथा।
अंगिराश्च क्रतुश्चैव कश्यपश्च महानृषिः॥ अनु ९२।२०-२२

५. नदीमासाद्य कुर्वीत पितृणां पिंडतर्पणम्। इत्यादि। अनु ९२।१६।

बलीवर्द-पुच्छोदक से तर्पण—पितर बैल की पूंछ सहित नदी के जल से किये गये तर्पण की आकांक्षा करते हैं।[1]

अमावस्या की प्रशस्तता—प्रत्येक अमावस्या को विशेष रूप से तर्पण करने का विधान मिलता है।[2] पितर अमावस्या को एवं देवपूर्णिमा को जल आदि की आशा करते हैं; अतएव इन दिनों यथासम्भव उन्हें परितृप्त करना ही उचित है।[3]

तीर्थ तर्पण—तीर्थों के जल से पितृतर्पण करना शास्त्रानुमोदित है। जिस तीर्थ में भी जाय, वहाँ के पुण्यजल से स्नान करके तर्पण करना चाहिये। वनपर्व में तीर्थ-यात्रा के प्रसंग में हर तीर्थ में तर्पण करने का उल्लेख मिलता है। अर्जुन ने गंगाद्वार (हरिद्वार) पहुँचने पर सर्वप्रथम भागीरथी में स्नान करके तर्पण किया था।[4] कुरुक्षेत्र में निहत वीरों का बाद में यथारीति तर्पण किया गया था। वीरों की पत्नियों ने इकट्ठे होकर पति, पुत्र, भाई तथा दूसरे कुटुम्बियों के उद्देश्य से गंगाजल लेकर तर्पण किया था।

प्रेततर्पण—मृत्यु होने के साल भर के अन्दर ही जो तर्पण किया जाता है, उसे प्रेततर्पण कहते हैं। उपर्युक्त सब तपंण प्रेततर्पण के ही अन्तर्गत आते हैं।[5]

श्राद्ध का फल—श्राद्ध का मुख्य ध्येय यद्यपि पितृतृप्ति है, किन्तु शास्त्रों में कहा है कि उससे अनुष्ठाता को और भी लाभ होते हैं। पितरों की तृप्ति के फल-स्वरूप श्राद्धकर्त्ता उत्कृष्ट सन्तान, उत्तम स्वास्थ्य तथा अटूट सम्पत्ति का अधिकारी बनता है। सब प्रकार की आपद-विपदाओं से दूर रहकर परम शांतिमय जीवन व्यतीत करता है। पितृपूजन से सर्वभूतात्मा भगवान विष्णु संतुष्ट होते हैं। पितरों के उद्देश्य से दिये जाने वाले सश्रद्ध दान की अनुशासनपर्व में बार बार तरह तरह से प्रशंसा की गई है।[6]

---

१. कल्मायगोयुगेनाथ युक्तेन तरतो जलम्।
पितरोऽभिलषन्ते वै नावं चाप्यधिरोहिताः॥ अनु ९२।१८

२. मासार्द्धे कृष्णपक्षस्य कुर्यान्निर्वपणानि वै। अनु ९२।१९

३. अमावास्यां हि पितरः पौर्णमास्यां हि देवताः। आदि ७।११

४. तर्पयित्वा पितामहान्। आदि २१४।१२।

५. ते समासाद्य गंगान्तु शिवां पुण्यजलोचिताम्।
× × ×
सुहृदाञ्चापि धर्मज्ञाः प्रचक्रुः सलिलक्रियाः॥ स्त्री २७।१-३

६. ये च श्राद्धानि कुर्वन्ति तिथ्यां तिथ्यां प्रजार्थिनः।
सुविशुद्धेन मनसा दुर्गाण्यतितरन्ति ते। इत्यादि॥ शान्ति ११०।२०
शान्ति ३४५।२६, २७

श्रद्धा का प्राधान्य—बिना श्रद्धा का दान पितरों को तृप्त तो करता ही नहीं, बल्कि दाता का भी उससे अकल्याण होता है। अश्रद्धा तथा असूया से दिया गया दान पितरों को न मिलकर असुरेन्द्र को मिलता है, अतएव यह ख्याल रखना चाहिये कि श्राद्ध करते वक्त श्रद्धा व शुचिता का अभाव न हो।[1]

दान श्राद्ध का अंग—मृत व्यक्ति के उद्देश्य से श्रद्धासहित जिसे दान दिया जाता है उसकी तृप्ति पितरों को भी तृप्त करती है। दान श्राद्ध का अंग है। आयुक्त पात्र को दान देने से पितरों को सन्तोष मिलता है। हाथी, घोड़ा, गाय, भूमि, अन्न आदि का मृत की सद्गति कामना से सत्पात्र को दान देना चाहिये।[2]

निमि के काल से बहुत पूर्व से ही श्राद्धप्रथा प्रचलित है—बहुतों की धारणा है कि दत्तात्रेय ऋषि के पुत्र निमि ने श्राद्धविधि आरंभ की थी। लेकिन महाभारत की आख्यायिका इस सिद्धांत के प्रतिकूल है। निमि के पुत्र श्रीमान् प्रौढ़ अवस्था में मृत्यु को प्राप्त हुए। निमि ने अमावस्या के दिन सात ब्राह्मणों को निमन्त्रित करके फलमूल सहित अलोना श्यामक अन्न दिया। उसके बाद श्रीमान् के नाम व गोत्र का उच्चारण करके दक्षिणाग्र पवित्र कुश पर उसके उद्देश्य से पिंडदान किया। दान के बाद वह सोचने लगे—"पितृ आदि का श्राद्ध करने के लिये तो शास्त्रों में विधान है, किंतु पुत्र का श्राद्ध करने के लिये तो किसी भी शास्त्र में आदेश नहीं दिया गया है। पुत्र का श्राद्ध तो पहले कभी किसी ने नहीं किया। अशास्त्रीय अनुष्ठान करने के लिये अब ब्राह्मण जरूर मुझे शाप देंगे।" इस तरह सोचते सोचते उन्होंने अपने पूर्वपुरुष अत्रि को स्मरण किया। अत्रि प्रकट होकर बोले, "वत्स तुम आश्वस्त होओ, तुम्हारा आचरण अशास्त्रीय नहीं है। स्वयं स्वयंभू ने इस प्रकार के श्राद्ध की व्यवस्था की है। स्वयम्भू के अलावा कोई दूसरा श्राद्ध का प्रवर्त्तक नहीं हो सकता।" उनके सांत्वनादायक वचन सुनकर महर्षि निमि प्रकृतिस्थ हुए।[3]

कुश पर पिंड-स्थापन की व्यवस्था—महाराज शान्तनु की मृत्यु के बाद भीष्म ने हरिद्वार में उनका श्राद्ध किया था। उस प्रसंग में कहा गया है कि पितरों के

नित्यश्राद्धेन सन्ततिः। इत्यादि। अनु ५७।१२। अनु ६३।१५ अनु ९२।२०

१. असूयता च यद्दत्तं यच्च श्रद्धाविवर्जितम्।
सर्वं तदसुरेन्द्राय ब्रह्मा भागमकल्पयत्॥ अनु ९०।२०

२. आश्व १४ वाँ अध्याय।

३. अनु ९१ वाँ अध्याय।

उद्देश्य से प्रदत्त पिंड कुश पर स्थापित किया जाता है। भीष्म जैसे ही पिंडदान के लिये उद्यत हुए, उन्होंने देखा कि उनके पिता हाथ फैला कर मानों पिंड माँग रहे हैं। भीष्म ने शास्त्रानुसार कुश पर ही पिंडदान किया था, पिता के हाथ में नहीं दिया। उनके इस व्यवहार से पितर बहुत सन्तुष्ट हुए।[1]

पाण्डु का श्राद्ध—महाराज पांडु के लोकान्तरित होने पर पांडव, कुंती, धृतराष्ट्र, भीष्म तथा दूसरे सम्बन्धियों ने शास्त्रविधि से श्राद्ध आदि और्ध्वदेहिक कृत्य किये थे। इस अवसर पर हजारों ब्राह्मणों को भोजन कराकर रत्न एवं ग्राम आदि दान में दिये थे।[2]

विचित्रवीर्य का श्राद्ध—विचित्रवीर्य की मृत्यु के बाद भीष्म ने यथाविधि उनका श्राद्ध कराया था। शास्त्रज्ञ ऋत्विकों की सहायता से उनकी महीषियों ने श्राद्ध किया था।[3]

दान से श्राद्ध सिद्धि—मृत व्यक्ति की सद्गति कामना से जो भी दान किया जाता है, वह श्राद्ध के अन्तर्गत आ जाता है। महायुद्ध खत्म होने पर युधिष्ठिर जब हस्तिनापुर के सिंहासन पर बैठे तो युद्ध में निहत ज्ञातियों व स्वजनों के उद्देश्य से अलग-अलग दान दिया था। धृतराष्ट्र ने भी उस समय पुत्रों की तृप्ति के निमित्त विविध उपकरणों सहित, अन्न, गाय तथा धनरत्न आदि दान में दिये थे। युधिष्ठिर ने हजारों ब्राह्मणों को धनरत्न तथा वस्त्र आदि से सन्तुष्ट किया था। जिन वीरों का कोई संबंधी नहीं था, उनकी भी प्रत्येक की सद्कामना से युधिष्ठिर ने अलग अलग दान दिया था। सभागृह, कुँए, पोखर, तालाब आदि बनवाकर सुहृद व्यक्तियों की और्ध्वदेहिक क्रिया की थी। सबका श्राद्ध करके युधिष्ठिर ने स्वयं को कृतकृत्य समझा था।[4]

---

१. पिता मम महातेजाः शान्तनुर्निधनं गतः।
तस्य दित्सुरहं श्राद्धं गंगाद्वारमुपागमम्॥ इत्यादि अनु ८४।११-२३

२. पितुर्निधनमावेदयन्तस्तस्यौर्ध्वदेहिकं न्यायतश्च कृतवन्तः। आदि ९५।६८
ततः कुन्ती च राजा च भीष्मश्च सह बंधुभिः।
दुदुः श्राद्धं तदा पाण्डोः स्वधामृतमयं तदा॥ इत्यादि आदि। १२८।१,२

३. भीष्मः शान्तनवो राजा प्रेतकार्याण्यकायत्। इत्यादि। आदि १०१।११
आदि १०२।७२, ७३ आदि १०३।१

४. शांति ४२ वाँ अध्याय।
महादानानि विप्रेभ्यो ददतामौर्ध्वदेहिकम्। इत्यादि। अश्व १४।१५, १६

महायुद्ध में निहत वीरों का श्राद्ध—महायुद्ध के बाद विदुर ने निहत योद्धाओं का प्रेतकर्म करने के लिये धृतराष्ट्र से कहा था।[1]

महाप्रस्थान के पूर्व युधिष्ठिरकृत श्राद्ध—महाप्रस्थान से कुछ ही पहले युधिष्ठिर ने अपने मामा वासुदेव, बलराम एवं दूसरे यदुवंशी वीरों का श्राद्ध किया था। वासुदेव की तृप्ति के लिये उन्होंने महर्षि कृष्णद्वैपायन, नारद, मार्कण्डेय, भरद्वाज तथा याज्ञवल्क्य को बहुत सी वस्तुएँ दान में दी थीं। वासुदेव के नाम से महर्षियों को स्वादिष्ट भोजन खिलाकर तृप्त किया था। रत्न, वस्त्र, ग्राम, अश्व, रथ, स्त्री आदि सैकड़ों द्रव्य मृत व्यक्तियों की तृप्ति के निमित्त ब्राह्मणों को दिये थे। उनके द्वारा किये गये उस श्राद्ध में भोजन व नाना द्रव्य दान में पाकर ब्राह्मण परम सन्तुष्ट हुए थे।[2]

वृष्णिवंश में श्राद्धकृत्य—वज्र आदि वृष्णि तथा अंधक वंश के जीवित पुरुष एवं महिलाओं ने अपने वंश के मृत व्यक्तियों के यथारीति श्राद्ध आदि कर्म किये थे।[3]

मातामह तथा मातुल द्वारा अभिमन्यु का श्राद्ध—नाना वासुदेव तथा मामा श्रीकृष्ण ने अभिमन्यु का श्राद्ध बहुत अच्छी तरह किया था। कई सहस्र ब्राह्मणों को उत्तम भोजन खिलाकर नाना प्रकार के द्रव्य दान में दिये थे।[4]

मृत के भ्रम से जीवित का श्राद्ध—जतुगृह से माता सहित पांडवों के पलायन के बाद धृतराष्ट्र ने उन्हें मृत समझ कर श्राद्ध आदि किया था।[5]

आत्मश्राद्ध—प्रौढ़ावस्था में प्रव्रज्या लेते समय पहले पिता आदि का श्राद्ध, तर्पण करके अपना श्राद्ध करने की रीति भी प्रचलित थी। जीवित व्यक्ति स्वयं ही अपना पिंडदान करके श्राद्ध करता था। मृत्यु के बाद उन्हें उस श्राद्ध का शुभ

---

१. पुत्राणामथ पौत्राणां पितॄणाञ्च महीपते।
आनुपूर्व्येण सर्वेषां प्रेतकार्याणि कारय॥ स्त्री ९।७

२. इत्युक्त्वा धर्मराजः स वासुदेवस्य धीमतः।
मातुलस्य च वृद्धस्य रामादीनां तथैव च॥ इत्यादि। महा प्र १।१०-१४

३. ततो व्रजप्रधानास्ते वृष्ण्यन्धककुमारकाः।
सर्वे चैवोदकं चक्रुः स्त्रियश्चैव महात्मनः॥ इत्यादि। मौषल ७।२७-३२

४. एतच्छ्रुत्वा तु पुत्रस्य वचः शूरात्मजस्तदा।
विहाय शोकं धर्मात्मा ददौ श्राद्धमनुत्तमम्॥ इत्यादि। अश्व ६२।१-६

५. एवमुक्त्वा ततश्चक्रे ज्ञातिभिः परिवारितः।
उदकं पांडुपुत्राणां धृतराष्ट्रोऽम्बिकासुतः॥ आदि १५०।१५

फल मिलता है, यही शास्त्रों का अभिप्राय है। धृतराष्ट्र ने वानप्रस्थ ग्रहण करते समय अपना व गांधारी का श्राद्ध स्वयं ही किया था।[1]

धृतराष्ट्र आदि का श्राद्ध—महर्षि नारद के मुँह से धृतराष्ट्र, गांधारी एवं कुन्ती की मृत्यु का संवाद सुनकर पांडवों ने यथाविधि अशौच पालन करके हरिद्वार में उनकी और्ध्वदेहिक क्रियाएँ की थीं। युधिष्ठिर ने उनकी सद्गति कामना से बहुत सा स्वर्ण, रजत, गौएँ, यान, शय्या आदि ब्राह्मणों को दान में दिया था।[2]

उपर्युक्त उदाहरणों से पता चलता है कि उस काल में श्राद्ध को सभी आवश्यक समझते थे। प्रत्येक गृहस्थ शास्त्रीय विधि के अनुसार प्रेतकर्म करता था। उदाहरण चूँकि राजपरिवारों के हैं, इसलिये दान की बहुलता का वर्णन है। यह नहीं कहा जा सकता कि साधारण समाज में भी श्राद्ध आदि का यही रूप था। प्रत्येक व्यक्ति अपनी सामर्थ्य के अनुसार व्यय करता था। 'ब्राह्मणादि-परीक्षा' नामक प्रकरण से तो यही प्रतीत होता है।

श्राद्ध का प्रधान फल—यूँ तो श्राद्ध के सैकड़ों फलों का बखान किया गया है, किन्तु प्रधान फल पितरों की परितृप्ति एवं आनुषंगिक आत्मतृप्ति ही है, दूसरे फलों का वर्णन तो प्रासंगिक मात्र है।[3]

नित्य श्राद्ध—प्रतिदिन तर्पण व श्राद्ध करने का विधान महाभारत में मिलता है। अन्न, जल, दूध, फल, मूल आदि से रोज पितरों को तृप्त करने के लिये कहा गया है।[4]

प्रशस्त काल—शुक्लपक्ष की अपेक्षा श्राद्ध आदि के लिये कृष्णपक्ष उत्तम बताया है, कृष्णपक्ष में भी पूर्वाह्न की अपेक्षा अपराह्नकाल श्रेष्ठ माना है। सबसे उत्तम तिथि अमावस्या है।[5]

---

१. एवं स पुत्रपौत्राणां पितॄणामात्मनस्तथा।
गान्धार्याश्च महाराज प्रददावौद्ध्र्वदेहिकम्॥ आश्र १४।१५

२. द्वादशेऽहनि तेभ्यः स कृतशौचो नराधिपः।
ददौ श्राद्धानि विधिवद्दक्षिणावन्ति पांडवः॥ इत्यादि। आश्र ३९। १६-२०

३. पितरः केन तुष्यन्ति मर्त्यानामल्पचेतसाम्। इत्यादि। अनु १२५। ७०-७३

४. कुर्यादहरहः श्राद्धमन्नाद्येनोदकेन च।
पयोमूलफलैर्वापि पितॄणां प्रीतिमाहरन्॥ अनु ९७।८

५. मासार्द्धे कृष्णपक्षस्य कुर्यान्निर्वपणानि वै॥ अनु ९२।१९

नैमित्तिक श्राद्ध––शास्त्रों में श्राद्ध किसी सद्ब्राह्मण की उपस्थिति में करने को कहा गया है। किसी विशिष्ट ब्राह्मण का समागम, दही, दूध आदि द्रव्यों की तथा आरण्य-मांस की प्राप्ति, अमावस्या तिथि आदि को नैमित्तिक श्राद्ध के निमित्त बताये हैं।[1]

गुणवान अतिथि के समागम पर श्राद्ध––उतंकोपाख्यान में वर्णित है कि गुरुपत्नी के आदेश से उतंक जब राजा पौष्य के दरबार में पहुँचे तो पौष्य ने कहा––"भगवन्, सचराचर में उपयुक्त पात्र मिलना दुर्लभ होता है। आप गुणवान अतिथि हैं, अतएव कुछ देर ठहरिये, मैं श्राद्ध करना चाहता हूँ।"[2] लेकिन बाद में श्राद्धीय अन्न की अशुचिता को लेकर दोनों में झगड़ा हो गया। महाभारत में सुयोग्य अतिथि के समागम पर श्राद्ध करने का यही एक उदाहरण मिलता है।

काम्य श्राद्ध––विभिन्न फलों की कामना से जो श्राद्ध किया जाय, उसे 'काम्य श्राद्ध' कहते हैं। अलग-अलग तिथि नक्षत्रों के योग में श्राद्ध करने से अनुष्ठाता को भिन्न-भिन्न फलों की प्राप्ति होती है।

कार्तिक में गुड़ मिश्रित अन्न का दान––रेणुक-दिग्गजसंवाद में कहा गया है कि कार्त्तिक मास के कृष्णपक्ष की अष्टमी को यदि अश्लेषा नक्षत्र का योग हो तो पितरों के उद्देश्य से गुड़मिश्रित अन्न का दान करने से अशेष पुण्य लाभ होता है।[3]

कार्तिकी पूर्णिमा की श्रेष्ठता––कार्त्तिक की पूर्णिमा श्राद्ध के लिये उत्तम तिथि है। वन जाने के पूर्व धृतराष्ट्र ने इसी दिन भीष्म आदि का काम्य श्राद्ध किया था। उस अवसर पर उन्होंने बहुत धन, रत्न आदि दान दिये थे।[4]

गजच्छाया योग––भाद्रपद के कृष्णपक्ष में मघा नक्षत्र के योग में गजच्छाया

दैवं पौर्वाह्णिके कुर्यादपराह्णे च पैतृकम्॥ अनु २३।२
यथा चैवापरः पक्षः पूर्वपक्षाद्विशिष्यते।
तथा श्राद्धस्य पूर्वाह्णादपराह्णो विशिष्यते॥ अनु ८७।१९

१. श्राद्धस्य ब्राह्मणः कालः प्राप्तं दधि घृतं तथा।
सोमक्षयश्च मांसश्च यदारण्यं युधिष्ठिरः॥ अनु २३।३४

२. भवांश्च गुणवानतिथिस्तदिच्छे श्राद्धं कर्त्तुम्। आदि ३।११४

३. कार्त्तिके मासि चाश्लेषा बहुलस्याष्टमी शिवा। अनु १३२।७, ८

४. इत्युक्ते विदुरेनाथ धृतराष्ट्रोऽभिनन्द्य तान्।
जनश्चक्रे महादाने कार्त्तिक्यां जनमेजय॥ इत्यादि। आश्र १३।१५।
आश्र १४ वाँ अ।

नामक शुभ श्राद्धीय योग होता है। उस योग में दक्षिणाभिमुख होकर अष्टम मुहूर्त्त में पितरों का श्राद्ध करने से अक्षय फल मिलता है।[1]

हस्ति की छाया में श्राद्ध—हाथी के कर्ण परिवीजित स्थान पर उसी की छाया में बैठकर श्राद्ध करने से वर्षों तक उस श्राद्ध का फल खत्म नहीं होता।[2]

तिथि विशेष में श्राद्ध का फल—पितृयज्ञ यश तथा सन्ततिवर्द्धक होता है। देव, असुर, मनुष्य, गंधर्व, सर्प, रक्ष, पिशाच, किन्नर आदि सभी को पितृयज्ञ करना पड़ता है, यह शास्त्रीय विधान है। तिथिविशेष में काम्य श्राद्ध का फल बताते हुए भीष्म ने कहा है, प्रतिपदा के दिन श्राद्ध करने से उत्कृष्ट भार्या मिलती है। इसी तरह द्वितीया को सुदर्शन दुहिता, तृतीया को अश्व, चतुर्थी को क्षुद्र पशु, पंचमी को बहु पुत्र, षष्ठी को दिव्य कांति, सप्तमी को प्रचुर शस्य, अष्टमी को वाणिज्य में उन्नति, नवमी को एक खुर वाले अगण्य पशुओं, दशमी को गोसम्पत्ति, एकादशी को उत्कृष्ट वस्त्र आदि एवं ब्रह्मवर्चस्वी पुत्र, द्वादशी को धनरत्न आदि सम्पदा, त्रयोदशी को ज्ञाति श्रेष्ठता एवं चतुर्दशी को करने से युद्धनैपुण्य का लाभ होता है। लेकिन चतुर्दशी के दिन श्राद्ध करने से युवक पुत्रादि की मृत्यु स्वरूप अनिष्ट भी हो सकता है। अमावस्या के दिन श्राद्ध करने से सब मनोकामनाएँ पूर्ण होती हैं। कृष्ण पक्ष की चतुर्दशी को छोड़कर दशमी से लेकर अमावस्या तक की पाँच तिथियाँ श्राद्ध के लिये बहुत शुभ होती हैं।[3]

नक्षत्र विशेष में श्राद्ध का फल—नक्षत्र विशेष में भी काम्य श्राद्ध के विभिन्न फलों का भीष्म ने उल्लेख किया है। अति प्राचीन काल में धर्मराज यम ने शशबिन्दु को नाक्षत्रिक काम्य श्राद्ध के फलाफल के बारे में बताया था। कृत्तिका नक्षत्र योग में श्राद्ध करने से स्वस्थ शरीर, पुत्रपौत्र तथा दीर्घजीवन का लाभ होता है। इसी प्रकार रोहिणी नक्षत्र में श्राद्ध करने से सन्तान, मृगशिरा में करने से तेजस्विता, आर्द्रा नक्षत्र में करने से क्रूरकर्म में आसक्ति, पुनर्वसु में करने से कृषि में उन्नति, पुष्य में करने से पुष्टि, आश्लेषा नक्षत्र में करने से सुपंडित पुत्र, मघा में करने से कुलश्रेष्ठता, पूर्वाफाल्गुनी में करने से सुभगत्व, उत्तर-फल्गुनी में करने से संतान, हस्ता नक्षत्र में करने से सब कार्यों में सफलता, चित्रा नक्षत्र में करने से सुदर्शन पुत्र, स्वाति नक्षत्र में करने से वाणिज्य में उन्नति, विशाखा नक्षत्र में करने से बहु-

---

१. श्रूयतां परमं गुह्यं रहस्यं धर्मसंहितम्।
परमान्नेन यो दद्यात् पितृणामौपहारिकम्। इत्यादि। अनु १२६।३५-३७

२. छायायां करिणः श्राद्धं तत्कर्णपरिवीज्ति। वन १९९।१२१

३. अनु ८७ वाँ अध्याय।

पुत्रत्व, अनुराधा नक्षत्र में करने से ऐश्वर्य, ज्येष्ठा नक्षत्र में करने से आधिपत्य, मूला नक्षत्र में करने से नीरोगता, पूर्वाषाढ़ा नक्षत्र में करने से उत्तम यश, उत्तराषाढ़ा में करने से शोकहीनता, अभिजित नक्षत्र में करने से महती विद्या, श्रवण नक्षत्र में करने से परलोक में सद्गति, धनिष्ठा नक्षत्र में करने से राज्य, शतभिषा नक्षत्र में करने से चिकित्साविद्या में दक्षता, पूर्वभाद्रपद में करने से बहुसंख्यक बकरियाँ व भैंस, उत्तरभाद्रपद में करने से गोसम्पद, रेवती नक्षत्र में करने से बहुवित्तता, अश्विनी नक्षत्र में अश्व तथा भरणी नक्षत्र में करने से दीर्घजीवन का लाभ होता है।[1]

मघात्रयोदशी—सनत्कुमार कथित पितृगाथा में त्रयोदशी के श्राद्ध में मघा नक्षत्र के योग को अति उत्तम बताया है। दक्षिणायन में मघायुक्त त्रयोदशी को घी मिश्रित खीर से, बकरे के मांस से या लाल रंग के साग से जो श्रद्धा सहित पितरों का श्राद्ध करता है, वह भाग्यवान होता है। मघायुक्त त्रयोदशी को कुंजर छाया योग में पितर श्राद्ध की आशा करते हैं।[2]

गया श्राद्ध (अक्षयवट)—गया श्राद्ध भी पितरों का परम आकांक्षित होता है। वहाँ एक वटवृक्ष पितरों की अनन्त तृप्ति का साक्षी है। पितर सदा यह आकांक्षा करते हैं कि "हमारी सन्तति की संख्या अधिक हो, उनमें से शायद कोई गया श्राद्ध कर दे।" यह वचन गयाश्राद्ध की श्रेष्ठता के सूचक हैं।[3]

श्राद्ध की विधि के संबंध में भी महाभारत में बहुत कुछ कहा गया है।

प्रशस्त द्रव्य—घृत, तिल, उत्कृष्ट तंदुल, मधु, दूध आदि द्रव्य श्राद्ध के लिये उत्तम हैं।[4]

अग्नौकरण—पितरों के उद्देश्य से पिंडदान करने से पहले श्राद्धीय द्रव्यों का कुछ अंश अग्निदेव को देना पड़ता है, इसी का नाम 'अग्नौकरण' है। अग्नौकरण के द्वारा ब्रह्मराक्षस आदि विघ्न डालने वालों का प्रभाव सम्पूर्ण रूप से खत्म हो जाता

---

१. अनु ८९ वाँ अध्याय।

२. गाथाश्चाप्यत्र गायन्ति पितृगीता युधिष्ठिर।
सनत्कुमारो भगवान् पुरा मय्यभ्यभाषत॥ इत्यादि। अनु ८८।११-१३

३. एष्टव्या बहवः पुत्रा यद्यप्येको गयां व्रजेत्।
यत्रासौ प्रथितो लोकेष्वक्षय्यकरणो वटः॥ अनु ८८।१४

४. पात्रमौदुम्बरं गृह्य मधुमिश्रं तपोधन। अनु १२५।८२
परमान्नेन यो दद्यात् पितृणामौपहारिकम्। अनु १२६।३५
तिलोदकञ्च यो दद्यात् पितृणां मधुना सह। अनु १२९।११

है। पिता, पितामह तथा प्रपितामह के उद्देश्य से यथाक्रम पिंडदान करने का विधान है।

सावित्री जप—प्रत्येक पिंड पर सावित्री जप करना पड़ता है। 'सोमाय पितृमते' इत्यादि मन्त्रों का पाठ करना जरूरी है।[१]

पिण्डत्रय की विसर्जन प्रणाली—तीनों पिंड में पितृपिंड जल में विसर्जित करना पड़ता है। वह पिंड चन्द्र की प्रीति का उत्पादन करता है और चन्द्र पितरों को तृप्त करता है। मध्यम याने पितामहपिंड पुत्रकामा पत्नी को देना पड़ता है। पितामह के उद्देश्य से उत्सर्ग किये गये पिंड का भोजन करने से पत्नी उत्कृष्ट पुत्र को जन्म देती है। प्रपितामह के पिंड की अग्नि में आहुति देनी चाहिये, उससे पितर तृप्त होकर श्राद्धकर्त्ता को आशीर्वाद देते हैं।[२]

श्राद्ध में संयम—श्राद्धकर्त्ता तथा श्राद्ध भोक्ता ब्राह्मण को श्रद्धासहित कार्य करना चाहिये। श्राद्ध के तथा श्राद्ध से पहले दिन स्त्री सम्भोग करना निषिद्ध है।[३]

मत्स्य मांसादि का निवेदन—श्राद्ध के द्रव्यों में मत्स्य मांस आदि भी उत्तम द्रव्य माने जाते हैं।[४]

विभिन्न प्राणियों के मांस से पितरों की तृप्ति—तिल, चावल, जौ, उड़द, फल, मूल आदि के द्वारा श्राद्ध करने से पितर एक मास तक तृप्त रहते हैं। श्राद्ध में तिल ही सर्वापेक्षा प्रधान है। मत्स्य से पितर दो मांस तक तृप्त रहते हैं। भैंसे के मांस से तीन मास तक, शश के मांस से चार मास तक, बकरे के मांस से पाँच मास तक, वराह के मांस से छह मास तक, शकुल मांस से सात मास तक, चितकबरे हरिण के मांस से आठ मास तक, रौरव मांस से नौ मास तक, गवय मांस से दस मास तक, महिष मांस से ग्यारह मास तक और गव्य, घी व खीर से पूरे साल भर तक तृप्त रहते हैं। गैंडे के मांस से उनकी तृप्ति बारह वर्ष तक अक्षुण्ण रहती है।

---

१. सहितास्तात भोक्ष्यामो निवापे समुपस्थिते। इत्यादि। अनु ९२। १०-१५

२. पिंडो ह्यधस्ताद् गच्छंस्तु अप आविश्य भावयेत्।
पिंडन्तु मध्यमं तत्र पत्नी त्वेका समश्नुते।
पिंडस्ततीयो यस्तेषां तं दद्याज्जातवेदसि॥ इत्यादि। अनु १२५। २५, २६, ३७-४०

३. श्राद्धं दत्त्वा च भुक्त्वा च पुरुषो यः स्त्रियं व्रजेत्।
पितरस्तस्य तं मासं तस्मिन् रेतसि शेरते॥ इत्यादि। अनु १२५।२४, ४१

४. प्रीयन्ते पितरश्चैव न्यायतो मांसतर्पिताः। अनु ११५।६०

गंडार के मांस से पितरों को अनन्त तृप्ति मिलती है। काले साग, लाल साग तथा बकरे का मांस श्राद्ध में देने से अक्षय फल मिलता है। जल, फल, मूल, मांस, अन्न आदि मधुमिश्रित होने पर पितरों को विशेष प्रिय होते हैं।[1]

वर्जनीय व्रीहि आदि—श्राद्ध के लिए बहुत सी वस्तुएँ वर्जनीय भी बताई हैं। कौदों (एक तरह का धान), पुलक (एक तरह की सरसों), प्याज, लहसुन, शौभाञ्जन (सहजिन), कोविदार (कचनार), गृंजन (जहर बुझे शस्त्र से मारे गये पशु का मांस), गोल कद्दू, काला नमक, पालतू वराह का मांस, अप्रोक्षित द्रव्य, काला जीरा, खारा नमक, शीतपाकी (एक तरह का साग), वंशकरीर आदि अंकुर, सिंघाडा, लवन, जामुन, सुदर्शन (एक तरह का साग) आदि द्रव्य श्राद्ध के लिये वर्जनीय हैं।[2]

वर्जनीय व्यक्ति—श्राद्ध करने की जगह चांडाल, वधिक, गैरिकवस्त्रधारी, कुष्ठी, ब्रह्मघ्न, संकरयोनि विप्र, पतित, पतितसंसर्गी, रजस्वला नारी, विकलांग आदि व्यक्तियों की उपस्थिति निषिद्ध है। इनकी उपस्थिति से श्राद्धकर्म में पवित्रता नहीं रह पाती।[3]

अन्य वंशज नारी का पक्वान्न आदि निषिद्ध—किसी अन्यवंशजा नारी के हाथ का पका हुआ अन्न वगैरह श्राद्ध में नहीं देना चाहिये।[4]

अमेध्य द्रव्य वर्जनीय—लंघित, अवलीढ़ (चाटा हुआ), कलहपूर्वक बनाया हुआ, उच्छिष्ट, अवघुष्ट, क्षुतदूषित, कुकुरस्पृष्ट, केश-कीट युक्त, अश्रुजलसिक्त, तथा आज्यविहीन द्रव्य भी श्राद्ध में नहीं देने चाहिये। अमेध्य (यज्ञ के अनुपयुक्त) होने के कारण ये वस्तुएँ दैवकर्म तथा पितृकर्म के लिये वर्जनीय हैं।[5]

ब्राह्मण वरण—ब्राह्मण के बिना श्राद्ध नहीं होता। पितरों के उद्देश्य से प्रदत्त द्रव्य ब्राह्मण को देना पड़ता है। ब्राह्मण की तृप्ति में ही पितरों की तृप्ति है। दैवकर्म की वस्तुएँ तो किसी भी ब्राह्मण को दान की जा सकती हैं, किन्तु

---

१. अनु ८८ वाँ अध्याय।

२. अश्राद्धेयानि धान्यानि कोद्रवाः पुलकास्तथा।
हिंगुद्रव्येषु शाकेषु पलांडु लशुनं तथा। इत्यादि। अनु ९१।३८-४२

३. चांडालश्वपचौ वर्ज्यौ निवापे समुपस्थिते। इत्यादि। अनु ९१।४३, ४४ अनु ९२।१५ अनु २३।४

४. संग्राह्याः नान्यवंशजा। अनु ९२।१५

५. लंघितं चावलीढञ्च कलिपूर्वञ्च यत्कृतम्। इत्यादि। अनु २३। ४-१० अनु ९१।४१

पितृकर्म के लिये ब्राह्मण की अच्छी तरह परीक्षा किये विना वरण नहीं करना चाहिये।

ब्राह्मण परीक्षा--कुल, शील, वयस, रूप, विद्या, विनय, व्यवहार आदि के बारे में ख्याल रखकर श्राद्ध के लिये ब्राह्मण ढूंढना चाहिये।[1]

देवकृत्य के लिए वर्जनीय ब्राह्मण--शांतिपर्व में एक जगह कहा गया है कि देवकृत्य के लिये भी ब्राह्मण की अच्छी तरह परीक्षा कर लेनी चाहिये। जो ब्राह्मण युद्ध, कृषि, वाणिज्य या नौकरी करके जीवनयापन करता हो वह निन्दनीय है। वेश्यागामी, दुश्चरित्र, वृषलीपति, ब्रह्मबंधु, गायक, नर्त्तक, खल, राजकर्मचारी आदि ब्राह्मण भी शूद्र के समान होते हैं। ये देवकृत्य करने के अयोग्य हैं।[2]

दम आदि गुणों से युक्त ब्राह्मण ही श्राद्ध में वरणीय--जिस ब्राह्मण में शम, दम, सत्य, सरलता, क्षमा आदि गुण हों, वही पितृकर्म में वृत हो सकता है। संयमी, सद्गुणविभूषित, सावित्रीज्ञ, क्रियावान, अग्निहोत्री, अचौर, अतिथिवत्सल, अहिंसक, अल्पदोषी, स्वल्प सञ्चयी ब्राह्मण ही श्राद्ध में वरणीय है। जो शुरू के जीवन में दुष्कृत्य करता रहा हो, लेकिन बाद में अपने को सुधार ले, वह भी श्राद्धकर्म के लिये उपयुक्त ब्राह्मण होता है।[3]

पंक्तिपावन ब्राह्मण अति प्रशस्त--जो विद्यावेदव्रती, सदाचाररत, त्रिणाचिकेत, पंचाग्निनिरत, त्रिसुपर्ण, वेदांगी, वेदाध्यापक, सामगायक, मातृपितृवश्य, कम से कम दस पीढ़ियों से श्रोत्रिय, धर्मपत्नीनिरत, गृहस्थब्रह्मचारी, अथर्वशिरोध्येता, सत्यवादी, स्वकर्मनिरत, पुण्यतीर्थों में अभिषिक्त, अवभृथप्लूत (याज्ञिक स्नान द्वारा पवित्रीकृत शरीर), अक्रोधी, शान्त, क्षांत, दांत, सर्वभूतहितरत हो, ऐसे ब्राह्मण को --'पंक्तिपावन' ब्राह्मण कहते हैं। ये ब्राह्मण श्राद्ध कराने के लिये सर्वोत्तम होते हैं। मोक्षधर्मज्ञ, यति एवं आत्मनिग्रही ब्राह्मण, जो इतिहास,

---

१. ब्राह्मणान्न परीक्षेत क्षत्रियो दानधर्मवित्।
दैवे कर्मणि पित्र्ये तु न्याय्यमाहुः परीक्षणम्। इत्यादि। अनु ९०।२-४

२. ज्याकर्षणं शत्रुनिवर्हणञ्च......।
राजन्नेतान् वर्जयेद्देवकृत्ये॥ इत्यादि। शांति ६३।१-५

३. दमः शौचमार्जवञ्चापि राजन्। इत्यादि। शांति ६३।७, ८
चीर्णव्रता गुणैर्युक्ता भवेयुर्षेऽपि कर्षकाः।
सावित्रीज्ञाः क्रियावन्तस्ते राजन् केतनक्षमाः॥ इत्यादि। अनु २३। २४-३१

पुराण, व्याकरण, धर्मशास्त्र आदि का अध्ययन करना, उसकी दृष्टि पड़ने से ही श्राद्ध सफल हो जाता है।[1]

मित्र अथवा शत्रु वरणीय नहीं––श्राद्ध में मित्र या शत्रु ब्राह्मण को निमन्त्रित नहीं करना चाहिये। जिस ब्राह्मण से कोई संबंध न हो वही श्राद्ध के लिये उपयुक्त पात्र होता है। अयोग्य ब्राह्मण के निमन्त्रित होने से श्राद्ध का फल विनष्ट हो जाता है।

सम्भोजनी अति निन्दनीय––श्राद्ध आदि कृत्यों में किसी भाई-बंद ब्राह्मण को बुलाकर परितृप्त करने को 'सम्भोजनी' कहा जाता है। 'सम्भोजनी' को महाभारत में 'पिशाचदक्षिणा' नाम दिया है। कहा गहा है, सम्भोजनी करने से श्राद्ध तो असफल होता ही है, वरन् श्राद्धकर्त्ता को भी पाप का भागी बनना पड़ता है। अतएव जिस ब्राह्मण के साथ कोई संबंध न हो, वही श्राद्ध के योग्य है।

दरिद्र ब्राह्मण से श्राद्ध कराना प्रशंसनीय––दरिद्र, निरीह, पवित्रचेता, धर्म-विश्वासी, व्रती, तपोनिष्ठ, ब्राह्मण को श्राद्ध आदि में दान देने से अनन्त फल मिलता है।[2]

श्राद्ध आदि में अपूज्य ब्राह्मण––जिन ब्राह्मणों को श्राद्ध में निमन्त्रित नहीं करना चाहिये, उनकी सूची निम्नलिखित है। निन्दित कर्म करने वाला, वीभत्स, विकृत नखवाला, कुष्ठी, वर्णसंकर, मूर्ख, नर्त्तक, गायक, परनिन्दक, खल, भ्रूणहत्या करानेवाला, क्षयरोगी, पशुपालक, सूदखोर, वैश्यजीवी, गृहदाही, विष देनेवाला, जारज का अन्न खानेवाला, सोमविक्रयी, सामुद्रिक, राजकर्मचारी, तेलव्यवसायी, धोखेबाज, पितृद्रोही, पुंश्चलीपति, अभिशप्त, चोर, मित्रद्रोही, परस्त्रीगामी, शूद्राध्यापक, शस्त्रोपजीवी, मृगयाव्यसनी, रंगमंच का अभिनेता, चिकित्सक, देवल (देवपूजा से धन कमाने वाला), पौनर्भव, काना, नपुंसक, श्वेतकुष्ठरोगी आदि ब्राह्मण अपांक्तेय हैं। ऐसे ब्राह्मणों को श्राद्ध आदि में निमन्त्रित करने से अनुष्ठान विफल हो जाता है।[3] स्वर्गनरकगामी प्रकरण में कहा गया है कि पतित,

---

१. इमे तु भरतश्रेष्ठ विज्ञेयाः पंक्तिपावनाः। इत्यादि। अनु ९०।२४-३७

२. यस्य मित्रप्रधानानि श्राद्धानि च हवींषि च।
न प्रीणन्ति, पितृन् देवान् स्वर्गञ्च न स गच्छति॥ इत्यादि। अनु ९०।४१-४६
येषां दाराः प्रतीक्षन्ते सुवृष्टिमिव कर्षकाः।
उच्छेषपरिशेषं हि तान् भोजय युधिष्ठिर॥ इत्यादि। अनु २३।४९-५८

३. श्राद्धकाले तु यत्नेन भोक्तव्या ह्यजगुप्सिताः। इत्यादि। वन १९९। १७-१९। शांति २९४।५। अनु ९० वाँ अ०

जड़, उन्मत्त, श्वेतकुष्ठरोगी, नपुंसक, कोढ़ी, क्षयरोगी, अपस्मारी, अंध, चिकित्सक, देवलक, वृथानियमधारी, सोमविक्रेता, गायक, नर्त्तक, योधक, शूद्रयाजक, शूद्र-शिष्य, भृतकाध्यापक, भृतकाध्येता, शूद्रापति, श्रौतस्मार्त्तकर्मभ्रष्ट, अनाग्नि, मृत-निर्यातक, पुत्रिकापुत्र, ऋणकर्त्ता, सूदखोर, प्राणिविक्रयी, स्त्रीजित, स्त्रीपण्योप-जीवी, वेश्यागामी, संध्यावन्दन न करनेवाला आदि ब्राह्मण अपांक्तेय हैं। श्राद्ध वगैरह में इनका सर्वथा वर्जन करना चाहिये।[1] वर्त्तमान युग में इस तरह देखा जाय तो सद्ब्राह्मण मिलना दुर्लभ होगा, इसमें सन्देह नहीं है; किन्तु जो मिले उन्हीं में से अपेक्षाकृत सदाचारी ब्राह्मण से अनुष्ठान कराना चाहिये। आजकल सद्ब्राह्मण के अभाव में कुशब्राह्मण द्वारा ही श्राद्ध आदि कराया जाता है।

सर्वत्र ही ब्राह्मण की भोजन व्यवस्था——उपर्युक्त ब्राह्मण-परीक्षा प्रकरण से समझा जा सकता है कि स्वकर्मनिरत, शान्त, शिष्ट एवं दरिद्र ब्राह्मण श्राद्धीय दानग्रहण का उपयुक्त पात्र होता है; इसके अलावा दूसरे ब्राह्मण श्राद्ध में निमन्त्रित होने के अधिकारी नहीं होते। हर क्रियाकर्म में ब्राह्मण को भोजन कराने का नियम था, किन्तु गुणवान ब्राह्मण को न बुलाकर किसी नामधारी भाई-बंद को ब्राह्मण के स्थान पर नियुक्त करने से अनुष्ठान विफल माना जाता था।[2]

सामर्थ्य के अनुसार व्यय का विधान——पितृकृत्य के लिये ब्राह्मण-परीक्षा के इतने कठोर नियम देखकर प्रतीत होता है कि उस काल में गुणसम्पन्न ब्राह्मण मिलना दुर्लभ नहीं था। महाभारत में सिर्फ राजपरिवारों के श्राद्धतर्पण आदि का वर्णन किया गया है। साधारण समाज में निश्चय ही इतना आडम्बर नहीं रहा होगा। दान आदि में राजा ही मुक्तहस्त थे। मध्यमवर्गी तथा निम्नवर्गी समाज में लोग अपनी अपनी आर्थिक दशा के अनुरूप ही व्यय करते थे। ऋण लेकर धर्म-कृत्य करना कभी भी प्रशंसित नहीं हुआ, क्योंकि ऋणग्रस्त व्यक्ति को पातकी कहा गया है।[3]

श्राद्ध में अधिक ब्राह्मणों को बुलाना निन्दनीय——महाभारत में यह तो स्पष्ट

---

१. अत ऊर्ध्वं विसर्गस्य परीक्षां ब्राह्मणे श्रृणु। अनु २३।११-२२
राजपौरुषिके विप्रे घान्टिके परिचारिके। इत्यादि। अनु १२६।२४,२५

२. तर्पयामास विप्रेन्द्रान् नानादिग्भ्यः समागतान्। सभा ४।४
सर्वे ब्राह्मणमाविश्य सदान्नमुपभुञ्जते।
न तस्याश्नन्ति पितरो यस्य विप्रा न भुञ्जते॥ अनु ३४।७
ब्राह्मणेषु च तुष्टेषु प्रीयन्ते पितरः सदा। अनु ३४।८

३. ऋणकर्त्ता च यो राजन्। इत्यादि। अनु २३।२१

रूप से कहीं नहीं लिखा हुआ है कि श्राद्ध में ब्राह्मणों की संख्या जितनी कम हो उतना अच्छा है, किन्तु परीक्षा प्रकरण से इसका अनुमान अवश्य होता है। विशेषतः सद्-ब्राह्मणों में अधिकतर दान लेने से विमुख रहते थे। ब्राह्मणों की धारणा थी कि दान ब्रह्मतेज को विनष्ट करता है।[1] अतएव धनीवर्ग तो किसी तरह बहुत से सद्ब्राह्मण जुटा भी लेता था, लेकिन औरों के लिये असम्भव था। शास्त्रीय विधान में महा-भारतकार ने मनु के आदर्श को ही उच्च स्थान दिया है। मनुसंहिता में उक्त हुआ है कि श्राद्ध में देव के लिये दो और पितर के लिये तीन ब्राह्मणों को या देव और पितर दोनों के लिये एक एक ब्राह्मण को भोजन कराना चाहिये; समृद्ध व्यक्ति को भी इससे अधिक ब्राह्मणों को निमन्त्रित नहीं करना चाहिये। ब्राह्मणों की संख्या बहुल होने से उनकी सेवा, देश, काल, शुद्धि, अशुद्धि एवं पात्र-अपात्र का विचार आदि नियमों का यथार्थरूप में प्रतिपालन नहीं होता। अतः श्राद्ध में अधिक ब्राह्मणों को नहीं बुलाना चाहिये।[2]

संहिता एवं पुराण आदि का भी यही अभिमत—पूरी स्मृतिसंहिता में ब्राह्मणबहुलता की निन्दा की गई है। वशिष्ठस्मृति के ग्यारहवें अध्याय के दो कथन पूर्वोक्त मनुवचन से अभिन्न रूप से मिलते हैं। मत्स्यपुराण में भी (१६। ३१,१७।१४) इसी के अनुरूप कथन मिलता है।

प्राचीन श्राद्ध-विधि में अनाडम्बर—इन शास्त्रवचनों से अनुमान होता है कि वर्त्तमान काल की तरह उस काल में श्राद्ध आदि कृत्यों में आडम्बर का कोई स्थान नहीं था एवं मानरक्षा के लिये ऋण लेकर विपत्तिग्रस्त नहीं होना पड़ता था। आजकल लोग केवल लोकलाज की खातिर श्राद्ध, विवाह आदि में अधिक खर्च करके आफत मोल ले लेते हैं, लेकिन प्राचीन समाज में इस तरह आडम्बर कोई नहीं करता था।

श्राद्ध का अधिकारी—श्राद्ध करने का कौन अधिकारी होता है, इस पर स्पष्ट रूप से महाभारत में कुछ नहीं कहा गया है; किन्तु ऐसा अनुमान होता है कि पुत्र ही मुख्य अधिकारी है, उसके बाद श्राद्ध करने के लिये पत्नी को अधिकार होता है।

---

१. प्रतिग्रहेणे तेजो हि विप्राणां शाम्यतेऽनघः। अनु ३५।२३
कृष्णपक्षे तु यः श्राद्धं पितॄणामश्नुते द्विजः।
अन्नमेतदहोरात्रात् पूतो भवति ब्राह्मणः॥ इत्यादि। अनु १६३।१२-१९

२. द्वौ दैवे पितृकार्ये त्रीनेकैकमुभयत्र वा।
भोजयेत् सुसमृद्धोऽपि न प्रसज्येत विस्तरे॥ इत्यादि। मनु ३।१२५, १२६

एक ही मृत व्यक्ति के उद्देश्य से उसके निकट सम्बन्धियों के पृथक्-पृथक् श्राद्ध करने के उदाहरण मिलते हैं। अभिमन्यु का श्राद्ध उसके मातुलकुल में भी किया गया था। इसी तरह दुर्योधन आदि का श्राद्ध तर्पण उनकी विधवा पत्नियों के करने के बाद भी धृतराष्ट्र ने फिर से किया था।[1]

गंगा में अस्थि विसर्जन---गंगा में अस्थि विसर्जन करने का मात्र एक उदाहरण मिलता है।[2]

क्षत्रिय द्वारा ब्राह्मण का श्राद्ध---क्षत्रिय शिष्य भी ब्राह्मण गुरु के उद्देश्य से श्राद्ध करते थे। द्रोणाचार्य की सद्गति के निमित्त युधिष्ठिर वगैरह ने उनका श्राद्ध किया था।[3]

श्राद्ध आदि द्वारा समाज का उपकार---श्राद्ध प्रकरण पढ़ने से पता लगता है कि प्रत्येक मृत व्यक्ति के उद्देश्य से उसके आत्मीय स्वजन श्राद्ध करते थे। उस उपलक्ष्य में तरह तरह के लोकहितकारी कार्यों का भी अनुष्ठान होता था। धनी व्यक्ति मृत व्यक्ति की तृप्ति कामना से तालाब आदि खुदवाते थे, मठ बनवाते थे। श्रद्धा सहित बिना किसी आडम्बर के ये कर्म किये जाते थे। दरिद्र, स्वकर्मनिरत ब्राह्मण इन क्रियाकर्मों में दान लेते थे। दान का उपयुक्त पात्र प्रस्तुत करने के लिये समाज की जो व्यवस्था थी, आदर्श के नाते वह विशेष रूप से लक्ष्य करने का विषय है। सत्प्रतिग्रह को जो वृत्ति रूप में ग्रहण करते थे, उनकी विद्या, चरित्रबल, व वृत्ति की शुचिता अनन्य साधारण होती थी। अतएव गौण रूप से इन क्रिया कर्मों द्वारा समाज का भी बहुत उपकार होता था।

---

१. स्त्री २७ वाँ अध्याय। आश्र १४ वाँ अध्याय। शांति० ४२ वाँ अध्याय।

२. संकल्प्य तेषां कुल्यानि पुनः प्रत्यागमंस्ततः। इत्यादि। आश्र ३९।२२, २३

३. आश्र १४ वाँ अध्याय। शांति ४२ वाँ अध्याय।

दायविभाग

सर्वप्रथम पुत्र का अधिकार—पैतृक सम्पत्ति के बँटवारे के संबंध में कई नियमों का उल्लेख किया गया है। सम्पत्ति के उत्तराधिकार का निर्णय भी धर्मशास्त्रीय अनुशीलन के अन्तर्गत आता है। पिता की छोड़ी हुई सम्पत्ति पर पहला हक पुत्र का ही होता है। सवर्णा पत्नी के गर्भजात सब पुत्रों का समान अधिकार होता है, केवल ज्येष्ठ पुत्र को ज्येष्ठत्व के कारण एक भाग अधिक मिलने का विधान है।

जननी क्रम के अनुसार धनविभाग में पार्थक्य—यदि सवर्णा भार्याओं की संख्या एक से अधिक हो तो प्रथम पत्नी के गर्भजात पुत्रों को एक अंश मिलेगा, मध्यमा के पुत्रों को मध्यमांश अर्थात् प्रथमा के पुत्रों से कुछ कम मिलेगा। इसी प्रकार जननियों के अनुक्रम से धन विभाग की व्यवस्था महर्षि मारीच काश्यप ने बताई है। विभिन्न जातीय भार्या की गर्भजात सन्तानों में जननी के जन्मगत वर्ण के अनुसार दायविभाग का वैषम्य शास्त्रविहित है।

ब्राह्मण का चातुर्वर्णिक विवाह—ऐसे तो ब्राह्मण किसी भी वर्ण की कन्या का पाणिग्रहण कर सकता है, किन्तु शास्त्रानुसार शूद्रकन्याग्रहण उसके लिये निषिद्ध है। इन्द्रियासक्ति के वशीभूत होकर ब्राह्मण भी कभी कभी शूद्र कन्या से विवाह करते थे।

जननी के वर्णभेद से पुत्र का सम्पत्ति पर अधिकार—ब्राह्मणी माता से जात ब्राह्मण पुत्र को अच्छे बैल, रथ, वस्त्रों आदि का बँटवारा न करके अकेले ही ले लेने चाहिये। अवशिष्ट धन को दस भागों में विभक्त करके उसके चार भाग भी ब्राह्मणी से जात पुत्र ले लें। क्षत्रिया माता से जात सन्तान ब्राह्मण होते हुए भी जननी के भिन्नवर्णा होने के कारण बचे हुए सात भागों में से तीन के मालिक होंगे। इसी प्रकार वैश्यवर्णा की सन्तान के हिस्से में दो भाग एवं शूद्रा की सन्तान के हिस्से में बचा हुआ एक भाग आयेगा। शूद्रा का पुत्र ब्राह्मण तनय होते हुए भी ब्राह्मण नहीं होता, अतः उसका सबसे कम अधिकार होता है। वह पैतृक सम्पत्ति पर दावा नहीं कर सकता, पिता के इच्छानुसार बँटवारा करने पर वह आपत्ति नहीं उठा सकता। ऐसे तो शास्त्रतः पैतृक सम्पत्ति पर उसका कोई अधिकार नहीं होता, तब भी सम्पत्ति का दशमांश उन्हें दयावश दे देना चाहिये, यही रीति है।

ब्राह्मणी के अधिकार वैशिष्ट्य से पुत्र का विशेष अधिकार--ब्राह्मणी, क्षत्रिया, वैश्या के गर्भ से ब्राह्मण के जो पुत्र जन्म लेते हैं, यद्यपि वे सभी ब्राह्मण होते हैं; किन्तु ब्राह्मण के घर में होनेवाले हव्यकव्य आदि कर्मों को करने का एकमात्र ब्राह्मणी के पुत्रों को ही अधिकार होता है। इसीलिये उन्हें पिता की सम्पत्ति का अधिक भाग मिलता है। ब्राह्मणी के बाद क्षत्रिया का और उसके बाद वैश्या का स्थान है।

क्षत्रिय की सम्पत्ति का बँटवारा--क्षत्रिय विवाहिता क्षत्रिय कन्या, वैश्य कन्या, शूद्रकन्या, तीनों के पुत्र हों तो क्षत्रिय की सम्पत्ति के आठ भाग किये जायेंगे। उनमें से चार क्षत्रिया के पुत्रों को, तीन वैश्या के पुत्रों को और एक शूद्रा के पुत्रों को मिलेगा। शूद्रा से विवाह करना क्षत्रिय के लिये भी निषिद्ध है। यदि कामवश शूद्रा को भी भार्यारूप में ग्रहण करे ही तो उसकी गर्भजात सन्तान को सम्पत्ति का एक भाग देना उचित है। युद्धविजय में क्षत्रिय को जो धन मिले, उस पर केवल सवर्णा पत्नी के पुत्रों का अधिकार होगा।

वैश्य की सम्पत्ति का बँटवारा--वैश्य की वैश्या तथा शूद्रा दोनों पत्नियों के पुत्र हों तो सम्पत्ति को पाँच भागों में विभक्त किया जायगा। सवर्णा के पुत्र चार भागों के मालिक होंगे, अवशिष्ट एक भाग शूद्रा के पुत्रों को मिलेगा। लेकिन शूद्रा के पुत्र पिता की करुणा पर निर्भर होंगे, सम्पत्ति पर ऐसे उनका कोई दावा नहीं होगा।

शूद्र की सम्पत्ति का बँटवारा--शूद्र अन्यवर्णा पत्नी ग्रहण करने का अधिकारी नहीं होता, अतः सवर्णा के सब पुत्रों में सम्पत्ति का समान बँटवारा हो जायेगा।[१]

यौतुक धन पर कन्या का अधिकार--अपुत्रक व्यक्ति की मृत्यु के बाद उसकी सम्पत्ति पर कन्या का अधिकार होता है।[२] माता के दहेज में लाये हुए धन की भी कुमारी कन्या ही अधिकारिणी होती है।

दौहित्र का अधिकार--पुत्र व कन्या के अभाव में मृत व्यक्ति की सम्पत्ति पर दौहित्र का अधिकार होगा। दौहित्र पिता एवं मातामह दोनों का श्राद्ध करने का अधिकारी होता है। धर्मतः पुत्र व दौहित्र में कोई पार्थक्य नहीं होता।

पुत्रिकाकरण के बाद पुत्र उत्पन्न होने पर सम्पत्ति का विभाग--कन्या को पुत्र मान कर सम्पत्ति की अधिकारिणी बनाने पर यदि बाद में पुत्र का जन्म हो तो उस व्यक्ति की सम्पत्ति के पाँच भाग किये जायेंगे। उनमें से दो कन्या को तथा

---

१. अनु ४७ वाँ अध्याय।

२. कुमारो नास्ति येषाञ्च कन्यास्तत्राभिषेचय। शांति ३३।४५

तीन पुत्र को मिलेंगे। कन्या को पुत्र मानने के बाद यदि दत्तक पुत्र लिया जाय तो पाँच भागों में से तीन कन्या को और दो दत्तक पुत्र को मिलेंगे।[1]

पत्नी को सम्पत्ति देने का विधान—पति को चाहिये पत्नी के लिये भी थोड़ी सम्पत्ति देकर जाय। प्रचुर धन होते हुए भी पत्नी को तीन सहस्र मुद्रा से अधिक देना अनुचित है। पति के दिये हुए धन का पत्नी मनचाहा उपयोग कर सकती है। पुत्रों का माता के उस धन पर अधिकार नहीं होता।

माता के धन पर दुहिता का अधिकार—ब्राह्मण पिता सवर्णा पत्नी की गर्भ-जात कन्या को विवाह में या बाद में कुछ धन दे तो उस धन पर उस कन्या की मृत्यु के बाद एकमात्र उसकी दुहिता का अधिकार होगा। इस प्रकार शास्त्रविहित नियमों के अनुसार सम्पत्ति का बँटवारा करना चाहिए। मन्वादि ऋषि दायविभाग की यही व्यवस्था करके गये हैं।[2]

धन की अतिवृद्धि शास्त्रविहित नहीं—गृहस्थ के लिये धन का स्तूपीकरण करना शास्त्रविहित नहीं है। तीन साल तक परिवार का भरण-पोषण हो सके, इतना इकट्ठा करने के बाद अधिक संचित न करके अच्छे कामों में धन का उपयोग कर देना चाहिये।[3]

पितृ-व्यवसाय त्यागी पितृधन से वंचित—पिता की मृत्यु के बाद सारी सम्पत्ति सर्वप्रथम बड़े भाई के हाथ पड़ती है, वह सब भाइयों को उनका प्राप्य दे दे, यही नीतिसंगत है। यदि वह कर्त्तव्य विमुख हो, तो उसे राजदरबार से यथोचित दंड मिलना चाहिये। यदि कोई पूर्वजों का व्यवसाय छोड़कर असत् कर्म द्वारा जीविका-निर्वाह करे तो उसे पैतृक सम्पत्ति से बिल्कुल वंचित कर देना चाहिये।[4]

अंगहीन का अनधिकार—धर्मज्ञ एवं उदार होते हुए भी प्रतीप के पुत्र, शान्तनु के ज्येष्ठ भ्राता देवापि को राज्य नहीं मिला; क्योंकि वह चर्मरोगी

---

१. यथैवात्मा तथा पुत्रः पुत्रेण दुहिता समा।
तस्यामात्मनि तिष्ठन्त्यां कथमन्यो धनं हरेत्। इत्यादि। अनु ४५। १२-१५

२. त्रिसहस्रपरो दायः स्त्रियै देयो धनस्य वै। इत्यादि। अनु ४७।२३-२६

३. त्रैवार्षिकाद् यदा भक्तादधिकं स्याद्द्विजस्य तु।
यजेत तेन द्रव्येण न वृथा साधयेद्धनम्॥ अनु ४७।२२

४. अथ यो विनिकुर्वीत ज्येष्ठो भ्राता यवीयसः।
अज्येष्ठः स्यादभागश्च नियम्यो राजभिश्च सः॥ इत्यादि। अनु १०५। ७-१०

(कोढ़ी) थे। ज्येष्ठ होते हुए भी नेत्रहीनता के कारण धृतराष्ट्र को राज्य नहीं मिला था।[1]

स्व-उपार्जित धन पर किसी का अधिकार नहीं--पितृधन की सहायता के बिना जो केवल अपनी क्षमता से कुछ उपार्जित करे, उस धन में से दूसरे को हिस्सा देना या न देना उसकी अपनी इच्छा पर निर्भर करता है। न देने पर दूसरा हक नहीं जमा सकता।[2]

पुत्रों की इच्छा पर समान विभाग--पुत्र अगर पिता की सम्पत्ति का अलग-अलग उपभोग करने की इच्छा प्रकट करें, तो पिता सब पुत्रों में समान रूप से सम्पत्ति बांट दे, किसी प्रकार का वैषम्य प्रदर्शन शास्त्रविहित नहीं है।[3]

भार्या, आदि स्वतन्त्र नहीं--भार्या, पुत्र एवं दास ये तीनों ही पराधीन होते हैं। उनकी स्वयं की उपार्जित सम्पत्ति पर भी अपना अधिकार नहीं होता। शिल्प आदि द्वारा भार्या के उपार्जित धन का पति ही एकमात्र अधिकारी होता है। पुत्र चाहे कुछ भी क्यों न कमाये, पिता के हाथ में सब कुछ दे देना ही उसका धर्म है। दास के उपार्जित धन पर भी स्वामी का ही अधिकार होता है।

शिष्य के धन पर गुरु का अधिकार--शिष्य के उपार्जित धन पर गुरु का अधिकार होता है। जितने दिन शिष्य गुरु के घर रहेगा, भिक्षालब्ध द्रव्य उसे गुरु को ही देना पड़ेगा।[4]

---

१. उद्योग० १४९ वाँ अध्याय।

२. अनुपघ्नन् पितुर्द्रव्यं जंघाश्रमफलोऽध्वगः।
स्वयमीहितलब्धन्तु नाकामो दातुमर्हति॥ अनु १०५।११

३. भ्रातृणामविभक्तानामुत्थानमपि चेत् सह।
न पुत्रभागं विषमं पिता दद्यात् कदाचन॥ अनु १०५।१२

४. त्रय एवाधना राजन् भार्या दासस्तथा सुतः।
यत्ते समधिगच्छन्ति यस्य ते तस्य तद्धनम्॥ इत्यादि। उद्योग ३३।६८
आदि ८२।२२

त्रयः किलेमे ह्यधना भवन्ति। इत्यादि। सभा ७१।१

राजधर्म (क)

शन्तिपर्व का राजधर्म अनेकों तथ्यों से परिपूर्ण है। सभा पर्व के नारदीय राजधर्म व कणिक की कूटनीति, आश्रमवासिक पर्व की धृतराष्ट्रजिज्ञासा, उद्योगपर्व की विदुरनीति आदि प्रकरणों में राजधर्म के संबंध में बहुत कुछ कहा गया है। इस परिच्छेद में उन उक्तियों को उद्धृत करके यह बताने की चेष्टा की गई है कि उन दिनों राजधर्म का स्वरूप क्या था। विषय बहुत बड़ा होने के कारण इस परिच्छेद को कई भागों में विभक्त कर दिया गया है। मनुवचनों पर महर्षि व्यास ने अपनी अपरिसीम श्रद्धा प्रकट की है। प्रत्येक प्रसंग में दो चार बार मनु का उदाहरण दिया गया है। उसके अलावा प्राचीन राजधर्मप्रणेता दूसरे ऋषि मुनियों का नाम भी प्रसंगवश आया है।

राजधर्म प्रवर्त्तक मुनि—वृहस्पति, विशालाक्ष, काव्य (उशनाः), महेन्द्र, भरद्वाज, गौरशिरा आदि धार्मिक ब्रह्मवादी मुनि राजधर्म के प्रवर्त्तक थे।[1]

अराजक समाज की दुरवस्था—अराजक समाज में कोई निश्चिन्त होकर धर्म चर्चा नहीं कर सकता, लोगों में वाद-विवाद चलता ही रहता है; विशेषतः दस्युगण तरह-तरह के उत्पातों से मनुष्य का जीना मुश्किल कर देते हैं, अतएव समाज को कभी भी अराजक अवस्था में नहीं रखना चाहिये।[2]

मात्स्य-न्याय—अराजक राज्य में मात्स्य न्याय का जोर हो जाता है अर्थात् जिस प्रकार जल में बड़ी मछलियाँ छोटी मछलियों को खा जाती हैं, उसी प्रकार अराजक राज्य में 'जिसकी लाठी उसकी भैंस' वाली अवस्था हो जाती है। दुर्बल मनुष्यों को सारा जीवन संत्रस्त रहकर काटना पड़ता है, उनकी सुनने वाला कोई नहीं होता, इसलिये राज्य को अराजक रखना युक्तिसंगत नहीं है।[3]

---

१. वृहस्पतिर्हि भगवान् नान्यं धर्मं प्रशंसति। इत्यादि। शांति ५८।१-३।
शांति ५६वाँ तथा ५७वाँ अध्याय

२. अराजकेषु राष्ट्रेषु धर्मो न व्यवतिष्ठते। इत्यादि। शांति ६७।३-८।

३. राजा चेन्न भवेल्लोके पृथिव्यां दण्डधारकः।
जले मत्स्यानिवाभक्ष्यन् दुर्बलं बलवत्तराः॥
इत्यादि। शांति ६७।१६, १७

राजा ही समाज का रक्षक—प्रजा के धर्माचरण का मूल एकमात्र राजा होता है। राजा के डर से ही मनुष्य-समाज में शांति बनी रहती है। राजा के अभाव में किसी की कोई भी वस्तु निरापद नहीं रह पाती। कृषि, वाणिज्य आदि राजा की सुव्यवस्था पर ही निर्भर होते हैं। राजा समाज का संचालक होता है। उसके अभाव में मनुष्य का जीवन दुःसाध्य हो जाता है। सतत उद्विग्नता में जीवन काटना मनुष्य के लिये मुश्किल होता है और रक्षक के अभाव में निश्चिन्त होकर जीवनयापन करने की सम्भावना ही कहाँ रहती है? विद्यास्नात, व्रती, तपस्वी ब्राह्मण राजा की सुव्यवस्था के कारण ही वेद का अध्ययन-अध्यापन कर सकते हैं। राजा न हो तो वर्णसंकरों की वृद्धि होने लगे और दुर्भिक्षों का अंत ही न रहे। राज्यशासन के फलस्वरूप ही समाज में शांति व क्रमबद्धता स्थापित रहती है। राज्य में अगर सुव्यवस्था हो तो अलंकारविभूषिता अबलाएँ भी राजपथों पर निश्चिन्त होकर चल-फिर सकती हैं।[1]

शमीक मुनि-वर्णित अराजक राज्य की भीषणता—क्षमाशील मुनि शमीक ने अपने पुत्र शृंगी से कहा है, अराजक राज्य में सदा डर कर रहना पड़ता है। उच्छृंखल व्यक्तियों को राजा दंड के द्वारा शांत रखता है। राजदंड के भय से प्रत्येक व्यक्ति अपने-अपने कर्त्तव्य का पालन करता है, तभी समाज में क्रमबद्धता आती है। चित्त अगर हमेशा उद्विग्न रहे तो कोई भी धर्माचरण नहीं कर सकता, राजा से धर्म एवं धर्म से स्वर्ग का लाभ होता है। राजा ही याग-यज्ञ का प्रवर्त्तक है। यज्ञ से देवतुष्टि होती है, उससे सुवृष्टि होती है, सुवृष्टि से अच्छी फसल और अच्छी फसल से प्रजा का पालन होता है। इस प्रकार राजा ही लोकस्थिति का मूल होता है, समाज का धाता होता है। मनु ने कहा है, राजा दश श्रोत्रिय ब्राह्मणों के समान मान्य है।[2]

आदि राजा वैन्य—सूत्राध्याय में युधिष्ठिर के प्रश्न के उत्तर में भीष्म ने कहा है, सतयुग में शासन प्रणाली नहीं थी; धर्म के भय से ही सब अपना-अपना कर्त्तव्य करते थे। अचानक वे लोग मोहग्रस्त एवं लोभ के वशीभूत हो गये। समाज में विश्रृंखलता देखकर देवताओं ने ब्रह्मा के पास जाकर सब कुछ बताया। ब्रह्मा ने पहले तो शास्त्र एवं दण्डनीति की रचना की, बाद में नारायण की सहायता से एक

---

१. शांति ६८वाँ अध्याय।

२. अराजके जनपदे दोषा जायन्ति वै सदा। इत्यादि। आदि ४१।२७–३१

......नृपहीनञ्च राष्ट्रम् एते सर्वे शोच्यतां यान्ति राजन्।

शांति २९०–२६

राजा का निर्माण किया। उस राजा का नाम पृथु था, वेण के दक्षिण हस्त से उसकी उत्पत्ति होने के कारण उसका एक नाम वैन्य भी पड़ा।[1]

दूसरे मत से आदि राजा मनु—राजकरण अध्याय में कहा गया है कि समाज में विशृंखलता उपस्थित होने पर मनुष्य पितामह की शरण में गये। पितामह ने पृथ्वी का राज्यभार ग्रहण करने के लिये मनु को आदेश दिया। मनु ने पहले तो इतनी बड़ी जिम्मेदारी लेने के लिये असम्मति प्रकट की, लेकिन बाद में प्रजा के अनुनय करने पर तथा नानाप्रकार के कर देने की प्रतिज्ञा करने पर तैयार हो गये। वही पृथ्वी के आदि राजा थे।[2] एक ही विषय को लेकर दो प्राचीन उपाख्यान वर्णित हैं, लेकिन दोनों के स्पष्टीकरण में कोई भिन्नता नहीं है। राजा के बिना समाज-व्यवस्था किस तरह ठीक रहे यह विषय उस काल में भी राजधर्मज्ञ व्यक्तियों के लिये विवादास्पद था। व्यक्तिगत कर्त्तव्य एवं धर्मज्ञान में किञ्चित शिथिलता आते ही राजा के बिना काम नहीं चल सकता, यही शायद उपर्युक्त उपाख्यानों का गूढ़ अर्थ है।

राजकरण तथा राजा का सम्मान—आगे भी कहा गया है कि पृथ्वी पर जो उन्नति की आशा रखते हों, उन्हें पहले ही राजा का वरण कर लेना चाहिये; अराजक राज्य निवास के अनुपयुक्त होता है। राजा की भक्ति करनी चाहिये तथा उसके अनुकूल रहना चाहिये। प्रजा ही यदि राजा का यथोचित सम्मान नहीं करेगी, तो दूसरे लोग तो उसकी अवज्ञा करेंगे ही और यह राज्य के लिये बहुत ही अकल्याणकर होता है।[3]

राजा की नियुक्ति में साधारण प्रजा का अधिकार—इन वर्णनों से यह भी पता लगता है कि राजा की नियुक्ति के लिये साधारण प्रजा को पूर्ण अधिकार प्राप्त था। निरापद, शान्तिपूर्ण जीवन बिताने के उद्देश्य से प्रजा मिलकर राजसुलभ गुणवान व्यक्ति को राजपद पर बिठाती थी। यह प्रथा अति प्राचीन थी।

---

१. नैव राज्यं न राजासीन्न दण्डो न च दण्डिकः।
धर्मेणैव प्रजा सर्वा रक्षन्ति स्म परस्परम्॥ इत्यादि।
शांति ५९।१४–१०९

२. अराजकाः प्रजाः पूर्वं विनेशुरिति नः श्रुतम्। इत्यादि।
शांति ६७।१७–३२

३. एवं ये भूतिमिच्छेयुः पृथिव्यां मानवाः क्वचित्।
कुर्युं राजानमेवाग्रे प्रजानुग्रहकारणात्॥ इत्यादि।
शांति ६७।३३–३५

वंशगत अधिकार---राजसिंहासन पर वंशपरम्परागत अधिकार प्राचीन प्रथा न होते हुए भी महाभारतकालीन समाज में वंशगत अधिकार प्रतिष्ठित हो गया था।

राजा भगवान की विभूतिस्वरूप---राजा में किन-किन गुणों का होना आवश्यक है, इस विषय पर सैकड़ों उक्तियाँ उद्धृत हैं। ग्रंथकार ने बहुत सी जगह तो उशना, इन्द्र, वृहस्पति, मनु आदि राजधर्मवेत्ताओं के अभिमत को ही ग्रहण किया है और बहुत सी जगह भीष्म के मुख से अपना मत भी प्रकट किया है। विभूतियोग में भगवान कृष्ण अर्जुन से कहते हैं, "नरों में मैं नराधिप हूँ"। अर्थात् राजा में ही मनुष्यत्व का पूर्ण विकास होता है, इसलिये वही भगवान की विभूतिस्वरूप है।[1]

राजा के जन्मजात गुण---पूर्वजन्म के पुण्यबल से राजा में बहुत से गुण अनन्य सुलभ होते हैं, किन्तु शिक्षा के द्वारा भी उन्हें बहुत से गुणों का अर्जन करना पड़ता है। स्वाभाविक गुणों के संबंध में मनुसंहिता में कहा गया है कि भगवान जिन उपादानों से इन्द्र, अनिल, यम, अर्क, अग्नि, वरुण, चन्द्र, कुबेर आदि देवताओं की सृष्टि करते हैं, उन्हीं से राजा की करते हैं; इसीलिये उनका तेज दूसरों को अभिभूत करने में समर्थ होता है।[2]

चरित्रगठन में राजा का दायित्व---राजधर्म ही सब धर्मों का मूल होता है। सब प्राणियों के पदचिन्ह जैसे हाथी के पदचिन्ह के नीचे विलीन हो जाते हैं उसी प्रकार दूसरे धर्म भी राजधर्म में विलीन हो जाते हैं। राजधर्म के परित्यक्त होने पर दूसरा कोई धर्म उन्नत नहीं हो सकता। अतः समाज के स्थायित्व के विषय में अपने दायित्व को अच्छी तरह समझकर राजा को अपने चरित्रगठन में मनोयोग करना चाहिये।[3]

आदर्श चरित्र---राजा का चरित्र कैसा होना चाहिये, इस संबंध में भीष्म ने युधिष्ठिर को राजधर्मप्रकरण में सैकड़ों उपदेश दिये हैं। नीचे संक्षेप में उन पर प्रकाश डाला जा रहा है।

पुरुषार्थ---उद्योग के बिना कोई कार्य सफल नहीं होता, इसलिये राजा को सदा पुरुषार्थ की सेवा करनी चाहिये। कोई शुरू किया हुआ काम दैववश यदि अधूरा

---

१. नराणाञ्च नराधिपम्। भीष्म ३४।२७

२. इन्द्रानिलयमार्काणामग्नेश्च वरुणस्य च।
चन्द्रवित्तेशयोश्चैव मात्रा निर्हृत्य शाश्वतीः॥ इत्यादि। मनु ७।४,५

३. बाह्वायत्तं क्षत्रियैर्मानवानां लोकश्रेष्ठं धर्ममासेवमानैः। इत्यादि
शांति ६३।२४-३०

रह जाय तो संताप नहीं कहना चाहिये; दुगने उत्साह से उसे पूरा करने का दुबारा यत्न करना चाहिये।

सत्यनिष्ठा—सत्य कार्य-सिद्धि का प्रधान साधन होता है, विशेषकर राजाओं के लिये। सत्यनिष्ठ राजा ऐहिक तथा पारत्रिक श्रेय लाभ करने में सफल होता है। शौर्य, गाम्भीर्य आदि गुणों से युक्त नृपति सदा श्रीमंत रहता है।

मृदुता व कठोरता के बीच का मार्ग अपनाना चाहिये—राजा यदि मृदुस्वभावी होता है तो प्रजा उसका यथोचित मान नहीं करती और यदि बहुत ही तीक्ष्ण-स्वभावी हो तो संत्रस्त रहती है। इसलिये राजा को दोनों के बीच का मार्ग अपनाना चाहिये। राजा को वसन्त के सूर्य की तरह यथोचित मृदुता व कठोरता का अवलम्बन लेना चाहिये। प्रजा भी सत्यवादी, धर्मनिष्ठ राजा की अनुरक्त होती है।

व्यसन-परित्याग—राजा को हर प्रकार के व्यसन से दूर रहना चाहिये। अपने दोष के बारे में सदा सावधान रहना चाहिये। अगर कोई दोष हो तो उसे सुधारने की कोशिश करनी चाहिये।

प्रजा के हित के लिये गर्भिणीधर्म का अवलम्बन—गर्भवती स्त्री जिस प्रकार गर्भस्थ शिशु के हित के लिये अपनी प्रिय वस्तु का त्याग करने में जरा भी कुंठित नहीं होती, उसी प्रकार राजा को सर्वभूत के हितसाधन को व्रतस्वरूप ग्रहण करना चाहिये।

धीरता—धैर्य का कभी परित्याग नहीं करना चाहिये। धीर एवं दत्तचित्त मनुष्य को किसी तरह का भय नहीं होता।

भृत्य आदि के साथ व्यवहार में अपनी मर्यादा रखना—नौकर-चाकरों के साथ बहुत हँसी-ठट्ठा नहीं करना चाहिये। ऐसा करने से सेवक स्वामी की मर्यादा का उल्लंघन करते हैं। नृपति यदि बहुत ही मृदुस्वभावी या परिहासप्रिय होता है तो प्रजा एवं अमात्यगण शिथिलता एवं अशिष्टता दिखाते हैं। और यह राज्य शासन के लिये बहुत ही प्रतिकूल होता है।[1]

प्रजा के हित के लिए कठोर त्याग—राजा को सदा प्रजा की हितकामना करनी चाहिये। प्रजा के हित के लिये राजा सगर ने ज्येष्ठ पुत्र असमंज को त्याग दिया था। प्रजा के मंगल के लिये सब तरह के दुःख-कष्टों का भी वरण करना पड़ता है। उद्यम करने से मनुष्य में त्याग की सामर्थ्य आती है।

चातुर्वर्ण्य-संस्थापन—राजा ही चातुर्वर्ण्य का संस्थापक होता है। धर्मसंकर

---

१. शांति ५६वां अध्याय।

(परस्पर विरोधी धर्मों का सम्मिश्रण) तथा वर्णसंकर से प्रजा की रक्षा करना राजा का कर्त्तव्य है।

विचार बुद्धि––कभी किसी पर पूरा विश्वास नहीं करना चाहिये। स्वयं सोच-समझ कर निपुणता से राज्य चलाना चाहिये।

प्रजारंजक––जिसके शासन में प्रजा निरुद्वेग व आनंद से कालयापन कर सके, वही असली राजा होता है। प्रजा को सुखी रखनेवाले, दीर्घदर्शी राजा का ऐश्वर्य चिरस्थायी होता है।[1]

क्षत्रियधर्म का गुरुत्व––क्षत्रियधर्म बहुत ही महत्वपूर्ण होता है। उसका यथोचित पालन करने से क्षत्रिय इह लोक में अक्षय कीर्ति तथा परलोक में अनन्त सुख का उपभोग करता है। केवल प्रजापालन के द्वारा ही साधु नृपति मोक्ष प्राप्त करने में समर्थ होता है।[2]

समयानुवर्त्तिता आदि––यथासमय उपयुक्त चरों को नियुक्त करना तथा दूत भेजना, यथासमय दान देना, सद्‌वृत्त मात्सर्यरहित अमात्यों से परामर्श लेना, कर वसूल करने के लिये प्रजा पर अत्याचार न करना, साधुसंसर्ग करना तथा असाधुओं की संगत छोड़ना आदि कर्म राजधर्म के अंग हैं।

अवसर देख कर साम आदि नीति का प्रयोग करना––साम, दाम, भेद व दंड आदि नीतियों का प्रयोग उपयुक्त अवसर देखकर करना, अनार्यकर्म वर्जन, प्रजापालन तथा नगररक्षण राजाओं के आवश्यक कर्त्तव्य हैं। जो राजा पुरुषार्थ नहीं करता, जो प्रमादी, अतिमृदुस्वभावी या अति कठोर होता है, वह कभी भी निष्कंटक राज्य नहीं कर सकता। अज्ञानी एवं कापुरुष राजा राजपद के अनुपयुक्त होता है।

विश्वस्तता––जिन कार्यों को करने से राजा की धर्मनिष्ठा पर प्रजा के मन में सन्देह उत्पन्न हो, वे कार्य करना राजा के लिये विपद्‌जनक होते हैं। प्रजा धर्मनिष्ठ तथा सुखी हो और राजा पर विश्वास करे, इसका राजा को विशेष रूप से ख्याल रखना चाहिये।[3]

प्रियवादिता, जितेन्द्रियता आदि––दूसरा व्यक्ति यदि उग्र भी हो तो राजा को इसके साथ सहास्यवदन मधुर व्यवहार करना चाहिये। उपकारी के प्रति कृतज्ञता, गुरुजनों में दृढ़भक्ति, प्रजा का हितचिंतन तथा जितेन्द्रियता आदि गुण राजा में होने

---

१. शांति ५७वाँ अध्याय।

२. शान्ति ६४वाँ अध्याय।

३. शान्ति ५८वाँ अध्याय।

जरूरी हैं। राजा को दर्शनार्थी के साथ मृदु एवं भद्रता का व्यवहार करना चाहिये।[१] राजा ही प्रजा की सुखशांति का कारण होता है। महायशस्वी राजा दम, सत्य व सौहृद्य के द्वारा सम्पूर्ण पृथ्वी पर एकछत्र राज्य करते हैं, और महत् यज्ञों का अनुष्ठान करके शाश्वतपद प्राप्त करते हैं। राजा को सर्वप्रथम अपने मन को जीतना चाहिये, अजितेन्द्रिय राजा दूसरे को वश में नहीं रख सकता।[२]

शास्त्राभ्यास व दानशीलता—राजा को वेद-वेदांग आदि शास्त्रों पर पांडित्य लाभ करना चाहिये। तथा दानशील बनकर सर्वभूत के दुखमोचन की यथासाध्य चेष्टा करनी चाहिये।

राजधर्मका परिज्ञान—षाड्गुण्य त्रिवर्ग, तथा परमत्रिवर्ग विषयों पर राजा का पूर्ण अधिकार होना चाहिये।[३]

कार्यज्ञता—रागद्वेष का त्याग करके धर्माचरण करना, परलोक के लिये शुभ कर्म करना, बिना अत्याचार किये अर्थोपार्जन करना, सौम्यभाव से कामोपभोग करना राजा के विहित कर्म हैं। राजा को सदा मधुर वचन बोलने चाहिये, शूर होते हुए भी आत्मप्रशंसक नहीं होना चाहिये तथा दाता होते भी अपात्र को दान नहीं देना चाहिये।

एकाग्रचित्तता आदि—अपकारी का विश्वास करना राजा के लिये उचित नहीं है। उसे किसी से भी ईर्ष्या नहीं करनी चाहिये। पूजार्ह की पूजा करना और दंभ का त्याग करना राजधर्म के अपरिहार्य अंग हैं। आहार-विहार में संयम रखना बहुत आवश्यक है, संयम के अभाव में श्रीहीनता आती है। हर कार्य में समय-असमय का ख्याल रखना उचित है, जो कार्य जिस समय करने का हो, उसी समय करना चाहिये। एकाग्रचित्त होना चाहिये। जो व्यक्ति राजधर्म के इन नियमों का पालन करता है, वह इहलोक व परलोक में सब सुखों का उपभोग करता है। इस अध्याय में राजा के छत्तीस गुणों का उल्लेख किया गया है। प्रधान गुणों का विवरण नीचे दिया जा रहा है।[४]

काम व क्रोध को जीतना—राजा को चाहिये कि काम व क्रोध को जीतकर

---

१. गोप्ता तस्माद्ध्राधर्षः स्मितपूर्वाभिभाषिता। इत्यादि।
शांति ६७।३८,३९

२. राजा प्रजानां हृदयं गरीयो गतिः प्रतिष्ठा सुखमत्तमञ्च। इत्यादि।
शांति ६८।५९, ६०

३. शान्ति ६९वां अध्याय।

४. शान्ति ७०वां अध्याय।

राजश्री की सेवा करे। जो नृपति काम या क्रोध के वशीभूत होकर अनुचित कार्य करता है, वह नितान्त कृपा का पात्र होता है; उसके धर्म एवं अर्थ का विनाश अवश्यम्भावी होता है। सुरक्षक, दाता, निरलस एवं जितेन्द्रिय व्यक्ति स्वभावतः ही सबकी श्रद्धा का पात्र बनने में समर्थ होता है।

राजधर्मानुशासन के अनुसार कृत्य करना--राजा को अर्थशास्त्र के अनुशासन के अनुसार ही अर्थवृद्धि की व्यवस्था करनी चाहिये, नहीं तो अर्थ की वृद्धि होने पर भी उसका आकस्मिक विनाश निश्चित होता है। शास्त्रविरुद्ध प्रजा का उत्पीड़न करने से राज्य का कल्याण नहीं हो सकता, वरन् सब कुछ नष्ट हो जाता है। अधिक दूध की आकांक्षा से यदि कोई निर्बोध व्यक्ति गाय के थनों में छेद कर दे तो जिस प्रकार उसे फिर कभी दूध नहीं मिलता उसी प्रकार लोभी अत्याचारी राजा की दुर्गति होती है।[1]

पूज्य की पूजा--दानशील, उपवासादि व्रतपरायण, प्रजाहितकर राजा की प्रजा सदा श्रद्धा करती है। राजा को धार्मिक व्यक्तियों का यथोचित सम्मान करना चाहिये, उससे प्रजा को भी पूज्य व्यक्ति की पूजा करने की शिक्षा मिलती है।

दुष्ट का दमन तथा शिष्ट का पालन--राजा को यम की तरह दुष्ट व्यक्तियों को कठोर दंड देना चाहिये, असाधु को कभी क्षमा नहीं करना चाहिये। जिस तरह सुरक्षित प्रजा के धर्मानुष्ठानों का चतुर्थांश पुण्यफल राजा को मिलता है, उसी प्रकार प्रजा के पापों का भी चतुर्थांश फल राजा को भोगना पड़ता है।

अति धार्मिक तथा अति निरीह राजा अच्छा नहीं होता--बहुत धार्मिक या बिल्कुल निरीह राजा राज्य चलाने के योग्य नहीं होता। केवल करुणा से भी राज्य की रक्षा नहीं होती।

रक्षक राजा प्रजा का प्रार्थनीय--शूरवीर, दुष्टों को दंड देने वाले तथा शिष्टों की रक्षा करने वाले, अनृशंस, जितेन्द्रिय, प्रजावत्सल एवं स्वजन प्रतिपालक राजा के आश्रय में प्रजा निश्चिन्त होकर जीवनयापन करती है। सर्वभूत का अस्तित्व जिस प्रकार मेघों पर निर्भर होता है तथा पक्षी जिस प्रकार मीठे फलवाले वृक्ष पर बसेरा करना चाहते हैं उसी प्रकार समस्त प्राणी रक्षक राजा के आश्रय में स्वयं को निरापद समझते हैं।[2]

सद्व्यवहार से प्रजा की श्रद्धा का पात्र बनना--जो राजा प्रजा के साथ अच्छा व्यवहार नहीं करता, हमेशा नाक-भौं चढ़ाये रहता है, वह सबका अप्रिय बन जाता

---

१. शान्ति ७१वाँ अध्याय।

२. शान्ति ७५वाँ अध्याय।

है। जो सदा हँसमुख रहता है, किसी को देखते ही बातचीत करने को आतुर हो उठता है, वही राजा प्रजा को अपनी ओर आकर्षित करने में समर्थ होता है। मधुर वचनों से हर किसी को वश में किया जा सकता है। जो सुकृत, विनय एवं मधुरता के उपासक होते हैं, वे अद्वितीय पुरुष कहलाते हैं।[1]

अधिक विश्वास विपत्तिकर—राजा को स्वयं तो दूसरों का विश्वासभाजन बने रहना चाहिये, किन्तु दूसरे पर सम्पूर्ण विश्वास कभी नहीं करना चाहिये, यहाँ तक कि पुत्र पर भी बहुत विश्वास करना अनुचित है। अविश्वास राजा के चरित्र का बड़ा गुण होता है।[2]

यथेच्छ भोग निन्दनीय—हर समय ख्याल रखना चाहिये कि राजा धर्म का प्रतिपालक होता है, यथेच्छ भोग-विलास राजा का आदर्श नहीं है। धर्माचरण से देवत्व का लाभ होता है और अधर्माचरण से नरक। प्राणिजगत धर्म पर ही आधारित है और राजा धर्म का सेवक होता है। सुतराम जो धर्म की रक्षा करने में समर्थ हो, वही राजपद के लिये उपयुक्त होता है। धर्मनिष्ठ राजा प्रभूत अर्थ व काम का उपभोग करता है। धार्मिक राजा के राज्य में प्रजा स्वच्छंद रूप से अपने-अपने कर्त्तव्यों में रत रह कर उन्नति करने में समर्थ होती है और प्रजा की उन्नति ही राज्य की उन्नति है।[3]

प्रजा का आनन्द राजा की धर्मनिष्ठा का अनुमापक—धर्मनिष्ठ राजा के राज्य में प्रजा भी धर्म का पालन करती है। दुर्गत व अनाथ व्यक्ति भी जब राज्य में प्रफुल्लचित्त रहते हों, तभी समझना चाहिये कि राजा के आचरण में धर्म प्रतिष्ठित है। प्रजा का आनन्द तथा धर्माचरण देखकर राजा की धर्मनिष्ठा का अंदाज लगाया जा सकता है। जो मित्र की उन्नति, शत्रु की अवनति, साधु के सम्मान तथा असाधु के दंड की व्यवस्था करता है, वही धार्मिक नरपति होता है।

धर्मनिष्ठ राजा सबकी श्रद्धा का पात्र—सत्यनिष्ठ, प्रजावत्सल, वदान्य व दाता राजा की प्रजा श्रद्धा करती है। जो उपयुक्त पात्र को भूमि दान करता है, ऋत्विक पुरोहित व आचार्य का यथोचित सम्मान करता है, उसे धर्मनिष्ठ कहा जा सकता है। राजा को साधु असाधु का ज्ञान, क्षमा, धृति, मधुर भाषण आदि सद्गुणों

---

१. शान्ति ८४ वाँ अध्याय।

२. विश्वासयेत् परांश्चैव विश्वसेच्च न कस्यचित्।
पुत्रेष्वपि हि राजेन्द्र विश्वासो न प्रशस्यते। इत्यादि। शा ८५।३३, ३४

३. धर्माय राजा भवति न कामकरणाय तु॥ इत्यादि। शांति ९०। ३–७
अथ येषां पुनः प्राज्ञो राजा भवति धार्मिकः। इत्यादि। अनु ६२।४३,४४

का अनुशीलन करना चाहिये। अनुशीलन शिक्षासापेक्ष होता है, इसमें रंचमात्र सन्देह नहीं है।

अप्रमाद, उद्योग, शुचिता आदि गुण—राज्यशासन सहज नहीं है, यह एक बहुत बड़ी जिम्मेदारी होती है। अप्रमादी, उद्योगी, बुद्धिमान राजा ही यह गुरुभार वहन कर सकता है। लोककल्याण, मधुरबोल, अप्रमाद व शुचिता राजा के चरित्र के अपरिहार्य गुण हैं। दूसरे के दोष देखना तथा अपने दोष ढँकना भी राजा के लिये अन्यतम शिक्षणीय विषय है। बहुत से राजर्षि उल्लिखित गुणों के कारण ही प्रशंसित हुए हैं। वासव, यम, वरुण आदि देव-राजा तथा दूसरे राजर्षि इन नियमों का पालन करके प्रभूत ऐश्वर्य के अधिकारी हुए है।[1]

धर्म, अर्थ, मित्र आदि की प्रचुरता काम्य—अर्थ की अपेक्षा धर्म श्रेष्ठ होता है, इस बात का सदा ख्याल रखना चाहिये। जो सत् के लिये अर्थ व्यय करने में कुंठित होता हो, स्वेच्छाचारी तथा आत्मप्रशंसक हो, उसका थोड़े समय बाद ही विनाश हो जाता है। धर्म, अर्थ, काम, बुद्धि व मित्र के विषय में स्वयं को सदा अपूर्ण समझना चाहिये। इन्हीं में राजा का ऐश्वर्य प्रतिष्ठित होता है। कल्याणरत, असूया-हीन, जितेन्द्रिय राजा वृद्धिप्राप्त सागर की तरह राज्य करता है।[2]

आर्य-सेवित कर्मों में रुचि—जिसके राज्य में जनपद उन्नतिशील हो, जो दूसरे राजाओं का प्रियभाजन हो, सन्तुष्ट तथा बहुसचिवयुक्त हो उसी राजा को मजबूत समझना चाहिये। जो क्रोध को जीत लेता है वह शत्रुविहीन हो जाता है। राजा को कभी आर्यधर्म के विपरीत कर्म नहीं करने चाहिये। सदा कल्याणकर कर्मों में रत रहना चाहिये। जो उपर्युक्त नियमों का पालन करता है, विजय सदा उसके चरण चूमती है।[3]

गुप्तमंत्रणा तथा सुविवेचना—दक्ष, जितेन्द्रिय तथा बुद्धिमान व्यक्ति ही राज्य-शासन करने में समर्थ होते हैं। जो मंत्रियों के साथ गुप्त-मंत्रणा करके विवेचना पूर्वक कार्य करता है वही अखिल पृथ्वी का शासन करनेयोग्य होता है।

आलस्य त्याग (उष्ट्र वृत्तांत)—आलस्य सर्वथा परित्याज्य है। आलस्य प्राणि की उन्नति के प्रतिकूल होता है। इस प्रसंग में प्राजापत्य युग के एक जातिस्मर ऊँट का उपाख्यान भी वर्णित है, जो आलसी होने के कारण एक नगण्य शृगाल द्वारा धीरे-धीरे भक्षित हो गया था। धी शक्ति के साथ यदि उद्योग मिल जाय तो असाध्य

---

१. शांति ९१ वाँ अध्याय।

२. शांति ९२ वाँ अध्याय।

३. शान्ति ९४ वाँ अध्याय।

भी साध्य बन जाता है। अतः उन्नतकाम व्यक्ति को कभी आलस्य में समय नहीं गँवाना चाहिये।[1]

विनय (सरित्सागर संवाद)––विनयी व्यक्ति कभी विपत्ति में नहीं पड़ता। (सरित्सागर संवाद में वेतसोपाख्यान में कहा गया है कि बेंत की छड़ी हवा से भी नत हो जाती है, इसलिये कभी टूटती नहीं)। अतएव सदा विनय का पालन करना चाहिये।[2]

सचिवों से सहायता लेना––हमेशा सचिवों के साथ मिलकर कार्य करना उचित होता है। अकेले शासन किसी के लिये सम्भव नहीं होता। जिसके भृत्य विज्ञ होते हैं तथा स्वामी की श्रद्धा करते हैं वही अच्छी तरह राज्य चला सकता है। जिस राजा की प्रजा समृद्ध, हृष्ट व सत्पथावलम्बी होती है उसी का राज्य निष्कंटक होता है। सन्तुष्ट व विश्वस्त कर्मचारियों द्वारा जिसके भंडार की वृद्धि होती है, वही राजा सुख से राज्य करता है।

सन्धि-विग्रह आदि का ज्ञान––जिसके राज्य में न्याय की व्यावस्था होती है, उसका ऐश्वर्य चिरस्थायी होता है। जो राजधर्म से भलीभाँति परिचित होता है, संधिविग्रह आदि षड्वर्ग में अभिज्ञ होता है तथा प्रजा के हित के लिये सतत यत्नशील होता है, वही राज्यपालन में धर्म का लाभ कर सकता है।[3]

कर्मचारियों की नियुक्ति में निपुणता (ऋषिसंवाद)––अधीनस्थ कर्मचारियों के प्रति सद्भाव तो रखना चाहिये, किन्तु उन्हें अधिक प्रश्रय नहीं देना चाहिये। इस विषय में 'ऋषि-संवाद' नामक उपाख्यान वर्णित है। एक दयालु ऋषि ने अपने तपोबल से एक कुत्ते को शरभ (एक अष्टपद सिंह से भी बलवान कल्पित मृग) बना दिया, लेकिन जब वह ऋषि को ही खाने के लिये उद्यत हुआ तो ऋषि ने फिर से उसे कुत्ता बना दिया।[4]

असंयम का दोष (गांधारी का उपदेश)––दंभी पुत्र दुर्योधन को दीर्घदर्शिनी गांधारी ने राजसभा में जो उपदेश दिये थे, वे भी उल्लेख योग्य हैं। "इन्द्रियों का दास अधिक दिन तक ऐश्वर्य का भोग नहीं कर पाता, विजितात्मा मेधावी व्यक्ति ही राज्यभोग के लिये उपयुक्त होता है। असंयत अश्व जिस प्रकार सारथि को विपत्ति में डाल देता है, उसी प्रकार अजितेन्द्रिय नृपति कामक्रोधादि रिपु की ताड़ना

---

१. शान्ति ११२ वाँ अध्याय।

२. शान्ति ११३ वाँ अध्याय।

३. शान्ति ११५ वाँ अध्याय।

४. शान्ति ११६ वाँ तथा ११७ वाँ अध्याय।

से पथभ्रष्ट हो जाता है। संयमी, जितेन्द्रिय तथा दुष्टों को दंड देने वाला राजा ही दीर्घकाल तक राज करता है। काम, क्रोध, लोभ, दम्भ तथा दर्प को जो अच्छी तरह वश में कर लेता है वही महीपति बनने के योग्य होता है। जो कामक्रोधादि रिपुओं की प्रेरणा से मिथ्या व दुराचरण करते हैं, राजलक्ष्मी उन्हें त्याग देती है। जो सुहृदों का परामर्श ग्रहण नहीं करते, वे अपने शत्रुओं का आनन्द बढ़ाते हैं।"[1]

आदर्श गृहस्थ के समस्त सद्गुण राजा में होने चाहिये—शास्त्रविशारद, धीर, अमर्षी, शुचि, तीक्ष्ण, शुश्रूषु, श्रुतवान्, श्रोता, युक्तिवित्, मेधावी, धारणायुक्त, न्यायानुवर्त्ती, दान्त, प्रियभाषी, क्षमाशील, दानशील, श्रद्धालु, सुखदर्शी, आर्त्तशरण, अमात्यप्रिय, अनहंकारी, सुख दुख सहिष्णु, सुविवेचक, भक्तजनप्रिय, सुसंगतिसाधक, अस्तब्ध, प्रसन्नवदन, भृत्यजनापेक्षी, अक्रोधी, उदारचित्त, समुचितदंडदाता, धर्मकार्यरत, प्रजावत्सल, धर्मार्थकुशल, राजा सर्वजनवांछित होता है। एक आदर्श गृहस्थ के जितने भी गुण हो सकते हैं, उनमें से कोई नहीं छूटा है। जो राजा नित्य नई वस्तुओं के संग्रह करने का आग्रही, मित्राढ्य तथा उद्योगी होता है, वही राजश्रेष्ठ कहलाता है।[2]

समय विशेष में परिवर्त्तन—मयूर जिस तरह विचित्र वर्णों के पंख धारण किये रहता है, उसी प्रकार धर्मज्ञ नरपति को परिस्थिति के अनुसार कार्य करना चाहिये। कठोरता, कुटिलता, अभयदान, सत्य तथा आर्जव इन गुणों का जो समयानुसार सहारा लेता है वही सुखी रहता है। जिस समय जो उचित हो, वही करना चाहिये, जैसे दंड देते समय कठोरता एवं अनुग्रह के समय शम को अपनाना चाहिये। बहुरूप धारण करने में अभ्यस्त नृपति की कभी कोई क्षति नहीं होती।

मन्त्रगुप्ति—मयूर जिस तरह शरद्ऋतु में मौन धारण कर लेता है, उसी प्रकार राजा को गुप्तमंत्रणा के संबंध में मौन रहना चाहिये। गुप्तमंत्रणा कभी किसी पर प्रकट नहीं करनी चाहिये।

स्वयं कार्यदर्शन करना—जिसका क्रोध एवं हर्ष विफल नहीं होता, जो सब कामों की देखभाल स्वयं करता है, आत्मविश्वास ही जिसका कोषागार होता है, उस राजा के लिये सम्पूर्ण पृथ्वी धन इकट्ठा करती है। जो अच्छी तरह सोच-विचार कर

---

१. उद्योग १२९ वाँ अध्याय।

२. एतैरेव गुणैर्युक्तो राजा शास्त्रविशारदः। इत्यादि।

शांति ११८।१६–२३

सर्वसंग्रहणे युक्तो नृपो भवति यः सदा।
उत्थानशीलो मित्राढ्यः स राजा राजसत्तमः॥ शांति ११८।२७

अनुग्रह या निग्रह करता है, जो आत्मरक्षा तथा राज्यरक्षा के प्रति सदा सतर्क रहता है, वही वास्तविक राजधर्मज्ञ होता है।[1]

शील का महात्म्य (इन्द्रप्रह्लाद-संवाद)—शीलवर्णनाध्याय में कहा गया है कि शील से तीनों लोकों को जीता जा सकता है, शीलवान पुरुष के लिये कुछ भी असाध्य नहीं होता। मांधाता एक दिन, जनमेजय तीन दिन तथा नाभाग चार दिन शीलपालन के फलस्वरूप सम्राट् बने थे। शीलवान, दयालु राजा के पास लक्ष्मी स्वयं आ जाती है। जहाँ शील होता है, वहीं धर्म, सत्य, वृत्त और श्री का वास होता है। अतएव सुविवेचक नृपति पहले ही अपने चरित्र को उन्नत भित्ति पर प्रतिष्ठित करता है। दैत्यपति प्रह्लाद के शील की सहायता से देवराज इन्द्र का राज्य जीतने की घटना प्रसिद्ध है। ब्राह्मण वेशधारी इन्द्र ने प्रह्लाद को अपना गुरु बना कर शील के महात्म्य की शिक्षा ली थी। प्रह्लाद ने कहा था—"हे विप्र, मैं कभी ब्राह्मणों पर रोष नहीं करता। उनके मुख से काव्यप्रणीत नीतिशास्त्र श्रद्धा सहित सुनता हूँ। सत्कृत ब्राह्मणों से शास्त्रतत्त्व सुनकर मैं स्वयं को धन्य समझता हूँ।" आचार्य का उपदेश सुनने के बाद इन्द्ररूपी शिष्य ने गुरु के प्रसादस्वरूप उनका शील माँगा। सत्य की मर्यादा रखने के लिये प्रह्लाद ने बिना कुंठा के सर्वस्व दान कर दिया।[2]

अभयदान तथा प्रजावात्सल्य—प्रजा को सदा अभय देना चाहिये। मनु ने कहा है, राजा के चरित्र में माता, पिता, गुरु, रक्षक, वह्नि, वैश्रवण तथा यम इन सातों के गुण होते हैं। अनुकम्पावश राजा प्रजा के साथ पितृवत् व्यवहार करता है। अति विपन्न व्यक्ति का भी वह सस्नेह प्रतिपालन करता है इसलिये मातृ-स्थानीय होता है। अनिष्ट को दूर करने के कारण अग्नि एवं दुष्टों को शासित करने के कारण उसे यम कहा जाता है। साधु व्यक्ति को अभिलषित दान देता है, इसलिये कुबेर, धर्मोपदेश देता है इसलिये गुरु और आपद विपद में रक्षा करता है इसलिये रक्षक होता है। जो प्रजा में सम्मानित व्यक्तियों का यथोचित सम्मान करता है, उसका सुख अनन्त होता है। जिसकी प्रजा नियत करों के कारण उत्पीड़ित होती है उस राजा का पराभव शीघ्र ही हो जाता है। इसके विपरीत जिसकी प्रजा सरोवर के पद्मों की तरह सदा उत्फुल्ल रहती है, वह हर प्रकार के ऐश्वर्य का भोग करता है।[3] राजा को सर्वदा स्वकार्यरत रहना चाहिये। कोई-कोई राजा हिम की

---

१. शान्ति १२० वाँ अध्याय।

२. शान्ति १२४ वाँ अध्याय।

३. माता पिता गुरुर्गोप्ता वह्निर्वैश्रवणो यमः।
सप्त राज्ञो गुणानेतान्मनुराह प्रजापतिः॥ इत्यादि। शांति १३९।१०३,११०

तरह शीतल, अग्नि की तरह क्रूर एवं यम की तरह विचारक होता है; कोई शत्रु का मूलोच्छेद करने में हल जैसा तथा दुष्टों के लिये वज्र जैसा कठोर होता है। हर राजा को शुभकार्यरत रहना चाहिये।[1]

उपर्युक्त उद्धरणों से यह अच्छी तरह समझ में आ जाता है कि राजा को अपना चरित्रगठन किस प्रकार करना चाहिये। इसके अलावा उद्योगपर्व में विदुर नीति के प्रायः प्रत्येक श्लोक में मानवधर्म का वर्णन किया गया है। उस सबका उल्लेख यहाँ करना संभव नहीं है। मन्वादिसंहिता, कामन्दकीय आदि अर्थशास्त्र, रामायण, अग्नि पुराण आदि में भी राजा के गुणों का बखान किया गया है। किन्तु महाभारत की तरह एक ही प्रकरण में नाना प्रकार के वर्णन और किसी ग्रंथ में नहीं मिलते। राज्य में सुव्यवस्था तथा शान्ति स्थापित करने के लिये राजा को कठोर परिश्रम करना पड़ता है, आराम करने का समय नहीं मिलता, राजपद ग्रहण करना अतीव दायित्वपूर्ण है। कर-व्यवस्था, शिल्प तथा वाणिज्य की उन्नति, विचार-पद्धति, आत्मरक्षा, राजकोष की वृद्धि आदि विषयों पर महाभारत में बहुत कुछ कहा गया है।

धर्मकार्यों में अर्थव्यय---राजा को संचित अर्थ-धर्म कार्यों में लगाना चाहिये, चारों ओर उपभोग की सामग्री की प्रचुरता होते हुए भी मन को संयत रखना चाहिये।

यथाशास्त्र धर्म, अर्थ व काम का उपभोग---पूर्वजों के आचार-व्यवहारों का पालन करते हुए सबके साथ यथोचित व्यवहार करना चाहिये। धर्म, अर्थ एवं काम के उपभोग का जो काल शास्त्रविहित है, उसका व्यतिक्रम नहीं करना चाहिये। नास्तिकता, असत्य, क्रोध, प्रमाद, दीर्घसूत्रता आदि का त्याग करके सदा अपने कर्त्तव्य के प्रति सतर्क रहना चाहिये।

शत्रु, मित्र आदि की गतिविधियों पर ध्यान रखना---शत्रु, मित्र तथा उदासीन (जो न शत्रु हो न मित्र) व्यक्तियों की गतिविधियों पर सदा नजर रखनी चाहिये।

परिणाम चिन्तन---जो काम करने में आसान होने के साथ ही फलप्रद हो, वह शीघ्र ही आरंभ कर देना चाहिये। कोई भी काम करने से पहले उसके परिणाम के बारे में दूरदर्शिता से सोच लेना चाहिये।

विश्वस्त कर्मचारियोंकी नियुक्ति---महत्त्वपूर्ण कार्यों का भार विश्वस्त एवं निर्लोभी कर्मचारियों को देना चाहिये। समाप्ति से पहले कार्य की गोपनीयता आवश्यक है।

राजकुमारों की शिक्षा-व्यवस्था---राजकुमारों की शिक्षा-दीक्षा के लिये, सर्वशास्त्र विशारद आचार्यों को नियुक्त करना चाहिये।

---

१. घटमानः स्वकार्येषु कुरु निःश्रेयसं परम्। इत्यादि। शांति १५२।२०, २१

पंडित संग्रह---सहस्र मूर्खों की अपेक्षा एक पंडित का मतामत अधिक मूल्यवान होता है। राजा को सहस्र मूर्खों को रखने के बजाय एक पंडित रखना चाहिये, क्योंकि पंडित विपत्ति से रक्षा करने में समर्थ होता है।

सामुद्रिक दैवज्ञ पंडित का नियोग---सामुद्रिक शास्त्र के नियमानुसार शारीरिक शुभाशुभ चिन्हों की परीक्षा करने में जो निपुण हो, ज्योतिषविद्या का पारदर्शी हो, शुभाशुभ निमित्तज्ञानी हो, ऐसे दैवज्ञ, पंडित को सभा में आदर सहित स्थान देना चाहिये। जो जिस कार्य के लिये उपयुक्त हो, उसे उसी पद पर नियुक्त करना उचित है।

राजहित के लिये विपत्ति में पड़े व्यक्तियों के परिवार का भरण-पोषण---जो राजा के लिये अपना बलिदान कर देते हैं उनके परिवारों का भरण-पोषण करना राजा का कर्त्तव्य है।

कोष आदि के तत्वावधान के लिए विश्वस्त की नियुक्ति---कोष, शस्यगृह, शस्त्रागार, द्वार आदि का तत्त्वावधान करने के लिये खूब विश्वस्त तथा विचक्षण व्यक्ति की नियुक्ति करनी चाहिये।

आय-व्यय का सामंजस्य रखना---आय तथा व्यय में सदा सामंजस्य बना रहना चाहिये। आय के चतुर्थांश, अर्द्धांश या त्रिचतुर्थांश के द्वारा व्यय चलाना चाहिये। कोष को उन्नत करने का सतत प्रयत्न करना चाहिये।

मद्य-द्यूत आदि का त्याग---यदि चरित्र में कभी मद्यपान, द्यूतक्रीड़ा आदि व्यसन घर कर लें तो उन्हें गोपनीय रखना उचित है तथा धीरे-धीरे उन्हें त्याग देने की चेष्टा करनी चाहिये।

शेषरात्रि में धर्मार्थ चिन्तन---रात्रि के अंतिम प्रहर में शय्या त्याग कर धर्म तथा अर्थ पर चिंतन करना चाहिये।

शिष्ट व दुष्ट की परीक्षा---बिना भलीभाँति जाँच पड़ताल किये किसी को पुरस्कृत या दंडित करना अन्याय है।

शारीरिक व मानसिक रोगों का उपचार---शारीरिक रोग होने पर उपयुक्त चिकित्सक के निर्देशानुसार औषधि का व्यवहार करके तथा मानसिक रोग होने पर ज्ञानियों के उपदेश सुनकर रोगों का उपशम करना चाहिये।

न्याय---न्यायप्रार्थी तथा अभियुक्त के प्रति न्यायसंगत व्यवहार करना चाहिये।

नगरवासियों के चरित्र पर तीक्ष्ण दृष्टि---किसी दूसरे प्रबल व्यक्ति से अर्थ-सहायता लेकर प्रजा विद्रोह न कर दे, इस ओर भी नजर रखनी चाहिये।

प्रधान राजाओं के साथ सद्‌भाव---अपने आश्रित राजाओं के साथ सद्‌व्यवहार करना चाहिये, नहीं तो वे विद्रोही हो जाते हैं।

अग्निहोत्र, दान तथा सद्व्यवहार---राजा को चाहिये कि अग्निहोत्र होम का अनुष्ठान करके वेदपाठ को, दान तथा भोग के द्वारा धन को और चरित्रगठन व पुण्य के द्वारा विद्या-शिक्षा को सफल करे।

शिल्पियों तथा वणिकों की उन्नति का विधान---शिल्प तथा वाणिज्य की उन्नति के लिये सतत प्रयत्न करना राजा का आवश्यक कर्त्तव्य है। (इस विषय पर 'शिल्प व वाणिज्य' नामक प्रबंध में काफी कहा जा चुका है।)

हस्तिसूत्र आदि शिक्षणीय विषय---हस्तिसूत्र, अश्वसूत्र, यन्त्रसूत्र, धनुर्वेद आदि की शिक्षा राजा को अवश्य लेनी चाहिये। (देखिये 'शिक्षा प्रबंध' पृष्ठ ११७)

राज्यरक्षा तथा विपद्ग्रस्त पर दया---अग्नि, सर्प, रोग आदि के डर से प्रजा को सदा मुक्त रखना राजा का कर्त्तव्य है। अंधे, गूँगे, पंगु, विकृतांग, अनाथ तथा संन्यासी का पितृवत् पालन करना चाहिये।

अतिनिद्रा आदि छह दोषों का परित्याग---अतिनिद्रा, आलस्य, भय, क्रोध, मृदुता तथा दीर्घसूत्रता इन छहों को त्याग देना चाहिये। युधिष्ठिर को दिये गये देवर्षि नारद के उपदेशों को हम संक्षेप में पाठकों के समक्ष रख रहे हैं। राजधर्म के अनुशासन पर यह अध्याय परम उपादेय है।[१]

मध्यस्थता का अवलम्बन---राजा को युद्ध के लिये लोग इकट्ठे करते रहना चाहिये तथा राज्यशासन संबंधी मंत्रणा कभी किसी पर प्रकट नहीं करनी चाहिये। अज्ञानी व्यक्ति राजतन्त्र की रक्षा करने में असमर्थ होता है। अति सरलस्वभावी राजा को भी सब ठगने की चेष्टा करते हैं, अतएव राजा को सरलता तथा कठोरता के बीच का मार्ग अपनाना चाहिये।[२]

खिन्न व्यक्ति को सन्तुष्ट करना---अपने दुर्व्यवहार के कारण अगर किसी को व्यथा पहुँची हो तो, नम्र वचनों से सान्त्वना देकर धन से सन्तुष्ट करना चाहिये।

आत्मा, अमात्य आदि की रक्षा---आत्मा, अमात्य, कोष, दंड, मित्र, जनपद व नगर इन सातों की राजा को निपुणता से रक्षा करनी चाहिये। षाड्गुण्य आदि का ज्ञान राज्यशासन के लिये बहुत ही प्रयोजनीय है। उनकी अभिज्ञता के लिये राजा को विशेष परिश्रम करना चाहिये।[३]

राजा कालस्य कारणम्---नृपति युग का स्रष्टा होता है। यदि राज्य में अच्छे शासन के फलस्वरूप धर्म की वृद्धि हो, तभी सतयुग आता है। इसी प्रकार क्रमशः

---

१. सभा ५ वाँ अध्याय।

२. राज्ञो रहस्यं तद्वाक्यं यथार्थं लोकसंग्रहः। इत्यादि। शांति ५८।१९–२३

३. कृते कर्मणि राजेन्द्र पूजयेद्धनसञ्चयैः। इत्यादि। शांति ६९।६२–६६

धर्म के ह्रासानुसार त्रेता, द्वापर, तथा कलियुग की सृष्टि होती है। अतः धर्म का अच्छी तरह पालन हो, इस ओर राजा की सतर्क दृष्टि रहनी चाहिये। राजा ही समय के शुभाशुभ का हेतु होता है।[1]

प्रजाकृत पाप व पुण्य का फल--प्रजा सुरक्षित रहे तो उसके किये धर्म का चतुर्थांश पुण्य राजा को लगता है, लेकिन यदि राजा की किसी त्रुटि के कारण प्रजा कोई पाप करे तो उसका चतुर्थांश फल भी राजा को भोगना पड़ता है। यह ख्याल रखते हुए राजा को सदा कल्याणकर कर्म करने चाहिये।[2]

किसी के चुराये हुए धन के न मिलने पर राजकोष की क्षतिपूर्ति--नगर में किसी के घर चोरी हो जाय तो चोर को पकड़वाकर राजा सजा दे तथा धन मालिक को लौटा दे। चोर अगर पकड़ा न जा सके तो उसकी क्षतिपूर्त्ति राजकोष से कर देनी चाहिये।

ब्रह्मस्व की रक्षा--राजा को ख्याल रखना चाहिये कि ब्राह्मण के धन की क्षति न हो। ब्राह्मण के प्रसाद से ही राजा कृतकृत्य होता है।

लोभसंयम--लोभ को सदा वश में रखना चाहिये। लोभी राजा कभी सफल नहीं होता।[3]

अमात्यादि के दोषों का ज्ञान--राज्य की वृद्धि करने वालों की राजा को सर्वदा रक्षा करनी चाहिये, किन्तु यदि राजा को किसी से अमात्य आदि के दुराचरण की खबर मिले तो राजा को उसकी अच्छी तरह जाँच पड़ताल करनी चाहिये। अमात्य आदि रक्षक ही यदि भक्षक बन जायेंगे तो राज्य टिकना मुश्किल हो जायगा।

राजकोष के लिये हितकारी व्यक्ति की रक्षा--जो व्यक्ति राजकोष का हितेच्छु

---

१. राजा कृतयुगस्रष्टा त्रेताया द्वापरस्य च। इत्यादि।
शांति ६९।९८-१०१।उद्योग १३२।१७-२०
कालो वा कारणं राज्ञो राजा वा कालकारणम्।
इति ते संशयो माभूद् राजा कालस्य कारणम्।।
शांति ६९।७९। उद्योग १३२-१६

२. यं हि धर्मं चरन्तीह प्रजा राज्ञा सुरक्षिताः।
चतुर्थं तस्य, धर्मस्य राजा भारत विन्दति।। इत्यादि। शांति ७५।६८

३. प्रत्याहर्त्तुमशक्यं स्याद्धनं चौरैर्हृतं यदि।
तत् स्वकोशात् प्रदेयं स्यादशक्ते नोपजीवतः।। इत्यादि। शांति ७५।-१०-१४

हो, उसकी अगर राजा रक्षा न करे तो वह निरुपाय हो जाता है क्योंकि अर्थलोलुप अमात्य उसे चक्षु:शूल समझता है।[1]

आत्मरक्षा—राजा को दर्प और अधर्म का त्याग करना चाहिये। निगृहीत अमात्य अपरिचिता स्त्री, विषम पर्वत, हाथी, घोड़े व सरीसृप आदि के पास नहीं जाना चाहिये। इनके पास जाना यदि बहुत ही जरूरी हो तो कम से कम रात को तो बिल्कुल नहीं जाना चाहिये।[2]

मूढ़ लोभी राजा का विनाश—मूढ़, इन्द्रियलोलुप, लोभी, अनार्यचरित, शठ, वञ्चक, हिंस्र, दुर्बुद्धि, मद्यरत, द्यूतप्रिय, लम्पट, शिकारी राजा बहुत जल्द विनाश को प्राप्त हो जाता है। जो प्रलोभन से अपनी रक्षा करके सर्वभूत का कल्याण करता है, उसकी लक्ष्मी दिन दूनी रात चौगुनी बढ़ती है।[3]

समयज्ञान का सुफल—दुर्ग आदि का निर्माण, युद्ध धर्मानुशासन, मन्त्रणा तथा आमोद-प्रमोद, इन पाँचों को यथासमय करने से राज्य सुरक्षित तथा वृद्धिशील रहता है। इन सब चीजों की दक्षता अर्जित करनी चाहिये। जो सांसारिक सुखों को छोड़ कर चतुर्वर्ग के मार्ग पर चलता है, मनुष्य साधारणतः उसी का अनुसरण करता है।

अप्रिय किन्तु हितकर वचन सुनने का फल—जो नगर की पूरी खबरें तथा अप्रिय किन्तु हितकर वचन, बिना कुंठा के सुनता हो, वही राजा बनने के योग्य है।[4]

शंक्यालुता तथा सुविवेचना—राजा रात में यदि अकेले अन्तःपुर का भ्रमण करे तो कवच कभी नहीं उतारना चाहिये। हमेशा आत्मसंयम रखना चाहिये। शम-वचनों द्वारा दूसरों में विश्वास पैदा करना चाहिये। अनागत विषयों के बारे में धीरज सहित सोच विचार कर कोई निर्णय लेना चाहिये।[5] नगरवासी प्रायः एक दूसरे के विरुद्ध राजा के कान भरते हैं, लेकिन राजा को उनकी बातों पर कान नहीं देने चाहिये। उनकी बातों का विश्वास करके किसी को दंडित या पुरस्कृत करना उचित नहीं है।[6]

---

१. यः कश्चिज्जनयेदर्थं राज्ञा रक्ष्यः सदा नरः। इत्यादि। शान्ति ८२।१–४
२. स यथा दर्पसहितमधर्मं नानुसेवते। इत्यादि। शांति ९०।२८–३१। शांति ९३।३१
३. मूढ़मैन्द्रियकं लुब्धमनार्यचरितं शठम्। इत्यादि। शान्ति ९३।१६–१८
४. रक्षाधिकरणं युद्धं तथा धर्मानुशासनम्। इत्यादि। शांति ९३।२४–३०
५. प्रावृषीवासितग्रीवो मज्जते निशि निर्जने। इत्यादि। शांति १२०।१३–२०
६. बहवो ग्रामवास्तव्या दोषाद् ब्रूयुः परस्परम्। इत्यादि। शांति १३२।११–१३

सहायक अधिक मिलें ऐसा व्यवहार——राजा को सबके साथ ऐसा व्यवहार करना चाहिये कि उसे अधिक से अधिक सहायक मिल सकें। पंडितगण लोकव्यवहार को भी धर्म के रूप में ग्रहण करते हैं।[1]

विद्यावृद्धों से परामर्श लेना——सदा अपने से ज्ञानी व्यक्तियों के उपदेश सुनते रहना चाहिये। प्रातःकाल सम्मान सहित अभिवादन करके उनसे कृत्याकृत्य के बारे में पूछना चाहिये। जितेन्द्रिय नृपति को सुयोग्य व्यक्ति से परामर्श लिये विना कुछ नहीं करना चाहिये।[2]

दिन के काम——जो आय-व्यय आदि की देखभाल करते हों, उनसे राजा को सुबह ही मिल लेना चाहिये। उसके बाद कपड़े वगैरह पहनकर सैनिकों से मिलना और उनका उत्साह बढ़ाना चाहिये। दूत एवं चरों से संध्या-समय मिलना चाहिये। मध्यरात्रि निद्रा तथा विहार आदि और शेषरात्रि अगले दिन की दिनचर्या बनाने में व्यतीत करनी चाहिये।[3]

छल का परित्याग व साधु आचार——छलपूर्वक किसी का धन नहीं लेना चाहिये श्रुतिस्मृति निर्दिष्ट तथा देशकुलागत धर्म का पालन करने से राजा सबका प्रिय तथा श्रद्धा का पात्र बनता है।[4]

बलवृद्धि——हर तरह से राजा को अपना बल बढ़ाते रहना चाहिये। विशेषतः अर्थबल तथा मित्रबल राजा के लिये परम सहायक होता है। बलहीन राजा सबकी अवज्ञा का पात्र बनता है। अतीत में जिनके साथ राजा का विरोध हुआ हो, वे सुयोग पाते ही अनिष्ट करने की चेष्टा करते हैं, यहाँ तक कि दिखावटी मित्र बनकर अन्दर ही अन्दर जड़ काटने की ताक में रहते हैं। इन सब बातों की तरफ से राजा को बहुत सावधान रहना चाहिये।

आत्ममर्यादा की रक्षा——आत्ममर्यादा का विसर्जन कभी नहीं करना चाहिये। नतशिर होने पर साधारण व्यक्ति भी राजा का आदर नहीं करना चाहता।[5]

दस्यु, निकम्मे तथा अतिकृपण का धन छीनना उचित——यज्ञशील ब्राह्मण तथा सज्जनों की सम्पत्ति को कभी हाथ नहीं लगाना चाहिए, किन्तु दस्यु एवं निकम्मे

---

१. यथा यथास्य वहरः सहायाः स्युस्तथा परे।
आचारमेव मन्यन्ते गरीयो धर्मलक्षणम्॥ शान्ति १३२।१५

२. विद्यावृद्धान् सदैवत्वमुपासीथा युधिष्ठिर। इत्यादि। आश्र ५।१०–१३

३. प्रातरेव हि पश्येया ये कुर्युर्व्ययकर्म ते। इत्यादि। आश्र। ५।३२–३५

४. व्याजेन विन्दन् वित्तं हि धर्मात् स परिहीयते। शान्ति १३२।१८

५. अबलस्य कुतो राज्यमराज्ञः श्रीर्भवेत् कुतः। शान्ति १३३।४–१३

व्यक्ति का धन हरण कर लेना ही उचित है। जिनका धन सत्कार्यों में नहीं लगता, उनका धन राजा को ले लेना चाहिये। असाधु का धन बलपूर्वक छीनकर साधु का देना राजा का धर्म है।[1]

भविष्य चिन्तन (शाकुलोपाख्यान)--हर कार्य से पहले भविष्य के बारे में सोच लेना चाहिये। विपत्ति की आशंका देखकर ही जो सावधान हो जाता है वह अनागत विधाता होता है। तीक्ष्ण बुद्धि के बल से जो आयी हुई विपत्ति से आत्मरक्षा कर लेता है, उसे प्रत्युत्पन्नमति कहते हैं, और जो हर कार्य की अवहेलना करता रहता है वह दीर्घसूत्री कहलाता है। अनागत विधाता ही सर्वापेक्षा बुद्धिमान होता है, उसे कभी विपत्ति का सामना नहीं करना पड़ता। प्रत्युत्पन्न मति बुरे से अच्छा होते हुए भी, उसका भविष्य सशंकित होता है और दीर्घसूत्री का विनाश तो अवश्यम्भावी होता है। अतएव नृपति को सदा अनागतविधाता बनने की चेष्टा करनी चाहिए। इस विषय पर शाकुलोपाख्यान के द्वारा उपदेश दिया गया है।[2]

किसी समय शत्रु द्वारा भी मित्रकार्य साधित होता है (मार्जार मूषिक संवाद)--अपने चारों ओर शत्रु हों तो भी धीरज नहीं छोड़ना चाहिये। किसी समय शत्रु भी मित्र का काम करता है। (मार्जारमूषिक संवाद में इसके बारे में बताया गया है।) कार्य साधित होने पर भी शुत्र का विश्वास नहीं करना चाहिये।[3]

स्वार्थसाधन--राजा को कूटनीति का सहारा लेकर अपने प्रतिपाल्य का दूसरे से प्रतिपालन कराने में कोयल की तरह व्यवहार करना चाहिये। प्रत्येक गाँव एक हाथी पालने के लिये के लिये दे देना चाहिये, ताकि ग्रामवासी ही उसका खर्च चलायें। इसी प्रकार गो पालन तथा कृषि पर स्वयं खर्च न करके सम्पन्न वैश्यों द्वारा स्वार्थ सिद्ध करना चाहिये। लेकिन पालक को पुरस्कृत कर देना चाहिये।

कूटनीति--राजा को शूकर की तरह शत्रु को जड़मूल से नष्ट करने के लिये कमर कसे रहना चाहिये। मेरु की तरह अपनी दृढ़ता व गम्भीरता को अक्षुण्ण रखना चाहिये। प्रसाद, क्रूरता आदि भावों को प्रकट करने में नट का अनुकरण करना चाहिये। दरिद्र की तरह सदा धन की कामना करनी चाहिये। प्रजा के

---

१. शान्ति १३६ वाँ अध्याय।
न चाददीत वित्तानि सतां हस्तात् कदाचन। शान्ति ५७।२१

२. अनागतविधाता च प्रत्युत्पन्नमतिश्च यः।
द्वावेव सुखमेधेते दीर्घसूत्री विनश्यति।। इत्यादि। शांति १३७ वाँ अ०।

३. शान्ति १३८ वाँ अध्याय।

प्रति सदय व्यवहार करने के लिये मित्र का अनुकरण करे, अर्थात् आवश्यकता न होते हुए भी ऊपर से नम्र व्यवहार करे।[1]

शत्रु से भी कुशल प्रश्न पूछना राजा का कर्त्तव्य है। आलसी, नपुंसक, अभिमानी, लोकनिन्दा-भीत तथा दीर्घसूत्री राजा श्रेयलाभ नहीं कर सकता। अपने दोषों का किसी को पता नहीं लगने देना चाहिये। लेकिन दूसरे के दोषों का सदा पता लगाते रहना चाहिये। कूर्म की तरह आत्मगुप्ति राजा के लिये शिक्षणीय विषय है। राजा को बक की तरह अर्थचिन्ता, सिंह की तरह पराक्रम, वृक की तरह आत्मगोपन एवं शर की तरह शत्रुभेद करना चाहिये। सुरापान, अक्षक्रीड़ा, मृगया, स्त्रीसंभोग, गीतवाद्य आदि का उपभोग परिमित करना ही उचित है, इनमें अत्यासक्ति अकल्याण का हेतु होती है। मृग की तरह सावधानी से सोना चाहिये। अवस्था की विवेचना करते हुए अंधे या बहरे की तरह व्यवहार करना चाहिये। विचक्षण बुद्धि राजा देशकाल के अनुसार अपना पराक्रम दिखाता है। अच्छी तरह अपने बल की परीक्षा करके निर्णय लेना चाहिये। जब तक भय न हो तब तक भीत व्यक्ति की तरह रहना चाहिये, लेकिन भय का कारण सामने आये तो धैर्य के साथ उसके प्रतिकार का उपाय करना चाहिये। मनुष्य संशय का आश्रय लिये बिना कल्याण का अधिकारी नहीं हो सकता। संशय के सहारे यदि विजयी हो तो निश्चय ही मंगल होता है। समागत सुख का प्रत्याख्यान करके अनागत सुख की कल्पना करना उचित नहीं है। उपयुक्त गुप्तचरों द्वारा सब बातों का पता लगाकर काम करना चाहिये। शत्रु के साथ संधि होने पर भी निश्चिंत नहीं रहना चाहिये।[2]

ज्ञातिविरोध का कुफल---ज्ञातियों से कभी विरोध नहीं करना चाहिये। ज्ञातिविरोध अनर्थों का कारण होता है।[3]

कुमारी या परस्त्री पर आसक्त नहीं होना चाहिये---अपरिचित, नपुंसक, स्वैरिणी, परस्त्री या कन्या पर कभी आसक्त नहीं होना चाहिये। वर्णसंकर के फलस्वरूप कुल में पाप प्रवेश करता है तथा अपंग, नपुंसक सन्तान की उत्पत्ति होती है। अतः राजा को कभी प्रमादग्रस्त नहीं होना चाहिये।[4]

अतिवृष्टि, अनावृष्टि भी कुशासन का फल---राजा के कुशासन के फलस्वरूप

---

१. कोकिलस्य वराहस्य मेरोः शून्यस्य वेश्मनः।
नटस्य भक्तिमित्रस्य यच्छ्रेयस्तत् समाचरेत्॥ शांति १४०।२१

२. शान्ति १४० वाँ अध्याय।

३. कुर्याच्च प्रियमेतेभ्यो नाप्रियं किञ्चिदाचरेत्। शान्ति ८०।३८

४. अविज्ञातासु च स्त्रीषु क्लीबासु स्वैरिणीसु च। शान्ति ९०।३२।-३५

शीतकाल में उपयुक्त शीत नहीं पड़ता। राज्य में अतिवृष्टि, अनावृष्टि, व्याधि, उत्पात आदि के लिये भी राजा ही उत्तरदायी होता है।[१]

अधार्मिक राजा के राज्य की दुर्गति––राजा यदि प्रमादी हो, तो सब कुछ नष्ट हो जाता है। किसी को भी सुख शान्ति की आशा नहीं रहती। राजा के अधार्मिक होने से हाथी, घोड़े, ऊँट गाय आदि पशु भी अवसन्न हो जाते हैं। राजा ही रक्षक होता है और राजा ही विनाशक। राजा के नास्तिक अधर्मज्ञ होने से प्रजा उद्विग्नता से कालयापन करती है।[२]

नृशंस पुरुष का अविश्वास––नृशंस व्यक्ति का विश्वास करना उचित नहीं है। नृशंस व्यक्ति नीचकर्मरत तथा वंचनापरायण होता है। राजा को ऐसा आदमी कभी किसी कार्य के लिये नियुक्त नहीं करना चाहिये। ऐसे आदमी की तो संगत से भी दूर रहना चाहिये।[३]

कृतघ्न से संबंधविच्छेद––मित्रद्रोही, कृतघ्न व्यक्ति से स्वयं को दूर रखना ही उचित है। कृतघ्न के लिये कोई भी नीचकर्म असाध्य नहीं होता। निर्लज्ज, कृतघ्न व्यक्ति संसार में सबसे अधिक पापी होता है, अतएव उससे पूरी तरह संबंधविच्छेद कर लेना चाहिये।[४]

राजा की सामान्य त्रुटि से भी बड़ी क्षति––राजलक्ष्मी अत्यन्त चंचल होती है, जरा-सी त्रुटि देखते ही वह राजा का त्याग करने के लिये उद्यत हो जाती है। उसे दीर्घकाल तक एक ही जगह रोके रखना कठिन है।[५] सत्य, दान, व्रत, तपस्या, पराक्रम एवं धर्म की उपासना करने से लक्ष्मी प्रतिष्ठित रहती है।[६]

राजा भी समाज का ही व्यक्ति––उपर्युक्त राजधर्म के प्रकटीकरण से उस काल

---

१. अशीते विद्यते शीतं शीते शीतं न विद्यते। इत्यादि।
शांति ९०।३६–३८

२. राजैव कर्त्ता भूतानां राजैव च विनाशकः। शांति ९१।९–११
अथ येषामधर्मज्ञो राजा भवति नास्तिकः। इत्यादि।
अनु ६२।४१–४२

३. शान्ति १६४ वाँ अध्याय।

४. शान्ति १७३ वाँ अध्याय।

५. यामेतां प्राप्य जानीषे राजश्रियमनुत्तमाम्।
स्थिता मयीति तन्मिथ्या नैषा ह्येकत्र तिष्ठति॥ शान्ति २२४।५८

६. सत्ये स्थितास्मि दाने च व्रते तपसि चैव हि।
पराक्रमे च धर्मे च.....। शान्ति २२५।१२

के आदर्श का काफी अनुमान लगाया जा सकता है। धर्म, वीरता, प्रजा का कल्याण आदि जो कुछ भी राजा का कर्त्तव्य होता है, प्रायः सभी का उपदेश दिया गया है। राजा समाज से अलग नहीं होता था, वह भी समाज का ही एक व्यक्ति था। ऐसा भी नहीं था कि सर्वसाधारण के लिये वह बिल्कुल ही दुष्प्राप्य तथा दुर्दृश्य हो।

राजा का आदर्श बहुत ऊँचा होता था—उल्लिखित उपदेशों के अलावा और भी बहुत से उपदेश महाभारत के राजधर्मप्रकरण में दिये गये हैं। चरित्र सुधारने के लिये क्या क्या करना चाहिये, कौन-कौन से दोषों को त्यागना चाहिये आदि के बारे में उस प्रकरण की समीक्षा से जाना जा सकता है। संसार में बिल्कुल निर्दोष चरित्र के व्यक्ति का मिलना दुर्लभ है, लेकिन तब भी राजा को आदर्श चरित्र बनना चाहिए। उसे उत्कृष्ट गुणों को अपनाने के साथ-साथ राज्यकार्य के प्रतिकूल दोषों के परिहार का भी यत्न करना चाहिये।

किन्हीं विशिष्ट कारणों से उत्तराधिकारी का अधिकारच्युत होना—यह पहले ही कहा जा चुका है कि महाभारतीय युग में राज्यपद पर वंशगत उत्तराधिकार की प्रथा प्रचलित हो चुकी थी। पुत्र क्रम से सिंहासन आरोहण का अधिकार महाभारत में सर्वत्र वर्णित है। किन्तु कभी-कभी विशिष्ट कारण वश उत्तराधिकारी के अधिकारच्युत होने का उदाहरण भी मिलता है। धृतराष्ट्र जन्मान्ध होने के कारण राजा नहीं बन सके, पांडु को ही राजसिंहासन मिला। विदुर के संबंध में किसी प्रश्न का उठना यद्यपि असंगत था, किन्तु राज्यप्राप्ति के लिये जन्मगत नियम बनाने के उद्देश्य से विदुर का भी, उल्लेख आया है। कहा गया है कि शूद्रा के गर्भजात होने के कारण राजगद्दी पर उनका अधिकार नहीं था।[1]

आधी सम्पत्ति पर धृतराष्ट्र का अधिकार—धृतराष्ट्र यद्यपि राज्य के अधिकारी नहीं थे, लेकिन आधी सम्पत्ति पर उनके अधिकार का उल्लेख मिलता है।[2]

विदुर के अधिकार के संबंध में महाभारतकार मौन—विदुर के अधिकार

---

१. धृतराष्ट्रस्त्व चक्षुष्टाद् राज्यं न प्रत्यपद्यत।
पारशवत्वाद्विदुरो राजा पाण्डुर्बभूव ह॥ इत्यादि। आदि १०९।२५

२. धृतराष्ट्रश्च पाण्डुश्च सुतावेकस्य विश्रुतौ।
तयोः समानं द्रविणं पैतृकं नात्र संशयः॥ उद्योग २०।४
प्रयच्छ पाण्डुपुत्राणां यथोचितमरिन्दम।
यदीच्छसि सहामात्यं भोक्तुमर्द्धं महीक्षिताम्॥ इत्यादि।
उद्योग १२९।४३–४६

के संबंध में महाभारत में कुछ नहीं कहा गया है। शूद्रा माता की सन्तान होने के कारण शायद सम्पत्ति में से भी उन्हें कोई हिस्सा नहीं दिया गया।

पुत्र के अभाव में कन्या का अधिकार––पुत्र के अभाव में राजसिंहासन पर कन्या का अधिकार स्वीकृत हुआ है।[1]

---

१. कुमारो नास्ति येषाञ्च कन्यास्तत्राभिषेचय। शान्ति ३३।४५

राजधर्म (ख)

राजधर्म के इस भाग में हम अमात्य आदि की नियुक्ति तथा कोषसंचय आदि पर प्रकाश डाल रहे हैं।

अकेले राज्य चलाना असम्भव---राज्यशासन के दायित्व को अकेले निभाना असम्भव है। राजा चाहे कितना भी धीर, वीर तथा जितेन्द्रिय क्यों न हो, लेकिन अकेले वह विभिन्न विभागों का परिचालन नहीं कर सकता।[1] अतएव उसे प्रत्येक विभाग के लिये सहायक कर्मचारी नियुक्त करने पड़ते हैं। हालाँकि हर विषय में कर्त्ता वही होता है। मन्त्री, मित्र, सेनापति, ग्रामाधिपति, न्यायाधीश आदि की सहायता से राजा को राज्य चलाना चाहिये।

विचक्षणता आदि का ज्ञान---मित्र आदि के गुण अवगुण तथा व्यवहार पर नजर रखना तथा उनके साथ कब कैसा व्यवहार करना उचित है, आदि विषयों का विशेष अध्ययन करना पड़ता है। अर्थशास्त्र और मन्वादि धर्मशास्त्र में इन विषयों पर बहुत उपदेश दिये गये हैं। महाभारत के राजधर्म प्रकरण में भीष्म-युधिष्ठिर संवाद के बहाने तथा दूसरे प्रकरणों में भी प्रसंगवश बहुत कुछ कहा गया है। उस काल में राजा धर्मशास्त्र तथा अर्थशास्त्र का विशेष अध्ययन करके, उसके अनुसार जीवनयापन करते थे।

रामायण व मनुसंहिता का अनुसरण---महाभारत में कर्मचारियों की नियुक्ति मंत्रणा आदि के बारे में जो कुछ कहा गया है वह रामायण तथा मनुसंहिता से मिलता जुलता है। (कामन्दक और शुक्र नीति में भी इन विषयों पर अनुरूप वर्णन मिलता है।)

वीर तथा शास्त्रज्ञों की सहायता---राज्य चलाने के लिये सहायता लेना बहुत ही जरूरी है। सुपुरुष, वीर, शास्त्रज्ञ, कृतज्ञ तथा कृतप्रज्ञ मित्र की सहायता से राजा हर चीज जीत सकता है।[2]

---

१. न ह्येको भृत्यरहितो राजा भवति रक्षिता। शान्ति ११५।१२
यदप्यल्पतरं कर्म तदप्येकेन दुष्करम्।
पुरुषेणासहायेन किमु राज्ञा पितामह॥ शान्ति ८०।१

२. अन्वेष्टव्याः सुपुरुषाः सहाया राज्यधारणे। इत्यादि। शांति ११८।२४-२७।

मंत्री के गुणों की परीक्षा—शीलवान, कुलीन, विद्वान्, विनीत, धर्मार्थकुशल ब्राह्मण को ही मंत्रीपद पर आसीन करना चाहिये।[1]

ब्राह्मण को ही मन्त्री बनाना उचित—ब्राह्मण की सलाह के बिना कोई क्षत्रिय राजा दीर्घकाल तक राज्य नहीं कर सकता। अतएव ब्राह्मण को ही मंत्रीपद देना उचित है।[2]

सत्कुलोत्पन्न सचिव की नियुक्ति का फल—अच्छी तरह परीक्षा किये बिना सचिव की नियुक्ति नहीं करनी चाहिये। अनाचारी अकुलीन सचिव की नियुक्ति से राजा विपन्न होता है। सत्कुलोत्पन्नसचिव अपमानित होने पर भी राज्य का बुरा नहीं सोचता, किन्तु दुष्कुलोत्पन्न व्यक्ति सज्जनों का संसर्ग मिलने पर भी अपना स्वभाव नहीं छोड़ता; सामान्य कारणों से ही शत्रुता कर लेता है। अतएव राजा को विवेचनपूर्वक कुलीन शिक्षित, प्राज्ञ, ज्ञानविज्ञान पारंगत, सर्वशास्त्रों के तत्त्वों से अवगत, सहिष्णु, कृतज्ञ, बलवान, क्षान्त, दान्त, जितेन्द्रिय, निर्लोभी, लब्धसन्तुष्ट, स्वामी तथा मित्र का शुभाकांक्षी, देशकालज्ञ, तत्त्वान्वेषी, व्यूहतत्त्वज्ञ इंगितज्ञ, पौरजनपदप्रिय, शुचि, विनयी मृदुभाषी, धीर, सन्धिविग्रहपंडित एवं प्रियदर्शी व्यक्ति को ही मन्त्रिरूप में वरण करना चाहिये। जो राजा अच्छी तरह देखकर उपर्युक्त गुण विभूषित व्यक्ति को अपना मन्त्री बनाता है, उसका राज्य बढ़ते चाँद की चाँदनी की तरह विस्तृति लाभ करता है।[3]

श्रेष्ठ मन्त्रि की नियुक्ति से राज्य का मंगल—जिस राजा का मन्त्री सत्कुलोत्पन्न, निर्लोभी, अनागत-विधाता, कालज्ञानविशारद एवं अर्थचिन्तापरायण हो, वही राजा शांति से राज्यसुख भोग सकता है।[4] धर्मज्ञ मन्त्री के रहने से राज्य में मंगल ही मंगल रहता है।[5]

---

१. मंत्रिणश्चैव कुर्वीथा द्विजान् विद्याविशारदान। इत्यादि। आश्र ५।२०, २१

२. नाब्राह्मणंभूमिरियं सभूति—
वर्णं द्वितीयं भजते चिराय। वन २६।१४

३. नापरीक्ष्य महीपालः सचिवं कर्त्तुमर्हति। इत्यादि।
शान्ति ११८।४–१५

४. मंत्रिणा यस्य कुलजा असंहार्याः सहोषिताः। शान्ति ११५।१६–१८
कुलीनान् शीलसम्पन्नानिंगितज्ञान निष्ठुरान्। इत्यादि। शांति।
८३।८–१०

५. यदा कुलीनो धर्मज्ञः प्राप्नोत्यैश्वर्यं मुत्तमम्।
योगक्षेमस्तदा राज्ञः कुशलायैव कल्पते॥ शान्ति ७५।३०

अपंडित मित्र को भी नियुक्त नहीं करना चाहिये—अपना मित्र भी यदि अपंडित हो तो उसे राज्यकार्य के लिये नियुक्त नहीं करना चाहिये। पंडित व्यक्ति अगर बहुभाषी हो तो वह भी सर्वथा वर्जनीय है। बिना परीक्षा किये किसी व्यक्ति को मंत्री नहीं बनाना चाहिये।[1]

वंशपरम्परागत मन्त्रणापटु व्यक्ति की नियुक्ति लाभप्रद—निरभिमानी, सत्यनिष्ठ, जितात्मा, क्षान्त, कुलीन, दक्ष आत्मवान, शूर एवं कृतज्ञ व्यक्ति को मंत्री बनाना उचित है। जिसका वंश उच्च हो, जो वेदमार्गावलम्बी हो तथा मन्त्रणा आदि की कार्यपटुता जिसे वंशपरंपरागत विरासत में मिली हो, जिसकी बुद्धि प्रखर हो, स्वभाव अच्छा हो, वही मंत्री बनने के उपयुक्त होता है।

तेजस्वी, वीरपुरुष—तेज, धैर्य, क्षमा, शौच, अनुराग, स्थिति, धृति, अकपटता, वीरता, प्रतिपत्ति, इंगितज्ञता, अनिष्ठुरता आदि गुणों से जो विभूषित हो, उसी व्यक्ति को अमात्यपद के लिये चुनना चाहिये।

शास्त्रज्ञ तथा गुणसम्पन्न व्यक्ति की नियुक्ति—जिस मन्त्री को शास्त्रों का ज्ञान बहुत कम हो, वह गुणसम्पन्न होते हुए भी उतना कार्यदक्ष नहीं होता, और जो बहुश्रुत तो हो लेकिन गुण सम्पन्न न हो वह भी छोटे-छोटे काम विवेचनपूर्वक नहीं कर पाता। जिसका संकल्प हर क्षण बदलता है वह विद्वान् तथा शास्त्रज्ञ होते हुए भी कोई अच्छा काम करने में असमर्थ होता है। अतएव ऐसे व्यक्तियों को नियुक्त करना उचित नहीं है।[2]

शिष्ट तथा स्थिरमना व्यक्ति की नियुक्ति—शूर, स्वामीभक्त, निरोगी, शिष्ट, सम्मानित, विद्वान्, धार्मिक, साधु स्थिरमना, जो किसी के द्वारा प्रताड़ित न किया गया हो, श्रद्धाशील तथा लोगों के स्वभाव के ज्ञाता व्यक्ति को मन्त्री बनाने से राजा सदा सुखी रहता है।

नृपति तथा सचिव में सौहार्द्र—राज्यशासन तथा आज्ञाप्रदान को छोड़कर बाकी सब काम मंत्री के आधीन होते हैं।[3]

---

१. **अपंडितो वापिसुहृद् पंडितो वाप्यनात्मवान्।**
नापरीक्ष्य महीपालः कुर्यात् सचिवमात्मनः॥ उद्योग ३८।१९

२. **अमानी सत्यवान् क्षान्तो जितात्मा मानसंयुतः।**
स ते मन्त्रसहायः स्यात् सर्वावस्थापरीक्षितः॥ इत्यादि।
शांति ८३।१५–२८

३. **शूरान् भक्तानसंहार्यान् कुले जातानरोगिनः। इत्यादि।**
शांति ५७।२३–२५

सहस्र मूर्खों की अपेक्षा एक पंडित में अधिक क्षमता---सहस्र मूर्खों को सभासद बनाने से कोई लाभ नहीं होता किन्तु मेधावी, दक्ष, शूर तथा प्रत्युत्पन्न-मति एक अमात्य की नियुक्ति से राजा का कल्याण होता है।[१]

अमात्यहीन राजा संकटापन्न---जिस राजा का मंत्री नहीं होता वह तीन दिन भी राजसुख नहीं भोग सकता। अतएव राजा को चाहिये कि बुद्धिमान शौर्य-वीर्यशाली व्यक्ति को अपना मन्त्री बनाये।[२]

दुष्ट मंत्री की नियुक्ति से नृपति का विनाश---दुष्ट तथा पापी व्यक्ति राजा का मंत्री बन जाय तो उस राजा का सपरिवार विनाश हो जाता है।[३]

गुणवान की नियुक्ति से समृद्धि---कुलीन शीलवान क्षमाशाली आर्य, विद्वान व्यक्ति को अमात्यपद देना उचित है। ऐसा व्यक्ति सदा अच्छी मंत्रणा देकर राजा की समृद्धि का कारण बनता है।[४]

मर्मज्ञ और संधिविग्रहवित् सचिव उत्तम---जो व्यक्ति धर्मशास्त्रों का मर्मज्ञ हो संधिविग्रह आदि में पटु हो, धीर, लज्जाशील, रहस्य गोपनकारी, कुलीन, सत्त्व सम्पन्न एवं शुद्धचरित्र हो वही अमात्य होने के उपयुक्त है।[५]

कम से कम तीन मंत्रियों की नियुक्ति---कम से कम तीन मन्त्रियों की नियुक्ति का विधान है। एक जगह तो यह भी कहा गया है कि राजा को पाँच बुद्धिमान मन्त्रियों के परामर्श के अनुसार काम करना चाहिये।[६]

आठ का विधान---अन्यत्र आठ मन्त्रियों की नियुक्ति का उल्लेख भी मिलता

---

१. एकोऽप्यमात्यो मेधावी शूरो दान्तो विचक्षणः।
राजानं राजपुत्रं वा प्रापयेन्महतीं श्रियम्॥ सभा ५।३७

२. न राज्यमनमात्येन शक्यं शास्तुमपि त्र्यहम्। इत्यादि।
शान्ति १०६।११,१२

३. असत्पापिष्ठसचिवो वध्यो लोकस्य धर्महा।
सहैव परिवारेण क्षिप्रमेवावसीदति॥ शांति ९२।९

४. कुलीनः शीलसम्पन्नस्तितिक्षुरविकत्थनः। इत्यादि। शांति ८०।-२८-३१

५. धर्मशास्त्रार्थतत्त्वज्ञः संधिविग्रहिको भवेत्। इत्यादि।
शांति ८५।३०, ३१

६. मंत्रिणः प्रकृतज्ञाः स्युस्त्र्यवरा महदीप्सरः। शान्ति ८३।४७
पंचोपधाव्यतीतांश्च कुर्याद्राजार्थकारिणः। शांति ८३।२२
मन्त्रचिंता सुखं काले पंचभिर्वर्द्धते मही। शांति ९३।२४।

है। उनकी जाति, विद्या आदि के संबंध में भी विशेष नियम थे। उस जगह यह भी बताया गया है कि राजसभा में कितने सभासद रखने चाहिये।

छत्तीस व्यक्ति विभिन्न जातीय तथा एक सूत सभासद होना चाहिये––चार विद्वान् स्नातक तथा प्रत्युत्पन्नमति ब्राह्मण, उन्हीं के समान गुणसम्पन्न एवं बलवान शस्त्रपाणि आठ क्षत्रिय, इक्कीस वित्तवान वैश्य तथा शुचि विनीत नित्य कर्माचरणशील तीन शूद्रों को सभासद बनाना चाहिये। इनके अलावा शुश्रूषा, श्रवण, ग्रहण, धारण, ऊहन, अपोहन, विज्ञान, तत्त्वज्ञान इन आठ गुणों से युक्त, प्रगल्भ, अनसूयक, श्रुतिस्मृति के ज्ञाता, विनयी, समदर्शी, कार्यपटु, सत्परामर्शदाता, अव्यसनी पचास या उससे कुछ अधिक की उम्र के एक सूतजातीय व्यक्ति को अमात्यरूप में ग्रहण करने का विधान है।[1]

सैंतीस सभासदों में आठ मन्त्री––उपर्युक्त सैंतीस सभासदों में से चार ब्राह्मण तीन शूद्र तथा एक सूत इन आठ को मंत्रिपद देने का नियम है तथा उन्हीं के परामर्श से हर कार्य करने को कहा गया है। एक एक अमात्य को एक एक विभाग देना चाहिये। एक ही विभाग में एक से अधिक व्यक्तियों को नियुक्त करना उचित नहीं होता।[2]

सहार्थ आदि चार प्रकार के मित्र––मित्रों को सहार्थ, भजमान, सहज व कृत्रिम इन चार भागों में बाँटा है। (क) "अमुक शत्रु को हम दोनों मिलकर जीतेंगे", इस तरह का परामर्श देने वाले को 'सहार्थ' कहते हैं। (ख) जो वंशानुक्रम से एक ही राजपरिवार की सेवा कर रहा हो वह 'भजमान' होता है। (ग) मौसेरे, फुफेरे आदि भाई, 'सहज' कहलाते है। (घ) धन लेकर काम करने वालों को 'कृत्रिम' की संज्ञा दी गई है।

सत्यनिष्ठ पाँचवीं तरह का मित्र––धर्मात्मा एवं सत्यनिष्ठ व्यक्ति सहज ही सबका मित्र बन जाता है।

भजमान व सहज का प्राधान्य––उल्लिखित मित्रों में भजमान तथा सहज को श्रेष्ठ बताया है, क्योंकि सहार्थ तथा कृत्रिम मित्र साधारण सी बात पर ही शत्रुता कर सकते हैं।[3]

---

१. **चतुरो ब्राह्मणात् वैद्यान् प्रगल्भान् स्नातकान् शुचीन्। इत्यादि। शांति ८५।७–१०**

२. **अष्टानां मन्त्रिणां मध्ये मन्त्रं राजोपधारयेत। शांति ८५।११। द्रष्टव्य नीलकंठ।**

नैव द्वौ न त्रयः कार्या न मृष्येरन् परस्परम्। शान्ति ८०।२५

३. **चतुर्विधानि मित्राणि राज्ञां राजन् भवन्त्युत। इत्यादि। शांति ८०।३–६**

गुणवान, बहुदर्शी, वयस्क व्यक्ति ही उपयुक्त अमात्य––नारदीय राजधर्म में कहा गया है कि राजा आत्म-संयमी, कुलीन, कार्यपटु, बहुदर्शी एवं वृद्ध व्यक्ति को अपना मंत्री बनाये। राजा का ऐश्वर्य तथा विजय मन्त्री के ही अधीन होते हैं।[1]

प्रज्ञा आदि पाँच प्रकार के बल––प्रज्ञा, वंश, धन, अमात्य और बाहु––इन पाँच बलों से बलीयान् राजा सम्पूर्ण पृथ्वी पर राज्य कर सकता है; अतः अमात्यबल उपेक्षणीय नहीं है।[2]

मन्त्रणापद्धति––मंत्रियों से सलाह लिये बिना राजा को कोई काम शुरू नहीं करना चाहिये। संवृतमन्त्र, शास्त्रविद् मंत्री के द्वारा ही राज्य रक्षित रहता है।[3]

मंत्रगुप्ति का शुभ फल––मंत्रणा को सावधानीपूर्वक गोपनीय रखना चाहिये। मंत्रगुप्ति राजा का श्रेष्ठ गुण होता है। मयूर जिस प्रकार शरत्काल में मौन धारण कर लेता है उसी प्रकार राजा को भी मंत्रणा के बारे में मौन ही रहना चाहिये। राजा के हितैषी मंत्रियों को भी मंत्रगुप्ति के विषय में सतर्क रहना चाहिये। मन्त्रणा राजा के लिये कवचस्वरूप होती है। दूसरे लोग यहाँ तक कि अंतरग से अंतरंग व्यक्ति भी जिस राजा की मंत्रणा नहीं जान पाते, वही हर कार्य में सफल होता है। काम करने से पहले उसका जिक्र किसी से नहीं करना चाहिये; कार्यसम्पन्न होने पर लोग स्वयं ही पूर्व-संकल्प जान जाते हैं। मंत्रभेद अकल्याण का हेतु है। जो राजा स्वयं तथा उसके मन्त्री मन्त्रसंवरण में पटु होते हैं, उसकी कार्यसिद्धि में किसी संदेह का स्थान नहीं होता।[4] मन्त्रियों को मन्त्रगुप्ति की आवश्यकता का बार-बार स्मरण कराते रहना उचित है। इस ओर मंत्रियों को सदा सतर्क दृष्टि रखनी चाहिये।[5]

हर अमात्य से अलग-अलग सलाह लेना––एक ही समय कई मन्त्रियों के साथ

---

१. कच्चिदात्मसमा वृद्धाः शुद्धाः सम्बोधनक्षमाः। इत्यादि। सभा ५।२६,२७

२. बलं पंचविधं नित्यं पुरुषाणां निबोध मे। इत्यादि। उद्योग ३७।५२–५५

३. कच्चित् संवृतमन्त्रैस्तै अमात्यैः शास्त्रकोविदैः।
राष्ट्रं सुरक्षितं तात......॥ सभा ५।२८

४. कच्चित्ते मंत्रितो मन्त्रो न राष्ट्रं परिधावति। सभा ५।३०
नित्यं रक्षितमन्त्रः स्याद् यथा मूकः शरच्छिखी॥ इत्यादि।
शांति १२०।७। शांति ८३।५०। उद्योग ३८।१५–२१

५. दोषांश्च मन्त्रभेदस्य ब्रूयास्त्वं मन्त्रि मंडले। इत्यादि। आश्र ५।२५, २६

मंत्रणा करना उचित नहीं है। प्रत्येक अमात्य का अभिमत पृथक्-पृथक् लेना अच्छा होता है।[1]

रात्रि को मंत्रणा निषिद्ध—मन्त्रणा का स्थान तथा समय अच्छी तरह सोच-विचार कर निश्चित करना चाहिये। रात को कभी मन्त्रणा नहीं करनी चाहिये। क्योंकि शत्रुपक्ष के गुप्तचर अंधकार में छुपकर सब कुछ सुन सकते हैं।[2]

अरण्य में या तृणरहित भूमि पर बैठकर मन्त्रणा करना उचित—जंगल में या तृणरहित भूमि पर बैठकर मन्त्रणा करनी चाहिये। घास पर बैठने से निकटस्थ गुप्तचर की पदध्वनि सुनाई नहीं देती।[3]

मंत्रणागृह का सुरक्षण—मन्त्रणा स्थल पर ही करनी चाहिये। मन्त्रणागृह का सुरक्षित एवं चारों तरफ से घिरा हुआ होना आवश्यक है।[4]

वामन कुब्ज आदि वर्जनीय—जिस जगह मन्त्रणा की जाय, उसके आगे-पीछे ऊपर नीचे या किसी भी तरफ बौने, कुबड़े, कृश, लंगड़े, अंधे, मूर्ख, स्त्री तथा नपुंसक इनमें से किसी का भी होना वर्जनीय है।[5] इन सब प्राणियों को मन्त्रणास्थान से दूर रखने का कारण महाभारत में तो नहीं बताया है, लेकिन मनुसंहिता के टीकाकार कुल्लूक भट्ट ने लिखा है—शुक आदि पक्षी, वृद्ध पुरुष तथा स्त्रियाँ स्वभावतः चंचलस्वभावी होती हैं। इनके सुन लेने पर मन्त्रभेद की आशंका रहती है, और बौने, कुबड़े आदि विकलांग पूर्वजन्म के पापों के फलस्वरूप इस अवस्था को प्राप्त होते हैं, वे जरा-सा तिरस्कृत होते ही स्थिर नहीं रह पाते, अतः उनपर विश्वास नहीं करना चाहिये।[6]

गिरिपृष्ठ पर या निर्जन प्रासाद में—पहाड़ पर जाकर या निर्जन प्रासाद में मन्त्रणा करने के लिये विदुरनीति में कहा गया है।[7]

नौका द्वारा किसी साफ जगह जाना—किसी गम्भीर विषय पर मन्त्रणा करनी हो तो नौका में बैठकर घासफूस रहित साफ जगह जाना चाहिये। नौका के बाहर

---

१. कच्चिन्मन्त्रयसे नैकः कच्चिन्न बहुभिः सह। सभा ५।३०
तैः सार्द्धं मंत्रयेथास्त्वं नात्यर्थं बहुभिः सह। इत्यादि। आश्र ५।२१,२२

२. न च रात्रौ कथञ्चन। आश्र ५।२३।

३. अरण्ये निःशलाके वा। इत्यादि। आश्र ५।२३। उद्योग ३८।१८

४. सुसंवृतं मन्त्रगृहं स्थलं चारुह्य मन्त्रयेः। आश्र ५।२२

५. न वामनाः कुब्जकृशा न खञ्जाः। इत्यादि। शांति ८३।५६

६. मनु ७।१५०

७. गिरिपृष्ठमुपारुह्य प्रासादं वा रहो गतः। उद्योग ३८।१७

आवाज न जाय, इसका विशेष ख्याल रखना चाहिये। आँख, मुँह, हाथ आदि की भावभंगिमा भी वर्जनीय है।[1]

मन्त्री के अलावा दूसरे की उपस्थिति निषिद्ध---मंत्री को छोड़कर किसी और व्यक्ति को मन्त्रणास्थल पर नहीं होना चाहिये। और तो और मनुष्यभाषा के अनुकारी पक्षी के कानों में भी मन्त्रणा नहीं पड़नी चाहिये।

पक्षी, बन्दर, जड़ पंगु आदि वर्जनीय---पक्षी, बन्दर, मूर्ख, पंगु, अतिवृद्ध तथा स्त्री के सामने मन्त्रणा करना उचित नहीं है।[2]

अल्पप्रज्ञ दीर्घसूत्र आदि वर्जनीय---अच्छी तरह पता लगाये बिना किसी के भी साथ मन्त्रणा नहीं करनी चाहिये। अल्पप्रज्ञ, दीर्घसूत्र, चारण, आलसी एवं हर्षोन्मत्त व्यक्ति के साथ मन्त्रणा करना अनुचित है।[3]

अननुरक्त मंत्री वर्जनीय---मंत्री यदि राजा के प्रति पूरी तरह वफादार न हो तो उसके साथ मन्त्रणा नहीं करनी चाहिये। ऐसा मंत्री दूसरे मंत्रियों के साथ मिलकर राजा का समूल नाश कर सकता है।[4]

शत्रुपक्षावलम्बी वर्जनीय---जो गोपनीय रूप से शत्रु का साथ देता हो तथा पुरवासियों के साथ सद्व्यवहार न करता हो, उसे मन्त्रणा में शामिल नहीं करना चाहिये। अविद्वान्, अशुचि, शत्रुसेवी, क्रोधी, लोभी व्यक्ति मन्त्रणा के लिये अनुपयुक्त हैं।

नया मित्र भी वर्जनीय---नया-नया आया हुआ व्यक्ति भले ही विद्वान् तथा सद्गुणसम्पन्न हो, उसके साथ मन्त्रणा नहीं करनी चाहिये।

राजदंड प्राप्त व्यक्ति का पुत्र भी वर्जनीय---किसी अपराध के कारण जिसके पिता को राजदंड मिला हो, वह व्यक्ति सत्कृत एवं राजसभा का सदस्य होते हुए भी मंत्रश्रवण का अधिकारी नहीं है। सामान्य कारण से ही जो सुहृद् व्यक्ति का सर्वस्व हरण कर सके, वह भी मंत्रणा के लिये अयोग्य होता है। एकमात्र कृतप्रज्ञ,

---

१. आरुह्य नावन्तु तथैव शून्यं। इत्यादि। शान्ति ८३।५७

२. नासुहृत परमं मंत्रं भारतार्हति वेदितुम्। उद्योग ३८।१८
वानराः पक्षिणश्चैव ये मनुष्यानुसारिणः। इत्यादि।
आश्व ५।२३, २४। सभा ४२।८

३. अल्पप्रज्ञैः सह मन्त्रं न कुर्यान्न दीर्घसूत्रै रभसैश्चारणैश्च।
उद्योग ३३।७३

४. मन्त्रिण्यननुरक्ते तु विश्वासो नोपपद्यते। इत्यादि।
शांति ८३।३०, ३१

मेधावी, सुपंडित, व्यक्ति ही मन्त्रणा सुनने के योग्य होता है। जो शत्रु व मित्र को पहचान सके तथा सुहृद् को अपने समान समझे, उस मित्र के साथ मन्त्रणा करना कर्त्तव्य है।[1]

अपरिणामदर्शी की राय अग्राह्य——जो व्यक्ति कार्य का परिणाम सोचे-समझे बिना ही अपनी राय दे उसकी सलाह के अनुसार काम नहीं करना चाहिये।[2]

राजा तथा मन्त्रियों की सम्मिलित मन्त्रणा से उन्नति——राजा और मन्त्री यदि एक साथ बैठकर राज्य के बारे में सलाह-मशविदा करें तो राज्य की उन्नति सुनिश्चित है। मन, वचन, काय से जो स्वामी की उन्नति की कामना करते हों, उनसे बिना सलाह लिये कोई कार्य नहीं करना चाहिये।[3]

मन्त्रणा करने के दूसरे क्षण ही काम शुरू नहीं करना चाहिये——मन्त्रियों के साथ मन्त्रणा करने के तुरन्त बाद ही काम शुरू नहीं करना चाहिये। यदि सब मन्त्रियों का अभिमत एक हो तब तो ठीक है, लेकिन अलग-अलग मत होने पर उनके और अपने मत पर अच्छी तरह सोच कर राजा को बुद्धिमान , जितेन्द्रिय ब्राह्मण गुरु को सब कुछ बताना चाहिये। उनका मत भी यदि औरों के मत से मिलता हो तो कार्य शुरू करना उचित है।[4]

राजपुरोहित सब से ऊपर——उपर्युक्त उद्धरण से पता चलता है कि मन्त्री भी मन्त्रणा के लिये पूर्ण प्रामाणिक नहीं हैं। राजगुरु अर्थात् पुरोहित का स्थान सबसे ऊँचा होता है।

मन्त्रियों के प्रति राजा का व्यवहार——किसी को भी मित्र रूप में देखने के बाद उसके साथ नम्र व्यवहार करना ही उचित है, यह सभी जानते हैं। केवल अर्थ के बल पर किसी को पूर्ण रूप से अपना नहीं बनाया जा सकता। महाभारत में इस तरह की सैकड़ों उक्तियाँ मिलती हैं कि सुहृत् को पाने की अपेक्षा सौहार्द्र की रक्षा

---

१. योऽमित्रैः सह संबंधो न पौरान् बहुमन्यते। इत्यादि।
शांति ८३।३६–४६

२. केवलात् पुनरादानात् कर्मणो नोपपद्यते।
परामर्शो विशेषाणामश्रुतस्येह दुर्मतेः॥ शान्ति ८३।२९

३. राज्यं प्रणिधिमूलं हि मन्त्रसारं प्रचक्षते। इत्यादि।
शांति ८३।५१, ५२

४. तेषां त्रयाणां विविधं विमर्षं विबुध्य चित्तं विनिवेश्य तत्र।
स्वनिश्चयं तत्प्रतिनिश्चयज्ञं निवेदयेदुत्तर मंत्रकाले॥ इत्यादि।
शांति ८३।५३, ५४

करना मुश्किल है। मन्त्री वगैरह के साथ कैसा व्यवहार करना चाहिये, इस संबंध में भी राजधर्म प्रकरण में उपदेश दिये गये हैं।

उपयुक्त व्यक्ति को श्रेष्ठ कार्य का भार देना—जो अमात्य सत्यनिष्ठ व शुद्धाचारी हो, राजदर्बार में स्थान जिसे पूर्वजों से मिला हो, उसे किसी श्रेष्ठ कार्य का भार देना चाहिये।[१]

सम्मान के द्वारा अमात्य का हृदय जीतना—मन्त्रियों को यथोचित सम्मान देना चाहिये। उपयुक्त पद मिलने पर कर्मचारी सन्तुष्ट रहते हैं। जो जिस तरह के सम्मान के उपयुक्त हो, उन्हें वही सम्मान देना चाहिये। यथोचित सम्मान के द्वारा सहज ही हर किसी का हृदय जीता जा सकता है।[२]

मंगलाकांक्षी अमात्य पितृवत् विश्वसनीय—जो मंत्री मेधावी, नितावान एवं दक्ष हो, जो अपमानित होकर भी बुरा न सोचता हो; वह यदि राजमहल में ऋत्विक, आचार्य या सुहृद् के रूप में रहता हो तो राजा उसका अत्यधिक सम्मान तथा पितृवत् विश्वास करे।[३]

अमात्य के सम्मान से समृद्धि—कृतज्ञ, प्राज्ञ अमात्य को यथोचित सम्मान मिले तो राज्य का कल्याण सुनिश्चित है।[४]

उपयुक्त कर्म कराना—मन्त्री को मंत्रणाकार्य न देकर अपेक्षाकृत छोटा काम दिया जाय तो अनिष्ट की संभावना रहती है। उपयुक्त कार्य न मिलने से व्यक्ति असन्तुष्ट रहता है।[५]

सभासद को असन्तुष्ट नहीं करना चाहिये—उन्नतिकाम राजा को कभी किसी सभासद को असन्तुष्ट नहीं रखना चाहिये; उन्हें यथोचित सम्मान न मिलने पर तरह-तरह के अनिष्टों की आशंका रहती है। राजा को सुबह ही विद्यावृद्ध, हिता-

---

१. अमात्यानुपधातीतान् पितृपैतामहान् शुचीन्।
श्रेष्ठान् श्रेष्ठेषु कच्चित्त्वं नियोजयसि कर्मसु॥ सभा ५।४३

२. पूजिताः संविभक्ताश्च सुसहायाः स्वनुष्ठिताः। इत्यादि।
शांति ८०।२९, ३०

यथार्ह प्रतिपूजा च शस्त्रमेतदनायसम्। शांति ८१।२१

३. मेधावी स्मृतिमान् दक्षः प्रकृत्या चानृशंसवान्। इत्यादि।
शान्ति ८०।२२–२४

४. धर्मनिष्ठं स्थितं नीत्यां मंत्रिणः पूजयेन्नृपः। शांति ६८।५६

५. स्वजातिगुणसम्पन्ना स्वेषु कर्मसु संस्थिताः।
प्रकर्त्तव्या ह्यमात्यास्तु नास्थाने प्रक्रिया क्षमा॥ शान्ति ११९।३

कांक्षी सभासदों से साक्षात् करके यथायोग्य अभ्यार्थना करनी चाहिये। उन्हें यथोचित सम्मान मिलने से राज्य में मंगल ही मंगल होता है।[1]

राजा के प्रति मंत्री का व्यवहार, आनुगत्य—मन्त्री को राजा की अनुमति लेकर ही राजकार्य करना चाहिये। राजा की कभी अवज्ञा नहीं करनी चाहिये।[2]

न पूछे जाने पर भी हितवचन बोलना—समयविशेष पर, राजा न पूछे तो भी मंत्री को चाहिये कि उसे अच्छे बुरे का ज्ञान कराये। यह गुण धृतराष्ट्र के प्रधान मंत्री विदुर के चरित्र में खूब विकसित हुआ है। धृतराष्ट्र यदि विदुर की सलाह मानते तो कौरव पांडवों में झगड़ा नहीं होता। संसार में अप्रिय किन्तु हितकर वचनों का वक्ता और श्रोता, दोनों ही दुर्लभ है।[3]

अप्रिय होते हुए भी हितकारी बात कहनी चाहिये—कोई-कोई सौहार्द्र खत्म हो जाने के ख्याल से राजा के दोष नहीं बताता, और कोई स्वार्थसाधन के निमित्त सदा राजा की बड़ाई करता रहता है। अप्रिय हितकर बात का श्रोता मिलना यूँ तो मुश्किल है, लेकिन बुद्धिमान व्यक्ति, हितकारी बात यदि कड़वी भी हो तो सुनकर विचलित नहीं होते, वरन् स्वयं को सुधारने की चेष्टा करते हैं।[4]

अमात्य ही हितवक्ता—सुहृद व्यक्ति आपाततः अप्रिय होते हुए भी हितकर वचन बिना किसी कुंठा के कह देता है। महामति विदुर ने दो बार धृतराष्ट्र से कहा है—"राजन्, यथार्थ धार्मिक मंत्री वही होता है जो राजा को प्रिय या अप्रिय लगने का ख्याल किये बिना हितकारी बात कहता है। वस्तुतः ऐसा मन्त्री ही राजा की श्रेष्ठ सम्पदा है।"[5] मंत्रित्व को भी यदि साधारण नौकरी समझा जाता तो

---

१. न विमानयितव्यास्ते राज्ञा वृद्धिमभीप्सता। शान्ति ११८।२४
प्रातरुत्थाय तान् राजन् पूजयित्वा यथाविधि। इत्यादि।
आश्व ५।११,१२

२. राष्ट्रं तवानुशासन्ति मंत्रिणो भरतर्षभ। इत्यादि। सभा ५।४४,४५

३. लभ्यते खलु पापीयान् नरः सुप्रियवागिह।
अप्रियस्य हि पथ्यस्य वक्ता श्रोता च दुर्लभः॥ सभा ६४।१६।
उद्योग ३७।३५

४. केचिद्धि सौहृदादेव न दोषं परिचक्षते।
स्वार्थ हेतोस्तथैवान्ये प्रियमेव वदन्त्युत॥ इत्यादि। सभा १३।४९, ५०

५. यस्तु धर्मपरश्च स्याद्धित्वा भर्त्तुः प्रियाप्रिये।
अप्रियाण्याह पथ्यानि तेन राजा सहायवान्॥ सभा ६४।१७।
उद्योग ३७।१६

इतनी निर्भीकता सम्भव नहीं होती। दूसरे कर्मचारियों की अपेक्षा मंत्री का दायित्व अधिक मानकर ही अप्रिय वचन कहने का साहस किया जा सकता है। इस प्रकार के साहस के औचित्य या अनौचित्य के बारे में सोचना तो मुश्किल है, लेकिन यह कहा जा सकता है कि इस प्रकार के साहस का फल वक्ता के लिये सदा शुभ नहीं होता। राजा धृतराष्ट्र भी स्पष्टवादी विदुर की बातें हमेशा सहन नहीं कर पाते थे।[1] शायद इसी कारण दूसरी जगह कहा गया है कि राजा की इच्छा के विपरीत या कोई अप्रिय बात उससे नहीं कहनी चाहिये।[2]

सभासद्—मंत्री के अलावा और भी सभासदों की नियुक्ति के विषय में पहले ही कहा जा चुका है।

शूर, विद्वान तथा उत्साही व्यक्ति प्रशंसनीय—स्वभावतः लज्जाशील, जितेन्द्रिय, सत्यनिष्ठ, सरल, प्रिय-अप्रिय कहने में समर्थ व्यक्ति को राजा सभासद बनाये। शूर, विद्वान्, ब्राह्मण, संतोषी तथा उत्साही व्यक्ति राजसभा में स्थान पाने के उपयुक्त होता है। कुलीन, रूपवान, अनुरक्त, शक्तिशाली, बहुश्रुत व्यक्ति ही राजा का सभासद बनने के योग्य होता है।[3]

लोभी तथा नृशंस व्यक्ति परित्याज्य—दुष्कुलोत्पन्न, लोभी, नृशंस, निर्लज्ज व्यक्ति केवल अच्छे दिनों का मित्र होता है।[4]

पंडित को स्थान देना श्रेयस्कर—विशिष्ट शास्त्रों के अभिज्ञ पंडितों को राजसभा में उच्च आसन देने का विधान था। सहस्र मूर्खों की अपेक्षा एक पंडित को स्थान देना अच्छा है, यह बात बार-बार दुहराई गई है।[5]

---

१. यथेच्छकं गच्छ वा तिष्ठ वा त्वं। इत्यादि। वन ४।२१

२. यस्तस्यार्थो न रोचेत न तं तस्य प्रकाशयेत्। इत्यादि।
शांति ८०।५ विराट ४।१६,३२

३. ह्रीनिषेवास्तथा दान्ताः सत्यार्जवसमन्विताः।
शक्ताः कथयितुं सम्यक् ते तव स्युः सभासदः। इत्यादि।
शान्ति ८३।२–६,१०

४. ते त्वां तात निषेवेयुर्यावदार्द्रकपाणयः। शान्ति ८३।७

५. ब्राह्मणा नैगमास्तत्र परिवार्योपतस्थिरे। इत्यादि। मौषल ७।८।
आदि २०७।३८
एको हि बहुभिः श्रेयान् विद्वान् साधुरसाधुभिः। वन ९९।२२
कच्चित् सहस्रैर्मूर्खाणामेकं क्रीणासि पण्डितम्। सभा ५।३५

सामुद्रविद् पंडित का स्थान—सामुद्रज्ञ तथा ग्रह-नक्षत्रों के ज्ञाता एक ज्योतिषी को राजसभा में विशिष्ट आसन दिया जाता था।[1]

राजसभा में ज्ञानियों का समागम—उस काल की राजसभाओं के वर्णन में एक चीज और विशेष रूप से लक्ष्य में आती है। नारद, व्यास, बशिष्ठ, लोमश, मार्कण्डेय, मैत्रेय आदि देवर्षि, महर्षि एवं आचार्य राजसभाओं में अक्सर जाते रहते थे। कभी-कभी कुछ दिनों के लिये राजनगरी में ठहर भी जाते थे। नियुक्त किये गये स्थायी सभासदों के अलावा इन महाज्ञानियों में से कोई कोई तो प्रायः सर्वदा ही अपनी उपस्थिति से राजसभा की शोभा बढ़ाते थे। इनकी अर्चना के लिये राजा भी सदा सावधान रहते थे। द्वारपाल इनका रास्ता नहीं रोकता था। समय असमय जब इनकी इच्छा होती थी, ये राजसभा में चले जाते थे। इन मनीषियों के उपदेश व उपाख्यानों से राजा तथा प्रजा को कितनी शिक्षा मिलती थी, यह कुछ शब्दों में बताना मुश्किल है। शिष्य इनके सहचर होते थे। किसी विषय में शंका उपस्थित होने पर राजा विनीतभाव से इन ज्ञानियों को बताता था। ये भी प्रश्न की मीमांसा करके संशय दूर करते थे। कभी-कभी राजा के जिज्ञासा न करने पर भी राज्यकल्याण के निमित्त ये तरह-तरह के उपदेश देते थे। इससे राजा स्वयं को धन्य समझता था। अतः अस्थायी होते हुए भी इन्हें सामयिक सभासद कहा जा सकता है। (शिक्षा प्रबंध देखिये पृष्ठ १३९ और १४०)

मित्र की पहचान तथा मित्र लाभ—बिना मित्रों के राज्य की रक्षा करना असंभव है। दान, प्रियवचन, उदार तथा निश्छल व्यवहार मित्रलाभ के अनुकूल है। स्वामीभक्त, कृतप्रज्ञ, धर्मज्ञ, जितेन्द्रिय, शुभकर्मा व कार्यपटु व्यक्ति ही मित्रता के योग्य होता है।[2]

हमदर्द व्यक्ति ही मित्र—राजा की समृद्धि देखकर जो खुश तथा क्षय देखकर दुखी होता हो, उसी को सच्चा मित्र समझना चाहिये।[3]

भावी राजा को मित्र नहीं बनाना चाहिये—अपनी मृत्यु के बाद जो व्यक्ति

---

१. कच्चिदंगेषु निष्णातो ज्योतिषः प्रतिपादकः।
उत्पातेषु हि सर्वेषु दैवज्ञः कुशलस्तव। सभा ५।४२

२. दृढ़भक्ति कृतप्रज्ञं धर्मज्ञं संयतेन्द्रियम्।
शूरमक्षुद्रकर्माणं निषिद्धजनमाश्रयेत्॥ शांति ६८।५७

३. यस्तु वृद्धा न तृप्येत क्षये दीनतरो भवेत्।
एतदुत्तममित्रस्य निमित्तमिति चक्षते॥ शांति ८०।१६

राजा बनने वाला हो, वह भले ही भाई, पुत्र या ज्ञाति हो, उसे मित्र नहीं बनाना चाहिये।[1]

राजा पर निर्भर व्यक्ति विश्वसनीय—शत्रु के साथ जिसका अल्पमात्र भी संबंध हो उसे मित्र नहीं बनाया जा सकता। राजा की अनुपस्थिति में जो अपना अकल्याण समझे वही प्रकृत मित्र है। उस पर पितृवत् विश्वास किया जा सकता है।[2]

राजा के अनिष्ट से प्रसन्न व्यक्ति शत्रु—राजा की क्षति को जो अपनी क्षति समझे वही सच्चा मित्र होता है। राजा का नुकसान देखकर जो व्यक्ति प्रसन्न होता हो, उसे परम शत्रु मानना चाहिये।[3]

व्यसन से भीत व्यक्ति अपने समान—जो व्यक्ति व्यसनों से बहुत डरता हो तथा अपनी समृद्धि से किसी का अनिष्ट न करता हो उसे अपने समान समझना चाहिये। जिसकी आकृति व कंठस्वर उत्तम हो, जो क्षमाशील, सत्कुलोत्पन्न एवं असूया रहित हो, उसे राजा अपना मित्र बना सकता है।[4] जो यशस्वी हो, कभी नीति विगर्हित कार्य न करता हो, कामक्रोध आदि के वश होकर अपने धर्म का त्याग न करता हो; जिसकी सत्यनिष्ठा, कार्यदक्षता एवं यथार्थवादिता अनन्य साधारण हो उसे राजा यदि अपना मित्र बनाये तो उसके लिये कल्याणप्रद होता है।[5].

मूर्ख मित्र से पंडित शत्रु अच्छा—पंडित व्यक्ति यदि शत्रु भी हो तो अच्छा है किन्तु मूर्ख के साथ कभी मित्रता नहीं करनी चाहिये।[6]

---

१. यं मन्येत समाभावादिममर्थागमं स्पृशेत्।
नित्यं तस्माच्छंकितव्यमर्मित्रं तद्विदुर्बुधाः॥ शान्ति ८०।१३

२. यस्य क्षेत्रादप्युदकं क्षेत्रमन्यस्य गच्छति। इत्यादि। शांति ८०।१४,१५
यन्मन्येत् समाभावादस्याभावो भवेदिति।
तस्मिन् कुर्वीत विश्वासं यथा पितरि वै तथा॥ शांति ८०।१७

३. क्षताद्‌भीतं विजानीयादुत्तमं मित्रलक्षणम्।
ये तस्य क्षतिमिच्छन्ति ते तस्य रिपवरः स्मृताः॥ इत्यादि।
शांति ८०।१९।शान्ति १०३।५०

४. व्यसन्नानित्यभीतो यः समृद्धया यो न दुष्यति।
यत् स्यादेवंविधं मित्रं तदात्मसममुच्यते॥ शांति ८०।२०
रूपवर्णस्वरोपेतस्तितिक्षुरनसूयकः। इत्यादि। शांत ८०।२१

५. कीर्त्तिप्रधानो यस्तु स्याद् यश्च स्यात् समये स्थितः। इत्यादि।
शांति ८०।२६, २७

६. श्रेष्ठो हि पण्डितः शत्रुर्न च मित्रमपण्डितः॥ शांति १३८।४६

विद्या आदि सहज तथा गृह क्षेत्र आदि कृत्रिम मित्र—विद्या, शौर्य, बल, दक्षता एवं धैर्य इन पाँच को मनुष्य के सहजात मित्र बताया है। गृह, ताम्र-पात्र, खेत, भार्या तथा सुहृद इन पाँचों को पंडितों ने उपाधिमित्र अर्थात् कृत्रिम मित्र की संज्ञा दी है। आवश्यक होने पर उपाधिमित्र का त्याग किया जा सकता है।[1]

पीठ पीछे निन्दा करना शत्रु का काम—जो पीठ पीछे किसी की निन्दा करे तथा गुणों की बात सुनकर मन ही मन जले, दूसरा यदि गुणों का बखान करता हो तो मौनधारण कर अन्यमनस्क हो जाय—बीच-बीच में ओठ काटकर सिर हिलाकर विरोध प्रकट करे, असंलग्न बातें कहे, वचनबद्ध होकर भी काम करने की चेष्टा न करे, साक्षात् होने पर भी मुँह से न बोले, एक साथ भोजन करना पसन्द न करे, उसे शत्रु समझना चाहिये।[2]

जो कभी बुरा न सोचे वही प्रकृत मित्र—स्वामी चाहे पदच्युत करे या कठोर वचन कहकर भर्त्संना करे, लेकिन तब भी जो उसका बुरा न सोचे, वही असली मित्र है।[3]

शत्रुमित्र का निर्णय करने में प्रत्यक्ष आदि प्रमाण—प्रत्यक्ष, अनुमान, उपमान तथा आगम-प्रमाण की सहायता से शत्रु व मित्र का निर्णय करना चाहिये। व्यक्ति उपकारी है या अपकारी यह उसके प्रत्यक्ष आचरण से समझा जा सकता है। आँख, मुख आदि के हावभावों से मन की बात का अनुमान लगाना कठिन नहीं है। दूसरे लोगों के प्रति उसके व्यवहार को देखकर भी उसके चरित्र का पता लगाया जा सकता है और सामुद्रिक आदि शुभाशुभसूचक आगम के द्वारा शारीरिक चिन्हों की परीक्षा करके इसके चाल-चलन आदि के बारे में जाना जा सकता है। अच्छी तरह से परीक्षा किये बिना किसी को भी मित्र रूप में ग्रहण करना या शत्रु समझकर त्यागना उचित नहीं है।[4]

---

१. विद्या शौर्यञ्च दाक्ष्यञ्च बलं धैर्यञ्च पञ्चमम्। इत्यादि।
शांति १३९।८५।८६

२. परोक्षमगुणानाह सद्गुणानभ्यसूयते। इत्यादि।
शान्ति १०३।४६–४९

३. संक्रुद्धश्चैकदा स्वामी स्थानाच्चैवापकर्षति। इत्यादि।
शान्ति ८३।३२–३४

४. प्रत्यक्षेणानुमानेन तथौपम्यागमैरपि।
परीक्ष्यास्ते महाराज स्वे परे चैव नित्यशः॥ शान्ति ५६।४१

शत्रुता व मित्रता अकारण नहीं होती——शत्रु व मित्र का निर्णय करना आसान काम नहीं है। बिना सोचे समझे कोई कदम नहीं उठाना चाहिये। इस संसार में बिना किसी कारण के कोई भी शत्रु या मित्र नहीं बनता। स्वार्थसाधन के निमित्त ही मनुष्य मनुष्य से शत्रुता या मित्रता करता है।[1]

भ्राता, भार्या आदि भी अहेतुक मित्र नहीं——भाई-भाई में या पति-पत्नी में जो सौहार्द्र होता है, वह भी अकारण नहीं होता। (वृहदारण्यक उपनिषद की "आत्मनस्तु कामाय सर्वं प्रियं भवति" इस उक्ति से महाभारतकार का मत मिलता है।) भाई, स्त्री आदि मित्र किसी कारणवश कुपित होने पर पुनः मित्रता कर लेते हैं, किन्तु दूसरों के लिये यह संभव नहीं होता।[2]

शत्रु व मित्रकी उत्पत्ति कारणाधीन——शत्रुत्व या मित्रता कभी चिरस्थायी नहीं होती, शत्रु या मित्र का उद्भव प्रयोजनाधीन होता है। काल विशेष में शत्रु व मित्र का विपर्यय होना असम्भव नहीं है, क्योंकि मनुष्य साधारणतः स्वार्थ का दास होता है। जो व्यक्ति बिना कारण समझे मित्र पर अत्यधिक विश्वास करता है या शत्रु से द्वेष करता है, उसकी लक्ष्मी चंचल होती है। अविश्वस्त पर विश्वास तथा विश्वस्त पर अतिविश्वास दोनों ही संगत नहीं है। अवस्था विशेष में प्रियतमा पत्नी तथा प्रिय पुत्र का भी परित्याग करना पड़ता है; अतएव स्वार्थ या आत्मरक्षा ही सबसे बड़ी चीज है।[3]

मित्र ग्रहण एवं परित्याग के लिये लम्बी परीक्षा——काफी दिनों तक परीक्षा करने के बाद ही किसी को मित्र रूप में ग्रहण किया जाय और जिसे एक बार मित्र बना लिया जाय, उसका त्याग भी काफी जाँच पड़ताल के बाद करना चाहिये। अच्छी तरह परीक्षा करने के बाद बनाया गया मित्र प्रायः प्रतिकूल आचरण नहीं

---

१. वेदितव्यानि मित्राणि विज्ञेयाश्चापि शत्रवः।
एतत् सुसूक्ष्मं लोकेऽस्मिन् दृश्यते प्राज्ञसम्मतम्॥ शांति १३८।१३७
न कश्चित् कस्यचिन्मित्रं न कश्चित् कस्यचिद् रिपुः।
अर्थतस्तु निबध्यन्ते मित्राणि रिपवस्तथा॥ शांति १३८।११०

२. कारणात् प्रियतामेति द्वेष्यो भवति कारणात्।
अर्थार्थी जीवलोकोऽयं न कश्चित् कस्यचित् प्रियः॥ इत्यादि।
शांति १३८।१५१।१५४

३. नास्ति मैत्री स्थिरा नाम न च ध्रुवमसौहृदम्।
अर्थयुक्त्या तु जायन्ते मित्राणि रिपवस्तथा॥ इत्यादि।
शांति १३८।१४१–१४६

करता।[1] जो मित्र भयाक्रांत रहता हो, उसकी हर प्रकार से रक्षा करना कर्त्तव्य है।[2]

मैत्रीनाशक व्यक्ति हतभागी—मैत्री-स्थापन के बाद यदि यथारीति उसका पालन न किया जाय तो परिणाम बड़ा ही कष्टदायक होता है। जिसकी गलती से मित्रता खत्म होती है, उस हतभागे को आपद्काल में कभी मित्र लाभ नहीं होता। मित्रता निभाने में कभी शिथिलता नहीं दिखानी चाहिये, इसमें संकटापन्न होने की आशंका रहती है।[3]

एक बार मित्रता खत्म होने पर पुनः स्थापित करना अच्छा नहीं—एक बार राजा के अविश्वास का पात्र बन जाने पर उस नगर में रहना अच्छा नहीं होता। जहाँ पहले सम्मान तथा बाद को किसी कारणवश अपना अपमान हुआ हो वहाँ रहने का शास्त्रज्ञ अनुमोदन नहीं करते। एक बार मैत्री टूटने पर उसे फिर नहीं जोड़ा जा सकता, अतः उसे फिर से जोड़ने की चेष्टा न करना ही अच्छा है। स्नेह या प्रीति का निभाव केवल एक के करने से नहीं होता, दोनों के दिलों में प्यार न हो तो मित्रता कैसे सम्भव हो सकती है?[4]

ज्ञाति के प्रति व्यवहार—ज्ञाति तथा दूसरे संबंधियों के साथ कैसा व्यवहार करना चाहिये, इस विषय पर 'पारिवारिक व्यवहार' नामक प्रबंध में कहा जा चुका है।

पुरोहित—हर चीज के पर्यवेक्षण के लिये एक पुरोहित को नियुक्त करना चाहिये। समस्त सभासदों की अपेक्षा पुरोहित का दायित्व अधिक होता है।

विद्वान, मन्त्रवित् व बहुश्रुत ब्राह्मण की नियुक्ति—पुरोहित के लक्षणों के संबंध में कहा गया है कि जो यावतीय अनिष्ट के शमन तथा इष्ट वर्द्धन में समर्थ

---

१. चिरेण मित्रं बध्नीयाच्चिरेण च कृतं त्यजेत्।
चिरेण हि कृतं मित्रं चिरं धारणमर्हति॥ शांति २६५।६९

२. यन्मित्रं भीतवत् साध्यं यन्मित्रं भयसंहितम्।
सुरक्षितव्यं तत्कार्यं पाणिः सर्पमुखादिव॥ शान्ति १३८।१०८

३. कृत्वा हि पूर्वंमित्राणि यः पश्चान्नानुतिष्ठति।
न स मित्राणि लभते कृच्छ्रास्वापत्सु दुर्मतिः॥ शांति १३८।१२८
न हि राज्ञा प्रमादो वै कर्त्तव्यौ मित्ररक्षणे॥ शांति ८०।७

४. पूर्वं सम्मानना यत्र पश्चाच्चैव विमानना।
न तं धीराः प्रशंसन्ति सम्मानित विमानितम्॥ इत्यादि।
शान्ति १११।८५।८७

हो, जो विद्वान् मंत्रवित एवं बहुश्रुत हो, राजा की धर्म एवं अर्थोन्नति कर सके वही पौरोहित्य के पद पर आसीन होने के योग्य है। षड़ंगवेदनिरत, शुचि, सत्यवादी, धर्मात्मा, कृतात्मा, ब्राह्मण ही पुरोहित बनने का अधिकारी है। राज्य का सम्पूर्ण भार राजा पर होता है, जो राजा के कल्याण-अकल्याण का सम्पूर्ण दायित्व अपने ऊपर ले, वही पुरोहित है।[1]

ब्राह्मण व क्षत्रिय की सम्मिलित शक्ति से समृद्धि—राजा केवल दृष्ट भय का प्रतीकार कर सकता है; लेकिन पुरोहित की शक्ति असीम होती है, वह अदृष्ट व अनागत भय का प्रतिकार भी कर सकता है। मुकुन्दोपाख्यान में कहा गया है कि जो राजा हर कार्य में पुरोहित के आदेश का पालन करता है, वह सम्पूर्ण पृथ्वी को जीतने में समर्थ होता है। तेजस्वी, तपस्वी ब्राह्मण की ब्रह्मशक्ति तथा क्षत्रिय का बाहुबल दोनों के इकट्ठे होने पर ही राज्य का कल्याण तथा समृद्धि संभव है, अन्यथा नहीं।[2] पुरोहित की अपरिहार्यता तथा उपयोगिता के संबंध में ये प्रकरण अनुसरण योग्य हैं।

पुरोहित के परामर्श से चलने पर उन्नति निश्चित—गंधर्वराज चित्ररथ ने पुरोहित की नियुक्ति के संबंध में अर्जुन को बहुत उपदेश दिये हैं। उसमें कहा गया है—ब्राह्मण को अग्रगामी बनाये बिना क्षत्रिय की विजय का कोई भरोसा नहीं होता। समस्त श्रेयकर्मों में पुरोहित को अग्रस्थान देने पर सिद्धि सुनिश्चित् होती है। जो राजा धर्मविद्, वाग्मी, सुशील, शुचि, विद्वान ब्राह्मण को पुरोहित बनाता है, उसके राज्य की उन्नति के बारे में कोई संदेह नहीं होता। जो पुरोहित के उपदेश को श्रद्धासहित सुनता है, उसके हाथों में सम्पूर्ण पृथ्वी का राज्य स्वयं ही आ जाता है। केवल शौर्य तथा साहस के बल पर राजा कोई बड़ा कार्य नहीं कर सकता। ब्राह्मणत्व के

---

१. य एव तु सतो रक्षेदसतश्च निवर्त्तयेत्।
स एव राज्ञा कर्त्तव्यो राजन् राजपुरोहितः॥ इत्यादि।
शांति ७२।१।शांति ७३।१

बेदे षडंगे निरताः शुचयः सत्यवादिनः।
धर्मात्मानः कृतात्मानः स्युर्नृपाणां पुरोहिताः॥ आदि १७०।७५
योगक्षेमो हि राज्ञो हि समायत्तः पुरोहिते। शांति ७४।१

२. एवं यो धर्मविद् राजा ब्रह्मपूर्वं प्रवर्त्तते।
जयत्यविजितामूर्वीं यशश्च महदश्नुते॥ इत्यादि।
शांति ७४।२१,२२

साथ मिले बिना क्षत्रशक्ति नितान्त निष्प्रभ होती है। ब्राह्मण परिचालित राज्य हर तरह से निरापद रहता है।[१]

बृहस्पति व वशिष्ठ आदि के पौरोहित्य का फल—गंधर्वराज ने और भी कहा है कि "देवराज इन्द्र को पुरोहित बृहस्पति की सहायता से ही देवराज का पद मिला है। महर्षि वशिष्ठ की विद्या बुद्धि के बल से बहुत से प्राचीन राजाओं ने उन्नति की थी। अतएव हे पांडवश्रेष्ठ, तुम भी एक धार्मिक वेदज्ञ ब्राह्मण को पुरोहित बनाओ, राज्य की समृद्धि के लिये सर्वप्रथम पुरोहित को वरण करना चाहिये। धर्मकामार्थविद् पुरोहित की सहायता के बिना कोई राजा उन्नत नहीं हो सकता। गुणवान् जितेन्द्रिय विद्वान् तथा तेजस्वी ब्राह्मण को तुम अवश्य अपना सहयोगी बनाओगे, मैं यही आशा करता हूँ।"[२] बृहस्पति तथा वशिष्ठ के उदाहरणों से पता लगता है कि पुरोहित याजन के साथ-साथ गंभीर मंत्रणा का दायित्व भी लेते थे। नारदीय राजनीति में वर्णित है—"विनयशील, बहुश्रुत, सत्कुलोत्पन्न शास्त्रज्ञ, ऋजु, मतिमान्, अनुसूय विप्र को पुरोहित बनाना चाहिये। पुरोहित को अग्निहोत्र आदि अनुष्ठानों का भी तत्त्वावधान करना चाहिये।[३]

पांडवों द्वारा धौम्य की नियुक्ति—गंधर्वराज के निर्देशानसार पांडवों ने उत्कोचकतीर्थ स्थित धौम्य के आश्रम में जाकर उनसे पौरोहित्य ग्रहण करने का अनुरोध किया। प्रार्थना स्वीकृत होने पर, धौम्य को गुरु रूप में पाकर पांडवों ने स्वयं को कृतकृत्य समझा।[४]

---

१. यस्तु स्यात् कामवृत्तोऽपि पार्थ ब्रह्मपुरस्कृतः।
जयेन्नक्तञ्चरान् सर्वान् स पुरोहितधूर्गतः॥ इत्यादि।
आदि १७०।७३–८०

२. पुरोहितमिमं प्राप्य वशिष्ठमृषिसत्तमम्। इत्यादि।
आदि १७४।११, १२
तस्माद्धर्मप्रधानात्मा वेदधर्मविदीप्सितः।
ब्राह्मणो गुणवान् कश्चित् पुरोधाः प्रतिदृश्यताम्॥ इत्यादि।
आदि १७४।१३–१५

३. कच्चिद् विनयसम्पन्नः कुलपुत्रो बहुश्रुतः।
अनसूयुरनुप्रष्टा सत्कृतस्ते पुरोहितः॥ इत्यादि। सभा ५।४१, ४२

४. तत उत्कोचकं तीर्थं गत्वा धौम्याश्रमन्तु ते।
तं वव्रुः पांडवा धौम्यं पौरोहित्याय भारत॥ इत्यादि।
आदि १८३।६।–१०

पांडवों के हितार्थ धौम्य के कार्य---पुरोहित धौम्य बारह वर्ष तक पाण्डवों के साथ वन में रहे। अज्ञातवास के पूर्व पाण्डवों को नीतजनक उपदेश देकर, अग्निहोत्र के समस्त उपकरण साथ लेकर वे पांचाल चले गये।[1] विराट नगरी में प्रवेश करने से पहले धौम्य ने राजवस्ती के संबंध में पाण्डवों को जो उपदेश दिये थे, वे बहुत मूल्यवान हैं। उन उपदेशों को सुनकर युधिष्ठिर ने कहा था, "हमें आपने अद्भुत शिक्षा दी है। माता कुन्ती तथा महामति विदुर के अलावा हमारा और कोई ऐसा शुभाकांक्षी नहीं है, जो इस तरह के उपदेश दें। हमारे कल्याण के लिये जो भी करना हो वही आप करिये"।[2] (धौम्य का उपदेश आगे विवृत होगा।)

राज्य परिचालन के विषय में कोई विशेष उपदेश देते हुए धौम्य को कहीं नहीं देखा जाता, सम्भवतः वे यजन आदि कर्मों में ही अधिक समय व्यतीत करते थे।

सोमक राजा का पुरोहित---सोमकराजवंश के भी एक मंत्रविद् पवित्र पुरोहित का उल्लेख मिलता है। याजन के अलावा वे दूसरे कर्मों में योग देते थे।

महत् कार्यों में पुरोहित की विश्वस्तता---अर्जुन के लक्ष्यवेध करने के बाद लक्ष्यवेद्धा का यथार्थ परिचय जानने के लिये राजा द्रुपद ने पुरोहित को ही भेजा था। उद्योगपर्व के शुरू में ही द्रुपद राजा के अपने पुरोहित को कुरुसभा में भेजने का जिक्र हुआ है। पुरोहित को कौरवपांडवों में सौहार्द्र स्थापित करने के उद्देश्य से भेजा गया था। बाद में इसी उद्देश्य से कृष्ण भी कुरुसभा में गये थे। इन उदाहरणों से पता चलता है कि महत् कार्यों के लिये पुरोहित पर ही राजा विश्वास करता था।[3] पुरोहित और राजा के संबंध बहुत घनिष्ठ होते थे। आदान प्रदान रूप स्वार्थ की इसमें गंध तक नहीं होती थी।

---

१. कृत्वा तु नैर्ऋतान् दर्भान् धीरो धौम्यः पुरोहितः।
सामानि गायन् याम्यानि पुरतो याति भारत॥ इत्यादि।
सभा ८०।२२। विराट ४।५७

२. अनुशिष्टाः स्म भद्रं ते नैतद्वक्तास्ति कश्चन्।
कुन्ती मृते मातरं नो विदुरं वा महामतिम्॥ विराट ४।५२

३. पुरोहितः सोमकानां मंत्रविद् ब्राह्मणः शुचिः।
परिस्तीर्य जुहावाग्निमाज्येन विधिवत्तदा॥ आदि १८५।३१
पुरोहितं प्रेषयामास तेषां विद्याम युष्मानिति भाषमानः।
आदि १९३।१४
ततः प्रज्ञावयोवृद्धं पाञ्चाल्यः स्वपुरोहितम्।
कुरुभ्यः प्रेषयामास युधिष्ठिरमते स्थितः॥ उद्योग ५।१८

पुरोहित स्वामी के अन्तर्गत—स्वामी, अमात्य, सुहृद, कोष, राष्ट्र, दुर्ग व बल इन सातों के सम्मिलित रूप को ही राज्य कहते हैं।[१] इनमें स्वामी को तीन भागों में विभक्त किया है—पुरोहित, ऋत्विक तथा नृपति; अर्थात्, नृपति, पुरोहित और ऋत्विक्, तीनों ही राज्य के स्वामी माने जाते थे। पुरोहित और ऋत्विक् का सम्मान तथा प्रतिपत्ति कितनी अधिक थी, इस विषय में शायद उपर्युक्त उक्ति ही विशेष प्रामाणिक है।[२]

शान्तिक एवं पौष्टिक कर्म के लिये ऋत्विक् की नियुक्ति—राजा तथा ऋत्विक् के संबंध में ज्ञातव्य विषयों का उल्लेख किया गया है। राजाओं के शांतिक एवं पौष्टिक कर्म करने के लिये ऋत्विक् की आवश्यकता होती थी।

वेद व मीमांसाशास्त्र के पंडित ऋत्विक् का वरण—ऋत्विक् वेद तथा मीमांसा शास्त्र का पंडित होना चाहिये। उसमें समदर्शिता, अनृशंसता, सत्यनिष्ठा, तितिक्षा, दम, शम, प्रज्ञा, अहिंसा और काम क्रोध आदि का अभाव, इन गुणों का होना आवश्यक है। इस तरह के तेजस्वी ब्राह्मण को ऋत्विक् पद देकर राजा को उसका यथोचित सम्मान करना चाहिये और ऋत्विक् राजा के कल्याण के उद्देश्य से सदा यागयज्ञ करते रहना चाहिये।[३]

ब्राह्मण का उपदेश ग्रहण—राजा को ब्राह्मण के आदेशानुसार चलना चाहिये। जल से अग्नि, ब्राह्मण से क्षत्रिय तथा पत्थर से लोहे की उत्पत्ति हुई है। लोहे से पत्थर काटने, अग्नि के जल में पड़ने तथा क्षत्रिय के ब्राह्मण-द्वेषी होने से विनाश अनिवार्य है। अतएव क्षत्रिय को ब्राह्मण के आदेशानुसार ही चलना चाहिये।[४] तपस्वी ब्राह्मण के हाथों में राज्य देकर विनीत भाव से राजा इसके अनुकूल चले

---

१. आत्मामात्याश्च कोषाश्च दण्डो मित्राणि चैव हि। इत्यादि।
शांति ६९।६४, ६५

२. स्वामिरूपा प्रकृतिः ऋत्विक् पुरोहित नृपभेदेन त्रिविधा। नीलकंठ।
शान्ति ७९।१

३: प्रतिकर्म पराचार ऋत्विजां स्म विधीयते। इत्यादि।
शान्ति ७९।२–६

४. ब्रह्मणैव सन्नियन्तृ स्यात् क्षत्रं हि ब्रह्मसम्भवम्। इत्यादि।
शांति ७८।२१–२३

अद्भ्योऽग्निर्ब्रह्मतः क्षत्रमश्मनो लोहमुत्थितम्।
तेषां सर्वत्रगं तेजः स्वासु योनिषु शाम्यति॥ शान्ति ५६।२४।
शांति ७८।२२।उद्योग १५।३३

तो कोई भय नहीं रहता। संशितव्रत तपस्वी, राजा का कल्याण करने में समर्थ होता है।[१]

ब्राह्मण की बात न मानने से अवनति---साधु, विद्वान्, ब्राह्मण को समस्त महत्त्व-पूर्ण कार्यों में प्रमाण मानना ही उचित है। प्रत्येक महत् कार्य के संबंध में उसे बता देना चाहिये। राजा यदि पूर्ण रूप से अधिष्ठत हो, तो भी बिना ब्राह्मण के परामर्श के उसका शीघ्र ही पतन हो जाता है। ब्राह्मण क्षत्रिय का परम सहायी होता है।[२]

मूर्ख ब्राह्मण को वरण नहीं करना चाहिये---मूर्ख कदाचार ब्राह्मण को ऋत्विक् का पद नहीं देना चाहिये। धर्मनिष्ठ शास्त्रज्ञ ब्राह्मण की चरण-वन्दना करके, उसी के आदेशानुसार हर कार्य करने का विधान है।[३]

सेनापति की नियुक्ति---सेनापति की नियुक्ति के संबंध में 'युद्ध' प्रबंध में बताया जायगा।

द्वारपाल तथा दुर्गरक्षक---द्वारपाल तथा दुर्ग नगर आदि के रक्षकों की नियुक्ति से पहले उनके भी गुण अवगुण अच्छी तरह देख लेने का नियम है। सद्‌गुण सम्पन्न, वाग्मी, प्रियंवद, यथोक्तवादी एवं स्मृतिमान आदि गुण जिस व्यक्ति में न हों, वह किसी किसी भी राजकार्य के उपयुक्त नहीं है।[४]

हिसाब-किताब का लेखक गणितज्ञ---आय-व्यय का हिसाब रखने के लिये गणितज्ञ को नियुक्त करना चाहिये।[५]

निदान आदि अष्टांग का अभिज्ञ चिकित्सक---राजनगरी में अच्छे वैद्यों की

---

१. आत्मानं सर्वकार्याणि तापसे राष्ट्रमेव च।
निवेदयेत् प्रयत्नेन तिष्ठेत् प्रह्लश्च सर्वदा॥ इत्यादि।
शांति ८६।२६–३२

२. तस्मान्मान्यश्च पूज्यश्च ब्राह्मणः प्रसृताग्रभुक्।
सर्वं श्रेष्ठं विशिष्टञ्च निवेद्यं तस्य धर्मतः॥ आदि।
शांति ७३।३१,३२। शांति १२०।८
ब्राह्मणानेव सेवेत विद्यावृद्धांस्तपस्विनः। इत्यादि।
शांति १४२।३६। शांति ७१।३,४

३. अनधीयानमृत्विजम्। उद्योग ३३।८३। शांति ५७।४४

४. एतैरेव गुणैर्युक्तः प्रतीहारोऽस्य रक्षिता।
शिरोरक्षश्च भवति गुणैरेतैः समन्वितः॥ शान्ति ८५।२९

५. कच्चिच्चायव्यये युक्ताः सर्वे गणकलेखकाः। सभा ५।७२

नियुक्ति करके उन्हें उचित वेतन दिया जाता था। निदान पूर्वलिंग आदि अष्टांग आयुर्वेद के अभिज्ञों को ही राजवैद्य बनने का सौभाग्य प्राप्त होता था।[1]

स्थपति आदि—राज, बढ़ई, शिल्पी आदि भी सम्मान सहित नगरी में रहते थे।[2]

दूत की नियुक्ति—संधि-विग्रह आदि के विषय में दूसरे राजा या किसी और के पास कुछ समाचार भेजने के उद्देश्य से दूत की नियुक्ति की जाती थी।

श्रीकृष्ण व पांचालराजा के पुरोहित का दौत्य—विशेष महत्त्वपूर्ण कार्य के लिये कभी कभी घनिष्ठ संबंधी या पुरोहित आदि बुद्धिमान व्यक्ति को भी दूत के रूप में भेजा जाता था। उद्योगपर्व में वर्णित श्रीकृष्ण तथा पांचाल नरेश के पुरोहित के दौत्य को उदाहरणस्वरूप लिया जा सकता है।

दूत की योग्यता—केवल दौत्यकार्य के लिये नियुक्त किये जाने वाले व्यक्ति की योग्यता भी अमात्य आदि से कम नहीं होती थी। दूत निर्वाचन-प्रसंग में कहा गया है कि जिसने उच्चकुल में जन्म लिया हो, जो कुलोचित कर्म में निपुण हो, वाग्मी दक्ष, प्रियवादी यथोक्तभाषी तथा स्मृतिमान हो, उसी को दौत्यकर्म के लिये नियुक्त करना चाहिये।[3] अन्यत्र कहा गया है कि अनहंकारी, शक्तिशाली, क्षिप्रकारी, सदय, प्रियदर्शी, अन्यकर्तृक अभेद्य, स्वास्थ्यवान उदारवाक् व्यक्ति को दूत बनाना चाहिये।[4]

वार्त्तावह तथा निस्सृष्टार्थ—दूत दो प्रकार के होते हैं। एक तो वह जो प्रेषक की बात ज्यों की त्यों कह देना ही अपना कर्त्तव्य समझता है और दूसरा वह जो दोनों पक्षों के हावभाव अच्छी तरह समझकर प्रेषक के हितार्थ जो उचित हो, वही कहे। दोनों में दूसरी श्रेणी का दूत ही उत्तम होता है। उद्योगपर्व में वर्णित दूतों में श्रीकृष्ण, पांचाल पुरोहित एवं संजय द्वितीय श्रेणी के दूत थे और दुर्योधन प्रेषित उलूक केवल वार्त्तावह थे।

दूत के प्रति व्यवहार—दूत यदि कोई अप्रिय बात भी कहे तो उसे सजा नहीं देनी चाहिये, क्योंकि उसके मुख से तो प्रेषक की बात ही प्रकट होती है, वह तो

---

१. साम्वत्सरचिकित्सकाः। शान्ति ८६।१६
कच्चिद्वैद्याश्चिकित्सायामष्टांगायां विशारदाः। सभा ५।९०

२. महेष्वासा स्थपतय......। शांति ८६।१६

३. कुलीनः कुलसम्पन्नो वाग्मी दक्षः प्रियंवदः।
यथोक्तवादी स्मृतिमान् दूतः स्यात् सप्तभिर्गुणैः॥ शांति ८५।२८

४. अस्तब्धमक्लीवमदीर्घसूत्रम्। इत्यादि। उद्योग ३७।२७

केवल अनुभाषक होता है। दूत से कभी कटुवचन नहीं कहने चाहिये।[1] भीष्म ने युधिष्ठिर से कहा है, दूत की कभी हत्या नहीं करनी चाहिये, दूत तो मात्र यथोक्तवादी होता है; उसका कठोर या अप्रिय भाषण तो प्रेषक के ही वचन होते हैं। दूत का वध करने से पितरों को ब्रह्महत्या का पाप लगाता है और हन्ता को भी नरकगामी बनना पड़ता है।[2]

अंतःपुररक्षक वृद्ध—अन्तःपुर की रक्षा के लिये वृद्ध पुरुषों को रक्खा जाता था। युवा या प्रौढ़ का वहाँ कोई स्थान नहीं था।[3]

विशेष कार्य के लिये बुद्धिमान व्यक्ति की नियुक्ति—दौत्यकर्म के अलावा अन्वेषण आदि विशिष्ट कार्यों के लिये बुद्धिमान व्यक्तियों को नियुक्त किया जाता था।[4] न्यायविभाग, करसंग्रह आदि के लिये जिन कर्मचारियों की नियुक्ति होती थी, उनके विषय में आगे कहा जागगा। स्वामी, अमात्य, सुहृद के रूप में जिन व्यक्तियों की राजा को आवश्यकता होती थी, उनका उल्लेख किया जाता है।

हर कार्य के लिये बुद्धिमान व निरलस व्यक्ति की नियुक्ति—हर कर्मचारी की नियुक्ति करते वक्त राजा को कुछ साधारण बातों का ख्याल रखना पड़ता था। राजकार्य-निर्वाह के निमित्त जितने लोगों की आवश्यकता होती थी, उन सबका बुद्धिमान, चतुर एवं निरलस होना जरूरी था। जो व्यक्ति जिस कार्य के योग्य हो, उसे वही कार्य देने का विधान था।

योग्यतानुसार नियुक्ति—अनुकम्पावश ऋषि अपने आश्रम के कुत्ते को शरभ बनाकर किस तरह विपत्ति में पड़ गये थे तथा बाद को क्यों उन्होंने फिर से उसे कुत्ता बना दिया था, यह उपख्यान ऋषिसंवाद में वर्णित हुआ है। इसी प्रसंग में राजा को उपदेश दिया गया है कि योग्यता समझे बिना किसी को नियक्त नहीं करना चाहिये। जिसका जो स्थान हो उसे वहीं रखना चाहिये। जो राजा भृत्य को उसके अनुरूप कार्य देता है, उसका भविष्य बहुत उज्वल होता है। मूर्ख, क्षुद्र, अशिक्षित, असंयमी व्यक्ति को किसी भी कार्य के लिये नियुक्त नहीं करना चाहिये। सिंह भी

---

१. उलूकश्च न ते वाच्यः परुषं पुरुषोत्तम।
दूताः किमपराध्यन्ते यथोक्तस्यानुभाषिणः॥ उद्योग १६१।३७

२. न तु हन्यान्नृपो जातु दूतं कस्याञ्चदापदि। इत्यादि।
शांति ८५।२६, २७

३. स्थविरैर्वृतम्। वन ५६।२५

४. भर्त्तुरन्वेषणार्थन्तु पश्येयं ब्राह्मणानहम्।
यद्येवमिह वत्स्यामि त्वत्सकाशे न संशयः॥ वन ६५।७०

यदि कुत्तों द्वारा घिरा रहे तो उसका विक्रम धीरे-धीरे ह्रास को प्राप्त हो जाता है। अतएव कुलीन, प्राज्ञ व बहुश्रुत सभासदों की नियुक्ति करके राजा को राज्य का परिचालन करना चाहिये।[1]

अल्पज्ञ की नियुक्ति से समृद्धि का ह्रास---जो व्यक्ति कार्यनिपुण तथा अनुरक्त हो उसे महत्कार्य का दायित्व देना चाहिये। जितेन्द्रिय, निर्लोभी, चतुर व्यक्तियों को अर्थविभाग में नियुक्त करना चाहिये। मूढ़, इन्द्रियासक्त, अनार्य-चरित, शठ-वंचक, हिंस्र, दुर्बुद्धि, मद्यसेवी, द्यूतरत, अतिस्त्रैण, मृगयाव्यसनी तथा अल्पज्ञ व्यक्ति को महत्कार्य सौंपने से राजा शीघ्र ही समृद्धिहीन हो जाता है।[2]

नृपति स्वयं ही नियुक्ति करे---कर्मचारियों की नियुक्ति राजा को स्वयं ही करनी चाहिये, दूसरे लोगों को यह कार्य नहीं सौंपना चाहिये।[3]

राजा को ही वेतन तय करना चाहिये---किसे कितना वेतन मिलना चाहिये, यह राजा को ही तय करना पड़ता था। प्रार्थी भी राजा के समक्ष स्वयं उपस्थित होकर आवेदन करते थे।[4]

विराटपुरी में पांडवों की कर्मप्रार्थना---छद्मवेशी पांडवों ने विराट राजा के समक्ष उपस्थित होकर ही काम देने के लिये अनुरोध किया था, तभी प्रत्येक को योग्यतानुसार कार्य दिया गया था। विशेषरूप से वहीं यह विधान देखने में आता है।[5]

युधिष्ठिर द्वारा कर्मचारियों की नियुक्ति---कुरुक्षेत्र के युद्ध के बाद राजसिंहासन मिलने पर युधिष्ठिर ने स्वयं ही विदुर आदि की नियुक्ति की थी।[6]

---

१. अनुरूपाणि कर्माणि भृत्येभ्यो यः प्रयच्छति।
स भृत्यगुणसम्पन्नो राजा फलमुपाश्नुते॥ शांति ११९।८–१३
भृत्या ये यत्र स्थाप्याः स्युस्तत्र स्थाप्याः सुरक्षिताः। शांति ११८।३
मृदुशीलं तथा प्राज्ञं शूरं चार्थविधानवित्।
स्वकर्मणि नियुञ्जीत ये चान्ये च बलाधिकाः॥ शांति १२०।२३

२. शक्तञ्चैवानुरक्तञ्च युंज्यान्महति कर्मणि। इत्यादि। शांति ९३।१४, १५
मूढ़मैन्द्रियकं लुब्धमनार्यं चरितं शठम्। इत्यादि। शांति ९३।१६, १७

३. अश्वाध्यक्षोऽसि......। वन ६७।६
किं वापि शिल्पं तव विद्यते कृतम्। विराट् १०।८

४. ......वेतनं ते शतं शताः। वन ६७।६
......वदस्व किं चापि तवेह वेतनम्। विराट १०।८

५. विराट ५वें अध्याय से १२वें अध्याय तक।

६. शान्ति ४१वाँ अध्याय।

यथासमय वेतन देना---कर्मचारियों को यथासमय वेतन मिलता है कि नहीं; इस ओर भी राजा सतर्क दृष्टि रखता था। यथासमय वेतन न मिलने से कर्मचारी असन्तुष्ट रहते हैं, वे प्रसन्नता से कार्य तो कर ही नहीं पाते, राजा की अनिष्ट-कामना भी करते हैं। अतएव कर्मचारियों को यथासमय वेतन देकर संतुष्ट रखना ही उचित है।[1]

प्रतिकूल आचरण करने वाले कर्मचारियों का परित्याग---जो कर्मचारी अशिष्ट हो, श्रद्धा सहित आदेश का पालन न करता हो, काम से जी चुराता हो, प्रज्ञाभिमानी हो तथा प्रतिकूल बात कहता हो, उसे शीघ्र ही पदच्युत कर देना चाहिये। राजा के परोपकारी, सर्वभूतहितेच्छु एवं सर्व-गुणविशिष्ट होते हुए भी जो भृत्य उसके विरुद्ध विद्रोह करे उस पापात्मा का वर्जन करना ही उचित है।[2]

अनुगत के सौहृद्य से समृद्धि---जो मन वचन से राजा के अभ्युदय की आकांक्षा करते हों उनका कभी त्याग नहीं करना चाहिये। जो राजा अपनी व आज्ञाकारी सभासदों की रक्षा करता है, उसकी प्रजा दिन प्रतिदिन उन्नति करती है और वह भी ऐश्वर्य भोग करता है।[3]

कार्य का पर्यवेक्षण स्वयं करना उचित---वीणा आदि वाद्ययन्त्रों के तार जिस तरह विभिन्न स्वरों का अनुवर्त्तन करते हैं उसी प्रकार राजा को भी कर्मचारियों की गतिविधियों पर नजर रखनी चाहिये।[4]

कर्मचारियों के साथ राजा का व्यवहार---अमात्य, ऋत्विक्, पुरोहित आदि

---

१. देयं काले च दापयेत्। शांति ५७।१२
कच्चिद्बलस्य भक्तञ्च वेतनञ्च यथोचितम्।
संप्राप्यकाले दातव्यं ददासि न विकर्षसि॥ इत्यादि।
सभा ५।४८, ४९

२. वाक्यन्तु यो नाद्रियतेऽनुशिष्टः प्रत्याह यश्चापि नियुज्यमानः।
इत्यादि। उद्योग ३७।२६
अपि सर्वगुणैर्युक्तं भर्त्तारं प्रियवादिनम्।
अभिद्रुह्यति पापात्मा न तस्माद्विश्वसेज्जनात्॥ शांति ९३।३८

३. भक्तं भजेत नृपतिः सदैव सुसमाहितः। शान्ति ९३।१३
रक्षितात्मा च यो राजा रक्ष्यान् यश्चानुरक्षति॥ इत्यादि। शांति ९३।१८

४. अथ दृष्ट्वा नियुक्तानि स्वानुरूपेषु कर्मसु।
सर्वांस्ताननुवर्त्तेत स्वरांस्तन्त्रीरिवायता॥ शांति १२०।२४

व्यक्तियों के साथ राजा के तथा राजा के साथ उनके व्यवहार के संबंध में पहले ही बताया जा चुका है। अब यहाँ साधारण कर्मचारियों के साथ राजा के तथा राजा के साथ उनके व्यवहार के बारे में बताया जाता है। कर्मशील भक्त भृत्यों के साथ सश्रद्ध एवं सदय व्यवहार करने का जिक्र बहुत जगह आया है। किन्तु भीष्म के उपदेश में कुछ विशिष्ट व्यवहारों का उल्लेख हुआ है।

मर्यादा-लंघन से राज्य की क्षति—भृत्यों के साथ समय-समय पर अंतरंगता सहित हास-परिहास करना उचित नहीं है। उपजीवी भृत्यों के साथ रहने से वे यथोचित सम्मान करने में कुंठित होते हैं तथा अपनी मर्यादा का उल्लंघन करके वचनों द्वारा स्वामी का अनादर करते हैं। किसी कार्य का आदेश देने पर संशय प्रकट करके उपेक्षा दिखाते हैं। गोपनीय बातें भी प्रकट कर देते हैं। अप्रार्थनीय द्रव्य की प्रार्थना करते हैं और प्रगल्भता वश राजा के उद्देश्य से आया खाद्य भी स्वयं ही उदरस्थ कर जाते हैं। स्वामी पर क्रोध करते हैं तथा उसकी अपेक्षा अपने को अधिक बुद्धिमान साबित करने की चेष्टा करते हैं। प्रजा से रिश्वत लेकर तथा और दूसरे कुकर्मों द्वारा राजतन्त्र की बदनामी कराते हैं। झूठे शासनपत्र आदि बना कर अधिकृत देशों को अन्दर से खोखला कर देते हैं। महिला नौकरानियों से मिलकर अन्तःपुर में प्रवेश करने का सुयोग ढूँढ़ते रहते हैं। साज पोशाक में भी राजा का अनुकरण करते हैं। इतने निर्लज्ज बन जाते हैं कि राजा के सामने ही थूकने, जम्हाई लेने आदि में भी नहीं सकुचाते। राजा यदि बहुत ही मृदुस्वभावी तथा परिहासप्रिय हो तो उसके रथ, हाथी, घोड़े आदि वाहनों का व्यवहार भी अपने लिये बिना हिचक के करते हैं। "हे राजन्, आप यह काम नहीं कर सकेंगे", "यह आपकी दुरभिसंधि है", आदि अशिष्ट वचनों द्वारा सब के सामने द्विधारहित होकर अपमान कर देते हैं। राजा यदि क्रोधावेश में हो तो वे हँसते हैं, राजा के प्रसाद को भी ग्रहण नहीं करते। उसके आदेश का पालन नहीं करते। अपने अधिकारों की सीमा का उल्लंघन करके अन्याय द्वारा राज्य को आत्मसात करने की चेष्टा करते हैं, अपनी वृद्धि से सन्तुष्ट नहीं रहते। और तो और सूत्रबद्ध पक्षियों की तरह राजा को हाथ की मुट्ठी में पाकर उससे खेलने लगते हैं। "राजा तो हमारे हाथ का खिलौना है" इस तरह के वाक्यों का प्रयोग करने में भी वे कुंठित नहीं होते। अतएव भूपति को कभी अपनी मर्यादा नहीं छोड़नी चाहिये।[1]

सम्मानित व्यक्ति का अपमान अमंगलदायक—स्वयं अच्छी तरह जाँच पड़ताल किये बिना किसी भी कर्मचारी को सजा नहीं देनी चाहिये। किसी की सज्जनता के

---

१. परिहासश्च भृत्यैस्ते नात्यर्थं वदताम्वर। इत्यादि। शांति ५६।४८–६१

अपनी स्वार्थसिद्धि में बाधक बनने पर दुष्ट कर्मचारी उसके विरुद्ध राजा के कान भरते हैं। उनकी बातों पर विश्वास करके राजा यदि कोई फैसला कर दे तो उसका परिणाम बहुत खराब होता है। सच्चा हितैषी यदि पहले सम्मानित हो और बाद को झूठ मूठ उसका असम्मान किया जाय तो वह इस अपमान को सह नहीं पाता। अतः राजा को खूब सोच समझ कर ही कोई निर्णय लेना चाहिये। राजधर्म प्रकरण के 'व्याघ्रगोमायु-संवाद' में उपाख्यान के द्वारा यह उपदेश दिया गया है।[1]

राजा के प्रति भृत्यों का व्यवहार—राजा के प्रति भी कर्मचारियों के कुछ विशिष्ट कर्त्तव्य होते हैं। राज्य द्वारा सम्मानित या मित्रस्वरूप गृहीत होने पर भी उन्हें स्वामी-भृत्य के संबंधों को नहीं भूलना चाहिये। सर्वदा अपनी मर्यादा तथा अधिकार का ख्याल रखना चाहिये।

पुरोहित धौम्य का उपदेश—राज्यसभा में रहते समय जिन बातों का ख्याल रखना चाहिये, उन्हीं के बारे में पुरोहित धौम्य ने पाण्डवों तथा द्रौपदी को अज्ञातवास से पहले बताया था। वह पूरा अध्याय बहुत ही उपादेय है। "प्रतिहारियों की सम्मति के बिना कभी राजसभा में प्रवेश मत करना। जो आसन दूसरे के लिये हो, उसपर मत बैठना। दूसरे के यान, वाहन, पर्यंक व आसन पर बिना अनुमति लिये नहीं बैठना चाहिये। द्यूतस्थान, वेश्यालय या मदिरालय में कभी मत जाना। इस तरह के व्यवहार से राजा के गुप्तचर चरित्र पर संदेह करके राजा को खबर दे देते हैं। राजसभा में बिना किसी के पूछे कभी मत बोलना, यदि राजा कोई प्रश्न पूछे तो स्थिरचित्त होकर शिष्टता के साथ केवल प्रश्न का उत्तर देना। राजा की खुशामद करना भी अनुचित है। खुशामदप्रिय व्यक्तियों से राजा मन ही मन घृणा करता है। रानी के साथ बातचीत करने की चेष्टा करना बहुत ही बुरा है; अन्तःपुर के रक्षकों के साथ बातचीत करने से भी राजा के मन में सन्देह उत्पन्न हो सकता है। राजद्वेषी व्यक्ति से सदा दूर रहना चाहिये। निपुणता सहित हिताहित की विवेचना करके जो व्यक्ति राजसभा में रहता है, उसे कोई डर नहीं होता। राजा जब तक बैठने के लिये न कहे, आसन ग्रहण नहीं करना चाहिये। अधिकारों का उल्लंघन करके जो राजसन्निधान की कामना करता है, वह भले ही राजा का पुत्र या भाई हो, आदृत नहीं होता। बहुत निकट जाने से राजा अग्नि की तरह दहन कर देता है और जरा भी अवज्ञा होने से देव की तरह सर्वस्व हरण कर लेता है। अतएव उसे संतुष्ट रखना दक्षता का विषय है। राजा के सामने सदा तथ्य एवं प्रिय वचन बोलना, अप्रिय, अहितकारी बात कभी मुख पर मत लाना। लेकिन हितकारी बात

---

१. शांति १११ वाँ अध्याय।

यदि अप्रिय भी हो तो कह देना ही उचित है। "मैं राजा को बहुत प्रिय हूँ"—ऐसा कभी नहीं सोचना चाहिये, इसके विपरीत 'मैं राजा का प्रिय नहीं हूँ' यह सोचकर ही राजा की सेवा करना उचित है। राजा के बाँयी या दाँयी तरफ दूसरे आसन पर बैठना चाहिये, पीठ पीछे या मुँह के सामने नहीं बैठना चाहिये। राजा यदि कुछ झूठ भी कहे तो दूसरे पर यह बात प्रकट नहीं करनी चाहिये। राजप्रसाद मिलने या ऐश्वर्यलाभ होने से अति हर्षित होना अच्छा नहीं होता, इससे चपलता प्रकट होती है। राजा के सामने ओठ, भुजा या जंघा पर हाथ नहीं रखना चाहिये। जम्हाई लेने, थूकने आदि के संबंध में भी खूब सावधान रहना चाहिये। राजा का कोई आचरण यदि हास्यजनक हो, तो भी अट्टहास करना अनुचित है। किसी भी विषय में राजा के साथ प्रतियोगिता नहीं करनी चाहिये। 'राजा की अपेक्षा मैं अधिक बुद्धिमान हूँ' ऐसा भाव कभी प्रकट नहीं करना चाहिये। निरलस वीर पुरुष की तरह सदा अपने कार्य के प्रति सजग रहना। कार्य करने के लिये सदा इस तरह प्रस्तुत रहना कि राजा को आदेश देने की आवश्यकता न पड़े। धनधान्य आदि की रक्षा या शत्रु-जय, किसी भी कार्य का आदेश मिलने पर कुंठित मत होना। तत्क्षण साहस व भरोसे के साथ कार्य करने के लिये चल पड़ना ही उचित है। प्रवास में रहते वक्त स्त्री पुत्र आदि को बार-बार याद नहीं करना चाहिये। रिश्वत आदि कभी नहीं लेनी चाहिये। आजा खुश होकर यान, वाहन, वस्त्र या कुछ और दे तो उसका अनादर मत करना। जो राजसभा में रहते समय इन सब बातों की ओर सतर्क दृष्टि रखते हैं, वे सुख सम्मान से समय बिताते हुए राजा के विशेष कृपापात्रों में गिने जाते हैं।"[१]

विदुर का उपदेश—महामति विदुर के नीतिवचनों में कहा गया है कि जो व्यक्ति स्वामी का अभिप्राय समझ कर सतर्कता के साथ कार्य करते वही राजप्रसाद पाकर सुख से कालयापन करते हैं।[२]

बाहुबल आदि पाँच प्रकार के बल—बाहुबल, अमात्यबल, धनबल, अभिजात बल (पितापितामह के क्रम से प्राप्त सामाजिक प्रसिद्धि) तथा प्रज्ञाबल, इन पाँच प्रकार के बलों में बाहुबल सर्वापेक्षा निम्न एवं प्रज्ञाबल श्रेष्ठ है।[३]

---

१. दृष्टद्वारो लभेद द्रष्टुं रहस्येषु न विश्वसेत्। इत्यादि।

विराट ४।१३–५०

२. अभिप्रायं यो विदित्वा तु भर्त्तुः सर्वाणि कार्याणि करोत्यन्द्री।

इत्यादि। उद्योग ३७।२५

३. बलं पंचविधं नित्यं पुरुषाणां निबोध मे। इत्यादि।

उद्योग ३७।५२–५५

कोषबल का स्थान तीसरा––पाँचों बलों में कोषबल का स्थान तीसरा है। संसार में धन के बिना एक दिन भी काम नहीं चलता। निर्धन व्यक्ति का कोई आदर नहीं करता। कोई भी लौकिक कार्य धन के बिना सम्पन्न नहीं होता।

समाज में धन का विशिष्ट स्थान––राजा धन के बिना डग भी आगे नहीं बढ़ सकता, इसीलिये पंचबलों में धन को अन्यतम बताया है और सप्तप्रकृतियों में उसे विशिष्ट स्थान दिया है। धन का महात्म्य सर्वत्र वर्णित हुआ है।[1]

राजकोष प्रजा के कल्याणार्थ––यह प्रथम ही जान लेना उचित है कि राजकोष यद्यपि राजा के अधीन होता है, किन्तु अपने आमोद-प्रमोद या रागरंग आदि पर धन खर्च करने का अधिकार राजा को नहीं दिया गया है। राजसूययज्ञ, अश्वमेधयज्ञ आदि प्रजा के कल्याणार्थ किये जाते थे। इसी कारण जब भी राजकोष का धन खर्च होता था, प्रजा उपकृत होती थी। धन की महत्ता प्राचीन राजाओं का आदर्श नहीं था।

अर्थ का फल भगवान को सर्मापित––महाराज युधिष्ठिर के यज्ञ में श्रेष्ठ अर्घ्य के प्रापक भगवान श्रीकृष्ण थे। राजा अपने अर्थ का फल भगवान को सर्मपित करते थे। गीता में राजा को भगवान की विभूति बताया है।[2] राजा भगवान का प्रतिनिधि होता है। उसे राजकोष की रक्षा जनसाधारण के लिये करनी पड़ती है।

अर्थ संग्रह का आदर्श––राजा जितेन्द्रिय बने, यह बात बार-बार कही गई है। राजकोष का धन राजा के भोग के लिये नहीं होता। राज्य के मंगल के निमित्त कोष की निरन्तर वृद्धि करनी पड़ती है। अर्थसंग्रह के उपाय तथा व्ययपद्धति के बारे में इसी प्रबंध में बताया जायगा।

न्यायपथ द्वारा अर्थसंग्रह––वानप्रस्थ लेने के बाद धृतराष्ट्र ने युधिष्ठिर को जो उपदेश दिये थे, उनमें एक बात यह भी कही थी––"कोष की वृद्धि सदा न्यायतः ही करना। महाराज, अन्याय के द्वारा अर्थ वृद्धि की चेष्टा मत करना"।[3]

न्याय तथा अन्याय क्या है? यह भीष्म के उपदेश से अच्छी तरह जाना जा सकता

---

१. धनमाहुः परं धर्मं धने सर्वं प्रतिष्ठितम्। इत्यादि।

उद्योग ७२।२३–२७

दारिद्र्यमिति यत् प्रोक्तं पर्यायमरणं हि तत्। उद्योग १३४।१३

विशेषं नाधिगच्छामि पतितस्याधनस्य च। शांति ८।१५

२. नराणाञ्च नराधिपम्। भीष्म ३४।२७

३. कोशस्य निचये यत्नं कुर्वीथा न्यायतः सदा।

विविधस्य महाराज विपरीतं विवर्जयेः। इत्यादि। आश्र ५।३६, ३७

है। ऐसा प्रतीत होता है कि यहाँ किसी विशेष सार्थकता से ही 'महाराज' शब्द प्रयुक्त हुआ है। युधिष्ठिर को सावधान करते हुए धृतराष्ट्र ने इस विशेषण का प्रयोग करके मानों उन्हें अपने महत्वपूर्ण दायित्व एवं धर्मपालन का स्मरण कराया है। 'दूसरे साधारण राजाओं की तरह व्यवहार करना तुम्हें शोभा नहीं देगा, क्योंकि तुम महाराज हो'। युधिष्ठिर ने भी कभी धृतराष्ट्र के आदेश का उल्लंघन नहीं किया।

प्रजा की सामर्थ्य के अनुसार कर-निर्धारण—भीष्म ने युधिष्ठिर से कहा है, "राजा को सदा प्रजा की कल्याणकामना करनी चाहिये, प्रजा के कल्याण के उद्देश्य से ही उससे कर लेना चाहिये। देश, काल व पात्र की विवेचनापूर्वक अपना व प्रजा का दोनों का मंगल हो तथा पाल्यपालक संबंधों की क्षति न हो, इस प्रकार अर्थवृद्धि की चेष्टा करनी चाहिये। भ्रमर जिस प्रकार पौधे को बिना कोई क्षति पहुँचाये उसके फूल से मधु ले लेता है, उसी प्रकार तुम भी प्रजा को बिना किसी प्रकार की क्षति पहुँचाए उत्थित अंश से कोष को समृद्ध करना। गाय को दुहते समय जिस प्रकार बछड़े का ख्याल रखना पड़ता है, उसी प्रकार कर लेते समय यह अच्छी तरह देख लेना चाहिये कि अधिक भार से कहीं प्रजा दब न जाय। शेरनी जिस तरह अपने बच्चे को दाँतों से मुँह में दबाकर एक जगह से दूसरी जगह ले जाती है, लेकिन तो भी बच्चे को कोई कष्ट नहीं होता, उसी तरह तुम प्रजा को बिना कष्ट पहुँचाये कोष की उन्नति के लिये अर्थसंग्रह करना। एक ऐसा चूहा होता है जो सोते हुए आदमी के तलवे का माँस धीरे से काट कर ले जाता है; लेकिन निद्रित व्यक्ति को पता भी नहीं चलता: तुम भी उसी तरह प्रजा से कर लेकर अपना भंडार भरना। जो व्यक्ति समृद्धशाली हों उनसे हर वर्ष पहले वर्ष की अपेक्षा कुछ अधिक कर लेना। उन्हें इससे कोई कष्ट नहीं होगा। देश, काल का विचार करके ही उचित कर निर्धारित करना। स्थिरचित्त होकर दयाभाव रखते हुए निपुणता के साथ ही कर निश्चित करना चाहिये। असंगत अपायों से किसी को वश में नहीं किया जा सकता। किसी विपत्ति में पड़े बिना प्रजा से कुछ भी मत माँगना"।[१]

षष्ठांश कर रूप में लेना—उत्पन्न वस्तु का छठवाँ हिस्सा प्रजा को कर रूप में देना पड़ता था। कृषक, शिल्पी, वणिक या दूसरे किसी प्रकार की जीविकावाले वार्षिक आय का छठवाँ हिस्सा राजा को देते थे।[२]

प्राचीन काल में दशमांश ग्रहण की पद्धति—सुलभा-जनक संवाद में कहा गया

---

१. शांति ८८ वाँ अध्याय। शान्ति ८७।२०–२२

२. बलिषड्भागहारिणम्। इत्यादि। आदि २१३।९। शांति २४।१२। शांति ६९।२५। शांति १३९।१००। शांति ७१।१०

है कि उत्साही राजा को आय का दसवाँ हिस्सा कर रूप में लेना चाहिये।[1] अति प्राचीन काल में शायद यही नियम था, लेकिन महाभारत के काल में आय का षष्ठांश कर रूप में लेने के अनेकों प्रमाण मिलते हैं।

अश्व, वस्त्र आदि लेना—अश्व, वस्त्र मणिमाणिक्य, धान्य आदि वस्तुएँ कर स्वरूप ली जाती थीं। अर्थात् जिस जगह जो चीज पैदा होती थी तथा जिस परिवार में जिस व्यवसाय द्वारा जीविकोपार्जन होता था, उससे वही कर स्वरूप लिया जाता था।[2]

राजा प्रजा के बीच कोई समझौता नहीं होता था—इस संबंध में हमें यह ख्याल रखना चाहिये कि उस काल में राजा और प्रजा के बीच ऐसा कोई समझौता नहीं होता था कि कर अदायगी के बदले राजा राज्य की रक्षा करेगा। धर्मबुद्धि से ही राजा प्रजा का पालन करता था। प्रजा भी धर्म रागज्ञ बार ही राजा को कर देती थी। हर श्रेणी की प्रजा से कर लेने की रीति नहीं थी। दरिद्र, अनाथ, विधवा, विपन्न तथा तपस्वी स्वधर्मनिष्ठ ब्राह्मण से कर नहीं लिया जाता था।

अधिक कार लेना निन्दनीय—अत्यधिक कर लेने की बार-बार निन्दा की गई है। कहा है, जिसकी प्रजा कर भार से पीड़ित तथा राज्यशासन प्रणाली से सदा उद्विग्न रहती है, उस राजा का शीघ्र ही पतन हो जाता है। जिसकी प्रजा सरोवर के प्रस्फुटित पद्मों की तरह सदा प्रफुल्ल रहती है, वह नृपति नाना प्रकार के ऐहिक ऐश्वर्यों का भोग करके परलोक में स्वर्गलाभ करता है।[3]

वृत्ति रक्षण—बणिकों, शिल्पियों आदि से उनकी आय के अनुसार ही कर लिया जाता था। कर-भार से प्रजा अधिक न दब जाय इसका ख्याल रखने के लिये राजा को बार बार सतर्क किया गया है। धनधान्य तथा कृषि आदि की अवस्था पर अच्छी तरह सोच विचार कर ही कर निश्चित करना उचित है। अनिरिक्त कर के दबाव से यदि जातीय व्यवसाय में कुछ लाभ न हो तो कोई भी उस

---

१. यश्च राजा महोत्साहः क्षत्रधर्मरतो भवेत्।
स तुष्येद्दशभागेन ततस्त्वन्यो दशावरैः॥ शान्ति ३२०।१५८

२. ततो दिव्यानि वस्त्राणि दिव्यान्याभरणानि च।
क्षौमाजिनानि दिव्यानि तस्य ते प्रददुः करम्॥ इत्यादि।
सभा २८।१६–१९

३. नित्योद्विग्नाः प्रजा यस्य करभारप्रपीड़िताः।
अनर्थैविप्रलुप्यन्ते स गच्छति पराभवम्॥ इत्यादि।
शांति १३९।१०९, ११०

व्यवसाय की उन्नति की चेष्टा नहीं करता। अतएव यह ख्याल रखना चाहिये कि कर निर्धारण की दुर्व्यवस्था से कहीं जातीय वृत्ति खत्म न हो जाय।[1]

अर्थ-क्षुधित राजा अश्रद्धेय—अति तृष्णा से कहीं आत्ममूल राज्य तथा पर-मूल कृषि आदि कर्मों का समूल उच्छेद न हो जाय, कर निश्चित करते समय इस ओर लक्ष्य रखना राजा का कर्तव्य है। राजा यदि लोभी हो जाय तो राज्य नहीं चल सकता राजा की अर्थक्षुधा प्रबल होने पर प्रजा उसका विश्वास ही नहीं कर पाती, श्रद्धा तो दूर की चीज है।[2]

प्रजा का जीवन निर्वाह करने के लिए राजा बाध्य—शास्त्रानुसार अपराधी से दंड स्वरूप प्राप्त धन, कर में मिला द्रव्य एवं मार्ग में सुरक्षित वणिकों द्वारा प्रदत्त कर राजा को राजकोष में जमा कर देना चाहिये। इसी प्रकार धान्य आदि के षष्ठांश कर द्वारा राज्य की रक्षा करनी चाहिये; किन्तु पैदावार का षष्ठांश करस्वरूप देने के बाद यदि अवशिष्ट धान्य आदि से किसी का साल भर तक जीवननिर्वाह न हो सके, तो राजा उसका वार्षिक खर्च पूरा करने के लिये धर्मतः बाध्य है। इस संबंध में राजा को विशेष रूप से उपदेश दिया गया है।[3]

अति लोभी राजा का विनाश अवश्य-भावी—लोभवश शास्त्रविरुद्ध तरीकों से कर वसूल करने पर प्रजा को कष्ट तो होता ही है, लेकिन अपने विनाश का मार्ग भी प्रशस्त हो जाता है। अधिक दूध की इच्छा से गाय के थनों में छेद करने पर जिस तरह अतिलोभी के भाग्य में कुछ नहीं रह जाता, इसी तरह अधिक धन की तृष्णा से प्रजा का शोषण करने पर अजितेन्द्रिय अधम राजा का विनाश शीघ्र ही हो जाता है। पयस्विनी गाय की यथोचित सेवा करने से जैसे पुष्टिकारक स्वादिष्ट दूध मिलता है, वैसे ही बिना किसी लोभ के प्रजा की सेवा करने से प्रसन्न प्रजा के सश्रद्ध दान

---

१. **यथा यथा न सीदेरंस्तथा कुर्यान्महीपतिः। शांति ८७।१६**
फलं कर्म च संप्रेक्ष्य ततः सर्वं प्रकल्पयेत्। इत्यादि।
शांति ८७।१६, १७

२. **संवेक्ष्य तु तथा राज्ञा प्रणेयाः सततं कराः।**
नोच्छिद्यादात्मनो मूलं परेषां चापि तृष्णया॥ इत्यादि।
शांति ८७।१८–२०

३. **बलिषष्ठेन शुक्तेन दण्डेनाथापराधिनाम्।**
शास्त्रानीतेन लिप्सेथा वेतनेन धनागमम्॥ इत्यादि।
शांति ७१।१०,११

द्वारा राजकोष स्वयं ही भरा रहता है और राजा के सुख सौभाग्य में भी उत्तरोत्तर वृद्धि होती है।[1]

कोशसंचय की न्यायपरता से ऐश्वर्यलाभ--प्रजा यदि सुरक्षित रहे और कोष की वृद्धि के लिये किसी प्रकार के अन्याय को प्रश्रय न दिया जाय, तो यह वसुंधरा राजा के लिये मातृवत् अतुल ऐश्वर्य विधायिनी बन जाती है।[2]

मालाकार सदृश आचरण से समृद्धि--भीष्म ने युधिष्ठिर से कहा है--"महाराज, तुम सदा माली की तरह व्यवहार करना, आंगारिक की तरह कभी व्यवहार मत करना। आंगारिक अंगारों के लिये वन जंगल आदि को जला डालता है और माली वन को ही उद्यान में परिणत करके उसकी शोभा से स्वयं भी मुग्ध होता है, दूसरों को भी मुग्ध करता है और सुगन्धित कुसुमों का चयन करके खूबसूरत माला बनाता है। तुम भी माली के आचरण का अनुकरण करके राज्य के कल्याण में आत्मनियोग करो, सुरक्षित प्रजा की श्रद्धा व कृतज्ञता का आनन्द ही तुम्हारे लिये सुगंधित माला की तरह लोभनीय हो।"[3]

दरिद्र से कर लेना अनुचित--अपने आश्रित दरिद्र नगरवासियों पर राजा को सामर्थ्यानुसार कृपा करनी चाहिये। कर वसूली में इस श्रेणी के लोगों को छोड़ देना चाहिये।[4]

धनी वैश्य के कर से व्ययनिर्वाह--प्राकार-निर्माण, भृत्यपोषण, युद्ध तथा दूसरे राजकार्यों में होने वाले व्यय के लिये राजा समर्थ वैश्यों पर कर लगाये। आरण्यक ग्वालों की देखभाल न की जाय तो वे उन्नति नहीं कर पाते। अतः उनके प्रति राजा को सदय व्यवहार करना चाहिये। वैश्य, कृषि, गोपालन एवं वाणिज्य के

---

१. **अर्थमूलोऽपि हिंसा च कुरुते स्वयमात्मनः।**
करैरशास्यदृष्टैर्हि मोहात् सम्पीडयन् प्रजाः॥ इत्यादि।
शांति ७१।१५-१८

२. **दोग्ध्री धान्यं हिरण्यंच मही राज्ञा सुरक्षिता।**
नित्यं स्वेभ्यः परेभ्यश्च तृप्ता माता यथा पयः॥ शांति ७१।१९

३. **मालाकारोपमो राजन् भव मांगारिकोपमः।**
तथायुक्तश्चिरं राज्यं भोक्तुं शक्ष्यसि पालयन्॥ शान्ति ७१।२०

४. **पौरजानपदान् सर्वान् संश्रितोपाश्रितांस्तथा।**
यथाशक्त्यनुकम्पेत सर्वान् स्वल्पधनानपि॥ शांति ८७।२४

द्वारा राज्य का बहुत कल्याण करते हैं। इसलिये कर निर्धारण करते वक्त उन पर सदय भाव रखना चाहिये।[1]

रक्षाविधान के बाद कर निर्धारण---वृक्ष की बिना कोई क्षति किये जिस प्रकार ताड़, खजूर आदि के वृक्षों से रस संग्रह किया जा सकता है, उसी प्रकार प्रजा के आय-व्यय, सामर्थ्य आदि पर अच्छी तरह सोचकर उनका सपरिवार निर्वाह हो सके, यह देखने के बाद कर वसूल करना चाहिये।[2]

कर के लिये प्रजा का उत्पीड़न करना पाप---प्रजा पर स्नेह होने के कारण, उसी के कल्याण के निमित्त अर्थ लिया जाता है। प्रजा का उत्पीड़न करके बिजली की तरह उसपर गिरना राजा का कर्म नहीं है। अधिक धन के लोभ से कभी भी शास्त्रविरुद्ध उपायों द्वारा धन संग्रह नहीं करना चाहिये। जो शास्त्रानुशासन न मानकर स्वेच्छाचार को प्रश्रय देते है, उनका धर्म व अर्थ चंचल होता है।[3]

धर्म के साथ अर्थ शास्त्र के सामञ्जस्य का विधान---केवल अर्थशास्त्र के निर्देशानुसार चलने से काम नहीं चलता। धर्म के साथ सामंजस्य रखकर अर्थशास्त्र का प्रयोग करना चाहिये। नहीं तो छीनी हुई सम्पत्ति समूल विनष्ट हो जाती है।[4]

धन नष्ट होने पर ब्राह्मण के अलावा धनी व्यक्तियों से संग्रह करना---दूसरे राजा के आक्रमण के फलस्वरूप यदि कोषागार खाली हो जाय तो साम द्वारा प्रजा से थोड़ा-थोड़ा लेने की चेष्टा करनी चाहिये। किन्तु ऐसे समय ब्राह्मण से राजा धन नहीं ले सकता। ब्राह्मण का धन कभी नहीं लेना चाहिये। यहाँ तक कि विपत्ति में पड़ने पर भी ब्राह्मण पर कर लगाना उचित नहीं है।[5]

---

१. प्राकारं भृत्यभरणं व्ययं संग्रामतो भयम्।
योगक्षेमञ्च संप्रेक्ष्य गोमिनः कारयेत् करम्॥ इत्यादि।
शांति ८७।३५-३८

२. लोके चायव्ययौ दृष्ट्वा वृहद् वृक्षमिवाश्रवत्। शान्ति १२०।९

३. तस्माद्राजा प्रगृहीतः प्रजासु मूलं लक्ष्म्याः सर्वशो ह्याददीत।
शांति १२०।४४

मास्म लोभेनाधर्मेण लिप्सेथास्त्वं धनागमम्। शांति ७१।१३

४. अर्थशास्त्रपरो राजा धर्मार्थान्नाधिगच्छति।
अस्थाने चास्य तद्वित्तं सर्वमेव विनश्यति॥ शांति ७१।१४

५. परचक्राभियानेन यदि ते स्याद्धनक्षयः।
अथ साम्नैव लिप्सेथा धनमब्राह्मणेषु यत्॥ इत्यादि।
शान्ति ७१।२१-२३

अर्थविभाग में पाँच कर्मचारियों की नियुक्ति---अर्थ विभाग में पाँच कर्मचारियों को रखने का विधान मिलता है। उनमें बुद्धि, विनय, तेज, धैर्य, क्षमा, शौच, अनुराग, स्थिति, धति तथा निष्कपटता आदि गुणों का होना आवश्यक है। इस तरह के सज्जन व्यक्तियों को नियुक्त करने से कहीं भी अन्यास या अविचार की आशंका नहीं रहती।[1]

खान आदि की आय पर कर---सुवर्ण आदि की खदानों, लवण के उत्पत्ति स्थान, अनाज की आढ़तों, नदी की संतरण प्रतियोगिता (शायद एक प्रकार का जुआ), हाथी के खेदों आदि की आय-व्यय का लेखा जोखा करके इन स्थानों से भी कर लेकर अर्थ की वृद्धि करनी चाहिये। इन स्थानों पर हितकारी व दक्ष कर्मचारियों को नियुक्त करना उचित है।[2]

लोभी व्यक्ति को अर्थसंग्रह के लिये नहीं रखना चाहिये---अर्थ संग्रह आदि के लिये लोभी व्यक्ति को नियुक्त नहीं करना चाहिये। निर्लोभी, सदय एवं सुबुद्धि व्यक्ति को ऐसे काम सौंपने से राजा व प्रजा दोनों का ही कल्याण होता है। मूर्ख व लोभी व्यक्ति प्रजा को उत्पीड़ित करके प्रसन्न होता है। जो कर्मचारी प्रजा को कष्ट देकर अन्याय द्वारा धन वसूल करे, उसे राजा को कठोर सजा देनी चाहिये।[3]

अर्थ विभाग में नियुक्त पाँच व्यक्तियों का कर्मविभाग---युधिष्ठिर के पूछने पर नारद ने जो राजधर्म का उपदेश दिया है, उसमें कहा गया है कि जनपद में से कर वसूल करने के लिये पाँच वीर, कृतप्रज्ञ व्यक्तियों को चुनना चाहिये। उनमें से एक कर वसूली करे, एक ग्राम शासन करे, कर वसूल करने वाला और प्रजा दोनों एक दूसरे की बात मानें, इसके लिये एक व्यक्ति नियुक्त करना चाहिये। एक व्यक्ति पर सब कुछ लिखने का भार हो और पांचवाँ हर बात का साक्षी रहे।[4]

---

१. येषां वैनयिकी बुद्धिः प्रकृतिश्चैव शोभना। इत्यादि।
शांति ८२।२१–२३

२. आकरे लवणे शुल्के तरे नागबले तथा।
न्यसेदमात्यान्नृपतिः स्वाप्तान् वा पुरुषान् हितान्। शांति ६९।२९

३. मास्म लुब्धांश्च मूर्खांश्च कामार्थे च प्रयूयुजः। शांति ७१।८,९
दण्ड्यास्ते च महाराज धनादान प्रयोजकाः।
प्रयोगं कारयेयुस्तान् यथावलिकरांस्तथा॥ शांति ८८।२६

४. कच्चिच्छूराः कृतप्रज्ञाः पञ्च पञ्चस्वनुष्ठिताः।
क्षेमं कुर्वन्ति संहत्य राजन् जनपदे तव॥ सभा। ५।८०।
नीलकंठ देखिये।

कर वसूली का उद्देश्य प्रजा का मंगल---प्रजा का पालन धर्मसंगत होना चाहिये। कर वसूल करने का उद्देश्य प्रजा का कल्याण ही है। जो राजा कर वसूल करने में तो खूब चतुर हो, लेकिन प्रजा की हितकामना न करता हो, उसे राजा कहना तो दूर की बात है, वह तो पुरुष कहलाने योग्य भी नहीं होता, ऐसा व्यक्ति तो पुरुषवेशधारी नपुंसकमात्र ही कहा जा सकता है।[1]

प्रजापीड़न के कारण उद्भूत विद्रोह राज्यनाशक---प्रजा का उत्पीड़न करने से धन की वृद्धि हो भी जाय तो वह धन टिकता नहीं। प्रजा की अश्रद्धा से उत्पन्न विद्रोहाग्नि राजा को पूर्ण रूप से नष्ट करे विना पीछा नहीं छोड़ती।[2]

राजकोश प्रजा की ही न्यस्त सम्पत्ति---जो पौर व जनपद प्रजा के सुख का ख्याल रखकर राज्य करता है, वह इस लोक व परलोक में अनन्त सुख भोगता है।[3] इन सब उपदेशों से पता चलता है कि स्वार्थ के वशीभूत होकर प्रजा का उत्पीड़न करना उस काल में अत्यन्त घृणित माना जाता था, कर प्रजा के सुख के निमित्त ही लिया जाता था। राजकोष प्रजा की ही रक्षित सम्पत्ति होती है, इसका कई जगह उल्लेख आया है। जो राजा करस्वरूप आय का षष्ठांश प्रजा से ले लेता है, लेकिन प्रजा के सुख की व्यवस्था नहीं करता, पंडितों ने उसे 'पापाचारी' की संज्ञा दी है।[4] जो षष्ठांश लेकर प्रजापालन में उदासीनता दिखाता है, उसे सम्पूर्ण राज्य के पाप का चतुर्थांश फल भोगना पड़ता है।[5] प्रजा से जो धन लेकर राजकोष में इकट्ठा किया जाता है, वह प्रजा की रक्षा के उद्देश्य से ही संचित होता है। व्यक्तिगत आवश्यकताओं के लिये उस धन के उपयोग का अधिकार राजा को नहीं होता।[6]

अरक्षक राजा पार्थिवतस्कर---जो राजा राजकोश का धन प्रजा के हितार्थ

---

१. विहीनं कर्मणा न्यायं यः प्रगृह्णाति भूमिपः।
उपायस्याविशेषज्ञं तद्वै क्षत्रं नपुंसकम्।। शान्ति १४२।३१

२. दुःखादान इह ह्येष स्यात्तु पश्चात् क्षयोपमः।
अभिगम्यमतीनां हि सर्वासामेव निश्चयः।। शांति १३०।९

३. यस्तु रञ्जयते राजा पौरजानपदान् गुणैः।
न तस्य भ्रमते राज्यं स्वयं धर्मानुपालनात्।। शांति १३९।१०७

४. अरक्षितारं राजानं बलिषड्भागहारिणम्। इत्यादि। आदि २१३।९

५. प्रतिगृह्णाति तत् पापं चतुर्थांशेन भूमिपः। शांति २४।२२

६. स षड्भागमपि प्राज्ञस्तासामेवाभिगुप्तये। शांति ६९।२५

खर्च न करके भोग विलास में उड़ा देता है उसे 'पार्थिवतस्कर' कहा गया है, अर्थात् उसमें और चोर में कोई अन्तर नहीं होता।[1]

प्रजाशोषण से अनर्थ--प्रजा का शोषण करने से धन की वृद्धि तो नहीं, हाँ अनर्थों की वृद्धि अवश्य होती है। संयमी तथा बुद्धिमान राजा का अर्थ ही उत्तरोत्तर वृद्धि को प्राप्त होता है। प्रजा से लिया गया धन उसी के कल्याण के लिये लगाना उचित है।[2]

किस किस से कर लेना अनुचित--अपने अधीन रिश्तेदार राजाओं से कर नहीं लिया जाता था। अनाथ, विधवा, अति विपन्न, दरिद्र और फिर वृद्ध, इन सबकी उदरपूर्त्ति की व्यवस्था राज्य की तरफ से की जाती थी। राजा को कभी भी धर्मविरुद्ध उपायों द्वारा वृद्धि की कामना नहीं करनी चाहिये। उपयुक्त पात्र को दान तथा यज्ञानुष्ठान आदि सत्कार्यों के लिये धन खर्च करना उचित है। युद्ध आदि के कारण प्रजा का बहुत नुकसान होता है, अतः उसके बाद भी उससे जबर्दस्ती कर वसूल करना नितान्त अन्याय है। साधारणतः ब्राह्मण से कर नहीं लिया जाय, किन्तु किन्हीं विशेष कारणों से राजा यदि विपत्ति में पड़ जाय तो केवल उन ब्राह्मणों से कर वसूल कर सकता है जो ब्राह्मण की वर्णगत वृत्ति त्याग कर वैश्य आदि की वृत्ति द्वारा जीविकोपार्जन कर रहे हों। स्वधर्मनिरत ब्राह्मण से किसी भी अवस्था में कर नहीं लिया जा सकता।[3]

---

१. **बलिषड्भागमुद्धृत्य बलिं समुपयोजयेत्।**
न रक्षति प्रजाः सम्यग् य स पार्थिवतस्करः॥ इत्यादि।
शांति १३९।१००–१०३

२. **नित्यं बुद्धिमतोऽप्यर्थः स्वल्पकोऽपि विवर्द्धते। शांति १३९।८८**
कालं प्राप्यानुगृह्णीयादेष धर्मः सनातनः। शांति १३०।१३

३. **द्वौ करौ न प्रयच्छेतां कुन्तीपुत्राय भारत।**
वैवाहिकेन पाञ्चाला सख्येनान्धकवृष्णयः। सभा ५२।४९
यष्टव्यं क्रतुभिर्नित्यं दातव्यञ्चाप्यपीड़या। इत्यादि। शांति ८६।२३,२४
स्वयं विनाश्य पृथिवीं यज्ञार्थं द्विजसत्तम।
करमाहारयिष्यामि कथं शोकपरायणः॥ अश्व ३।१४
एतेभ्यो बलिमादद्याद्धीनकोशो महीपतिः।
ऋते ब्रह्मसमेभ्यश्च देवकल्पेभ्य एव च॥ शांति ७६।९
क्षत्रियो वृत्तिसंरोधे कस्य नादातुमर्हति।
अन्यत्र तापसस्वाच्च ब्राह्मणस्वाच्च भारत॥ शांति १३०।२०

असदाचारी ब्राह्मण से कर ग्रहण—असदाचारी ब्राह्मण को उपयुक्त शिक्षा देने के लिये उससे कर लेने का विधान है। त्यक्ताचारी, स्ववृत्तिविरोधी व्यक्ति की सम्पत्ति पर राजा का अधिकार बताया है। अर्थ संग्रह करते वक्त भी सज्जन को सबके समक्ष पुरस्कृत तथा दुर्जन को पीड़ित किया जाता था।

प्रजा की जीविका के लिये राजा उत्तरदायी—कहा गया है कि जिसके राज्य में कोई विप्र चोरी करने के लिये बाध्य हो, तो यह राजा के अपटु होने का प्रमाण है। जीविका का साधन रहते चोरी आदि दुष्कर्म करने का कोई कारण नहीं होता। प्रजा की जीविका निर्वाह के कष्ट के लिये शासनपद्धति एवं कोशसंग्रह पद्धति को ही उत्तरदायी बताया है।[1]

दस्यु तथा कृपण का अर्थ लेकर सत्कार्य में लगाना—देवार्पित एवं याज्ञिक की सम्पत्ति कभी नहीं लेनी चाहिये। दस्यु तथा असदाचारी का धन राजा ले सकता है। जो नीच व्यक्ति केवल धन का संग्रह करने से आनन्दित होता हो, उस धन को यागयज्ञ या किसी लोकहितकारी कार्य में खर्च न करता हो, उसका धन बिल्कुल ही वृथा होता है। धर्मज्ञ नृपति को ऐसे कृपण का धन जबर्दस्ती छीन लेना चाहिये, लेकिन वह धन कोषागार में जमा न करके जनसाधारण के कल्याण में लगा देना चाहिये।[2]

उन्मत्त आदि का अर्थ प्रजा के कल्याण में लगाना—मत्त, उन्मत्त का आदि का धन लेकर राजा को नगर की रक्षा के लिये खर्च करना चाहिये। लेकिन इन व्यक्तियों की चिकित्सा तथा जीविका व्यवस्था भी राजा को ही करनी पड़ेगी।[3]

विजित राजाओं से कर ग्रहण—विजित राजाओं से कर लेने का नियम था।[4]

सतत सञ्चय की आवश्यकता—राज कोष में धन सदा संचित रखना चाहिये।

---

१. अब्राह्मणानां वित्तस्य स्वामी राजेति वैदिकम्।
ब्राह्मणानाञ्च ये केचिद्विकर्मस्था भवन्त्युत॥ इत्यादि।
शांति ७६।१०–१३।शांति ७७।२–५

२. न धनं यज्ञशीलानां हार्यं देवस्वमेव च।
दस्यूनां निष्क्रियाणाञ्च क्षत्रियो हर्त्तुमर्हति॥ इत्यादि।
शांति १३६।२–६

३. दशधर्मगतेभ्यो यद्वसु बह्वल्पमेव च।
तदादतीत सहसा पौराणां रक्षणाय वै॥ शान्ति ९६।२६

४. ते नागपुरसिंहेन पाण्डुना करदीकृताः। इत्यादि।
आदि ११३।३८।सभा २५वें अध्याय से ३२वें अ० तक

यदि आय अधिक और व्यय कम हो तभी सञ्चय संभव हो सकता है। बेकार के खर्चों से राजकोष को हानि न पहुँचे, इस ओर विशेष रूप से लक्ष्य रखना चाहिये। बुद्धि-कौशल तथा कार्यदक्षता से धन संचित होता है। दरिद्र व्यक्ति ही संसार में सर्वापेक्षा दुर्बल होता है। धन बल ही प्रकृति बल माना जाता है। कोष की सुरक्षा तथा सद्व्यय से धर्म, अर्थ एवं काम की प्राप्ति संभव होती है। अतएव धर्मपथ पर चलकर कोष को उन्नत करने की चेष्टा करनी चाहिये, अधर्म का कभी अवलम्बन नहीं लेना चाहिए।[1]

आपद्वृत्ति—आपद्काल में उल्लिखित नियमावली में परिवर्त्तन व परिवर्द्धन कर लिया जाता था। कहा गया है कि आपत्ति पड़ने पर अधर्म को भी धर्म के रूप में ग्रहण करना चाहिये।[2]

दुर्बल को छोड़कर सबसे कर लेना—आपद्काल में अपनी रक्षा करना ही धर्म होता है अतः उस समय दुर्बल व्यक्ति को छोड़कर बाकी सबसे कर लिया जा सकता है। कोष की शक्ति राज्य की सर्वोत्कृष्ट शक्ति होती है। आपत्ति के समय अन्याय द्वारा धन की वृद्धि करना भी निष्पाप है। यज्ञ आदि में इस तरह के अनेकों कर्म करने पड़ते हैं जो देखने में नितान्त अशोभनीय लगते हैं, किन्तु यज्ञ के अंग होने के कारण जैसे उनका त्याग नहीं किया जा सकता, उसी प्रकार आपद्काल में धन की आवश्यकता पूरी करने के लिये अशोभनीय कर्म करना भी अनुचित नहीं है।[3]

कोशसंचय के विरोधी का हनन—आपत्तिकाल में यदि कोई धन संग्रह का विरोध करे तो उसकी हत्या कर देनी चाहिये। देश एवं काल भेद के अनुसार कार्याकार्य के नियमों में थोड़ा बहुत परिवर्त्तन करने के लिये हर एक व्यक्ति बाध्य होता है।[4]

---

१. सर्वं धनवता प्राप्यं सर्वं तरति कोशवान्। इत्यादि।

शांति १३०।४९, ५०

२. तस्मादापद्यधर्मोऽपि श्रूयते धर्मलक्षणः। शान्ति १३०।१६

३. आपद्गतेन धर्माणामन्यायेनोपजीवनम्। इत्यादि।

शांति १३०।२५, २६

राज्ञः कोशबलं मूलं कोशमूलं पुनर्बलम्। इत्यादि।

शांति १३०।३५–३७

४. एवं कोशस्य महतो ये नराः परिपन्थिनः।

तान्हत्वा न पश्यामि सिद्धिमत्र परन्तप। इत्यादि॥

शांति १३०।४२–४४

आपद्काल के उद्देश्य से संचय---प्रजा राजा को जो धन देती है, उसमें से थोड़ा थोड़ा राजा को आपद्-विपद् के लिये संचित करते रहना चाहिये।[1]

साधु व असाधु उपायों के बीच का मार्ग अपनाना---विपत्ति पड़ने पर कोष संचय की ओर विशेष रूप से लक्ष्य रखना चाहिये। अपने व दूसरे राज्यों से धन इकट्ठा करना उचित है। कोष की उन्नति से ही राज्य की उन्नति संभव है। धन संग्रह करके यत्नपूर्वक उसकी रक्षा तथा वृद्धि की व्यवस्था करनी चाहिये। आपद्-काल में केवल नेक उपायों पर निर्भर न रहकर अच्छे व बुरे के बीच का मार्ग अपनाना ही बुद्धिमत्ता है। दुर्बल राजा अर्थसंग्रह नहीं कर पाता और धन के बिना राज्य की रक्षा करना दुष्कर है। राजलक्ष्मी वीर पुरुष पर ही अनुग्रह करती है। महत्त्वशाली व्यक्ति की समृद्धि का ह्रास तथा मृत्यु दोनों एक समान होती हैं; अतएव हर तरह से धनबल और मित्रबल की वृद्धि की चेष्टा करना ही उचित है।[2]

हीनकोष नृपति अवज्ञा का पात्र---जिसका खजाना खाली हो, वह राजा सबकी अवज्ञा का पात्र होता है। राजकर्मचारी भी उसका कार्य करने में उत्साह नहीं दिखाते। एकमात्र कोष के कारण ही सब राजा का सम्मान करते हैं। जिस तरह वस्त्र मनुष्य के कुत्सित अवयवों को ढके रखता है, उसी प्रकार राजा की समस्त कलुषताओं पर धनागार का आवरण पड़ा रहता है।[3]

संकट काल में कर वृद्धि---संकटकाल में कर बढ़ा देना अन्याय नहीं है। यद्यपि यह भी देखने में शोषण ही लगता है; लेकिन जरा स्थिरचित्त होकर सोचने पर पता चलता है कि प्रजा के कल्याण के लिये ही कर बढ़ाया जाता है। इसके बावजूद भी यह अवश्य ख्याल रखना चाहिये कि करवृद्धि के कारण किसी व्यक्ति को अत्यधिक कष्ट न पहुँचे।[4]

कोश के शुभचिंतक का सम्मान---राजकोष के शुभचिन्तक व्यक्ति को सम्मान सहित राज सभा में स्थान देना चाहिये। राजकोष की क्षति की जरा सी भी आशंका होते ही जो व्यक्ति तत्क्षण राजा से कह दे वही वास्तविक शुभचिन्तक कहलाता है।

---

१. आपदर्थं च निर्यातं धनं त्विह विवर्द्धयेत्। शांति ८७।२३

२. स्वराष्ट्रात् परराष्ट्राच्च कोशं संजनयेन्नृपः। इत्यादि।
शांति १३३।१–५

३. हीनकोशं हि राजानमवजानन्ति मानवाः। इत्यादि।
शान्ति १३३।६,७

४. पार्श्वतः करणं प्राज्ञो विष्टम्भित्वा प्रकारयेत्।
जनस्तच्चरितं धर्मं विजानात्यन्यथान्यथा॥ शांति १४२।९

ऐसे अमात्यों की बातें सदा एकांत में सुननी चाहिये। राजकोष के रक्षक से दूसरे राजकर्मचारी ईर्ष्या करते हैं, अतः यदि राजा ही उनका ख्याल नहीं रक्खेगा तो फिर वे कहाँ जायँगे।[1]

संकट काल में प्रजा से ऋण लेना—संकट के समय प्रजा से ऋण लेने का भी विधान था। राजा धनी व्यक्तियों से कहता था, "वर्त्तमान संकटकालीन अवस्था में तुम लोगों की रक्षा करने के लिये मैं तुम लोगों से ऋण देने का अनुरोध करता हूँ संकट टल जाने पर मैं आपका ऋण चुका दूंगा। दस्यु या तस्कर तुम्हारे ऊपर यदि आक्रमण करेंगे तो तुम्हारा सब कुछ विनष्ट हो जायगा। आपद-विपद में काम आने के लिये ही धन का संचय किया जाता है। तुम लोग मेरे लिये सन्तान तुल्य हो, तुम्हारी अर्थ सहायता से मैं इस संकट से पार पाना चाहता हूँ।" इस प्रकार मधुर वचनों द्वारा प्रजा से ऋण लिया जा सकता है।[2]

विपत्ति की दुहाई देकर धर्म त्यागना गर्हित—आपद् काल में भी धर्मबुद्धि का बिल्कुल ही विसर्जन नहीं कर देना चाहिये; यह ख्याल रखना चाहिये कि धर्म सबसे ऊपर होता है। धन की वृद्धि करना उचित है; किन्तु विपत्ति की दुहाई देकर धर्म को छोड़ देना गर्हित है। बलपूर्वक प्रजा का शोषण करने से अनर्थों की उत्पत्ति होती है। अधार्मिक, स्वेच्छाचारी राजा का शीघ्र ही विनाश हो जाता है।[3]

बालक, वृद्ध आदि का धन अग्राह्य—बालक, वृद्ध, अंध व दुर्गत के धन की सदा रक्षा करनी चाहिये। उनके धन को किसी भी अवस्था में हाथ नहीं लगाना चाहिये राजा पर चाहे जैसी विपत्ति आये पर वह दरिद्र श्रमजीवियों का धन नहीं ले सकता। दरिद्र के कष्टसंचित अर्थ पर राजा की लुब्धदृष्टि पड़ते ही राजलक्ष्मी चंचल हो उठती है।[4]

---

१. यः कश्चिज्जनयेदर्थं राज्ञा रक्ष्यः सदा नरः। शांति ८२।१–४

२. अस्यामापदि घोरायां सम्प्राप्ते दारुणे भये।
परित्राणाय भरतः प्रार्थयिष्ये धनानि वः॥ इत्यादि। शांति ८७।२९-३४

३. अर्थसिद्धे परं धर्मं मन्यते यो महीपतिः।
वृद्ध्याञ्च कुरुते बुद्धिं स धर्मेण विराजते॥ इत्यादि।
शान्ति ९२।७–९

४. वृद्धपालधनं रक्ष्यमन्धस्य कृपणस्य च। अनु ६१।२५
न खातपूर्वं कुर्वीत न रुदन्तीर्धनं हरेत्।
क्षतं कृपणवित्तं हि राष्ट्रं हन्ति नृपश्रियम्। इत्यादि।
अनु ६१।२५, २६

प्रजा को अन्न का अभाव होने से राजा पाप का भागी---दरिद्र तथा अनाथ व्यक्ति यदि अन्नाभाव से पीड़ित हों उस राजा का धन निरर्थक है। विद्वान् व्यक्ति को भी यदि जीविका की चिन्ता करनी पड़े, तो फिर राजा के राजा होने का क्या लाभ ऐसे राजा को भ्रूणहत्या का पाप लगता है।[1]

राज्य की अवस्थानुसार व्यय का विधान---जिस वर्ष राज्य में कृषि आदि की अवस्था अच्छी हो, उस साल कोश में संचित अर्थ के चतुर्थांश द्वारा राज्य का खर्च चलाना चाहिये। जिस वर्ष राज्य की अवस्था न बहुत अच्छी न बहुत बुरी हो, उस साल कोष का आधा भाग खर्च करना चाहिये। और जिस साल देश में दुर्भिक्ष पड़े उस साल कोष के चार भागों में से तीन भाग धन खर्च करना चाहिये।[2]

दुर्विनीत का ऐश्वर्य अमंगल का हेतु---दुर्विनीत व्यक्ति सम्पत्ति, विद्या एवं ऐश्वर्य का अधिकारी होते हुए भी उनका यथोचित व्यवहार नहीं कर पाता। और उसका वह सौभाग्य दुर्भाग्य का कारण बन जाता है।[3]

अरक्षक राजा बध के योग्य---जो अर्थ के लिये प्रजा का शोषण करने में तो पटु हो, किन्तु रक्षा करने के प्रति उदासीन हो, वह राजा नितान्त अधम होता है: प्रजा को मिलकर निर्दयता के साथ उसकी हत्या कर देनी चाहिये।[4]

---

१. यदि ते तादृशो राष्ट्रे विद्वान् सीदेत् क्षुधा द्विजः।
भ्रूणहत्याञ्च गच्छेथा कृत्वा पापमिवोत्तमम्॥ इत्यादि।
अनु ६१।२८, २९

२. कच्चिदायस्य चार्द्धेन चतुर्भागेन वा पुनः।
पादभागैस्त्रिभिर्वापि व्ययः संशोध्यते तव॥ सभा ५।७०

३. दुर्विनीताः श्रियं प्राप्य विद्यामैश्वर्यमेव वा।
तिष्ठन्ति न चिरं भद्रे यथाहं मदगर्वितः॥ वन २४८।१८

४. अरक्षितारं हर्त्तारं विलोप्तारमनायकम्।
तं वै राजकलिं हन्युः प्रजाः सन्नह्य निर्घृणम्। इत्यादि।
अनु ६१।३२,३३

राजधर्म (ग)

महाभारत में राज्य शब्द बहुत व्यापक अर्थ में प्रयुक्त हुआ है। स्वामी, अमात्य, सुहृद्, कोश, राष्ट्र दुर्ग तथा बल इन सातों की समष्टि को राज्य कहते हैं। सप्तांगक राज्य के पंचमस्थानीय राष्ट्र शब्द का तात्पर्य प्रजा व प्रजा के वासस्थान जनपद से है। यूं तो राजा प्रजा के संबंध, प्रजापालन आदि के बारे में राष्ट्र की समीक्षा करते हुए बताना चाहिये, किन्तु प्रसंगवश उसकी थोड़ी सी झाँकी स्वामी व अमात्य के बारे में बताते हुए दिखा दी गई है। शत्रु मित्र की पहचान एवं उनके प्रति राजा का कर्त्तव्य, सन्धिविग्रह, चरनियोग आदि विषय भी राष्ट्रीय समीक्षा के अंतर्गत आते हैं। उसके बाद दुर्ग, राजधानी तथा शासनप्रणाली के बारे में भी इसी प्रबंध में बताया जायेगा।

पद पद पर मनुष्य के शत्रु—मनुष्य के शत्रु पद-पद पर होते हैं, यह बात बिल्कुल सत्य है। जल, स्थल, अंतरिक्ष हर जगह मनुष्य के अगण्य शत्रु हैं। शत्रुओं से भरी इस पृथ्वी पर बाघ, भालू, मगर, साँप आदि प्राणियों को तो उनकी आकृति से पहचाना जा सकता है, लेकिन भद्रवेशधारी मनुष्य को पहचानना सबसे कठिन कार्य है। इसीलिये शत्रु व मित्र की पहचान कुशलता से करने के लिये राजा को उपदेश दिया गया है। प्रतापी से प्रतापी राजा भी शत्रुओं द्वारा आक्रान्त होकर सदा के लिये विलुप्त हो गये, इस तरह के सैकड़ों उदाहरण पुराणों व इतिहासों में मिलते हैं।

परिवारस्थ शत्रु—शत्रु केवल घर से बाहर ही नहीं होते। बहुत से राजाओं ने अपनी प्रियतमा महिषी, परम स्नेही सहोदर तथा प्राणतुल्य पुत्र के हाथों प्राण गँवाये हैं। अतः इस विषय का विशेष ज्ञानार्जन करना राजा के लिये बहुत आवश्यक है।

कोई व्यक्ति शत्रुहीन नहीं होता—संसार में कोई व्यक्ति ऐसा नहीं है जो शत्रुविहीन हो, महाभारतकार का यही कहना है। और तो और वनवासी संन्यासी जो स्वयं किसी के साथ शत्रुता नहीं करता, उसके भी शत्रुओं का अभाव नहीं होता। जो वनवासी मुनि केवल अपने काम से काम रखते हैं, संसार का कल्याण ही जिनकी कामना होती है, उनके भी शत्रु, मित्र तथा उदासीन तीनों श्रेणियों के लोग होते हैं। लोभी व्यक्ति शुचि स्वभावी से द्वेष करता है, कातर भीरु व्यक्ति तेजस्वी पुरुष से ईर्ष्या करता है, मूर्ख पंडित का शत्रु होता है, दरिद्र धनी को अपना शत्रु समझता

है, धार्मिक व्यक्ति अधार्मिक पापाचारी के आँख का काँटा होता है, बदसूरत व्यक्ति सुन्दर से ईर्ष्या करता है। कहने का तात्पर्य यह है कि संसार में शत्रुहीन व्यक्ति एक भी नहीं है।[1]

शत्रु व मित्र को पहचानना सहज नहीं—शत्रु व मित्र के विषय में इससे पहले भी थोड़ा बहुत बताया जा चुका है। शत्रुमित्र की पहचान के लिये कुछ साधारण नियम हैं तो अवश्य, परन्तु उन वाह्यिक लक्षणों द्वारा तीक्ष्णबुद्धि शत्रु को नहीं पहचाना जाता। वे बाहर से तो मित्र का-सा व्यवहार करते हैं किन्तु मन में सदा शत्रता रूपी संचित हलाहल के तीव्र आक्रोश को सफल बनाने का सुयोग ढूंढ़ते रहते हैं। शत्रु-मित्र की पहचान बहुत ही कुशलता से करनी चाहिये। "जो मेरे सुख में सुख तथा दुख में दुख का अनुभव करें वही प्रकृत मित्र है जिसका आचरण इसके विपरीत हो अर्थात् जो मेरे सुख से दुखी और दुख से सुखी हो वही शत्रु है।" केवल इसी एक लक्षण से शत्रु तथा मित्र का परिचय मिल जाता है।[2] जिन व्यक्तियों की जीविका का साधन एक ही होता है, उनमें प्रायः शत्रुता बनी रहती है। इसीलिये राजा का शत्रु राजा, ब्राह्मण का शत्रु ब्राह्मण और चिकित्सक का शत्रु चिकित्सक होता है। इसी तरह समव्यवसायियों की प्रतियोगिता प्रायः शत्रुता द्वारा समाप्त होती है। शायद यही कारण है कि ज्ञाति को 'सहजशत्रु' की संज्ञा दी गई है।[3]

क्षुद्र शत्रु भी उपेक्षणीय नहीं—छोटे से छोटे शत्रु की भी उपेक्षा करना उचित नहीं है। शत्रु की उपमा अग्नि तथा विष से दी गई है। अग्नि का एक पतंगा भी बड़े से बड़े नगर को राख के ढेर में परिणत कर देता है, विष का सेवन बहुत कम मात्रा में किया जाय तो भी परिणाम बहुत भयानक होता है।[4]

---

१. मुनेरपि वनस्थस्य स्वानि कर्माणि कुर्वतः।
उत्पद्यन्ते त्रयः पक्षा मित्रोदासीनशत्रवः॥ इत्यादि।
शांति १११।६०–६२

२. आर्त्तिवार्त्ते प्रिये प्रीतिरेतावन्मित्रलक्षणम्।
विपरीतन्तु बोध्यव्यमरिलक्षणमेव तत्॥ शान्ति १०३।५०

३. नास्ति वै जातितः शत्रुः पुरुषस्य विशाम्पते।
येन साधारणी वृत्तिः स शत्रुर्नेतरो जनः॥ सभा ५५।१५

४. न च शत्रुरवज्ञेयो दुर्बलोऽपि वलीयसा।
अल्पोऽपि हि दहत्यग्निर्विषमल्पं हिनस्ति च॥ इत्यादि।
शांति ५८।१७।सभा ५५।१६, १७

शत्रुता का प्रतीकार—शत्रुता के यथोचित प्रतीकार के लिये सदा पौरुष का आश्रय लेना चाहिये। निरुद्योगी, आलसी व्यक्ति सहज ही शत्रु द्वारा आक्रान्त हो जाता है।[१] राजा को शत्रु से बदला लेने का सतत प्रयत्न करते रहना चाहिये तथा उसकी गतिविधियों का पता तत्परता के साथ लगाना प्रथम कर्त्तव्य है।[२]

गुप्तचरों द्वारा शत्रु की गतिविधियों का पता लगाना—मित्र को पहचानना अपेक्षाकृत सहज होता है। मित्र के लक्षणों आदि के संबंध में बहुत सी ज्ञातव्य बातें पहले ही बताई जा चुकी हैं। राज्य में गुप्तचरों को छोड़कर शत्रु की गतिविधियों के संबंध में सब खबरों का पता लगाकर पहले ही सतर्क हो जाने से विपत्ति की अधिक आशंका नहीं रहती। गुप्तचरों की नियुक्ति के कुछ अभिमतों का संकलन इस प्रबंध के अंत में किया जायगा।

साम आदि के प्रयोग की पद्धति—शत्रु हो या मित्र, सबको साम, दान, भेद व दंड इन चार उपायों में से किसी एक के द्वारा वश में करना चाहिये। यदि एक उपाय से वश में करना संभव न हो तो एक से अधिक का प्रयोग करना चाहिये। जिसको जिस उपाय से वश में किया जा सके, उसे उसी के द्वारा अपने अनुकूल बनाने की चेष्टा करना राजा का कर्त्तव्य है।[३]

शत्रु के साथ भी पहले साम-व्यवहार—निश्चित रूप से किसी के शत्रु होने का पता चल भी जाय तो भी पहले उसके साथ मिलने की चेष्टा करनी चाहिये। साम या शान्ति जैसा उत्कृष्ट उपाय दूसरा नहीं है, साम का प्रयोग सफल न हो तो कुछ नुकसान उठाकर दान के द्वारा अपना पक्ष प्रबल करने की चेष्टा करे, दान के भी असफल होने पर शत्रुपक्ष के लोगों में फूट डाल कर भेदनीति के द्वारा शत्रु को जीतने की कोशिश करनी चाहिये। उल्लिखित तीनों उपायों के बेकार साबित होने पर अंत में दण्ड या युद्ध का आश्रय लेना चाहिये।[४]

---

१. उत्थानहीनो राजापि बुद्धिमानपि नित्यशः।
प्रधर्षणीयः शत्रूणां भुजंग इव निर्विषः॥ शांति ५८।१६

२. कच्चिद्विद्याषमविदितः प्रतिपन्नश्च सर्वदा।
नित्ययुक्तो रिपून्, सर्वान् वीक्षसे रिपुसूदन॥ सभा ५।३९

३. दानेनान्यं बलेनान्यमन्यं सुनृतया गिरा।
सर्वतः प्रतिगृह्णीयाद् राज्यं प्राप्येह धार्मिकः॥ शान्ति ७५।३१

४. सान्त्वेन तु प्रदानेन भेदेन च नराधिपः॥ शान्ति ६९।२४
सन्निपातो न मन्तव्यः शक्ये सति कथञ्चन।
सान्त्वभेदप्रदानानां युद्धमुत्तरमुच्यते॥ शान्ति १०२।२२
साम्नैव वर्त्तयेः पूर्वं प्रयतेथास्ततो युधि। शान्ति १०२।१६

अगत्या दण्डप्रयोग—दण्ड के द्वारा शत्रु को वश में करना श्रेष्ठ उपाय नहीं है, यह रास्ता लाचार होकर अपनाना पड़ता है। बुद्धिमान व्यक्ति को तो साम, दान, भेद आदि के द्वारा ही शत्रु को वश में करने की चेष्टा करनी चाहिये।[1]

षड्वर्ग चिन्ता—राजा के लिये विशेष रूप से चिन्तनीय छह विषयों को षड्वर्ग कहा गया है। संधि, विग्रह (युद्ध), यान (शत्रु पर आक्रमण करने के लिये प्रस्थान), आसन (शत्रु के प्रति उपेक्षा प्रदर्शन), द्वैधीभाव (सेना को योद्धा व संरक्षक, दो भागों में विभक्त करना) और संश्रय (शौर्यवीर्यशाली साधु राजा का आश्रय लेना) इन छहों पर कुशलता सहित सोचना चाहिये। और जब जिसकी आवश्यकता हो उसकी व्यवस्था करनी चाहिये।[2]

ऊपर से सरल व्यवहार—प्रतिपक्षी के बल आदि की विवेचना करके राजा को पहले प्रणाम, दान, मधुर वचन आदि के द्वारा शत्रु को वश में करने का प्रयत्न करना चाहिये। शत्रु के मन में किसी प्रकार का सन्देह उत्पन्न हो, ऊपर से ऐसा कोई व्यवहार नहीं करना चाहिये। जिन शत्रुओं के मन में सन्देह पैदा होने की खबर मिले, उनके निकट कभी नहीं जाना चाहिये। वे अपमानित होने के बाद हमेशा बदला लेने के लिये मौके की ताक में रहते हैं। अतएव नृपति को खूब सावधानी से चलना चाहिये।[3]

साम आदि का क्रमिक प्रयोग—शत्रु पर साम, दान भेद व दंड चारों का प्रयोग एक साथ नहीं करना चाहिये। एक साथ प्रयोग करने में समर्थ होते हुए भी एक एक का ही प्रयोग करना उचित है। एक ही बार में बहुत से शत्रुओं को जीतने की चेष्टा भी नहीं करनी चाहिये।[4]

शत्रु को नुकसान पहुंचाना—राजा को अपने शत्रु की कीर्त्ति को खत्म करना चाहिये तथा उसे उसके धर्म से च्युत करने का प्रयत्न करना चाहिये। उसे अर्थहानि

---

१. न जातु कलहेनेच्छेन्नियन्तु मपकारिणः।
बालैरासेवितं ह्येतद् यदमर्षो यदक्षमा॥ शान्ति १०३।७

२. षाड्गुण्यस्य विधानेन यात्रायानविधौ तथा॥ शान्ति ८१।२८
षाड्गुण्यमिति यत् प्रोक्तं तन्निबोध युधिष्ठिर। इत्यादि।
शांति ६९।६७, ६८

३. प्रणिपातेन दानेन वाचा मधुरया ब्रुवन्।
अमित्रमपि सेवेत न च जातु विशंकयेत्॥ इत्यादि। शांति १०३।३०–३३

४. न बहूनभियुञ्जीत यौगपद्येन शात्रवान्।
साम्ना दानेन भेदेन दण्डेन च पुरन्दर॥ इत्यादि। शांति १०३।३६, ३७

पहुँचे ऐसे उपाय करने चाहिये। रिपु दुर्बल हो या बलवान, उसकी उपेक्षा करना उचित नहीं है।[1]

जहाँ अपराध किया हो, वह स्थान परित्यज्य—किसी व्यक्ति ने यदि किसी जगह कोई अपराध किया हो तो उसे वह स्थान छोड़ देना चाहिये। वहाँ रहने की पंडित व्यक्ति सम्मति नहीं देते।[2]

कृतबैरी पर अविश्वास—कृतवैर की मीठी बातों में कभी नहीं आना चाहिये। जो मूढ़ उसकी बातों पर विश्वास कर लेता है, वह शीघ्र ही विपद्ग्रस्त हो जाता है। कृतबैरी व्यक्ति पर अविश्वास करना ही सुख का हेतु है। विश्वासघाती का विश्वास करना उचित नहीं है। राजा को स्वयं तो दूसरे पर पूर्ण विश्वास नहीं करना चाहिये, किन्तु उसका विश्वासपात्र बनने की चेष्टा करनी चाहिये।[3]

बैरभाव पूर्ण रूप से कभी खत्म नहीं होता—आपस में यदि एक बार वैरभाव हो जाय तो वह जीवन में कभी पूर्ण रूप से नहीं भुलाया जा सकता। किसी का अपकार करने के बाद यदि उसे अर्थ आदि से सम्मानित किया जाय तो भी वह व्यक्ति पूर्वकृत अपकार को नहीं भूल पाता, उसका मन एक बार मैला होने के बाद बिल्कुल साफ कभी नहीं होता। "शत्रु ने मेरा सम्मान किया है या मेरे साथ मित्रता स्थापित की है", यह सोचकर शत्रु का विश्वास नहीं करना चाहिये। कई बार विश्वास ही मनुष्य के लिये विपत्ति का कारण बन जाता है। शत्रु के साथ साक्षात् न होना ही अच्छा है।[4]

बैर उत्पत्ति के पाँच कारण—पंडितों ने बैर के पाँच कारण बताये हैं यथा-स्त्रीकृत, वास्तुकृत, वाक्कृत, जातिकृत तथा अपराधकृत। कृष्ण व शिशुपाल की शत्रुता का कारण रुक्मिणी का विवाह था। कौरव पांडवों के बैर का कारण वास्तु

---

१. हरेत् कीर्त्तिं धर्ममस्योपरुन्ध्यादर्थे दीर्घं वीर्यमस्योपहन्यात्। इत्यादि।
शांति १२०।४०

२. सकृत् कृतापराधस्य तत्रैव परिलम्बतः।
न तद्बुधाः प्रशंसन्ति श्रेयस्तत्रापसर्पणम्॥ शांति १३९।२५

३. सान्त्वे प्रयुक्ते सततं कृतवैरे न विश्वसेत्। शान्ति १३९।२६
सर्वेषां कृतवैराणामविश्वासः सुखोदयः। इत्यादि।
शांति १३९।२८, २९

४. अन्योन्यकृतवैराणां न संधिरुपपद्यते। इत्यादि। शांति १३९।३१, ३२
नास्ति वैरमतिक्रान्तं सान्त्वितोऽस्मीति नाश्वसेत्।
विश्वासाद्बध्यते लोके तस्माच्छ्रेयोऽप्यदर्शनम्॥ शांति १३९।३८

अर्थात् सम्पत्ति का अधिकार था। द्रुपद तथा द्रोणाचार्य का विवाद वाक्कृत था। साँप नेवले और चूहे बिल्ली का बैर जन्मगत होता है। अपकार का बदला अपकार से देना अपराधकृत होता है। काष्ठ में छिपी अग्नि की तरह बैरभाव भी हृदय में छुपा रहता है। सागर की कोख में बड़वानल की तरह बैरभाव कभी खत्म नहीं होता। एक पक्ष की मृत्यु से पहले शत्रुता का अंत नहीं होता।[1]

प्रीति टूटने पर फिर नहीं जुड़ती—मिट्टी के बर्त्तनों को जिस तरह एक बार टूटने के बाद फिर से नहीं जोड़ा जा सकता, उसी प्रकार शत्रुता द्वारा विश्वास उठने पर फिर से नहीं दिलाया जा सकता।[2]

वंश-परम्परागत शत्रुता—उशना ने प्रह्लाद को उपदेश देते हुए कहा है कि जो व्यक्ति शत्रु की बातों पर विश्वास करता है, उसकी वही गति होती है जो सूखे तिनकों से आच्छादित प्रपात में गिरे भौंरे की होती है। कहीं-कहीं तो शत्रुता पूर्वजों के समय से चलती आती है। प्रकृत शत्रुओं के लोकान्तरित होने के बाद भी उनके वंशज उस बैर को उसी तरह निभाते चले जाते हैं।[3]

सन्धि करने के बाद भी निश्चिंत नहीं रहना चाहिये—शत्रुता खत्म करने के लिये जो शत्रु से संधि कर लेता है, वह भी सुयोग देखकर पत्थर पर गिरे घड़े की तरह शत्रु के विनाश की चेष्टा करता है।[4] मुँह में राम बगल में छुरी की तरह मन में तो सदा वैरभाव रखना चाहिये लेकिन ऊपर से शिष्ट मधुर व्यवहार करना चाहिये। काम निकालने के लिये शत्रु से संधि कर लेने पर भी हृदय से उसका विश्वास नहीं करना चाहिये। कृतकार्य होने पर उससे दूर रहना ही उचित है।[5]

---

१. वैरं पंचसमुत्थानं तच्च बुध्यन्ति पण्डिताः।
स्त्रीकृतं वास्तुजं वाग्जं समपत्नापराजधम्॥ इत्यादि।
शांति १३९।४२–४६

२. वैरमन्तिकमासाद्य यः प्रीतिं कर्त्तुमिच्छति।
मृण्मयस्येव भग्नस्य यथा सन्धिर्न विद्यते॥ शांति १३९।६९

३. ये वैरिणः श्रद्दधते सत्ये सत्येतरेऽपि वा।
वध्यन्ते श्रद्दधानास्तु मधुशुष्कतृणैर्यथा॥ इत्यादि। शांति १३९।७१,७२

४. उपगृह्य तु वैराणि सान्त्वयन्ति नराधिप।
अथैनं प्रतिपिंषन्ति पूर्णं घटमिवाश्मनि॥ शान्ति १३९।७३

५. वाङ्मात्रेण विनीतः स्याद्धृदयेन यथा क्षुरः।
श्लक्ष्णपूर्वाभिभाषी च कामक्रोधौ विवर्ज्जयेत्॥ शान्ति १४०।१३
सपत्नसहिते कार्ये कृत्वा संधि न विश्वसेत्॥ शांति १४०।१४, १५

कुटिल राजधर्म---शत्रु के साथ कैसा व्यवहार करना चाहिये, इस संबंध में अनेकों कुटिल उपदेश दिये गये हैं, उनमें से कुछ यहाँ उद्धृत किये जाते हैं। आगे की प्रत्येक बात कूटनीति के अन्तर्गत आती है। कुटिल राजधर्म पर कणिक का उपदेश सर्वापेक्षा विस्तृत व सारगर्भित है। (शान्ति १४० वाँ अध्याय)

स्वयं दुर्बल हो तो झूठी विनय का प्रदर्शन---जब तक स्वयं दुर्बल रहे तब तक हाथ जोड़कर सिर झुकाकर बात करे, अपने को अत्यन्त विनीत प्रदर्शित करने की चेष्टा करे। जब तक समय न आये शत्रु को कंधे पर उठाकर चले और समय आते ही पाषाण पर निक्षिप्त मिट्टी के घड़े की तरह शत्रु को खत्म कर देना चाहिये।[1]

शत्रु को स्वतन्त्र नहीं करना चाहिये---कृतघ्न शत्रु काम निकल जाने पर उपकार भूल जाता है। अतएव शत्रु के साथ अपने ऊपरी सद्व्यवहार को खत्म नहीं करना चाहिये। शत्रु बिल्कुल स्वतन्त्र न हो जाय, इस ओर ख्याल रखना चाहिये।[2]

कुशल क्षेम---बीच-बीच में शत्रु के घर जाकर उसके परिवार वालों की कुशल क्षेम पूछते रहना चाहिये।[3]

स्वच्छिद्र गोपन---कछुए की तरह अपने दोषों को यत्नपूर्वक छिपाना चाहिये, लेकिन शत्रु के दोष सदा ढूँढ़ते रहना उचित है।[4]

शत्रु का चिह्न भी नहीं छोड़ना चाहिये---शत्रु का जो अच्छी तरह दमन नहीं करता वह राजा शीघ्र ही विनाश को प्राप्त हो जाता है। जो शत्रु के साथ संधि करके निश्चिंतता से कालयापन करता है, वह वृक्ष के अग्र भाग पर सुख से सोये मनुष्य की तरह जमीन पर गिरने के बाद ही शिक्षा पाता है।[5]

---

१. अंजलिं शपथं सान्त्वं प्रणम्य शिरसा वदेत्।
अश्रुप्रमार्जनञ्चैव कर्त्तव्यं भूतिमिच्छता॥ इत्यादि। शांति १४०।१७, १८

२. नानार्थि कोऽर्थ संबंधं कृतघ्नेन समाचरेत।
अर्थी तु शक्यते भोक्तुं कृतकार्योऽवमन्यते।
तस्मात् सर्वाणि कार्याणि सावशेषाणि कारयेत्॥ शान्ति १४०।२०

३. कुशलञ्चास्य पृच्छेत यद्यप्यकुशलं भवेत्। शांति १४०।२२

४. नात्मच्छिद्रं रिपुर्विद्याद्विधाच्छिद्रं परस्य तु। शांति १४०।२४

५. दण्डेनोपनतं शत्रुं यो राजा न नियच्छति। इत्यादि।
शान्ति १४०।३०, ३८, ३९

योऽरिणा सह सन्धाय सुखं स्वपिति विश्वसन्।
स वृक्षाग्रे प्रसुप्तो वा पतितः प्रतिबुध्यते॥ शांति १४०।३८

शत्रु के शत्रु से मित्रता करना विधेय—शत्रु के शत्रुओं से मित्रता करना उचित है। उनके साथ मिलकर शत्रु का सहज ही नाश किया जा सकता है।[1]

बनावटी वेशभूषा द्वारा विश्वासोत्पादन—ध्यान, मौनावलम्बन, गैरिक वस्त्र, जटा, अजिन आदि धारण करके शत्रु के हृदय में विश्वास पैदा करना चाहिये। उसके बाद सुयोग मिलने पर वृक की तरह अकस्मात् आक्रमण करके शत्रु का समूल उच्छेद कर देना बुद्धिमानी का कार्य है।[2]

'मधु तिष्ठति जिह्वाग्रे—शत्रु के करुण वचनों से पिघलना नहीं चाहिये। पूर्व के अपकार को स्मरण रखते हुए मन ही मन प्रतिशोध लेने की कल्पना करना उचित है। राजा को शत्रु पर प्रहार करते समय भी प्रिय वचन बोलने चाहिये, प्रहार करने के बाद भी प्रिय वचन बोलने चाहिये, तलवार से मस्तक काट लेने पर भी उसके लिये कृत्रिम शोक प्रकट करना व रोना चाहिये।[3]

समय विशेष में अंधे बहरे जैसा व्यवहार—समय विशेष में राजा को अंधे व बहरे आदमी की तरह व्यवहार करना चाहिये। शत्रु के दोष देखकर भी अनदेखे और सुनकर भी अनसुने कर देने चाहिये। किन्तु अन्दर ही अन्दर वनचारी मृगों की तरह सदा सतर्क रहना चाहिये। जब शत्रु को वशीभूत करना संभव हो, तब साम, दान आदि का प्रयोग करे।[4]

शत्रु का विनाश—छोटा सा काँटा भी भीषण कष्टदायी हो जाता है, अतएव शत्रु का कोई चिन्ह नहीं छोड़ना चाहिये। उसके राज्य के दुर्ग, गृह, मार्ग आदि का ध्वंस करके उसको निश्चिन्ह कर देना चाहिये।[5]

गृध्रदृष्टि, बकध्यान आदि—राजा को गीध की दृष्टि, बक के ध्यान, कुत्ते की चेष्टा सिंह के विक्रम काक की शंका तथा भुजंग की क्रूरता का अनु-

---

१. ये सपत्नाः सपत्नानां सर्वांस्तानुपसेवयेत्। शांति १४०।३९

२. अवधानेन मौनेन काषायेण जटाजिनैः।
विश्वासयित्वा द्वेष्टारमवलुम्पेद् यथा वृकः॥ शान्ति १४०।४६

३. अमित्रं नैव मुञ्चेत वदन्तं करुणान्यपि। शान्ति १४०।५२
प्रहरिष्यन् प्रियं ब्रूयात् प्रहृत्यैव प्रियोत्तरम्।
असिनापि शिरश्छित्त्वा शोचेत च रोदेत च॥ इत्यादि।
शांति १४०।५४।शांति १०२।३४–४१

४. अंधः स्यादंधबेलायां वाधिर्यमपि संश्रयेत्। शान्ति १४०।२७

५. नासम्यक् कृतकारी स्यादप्रमत्तः सदा भवेत्। इत्यादि।
शांति १४०।६०, ६१

करण करना चाहिये। राजा में यदि ये गुण हों तो उसे शत्रु का कोई डर नहीं रहता।[1]

वीर लोभी के साथ व्यवहार---वीर पुरुष के पास विनीत बन कर जाना उचित है। लोभी व्यक्ति को अर्थ के द्वारा वश में किया जा सकता है।[2]

दूर रहकर भी निश्चिन्त नहीं रहना चाहिये---विद्वान् तथा बुद्धिमान व्यक्ति के साथ झगड़ा करके कितनी भी दूर रहे लेकिन निश्चिंत न रहे। बुद्धिमान व्यक्ति के पास या दूर रहने में कोई अन्तर नहीं होता। वह अगर चाहे तो कहीं भी रहकर बदला ले सकता है।[3]

विषकन्या की परीक्षा---कई बार शत्रु राजा उपहारस्वरूप सुन्दरी युवती भेजता है। परिमित मात्रा में विष खिला खिलाकर उस कन्या को ऐसा बना दिया जाता है कि उसके स्पर्शमात्र से दूसरे प्राणी की मृत्यु हो जाती है। ऐसी कन्या को विषकन्या कहते हैं। गुप्तचरों द्वारा सब बातों का अच्छी तरह पता लगाकर ही सावधानी के साथ रहना चाहिये। इन सब प्रलोभनों से राजा यदि स्वयं को न बचा सके तो विनाश अवश्यंभावी है।[4]

आशा देकर दीर्घकाल तक रोकना---शत्रु को आशापाश के बंधन में बाँधना चाहिये। उसे ऐसी आशा दे कि वह दीर्घकाल अपेक्षित हो। जब वह काल खत्म हो जाय तो फिर एक प्रतिबंधक दिखाकर उसे निरस्त करना चाहिये। इस प्रकार सिर्फ आशा के बल पर शत्रु को बाँधे रखने की चेष्टा करनी चाहिये।[5]

(शान्तिपर्व के १४० वें अध्याय और आदिपर्व के १४० वें अध्याय के अधिकांश श्लोक एक से ही हैं, लेकिन संख्या नहीं मिलती। आदिपर्व के इस अध्याय को 'कणिक-

---

१. गृध्रदृष्टिर्वकालीनः श्वचेष्टः सिंहविक्रमः।
अनुद्विग्नः काकशंकी भुजंगचरितं चरेत॥ शान्ति १४०।६२

२. शूरमञ्जलिपातेन......। शांति १४०।६३
लुब्धमर्थ प्रदानेन......। शान्ति १४०।६३

३. पण्डितेन विरुद्धा सन् दूरस्थोऽस्मीति नाश्वसेत्।
दीर्घो बुद्धिमतो बाहू याभ्यां हिंसति हिंसितः॥ शांति १४०।६८

४. प्रणयेद्वापि तां भूमिं प्रणश्येद् गहने पुनः।
हन्यात् क्रुद्धानतिविषास्तान् जिह्मगतयोऽहितान्॥
शान्ति १२०।१५।नीलकंठ देखिये।

५. आशां कालवतीं दद्यात् कालं विघ्नेन योजयेत्।
विघ्नं निमित्ततो ब्रूयान्निमित्तं वापि हेतुतः॥ आदि १४०।८८

वाक्य' और शान्तिपर्व के अध्याय को 'कणिकोपदेश' का नाम दिया गया है। दोनों अध्यायों में ही कुटिल राजधर्म की समीक्षा की गई है। ऊपर के प्रायः सभी उदाहरण हमने शान्तिपर्व से लिये हैं।)

साम व दान---जब तक युद्ध के बिना रहा जा सके, युद्ध से बचना चाहिये; यह पहले ही कहा जा चुका है। साम के द्वारा शत्रु को वश में न किया जा सके तो दान का प्रयोग करना चाहिये।

दान के द्वारा प्रतिपक्षी के सन्तोष का विधान---बलवान प्रतिपक्षी यदि अधार्मिक तथा पापाचारी हो तो उसे कुछ धनसम्पत्ति देकर संधि करने का यत्न करना चाहिये। अधार्मिक धन गर्वित शत्रु अत्यन्त भयानक होता है। उसके विरुद्ध कभी कोई कार्य नहीं करना चाहिये। धन-सम्पत्ति की थोड़ी सी क्षति होने से ही यदि प्राणरक्षा हो सके, तो वह उत्तम है। अन्तःपुर दुर्दमनीय शत्रु के हाथों में न चला जाये, इसकी यथासाध्य कोशिश करनी चाहिये, लेकिन यदि रक्षा न की जा सके तो उसके साथ अपनी जान नहीं गँवानी चाहिये। जिन्दा रहने पर समय यदि लौटे तो गँवाई हुई सम्पत्ति का उद्धार किया जा सकता है। अतएव अविवेकी, बलवान शत्रु से संधि कर लेना ही बुद्धिमत्ता है।[1]

साम या संधि---संधि साधारणतः दो प्रकार की होती है, अविग्रह तथा विग्रहोत्तर। विग्रह अर्थात् युद्ध न करके पहले ही शत्रु के साथ संधि कर लेना अविग्रह संधि है और युद्ध होने के बाद संधि करने को विग्रहोत्तर संधि कहते हैं।

बलवान के साथ संधि---बलवान शत्रु के सामने सदा झुक जाना चाहिये। बलवान के साथ संधि कर लेना ही बुद्धिमत्ता है। अपना पक्ष दुर्बल या विपक्षी के समान हो तब भी संधि का प्रयत्न करना उचित है।[2]

हृत संपत्ति का कौशल से उद्धार करने का प्रयत्न---प्रतिपक्षी बलवान हो तो भी उसके साथ संधि करके साम आदि के द्वारा उसे अपने व्यवहार से सन्तुष्ट रखना चाहिये। उसके द्वारा अधिकृत सम्पत्ति को धीरे-धीरे कौशल से हस्तगत करने का

---

१. योऽधर्म विजिगीषुः स्याद्बलवान् पापनिश्चयः।
आत्मनः सन्निरोधेन संधि तेनापि रोचयेत्॥ इत्यादि। शांति १३१।५–८

२. प्रणिपातं च गच्छेत काले शत्रोर्बलीयसः। इत्यादि।
शांति १०३।२९ आश्र ६।८

हीयमानेन वै संधिः पर्येष्टव्यः समेन च। शल्य ४।४३
यदा तु हीनं नृपतिर्विद्यादात्मानमात्मना। इत्यादि।
शांति ६९।१४,१५

प्रयत्न करना चाहिये। विशेषतः यदि प्रतिपक्षी धर्मपरायण हो, तो उसके साथ युद्ध करना मूर्खता का परिचायक है।[1]

संधि के बाद अन्दर ही अन्दर शक्ति बढ़ाना---संधि के बाद धीरे-धीरे अपनी शक्ति बढ़ाते रहना चाहिये और फिर सुयोग समझ कर शत्रु पर धावा बोलना बुद्धिमानी है।[2]

संधिकाम प्रतिपक्षी के पुत्र को अपने पास रखना---दुर्बल विपक्षी यदि संधि करना चाहे तो उसके पुत्र को अपने पास रख लेना चाहिये। पुत्रस्नेह के आकर्षण से वह व्यक्ति फिर कभी विरोध करने का साहस नहीं करेगा।[3]

संधिकाम से उत्कृष्ट भूमि आदि लेना---विपक्षी की अपेक्षा यदि स्वयं बलवान हो तो संधि के समय उससे उर्वरा भूमि, कुशल बलवान योद्धा एवं विचक्षण अमात्य आदि लेकर संधि करनी चाहिये। विपक्षी यदि दुर्बल हो तो वह असंगत प्रस्तावों पर भी आपत्ति नहीं उठा पाता।[4]

भेद प्रयोग----चतुर राजा शत्रु के मित्रों को अपनी ओर मिलाने का प्रयत्न करता है। मित्रों के साथ छोड़ देने से शत्रु बलहीन हो जाता है। उस समय उसे अनायास ही पराभूत किया जा सकता है। भेदनीति के द्वारा शत्रु के अमात्य आदि को अपनी तरफ कर लेने से अपनी शक्ति बढ़ जाती है। बहुत से मधुकर मिलकर मधु ले जाने वाले को विनष्ट करने में समर्थ होते हैं।[5]

शत्रु का क्षतिसाधन---शत्रु की शक्ति आदि के बारे में पता लगाकर भेदनीति, उपहार प्रदान अथवा विष आदि के प्रयोग से उसकी शक्ति को क्षीण करने की चेष्टा करनी चाहिये।[6]

---

१. **वाह्येश्चद्विजिगीषुः स्याद्धर्मार्थे कुशलः शुचिः।**
जवेन संधि कुर्वीत पूर्वमुक्तान् विमोचयेत्॥ शान्ति १३१।४

२. **द्रव्याणां सञ्चयश्चैव कर्त्तव्यः सुमहांस्तथा।**
यदा समर्थो यानाय न चिरेणेव भारत। आश्र ६।९

३. **सन्ध्यर्थं राजपुत्रं वा लिप्सेथा भरतर्षभ।**
विपरीतं न तच्छ्रेयः पुत्र कस्याञ्चिदापदि। आश्र ६।१२

४. **तदा सर्वं विधेयं स्यात् स्थानेन स विचारयेत्।**
भूमिरल्पफला देया विपरीतस्य भारत॥ इत्यादि। आश्र ६।१०,११

५. **अमित्रं मित्रसम्पन्नं मित्रैर्भिन्दन्ति पण्डिताः। वन ३३।६८**
अमित्रः शक्यते हन्तुं मधुहा भ्रमरैरिव। वन ३३।७०

६. **बलानि दूषयेदस्य जानन्नेव प्रमाणतः।**
भेदेनोपप्रदानेन संसृजे दौषेधस्तथा॥ शान्ति १०३।१६, १७

विफल होने पर दंडप्रयोग—सर्वप्रथम हर जगह साम, दान व भेद का प्रयोग करना चाहिये। भेदनीति के विफल होने पर दंडरूप युद्ध करना चाहिये।[1]

शत्रु का मूलोत्पाटन—आश्रय का मूलोत्पाटन होने पर सब प्राणी विपन्न हो जाते हैं। छिन्नमूल वृक्ष पर शाखायें नहीं रह पातीं। बुद्धिमान राजा को सर्वप्रथम शत्रु के मूल का पता लगाकर उसे उखाड़ने का प्रयत्न करना चाहिये। इसके बाद शत्रु के सहायक और अमात्यों को हस्तगत करने का प्रयत्न करना चाहिये। भेदनीति के द्वारा भीरु व्यक्ति को सहज ही अपनी ओर मिलाया जा सकता है।[2]

दृढ़प्रतिज्ञ व्यक्ति पर भेदनीति विफल (कर्ण)—दृढ़प्रतिज्ञ व्यक्ति को चालाकी द्वारा अपनी तरफ मिलाना संभव नहीं होता। इस विषय में कर्ण का दृष्टान्त उत्कृष्ट प्रमाण है। कर्ण को अपनी तरफ मिलाने के कृष्ण ने कई बार प्रयत्न किया, लेकिन हर बार उन्हें निराश होना पड़ा। वे किसी भी तरह कर्ण को दुर्योधन से अलग नहीं कर सके।[3]

बुद्धिहीन व्यक्ति (शल्य)—जरा सी प्रशंसा करके ही दुर्योधन ने शल्य को अपनी तरफ मिला लिया था। उन्हें जरा भी जोर नहीं डालना पड़ा। शल्य इतने मदान्ध तथा प्रशंसाप्रिय थे कि दुर्योधन के साथ मिल जाने के बाद भी उन्होंने युधिष्ठिर का गलत अनुरोध मान लिया। कर्ण के सारथी बनकर उन्होंने उन्हें तरह तरह के डर दिखाये और युधिष्ठिर की मनोकामना पूरी की। ऐसे अस्थिरचित्त अल्पबुद्धि व्यक्ति को भेदनीति द्वारा आसानी से वश में किया जा सकता है।[4]

गृहयुद्ध कराना—चालाकी से विपक्षी के अमात्यों आदि में झगड़ा करा देने पर भी अपनी कार्यसिद्धि सहज ही हो जाती है। झगड़ा खूब सावधानी से कराना चाहिये, ताकि विपक्षी को अपने उद्देश्य का पता न लगे।[5]

भेदनीति का प्रयोग तीक्ष्ण बुद्धिसापेक्ष—भेदनीति को कार्यरूप में परिणत करना धुरंधर बुद्धिमान व्यक्ति का काम है। उद्योग पर्व के प्रारम्भ में जब पांचाल-

---

१. भेदञ्च प्रथमं युञ्ज्यात्। शान्ति १०३।२८

२. छिन्नमूले त्वधिष्ठाने सर्वेषां जीवनं हतम्।
कथं हि शाखास्तिष्ठेयुश्छिन्नमूले वनस्पतौ॥ इत्यादि।
शांति १४०।१०, ११

भीरुं भेदेन भेदयेत्। शान्ति १४०।६३

३. उद्योग १४३वाँ अध्याय। भीष्म ४३।९०–९२

४. उद्योग ८ वाँ अध्याय।

५. अमात्य वल्लभानाञ्च विवादांस्तस्य कारयेत्। शान्ति ६९।२२

राज अपने पुरोहित को दूत बनाकर कुरुसभा में भेजते हैं, तब उसे कहते हैं, "आप कुरुसभा में ऐसी धर्मार्थ युक्त बात कहियेगा कि सबका मन पिघल जाय। वचन-विन्यास इस तरह करियेगा कि भीष्म, द्रोण व कृपाचार्य आदि वीरों में मतभेद हो जाय"।[1] पुरोहित ने सफलकाम होने की यथासाध्य चेष्टा की थी, परन्तु हुए नहीं। ब्राह्मण की जिह्वा क्षत्रिय की जिह्वा जैसी चतुर नहीं होती। उनकी बातें सुनकर भीष्म ने कहा था कि, "आप जो कुछ भी कह रहे हैं, ठीक है, लेकिन सम्भवतः ब्राह्मणत्व के कारण ही आपकी बातें बहुत तीक्ष्ण हैं"।[2]

भेद-नीति के संबंध में उपाख्यान—आदिपर्व के कणिकवाक्य में अत्यन्त कुटिल भेदनीति के संबंध में एक उपाख्यान वर्णित है। धूर्त्त श्रृगाल ने अपने बुद्धिबल से व्याघ्र आदि जन्तुओं को निरस्त करके प्रचुर मांसलाभ किया था।[3]

अपने पक्ष की फूट से बिनाश निश्चित—विपक्षी के घर में फूट पड़ना जिस प्रकार अभ्युदय का हेतु है, उसी प्रकार अपने पक्ष के लिये फूट विनाश का कारण है। अतएव बुद्धिमान राजा को सदा अपने अमात्य आदि राभासदों को सावधानी पूर्वक इससे बचाये रखना चाहिये। अपने लोगों को वश में रखने के लिये जितेन्द्रियता तथा मधुर व्यवहार की बहुत आवश्यकता है। समयविशेष में सभासदों वगैरह के दोषी होने पर भी उन्हें क्षमा देनी पड़ती है। सद्व्यवहार से यदि उन्हें वश में न रक्खा जाय तो विपक्षी आसानी से उन्हें अपनी ओर कर लेता है।[4]

आपस में कभी विवाद नहीं करना चाहिये, इससे शत्रु को भेदनीति के प्रयोग का सुयोग मिल जाता है। क्षमा, इन्द्रियनिग्रह तथा त्याग के द्वारा हर एक किसी को वश में किया जा सकता है। शत्रु का बल कम करने के जितने भी उपाय मनीषियों ने बताये हैं, उनमें भेद ही प्रमुख है। आत्मपक्ष के लिये फूट से अधिक अनिष्टकारी और कोई उपाय नहीं है।[5]

---

१. मनांसि तस्य योधानां ध्रुवमावर्त्तयिष्यति। उद्योग ६।९, १०

२. भवता सत्यमुक्तन्तु सर्वमेतन्न संशयः।
अतितीक्ष्णन्तु ते वाक्यं ब्राह्मण्यादिति मे मतिः॥ उद्योग २१।४

३. आदि १४० वाँ अध्याय।

४. नामहापुरुषः कश्चिन्नानात्मा नासहायवान्।
महतीं धुरमाधत्ते तामुद्यम्योरसावह॥ शान्ति ८१।२३

५. भेदाद्विनाशः संघानां संघमुख्योऽसि केशव। इत्यादि। शांति ८१।२५–२७
बलस्य व्यसनानीह यान्युक्तानि मनीषिभिः।
मुख्यो भेदो हि तेषान्तु पापिष्ठो विदुषां मतः॥ विराट ५१।१३

विग्रह—साम, दान व भेद के बाद अंत में युद्ध का सहारा लेना पड़ता है। शत्रु जब व्यसनी बनकर अपना नैतिक पतन कर ले, तब उसके साथ युद्ध करने का उपयुक्त अवसर समझना चाहिये। उस समय अपने मंत्र, कोश व उत्साह इन तीनों बलों की सम्यक् विवेचना करके शत्रु के विरुद्ध अभियान करना ही श्रेय है।[1]

समय की प्रतीक्षा—शत्रु के विनाश के लिये समय की प्रतीक्षा करनी पड़ती है। सर्वप्रथम शत्र का विश्वासभाजन बनने की कोशिश करके सुयोग की प्रतीक्षा में रहना ही बुद्धिमत्ता है। अपने व्यवहार से शत्रु के हृदय में आशा का संचार हो, ऐसा कपटी व्यवहार करना चाहिये। ख्याल रखना चाहिये कि उपयुक्त समय हाथ से निकल न जाय। समय बीत जाने पर शत्रु पर विजय पाना साध्यातीत हो जाता है।[2]

शत्रु का छिद्रान्वेषण कर्त्तव्य—काम, क्रोध, एवं अहंकार का परित्याग करके मनोयोग के साथ शत्रु के दोषों का पता लगाना चाहिये। मृदुता, वृथा दंड, आलस्य तथा प्रमाद का त्याग किये बिना व्यक्ति संसार में विजयी नहीं बन सकता। उपर्युक्त दोषचतुष्टय एवं अमनोयोग का त्याग कर देने पर शत्रु का संहार करना कठिन नहीं होता।[3]

दूरस्थ शत्रु के उद्देश्य से अभिचार आदि क्रिया—शत्रु यदि बहुत दूर रहता हो तो ब्रह्मदंड (अभिचार आदि क्रिया) का प्रयोग करना चाहिये और यदि पास ही हो तो चतुरंगिनी सेना से काम लेना चाहिये।[4]

स्वयं प्रबल न हो तो विग्रह निषिद्ध—जब रथ, तुरंग, पदाति तथा कोष अनुकूल अर्थात् शत्रुपक्ष से अधिक बलवान हो तभी शत्रु पर आक्रमण करना चाहिये।[5]

---

१. कच्चिद् व्यसनिनं शत्रुं निशम्य भरतर्षभ।
अभियासि जवेनैव समीक्ष्य त्रिविधं बलम्॥ इत्यादि।
सभा ५।५७।आश्र ६।७
विग्रहो वर्द्धमानेन नीतिरेषा बृहस्पते। शल्य ४।४३

२. दीर्घकालमपीक्षेत निहन्यादेव शात्रवान्। इत्यादि।
शांति १०३।१८–२१

३. विहाय कामं क्रोधञ्च तथाहंकारमेव च।
युक्तो विवरमन्विच्छेदहितानां पुनः पुनः॥ इत्यादि।
शांति १०३।२३–२५

४. ब्रह्मदण्डमदृष्टेषु दृष्टेषु चतुरंगिनीम्॥ शांति १०३।२७

५. यदा स्यान्महती सेना ह्यनागरथाकुला। इत्यादि। शांति १०३।३८,३९

बालक शत्रु की भी उपेक्षा नहीं करनी चाहिये---शत्रु यदि बालक भी हो तो भी उपेक्षणीय नहीं है, क्योंकि वह सदा दोष ढूँढ़ता रहता है। बालक भी यदि संधिविग्रह आदि का जानकार हो, तो वह भी निःसंदेह पार्थिव-श्रेष्ठ होता है।[1]

स्थान व काल की अनुकूलता आवश्यक---देश एवं काल का परीक्षण किये बिना विक्रम दिखाना उचित नहीं है। स्थान और काल अनुकूल न हों तो शौर्य-प्रदर्शन विफल हो जाता है।[2]

आत्मपक्ष के दुर्बल होने पर युद्ध का फल---समान बल वाले शत्रु के साथ भी लाचार होकर युद्ध करना पड़ता है, लेकिन अपने से अधिक बलवान के साथ तो कभी भी युद्ध नहीं करना चाहिये। आत्मपक्ष यदि दुर्बल हो तो कुछ क्षति उठाकर भी संधि कर लेनी चाहिये और फिर धीरे-धीरे शक्ति बढ़ाकर प्रतिशोध लेना चाहिये। दुर्बल व्यक्ति के बलवान से भिड़ने पर क्या परिणाम होता है, यह पवन-शाल्मलि-संवाद में एक उपाख्यान के द्वारा भीष्म ने युधिष्ठिर को समझाया है। बलवान के साथ शत्रुता का फल आत्मविनाश है।[3]

भेद आदि द्वारा शत्रु को दुर्बल बनाकर बाद में युद्ध करना---उपयुक्त समय आने पर शत्रु को भय दिखाना चाहिये। शत्रु को विपन्न करने की हर प्रकार चेष्टा करनी चाहिये। भेदनीति, मित्राकर्षण आदि उपायों द्वारा शत्रु को भीतर ही भीतर दुर्बल बनाकर बाद में युद्ध करना चाहिये।[4]

उत्साहशक्ति आदि परीक्षणीय---आक्रमण से पहले बलाबल की विवेचना कर लेनी चाहिये। दोनों पक्षों की उत्साहशक्ति, प्रभुशक्ति, तथा मंत्रशक्ति की पर्यालोचना में अपना पलड़ा भारी हो तभी आक्रमण करना चाहिये। मित्रबल, अटवीबल, भृत्यबल तथा श्रेणीबल विशेष रूप से देख लेने चाहिये। मित्रबल सर्वापेक्ष अधिक परीक्षणीय है।[5]

---

१. **बालोऽप्यबालः स्थविरो रिपुर्यः सदा प्रमत्तं पुरुषं निहन्यात् ॥**
शांति १२०।३९

२. **देशकालौ समासाद्य विक्रमेत विचक्षणः।**
देशकाल व्यतीतो हि विक्रमो निष्फलो भवेत्। इत्यादि।
शांति १४०।२८, २९

३. **समं तुल्येन विग्रहः। इत्यादि। शांति १४०।६३। शांति १५७ वाँ अध्याय।**

४. **आमर्द्दकाले राजेन्द्र व्यपसर्पेत्ततः परम्। इत्यादि। आश्व ७।३, ४**

५. **प्रयास्यमानो नृपतिस्त्रिविधां परिचिन्तयेत्।**
आत्मनश्चैव शत्रोश्च शक्तिं शास्त्रविशारदः॥ इत्यादि। आश्व ७।५–८

पूर्वोपकारी शत्रु अबध्य—जिस शत्रु ने अतीत में कभी अपने ऊपर उपकार किया हो, उसे युद्ध में हराने के बाद मारना नहीं चाहिये, वरन् उसका वीरोचित सम्मान करना चाहिये। ऐसा न करने से विजयी राजा अपने क्षात्रधर्म से भ्रष्ट होता है। उपकृत शत्रु यदि हृदयवान् होगा तो अवश्य ही प्रत्युपकार करेगा।[1]

विजित शत्रु को क्षमा करना बड़प्पन—युद्ध में जीत जाने पर शत्रु राजा को क्षमा करने से विपत्ति की आशंका होते हुए भी राजा के यश की वृद्धि होती है; शत्रु भी उस राजा के प्रति विश्वस्त होते हैं।[2]

गुप्तचर—चरों की सहायता के बिना शत्रु मित्र का पता लगना कठिन है, इसीलिये राजा को चारचक्षु कहा जाता है। चरों के द्वारा ही राजा शत्रु मित्र की गतिविधियों से अवगत रहता है। शत्रु के अर्थबल, जनबल आदि की जानकारी होना बहुत आवश्यक है और चर के बिना सही सही खबर मिलना मुश्किल है। चर की आवश्यकता केवल शत्रु मित्र की गतिविधियों का पता लगाने तक ही सीमित नहीं है। राज्य में प्रजा अपने राजा की शासनपद्धति से संतुष्ट है कि नहीं, वह क्या कहती है, राजा को इन सब बातों का ज्ञान भी अवश्य रहना चाहिये। गुप्तचर के बिना राजा को कोई खबर नहीं मिल सकती, अतएव राज्य शासन के लिये चर भी प्रधान सहायक होता है। इसके बिना राज्य की रक्षा संभव नहीं है। चर को यदि राज की रक्षा का मूल कहा जाय तो अत्युक्ति न होगी।[3]

चर से सब खबरें जानकर कार्य करना—राज्य में अन्दर-बाहर, पुरी, जनपद हर जगह चर रखना चाहिये। चरों के द्वारा सब ख़बरें मिलने पर कर्त्तव्य स्थिर करना चाहिये। मंत्र, कोश, दण्ड आदि चर पर ही निर्भर होते हैं। शत्रु, मित्र, उदासीन की जानकारी के लिये राजा को चर का चक्षुस्वरूप व्यवहार करना चाहिये चर से राज्य की खबरों का पता लगाये बिना कुछ भी करना उचित नहीं है।[4]

---

१. द्विषन्तं कृतकल्याणं गृहीत्वा नृपतिं रणे।
यो न मानयते द्वेषात् क्षत्रधर्मादपैति सः॥ शांति ९३।६, ८

२. विजित्य क्षममाणस्य यशो राज्ञो विवर्द्धते।
महापराधे ह्यप्यस्मिन् विश्वसन्त्यपि शत्रवः॥ शांति १२०।३०

३. राज्यं प्रणिधिमूलं हि मन्त्रसारं प्रचक्षते। शांति ८३।५१

४. वाह्यमाध्यन्तरञ्चैव पौरजानपदं तथा।
चारैः सुविदितं कृत्वा ततः कर्म प्रयोजयेत्। इत्यादि।
शांति. ८६।१९–२२।शांति ९३।१९

चर द्वारा लोगों के चरित्र का ज्ञान---अपने व दूसरे के दोषों को देखने के लिये भी चर अन्यतम साधन है। कौन राजा में दोष ढूँढ़ता है, कौन राजा के प्रति स्वामिभक्त है आदि बातों का पता भी चर द्वारा लगाना चाहिये। मनुष्य स्वभाव को समझना बहुत कठिन है, किसका कैसा स्वभाव या चरित्र है, यह जानने के लिये दीर्घकाल तक उसके संपर्क में रहना पड़ता है। चर की नियुक्ति के बिना लोगों के चरित्र आदि के बारे में कुछ भी जानना असंभव है।[1]

पुत्र आदि के उद्देश्य का ज्ञान---अमात्य, मित्र, यहाँ तक कि पुत्र के मनोभाव जानने के लिये भी चर नियुक्त करना पड़ता है।[2]

गुप्त रूप से चरों को भेजना---राजधानी में, जनपदों में तथा सामन्त राजाओं के पास इस तरह गुप्तरूप से चर भेजने चाहिये कि चर भी आपस में एक दूसरे को न पहचान सकें।[3]

गुप्तचर की योग्यता---जो विचक्षण व्यक्ति किसी भी समय मौका पड़ने पर मूर्ख, अंधे, बहरे की तरह बन सकता हो, जो भूख-प्यास से जल्दी कातर न हो जाय, वही गुप्तचर बनने के योग्य है।[4]

छद्मवेश में चर---विपक्षी चर को पहचान न सके, चर को ऐसा वेश धारण करना चाहिये। भिक्षुक, तपस्वी आदि के छद्मवेश में चरों को राज्य में छोड़ना चाहिये।[5]

उद्यान आदि में गुप्तचर छोड़ना---उद्यानों विहारभूमियों, प्रपाओं, मदिरालयों तीर्थों, सभासमितियों आदि सब जगहों पर गुप्तचर छोड़ने चाहिये। व्यापार केन्द्रों में दुकानों में, हाट में, अखाड़ों में, पुरवाटिका में, बहिर्वाटिका में, खानों

---

१. चारैर्व्विदित्वा शत्रुंश्च ये राजामन्तरैषिणः। इत्यादि।
आश्व ५।३७–३९

२. अमात्येषु च सर्वेषु मित्रेषु विविधेषु च।
पुत्रेषु च महाराज प्रणिदध्यात् समाहितः॥ शान्ति ६९।९

३. पुरे जनपदे चैव तथा सामन्तराजसु।
यथा न विदुरन्योन्यं प्रणिधेयास्तथा हिते॥ शान्ति ६९।१०

४. प्रणिधींश्च ततः कुर्याज्जड़ान्धबधिराकृतीन्।
पुंसः परीक्षितान् प्राज्ञान् क्षुत्पिपासाश्रम क्षमान्॥ इत्यादि।
शांति ६९।८।उद्योग १९४।६२ द्रोण ७३।४

५. चारस्वविदितः कार्यं आत्मनोऽथ परस्य च।
पाषण्डांस्तापसादींश्च परराष्ट्रे प्रवेशयेत्॥ शांति १४०।४०

में, चौराहों पर, राजसभा में तथा अमात्य आदि के घरों में गुप्तचर लगाने चाहिये।[१]

विपक्षी के गुप्तचरों को पकड़ने की चेष्टा—इन सब जगहों पर विपक्षी के गुप्तचरों को पड़ने की चेष्टा भी करनी चाहिये और पकड़े जाने पर उपयुक्त दंड देना चाहिये।[२]

स्वकृत कार्य का फल जानना—"मैंने जो कुछ किया, उससे प्रजा सन्तुष्ट है कि नहीं, वह मेरे कार्यों की प्रशंसा करती है कि नहीं, मेरी वर्त्तमान शासनपद्धति के प्रति प्रजा की सहानुभूति है कि नहीं, नगरों व जनपदों में मेरी ख्याति प्रजा द्वारा अभिलषित है कि नहीं," इन सब बातों का पता लगाने के लिये अनुगत गुप्तचरों को चारों दिशाओं में छोड़ना चाहिये।[३] यद्यपि महाभारत में यह स्पष्ट नहीं किया गया है कि गुप्तचर में कौन-कौन से गुण होने चाहिये, तथापि गुप्तचर के कार्य से अंदाज होता है कि आकार इंगितज्ञ, स्मृतिमान, कष्टसहिष्णु, परचित्तपरीक्षक एवं अत्यधिक कुशल व्यक्ति को ही इस कार्य के लिये नियुक्त किया जाता था। ऐरे-गैरे व्यक्ति को दायित्वपूर्ण कार्य नहीं सौंपा जाता। मनुसंहिता व कामन्दकीय नीतिसार में इस विषय पर बहुत सी ज्ञातव्य बातें बताई गई हैं। अब राष्ट्र एवं दुर्ग के बारे में उल्लेख किया जाता है।

राजधानी—राज्यशासन के केन्द्र या राजा जिस नगरी में रहता हो, उसे राजधानी कहते हैं। राजा अधिकतर राजधानी में ही रहता था।

एक जनपद कई गाँवों में विभक्त—राष्ट्र या एक एक जनपद को कई गाँवों में विभक्त किया जाता था। प्रत्येक गाँव के लिये एक अधिपति निर्वाचित होता था। कई गाँवों के अधिपतियों के परिचालक स्वरूप एक और कर्मचारी को नियुक्त

---

१. उद्यानेषु विहारेषु प्रपास्वावसथेषु च।
पानागारे प्रवेशेषु तीर्थेषु च सभासु च॥ इत्यादि।
शांति १४०।४१, ४२
चत्वरेष्वथ तीर्थेषु सभास्वावसथेषु च। इत्यादि।
शांति ६९।५२, ११, १२

२. एवं विचिनुयाद् राजा परचारं विचक्षणः। शांति ६९।१३
समागच्छन्ति तान् बुद्धा नियच्छेच्छमयीत च। शान्ति १४०।४२

३. अतीतदिवसे वृत्तं प्रशंसन्ति न वा पुनः।
गुप्तैश्चारैरनुमतैः पृथिवीमनुसारयेत्॥ इत्यादि।
शांति ८९।१५, १६

किया जाता था। इसी प्रकार क्रमशः ऊर्ध्वतन कर्मचारियों की नियुक्ति के द्वारा राष्ट्ररक्षा की व्यवस्था थी।

गणमुख्य या ग्रामशासक—हर काम में साधारण प्रजा की राय ली जाती थी। लेकिन वह आजकल के वोट की तरह नहीं थी। विद्या, बुद्धि एवं चरित्रबल के द्वारा जो ग्रामवासियों की श्रद्धा का पात्र बनने में सफ़ल होता था उसी को गाँव के प्रतिनिधित्व का अधिकार मिलता था। मनोनीत व्यक्ति को 'गणमुख्य' कहा जाता था।[1]

गणमुख्य का सम्मान—गणमुख्यों को राज्यसभा में विशेष सम्मान मिलता था। राज्यशासन बहुत अंशों में उन पर भी निर्भर होता था। जनसाधारण के हित के लिये कोई भी काम करने से पहले राजा को गणमुख्यों से परामर्श अवश्य ले लेना चाहिये। गणमुख्यों में यदि आपस में विवाद उपस्थित हो जाता था तो राजा ही उसे निपटाता था।[2]

ग्रामाधिप, दशग्रामाधिप आदि—पहले प्रत्येक ग्राम के लिये एक अधिपति नियुक्त होता था। फिर दस गाँवों के प्रतिनिधियों को ठीक से चलाने के लिये एक क्षमताशाली को दस गाँवों का अधिपति बनाया जाता था। दो दशग्रामाधिपतियों पर एक और भी सामर्थ्यवान योग्यतर व्यक्ति रक्खा जाता था। इसी प्रकार सौ ग्रामों का तथा सहस्र ग्रामों का आधिपत्य उत्तरोत्तर योग्य व्यक्तियों को सौंपा जाता था।[3]

अधिपतियों की कार्यपद्धति—गाँव में चोरी, डकैती अथवा कुछ और घटता था तो ग्रामाधिपति स्वयं उसका निराकरण करता था। असमर्थ होने पर दशग्रामाधिपति को बताता था। वह भी यदि निराकरण नहीं कर पाता था तो विंशतिग्रामाधि-पति को, खबर देता था। इसी प्रकार उत्तरोत्तर यदि सभी कर्मचारी असमर्थ होते थे तो बात राजदरबार में पहुँचती थी। लेकिन क्रमिकता का उल्लंघन नहीं किया जा सकता था।[4]

---

१. **तस्मादनर्थितव्यास्ते गणमुख्याः प्रधानतः। शांति १०७।२३**

२. **लोकयात्रा समायत्ता भूयसी तेषु पार्थिव। शांति १०७।२३**
गणमुख्यैस्तु सम्भूय कार्यं गणहितं मिथः। शांति १०७।२५–२७

३. **ग्रामस्याधिपतिः कार्यो दशग्राम्यस्तथा परः।**
द्विगुणाया शतस्यैवं सहस्रस्य च कारयेत॥ शांति ८७।३

४. **ग्रामे यान् ग्रामदोषाश्च ग्रामिकः प्रतिभावयेत्।**
तान् ब्रूयाद्दशपायासौ स तु विंशतिपाय वै॥ इत्यादि। शांति ८७।४, ५

नियुक्तों की वृत्ति व्यवस्था—गाँव में जो खाद्यवस्तु पैदा होती थी, ग्रामवासी उनमें से थोड़ा-थोड़ा ग्रामाधिप को देते थे। वह दान राजा का ही प्राप्य होता था। पर राजा की व्यवस्था के अनुसार उन लब्ध वस्तुओं पर ग्रामाधिप का अधिकार होता था। ग्रामाधिप मिलकर दशग्रामाधिपों का भरण-पोषण करते थे और दशग्रामाधिप विंशति ग्रामाधिप के जीविका-निर्वाह के लिये बाध्य होते थे। इस प्रकार गांव में उत्पन्न द्रव्य से ही ग्राम शासकों का जीवननिर्वाह होता था।[१]

शतग्रामाधिप आदि की जीविका वृत्ति—जो गाँव बहुत बड़े होते थे तथा जिनकी जनसंख्या भी अधिक होती थी, उनके ग्रामवासियों द्वारा प्रदत्त सरकारी प्राप्य शतग्रामाध्यक्ष स्वयं लेता था। ग्रामाधिपतियों में जिनकी क्षमता सबसे अधिक होती थी, वह सहस्रग्रामाध्यक्ष गाँवों की प्रजा से मिलकर एक शाखानगर की स्थापना करता था और उस शाखानगर के राजप्राप्य धान्य आदि से अपना जीवन निर्वाह करता था।[२]

प्रत्येक नगर में सर्वार्थ चिन्तक सचिव की नियुक्ति—ग्रामाधिपति के अपने गाँव में कोई कार्य होता था तो कोई एक विचक्षण सचिव वहाँ उपस्थित रहकर हर चीज का पर्यवेक्षण करता था और प्रत्येक नगर में एक सर्वार्थचिन्तक सचिव रहता था। नगरविकास कार्यों का पर्यवेक्षण करना उनका काम था। जिस प्रकार उच्चस्थान स्थित ग्रह निम्नस्थ ग्रहों की गतिविधि पर नियन्त्रण रखते हैं, उसी प्रकार नगरसचिव भी ग्रामाध्यक्षों की कार्यपद्धति की देखभाल करता था। सर्वार्थचिन्तक अमात्य सभासदों के काम काज के परिदर्शक भी होते थे। वे नगरों, ग्रामों में गुप्तचर छोड़कर ग्रामाध्यक्षों एवं सभासदों के व्यवहार की जानकारी प्राप्त करते थे। घातक, पापात्मा व परस्वहारी कर्मचारी या ग्रामाध्यक्ष से प्रजा की रक्षा करना ही उनका प्रधान कार्य था। राज्यशासन के मामले में इन सचिवों का दायित्व सबसे अधिक होता था। इनकी साधुता एवं कर्मपटुता पर ही समग्र राज्य का मंगल निर्भर करता था, इसलिये नृपति स्वयं परीक्षा किये बिना सर्वाध्यक्ष के पद पर किसी को नियुक्त नहीं करता था।[३]

---

१. यानि ग्राम्याणि भोज्यानि ग्रामिकस्तान्युपाश्नियात्।
दशपस्तेन भर्त्तव्यस्तेनापि द्विगुणाधिपः॥ शांति ८७।६

२. ग्रामं ग्रामशताध्यक्षो भोक्तुमर्हति सत्कृतः। इत्यादि। शांति ८७।७–९

३. धर्मज्ञः सचिवः कश्चित्तत् पश्येदतन्द्रितः।
नगरे नगरे वा स्यादेकः सर्वार्थचिन्तकः। इत्यादि। शांति ८७।१०–१३

कर्मचारियों की कार्यप्रणाली का पर्यवेक्षण—राज्य में संघटित किसी अन्याय या दुराचार के लिये राजा ही उत्तरदायी होता है, अतः कर्मचारियों की नियुक्ति में उसे बहुत सावधानी बरतनी चाहिये। किन्तु केवल कर्मचारियों को नियुक्त करके राजा का दायित्व समाप्त नहीं हो जाता। कर्मचारी किस तरह अपना कर्त्तव्य पालन करते है, इस पर भी राजा को नजर रखनी चाहिये। प्रजा के सुकृत व दुष्कृत कर्मों का फल राजा को भी भोगना पड़ता है, यह बात बार-बार दुहराई गई है। इन सब बातों को ख्याल में रखते हुए राजा को इस तरह शासन करना चाहिये कि राज्य में दुराचारी व्यक्ति बचे ही नहीं। जो राजा शासन की ओर से विमुख रहता है, वह दीर्घकाल तक राज्यसुख नहीं भोगता।[1]

गाँव की उन्नति का विधान—राजधानी तथा नगरों की उन्नति के साथ साथ गाँवों की उन्नति पर भी ध्यान देना चाहिये। नारदीय राजधर्म में एक जगह देवर्षि नारद युधिष्ठिर से पूछते हैं, "तुमने गाँवों को नगरों में और जंगली जातियों के वासस्थानों को गाँवों में परिणत किया है क्या"? जिन जगहों में साधारणतः कृषि ही जीविका का प्रधान साधन होती थी उसे ग्राम कहा जाता था। नीलकंठ ने गाँवों को 'शूद्रजन बहुल जनपद' कहा है। लेकिन नारद ने युधिष्ठिर से अधिकतर प्रश्न कृषि आदि के बारे में ही किये हैं। इससे प्रतीत होता है कि ग्राम शब्द कृषि प्रधान जनपद के अर्थ में ही प्रयुक्त हुआ है, शूद्रजन बहुल जनपद में नहीं।

गाँवों की उन्नति से नगर की उन्नति—गाँवों को उन्नत करने के संबंध में नारद ने कहा है गाँवों की उन्नति में ही नगरों की उन्नति निहित है। कृषि आदि में यदि गाँव उन्नति नहीं करेंगे तो गाँव भी नहीं टिक पायेंगे।

जंगली बस्तियों की उन्नति—जंगली जातियाँ गाँव के बाहर छोटे-छोटे मुहल्ले जैसी बस्तियों में रहती थीं। उन बस्तियों को 'प्रान्त' कहा जाता था। नारद ने कहा है, प्रान्तों को गाँवों का रूप देने की कोशिश करनी चाहिये। जंगली या पहाड़ी लोगों को भी ग्रामवासियों जैसी ही सुविधाएँ मिलें, इस उद्देश्य से बस्तियों को उन्नत करना चाहिये। हर जातीय प्रजा राज्य का अंग होती है, अतः किसी को भी उसके अपने हाल पर छोड़ देना या हीन मानकर उपेक्षा करना उचित नहीं है।[2]

---

१. **भोक्ता तस्य तु पापस्य सुकृतस्य यथा तथा।**
नियन्तव्याः सदा राज्ञा पापा ये स्युर्नराधिप॥ इत्यादि। शांति ८८।-१९, २०

२. **कच्चिन्नगर गुप्त्यर्थं ग्रामा नगरवत् कृताः।**
ग्रामवच्च कृताः प्रान्तास्ते च सर्वे त्वदर्पणाः॥ सभा ५।८१

कृषि व वाणिज्य की उन्नति का विधान--नारद ने युधिष्ठिर से पूछा है, "तुम्हारे राज्य में चोर, लोभी या दुष्टों का उत्पात तो नहीं होता? कृषक तुम्हारी शासन-पद्धति से सन्तुष्ट है न? खेती की सुविधा के उद्देश्य से तुमने राज्य में जगह जगह तालाब आदि तो खुदवा दिये हैं न? कृषि जीवियों को अन्न का अभाव तो नहीं रहता। फसल बोने के लिये बीज तो प्रचुर मात्रा में मिल जाता है? कृषि, वाणिज्य, पशुपालन तथा महाजनी आदि की सुव्यवस्था का तुम सदा ख्याल रखते हो न"?[1]

कर वसूल करने के लिये कृतप्रज्ञ व्यक्ति की नियुक्ति--नारद मनि ने कहा है प्रत्येक जनपद में कर आदि वसूल करने के लिये कृतप्रज्ञ वीर पुरुष को नियुक्त करना चाहिये। ये उक्तियाँ इस बात का प्रमाण हैं कि गाँवों की हर प्रकार की उन्नति की यथेष्ट चेष्टा की जाती थी।[2]

नाना प्रकार के दान तथा फलश्रुतियाँ--राज्य में स्वच्छ पानीय जल की व्यवस्था करना, दरिद्र को अन्न दान देना, विद्वान् ब्राह्मण को बिना कर की भूमि देना आदि जनहितकारी कार्यों के तरह तरह के फल बताये गये हैं। राजा को इन सब कार्यों के लिये उत्साहित करने के उद्देश्य से महाभारत में बहुत कुछ कहा गया है। अनुशासन पर्व का दान धर्म प्रकरण नाना प्रकार के दान तथा फलश्रुतियों से परिपूर्ण है। जनसाधारण के उपकार की ओर दृष्टिपात किया जाय तो प्रत्येक अध्याय अतुलनीय है। अर्थक्षति तथा शारीरिक कष्ट के भय से जिस कार्य की ओर प्रवृत्ति नहीं होती उसका फल यदि शास्त्रों में अनन्त काल तक स्वर्गभोग या कोई दूसरा बड़ा फल बताये जाने पर आस्तिक, शास्त्रों पर विश्वास रखने वाला व्यक्ति उस कार्य को क्षमतानुसार करने की चेष्टा करता है। सम्भवतः यही सोचकर अनुशासन पर्व के दान प्रकरण में तरह तरह के पुण्यफलों का गुणगान किया गया है।[3]

दुर्ग या राजधानी--अपनी सम्पत्ति की रक्षा करना ही धनी व्यक्तियों की सबसे बड़ी समस्या होती है। चोर दस्युओं के हाथ से धन-दौलत को दूर रखने के लिये निरापद स्थान की आवश्यकता पड़ती है। साधारण मनुष्य तो सर्दी-गर्मी से बचाने लायक घर में ही सुख से रह सकता है, लेकिन धनी व्यक्ति को वासगृह बनवाते

---

१. कच्चिन्न चौरै र्लुब्धैर्वा कुमारैः स्त्रीवलेन वा।
त्वया वा पीड्यते राष्ट्रं कच्चित्तुष्टाः कृषीबलाः॥ सभा ५।७६।७९

२. क्षेमं कुर्वन्ति संहत्य राजन् जनपदे तव। सभा ५।८०

३. पानीयं परमं दानं दानानां मनुरब्रवीत्।
तस्मात् कूपांश्च वापीश्च तडागानिच खानयेत्॥ अनु ६५।३

समय बहुत कुछ सोचना समझना पड़ता है। धनवान को शत्रुओं का अभाव नहीं होता, अतः उसे सदा सावधान रहना पड़ता है। राजाओं की तो फिर बात ही अलग है, शत्रुभय उनका चिरसंगी होता है। शत्रुपक्ष अपने आक्रमण में सफल न हो सके इसके लिये आवासस्थान तथा कोशागार आदि सुदृढ़ एवं सुरक्षित होने चाहिये। इसीलिये दुर्ग या राजधानी को सप्रांग राज्य का अन्यतम अंग माना गया है। शास्त्रकारों ने भी दुर्ग आदि की निर्माण पद्धति के प्रसंग में बहुत से विधि निषेधों का उल्लेख किया है। मनुसहिता, अग्निपुराण, कामन्दकीय तथा शुक्रनीति में इस संबंध में बहुत विस्तृत वर्णन मिलता है। किन्तु यहाँ हम महाभारतकार के अभिमत पर ही दृष्टिपात करेंगे।

धन्व आदि के भेद से छह प्रकार के दुर्ग—धन्वदुर्ग (मरुवेष्टित), महीदुर्ग (पाषाण या ईंटों से घिरा), अव दुर्ग (जलवेष्टित) वार्क्ष दुर्ग (महावृक्ष, कण्टक व गुल्मादि वेष्टित), नृदुर्ग (सेनापरिवेष्टित) तथा गिरिदुर्ग (पर्वतश्रृंग पर बना निभृत व दुर्गम) के भेद से छह प्रकार के दुर्ग होते हैं।[1] (उपर्युक्त दुर्ग भेद मनुसंहिता में मिलते हैं, महाभारत में अव्दुर्ग के स्थान पर मृद्दुर्ग का उल्लेख किया गया है। सम्भवतः महाभारत का कथन समीचीन नहीं है, क्योंकि महीदुर्ग व मृद्दुर्ग एक दूसरे के पर्यायवाची शब्द हैं, और इसको मानने से छह प्रकार के दुर्ग नहीं रह जाते)।

दुर्ग आदि युक्त पुरी ही राजा के लिये वासोपयोगी—जो नगरी दुर्ग युक्त हो, सुदृढ़ प्राकार व परिखा से घिरी हो; बलवान मनुष्यों एवं हाथी, घोड़ों आदि से सुशोभित हो; जिसमें विद्वान शिल्पियों का आवास हो; धन धान्यादि सम्पदायों से समृद्ध हो; दक्ष व धार्मिक व्यक्तियों का जहाँ निवास हो; चौराहे तथा बड़ी-बड़ी दुकानों की पंक्तियाँ जिस नगरी की शोभा बढ़ाती हों; जिस नगरी के निवासी प्रशान्त, निर्भीक व सुन्दर हों; जहाँ शूरवीर व धनाढ्य व्यक्ति सानन्द निवास करते हों, जिसमें नित नये सामाजिक उत्सव होते हों, जिसके निवासी सदा देव व द्विज की अर्चना करते हों तथा जो नगरी सर्वदा वेदध्वनि एवं गीतवाद्यों से मुखरित रहती हो, उसी नगरी में राजा को अपने अनुगत पात्रमित्रों सहित सानन्द निवास करना चाहिये।[2]

---

१. **धन्वदुर्गं महीदुर्गमवदुर्गं वार्क्षमेव वा।
नृदुर्गं गिरिदुर्गं वा समाश्रित्य वसेत् पुरम्। मनु ७।७०
षड्विधं दुर्गमास्थाय पुराण्यथ निवेशयेत्। इत्यादि। शान्ति ८६।४, ५**

२. **यत् पुरं दुर्गसम्पन्नं धान्यायुधसमन्वितम्।
दृढप्राकारपरिखं हस्त्यश्वरथसंकुलम्॥ इत्यादि। शांति ८६। ६–१०**

राजधानी में रक्षणीय द्रव्य आदि---ऐसी नगरी में रहते हुए राजा को कोष, बल मित्र आदि की वृद्धि का सतत प्रयत्न करना चाहिये। धनागार, शस्त्रागार व धान्यादि सम्पदाओं की वृद्धि का ख्याल रखना चाहिये। काष्ठ, लौह, तुष, ईंधन, देवदारु, श्रृंग, अस्थि, मज्जा, बाँस, तेल, वसा, मधु, औषध, शण, सर्जरस (धूना), धान्य, शर, आयुध, चर्म, स्नायु, वेत्र, मूंज, वल्वज, बंधन (रस्सी, बेड़ी, श्रृंखला आदि), कूप, जलाशय, क्षीरवृक्ष (जिन वृक्षों में दूध जैसा रस निकलता हो, जैसे वट, कटहल, पीपल आदि) आदि द्रव्य राजधानी में सदा प्रचुर मात्रा में विद्यमान रहने चाहिये।[1]

यज्ञ आदि का अनुष्ठान---पुरी में याग-यज्ञ व दान आदि का अनुष्ठान करते रहना चाहिये, इससे प्रजा धर्मपरायण होती है।[2]

दुर्ग की विशालता---दुर्ग कभी छोटा नहीं बनाना चाहिये, क्योंकि छोटे दुर्ग पर शत्रु आसानी से अधिकार कर लेता है। नगरस्थित छोटे-छोटे वृक्षों को तथा बड़े वृक्षों की बड़ी-बड़ी शाखाओं को कटवा देना चाहिये।[3]

दुर्ग निर्माण पद्धति---दुर्ग की प्राकार बहुत ऊँची बनवानी चाहिये। परकोटे की दीवार पर काफी आदमियों के बैठने की व्यवस्था होनी चाहिये। बाहरी परकोटे पर चढ़कर दूर की वस्तु भी देखी जा सकती है, अतः दुर्ग के अन्दर से ही बाहर शत्रु को देखने के एवं अन्दर हवा के आवागमन के निमित्त परकोटे में छोटे-छोटे झरोखे रखने चाहिये। आवश्यकता पड़ने पर इन झरोखों से बाहर खड़े शत्रुपक्ष पर आग्नेय अस्त्र फेंके, जा सकते हैं। परकोटे के बाहर चारों ओर गहरी खाई खुदवानी चाहिये। खाई में मगर एवं जीव-जन्तु भक्षक बड़ी बड़ी मछलियां पालनी चाहिये, पानी में होने वाले पेड़ों की डालियां व पत्ते कटवा कर उनमें चारों तरफ बड़े-बड़े काँटे गड़वा कर खाईं में लगवा देने चाहिये, ताकि प्राकार में छँलाग लगा कर भागते समय शत्रुगण उन काँटों में बिंध जाय और पानी में गिरे तो मगर आदि का भक्ष्य बन जाय।

द्वार पर मारण-अस्त्र-स्थापन---पुरी से बाहर जाने के लिये छोटे-छोटे द्वार रक्खे जायँ, जो संकटकाल में काम आयें। उन द्वारों पर पहरे के लिये विचक्षण

---

१. अर्थसन्निचयं कुर्याद् राजा परबलार्द्दितः। इत्यादि। शांति ६९।५६–५९
तत्र कोशं बलं मित्रं व्यवहारंच बर्द्धयेत्।
पुरे जनपदे चैव सर्वदोषान्निवर्चयेत्॥ इत्यादि। शांति ८६।११–१५

२. यष्टव्यं ऋतुभिर्नित्यं दातव्यं चाप्य पीड़या। शांति ८६।२३

३. दुर्गानाञ्चाभितो राजा मूलच्छेदं प्रकारयेत्। इत्यादि। शांति ६९।४१,४२

व्यक्तियों को नियुक्त करना चाहिये। सब द्वारों पर वृहत् मारण अस्त्र रक्खें जायँ। आवश्यकता पड़ने पर जल्दी जल्दी फेंके जा सकें, इस तरह के शतघ्नी अस्त्र भी द्वारों पर रखने चाहिये।[1]

कूप आदि खनन—राजा को राजधानी में प्रचुर मात्रा में काष्ठ संगृहीत करके रखना चाहिये। जगह-जगह नये कुएँ खुदवाते और पुराने कुएं व जलाशयों को उलीचवाते रहना चाहिये।

अग्निभय निवारण—चैत्र मास में अग्नि के प्रकोप से बचने के लिये फूस की छत वाले घरों को लिपवा देना चाहिये तथा जगह-जगह विखरे घास-फूस को इकट्ठा कराके अग्नि से दूर रखना चाहिये। दिन को अग्निहोत्र के अलावा आग जलाना निषिद्ध कर देना चाहिये। भोजन पकाने की व्यवस्था रात को कर देनी चाहिये। लुहार की कर्मशाला व सूतिकागृह की अग्नि को किसी पात्र से ढककर रखने का आदेश दे दें। चैत्र मास में दिन के वक्त जो व्यक्ति आग जलाये उसे उचित दंड देना चाहिये। इन दिनों भिक्षुक, गाड़ीवान, नपुंसक, पागल एवं नृत्यगीत से आजीविका चलाने वालों को नगर से बाहर कर देना चाहिये, क्योंकि इनमें विचार-बुद्धि अपेक्षाकृत कम होती है।[2]

रक्षकों की नियुक्ति—दुर्ग में, पुरी के अन्दर व बाहर, राज्य की सीमा पर, नगर में उपवन में अन्तःपुर के उद्यान में, चौराहों तथा पड़ावों पर पदाति रक्षकों को नियुक्त करना राजा का कर्त्तव्य है।[3]

नट, नर्त्तक आदि का स्थान—नट, नर्त्तक, पहलवान तथा जादूगर व्यक्ति को नगर में स्थान देना चाहिये।[4]

राजमार्ग, प्याऊ आदि—राजा को चाहिये कि राजमार्ग काफी चौड़े बनवाये और प्याऊ तथा क्रय-विक्रय के स्थान निश्चित कर दे। भंडार, कोशगृह, आयुधागार, अश्वशाला, गजशाला, राजशिविर, परिखा, अभ्यन्तर पथ, अंतःपुरस्थ उद्यान

---

१. प्रगण्डी कारयेत् सम्यगाकाशजननीस्तदा।
आपूरयेच्च परिखां स्थाणुनक्रझषाकुलाम्॥ इत्यादि। शांति ६९। ४३–४५

२. काष्ठानि चाभिहार्य्याणि तथा कूपांश्च खानयेत्। इत्यादि। शांति ६९।४६–५१

३. न्यसेत गुल्मान् दुर्गेषु सन्धौ च कुरुनन्दन। इत्यादि। शांति ६९।६, ७

४. नटांश्च नर्त्तकांश्चैव मल्लान् मायाविनस्तथा।
शोभयेयुः पुरवरं मोदयेयुश्च सर्वशः॥ शान्ति ६९।६०

आदि ऐसे स्थानों पर बनवाने चाहिये कि किसी आगन्तुक को आसानी से उनका पता न लगे।[1]

इन्द्रप्रस्थ का वर्णन—आदिपर्व में इन्द्रप्रस्थ का जो वर्णन किया गया है, उससे विदित होता है कि उपर्युक्त वर्णित भीष्मदेव के उपदेशों का अक्षरशः पालन हुआ था। चारों ओर की परिखा सागर तुल्य थी, प्राकार गगनचुम्बी थी तथा नाना प्रकार के गोपुरों द्वारा पुरी सुरक्षित थी। हस्तक्षेप्य लौहयष्टि, तीक्ष्ण अंकुश, शतघ्नी आदि शस्त्र प्राकार पर सुसज्जित थे। अभ्यन्तर पथ प्रशस्त एवं पदाति रक्षकों द्वारा सुरक्षित थे। नगर के चारों ओर आम्र, आम्रातक, कटहल, अशोक, चम्पक, जामुन आदि तरह तरह की वृक्षपंक्तियाँ थीं। वापी, सरोवर, कूप, तड़ाग आदि की कमी नहीं थी। वेदवित्, विभिन्न भाषावित् पंडित, वणिक, शिल्पी, राजवैद्य आदि नगर की शोभा में चार चाँद लगाते थे।[2]

अब दंडनीति या न्यायपद्धति पर प्रकाश डाला जाता है। दंडनीति बलप्रकृति के अन्तर्गत है। बलप्रकृति सप्तांगक राज्य का सप्तम अंग है। बल शब्द का मुख्य अर्थ सेना है। 'युद्ध' प्रकरण में सेना की नियुक्ति आदि विषयों पर महाभारतकार का अभिमत दर्शाया जायगा।

दण्डनीति का उद्देश्य लोकस्थिति—प्रजा ही राज्य का मूल है, अतः प्रजारक्षण राजा का प्रधान कर्त्तव्य है। मनुष्य मात्र काम-क्रोध आदि शत्रुओं की ताड़ना वश समय समय पर अन्याय या दुष्कर्म करता है, सुतराम्, लोकस्थिति के निमित्त शासन आवश्यक है। शासन का उद्देश्य है राष्ट्ररक्षा। दण्डनीति का दूसरा नाम पालन विद्या है। महाभारत में विद्यास्थान का निर्देश करते हुए दण्डनीति को भी लिया है।[3]

व्यवहार, प्राग्वचन आदि पर्यायवाची शब्द—दंडनीति द्वारा संसार में पुरुषार्थ की प्रतिष्ठा बताई है, अतः दंडनीति की प्रयोजनीयता के बारे में मतान्तर का प्रश्न ही नहीं उठता।[4] कहा गया है कि दंड के उचित प्रयोग से प्रजा रक्षित रहती है;

---

१. विशालान् राजमार्गाश्च कारयेत् नराधिपः। इत्यादि। शांति ६९।-५३–५५

२. सागरप्रतिरूपाभिः परिखाभिरलंकृतम्। इत्यादि। आदि २०७।-३०–५१

३. दण्डनीतिश्च विपुला विद्यास्तत्र निर्दशिताः। शांति५९।३३

४. दण्डेन नीयते चेदं दण्डं नयति वा पुनः।
दण्डनीतिरिति ख्याता त्रीन् लोकानभिवर्त्तते॥ शांति ५९।७८

दंड का उद्देश्य केवल आधिपत्य-विस्तार नहीं है, रक्षण भी है। दंड को धर्म भी कहा गया है और व्यवहार तथा प्राग्वचन शब्द भी दण्ड के अर्थ में प्रयुक्त हुए हैं। दंड को दैवत एवं अग्नि सदृश अतिशय तेजस्वी बताया है।[1]

दण्डाधिष्ठाता देवता---दण्ड का अधिष्ठाता एक देव बताया है, जिसकी आकृति के संबंध में कहा गया है कि, दण्ड नीलोत्पल सदृश श्यामवर्ण, चतुर्दंष्ट्र चतुर्भुज, अष्टपाद, बहुनेत्र, शंकुकर्ण, ऊर्ध्वरोमवान्, जटी, द्विजिह्व, ताम्रास्य तथा मृगाराजतनुच्छद होता है।

दण्डधर्म या व्यवहार---रूपक रूप में प्रयुक्त उपर्युक्त शब्दों की टीकाकार नीलकंठ ने विस्तृत व्याख्या की है। उसका अनुवाद इस प्रकार है---"शब्दों का मूल अर्थ लेकर यदि दण्डधर्म व्यवहार अर्थात् न्यायप्रणाली की ओर दृष्टिपात किया जाय तो मानना पड़ेगा कि दण्ड संहार की मूर्त्ति है। दण्डनीय व्यक्ति राजा का विद्वेष पात्र होता है, राजा उसका धन अपहरण कर लेता है। अतः विद्वेष की मलिनता एवं ग्रहण की रक्तिमा दण्ड में मिलकर उसे नीललोहित वर्ण से रंजित कर देती है। दण्ड द्वारा अपराधी को जो सजा दी जाती है उसे चार दाँतों की उपमा दी जा सकती हैं। यथा---मानभंग, धनहरण, अंगवैकल्य तथा प्राणनाश। प्रजा एवं सामंत राजाओं से कर लेना, न्यायप्रार्थी वादी के झूठा साबित होने पर दुगना जुर्माना लेना, प्रतिवादी के झूठा साबित होने पर उससे धन लेना, धनवान कृपण ब्राह्मण की सम्पूर्ण सम्पत्ति का हरण करना, इन चार कर्मों के लिये दण्ड की चतुर्भुज के रूप में कल्पना की गई है। व्यवहार या न्यायप्रणाली पर प्रकाश डालने के उद्देश्य से 'अष्टपाद' आदि विशेषण प्रयुक्त हुए हैं। आवेदन, भाषा, मिथ्योत्तर, कारणोत्तर, प्राङन्याय प्रतिभू, क्रिया एवं फलसिद्धि ये आठ व्यवहार के पाद हैं। इन पादों का अवलम्बन लेकर दण्ड चल सकता है अर्थात् न्याय करते समय इन आठों अवस्थाओं पर अच्छी तरह विचार करके दंड का प्रयोग किया जाता है, इसी कारण आवेदन आदि को 'पाद' कहा गया है। न्यायालय में उपस्थित होकर न्यायप्रार्थना का नाम 'आवेदन' है। प्रतिवादी के न्यायालय में उपस्थित होने पर उसके समक्ष फिर से आवेदन लिखने का नाम 'भाषा' है। प्रतिवादी यदि वादी के आवेदन की सब बातें स्वीकार कर ले तो कोई भी दंडित नहीं किया जाता। प्रतिवादी की इस स्वीकृति को 'सम्प्रतिपत्ति' कहते हैं। अगर प्रतिवादी वादी द्वारा, लगाये गये आरोप सर्वथा अस्वीकार करे तो उसे 'मिथ्योत्तर' कहेंगे। आवेदन का कुछ अंश स्वीकार करके बाकी को

---

१. सुप्रणीतेन दण्डेन प्रियाप्रियसमात्मना।
प्रजा रक्षति यः सम्यग् धर्म एव स केवलः। इत्यादि। शांति १२१।११–१४

अस्वीकार कर देना 'कारणोत्तर' है। वादी पहले एक बार मुकदमा चलाकर उसमें हार गया हो और दूसरी बार फिर से दावा करने पर प्रतिवादी यदि उसकी पूर्व पराजय वाली बात न्यायालय में कह दे, तो उसे 'प्राङ्न्यायोत्तर' कहा जायगा। यदि वादी व प्रतिवादी दोनों को किसी से जमानत दिलवानी पड़े तो उस जमानत देने वाले को 'प्रतिभू' कहा जाता है।" मैं इस मुकदमें में हार गया तो अमुक वस्तु दूँगा। इस प्रकार की प्रतिज्ञा करना 'क्रिया' है। अपने पक्ष में प्रस्तुत किये गये साक्ष्य, दलील पत्र आदि की सत्यता यदि न्यायाधीश स्वीकार कर ले तो आदमी मुकदमा जीत जाता है। उपर्युक्त आठों प्रकार से विवेचन करने के बाद ही अपराधी को दंड देने का नियम है। राजा, अमात्य, पुरोहित व सभासद आदि व्यक्ति दंड की आँखें हैं; मुकदमा इनके देख लेने के बाद दंड दिया जाता है। शंकुकर्ण का अर्थ तीक्ष्णकर्ण है, सब बातों को अच्छी तरह सुनकर ही फैसला किया जाता है और दंडित व्यक्ति को उसे दिये गये दंड के बारे में भली भाँति बताया जाता है। 'ऊर्ध्व-रोमवान' शब्द प्रफुल्लता का द्योतक है, दंड के उचित प्रयोग से उसका धर्म प्रसन्न होता है, किसी प्रकार की ग्लानि उसे स्पर्श तक नहीं कर पाती। दंड में तरह-तरह की जटिलताएँ विद्यमान होती हैं, अतः अच्छी तरह सोचे-समझे बिना दंड का प्रयोग नहीं करना चाहिये। वादी तथा प्रतिवादी की बातों में प्रायः समानता नहीं पाई जाती, अधिकांश मुकदमों में मतैक्य नहीं हो पाता, सुतराम् दंड द्विजिह्व है। आहवनीय आदि अग्नि दंड का मुख हैं, अर्थात् ईश्वर का स्मरण करके दंड दिया जाता है, इसलिये उसे 'ताम्रास्य' कहा गया है। दंड का शरीर कृष्णमृगचर्म से आच्छादित होता है अर्थात् दंड भी दीक्षाप्रधान यज्ञ रूप में परिगणित है। क्षत्रिय का दान, उपवास, होम आदि सब कुछ दंड की विशुद्धि के लिये होता है।[1]

दंड भगवान की शक्ति का प्रतीक—दंड को भगवान की शक्ति के मूर्त्त-प्रकाश स्वरूप बताया गया है। कहा है कि दंड भगवान नारायण का स्वरूप है। महत् रूप धारण करने के कारण उसे 'महान् पुरुष' की संज्ञा दी गई है।[2]

दंड नीति की प्रशंसा—दंडनीति ब्रह्मा की दुहिता है वही वृत्ति, लक्ष्मी, सरस्वती एवं जगद्धात्री है। समाज में विद्या, ऐश्वर्य, शौर्य, वीर्य आदि सब कुछ दंड-

---

१. नीलोत्पलदलश्यामश्चतुर्दंष्ट्रश्चतुर्भुजः।
अष्टपान्नैकनयनः शंकुकर्णोर्द्धरोमवान्॥ इत्यादि। शांति १२१।१५-१६।दे० नीलकंठ

२. दंडो हि भगवान विष्णुर्दण्डो नारायणः प्रभुः।
शश्वद्रूपं महद्बिभ्रन् महान् पुरुष उच्यते॥ शांति १२१।२३

नीति के उचित प्रयोग पर आधारित है। उच्छृंखल मात्स्य न्याय की तांडव लीला से लक्ष्मी, सरस्वती आदि देवियाँ डरती हैं, इसलिये दंडनीति द्वारा ही समाज का हर प्रकार का कल्याण व उन्नति की जा सकती है।[1]

दंड वैदिक भित्ति पर प्रतिष्ठित—दंड वैदिक भित्ति पर प्रतिष्ठित है। वेद में जिन कर्मों को निषिद्ध बताया है, उनके लिये श्रुति व स्मृति में प्रायश्चित्त व दंड का विधान बताया है। वेद में उल्लिखित विधिनिषेध, शास्त्रज्ञों का अनुशासन एवं धर्मज्ञ व्यक्तियों का व्यवहार देखकर दंड का प्रयोग करना चाहिये।[2]

दंडोत्पत्ति-उपाख्यान—महाभारत में दंड की उत्पत्ति पर एक उपाख्यान वर्णित है, जो इस प्रकार है—नृपति मांधाता अंगराज वसुहोम के समक्ष उपस्थित होकर बोले, "भगवन्, आपने बार्हस्पत्य व औशनस राजधर्म में निपुणता प्राप्त की है, कृपया मुझे दंड की उत्पत्ति के बारे में बताइये।" वसुहोम कहने लगे, "प्रजा में अनुशासन बनाये रखने के उद्देश्य से ही दंड की सृष्टि हुई है। ब्रह्मा एक यज्ञ करना चाहते थे; कोई उपयुक्त ऋत्विक न मिलने पर वह कई सालों तक सिर पर एक गर्भ धारण किये रहे। हजार साल बाद वह गर्भ भूमिष्ठ हुआ। वह सन्तान प्रजापति क्षुप के नाम से परिचित हुई। उन्होंने ही ब्रह्मा के यज्ञ में ऋत्विक् का पद सँभाला। प्रजानियन्ता ब्रह्मा के यज्ञ में दीक्षित हो जाने से प्रजा को नियन्त्रण में रखने के लिये दंड सहसा अन्तर्हित हो गया। समाज में घोर दुर्नीति फैल गई। इस नई विपत्ति के आ पड़ने पर ब्रह्मा शूलपाणि की शरण में गये। शिव ने दंड की उत्पत्ति की व्यवस्था की तथा देवी सरस्वती ने दंडनीति की सृष्टि की। इसके बाद भगवान शिव ने सर्वत्र शक्तिशाली पुरुषों को शासक एवं पालक के रूप में नियुक्त किया। इन्द्र को देवलोक का, यम को पितृलोक का तथा कुबेर को राक्षस लोक का आधिपत्य दिया। इस प्रकार प्रत्येक विभाग में एक एक अधिपति नियुक्त हुआ। ब्रह्मा का यज्ञ समाप्त होने पर शिव ने दंड विष्णु को दे दिया। विष्णु ने अंगिरा को, अंगिरा ने इन्द्र व मरीचि को, मरीचि ने भृगु को दिया। इस प्रकार क्रमशः मनुपुत्रों के हाथ में दंड पहुँचा। मनु के उपदेश से दंड का यथारीति पालन होने लगा और समाज में पुनः शान्ति स्थापित हुई।[3]

---

१. तथोक्ता ब्रह्मकन्येति लक्ष्मीवृत्तिः सरस्वती।
दण्डनीतिर्जगद्धात्री दण्डो हि बहुविग्रहः॥ शांति १२१।२४

२. व्यवहारस्तु वेदात्मा वेदप्रत्यय उच्यते।
मौनश्च नरशार्दूल शास्त्रोक्तश्च तथापरः॥ इत्यादि। शांति १२१।५१-५७

३. शांति १२२ वाँ अध्याय।

दंड का कल्याण व रौद्ररूप—उपाख्यान के रूपक अंश को छोड़कर हम यह समझ सकते हैं कि सृष्टिकर्त्ता ब्रह्मा ने लोकस्थिति के ख्याल से शिव-रुद्र महादेव द्वारा दंड की उत्पत्ति की व्यवस्था की थी अर्थात् दंड सृष्टिरक्षा एवं सब प्रकार की उन्नति के लिये प्रधान सहायक है। साधु पुरुषों के लिये दंड का रूप अति प्रसन्न व कल्याण-कारी है किन्तु असाधु व्यक्तियों के लिये वही अति भयंकर व रौद्र है। राजाओं में भी बहुत ही उत्साही व धर्मनिष्ठ राजा के अलावा दूसरे शिवनिर्मित इस दंड धारण के अधिकारी नहीं हैं।

दंड-माहात्म्य--दंडनीति की बहुत जगह प्रशंसा की गई है। दंडनीति के प्रवर्त्तन से समाज का कल्याण होता है, उसके अभाव में मात्स्य न्याय का बोलबाला हो जाता है। दंड चातुर्वर्ण्यधर्म एवं दूसरे मांगलिक कार्यों में प्रतिष्ठित होता है, अतः भूपति को कभी भी दंडनीति की मर्यादा का उल्लंघन नहीं करना चाहिये।[1]

दंड नीति के उचित प्रयोग का शुभ फल---दंडनीति के यथायथ प्रयोग से राजा व प्रजा की समृद्धि बढ़ती है। दंडनीति चारों वर्णों को अपने-अपने धर्म में रत रखती है। चातुर्वर्ण्य के बने रहने से वर्णसंकरों की उत्पत्ति की आशंका नहीं रहती। सभी स्वकर्म की उन्नति की चेष्टा करते हैं। इससे समाज समृद्ध होता है। राजा ही काल का कारण होता है। वह जब दंडनीति की मर्यादा का अच्छी तरह पालन करता है, तभी समाज में धर्मप्रधान सत्ययुग की स्थापना होती है। इसी प्रकार राजसेवित दंडनीति के दुरुपयोग से त्रेतादि युग की उत्पत्ति होती है। इससे यही निष्कर्ष निकलता है कि दंडनीति का सदुपयोग सर्वविध कल्याण का मूल है।[2]

मुकदमे में राजा की सहायता---वादी व प्रतिवादी दोनों की सब बातें सुनने के बाद यथोचित न्याय करने के लिये सद्वंशज, सुपंडित, जितेन्द्रिय, बुद्धिमान, न्याय-परायण व सर्वार्थदर्शी व्यक्तियों को न्यायासन पर बैठाया जाता था। राजा अकेला फैसला नहीं करता था।[3]

---

१. दंडनीत्यां प्रणीतायां सर्वे सिद्धन्त्यपक्रमाः। इत्यादि। शांति १५।२९–३५

२. महाभाग्यं दण्डनीत्याः सिद्धैः शब्दैः सहेतुकैः। इत्यादि। शांति ६९।७५–९८

दण्डनीत्यां यदा राजा सम्यक् कात्स्न्र्येन वर्त्तते।
तदा कृतयुगं नाम कालः श्रेष्ठः प्रवर्त्तते॥

इत्यादि। उद्योग १३२।१५०–२०

३. व्यवहारेषु धर्मेषु योक्तव्याश्च बहुश्रुताः। शांति २४।१८

पक्षपातित्व महापाप——न्यायासन पर बैठकर पक्षपात करना महापाप है। ऐसे व्यक्ति को न्यायासन पर नहीं बैठाना चाहिये।[1]

कानून ऋषिप्रणीत——मनु, याज्ञवल्क्य, नारद आदि मुनी ऋषी कानून बनाते थे। उनके द्वारा प्रदर्शित मार्ग का अवलम्बन लेकर न्याय करना पड़ता था। आवश्यकता पड़ने पर विधान में परिवर्तन या परिवर्द्धन करने की क्षमता तक राजा के हाथ में नहीं होती थी, प्रणेताओं पर ही इन सब बातों का दायित्व होता है।[2]

जूरियों की राय——जटिल मुकदमों में जूरियों से सहायता लेने का नियम था। महाभारत में इस संबंध में अधिक नहीं कहा गया है। मनुसंहिता के आठवें अध्याय में इसका विशद वर्णन मिलता है।[3]

शासन व न्याय विभाग पृथक्——उपर्युक्त संक्षिप्त वर्णन से पता चलता है कि राजा दूसरे सुपंडित सभासदों के साथ न्यायासन पर बैठता था। न्याय के मामले में ग्राममुख्यों को कोई अधिकार प्राप्त नहीं था, वे सिर्फ ग्राम शासन के अधिकारी थे। शासन एवं न्याय ये दोनों अलग विभाग थे तथा दोनों विभाग चलाने के लिए अलग-अलग व्यक्ति थे। एक विभाग के व्यक्तियों को दूसरे विभाग में हस्तक्षेप करने का अधिकार नहीं था।

साक्ष्यविधि——साक्ष्य विधान के संबंध में भी कोई विशेष उल्लेख नहीं मिलता। मनु, याज्ञवल्क्य तथा विष्णुस्मृति का अध्ययन करने पर बहुत से तथ्यों का पता चलता है।

धर्मासन की महिमा——न्यायासन का दूसरा नाम 'धर्मासन' था। कहा गया है कि धर्मासन पर बैठकर जो राजा या मंत्री न्याय-मर्यादा की रक्षा नहीं करता, वह अनंतकाल तक नरक की यन्त्रणा भोगता है।[4]

साक्ष्यविहीन न्याय——अनाथ एवं दरिद्र व्यक्ति प्रबल प्रतिपक्षी द्वारा उत्पीड़ित होने पर, साक्षी या दलील आदि जुटाने में असमर्थ होता है। एकमात्र राजा

---

१. भक्तिश्चैषां न कर्त्तव्या व्यवहारे प्रदर्शिते। शांति ६९।२७

२. कच्चिन्नोग्रेण दण्डेन भृशमुद्विजसे प्रजाः। इत्यादि। सभा ५।४४

३. श्रोतुञ्चैव न्यसेद् राजा प्राज्ञान् सर्वार्थदर्शिनः। इत्यादि। शांति ६९।२८
यस्मिन् देशे निषीदन्ति विप्रा वेदविदस्त्रयः। इत्यादि। मनु ८।१०

४. अथ योऽधर्मतः पाति राजामात्योऽथवात्मजः।
धर्मासने सन्नियुक्तो धर्ममूले नरर्षभः॥ इत्यादि।
शांति ८५।१६, १७

ही उसकी गति होता है। ऐसी जगह राजा को विशेष रूप से जाँच पड़ताल करके तथ्य संग्रह करने चाहिये।[१]

लेख्यादि (दलीलपत्र)—जहाँ तक संभव हो दोनों पक्षों के वक्तव्यों के समर्थक साक्ष्य प्रमाण तथा दलील आदि देखनी चाहिये।

अग्नि, तुला आदि दिव्य विधान—साक्ष्य एवं दलीलों आदि के द्वारा भी किसी निष्कर्ष पर न पहुँच पाने पर प्रतिवादी को दिव्य विधान से परीक्षा देनी पड़ती थी। अग्नि प्रवेश, विषभक्षण, तुलादंड पर आरोहण आदि दिव्य परीक्षाएँ कहलाती थीं। (याज्ञवल्क्य आदि स्मृतियों में वर्णित रघुनन्दन भट्टाचार्य प्रणीत, 'दिव्यतत्त्व' में इस पद्धति का विस्तृत वर्णन मिलता है।) परीक्षा के उपरांत हार जीत का फैसला होता था। न्यायपद्धति में धर्म का योग न होने पर अग्नि-परीक्षा आदि दिव्य विधियों का प्रचलन नहीं हो सकता।[२]

सामुद्रक आदि का साक्ष्य अग्राह्य—साक्ष्यदान का भी सबको अधिकार नहीं था। सामुद्रक (हस्तरेखाओं द्वारा जो भाग्य के बारे में बताते हैं), चोरवणिक (जिस व्यापारी की तराजू ठीक न हो), शलाक-धूर्त्त (शलाका या रस्सी द्वारा गणना का भान कराकर जो प्रतारणापूर्वक अर्थोपार्जन करता हो), शत्रु, मित्र व नर्त्तकी का दास, लम्पट आदि दुश्चरित व्यक्ति एवं चिकित्सक—इनका साक्ष्य प्रमाणित नहीं माना जाता था।[३]

झूठी गवाही देना पाप—जो गवाह न्यायालय में जाकर झूठी गवाही देता है, वह अपनी ऊर्ध्वतन सात एवं अधस्तन पाँच पीढ़ियों को नरकगामी बनाता है। हमेशा यथार्थ कहने को भी सत्य नहीं कहा जाता। समय विशेष पर दूसरे की भलाई के निमित्त बोला गया झूठ भी सत्य कहा जाता है।

यथार्थ साक्ष्य न देना भी पाप—यथार्थ घटना जानते हुए भी जो व्यक्ति पूछ जाने पर कोई जवाब न दे, वह भी पूर्वोक्त पाप का भागी होता है।[४]

---

१. बलात्कृतानां बलिभिः कृपणं बहुजल्पताम्।
नाथो वै भूमिपो नित्यमनाथानां नृणां भवेत्॥ शान्ति ८५।१८

२. ततः साक्षिबलं साधु द्वैधपक्षात्तथा कृतम्।
असाक्षिकमनाथंवा परीक्ष्यं तद्विशेषतः॥ शान्ति ८५।१९

३. सामुद्रिकं वाणिजं चोरपूर्वं शलाकधूर्त्तञ्च चिकित्सकञ्च।
अरिञ्च मित्रञ्च कुशीलवञ्च नैतान् साक्ष्ये त्वधिकुर्वीत सप्त॥ उद्योग ३५।४४

४. पृष्ठो हि साक्षी यः साक्ष्यं जानानोप्यन्यथा वदेत्।
स पूर्वानात्मनः सप्त कूले हन्यात् तथा परान्॥ इत्यादि। आदि ७।३, ४।-अनु ९३।१२०

अपराधी का दण्ड विधान—पूर्ण रूप से निष्कर्ष पर पहुँच जाने के उपरांत अपराधी के दंड का विधान है। कठोर वचन, धनग्रहण, कारागार में बन्द करना, अंगभंग, प्रहार व हनन आदि का प्रयोग दण्डरूप में किया जाता था। इनमें धनी व्यक्तियों को अर्थदण्ड व दरिद्र व्यक्तियों को कारादण्ड ही आमतौर पर दिया जाता था। बहुत ही गुरुतर अपराध न होने से प्राणदण्ड किसी को नहीं दिया जाता था।[1]

शूलदण्ड सर्वापेक्षा कठोर—सूली पर चढ़ाकर वध करना सबसे कठोर दंड माना जाता था।[2]

अपराधी होने पर पुत्र भी दण्डनीय—अपराध करने पर पुत्र को भी दण्ड देने में धर्मपरायण राजा हिचकिचाते नहीं थे। नगरवासी दुर्बल शिशुओं को नदी में फेंक देने के अपराध में राजा सगर ने अपने पुत्र असमञ्ज को देशनिकाला दिया था।[3]

अपराधी गुरु भी दण्डनीय—यहाँ तक कहा गया है कि गुरु को भी अपराध करने पर दंड देना चाहिये।[4]

ब्राह्मण के लिये निर्वासन ही चरमदण्ड—अपराध गुरुतर होते हुए भी ब्राह्मण को प्राणदण्ड नहीं दिया जाता था। ब्रह्मघ्न, गुरुपत्नीगामी या राजविद्वेषी ब्राह्मण को देशनिकाला देने का प्रचलन था। शारीरिक दंड ब्राह्मण के लिये प्रयोज्य नहीं माना जाता था।[5]

---

१. दुर्वाचा निग्रहो दण्डो हिरण्यबहुलस्तथा।
व्यंगता च शरीरस्य वधो वानल्पकारणात्॥ इत्यादि। शांति १६६।७०–७१ अपराधानुरूपञ्च दण्डं पापेषु धारयेत्।
नियोजयेद्धनैर्ऋद्धानधनानथ बन्धनैः॥ इत्यादि। शांति ८५।२०, २१ आश्र ५।३१

२. जीवन् स शूलमारोहेत् स्वयं कृत्वा सबान्धकः। मौषल १।३०

३. पुत्रस्यापि न मृष्येच्च स राज्ञो धर्म उच्यते। शांति ९१।३२
असमञ्जाः पुरादद्य सुतो मे विप्रवास्यताम्। इत्यादि। [illegible] १०७-४६। शांति ५७।८

४. गुरोरप्यवलिप्तस्य कार्याकार्यमजानतः।
उत्पथप्रतिपन्नस्य दण्डो भवति शाश्वतः॥ इत्यादि। शांति ५७।७। शांति १४०।४८। उद्योग १७९।२५।

५. सापराधानपि हि तान् विषयान्ते समुत्सृजेत्। इत्यादि। शांति ५६। ३१...

पाप के न्यायाधीश धर्मशास्त्रज्ञ पंडित—नैतिक पाप एवं सामाजिक अपराध दोनों के मुकदमे राजसभा में ही देखे जाते थे। नैतिक पाप के मुकदमे में न्यायाधीश का आसन शास्त्रवेत्ता पंडित ग्रहण करते थे। फैसले के बाद जो प्रतीकार बताया जाता था, उसका नाम 'प्रायश्चित्त' था। अपराधी के लिये प्रयुक्त राजाज्ञा को 'दंड' कहा जाता था।

गुरुतर पाप करने पर दंड व प्रायश्चित्त दोनों—पाप के गुरुतर होने पर प्रायश्चित्त व दंड दोनों ही दिये जाते थे। प्रायश्चित्त के रूप में चान्द्रायण आदि व्रत करने की आज्ञा दी जाती थी तथा साथ ही साथ अर्थदंड भी दिया जाता था।

निष्पापी व्यक्ति का स्वयं दण्डग्रहण (शंखलिखितोपाख्यान)—निष्कलंक व्यक्ति यदि कोई पाप या अपराध करता था तो प्रायश्चित्त एवं दंड लेने के लिये स्वयं ही व्याकुल हो उठता था। इसी के प्रमाण में शंखलिखित उपाख्यान कहा गया है, जो इस प्रकार है। संशितव्रत लिखित ऋषि एक दिन राजा सुद्युम्न के समक्ष उपस्थित होकर बोले, "राजन्, मैंने बिना पूछे अपने बड़े भाई के आश्रम के फल खाये है अतः आप मुझे इस अपराध के लिये उचित दंड दीजिये।" राजा ने ऐसे सत्यनिष्ठ, धर्मप्राण तपस्वी ब्राह्मण को दंड देना उचित नहीं समझा, किंतु अपराधी के बार बार अनुरोध करने पर उन्हें दंड देना पड़ा। राजा की आज्ञा से दोनों हाथ काट दिये जाने पर लिखित ने परम शांति का अनुभव किया। सुद्युम्न भी उपयुक्त दंड देने के फलस्वरूप पुण्य के भागी बने। बाद में भाई के आदेश से बाहुदा नदी में तर्पण करके लिखित ने अपने हाथ पुनः प्राप्त किये।[1]

न्यायप्रणाली की विशिष्टता—उस काल की न्यायप्रणाली तथा दण्डविधान पर दृष्टिपात करने से कुछ विशेषताएँ बड़ी सहजता से पकड़ में आ जाती हैं, जैसे—वादी व प्रतिवादी को किसी भी प्रकार का खर्च नहीं उठाना पड़ता था। राजसभा में व्यवहारजीवियों अर्थात् वकीलों की मध्यस्थता की कोई आवश्यकता नहीं होती थी। वादी एवं प्रतिवादी को स्वयं उपस्थित होकर अपनी बात कहने का अधिकार प्राप्त था। मुकदमे पर विचार जल्दी से जल्दी खत्म कर दिया जाता था, उसके लिये अशांति एवं उत्कंठा में अधिक समय नहीं काटना पड़ता था। कानून प्रणयन का दायित्व जिन लोगों पर था, उनका किसी भी प्रकार के स्वार्थ से सम्पर्क नहीं था। एकमात्र समाज की हितकामना के उद्देश्य से ही उन्होंने धर्मशास्त्रों की रचना की थी। मुकदमें आदि राजधर्म के अंग माने जाने के कारण कानून समाज-गठन के लिये विशेष रूप से सहायक था।

---

१. शांति २३ वाँ अध्याय।

राजधर्म व राजनीति एक नहीं—उपसंहार में राजधर्म विषयक और भी कई बातें कहने लायक हैं। यह ख्याल रखना चाहिये कि महाभारत का 'राजधर्म' 'राजनीति' नहीं है। राजा के कृत्यों को धर्म से पृथक् नहीं माना गया है। महाभारत के राजा को धर्म के साथ जितना युक्त किया गया है, उसे देखते हुए राजधर्म का उपदेश न देकर केवल राजनीति का उपदेश देना उतना युक्तियुक्त नहीं होता।

राजधर्म का श्रोता ही मोक्षधर्म का श्रोता—राजधर्म के श्रोता युधिष्ठिर ही मोक्षधर्म के श्रोता थे। राजधर्म का उपदेश देने के बाद ही उन्हें मोक्षधर्म का उपदेश दिया गया। अतएव इससे यह पता चलता है कि महाभारत का राजधर्म मोक्षधर्म की पहली सीढ़ी है। कर्म से ज्ञान की उत्पत्ति होती है। राजा के कर्त्तव्यों का यथायथ रूप से पालन करने पर राजा मोक्ष का अधिकारी होता है। नीलकंठ टीका में भी मोक्षधर्म के प्रारम्भ में यही कहा गया है।

ईश्वरत्व क्षत्रिय का स्वभाव सिद्ध गुण—राजधर्म का परिचालक क्षत्रिय केवल मनुष्य नहीं होता, समाज में नियमबद्धता स्थापित रखने के कारण उसमें ईश्वरत्व भी विद्यमान होता है। नियमन-शक्ति का ही दूसरा नाम ईश्वरत्व है। श्रीमद्-भगवतगीता में कहा गया है कि शौर्य, तेज, धृति, दक्षता, युद्ध में पीठ न दिखाना, दान एवं सुव्यवस्थापन क्षत्रिय के जन्मजात कर्म हैं।[1] इसी कारण उसके शासन की विधि-व्यवस्था का नाम 'राजधर्म' है।

राज शब्द का व्युत्पत्ति लभ्य अर्थ—लोकहितकर जितने भी अनुष्ठान होते थे, उन सबमें राजा को अग्रणी बनना पड़ता था। राजा के उत्साह से ही प्रजा को अनुप्रेरणा मिलती थी। प्रजा का मनोरंजन करने के कारण प्रजापालक को 'राजा' कहा गया है।[2]

राजा के अनुग्रह से ही सुखशांति—जिसके अभाव में प्राणिजगत विलुप्त हो जाय, जिसकी सत्ता में ही प्राणिजगत की सत्ता निहित हो, उस व्यक्ति की कौन पूजा नहीं करेगा। अग्निदग्ध वस्तु की अंतिम परिणति भस्म होती है, किन्तु राजरोष से दग्ध वस्तु की परिणति कुछ भी नहीं होती। राजा के अनुग्रह से ही मानवसमाज सुखशांति में कालयापन करता है। राजा यदि अच्छा

---

१. **शौर्यं तेजो धृतिर्दाक्ष्यं युद्धे चाप्यपलायम्।**
दानमीश्वरभावश्च क्षात्रं कर्मस्वभावजम्॥ भीष्म ४२।४३

२. **रंजिताश्च प्रजाः सर्वास्तेन राजेति शब्द्यते। इत्यादि। शांति ५९।१२५।**
शांति ५७।१.

शासक न हो तो उसके राज्य में रहना उचित नहीं है, इससे सदा अशांति बनी रहती है।[१]

राजा प्रजा का आपसी संबंध—राजा एवं प्रजा में आपसी श्रद्धा एवं स्नेह लोकदिखावा नहीं होता था, दोनों में आंतरिक संबंध होते थे। जिस प्रकार राजा निष्कपटभाव से राष्ट्र की कल्याणकामना करता था, उसी प्रकार प्रजा भी राजा की भक्ति व श्रद्धा करती थी। धृतराष्ट्र, युधिष्ठिर, दुर्योधन आदि कुरुराजाओं के साथ उनकी प्रजा के व्यवहार के संबंध में जो प्रसंग महाभारत में आये हैं, उनसे उपर्युक्त कथन की पुष्टि होती है।

धृतराष्ट्र का कथन—गार्हस्थ्य आश्रम छोड़कर वानप्रस्थ लेते समय धृतराष्ट्र ने अपनी प्रजा को बुलाया था। प्रजा के उपस्थित होने पर राजा ने कहा था, "कुरु-वंश के राजाओं के साथ आपका सौहृद्य वंशपरम्परागत है। हम लोग सदा से एक दूसरे की मंगलकामना करते आये हैं। हम लोगों में जो स्नेह संबंध चले आ रहे हैं, वह दूसरे देशों में दिखाई नहीं देते। मैंने यथाशक्ति आपकी सेवा करने की चेष्टा की है। मेरे पुत्र ने मन्दबुद्धि होते हुए भी कभी आपकी सेवा में शिथिलता नहीं दिखाई। यदि कभी अनजाने में मुझसे कोई गलती हुई हो तो उसके लिये मैं आज हाथ जोड़ कर आप लोगों से क्षमा चाहता हूँ। आशा है अपने प्राचीन राजवंश का उत्तराधिकारी होने के कारण आप मुझे अवश्य क्षमा कर देंगे। विशेषतः इस समय मैं अतिवृद्ध, अपटु एवं पुत्रशोक से संतप्त हूँ। मेरी सहधर्मिणी भी आपकी अनुमति चाहती है। आप लोग प्रसन्नचित्त हमें वानप्रस्थ लेने की अनुमति दीजिये। आपके राजा युधिष्ठिर को आप लोगों के हाथों में सौंपता हूँ। आप यदि उन्हें सुमार्ग पर चलायेंगे तो वे अवश्य अपने कर्त्तव्य का पालन कर सकेंगे।"

प्रजा का प्रत्युत्तर—धृतराष्ट्र के वचन सुनकर सारी प्रजा की आँखों से अश्रु-धारा बहने लगी। प्रजा की ओर से साम्ब नामक वेदज्ञ ब्राह्मण बोले, "महाराज आपकी उपस्थित प्रजा ने अपने विचार आपके समक्ष प्रकट करने का काम मुझे सौंपा है। आपने हम लोगों में राजा व प्रजा के जिस सौहृद्य का उल्लेख किया है, वह सच है। कुरुवंशी राजाओं की प्रजाप्रीति चिरप्रसिद्ध है; आप लोग ही हमारे

---

१. **यस्याभावेन भूतानामभावः स्यात् समन्ततः।**
भावे च भावो नित्यं स्यात् कस्तं न प्रतिपूजयेत्॥ शान्ति ६८।३७
कुर्य्यात् कृष्णगतिः शेषं ज्वलितोऽनिलसारथिः। इत्यादि। शांति ६८।-५०–५२, ५५

कुराज्ये नृवृत्तिर्भास्ति कुदेशे नास्ति जीविका। शांति १९३।९४

माता पिता हैं। प्रजा को आप लोगों से सदा मातृपितृ-स्नेह मिलता रहा है। युवराज दुर्योधन ने हम लोगों के साथ कभी बुरा व्यवहार नहीं किया। आपके वंश में जितने भी राजाओं ने राज्य किया है, वे सभी करुणहृदय एवं न्यायवान् रहे हैं। आपके गार्हस्थ्य परित्याग के संकल्प में हम लोग बाधा नहीं देना चाहते। महर्षि कृष्णद्वैपायन एवं महाराज युधिष्ठिर ने जिस संकल्प का अनुमोदन किया है, वह अवश्य ही कल्याणकर होगा। आप मुनिधर्म में दीक्षित होकर शांतिलाभ करिये, यही हमारी कामना है।"[1]

पांडवों के वनगमन के समय प्रजा की व्यथा—पांडवों के सपत्नीक वन को जाते समय शोकार्त्त प्रजा के क्रन्दन का जो वर्णन महाभारत में किया गया है, वह भी राजा प्रजा के आपसी सौहृद्य का परिचायक है। बहुत से लोग वन तक पांडवों के पीछे-पीछे गये थे; बाद में युधिष्ठिर के विशेष आग्रह पर वे लौट आये थे।[2]

प्रजा का राजा के पास जाना—आवश्यकता पड़ने पर प्रजा स्वयं ही राजा के समक्ष उपस्थित होकर जो कहना होता था कहती थी, किसी की मध्यस्थता की आवश्यकता नहीं पड़ती थी। द्वारपाल समागत व्यक्ति की उपस्थिति की सूचना राजा को दे देता था, उसके बाद राजा की अनुमति मिलने पर राजा तक पहुँचने में कोई बाधा नहीं होती थी।[3]

राजा प्रार्थी को लौटाता नहीं था—राजा द्वार पर आये किसी प्रार्थी को कभी नहीं लौटाता था। सब की जीवनयात्रा आसानी से चले यही राजा का प्रधान लक्ष्य होता था। प्रजा को पुत्रवत् मानना राजचरित्र का आदर्श था।[4]

दुर्गत आदि का भरण-पोषण—विपन्न, वृद्ध, दरिद्र व विधवाओं का भरण-पोषण ठीक प्रकार से हो रहा है कि नहीं, इस ओर तीक्ष्ण दृष्टि रखने के लिये राजा को उपदेश दिया गया है। अंगहीन, अति दरिद्र, बौने, अंधे, कुबड़े, अनाथ, वृद्ध तथा लंगड़े व्यक्तियों को राजकोश से नियमित रूप से वृत्ति मिलती थी। ऐसे

---

१. आश्र ८वें से १०वें अध्याय तक।

२. इति पौराः सुदुःखार्त्ताः, क्रोशन्ति स्म पुनः पुनः। इत्यादि। सभा ८०।२६।
वन पहला अध्याय।

३. सतत्र वारितो द्वाःस्थैः प्रविशन् द्विजसत्तमः। इत्यादि। आदि ५४।२९।
आदि १२३।६

४. आत्मनश्च परेयाञ्च वृत्तिं संरक्ष भारत।
पुत्रवच्चापि भृत्यान् स्वान् प्रजाश्च परिपालय॥ इत्यादि।
अनु ७१।१७,१८।

व्यक्तियों का ख्याल राजा स्वयं ही रखता था। आश्रित व्यक्ति के भरण-पोषण के लिये राजा को बार-बार सतर्क किया गया है।[1]

दूसरे प्रबंधों में राजधर्म का उल्लेख—शिक्षा, वृत्तिव्यवस्था, कृषि, वाणिज्य, शिल्प आदि प्रबंधों में भी राजधर्म के बारे में थोड़ा बहुत कहा गया है। प्रजा की रक्षा करना ही राजा का श्रेष्ठ धर्म बताया है। वृत्तिदान, निष्कर भूमिदान, ऋण-दान आदि के बारे में भी उपरोक्त प्रबंधों में प्रसंगवश उल्लेख किया गया है।

अति प्राचीन काल में राज निर्वाचन के लिये प्रजा का अनुमोदन—प्राचीन काल में राजा के निर्वाचन में प्रजा के अधिकार वाली बात पहले ही कही जा चुकी है। महाभारत के काल से बहुत पहले राजा ययाति ने अपने कनिष्ठ पुत्र पुरु को राजसिंहासन पर बैठाते वक्त राज्य के ब्राह्मणों एवं प्रजा से अनुमति माँगी थी।[2] किन्तु महाभारत काल में यह नियम नहीं था, क्योंकि पांडवों के वनगमन के समय अत्यन्त क्षुब्ध होते हुए भी प्रजा को प्रकट में दुर्योधन के विरुद्ध कुछ कहने का साहस नहीं हुआ। यह तो सच है कि बहुत से लोगों ने पांडवों का अनुगमन किया, किन्तु दुर्योधन को राज्यच्युत करने का साहस किसी को नहीं हुआ। बाद में शायद दुर्योधन के शासन से प्रजा सन्तुष्ट ही थी।

---

१. कृपणानाथवृद्धानां विधवानांच योषिताम्।
योगक्षेमञ्च वृत्तिञ्च नित्यमेव प्रकल्पयेत्॥ शांति ८६।२४
तदाश्रया बहवः कुब्जखञ्जाः। इत्यादि। उद्योग ३०। ३९, ४०।
सभा ५।९२

२. आदि ८५वाँ अध्याय।

साधारण नीति

नीतिशास्त्र का ज्ञान होना अत्यावश्यक—समाज में रहने के लिये नैतिक व्यवहार के बारे में बहुत कुछ जानना पड़ता है। अपने स्वयं के प्रति, परिवार के प्रत्येक व्यक्ति के प्रति एवं वृहत् समाज के प्रति हर व्यक्ति के अनगिनत कर्त्तव्य होते हैं। उन कर्त्तव्यों का पालन करने के उद्देश्य से सब को नीतिशास्त्र के उपदेशों पर ध्यान देना चाहिये। किताब पढ़कर जानने की अपेक्षा आदर्श चरित्र व्यक्ति के संसर्ग में रहकर तथा माता-पिता आदि गुरुजनों से जानने का मूल्य अधिक होता है। बहुत बार आदमी धोखा खाकर भी सीखता है, लेकिन जो पहले से ही अभिज्ञ हो, वह धोखा नहीं खाता।

नीतिशास्त्र में महाभारत उपजीव्य—महाभारत में दिये गये नैतिक उपदेशों की भरमार है। उन सबको यदि संकलित किया जाय तो एक बड़ा ग्रंथ तैयार हो जाय। विष्णुशर्मा ने हितोपदेश के बहुत से श्लोक महाभारत से ही लिये हैं। परवर्त्ती जितनें भी ग्रंथकार हुए हैं, उन सबने प्रयोजनानुसार अपने अपने ग्रंथ में महाभारत से बहुत कुछ उद्धृत किया है।

भार्गवनीति की प्राचीनता—पुरातन काल में जगतहित के निमित्त भार्गव-मुनि ने नीतिशास्त्र का प्रचार किया।[1]

वृद्धवचन का गुरुत्व—नैतिक आचार-व्यवहार जानने के लिये वृद्धसाहचर्य सर्वोत्तम उपाय है। यही महाभारत का उपदेश है। वयोवृद्ध एवं ज्ञानवृद्ध व्यक्तियों के पास बैठने से , जानने की इच्छा हो या अनिच्छा हो दो चार अच्छी बातें सुनने की संभावना रहती ही है। वृद्ध के साहचर्य के बिना मनुष्य कभी भी पक्का ज्ञानी नहीं बन सकता। वृद्धसेवा के फलस्वरूप मनुष्य जितनी जल्दी ज्ञानलाभ कर सकता है उतना और किसी तरह नहीं। बार-बार कहा गया है कि श्रेयस्काम व्यक्ति को जब भी सुयोग मिले वृद्ध के संसर्ग में रहना चाहिये।[2] अनुशासनपर्व के उपदेशों से

---

१. भार्गवो नीतिशास्त्रं तु जगाव जगतो हितम्। शांति २१०।२०

२. चलचित्तस्य वै पुंसो वृद्धाननुपसेवतः। इत्यादि। उद्योग ३६।३९। सभा ५५।५।वन ३१२।४८

प्रतीत होता है कि जहां तक संभव हो नित्य प्रति वृद्धवचन सुनने चाहिये। सुबह शाम दोनों वक्त कुछ देर वृद्धों के पास बैठने से प्रचुर लाभ होता है।[1]

नैतिक उपदेशबहुल अध्याय—ययात्युपाख्यान, आदि ८५वाँ तथा ८९वाँ अध्याय। नारद प्रश्न, सभा ५वाँ अध्याय। दुर्योधन संताप, सभा ५५वाँ अ०। विदुरहित वचन, सभा ६२वाँ व ६४वाँ अध्याय। युधिष्ठिर शौनक संवाद, वन २रा अध्याय। द्रौपदी युधिष्ठिर संवाद, वन २९वाँ व ३०वाँ अध्याय। अजगर पर्व, वन १८१वाँ अध्याय। मार्कण्डेय समास्या, वन १९३वाँ व १९९वाँ अध्याय। द्विजव्याध संवाद, वन २०६वें से २०८वें अध्याय तक। यक्ष-युधिष्ठिर-संवाद, वन ३१२वाँ अध्याय। विदुर वचन, उद्योग ३३वें से ४१वें अध्याय तक तथा ६४वाँ अध्याय। युधिष्ठिर वचन, उद्योग ७२वाँ अध्याय। विदुर श्रीकृष्ण संवाद, उद्योग ९२वाँ अध्याय। श्रीकृष्ण वचन उद्योग ९५वाँ अध्याय। विदुलावचन, उद्योग १३३वाँ व १३४वाँ अध्याय। श्रीकृष्ण -अर्जुन-संवाद, कर्ण ६९वाँ अध्याय। धृतराष्ट्र आश्वासन, स्त्री २रा अध्याय। धृतराष्ट्र शोकापनयन, स्त्री ३रा व ७वाँ अध्याय। विदुर वचन, स्त्री ९वाँ अध्याय। अर्जुन वचन, शांति ८वाँ व १५वाँ अध्याय। भीमवचन, शांति १६वाँ अध्याय। देवस्थान वचन, शांति २१वाँ अध्याय। व्यास वचन, शांति २३ वाँ अध्याय। सेनजित उपाख्यान, शांति २५ वाँ अध्याय। युधिष्टिर वचन, शांति २६ वाँ अध्याय। व्यास वचन, शांति २७ वाँ व २८ वाँ अध्याय। सत्यानृतविभाग, शांति १०९ वाँ अध्याय। दुर्गातितरण, शांति ११० वाँ अध्याय। व्याघ्रगोमायु संवाद, शांति १११वाँ अध्याय। उष्ट्रग्रीवोपाख्यान, शांति ११२ वाँ अध्याय। सरित्सागर संवाद, शांति ११३ वाँ अध्याय। ऋर्षि संवाद, शांति ११६ वाँ ११७ वाँ अध्याय। शीलवर्णन, शांति १२४ वाँ अध्याय। शाकुलोपाख्यान, शांति १३७ वाँ अध्याय। मार्जारमूषिक संवाद, शांति १३८ वाँ अध्याय। ब्रह्मदत्तपूजनी संवाद, शांति १३९ वाँ अध्याय। पवनशाल्मलि संवाद, शांति १५७ वाँ अध्याय। सत्य प्रशंसा, शांति १६२ वाँ अध्याय। कृतघ्नोपाख्यान, शांति १७२ वाँ अध्याय। ब्राह्मण सेनजित संवाद,

---

न वै श्रुतिमविज्ञाय वृद्धाननुपसेव्य वा।
धर्मार्थौ वेदितुं शक्यौ वृहस्पतिसमैरपि॥ उद्योग ३९।४०, ७५।
उद्योग ४०।२३। उद्योग ६४।१२। शांति ५९।१४२। शांति २२२।३४।
अनु १६३।१२

१. सायं प्रातश्च वृद्धानां शृणुयात् पुष्कला गिरः।
श्रुतमाप्नोति हि नरः सततं वृद्धसेवया॥ अनु १६२।४९

शांति १७४ वाँ अध्याय। पितापुत्र-संवाद, शांति १७५ वाँ अध्याय। शम्पाकगीता शांति १७६ वाँ अध्याय। बोध्यगीता शांति १७८ वाँ अध्याय। श्रृगाल काश्यप-संवाद, शांति १८० वाँ अध्याय। भीष्मयुधिष्ठिर-संवाद, शांति १९३ वाँ अध्याय। वार्ष्णेयाध्यात्म्य, शांति २१४ वाँ अध्याय। अमृत प्राश्निक, शांति २२१ वाँ अध्याय। श्रीवासव संवाद, शांति २२८ वाँ अध्याय। शुकानुप्रश्न; शांति २४२ वाँ अध्याय। चिरकारिकोपाख्यान, शांति २६५ वाँ अध्याय। श्रेयोवाचिक शांति २८७ वाँ अध्याय। पराशरगीता शांति २९२ वाँ २९८ वाँ अध्याय। शांति ३२९ वाँ अध्याय। कर्मफलिकोपाख्यान, अनु ७वाँ अध्याय। श्रीरुक्मणी संवाद, अनु ११वाँ अध्याय। बहुप्राश्निक, अनु २२वाँ अध्याय। विसस्तैन्योपाख्यान, अनु ९३ वाँ अध्याय। शपथविधि, अनु ९४ वाँ अध्याय। आयुषाख्यान, अनु १०४ वाँ अध्याय। उमामहेश्वर संवाद, अनु १४१वें से १४५वें अध्याय तक। गुरुशिष्य संवाद, अश्व, ४३ वाँ अध्याय।

युद्ध

'महाभारत' महायुद्ध का इतिहास—वैयाकरण पंडित कहते हैं भरतवंशी वीरों के महायुद्ध का इतिहास जिस ग्रंथ में मिलता है, उसी का नाम 'महाभारत' है। लेकिन ग्रंथकर्त्ता व्यासदेव का मत इससे भिन्न है; उन्होंने महाभारत के विषय-वस्तु के महत्त्व व गुरुत्व को समझाने के उद्देश्य से ही ग्रंथ का नाम महाभारत रक्खा है।[1] खैर महाभारत नाम किसी भी कारण से क्यों न रक्खा गया हो, पर यह सत्य है कि कौरव पांडवों के बीच हुए महायुद्ध की घटना को सूत्र मान कर ही महाभारत के अध्यायों में सामंजस्य रक्खा गया है। 'यतो धर्मस्ततो जयः'[2] यही कारिका, भाष्य व वार्त्तिक रूप में इस महाग्रंथ का मूलसूत्र बताया गया हैं अधर्म पथ का अंतिम परिणाम है—'समूलस्तु विनश्यति'।[3]

जिस महासंग्राम के इतिहासरूप में महाभारत की रचना हुई है उसी संग्राम की नियम पद्धति आदि पर इस अध्याय में प्रकाश डाला जा रहा है।

युद्ध क्षत्रिय का धर्म—वर्णाश्रम धर्म के नियमानुसार क्षत्रिय जाति देश की शासक थी। वे समाज के बाहुस्वरूप थे। देश की रक्षा करना तथा आपद विपद से समाज को बचाना राजधर्म के अन्तर्गत था। शूरवीर धर्मनिष्ठ क्षत्रिय आवश्यकता पड़ने पर अन्याय के विरुद्ध शस्त्र हाथ में लेकर खड़े होने के लिये लोकतः व धर्मतः बाध्य होते थे।

साम्राज्य लिप्सा युद्ध का कारण—बहुत बार समाज एवं धर्मस्थिति के लिये युद्ध जरूरी हो जाता था, लेकिन ऐसे भी बहुत से युद्ध होते थे, जिनका कारण केवल साम्राज्यलिप्सा होती थी। पुरूरवा की दिग्विजय, पांडु की दिग्विजय तथा पांडवों व कर्ण की दिग्विजय का उद्देश्य धर्मरक्षा या समाजशासन नहीं था, ये अभियान केवल राज्यविस्तार तथा धनसम्पत्ति के लोभ से ही किये गये थे। जिस महायुद्ध का इतिहास महाभारत में वर्णित है, उस युद्ध का मूल भी ईर्ष्यालु दुर्योधन की साम्राज्य-

---

१. संग्रामे प्रयोजनयोद्धृभ्यः। पाणिनि ४।२।५६। काशिका वृत्ति देखिये
महत्त्वाद् भारवत्त्वाच्च महाभारतमुच्यते। आदि १।२७४

२. उद्योग ३९।९।भीष्म २१।११। स्त्री १४।९

३. मनु ४।१७४

लिप्सा थी। दुर्योधन की भोगलिप्सा अगर अपनी सीमा से बाहर न होती तो यह युद्ध कभी नहीं होता।[1]

धर्म्ययुद्ध—साधारणतः युद्ध में एक पक्ष अन्यायी होता है। दोनों पक्ष न्याय पथ पर चलें तो युद्ध की नौबत ही न आये। यदि केवल अन्याय का प्रतिवाद करने के उद्देश्य से किसी को युद्ध करना पड़े तो वह युद्ध धर्म्ययुद्ध कहा जा सकता है।

पांडवों का न्यायानुवर्त्तन—महाभारत के महायुद्ध में भी पांडव न्याय पथ पर थे। पैतृकसम्पत्ति से पूर्णरूप से वंचित होने पर भी उन्होंने केवल पाँच गाँव माँगे थे। घमंडी दुर्योधन का बिना युद्ध किये सुई की नोक बराबर भी जमीन न देने का निर्णय कुरुक्षेत्र के महायुद्ध का कारण हुआ।

युद्ध में मृत्यु क्षत्रिय के लिये श्रेयस्कर—धर्मयुद्ध के लिये प्रोत्साहित करने के निमित्त क्षत्रिय से कहा गया है—बिस्तर पर पड़े रहकर दुर्गत रोगी की तरह मरना क्षत्रिय के लिये अधर्म है। उसे तो वीर की तरह युद्ध में प्राण त्यागने चाहिये, उसी में उसका जीवन सार्थक है।[2]

लाचार होने पर युद्ध कर्त्तव्य—अन्यायी प्रतिपक्षी को शिक्षा देने के लिये अपनी शक्तिसामर्थ्य का सही अंदाजा लगा कर निपुण सभासदों आदि से परामर्श लेकर युद्ध की घोषणा करनी चाहिये।[3]

युद्धविद्या में भरद्वाज का ज्ञान—बहुत प्राचीन काल में मुनि भरद्वाज युद्धविद्या के श्रेष्ठ अध्यापक माने जाते थे।[4]

युद्ध की अपेक्षा साम आदि श्रेष्ठ—भीष्मपर्व के निमित्ताख्यान नामक अध्याय में कहा गया है कि मेधावी पुरुष को पहले चतुरंगिणी सेना इकट्ठी करके साम अथवा दाम द्वारा प्रतिपक्षी को जीतने की चेष्टा करनी चाहिये। उसमें असफल होने पर आपस में भेद (फूट) डालकर शत्रु को पराभूत करना चाहिये। युद्ध द्वारा जीतना बहुत ही जघन्य है; क्योंकि पहली बात तो यह है कि युद्ध में जय-पराजय अनिश्चित

---

१. आदि ११३ वाँ अ०। सभा २५वें से ३२वें अ० तक। वन २५३वाँ अ० शांति ५वाँ अध्याय।

२. अधर्मः क्षत्रियस्यैष यच्छय्यामरणं भवेत्।
विसृजन् श्लेष्ममूत्राणि कृपणं परिदेवयन्॥ इत्यादि। शांति ९७।२३--२५

३. मंत्रोऽयं मंत्रितो राजन् कुलैरष्टादशावरैः। इत्यादि। सभा १४।३५। उद्योग ४था व ६ठा अध्याय।

४. भरद्वाजो धनुर्ग्रहम्। शांति २१०।२१

होती है और दूसरी बात यह है कि युद्ध में यदि विजय भी हो तो जो क्षति होती है, उसकी पूर्ति करना असंभव हो जाता है। युद्ध में जय भी क्षय का दूसरा नाम है। सेनानीति प्रकरण में भीष्म ने युधिष्ठिर से कहा है, "साम आदि उपायों में युद्ध सबसे निकृष्ट है। युद्ध में बहुत बार भाग्य पर निर्भर रहना पड़ता है। बुद्धिमान व्यक्ति दूसरे उपायों द्वारा सफल होने की सम्भावना रहने पर युद्ध में प्रवृत्त नहीं होते। युद्ध में विजयी पक्ष की भी अपरिसीम क्षति होती है। बहुत बार देखा जाता है कि पाँच सात मिले हुए दृढ़ निश्चयी व्यक्ति शत्रुसेना का ध्वंस कर डालते हैं। अतः साम, दाम, अथवा भेदनीति द्वारा यदि अभिलषित कार्य सिद्ध हो सके, तो कभी युद्ध मत करना।[1]

युद्ध से पहले दोनों पक्षों का सरल व्यवहार—युद्ध के प्रारम्भ में देखा जाता है कि युधिष्टिर योद्धृवेश त्यागकर नग्नपाद भीष्म, द्रोण आदि गुरुओं के पास जाते और पाँव छूकर आशीर्वाद माँगते हैं। गुरुगण आशीर्वाद देकर कहते हैं, "राजन् हम दुर्योधन के अर्थ का दासत्व करते हैं, इसलिये हम उसकी तरफ से युद्ध करने के लिये बाध्य हैं। लेकिन हरि तुम्हारे मंत्री हैं, जय तो तुम्हारी ही होगी। जहाँ धर्म है, वहाँ कृष्ण हैं, और जहाँ कृष्ण हैं वहाँ विजय है।" दोनों पक्षों के प्रधान पुरुषों का ऐसा आपसी व्यवहार देखकर आर्य, म्लेच्छ आदि उपस्थित योद्धा साधु साधु कहने लगे। पांडवों की धर्मप्रवणता की इस उपलब्धि से शत्रुपक्ष वालों के नेत्र भी भीग गये थे।[2]

धर्मयुद्ध के नियम—युद्ध के समय भी साधारणतः किसी शिष्टाचार का उल्लंघन करना बुरा समझा जाता था। कुरुक्षेत्र के मैदान में दोनों पक्षों की सेनाएँ खड़ी थीं। कुरुक्षेत्र मानों अशांत सागर की तरह गर्जन कर रहा था। ठीक ऐसे समय कौरव, पांडव व द्रुपदों ने मिल कर युद्ध के बारे में कुछ नियम बनाये। (क) रोज युद्ध समाप्ति के बाद हमारे पारस्परिक स्नेह संबंधों में कोई अंतर नहीं आयेगा। (ख) समान प्रतिद्वन्दी के साथ ही युद्ध किया जायेगा। (ग) जो केवल वाग्युद्ध करेगा, उसके साथ वचन द्वारा ही युद्ध करना होगा। (घ) जो व्यक्ति सेना से निकल जायगा, उसका कभी वध नहीं किया जायगा। (ङ) रथी के साथ रथी,

---

१. सत्कृत्य महतीं सेनां चतुरंगां महीपते।
उपायपूर्वं मेधावीं यर्तेत सततोत्थितः॥ इत्यादि। भीष्म ३।८०–८५
संभृत्य महतीं सेनां चतुरंगां युधिष्ठिर।
साम्नैव वर्त्तयेः पूर्वं प्रयतेथास्ततः युधि॥ इत्यादि। शांति १०२।१६–२२

२. भीष्म ४३वां अध्याय।

गजरोही के साथ गजरोही, अश्वारोही के साथ अश्वारोही तथा पदाति के साथ पदाति को युद्ध करना पड़ेगा। कोई भी कभी इसका व्यक्तिक्रम नहीं करेगा। (च) प्रतिपक्षी की योग्यता, उत्साह, बल आदि का ख्याल रखकर युद्ध करना पड़ेगा। इन विषयों में कोई अविवेक न हो। (छ) प्रहार करते समय शत्रु को सम्बोधित करके प्रहार करना होगा। काम में लगे हुए व्यक्ति को नहीं मारना होगा। (ज) विश्वस्त या विह्वल व्यक्ति पर प्रहार नहीं करना होगा। (झ) दूसरे के साथ युद्ध करके हुए शरणागत, युद्धविमुख, क्षीणशस्त्र, अथवा निशस्त्र व्यक्ति पर प्रहार नहीं करना होगा। (ञ) सूत, चूर्य (हाथी, घोड़ा आदि वाहन), शस्त्रवाहक अथवा रणवादक पर प्रहार नहीं करना होगा।[1] शान्तिपर्व में और भी कई नियम उल्लिखित हुए हैं। (क) जिसके शरीर पर कवच न हो, उसके साथ युद्ध करना गर्हित है। (ख) युद्ध में एक एक को आह्वान करना होगा। (ग) यह छोड़ा मैंने तीर, अब तुम छोड़ो, आदि अवधान वचन कहकर युद्ध करना होगा। (घ) सन्नध (वर्म अर्थात कवच आदि से सुसज्जित अथवा श्रेणीवद्ध) के साथ सन्नध एवं ससैन्य के साथ ससैन्य व्यक्ति युद्ध करेगा। (ङ) धर्मयोद्धा के साथ धर्मयुद्ध व कूटयोद्धा के साथ कूटयुद्ध होगा। (च) विभिन्न प्रकार के वाहनों में बैठे योद्धा आपस में युद्ध नहीं करेंगे, युद्धरत दोनों व्यक्तियों के वाहन एक जैसे होने चाहिये। (छ) विषबुझे अथवा विपरीतमुख बाणों द्वारा युद्ध नहीं करना होगा। (ज) दुर्बल पर प्रहार नहीं करना होगा। (झ) निःसन्तान व्यक्ति वध करने योग्य नहीं है। (ञ) भग्नशस्त्र, न्यस्तशस्त्र, विपन्न, कृतज्य एवं हतवाहन व्यक्ति का वध नहीं किया जायगा। इसके विपरीत इस प्रकार किसी विपदा में पड़े व्यक्ति की चिकित्सा की व्यवस्था कराकर उसे उसके घर भेज देना उचित होगा। (ट) जो अभिज्ञ न हो उस पर ब्रह्मास्त्र नहीं छोड़ना होगा। यही धर्मयुद्ध के नियम हैं, धर्मयद्ध में हुई मृत्यु भी प्रशंसनीय है, किन्तु पापयुद्ध में हुई विजय अच्छी नहीं। जो क्षत्रिय इन नियमों का उल्लंघन करके अधर्म द्वारा विजयी होता है वह स्वयं अपना वध करता है, अर्थात् उसके परलोक का कोई ठिकाना नहीं होता।[2]

हर अवस्था में बध के अयोग्य—विभिन्न स्थानों पर युद्धनीति का वर्णन करते समय युद्ध में वध के सर्वथा अयोग्य व्यक्तियों के बारे में भी कहा गया है। जो व्यक्ति

---

१. ततस्ते समयञ्चक्रुः कुरुपाण्डवसोमकाः। इत्यादि। भीष्म १।२६–३२

२. नैवासन्नद्धकवचो योद्धव्यः क्षत्रियो रणे।
एक एकेनवाच्यश्च विसृजेति क्षिपामि च॥ इत्यादि। शांति ९५।७–१७
ब्रह्मास्त्रेण त्वया दग्धा अनस्त्रज्ञा नरा भुवि।
यदेतदीदृशं विप्र कृतं कर्म न साधु तत्॥ द्रोण १८९।३९

युद्ध छोड़कर शत्रु के सामने आत्मसमर्पण कर दे, उसे कभी नहीं मारना चाहिये। जिसके पास रथ न हो, जो सेना से बिछड़ गया हो, जिसके शस्त्र टूट गये हों, वह अवध्य है। स्त्री, बालक व वृद्ध भी युद्ध में वध्य नहीं होते।[1] 'मैं तुम्हारा दास हूँ'—जो सबके सामने यह कहे, उसे अवश्य आश्रय दिया जाय।[2] जो एक मात्र सन्तान का पिता या अपुत्रक हो, उसे नहीं मारना चाहिये।[3] भयभीत, शरणागत या हाथ जोड़े हुए प्रतिपक्षी को मारना राक्षस नीति के अन्तर्गत आ जाता है।[4] किसी का भी पीठ पीछे से आक्रमण करके वध करना उचित नहीं है। जो दाँतों में तिनका दबाकर विनीत भाव से क्षमा माँगे उसको मारना अनुचित है।[5] सोये हुए, प्यासे, थके हुए, भयभीत तथा योद्धाओं के भोजन आदि के व्यवस्थापक कर्मचारी पर कभी प्रहार नहीं करना चाहिये। इनका हनन करना घोर पाप का कारण है।[6]

विपन्न को क्षमा करना ही महत्ता—श्रान्त, भीत, शस्त्रहीन, विपन्न, कृतांजलिबद्ध प्रतिपक्षी को आश्रय देना ही वीर पुरुषों को शोभनीय है। जो व्यक्ति हाथ में आये विपन्न शत्रु को भी क्षमा कर दे, वही सच्चा पुरुष होता है। विजित शत्रु के शरण में आने पर उसकी पुत्रवत् रक्षा करना वास्तविक क्षत्रियधर्म है।[7]

---

१. यो वा निपतितं हन्ति तवास्मीति च वादिनम्।
तथा स्त्रियञ्च यो हन्ति बालं वृद्धं तथैव च॥ इत्यादि। वन १८।१३, १४
अयुध्यमानस्य वधस्तथा शत्रोश्च भारत। इत्यादि। कर्ण ६९।२५, २६।
कर्ण ९०।१०५, १०६

२. दासोऽस्मीति त्वया वाच्यं संसत्सु च सभासु च।
एवं ते जीवितत् वद्यामेष युद्धजितो विधिः॥ वन २७१।११

३. निक्षिप्तशस्त्रे पतिते विमुक्तकवचध्वजे। इत्यादि। भीष्म १०७।७७-७९

४. न चात्र शूरान् मोक्ष्यामि न भीतान्न कृताञ्जलीन्।
सर्वानेव वधिष्यामि राक्षसं धर्ममास्थितः॥ द्रोण १७१।६५

५. वृद्धबालौ न हन्तव्यौ न च स्त्री नैव पृष्ठतः।
तृणचूर्णमुखश्चैव तवास्मीति च यो वदेत्॥ शांति ९८।४९

६. प्रसुप्तांस्तृषितान् श्रान्तान् प्रकीर्णान्नाभिघातयेत्। इत्यादि।
शांति। १००।२६—२९

७. श्रान्तं भीतं भ्रष्टशस्त्रम्। इत्यादि। शांति २९७।४
विशीर्णकवचञ्चैव तवास्मीति च वादिनम्।
कृताञ्जलिं न्यस्तशस्त्रं गृहीत्वा न विहिंसयेत्॥ इत्यादि। शांति ९६।३।
शांति २२७।२३।सभा ५।५५

विपक्षी को उपयुक्त शस्त्र आदि देना—निरस्त्र व्यक्ति पर वार करना बहुत बुरा समझा जाता था। विपक्षी को उपयुक्त शस्त्र आदि देकर उसे युद्ध में ललकारना क्षत्रिय धर्म द्वारा अनुमोदित है।[१]

समान वाहन में युद्ध करना—दोनों पक्ष के योद्धाओं का समान वाहन वाले से ही युद्ध करना यद्यपि सर्वत्र अनुसृत नहीं हुआ, तब भी उसके दृष्टान्त मिलते हैं। रथारोही योद्धा पदाति के साथ युद्ध करना असंगत समझते थे।[२]

विपरीत दृष्टान्त (हाथी व रथ)—एक पक्ष के रथ पर बैठकर तथा दूसरे पक्ष के रथ पर चढ़कर युद्ध करने के उदाहरण भी मिलते हैं। अर्जुन व भगदत्त में इसी प्रकार युद्ध होता था। भगदत्त का हाथी बहुत ही इंगितज्ञ तथा असाधारण रूप से चतुर था।[३] उधर अर्जुन के रथ पर श्रीकृष्ण सारथि थे। शायद यही कारण था कि विभिन्न प्रकार के वाहन पर रहकर युद्ध करना संभव हो सका। दोनों में से कोई भी शायद अपने अभ्यास व सुविधा को त्यागने का इच्छुक नहीं था। प्राग्ज्योतिषपुर में हाथी सम्भवतः अधिक होते थे। अश्वमेध पर्व में यज्ञाश्वरक्षक अर्जुन के साथ भगदत्त के पुत्र वज्रदत्त के युद्ध का वर्णन मिलता है। वहाँ भी वज्रदत्त के हाथी की चतुरता व रणकौशल विस्तृत रूप से उल्लिखित है।[४]

संकुलयुद्ध में नियम का उल्लंघन—पूर्वोक्त नियमावली में एक नियम है—'वाहन और सारथि का वध नहीं करना चाहिये।' किन्तु इस नियम का प्रायः उल्लंघन हुआ है। अर्जुन जैसे वीर ने भी भगदत्त तथा वज्रदत्त के साथ युद्ध करते हुए पहले उनके वाहन का वध किया था। संकुल वध में तो सारथिवध के उदाहरण भी अगणित मिलते हैं। पूर्वोक्त नियमों में से अनेकों संकुलयुद्ध में उल्लंघित हुए हैं। जब दोनों पक्षों के असंख्य योद्धा मिलकर युद्ध कर रहे हों तो प्रत्येक का परिचय जानकर या संबोधित करके अस्त्र फेंकना कदापि संभव नहीं हो सकता।

---

१. आमुञ्च कवचं वीर मूर्द्धजान् यमस्व च।
यच्चान्यपि ते नास्ति तदप्यादत्स्व भारत॥ इत्यादि। शल्य ३२।६०
सभा २१।२४

२. भूमिष्ठं नोत्सहे योद्धुं भवन्तं रथमास्थितः। उद्योग १८१।२

३. भगदत्तो गजस्कन्धात् कृष्णयोः स्यन्दनस्थयोः। द्रोण २८।३
तमापतन्तं द्विपदं दृष्ट्वा क्रुद्धमिवान्तकम्। इत्यादि। द्रोण २७।२८।
द्रोण २५ वां अध्याय

४. अश्व ७५ वां अध्याय।

रात्रि को युद्ध—आवश्यक समझने पर रात को भी युद्ध किया गया है, इसका प्रमाण तो कुरुक्षेत्र में ही मिल जाता है।[1]

कुरुक्षेत्र में दुर्नीति—सौप्तिक पर्व में अश्वत्थामा की पशाचिक प्रतिहिंसा, सप्तरथियों द्वारा अभिमन्यु का वध, कूटनीति का आश्रय लेकर छलपूर्वक भीष्म, द्रोण, व कर्ण का वध आदि स्थूल घटनाएँ उल्लिखित नियमावली के बिल्कुल-प्रतिकूल हैं। इन अन्यायों का धर्मयुद्ध के किसी भी नियम द्वारा समर्थन नहीं किया जा सकता। इनके अलावा छोटे-मोटे अन्यायों के तो हजारों उदाहरण मिलते हैं। दुर्योधन, भूरिश्रवा, जयद्रथ आदि के वध में भी निष्कपटता रक्षित नहीं हुई।

आदर्शस्खलन—किसी भी युग में मनुष्य के आदर्श व व्यवहार में समानता नहीं पाई जाती। जिन उच्च विचारों द्वारा आदर्श की सृष्टि होती है, व्यवहार में उन विचारों को स्थान देना दुष्कर हो जाता है। बहुत से आदर्श व्यक्ति भी सर्वदा अविचलित नहीं रह पाते। भीष्म, द्रोण, अर्जुन आदि बेजोड़ वीरों ने भी समय-समय पर दुर्बलता का परिचय दिया है। अतः यह बात स्वीकार करनी ही पड़ेगी कि युद्ध के प्रारंभ में बनाये गये नियम कुरुक्षेत्र के योद्धाओं के यथार्थ वीरत्व व उदारता के परिचायक हैं एवं उस काल की सामाजिक सभ्यता का निदर्शन करते हैं। यूँ तो सभी ने आदर्श की रक्षा की चेष्टा की है किन्तु प्रतिपक्ष के प्रबल आक्रमण के कारण बार-बार आदर्शच्युति हुई है।

प्रतिदिन युद्धोपरांत पारस्परिक सद्भाव नहीं रहा—प्रतिदिन युद्ध समाप्त होने पर आपस में प्रीतिभाव का कोई उदाहरण महाभारत में नहीं मिलता, वरन् उसके विपरीत ही देखा जाता है। अष्टम दिन युद्धावसान के बाद दुर्योधन परामर्श के निमित्त भीष्म के शिविर में गये। प्रसिद्ध वीर उनके रक्षकों के रूप में उनका अनुगमन कर रहे थे।[2] इस घटना से अनुमान लगाया जा सकता है कि सद्भाव तो दूर की चीज थी, बल्कि जरा भी असतर्क होने पर छिपे हुए शत्रुओं द्वारा प्राणहानि का भय ही अधिक था।

तीन वर्ष लम्बा युद्ध—महाभारत में उल्लिखित युद्धों में शान्तनुपुत्र चित्रांगद एवं गंधर्व चित्रांगदों के बीच हुआ युद्ध सर्वापेक्षा दीर्घकाल व्यापक था। यह युद्ध तीन वर्ष तक चला था।[3]

---

१. द्रोण १५२ वाँ तथा १६० वाँ अध्याय।

२. आत्तशस्त्राश्च सुहृदो रक्षणार्थं महीपतेः। भीष्म ९७।२५

३. तयोर्बलतोस्तत्र गंधर्वकुरुमुख्ययोः।
नद्यास्तीरे सरस्वत्याः तिथिनक्षत्रपूजितः॥ आदि १०१।८
एवं सञ्चिन्त्य यो याति तिथिनक्षत्र पूजितः।

शुभमुहूर्त्त में युद्ध-गमन—शुभ तिथि व नक्षत्र देखकर युद्ध को गमन करने का विधान है। 'सेनानीति कथन' प्रकरण में भीष्म ने कहा है, जो सेना नीति को अच्छी तरह समझ कर शुभ तिथि नक्षत्र में ब्राह्मण आदि गुरुजनों का आशीर्वाद लेकर युद्ध को गमन करते हैं, उनकी जय सुनिश्चित होती है।[1]

जय के लक्षण—बुद्धिमान व विद्वान् व्यक्ति दैव प्रकोप अथवा मनुष्य से किसी प्रकार के भय की आशंका का अनुमान अशुभ लक्षणों आदि के द्वारा पहले ही लगा लेते हैं। इसी कारण विचक्षण दैवज्ञ व पुरोहित की आवश्यकता होती है। भावी दुरदृष्ट के नाश के निमित्त जप, होम एवं नाना प्रकार के अनुष्ठान करना उचित है। जिस सेना में योद्धाओं का अन्तःकरण खूब प्रफुल्ल हो एवं वाहन भी प्रसन्न दिखते हों उस पक्ष की अवश्य जय होती है। वायु यदि अनुकूल हो तथा इन्द्रधनु, सूर्यरश्मि में पीछे की ओर हो तो समझना चाहिये लक्षण शुभ हैं। श्रृगाल व गृध्रों का सानन्द विचरण करना जय का सूचक होता है। शब्द, स्पर्श, गंध आदि की अनुकूलता भी जय की सूचक हैं। बलवान की अपेक्षा भाग्यवान व्यक्ति की विजय की आशा अधिक होती है। सप्तर्षि मंडल को पीछे की ओर रखकर युद्ध करना अच्छा होता है। वायु, सूर्य एवं शुक्र ग्रह का आनुकूल्य जय की सूचना देता है।[2]

युद्ध का उत्कृष्ट काल—युद्ध गमन के लिये चैत एवं अगहन मास श्रेष्ठ हैं। उस समय अनाज भी पक जाता है तथा पानी का भी अभाव नहीं रहता (?) विशेषतः यह मौसम न बहुत गर्म होता है न बहुत ठंडा।[3]

महाभारत के युद्ध का समय—कुरुक्षेत्र का युद्ध अगहन मास में हुआ था। श्रीकृष्ण कार्त्तिक मास में रेवती नक्षत्र का योग देखकर दौत्यकर्म के लिये हस्तिनापुर गये थे।[4] वहाँ से लौटते समय उन्होंने कर्ण से कहा था, "तुम भीष्म,

---

१. विजयं लभते नित्यं सेनां सम्यक् प्रयोजयन्॥ शान्ति १००।२५
निर्ययौ च महेष्वासो नक्षत्रे शुभदैवते।
शुभे तिथौ मुहूर्त्ते च पूज्यमानो द्विजातिभिः॥ इत्यादि। वन २५२।-२८, २९

२. दैवे पूर्वं प्रकुपिते मानुषे कालचोदिते। इत्यादि। शांति। १०२।३–१५
सप्तर्षीन् पृष्ठतः कृत्वा युद्धेयुरचला इव। इत्यादि। शांति १००।१९, २०
कृती राजन् विशिष्यते। शल्य ३३।८

३. चैत्र्यां वा मार्गशीर्ष्यां वा सेनायोगः प्रशस्यते। इत्यादि। शांति १००।१०–१२

४. कौमुदे मासि रेवत्यां शरदन्ते हिमागमे। उद्योग ८३।७

द्रोण व कृपाचार्य से कहना कि इस महीने तृण, काष्ठ आदि अच्छा मिलता है। यह मास सौम्य है, यह शिशिरकाल अधिक गर्म नहीं होता एवं निष्पंक रहता है, इस समय जल रसवत् व निर्मल होता है। वनवीथियाँ लतागुल्मों से परिपूर्ण होती हैं, इस काल में हर प्रकार के फल-फूल व औषधि प्रचुर मात्रा में मिलते हैं। आज से सातवें दिन अमावस्या है, उसी दिन युद्ध शुरू हो जाय।[1]

युद्ध का आयोजन—सर्वप्रथम दोनों पक्ष मिलकर युद्ध का स्थान तय करते थे। निर्वाचित स्थान पर दोनों पक्षों की सेनाएँ, यान, वाहन, अस्त्र-शस्त्र तथा दूसरी रणसामग्री इकट्ठी की जाती थी। प्रत्येक प्रसिद्ध वीर के लिये शिविर बनाया जाता था और उसके प्रचुर प्रमाण में खाद्य सामग्री जमा की जाती थी। किसी भी समय किसी भी चीज का अभाव न हो, इस ओर प्रत्येक पक्ष की सतर्क दृष्टि होती थी।

युद्ध-शिविर में शिल्पी का स्थान—उपयुक्त शिल्पियों को वेतन देकर वहाँ रखने की व्यवस्था की जाती थी। शिल्पी सदा शिविर आदि के कार्य में व्यस्त रहते थे।

वैद्य—शास्त्रविद् चिकित्सक निरुद्वेग चित्त युद्ध क्षेत्र में आहत एवं पीड़ित व्यक्तियों की चिकित्सा कर सकें, इस उद्देश्य से विचक्षण चिकित्सकों को युद्धभूमि के निकट ही वासस्थान दिया जाता था। वे उपयुक्त अर्थ पाकर रणक्षेत्र में घायल व्यक्तियों की चिकित्सा करते थे।[2]

सूत-मागध आदि का स्थान—सूत, मागध, चारण, गणिका, गुप्तचर आदि को भी युद्धभूमि के निकट ही स्थान दिया जाता था। पक्ष के प्रधान व्यक्ति उनकी देखभाल करते थे।[3]

संग्रहीत द्रव्य—रणक्षेत्र में जो जो चीजें इकट्ठी की जाती थीं, उनकी एक संक्षिप्त सूची उद्योगपर्व में मिलती है। प्रचुर काष्ठ, नाना प्रकार के भक्ष्य व पेय द्रव्य, मधु, घृत, पर्वत-प्रमाण सर्जरस मिश्रित पांशु, घास-फूस, अग्नि आदि द्रव्य प्रत्येक शिविर में अधिक मात्रा में रक्खे जाते थे। उसके अलावा रथ, हाथी, घोड़े आदि

---

१. ब्रूयाः कर्ण इतो गत्वा द्रोणं शान्तनवं कृपम्।
सौम्योऽयं वर्त्तते मासः सुप्रापयवसेन्धनः॥ इत्यादि। उद्योग १४२।-
१६–१८

२. उद्योग १५१ वाँ व १९७ वाँ अध्याय।

३. ये चान्येऽनुगतास्तत्र सूतमागधवन्दिनः।
वणिजो गणिकाश्चारा ये चैव प्रेक्षका जनाः॥ इत्यादि। उद्योग १९७।-
१८, १९

वाहन एवं जितने भी प्रकार के कवच व अस्त्र-शस्त्र उस समय व्यवहृत होते थे, उनके संग्रह में जरा भी त्रुटि नहीं होती थी।[1]

युद्धगमन के समय ब्राह्मण की पूजा आदि—उस काल में वीर युद्धगमन के पूर्व ब्राह्मण को गो, निष्क आदि दान करते थे। फलस्वरूप समागत ब्राह्मण जय तथा आशीर्वाद सूचक मंत्रों का पाठ करते थे।[2]

स्वस्त्ययन—यजमान के युद्धगमन के समय ऋत्विक् तरह-तरह के जाप व महौषधि द्वारा स्वस्त्ययन करते थे। यजमान राजा भी उनकी फल, पुष्प, वस्त्र, गो, निष्क आदि द्वारा अभ्यर्थना करके आशीर्वाद माँगते थे।[3]

अर्जुन की दुर्गास्तुति—युद्ध के पूर्व कृष्ण के उपदेशानुसार अर्जुन ने दुर्गास्तोत्र का पाठ किया था। उनकी स्तुति से प्रसन्न होकर भगवती अंतरिक्ष से ही शत्रुजय का वर देकर अन्तर्धान हो गई थीं।[4]

अस्त्र-पूजा—युद्ध के प्रारंभ में गंधादि द्वारा अस्त्र-शस्त्रों की पूजा की जाती थी। वीर रक्षासूत्र बाँधकर स्वरितमंत्र का पाठ करते थे।[5]

त्रैयम्बक बलि—अधिक बलवान प्रतिपक्षी से युद्ध का मौका पड़ता था तो युद्ध की पूर्वरात्रि को 'त्रैयम्बक बलि', नामक एक प्रकार का उपहार देवताओं के उद्देश्य से निवेदित किया जाता था। ऐसा प्रतीत होता है कि त्रैयम्बक अर्थात् महादेव के उद्देश्य से ही यह बलि दी जाती थी। जयद्रथ से युद्ध करने के पूर्व अर्जुन ने यह अनुष्ठान किया था, और फिर कृष्ण को नाना अलंकारों से बिभूषित करके वह नैश उपहार उन्हें ही प्रदान कर दिया था।[6]

रथाभिमंत्रण—किसी किसी युद्ध में रथ को भी अभिमंत्रित किया जाता था। मंत्र का उल्लेख तो नहीं मिलता, लेकिन कहा गया है कि अभिमंत्रण का मंत्र जैत्र सांग्रामिक अर्थात् युद्ध में जयप्राप्ति के अनुकूल होता था।[7]

---

१. ज्याधनुर्वर्मशस्त्राणां तथैव मधुसर्पिषोः। इत्यादि। उद्योग १५१।८४–८७

२. वाचयित्वा द्विजश्रेष्ठान् गोभिर्निष्कैश्च भूरिशः। उद्योग १५५।३२

३. जप्यैश्च मंत्रैश्च महौषधीभिः समन्ततः स्वस्त्ययनं ब्रुवन्तः। इत्यादि। भीष्म २२।७, ८

४. भीष्म २३वाँ अध्याय।

५. अधिवासितशस्त्राश्च कृतकौतुक मंगलाः। उद्योग १५१।३८
गंधमाल्यार्चितं शरम्। द्रोण १४४।११२

६. त्रैयम्बकं बलिम्। इत्यादि। द्रोण ७७।३, ४

७. जैत्रैः संग्रामिकैर्मन्त्रैः पूर्वमेव रथोत्तमम्।
अभिमन्त्रितमर्चिच्चष्मानुदयं भास्करो यथा॥ द्रोण ८२।१६

शंखनिनाद व रणवाद्य—सज्जित योद्धा समरक्षेत्र में उपस्थित होकर सर्वप्रथम शंखध्वनि करते थे। उच्च शंखध्वनि स्वपक्षी वीरों को आनन्दित करने के साथ साथ विपक्षी योद्धाओं में भय का संचार करती थी। भेरी, पणव (ढोल), आनक (डंका), मृदंग, दुन्दुभि, क्रकच महानक, झर्झर, पेशी, गोविषाण, पुष्कर, मुरज, डिण्डिभ आदि तात्कालिक रणवाद्य थे। प्रत्येक सेनादल के साथ वाद्यभांड (मुरज, मृदंग आदि) चलते थे। सूत, मागध, बन्दी, गायक व वादकगण उपयुक्त वेतन पाकर रणभूमि को गीतवाद्यों से मुखरित कर देते थे। युद्ध उपकरणों में रणवाद्य बहुत ही आवश्यक माना जाता था।[1]

शूरों की शंख प्रीति—उल्लिखित वाद्ययन्त्रों में शंख ही सर्वापेक्षा श्रेष्ठ माना जाता था। विवाहादि मांगलिक कार्यों में जिसकी ध्वनि शान्ति व कल्याण का प्रतीक मानी जाती थी वही शंख वीरों के हाथ में पड़कर रुद्रभैरव का रूप धारण कर लेता था। शंखध्वनि सुनते ही प्रत्येक योद्धा उल्लसित हो उठता था। शायद शंखध्वनि उन्हें विशेषतया उत्तेजित करती थी। महाभारत में बहुत से योद्धाओं के शंखों के विभिन्न नाम दिये गये हैं। यथा—कृष्ण के शंख का नाम पांचजन्य, धनंजय के शंख का नाम देवदत्त, वृकोदर के शंख का पौंड्र, युधिष्ठिर के शंख का अनन्तविजय, नकुल के शंख का सुघोष, सहदेव के शंख का मणिपुष्पक आदि। भीष्म, शिखण्डी, धृष्टद्युम्न, सात्यकि आदि वीरों का भी शंख के प्रति यथेष्ट लगाव था। कुरुक्षेत्र की रणभूमि प्रत्येक पल शंखनाद से गूँजती रहती थी।[2]

युद्ध परिधान—वीरों की पोशाक आदि का विस्तृत वर्णन महाभारत में नहीं मिलता, लेकिन ऐसा इंगित अवश्य होता है कि धोती ही परिधान रूप पहनी जाती थी। किंतु उस धोती की लम्बाई-चौड़ाई या किसी अन्य रूप के बारे में कुछ पता नहीं चलता। विराटपुरी में कौरवों के साथ हुए युद्ध में अर्जुन का परिधान लाल रंग का जोड़ा बताया गया है।[3]

---

१. आदि २२०।११। भीष्म २४।६। भीष्म ४३।८, १०३। भीष्म ५१।२३। भीष्म ५८।४६। भीष्म ९९।१७–१९। द्रोण ३८।३१। कर्ण ११।३६। शांति १०२।९

२. तस्य संजनयन् हर्षं कुरुवृद्धः पितामहः।
सिंहनादं विनद्योच्चैः शंखं दध्मौ प्रतापवान्॥ इत्यादि। भीष्म २५।१२।१९। भीष्म ५१।२२–२९
ततः शंखं प्रदध्मौ स द्विषतां लोमहर्षणम्। विराट ५३।२३

३. वस्त्राण्युपादाय महारथानां तूर्णं पुनस्तद्रथमारुरोह। इत्यादि। विराट ६६।१५। विराट ६९।१०, ११
रक्ते च वाससी। विराट ३८।३१

माल्यचन्दन---शूरवीर माल्यचन्दन आदि से विभूषित होकर रणक्षेत्र को जाते थे। उनके माल्यचन्दन की सुगंध रणभूमि को आमोदित रखती थी।[1]

गोधांगुलित्राण---वाण की डोरी की रगड़ से बचाव के लिये योद्धा अंगुलित्राण अर्थात् गोह के चमड़े के दस्ताने पहनते थे। ये दस्ताने शायद कुहनियों तक के होते थे, क्योंकि वाण छोड़ते समय डोरी की रगड़ हाथ पर लगने की ही अधिक आशंका रहती है।[2]

तनुत्राण या कवच---प्रत्येक योद्धा कवच का व्यवहार करता था। शरीर को कवच से ढके बिना शस्त्रयुद्ध के लिये उपस्थित नहीं होता था। कवच का उल्लेख बहुत से प्रसंगों में आया है। विराट के रणयात्रा प्रसंग में नाना प्रकार के कवचों का वर्णन हुआ है। कवच अतिशय उज्ज्वल, विचित्र एवं वज्र व लौहनिर्मित होते थे। ऊपर से सुवर्ण खचित होते थे। किसी किसी कवच पर स्वर्णविन्दु झिलमिलाते थे। किसी किसी कवच पर तरह तरह के चित्र बने होते थे।[3]

लौहवर्म का वर्णन---कोई कोई शिरस्त्राण लौहनिर्मित होते हुए भी सूर्य-किरण की तरह उज्ज्वल व सफेद रंग का होता था। महाभारत में आगे शिरस्त्राणों के वर्णन से प्रतीत होता है कि लोहे के टोप ही अधिकतर व्यवहृत होते थे।[4]

कवचधारण के पूर्व मंत्रपाठ---कुछ लोग आचमन आदि द्वारा शुद्ध होकर यथाविधि मंत्रपाठ करके कवच धारण करते थे। शायद उस काल के समाज में इस प्रकार के कार्यों के साथ भी आनुष्ठानिकधर्म को अच्छेद्य रूप मानना आदर्श माना जाता था।[5]

अस्त्रादिपूर्ण बैलगाड़ी---बड़े बड़े योद्धा अपने साथ तो अस्त्र रखते ही थे। इसके अलावा उनके नजदीक ही अस्त्र-शस्त्रों से भरी बहुत सी बैलगाड़ियाँ भी रहती थीं।[6]

---

१. स्रजः समाः सुगंधानामुभयत्र समुद्भवः। भीष्म २४।४
आदाय रोचनां माल्यम्। इत्यादि। सभा २३।४

२. वद्धगोधांगुलित्राणाः कालिन्दीमभितो ययुः। इत्यादि। विराट। ५।१। आदि १३४।२३

३. राजानो राजपुत्राश्च तनुत्राण्यथ भेजिरे। इत्यादि। विराट ३१।१०–१४
अथ वर्माणि चित्राणि कांचनानि बहूनि च। उद्योग १५२।२१

४. सुवर्णदृष्टं सूर्याभम्। इत्यादि। विराट ३१।१५। कर्ण ८१।२७

५. आबबन्धाद्भुततमं जपन्मत्रं यथाविधि। द्रोण ९२।३९

६. अष्टागवामष्टशतानि वाणान् मया प्रयुद्धस्य वहन्ति तस्य। कर्ण ६७।६
अस्त्यायुधं पाण्डवेयावशिष्टं न यद्वहेच्छकटं षड्गरीयम्। कर्ण ७६।१५

धनुर्वेद चतुष्पाद व दशांग––महाभारत में युद्धवाहिनी तथा स्थान व काल-विशेष में उसके विशिष्ट विधान आदि विषयों पर बहुत ही थोड़ा प्रकाश डाला गया है। (कौटिल्य, शुक्रनीति, अग्निपुराण आदि ग्रन्थों में विस्तृत वर्णन मिलता है।) धनुर्वेद को चतुष्पाद एवं दशांग बताया है। मूलग्रंथ में इस उक्ति की कोई विस्तृति नहीं है। टीकाकार नीलकंठ ने अपनी टीका में कहा है––दीक्षा, शिक्षा, आत्मरक्षा एवं इन तीनों का साधन ये चार धनुर्वेद के पाद हैं। व्रत, प्राप्ति, धृति, पुष्टि, स्मृति, क्षेप, अरिभेदन, चिकित्सा, उद्दीपन एवं कृष्टि ये दस उसके अंग हैं।[1]

चतुरंगवाहिनी––युद्ध के लिये चतुरंगिणी सेना इकट्ठी करनी पड़ती थी। रथी, गजारोही, अश्वारोही व पदाति इन चार श्रेणियों की सेना समष्टि की पारिभाषिक संज्ञा ही 'चतुरंग' है। कुरुक्षेत्र युद्ध में रथों का प्राधान्य था। प्रत्येक रथ के साथ दस हाथी, प्रत्येक हाथी के साथ दस अश्व, प्रत्येक अश्व के साथ दस पदाति रक्षकस्वरूप रहते थे। उनकी संज्ञा, 'पादरक्षक' होती थी। एक रथ की रक्षा के निमित्त पचास हाथी, प्रत्येक हाथी की रक्षा के उद्देश्य से पचास घोड़े, प्रत्येक घोड़े की रक्षा के लिये सात पदाति रहते थे। पचास आदमियों की सेना एकत्रित होने पर उसे 'पत्ति' कहा जाता था। (अमरकोष आदि में इस गणना का व्यतिक्रम दृष्ट होता है।) तीन पत्तियों पर एक 'सेनामुख', तीन सेनामुखों पर एक 'गुल्म' व तीन गुल्मों पर एक 'गज' होता था।[2]

सेनापति––एक सेनापति के अधीन एक सैन्यदल गठित होता था। सेनापति का आदेश हर दशा में मान्य होता था। बिना सेनापति के अच्छी से अच्छी सेना भी युद्धक्षेत्र में विजय लाभ नहीं कर सकती। युद्धकुशल, शास्त्रज्ञ, शूर, हिताकांक्षी एवं दीर्घदर्शी पुरुष को ही सेनापति का पद दिया जाता था।[3]

सेनापतिपति––कई सेनापतियों के ऊपर एक विचक्षण व्यक्ति तत्त्वावधायक के रूप में नियुक्त किया जाता था, जो "सेनापतिपति" कहलाता था।[4]

दल का सेनापति––एक स्थान पर कहा गया है कि दस सैनिकों के अध्यक्ष

---

१. दशांग यश्चतुष्पादमिष्वस्त्रं वेद तत्त्वतः। शल्य ६।१४

२. उद्योग १५४ वाँ अध्याय।

३. तासां ये पतयः सप्त विख्यातास्तान्निबोधत। इत्यादि। उद्योग १५१।३
सभा ५।४६। उद्योग १५५।१०
एतैरेव गुणैर्युक्तस्तथा सेनापतिर्भवेत्। इत्यादि। शांति ८५।३१, ३२

४. सर्वेषामेव तेषान्तु समस्तानां महात्मनाम्।
सेनापतिपतिञ्चक्रे गुडाकेशं धनञ्जयम्॥ उद्योग १५६।१४

रूप में एक सेनापति नियुक्त होता था। इसी प्रकार एक सौ एवं एक हजार सैनिकों की अध्यक्षता के लिये एक और सेनापति रक्खा जाता था। इन सेनाध्यक्षों का वेतन साधारण सेनाध्यक्ष से दुगना होता था।[1]

रथ का सारथि—रथ के सारथि की नियुक्ति भी बहुत ही विवेचनापूर्वक की जाती थी। बहुत बार अरोही की अपेक्षा सारथि का अधिक पटु होना आवश्यक होता है। श्रीकृष्ण को सारथि रूप में पाकर अर्जुन को कितना लाभ हुआ था, यह कुरुक्षेत्र के युद्ध में पद पद पर लक्ष्यगत होता है। इन्द्र के मातलि, कृष्ण के दारुक व अर्जुन के कृष्ण सारथि की बुद्धिमानी से सभी परिचित हैं।

सारथि की गुरुपरम्परा—सारथ्य कर्म भी गुरुपरम्परा द्वारा शिक्षणीय था। उत्तर ने अर्जुन से कहा है, "मैंने गुरु से सारथ्य की शिक्षा ली है।"[2]

सारथिकृत यमक आदि मंडल—कृपाचार्य व अर्जुन के मध्य हुए युद्ध में उत्तर की अभिज्ञता का परिचय मिलता है। उसने शत्रुनिरोधक 'यमकमंडल' द्वारा हठात् रथ की गति बदल कर विशेष कृतित्व का परिचय दिया था।[3]

यात्रा व दुर्गविधान—जलपूर्ण एवं तृणाच्छादित पथ से सेना को युद्धक्षेत्र के समीपवर्त्ती दुर्ग में ले जाना चाहिये, पथ ऊँचा-नीचा न होकर समान हो तो अच्छा है। प्रस्थान के पूर्व रास्ते जानने वाले कुछ चर इकट्ठे कर लेने चाहिये। प्रत्येक सेना के साथ एक पथप्रदर्शक होना चाहिये। दुर्ग के निकट जल की प्रचुरता हो। रणभूमि के निकटस्थ उन्मुक्त प्रांतर में सेना के शिविर बनाना बहुत अंशों में निरापद होता है।[4]

स्थानविशेष के अनुसार सेनायोग—कीचड़ रहित, जलशून्य तथा सेतु, प्राकार आदि विहीन शुष्क भूमि पर अश्वारोही योद्धाओं को सुविधा होती है। कीचड़-रहित व समान भूमि रथ चलाने के लिए श्रेष्ठ होती है। जिस जगह छोटे-छोटे पौधे व जल हो वहाँ युद्ध करना गजारोहियों के लिये आरामप्रद होता है। बाँस, बेंत से परिपूर्ण तथा ऊबड़-खाबड़ रणक्षेत्र पदाति सैनिकों के लिये अच्छी होती है।[5]

---

१. दशाधिपतयः कार्याः शताधिपतयस्तथा। इत्यादि। शांति १००।३१,३२

२. शिक्षितो ह्यस्मि सारथ्ये तीर्थतः पुरुषर्षभ। विराट ४५।१८

३. यमकं मंडलं कृत्वा तान् योधान् प्रत्यवारयत्। विराट ५७।४२

४. जलवांस्तृणवान्मार्गः समगम्यः प्रशस्यते। इत्यादि। शांति १००।१३–१७

५. अकर्दमामनुद काममर्यादामलोष्टकाम्। इत्यादि। शांति १००।२१–२३
तृणाश्मानं वाजिरथप्रवाहं ध्वजद्रुमैः संवृतकूलरोधसम्।
पदाति नागैर्बहुकर्दमां नदीं सपत्ननाशे नृपतिः प्रयोजयेत्॥ आश्र, ७।१४

काल विशेष में सेनायोग—जिस वाहिनी में पदाति सैनिकों की संख्या अधिक हो वह सेना श्रेष्ठ होती है। क्योंकि धूप या बारिश में वाहन आदि की अवस्था में परिवर्तन होने की संभावना रहती है, किन्तु साहसी पदाति को किसी चीज का भय नहीं होता। वृष्टि न हो रही हो तो रथ एवं अश्वबहुल वाहिनी पूर्ण शक्ति से युद्ध चला सकती है। वर्षाकाल में गजबहुल वाहिनी उत्तम होती है।[1]

आक्रमण पद्धति—असिचर्मयुक्त पदाति सेना को वाहिनी के अग्रभाग में रखना चाहिये, रथ उनके पीछे होने चाहिये। बहुत शक्तिशाली योद्धाओं को ही पदाति रक्षण का कार्य देना उचित है। स्त्रियों को पदाति व रथों के बीच में रहना चाहिये। (स्त्रियों के बारे में उपर्युक्त बात की सार्थकता समझ में नहीं आती, क्योंकि स्त्रियों की सेना तो कहीं भी वर्णित नहीं हुई है)।[2]

गुरु के साथ युद्ध—प्रयोजन होने पर अस्त्रविद्या के गुरु के साथ भी क्षत्रिय युद्ध करते थे। भीष्म ने परशुराम के साथ[3] एवं अर्जुन ने द्रोणाचार्य के साथ युद्ध किया था। पहला वाण द्रोणाचार्य छोड़ेंगे, तब अर्जुन प्रतियुद्ध करेंगे, यह प्रतिज्ञा उनमें हुई थी। अर्जुन ने सर्वत्र अपनी प्रतिश्रुति की रक्षा की है।[4] भीष्म एवं अर्जुन ने गुरु के साथ युद्ध करने में किसी भी प्रकार की अशिष्टता नहीं दिखाई।

आततायी का वध पाप नहीं—अर्थशास्त्र के अनुशासन में आततायी के वध को पाप नहीं बताया है। अग्निद अर्थात् आग लगाने वाला, गरद अर्थात् विष देने वाला, शस्त्रपाणि, धनापहारी, क्षेत्रापहारी व दारापहारी, इन छह को 'आततायी' कहा जाता है। आततायी यदि नानागुणों से विभूषित एवं सर्वप्रकार से श्रेष्ठ भी हो, तथापि वह वध्य है। जो शस्त्रपाणि आततायी ब्राह्मण की हत्या करता है, उसे कोई पाप नहीं लगता। यह धर्मज्ञों का मत है। भार्याहरणकारी एवं राज्यहर्त्ता शत्रु यदि शरणागत भी हो तो उसे क्षमा नहीं करना चाहिये। यदि ब्राह्मण सन्तान व वेदान्ती आततायी भी शस्त्र हाथ में लेकर आक्रमण करे तो उसे क्षमा नहीं करना चाहिये। उसका वध करने से ब्रह्महत्या का पाप नहीं लगता।[5]

---

१. पदातिबहुला सेना दृढ़ा भवति भारत। इत्यादि। शांति १००।२४, २५
२. अग्रतः पुरुषानीकससिचर्मरतां भवेत्। इत्यादि। शांति १००।४३–४५
३. उद्योग १८१ वाँ अध्याय।
४. विराट ५८ वाँ अध्याय। द्रोण ८९वाँ अध्याय।
५. ज्यायांसमपि चेद वृद्धं गुणैरपि समन्वितम्।
आततायिनमायान्तं हन्याद् घातकमात्मनः॥ इत्यादि। भीष्म १०७।१०१।वन २७०।४६। उद्योग १७९।२८, २९

अर्जुन की आशंका---आततायी वध के समर्थन में महाभारत में इतनी उक्तियाँ रहते हुए भी कुरुक्षेत्र का युद्ध आरंभ होने से पहले विषण्ण अर्जुन ने कहा है, "इन सब आततायियों का वध करने से मुझे पाप ही लगेगा।"[1]

समाधान---उपर्युक्त कथन की टीका में नीलकंठ ने कहा है कि आततायीवध अर्थशास्त्र द्वारा तो अनुमोदित है, किन्तु धर्मशास्त्र इसके प्रतिकूल है; इसीलिये अर्जुन को पाप की आशंका हुई थी। शूलपाणि कृष्ण ने कात्यायन के वचन उद्धृत करके अर्जुन के इस कथन का सामंजस्य बनाये रक्खा है। वचन का तात्पर्य यह है कि आततायी व्यक्ति यदि हंता व्यक्ति से विद्या, जाति कुल इत्यादि में श्रेष्ठ हो तो वह वध करने योग्य नहीं है।[2]

अश्वत्थामा की मुक्ति---प्रतीत होता है, महाभारतकार का भी यही मत है। सौप्तिकपर्व में कहा है कि पैशाचिक हत्याकारी, ब्रह्मबंधु अश्वत्थामा भी एकमात्र ब्राह्मणकुल में जन्म लेने के कारण बच गये।[3]

युधिष्ठिर का अश्वमेध यज्ञ---भीष्म, द्रोण आदि गुरुजनों एवं दुर्योधन आदि ज्ञातियों के वध से पाप लगने की आशंका होने पर ही युधिष्ठिर ने महर्षि व्यास के उपदेशानुसार अश्वमेध यज्ञ किया था।[4]

जय की अपेक्षा धर्मरक्षा का प्राधान्य---कहा गया है कि युद्ध में विजय पाना ही परम लाभ नहीं है, युद्ध का प्रधान लक्ष्य धर्मरक्षा होना चाहिये। आततायी की अबध्यता भी इसी का समर्थन करती है।[5]

युद्धकाल में उपासना आदि---युद्धकाल में भी वीर पुरुष उपासना आदि अनुष्ठानों का यथानियम पालन करते थे उपासना का समय आने पर दोनों पक्ष कुछ देर युद्ध से विरत रहकर उपासना कर लेते थे।[6]

प्रगृह्य शस्त्रमायान्तमपि वेदान्तगं रणे।
जिघांसंतं जिघांसीयान्न तेन ब्रह्महा भवेत्॥ इत्यादि। शांति ३४।१७--१९

१. पापमेवाश्रयेदस्मान् हत्वैतानाततायिनः। भीष्म २५।३६

२. आततायिनि चोत्कृष्टे तपःस्वाध्यायजन्मतः।
वधस्तत्र तु नैव स्यात् पापे हीने वधो भृगुः॥ कात्यायन संहिता

३. जित्वा मुक्तो द्रोणपुत्रो ब्राह्मण्याद् गौरवेण च॥ सौप्तिक १६।३२

४. अश्व ३रा अध्याय।

५. धर्मलाभाद्धि विजयाल्लाभः कोऽभ्यधिको भवेत्। शांति १६।११

६. दिवाकरस्याभिमुखं जपन्तः संध्यागताः प्राञ्जलयो बभूवुः॥ इत्यादि।
द्रोण १८५।४।द्रोण १८६।१

शान्तिकाम ब्राह्मण के मध्यस्थ बनने पर युद्ध विरति—युद्ध में रत दोनों पक्षों के बीच में कोई शान्तिकाम ब्राह्मण आकर खड़ा हो जाता था तो तत्क्षण युद्ध बन्द करना पड़ता था। ब्राह्मण की अवमानना करने से क्षत्रिय की मर्यादा घटती है।[1]

अस्त्रशस्त्र—युद्ध में जिन अस्त्रों का व्यवहार होता था, उनके नाम अनेक स्थानों पर उद्धृत हुए हैं। विराट, भीष्म, द्रोण, कर्ण व शल्य पर्वों में युद्ध का वर्णन है। विशेष रूप से जिन स्थानों पर अस्त्र आदि का नाम आया है, वे निम्नलिखित हैं।

आदि १९।१२-१७। आदि ३२।१२-१४। आदि १३९।६। आदि २२७।२५। वन १५।६-१०। वन २०।३३, ३४। वन २१।२,२५ वन ४२।४,५। वन १६९।१५, १६। विराट ३२।१०। विराट ४२ वाँ अध्याय। उद्योग १९।३,४। उद्योग १५४।३-१२ भीष्म १६।९। भीष्म १८।१७। भीष्म ४६।१३, १४। भीष्म ५८।३। भीष्म ६१।२२। भीष्म ७६।४-६। द्रोण १४६ वाँ व १७७ वाँ अ०।

जिन अस्त्र-शस्त्रों का उल्लेख मिलता है, उन पर अकारादि क्रम से नीचे प्रकाश डाला जा रहा है।

अंकुश—लौहमय अस्त्रविशेष जो हाथी को चलाने के लिये व्यवहृत होता है। युद्ध में भी इसका प्रयोग देखने में आता है।

अश्मगुड़क—वर्त्तुलीकृत पाषाण। यह शत्रु पर फेंका जाता है।

असि की उत्पत्ति का विवरण—शान्तिपर्व में कहा गया है कि नकुल खड्ग-युद्ध के विशेषज्ञ थे। उन्होंने शरशय्या पर शायित पितामह से खड्ग की उत्पत्ति का विवरण जानना चाहा। भीष्म बोले—"ब्रह्मा ने सृष्टि रक्षा के निमित्त यज्ञ किया था, उसी यज्ञकुंड से नीलोत्पल सदृश, तीक्ष्णदंष्ट्र, दुर्द्धर्षतर असि की उत्पत्ति हुई। ब्रह्मा ने वह असि भगवान रुद्र को प्रदान कर दी। रुद्र ने रुद्ररूप धारण करके उस असि द्वारा दानवकुल का संहार किया और पुनः शिवत्व रूप में प्रतिष्ठित हुए। तब असि उन्होंने विष्णु के हाथ में सौंप दी। विष्णु ने मरीचि को, मरीचि ने ऋषियों को, ऋषियों ने वासव को, वासव ने लोकपालों को, लोकपालों ने मनु को, मनु ने क्षुप को और क्षुप ने इक्ष्वाकु को दी। इसी प्रकार गुरुपरम्परानुसार द्रोणाचार्य तक पहुँची और आचार्य से वह तुम्हें मिली है"। असि का जन्मनक्षत्र कृत्तिका अधिपति-देवता अग्नि, गोत्र रोहिणी एवं गुरु रुद्र हैं। असि, विशसन, खड्ग, तीक्ष्णधार, दुरासद,

---

१. अनीकयोः संहतयोर्यदीयाद् ब्राह्मणोऽन्तरां।
शांतिमिच्छन्नुभयतो न योद्धव्यं तदा भवेत्॥ इत्यादि। शांति ९६।८–१०

श्रीगर्भ, विजय एवं धर्मपाल---ये आठ असि के नाम हैं। इसका एक नाम 'निस्त्रिंश' भी है। अर्थात् असि की लम्बाई तीस अंगुल से अधिक होती है।[1]

असिसंचालन के इक्कीस प्रकार---असिसंचालन के इक्कीस प्रकार बताये गये हैं। लेकिन नाम सिर्फ दस के ही मिलते हैं, जो ये हैं---भ्रांत उद्भ्रान्त, आबिद्ध, आप्लूत, प्रसृत, सृत, परिवृत्त, निवृत्त, सम्पात व समुदीर्ण।[2] एक जगह और खड्गयुद्ध के वर्णन में चौदह मंडलों का उल्लेख किया गया है किन्तु वहाँ भी भ्रांत, उदभ्रान्त आदि केवल आठ मंडलों के नाम दिये गये हैं।[3]

असि का कोष---गोचर्म, व्याघ्रचर्म अथवा स्वर्णादिनिर्मित म्यान में तलवार रक्खी जाती थी। किसी-किसी खड्ग पर सोने का काम भी किया होता था। पंचनख प्राणी के चमड़े से निर्मित कोष में असिस्थापन का जिक्र भी आया है। शायद गेंडे या गोह के चमड़े से कोष बनाया जाता था।[4]

ऋष्टि---काष्टनिर्मित दण्डविशेष।[5] जिस खड्ग के दोनों ओर धार हो उसे भी 'ऋष्टि' कहा गया है। (देखिये वाचस्पत्य अभिधान)

कचग्रह-विक्षेप---जिस शस्त्र के द्वारा निकटस्थ शत्रु के बाल पकड़ कर मारा जाय। यह शस्त्र दण्ड के समान होता है और अग्रभाग में गोंद जैसा चिकने द्रव्य का लेप कर दिया जाता है जिस पर बाल चिपक जाते हैं और वह व्यक्ति पकड़ में आ जाता है।[6]

कणप---जिस लौहयन्त्र की गर्भस्थ गोलियाँ आग्नेय द्रव्य की शक्ति से उल्काओं की तरह चारों ओर विकीर्ण हो जायँ।[7]

कर्णि व कम्पन (?)---(कर्ण ८१।१२। भीष्म ७६।७)

कुलिश---वज्र की आकृति का अस्त्रविशेष।

क्षुर---पार्श्वधार, तीक्ष्णाग्र व ऋजु एक अस्त्र।[8]

---

१. विराट ४२।१६, नीलकंठ। शांति १६६वाँ अध्याय।

२. स तदा विविधान् मार्गान् प्रवरांश्चैकविंशतिम्। द्रोण १९०।३७–४

३. चतुर्दश महाराज शिक्षाबलसमन्वितः। इत्यादि। कर्ण २५।३१, ३२

४. विराट ४२वाँ व ४३वाँ अध्याय।

५. वन २०।३४।उद्योग १५४।२ नीलकंठ।

६. उद्योग १५४।५ नीलकंठ।

७. आदि २२७।२५ नीलकंठ।

८. आदि १३९।६ नीलकंठ।

क्षुरप्र—क्षुर-तुल्य, तीक्ष्ण बाणविशेष। तीक्ष्ण क्षुरप्र द्वारा खड्ग का भी छेदन किया जा सकता है।[1]

गदा—यूँ तो गद नामक असुर की अस्थियों से निर्मित मुद्गर को ही गदा कहा गया है (वायु-पुराण, गयामाहात्म्य), किन्तु बाद में तत्सादृश्य मुद्गर मात्र को ही गदा की संज्ञा दी गई है। साधारणतः युद्ध की गदाएँ लौह-निर्मित होती थीं। गदा का वर्णन कई स्थानों पर मिलता है। बलराम, भीम व दुर्योधन गदायुद्ध में प्रवीण थे। भीम की गदा का जो वर्णन हुआ है, उसमें उनकी गदा को अष्टकोण-विशिष्ट, वृहद एवं सुवर्णभूषित बताया है।[2]

गदायुद्ध के मण्डल आदि—भीम व दुर्योधन के गदायुद्ध में विभिन्न मण्डलों का वर्णन किया गया है। प्रतिपक्षी के चारों ओर घूमने का नाम 'मण्डल' है। प्रतिपक्षी के सम्मुखस्थ होने का नाम 'गत' है। प्रतिपक्षी के अभिमुख रहकर ही एक ओर सामान्य हट जाने को 'प्रत्यागत' कहते हैं। प्रतिपक्षी के मर्मस्थल पर प्रहार करके, उसे उठाकर शून्य में फेंक दिया जाय या भूपातित कर दिया जाय तो उस मण्डल को 'अस्त्रयन्त्र' कहते हैं। 'प्रहार परिमोक्ष' व 'प्रहार वर्जन' भी मण्डल के अन्तर्गत आते हैं। इसमें उपयुक्त समय देखकर प्रतिपक्षी पर प्रहार किया जाता है, नहीं तो विपक्षी की ही जय होती है। जल्दी-जल्दी दाँये बायें घूमने का नाम 'परिधावन' है। बिजली की तरह प्रतिपक्षी के सामने आने को 'अभिद्रवण' कहते हैं। चलते समय या गतिपरिवर्त्तन के समय यदि प्रतिपक्षी को गिरा दिया जाय तो इस मण्डल को 'आक्षेप' कहते हैं।

चांचल्य छोड़कर शत्रु के छिद्रान्वेषण करने को 'अवस्थान' कहते हैं। भूपातित विपक्षी के उठने पर पुनः उससे युद्ध करना 'सविग्रह' कहलाता है। विपक्षी पर प्रहार करने के उद्देश्य से उसके चारों ओर सावधानीपूर्वक चलने को, 'परिवर्त्तन' कहते हैं। शत्रु के प्रसरण को रोकने का नाम 'संवर्त्त' है। प्रतिपक्षी के प्रहार को विफल करने के उद्देश्य से शरीर को जरा सा नत करना 'अवप्लूत' कहलाता है। ऊपर को उछल कर विपक्षी का प्रहार विफल करना 'उपप्लूत' होता है। शत्रु की गल्ती समझ कर निकट से उस पर प्रहार करने को 'उपन्यस्त' कहते हैं। जरा घूमकर शत्रु की पीठ पर मारने को 'अपन्यस्त' कहते हैं।[3] गदायद्ध में 'गोमूत्रिक' नामक एक और मण्डल का नाम आया है, परन्तु उसका स्पष्टीकरण नहीं हुआ है।[4]

---

१. क्षुरप्रेण सुतीक्ष्णेन खड्गञ्चिच्छेद सुप्रभम्। कर्ण २५।३६
२. अष्टास्त्रिमायसीं घोरां गदां काञ्चन भूषणाम्। उद्योग ५१।८
३. शल्य ५७।१७–२० नीलकंठ।
४. द्वीक्षणं मंडलं सव्यं गोमूत्रिकमथापि च। शल्य ५८।२२

नाभि के नीचे प्रहार करना वर्जित—गदायुद्ध में नाभि के अधोभाग में प्रहार करना अनुचित बताया है। भीम के इस विपरीत आचरण से उनके गुरु बलराम बहुत क्रुद्ध हुए थे। बाद को कृष्ण के बहुत समझाने पर शांत हुए थे।[1]

चक्र—गोलाकार तेजधार वाला अस्त्र। कृष्ण का सुदर्शन चक्र प्रसिद्ध है।

चक्राश्म—नीलकंठ ने लिखा है कि जिसके घूमने की शक्ति से बड़े बड़े पाषाण-खंडों को भी दूर फेंका जा सके, उस काष्ठमय यंत्र का नाम चक्राश्म है।[2]

तुलागुड्—माण्डगोलक। नालबन्दूक (?), यन्त्रयुक्त वायुस्फोट, निर्घात, महामेघस्वन। इस यन्त्र के आकार प्रकार की ठीक धारणा नहीं बनाई जा सकी।[3]

तोमर—हाथ से फेंका जाने वाला दीर्घदंड अस्त्र। नीलकंठ ने कहा है, लाटदेश (दक्षिण गुजरात) में तोमर को 'इटा' कहा जाता है।[4]

धनु—धनुष लकड़ी, बाँस आदि से बनाया जाता था। सींग के धनुष का भी जिक्र हुआ है।[5]

नखर—नख के समान तीक्ष्ण अस्त्र। (?)[6]

नाराच—लोहे का बाण जिसका पार्श्वभाग धारदार अग्रभाग तीक्ष्ण होता है। यह धनुष से छोड़ा जाता है।[7]

नालीक—वाणविशेष। (?) वाचस्पत्याभिधान के अनसार अन्तश्छिद्र वाण-विशेष।

पट्टिश—एक प्रकार का खड्ग जो दोनों ओर से तेज धार वाला व आगे से तीक्ष्ण होता है, यह 'पटा' के नाम से भी प्रसिद्ध है।[8]

परश्वध—परशु।

परिघ—सम्पूर्ण काँटेदार लौहदंड।[9]

---

१. अधो नाभ्या न हन्तव्यमिति शास्त्रस्य निश्चयः। शल्य ६०।६–२४
२. आदि २२७।२५ नीलकंठ।
३. वन ४२।५ नीलकंठ।
४. आदि १९।१२ नीलकंठ।
५. शार्गंधनु श्रेष्ठम्। वन २१।२५
६. भीष्म १८।१७
७. आदि १३६।६ नीलकंठ
८. आदि १९।१४ नीलकंठ
९. आदि १९।१७ नीलकंठ

पाश---रज्जु। समीप आये शत्रु के गले में डालकर उसे अपनी ओर खींचने के काम में आती थी।[१]

प्रास---हाथ से फेंका जानेवाला छोटा माला। विंध्यदेश में यह **'करकाड़ी'** के नाम से प्रसिद्ध है।[२]

विपाठ---दही मथने की रई जैसा स्थूलमुख वाण।[३]

भल्ल---लम्बा व वक्र अग्रभाग वाला अस्त्र। विपक्षी के पेट में मोंक कर बाहर निकालने पर जिसके साथ आँतें भी बाहर आ जाती हैं।[४]

भिन्दिपाल---हस्तप्रमाण शर या हाथ से फेंका जाने वाला लौहदंड।[५]

भुशुंडी---चर्म व रज्जु द्वारा निर्मित शस्त्र।[६] इससे पाषाण निक्षेप किये जाते थे।[७]

मुद्गर---गदा।

मुषल---मूसल। मूसल लेकर आपस में मारपीट करते-करते ही यदुवंश का नाश हुआ था।

यमदंष्ट्रा---नीलकंठ ने कहा है, कि यह अस्त्र 'जमघड़' के नाम से प्रसिद्ध है।[८] इसके बारे में कुछ अंदाज नहीं लगता।

यष्टि---अति प्रसिद्ध। (लाठी)

रथचक्र---कुछ भी हाथ न लगने पर रथ के पहिये भी शस्त्र के रूप में व्यवहृत होते थे।[९]

शक्ति---हाथ से फेंका जानेवाला लौहदंड। इसका नीचे का भाग स्थूल होता है।[१०]

शतघ्नी---आग्नेय औषधि के बल से फेंके गये प्रस्तरखंडों द्वारा जो शस्त्र एक साथ सैकड़ों मनुष्यों की हत्या कर सके, उसे शतघ्नी कहते हैं।[११] शतघ्नी का उल्लेख

---

१. उद्योग १५४।४ नीलकंठ

२. आदि १९।१२ नीलकंठ। वन ४२।४

३, ४. आदि १३९।६ नीलकंठ

५. उद्योग १५४।६ नीलकंठ

६, ७. आदि २२७।२५ नीलकंठ

८. आदि १९।१२ नीलकंठ

९. वन १६९।१५

१०. आदि १९।१३ नीलकंठ

११. आदि २०७।३४ नीलकंठ

अनेक स्थानों पर हुआ है। शब्दकल्पद्रुम में लोहे के काँटों से आच्छादित वृहद शिलाखंड को शतघ्नी कहा है। शतघ्नी को दुर्ग की प्राकार पर स्थापित करने का जिक्र महाभारत में भी आया है। शब्दकल्पद्रुम का अर्थ ग्रहण करने पर ऐसा प्रतीत होता है कि शत्रुपक्ष के लोग यदि दुर्ग की प्राकार पर चढ़ने की चेष्टा करते थे तो वह कण्टकित शिलाखण्ड ऊपर से फेंक दिया जाता था, जिससे एक साथ बहुत से लोग दबकर मर जाते थे। कहा गया है कि शतघ्नी को चक्र पर रखकर रणभूमि में ले जाया जाता था।[1] कोई कोई समझता है कि शतघ्नी सम्भवतः तोप का ही प्राचीन रूप है, किन्तु टीकाकार नीलकंठ या अभिधानिकों के मत से इस कथन का समर्थन नहीं होता। उस काल में तोप व बन्दूक थी कि नहीं, यह भी कहना कठिन है। टीकाकार नीलकंठ ने यद्यपि बन्दूक व तोप शब्दों का व्यवहार किया है, किन्तु ये उनके कल्पित शब्द हैं या कहीं आये हैं, यह विवेचनीय विषय है।[2]

शर—लौहनिर्मित शर का उल्लेख ही अधिक मिलता है। शर-दण्ड निर्मित शर के बारे में स्पष्ट रूप से तो कुछ नहीं कहा गया है, किन्तु जो कुछ कहा है उससे उसका आभास अवश्य मिल जाता है। कुएँ में गिरी वीटा अर्थात् गुल्ली को निकालने के लिये द्रोणाचार्य ने मन्त्रपूत इषीका का व्यवहार किया था। अश्वत्थामा के ऐपीकास्त्र त्याग करने के वर्णन से भी पता चलता है कि शर द्वारा एक प्रकार का अस्त्र बनाया जाता था। शायद उसका नाम वाण के अलावा और कुछ नहीं है।[3] बाँस द्वारा निर्मित वाण का उल्लेख भी मिलता है। वाण के मूल में पक्षी के पंख लगाये जाते थे। वाण के सुवर्णमंडित पुंख का वर्णन भी मिलता है। पक्षियों में शायद गृध्र के पंख ही अधिक लगाये जाते थे, क्योंकि वाण के विशेषण रूप में 'गार्द्धपत्र' शब्द प्रायः प्रयुक्त हुआ है।[4]

विभिन्न आकृति व वर्ण के शर—शूरवीर अपनी रुचि के अनुसार नाना वर्णों के शरों का व्यवहार करते थे। उनकी आकृति भी भिन्न प्रकार की होती थी अग्रभाग को अर्द्धचन्द्राकार वक्र करके एक प्रकार का वाण बनाया जाता था।[5] भीम ने अर्द्धचन्द्राकार वाण से जयद्रथ को पंचचूड़ बनाया था। इससे अवगत होता है कि वाण का अग्रभाग क्षुर की तरह तीक्ष्ण धारवाला होता था।[6]

---

१. द्रोण १७७।४६
२. वन १५।५ नीलकंठ
३. आदि १३१।२७ सौप्तिक १३।३२
४. द्रोण ९७।८ आदि १०२।२७।द्रोण १२३।४७।विराट ४२।७ नीलकंठ
५. वन २७०।१३। विराट ४३।१४। द्रोण ९७।७। विराट ४२।७ नीलकंठ
६. अर्द्धचन्द्रेण वाणेन किञ्चिदब्रुवतस्तदा। वन २७१।९

नामांकित शर---कोई कोई शौक से वाण के बीच में अपना अपना नाम लिख लेते थे।[1]

तूणीर में शर रखना---वाण तूणीर में रक्खे जाते थे.। शर की तरह नालीक व नाराच (लोहे का वाण) भी धनुष से छोड़े जाते थे।

लौहशर आदि की तैलधौति---लोहे या इस्पात निर्मित वाण, खड्ग आदि में जंग न लगे, इस उद्देश्य से तैलधौत करने (तेल लगाने) का नियम था।[2]

शूल---लोहे का बना त्रिशूल की आकृति का अस्त्र।

हल---लांगल। बलराम का लांगल अस्त्र अति प्रसिद्ध है।

अस्त्रों पर मीनाकारी---अस्त्र-शस्त्रों पर मीनाकारी का जो कार्य किया जाता था, उसका विस्तृत वर्णन विराटपर्व के अस्त्रदर्शन नामक अध्याय में हुआ है। धनंजय सुवर्णखचित, विभिन्न वर्णों से चित्रित, सुखस्पर्श, अव्रण व आयत गाण्डीव रखते थे। युधिष्ठिर का धनु इंद्रगोपक चित्र व चारुदर्शन था। नकुल के धनुष पर सुवर्णसूर्य अंकित था। सहदेव के धनुष पर स्वर्णशलभ चित्रित था। इसी अध्याय में वाण एवं म्यान का भी विशद् वर्णन मिलता है।[3]

निकट व दूर से अस्त्र-शस्त्रों का प्रयोग---उल्लिखित अस्त्र-शस्त्रों में शतघ्नी, शर आदि का दूर से प्रक्षेपण उचित है। प्रतिपक्षी के निकट होने पर दूसरे शस्त्र काम में लिये जा सकते हैं। धनुर्विद्या शायद दूरस्थ शत्रु पर आक्रमण करने का प्रथम आविष्कार है। शराभ्यास व लक्ष्यभेद बहुत ही श्रमसाध्य एवं गुरुगम्य हैं। अर्जुन की धनुर्विद्या की पटुता नाना रूपों में प्रकट हुई है। धनुष की निर्माणप्रणाली या योद्धसम्प्रदाय के कौशल का कोई वर्णन महाभारत में नहीं मिलता। (अग्नि-पुराण के धनुर्वेद प्रकरण में इन विषयों की विशद व्याख्या मिलती है।)

अन्यान्य युद्धोपकरण---उपर्युक्त अस्त्र-शस्त्रों के अलावा युद्ध में और भी बहुत सी वस्तुओं की आवश्यकता पड़ती थी। कुरुक्षेत्र के युद्ध का आयोजन करते समय उन सब वस्तुओं की एक तालिका बनाई गई थी। वाणकोष या तूणीर, वरूथ (रथ की रक्षा के लिये व्याघ्रादि के चमड़े से बनाया गया) उपासंग (अश्व अथवा गज द्वारा वाहित तरकश, ध्वज, निषंग (पदाति द्वारा ढोया जाने वाला तूणीर), पताका,

---

१. आत्मनामांकिताः। इत्यादि। द्रोण ९७।७।द्रोण १२३।४७।द्रोण १३६।५ द्रोण १५७।३७। शल्य २४।५६

२. रुक्मपुंखैस्तैलधौतैः। इत्यादि। शल्य २४।५६। उद्योग १९।४।द्रोण १७७।२६

३. विराट ४३वां अध्याय।

खौलता हुआ तेल, गरम गुड़जल, उपलखण्ड (यंत्रक्षेप्य), मोम (पिघला कर शत्रु पर डालने के लिये), कण्टक दण्ड विष (आवश्यकता पड़ने पर तोमर आदि शस्त्रों पर लगाने के लिये), शूर्प (गर्म गुड़ आदि फेंकने के लिये), पिटक, दात्र, परशु, कील, क्रकच, व्याघ्रचर्म, शृंग (गदा के आघात से जमे हुए रक्त को फिर से संचालित करने के लिये), तैलसिक्त क्षौमवस्त्र (जलाकर प्रहार स्थल पर लगाने के लिये), पुराना घी चोट पर लगाने के लिये तथा अशुभहर औषधि आदि।[1]

दिव्यास्त्र व उनकी प्रयोगविधि––बहुत से अस्त्रों को दिव्यास्त्र कहा जाता था। उन अस्त्रों की असामान्य क्षमता देखकर ही शायद उन्हें 'दिव्य' की आख्या दी गई थी। दिव्यास्त्र की निर्माण व प्रयोग-प्रणाली बहुत ही गोपनीय होती है। गुरु परम्परागत शस्त्रविद्या के विशारद से उन अस्त्रों की दृष्टि व संहरण विधि सीखी जाती थी। इन शस्त्रों के प्रयोग से पहले मन ही मन देवताओं व गुरुजनों को स्मरण करने का नियम था। प्रत्येक अस्त्र किसी न किसी देवता के नाम पर होता था। जैसे––वायव्य, पर्जन्य, आग्नेय, गुह्यक इत्यादि। वायव्य अस्त्र द्वारा वायुमंडल में वायु की क्षमता बढ़ा दी जाती थी, पर्जन्य-अस्त्र द्वारा मेघों की सृष्टि कराकर वर्षा कराई जाती थी तथा जमीन के अन्दर से जल निकाला जाता था। आग्नेयास्त्र के प्रयोग से अग्नि की वर्षा होती थी। इसी प्रकार वरुणास्त्र, सम्मोहनास्त्र आदि के द्वारा भी अद्भुत कार्य किये जाते थे। नाम के व्युत्पत्तिलभ्य अर्थ से ही अस्त्र के प्रयोग व फल के संबंध में बहुत कुछ समझ में आ जाता है। दिव्यास्त्र के प्रयोग में मन्त्रपाठ का विधान था। अशुचिता या मंत्रभ्रंश के फलस्वरूप दिव्यास्त्र की विस्मृति बहुत जगह उल्लिखित हुई है। बहुत ही कम लोग दिव्यास्त्र का प्रयोग जानते थे। कुरुक्षेत्र के युद्ध में भीष्म, द्रोण, अर्जुन आदि कुल चार पाँच लोग दिव्यास्त्रवेत्ता थे। कर्ण अंतिम काल में गुरु के शापवश दिव्यास्त्र प्रयोग भूल गये थे। अश्वत्थामा अस्त्र का प्रयोग तो जानते थे, किन्तु संहरण नहीं जानते थे। अकाट्य निष्ठा के बिना दिव्यास्त्र नहीं मिलता। जब दिव्यास्त्र से युद्ध किया जाता था तो प्रतिपक्षी विपरीत अस्त्र का प्रयोग करता था। जैसे एक पक्ष यदि अग्नेयास्त्र का प्रयोग करता था तो दूसरा पक्ष उनके प्रशमन के निमित्त वारुणास्त्र की शरण लेता था। इसी प्रकार वायव्यास्त्र के विपरीत गुह्यकास्त्र व सम्मोहनास्त्र के विपरीत प्रज्ञास्त्र का प्रयोग किया जाता था। एक अस्त्र के नाम से ही अधिकतर समझ में आ जाता है कि प्रतिकूल अस्त्र क्या होगा।[2]

---

१. उद्योग १५४वाँ अध्याय।

२. पार्जन्यास्त्रेण संयोज्य सर्वलोकस्य पश्यतः। इत्यादि। भीष्म १२१।२३। सभा २७।२६।वन १७१।८–१०।भीष्म ७७।५३।

त्वाष्ट्र की शक्ति—'त्वाष्ट्र' एक प्रकार के परमास्त्र का नाम है (शायद दिव्यास्त्र हो ?) । रणक्षेत्र में अर्जुन ने इस अस्त्र का प्रयोग किया था। इस अस्त्र की विशेषता यह थी कि प्रतिपक्षी पर निक्षेप्ता का प्रतिबिम्ब पड़ता था अर्थात् प्रतिपक्ष के सब योद्धाओं में निक्षेप्ता की आकृति दिखाई देती थी। अर्जुन के इस अस्त्र का प्रयोग करने पर विपक्षी सेना एक दूसरे को अर्जुन समझ कर आपस में ही मार-काट करके क्षय प्राप्त हो गई। इस अस्त्र को यद्यपि परमास्त्र कहा गया है, किन्तु प्रतीत होता है मानो यह एक प्रकार का माया-जाल था।[1]

मायायुद्ध—दिव्यास्त्र युद्ध के अलावा एक प्रकार का और अलौकिक युद्ध था जिसे मायायुद्ध कहा जाता था। यह युद्ध मायाजाल की तरह था। इसमें अस्त्र की वास्तविकता कुछ नहीं होती, किन्तु उसके प्रयोग अगणित होते हैं। इन्द्रजाल की सृष्टि से वस्तु सत्य प्रतीत होती है किन्तु ऐन्द्रजालिक कौशल के अलावा कुछ नहीं होता। राक्षस व असुर मायायुद्ध में निपुण थे।[2] घटोत्कच के मायायुद्ध से परेशान होकर कर्ण एक वीरहन्त्री शक्ति उस पर फेंकने के लिये वाध्य हुए थे।[3]

देश एवं जाति विशेष में युद्धवैशिष्ट—दिव्यास्त्र व मायास्त्र को छोड़कर बाकी सब अस्त्र मनुष्यास्त्र कहलाते थे। सब जगहों पर अस्त्र का प्रयोग समान नहीं था। महाभारत में हुए युद्ध के वर्णन से ऐसा अनुमान होता है कि भिन्न प्रदेश व भिन्न जातियाँ विभिन्न अस्त्र-शस्त्रों के प्रयोग में निपुण थीं। गांधार, सिंधु व सौवीर प्रदेश के योद्धा नखर तथा प्रासयुद्ध के विशेषज्ञ थे। उशीनर सर्वशास्त्रों में कुशल व सत्त्ववान होते थे। प्राच्यप्रदेशी कूटयोद्धा व मातंगयुद्ध में कुशल थे। यवन, कम्बोजी एवं माथुरगण नियुद्ध अर्थात् बाहुयुद्ध में निपुण थे। दक्षिणात्य

आग्नेयं वारुणं सौम्यं वायव्यमथ वैष्णवम् ।
ऐन्द्रं पाशुपतं ब्राह्मं पारमेष्ठ्यं प्रजापतेः ॥ इत्यादि । भीष्म १२१।४०–४२
उद्योग १८२।११, १२

१. **अथास्त्रमरिसंघघ्नं त्वाष्ट्रमभ्यस्यदर्जुनः । इत्यादि । द्रोण १८।११–१४**

२. **अंगारपांशुवर्षञ्च शरवर्षञ्च भारत ।**
एवं मायां प्रकुर्वाणो योधयामास मां रिपुः । वन २०।३७, १७, २६।
भीष्म ९३।५

३. **सा तां मायां भस्म कृत्वा ज्वलंती भित्त्वा गाढ़ं हृदयं राक्षसस्य ।**
द्रोण १७७।५७

निवासी योद्धा असियुद्ध में कुशल थे। पर्वतप्रदेशीय योद्धा नियुद्ध व पाषाणयुद्ध के ज्ञाता थे।[1]

निवातकवचों का जल युद्ध—निवातकवच नाम के दानव उत्कृष्ट जलयोद्धा थे। वे समुद्र के मध्य दुर्ग में वास करते थे।[2]

व्यूहरचना व व्यूहभेद—अपने पक्ष की व्यूहरचना तथा दूसरे पक्ष का व्यूहभेद करने में विशेष रूप से संग्रामनैपुण्य प्रकट होता था।

प्राचीन अभिज्ञ बृहस्पति—व्यूह विद्या में बृहस्पति बहुत पटु माने जाते थे।[3]

भीष्म व द्रोण की अभिज्ञता—कुरुक्षेत्र के युद्ध में भीष्म व द्रोण के समान और कोई व्यक्ति इस विषय में निपुण नहीं था। वे दोनों नाना प्रकार के आसुर व पैशाच व्यूहों का निर्माण करने में कुशल थे। उनके बाद अर्जुन का स्थान आता था।[4]

व्यहरचना आदि विषयों का विस्तृत विवरण महाभारत में नहीं मिलता। (शुक्रनीति, कौटिल्य, कामन्दक व अग्निपुराण में इस विषय पर बहुत लिखा गया है।) परन्तु जिन व्यूहों का नाम महाभारत में गृहीत हुआ है, नीचे हम उन पर थोड़ा प्रकाश डाल रहे हैं।

अर्द्धचन्द्र—इस व्यूह के दक्षिणी सिरे पर एक प्रसिद्ध वीर रहता था और बांयी ओर बहुत से योद्धा। मध्य में एक गजारोही को रक्खा जाता था। यह व्यूह गरुड़ व्यूह या क्रौञ्चव्यूह का प्रतिद्वन्दी था।[5]

क्रौञ्च (क्रौञ्चारुण)—इस व्यूह में सेना को क्रौंच पक्षी की तरह खड़ा किया जाता था। सबसे आगे एक योद्धा और पक्षी के कल्पित मस्तक पर अन्य योद्धा सेना के साथ रहते थे। इसी प्रकार कल्पित चक्षु, ग्रीवा, पंखे, पीठ, पूँछ आदि की जगहों पर एक एक योद्धा के अधीन एक एक सेना रहती थी।[6]

---

१. गांधाराः सिंधुसौवीरानखर प्रास योधिनः। इत्यादि। शान्ति १०१।३–५ पाषाणयोधिनः शूरान् पार्वतीयानचोदयत्। इत्यादि। द्रोण ११९।-२९–४४

२. समुद्रकुक्षिमाश्रित्य दुर्गे प्रतिवसन्त्यत। वन १६८।७२

३. यथा वेद बृहस्पतिः। इत्यादि। उद्योग १६४।९। भीष्म १९।४।भीष्म ५०।४०

४. आसुरानकरोद् व्यूहान् पैशाचानथ राक्षसान्। इत्यादि। भीष्म १०८।-२६।उद्योग १६०।१०

५. अर्द्धचन्द्रेण व्यूहेन व्यूहं तमतिदारुणम्। भीष्म ५६।११–१८

६. भीष्म ५०।४०–५८। द्रोण ६।१५

गरुण (सुपर्ण)—यह व्यूह अधिकांश में क्रौंच व्यूह के सदृश ही था। केवल इतना अंतर था कि इसमें मस्तक की जगह दो वीर दो सेनाओं के साथ रहते थे तथा पूँछ व पीठ, के स्थान पर सैन्यसमावेश कुछ अधिक होता था। दोनों पंख आयत व लम्बे होते थे।[१]

चक्र—अभिमन्यु से युद्ध करने के लिये द्रोणाचार्य ने चक्रव्यूह की रचना की थी। व्यूहभेद करने का कौशल अभिमन्यु ने पिता से सीखा था किन्तु निष्क्रमण की रीति न जानने के कारण वह सप्तरथियों द्वारा मारा गया था।[२]

वज्र—इस व्यूह के आदि गुरु इन्द्र थे।[३]

मकर—इसके सर्वाग्र में ससैन्य एक वीर होता था और पीछे क्रमानुसार रथी पत्ति व दन्ती होते थे। मकरव्यूह का प्रतिद्वन्दी क्रौञ्चव्यूह था।[४]

मंडलार्द्ध—यह सुपर्णव्यह का प्रतिद्वंदी है।

शकट या चक्रशकट व्यूह—अभिमन्यु वध के बाद अर्जुन के साथ युद्ध करते समय आचार्य द्रोण ने शकटव्यूह का निर्माण किया था। इस व्यूह का पीछे का भाग कमल जैसा होता है।[५]

शृंगाटक—इस व्यूह की आकृति सिंघाड़े की तरह त्रिकोण होती है, किन्तु नीलकंठ ने कहा है कि इसका आकार चतुष्पथ अर्थात् चौराहे जैसा होता है।[६]

श्येन—श्येनव्यूह करीब करीब गरुड़व्यूह जैसा ही होता है। यह मकरव्यूह का प्रतिरोधक है।[७]

सर्वतोभद्र—इस व्यूह का आकार गोल होता है। मध्य में सेना व साधारण योद्धा रहते हैं और चारों ओर उन्हें घेर कर बड़े बड़े योद्धा खड़े होते हैं।[८]

---

१. भीष्म ७५।१५–२६। द्रोण १९।४

२. चक्रव्यूहो महाराज आचार्येणाभिकल्पितः। द्रोण ३३।१३

३. अचल नाम वज्राख्यं विहितं वज्रपाणिना। भीष्म १९।७

४. अकरोन्मकरव्यूहं भीष्मो राजन् समन्ततः। भीष्म ६९।४–६। भीष्म ७५।४–१२

५. द्रोण १९।४

६. अस्माकं शकटव्यूहो द्रोणेन विहितोऽभवत्। इत्यादि। द्रोण ६।१५। द्रोण ७३।२७। द्रोण ८५।२१

७. भीष्म ८७।१७

८. भीष्म ६९।७–१२

९. भीष्म ९९।१–८

सागर—यह सागर सदृश विस्तृत एक विशेष प्रकार का व्यूह होता है।[1]

सूचीमुख—प्रतिपक्षी की सेना की संख्या अपने से अधिक हो तो इस व्यूह की रचना की जाती है।[2]

यमक आदि मण्डल—योद्धागण व्यूहरचना के अलावा नाना प्रकार के मण्डलों द्वारा भी शत्रु को त्रस्त कर देते थे। शत्रु की कमियाँ देखकर रथ आदि की गति परिवर्त्तन कर देना मण्डल कहलाता है।[3]

नियुद्ध—जिस युद्ध में अस्त्र-शस्त्र के बिना पहलवान कुश्ती द्वारा अपने अपने बाहुबल से विपक्षी को जीतें, वही नियुद्ध है। नियुद्ध में कुश्ती या मल्लयुद्ध ही प्रधान है। मुष्टियुद्ध भी इसी में संलग्न माना जाता था, उसे अलग युद्ध की संज्ञा नहीं दी जाती थी। इसमें लड़ने वाले दोनों पक्षों के मल्लों को रणक्षेत्र में उतरकर सर्वप्रथम अपना नाम व वंशपरिचय बताना पड़ता था। राजा साधारणतया विपक्षी राजा के अलावा किसी और के साथ द्वन्द्वयुद्ध नहीं करता था।[4]

नियुद्ध का कौशल—युद्ध के आरम्भ में परस्पर नमस्कार करने व हाथ मिलाने का नियम था। इसके बाद उँगलियाँ चटकाना आदि क्रियाओं द्वारा शरीर की जड़ता को दूर करके दोनों पहलवान आमने सामने खड़े होते थे। जोर जोर से हाथ पाँवों को झटक कर पेशियों को संचालित करते थे और फिर एक दूसरे से भिड़ कर दृढ़हाथों से जकड़ लेते थे। इस बन्धन को 'कक्षाबंध' कहते थे। इसके बाद प्रतिपक्षी के गले पर अपने गण्ड व कपाल से आघात करते थे। सुयोग देखकर प्रतिपक्षी का हाथ या पैर मरोड़कर उसकी स्नायुमंडली[1] को पीड़ा पहुँचाते थे। वक्ष पर मुष्टि प्रहार का मौका ढूँढ़ते थे। दोनों हाथों की अंगुलियों को आपस में मिलाकर शत्रु के मस्तक पर प्रहार करते थे, जिससे वह शीघ्र ही अवसन्न हो जाता था। इसे 'पूर्ण-कुंभ-प्रयोग' कहा जाता था। सुयोगानुसार थप्पड़ भी मारते थे। शत्रु के बगल में जाकर उसे कमर से पकड़ आसानी से गिरा देते थे। यदि शत्रु बाँहों के घेरे में जकड़ लेता था, तो श्वास की रेचक क्रिया द्वारा शरीर में लघुता लाकर उसके बंधन से निकल जाते थे और प्रचंड वेग से उस पर प्रहार करते थे। इस प्रकार

---

१. भीष्म ८७।५

२. सूचीमुखमनीकं स्यादल्पानां बहुभिः सह। इत्यादि। भीष्म १९।५। भीष्म ७७।५९। शांति १००।४०

३. मंडलानि विचित्राणि यमकानीतराणि च। द्रोण १२१।६०

४. अयं पृथायास्तनयः कनीयान् पाण्डुनन्दनः।
कौरवो भवता सार्द्धं द्वन्द्वयुद्धं करिष्यति॥ इत्यादि। आदि १३६।३१–३३

तरह-तरह के कौशलों द्वारा प्रतिपक्षी को पीठ के बल जमीन पर डाल देना विजय मानी जाती थी।[१]

बाहुकण्टक नियुद्ध—अपने दोनों पाँवों में शत्रु की एक जाँघ दबाकर दूसरी जाँघ को हाँथों से खींचकर शरीर को चीरने की क्रिया का नाम 'बाहुकंटक' था। बाहुकण्टक शब्द का अर्थ 'केतकी का पत्ता' होता है। बलवान वीर यदि अपेक्षाकृत दुर्बल विपक्षी का शरीर केतकी के पत्ते की तरह विदीर्ण करने को उद्यत हो तो उसे बाहुकण्टक की संज्ञा मिलती है। कर्ण एवं जरासंघ में बाहुकंटक युद्ध होने के बाद संधि हुई थी।[२]

मल्लयुद्ध की परिभाषा—विराटपुरी में जीमूत व भीम के मध्य हुए नियुद्ध का वर्णन करते हुए महाभारतकार ने बहुत से पारिभाषिक शब्दों का प्रयोग किया है। नीलकंठ ने अपनी टीका में उन शब्दों की व्याख्या भी दी है। अचानक विपक्षी के किसी अंग को पीड़ा पहुँचाना 'कृत' कहलाता है। कृतमोचन का नाम 'प्रतिकृत' है। मुट्ठी कसकर बाँधने को 'सुसंकट' कहते हैं। विभिन्न अंगों की मुठ-भेड़ को 'सन्निपात' कहा जाता है। सबल शत्रु को दूर फेंकने का नाम 'अवधूत' है। जमीन पर गिरा कर जोर से दबाना 'प्रमाथ' है। प्रमथित शत्रु को उठाकर उसके अंगों को कष्ट पहुँचाना 'उन्मथन' कहलाता है। शत्रु को अकस्मात उसके स्थान से हटा देना 'क्षेपण' है। दृढ़मुष्टियों के प्रहार से वक्षपीड़न करना 'मुष्टि' कहलाता है। शत्रु को कंधे पर उठाकर तथा सिर नीचे व पाँव ऊपर करके घुमाते घुमाते दूर फेंक देने से जो शब्द होता है, उसे 'वराहोद्धूतनिःस्वन' कहते हैं। ढीली अंगुलियाँ करके थप्पड़ मारना 'प्रसृष्ट' है। एक उंगली को तान कर जोर जोर से शत्रु के शरीर में मारना 'शलाका' कहलाता है। घुटने व सिर से चोट पहुँचाने को 'अवघट्टन' कहते हैं। परिश्रान्त विपक्षी को अनाचक घसीटने को 'आकर्षण' कहते हैं। घसीटे हुए शत्रु को बाँहों में दबाकर पीड़ित करना 'प्रकर्षण' कहलाता है। शत्रु की गल्तियाँ ढूँढ़ने के लिये उसके आगे-पीछे, दाँये-बाँये घूमने को 'अभ्याकर्ष' कहते हैं। मौका देखकर शत्रु को उठाकर जमीन पर पटक देना 'विकर्षण' कहा जाता है।[३]

मल्लयुद्ध अप्रशस्त—नीलकंठ की टीका में मल्लयुद्ध के जिस अनुशासन का उल्लेख किया गया है, उससे अवगत होता है कि मल्लयुद्ध में निहत व्यक्ति

---

१. सभा २३ वाँ अध्याय। (नीलकंठ देखिये)

२. बाहुकंटक युद्धेन तस्य कर्णोऽथ युध्यतः। इत्यादि। शांति ५।४–६ नीलकंठ देखिये।

३. विराट १३वाँ अध्याय। नीलकंठ।

स्वर्गगमन का अधिकारी नहीं होता एवं इहलोक में भी वह यशस्वी नहीं माना जाता।[1]

उत्सव आदि में मल्लयुद्ध—उस काल में उत्सव आदि में भी मल्लयुद्ध का आयोजन किया जाता था। विराट नगरी में जीमूत व भीम का मल्लयुद्ध भी उत्सव के उपलक्ष्य में ही हुआ था। यह उत्सव शरद् ऋतु में नया अनाज पकने पर हुआ था।

उत्सव में हुए नियुद्ध में प्राणहानि—यह तो ठीक है कि ये कुश्तियाँ उत्सव का एक अंग होती हैं, किन्तु दोनों में से एक के मरने तक कुश्ती जारी रखने की सार्थकता समझ में नहीं आती और ना ही इस नीति का समर्थन किया जा सकता है। विराट के आदेश से भीम को बाघ, सिंह व हाथी के साथ भी युद्ध करना पड़ा था। इस अद्भुत ख्याल का भी कोई अर्थ नहीं है।[2]

बिजयी वीर का नगर प्रवेश—युद्ध में विजयी वीर नगर प्रवेश के पूर्व दूत द्वारा विजय की सूचना भेजते थे। खबर मिलने पर विजयोत्सव के उपलक्ष्य में प्रमुख राजपथों को उज्ज्वल प्रकाशस्तंभों द्वारा आलोकित कर दिया जाता था। सुगन्धित कुसुमों से सज्जित पताकाएँ पथ के दोनों ओर उड़ती रहती थीं तथा सारी नगरी चन्दन, अगुरु आदि की खुशबू से महक उठती थी।[3]

विजय में प्राप्त धन सम्पत्ति का भोग—युद्ध में विजयी होने पर प्रतिपक्षी से प्राप्त धन सम्पत्ति के उपभोग के भी कुछ नियम थे। विजेता यदि शत्रु को बंदी बनाकर ले आते थे तो उसे एक साल तक दास बनाकर रखा जाता था। उस काल में यदि उसके कोई सन्तान पैदा होती थी, तो उस सन्तान को आजन्म पितृविजेता की अधीनता में रहना पड़ता था। विजित की कन्या यदि विजेता से विवाह नहीं करना चाहती थी तो विजेता उसे छोड़ देने के लिये बाध्य होता था, वह उस पर किसी भी प्रकार की जबर्दस्ती नहीं कर सकता था। इसी प्रकार विजय में मिले दास-दासी या दूसरी धनसम्पत्ति भी एक साल के बाद विपक्षी को लौटा देना उचित समझा जाता था। किन्तु विपक्षी यदि चोर या दस्यु होता था, तो उसकी सम्पत्ति नहीं लौटाई जाती थी। साधारणतया एक राजा दूसरे राजा के साथ ही युद्ध करता था।[4]

---

१. मृतस्य तस्य न स्वर्गो यशो नेहापि विद्यते। विराट १३।३०।नीलकंठ
२. विराट १३वाँ अध्याय।
३. विराट ३४वाँ व ६८वाँ अध्याय।
४. बलेन विजितो यश्च न तं युध्यत भूमिपः।
संवत्सरं विप्रणयेत्तस्माज्जातः पुनर्भवेत॥ इत्यादि। शांति ९६।४–७

युद्ध में विपन्न परिवारों की व्यवस्था—युद्ध में हत योद्धाओं के परिवारों का भार राज्य को अपने ऊपर लेना पड़ता था।[1]

१. कच्चिदारान् मनुष्याणां तवार्थे मृत्युमीयुषाम्।
व्यसनं चाभ्युपेतानां बिभर्षि भरतर्षभ॥ इत्यादि। सभा ५।५४।
अनु १६७।२

तृतीय खण्ड

आयुर्वेद

राजसभा में आयुर्वेदवेत्ता का सम्मान---निदान, पूर्वलिंग रूप, उपशय, सम्प्राप्ति, औषधि, रोगी व परिचायक के भेद से अष्टांग आयुर्वेदशास्त्र के ज्ञाता चिकित्सकों को राजसभा में विशेष सम्मानसूचक पद दिया जाता था। उस काल में राजाओं की चेष्टा एवं सर्वविध अनुकूलता के कारण आयुर्वेद विद्या काफी उन्नत हो गई थी।[1]

कृष्णात्रेय का चिकित्सा ज्ञान---प्राचीन काल में कृष्णात्रेय मुनि चिकित्सा-शास्त्र के ज्ञाता माने जाते थे।[2]

त्रिधातु की समता ही स्वास्थ्य---शरीर में नित्य अवस्थित वायु, पित्त व कफ, इन तीनों धातुओं का संघर्ष चलता रहता है। (भीष्म ८४।४१) इन तीनों धातुओं की समता का नाम ही स्वास्थ्य है। दूसरी ओर सत्त्व, रज व तम, ये तीन मन के गुण हैं। इन तीनों की समता मानसिक स्वस्थता का आधार है। शरीर व मन दोनों की स्वाभाविक अवस्था ही स्वस्थता का लक्षण है।[3]

'त्रिधातु' ईश्वर का भी नाम---पित्त, श्लेष्मा व वायु की समष्टि को 'संघात' कहा जाता है। इस संघात की समता से ही प्राणी स्वस्थ रहते हैं। आयुर्वेद के पंडितों ने भगवान को 'त्रिधातु' की संज्ञा दी है।[4]

शरीर व मन का घनिष्ठ सम्पर्क---व्याधि का जन्म शरीर व आधि का जन्म मन में होता है। शरीर अस्वस्थ हो तो मन भी स्वस्थ नहीं रहता और दूसरी ओर मन की अशांति शरीर को अस्वस्थ बना देती है।[5]

---

१. कच्चिद्वैधाश्चिकित्सायामष्टांगायां विशारदाः।
सुहृदश्चानुरक्ताश्च शरीरे ते हिताः सदा॥ सभा ५।९०

२. कृष्णात्रेयश्चिकित्सितम्। शान्ति २१०।२१

३. शीतोष्णे चैव वायुश्च त्रयः शारीरजा गुणाः।
तेषां गुणानां साम्यं यत्तदाहुः स्वस्थलक्षणम्॥ इत्यादि।
शांति १६।११-१३

४. आयुर्वेदविदस्तस्मात्त्रिधातुं मां प्रचक्षते। शान्ति ३४२।८९

५. द्विविधो जायते व्याधिः शारीरो मानसस्तथा।
परस्परं तयोर्जन्म निर्द्वन्द्वं नोपलभ्यते॥ इत्यादि।
शांति १६।८, ९ अश्व १२।१, ३

चिकित्सा का उद्देश्य—शारीरिक धातुवैषम्य या मानसिक गुणों की विषमता के प्रकट होने पर उनमें पुनः समानता स्थापित करना ही चिकित्सा का उद्देश्य होता है। पित्त की वृद्धि से कफ का ह्रास व कफ की वृद्धि से पित्त का ह्रास होता है, इस नियम के अनुसार एक की कमी होने पर दूसरे को बढ़ाकर समता स्थापित करना ही चिकित्सक का कार्य है। मानसिक आधि में भी ठीक इसी प्रकार हर्ष द्वारा शोक का उपशम होता है। सत्त्वादि गुणों में भी एक की वृद्धि से दूसरे का ह्रास होता है। शरीर या मन की चिकित्सा करने के लिये सर्वप्रथम विषमता का कारण ढूंढ़ना और फिर समता लाने की व्यवस्था करनी चाहिये।[1]

रोग के कारण—रोग के कुछ स्थूल कारण बताये गये हैं। अतिभोजन, अभोजन, दूषित अन्न एवं मद्यपान, परस्पर विरोधी खाद्यग्रहण, अति व्यायाम, अति कामुकता, मलमूत्र का वेग धारण, रसबहुल द्रव्यों का खाना व दिवानिद्रा आदि शारीरिक रोगों के हेतु हैं।[2]

स्वास्थ्यरक्षा के अनुकूल व्यवस्था—स्वास्थ्यरक्षा के कुछ साधारण नियम नाना प्रसंगों पर वर्णित हुए हैं। प्रातः उठना, दिन को न सोना, परिमित व्यायाम स्वास्थ्य के लिये गुणकारी हैं। स्नान प्रतिदिन करना चाहिए, इससे बल, रूप, स्वरशुद्धि स्पष्ट उच्चारण शक्ति, शरीर की कोमलता, उत्तम गंध, लावण्य, कान्ति व ऐश्वर्य की प्राप्ति होती है। निर्वस्त्र होकर स्नान करना या रात्रि को स्नान करना हानिकारक है।[3]

मिताहार व प्रसाधन आदि—परिमित भोजन के छह गुण बताये गये हैं—आरोग्य, आयु, बल, सुख, अनिन्घता तथा सुसन्तानजनकता। स्वास्थ्यरक्षा के निमित्त प्रसाधन आदि का उपयोग करना उचित है। केशप्रसाधन, अंजन, दंतधावन आदि कार्य पूर्वाह्न में ही निपटा लेने चाहिये। शुक्ल पुष्पों की माला पहनने से मन प्रफुल्ल रहता है। कमल एवं कुवलय की माला कभी नहीं पहननी चाहिये। रक्तमाल्य भी निषिद्ध है। बट की जड़ एवं प्रियंगु को एक साथ पीसकर उसका लेप करना अच्छा होता है।[4]

---

१. तेषामन्यतमोद्रेके विधानमुपदिश्यते।
उष्णेन बाध्यते शीतं शीतेनोष्णं प्रबाध्यते॥ इत्यादि। शांति १६।१२-१५
२. अत्यर्थमपि वा भुंक्ते न वा भुंक्ते कदाचन। इत्यादि। अश्व १७।९-१२
३. न चाभ्युदितशायी स्यात्। इत्यादि। अनु १०४।४३, ५१। अनु ९३। १२। अनु १२७।९ आदि १०९।१८। शांति ११०।६। उद्योग ३७।३३
४. गुणाश्च षण्मितभुक्तं भजन्ते। इत्यादि। उद्योग ३७।३८।

पथ्याशन——सदा स्वास्थ्य के अनुकूल भोजन करना ही विधेय है। जो व्यक्ति पथ्य द्रव्य छोड़कर अहितकर द्रव्यों का सेवन करता है, वह नीरोग नहीं रहता। जो व्यक्ति प्रतिदिन तिक्त, कषाय, मधुर आदि रस लेता है, उसका स्वास्थ्य अच्छा रहता है। खाद्यवस्तु स्वास्थ्यरक्षा का प्रधान उपाय है।[1]

भोजन की नियमावली——भोजन करते वक्त मौन रहने का विधान बताया है।[2] किन्तु स्वास्थ्य के लिए इसकी उपयोगिता का पता लगाना कठिन बात है। हो सकता है कि खाद्य वस्तुओं के प्रति मन की अधिक लालसा को रोकने के लिये यह नियम बनाया गया हो। भोजन के शुरू व अंत में भी कुछ नियम पालन करने का उपदेश दिया गया है, इनका भी स्वास्थ्यरक्षा ही उद्देश्य है। आहार के पूर्व अच्छी तरह हाथ पाँव धोकर तीन बार आचमन करना चाहिए। उत्तम आसन पर बैठकर प्रसन्न मन भोजन करना चाहिये। भोजन के पात्र भी मनोरम होने चाहिये। एक वस्त्र पहन कर भोजन नहीं करना चाहिये। भोजन के बाद तीन बार आचमन व दो बार मुखमार्जन करना चाहिये।[3]

बालवत्सा गाय का दूध अपेय——जिस गाय ने हाल ही में बछड़ा दिया हो उसका दूध नहीं दुहना चाहिये। वह दूध स्वास्थ्य के लिये बहुत ही हानिकर होता है।[4]

अर्कपत्र अभक्ष्य——मंदार (धतूरे) के पत्ते खाने से मनुष्य अंधा हो जाता है। इसके क्षार, तिक्त, कटु, रुक्ष एवं तीक्ष्णविपाक गुण चक्षुघातक होते हैं।[5]

रक्तमाल्यं न धार्यं स्याच्छुक्लं धार्यन्तु पण्डितैः।
वर्जयित्वा तु कमलं तथा कुवलयं प्रभो॥ अनु १०४।८३
घृष्टो वटकषायेण अनुलिप्तः प्रियंगुना। अनु १२५।५२

१. पथ्यं मुक्त्वा तु यो मोहाद्दुष्टमश्नाति भोजनम्।
परिणाममविज्ञाय तदन्तं तस्य जीवितम्॥ इत्यादि।
शांति १३९।८०, ८१

२. न शब्दवत्। अनु १०४।९६

३. अन्नं बुभुक्षमानस्तु त्रिर्मुखेन स्पृशेदपः।
भुक्त्वाचान्नं तथैव त्रिर्द्वि पुनः परिमार्जयेत्॥ अनु १०४।५५-६०, ६१, ६६

४. बालवत्साञ्च ये धेनुं दुह्यन्ति क्षीरकारणात्।
तेषां दोषान् प्रवक्ष्यामि तान्निबोध शचीपते॥ अनु १२५।६१

५. स तैरर्कपत्रैर्भक्षितैः क्षारतिक्तकटुरूक्षैस्तीक्ष्णविपाकैश्चक्षुष्युपहतोऽन्धो बभूव। आदि ३।५१

श्लेष्मांतक भक्षण के दोष—श्लेष्मांतक-फल (लिसोड़े) खाने से बुद्धि मन्द होती है।[1]

नस्यकर्म—आवश्यकता पड़ने पर नाक द्वारा औषधि ली जाती थी, जिसे नस्यकर्म कहते थे।[2]

वर्जनीय कर्म—स्वास्थ्यरक्षा के निमित्त सायंकाल व रात्रि को न करने योग्य कुछ कार्यों का उल्लेख हुआ है। दिन छिपे सोना या पढ़ना अनुचित है। संध्या समय भोजन करने से आयु कम होती है। रात्रि को पित्र्यकर्म नहीं करने चाहिये। रात को स्नान करना भी स्वास्थ्य के लिये खराब होता है। भोजन के बाद प्रसाधन नहीं करना चाहिए। रात्रि का खाद्य यथासाध्य सुपाच्य होना चाहिये तथा रात को ठूंस कर नहीं खाना चाहिये। गीले हाथ-पाँव लेकर बिस्तर पर नहीं जाना चाहिये।[3]

ज्वर की उत्पत्ति का विवरण—ग्रंथकार ने ज्वर की उत्पत्ति पर पूरा एक अध्याय ही लिख दिया है। ज्वर के कारण शरीर में उत्पन्न दुर्बलता ही वृत्रासुर के वध में सहायक हुई थी। मेरुपर्वत के एक शिखर का नाम 'ज्योतिष्क' था। वह शिखर नाना प्रकार के रत्नों से विभूषित एवं सर्वजनपूजित था। एक बार हर-पार्वती उस शिखर पर बैठे प्रेमालाप कर रहे थे। उसी समय अष्टवसु, अश्विनी-कुमारद्वय, कुबेर आदि देवताओं तथा उशना, सनत्कुमार, अंगिरा आदि ऋषियों ने वहाँ उपस्थित होकर उनकी चरण-वंदना की। कुछ देर बाद देवता व ऋषिगण गंगाद्वार में ही रहे दक्ष के अश्वमेध यज्ञ में चले गये। पार्वती के प्रश्न करने पर महादेव ने इन लोगों के गमन का कारण बता दिया। महादेव को यज्ञ का निमंत्रण नहीं मिला, यह जानकर पार्वती को बहुत दुःख हुआ। वह चुप बैठी रहीं, उनके हृदय में ज्वाला धधकने लगी। पार्वती का दुःख दूर करने के लिये महादेव ने नन्दी आदि भीषणकाय अनुचरों को भेजकर यज्ञ नष्ट करवा दिया। अति क्रोध से शंकर के ललाट से पसीना टपक कर जमीन पर गिर गया। भूपतित उन्हीं स्वेद बिन्दुओं से कालानल के समान महान अग्नि का उद्भव हुआ। उस अग्नि में से ह्रस्व, रक्ताक्ष, ऊर्ध्वकेशी, कृष्णवर्ण, रक्तवास एक भयंकर मूर्ति का आविर्भाव हुआ। उसे देखकर सब लोग डर से थर-थर काँपने लगे। तब ब्रह्मा ने शिव के आगे बहुत

---

१. श्लेष्मातकी क्षीणवर्चाः शृणोषि। वन १३४।२८

२. नस्यकर्मभिरेव च। भेषजैः सचिकित्स्यः स्यात्। शांति १४।३४

३. संध्यायां न स्वपेद्राजन् विद्यां न च समाचरेत्।
न भुञ्जीत च मेधावी तथायुर्विन्दते महत्॥ इत्यादि।
अनु १०४।११९।१२२, ६१। अनु १६२।६३

हाथ-पाँव जोड़े और वचन दिया कि आगे से यज्ञ में उनके नाम से विशेष आहुति दी जायेगी। तब जाकर कहीं शंकर का क्रोध शान्त हुआ। ब्रह्मा ने ही रुद्र की क्रोधाग्नि से उत्पन्न उस अतिकाय व्यक्ति का नाम 'ज्वर' रक्खा। देवताओं की स्तुति से प्रसन्न होकर शिव ने ज्वर को सर्वत्र आधिपत्य स्थापित करने का आदेश दिया। तभी से ज्वर का प्रभाव हर जगह चला आ रहा है।

प्राणिभेद से ज्वर का प्रकाश—वृक्ष के शीर्ष ताप को ज्वर कहते हैं। इसी प्रकार पर्वत की शिलाजीत, जल का शैवाल, साँप की केंचुली, गाय का पादरोग, पृथ्वी की ऊषरता, पशुओं की दृष्टिहीनता, अश्व की कंठनाली का मांस, मयूर का शिखोद्भेद, कोयल का नेत्ररोग, मेष का पित्त भेद, शुक की हिचकी, व्याघ्र का श्रम—ये सब इनके ज्वर के लक्षण हैं। प्राणी मात्र को जन्म व मृत्यु के समय ज्वर रहता है।[1]

असंगम से यक्ष्मारोग—अत्यन्त कामुकता क्षयरोग को आह्वान करती है। विचित्रवीर्य तथा व्युषिताश्व की इसी दोष के कारण यक्ष्मारोग से अकालमृत्यु हुई थी।[2]

रोगी की शुश्रूषा—रोगी व्यक्ति की यथोचित रूप से चिकित्सा व सेवा-सुश्रूषा करनी पड़ती है। साधारणतया सुहृद व्यक्तियों को ही सुश्रूषा का भार लेना चाहिए।[3]

शान्तिस्वस्त्ययन आदि—रोगी को नीरोग करने के निमित्त परिवार के लोग शान्ति स्वस्त्ययन, मंत्रपाठ आदि का अनुष्ठान भी करते थे।[4]

मूर्च्छारोग में चन्दनोदक—मूर्च्छित व्यक्ति के सिर पर चन्दन का पानी डालने का उदाहरण मिलता है।[5]

विष द्वारा विष का नाश—दुर्योधन ने भीम को विष खिलाकर नदी में फेंक दिया था। चेतनाहीन होने के कारण भीम नदी के रसातल में चले गये।

---

१. शान्ति १८२ वाँ अध्याय।

२. ताभ्यां सह समाः सप्त विहरण् पृथिवीपतिः।
विचित्रवीर्यस्तरुणो यक्ष्मजाः समगृह्यत॥ इत्यादि।
आदि १०२।७० आदि १२१।१८

३. सुहृदां यतमानानामाप्तैः सह चिकित्सकैः। आदि १०२।७१

४. रक्षोघ्नांश्च तथा मंत्रान् जेपुश्चक्रुश्च ते क्रियाः। वन १४४।१६

५. कुंतीमाश्वासयामास प्रेष्याभिश्चन्दनोदकैः। आदि १३६।२८

वहाँ विषधर सर्पों ने भीम को डसा और फलस्वरूप उन्हें चैतन्य लाभ हो गया। सर्प-विष की क्रिया से स्थावर विष का प्रभाव खत्म हो जाता है।[1]

रसायन––वासुकि के सुरक्षित कुंड का रसायन पान करने से भीम पर कालकूट विष का भी असर नहीं होता था।[2]

विशल्यकरणी आदि––युद्ध के समय चिकित्सकों को शिविर में रक्खा जाता था। लेकिन बड़े बड़े योद्धा विशल्यकरणी आदि शक्तिवर्द्धक औषधियाँ अपने साथ भी रखते थे। छह दिन के युद्ध के बाद भीष्म ने दुर्योधन के शिविर में जाकर उन्हें विशल्यकरणी दी थी।[3]

शल्यचिकित्सा––शरशय्या पर पड़े भीष्म को कष्टमुक्त करने के लिये दुर्योधन शल्यविद्या में निपुण कई चिकित्सकों को आवश्यक उपकरणों सहित पितामह के समीप लाये। पितामह ने शल्यचिकित्सा कराने की असम्मति प्रकट करके चिकित्सकों को लौटा देने का आदेश दिया।[4]

अरिष्टलक्षण––रोगी की आसन्नमृत्यु के सूचक बहुत से लक्षणों का उल्लेख मिलता है। मृत्यु निकटवर्ती हो तो मनुष्य को पेड़-पौधे सुनहरे रंग के दिखाई देते हैं। उसकी इंद्रियाँ वस्तुओं को अधिकतर उनके यथार्थ रूप में ग्रहण नहीं कर पातीं।[5] मृत्यु के एक वर्ष पूर्व से ही नाना प्रकार के मृत्युसूचक लक्षण प्रकट होने लगते हैं। अरुंधती, ध्रुव-नक्षत्र, पूर्णचन्द्र एवं प्रदीप जिन्हें दृष्टिगोचर नहीं होते, उनकी आयु एक वर्ष से अधिक नहीं होती। दूसरे की आँखों की पुतलियों में जो अपनी प्रतिच्छवि नहीं देख पाते, वे भी एक वर्ष से अधिक जीवित नहीं रहते, यह निश्चित है। अचानक शरीर की कांति अत्यन्त बढ़ या निष्प्रभ हो जाय, जो आयु मात्र छह मास की रह जाती है। प्रज्ञा की अति वृद्धि व ह्रास भी मात्र छह मास जीवनकाल शेष रहने की सूचक है। देवताओं की अवज्ञा व ब्राह्मणों का विरोध करना भी आसन्न-मृत्यु के लक्षण हैं। अपनी परछाईं यदि धूसरवर्ण की प्रतीत हो तो समझ लेना चाहिये कि छह मास में मृत्यु सुनिश्चित है। सूर्य एवं चन्द्र को देखने पर उनमें मकड़ी के जाले की तरह छोटे-छोटे छिद्रों की अनुभूति हो तो मृत्यु मात्र एक सप्ताह

---

१. ततोऽस्य दश्यमानस्य तद्विषं कालकूटकम्।
   हतः सर्पविषेणैव स्थावरं जंगमेन तु॥ आदि १२८।५७
२. तच्चापि भुक्त्वाऽजरयदविकारं वृकोदरः। आदि १२९।३८, २२
३. एवमुक्त्वा ददौ चास्मै विशल्यकरणीं शुभाम्। भीष्म ८१।१०
४. उपतिष्ठन्नथो वैद्याः शल्योद्धरणकोविदाः॥ भीष्म १२०।५६-६०
५. मुमूर्षुर्हि नरः सर्वान् वृक्षान् पश्यति काञ्चनान्॥ भीष्म ९८।१७

दूर रह जाती है। मंदिर में बैठे जिस व्यक्ति को सुगंधित द्रव्यों की गंध शवगंध जैसी लगे, उसकी आयु केवल एक सप्ताह की होती है। कान एवं नाक का अवनमन, दाँत व आँखों के स्वाभाविक वर्ण में परिवर्त्तन, संज्ञाहीनता एवं शरीर का उत्तापनाश अति शीघ्र मृत्यु के लक्षण हैं। हठात् जिसकी बाँयीं आँख से पानी जाने तथा सिर से धुँआँ निकलने लगे, वह कुछ ही देर का मेहमान रह जाता है।[1]

मंत्रादि के प्रयोग से रोग मुक्ति—रोगमुक्ति के लिये औषधि की तरह मन्त्र का भी प्रयोग किया जाता था। उस काल में रोग के अलावा और भी बहुत सी बातों में लोग मन्त्रशक्ति की शरण लेते थे।[2]

विषनाशक मंत्र—ब्राह्मण काश्यप ने तक्षकदष्ट अश्वत्थ की भस्म को इकट्ठा करके मंत्र द्वारा पुनः उसमें जीवन-संचार किया था।[3] (आयुर्वेदशास्त्र की अगदतन्त्रीय काश्यपसंहिता के रचयिता क्या यही काश्यप थे, यह खोज का विषय है।)

सर्प आदि के विष की हारक औषधि—महाराज परीक्षित ने साँप का जहर उतारने में निपुण बहुत से मंत्रवित् ब्राह्मणों को नियुक्त किया था। सर्पविष नाशक बहुत सी औषधियाँ भी लाकर घर में रक्खी गई थीं।[4]

मृतसंजीवनी विद्या—आचार्य शुक्र की संजीवनी विद्या का सर्वत्र प्रभाव था। देवताओं ने बृहस्पति के पुत्र कच को यह विद्या सीखने के लिये शुक्राचार्य के पास भेजा था।[5]

भवितव्य की अवश्यंभाविता—संसार की अनित्यता एवं भवितव्य की अवश्यंभाविता पर व्यास ने युधिष्ठिर को बहुत से उपदेश दिये हैं, जिसमें एक जगह कहा है कि आयुर्वेद के महापंडित वैद्य भी रोगपीड़ित होकर कष्ट भोगते हैं। विविध कषाय, घृत आदि का पान करने पर भी वे मृत्यु के हाथ से नहीं बच पाते। रसायन

---

१. अरिष्टानि प्रवक्ष्यामि विहितानि मनीषिभिः।
संवत्सरवियोगस्य संभवन्ति शरीरिणः॥ इत्यादि।
शांति ३१७।८-१७

२. अस्तंभयत तोयञ्च मायया मानुजाधिपः। शल्य २९।५२

३. भस्मराशि कृतं वृक्षं विद्यया समजीवयत्। आदि ४३।९

४. रक्षाञ्च विदधे तत्र भिषजश्चौषधानि च।
ब्राह्मणान् मंत्रसिद्धांश्च सर्वतो वै न्ययोजयत्॥ आदि ४२।३०

५. आदि ७६ वाँ अध्याय।

के ज्ञाता लोग स्वास्थ्यरक्षा के निमित्त न जाने कितने रसायनों का पान करते हैं, लेकिन तब भी जराग्रस्त होकर कष्ट उठाते हैं।[1]

जन्मतत्त्व—राजर्षि अष्टक के प्रश्न के उत्तर में ययाति ने कहा है—मनुष्य अपने पुण्य फल से स्वर्ग में वास करता है। पुण्य का क्षय होने पर विलाप करते करते स्वर्गलोक से पुनः मर्त्यलोक में आता है। आते समय मार्ग में उसे नाना प्रकार के कष्ट सहने पड़ते हैं। स्वर्गच्युति के समय जीव मेघजाल में प्रवेश करके जलमय हो जाता है। फिर वह जलीय जीव पुष्प, फल, वनस्पति, औषधि आदि में प्रविष्ट होता है। गृहस्थ व्यक्ति इन द्रव्यों का भक्षण करता है तो इनका सार रस आदि धातुओं में परिणत हो जाता है। क्रमशः यही धातु चरम धातु अर्थात् शुक्ररूप में परिणत होकर कालक्रमानुसार स्त्री के गर्भ में पहुँचती है और तब जन्मान्तरीय अदृष्ट बल से जीव जन्म लेता है। वायु शुक्र को आकर्षित करती है और फिर शुक्र व आर्त्तव (स्त्रीरज) के मिलने से शरीर-रचना होती है। अनन्त जन्मों के संस्कारों से पूर्णता लाभ कर यह क्षुद्र देह मातृगर्भ से बाहर आती है। सब जरायुज़ प्राणियों का यही नियम है। जीव यदि शुक्र के साथ संसृष्ट न हो तो वह शुक्र स्त्रीगर्भ में पहुँचकर भी गर्भाधान करने में समर्थ नहीं होता। जीवयुक्त शुक्र-शोणित क्रमशः वायु द्वारा परिवर्द्धित होते हैं। शुक्र का आधिक्य पुरुष में व शोणित का आधिक्य स्त्री में होता है और इन दोनों की समता से क्लीव की उत्पत्ति होती है। वायु प्रताड़ित शुक्र यदि भिन्न-भिन्न पथों द्वारा जरायु में प्रविष्ट हो तो यमज-सन्तान (जुड़वाँ) की उत्पत्ति होती है। मानव दम्पत्ति के शुक्र व शोणित के मिलन से उत्पन्न भ्रूण प्रथम दिन कललका, पाँच दिन में बुलबले का, सात दिन में पेशि का, पंद्रह दिन में अर्बुद का, पच्चीस दिन में घन का एवं एक महीने में ठोस आकार धारण करता है। उस मांसपिंड में दो महीने में सिर, तीन महीने में ग्रीवा तक, चार महीने में त्वक, पाँच महीने में नख व रोम व छह महीने में आँख, नाक, कान व मुँह का आकार बनता है। सात मास के भ्रूण में स्पंदन होता है, आँठवें महीने उसमें बुद्धि का योग होता है और नवें महीने सब अंग प्रत्यंग पूर्णता लाभ कर लेते हैं। जन्म लेते ही शिशु इन्द्रियों द्वारा चीजों की अनुभूति करने लगता है। और फिर संसार के सुख-दुख भोगकर कालप्राप्त होने पर मृत्यु के बाद पुनः अपने कर्मफल के अनुसार जन्म लेता है।[2]

---

१. आयुर्वेदमधीयानाः केवलं सपरिग्रहाः।
दृश्यस्ते वहवो वैद्या व्याधिभिः समभिप्लुताः॥ इत्यादि।
शांति २८ ४५-४७

२. आदि ९० वाँ अध्याय। नीलकंठ

शुक्र की उत्पत्ति—शरीर के उपादान पंचभूत एवं मन आहार्य द्रव्यों द्वारा परिपुष्ट होते हैं। इनकी पुष्टि से शरीर में शक्र की उत्पत्ति होती है। जीव पंचभूत के साथ मिलकर वायु के प्रभाव से सर्वप्रथम मेघरूप में, फिर वृष्टिरूप में परिणत होकर औषधि आदि में पहुँचता है। गृहस्थ द्वारा भुक्त वे सब द्रव्य शुक्र का रूप धारण करके यथाकाल गर्भस्थ होते हैं। संसारचक्र वर्णन में वृहस्पति ने शुक्र की उत्पत्ति के संबंध में जो कुछ कहा है उससे इतना ही पता चलता है।[1] पूर्व जन्मों के शुभाशुभ कर्मफल भोगने के निमित्त ही जीव मेघ आदि का रूप लेकर क्रमशः वीर्यत्व को प्राप्त होता है। शुक्र का स्थान कफवर्ग एवं रज का स्थान पित्तवर्ग में होता है।[2]

नारद देवमत संवाद में कहा गया है कि शुक्र के गर्भ में प्रवेश करते ही उसमें प्राणों का संचार हो जाता है। प्राणों के द्वारा विशुद्ध शुक्र की विकृति होने से उसमें अपान वायु का आबिर्भाव होता है, तब स्थूल देह की उत्पत्ति होती है। परमात्मा उस स्थूल शरीर व उसके कारण में लिप्त न रहकर साक्षीरूप में अवस्थान करते हैं। कामना के द्वारा शुक्र केन्द्रीभूत होता है। समान एवं व्यान वायु की क्रिया द्वारा शुक्रशोणित की सृष्टि होती है।[3]

मनोवहा नाड़ी का कार्य शुक्राकर्षण—भुक्त द्रव्यों का रस शिराओं द्वारा वात, पित्त, कफ, रक्त, त्वक, मांस, स्नायु व अस्थियों को बढ़ाता है। मनुष्य के शरीर में वातादिवाहिनी दस धमनियाँ होती हैं। ये नाड़ियाँ पाँचों इन्द्रियों में अपने अपने विषय ग्रहण की पटुता लाती हैं। सहस्रों छोटी-छोटी धमनियाँ उक्त प्रधान दस धमनियों की क्रिया द्वारा संचालित होती हैं। जिस प्रकार अनगिनत छोटी छोटी नदियाँ सागर में मिलकर उसका अस्तित्व बनाये रखती हैं, उसी प्रकार मनुष्य

---

१. विदुन्यासादयोऽवस्थाः शुक्रशोणितसम्भवाः। शान्ति ३२०।११५-१२०
पूर्वमेवेह कलले वसते किञ्चदन्तरम्॥ इत्यादि। स्त्री ४।२-८।
अश्व १७।१९-२१

अन्नमश्नंति यद्देवाः शरीरस्था नरेश्वर।
पृथिवी वायुराकाशमापो ज्योतिर्मनस्तथा॥ इत्यादि।
अनु १११। २८-३०

२. जीवः कर्मसमायुक्तः शीघ्र रेतस्त्वमागतः।
स्त्रीणां पुष्पं समासाद्य सूते कालेन भारत॥ अनु १११।३५
मेघेपूद्धं सन्निधत्ते प्रजानां पवनः पतिः। इत्यादि। अनु ६३।३६-४०
कफवर्गेऽभवच्छुक्रं पित्तवर्गे च शोणितम्। हरि ४१वाँ अध्याय

३. शुक्राच्छोणितसंसृष्टात् पूर्वं प्राणः प्रवर्त्तते। अश्व २४।६-९

शरीर की धमनियाँ रस संचार के द्वारा शरीर को परिपुष्ट बनाये रखती हैं। हृदय के मध्यस्थल में अवस्थित धमनी 'मनोवहा' कहलाती है। संकल्पज शुक्र को सम्पूर्ण शरीर से आकर्षित करके उपस्थ की ओर लाना इस धमनी का कार्य है। सम्पूर्ण शरीर व्याप्त दूसरी शिराओं का संबंध आँखों से होता है। इसी कारण वे तैजस गुण द्वारा देखने आदि की क्रियाओं में सहायता करती हैं। मथानी से मथने पर जिस प्रकार दूध से मक्खन निकलता है उसी प्रकार समय विशेष में इन्द्रियों के उत्तेजित होने पर मनोवहा नाड़ी आकर्षण द्वारा संचित शुक्र को बहिर्गत करती है। अन्नरस, मनोवहा नाड़ी एवं संकल्प ये तीन शुक्र के बीज हैं।[1]

संतान के शरीर में माता-पिता के शरीर के उपादान—गर्भस्थ संतान अस्थि, स्नायु व मज्जा पिता से तथा त्वक, मांस व शोणित माता से ग्रहण करती है। इस विषय में सब शास्त्र एकमत हैं।[2]

स्त्री का जननीत्व एवं पुरुष का प्रजापतित्व—भृगु भरद्वाज-संवाद में कहा गया है कि जिस प्रकार पृथिवी प्राणियों की जननी होती है, उसी प्रकार स्त्रियाँ भी। पुरुष प्रजापति है एवं उसका शुक्र तेजोमय है। ब्रह्मा ने स्त्री-पुरुष के संसर्ग से प्रजावृद्धि की व्यवस्था की है। अपने अपने कर्मानुसार प्राणी बार बार संसार में आवागमन करते हैं। यथाकाल में भोग के अभाव में स्त्रियों में अकालवार्द्धक्य देखा जाता है।[3]

सन्तानजनन से जननी को अत्यधिक आनन्द—स्त्री-पुरुष में प्रगाढ़ प्रणय न हो तो संतान स्वस्थ व तेजस्वी नहीं होती। दोनों में ही अच्छे स्वास्थ्य व प्रफुल्लता का होना अत्यावश्यक है। सन्तान जन्म से पुरुष की अपेक्षा स्त्री को अधिक आनन्द होता है।[4]

द्रोणाचार्य आदि का अस्वभाविक जन्मवृत्तांत—महाभारत में बहुत से चरित्रों का जन्म अस्वाभाविक रूप से बताया है। द्रोणाचार्य, कृप, धृष्टद्युम्न, द्रौपदी,

---

१. वातपित्तकफान् रक्तं त्वंमांसं स्नायुमस्थि च। शान्ति २१४।१६-२३

२. अस्थि स्नायुश्च मज्जा च जानीमः पितृतो द्विज।
त्वङमांसं शोणितञ्चेति मातृजान्यपि शुश्रुम।। शान्ति ३०५।५

३. पृथिवी सर्वभूतानां जनित्री तद्विधाः स्त्रियः। इत्यादि।
शांति १९०।१५, १६
असम्भोगे जरा स्त्रीणाम्। उद्योग ३९।७९

४. अप्रमोदात् पुनः पुंसः प्रजनो न प्रवर्द्धते। अनु ४६।४
स्त्रियाः पुरुषसंयोगे प्रीतिरभ्यधिका सदा। अनु १२।५२

मत्स्यराज,[1] मत्स्यगंधा[2] और्व,[3] आदि पुरुष व महिलाओं की उत्पत्ति को लेकर एक एक आख्यान गढ़ डाला है। कहीं किसी मंत्रशक्ति का प्रभाव बताया है तो कहीं कोई अद्‌भुत अलौकिक कारण बताया है।

सूतिकागृह का चित्र—सूतिकागृह का मात्र एक चित्र इस ग्रंथ में मिलता है। परीक्षित के भूमिष्ठ होते ही पता चला कि उनके शरीर में किसी प्रकार का स्पंदन नहीं था। अश्वत्थामा के इंषीकास्त्र से मातृगर्भ में ही इनका चैतन्य लुप्त हो गया था। कुन्ती व सुभद्रा का कातर क्रन्दन सुनकर श्रीकृष्ण सूतिकागृह में आये। कमरे के चारों कोनों में जल से भरे कुंभ स्थापित थे, पूरा कमरा श्वेत मालाओं द्वारा सुशोभित था। घृत के प्रदीप, सरसों आदि रक्खे हुए थे, एक तरफ प्रज्वलित अग्नि एक बर्त्तन में रक्खी थी। वृद्धा रमणियाँ एवं यक्ष चिकित्सक अपने अपने कार्य में व्यस्त थे। अभिज्ञ व्यक्तियों ने घर में नाना प्रकार की औषधियाँ व मांगलिक द्रव्य यथास्थान रखे हुए थे। सूतिकागृह का ढंग उपयुक्त देखकर श्रीकृष्ण ने बहुत सन्तोष प्रकट किया था।[4]

पार्थिव देह में अग्नि आदि की अवस्थिति—पार्थिव शरीर में अग्नि, वायु, आकाश आदि भूततत्वों का किस प्रकार अवस्थान होता है भरद्वाज के इस प्रश्न के उत्तर में भृगु ने कहा है, प्रज्ञात्मा अग्नि सहस्रार में अवस्थित रहकर शरीर का पालन करती है। प्राण नामक वायु मूर्द्धा एवं अग्नि में रहकर शरीर को जीवित रखती है। चित्, प्रज्ञा एवं प्राणों के संघात को ही जीव कहा जाता है। यही जीव समस्त कार्यकारणों का कर्त्ता व सनातन है। विषय भेद से जीव मन, बुद्धि, अहंकार व भूत समुदाय के रूप में परिणत हो जाता है।

पञ्चवायु का कार्य—यह शरीर प्राणों द्वारा परिचालित होता है। जठराग्नि की सहायता से समान वायु मूत्राशय व मलाशय को शुद्ध करती है। भुक्त द्रव्यों की परिणति में जठराग्नि तथा समान वायु की शक्ति से ही होती है। अपान वायु मलमूत्र आदि की निस्सारक होती है। गमन आदि का प्रत्यन उदान वायु का कार्य है और शरीर के समस्त संधिस्थानों में वर्त्तमान वायु का नाम व्यान है। समान वायु द्वारा प्रज्वलित जठराग्नि भुक्त द्रव्यों, त्वक आदि धातुओं तथा पित्त आदि में व्याप्त रहती है। समानवायु का अधिष्ठान नाभिमण्डल में होता

---

१. स मत्स्यो नाम राजासीद्धार्मिकः सत्यसंगरः। आदि ६३।६३

२. सा कन्या दुहिता तस्या मत्स्या मत्स्यगंधिनी। आदि ६३।६७

३. तदायमूरूणा गर्भो मया वर्षशतं धृतः। आदि १७९।३

४. ततः स प्राविशत्तूर्णं जन्मवेश्म पितुस्तव। इत्यादि। अश्व ६८।३-७

है, वहाँ रहकर यह जठराग्नि के योग से भुक्त द्रव्यों को रस आदि में परिणत करती है।

जठराग्नि के नियन्त्रण से योग साधन—मुखछिद्र से लेकर गुदा तक प्राणों के प्रवाह का मार्ग अवस्थित है। अग्नि के वेग को वहन करने वाली प्राणवायु गुह्य-प्रदेश तक जाकर रुक जाती है। वहाँ से फिर ऊपर की ओर प्रवाहित होकर शरीरस्थ अग्नि को उद्दीप्त करती है। नाभि के नीचे पाकाशय एवं ऊपर आमाशय होता है। नाभिमंडल में समस्त वायुओं का यातायात रहता है। समस्त रस हृदय में पहुँच कर प्राण आदि पंचवायु तथा नाग आदि पंचवायु, इन दस वायुओं की सहायता से धमनियों द्वारा पूरे शरीर में प्रसृत होता है; इसी प्रक्रिया द्वारा मनुष्य जीवित रहता है। प्राणों का निरोध करने पर सम्पूर्ण इन्द्रियवृद्धि निरुद्ध एवं वशीभूत हो जाती है। जठराग्नि को वश में कर लेने पर योग साधन बहुत आसान हो जाता है।[1]

१. शान्ति १८५ वाँ अध्याय। वन २१२।३-१६

पशु व वृक्ष आदि की चिकित्सा

दीर्घतमा की गोधर्म शिक्षा—दीर्घतमा मुनि ने गोधर्म की शिक्षा दी थी, इसी कारण दूसरे ऋषि उन्हें आदर की दृष्टि से नहीं देखते थे।[1] (यद्यपि टीकाकार नीलकंठ ने अपनी टीका में गोधर्म शब्द का अर्थ 'प्रकाशमैथुन' दिया है, किन्तु गोधर्म शब्द गोचिकित्सा के अर्थ में भी लिया जा सकता है)।

अश्वचिकित्सा में नकुल पटु—नकुल अश्वचिकित्सा में निपुण थे। अज्ञातवास में विराट को उन्होंने अपना परिचय अश्वचिकित्सक के रूप में ही दिया था।[2]

नल व शालिहोत्र की अभिज्ञता—राजा नल अश्व परिचालन तथा अश्व के स्वभाव परिज्ञान के बहुत बड़े ज्ञाता थे। अश्वशास्त्र आचार्य शालिहोत्र ने लिखा था।[3]

सहदेव प्रवीण गौचिकित्सक—सहदेव बड़े अच्छे गौचिकित्सक थे। विराट के समक्ष उन्होंने कहा था—"मैं महाराज युधिष्ठिर का गोपरीक्षक था। मेरे तत्त्वावधान में अति शीघ्र गौओं की संख्या में वृद्धि हो जाती है और उनका स्वास्थ्य अच्छा रहता है। जिन बैलों के संसर्ग से वंध्या गाय भी बछड़ा दे दे, उन बैलों को मैं केवल मूत्र की गंध से ही पहचान जाता हूँ"।[4]

सर्वत्र प्राणों का स्पंदन—संसार में सर्वत्र प्राणों का स्पंदन है। चाहे जल हो या स्थल, हर चीज में प्राण होते हैं। फल-फूल, पेड़-पौधे सब में प्राणों का अस्तित्व है। जो प्राणी अति सूक्ष्म हैं, जिन्हें इन्द्रियों द्वारा देखा छुआ नहीं जा सकता उनका

---

१. गोधर्मं सोरभेयाच्च सोऽधीत्य निखिलं मुनिः।
प्रावर्त्तत तदा कर्त्तुं श्रद्धावांस्तमशंकया॥ इत्यादि।
आदि १०४।२६-२८

२. अश्वानां प्रकृतिं वेद्मि विनयंचापि सर्वशः।
दुष्टानां प्रतिपत्तिञ्च कृत्स्नञ्चैव चिकित्सितम्॥ विराट १२।७

३. शालिहोत्रोऽथ किन्तु स्याद्धयानां कुलतत्त्ववित्। वन ७१।२७

४. क्षिप्रं हि गावो बहुला भवन्ति न तासु रोगो भवतीह कश्चन। इत्यादि
विराट १०।१३, १४

भी अस्तित्व स्वीकार करना पड़ता है। अरण्यचारी मुनि भी प्राणरक्षा के निमित्त हिंसा तक करने को बाध्य होते हैं। प्राण ही सब कुछ है।[1]

वृक्षलता आदि की श्रवणस्पर्श शक्ति—महर्षि भरद्वाज ने भृगु से पूछा था कि वृक्षलता आदि का शरीर पंचभौतिक होता है कि नहीं। पेड़-पौधों के शरीर में तेज, वायु व आकाश का कार्य किस प्रकार होता है, यह न समझ पाने के कारण भरद्वाज को संदेह हुआ था। वृक्षादि को श्रवण, स्पर्श, रस, गंध व दर्शन की अनुभूति नहीं होती, तो इनका शरीर पंचभौतिक कैसे होगा, यही उनके सन्देह का कारण था। प्रश्न के उत्तर में भृगु ने कहा है कि यद्यपि वृक्षादि के शरीर के सूक्ष्म अवयव अर्थात् परमाणु बहुत ही घने हैं, तब भी उनके अन्दर आकाश है, इसमें कोई सन्देह नहीं। आकाश या अवकाश नहीं होता तो फूल और फल का जन्म नहीं हो सकता था। पत्ते, छाल, फूल सभी एक समय म्लान हो जाते हैं, इससे पता लगता है कि वृक्षादि में तेज पदार्थ विद्यमान हैं। उनकी म्लानता व शीर्णता देखकर स्पर्शानुभूति का भी अनुमान लगाया जा सकता है। वायु के स्पर्श, अग्नि के ताप तथा वज्र के निर्घोष से फल व फूल विशीर्ण हो जाते हैं। इससे अवगत होता है कि वृक्षादि में सुनने की शक्ति भी है। दूरस्थ लता भी अपने अवलम्ब्य वृक्ष की ओर अग्रसर होती है, इससे उसकी दृष्टि का अनुमान लगाया जा सकता है। तरह तरह के गंधद्रव्यों व दीप-धूप की सुवास से पेड़-पौधों के रोग नष्ट होते हैं, अतः उनमें गंध ग्रहण करने की क्षमता भी अवश्य है। जड़ों के द्वारा जलग्रहण की शक्ति भी इनमें होती है। कोई कोई वृक्ष पानी डालने से सूख जाता है, इसके विपरीत कोई वृक्ष पानी मिलते ही हरा हो जाता है, इससे उनकी रसनेन्द्रिय के अस्तित्व का पता चलता है। कमल की नाल मुँह में डालकर जिस प्रकार पानी पिया जा सकता है उसी प्रकार वृक्ष आदि भी वायु की सहायता से जड़ों द्वारा जल सोखते हैं।

वृक्ष आदि का जीवन व पुष्टि आदि—सुख-दुःख की अनुभूति एवं छिन्न शाखा आदि का पुनः निकलना देखकर पेड़ पौधों के जीवन का अनुमान लगाया जा सकता है। अग्नि एवं वायु वृक्ष के जल आदि खाद्य को रस में परिणत कर देती हैं, इसी से इनकी पुष्टि होती है। जंगम प्राणियों की देह में जिस प्रकार पंचभूत का अनुभव किया जाता है, उसी प्रकार स्थावर प्राणियों में भी पंचभूत की लीला चलती रहती है।[2]

---

१. उदके बहवः प्राणाः पृथिव्याञ्च फलेषु च। शान्ति १६।२५-२८
वृक्षांस्तथौषधीश्चापि छिन्दति पुरुषा द्विज।
जीवा हि बहवो ब्रह्मन् वृक्षेषु च फलेषु च॥ वन २०७।२६-२९

२. शान्ति १८४ वां अध्याय।

विषप्रयोग से वृक्ष की मूर्च्छा—तीव्र विष के प्रयोग से वृक्ष भी मूर्च्छित हो जाते हैं, उसका प्रतीकार करने पर पुनः स्वस्थ हो जाते हैं।[1]

वृक्ष आदि भी पुत्रवत् परिपालनीय—स्थावर प्राणी छह श्रेणियों में विभक्त हैं। यथा—वृक्ष, गुल्म, लता, वल्ली, त्वक्सार व तृण। इनके रोपण व परिवर्द्धन के अगणित पुण्यफल महाभारत में कीर्त्तित हुए हैं।[2] इनको पुत्र की तरह पालने का उपदेश दिया गया है।[3] इन उक्तियों से प्रतीत होता है कि वृक्ष का रोपण व पालन उस काल में धर्म का अंग माना जाता था।

करंजक वृक्ष को दीपदान—सुवर्चला नामक वल्ली की जड़ को छूकर जो व्यक्ति एक वर्ष तक करंजक वृक्ष पर दीप चढ़ाता है, उसकी सन्तान संतति सदा वृद्धि पर रहती है।[4] इस कार्य द्वारा उल्लिखित वृक्ष व वल्ली का कुछ उपकार होता होगा, तभी करने को कहा गया है।

हर प्राणी की भाषा है—अपने मनोभाव प्रकट करने के लिये संसार में सब प्रकार के प्राणियों की अपनी अलग भाषा है।[5]

---

१. स तीक्ष्णविषदिग्धेन शरेणातिबलात् क्षतः।
उत्सृज्य फलपत्राणि पादपः शोषमागतः॥ अनु ५।६
भस्मराशिकृतं वृक्षं विद्यया समजीवयत्। आदि ४३।९

२. अत ऊर्ध्वं प्रवक्ष्यामि वृक्षाणामवरोपणम्। इत्यादि। अनु ५८।२२-२६

३. तस्य पुत्रा भवन्त्येते पादपा नात्र संशयः। अनु ५८।२७

४. यस्तु संवत्सरं पूर्णं दद्याद्दीपं करंजके।
सुवर्चलामूलहस्तः प्रजा तस्य विवर्द्धते॥ अनु १२७।८

५. भाषाज्ञश्च शरीरिणाम्। अनु ११७।८

गान्धर्व

गंधर्वों का आचार्यत्व—महाभारत में कहीं भी 'संगीत' शब्द का प्रयोग नहीं हुआ है। 'गान्धर्व' शब्द ही संगीत विद्या के लिये प्रयुक्त हुआ है। इस विद्या के आचार्य गन्धर्व थे। नारद को देवगंधर्व माना जाता था।[1] अतिबाहु, हाहा, हूहू तथा तुंबुरु ये चार गंधर्वों में श्रेष्ठ कहे जाते थे। ये चारों कश्यप पत्नी कपिला की सन्तान थे।[2] मार्कण्डेय पुराण में नागराज अश्वतर व कंबल की गंधर्वविद्या का विस्तृत विवरण मिलता है। महाभारत में भी इनका नाम आया है।[3]

देवर्षि नारद की अभिज्ञता—देवगंधर्व नारद और देवर्षि नारद शायद दो भिन्न व्यक्ति थे। देवर्षि के हाथ में एक उत्तम वीणा रहती थी, वे नृत्य व गीत दोनों के कुशल ज्ञाता थे। गांधर्वविद्या पर उनके अधिकार की बात जगह जगह दुहराई गई है।[4]

अर्जुन व श्रीकृष्ण—अर्जुन ने गीत, वाद्य व नृत्य की शिक्षा गंधर्व चित्रसेन से ली थी। कहा गया है कि उन्होंने देवराज इन्द्र के आदेश से गंधर्वविद्या की ओर ध्यान दिया था। श्रीकृष्ण भी गंधर्वविद्या में निपुण थे।[5]

कच—शुक्राचार्य के शिष्य वृहस्पति पुत्र कच ने नृत्य, गीत व वाद्य में विशेष

---

१. कलिः पंचदशस्तेषां नारदश्चैव षोडशः। आदि ६५।४४

२. सुप्रिया चातिबाहुश्च विख्यातौ च हाहा हूहूः।
तुम्बुरिश्चेति चत्वारः स्मृता गंधर्वसत्तमाः॥ आदि। ६५।५१, ५२

३. कम्बलाश्वतरौ चापि......। आदि ३५।१०

४. कच्छपीं सुखशब्दां तां गृह्य वीणां मनोरमाम्।
नत्ये गीते च कुशलो देवब्राह्मण पूजितः॥ इत्यादि।
शल्य ५४।१८। शांति २१०।२१
वल्लकीवाद्यमातन्वन् सप्तस्वरविमूर्च्छनात्। इत्यादि। हरि, विष्णु ८५ वाँ अध्याय।

५. नृत्यं गीतञ्च कौन्तेय चित्रसेनादवाप्नुहि। इत्यादि। वन ४४।६-१०
हरि, विष्णु १४८ वाँ अध्याय।

पटुता अर्जित की थी। उनके प्रति देवयानी के आकर्षण का यह भी एक कारण था।[1]

महिलाओं की गांधर्व शिक्षा—महिलाओं में भी इस विद्या का प्रसार कम नहीं था। बड़े घरों में संगीत शिक्षक रक्खे जाते थे। अज्ञातवास के समय अर्जुन बिराटदुहिता उत्तरा के संगीत शिक्षक के रूप में ही विराट द्वारा नियुक्त किये गये थे।[2] उत्तरा के साथ साथ उसकी सखियों ने भी उन्हें अपना गुरु बनाया था।[3] शुक्राचार्य की कन्या देवयानी संगीतविद्या की विशेष अभिज्ञा थी।[4] शान्तनु की पत्नी गंगा ने नृत्य करके पति का मनोरंजन किया था।[5]

अप्सराएँ—इन्द्र की सभा में विश्वाची, घृताची, रंभा, तिलोत्तमा, मेनका, उर्वशी आदि अप्सराओं द्वारा गीत नृत्य प्रस्तुत किये जाने का वर्णन अनेकों स्थानों पर हुआ है।[6]

उत्सव आदि में संगीत का स्थान—गीत, नृत्य व वाद्य आमोद में सर्वोत्तम माने जाते थे।[7] हर उत्सव के ये प्रधान अंग होते थे। विवाह सभा में उनकी बहुत अधिकता देखने में आती है।[8] परीक्षित के जन्मदिवस पर संगीत व नृत्य की कोई सीमा ही नहीं रही थी। रैवतक पर्वत पर वृष्ण्यंधककुल के महोत्सव के उपलक्ष्य में संगीत आदि का प्रदर्शन धूमधाम से किया गया था। युद्ध में विजयी होने पर वीर शंख व भेरी के निनाद से आकाश-पाताल गुंजा देते थे।[9] कौरव-पांडवों की शस्त्रविद्या की परीक्षा के लिये जो सभामंडप बनाया गया था, उसमें भी वादकों को सम्मान के साथ स्थान मिला था।[10]

राजाओं के सोने व उठने के समय वैतालिक—रात्रि को राजा के सोने के

---

१. गायन् नृत्यन्वादयंश्च देवयानीमतोषयत्। आदि ७६।२४

२. विराट ११ वाँ अध्याय।

३. गायन्ती च ललन्ती च रहः पर्यचरत्तथा। आदि ७६।२६

४. बहुगंधर्वदर्शना। उद्योग ११६।२

५. संभोगस्नेहचातुर्यैर्हावलास्यमनोहरैः। आदि ९८।१०

६. शान्ति १९१।१६

७. सूतमागधसंघाश्चाप्यस्तुवंस्तराः। आदि १८८।२४

८. अश्व १०।१८। आदि २१९।४। आदि ११३।४५। विराट ६८।२७

९. ततः प्रयाते दाशार्हे प्रावाद्यन्तैकपुष्कराः। उद्योग ९४।२१

१०. प्रावद्यन्त च वाद्यानि सशंखानि समन्ततः। आदि १३५।१०

प्रातः उठने के समय निर्दिष्ट स्तावक मधुर गीत व वीणावादन से उनका मनोरंजन करते थे।[1]

यागयज्ञ में संगीत---यज्ञ आदि में भी संगीत का विशेष आदर होता था। नट नर्तकों आदि गुणी व्यक्तियों को यज्ञमंडप के निकट ही स्थान दिया जाता था। युधिष्ठिर के अश्वमेध यज्ञ में नारद, तुम्बुरु, विश्वावसु, चित्रसेन आदि गान्धर्व-विशारदों की मंडली उपस्थित थी। वे अवकाशमत उपस्थित याज्ञिक व दर्शकों का नृत्य गीत द्वारा मनोरंजन करते थे।[2]

राजसभा में विशेष स्थान---राजसभा में संगीतज्ञों का विशेष रूप से आदर किया जाता था। इन्द्रपुरी के ऐश्वर्यवर्णन में संगीतज्ञों को भी वहाँ का ऐश्वर्य बताया है।[3] इससे स्पष्ट होता है कि तत्कालीन समाज में संगीतज्ञ को बहुत ही अधिक सम्मान की दृष्टि से देखा जाता था।

वाद्ययन्त्र---शंख, मृदंग, भेरी, पणव, आनक, गोमुख बाँसुरी, वीणा, झल्लीषक आदि वाद्ययन्त्रों का उल्लेख मिलता है। यन्त्र-संगीत के अनुशीलन का भी वर्णन आया है।[4]

शतांग तूर्य---नख, अंगुलि, दण्ड, धनु, ज्या, मुख आदि के द्वारा कई तरह से तूर्य वाद्य के विषय में कहा गया है। इसी कारण तूर्य को शतांग कहा जाता था।[5]

मांगलिक कार्यों व युद्धभूमि में शंखध्वनि---हर प्रकार मांगलिक कार्य में शंखध्वनि का विशेष स्थान होता था।[6] युद्ध में शंखध्वनि के विषय पर 'युद्ध-प्रबंध' में कहा जा चुका है।

---

१. सभा ५८।३६। आदि २१८।१४। शान्ति ५३।३-६

२. कथयन्तः कथा बह्वीः पश्यन्तो नटनर्त्तकान्। इत्यादि। सभा ३३।४९ अश्व ८५।३७
नारदश्च बभूवात्र तुम्बुरुश्च महाद्युतिः। इत्यादि। अश्व ८८।३९, ४०

३. गंधर्वास्तुंबुरुश्रेष्ठाः कुशला गीतसामसु। वन ४३।२८, ३२
गीतवादित्रकुशलाः सम्यक् तालविशारदाः। सभा ४।३८, ३९

४. शंखानथ मृदंगांश्च प्रवाद्यन्ति सहस्रशः।
वीणापणववेणूनां स्वनश्चातिमनोरमः॥ इत्यादि। शांति ५३।४। शांति १२०।२४। हरि, विष्णु १४८ वाँ अध्याय।

५. शतांगानि च तूर्याणि वादकाः समवादयन्। आदि १८८।२४

६. तत्र स्म दध्मुः शतशः शंखान् मंगलकारकान्। इत्यादि। सभा ५३।१७। विराट ७२।२७

छालिक्य गान—हरिवंश पुराण के विष्णुपर्व में छालिक्य गान नामक एक प्रकार के यन्त्र संगीत का उल्लेख मिलता है। वीणा, झल्लीषक, बाँसुरी, मृदंग आदि यंत्रों के साथ पाँच गांधर्ववित् एक साथ मिलकर जो गान प्रस्तुत करते थे, वही शायद छालिक्य गान कहलाता था। वर्णन से तो यही प्रतीत होता है वैसे स्पष्ट रूप से उसमें कुछ नहीं बताया है।[1]

षड्ज आदि सप्तस्वर—षड्ज, ऋषभ, गांधार, मध्यम, धैवत, पंचम एवं निषाद इन सात स्वरों का उल्लेख मिलता है। स्वर को शब्दविशेष बताया है और आकाश से उसकी उत्पत्ति मानी है।[2]

गांधर्व में अत्यासक्ति निन्दनीय—संगीत सभाओं के बहुत से उदाहरणों के साथ एक जगह यह भी कहा है कि नृत्यगीत के प्रति बहुत आसक्त नहीं होना चाहिये, ऐसी अवस्था में बहुत से दोष उत्पन्न हो जाते हैं।[3] यह उपदेश राजधर्म प्रकरण में दिया गया है। किंतु गांधर्व विद्या ही जिनकी जीविका का साधन अथवा उपासना का अंग थी उनकी बात अलग थी।

---

१. छालिक्यगानं बहुसंविधानं तद्देवगंधर्वमुदाहरन्ति। इत्यादि।
हरि, विष्णु १४८ वाँ अध्याय।

२. षड्जऋषभगांधारौ मध्यमो धैवतस्तथा।
पञ्चमश्चापि विज्ञेयस्तथा चापि निषादवान्॥ इत्यादि। शांति १८४।
३९, ४० हरि, विष्णु ८५ वाँ अध्याय।

३. पानमक्षास्तथा नार्यो मृगया गीतवादितम्।
एतानि युक्त्या सेवेत प्रसंगो ह्यत्र दोषवान्॥ शान्ति १४०।२६

व्याकरण व निरुक्ति

व्याकरण अवश्य पठनीय—महर्षि वृहस्पति ने गुरु प्रजापति को प्रणाम करके कहा, "भगवन, मैंने ऋक्, साम, यजुः, छन्द, नक्षत्रगति, निरुक्त, व्याकरण, कल्प एवं शिक्षा आदि विषयों का ज्ञानार्जन किया है, किंतु आत्मतत्त्व के बारे में मैं कुछ भी नहीं जानता। दया करके मुझे अपने शिष्यरूप में ग्रहण कीजिये।"[1] (छान्दोग्योपनिषद) में (७।१) नारद सनत्कुमार-संवाद में भी यही बात कही गई है)।

वैयाकरण शब्द का अर्थ—सनत्सुजातीय प्रकरण में कहा गया है कि जो व्यक्ति शब्दगत अर्थ, व्युत्पत्ति आदि की व्याक्रिया अर्थात् तत्त्वार्थ समझता है, उसे वैयाकरण कहते हैं। केवल शब्द शास्त्रवेत्ता प्रकृत वैयाकरण नहीं होता, जो जगत की उत्पत्ति, स्थिति व लय का कारण सम्यक् रूप से समझता है वही असली वैयाकरण है।[2]

षड़ंगपाठ से श्रेयोलाभ—पराशर गीता में कहा गया है कि धर्मशास्त्र, वेद व शिक्षा, कल्प, व्याकरण, निरुक्त, छन्द और ज्योतिषशास्त्र स्वरूप वेद का षड़ंग अध्ययन मनुष्य के लिये कल्याणकर है।[3] व्याकरण आदि षड़ंगशास्त्र स्मृतिशास्त्र के अन्तर्गत आते हैं। जापकोपाख्यान में कहा गया है कि जो व्यक्ति षड़ंग एवं मन्वादि स्मृतिशास्त्रों का अध्ययन करता है, वह परमगति को प्राप्त होता है।[4]

आर्ष प्रयोग—उस काल में कौन सा व्याकरण प्रचलित था, यह पता नहीं लगता। महाभारत में ऐसे बहुत से शब्द प्रयुक्त हुए हैं, जो प्रचलित व्याकरण के

---

१. ऋक् सामसंघाश्च यजूंषि चापि छन्दांसि नक्षत्रगतिं निरुक्तम्।
अधीत्य च व्याकरणं सकल्पं शिक्षाञ्च भूतप्रकृतिं न वेद्मि॥ शांति २०१।८, ९

२. सर्वार्थानं व्याकरणाद्वैयाकरण उच्यते। उद्योग ४३।६१

३. धर्मशास्त्राणि वेदाश्च षडंगानि नराधिप।
श्रेयसोऽर्थे विधीयन्ते नरस्याक्लिष्टकर्मणः॥ शान्ति २९७।४०

४. महास्मृतिं पठेद् यस्तु तथैवानुस्मृतिं शुभाम्।
तावप्येनेन विधिना गच्छेतां मत्सलोकताम् शांति २००।३० नीलकंठ देखिये।

अनुसार शुद्ध नहीं हैं। हारकर उन्हें आर्ष प्रयोग ही मानना पड़ता है। संधि एवं धातु के रूप में ही आर्ष प्रयोग की बहुलता दिखाई पड़ती है, शब्द-साधन में आर्ष-प्रयोग कम हुआ है। अध्यापक-परम्परा द्वारा पता लगता है कि उस समय 'माहेश' नामक एक प्रकांड व्याकरण था। पाणिनि के व्याकरण को तो उसकी तुलना में गोपद जैसा बताया है।[1]

षड़ंग—षड़ंग में प्रसंगानुसार व्याकरण, शिक्षा, छंद व निरुक्ति का नाम मात्र आया है। वैदिक कर्मकांड में कल्प का जिक्र भी हुआ है। ज्योतिष पर भी बहुत ही कम प्रकाश डाला है।

यास्क का निरुक्त—महाभारत में यास्काचार्य के निरुक्त का उल्लेख मिलता है। नारायणीय प्रकरण में भगवान अर्जुन से कहते हैं—"प्रतिभाशाली ऋषि यास्क ने 'शिपिविष्ट' विशेषण द्वारा मेरी स्तुति की थी, मेरे प्रसाद से ही उन्होंने निरुक्तशास्त्र का पता लगाकर पाताल से उसका उद्धार किया था।"[2]

निर्घन्टु—निर्घन्टु या निघन्टु प्रक्रिया द्वारा शब्द का व्युत्पत्तिलभ्य अर्थ ग्रहण किया जाता था।[3]

मूलकारण श्रीकृष्ण—भगवान ने कहा है, "वेद की विभिन्न शाखाएँ, शाखाभेद से स्वर आदि का उच्चारण तथा गीतिसमूह मेरे द्वारा ही उत्पन्न हुई हैं"।[4]

गालव मुनि का क्रम (कल्प) व शिक्षाशास्त्र—ऋषि वामदेव कथित ध्यानपथ का अवलम्बन लेकर गालव मुनि ने नारायण की उपासना की थी और फिर भगवान का आशीर्वाद पाकर उन्होंने क्रम व शिक्षाशास्त्र की रचना की थी।[5]

---

१. यान्युज्जहार माहेशाद् व्यासो व्याकरणार्णवात्।
तानि किं पदरत्नानि संति पाणिनिगोष्पदे॥ (प्राचीन उक्ति)

२. स्तुत्वा मां शिपिविष्टेति यास्य ऋषिरुदारधीः।
मत्प्रसादादधो नष्टं निरुक्तमभि जग्मिवान्॥ शांति ३४२।७३

३. निर्घन्टुकपदाख्याने विद्धि मां वृषमुत्तमम्॥ शांति ३४२।८८

४. स्वरवर्णसमुच्चाराः सर्वांस्तान् विद्धि मत्कृतान्। शांति ३४२।१००

५. वामादेशितमार्गेण मत्प्रसादान्महात्मना।
× × ×
क्रमं प्राणीयशिक्षांच प्रणयित्वा स गालवः। शांति ३४२।१०२-१०४

ज्योतिष

गणित, फलित व शाकुनविद्या—नाना प्रसंगों में ज्योतिषशास्त्र के किसी न किसी विषय पर प्रकाश डाला गया है। महाभारत की ज्योतिष विद्या को गणित, फलित व शाकुनविद्या के भेद से तीन भागों में विभक्त किया जा सकता है। गणित ज्योतिष का उल्लेख कम हुआ है। जिन पर थोड़ा बहुत कहा गया है, उनका भी अधिकांश आधुनिक ज्योतिष से एकमत नहीं होगा।

सूर्य गतिशील—सूर्य को गतिशील बताया है। कहा है कि मध्याह्न में निमेषार्द्ध के लिये सूर्य स्थिर हो जाता है।[1]

सूर्यकिरण पापनाशक—सूर्यकिरण को पापनाशक बताया गया है।[2] सूर्य-किरणों के सेवन से बहुत से रोगों के क्षय की बात तो चिकित्सक भी स्वीकार करते हैं।

चन्द्ररसात्मक—चन्द्रकिरण जड़ी-बूटियों के लिये बहुत ही गुणकारक है। वृक्षलता आदि में तो यह नये प्राणों का संचार कर देती है। चन्द्र स्वयं रसस्वरूप है।[3]

चन्द्र का प्रभाव सब प्राणियों पर—संसार के सब प्राणियों को चन्द्र के शीतल स्पर्श की आकांक्षा होती है। चन्द्र प्राणिवर्ग के आनन्द का हेतु है। पुष्प के विकास में चाँदनी बहुत अधिक सहायक होती है। पुष्प की उत्पत्ति चन्द्र से ही हुई है (इस उक्ति का वास्तविक अर्थ समझ में नहीं आता।)[4]

महाप्रलय में सप्तग्रह द्वारा चन्द्र का वेष्टन—महाप्रलय के समय सात ग्रह चन्द्र को घेर लेते हैं। इन ग्रहों का नाम नहीं दिया गया है। ग्रहपरिवेष्टित चन्द्र

---

१. चलं निमित्तं विप्रर्षे सदा सूर्यस्य गच्छतः।
कथं चलं भेत्स्यसि त्वं सदा यान्तं दिवाकरम्॥ अनु ९६।४
मध्याह्ने वै निमेषार्द्धं तिष्ठसि त्वं दिवाकर। अनु ९६।६

२. रश्मिभिस्तापितोऽर्कस्य सर्वपापमपोहति। अनु १२५।५६

३. पुष्णामि चौषधीः सर्वाः सोमो भूत्वा रसात्मकः। भीष्म ३९।१३

की ज्योति जब क्षीण होते होते विलुप्त हो जाती है तो प्रलय काल की उपस्थिति जाननी चाहिये।[1]

ग्रह नक्षत्र मंडल के ऊर्ध्व में अवस्थित—ग्रहों को नक्षत्रमंडल से ऊपर अवस्थित बताया है।[2]

पुण्यात्मा व्यक्तियों की नक्षत्रत्व प्राप्ति—जो व्यक्ति इहलोक में नाना प्रकार के पुण्य कर्म करता है, वह मृत्यु के बाद नक्षत्र का रूप धारण कर नक्षत्रमंडल में विराजता है।[3] देहत्यक्त आत्मा की नक्षत्रलोक प्राप्ति को पुण्यसापेक्षा बताना ही शायद इस रूपक का तात्पर्य है।

अश्विन्यादि नक्षत्र—अश्विन्यादि सत्ताईस नक्षत्रों का नाम महाभारत में आया है।[4]

तिथि व नक्षत्रों के नाम—प्रसंगवश नाना स्थानों पर बहुत सी तिथियों व नक्षत्रों के नाम आये हैं।[5]

श्वेतग्रह (धूमकेतु?)—एक जगह 'श्वेतग्रह' नामक एक उपग्रह का जिक्र आया है। नीलकंठ ने अपनी टीका में इसे 'धूमकेतु' कहा है।[6]

तिथि नक्षत्रों का निर्देश अच्छा नहीं—तिथि एवं नक्षत्रों का बताना उस काल में बुरा समझा जाता था।[7] (सुना है काशी आदि उधर के कई अंचलों में पुराने लोग अभी भी प्रतिपदा तिथि का नाम नहीं लेते।)

नक्षत्रों की सहायता से दिशानिर्णय—दिशाभ्रम होने पर नक्षत्र देखकर सही दिशा का निर्णय किया जाता था।[8]

ब्राह्मदिन व रात्रि—मनुष्यों का एक वर्ष देवताओं का एक दिन होता है। देवताओं की गणना के अनुसार बारह हजार वर्षों के चार युग होते हैं और चार

---

१. प्रजासंहरणे राजन् सोमं सप्तग्रहा इव। द्रोण १३५।२२
२. उच्चस्थाने घोररूपो नक्षत्राणामिव ग्रहः। शांति ८७।११
३. एते सुकृतिनो पार्थ स्वेषु धिष्ण्येष्ववस्थिताः।
यान् दृष्ट्वानसि विभो तारारूपाणि भूतले॥ वन ४२।३८
४. अनु ११० वाँ अध्याय।
५. आदि १३४।९। वन १८२।१६। शांति १००।२५। अनु १०४।३८
६. श्वेतो ग्रहस्तिर्यगिवापतन् खे। उद्योग ३७।४३
७. न ब्राह्मणान परिवदेन्नक्षत्राणि न निर्दिशेत्।
तिथिं पक्षस्य न ब्रूयात्तथास्यायूर्न रिष्यते॥ अनु १०४।३८
८. नक्षत्रैर्विन्दते दिशः। इत्यादि। आदि १४५।२६। आदि १५०।२१

युगों का सहस्रगुणा काल एक कल्प कहलाता है। कल्प का ही दूसरा नाम ब्राह्म-दिन है। ब्राह्मरात्रि भी ब्राह्मदिन के समान होती है।[१]

चतुर्युग---सतयुग आदि चार युगों का काल भी बताया गया है। कहा गया है कि जब एक ही राशि में अवस्थित सूर्य, चन्द्र व बृहस्पति एक साथ पुष्या नक्षत्र के साथ मिलेंगे, तब सत्ययुग का आरंभ होगा।"[२]

अधिमास---विराट पर्व में मलमास की गणनापद्धति बताई गई है। कला, काष्ठा, मुहूर्त्त, दिन, अर्द्धमास, मास, नक्षत्र, ऋतु, वर्ष आदि द्वारा काल के विभाजन की कल्पना की है। सूर्य व चन्द्र की गति के तारतम्य वश हर पाँच वर्ष में दो चन्द्रमास अधिक होते हैं अर्थात् प्रत्येक तृतीय वर्ष में एक मास की वृद्धि हो जाती है। इसी मास को अधिमास या मलमास कहते हैं।[३]

मनुष्य पर ग्रहों का आधिपत्य---माँस का टुकड़ा देखते ही जैसे कुत्ता उस पर झपटता है उसी प्रकार मनुष्य के भूमिष्ठ होते ही ग्रह उस पर अपना आधिपत्य जमा लेते हैं।[४]

जातपत्रिका (युधिष्ठिर आदि की)---जातशिशु के जन्म समय के ग्रह आदि का संस्थान या जन्मपत्री उस काल में लिखी जाती थी। युधिष्ठिर के जन्म-वर्णन में कहा गया है कि, 'शुक्लपक्ष को पूर्णतिथि को, ज्येष्ठा नक्षत्र में दिन के अष्टम मुहूर्त्त में युधिष्ठिर भूमिष्ठ हुए थे। नीलकंठ का कहना है कि साधारणतः आश्विन मास की शुक्ल पंचमी को इस प्रकार नक्षत्रों का योग होता है। इसके विपरीत किसी किसीं का मत है कि ज्येष्ठ मास की पूर्णिमा को नक्षत्रों का यह योग होता है।[५]

विवाहादि में शुभदिन का विचार---विवाह आदि शुभ कर्मों में तिथि नक्षत्रों का अच्छा बुरा योग देखा जाता था। द्रौपदी के विवाह में राजा द्रुपद ने युधिष्ठिर

---

१. युगं द्वादशसाहस्रं कल्पं विद्धि चतुर्युगम्। इत्यादि। शांति ३०२।१४, १५। शांति १८३।६

२. यदा सूर्यश्च चन्द्रश्च तथा तिष्यबृहस्पती।
एकराशौ समेष्यन्ति प्रपत्स्यति तदा कृतम्। इत्यादि। वन १९०।९०।
शांति २३१ वाँ अध्याय। वन १८८।२२-२९

३. कलाकाष्ठाश्च युज्यन्ते मुहूर्त्ताश्च दिनानि च। इत्यादि। वि० ५२।१-४

४. तस्मान्मुक्तः स संसारादन्यान् पश्यत्युपद्रवान्।
ग्रहास्तमुपगच्छन्ति सारमेया इवामिषम्॥ स्त्री ४।५

५. ऐन्द्रे चन्द्रसमायुक्ते मुहूर्त्तेऽभिजितेऽष्टमे।
दिवामध्यगते सूर्ये तिथौ पूर्णेऽतिपूजिते॥ आदि १२३।६

से कहा था, 'आज शुभ दिन है, चन्द्र शुभनक्षत्रों के साथ युक्त है। अतः आज तुम पहले कृष्णा का पाणिग्रहण करो।'[1]

यात्रा में तिथि नक्षत्रों का विचार—कहीं विदेश गमन के पूर्व ज्योतिषशास्त्रानुमोदित शुभ तिथि व नक्षत्रों का योग देखा जाता था। तिथि की अपेक्षा शायद नक्षत्रों की विशुद्धि पर अधिक जोर दिया जाता था, क्योंकि बहुत से वर्णनों में केवल नक्षत्रों का नाम गृहीत हुआ है तिथि को बिल्कुल छोड़ दिया है।[2]

मघा नक्षत्र में विदेश गमन का कुफल—मघा नक्षत्र में यात्रागमन अच्छा नहीं माना जाता था, लेकिन पौरुषमद से मत्त असुर इन सब बातों का विचार नहीं मानते थे। सुंद व उपसुंद 'मघा' नक्षत्र में ही यात्रा पर गये थे।[3]

भाग्यगणना व सामुद्रिक की निन्दा—हाथ-पाँव की रेखा, मुखाकृति, कंठ-स्वर आदि की सहायता से मनुष्य का भाग्य बताने की रीति तब भी प्रचलित थी।[4] जो पंडित इस प्रकार जीविकानिर्वाह करते थे वे लोकसमाज में आदर की दृष्टि से नहीं देखे जाते थे, ऐसे लोगों को 'सामुद्रिक' कहा जाता था। एक श्रेणी के पंडित शलाका से जमीन पर अंक लिखकर गणना किया करते थे, जिन्हें 'शलाकाधूर्त्त' कहा जाता था। समाज में इनका भी अच्छा स्थान नहीं था।[5]

उत्पात या दुर्निमित्त—ग्रहनक्षत्र आदि की गति का व्यतिक्रम, बिना ऋतु की चीजों की उत्पत्ति, किसी अस्वाभाविक व अलौकिक घटना का संघटन, अकल्पनीय वस्तु का अकस्मात उद्‌भव, अंग-प्रत्यंगों का अस्वाभाविक स्पंदन आदि प्राकृतिक विश्रृंखलाओं को दुर्निमित्त या उत्पात कहा गया है।

शुभ निमित्त—अंग-प्रत्यंगों का स्वाभाविक स्पंदन, ऋतु के अनुसार पुष्प-लता आदि का फलना-फूलना आदि को शुभ निमित्त कहते थे।

शाकुन विद्या—चारों ओर की अवस्था देखकर शुभ-अशुभ का निर्णय करने

---

१. ततोऽब्रवीद् भगवान् धर्मराजमद्यैव पुण्याऽमुत वः पाण्डवेयाः। इत्यादि आदि १९८।५

२. आदि १४५।३४। सभा २।१०-१५। सभा २५।४। वन ९३।२६। वन २५२।२८। उद्योग ६।१७। उद्योग ८३।६। उद्योग १५०।३

३. मघासु ययतुस्तदा। आदि २१०।२। नीलकंठ देखिये।

४. नोच्चगुल्फा संहतोरूस्त्रिगंभीरा षडुन्नता। विराट ९।१०। उद्योग ११६।२ ऊर्ध्वरेखतलौ पादौ पार्थस्य शुभलक्षणौ। उद्योग ५९।९

५. सामुद्रिकं वणिजं चोरपूर्वं शलाकधूर्त्तंश्च चिकित्सकञ्च। इत्यादि उद्योग ३५-४४

में जो विद्या सहायता करती है, उसी का नाम 'शाकुन विद्या' है। पशु-पक्षी की चाल-ढाल, कंठस्वर आदि भी मनुष्य का शुभाशुभ बताने में सहायक होते हैं यही सोचकर शायद इसका नाम शाकुन विद्या पड़ा है।

अशुभ दिन शृगाल का चीत्कार आदि अपशकुन––कुरुकुललक्ष्मी पांचाली का जिस दिन भरी सभा में अपमान किया गया था उस दिन बार बार अपशकुन हो रहे थे। धृतराष्ट्र की गृहाग्नि के पास ही सियार चिल्लाने लगा। उसका चीत्कार सुनकर गधा तथा दूसरे उग्रस्वभावी पक्षी भी चीखने लगे। इस घोर शब्द को सुनकर विदुर, गांधारी, भीष्म, द्रोण एवं गौतम को आसन्न विपत्ति का अनुमान हो गया था। उसके बाद और भी बहुत से बुरे लक्षण दिखाई दिये थे। यथा–– वायु का वेग बहुत बढ़ गया, सूर्य राहुग्रस्त हो गया। रथशाला में अचानक आग लग गयी। ध्वजाएँ अपने आप फट गईं। दुर्योधन के अग्निहोत्र के समीप सियार रोया और उसके अनुकरण में गधों ने अपने चीत्कार से दशों दिशाओं को प्रकम्पित कर दिया।[1]

पशुपक्षियों का अस्वाभाविक आचरण––उधर भीम अजगर रूपी नहुष द्वारा आक्रांत होकर वन में पड़े थे और इधर युधिष्ठिर बहुत ही अपशकुन देखकर विचलित हो रहे थे। दिन के समय ही आश्रम के निकट सियार बुरी तरह चिल्लाते हुए युधिष्ठिर की दाहिनी ओर दौड़े। एक पंख, एक आँख व एक पाँव का भयानक बटेर रक्तवमन करते करते सूर्य के सामने उड़ने लगा। जोर से आँधी चलने लगी। दक्षिण दिशा में सब पक्षी विकट चीत्कार करने लगे। पीछे की तरफ बिल्कुल काला कौआ 'याहि' 'याहि' शब्द कर रहा था। युधिष्ठिर की दक्षिण बाहु बार बार फड़क रही थी। हृदय एवं बाँया पैर जैसे बेजान हो गये थे।[2]

ग्रह नक्षत्र आदि के परिवेष का घोरत्व––युद्ध विग्रह आदि के पूर्व जो भीषण उत्पात लक्ष्य में आता है, उसका वर्णन स्कंदोत्पत्ति प्रकरण में हुआ है। कहा है कि उस समय चन्द्र व सूर्य के परिवेश की आकृति भयानक हो जाती है। नद-नदी उल्टी दिशा में बहने लगते हैं। उनका जल रक्तिम वर्ण हो जाता है। अग्निमुख शृगाली सूर्य की ओर मुँह करके रोती है। सोम, वह्नि व सूर्य के अद्भुत समागम को अति भय का कारण बताया है।[3]

---

१. ततो राज्ञो धृतराष्ट्रस्य गेहे, गोमायुरुच्चैर्व्याहरदग्निहोत्रे। इत्यादि। सभा ७१।१२। सभा ८१।२२-२५

२. दारुणं ह्यशिवं नादं शिवा दक्षिणतः स्थिताः। वन १७९।४१-४५

३. सूर्याचन्द्रमसोर्घोरं दृश्यते परिवेषणम्। इत्यादि। वन २२३।१७-१९

रुक्ष वायु आदि—क्लीवरूप धनंजय को युद्धक्षेत्र में उपस्थित देखने के साथ साथ द्रोणाचार्य का जिन अपशकुनों की ओर ध्यान आकर्षित हुआ था, उनका विस्तृत विवरण गोहरण पर्व में दिया गया है। धूलकणों की वर्षा करती हुई रूक्ष प्रचंड वायु प्रबल वेग से चलने लगी। भस्मवर्ण अंधकार से दसों दिशाएँ आच्छादित हो गईं। काले-काले मेघ आकाश में छा गये। कोषसमूहों से विविध प्रकार के अस्त्र स्वयं ही बाहर निकलने लगे। दिन में सियार नाचने लगे। अश्व अश्रु बहाने लगे। अकम्पित ध्वजाएँ भी बार-बार स्वतः कम्पायमान होने लगीं। आदि।[1]

अश्व आदि की उत्तेजना की समाप्ति—गोहरण पर्व में एक और जगह कई उत्पातों का वर्णन किया गया है। अस्त्र मलिन प्रतीत हो रहे थे। अश्वों की उत्तेजना समाप्त हो गई थी। अग्नि भी दीप्तिहीन हो गई थी। मृग सूर्य की ओर मुँह करके विकट चीत्कार कर रहे थे, उनके चीत्कार से दिग्मंडल विदीर्ण हो रहा था। ध्वजों पर कौए बैठे हुए थे। कुछ गीध दक्षिण दिशा की ओर उड़कर भय की सूचना दे रहे थे। सियार घोर शब्द करते हुए सेना में इधर-उधर घूम रहे थे। सूर्यकिरण बहुत ही मलिन पड़ गयी थी। पशुपक्षियों की इस प्रकार की उग्रता सेना में भय का संचार कर रही थी। द्रोणाचार्य बोले, ये सब दुर्निमित्त (अपशकुन) देख कर ऐसा लग रहा है कि क्षत्रकुल के नाश का समय अब आ गया है।[2] पांडवों के दूतरूप में हस्तिनापुर जाते समय कई अपशकुन देखकर कृष्ण समझ गये थे कि उनकी मध्यस्थता व्यर्थ जायगी। उस समय आकाश में मेघ का तो चिह्न भी नहीं था किन्तु बिजली चमक व कड़क रही थी। आकाश स्वच्छ था पर घोर वृष्टि पड़ रही थी। नद-नदियों का जल बहाव के उल्टी ओर बह रहा था। दिशा विदिशा का कुछ पता नहीं चल रहा था। चारों दिशाओं में अग्नि प्रज्वलित हो रही थी। भूमिकम्प तथा अग्नि की लपटें त्रास का संचार कर रही थीं। दसों दिशाओं में धूल के बादल उड़ रहे थे।[3]

शुभाशुभ के सूचक लक्षण—श्रीकृष्ण तरह-तरह के प्रयत्न करके हार गये, पर कर्ण को दुर्योधन से अलग नहीं कर पाये। कर्ण ने कृष्ण से कहा, "सब कुछ

---

१. चण्डाश्च वाताः संवान्ति रूक्षाः शर्करवर्षिणः। इत्यादि। विराट ३९।४-७

२. शस्त्राणि न प्रकाशन्ते न प्रहृष्यन्ति वाजिनः।
अग्नयश्च न भासन्ते समिद्धास्तन्न शोभनम्। इत्यादि। विराट ४६। २५-३३

३. मृगाः शकुन्ताश्च वदन्ति घोरं, हस्त्यश्वमुख्येषु निशामुखेषु॥ इत्यादि उद्योग ७३।३९। उद्योग ८४।५-९

जानते-बूझते हुए भी तुम क्यों मुझे मोहग्रस्त करना चाहते हो ? निश्चय ही क्षत्रिय वंश के ध्वंस का समय आ गया है। तरह-तरह के बुरे स्वप्न मुझे दिखाई देते हैं। दारुण उत्पात व घोर अपशकुन प्रकट हो रहे हैं। प्रजापत्य नक्षत्र को तीक्ष्ण ग्रह शनि कष्ट दे रहा है। मंगल ग्रह का ज्येष्ठा नक्षत्र से योग नहीं हुआ, इसलिये वह वक्रीभूत हो गया है। ऐसा लग रहा है कि कुरुवंश पर विपत्तियों के बादल मँडरा रहे हैं। महापातग्रह चित्रा नक्षत्र को कष्ट दे रहा है। चन्द्र बहुत ही क्षीण प्रतीत होता है। सूर्य को राहु ने ग्रस लिया है। भीषण शब्द के साथ उल्कापात हो रहा है। हाथी बहुत ही अवसन्न हैं और अश्व आँसू बहा रहे हैं। उन्होंने खाना-पीना छोड़ दिया है। नाममात्र को खाद्य लेने पर भी सब प्राणी प्रभूत परिमाण में मल-त्याग करते हैं। दुर्योधन की सेना व वाहन आदि की भी यही अवस्था है। मनीषियों ने कहा है, ये सब उत्पात पराभव के लक्षण हैं। इसके विपरीत पाण्डवों के वाहन अति प्रसन्न हैं। उनके मृग प्रदक्षिणा क्रम से विचरण करते हैं, जो निश्चित रूप से जय के लक्षण हैं। दुर्योधन के मृग वाम दिशा में घूमते हैं एवं नाना प्रकार के अशरीरी वचन सुनाई देते हैं। मयूर, हंस, चातक, सारस, जीवंजीवक आदि शुभ पक्षी पाण्डवों का अनुगमन करते हैं।"

'गृध्र', 'कंक' वक, श्येन, निशाचर वृक एवं मक्खियाँ दुर्योधन पक्ष के अनुगामी हैं। उसके पक्ष का भेरी निनाद सुनाई नहीं पड़ता, जब कि उधर पाण्डवों के नगाड़े की आवाज बिना बजाये भी सुनाई देती है। जलाशय निर्मल जल से परिपूर्ण है। इन लक्षणों से प्रतीत हाता है कि दुर्योधन का अकल्याण अवश्यम्भावी है। मांस एवं शोणित की वर्षा हो रही है। प्रातः एवं सायंकाल का दृश्य बहुत ही भयानक होता है। यह सियारों का हर वक्त चिल्लाना भी हार का लक्षण है। एक पाँव, एक हाथ व एक आँख वाले पक्षी विकट चीत्कार करते हुए उड़ते हैं। कृष्णग्रीव व रक्तपाद गीध संध्या समय इधर-उधर उड़ते दिखाई देते हैं। लोग ब्राह्मण, गुरु एवं आदरणीय कर्मचारियों के साथ दुर्व्यवहार करने लगे हैं, यह भी पराभव का लक्षण है। पूर्व दिशा लोहितवर्ण, दक्षिण दिशा श्वेतवर्ण, पश्चिम दिशा श्यामवर्ण एवं उत्तर दिशा शंखरत्न वर्ण की हो गई है। दुर्योधन जहाँ होता है, वहाँ की चारों दिशायें ऐसी लगती हैं, जैसे आग लग गयी हो। ये सब उत्पात भावी भय की सूचना दे रहे हैं।"

स्वप्न में देखे हुए दुर्निमित्त—"मैंने स्वप्न में देखा है कि युधिष्ठिर अपने भाइयों के साथ सहस्रस्तंभी प्रासाद में जा रहे हैं। सबके सिर पर शुभ्र उष्णीष है, सबका परिधान भी शुक्ल है एवं उनके आसन भी शुभ्रवर्ण हैं। स्वप्न में यह भी देखा है कि तुम्हारा शरीर रुधिराक्त आँतों द्वारा परिवेष्टित है। तेजस्वी युधिष्ठिर अस्थियों

के ढेर पर बैठे सुवर्णपात्र में घी, दूध खा रहे हैं। तुम्हारी दी हुई सम्पूर्ण पृथिवी का वे अकेले ही उपभोग कर रहे हैं। गदापाणि भीम ऊँचे पर्वत पर चढ़कर जैसे पृथिवी का ग्रास कर रहे हैं। ऐसा लगता है कि वे युद्धक्षेत्र में दुर्योधन पक्षी वीरों को अपनी गदा से पीस देंगे। अर्जुन को तुम्हारे साथ श्वेतवर्ण बहुत बड़े हाथी पर बैठे देखा है। नकुल, सहदेव, सात्यकि आदि वीरों को शुक्ल केयूर एवं शुभ्र कंठाभरण पहने शुभ्र माल्य गले में डाले नरवाहनों पर घूमते देखा है। उनके मस्तकों पर श्वेत उष्णीष व पांडु का छत्र सुशोभित था। इसके विपरीत अश्वत्थामा, कृपाचार्य व कृतवर्मा को रक्तोष्णीष धारण किये दूसरे रक्तोष्णीषधारी राजाओं के साथ भ्रमण करते देखा है। देखा है कि उष्ट्रयान पर चढ़कर मैं, भीष्म, दुर्योधन एवं द्रोण दक्षिण दिशा में बहुत दूर चले गये हैं।[1]

अशुभ लक्षण—युद्ध की तैयारी खत्म होने पर व्यास ने धृतराष्ट्र का ध्यान कई अशुभ लक्षणों की ओर ले जाकर भावी भय की आशंका प्रकट की थी। जो इस प्रकार है—श्येन, गृध्र, काक, कंक एवं बक एक साथ बार-बार वृक्ष के सामने गिरते थे। शृगाल, काक आदि मांसाहारी पशुपक्षी निकट ही फिरते रहते थे, ये हाथी व घोड़ों के मांस की लालसा से बार-बार वहाँ आते थे। कंक चिल्लाते हुए मनुष्यों के बीच से निकलकर दक्षिण की ओर जाते थे। प्रातः व सायंकाल का सूर्य बादलों से घिरा दिखाई देता है। सूर्योदयास्पर्शिनी क्षयतिथि युक्त नक्षत्र में बुरे ग्रहों का अवस्थान देखकर भय से रोंगटे खड़े हो जाते थे। कार्त्तिकी पूर्णमासी को भी रक्तवर्ण आकाश में प्रभाहीन, अलक्ष्य, अग्निवर्ण चन्द्र की आभा दिखाई देती थी। रोज रात को आपस में लड़ते हुए सूअर व बिल्लियों की आवाज दूर दूर तक सुनाई देती थी। देवप्रतिमा कभी काँपती थी, कभी हँसती थी, कभी रक्त वमन करती थी तो कभी अपने आप जमीन पर गिर जाती थी। बिना बजाये भी दुन्दुभि अपने आप बजने लगती थीं। बिना अश्वों के रथ अपने आप चलने लगते थे। कोकिल, मयूर, नीलकंठ, भास, शुक, सारस आदि शुभसूचक पक्षियों का चीत्कार भी अशुभ की सूचना देता था। अरुणोदय के समय सैकड़ों कृष्णवर्णी शलभ अश्वों की पीठ पर मँडराते रहते थे। प्रातः व सायं संधिकाल के समय दिग्दाह होने लगता था। बादल धूल व माँस की वर्षा करते थे। अरुंधती तारा वशिष्ठ के आगे चलने लगा था। रोहिणी नक्षत्र को बुरे ग्रह कष्ट पहुँचा रहे थे। चन्द्र का दाग दिखाई नहीं देता था। आकाश साफ रहता था, किन्तु

---

१. प्राजापत्यं हि नक्षत्रं ग्रहस्तीष्णो महाद्युतिः। इत्यादि।

उद्योग १४३।८-४५

मेघों का भीषण गर्जन सुनाई पड़ता था। पशु वाहनों की आँखों से अनवरत अश्रु गिरते रहते थे।[1]

आगे के अध्याय में व्यासदेव ने और भी बहुत से बुरे लक्षणों का उल्लेख किया है, उसमें भी भौम, दिव्य व आंतरिक्ष उत्पातों का वर्णन है। यथा गाय का गर्दभ शिशु जनना, असमय में वृक्षों पर फल-फूल आ जाना, राजमहिषियों का भयानक आकृति सन्तान प्रसव करना। माँसभक्षी पशु एवं पक्षियों का एक साथ मिलकर एक ही स्थान पर आहार करना। तीन सींग, चार नेत्र, पाँच पैर, दो शिश्न, दो सिर एवं दो पूँछ वाले भयंकर दंष्ट्रिकों का अपने चीत्कार से दिग्मंडल को प्रकम्पित कर देना। ब्रह्मवादियों की पत्नियों का पक्षी प्रसव करना। अश्विनी का बछड़ा, कुतिया का श्रृगाल, ऊँटनी का कुक्कुट एवं शुक का अशुभ पक्षी को जन्म देना। किसी-किसी स्त्री का एक साथ चार-पाँच कन्याओं को जन्म देना और जनमते ही उन कन्याओं का हास्य, गीत व नृत्य से सब को आश्चर्यचकित करना। चंडालों से उत्पन्न काने, कुब्जे शिशुओं का अपने हास्य, गीत, नृत्य से भय का उद्रेक करना। सशस्त्र दण्डपाणि शिशुओं का परस्पर लड़ना। पद्म, उत्पल, कुमुद आदि पुष्पों का स्थल पर प्रस्फुटित होना। वायु की ताण्डलीला का अनवरत चलना। दावानल का सदा प्रज्वलित रहना आदि।

ग्रहनक्षत्रों की विपर्यस्तता—आगे ग्रहनक्षत्रों के परिवर्त्तन का वर्णन करते हुए महाभारतकार कहते हैं—राहु ने सूर्य को ग्रस लिया है। राहु और केतु एक ही राशि में आ गये हैं। उपग्रह धूमकेतु पुष्यानक्षत्र में अवस्थित हो गया है ; मघा नक्षत्र में वक्री मंगल तथा श्रवण में वृहस्पति आ गया है। शनि उत्तर फाल्गुनी में तथा शुक्र पूर्व भाद्रपद में जाकर उत्पात मचाते हुए उत्तरभाद्रपद नक्षत्र पर आक्रमण करने की चेष्टा कर रहे हैं। श्वेत उपग्रह अर्थात् धूमकेतु सधूम प्रज्वलित अग्निवत् तेजस्वी ज्येष्ठा नक्षत्र पर आक्रमण करके उसके स्थान पर अवस्थित हो गया है। एक ही नक्षत्र में अवस्थित सूर्य व चन्द्र राहु द्वारा आक्रान्त हैं। स्वाति नक्षत्रस्थित राहु सर्वतोभद्रचक्र भेदकर रोहिणी नक्षत्र को पीड़ा पहुँचा रहा है। मघास्थ मंगल बार-बार मुड़कर वृहस्पति द्वारा आक्रान्त राशि एवं शरणानक्षत्र को पूर्ण दृष्टि से देख रहा है। पृथ्वी शस्यपरिपूर्ण है व भूमि पंचशीर्ष यज तथा शतशीर्ष शालि से आच्छादित है। प्रसव के बाद गौओं के स्तनों से क्षीर के बजाय दूध आ रहा है। खड्ग व धनुष का रूप अति उज्ज्वल हो गया है। चारों ओर का वातावरण देखकर लगता है कि लोकनाशकारी युद्ध समुपस्थित है। शस्त्र,

---

१. इह युद्धे महाराज भविष्यति महान् क्षयः। भीष्म २।१६-३३

ध्वज, कवच आदि की अग्निवर्ण, प्रभा देखकर बहुत डर लगता है। प्रतीत होता है, कौरव पांडवों के इस युद्ध में पृथ्वी पर रक्त की नदी बहने लगेगी। पशु-पक्षी भयानक रूप से क्रन्दन करने लगे हैं। वृहस्पति व शनि अब विशाखासमीपस्थ होकर एक वर्ष तक अवस्थान करेंगे। त्रयोदशी तिथि के दिन ही चन्द्र व सूर्य दोनों राहुग्रसित हो गये हैं। ग्रहादि की स्थिति से तो यही अनुमान होता है कि यह जगत क्षत्रिय शून्य हो जायगा। एक ही चान्द्रमास में दो बार राहुग्रास का देखा जाना बहुत ही दुर्योग है, इसमें कोई सन्देह नहीं।

प्रकृति के विपर्यय—आगे व्यासदेव लिखते हैं कि प्रकृति में भी परिवर्त्तन शुरू हो गये हैं। कैलास, मन्दर, हिमालय आदि पर्वतमालाओं से अनवरत पत्थर टूट-टूटकर गिर रहे हैं। समुद्र का जल भी आगे बढ़ रहा है। प्रबल आँधी तूफान से वृक्ष उखड़ रहे हैं। ब्राह्मणों की होम-अग्नि ने नील, लोहित एवं पीतवर्ण धारण कर लिया है। अग्नि की जिह्वा बाँयी ओर है तथा आहुति डाले हुए घृत आदि वस्तुओं से दुर्गंध निकलती है। सब वस्तुओं का स्पर्श रस, गंध जैसे बिल्कुल बदल गया है। रथ के ध्वजों से धुँआँ एवं भेरी आदि से अंगार निकल रहे हैं। कौवे बाँयी दिशा के वृक्षों पर बैठकर उच्च स्वर में शोर मचाने लगे हैं।[१]

नाना प्रकार के उत्पात—युद्ध के नवम दिन युद्धगमन के समय भीष्म का भी बहुत से अपशकुनों की ओर ध्यान गया था।[२] दसवें दिन के युद्ध में आचार्य द्रोण ने भी प्रकृति के उत्पात देखकर अश्वत्थामा से भविष्य के प्रति शंका प्रकट की थी।[३] कर्ण की मृत्यु के बाद नदी में ज्वार, भूकम्प आदि बहुत से प्राकृतिक उत्पातों का वर्णन किया गया है।[४] युद्ध में विजय मिलने पर युधिष्ठिर राजसिंहासन पर बैठे। पैंतीस वर्ष राज्य करने के बाद छत्तीसवें वर्ष के प्रारंभ में उन्हें अनेक दुर्लक्षण दिखाई दिये।[५]

महाभारत में उपर्युक्त वर्णित दुर्निमित्तों के अलावा ग्रंथकार ने और भी कई प्रकार के अपशकुनों का उल्लेख वृष्ण्यंधकों के आपसी युद्ध का वर्णन करते समय

---

१. खरा गोषु प्रजायन्ते रमन्ते मातृभिः सुताः॥ इत्यादि। भीष्म ३।१-४६

२. पक्षिणश्च महाघोरं व्याहरन्तो विवभ्रमुः। इत्यादि। भीष्म ९९।२२-२८

३. दिक्ष्वशान्तानि घोराणि व्याहरन्ति मृगद्विजाः। इत्यादि। भीष्म ११२। ६-१६ द्रोण ६।२४-३०

४. हते कर्णे सरितो न प्रसस्रुर्जगाम चास्तं कलुषो दिवाकरः। इत्यादि कर्ण ९४।४७-५०

५. बबुर्वाताश्च निर्घाता रूक्षाः शर्करवर्षिणः। इत्यादि। मौषल १।२-७

किया है। जो इस प्रकार है—मूषक निर्भय होकर सड़कों पर घूमते थे और रात को सोते हुए लोगों के केश, नख आदि उखाड़कर ले जाते थे। गृहसारिकाएँ रातदिन चीं-चीं करती रहती थीं। सारस उल्लू की आवाज का अनुकरण करते थे। भैंस बकरी आदि सियार की तरह हुँआ हुँआ चिल्लाती थीं। सड़कों पर प्रायः मिट्टी के बर्त्तन पड़े दिखाई देते थे। पशुपक्षियों का भिन्नजातीय शावक-प्रसव, अग्नि का वर्णवैचित्र्य, गर्दभों का कृष्ण-शंख के निनाद का अनुकरण आदि अगणित दुर्लक्षण उन दिनों दिखाई देते थे। वृष्णि व अन्धकवंशी लोगों ने स्वप्न में देखा एक कृष्ण-वर्णा स्त्री दाँत निपोरते हुए द्वारका में घूम रही है, अग्निहोत्रकक्ष एवं शयनकक्ष में घुसकर गीध उन लोगों को खा रहे हैं; भीषण आकृति वाले निशाचर अलंकार, छत्र, ध्वज एवं कवच जबर्दस्ती छीन रहे हैं; श्रीकृष्ण का चक्र सब के देखते-देखते स्वर्गलोक में अन्तर्हित हो गया; सारथि दारुक देखता ही रह गया और रथ के चारों घोड़े कृष्ण का रथ लेकर समुद्र में डूब गये; ताल एवं सुवर्णचिह्नित दोनों महाध्वज कृष्ण व बलराम द्वारा पूजित होकर अन्तर्हित हो गये।[1]

शुभ लक्षण, आहुति की सुगंध आदि—शुभसूचक लक्षण कौन से हैं, धृतराष्ट्र के इस प्रश्न के उत्तर में महर्षि व्यास ने कहा है—"शुभ्रकांति ऊर्ध्वरश्मि अग्नि यदि धूमविहीन होकर दक्षिणावर्त्त में अपनी शिखा का विस्तार करे, तो उसे शुभ समझना। आहुति की मधुर पवित्र गंध भावी जय की सूचक होती है। गंभीर-नादी शंख एवं मृदंग यदि गंभीर शब्दों में बज उठे, सूर्य एवं चन्द्र की किरणें विशुद्ध हों तो मंगलसूचक समझना। बैठे एवं उड़ते हुए कौवे का स्वर यदि शुभसूचक हो, पीछे से कौवा जाने के लिये कहे और आगे का कौआ धीर शब्द करके जाने को मना करे तो मंगलसूचक जानना। राजहंस, शुक, क्रौंच, शतपत्र आदि पक्षी कल्याणसूचक शब्द करते करते प्रदक्षिणक्रम से विचरण करें तो जय निश्चित होती है। अलंकार, ध्वज, कवच आदि की मनोहर कांति हाथी, घोड़े आदि वाहनों का स्वाभाविक स्वर व हर्ष भी जय के लक्षण हैं। जहाँ वीरों का कंठ स्वर दृढ़, माल्य अम्लान तथा चाल निर्भय हो वहाँ जय निश्चित रूप से होती है।[2]

अशुभ सूचक वर्णनों की बहुलता—महाभारत में अशुभसूचक वर्णन ही अधिक पाये जाते हैं, शुभसूचक वर्णन तो कदाचित ही देखने को मिलते हैं।

---

१. उत्पेदिरे महावाता दारुणाश्च दिने दिने। मौषल २।४-१७
काली स्त्री पांडुरैर्दन्तैः प्रविश्य हसती निशि। इत्यादि। मौषल ३।१-६

२. प्रसन्नभा पावक ऊर्ध्वरश्मिः प्रदक्षिणावर्त्त शिखो विधूमः। भीष्म ३।६५-७४

गणित ज्योतिष के कुछ विशेष ज्ञातव्य विषय—महाभारत में गणित ज्योतिष के जो उदाहरण मिलते हैं, वे वर्त्तमान ज्योतिष सिद्धान्त के अनुसार गलत प्रमाणित होते हैं। वेदांग ज्योतिष में उनका कुछ प्रयोग पाया जाता है। पाँच साल का एक युग माना जाता था।[१] अगहन मास से वर्ष आरंभ होता था, यही वर्ष का पहला मास कहलाता था।[२] श्रवणा नक्षत्र में उत्तरायण का आरंभ होता था।[३] शिशिर को प्रथम ऋतु रूप में लिया जाता था।[४] चैत्र एवं वैशाख वसन्तमास कहे जाते थे।[५] कृत्तिका से, श्रवणा से एवं धनिष्टा से नक्षत्रगणना के उदाहरण भी मिलते हैं।[६] कालभेद से तीन प्रकार की गणना ही उस समय प्रचलित थी। मृगशिरा नक्षत्र की आकृति मृग के शिर के समान बताई है।[७] नक्षत्र के पीछे धनुर्धारी रुद्र के चित्र की कल्पना की गई है।[८] पुनर्वसुनाम में चन्द्र के दानों ओर दो नक्षत्रों का अबस्थान बताया है।[९] हस्तानक्षत्र को पाँच तारों की समष्टि बताया है।[१०] विशाखानाम के भी दो नक्षत्र चन्द्र के दोनों ओर रहते हैं।[११] पक्ष चौदह, सौर दिन, पंद्रह दिन एवं सोलह दिन का भी माना गया है, तेरह दिन का पक्ष विशेष रूप से दुर्योग का सूचक बताया गया है।[१२] उपर्युक्त गणित ज्योतिष की व्याख्या किसी किसी महापंडित ने इस प्रकार की तो है, किन्तु वह सर्वसम्मत नहीं है। किसी किसी ने तो उद्योगपर्व में वर्णित गालवोपाख्यान के गालव, ययाति विश्वमित्र, माधवी आदि को भी नक्षत्र रूप में लिया है।

---

१. पांडुपुत्रा व्यराजन्त पंच संवत्सरा इव। आदि १२४।२२

२. अनु १०९ वाँ व ११० वाँ अध्याय।

३. प्रतिश्रवणपूर्वाणि नक्षत्राणि चकार यः। आदि ७१।३४

४. ऋतवः शिशिरादयः। अश्व ४४।२

५. सुपुष्पितवने काले कदाचिन्मधुमाधवे। आदि १२५।२

६. मासाः शुक्लादयः स्मृताः। अश्व ४४।२

७. अनु ६४ वाँ व ८९ वाँ अध्याय। अश्व ४४।२। वन २२९।१०

८. वन २७७।२०। सौप्तिक १८।१४। अश्व ७८।४७

९. चन्द्रस्येव पुनर्वसु। कर्ण ४९।२६

१०. पंचतारेण संयुक्तः सावित्रेणेव चन्द्रमाः। आदि १३५।३०

११. विशाखयोर्मध्यगतः शशी यथा। कर्ण २०।४८

१२. इमान्तु नाभिजानेनऽमावास्यां त्रयोदशीम्। भीष्म ३।३२

वेद और पुराण

वेदमूलक शास्त्र—वेद और परलोक में विश्वास रखने वाले सम्प्रदाय के समस्त शास्त्रों का ही आधार वेद है। वेदों का अवलम्बन लेकर ही पुराण, धर्मशास्त्र एवं दर्शन की रचना हुई है। यदि किसी शास्त्र का किसी बात में वेद से विरोध हो तो आस्तिक सम्प्रदाय उस शास्त्र को अप्रामाणिक मानता है। सभी शास्त्रकारों ने वेदों की सर्वांगीण प्रामाणिकता एक स्वर से स्वीकार की है।[1]

वेद व वेदांग की नित्यता—वेद व वेदांग नित्य बताये गये हैं। सनातन सम्प्रदायी उनकी रचना किसी व्यक्ति द्वारा नहीं बल्कि वेद की रचना ब्रह्मा एवं वेदांग की रचना वृहस्पति द्वारा मानते हैं। कहा जाता है कि बाद में इनका प्रचार गुरुपरम्परा द्वारा हुआ।[2]

आर्षशास्त्रों की अवज्ञा से क्षति—कहा है, वेदमूलक आर्ष शास्त्रों की अवज्ञा करके केवल लौकिक बुद्धि से धर्म-अधर्म का निर्णय नहीं करना चाहिये। वेद एवं वेदमूलक मन्वादिशास्त्रों पर अविश्वास करने से मुक्तिलाभ नहीं होता।[3]

वेदविरोधी शास्त्र, शास्त्र नहीं—वेदमूलक शास्त्रों के अतिरिक्त दूसरे शास्त्रों को ग्रंथकार ने 'अशास्त्र' की संज्ञा दी है। कहा है, वेदविरोधी शास्त्र शास्त्र ही नहीं है। महाभारत में इसी बात पर जोर दिया गया है कि आस्तिक व्यक्ति को वेद एवं वैदिक शास्त्रानुसार ही अपने कर्त्तव्य अकर्त्तव्य का निर्णय करना चाहिये।[4]

शास्त्रीय नियम-पालन से श्रेय लाभ—वेदादि शास्त्र मनुष्यहित के निमित्त प्रवर्त्तित हुए हैं। अतः शास्त्रीय विधिनिषेधों का भली-भाँति पालन करना

---

१. नास्ति वेदात् परं शास्त्रं। अनु १०६।६५

२. वेदविद् वेद भगवान् वेदांगानि बृहस्पतिः। शान्ति २१०।२०

३. आर्षं प्रमाणमुत्क्रम्य धर्मं न प्रतिपालयन्।
सर्वशास्त्रातिगो मूढः शं जन्मसु न विन्दति॥ इत्यादि। वन ३१।२१, ८

४. न प्रवृत्तिर्ऋते शास्त्रात् काचिदस्तीति निश्चयः।
यदन्यद्वेदवादेभ्यस्तदशास्त्रमिति श्रुतिः। शान्ति २६८।५८

स्वयं का उपकार करना है। श्रुतिविहित धर्म ही सत्य है, वही एकमात्र प्रामाणिक है।[1]

वेद व आरण्यक में विश्वास—जो व्यक्ति वेदवचन एवं आरण्यक शास्त्रों (उपनिषदों) पर विश्वास नहीं करता वह कभी भी ग्रहण करने योग्य किसी उपदेश का लाभ नहीं उठा सकता। जिस प्रकार केले के पेड़ की छाल उतारने से उसके अन्दर कुछ नहीं मिलता उसी प्रकार वेद-विरोधी शास्त्र में भी कोई सार नहीं होता।[2]

शब्द-ब्रह्मतत्त्व के ज्ञान से परब्रह्म की प्राप्ति—वेद को कहा जाता है शब्द ब्रह्म। शब्दब्रह्म में निष्णात व्यक्ति ही परब्रह्म तत्त्व को समझ सकता है। वेद के समान मनुष्य हितकर शास्त्र दूसरा नहीं है। जो व्यक्ति श्रद्धासहित वेदों का तात्पर्य समझने का प्रयत्न करता है, वह निश्चित रूप से शांति लाभ करता है।[3]

कर्मकांड व ज्ञानकांड का ऐक्य—कर्मकांड एवं ज्ञानकांड के भेद से यद्यपि श्रुति दो प्रकार की मानी जाती है, किंतु कर्मकाण्ड ज्ञानकांड का ही एक अंग है। कर्म के बिना ज्ञान मार्ग पर मनुष्य अग्रसर नहीं हो सकता, अतएव वैदिक क्रियाकांडों के उपदेष्टा शास्त्र भी ज्ञानप्राप्ति में सहायक होने के कारण ज्ञानकांड के विशिष्ट अंगस्वरूप माने जाने चाहिये। टीकाकार नीलकंठ ने इस विषय पर विस्तृत रूप से लिखा है।[4]

महाभारत की सर्वशास्त्रमयता—महाभारत एक ऐसा ग्रंथ है जिसमें काव्य, पुराण, इतिहास, अर्थशास्त्र, धर्मशास्त्र व वेद सबका समावेश है। महाभारत को

---

१. **धर्मशास्त्राणि वेदाश्च षडंगानि नराधिप।**
श्रेयसोऽर्थे विधीयन्ते नरस्याक्लिष्टकर्मणः। इत्यादि। शांति २९७।४०, ३३

२. **वेदवादान्यतिक्रम्य शास्त्राण्यारण्यकानि च।**
विपाट्य कदलीस्तम्भं सारं ददृशिरे न ते॥ शांति १९।१७

३. **वेदाः प्रमाणं लोकानां न वेदाः पृष्ठतः कृताः।**
द्वे ब्रह्मणी वेदितव्ये शब्दब्रह्म परं च यत्॥ इत्यादि। शांति २६९।१,२

४. **नास्तिक्यमन्यथा च स्याद् वेदानां पृष्ठतः क्रिया।**
एतस्यानंतमिच्छामि भगवन् श्रोतुमञ्जसा॥ इत्यादि। शांति २६८।६७, ६८

कर्मज्ञानकाण्डयोः पार्थगर्त्ये वेदस्यैकस्मिन्नर्थे पर्यवसानाभावाद्वाक्यभेदः स्यात्। इत्यादि नीलकण्ठ। शान्ति २६८।६७

पंचम वेद कहा गया है। यह बहुत से पौराणिक तथ्यों तथा वंशगत चरित्रों आदि के वर्णनों से समृद्ध है।[१]

इतिहास व पुराण की उपयोगिता—जो वेदपाठ के अधिकारी नहीं हैं अथवा जो वेद पढ़कर उसका यथायथ अर्थ समझ नहीं पाते उनके लिये ऋषियों ने पुराणों की रचना की है। पुराणों में उपाख्यानों के माध्यम से वैदिक तत्त्व को समझाया गया है। इतिहास व पुराण दोनों ही वेद का तत्त्व सरल रूप में प्रकट करते हैं।[२]

पुराणवक्ता ऋषियों की सर्वज्ञता—द्रौपदी-युधिष्ठिर-संवाद में कहा गया है कि सर्वज्ञ एवं सर्वदर्शी ऋषि ही पुराणों के वक्ता थे। उनके उपदेशों पर अविश्वास करना असंगत है। जो व्यक्ति आर्ष की प्रामाणिकता को नहीं मानता एवं धर्माधर्म का निर्णय करने में शास्त्र-वचनों की अवहेलना करता है, वह जीवन में कभी सुख का अधिकारी नहीं होता।[३]

रामायण व वायुपुराण की प्राचीनता—मार्कण्डेयसमास्या पर्व में वायुपुराण का नाम आया है। दूसरे किसी पुराण का नाम महाभारत में कहीं नहीं मिलता। रामायण की चर्चा अवश्य कई जगह हुई है।[४]

चरित्रचित्रण में गार्ग्य—देव, ऋषियों आदि के जीवन-चरित्रों में गार्ग्य मुनि को असाधारण पंडित बताया है।[५]

पुराण का आदर व प्रचार—सर्वसाधारण लोगों में पौराणिक तत्त्व के प्रचार की उपयोगिता उस काल के ऋषि भली भाँति समझते थे। इसी कारण प्रचार के पुण्यफल महाभारत में जगह-जगह कीर्त्तित हुए हैं। कथा के माध्यम से धर्म का सार लोग आसानी से समझ लेते थे। पंडित हो या मूर्ख प्रत्येक व्यक्ति आख्यायिका से कुछ न कुछ शिक्षा ग्रहण करता था। दार्शनिक तर्कों द्वारा किसी

---

१. कार्ष्णं वेदमिमं विद्वान् श्रावयित्वार्थमश्नुते। आदि १।२६८
अर्थशास्त्रमिदं प्रोक्तं धर्मशास्त्रमिदं महत्। इत्यादि। आदि २।३८-३३८५

२. इतिहासपुराणाभ्यां वेदं समुपबृंहयेत्।
बिभेत्यल्पश्रुताद्वेदो मामयं प्रहरिष्यति॥ आदि १।२६७
पुराणपूर्णचन्द्रेण श्रुति ज्योत्स्नाः प्रकाशिताः। आदि १।८६

३. पुराणमृषिभिः प्रोक्तं सर्वज्ञैः सर्वदर्शिभिः। वन ३१।२३
सर्वशास्त्रातिगो मूढः शं जन्मसु न विन्दति। वन ३१।२१

४. एतत्ते सर्वमाख्यातमतीतानागतं मया।
वायुप्रोक्तमनुस्मृत्य पुराणमृषीसंस्तुतम्॥ वन १९१।१६

५. वेदविचरितं गार्ग्यः। शान्ति २१०।२१

बात के तत्त्व को समझने में ज्ञान की आवश्यकता होती है, किंतु पौराणिक आख्यान सुनकर उसका मर्म समझने के लिये किसी प्रकार के पांडित्य की आवश्यकता नहीं पड़ती। यही कारण है कि कृत्तिवास एवं तुलसीदास की रामायण तथा काशीदास के महाभारत का आदर घर-घर होता है।[1]

---

१. इदं नरः सुचरितं समवायेषु कीर्त्तयन्।
अर्थभागी च भवति न च दुर्गाण्यवाप्नुते। इत्यादि। अनु ९३।१४८

दार्शनिक मतवाद

महाभारत में श्रीमद्भागवद्गीता, सनत्सुजातीय एवं शांतिपर्व का मोक्षधर्म दार्शनिक आलोचनाओं से परिपूर्ण है। सभी दर्शनों के कई सिद्धान्त एक समान हैं, इस विषय में सब दर्शनशास्त्री एकमत हैं। प्रत्येक दर्शन की विशिष्ट बातों पर हम आगे प्रकाश डालेंगे, यहाँ पहले सब दर्शनों के समान सिद्धान्तों को उद्धृत कर रहे हैं।

जन्म व मृत्यु—संसार की सब घटनाओं में जन्म व मृत्यु सर्वापेक्षा सत्य है। जो जन्म लेगा, उसकी मृत्यु भी अवश्य होगी। प्राणियों का जीवन अनित्य है, कब किस क्षण मृत्यु आकर उपस्थित हो जाय यह कोई नहीं बता सकता।[1]

संसार एक अरण्य—जीवन की अनित्यता पर महामति विदुर ने एक अद्भुत रूपक की कल्पना की है, जो इस प्रकार है—एक पथिक रास्ता भूलकर बाघ, मालू, सर्प आदि हिंस्र जन्तुओं से परिपूर्ण किसी भीषण अरण्य में जा पहुँचा और उस अरण्य को देखकर भयविह्वल हो गया। वन में प्रवेश करते ही उसने पाया कि वह अरण्य अच्छेद्य जाल से घिरा हुआ है। कुछ काल उपरांत एक भयानक आकृति की स्त्री दोनों हाथों से मार्ग बनाती हुई उस वन में आई। चारों ओर के वातावरण से डरकर भागता हुआ वह पथिक तृणलताओं से आच्छादित एक कूप में गिरकर झाड़झंखाड़ में अटक गया। उसके पाँव ऊपर एवं सिर नीचे झूलने लगा। कूप में नीचे एक भीषण सर्प फुंकार रहा था। कूप के ऊपर तृणलता आदि के पास बारह पाँव छह मुखवाला एक श्वेत व श्यामवर्ण का हाथी दिखाई दिया जो धीरे धीरे उसकी ओर बढ़ रहा था। वहीं कूप में जिस वृक्ष से वह लटका हुआ था उसकी एक शाखा पर मधुमक्खियों का छत्ता लगा था, जिससे एक-एक बूंद मधु टपक रहा था। वह पथिक सब कुछ भूलकर मुँह खोलकर मधु भक्षण करने लगा। उधर कुछ मूषक उस वृक्ष की जड़ों को काट रहे थे, लेकिन वह पथिक तो शहद खाने में इतना तल्लीन हो गया कि चारों ओर के संकटों को अनदेखा कर गया। इस संसाररूपी अरण्य

---

१. जातस्य हि ध्रुवो मृत्युः। इत्यादि। भीष्म २६।२७, २८। स्त्री २।६। शांति २७।३१। अश्व ४४।२०

में हम सब उसी पथिक जैसे हैं, हमारी अवस्था भी बिल्कुल उसके अनुरूप है। वर्णित अरण्य है संसार। हिंस्र जन्तु व्याधियाँ हैं, भयाकृति नारी जरा का स्वरूप है, कूप मनष्य का शरीर है, कूपस्थित सर्प साक्षात् काल है। लतागुल्म आदि मनुष्य के बचने की आशाएँ हैं। षट्मुख हाथी वर्ष है और चूहे रात व दिन हैं। छत्ते की मधुमक्खियाँ मनुष्य की वासनाएँ हैं और बूंद बूंद टपकता मधु कामरस-मनुष्य इस रस के क्षणिक आनन्द के लोभ में बड़ी से बड़ी विपत्ति को भूल जाता है। विवेकवान व्यक्ति इस संसारचक्र में फँसे रहना नहीं चाहते, विवेक जाग्रत होने पर जीवन की अनित्यता का बोध होते ही वे मधु का लोभ छोड़कर मुक्ति के लिये व्याकुल हो उठते हैं।[1]

आसक्ति का त्याग—रूप, यौवन, धन-सम्पत्ति, जीवन प्रियजन सब कुछ अनित्य है, अतः संसार में अत्यन्त आसक्त होना बुद्धिमान व्यक्ति को शोभा नहीं देता। बालक, वृद्ध, युवक, प्रत्येक की मृत्यु निश्चित है, इस लिये उसके लिये प्रस्तुत रहना ही बुद्धिमानी है। स्त्री, पुत्र, बंधु, बांधव आदि सभी से एक दिन तो बिछुड़ना ही है। समुद्र में तरंगों के संघर्ष से जिस प्रकार दो काष्ठखंड मिलकर फिर अलग हो जाते हैं; उसी प्रकार इस संसार सागर में सगे-संबंधी बिछुड़ जाते हैं।[2] संसार की अनित्यता, विषयवासनाओं की कभी पूरी न की जा सकने वाली निरंतर वृद्धि-शीलता, धन सम्पत्ति की तुच्छता आदि वैराग्य दिलाने वाले वर्णनों से महाभारत के आध्यात्मिक अध्याय भरपूर हैं।

भोग्यवस्तुओं की अनित्यता—भोग्य वस्तुओं के उपभोग से विषय-वासनाएँ कम नहीं होतीं वरन प्रज्वलित अग्नि में घृताहुति की तरह बढ़ती जाती हैं। संसार की समस्त भोग्य वस्तुएँ एक व्यक्ति को उपभोग के लिये दे दी जायँ तो भी उसकी तृष्णाएँ कम नहीं होंगी, अतः यथासंभव भोगासक्ति का परित्याग करके चलने से ही संसार में सुख-शांति की प्राप्ति हो सकती है।[3] सुविख्यात पिंगला के उपाख्यान

---

१. स्त्री ५ वाँ व ६ वाँ अध्याय।

२. स्त्री दूसरा-तीसरा अध्याय

पथिसंगतमेवेदं दारैरन्यैश्च बंधुभिः।
नायमन्त्यन्तसंवासो लब्धापूर्वो हि केनचित्॥ शांति ३११।१०।

शांति २८।३६-३९

३. न जातु कामः कामानामुपभोगेन शाम्यति।
हविषा कृष्णवर्त्मेव भूय एवाभिवर्द्धते॥ इत्यादि।

आदि ७५।५०, ५१

में बताया गया है कि विषयवासनाओं के त्याग से कितना अपरिसीम सुख मिलता है।[1] मोक्षधर्म के कई अध्यायों में वैषयिक स्पृहा के त्याग व उसके फल का गुणगान किया है। कामना की पूर्ति से मिलने वाले सुख की अपेक्षा कामना के त्याग से मिलने वाला सुख कहीं अधिक होता है।[2]

राजर्षि जनक की निर्लिप्तता—संसार धर्म का पालन करते हुए भी साधना के बल से मनुष्य संसार के प्रति निर्लिप्त रहकर कार्य कर सकता है। राजर्षि जनक निष्काम कर्मयोगियों में अग्रगण्य थे। उन्होंने एक जगह कहा है, "मेरा कुछ भी नहीं है, इसी कारण मैं अतुल ऐश्वर्य का स्वामी हूँ। यह मिथिलानगरी यदि भस्म भी हो जाय तो मेरी कोई क्षति नहीं होगी।"[3]

सर्वप्रथम चित्तशुद्धि का प्रयोजन—केवल त्याग से ही मुक्तिपथ मिल जाता हो, ऐसी बात नहीं। सबसे अधिक आवश्यकता तो मन का निर्मल होना है। मन ही मनुष्य के सुख-दुख का कारण है। मन शुद्ध हो तो विपुल ऐश्वर्य में रहकर भी मनुष्य निर्लिप्त रह सकता है और यदि मन शुद्ध न हो तो आचार-अनुष्ठान, तीर्थ, जप-तप आदि सब कुछ ढोंग बन जाता है। मन ही मनुष्य की यज्ञभूमि है। मन को स्थिर व प्रसन्न कर पाने से सब साधनाएँ आसान हो जाती हैं। मन पवित्र हो तो हर नदी सरस्वती है और प्रस्तरखंड देव प्रतिमा।[4] अगाध विमल सत्यस्वरूप

कामं कामयमानस्य यदा कामः समृध्यते।
अथैनमपरः कामतृष्णा विध्यति वाणवत्॥ इत्यादि। अनु ९३।४७।
उद्योग ३९।८५

१. सुखं निराशः स्वपिति नैराश्यं परमं सुखम्।
आशामनाशां कृत्वा हि सुखं स्वपिति पिंगला॥ शान्ति १७४।६२

२. शांति १७६ वें से १७८ वें अध्याय तक।
यच्च कामसुखं लोके यच्च दिव्यं महत् सुखम्।
तृष्णाक्षयसुखस्यैते नार्हतः षोडशीं कलाम्॥ शांति १७४।४६।
शांति १७७।५१
अन्तो नास्ति पिपासायास्तुष्टिस्तु परमं सुखम्। इत्यादि। शांति ३३०।
२१। वन २।३५।४६

३. अनन्तं वत मे वित्तं यस्य मे नास्ति किञ्चन।
मिथिलायां प्रदीप्तायां न मे दह्यति किञ्चन॥ शांति १७।२९
शांति २७५।४

४. आकिञ्चन्ये न मोक्षोऽस्ति किञ्चन्ये नास्ति बन्धनम्। शांति ३२०।५०

जल से परिपूर्ण धृति स्वरूप हृदय में स्नान करके पवित्रता प्राप्त करनी पड़ती है। निर्मल मानस तीर्थ में स्नान करने पर मनुष्य के लिये कुछ भी अप्राप्य नहीं रह जाता। त्यागी, सत्वगुणविशिष्ट समदर्शी व्यक्ति के लिए संसार की हर वस्तु पवित्र होती है और हर स्थान तीर्थ।[1]

सुख व दुख---एक ही वस्तु किसी के लिये सुख का कारण होती है तो किसी के लिये दुख का। विशेषतः सुख-दुख की अनुभूति भी सर्वत्र एक समान नहीं होती। समान अवस्था के व्यक्तियों में भी कोई सुखी दिखाई देता है तो कोई दुखी। इससे ज्ञात होता है कि व्यक्तिभेद से सुख-दुख की अनुभूति विभिन्न प्रकार की है। संसार में कोई भी व्यक्ति अपनी-अपनी अवस्था में सुख-दुख की अनुभूति को सीमाबद्ध नहीं कर सकता; लेकिन यह भी सत्य है कि अपनी-अपनी अवस्था के साथ सामञ्जस्य बनाये रखने की क्षमता प्रत्येक प्राणी में है। इसीलिये सुख एवं दुख केवल अनुभूति पर निर्भर होता है और इनकी अनुभूति भी विचित्र होती है।[2]

सुख-दुख नित्यपरिवर्त्तनशील---कोई भी प्राणी केवल सुख या केवल दुख का भोग नहीं करता। सुख एवं दुख चक्रवत् परिवर्तनशील हैं, एक के बाद दूसरा उपस्थित होता है। सुख में अत्यन्त हर्ष एवं दुख में अति विमूढ़ता---इन दोनों में कोई भी अच्छी नहीं। दुख को सहन करने की अपेक्षा शान्त सहज भाव से सुख का वरण करना कठिन है।[3]

अर्थ-लोभ त्याग---धन सम्पत्ति, घर, जमीन आदि के साथ मनुष्य का जो स्वामित्व संबंध होता है, वास्तव में वह कल्पित है। लौकिक निर्वाह की दृष्टि से

सर्वाः नद्यः सरस्वत्यः सर्वे पुण्याः शिलोच्चयाः।
जाजले तीर्थमात्मैव मास्म देशातिथिर्भव॥ शांति २६२।४०

१. अगाधे विमले शुद्धे सत्यतोये धृतिह्रदे।
स्नातव्यं मानसे तीर्थे सत्त्वमालम्ब्य शाश्वतम्॥ इत्यादि। अनु १०८।३-९

२. सर्वत्र निरतो जीव इतश्चापि सुखं मम। इत्यादि। अनु ११७।१७, १८
यदिष्टं तत् सुखं प्राहुर्द्वेष्यं दुःखमिहेष्यते। शान्ति २९५।२७

३. अहान्यस्तमयान्तानि उदयान्ता च शर्वरी।
सुखस्यान्तं सदा दुःखं दुःखस्यान्तं सदा सुखम्। इत्यादि। अश्व ४४।१८। वन २६०।४५
न प्रहृष्येत् प्रियं प्राप्य नोद्विजेत् प्राप्य चाप्रियम्। भीष्म २९।२०
आकिञ्चन्यं सुसन्तोषो निराशित्वमचापलम्। इत्यादि। वन २१२।

देखा जाय तो इस संपन्नता को झुठलाने की क्षमता किसी में भी नहीं है; गृहस्थ की प्रतिदिन की जीवनयात्रा में अर्थ का स्थान सबसे ऊपर है। किंतु संसार की नश्वरता की दृष्टि से देखे तो पता चलता है कि संसार से बिदा होते हुए मनुष्य को बिलकुल रिक्त हाथ जाना पड़ता है। मर्त्यलोक के सब उपकरण केवल लौकिक आवश्यकतों के निमित्त संगृहीत किये जाते हैं। यह वस्तु मेरी है—इस प्रकार का स्वामित्वज्ञान भी निराधार होता है। उपनिषदों की 'मा गृधः कस्य स्विद्धनम्'—इस उक्ति को उद्धृत करके महाभारतकार ने कहा है, 'सर्वे लाभाः साभिमानाः' वास्तविक रूप में धन के साथ किसी का कोई संबंध नहीं होता। प्रयोजन के अतिरिक्त-धन की कोई उपयोगिता नहीं है, उस धन से केवल लोभ की वृद्धि होती है। जो व्यक्ति गाय का दूध पीता है, वही गाय का मालिक है, इस प्रकार का मत ग्रंथकार ने प्रकट किया है। तात्पर्य यह है कि प्रयोजनीय धन की अपेक्षा अधिक लाभ के निमित्त वृथा समय नष्ट करना तथा कठिनाइयाँ उठाना संगत नहीं है।[1] आत्मतत्त्वजिज्ञासु व्यक्ति को धन के प्रलोभन से दूर ही रहना चाहिये। राज्य की अपेक्षा दारिद्रय ऐश्वर्य अधिक होता है। धनी व्यक्ति सदा धन की वृद्धि एवं उसकी रक्षा करने में व्यस्त रहता है, उसकी परेशानियाँ कम नहीं होतीं। धनी व्यक्ति सर्वदा राजा, अग्नि, चोर, दस्यु, जल आदि से आतंकित रहता है, जबकि दरिद्र बिल्कुल निश्चिंत होकर आत्मोन्नति की चेष्टा कर सकता है। धर्मकृत्यों के लिये धन की आवश्यकता नहीं होती। मुक्तिकाम व्यक्ति की लौकिक संचय-बुद्धि अनिष्टकारिणी होती है। ऐसा कोई संचयी व्यक्ति नहीं होता जो पूर्ण शांति से कालयापन कर सके। अतएव प्रक्षालन करने की अपेक्षा पंक का स्पर्श न करना ही उत्तम है।[2]

स्नेह या अनुराग का त्याग—समस्त मानसिक अशांतियों का मूल स्नेह

---

१. सर्वे लाभाः साभिमाना इति सत्यवती श्रुतिः। इत्यादि। शान्ति १८०। १०। शांति १७४।४४। शांति २७५ वाँ अध्याय।
धेनुर्वत्सस्य गोपस्य स्वामिनस्तस्करस्य च।
पयः पिबति यस्तस्या धेनुस्तस्येति निश्चयः॥ शान्ति १७४।३२

२. आकिञ्चन्यञ्च राज्यञ्च तुलया समतोलयम्।
अत्यरिच्यत दारिद्र्यं राज्यादपि गुणाधिकम्॥ इत्यादि।
शांति १७६।१०-१३
न हि संचयवान् कश्चिद्दृश्यते निरुपद्रवः॥ इत्यादि।
वन२।४८, ४९, ३९-४५

या अनुराग होता है। आत्मचिन्तन तथा ज्ञान के द्वारा मन को स्थिर करना चाहिये। दुख, भय, हर्ष, शोक आदि सब स्नेह या अनुराग से उत्पन्न होते हैं। विषयानुराग मुक्तिकामी के लिये उत्कट व्याधिस्वरूप होता है। इसका उपशम न होने पर मनुष्य बार-बार विविध विषयों की ओर आकृष्ट होकर नाना दुख भोगता है भोग्यवस्तुएँ न रहने से ही कोई त्यागी नहीं बन जाता, बल्कि भोग्य विषयों के रहते हुए भी जो व्यक्ति उनकी उपादेयता के विषय में न सोचकर हेयत्व को समझने का अभ्यस्त होता है, वही प्रकृत त्यागी होता है। गृहस्थ के लिये पूर्ण-अनासक्ति असंभव है। अतः विषयवैराग्य से यह अर्थ लेना चाहिये कि प्रयोजन के अतिरिक्त भोग्य वस्तुओं के प्रति अनासक्ति या उदासीनता ही वैराग्य है। रम्य वस्तु के श्रवण, दर्शन या मनन से चित्त प्रफुल्ल होता है, इसके बाद मन में उस वस्तु के उपभोग की कामना जाग्रत होती है और एक बार कामना की उत्पत्ति होने पर विषयवासनाओं की क्रमशः वृद्धि होती जाती है। इसलिये पहले से ही अतिस्पृहा को संयत करके रखना चाहिये।[1]

कामना का स्वरूप—माल्य-चन्दन आदि के स्पर्श या अर्थ आदि के लोभ से जिस प्रीति का जन्म होता है उसी प्रीति से कामना का उद्भव होता है। काम चित्त का संकल्पस्वरूप है। वह अशरीरी है, किंतु उसकी क्षमता असीम है।[2] द्रव्य-अर्थसंयोगजनित प्रीति को किसी भी दर्शन में कामना रूप में नहीं माना है। संकल्प या इच्छा कामना का ही दूसरा नाम है—यही न्याय आदि दर्शनों का सिद्धांत है।

जीवलोक स्वार्थ के अधीन—संसार में मनुष्यों का पारस्परिक प्रीतिभाव भी बिल्कुल स्वार्थशून्य नहीं है। प्रत्येक व्यक्ति अपनी प्रीति के निमित्त दूसरे से स्नेह करता है। अच्छी तरह देखने पर पता चलेगा कि सभी अपने उद्देश्य-साधन के लिये दूसरे को सन्तुष्ट रखते हैं। वृहदारण्यक की 'आत्मनस्तु कामाय सर्वं प्रियं भवति' यह श्रुति उक्त मतवाद का मूल है।[3]

सत्यनिष्ठा आदि साधारणगुण—सत्यनिष्ठा, आचार-पालन, क्रोधादि-संयम प्रभृति गुणों के अभाव में मनुष्य आध्यात्मिक उन्नति के पथ पर अग्रसर नहीं

---

१. स्नेहाद्भावोऽनुरागश्च प्रजज्ञे विषये तथा। इत्यादि। वन २।२९-३४

२. द्रव्यार्थस्पर्शसंयोगे या प्रीतिरुपजायते।
स कामश्चित्तसंकल्पः शरीरं नास्य दृश्यते॥ वन ३३।३०

३. अर्थार्थी जीवलोकोऽयं न कश्चित् कस्यचित् प्रियः। इत्यादि। शांति

हो सकता। श्रद्धा एवं सत्यनिष्ठा ही समस्त शुभकार्यों का मूल है। मन को स्थिर करने के लिये गुरुप्रदर्शित पथ का अनुसरण करना चाहिये। यद्यपि अधिकारी भेद से उस पथ के अलग-अलग रूप हैं, किंतु उल्लिखित सद्वृत्तियों को सभी के लिये साधारण गुण कहा जा सकता है।[1]

प्रकृत शांति—दूसरे को सुखी मानकर उसके समान सुख प्राप्ति के निमित्त व्याकुल नहीं होना चाहिए। अनागत लाभ की चिन्ता में वर्त्तमान की उपेक्षा करना अनुचित है। विपुल अर्थ के लाभ से अति हर्षित या प्रभूत क्षति से अत्यन्त दुखी होना संगत नहीं है। ये दोनों ही चित्त की स्थिरता के प्रतिकूल हैं। शम, दम आदि स्वरूप शील ही मनुष्य को प्रकृत शांति का पथ दिखा सकता है। विद्या, विभव, बांधव आदि कभी भी शांति देने में समर्थ नहीं हो सकते।[2]

चित्त की स्थिरता-साधन—शांतिपर्व के 'श्रेयोवाचिक' अध्याय में मन को स्थिर करने के बहुत से उपाय बताये गये हैं। कहा है, वैदिकशास्त्रों पर अकाट्य श्रद्धा, सर्वभूत पर दया, दुष्कर्मों से निवृत्ति, सत्संग, सरल व्यवहार, प्राणिहितकर वचन, अहंकारत्याग, प्रमादनिग्रह, सन्तोष, वेद-वेदांतों का अध्ययन, मिताहार ज्ञानजिज्ञासा, परनिन्दा-परित्याग, रात्रि जागरण-त्याग, दिवानिद्रा-त्याग, निष्काम कर्मव्यस्तता, वाक्संयम (किसी के कुछ पूछे बिना स्वतः प्रवृत्त होकर कोई बात नहीं कहनी चाहिये। वृथा विवाद, बेकार के प्रश्नों के उत्तर देना आदि सर्वथा वर्जनीय है।), धर्मपरायण व्यक्तियों का सान्निध्य, वर्णाश्रम धर्म का अनुसरण, कुदेश त्याग, असत्संग वर्जन आदि उपायों द्वारा मन को स्थिर किया जा सकता है। समस्त प्राणियों के प्रति सदय व्यवहार चित्तशुद्धि का सर्वोत्तम उपाय है। सर्वभूत में परमात्मा का अवस्थान समझ कर कभी किसी की अवज्ञा नहीं करनी चाहिए। इसी प्रकार मन को बड़ा बनाकर उसकी मलिनता को दूर करना चाहिये।[3]

---

१. कामलोभग्रहाकीर्णां पञ्चेन्द्रियजलां नदीम्।
नावं धृतिमयीं कृत्वा जन्मदुर्गाणि सन्तर॥ इत्यादि।
वन २०६।७२, ६३-७०

२. समाहितो न स्पृहयेत् परेषां नानागतं चाभिनन्देच्च लाभम्॥ इत्यादि।
वन २८६।१४, १५

३. शान्ति २८७ वाँ अध्याय।
निर्गुणः परमात्मा तु देहं व्याप्यावतिष्ठते।
तमहं ज्ञानविज्ञेयं नावमन्ये न लंघये॥ वन १४७।८

सन्तोष—सन्तोष सब सुखों का मूल है। किसी भी अवस्था में रहते हुए मनुष्य यदि उस अवस्था को अपने अनुकूल मान ले तो बहुत से दुःखों से छुटकारा मिल जाता है। जिस व्यक्ति को थोड़े से ही सन्तोष हो जाता है वह स्वल्पतुष्ट व्यक्ति किसी भी बात से दुखी नहीं होता। तृप्ति ही मनुष्य को आनन्द मार्ग पर लाती है। जो व्यक्ति पर्यंकशय्या एवं भूमिशय्या को एक समान समझता है, सौभाग्य उसके चरणों पर पड़ा रहता है। इसी प्रकार स्वल्प-संतुष्ट व्यक्ति अन्न-वस्त्र के लिये कभी परेशान नहीं होता। प्रयत्न करने से जो भोग्य सामग्री प्राप्त हो उसी से निर्वाह कर लेना सबसे श्रेष्ठ साधना है। गृहस्थजीवन में भी अतिस्पृहा जीवनयात्रा पथ का सबसे बड़ा रोड़ा है।[1]

अहिंसा—अहिंसा से चित्तवृत्ति उन्नत होती है, हिंसा मनुष्य के मन को संकुचित बना देती है। संसार में रहते हुए जीवनरक्षा के निमित्त प्रत्येक व्यक्ति को बाध्य होकर थोड़ी बहुत हिंसा करनी ही पड़ती है। यागयज्ञ के लिये जो हिंसाएँ शास्त्रविहित हैं, कर्मकांड के अनुष्ठाताओं को वे करनी ही पड़ती हैं। महाभारतकार का कहना है कि वैध हिंसा में पाप नहीं होता। पूर्णरूप से हिंसा का वर्जन एक तरह से योग के अन्तर्गत आ जाता है। मोक्ष के अभिलाषी मानव को चित्त की पूर्ण शुद्धि के निमित्त हिंसा का त्याग करके सब प्राणियों को मित्रवत् समझना चाहिये। अहिंसा सब धर्मों में श्रेष्ठ है। हिंसावृत्ति जैसा नीचकर्म और दूसरा नहीं है। एक शब्द में यदि धर्म का सार बताना हो तो उसके लिये केवल 'अहिंसा' शब्द का प्रयोग किया जा सकता है। देव, ऋषि, व ब्राह्मणों ने बार-बार अहिंसा की प्रशंसा की है। हिंसा को चार भागों में विभक्त किया गया है—मनोज, वाक्यज, कर्मज और भक्षणज हिंसा। जो व्यक्ति इन चारों प्रकार की हिंसाओं से विरक्त हो, वही वास्तविक रूप से अहिंसा का उपासक है। इस मत के अनुसार जो व्यक्ति भक्ष्य रूप में भी पशु-पक्षियों का हनन जीवन रक्षा के निमित्त जितना आवश्यक हो, उससे अधिक नहीं करता, वह भी अहिंसक है। जिस कार्य से दूसरे का अनिष्ट हो, वही हिंसा है। बल्कि आत्मरक्षा के निमित्त जो हिंसा आवश्यक है, उसे न करना पाप के अन्तर्गत आ जाता है। आत्मरक्षा मनुष्य का पहला धर्म है। इसी कारण शास्त्रकार आततायी के वध का समर्थन करते हैं। जिन महापुरुषों का चरित्रगुण अहिंसा है, उन्हीं को तपस्वी कहा जाता है। अहिंसा की अपेक्षा श्रेष्ठ दूसरी तपस्या नहीं है। अहिंसा

---

१. पर्यंकशय्या भूमिश्च समाने यस्य देहिनः।
शालयश्च कदन्नञ्च यस्य स्यान्मुक्त एव सः॥ इत्यादि।
शांति २८८।३२, ३४, ३५

परम धर्म है, श्रेष्ठ दम है, उत्कृष्ट दान है एवं परम यज्ञ है। अहिंसा जैसा सच्चा मित्र मनुष्य का दूसरा नहीं होता। अहिंसा परम सत्य है, सर्वशास्त्रों का सार है। यज्ञ तीर्थ, दान आदि मनुष्य की चित्तशुद्धि के लिये जितने उपयोगी हैं, अहिंसा उनसे अधिक ही है, कम नहीं। अहिंसक व्यक्ति सर्वभूत का मातृपितृ स्थानीय होता है। अहिंसक व्यक्ति अखिल विश्व का विश्वासपात्र होता है; उसका कोई भी कुछ नहीं बिगाड़ सकता।[1] अहिंसा पालन द्वारा मनुष्य दीर्घायु होता है। जिसका चरित्र हिंसा से कलुषित होता है, वह किसी का भी विश्वासभाजन नहीं होता एवं सुखी व दीर्घजीवन बिताना उसके भाग्य में नहीं होता।[2]

जीवसेवा—सेवा द्वारा मन की पवित्रता में वृद्धि होती है। भगवान् समस्त प्राणियों में विराजमान हैं। श्रद्धा सहित किसी प्राणी की सेवा करना ही भगवान् की उपासना है। मन-वचन काय से प्राणिसेवा की जाय तो सर्वव्यापक भगवान् विष्णु उस सेवा से संतुष्ट होते हैं।[3]

तपस्या और विशुद्ध कर्म—मन को स्थिर करने का श्रेष्ठ साधन तपस्या है। हित एवं मित आहार-विहार आदि द्वारा शरीर को नीरोग रखना चाहिये। शरीर की उपेक्षा करके तपस्या नहीं की जा सकती। कभी कभी का उपवास स्वास्थ्य के लिये लाभदायक होता है, इसलिये उपवास को भी श्रेष्ठ तपस्या माना गया है।[4] विशुद्ध कर्म द्वारा जीविकानिर्वाह करना, किसी का अनिष्ट न सोचना आदि भी तपस्या के अंग हैं। प्रत्येक व्यक्ति सत्य, प्रिय व हित वचन रूप वाङमय तपस्या करने

---

१. न हिंस्यात् सर्वभूतानि मैत्रायणगतश्चरेत्।
नेदं जीवितमासाद्य वैरं कुर्वीत केनचित्॥ इत्यादि। वन २१२।३४, ३०
चतुर्विधेयं निर्दिष्टा ह्यहिंसा ब्रह्मवादिभिः।
एकैकतोऽपि विभ्रष्टा न भवत्यरिसूदन॥ इत्यादि। अनु ११४।४-१०, २
अनु ११३ वाँ तथा ११६ वाँ अध्याय।

२. अहिंसया च दीर्घायुरिति प्राहुर्मनीषिणः॥ अनु १६३।१२
पापेन कर्मणा देवि बद्धो हिंसारतिर्नरः।
अप्रियः सर्वभूतानां हीनायुरुपजायते॥ अनु १४४।५४, ५२

३. ये यजन्ति पितॄन् देवान् गुरूंश्चैवातिथींस्तथा।
गाश्चैव द्विजमुख्यांश्च पृथिवीं मातरं तथा॥ इत्यादि।
शांति ३४५।२६-२८

४. तपो नानशनात् परम्। इत्यादि। अनु १०६।६५। अनु १०७ वाँ अध्याय उद्योग ४३।२०। वन १९९।१००

का अधिकारी है। मनस्तुष्टि, सौम्यता, स्थिरता, जितेन्द्रियता, भावशुद्धि आदि को मानस तपस्या बताया गया है। चरित्र में उत्तम आदर्शों को उभारने के लिये तपस्या आवश्यक होती है। गृहस्थाश्रम छोड़कर वन में चले जाना ही तपस्या नहीं कहलाता। कर्म के माध्यम से ही मनुष्य की तपस्या सत्य व सार्थक होती है। संसार की समस्त वस्तुएँ तपस्या द्वारा प्राप्त की जा सकती हैं। जिस प्रकार इहलोक में तपस्या के बिना कोई महत् कार्य सम्पन्न नहीं होता उसी प्रकार परलोक के लिये तपस्या पाथेय स्वरूप है। जो व्यक्ति उस परमपुरुष को जानने के लिये एकाग्रचित्त होकर व्रत, योग आदि तपस्याओं में निरत रहता है, उसी को उस परम ज्योति के दर्शन होते हैं। तपस्वी व्यक्ति ही शोकरहित व विमुक्त हो सकता है। ईश्वर की इस विराट सत्ता का अनुभव केवल तपस्वी ही कर सकता है। ईश्वर एकमात्र तपोज्ञेय है।[1]

तपस्या का अन्तिम फल मुक्तिलाभ—पारलौकिक शांति के उद्देश्य से मनुष्य स्वभावतः तपस्या की ओर आकृष्ट नहीं होता। बहुत से घात-प्रतिघातों द्वारा वह स्पृहा जाग्रत होती है। राजस व तामस प्रकृति मानव अति आसक्तिवश घर, क्षेत्र, धन, स्त्री, पुत्र आदि में डूबा रहता है। इन सबकी अनित्यता को न समझकर मनुष्य दिन पर दिन रागद्वेष की वृद्धि करता जाता है। रागद्वेष से मोह एवं मोह से रति की उत्पत्ति होती है। तब अज्ञानाच्छन्न मनुष्य ग्राम्यसुख अर्थात् स्त्रीसंसर्ग को ही आनन्दप्रद समझता है। विषयभोगों से कभी भी वासना या रति का क्षय नहीं होता। कालान्तर में स्नेहभाजनों के वियोग, प्रेमी के चिरविच्छेद, धन के नाश आदि कारणों से मोहग्रस्त मनुष्य को भी वैराग्य हो जाता है। वैराग्य से आत्मसंबोध, संबोध से शास्त्रदर्शन और शास्त्रदर्शन के बाद तपस्या की इच्छा जाग्रत होती है। विवेकशील तपस्वी व्यक्तियों की संख्या बहुत कम होती है। जितेन्द्रिय, शान्त, दान्त तपस्वी अनायास ही सांसारिक बंधनों से छुटकारा पा जाता है।[2]

महर्षि व्यास ने युधिष्ठिर से कहा है, "राजन्, तुम शोक से अधीर मत होओ।

---

१. तपसो हि परं नास्ति तपसा विन्दते महत्। इत्यादि। वन ९१।१९।
शान्ति १९।२६

स चेन्निवृत्तबन्धस्तु विशुद्धश्चापि कर्मभिः।
तपोयोगसमारुभं कुरुते द्विजसत्तम। इत्यादि॥ वन २०८।३८-५३।
वन १८६।२७-३०

२. शान्ति ९५ वाँ अध्याय।

तुम तपस्या द्वारा पुनः अपना हारा हुआ राज्य पा सकोगे।"[1] संसार में ऐसी कोई वस्तु नहीं है, जो तपस्या से न प्राप्त की जा सके। दुष्प्राप्य प्रतीत होने वाली वस्तु भी अनायास ही हस्तगत हो जाती है।[2] सश्रद्ध तपस्या द्वारा जो कुछ भी सिद्ध होता है, उसी की शक्ति अपरिसीम होती है। यावतीय भोग्य वस्तुओं का तो कहना क्या, यहाँ तक कि मुक्ति भी तपस्यालभ्य है। भगवान् सनत्कुमार ने धृत-राष्ट्र को तपोमाहात्म्य विशद रूप से समझाया था।[3] किसी भी महत् कार्य की सिद्धि के लिये तपस्या प्रयोजनीय है। सृष्टिकर्ता ब्रह्मा भी तपस्या के बल से ही जगत् की सृष्टि करने में समर्थ हुए थे।[4] तपस्या का माहात्म्य इतना अधिक है कि देवता भी तपस्वी से डरते हैं। तपस्वी की इच्छा का अनादर करने का साहस इस पृथिवी के किसी प्राणी में नहीं होता।[5]

विषयासक्ति आध्यात्मिक तपस्या की प्रतिरोधक—आध्यात्मिक उन्नति के उद्देश्य से तपस्या करने के लिये हर प्रकार के पार्थिव बंधन से स्वयं को मुक्त रखना चाहिये। पत्नी, पुत्र आदि के बन्धन से मुक्त होना अतीव दुष्कर है। वानप्रस्थ आश्रम करते समय भी संसार की माया मनुष्य को आकर्षित करती है।[6]

इन्द्रिय-जय का फल—दम-प्रशंसा-प्रकरण में इन्द्रिय-विजय का बहुत गुण-गान किया गया है। कहा है—दान्त व्यक्ति हर अवस्था में सुखी रहता है। उसकी इच्छा कभी विफल नहीं होती। यूँ तो दान से भी चित्त उदार एवं प्रसन्न होता है किन्तु दम की महिमा उससे कहीं अधिक होती है। दम के प्रभाव से जिते-न्द्रिय व्यक्ति असाध्य भी साधन कर सकता है।[7]

कर्म द्वारा मनुष्य का आत्मप्रकाश—मनुष्य के कार्य ही उसके अच्छे

---

१. राज्यात् स्फीतात् परिभ्रष्टस्तपसा तदवाप्स्यसि। वन २६०।४४

२. तपोमूलं हि साधनम्। इत्यादि। अश्व ५१।१६-२४

३. तपोमूलमिदं सर्वं यन्मां पृच्छसि क्षत्रिय।
तपसा वेदविद्वांसः परं त्वमृतमाप्नुयुः॥ उद्योग ४३।१३

४. प्रजापतिः प्रजाः पूर्वमसृत्तपसा विभुः। इत्यादि। शांति २९५।१५-१८

५. स तं घोरेन तपसा युक्तं दृष्ट्वा पुरन्दरः।
प्रावेपत सुसन्त्रस्तः शापभीतस्तदा विभो॥ अनु ४१।१८

६. उपरोधो भवेदेवमस्माकं तपसः कृते
स्वत्स्नेहपाशबद्धा च हीयेयं परात्॥ आश्र ३६।४१

७. दमस्य तु फलं राजन् शृणु त्वं विस्तरेण मे।

या बुरे होने के द्योतक होते हैं। कर्म द्वारा ही मनुष्य अपने गुणों का परिचय देता है।[1]

मनुष्य सबसे श्रेष्ठ---यथार्थ रूप में मनुष्य बनने की तपस्या ही सर्वापेक्षा श्रेष्ठ है यह बात महाभारत में नाना प्रकार से कही गई है। 'मनुष्य की अपेक्षा श्रेष्ठ और कुछ नहीं है, यही महत् एवं गुह्य तत्त्व है।'[2] इस साधना की अनुकूल सद्‌वृत्तियों को प्रयत्न द्वारा उभारना पड़ता है, यही तपस्या कहलाती है और यह प्रयत्न भी तपस्या का अंग माना जाता है। शम, दम आदि तपस्या के फल हैं। जो व्यक्ति एकाग्रचित्त होकर मुक्तिपथ पर अग्रसर होता है, उसे तपस्वी कहा जाता है। प्रत्येक शुभ प्रयास के मूल में तपस्या विद्यमान होती है।

आत्मतत्त्व-श्रवण का अधिकारी---शम, दम, विरक्ति, तितिक्षा व समाधान--ये पाँचों जिस व्यक्ति के आधीन नहीं हैं, वह आत्मतत्त्व के संबंध में प्रश्न करने का भी अधिकारी नहीं है। आत्मतत्त्व के जिज्ञासु व्यक्ति को शांत, दांत होकर गुरु के समक्ष उपस्थित होना चाहिए।[3]

जन्मान्तरीय कर्मों का फल या भाग्य---कर्मफल, अदृष्ट, दैव ये सब शब्द समानार्थक हैं। महाभारत में जन्मान्तरवाद एवं अदृष्टवाद विस्तृत रूप से आलोचित हुआ है। इन दोनों में घनिष्ठ संबंध है। एक को स्वीकार करने पर दूसरे का अस्तित्व भी मानना पड़ता है। भारतीय आस्तिक दर्शन ने दोनों को ही माना है। ईश्वर पक्षपाती नहीं है, सुतराम संसार में वैषम्य का कारण प्राणियों का अपना अपना भाग्य या जन्मान्तरीय कर्मफलजनित पाप व पुण्य हैं। पूर्वजन्म के संचित कर्मों का फल भोगने के लिये ही प्राणी जन्म लेता है। सृष्टि के आरंभ में वैषम्य का क्या कारण था, इस प्रश्न को टालने के उद्देश्य से जन्मान्तरवादी दार्शनिकों को बाध्य होकर सृष्टि का अनादित्व स्वीकार करना पड़ता है। इसमें कोई सन्देह नहीं कि जन्मान्तरीय कर्मफल की स्वीकृति मनुष्य को दुख में सामयिक सान्त्वना प्रदान करती है। देखने में आता है कि किसी दुखी व्यक्ति को सान्त्वना देते समय उपदेष्टओं ने कर्मफल, दैव, जन्मान्तर, कालमाहात्म्य आदि विषयों पर नाना प्रकार के तर्कों द्वारा उपदेश दिया है। प्राणियों के सुख या दुख के समस्त कारण जन्मान्तरीय

---

१. मनुष्याः कर्मलक्षणाः। अश्व ४३।२१
आत्मानमाख्याति हि कर्मभिर्नरः। अनु ८४।८९

२. गुह्यं ब्रह्म तदिदं वो ब्रवीमि, न मानुषाच्छ्रेष्ठतरं हि किंचित्। शांति २९९।२०

३. दिष्ट्या पंचसु रक्तोऽसि। वन ३१७।९

कर्मों का फल होते हों, यह बात नहीं है। जहाँ इस जन्म की किसी शुभ या अशुभ चेष्टा के अलावा अचानक कोई शुभ या अशुभ बीच में आ जाता है, वहीं लाचारीवश प्रारब्ध को मानना पड़ता है। कहा गया है कि मनुष्य जीवन की जिस अवस्था में जो कर्म करता है, पर जन्म में मनुष्य रूप में जन्म लेने पर वह उसी अवस्था में उस कर्म का फल भोगता है। किसी भी दर्शन में इतने जोर के साथ इस प्रकार के कर्म-फल भोग का वर्णन नहीं मिलता।[1] भगवान अपनी इच्छानुसार प्राणियों को सुख-दुख नहीं देते। पूर्वजन्म के कर्मों के अनुसार ही प्राणी इस जन्म में फल भोगता है। यह बात जगह-जगह कही गई है।[2] उत्तम कुल में जन्म, वीरत्व, नीरोगता रूप, सौभाग्य आदि पूर्वजन्म के शुभ कर्मों के फल से मिलते हैं। विश्व के विचित्र विधान में जन्मान्तरीय कर्मफल की शक्ति अपरिमित होती है। इस फल से बचने लायक शक्ति किसी में नहीं है। कर्मों का फल भोगने के लिये ही मनुष्य जन्म ग्रहण करता है, कर्मफल के समक्ष सब को हार माननी पड़ती है।[3] पूर्वजन्म के शुभ कार्यों के फलस्वरूप मनुष्य को देवलोक मिलता है, शुभ एवं अशुभ कर्मों के मिश्रण से मनुष्य जन्म और केवल अशुभ कर्मों के उदय से अधोगति में जाता है; यहाँ तक कि हीनयोनि के दुख भी सहने पड़ते हैं।[4] सहस्रों धेनुओं के बीच में भी जिस प्रकार बछड़ा अपनी माँ को पहचान कर उसी के पीछे चलता है, ठीक उसी प्रकार पूर्वजन्म का कर्मफल पर जन्मों में जीव का अनुसरण करता रहता है।[5] संसार में पुत्र-पत्नी

---

१. यस्यां यस्यामवस्थायां यद् यत् कर्म करोति यः।
तस्यां तस्यामवस्थायां तत्फलं समवाप्नुयात्॥ इत्यादि।
सभा २२।१३। शांति १८१।१५

२. दधाति सर्वमीशानः पुरस्ताच्छुक्रमुच्चरन्। वन ३०।२२
धातापि हि स्वकर्मैव तैस्तैर्हेतुभिरीश्वरः।
विदधाति विभज्येह फलं पूर्वकृतं नृणाम्॥ इत्यादि। वन ३२।२१
अश्व १८।१२

३. कुले जन्म तथा वीर्यमारोग्यं रूपमेव च।
सौभाग्यमुपभोगश्च भवितव्येन लभ्यते॥ इत्यादि। शांति २८।२३-२९
वन २०८।२४। शान्ति १९०।१६

४. शुभैर्लभति देवत्वं व्यामिश्रैर्जन्म मानुषम्।
अशुभैश्चाप्यधो जन्म कर्मभिर्लभतेऽवशः। शांति ३२९।२५

५. यथा धेनुसहस्रेषु वत्सो विन्दति मातरम्।
तथा पूर्वकृतं कर्म कर्त्तारमनुगच्छति॥ शान्ति १८१।१६। ७।२२

स्वजन आदि के साथ रहते हुए भी कोई किसी के कर्म का उत्तरदायी नहीं होता। प्रत्येक व्यक्ति को अपना कर्मफल स्वयं भोगना पड़ता है। ऊपर से देखने में यद्यपि परिवार में सबका भाग्य समान रूप से उन्नत या अवनत प्रतीत होता है, किन्तु उसके पीछे अपने-अपने कर्मों का ही फल होता है। किसी के कर्म से दूसरे के भाग्य पर कोई प्रभाव नहीं पड़ता। यह मानना पड़ेगा कि सुखी या दुखी परिवार के लोगों ने पूर्व जन्म में सुख या दुख के अनुकूल कर्म किये होंगे, नहीं तो एक परिवार में जन्म नहीं होता। प्रिय अथवा अप्रिय जो कुछ भी मनुष्य के जीवन में आता है, उसका मूल जन्मान्तरीय कर्म ही होता है।[1] अनुशासनपर्व के गोमती उपाख्यान में कर्मफल वर्णन करते हुए बहुत से उपदेश दिये गये हैं। सम्पूर्ण अध्याय का सार यही है कि प्रत्येक प्राणी को अपने कृत कर्मों का फल भोगना पड़ता है; भवितव्यता का प्रतिरोध करने की शक्ति किसी में नहीं होती। किसी न किसी रूप में कर्मफल सामने आयेगा ही।[2] किसी की स्वाभाविक प्रवृत्ति पाप कर्म की ओर होती है तो किसी की पुण्य-कर्म की ओर, उसके मूल में भी भाग्य की लीला होती है। मनष्य को यथेष्ट अर्थप्राप्ति पर आनन्दित एवं क्षति से दुखित नहीं होना चाहिये, क्योंकि लाभ और हानि, ये दोनों भी दैवायत्त हैं। अदृष्ट को बलवान मानकर किसी भी अवस्था में अधिक आनन्द या दुख प्रकट नहीं करना चाहिये। जिस समय जैसी अवस्था सामने-आये, उसी के अनुकूल अपने को ढाल लेना चाहिये। निज शक्ति से दैवाधीन घट-नाओं का प्रतिकार नहीं किया जा सकता।[3] समस्त भोग्य वस्तुएँ जन्मान्तरीय कर्मफल से मिलती हैं, जिसका जितना प्राप्य होता है, वह उतना ही भोग पाता है, उससे अधिक लेशमात्र भी नहीं। कठपुतली जिस प्रकार चालक की इच्छा से ही उठती बैठती है, उसी प्रकार मनुष्य भी अपने कर्मफल के हाथों नाचता है। मनुष्य की शक्ति बहुत ही परिमित होती है; दैव का अतिक्रम कर सके; इतनी क्षमता उसमें नहीं होती।[4] अदृष्ट में जो है, वह भोगना ही है; इस प्रकार के तर्क मनुष्य को दुख पड़ने पर थोड़ी शान्ति देते हैं, इसके विपरीत जो भाग्य को नहीं मानता,

---

१. स्वयं कृतानि कर्माणि जातो जन्तुः प्रपद्यते।
नाकृत्वा लभते कश्चित् किञ्चिदत्र प्रियाप्रियम्॥ शांति ।२९८।३०
सर्वः स्वानि शुभाशुभानि नियतं कर्माणि जन्तुः स्वयं।
गर्भात् सम्प्रतिपद्यते तदुभयंयत्तेन पूर्वं कृतम्॥ शांति २९८।४५

२. अनु पहला अध्याय।

३. न जातु हृष्येन्महता धनेन। इत्यादि ८९।७-१२। आदि १२३।२१

४. वन ३०।२२-४३

या जिसमें कर्तृत्वाभिमान होता है उसे ही दुख अभिभूत करता है। देव, ऋषि, महापुरुष, यहाँ तक कि वनवासी मुनियों को भी समय-समय पर दुख भोगना पड़ता है। अपने जीवन काल में किसी भी प्रकार का दुष्कर्म न करने पर भी उन्हें क्यों दुख भोगने पड़ते हैं—इस प्रश्न का उत्तर भाग्य या जन्मान्तरवाद को माने बिना दिया ही नहीं जा सकता। विवेकवान व्यक्ति आपद-विपद में भी हिमालय की तरह अटल रहते हैं और सुख-दुख को जो भाग्य की देन समझ कर समान भाव से ग्रहण कर ले, वही सच्चा विवेकवान है। मन्त्र, बल, वीर्य, प्रज्ञा, पौरुष, शील, वृत्त, अर्थ सम्पदा आदि कुछ भी अलभ्य वस्तु की प्राप्ति कराने में समर्थ नहीं होता। जिसका जितना प्राप्य होता है, उसे उतना ही प्राप्त होता है।[1] पुण्यकर्म कल्याणकारी एवं पापकर्म अकल्याणकारी होते हैं। जन्म सर्वदा पूर्वजन्म के कर्मफल से होता है। कोई कोई कहता है कि वह्नि की उष्णता एवं जल की शीतलता के समान सुख एवं दुख भी स्वाभाविक हैं, इसमें भाग्य की बिडम्बना या किसी और कारण को न मानना ही उचित है। इस प्रकार के वितर्क के उत्तर में कहा गया है कि कृत कर्मों का फल न भोगना और जो कभी किया न हो उसका फल भोगना, यह नितान्त अस्वाभाविक है, किसी भी तर्क द्वारा इसका समर्थन नहीं किया जा सकता। अपने अपने कर्मों का फल भोगना ही संसार का नियम है।[2]

मन के द्वारा जो पाप मनुष्य करता है, पर जन्म में फलस्वरूप मनोदुख सहना पड़ता है। इसी प्रकार कायिक कर्मों का फल शारीरिक कष्टों के रूप में भोग करना पड़ता है। बाल्य, यौवन आदि अवस्था भेद से जो कर्म किये जाते हैं, उनका फल भी क्रमानुसार उन्हीं अवस्थाओं में मिलता है। पूर्वजन्मकृत कर्मों का फल इस जन्म में न मिले तो आगे के जन्मों में अवश्य भोगना पड़ता है। वृक्ष जिस प्रकार यथाकाल में फूल एवं फलों से समृद्ध हो उठता है, ठीक उसी प्रकार कर्मफल भी समय आने पर मनुष्य के उपभोग को नियन्त्रित कर देता है, अचानक सुख में दुख या दुख में सुख आकर उपस्थित हो जाता है। शास्त्रकारों ने सुख या दुख के लिये सदा प्रस्तुत रहने का उपदेश दिया है। कर्मफल भोगने के लिये ही जीव जन्म ग्रहण करता है, इस सिद्धान्त के अनुसार मनुष्य को यह समझ लेना चाहिये कि सुख या दुख भोगने के लिये ही हम इस संसार में आये हैं, इसलिये समताभावों से उनका भोग करते हुए आगे के जन्म के लिये सुकृत कर्म करने चाहिये।[3] भाग्य विपरीत

---

१. शान्ति २२६ वाँ अध्याय।
२. शान्ति २९० वाँ अध्याय।
३. येन येन शरीरेण यद् यत् कर्म करोति यः।
तेन तेन शरीरेण तत्तत् फलमुपाश्नुते॥ इत्यादि। अनु ७।३-५

हो तो बुद्धि, विद्या, विक्रम कुछ भी सहायक नहीं होता। पौरुष बल से मनुष्य कार्य कर तो सकता है किन्तु दैव प्रतिकूल हो तो उसका फल नहीं मिलता। भाग्यचालित होने के कारण ही प्राणी साधु या असाधु कर्मों की ओर प्रवृत्त होता है। कर्म अपना फल देकर ही क्षय होते हैं। बहुत ही तत्परता के साथ किये जाने पर भी यदि किसी कर्म का अभिलषित फल न मिले तो समझ लेना चाहिये कि प्रबल प्रतिकूल दैव द्वारा सम्पूर्ण पौरुष व्यर्थ हो गया है और बहुत प्रयत्न न करने पर भी किसी कार्य का फल आशा से अधिक मिले तो समझना चाहिये कि भाग्य अनुकूल था। कम से कम अदृष्ट विश्वासी दैववादी पंडितों का तो यही सिद्धांत है।[1]

चेष्टा, उद्योग या पौरुष—उपर्युक्त उपदेशों के साथ साथ दैव के भरोसे सब कुछ छोड़कर निश्चेष्ट रूप से कालयापन करने को बहुत ही निन्दनीय माना है। एक ओर दैव को स्वीकार करने के पक्ष में जितने तर्क उपस्थित किये गये हैं, दूसरी ओर पुरुषार्थ की प्रशंसा करते हुए दैव को बिल्कुल ही हीन बना दिया है। कहा है, पुरुषार्थहीन व्यक्ति केवल दैव के जोर पर किसी भी कार्य में सफल नहीं हो सकता। दैव एवं पुरुषार्थ दोनों एक दूसरे के सहायक हैं। दोनों का संयोग सोने में सुहागे वाली कहावत को चरितार्थ करता है। तेजस्वी पुरुष अपना कर्त्तव्य समझकर दैव की ओर दृष्टिपात किये बिना ही कार्य में लीन हो जाते हैं। अच्छा फल मिले तो बहुत प्रसन्न नहीं होते और यदि भाग्य की प्रताड़ना से उद्यम व्यर्थ हो जाय तो हाथ पाँव छोड़कर एकदम निराश नहीं बैठ जाते, कर्त्तव्यबोध से उन्हें उद्यम में ही आनन्द मिलता है। इसके विपरीत पुरुषार्थहीन व्यक्ति भाग्य के भरोसे हाथ पर हाथ रक्खे बैठे रहते हैं। इस प्रकार के उत्कट दैवविश्वासी को 'क्लीव' की संज्ञा दी गई है।[2] पुरुषार्थ मनुष्य को कार्य करने की प्रेरणा देता है जबकि भाग्यवाद मनुष्य को आलसी बना देता है। कार्य सहज हो या कठिन, दृढ़ संकल्प करके इसमें जुट जाना ही बुद्धिमानी का लक्षण है। जो भाग्य में बदा है वही होगा, यह सोचकर बैठ जाने पर लक्ष्मी अन्तर्हित हो जाती है, अतः दैव की अपेक्षा पुरुषार्थ

---

१. **दैवदिष्टेऽन्यथाभावो न मन्ये विद्यते क्वचित्। इत्यादि। द्रोण १५०।२२, २४-३०**
दैवं प्रज्ञाविशेषेण को निर्वत्तितुमर्हति। आदि १।२४६। भीष्म १२२।२७
दैवमेव परं मन्ये पुरुषार्थो निरर्थकः। वन १७९।२७। उद्योग ४०।३२।

२. **हीनः पुरुषकारेण शस्यं नैवाश्नुते ततः। शान्ति १३९।७९**
दैवं पुरुषकारश्च स्थितावन्योन्यसंश्रयात्।
उदाराणान्तु सत्कर्म दैवं क्लीवा उपासते॥ शान्ति १३९।८२

का मूल्य कहीं अधिक है। अदृष्ट को दूर रखकर आत्मशक्ति में विश्वास रखते हुए कार्य आरंभ करने का उपदेश सभी महापुरुषों ने दिया है; और महाभारत में भी इसी का समर्थन किया गया है।[1]

दैव व पुरुषार्थ के मिलन से कार्यसिद्धि—युधिष्ठिर के प्रश्न के उत्तर में भीष्म ने दैव एवं पुरुषार्थ पर इतना कहा है कि महाभारत का एक अध्याय इसी में समाप्त हो गया है। उन्होंने कहा है कि बहुत पहले महर्षि वशिष्ठ ने भी पितामह ब्रह्मा से यही प्रश्न पूछा था। उत्तर में पितामह ने कहा था, बीज एवं क्षेत्र दोनों के योग के बिना जिस प्रकार वृक्ष आदि की उत्पत्ति नहीं हो सकती, उसी प्रकार दैव और पौरुष दोनों का योग न हो तो किसी भी कार्य में सफलता नहीं मिलती। पुरुषार्थ क्षेत्र है तो दैव बीज।

पुरुषार्थ का प्राधान्य—दैव एवं पुरुषार्थ में पुरुषार्थ ही प्रधान है। अकृतकर्मा पुरुष केवल दैवशक्ति द्वारा कुछ भी पाने में समर्थ नहीं होता। जो इच्छामात्र से सृष्टि, स्थिति व प्रलय की उत्पत्ति कर सकते हैं, उन भगवान विष्णु को भी तपस्या करनी पड़ती है। पुरुषार्थ से यदि कुछ भी न मिलता तो विश्व के सभी प्राणी अदृष्ट के भरोसे नितान्त आलस भाव से जीवन यापन करते। जो व्यक्ति कार्य न करके केवल अदृष्ट की दुहाई देता है, उसका जीवन व्यर्थ है। अदृष्ट हमेशा उद्यम का अनुसरण करता है। बिल्कुल निश्चेष्ट निष्कर्म व्यक्ति को केवल भाग्य के जोर से सफलता मिली हो, ऐसा एक भी उदाहरण दिखाई नहीं देता। जन्मान्तरीय कर्म-फल अनुकूल हो तो छोटे कार्य में भी मनुष्य को आशातीत फल मिल जाता है, ठीक वैसे ही जैसे कि एक छोटी सी अग्नि-स्फुलिंग पवन की अनुकूलता से विराट अग्नि का रूप लेती है। जिस प्रकार तेल के अभाव में प्रदीप की क्षीण ज्योति कुछ क्षणों की रह जाती है, उसी प्रकार कर्म के बिना अदृष्ट की शक्ति भी बहुत कम हो जाती है। दैव के प्रभाव से उच्चकुल, विपुल ऐश्वर्य, एवं नाना प्रकार की भोग्यसामग्री उपलब्ध होते हुए भी पुरुषार्थ के बिना मनुष्य इसका उपभोग नहीं कर पाता, वरन् अल्पकाल में ही सब प्रकार के ऐश्वर्यों की समाप्ति होने पर दुःखी व निराश जीवन व्यतीत करता है। इसके विपरीत प्रतिकूल अवस्थाओं में जन्म लेने पर भी उद्यमी व्यक्ति अपने पुरुषार्थ-बल से सब प्रतिकूलताओं को अनुकूलताओं में परिवर्तित कर देता है। असल में दैव का कोई प्रभुत्व नहीं होता, पुरुषार्थ के सहायक रूप

---

१. **कर्म चात्महितं कार्यं तीक्ष्णं वा यदि वा मृदु।**
ग्रस्यतेऽकर्मशीलस्तु सदानर्थैरकिञ्चनः॥ इत्यादि। शांति १३९। ८३, ८४

में ही उसका एक स्थान व उपयोगिता है, कर्म ही उसका पथ-प्रदर्शक गुरु होता है। भाग्य की छोटी-मोटी प्रतिकूलताओं को ऐकान्तिक कर्म द्वारा निरस्त किया जा सकता है, किंतु दैव बिना पुरुषार्थ के कभी अपनी शक्ति नहीं दिखा सकता। कृषि आदि में भी अदष्ट के भरोसे आकाश की ओर देखते रहना कापुरुषता है; अपने पुरुषार्थ के बल से सिंचाई की व्यवस्था करके उचित फल लाभ किया जा सकता है। अतएव पुरुषार्थ ही एकमात्र अवलम्बनीय है, दैव पर निर्भर रहना कायरता है।[1]

भाग्यवाद से दुख में सान्त्वना—महाभारत में कहीं पुरुषार्थ की अपेक्षा अदृष्ट को प्राधान्य दिया गया है तो कहीं अदृष्ट की अपेक्षा पुरुषार्थ को श्रेष्ट बताया है। लेकिन दोनों की स्वीकृति के संबंध में ग्रंथकार ने किसी मतभेद को स्थान नहीं दिया है। जिन अध्यायों में अदृष्ट को प्रधानता मिली है, वे सब प्रायः किसी न किसी दुखी व्यक्ति को सान्त्वना देने के लिये लिखे गये हैं। दुखी व्यक्ति को सांत्वना देने के लिये अदृष्ट का स्मरण कराने की अपेक्षा सरल मार्ग और कोई नहीं है। अज्ञानाच्छन्न शोक-दुख-जर्जरित व्यक्ति से यदि कहा जाय कि 'तुम्हारा यह दुख पूर्व-जन्म के कर्मों का फल है, इसमें तुम्हारा कोई हाथ नहीं है, यह अखंडनीय है,' तो इन वाक्यों से उसे थोड़ी सांत्वना मिलती है, इसमें कोई सन्देह नहीं है। दैव एव पुरुषार्थ दोनों ही प्रत्येक कार्य के हेतु हैं, किन्तु उद्यम की क्षमता अधिक है।[2] यथोचित प्रयत्न व श्रम करने पर भी यदि कार्य में सफलता न मिले तो अदृष्ट की दुहाई देकर मन को सांत्वना देनी पड़ती है। कहना पड़ता है कि भाग्य का लिखा कोई नहीं मिटा सकता। स्वयं भगवान श्रीकृष्ण ने पांडवों से यह बात कही है।[3]

कार्य के आरम्भ में दैव का स्मरण नहीं करना चाहिये—कार्य किये बिना फल नहीं मिलता। असफल होने पर भी बार-बार यत्न करना चाहिये। यदि किसी भी तरह कार्यसिद्धि न हो तो समझना चाहिये कि अदृष्ट प्रतिकूल है। उस अदृष्ट को अनुकूल बनाना साध्यातीत है, उसके लिये पश्चात्ताप करना व्यर्थ है। किंतु उद्यम कभी नहीं छोड़ना चाहिये। कार्य शुरू करते समय भाग्य के बारे में सोचना उचित नहीं है, अदृष्ट की चिंता मन को पंगु बना देती है। पुरुषार्थ से ही उत्साह व आनन्द मिलता है।[4]

---

१. अनु ६ वाँ अध्याय।
२. दैवे च मानुषे चैव सयुक्तं लोककारणम्। उद्योग ७९।५
३. दैवन्तु न मया शक्यं कर्म कर्त्तुं कथञ्चन। उद्योग ७९।६
४. अनारम्भात्तु कार्याणां नार्थः सम्पद्यते क्वचित्।
कृते पुरुषकारे च येषां कार्यं न सिध्यति।
दैवेनोपहतास्ते तु नात्र कार्या विचारणा। इत्यादि। सौप्तिक २।३३, ३४

जन्मान्तरवाद—भाग्यवाद एवं जन्मान्तरवाद दोनों परस्पर संबद्ध हैं। एक की स्वीकृति से दूसरा अपने आप स्वीकृत हो जाता है। प्रारब्ध कर्मफल दिये बिना नहीं झरते यदि यह मान लिया जाय तो साथ-साथ यह भी मानना पड़ेगा कि यदि कर्मों का फल इस जन्म में न मिले तो उसके लिये दूसरा जन्म निश्चित रूप से लेना पड़ेगा। महाभारत में अदृष्टवाद एवं जन्मान्तरवाद के संबंध में कोई सन्देह ही नहीं उठता। अंशावतरण अध्याय में कौरव-पांडवों के पूर्वजन्म का सम्पूर्ण वृत्तान्त दिया गया है।[1] अज्ञानजनित भोगस्पृहा के फलस्वरूप प्राणी कर्मानुरूप विभिन्न योनियों में भ्रमण करता है। वासना का अंत न होने तक आवागमन चलता ही रहता है। बार-बार जीव को नये रूप में जन्म लेना पड़ता है।[2] पूर्वजन्म का अस्तित्व मानने पर उसी तर्क से परजन्म भी मानना पड़ता है। और इस मत से बाध्य होकर सृष्टि का अनादित्व भी स्वीकार करना पड़ता है; क्योंकि आदिसृष्टि के रूप में कुछ माना जाय तो प्रश्न उठेगा कि सृष्टि के आदि में विषमता का क्या कारण था? उस समय तो जन्मान्तरीय कर्म नहीं थे या फिर भगवान को पक्ष-पाती कहा जाय। इस समस्या से निस्तार पाने के उद्देश्य से ही आस्तिक दर्शन में सृष्टि के अनादित्व को माना है।

अजगर पर्व में जन्मान्तर के संबंध में बहुत कुछ कहा गया है। युधिष्ठिर के प्रश्न के उत्तर में सर्परूपी नहुष ने कहा है, कर्मानुसार मनुष्य को तीन गति मिलती हैं—मनुष्यगति, देवगति और तिर्यञ्चगति। उत्कृष्ट कर्मों के फल से देव योनि, मध्यम कर्मों के फल से मनुष्य योनि और कुकर्मों के फलस्वरूप तिर्यञ्च योनि में जन्म होता है। जिन पशुओं की यज्ञ आदि में बलि दी जाती है, उन्हें उच्च योनि मिलती है। जीव का उत्थान या पतन उसके कर्मफल पर निर्भर होता है।[3] प्रत्येक प्राणी के स्वकृत कर्म छाया की तरह उसकी आत्मा का अनुवर्त्तन करते हैं। जो व्यक्ति कर्मफल या भाग्य को नहीं मानता, जन्मान्तर भी उसके लिये अर्थहीन होता है।[4] जिस प्रकार बीज के जल जाने पर उससे अंकुर नहीं फूट सकते उसी प्रकार आत्मज्ञान

---

१. आदि ६७ वाँ अध्याय।

२. एवं पतति संसारे तासु तास्विह योनिषु।
अविद्याकर्मतृष्णाभिर्भ्राम्यमानाऽथ चक्रवत् ॥ इत्यादि। वन २।७१, ७२

३. तिस्रो वै गतयो राजन् परिदृष्टा स्वकर्मभिः।
मानुष्यं स्वर्गवासश्च तिर्यग्योनिश्च तंत्रिधा ॥ इत्यादि। वन १८१।९-१५

४. तत्रास्य स्वकृतं कर्म छायेवानुगतं सदा।
फलत्यथ सुखार्हो वा दुःखार्हो वाथ जायते ॥ इत्यादि। वन १८३।७८-८६

द्वारा कर्मों के झर जाने पर पुनः शरीर धारण करने की आवश्यकता नहीं पड़ती। जीव की मृत्यु नहीं होती, वह सनातन है। जीव के साथ शरीर के एक विशेष संबंध को जन्म और उस संबंध विच्छेद को मृत्यु कहा जाता है। शरीर से संबंध समाप्त होने पर जीव के कर्मानुरूप दूसरा शरीर धारण करने को पुनर्जन्म कहा जाता है।[1]

पुण्य के उदय से जीव शुभ योनि में एवं पाप के उदय से अशुभ योनि में जन्म लेता है। अविमिश्र शुभ कर्मों के उदय से देवयोनि मिलती है। शुभ कर्मों का चरम फल मुक्ति है। कर्मफल के प्रति निरासक्त रहकर कर्म करने से वह कर्म बंधन के हेतु नहीं बनते।[2]

प्रसिद्ध उपदेष्टा धर्मव्याध ने अपना पूर्वजन्म बताते हुए कहा है, "मेरा जन्म ब्राह्मणवंश में हुआ था। एक मृगयाविलासी राजा मेरा मित्र था। उसकी संगति से मुझे भी धनुर्विद्या का शौक लग गया। एक बार एक ऋषि मेरे शर से आहत हो गये। उसी पाप के कारण मैं ब्राह्मणत्व से भ्रष्ट हो गया और इस जन्म में व्याध के घर पैदा हुआ।[3] जन्म व मृत्यु दोनों ही अवश्यम्भावी हैं, अतः इस पर शोक करना व्यर्थ है।[4] मृत्यु व जन्मान्तर को लेकर कई दृष्टान्तमूलक उक्तियाँ भी महाभारत में कही गई हैं। गीता में आया है कि मनुष्य जिस प्रकार पुराने वस्त्र को छोड़कर नया वस्त्र धारण करता है, उसी प्रकार जीव भी जीर्ण शरीर का त्याग करके नया शरीर धारण करता है।[5] अन्यत्र कहा गया है—पुराना हो या नया, मनुष्य इच्छानुरूप एक वस्त्र को त्याग कर दूसरा धारण कर सकता है, उसी प्रकार नया शरीर धारण करना भी स्वकृत कर्मों पर निर्भर करता है। अर्थात् मुक्ति के अनुकूल कर्म करने पर जन्म लेने की आवश्यकता नहीं रहती। मुक्त आत्मा दुबारा जन्म नहीं

---

१. बीजानि ह्यग्निदग्धानि न रोहन्ति पुनर्यथा।
ज्ञानदग्धैस्तथा क्लेशैर्नात्मा संयुज्यते पुनः॥ वन १९९।१०८
यथाश्रुतिरियं ब्रह्मन् जीवः किल सनातनः।
शरीरमध्रुवं लोके सर्वेषां प्राणिनामिह॥ इत्यादि। वन २०८।२३-२८

२. शुभकृच्छुभयोनिषु पापकृत् पापयोनिषु। इत्यादि। वन २०८।३१-४३
प्राप्य पुण्यकृतां लोकानुषित्वा शाश्वतीः समाः। इत्यादि। भीष्म ३०।४१-४३

३. श्रृणु सर्वमिदं वृत्तं पूर्वदेहे ममानघ। इत्यादि। वन २१४।२१-३१

४. पुनर्नरो म्रियते जायते च। इत्यादि। उद्योग ३६।४६, ४७
जातस्य हि ध्रुवो मृत्युर्ध्रुवं जन्म मृतस्य च। भीष्म २६।२७। स्त्री ३।१६

५. वासांसि जीर्णानि यथा विहाय। इत्यादि। भीष्म २६।२२

लेती।[1] आत्मा की गृह के साथ तुलना की गई है। मनुष्य जिस प्रकार एक घर छोड़कर दूसरे घर में रहने चला जाता है, उसी प्रकार जीव भी एक शरीर छोड़कर दूसरा शरीर धारण कर लेता है। मृत्यु जीर्ण शरीर का परित्याग मात्र है, और कुछ नहीं। आत्मा में मृत्यु से कोई परिवर्त्तन नहीं होता।[2] मनुष्य के जीवन में प्रिय-अप्रिय जो कुछ घटता है उसका मूल कारण जन्मान्तरीय कर्मफल होता है। प्राज्ञ हो या मूढ़, निर्बल हो या बलवान कोई भी कर्मफल के हाथों से निस्तार नहीं पा सकता। जन्मजन्मान्तरों तक एक ही अविनश्वर जीव नये नये शरीर धारण करके कृत कर्मों का फल भोगता है। जो महापुरुष संसार के इस आवागमन का मर्म भली भाँति समझ कर विषय वासनाओं से विरक्त हो जाता है, उसी को मोक्ष लाभ होता है।[3]

एक स्थान पर वर्णित है कि एक तपस्वी शूद्र ने अगले जन्म में राजपरिवार में जन्म लिया, जबकि एक ऋषि जो उस तपस्वी शूद्र का पुरोहित था, अगले जन्म में भी पुरोहित के रूप में जन्मा।[4] इस जन्म के कर्मों द्वारा दूसरे जन्म का अनुमान किस प्रकार होता है एवं किस तरह के कर्मों से किस योनि में जीव जाता है, इसका विस्तृत वर्णन संसारचक्रकथनाध्याय में विवृत हुआ है।[5] यह तो हम पीछे ही बता चुके हैं कि जीव जिस शरीर में, जिस काल में जो कर्म करता है, अगले जन्म में वही शरीर धारण करके उसी काल में उन कर्मों का फल भोगता है।[6] लेकिन यह कथन युक्तिसंगत प्रतीत नहीं होता; क्योंकि यह निश्चित रूप से कैसे कहा जा सकता है

---

१. यथा जीर्णमजीर्णं वा वस्त्रं त्यक्त्वा तु पुरुषः।
अन्यद्रोचयते वस्त्रमेवं देहाः शरीरिणाम्॥ स्त्री ३।८

२. यथाहि पुरुषः शालां पुनः सम्प्रविशेन्नवां।
एवं जीवः शरीराणि तानि तानि प्रपद्यते। इत्यादि। शांति १५।५७, ५८। शान्ति २७४।३३

३. पूर्वदेह कृतं कर्म शुभं वा यदि वाशुभम्।
प्राज्ञं मूढं तथा शूरं भजते यादृशं कृतम्। इत्यादि। शांति १७४।४७-४९ शांति २७४।३६

४. अर्थदीर्घस्य कालस्य स तप्यन् शूद्रतापसः।
वने पंचत्वमगमत् सुकृतेन च तेन वै।७ इत्यादि। अनु १०।३४-३६

५. अनु १११ वाँ अध्याय।

६. येन येन शरीरेण यद् यत् कर्म करोति यः।
तेन तेन शरीरेण तत्तत् फलमुपाश्नुते॥ अनु ११६।३७

कि जीव परजन्म में भी उसी योनि में जायगा, जिसमें पूर्वजन्म में था। हां असत् कर्मों से सदा दूर रहने के निमित्त इस उक्ति को उपयोगी माना जा सकता है। असत् कर्मों का फल भोगने के लिये जीव किस रूप में जन्म लेता है, यह बताने के लिये परवर्ती अध्याय में एक कीट की कथा कही गई है। कीट कहता है, "मैं पूर्वजन्म में नृशंस, सूदखोर कदर्यप्रकृति का व्यक्ति था। मुझ में परस्वहरण करना, भृत्यों व अतिथियों का अनादर करना, देवताओं पर, पितरों की श्रद्धा न करना आदि अवगुण कूट-कूट कर भरे हुए थे। इसी कारण वर्त्तमान जीवन में मेरी अवस्था इतनी शोचनीय है।[1]

स्वधर्मभ्रष्ट व्यक्ति अगले जन्म में नीच योनि में जाता है और स्वधर्मनिष्ठ व्यक्ति उत्तरोत्तर उच्च योनि में जाता है। शुभ एवं अशुभ कर्मों के फल से ही उच्च या नीच योनि में जन्म होता है, यह उमा-महेश्वर-संवाद में भी कहा गया है।[2] अल्पप्रज्ञता, जन्मान्धता, क्लीवता आदि का कारण भी पूर्वजन्म की दुष्कृतियाँ ही होती हैं। यदि यह कहा जाय कि माता-पिता के शरीर या मन की किसी विकृति के कारण भी तो शिशु का जन्म इस रूप में हो सकता है, तो इस पर जन्मान्तरवादी या भाग्यवादी कहेंगे कि पूर्वजन्म के पाप कर्मों के उदय से ही तो जीव इस प्रकार के माता पिता के संसर्ग में आता है। इस जगत् में कारण के बिना कोई कार्य नहीं होता।[3] अनुगीता पर्व में कहा गया है कि, हम लोग बार-बार जन्म लेते व मरते हैं। हमने विभिन्न जन्मों में नाना प्रकार के आहार्य लिये हैं। अनेक जननियों के स्तनों का स्वाद लिया है। विचित्र सुख-दुखों का अनुभव हमें हुआ है। प्रत्येक जीवन में प्रिय-अप्रिय बहुत सी घटनाओं को सहन करना पड़ा है।[4]

कालतत्त्व—विश्वरूपदर्शन नामक अध्याय में भगवान ने कहा है "मैं ही लोकक्षयकारी महाकाल हूँ"।[5] इस उक्ति से यह तात्पर्य निकलता है कि काल भगवत्स्वरूप है, पृथक् रूप से काल का निर्णय करना असम्भव है। काल के संबंध में विभिन्न दर्शनों में यद्यपि विभिन्न विचार प्रदर्शित हुए हैं, किंतु किसी एक का

---

१. अहमासं मनुष्यो वै शूद्रो बहुधनः प्रभो।
अब्रह्मण्यो नृशंसश्च कदर्यो वृद्धिजीवनः॥ अनु ११७।१९-२३

२. अनु १४३ वाँ अध्याय।

३. अनु १४५ वाँ अध्याय।

४. पुनः पुनश्च मरणं जन्म चैव पुनः पुनः।
आहारा विविधा भुक्ता पीता नानाविधाः स्तनाः॥ अश्व १६।३२-३७

५. कालोस्मि लोकऽक्षयकृत् प्रवृद्धः। भीष्म ३५।३२

सिद्धान्त गृहीत नहीं हुआ है। इस विषय में मतभेद बहुत अधिक है। प्राचीन नैयायिक व वैशेषिक आचार्यों ने काल को अष्टद्रव्यों के अलावा द्रव्यस्वरूप माना है तो तार्किकाचार्य रघुनाथ शिरोमणि ने दिक् व काल को ईश्वर का अंतर्भूत कहा है। मीमांसक आचार्य भी काल को द्रव्य के रूप में मानते हैं। काल के संबंध में तो हर एक का अपना अलग मत है। महाभारत में केवल एक जगह एक वाक्य में काल का स्वरूप बताया है, वैसे उसकी सर्वातिशायिनी शक्ति का वर्णन बहुत जगह मिलता है। यथा—काल में यह ब्रह्मांड लीन है, काल ही उद्भव है, काल ही क्षय है, काल को कभी विश्राम नहीं है। उसकी गति अप्रतिहत है। सब वस्तुएँ जराग्रस्त होती हैं। किन्तु काल नित्य नूतन रहता है। उसके अन्तर्गत रहकर सब वस्तुएँ उसी के इंगित पर चलती हैं, उसमें कभी कोई विकृति नहीं पैदा होती। काल के लिए प्रिय अप्रिय कुछ नहीं होता, काल का अतिक्रम करना साध्यातीत है, वह सदा सबको आकर्षित करता रहता है। तृणसमूह जिस प्रकार वायु द्वारा संचालित रहते हैं उसी प्रकार यह अखिल विश्व काल द्वारा परिचालित होता है।[1] काल अपने तेज से सबको अभिभूत कर देता है। अनन्त काल के गर्भ में प्राणियों की व्यक्त-अव्यक्त रूप से निरन्तर लीला चलती रहती है। काल ही स्रष्टा है, काल ही संहारक है। काल की शक्ति अप्रमेय है, वह आदि अन्त हीन है। अग्नि, प्रजापति, ऋतु, मास, पक्ष, दिन, क्षण, पूर्वाह्न, मध्याह्न, अपराह्न आदि संज्ञाओं में एक ही अखंड रूप महाकाल को अपनी अपनी सुविधा के उद्देश्य से अभिहित किया गया है।[2]

काल द्वारा पीड़ित व्यक्ति का उद्धार करने की शक्ति किसी में नहीं होती। युग-युगांतरों में कितने जीव-अजीव में उद्बुद्ध होकर फिर से काल के गर्भ में समा गये, उसकी कोई गिनती नहीं है। मनुष्य का सुख व दुख पर्यायक्रम से काल के ही अधीन है। काल की अपेक्षा शक्तिशाली और कोई नहीं है। जिसे काल की सर्वातिशायिनी शक्ति का माहात्म्य अच्छी तरह ज्ञात है, वह किसी भी अवस्था में विचलित नहीं होता।[3] बुद्धि, तेज, प्रतिपत्ति सब कुछ काल के अधीन है। अर्जुन जैसे वीर

---

१. कालः कर्षति भूतानि सर्वाणि विविधान्युत।
न कालस्य प्रियः कश्चिन्न द्वेष्यः कुरुसत्तम॥ इत्यादि। स्त्री ९।१४, १५

२. सर्वं कालः समादत्ते गंभीरः स्वेन तेजसा। इत्यादि। शांति २२४।१९, २०
कालः सर्वं समादत्ते कालः सर्वं प्रयच्छति।
कालेन विहितं सर्वं मा कृथाः शक्र पौरुषम्॥ इत्यादि। शान्ति २२४।२५-६०

३. शान्ति २२७ वाँ अध्याय।

तक दस्युहस्त यादव महिलाओं का उद्धार नहीं कर पाये। शस्त्रविस्मृति से उनकी तेजस्विता मूढ़ता में परिणत हो गई, यह काल का प्रभाव नहीं तो और क्या है? अर्जुन के पश्चात्ताप करने पर उन्हें सांत्वना देते हुए महर्षि कृष्णद्वैपायन ने कहा है, "हे अर्जुन संसार में जो कुछ भी देखते हो वह सब कालमूलक है। काल स्वेच्छानुसार संहार करता रहता है। आज जो व्यक्ति बहुत ही शक्तिशाली व सम्माननीय समझा जाता है, कालांतर में वही अत्यन्त दीन व अवज्ञा का पात्र बन जाय तो कोई आश्चर्य नहीं। काल की सामर्थ्य अवर्णनीय है।"[1] दिवारात्रि के भेद से अवस्था का परिवर्त्तन एवं ऋतुभेद से प्रकृति के नित्य नये खेल सभी की आँखों के समक्ष होते हैं; इसी प्रकार एक कल्पित, सांकेतिक स्थूल काल के अवसान में सम्पूर्ण जगत् का जो विराट् परिवर्त्तन दिखाई देता है, इसी का नाम युगराप्ति है। युगसंधि के बाद ही परवर्त्ती युग का आरंभ हो जाता है। प्रत्येक युग की अपनी भिन्न प्राकृतिक अवस्था होती है। पुराणों के युगवर्णन प्रसंग में प्रकृति की विभिन्न अवस्थाओं का विस्तृत वर्णन मिलता है। मार्कण्डेयरामास्यापर्व में भी अनेक वर्णन मिलते हैं। प्रत्येक युग में मनुष्य की प्रकृति, बुद्धि, हाव-भाव इत्यादि में परिवर्त्तन होता रहता है। अविनश्वर काल कभी सूक्ष्म तो कभी स्थूल रूप में अपना स्वरूप बदलता रहता है। प्रत्येक दिन का प्रत्येक मुहूर्त्त विचित्र होता है, एक के साथ दूसरे की कोई समानता नहीं होती। काल की इस असाधारण शक्ति की उपलब्धि के बाद ही ऋषियों ने उसे 'सर्वक्षयकृत', 'अनादिनिधन', 'स्वतन्त्र' आदि विशेषणों से विभूषित किया है।[2]

स्वर्ग, नर्क व परलोक—पुराण आदि में स्वर्ग, नर्क एवं परलोक के बहुत से चित्र अंकित हुए हैं। उन चित्रों को देखने से यह धारणा बनती है कि स्वर्ग केवल सुख संभोग का एक स्थान है और नर्क कुकर्मी पापियों को कठोर दंड देने लायक विभिन्न प्रकार के उपकरणों से भरी हुयी एक दुर्गंधमय वीभत्स जगह। परलोक की कल्पना से भी इसी प्रकार का एक सुख दुख जड़ित चित्र सामने आता है। कुछ पौराणिक चित्रों को छोड़कर हमारी कल्पना जैसे आगे बढ़ना ही नहीं चाहती। महाभारत में कहा गया है—स्वर्ग का अर्थ है नित्य सुख अर्थात् जिस सुख के साथ दुख की कल्पना तक जुड़ी न हो उसी सुख का दूसरा नाम स्वर्ग है। बहुत ही पुण्य के उदय से मनुष्य को यह सुख मिलता है। जिस जगह मनुष्य इस नित्यसुख का उप-

---

१. **कालमूलमिदं सर्वं जगद्बीजं धनंजय।**
काल एव समादत्ते पुनरेव यदृच्छया॥ इत्यादि। मौषल ८।३३-३६

२. **वन १९० वाँ अध्याय। शान्ति २३७।१४-२१**

भोग करता है, उसका नाम है स्वर्गलोक। मर्त्यलोक का सुख दुख-मिश्रित होता है, यथाक्रम इस सुख दुख का भोग मनुष्य को करना ही पड़ता है। मनुष्य योनि में किसी के भी भाग्य में केवल सुख या केवल दुख नहीं लिखा होता। केवल दुख का नाम नर्क है और जिस लोक में पापातमा जीव केवल दुख ही भोगते हैं, उसका भी नाम नर्क है। स्वर्ग प्रकाशमय है तो नर्क तमोमय। प्रकाश व तम दोनों की मिश्रित अवस्था को 'सत्यानृत' कहा जाता है। इहलोक में सभी प्राणी सत्यानृत भोगते हैं। जो सदा सत्कार्य के लिए तत्पर रहते हैं उन्हें अमिश्रित सत्य या प्रकाश का संधान मिल जाता है और वही उनका स्वर्गसुख होता है। कुकर्मरत व्यक्ति केवल दुख उठाते हैं, उसी को 'नर्क' की संज्ञा मिली है, सत्य ही धर्म है, धर्म ही प्रकाश है और प्रकाश ही सुख है। अनुकूल चेष्टा के बिना कभी इच्छापूर्ति नहीं होती, इसलिये सुखप्राप्ति के अनुकूल कार्य करने चाहिये। वह कार्यपद्धति श्रुति व स्मृति में नाना रूपों में प्रकट हुई है। राहुग्रस्त चन्द्रमा की निष्प्रभता के बारे में जिस प्रकार किसी को बताना नहीं पड़ता उसी प्रकार तमोभिभूत व्यक्ति के सुखचैन का तिरोभाव भी उसके अपने व दूसरों के समक्ष स्वयं ही प्रकट हो जाता है।[1] सुख दो प्रकार का होता है—शारीरिक व मानसिक। यद्यपि सुख की अनुभूति मन के द्वारा ही होती है तथापि शरीर के स्वास्थ्य व साफ-सुथरेपन से जिस सुख का उद्भव होता है उसे 'शारीरिक' सुख कहा गया है।[2] सुकृत सुख का एवं दुष्कृत दुख का हेतु होता है।[3]

स्वर्गलोक का जो वर्णन मिलता है, उसमें स्वर्गलोक को मर्त्यलोक के ऊपर अवस्थित बताया है। सत्कर्मपरायण व्यक्ति ही देवयानमार्ग से वहाँ प्रवेश कर सकता है। देवलोक में सभी दिव्यदेह एवं दिव्यभाव वाले होते हैं। वहाँ क्षुधा, तृष्णा की ताड़ना नहीं होती। स्वर्गलोकवासी सर्वप्रकार से पार्थिव सुख-दुखों से ऊपर रहकर अपार्थिव परम सुख में निमग्न रहते हैं। वहाँ अशुभ या वीभत्स कुछ नहीं होता। वहाँ का स्पर्श, रस, गंध सब कुछ मनोज्ञ होता है। शोक, जरा, आयास, परिदेवना, अतृप्ति आदि का वहाँ कोई स्थान नहीं होता। वहाँ के निवा-

---

१. नित्यमेव सुखं स्वर्गः सुखं दुःखमिहोभयम्।
नरके दुःखमेवाहुः सुखं तत् परमं पदम्॥ शान्ति १९०।१४
स्वर्गः प्रकाश इत्याहुर्नरकं तम एव च।
सत्यानृतं तदुभयं प्राप्यते जगतीचरैः॥ इत्यादि। शान्ति १९०।३-८
तमोऽप्रकाशो भूतानां नरकोऽयं प्रदृश्यते। उद्योग ४२।१४

२. तत् खलु द्विविधं सुखमुच्यते, शारीरं मानसञ्च। शांति १९०।९

३. सुकृतात् सुखमवाप्यते दुष्कृताद्दुःखमिति। शांति १९०।१०

सियों का शरीर तेजोदीप्त होता है।[1] किन्तु ऐसी जगह जाकर भी मुक्तिकामी व्यक्ति सुखी नहीं रहता वह उससे भी ऊपर पहुँच कर परमब्रह्म में मिलना चाहता है। स्वर्ग ही सबका अभिलषित है, यह कहना अनुचित होगा, क्योंकि स्वर्ग से भ्रंश होने की आशंका रहती है। भोग के द्वारा पुण्य का क्षय होने पर वहाँ से पुनः मर्त्यलोक में आना पड़ता है। इसलिये निष्काम व्यक्ति स्वर्ग के सुख को भी तुच्छ समझता है। इसके अन्तिम परिणाम की कल्पना के बाद उसके प्रति, भी कोई विशेष आकर्षण नहीं रह जाता।[2] जिस जीव ने एकमात्र मुक्ति को अपने जीवन का लक्ष्य बना लिया हो, उसके लिये स्वर्ग सोने की जंजीरों के सिवा कुछ नहीं रह जाता। उसे स्वर्ग और नर्क में कोई विशेष अन्तर नहीं दिखाई देता। महाभारतकार ने यह स्पष्ट रूप से कहीं नहीं बताया कि वे स्वर्ग को एक विशिष्ट स्थान मानते हैं या नहीं। उपर्युक्त दो प्रकार के वर्णन ग्रंथ में मिलते हैं। अर्जुन के इन्द्रलोकगमन का वर्णन करते हुए ग्रंथकार कहते हैं—हिमालय पर्वत के ऊपर एक दिव्य नगरी है, वही स्वर्गपुरी है। वह पुरी सिद्धचारण सेवित है। सब ऋतुओं के कुसुमों से सुरभित है। पापी पुरुष वहाँ नहीं जा सकते। घृताची, मेनका, रम्भा, उर्वशी आदि अप्सराएँ वहाँ की नर्त्तकियाँ हैं। वहाँ चित्त को प्रसन्न करने के सब साधन उपलब्ध हैं।[3] मनष्य का चित्त पुण्यकर्मों की ओर आकृष्ट हो सके, इसी उद्देश्य से शायद स्वर्ग की ऐसी विचित्र कल्पना की गई है।

अब यदि स्वर्ग नित्यसुख का दूसरा नाम है तो किसी स्थान का नाम स्वर्ग कैसे हो सकता है? दूसरे मत से यदि स्थानविशेष को स्वर्ग की संज्ञा दी जाय तो विशुद्ध सुख को स्वर्ग कैसे कहा जा सकता है? स्वर्गारोहण पर्व में स्पष्ट रूप से कहा गया है कि स्वर्ग एक विशिष्ट स्थान का नाम है। वहाँ की त्रैलोक्यपावनी देवनदी के वर्णन एवं दूसरे ऐश्वर्य वर्णनों से एक उत्कृष्ट पुरी की कल्पना मन में उभरती है। स्वर्ग के निकट ही एक घोर अन्धकाराच्छन्न, दुर्गंधमय स्थान बताया है, जिसे नर्क कहा गया है। इस वर्णन से तो प्रकट होता है कि स्वर्ग व नर्क दोनों अगल-बगल

---

१. उपरिष्टाच्च स्वर्लोको योऽयं स्वरिति संज्ञितः। इत्यादि। वन २६०। २-१५

२. पतनान्ते महद्दुःखं परितापं सुदारुणम्। वन २६०।३९
क्षीणे पुण्ये मर्त्यलोकं विशन्ति। इत्यादि। भीष्म ३३।२१। आदि ९०।२
सुखंह्यनित्यं भूतानामिह लोके परत्र च। शान्ति १९०।७

३. वन ४३ वां अध्याय।

हैं। युधिष्ठिर को स्वर्ग जाते हुए रास्ते से ही नर्क के दर्शन हुए थे।[1] एक दूसरी जगह इस मर्त्यलोक को ही 'भौमनर्क' कहा गया है। आध्यात्मिक, आधिदैविक एवं आधिभौतिक के नाम से त्रितापयुक्त पृथ्वी की नर्क से तुलना करते हुए यह अत्युक्ति आई है। नर्क दुःखमय है और मोक्षार्थी की दृष्टि से यह संसार भी दुःखमय है; इसलिये शायद संसार को 'भौमनर्क' माना है।[2]

शुभ कर्मों के उदय से स्वर्ग एवं अशुभ कर्मों के उदय से नर्क मिलता है, यह पग-पग पर दुहराया गया है।[3] हिमालय पर्वत की उत्तर दिशा को 'परलोक' कहा है।[4] इस कल्पना की कोई सार्थकता है या नहीं, यह विवेचनीय विषय है। किंतु परलोक के वर्णन में तो इस स्थान को बहुत ही पवित्र, मंगलमय तथा मनोज्ञ बताया है। इस वर्णन को पढ़कर उसके प्रति आकर्षण होना स्वाभाविक ही है। परलोक के अस्तित्व के संबंध में भी बहुत कुछ कहा गया है।[5]

नास्तिक का लक्षण—पारलौकिक कार्यों में जिसकी आस्था न हो, वही नास्तिक है।[6]

---

१. स्वर्गा २रा तथा ३रा अध्याय।

२. इमं भौमं नरकं ते पतन्ति। आदि ९०।४

३. वन १८१।२। अनु १३०।३९। अनु १४४।५-१७, ५२

४. उत्तरे हिमवत्पार्श्वे पुण्ये सर्वगुणान्विते।
पुण्य क्षेम्यश्च काम्यश्च स परो लोक उच्यते। शांति १९२।८-१०

५. उद्योग ३५।६८। शांति २८।४२। अनु ७३ वाँ तथा १०२ वाँ अध्याय।

६. पारलौकिककार्येषु प्रसुप्ता भृशनास्तिकाः। शांति ३२१।१०

आन्वीक्षिकी

आन्वीक्षिकी की उपादेयता—आन्वीक्षिकी या तर्कविद्या का नाम कई स्थानों पर आया है। शास्त्रमीमांसा में आन्वीक्षिकी विद्या की उपयोगिता एवं प्रशस्तता को सब ने एकमत से माना है। शास्त्रानुमोदित वाद-विवाद को महाभारत में बहुत ऊँचा स्थान मिला है। स्वयं भगवान ने कहा है—"मीमांसा में मैं वादस्वरूप हूँ।"[१] वाद-विवाद द्वारा तत्त्व का निर्णय होता है, यही वाद की प्रशस्तता है।

जनक-याज्ञवल्क्य के संवाद में कथित है—वेदान्तशास्त्री गंधर्व विश्वावसु ने महर्षि याज्ञवल्क्य से वेद के विषय में चौबीस और आन्वीक्षिकी के संबंध में एक प्रश्न किया। याज्ञवल्क्य ने देवी सरस्वती का ध्यान करके श्रुतिदर्शित आन्वीक्षिकी की सहायता से उपनिषदों के कथन की मन ही मन मीमांसा करके प्रश्नों के उत्तर दिये।[२] महर्षि याज्ञवल्क्य एक स्थान पर राजर्षि जनक से कहते हैं—"हे राजश्रेष्ठ, यह आन्वीक्षिकी विद्या मोक्ष के लिये, त्रयी वार्त्ता व दण्डनीति से भी अधिक उपयोगी है। मैंने इसके विषय में तुम्हें पर्याप्त बता दिया है।"[३]

विश्वावसु के प्रश्नों के उत्तर में महर्षि ने जो कुछ कहा है, वह भी गौतम के मत का समर्थन करता है। ऐश्वर्यभोग को मुक्ति नहीं कहा जा सकता, क्योंकि वह भी दुःखस्वरूप है।[४] युक्तिपूर्ण तर्क द्वारा वेदों का श्रवण या मनन करके कोई विशिष्ट धारणा बनानी चाहिये।[५] वेद द्वारा परम पुरुष का श्रवण एवं आन्वीक्षिकी

---

१. वादः प्रवदतामहम् । भीष्म ३४।३२

२. विश्वावसुस्ततो राजन् वेदान्तज्ञान कोविदः।
चतुर्विंशस्ततोऽपृच्छत् प्रश्नान् वेदस्य पार्थिवः।। शांति ३२८।२७-३३
तत्रोपनिषदञ्चैव परिशेषञ्च पार्थिव।
मथ्नामि मनसा तात दृष्ट्वा चान्वीक्षिकीं पराम्।। शांति ३१८।३४

३. चतुर्थी राजशार्दूल विद्यैषा साम्परायिकी।
उदीरिता मयातुभ्यं पंचविंशादधिष्ठिता।। शांति ३१८।३५

४. अक्षयत्वात् प्रजनने अजमत्राहुरव्ययम् शांति ३१८।४६

५. विद्योपेतं धनं कृत्वा कर्मणा नित्यकर्मणि।
एकांतदर्शना वेदाः सर्वे विश्वावसो स्मृताः।। शांति ३१८।४८

द्वारा मनन करना चाहिए, यही याज्ञवल्क्य कहना चाहते हैं। समग्र वेदशास्त्रों का अध्ययन करके भी यदि पाठक उनका प्रतिपाद्य विषय अच्छी तरह न समझ सके तो वह नितान्त करुणा का पात्र कहलाता है। न्याय अर्थात् तर्कशास्त्र के बिना केवल वेदों के श्रवण से मुक्ति नहीं मिलती; तब तो श्रोता बस इतना ही समझ सकता है कि मोक्ष नामक कोई वस्तु भी संसार में है। वेदार्थ के श्रवण एवं तर्क की सहायता से उसके मनन की उपयोगिता की ग्रंथ में विशेष रूप से प्रशंसा की गई है।[1]

तर्कविद्या या युक्तिशास्त्र का ज्ञान होना राजाओं के लिये आवश्यक माना जाता था। इसी कारण तर्कशास्त्र से ज्ञानलाभ करने का उन्हें उपदेश दिया गया है। राज्य की रक्षा के लिये न्याय आवश्यक है और तर्कशास्त्र का ज्ञान न हो तो न्यायपद्धति अच्छी नहीं हो सकती। मनु, याज्ञवल्क्य, गौतम आदि ऋषियों ने भी तर्कशास्त्र की उपादेयता स्वीकार की है। तर्क द्वारा मनन किये बिना धर्म का निर्णय नहीं किया जा सकता।[2] मनीषियों ने नाना प्रकार के न्यायशास्त्रों का उपदेश दिया है, लेकिन विचार उन्हीं पर करना चाहिये, जो हेतु व आगम अर्थात् श्रुति व स्मृति के विरुद्ध नहीं हैं। टीकाकार नीलकंठ ने वैशेषिक, सांख्य व पातञ्जल को न्यायशास्त्र कहा है; किन्तु न्यायशास्त्र साधारणतः गौतम की आन्वीक्षिकी विद्या को ही समझा जाता है। इसलिये आन्वीक्षिकी, न्याय आदि शब्द योगरूढ़ हैं।[3]

असाधु तर्क की निन्दा—कई जगह तर्कविद्या की निन्दा भी की गई है, परन्तु यह निन्दा आर्षशास्त्रविरोधी असाधु तर्कविद्या को लक्ष्य करके हुई है। नास्तिक तर्कविद्या श्रुति निन्दनीय मानी गई है। मनु आदि शास्त्रकारों ने भी वेद विरुद्ध शास्त्रों की निन्दा की है। इन्द्र काश्यप संवाद में आन्वीक्षिकी को 'निरर्थक' कहा है, लेकिन यह शब्द उस तर्कशास्त्र के लिये प्रयुक्त हुआ जो आर्षशास्त्र के प्रतिवाद-स्वरूप रक्खा जाता है। कहा है कि तर्कविद्याजनित मदांधता के कारण जो पंडित वेदों की प्रामाणिकता में सन्देह करने लगे थे उन्हें दूसरे जन्म में शृगाल का रूप

---

१. वेदवादं व्यपाश्रित्य मोक्षाऽस्तीतिप्रभाषितुम्।
अपेतन्यायशास्त्रेण सर्वलोकविगर्हिणा।। शांति २६८।६४

२. युक्तिशास्त्रञ्च ते ज्ञेयम्। इत्यादि। अनु १०४।१०८। अनु १२।१-५

३. न्यायतन्त्राण्यनेकानि तैस्तैरुक्तानि वादिभिः।
हेत्वागमसमाचारैर्यदुक्तं तदुपास्यताम्।। शांति २१०।२२। नीलकंठ देखिये।

मिला था, अतः ऐसी विद्या निश्चित रूप से आर्षशास्त्र समर्थित तर्कविद्या नहीं मानी जा सकती।[1]

पत्र परीक्षा प्रकरण में भी आया है कि "वेदों को अप्रामाणिक मानना, आर्षशास्त्र का उल्लंघन करना, मन में संशय रखना और असयंमता ये नाश के कारण हैं। स्वयं को पंडित समझने वाला जो अभिमानी व्यक्ति निरर्थक तर्कविद्या द्वारा वेदों की निन्दा करता फिरता है, जो पंडितों की सभा में अप्रामाणिक तर्कों द्वारा शास्त्रविरोधी सिद्धान्त स्थापित करने का प्रयास करता है, जो नितान्त उद्धत व परुषवक्ता होता है, उस मूढ़ सशंकी व्यक्ति को कुत्ते जैसा समझना चाहिये।[2]

प्राचीन काल में आचार्य शास्त्रश्रवण के अधिकारी की विवेचना किये बिना उपदेश ही नहीं देते थे। श्रद्धालु, गुरुभक्त, अमत्सर शिष्य ही शास्त्रोपदेश सुनने के उपयुक्त पात्र समझे जाते थे। शास्त्रश्रवण के अनधिकारियों की तालिका में 'हेतुदुष्ट' का नाम भी आया है।[3] जो व्यक्ति अप्रामाणिक तर्कों की सहायता से प्रत्येक विषय का प्रतिवाद करता है, वही 'हेतुदुष्ट' कहलाता है। एक जगह आचार्यों को सावधान करते हुए कहा है कि तर्कदग्ध एवं खल प्रकृति जिज्ञासु को कोई उपदेश नहीं देना चाहिये। वेदविरोधी तर्कमीमांसा से जिसकी बुद्धि दग्ध हो गई हो अर्थात साधु-विषयों के संबंध में जो गलत धारणा रक्खे वही तर्कदग्ध है।[4] श्रुति एवं प्रत्यक्ष प्रमाण इन दोनों में कौन अधिक महत्त्वपूर्ण है—इस प्रश्न के उत्तर में भीष्म ने कहा है, "विद्वान मीमांसक मन-वचन से अगोचर किसी भी अबाधित सत्य को स्वीकार नहीं करना चाहते।"[5] गौतम ने अपने न्यायशास्त्र में सर्वत्र श्रुतिप्रमाण पर जोर दिया है। जहाँ और किसी तरह मीमांसा करना संभव नहीं होता, वहीं श्रुति पर जोर डाला गया है और साधारणतः श्रुति के अनुकूल मीमांसा की ओर ही लक्ष्य रखा गया है। अतः इससे यह तात्पर्य निकलता है कि

---

१. अहमासं पंडित को हेतुको वेदनिन्दकः।
आन्वीक्षिकीं तर्कविद्यामनुरक्तो निरर्थिकाम्॥ इत्यादि। शांति १८०। ४७-४९

२. अप्रामाण्यञ्च वेदानां शास्त्राणां चाभिलंघनम्।
अव्यवस्था च सर्वत्र एतन्नाशनमात्मनः॥ इत्यादि। अनु ३७।११-१५

३. न हेतुदुष्टाय गुरुद्विषे वा। अनु १३४।१७

४. न तर्कशास्त्रदग्धाय तथैव पिशुनाय च। शांति २४५।१८

५. प्रत्यक्षं कारणं दृष्ट्वा हैतुकाः प्राज्ञमानिनः।
नास्तीत्येवं व्यवस्यन्ति सत्यं संशयमेव च॥ अनु १६२।५

तकशास्त्री केवल प्रत्यक्ष प्रमाणवादी एवं चार्वाकमतावलम्बी होते हैं। असाधु तर्कवाद को शुष्क तर्क की संज्ञा भी दी गई है। महाभारत में शुष्क तर्क का त्याग करके श्रुति व स्मृति का आश्रय लेने का उपदेश दिया गया है।[1]

उपर्युक्त कथन से पता चलता है कि श्रुति एवं स्मृति सिद्धान्तों के पक्ष में जो तर्क प्रस्तुत किये जाते हैं, वे शुष्कतर्क नहीं हैं। आर्षशास्त्र विरोधी तर्क ही शुष्कतर्क या नास्तिक हेतुवाद के नाम से प्रसिद्ध हैं। रामायण में भी एक जगह रामचन्द्र ने कहा है कि बहुत से अभिमानी पंडित मुख्य धर्म को छोड़कर आन्वीक्षिकी ज्ञान के बल पर निरर्थक वाद-विवाद करते रहते हैं।[2] यहाँ आन्वीक्षिकी शब्द का अर्थ 'नास्तिक लोकायत विद्या' है। क्योंकि वाल्मीकि का उद्देश्य यदि प्रकृत न्यायशास्त्र की निन्दा करना होता तो वे उत्तर कांड में तार्किक पंडितों को विशिष्ट समासदों में कभी नहीं गिनते।[3] उपर्युक्त मीमांसा से यह स्पष्ट हो जाता है कि गौतम के न्यायशास्त्र की निंदा करना महाभारत का उद्देश्य नहीं है। श्रुति व स्मृति विरोधी तर्क को ही निन्दनीय माना है।

टीकाकार नीलकंठ ने कहा है, जो पंडित तर्क द्वारा आकाश आदि की नित्यता सिद्ध करने का प्रयत्न करते हैं वही 'पंडितक' अर्थात् निन्दनीय पंडित होते हैं। एकमात्र भगवान को छोड़कर संसार में सब कुछ अनित्य है, यही वैदिक सिद्धान्त है। आकाश परमाणु आदि द्रव्यों को जो नित्य मानता है, वही वेद के सिद्धान्त का विरोधी है; अतः वही वेदनिन्दक कहलाता है। इसके बाद नीलकंठ ने इसे और भी स्पष्ट करते हुए कहा है कि कणाद एवं अक्षपाद आदि द्वारा प्रणीत वैशेषिक एवं न्याय शास्त्र अनुमान प्रधान तर्कशास्त्र हैं। श्रुति स्मृति के वस्तुतत्त्व की मीमांसा करने के लिये अनुपयोगी होने के कारण ये निरर्थक हैं। स्वर्ग एवं भाग्य आदि के संबंध में जिसे आशंका है वह हर चीज के प्रति सशंकित रहता है। ऐसे नास्तिक व्यक्ति की पंक्ति में ही वैशेषिक व नैयायिकों का स्थान आता है। नीलकंठ के इस वर्णन से ऐसा प्रतीत होता है कि वैदिक सिद्धान्त को दृढ़ करने के लिये अनुमान आदि की सहायता से भी मनन किया जाता है और उस मनन में न्याय एवं वैशेषिक शास्त्र उपयोगी सिद्ध होते हैं। वेद विरोधी जिन सिद्धान्तों को तर्कशास्त्र में स्थान मिला है, वे सिद्धान्त नास्तिक दर्शन के समान हैं। वैदिक शास्त्रों में उनका कोई

---

१. शुष्कतर्कं परित्यज्य आश्रयस्व श्रुतिं स्मृतिम्। वन १९९।११४

२. धर्मशास्त्रेषु मुख्येषु विद्यमानेषु दुर्बुधाः।
बुद्धिमान्वीक्षिकीं प्राप्य निरर्थं प्रवदन्ति ते॥ अयोध्याकांड १००।३९

३. हेतूपचारकुशलान् हैतुकांश्च बहुश्रुतान्। उत्तरकांड १०७।८

स्थान नहीं है। न्यायशास्त्र में वस्तु स्वीकृति की लघुता गुरुता पूर्वक मीमांसा करके लघुतावश बहुत से पदार्थों की नित्यता एवं दूसरे श्रुतिविरुद्ध अनेक सिद्धांतों को स्थान मिला है। अतएव यह मानना पड़ेगा कि तर्क शास्त्र पूर्ण रूप से आस्तिक दर्शन नहीं है। दर्शन के प्रकृतिगत युक्तिस्वातन्त्र्य या विचार शैली के वैशिष्ट्य की रक्षा के उद्देश्य से जिन तर्कों को इस शास्त्र में स्थान मिला है, वे यदि श्रुति का अनुसरण नहीं करते तो वह 'निरर्थक आन्वीक्षिकी' के अन्तर्गत आ जाता है। यही शायद टीकाकार का अभिप्राय है। इस प्रकार यदि सामंजस्य न रक्खा जाय तो एक ही शास्त्र की निन्दा व प्रशंसा का कोई अर्थ ही नहीं होता।[1]

याज्ञवल्क्य का न्यायोपदेश—कहीं-कहीं पदार्थ की मीमांसा करते हुए न्याय व वैशेषिक पद्धति अपनाने के बावजूद भी 'यह न्याय सिद्धान्त है' या 'यह वैशेषिक सिद्धांत है' इस प्रकार का कथन कहीं नहीं मिलता। वेदान्तवित् विश्वावसु के प्रश्न के उत्तर में याज्ञवल्क्य ने तर्क व श्रुति की सहायता से ईश्वर का अस्तित्व सिद्ध किया है। याज्ञवल्क्य के इस उत्तर को युक्तिप्रधान होने के कारण आन्वीक्षिकी सिद्धांत कहा गया है। वास्तविक रूप में तो महर्षि ने श्रुति की सहायता से ही उपदेश दिया है।[2]

प्रत्येक विषय में तर्क प्रतिष्ठित नहीं—तर्क की गति सीमाबद्ध है। संसार में ऐसे अनेक विषय हैं, जिनके संबंध में कोई तर्क नहीं चलता। मन के अगोचर अचिन्त्य तत्त्व के विषय में एकमात्र श्रुति ही पथप्रदर्शक है।[3]

शास्त्र के स्रष्टा स्वयं भगवान—महर्षि गौतम न्याय शास्त्र के प्रणेता नहीं थे, वह तो प्रचारक मात्र थे। सब आस्तिक शास्त्रों के रचयिता स्वयं भगवान हैं। कहा गया है कि देवताओं की प्रार्थना पर स्वयंभू ने एक लाख अध्यायों की रचना की। उन्हीं से धर्म, अर्थ, काम व मोक्ष का प्रचार हुआ। भगवान की उक्तियों में ही कर्मकांड, ज्ञानकांड, वार्त्तारूप जीविकाकांड एवं दंडनीतिरूप पालन कांड विवृत हुआ है। दर्शनशास्त्र कर्म व ज्ञानकांड के अन्तर्गत आता है। अन्वीक्षिकी को भी ज्ञानकांड स्वरूप बताया है।[4]

---

१. हैतुकोऽनारब्धद्रव्यत्वादित्यादिभिर्हेतुभिराकाशादेरपि नित्यत्व साधनपरः। नीलकंठ, शांति १८०।४७

२. पंचविंशतिमं प्रश्नं पप्रच्छान्वीक्षिकीं तदा। इत्यादि। शांति ३१८।२८-३५

३. अचिन्त्या खलु ये भावास्तान्न तर्केण साधयेत्।
प्रकृतिभ्यः परं यत्तु तदचिन्त्यस्य लक्षणम्॥ भीष्म ५।१२

४. त्रयी चान्वीक्षिकी चैव वार्त्ता च भरतर्षभ।
दण्डनीतिश्च विपुला विद्यास्तत्र निर्दशिताः॥ शांति ५९।३३। नीलकंठ

प्रत्यक्ष आदि प्रमाण—महाभारत में प्रत्यक्ष अनुमान, उपमान व शब्द इन चार प्रमाणों का उल्लेख मिलता है। इन चारों प्रमाणों द्वारा ही किसी वस्तु के तत्त्व का निर्णय करने का उपदेश दिया गया है।[1] जहाँ प्रत्यक्ष द्वारा वस्तु का ज्ञान नहीं होता वहाँ अनुमान का सहारा लेना चाहिये।[2] इस कथन से यह स्पष्ट होता है कि प्रत्यक्ष या अनुमान में प्रत्यक्ष प्रमाण ही उत्तम माना जाता है।

सुख आदि जीवात्मा का धर्म—आजगरपर्व में बहुत से नैयायिक सिद्धांतों की चर्चा मिलती है। कहा है सुख एवं ज्ञान जीवात्मा के सहारे अवस्थित हैं; दोनों में समानाधिकरण है।

मन का इन्द्रियत्व व अणुत्व—एक ही समय में कई चीजों का ज्ञान नहीं हो सकता, इसलिये मन को इन्द्रिय मानकर उसकी सूक्ष्मता स्वीकृत हुई है।[3]

बुद्धि व आत्मा का अंतर—जीवात्मा का ज्ञान अनित्य है अर्थात् उस ज्ञान की उत्पत्ति व विनाश दोनों होते हैं, इसलिये बुद्धि का कर्तृत्व नहीं माना जा सकता। बुद्धिमान व्यक्ति युक्ति व अनुभव के द्वारा बुद्धि और आत्मा के अन्तर को अच्छी तरह समझ सकता है। बुद्धि एवं जीव को एक मानने से कृतनाश व अकृताभ्यागम का दोष उत्पन्न होता है।

बुद्धि एवं मन इन दोनों में किसी एक का कर्तृत्व स्वीकार किया जा सकता है या नहीं, इस प्रश्न के उत्तर में कहा गया है कि दोनों के ही कार्य भिन्न भिन्न हैं, अतएव एक को मानना व्यर्थ होता है। बुद्धि आत्मा की अनुचर है। कई बार बुद्धि का कार्य 'जलचन्द्र न्याय' के अनुसार आत्मा में भी प्रतिफलित होता है। इस प्रकार बुद्धि व आत्मा का अन्योन्याध्यास प्रदर्शित हुआ है। तार्किकों ने दोनों में धर्मधर्मीभाव माना है। समवाय संबंध से बद्धि जीव में प्रतिष्ठित है। यह अनन्योध्यास सम्भवतः धर्मधर्मी भाव को प्रकट करने के उद्देश्य से विवृत हुआ है। विषय एवं इन्द्रियों के संयोग से बुद्धि की उत्पत्ति होती है।[4]

पंचभूत व इन्द्रिय—पंच महाभूतों में आकाश तक को अनित्य माना है। पाँच कर्मन्द्रिय, पाँच ज्ञानेन्द्रिय और मन ये ग्यारह इन्द्रियाँ स्वीकृत हुई हैं। प्रथम

---

१. प्रत्यक्षेणानुमानेन तथौपम्यागमैरपि।
परीक्ष्यास्ते महाराज स्वे परे चैव नित्यशः॥ शान्ति ५६।४१

२. प्रत्यक्षेण परोक्षं तदनुमानेन सिध्यति। शांति १९४।५०

३. किन्न गृह्णासि विषयान् युगपत्त्वं महामते।
एतावदुच्यतां चोक्तं सर्वं पन्नगसत्तम॥ इत्यादि। वन १८१।१७-२१

४. बुद्धेरुत्तरकाला च वेदना दृश्यते बुधैः। इत्यादि। वन १८१।२३-२६

महाभूत आकाश है, जिसका अध्यात्म श्रोत्र है, अधिभूत शब्द है, और अधिदेव दिशा है। दूसरा महाभूत वायु है, त्वक् उसका अध्यात्म है, स्प्रष्टव्य वस्तु अधिभूत है तथा विद्युत अधिदेव है। तीसरा भूत तेज है, जिसके अध्यात्म अधिभत व अधिदेव क्रमशः चक्षु, रूप और सूर्य हैं। चौथा भूत जल है, उसका अध्यात्म जिह्वा, अधिभूत रस और अधिदेव सोम है। पाँचवा भूत पृथिवी है, घ्राण इसका अध्यात्म है, गंध अधिभूत है और वायु अधिदेव है।[1] इन्द्रिय को अध्यात्म, ग्राह्य विषय को अधिभूत एवं इन्द्रिय के अनुग्राही देवता को अधिदेव की संज्ञा दी गई है। ये सब पारिभाषिक शब्द न्यायदर्शन में नहीं आये हैं, अधिदैवतवाद भी दर्शन में गृहीत नहीं हुआ है। इन्द्रियों के कार्य के संबंध से जिन मतवादों का उल्लेख किया गया है वे तर्कशास्त्रीय सिद्धान्तों के भी अनुकूल हैं। आकाश आदि का लक्षण बताते हुए कहा है—आकाश का लक्षण शब्द है और वायु का स्पर्श आदि। गंध, रस आदि भी कौन सा द्रव्य किस इन्द्रिय द्वारा गृहीत होता है, इस संबंध में मूलदर्शन के साथ कोई मतभेद नहीं है। किन्तु क्षिति आदि पंचभूतों के जिन गुणों का अस्तित्व माना है, वैशेषिक दर्शन में उसकी अपेक्षा अधिक गुणों के नाम मिलते हैं। लेकिन यह मानना पड़ेगा कि यह अंश आंशिक रूप से वैशेषिक सिद्धान्त को ही प्रतिपादित करता है। कहा गया है कि भूमि के शब्द, स्पर्श, रस, रूप एवं गंध ये पाँच गुण होते हैं। जल के शब्द, स्पर्श, रूप व रस ये चार गुण हैं। तेज के शब्द, स्पर्श व रूप ये तीन गुण हैं, वायु के शब्द और स्पर्श ये दो गुण हैं तथा आकाश का मात्र शब्द एक गुण है।[2] आकाश आदि द्रव्यों के गुणों का निर्णय करने के बाद गुणों का विभाग किया गया है। गंध को पार्थिव बताकर दस भागों में विभक्त किया है; यथा—इष्ट, अनिष्ट, मधुर, अम्ल, कटु, निर्हारी, संहत, स्निग्ध, रूक्ष और विशद। गुरु-शिष्यसंवाद में जल के गुणों में 'द्रव' का भी नाम आया है। रस छह प्रकार के बताये हैं—मधुर, अम्ल, कटु, तिक्त, कषाय एवं लवण। तेज का बारह प्रकार का रूप बताया है—शुक्ल, कृष्ण, रक्त, नील, पीत, अरुण, ह्रस्व, दीर्घ, कृश, स्थूल, चतुरस्र एवं वृत्तवत्। स्पर्शगुण विशिष्ट वायु का स्पर्श भी अनेक प्रकार का बताया है, जैसे—रूक्ष, शीत, उष्ण, स्निग्ध, विशद, कठिन, चिकना, कोमल, दारुण और मृदु। शब्द की अनुभूति भी कई प्रकार की बताई है—षड्ज, ऋषभ, गांधार, मध्यम,

---

१. अश्व ४२ वाँ अध्याय। शान्ति २१० वाँ अध्याय।

२. शब्दलक्षणमाकाशं वायुस्तु स्पर्शलक्षणः। इत्यादि। आदि ४३।२२-३५
भूमिः पञ्चगुणा ब्रह्मन्नुदकञ्च चतुर्गुणम्। इत्यादि। वन २१०।४-८।
भीष्म ५।३-८। शान्ति २५१ वाँ अध्याय।

पंचम, निषाद, धैवत, इष्ट, अनिष्ट व संहत आदि शब्द के ही प्रकार भेद हैं। न्याय अथवा वैशेषिक में यद्यपि गुणों का विभाग इस प्रकार नहीं किया गया है, तथापि यह उनके सिद्धान्त के विपरीत नहीं है।[1]

जीवात्मा का अनुमान—सुख और दुख जीव के ही आश्रित हैं, अतएव सुख दुख की अनुभूति से जीवात्मा का अनुमान लगाया जा सकता है। पुण्य व पाप का आश्रय भी जीव होता है।[2]

पदार्थ निरूपण—वैशेषिकों द्वारा स्वीकृत द्रव्य आदि सप्त पदार्थों को महाभारत में स्थान नहीं मिला है। शुकानुप्रश्न में कहा गया है कि पंचभूत के अलावा और कोई पदार्थ नहीं होता। देही या आत्मा को पृथक् मानना पड़ेगा, दूसरे सब पदार्थ पंचभृत के अन्तर्गत आ जाते हैं। नवीनता, पुरातनता आदि की तरह द्रव्यगत अतीत, वर्तमान एव भविष्यत् के व्यवहार से काल का ज्ञान होता है। यह भी द्रव्यमात्र है। दिक् को पृथक् पदार्थ मानने की आवश्यकता नहीं है। आकाश में तेजोमय सूर्य की अवस्थिति से उसे केन्द्र मानकर ही पूर्व पश्चिम आदि का निर्णय किया जाता है, अर्थात् आकाश के जिस कल्पित अंश में सूर्य उदित होता है उसे पूर्व और जिस अंश में अस्त होता है उसे पश्चिम माना जाता है; इस प्रकार दिशाएँ सूर्य के अवस्थान से आकाश का कल्पित स्थान मात्र हैं। (रघनाथ शिरोमणि ने भी दिशाओं को पृथक् पदार्थ नहीं माना है।) मन को भी पृथक् द्रव्य नहीं माना है। मन इन्द्रिय है, इसलिये वह जिस गुण को भी ग्रहण करेगा, उसी का आश्रय कहलायगा। और उन सब शब्द आदि भौतिक पंचगुणों के आश्रय केवल पंचभूत हैं, अतएव मन भी भूतात्मक पदार्थ है। भूतात्मक द्रव्यों की स्वभावच्युति होने पर उनमें स्पंदन आदि जो क्रिया (कर्म) उपस्थित होती है, वह भी भूत के अतिरिक्त कुछ नहीं है। 'यह वस्तु सत् है' इस व्यवहार की उपपत्ति के निमित्त द्रव्य, गुण व कर्म में 'सत्ता' अथवा 'सामान्य' पदार्थ माना गया है। आधार या अधिष्ठान की सत्ता में ही वस्तु की सत्ता हो सकती है, उसके लिये दूसरे पदार्थ की कल्पना करना व्यर्थ है।

विशेष समवाय व अभाव के प्रभाव का खंडन—द्रव्यों में नित्यता नामक विशेष पदार्थ मानना अनावश्यक है, क्योंकि एकमात्र आत्मा के अतिरिक्त और किसी भी वस्तु को नित्य मानना श्रुतिविरुद्ध है; अतएव 'विशेष' पदार्थ का सहज रूप से

---

१. अश्व ५०।३८।५४। शान्ति १८४ वाँ अध्याय।

२. व्यवसायात्मिका बुद्धिर्मनो व्याकरणात्मकम्।
कर्मानुमानाद्विज्ञेयः स जीवः क्षेत्रसंज्ञकः॥ शांति २५१।११

खडन हो जाता है। समवाय को अंगीकार न करने पर भी यह मानने में कोई बाधा नहीं है कि द्रव्य में समवाय विशिष्ट रूप आदि वस्तुएँ होती हैं। इसके अलावा श्रुतिविरुद्ध कोई भी संबंधरूप पदार्थ मानने की आवश्यकता नहीं है। अभाव पदार्थ भी अधिकरण स्वरूप है। विशेषतः असत् पदार्थ प्रागभाव एवं प्रध्वंसाभाव के प्रतियोगी हैं असत्प्रतियोगिक अभाव पदार्थ की स्वीकृति संगत नहीं है, अतएव अभाव का पृथक् पदार्थत्व भी खंडित हो जाता है।[1]

संशय और निष्ठा—पाँच ज्ञानेन्द्रिय एवं पाँच कर्मेन्द्रियों के संबंध में पहले ही कहा जा चुका है। मन का कार्य संशय है और बुद्धि का निष्ठा। इन्द्रियों के साथ जब तक मन का योग न हो, किसी प्रकार की अनुभूति नहीं होती।[2] मन व बुद्धि की जिन क्रियाओं का उल्लेख मिलता है, वे नैयायिक या वैशेषिक मत के सिद्धान्तों से भिन्न हैं। उनके मतानुसार संशय एवं निष्ठा बुद्धि के ही प्रकार भेद हैं।

इन्द्रियों का विषयग्रहण—इन्द्रियों में मन प्रधान है। मन के संयुक्त हुए बिना कोई भी इन्द्रिय विषयवस्तु ग्रहण नहीं कर सकती। मन यदि अस्वस्थ हो तो दूसरी इन्द्रियाँ अपना विषय ग्रहण करने में असमर्थ होती हैं।[3] अन्यत्र कहा गया है कि मन ही मनुष्य की प्रवृत्ति का मूल कारण है। मन जिस इन्द्रिय की सहायता से जिस विषय का उपभोग करना चाहता है, उसी विषय का भोग करने के लिये जीव में औत्सुक्य उपस्थित होता है, इसके बाद प्राणी मन व उस इन्द्रिय के संयोग से उस विषय का उपभोग करता है।[4] इस मत व युक्तिशास्त्र के सिद्धान्त में पूर्ण समानता न होते हुए भी दोनों की प्रक्रिया प्रायः एक सी है। कहा गया है, विषय-ग्रहण की उत्सुकता या प्रवृत्ति का जन्म जीवात्मा में होता है, मन में नहीं। यहाँ मन शब्द शायद जीव के अर्थ में प्रयुक्त हुआ है।

मिथ्याज्ञान, मुक्ति आदि—विषयवासना सब कर्मों का मूल है और विषय-

---

१. आकाशं मारुतो ज्योतिरापः पृथ्वी च पंचमी।
भावाभावौ च कालश्च सर्वभूतेषु पंचसु॥ शांति २५१।२
पंचसु पंचात्मकेषु। एतेन भावाभावकालानामपि भौतिकत्वमुक्तम्।
इत्यादि। नीलकंठ। शांति २५१।२

२. अश्व २२ वाँ अध्याय।

३. मनश्चरति राजेन्द्र वारितं सर्वमिन्द्रियैः।
न चेन्द्रियाणि पश्यन्ति मन एवानुपश्यति॥ शांति ३११।१६-२१

४. षडिन्द्रियाणि विषयं समागच्छन्ति वै यदा।
तदा प्रादुर्भवत्येषां पूर्वसंकल्पजं मनः॥ इत्यादि। वन २।६७-७०

वासना का मूल है प्रारब्ध। मुक्ति न मिलने तक इन दोनों में चक्र की परिधि के समान क्रमिक पूर्वापरत्व रहता है। जब तक तत्त्व ज्ञान द्वारा मिथ्या ज्ञान पूर्णरूप से तिरोहित नहीं होता, तब तक जीव को संसार में बारम्बार आवागमन करना पड़ता है। मिथ्याज्ञान के दूर होने तक जीव की मुक्ति नहीं होती।[1] शरीर ही आत्मा के दुःख का कारण है, शरीर का हेतु है कर्म। कर्म न करने पर जन्मान्तरीय कर्मफल भोगने के लिये शरीर धारण नहीं करना पड़ता। राग आदि दोषों से कर्म में प्रवृत्ति का जन्म होता है। और उसके प्रवर्त्तक अनुराग आदि मिथ्या ज्ञान से उत्पन्न होते हैं। अतएव संसार का मूल कारण हुआ—मिथ्याज्ञान।[2] यह अंश न्याय शास्त्र से बिल्कुल मिलता है। "दुःख-जन्म-प्रवृत्ति-दोष मिथ्याज्ञानानामुत्त-रोत्तरापाये तदनन्तरापायादपवर्गः", "दोषनिमित्तं रूपादयो विषयाः संकल्पकृताः" इन दोनों न्याय सूत्रों का तात्पर्य यह है कि, मिथ्याज्ञान या अज्ञान से संकल्प की उत्पत्ति होती है, संकल्प से भोग्य विषय, इसके बाद विषय में प्रीति, फिर प्रीतिलाभ के निमित्त प्रवृत्ति उत्पन्न होती है, प्रवृत्ति के होने से जन्म या शरीर धारण करना ही पड़ता है, शरीर धारण करने पर सुख दुःख भी अवश्यंभावी हैं, सुख-दुःख से राग, द्वेष, वासना इत्यादि की उत्पत्ति होती है और इसके बाद फिर वही संकल्प—इस प्रकार मुक्ति न होने तक यह चक्र चलता रहता है : समस्त विषयों के मूल कारण मिथ्याज्ञान का जब तक उच्छेद नहीं हो जाता, तब तक कार्यकारण की यह परम्परा समाप्त नहीं होती, रथचक्र की गति की तरह निरन्तर अपनी धुरी पर घूमती रहती है। युधिष्ठिरशौणक संवाद में इस तत्त्व की विस्तृत आलोचना मिलती है। विषय-वैराग्य के अतिरिक्त इस दुख से उद्धार मिलने का कोई उपाय नहीं है।[3]

परमाणुवाद—परमाणुवाद के संबंध में कोई स्पष्ट उल्लेख नहीं मिलता। अश्वमेध पर्व के गुरुशिष्यसंवाद में कहा गया है कि—"कुछ विद्वान् जगत्कारण का बहुत्व स्वीकार करते हैं।" नीलकंठ ने परमाणवादी को ही बहुत्ववादी कहा है।[4]

---

१. तत्कारणैर्हि संयुक्तं कार्यसंग्रहकारकम्।
येनैतद् वर्त्तते चक्रमनादिनिधनं महत्॥ शान्ति २११।७
बीजान्यग्न्युपदग्धानि न रोहन्ति यथा पुनः।
ज्ञानदग्धैस्तथा क्लेशैर्नात्मा सम्पद्यते पुनः॥ शान्ति २११।१७

२. नोपपत्त्या न वा युक्त्या त्वसद्ब्रूयादसंशयम्। शांति २७४।७

३. स्नेहादभावोऽनुरागश्च प्रजज्ञे विषये तथा।
अश्रेयस्कावुभावेतौ पूर्वस्तत्र गुरुः स्मृतः॥ वन २।२९-३१

४. बहुत्वमिति चापरे। अश्व ४९।४। नीलकंठ

पंच अवयव—देवर्षि नारद के लिये जो विशेषण प्रयक्त हुए हैं, उनमें एक शब्द 'न्यायवित्' है। इससे पता चलता है कि वे न्यायवैशेषिक शास्त्र एवं मीमांसा के पंचागी अधिकरण के विद्वान् थे।[1] वहाँ यह भी कहा गया है कि देवर्षि नारद पंच अवयव युक्त वचनों के गणदोष की मीमांसा करने में पटु एवं युक्ति प्रमाण आदि विषयों में निपुण हैं। इस उक्ति से प्रतीत होता है कि ग्रंथकार का मतलब न्याय के प्रतिज्ञा, हेतु, उदाहरण, उपनय और निगमन इन पाँच अवयवों से है।[2]

---

१. न्यायविद्धर्मतत्त्वज्ञः षडंगविदनुत्तमः। सभा ५।३
२. पंचावयवयुक्तस्य वाक्यस्य गुणदोषवित्। सभा ५।५

सांख्य और योग

महाभारत में सांख्यदर्शन की विस्तृत समीक्षा हुई है। यहाँ हम यथासंभव संक्षेप में उस पर प्रकाश डालेंगे।

सांख्यविद् आचार्य—जैगीषव्य, असित, देवल, पराशर, याज्ञवल्क्य, वार्षगव्य, भृग, पंचशिख, कपिल, शुकदेव, गौतम, आर्ष्टिसेवा, गर्ग, आसुरि, पुलस्त्य, सनत्कुमार, शुक्र, कश्यप, जनक, रुद्र व विश्वरूप ये सब सांख्यविद् आचार्य माने जाते थे।[1]

याज्ञवल्क्य की श्रेष्ठता—इन सब आचार्यों में याज्ञवल्क्य को सबसे ऊँचा आसन दिया गया है। सांख्यशास्त्र में कपिल का पाडित्य सर्वजनविदित है। महाभारत में याज्ञवल्क्य का उपदेश ही अधिक संकलित हुआ है।[2]

सांख्य का प्रचार—सर्वप्रथम महर्षि कपिल ने आसुरि को सांख्य विद्या सिखाई। कृष्ण ने भी सांख्यकारिका के अंत में महामुनि कपिल के आदि प्रचारक होने का समर्थन किया है। उसमें लिखा है—महामुनि कपिल ही सांख्यदर्शन के आदि प्रचारक थे। उन्होंने यह विद्या आसुरि को प्रदान की। आचार्य आसुरि पंचशिख के गुरु थे और आचार्य पंचशिख ने इस शास्त्र का सबसे अधिक प्रचार किया। जनक के कथन से भी स्पष्ट होता है कि आचार्य पंचशिख ने कठिन परिश्रम द्वारा यह विद्या शिष्यों को सिखाई थी।[3]

सांख्य की विस्तृति—प्राचीन काल में एक समय ऐसा आया था, जब सांख्यदर्शन सर्वापेक्षा लोकप्रिय हो गया था; उसका प्रमाण यह है कि पुराण, इतिहास, व तन्त्र में सांख्य का मत ही प्रधानतया गृहीत हुआ है। पुराण आदि में प्रसंगवश

---

१. जैगीषव्यस्यासितस्य देवलस्य मया श्रुतम्। शान्ति ३१८।५९-६६

२. सांख्यज्ञानं त्वया ब्रह्मन्नवाप्तं कृत्स्नमेव च।
तथैव योगशास्त्रञ्च याज्ञवल्क्य विशेषतः॥ इत्यादि। शांति ३१८। ६७, ६८

३. एतत् पवित्रमग्र्यं मुनिरासुरयेऽनुकम्पया प्रददौ।
आसुरिरपि पंचशिखाय तेन च बहुधा कृतं तन्त्रम्॥ सांख्यकारिका ७०
यमाहुः कपिलं सांख्याः परमर्षि प्रजापतिम्। शान्ति २१८।९, १०

जितने दार्शनिक मतों की चर्चा हुई है, उसका अधिकांश सांख्यदर्शन पर अवलम्बित है। 'सिद्धानां कपिलो मुनिः' गीता की इस भगवत्-उक्ति से महर्षि कपिल की विज्ञता स्पष्ट हो जाती है। "नास्ति सांख्यसमं ज्ञानं, नास्ति योगसमं बलम्" इस प्राचीन वाक्य में भी सांख्य का महत्व प्रदर्शित हुआ है। हिन्दूधर्म के अनुसार प्रत्येक हिन्दू को प्रतिदिन मरीचि, वशिष्ट आदि ऋषियों के उद्देश्य से तो तर्पण करना ही पड़ता है; किन्तु कपिल, आसुरि पंचशिख आदि सांख्याचार्यों को भी तर्पण दिये बिना वह जलग्रहण नहीं कर सकता। इन सब बातों से पता चलता है कि उस काल में सांख्याचार्य उन्नति के शिखर पर पहुँच गये थे। उपर्युक्त आचार्यों में केवल कपिल के सूत्र ग्रंथबद्ध हुए हैं और व्यासभाष्य में कहीं कहीं आचार्य पंचशिख के सूत्र उद्धृत हुए हैं। दूसरे आचार्यों के उपदेश कालक्रम में विलुप्त हो चुके हैं। वर्त्तमान में सांख्यदर्शन की दशा सवार्पेक्षा शोचनीय होने का सबसे बड़ा कारण है ग्रंथों का अभाव। सांख्यशास्त्र महाज्ञान स्वरूप है। भीष्म ने कहा है, वेद, योग, पुराण, इतिहास आदि शास्त्रों में जो ज्ञान उपलब्ध है, वह सब सांख्यशास्त्र से लिया गया है।[1]

धर्मध्वज जनक का सांख्यज्ञान—राजर्षि जनक बहुत बड़े तत्त्वज्ञानी थे। सर्वशास्त्रों का इतना बड़ा पंडित एवं विद्या का उत्साही योगी गृहस्थ आज तक पृथ्वी पर फिर जन्मा कि नहीं, इसमें संदेह है। उनके सिंहासन को केन्द्र बनाकर एक प्रकाण्ड विश्वविद्यालय तैयार हो गया था। राजर्षि संसार में रहते हुए भी मुक्त थे। ब्रह्मचारिणी सुलभा के साथ हुए कथोपकथन में उन्होंने कहा है "पराशरगोत्र महान् वृद्ध भिक्षु पंचशिख मेरे गुरु हैं, मैं उनका परम प्रिय शिष्य हूँ। सांख्य, योग एवं राजधर्म के वे असाधारण पंडित हैं; विशेषतः ज्ञान, उपासना और कर्मकांड में उनकी विज्ञता अतुलनीय है। शास्त्र के सिद्धान्तों के ऊपर उनका अटल विश्वास है। एक बार परिव्राजक के रूप में भ्रमण करते हुए वे मेरी नगरी में आ गये थे और चार मास तक यहाँ रहे थे। उसी समय उन्होंने अनुग्रहपूर्वक मुझे सांख्य आदि मोक्षशास्त्र के तत्त्वों को समझाया था।[2]

---

१. बृहच्चैवमिदं शास्त्रमित्याहुर्विदुषो जनाः। शान्ति ३०७।४६
ज्ञानं महद् यद्धि महत्सु राजन् वेदेषु सांख्येषु तथैव योगे।
यच्चापि दृष्टं विविधं पुराणे सांख्यागतं तन्निखिलं नरेन्द्र। इत्यादि।
शान्ति ३०१।१०८, १०९

२. पराशरसगोत्रस्य वृद्धस्य सुमहात्मनः।
भिक्षोः पंचशिखस्याहं शिष्यः परमसम्मतः। इत्यादि। शांति ३२०।२४-२८

कराल का सांख्यज्ञान—जनकवंशीय राजर्षि कराल ने वशिष्ठ से सांख्य-दर्शन पढ़ा था।[१]

वसुमान जनक की शिक्षा—वसुमान जनक ने एक भृगुवंशीय ऋषि के चरणों में बैठकर सांख्यदर्शन की शिक्षा ली थी।[२]

दैवराति जनक का ज्ञान—दैवराति जनक ने महर्षि याज्ञवल्क्य की चरणसेवा करके सांख्यदर्शन सीखा था।[३]

सांख्य का उपदेश—मिथिला के इस राजर्षिवंश जैसे सच्चरित्र, शास्त्रनिष्ठ व योगिराजवंश का कोई और उदाहरण नहीं मिलता। महाकवि कालिदास ने रघुवंश के राजाओं की गुणगाथा अपनी अमर लेखनी द्वारा लिखी है किंतु मिथिला के इस जनकवंश का चित्र खींचने की किसी महाकवि ने चेष्टा नहीं की। महाभारत के रचयिता ने अवश्य इस राजवंश के त्याग, आदर्श व विद्वत्ता का वर्णन किया है। उपरोक्त राजर्षि शिष्यों एवं महर्षि अध्यापकों के मुख से जो कुछ विवृत हुआ है, वही महाभारतीय सांख्यदर्शन की मलभित्ति है। प्रसंगवश श्रीमद्‌भगवतगीता अनुगीता, अश्वमेधपर्व, गुरुशिष्यसंवाद आदि अध्यायों में थोड़ा बहुत सांख्यमत व्यक्त हुआ है।

पदार्थ-निरूपण—सांख्य के पदार्थ-निरूपण में कहा गया है कि आठ पदार्थ प्रकृति कहलाते हैं और सोलह पदार्थ विकृति। अव्यक्त, महत्, अहंकार, पृथिवी, वायु, आकाश, अप् और ज्योति ये आठ प्रकृति माने जाते हैं। मूला प्रकृति एवं महत आदि प्रकृतिविकृति को भी केवल प्रकृति कहा गया है। श्रोत्र, त्वक्, चक्षु, जिह्वा, घ्राण, शब्द, स्पर्श, रूप, रस, गंध, वाक्, पाणि, पाद, पायु, उपस्थ एवं मन ये सोलह पदार्थ विकृति माने जाते हैं। सत्त्व आदि तीनों गुणों की साम्य अवस्था को अव्यक्त कहा गया है। अव्यक्त से महत् तत्त्व की उत्पत्ति होती है; महत् से अहंकार, अहंकार से भूतगुणयुक्त मन, मन से पंचभूत और पंचभूत से यथाक्रम शब्द, स्पर्श, रूप, रस व गंध का उद्‌भव होता है। श्रोत्र, त्वक्, चक्षु, जिह्वा एवं घ्राण की उत्पत्ति भी मन से ही होती है। प्राण, अपान, समान, उदान व व्यान नामक पंचवायु इन्द्रियों में ही परिगणित होती हैं। अतएव अव्यक्त, महत्, अहंकार और मन ये चार, पंचभूत, शब्द आदि पाँच तन्मात्र, पाँच ज्ञानेन्द्रिय एवं पाँच कर्मेन्द्रिय—सब मिलाकर चौबीस पदार्थ या चौबीस तत्त्व सांख्य मत में माने जाते हैं।[४]

---

१. शान्ति ३०२ वें अध्याय से ३०८ वे अध्याय तक।

२. शान्ति ३०९ वां अध्याय।

३. शान्ति ३१० वें अध्याय से ३१८ वें अध्याय तक।

४. शान्ति ३१० वां अध्याय। अश्व ४१ वां व ४२ वां अध्याय।

सांख्य सम्मत इन चौबीस तत्त्वों की चर्चा महाभारत में कई स्थानों पर हुई है। महत् तत्त्व को सूत्र एवं अहंकार को विराट नाम भी दिया गया है। महत् तत्त्व की दूसरी संज्ञा हिरण्यगर्भ है। आकाश आदि पंचभूत की सृष्टि में आकाश से वायु, वायु से अग्नि यह क्रमबद्धता श्रुतिसम्मत है। लेकिन यहाँ यह स्वीकृत नहीं हुआ है। कहा गया है कि पंचमहाभूतों की सृष्टि एक ही साथ होती है। अव्यक्त अवस्था से एक ही समय में व्यक्त अवस्था की प्राप्ति होती है। चौबीस तत्त्व सांख्य सम्मत हैं।[1] इन चौबीस तत्त्वों के ऊपर एक पदार्थ और है, किंतु उसमें निर्गुणता होने के कारण उसे तत्त्व नहीं कहा जा सकता। यद्यपि कार्यकारणत्व का अभाव इसकी तत्त्वस्वीकृति में बाधक है, तथापि समस्त तत्त्वों के चरम अधिष्ठान के रूप में उसे भी तत्त्व की आख्या दी गई है। इस तत्त्व का नाम है पुरुषतत्त्व या अमर्त्तंतत्त्व। पुरुष अमूर्त्त एवं असंग होता है; इस कारण वह किसी का भी अधिष्ठाता नहीं हो सकता। वह चेतन एवं उपाधिरहित है। प्रकृत रूप में अमूर्त्त होते हुए भी सष्टि प्रलय-विधायिनी प्रकृति में प्रतिबिम्बित होने के कारण दर्पण में प्रतिबिम्बित मुख के समान वह मूर्त्तिमान है।[2] दृश्यमान जगत का विनश्वर होना प्रकृति का ही परिणाम है, प्रकृति का एक नाम "प्रधान" है।[3]

पुरुष का शरीर धारण—अपना स्वरूप न समझ पाने के कारण पुरुष अज्ञानवश प्रकृति का अनुवर्त्तन करता रहता है, इसीलिये बार-बार जन्ममृत्यु के माध्यम से उसका सहस्रों शरीरों से संबंध होता है। यह संबंध भी प्रकृत नहीं होता, अभिमानिक मात्र होता है।[4]

छब्बीस तत्त्व एवं मुक्ति—महाभारत में वर्णित सांख्य में ईश्वर या परब्रह्म

---

१. शान्ति ३०२ वाँ अध्याय।
महानात्मा तथा व्यक्तमहंकारस्तथैव च। इत्यादि। अश्व ३५।४७-५०
चतुर्विंशक इत्येष व्यक्ताव्यक्तमयो गणः। वन २०९।२१

२. पंचविंशतिमो विष्णुर्निस्तत्त्वस्तत्त्वसंज्ञितः।
तत्त्वसंश्रयणादेतत्तत्वमाहुर्मनीषिणः॥ शान्ति ३०२।३८
चतुर्विंशतिमोऽव्यक्तो ह्यमूर्त्तः पंचविंशकः। इत्यादि। शांति ३०२।३९-४२

३. यन्मर्त्यमसृजद् व्यक्तं तत्तन्मूर्त्यधितिष्ठति। शान्ति ३०२।३९
प्रकृतिः कुरुते देवी भवं प्रलयमेव च। शान्ति ३०३।३१

४. एवमप्रतिबुद्धत्वादबुद्धमनुवर्त्तते।
देहाद्देहसहस्राणि तथा समभिपद्यते॥ शांति ३०३।१

को भी स्थान मिला है। महाभारत के सांख्य की मुक्ति ईश्वर को छोड़कर नहीं मानी है। इस विषय पर आगे प्रकाश डाला जायगा। ईश्वर को पच्चीस तत्त्वों के ऊपर छब्बीसवाँ तत्त्व माना है। जीवात्मा या पुरुष को चौबीस तत्त्वों का ज्ञान होने पर भी आत्मज्ञान नहीं होता। अप्रमेय, सनातन छब्बीसवें तत्त्वरूप परब्रह्म का ज्ञान होते ही पुरुष को मुक्ति मिल जाती है। जीव जब प्रकृति पर अधिकार पा लेता है, तभी शुद्ध ब्रह्मबुद्धि उसमें उद्भूत होती है। अध्यात्मविद्या के उदय से छब्बीस तत्त्वों का ज्ञान एवं प्रकृतिविजय दोनों एक साथ होते हैं। अव्यक्त प्रकृति से अपना यथार्थ भेद समझते ही जीव केवलधर्मा कहलाने लगता है; तब जीव स्वयं को छब्बीसवाँ तत्त्व मानकर परब्रह्म के साथ मिल जाता है और प्राज्ञ, निःसंग, स्वतंत्र, केवलात्मा आदि विशेषणों से विभूषित हो जाता है। यह परब्रह्म प्राप्ति ही जीव की मुक्ति है, केवल तत्त्वों का ज्ञान होने से मुक्ति नहीं हो जाती। वशिष्ठ के सांख्य का यही सिद्धान्त है।[1]

ब्रह्म व सांख्य विद्या का ऐक्य---नारद ने यह विद्या वशिष्ठ से अर्जित की थी। नारद ने भीष्म को और भीष्म ने युधिष्ठिर को इसका उपदेश दिया। वशिष्ठ ने सांख्य दर्शन का तत्त्व हिरण्यगर्भ से समझा था। भीष्म ने कहा है कि छब्बीसवें तत्त्व का स्वरूप जान लेने पर पच्चीसवाँ तत्त्व पुरुष अपना स्वरूप जान जाता है और उसे मुक्ति मिल जाती है। इस ज्ञान का आस्वाद मिलने पर मनुष्य को मृत्यु का भय नहीं रह जाता, उसकी मूढ़ता देवत्व में परिणत हो जाती है यह विद्या बहुत ही श्रद्धालु, गुरुभक्त, विनीत, क्रियावान् व पवित्रचेता शिष्य को देनी चाहिये। उपनिषदों की ब्रह्मविद्या के साथ सांख्य का ऐसा सामंजस्य सांख्य या वेदान्त के किसी दूसरे ग्रंथ में किया गया है कि नहीं हमें नहीं मालूम। महाभारत के इस पूरे अध्याय में सांख्य के साथ ब्रह्मविद्या को मिलाकर मोक्ष के स्वरूप का वर्णन किया गया है। कहा है, केवलात्मा स्वतन्त्र पुरुष, केवल, स्वतन्त्र स्वरूप ब्रह्म के साथ मिलकर मोक्षत्व को प्राप्त होता है। मुक्ति का यह लक्षण किसी भी सांख्यग्रंथ में नहीं मिलता।[2]

जातिनिर्वेद आदि का उपदेश---प्रत्येक आस्तिक दर्शन का आरंभ दुखवाद से और समाप्ति उस दुख के पूर्ण उच्छेद के पथप्रदर्शन से होती है। अप्रिय होने के कारण सभी व्यक्ति दुख से निष्कृति पाने की चेष्टा करते हैं, उस चेष्टा की चरम सार्थकता

---

१. शान्ति ३०८ वाँ अध्याय।

२. केवलात्मा तथा चैव केवलेन समेत्य वै।
स्वतन्त्रश्च स्वतन्त्रेण स्वतन्त्रत्वमवाप्नु ते॥ शान्ति ३०८।३०

मुक्ति में ही है। महाभारत के सांख्य प्रकरण में एक अध्याय केवल इसी बात को समझाने के लिये लिखा गया है।[१] आचार्य पंचशिख ने भी राजा जनक को पहले जातिनिर्वेद (जन्म ही दुःख का हेतु है), उसके बाद कर्मनिर्वेद (जपतप का फल चिरस्थायी नहीं होता, पुण्यक्षय होने पर फिर दुख भोगना पड़ता है) और अंत में सर्वनिर्वेद (मुक्ति का उपाय) के संबंध में उपदेश दिया था।[२]

प्रकृति या प्रधान—जिन छब्बीस तत्त्वों का उल्लेख आया है, उनमें प्रथम तत्त्व प्रकृति है: सत्व, रज एवं तम इन तीन गुणों की साम्य अवस्था का नाम प्रकृति है। ये तीनों गुण यद्यपि प्रकृति के धर्म नहीं हैं, किंतु प्रकृति से अभिन्न हैं। सत्व आदि तीनों गुणों का स्वरूप समझ में आते ही प्रकृति का स्वरूप भी मनुष्य जान जाता है। गीता में इन तीनों गुणों को 'प्रकृतिसम्भव' कहा गया है। प्रकृतिसंभव शब्द 'प्रकृति से उत्पन्न' अर्थ में प्रयुक्त नहीं हुआ है। अभेद में भेद की कल्पना की गई है। वस्तुतः गुणत्रय और प्रकृति एक ही वस्तु है। जो प्रधान है, वही 'प्रकृति' है। उस व्युत्पत्ति के द्वारा प्रकृति शब्द की योगरूढ़ता बताई गई है।[३] जिसकी प्रतिच्छवि आत्मा में झलकती है, वही 'प्रधान' है।[४] सत्वगुण की प्रधानता से मनुष्य का स्वभाव आनन्द, उद्रेक, प्रीति, सन्तोष, श्रद्धा, क्षमा, धृति अहिंसा, दानशीलता, सरलता, समता, सत्य आदि गुणयुक्त होता है। रजोगुण के फलस्वरूप मनुष्य स्वभाव से अहंकारी, भेदभाव रखने वाला, निर्लज्ज, कामी, क्रोधी, लोभी निर्दयी एवं परनिन्दक होता है और जिस व्यक्ति में मोह, दिवानिद्रा, अत्यासक्ति, धर्मद्वेष, आलस्य, प्रमाद आदि गुणों की प्रधानता हो वह तमोगुणी होता है।[५] श्रीमद्‌भगवतगीता के चौदहवें अध्याय तथा दूसरे कई स्थानों पर उसी के अनुरूप तीनों गुणों के कार्य एवं प्रभाव का वर्णन पाया जाता है।[६] सत्व-

---

१. शान्ति ३०३ रा अध्याय।

२. जातिनिर्वेदमुक्त्वा स कर्मनिर्वेदमब्रवीत्। इत्यादि। शान्ति २१८।२१

३. प्रकृतिर्गुणान् विकुरुते स्वच्छन्देनात्मकाम्यया।
क्रीडार्थे तु महाराज शतशोऽथ सहस्रशः॥ शांति ३१३।१५

४. अनेन प्रतिबोधेन प्रधानं प्रवदन्ति तत्। शांति ३१८।७१। नीलकंठ देखिये।

५. सत्त्वमानन्द उद्रेकः प्रीतिः प्राकाश्यमेव च। इत्यादि।
शांति ३१३।१७-२८। शांति २१२।२२-२४। शांति २१९।२६-३१

६. सत्त्वं दशगुणं ज्ञात्वा रजो नवगुणं तथा।
तमश्चाष्टगुणं ज्ञात्वा बुद्धिं सप्तगुणां तथा॥ इत्यादि। शांति ३०१।

गुण को देवत्व का द्योतक बताया है और दूसरे दोनों गुणों को 'आसुर' की संज्ञा दी गई है।[1]

प्रकृति अलिंग एवं अनुमेय होती है, प्रत्यक्ष रूप से उसे देखा नहीं जा सकता, किन्तु हेतु द्वारा सत्व, रज व तम गुणों का प्रभाव देखकर उसका अनुमान किया जा सकता है।[2]

सांख्य दर्शन में कहा गया है कि जड़ होते हुए भी प्रकृति ही कर्त्री होती है, पुरुष निष्क्रिय है परन्तु चेतन है। पंगु-अंध न्याय के अनुसार दोनों के मिलन से ही सृष्टि की प्रक्रिया चल सकती है। जीव की सृष्टि के लिये जिस प्रकार पुरुष एवं स्त्री दोनों का मिलन आवश्यक है, क्या उसी प्रकार जगत की सृष्टि के लिये भी प्रकृति व पुरुष दोनों का मिलन आवश्यक है ? इस प्रश्न का उत्तर देते हुए वशिष्ठ सांख्य में कहा गया है कि, दृश्यमान जैव सृष्टि एवं जगत सृष्टि में बहुत अंतर है। जिस प्रकार द्रोणाचार्य, अगस्त्य आदि व्यक्तियों का जन्म मातृगर्भ के बिना हो गया था तथा धृष्टद्युम्न व कृष्णा का जन्म माता-पिता दोनों के ही अभाव में हो गया था उसी प्रकार केवल प्रकृति से भी सृष्टि का होना संभव तो है, किंतु पुरुष का अधिष्ठातृत्व अवश्य मानना पड़ेगा।[3] पुरुष निमित्त कारण मात्र होता है, उपादान नहीं। प्रकृति की अनुमेयता सिद्ध करने के लिये उदाहरण दिया है कि जिस प्रकार कालस्वरूप ऋतु प्रत्यक्षरूप से यद्यपि दृष्टिगोचर नहीं होती, किंतु भिन्न-भिन्न ऋतुओं के फल-फूल देखकर ऋतु का अनुमान लगाया जाता है, उसी प्रकार महत् आदि तत्त्वों के माध्यम से प्रकृति का अनुमान भी किया जा सकता है।[4] सृष्टि के लिये ईश्वर को भी निमित्त बनना पड़ेगा क्योंकि उनकी इच्छा से ही प्रकृति अपनी परिणति पर पहुँचती है। प्रकृति की बहुमुखी परिणति का नाम ही सृष्टि

१४-१७ अश्व ३१।१, २। अश्व ३६ वें से ३८ वें अध्याय तक।
शांति २८५ वाँ अध्याय। शांति ३०२ वाँ अध्याय।

१. सत्वं देवगुणं विद्यादितरावासुरौ गुणौ। शांति २१६।१८

२. अलिंगां प्रकृतिं त्वाहुर्लिगैरनुमिमीमहे। शांति ३०३।४७

३. शान्ति ३०५ वाँ अध्याय। अश्व १८।२५-२८
अचेतना चैव मता प्रकृतिश्चापि पार्थिव।
एतेनाधिष्ठिता चैव सृजते संहरत्यपि॥ शांति ३१४।१२
मयाध्यक्षेण प्रकृतिः सूयते सचराचरम्। भीष्म ३३।१०

४. यथापुष्पफलैर्नित्यमृतवोऽमूर्त्तयस्तथा।
एवमप्यनुमानेन ह्यलिंगमुपलभ्यते॥ शांति ३०५।२६

है। अनेकों प्रकार से व्यक्त वस्तुएँ ईश्वर की इच्छा से अपने अपने कारण में विलीन हो जाती हैं। अन्त में केवल प्रकृति अवशिष्ट रहती है और फिर प्रकृति भी निराकार पुरुष में लीन हो जाती है। प्रकृति के इस विलीनीकरण के बाद एकमात्र पुरुष परमार्थ में प्रतिष्ठित रह जाता है। प्रकृति के विलीन होने का वर्णन भी महाभारतीय सांख्य की एक विशिष्टता है।[1]

प्रकृति से महत् आदि की अभिव्यक्ति एवं तत्त्वों का प्रतिलोम क्रम से अपने अपने कारण में विलय ठीक सागर की लहरों के समान है। जिस प्रकार लहरों की समुद्र से अलग कोई सत्ता न होते हुए भी व्यवहार में उन्हें 'समुद्र की तरंग' कहा जाता है, उसी प्रकार लीलामयी प्रकृति की लीला या विशिष्ट अभिव्यक्तियों को ही आचार्यों ने पृथक्-पृथक् संज्ञा देकर शिष्यों को समझाया है। लौकिक व्यवहार निभाने के लिये ही उस सत्ता की कल्पना की गई है। वास्तव में ये सब पदार्थ केवल विभिन्न नामों द्वारा पृथक् नहीं हो जाते।[2]

प्रकृति से परिणत कल्पित पदार्थ भी प्रकृति में ही अधिष्ठित रहते हैं, यह सिद्धान्त भी गलत नहीं है। यों तो सर्वप्रथम इसी रूप की कल्पना उभरती है, किंतु वास्तव में चिदात्मा में ही समस्त वस्तुओं का अधिष्ठान है। केवल उसी का अधिष्ठातृत्व मुख्य है, प्रकृति के अधिष्ठातृत्व की कल्पना गौण है। पुरुष ही प्रकृति के माध्यम से महत् आदि तत्वों की सृष्टि करता है। सूर्यकांत मणि स्वयं एक तृण को भी नहीं जला सकती; किन्तु उसके माध्यम से आने वाली सूर्य किरण की दाहिका शक्ति को ही हम मणि की शक्ति मान लेते हैं। काष्ठ के अन्दर अग्नि होते हुए भी जिस प्रकार घर्षण के बिना उसकी उपलब्धि नहीं होती, उसी प्रकार संसार की प्रत्येक वस्तु में भगवत्सत्ता के होते हुए भी हमारे चित्त की मलिनता उसे देख नहीं पाती। ईश्वर ही सकल पदार्थों का अधिष्ठाता व अभिव्यंजक है। प्रकृति मध्यवर्त्ती निमित्तमात्र है।[3]

पुरुष---पुरुष या जीवात्मा निर्गुण है। उसके स्वभाव का कभी क्रम विपर्यय नहीं होता। अज्ञानतावश जीव प्रकृति के धर्म को अपना धर्म मानकर स्वयं को

---

१. यस्माद् यदभिजायेत् तत्तत्रैव प्रलीयते। शांति ३०६।३२। शांति ३४७।१३-१६

जगत्प्रतिष्ठा देवर्षे पृथ्व्यप्सु प्रलीयते। इत्यादि। शांति ३३९।२९-३१

२. गुणा गुणेषु सततं सागरस्योर्मयो यथा। शांति ३०६।३२

३. सर्गप्रलय एतावान् प्रकृतेर्नृपसत्तम।

एकत्वं प्रलये चास्य बहुत्वञ्च तदासृजत्॥ शांति ३०६।३३-३८

सुख-दुख का भोक्ता समझ बैठता है। अपना प्रत्यक्षदर्शी स्वरूप समझ न पाने के कारण ही जीव इतना दुख उठाता है। याज्ञवल्क्य की सांख्यविद्या में यद्यपि यह कथित है कि बहुपुरुषवाद निरीश्वरसांख्य में स्वीकृत हुआ है किंतु स्वयं याज्ञ-वल्क्य ने इस सिद्धान्त का समर्थन नहीं किया है। उन्होंने कहा है सर्वभूत पर दयावान केवल ज्ञानी महापुरुष अव्यक्त के एकत्व और पुरुष के बहुत्व सिद्धांत को मानते हैं। उनके मतानुसार अव्यक्त आदि तत्व पुरुष अर्थात् जीव का ही वाह्य-रूप है, इसको समझाने के लिये उन्होंने श्रुतिप्रसिद्ध मूंज और इषीका का दृष्टांत दिया है। प्रकृति की व्यक्त अवस्थास्वरूप संसार से पुरुष की निर्लिप्तता को भली भाँति समझाने के लिये जलमत्स्य-न्याय, पुष्करोदक न्याय, मशकोदम्बर न्याय एवं उखाग्नि न्याय का प्रयोग किया गया है।[1]

याज्ञवल्क्य के उपदेश में पुरुष का एकत्व जिस भंगिमा से दर्शाया गया है, वह वेदांतदर्शन के जीवनिरूपण से हूबहू मिलता है। नीलकंठ ने अपनी टीका के इस अध्याय के अंत में "अंगुष्ठमात्रः पुरुषोऽन्तरात्मा सदा जनानां हृदये सन्निविष्टः" यह श्रुतिवाक्य उद्धृत किया है। अज्ञान से आछन्न जीव जब तक अपनी आनन्द-मयता एवं निर्लिप्तता को नहीं समझता, तब तक उसका अहंकार बना रहता है तथा प्रकृति के धर्म को अपने ऊपर आरोपित करके उसमें उत्पन्न सुख-दुख के कारण विमूढ़ बना रहता है। असंग होते हुए भी अहंकार के वशीभूत होकर वह संसार में लिप्त रहता है, शुद्ध होते हुए भी अशुद्ध बना रहता है और स्वयं को त्रिगुणात्मक प्रकृति का अनुगत मानने के कारण ही वह त्रिगुण कहलाता है। अज्ञानता भी जीव का धर्म नहीं है, वह भी प्रकृति का ही धर्म है, किंतु जीव इतना विमूढ़ बन जाता है कि प्रत्येक वस्तु को अपना मान लेता है।[2]

कल्पित महद् आदि तत्वों के प्रकृति में विलीन होने पर जिस प्रकार एकमात्र प्रकृति ही अवशिष्ट रह जाती है, उसी प्रकार पच्चीसवें तत्त्वरूप क्षेत्रज्ञ अक्षर पुरुष भी अपना स्वरूप समझने के बाद छब्बीसवें तत्त्व को प्राप्त हो जाता है। अज्ञान का क्षय ही उसके इस स्वरूप ज्ञान का हेतु है। वास्तविकता तो यह है कि क्षेत्रज्ञ पुरुष स्वयं द्रष्टा एवं निर्गुण होता है। प्रकृति का सान्निध्य ही उसका बंधन है। प्रकृति से अपनी पृथकता का ज्ञान होते ही वह पूर्ण रूप से विशुद्ध हो जाता है।

---

१. अव्यक्तैकत्वमित्याहुर्नानात्वं पुरुषास्तथा।
सर्वभूतदयावन्तः केवलं ज्ञानमास्थिताः॥ इत्यादि। शांति ३१५।११-२०

२. तदेव षोडशकलं देहमव्यक्तसंज्ञकम्।
ममायमिति मन्वानस्तत्रैव परिवर्त्तते॥ इत्यादि। शांति ३०४।८।११

जब जीव अपने अज्ञान को समझ लेता है तो वह अपनी पूर्व अज्ञानता के लिये बहुत लज्जित होता है। महाभारत में उसकी इस अवस्था की दशा का वर्णन नाना प्रकार से किया गया हे।[1] प्रकृति अप्रतिबुद्ध अर्थात् जड़स्वभावी है और पुरुष बुध्यमान है, अर्थात् अपना स्वरूप समझने की क्षमता उसमें है। अज्ञान के क्षय के साथ साथ उसका बुद्धत्वस्वरूप अर्थात् ब्रह्मस्वरूप प्रकट होता जाता है। बुध्यमान की बुद्धत्वप्राप्ति मुक्ति का ही दूसरा नाम है।[2]

मुक्ति—प्रकृति के कार्य को जीव अपना कार्य समझता है। कर्तृत्व का यह अभिमान खत्म होते ही मुक्ति का पथ प्रशस्त हो जाता है। भगवान कृष्ण की 'सांख्यकारिका' अथवा कपिलसूत्र में वर्णित मुक्ति के रूप के साथ महाभारत में वर्णित सांख्यीय मुक्ति का रूप पूर्णतया नहीं मिलता। कपिलसांख्य के मतानुसार जीव और बुद्धि, इन दोनों की उदासीनता, विच्छेद या पृथक् अवस्थान को मुक्ति कहते हैं अथवा केवल जीव की उदासीनता को भी अपवर्ग कहा जाता है। मुक्ति जीव की नित्यसिद्ध वस्तु है, अविवेक द्वारा ज्ञान आच्छन्न हो जाता है और मुक्त आत्मा में सुख-दुःख का अभिमान जन्मता है, यही बंधन है। बंधन मुक्त होते ही मुक्ति का स्वरूप प्रकट हो जाता है, इसीलिये सूत्रकार ने कहा है 'ज्ञानान्मुक्तिः'। त्रिविध दुःख की सार्वकालिक निवृत्ति ही उनके मतानुसार मुक्ति नामक पदार्थ है। महाभारत में कहा है, इन्द्रिय आदि कार्य एवं प्रकृतिरूप कारण को जीव से भिन्न दूसरे पदार्थ समझते हुए अहं का त्याग करके निर्द्वन्द्व नारायण में प्रविष्ट होना अर्थात् स्वयं को परमब्रह्म मानना मुक्ति का लक्षण है।[3]

सांख्यसूत्र आदि में कथित सृष्टि अथवा अपवर्ग के लिये ईश्वर के अस्तित्व की स्वीकृति उपयोगी सिद्ध नहीं होती। किंतु महाभारत में सांख्य का वर्णन करते

---

१. गुणा गुणेषु लीयन्ते तदैका प्रकृतिर्भवेत्।
क्षेत्रज्ञोऽपि यदा तात तत्क्षेत्रे सम्प्रलीयते॥ इत्यादि। शांति ३०७। १६-४२

२. बुद्धश्चोक्तो यथातत्त्वं मया श्रुतिनिदर्शनात्। शांति ३१८।८१
यदा स केवलीभूतः षड्विंशमनुपश्यति।
तदा स सर्वविद् विद्वान् न पुनर्जन्म विन्दति॥ इत्यादि। शांति ३१८। ८०। शांति ३०४।७

३. प्रकृतिं चाप्यतिक्रम्य गच्छत्यात्मानमव्ययम्।
परं नारायणात्मानं निर्द्वन्द्वं प्रकृतेः परम्। इत्यादि। शांति ३७१। ९६, ९७

हुए लेखक ने सृष्टितत्त्व एवं मुक्ति के प्रसंग में ईश्वर का नाम भी ग्रहण किया है। महाभारत की मुक्ति ईश्वर निरपेक्ष न होते हुए भी वैदान्तिक मुक्ति से बहुत कुछ मिलती-जुलती है। वेदान्त ने मुक्ति को नित्यपदार्थ ब्रह्मस्वरूप माना है और महाभारतीय सांख्य की मुक्ति भी नित्यस्वरूप है। ध्यान, धारणा आदि द्वारा वस्तु के तत्त्व का यथार्थ-ज्ञान होने पर जीव अपना स्वरूप समझता है और उसके बाद ब्रह्मज्ञान होते ही जीव को ब्रह्मत्व की प्राप्ति हो जाती है।[1] महाभारत में जीवन्मुक्ति एवं विदेह कैवल्यमुक्ति ये दोनों प्रकार की सांख्यीय मुक्ति स्वीकृत हुई हैं। अज्ञान के दूर होने पर भी उसका प्रभाव शरीर व इन्द्रिय आदि पर तत्क्षण नहीं होता, अतएव मुक्त जीव को भी कुछ देर संसार में रहना पड़ता है, यही अवस्था जीवन्मुक्ति कहलाती है।[2]

महाभारतीय सांख्य की विशिष्टता—वशिष्ठ याज्ञवल्क्य की सांख्यविद्या एवं कपिल की सांख्यविद्या, दोनों में भिन्नता है। पुरुष अर्थात् जीव का एकत्व और बुध्यमान पुरुष की बुद्धत्वप्राप्ति स्वरूप मोक्ष आदि सिद्धान्त केवल महाभारत में ही पाये जाते हैं। महाभारत में कहा गया है कि सांख्यदर्शन के अनुसार चिदात्मा परब्रह्म में जगत्प्रपंच का विलोप होता है। सांख्य शब्द का अर्थ है—ज्ञान। सांख्य अमूर्त्त पुरुष की मूर्त्ति है। जीव और परमब्रह्म के अलावा चौबीस तत्त्वों का उल्लेख सांख्य में मिलता है।[3]

सृष्टिरूप में प्रकृति के परिणाम का वास्तविक कारण ईश्वर का अधिष्ठान है। ईश्वर की इच्छा से ही प्रकृति की साम्यावस्था की विच्युति और उसकी परिणति होती है। गीता के मतानुसार यही प्रकृति का गर्भाधान है। भगवान ने कहा है, कि वे ही प्रकृति में गर्भाधान करते हैं। प्रकृति जगत् की जननी और ईश्वर पितृ-स्वरूप हैं।[4] सांख्य के मत से प्रकृति का परिणाम स्वभावसिद्ध है, किंतु महाभारत

---

१. सोऽयमेवं विमुच्येत नान्यथेति विनिश्चयः।
परश्च परधर्मा च भवत्येष समेत्य वै॥ इत्यादि। शांति ३०८।२६-३०
शांति ३०१ वाँ अध्याय।

२. गुणा गुणवतः सन्ति निर्गुणस्य कुतो गुणाः।
तस्मादेवं विजानन्ति ये जना गुणदर्शिनः॥ शांति ३०५।२९

३. अमूर्त्तेस्तस्य कौन्तेय सांख्यं मूर्तिरिति श्रुतिः। शांति ३०१।१०६
सांख्यदर्शनमेतावत् परिसंख्यानुदर्शनम्। इत्यादि।
शांति ३०६।४२, ४३

४. मम योनिर्महद् ब्रह्म तस्मिन् गर्भं दधाम्यहम्। इत्यादि। भीष्म ३८।३, ४

का मत इससे भिन्न है। महाभारत इस परिणाम के मूल में भी ईश्वर को मानते हैं।[1]

तत्त्वसमास या सांख्यकारिका में ईश्वर के संबंध में कुछ भी नहीं कहा गया है। प्रवचनसूत्र में ईश्वर का प्रसंग आया तो है, किंतु सृष्टि या मुक्ति के कारणरूप में उन्हें स्थान नहीं मिला है। वाचस्पति मिश्र, माधवाचार्य आदि मनीषियों के मतानुसार कापिलदर्शन निरीश्वर है, किन्तु महाभारत का सांख्यदर्शन ईश्वर की ज्योति से प्रकाशमान है; उसमें ईश्वर को ही जगत का स्रष्टा व संहारक बताया है। कहा है, सांख्यदर्शन में कथित 'प्रधान' ईश्वर की ही अपरा प्रकृति है और परा प्रकृति पुरुष है। पुरुष व प्रकृति वास्तव में तो ईश्वर की ही भिन्न अवस्थाएँ हैं। जीव या पुरुष जैसे ही पच्चीस तत्त्वों के यथार्थ स्वरूप को जान पाता है, इन्द्रजाल की तरह समस्त तत्त्वों की अयथार्थता उसके समक्ष तत्काल ही प्रकट हो जाती है। उसी समय छब्बीसवें तत्त्वरूप परमब्रह्म के साथ जीव अपने अभेद को समझ जाता है। छब्बीसवें तत्त्व में कभी किसी प्रकार का परिवर्त्तन नहीं होता, यह सनातन सत्य-स्वरूप है।[2] किंतु प्रकृति व पुरुष ईश्वर के आधीन हैं। अपरा प्रकृति को 'क्षर-पुरुष' एवं परा प्रकृति अर्थात् जीव को अक्षर पुरुष या क्षेत्रज्ञ कहा गया है।[3]

महाभारत का सांख्यदर्शन वेदान्तदर्शन से बहुत कुछ मिलता जुलता है, यह पहले ही कहा जा चुका है। कपिल और याज्ञवल्क्य के सांख्य में मात्र इतना अन्तर है कि कपिल केवल ज्ञानप्राप्ति से मुक्तिलाभ बताते हैं और याज्ञवल्क्य ज्ञान के साथ साथ भगवत भक्ति को भी मुक्ति के लिये उपयोगी मानते हैं।[4] सांख्यदर्शन में वैदिक ज्ञानकांड की बहुमुखी व्याख्या व विश्लेषण को भी स्थान मिला है। सांख्य

---

१. यतः प्रवृत्तिः प्रसृता पुराणी। भीष्म ३९।४

२. भूमिरापोऽनलो वायुः खं मनो बुद्धिरेव च।

× × × ×

मयि सर्वमिदं प्रोतं सूत्रे मणिगणा इव।। भीष्म ३१।४-७

स सर्गकाले च करोति सर्गं संहारकाले च तदत्ति भूयः। शांति ३०१।११५

पंचविंशतिनिष्ठोऽयं यदा सम्यक् प्रवर्त्तते। इत्यादि। शांति ३०५। ३७-३९

३. द्वाविमौ पुरुषौ लोके क्षरश्चाक्षर एव च। इत्यादि। भीष्म ३९।१६-१८

४. ज्ञानान्मोक्षो जायते राजसिंह। इत्यादि। शांति ३१८।८७। अश्व ३५।५०

भक्त्या मामभिजानाति यावान् यश्चास्मि तत्त्वतः। भीष्म ४२।५५

को ज्ञानकांड भी कहा गया है।[1] महाभारत में प्रकृति को भगवान की लीला में सहायक बताया है, ग्रंथकार व्यास उसे स्वतंत्र नहीं मानते। भगवान ने कहा है "सब कुछ मुझसे ही उत्पन्न होता है। मैं ही अपनी प्रकृति का अधिष्ठाता बनकर बार बार सृष्टि करता हूँ।"[2] महाभारत के सांख्यदर्शन में ईश्वर का स्थान छब्बीसवें तत्त्व अथवा पुरुषोत्तम के रूप में सर्वोपरि माना है। कहा है केवल त्रिगुणात्मक प्रकृति का स्वरूप जानना ही पुरुष या जीव का सबसे बड़ा सत्य नहीं है बल्कि उसका चरम लक्ष्य है पुरुषोत्तम व पुरुष का अभेद-ज्ञान। उपर्युक्त विवेचना से पता लगता है कि यदि प्रकृति, महत् अहंकार आदि कुछ पारिभाषिक शब्द व्यवहृत न होते तो सांख्य और अद्वैतवेदान्त में कोई प्रभेद न रहता।[3]

सांख्य और योग का अभेद—योगदर्शन कहने पर हम भगवान पातंजलि के योगसूत्रों को ही योगदर्शन शास्त्र समझते हैं। योग के समाधि, साधन, विभूति व कैवल्य ये चार पाद माने गये हैं। कठ श्वेताश्वतर, महानारायण आदि उपनिषदों में भी योग का माहात्म्य वर्णित हुआ है। श्रुतिप्रसिद्ध निदिध्यासन अर्थात् अनवरत चिंतन ही योग या चित्तवृत्ति निरोध का उपाय है। योगविद्या भी अधिकतर सांख्य के समान है। सांख्य के पदार्थ योग में भी स्वीकृत हुए हैं किंतु महर्षि पतंजलि ने अपने मुंह से यह बात कहीं भी नहीं कही है। कपिल के सांख्यदर्शन को जो लोग निरीश्वरवाद कहते हैं, वे ही योगदर्शन को सेश्वर-सांख्य की संज्ञा देते हैं। परन्तु महाभारत का मत ऐसा नहीं है क्योंकि महाभारतीय सांख्य में भी पुरुषोत्तमरूप ईश्वर को सर्वोपरि स्थान दिया गया है। अतएव यह मानना पड़ेगा कि सांख्य और योग दोनों एक ही चीज़ हैं और दोनों के उपदेश का एक ही उद्देश्य है।[4] वशिष्ठ ने कहा है—सांख्य और योग दोनों शास्त्रों की मैंने व्याख्या की है। दोनों की साधनप्रणाली व कैवल्यरूप चरमफल भी एक है, तथापि दोनों शास्त्रों का अलग-अलग उपदेश देने का प्रयोजन यह है कि जो व्यक्ति आत्मतत्व श्रवण के

---

१. **सांख्ययोगविधिशब्दैः क्रमेण ज्ञानोपास्तिकर्मकांडार्था ज्ञेयाः। शांति ३२०। २५ नीलकंठ**

२. **प्रकृतिं स्वामवष्टभ्य विसृजामि पुनः पुनः। इत्यादि। भीष्म ३३।८, ६। भीष्म ३४।८**

३. **तन्त्रं शास्त्रं ब्रह्मबुद्ध्या ब्रवीमि, सर्वं विश्वं ब्रह्म चैतत् समस्तम्। शांति ३१८।८९**

४. **सांख्ययोगौ पृथग् बालाः प्रवदन्ति न पंडिताः। इत्यादि। भीष्म २९। ४, ५। शान्ति ३०५।१९**

उपरांत ही उपासना में मन लगा लेता है, वह 'तत्त्वमसि' आदि श्रुतिवाक्यों का अर्थ न समझ कर सीधे योग का अनष्ठान शुरू कर देता है। ऐसे व्यक्ति योग के ज्ञान को गौण मानकर सांख्यतत्त्व की विवेचना करना ही प्रधान कार्य समझते हैं। और जो उपासना नहीं करते, केवल आत्मतत्त्व का उपदेश सुनते हैं, उन्हें उपासना पूरी करने के लिये यौगिक प्रणाली को ही मुख्य रूप से अवलंबनीय बनाना पड़ता है, सांख्य दर्शन उनके लिये गौण विषय होता है। इसीलिये दोनों दर्शनशास्त्रों का अलग-अलग उपदेश देना आवश्यक है।[1] योगानुष्ठान के फल का मनुष्य धीरे-धीरे स्वयं अनुभव करता है, इसलिये योगशास्त्र प्रत्यक्ष है, इसके विपरीत सांख्य का ज्ञान शास्त्रगम्य है, अनुष्ठान द्वारा इसके बारे में कुछ भी नहीं समझा जा सकता। किंतु सांख्यज्ञान के साथ यदि यौगिक अनुष्ठान भी शुरू कर दिया जाय तो बहुत शीघ्र परमतत्त्व से साक्षात्कार हो जाता है। सांख्य के साथ मिलने पर योग की शक्ति बढ़ जाती है।[2]

योग शब्द का अर्थ—पतंजलि ने कहा है—चित्तवृत्ति निरोध का नाम योग है; किंतु महाभारत के रचयिता सर्वत्र ईश्वर की सत्ता की उपलब्धि एवं उससे मिलन को योग कहते हैं। योग विद्या उपनिषद् या ब्रह्मविद्या से भी पृथक् नहीं है। इसी कारण श्रीमद्भागवत्गीता को उपनिषद् ब्रह्मविद्या व योगशास्त्र कहा गया है।[3]

योग की महिमा—महाभारत में योग की बहुत प्रशंसा की गई है। कृष्ण अर्जुन से कहते हैं—"योगी पुरुष तपस्वी, ज्ञानी एवं कर्मी से भी श्रेष्ठ हैं। अतएव हे अर्जुन, तुम योगी बनो।" राजर्षि अलर्क की गाथा में भी कहा गया है कि "जो परम सुख योग से मिलता है, वह और किसी चीज से नहीं मिलता।[4]

तपोमहिमा—ईश्वर से मिलने के लिये जो पथ ग्रहण किये जाते हैं, उनका नाम भी योग है। इसलिये तपस्या को भी योग की संज्ञा दी जा सकती है। तपस्या

---

१. **सांख्ययोगौ मया प्रोक्तौ शास्त्रद्वयनिदर्शनात्।**
यदेवशास्त्रं सांख्योक्तं योगदर्शनमेव तत्॥ इत्यादि। शांति ३०७। ४४-४८। शान्ति ३००।७

२. **तुल्यं शौचं तपोयुक्तं दया भूतेषु चानघ। इत्यादि। शांति ३००।९-११**

३. **योग एष हि योगानां किमन्यद् योगलक्षणम्। शांति ३०६।२५**

४. **तपस्विभ्योऽधिको योगी ज्ञानिभ्योऽपि मतोऽधिकः।**
कर्मिभ्यश्चाधिको योगी तस्माद् योगी भवार्जुन। इत्यादि। भीष्म ३०।४६। अश्व ३०।३१

के बिना कोई भी महत् कार्य सम्पन्न नहीं होता और तपोबल से प्रत्येक कार्य भलीभाँति पूरा हो सकता है। तपस्या या योगसाधन, सब कुछ मन की स्थिरता पर निर्भर होता है। इसलिये चंचल मन को स्थिर करना पड़ता है। अभ्यास व वैराग्य के द्वारा मन को एकाग्र किया जा सकता है। असंयमी व्यक्ति योगसाधना नहीं कर सकता, अतः सर्वप्रथम संयम के द्वारा इन्द्रियों को वश में किया जाता है। जो व्यक्ति अपनी इन्द्रियाँ वश में कर लेता है, उसके लिये दुष्कर कर्म भी आसान हो जाता है। अतएव सबसे पहले तपस्या में मन लगाना चाहिये, यही योगविद्या का उपदेश है।[1] तपस्या और योग एक ही है, यह सनत्सुजातीय प्रकरण में विशेषतया समझाया गया है। सनत्कुमार ने एक स्थान पर कहा है—तपस्या यदि अनुराग आदि दोषों से रहित हो तो वह विशुद्ध तपस्या कैवल्य प्राप्ति में अत्यन्त सहायक होती है। संसार में भोग्य वस्तुओं का उपभोग भी तपस्या पर अवलम्बित है। मुक्ति भी तपस्या के अधीन है। काम क्रोध आदि को जीत कर विशुद्ध ज्ञान, लाभ के उद्देश्य से जो तपस्या की जाती है, वही सच्ची तपस्या कहलाती है और साधक की कैवल्यप्राप्ति का कारण बनती है।[2] तपस्या जैसे यम नियम वाले अष्टांग योग का अनुष्ठान करने से भी मनुष्य के सर्व दुःख दूर रहते हैं। शरीर में आत्मबुद्धि रूप अज्ञान ही मनुष्य के लिये सबसे बड़े दुःख का कारण है। उसके दूर होने तक कैवल्य प्राप्ति संभव नहीं होती। अष्टांग राजयोग का यथारीति पालन करने से जो तेज उत्पन्न होता है, उसी के प्रभाव से अज्ञान दूर होता है। तपस्वी बने बिना योगसिद्धि नहीं होती। अनादि काल से मनुष्य का चित्त विषयवासनाओं से कलुषित रहता आया है, यह वासना तपस्या के बिना खत्म नहीं होती और जब तक वासना का प्रभाव रहता है, तब तक योग की आशा व्यर्थ है। इसीलिये वासना को दूर करने के लिये तपस्या आवश्यक है।[3]

महाभारत की योगविद्या को तीन भागों में विभक्त किया जा सकता है—

---

१. तपसा प्राप्यते स्वर्गस्तपसा प्राप्यते यशः। इत्यादि। अनु ५७।८-१०
अनु ११८।२। शांति २००।२३

असंयतात्मना योगो दुष्प्राप इति मे मतिः।
वश्यात्मना तु यतता शक्योऽवाप्तुमुपायतः॥ भीष्म ३०।३६

२. निष्कल्मषं तपस्त्वेतत् केवलं परिचक्षते।
एतत् समृद्धमप्यृद्धं तपो भवति केवलम्॥ इत्यादि। उद्योग ४३।१२, १३, ३९

३. अष्टांगा बुद्धिमाहुर्यां सर्वाश्रेयाविघातिनीम्। इत्यादि। वन २।१८

साधन परिच्छेद, विभूति परिच्छेद और कैवल्य परिच्छेद। समाधि पाद के विषयों को साधन के अन्तर्गत लिया जा सकता है। पातंजल सूत्र की बंगला टीका की भूमिका मे कालीवर वेदान्तवागीश ने योग शब्द के सत्रह प्रकार के प्रचलित अर्थ बताये हैं, किन्तु कैवल्यमुक्ति रूप महाभारतीय अर्थ उन्होंने भी नहीं लिया है। चौदह लक्षण बताते हुए केवल इतना कहा है—'आत्मा से आत्मा के संयोग का नाम योग है।'

साधन परिच्छेद—श्रीमद्‌भगवतगीता में ध्यानयोग की विस्तृत व्याख्या मिलती है। आसन प्राणायाम आदि अष्टांग योग पर जोर दिया गया है। कहा है चित्त के स्थिर होने तक अभ्यास व वैराग्य आवश्यक हैं। कृष्ण ने संन्यास और योग को एक बताते हुए योग के लिये भी त्याग की आवश्यकता दिखाई है। मन में नित्य नई वासनाओं का उदय होने से योगसाधना नहीं हो सकती।[1]

भागवत्‌गीता में योग को ज्ञानगोग, कर्मयोग और भक्तियोग के भेद से तीन भागों में विभक्त किया गया है। इन तीनों का तत्त्वनिर्धारण करना ही गीता का मुख्य ध्येय है। यों तो इन तीनों की व्याख्या तीन विभिन्न अध्यायों में की गई है, किंतु किसी न किसी प्रसंग को लेकर सारी गीता में ही इन तीनों योगों का वर्णन हुआ है।

ज्ञानयोग—श्रीकृष्ण ने कहा है, 'द्रव्यमय यज्ञ आदि से ज्ञानयज्ञ श्रेष्ठ है, क्योंकि ज्ञान ही सकल कर्मों की परिसमाप्ति है।[2] आत्मज्ञान लाभ के लिये ही मनुष्य आकुल रहता है और ज्ञान की चरम सार्थकता भी वही है। तत्त्वज्ञान का लाभ होते ही मनुष्य के सब संशय दूर हो जाते हैं। प्रज्वलित अग्नि जिस प्रकार लकड़ी के ढेर को भस्म कर डालती है, उसी प्रकार ज्ञानरूपी अग्नि सब कर्मों को जला देती है।[3] तपस्या, यागयज्ञ आदि कुछ भी ज्ञानयोग के समान मन शुद्धि के लिये उत्तम नहीं हैं। दीर्घ अवधि पर्यन्त कर्मयोग का अनुष्ठान करने से जब चित्त शुद्धि हो जाती है तो उस विशुद्ध चित्त में सहज ही आत्मतत्त्व प्रतिफलित होता है। निष्काम कर्मयोग और भक्तियोग ये दोनों ही ज्ञानयोग के परिपूरक हैं। भगवान

---

१. योगी युंजीत सततमात्मानं रहसि स्थितः। इत्यादि। भीष्म ३०।१०-१४
यं सन्यासमिति प्राहुर्योगं तं विद्धि पांडव। इत्यादि। भीष्म ३०।२

२. श्रेयान् द्रव्यमयाद् यज्ञाज् ज्ञानयज्ञः परन्तप॥
सर्वं कर्माखिलं पार्थज्ञाने परिसमाप्यते॥ भीष्म २८।३३

३. यथैधांसि समिद्धोऽग्निर्भस्मसात् कुरुतेऽर्जुन।
ज्ञानाग्नि सर्वकर्माणि भस्मसात् कुरुते तथा॥ इत्यादि। भीष्म २८। ३७-३९

के अस्तित्त्व में विश्वास रखने वाला व्यक्ति यदि गुरु के बताये मार्ग पर अग्रसर हो तो वह निश्चित रूप से परमतत्त्व को प्राप्त कर सकता है। कर्म और भक्ति के द्वारा जब ज्ञानयोग में एक दृढ़ता आ जाती है तो योगी व्यक्ति इच्छामात्र से सुसंयत चित्त को परत्माभिमुख कर लेता है। कछुआ जिस प्रकार जब चाहे अपने अंग प्रत्यंगों को शरीर के भीतर छुपा लेता है, ठीक उसी प्रकार योगी व्यक्ति इन्द्रियों को विषयों से अनायास ही निवृत्त कर लेता है और तब उसका ज्ञान एकमात्र परमेश्वर में प्रतिष्ठित हो जाता है।[1] इस प्रकार ज्ञान योगी बनने के लिये अकाट्य श्रद्धा तथा इन्द्रियसंयम ये दोनों अत्यावश्यक हैं। श्रद्धा और संयम भी केवल इच्छा से प्राप्त नहीं किये जा सकते, वरन् उनके लिये भी यथोचित साधना करनी पड़ती है और यही साधना 'सभक्ति कर्मयोग' कहलाती है।[2]

कर्मयोग——कर्म को बहुत बड़ा स्थान दिया गया है। कर्म को त्याग कर दंड, कमंडल या कौपीन धारण करने का उपदेश महाभारत नहीं देता। कर्म के बिना कोई व्यक्ति एक मुहूर्त्त भी जीवित नहीं रह सकता, कर्म करना मनुष्य का स्वभाव है। कर्म से ही मनुष्य का परिचय मिलता है, कर्म के द्वारा ही मनुष्य स्वयं को सच्चे रूप में प्रकट करता है।[3] महाभारत के रचयिता कर्म शब्द के द्वारा क्या समझाना चाहते हैं। यह भी उन्होंने गीता में स्पष्ट किया है। मनुष्य प्रतिक्षण जो कर्म करता है, उसका वास्तविक ज्ञान होना कोई निश्चित नहीं होता। हमारे समस्त कृत्य कर्म, अकर्म और विकर्म इन तीन भागों में विभक्त हैं। इन तीनों का तत्त्व जानना आवश्यक है। कर्म शब्द से ग्रंथकार का तात्पर्य शास्त्रविहित कर्म से है, क्योंकि कहा गया है——कर्म और अकर्म निश्चित करने के लिये एकमात्र प्रमाण शास्त्र है। शास्त्र के विधान को समझ कर ही कर्म करना उचित है। शास्त्र के विधान को छोड़कर जो व्यक्ति स्वेच्छाचरण करता है, उसका वह कर्म तत्त्वज्ञान, शांति या मोक्ष के अनुकूल नहीं होता।[4] संन्यास आश्रम में

---

१. यदा संहरते चायं कूर्मोऽगानीव सर्वशः।
इन्द्रियाणीन्द्रियार्थेभ्यस्तस्य प्रज्ञा प्रतिष्ठिता॥ भीष्म २६।५८

२. श्रद्धावान् लभते ज्ञानं तत्परः संयतेन्द्रियः। भीष्म २८।३९

३. न हि कश्चित् क्षणमपि जातु तिष्ठत्यकर्मकृत। भीष्म २७।५
मनुष्या कर्मलक्षणाः। इत्यादि। अश्व ४३।२१। अनु ४८।४९

४. यः शस्त्रविधिमुत्सृज्य वर्त्तते कामकारतः।
न स सिद्धिमवाप्नोति न सुखं न परां गतिम्॥ इत्यादि। भीष्म ४०। २३, २४

प्रविष्ट होने के उपरांत शास्त्रविहित कर्मों का त्याग 'अकर्म' और शास्त्रनिषिद्ध कर्म करना 'विकर्म' कहलाता है। कर्म को ही चरम रूप में स्वीकार नहीं किया है। परमात्मा के साथ अपनी आत्मा को मिलाने के लिये कर्म एक साधनमात्र है। कर्म चित्त की स्थिरता साधन में परम सहायक सिद्ध होता है।[1] भगवत्गीता के मूल में यही कर्मप्रेरणा है। युद्धक्षेत्र में पहुँचते ही अर्जुन को वैराग्य हुआ—'ज्ञाति, बांधव व सुहृदों का वध करके राज्य का उपभोग करूँ इससे बड़ा पाप और क्या होगा।' यह सोचते ही अर्जुन ने अस्त्र-शस्त्र फेंक दिये। तब उनको प्रकृत पथ पर चलाने के उद्देश्य से, उनके अज्ञान को दूर करने के लिये भगवान कृष्ण ने कर्म के माहात्म्य का ऐसा वर्णन किया कि वह विश्वसाहित्य में अतुलनीय बन गया।

गीता की भाषा में विशुद्ध ज्ञान लाभ के पूर्व कर्म का त्याग करना एक तरह से कायरता एवं हृदय की दुर्बलता है। कर्म के त्याग से जीवन यात्रा अचल हो जाती है। ज्ञानभूमि में डगमगाये व्यक्ति को चित्त शुद्धि के निमित्त कर्म का ही आश्रय लेना चाहिये।[2] कर्म का अनुष्ठान किये बिना नैष्कार्यज्ञान उत्पन्न नहीं हो सकता। निष्काम अनुष्ठान के द्वारा चित्त जब तक विशुद्ध नहीं होगा, केवल संन्यास के बल पर मुक्तिलाभ नहीं हो सकता। किसी भी प्रकार के फल की आशा न रखकर एवं अपनी ज्ञानेन्द्रियों को वश में करके, ईश्वर की प्रीति के उद्देश्य से कर्मरूप योग का अनुष्ठान करना चाहिये। इस प्रकार का योग ही वीर्यवत्तर कहलाता है। यदि कर्म का उद्देश्य ईश्वर को समर्पण करना हो तो वह कर्म विशुद्ध कहलाता है। अनासक्त चित्त से कर्म का अनुष्ठान शुरू करना ही वास्तविक कर्म-संन्यास है और उसी को श्रेष्ठ कर्मयोग की संज्ञा दी गयी है।[3] जिस व्यक्ति का जो कुल धर्म जाति धर्म एवं आश्रम धर्म हो, उसे वही पालन करना चाहिये। श्रद्धा-सहित स्वधर्म पालन करने के उद्देश्य से जो व्यक्ति निरासक्त होकर कर्म की ओर प्रवृत्त होता है, वही योगी है। गीता में, सनत्सुजातीय में, वनपर्व में धर्मव्याध के उपाख्यान में, शांतिपर्व के तुलाधार जाजलि संवाद में, इस विशुद्ध कर्मयोग की

---

१. कर्मणो ह्यपि बोद्धव्यं बोद्धव्यञ्च विकर्मणः।
अकर्मणश्च बोद्धव्यं गहना कर्मणो गतिः॥ भीष्म २८।१७
आरुरुक्षोर्मुनेर्योगं कर्म कारणमुच्यते। भीष्म ३०।३

२. कर्मयोगेन योगिनाम्। भीष्म २७।३

३. योगस्थः कुरु कर्माणि संगं त्यक्त्वा धनञ्जय।
सिद्धिसिद्ध्योः समो भूत्वा समत्वं योग उच्यते॥ भीष्म २६।४७, ४८।
भीष्म ६।१

विस्तृत व्याख्या की गई है। गीता कहती है, जो कुछ भी करो ईश्वर को समर्पण करने के उद्देश्य से करो। इस प्रकार अनासक्त होकर कर्म करने से उस योगी को पाप-पुण्य का बंधन नहीं रहता।[१] अनासंग कर्मयोग का अभ्यास करके कर्म बंधन के सुदृढ़ पाश से मुक्तिलाभ करना योग की प्रथम सीढ़ी है। सर्वसाधारण व्यक्तियों की यह धारणा होती है कि स्नान, भोजन, निद्रा आदि का कष्टसाध्य अभ्यास करना ही योग साधना के पथ पर अग्रसर होना है और उनकी यह धारणा महाभारत में वर्णित अर्जुन की कठोर तपस्या (वन), अंबा की तपस्या (उद्योग). सूर्यकिरणमात्रसेवी बालखिल्य मुनियों की कठोर तपस्या (आदि ३०) आदि उदाहरणों से और भी परिपुष्ट होती है। किंतु इन उदाहरणों का उद्देश्य वास्तव में है कुछ और ही। ग्रंथकार इनके माध्यम से यह कहना चाहता है कि किसी विषय में पारंगत बनने के लिये बहुत कष्ट सहने पड़ते हैं। क्योंकि गीता में भी कष्टसाध्य साधना के विपरीत उपदेश दिया गया है। शरीरपीड़न ऐहिक धर्मभाववृद्धि या पारलौकिक कल्याण हेतु के रूप में कहीं भी स्वीकृत नहीं हुआ है। गीता में कहा है—ज़बर्दस्ती शरीर या इन्द्रियों का निग्रह करने से इन्द्रियों के विषय ग्रहण की निवृत्ति तो हो जाती है, लेकिन अभिलाषा या कामना नष्ट नहीं होती। विषय वासनाओं की इच्छा के नष्ट न होने तक वाह्यिक निवृत्ति रूप मिथ्याचार ढोंग के अलावा और कुछ नहीं है। एकमात्र स्थितप्रज्ञ व्यक्ति ही वासना पर विजय पा सकता है। मन को वश में करना ही मनुष्य का लक्ष्य होना चाहिये, शरीर-निग्रह तो पाप में गिना जाता है। उपवास, व्रत आदि के द्वारा शरीर का क्षय करना धर्म का अंग नहीं हो सकता, इन्द्रियों को वश में करना बिल्कुल ही अलग बात है। जो व्यक्ति शरीर को पीड़ित करके इन्द्रियों पर विजय पाना चाहता है, उसे 'आसुरनिश्चय' कहते हैं। गीता में भगवान ने आगे कहा है कि "इस प्रकार के आसुरनिश्चय व्यक्ति अपने शरीर के अन्दर अन्तर्यामी रूप में अवस्थित मुझे भी पीड़ित करते हैं।"[२]

---

१. यत् करोषि यदश्नासि यज्जुहोसि ददासि यत्।
यत्तपस्यसि कौन्तेय तत् कुरुष्व मदर्पणम्॥ भीष्म ३३।२७
विमुक्तात्मा तथा योगी गुणदोषैर्न लिप्यते। शांति २४७।१७

२. विषया विनिवर्त्तन्ते निराहारस्य देहिनः।
रसवर्जं रसोऽप्यस्य परं दृष्ट्वा निवर्त्तते॥ भीष्म २६।५९
कर्शयन्तः शरीरस्थं भूतग्राममचेतसः।
माञ्चैवान्तःशरीरस्थं तान् विद्ध्यासुरनिश्चयान्॥ भीष्म ४१।६

शरीर को कष्ट देना अधर्म है, यह योग के भी प्रतिकूल है लेकिन अतिरिक्त व अनियमित भोजन आदि और भी अनिष्टकर है। आहार-विहार आदि में विशेष रूप से संयत रहना चाहिये। मिताचार, व मिताहार कर्मयोगी के लिये बहुत ही आवश्यक है। अनाहार, अत्याहार, अतिनिद्रा अनिद्रा आदि योग के अन्तराय हैं। युक्ताहार, युक्तविहार, युक्तचेष्ट, युक्तनिद्र एवं युक्तावबोध (विवेकवान) व्यक्ति के ही योग द्वारा दुख दूर होते हैं।[1]

उल्लिखित नियम प्रत्येक मनुष्य को पालने चाहिये। सब विषयों में सामञ्जस्य रखते हुए कर्मपथ पर चलना ही योग में सहायक सिद्ध होता है अर्थात् उस प्रकार जीवन व्यतीत करने से शरीर व मन स्वस्थ रहते हैं, कर्मप्रवृत्ति सदा उद्‌बुद्ध होती है एवं कर्म से आनन्द मिलता है। सब कर्मों का फल ईश्वर को समर्पित करके श्रद्धा व आनन्द सहित शास्त्रविहित कर्मों का अनुष्ठान करते रहना ही प्रकृत कर्मयोग है। संयम एवं ध्यान-धारणा के फलस्वरूप जिसका रजोगुण क्षीण हो जाता है, वही प्रशान्तमना योगी समाधिसुख को भोगता है। और समाधिसुख की प्राप्ति के बाद ब्रह्मसंस्पर्श या ब्रह्म के साथ एकत्व की अनुभूति जाग्रत होती है। योग के द्वारा समाहितचित्त एवं समदर्शी व्यक्ति सर्वभूत में स्वयं को और अपने अन्दर निखिल भतजगत का अनुभव करता है। इस प्रकार उसके चित्त की प्रसन्नता व दूरदृष्टि इतनी व्यापक हो जाती है कि उसे सर्वत्र भगवान दिखाई देने लगते हैं। जो मनुष्य सर्वभूत में भगवान की सत्ता देखने में एक बार समर्थ हो जाता है वह कर्मत्याग करने पर भी भगवान की शांती व शीतलदायी क्रोड़ में अवस्थान करता है। जो प्रशस्तमन योगी सबके सुख-दुख को अपना सुख-दुख समझता है, उसी की योगसाधना धन्य होती है। कर्मयोग के अनुशीलन में जो व्यक्ति अंतिम लक्ष्य तक नहीं पहुँच पाता, बीच में ही बाधाओं के आ पड़ने से रुक जाता है, उसे भले ही योग-संसिद्धि न मिले परन्तु अधोगति भी नहीं मिलती। कल्याणकारी कर्म में रत व्यक्ति कभी भी दुर्गति में नहीं जाता। शुभकर्म करने वाला योगभ्रष्ट मनुष्य भी पुण्यवानों की तरह स्वर्ग सुख भोगकर शुचि व श्रीमन्त पिता के घर जन्म ग्रहण करता है। दीर्घकाल तक योगाभ्यास करने के बाद जो व्यक्ति योगभ्रष्ट हो जाय, वह दूसरे जन्म में पुनः किसी धीमान् योगनिष्ठ ज्ञानी पुरुष के वंश में जन्म लेता है। इस प्रकार का जन्म संसार में बहुत ही दुर्लभ होता है। असाधारण कर्मी व्यक्ति को हम योगभ्रष्ट कह देते हैं, किंतु उपर्युक्त दोनों

---

१. नात्यश्नतस्तु योगोऽस्ति न चैकान्तमश्नतः॥ इत्यादि। भीष्म ३०। १६, १७

प्रकार के योगभ्रष्ट व्यक्ति ही जन्मान्तरीय बुद्धि वैभव के अधिकारी बनकर मर्त्यलोक को कृतार्थ करते हैं। ऐसे व्यक्ति मुक्ति पाने के लिये प्रत्येक जन्म में अधिक से अधिक प्रयत्न करते हैं। पूर्वजन्म के अभ्यास के कारण उनकी चित्तवृत्ति स्वभावतः ही ईश्वर की ओर धावित होती है। वेदोक्त कर्मफल उन्हें बंधन में नहीं बाँध पाता। जो योगी जन्म-जन्मान्तरों तक ईश्वर से अपनी आत्मा के योग की रक्षा करते हुए चलता है, उसे निःसन्देह रूप से उत्कृष्ट गति प्राप्त होती है।

चित्त को स्थिर करने के लिये साधना करनी पड़ती है। ध्यान, धारणा, आसन, प्राणायाम आदि द्वारा मन को वश में करना कोई कठिन बात नहीं है। धीरे-धीरे आगे बढ़ते हुए साधक एक दिन समाधि रूप एकान्त स्थिरता में लीन हो जाता है। इस अवस्था में उसे जो आनन्द मिलता है वह अवर्णनीय है। ध्यान-योग का चरम फल भी कैवल्यप्राप्ति है। इसके लिए समय की कोई निश्चित अवधि नहीं होती, किसे कितने दिनों में सिद्धि लाभ हो, यह कहा नहीं जा सकता। सिद्धि साधक की श्रमसापेक्ष है।[1]

दो लकड़ियों को आपस में घिसने से अग्नि का प्रादुर्भाव होता है। यद्यपि अग्नि काष्ठ के अन्दर ही प्रच्छन्न रूप से रहती है, तथापि उसको प्रकट करने के लिये रगड़ना आवश्यक है। इसी प्रकार हमारे शरीर में स्थित आत्मा भी अज्ञानाच्छन्न बुद्धि में प्रकट नहीं हो पाती। बुद्धि की मलिनता को दूर करने के लिये कुछ यौगिक उपायों का अवलंबन लेना पड़ता है। योग द्वारा बुद्धि निर्मल हो जाती है और फिर इसमें आत्मा का यथार्थ स्वरूप प्रकट होता है। यही योग का चरम उद्देश्य है।[2] जिस प्रकार सोना और लोहा एक साथ मिला दिया जाय तो सोने की स्वाभाविक उज्ज्वलता दब जाती है, उसी प्रकार अज्ञान बुद्धि के साथ इस तरह मिल जाता है कि बुद्धि का निर्मल स्वरूप नितान्त निष्प्रभ हो जाता है। और उस यथार्थ स्वरूप को प्रकट करने के लिये योगसाधना आवश्यक है।[3] ध्यान-धारणा आदि साधना

---

१. शांति १९५ वाँ अध्याय।
अतः परं प्रवक्ष्यामि योगशास्त्रमनुत्तमम्।
युञ्जतः सिद्धमात्मानं यथा प्रश्यन्ति योगिनः॥ इत्यादि। अश्व १९। १५-३७

२. अग्निर्यथा ह्युपायेन मथित्वा दारु दृश्यते।
तथैवात्मा शरीरस्थो योगेनैवात्र दृश्यते॥ शान्ति २१०।४२

३. लोहयुक्तं यथा हेम विपक्वं न विराजते।
तथा पक्वकषायाख्यं विज्ञानं न प्रकाशते॥ शांति २१२।६

के जिन अंगों का वर्णन शुकानुप्रश्न में मिलता है, वह पूर्णरूप से योगसूत्र द्वारा अनुमोदित है। चित्तवृत्ति के निरोध से क्रमशः अज्ञान दूर होता है और योगी के चित्त में अभूतपूर्व आनन्द एवं दीप्ति की उत्पत्ति होती है, उसी के बल से वह द्वन्द्वरहित होकर परमब्रह्म को प्राप्त होता है।[1]

बुद्धि, मन एवं इन्द्रियों की एकाग्रता योग की प्रथम सीढ़ी है। शुचि व श्रद्धालु व्यक्ति को गुरु से योगतत्त्व समझना चाहिये। काम, क्रोध, लोभ, भय और अतिनिद्रा ये पाँचों योग के परम शत्रु हैं। योगी व्यक्ति को शम द्वारा क्रोध को, संकल्प त्याग द्वारा काम को एवं विषय वस्तुओं के स्वरूपनिर्णय की चिन्ता द्वारा निद्रा को जीतना चाहिये। धृति द्वारा शिश्न व उदर को, चक्षु द्वारा पाणि व पाद को, मन के द्वारा चक्षु व स्रोत को और कर्म द्वारा मन व वचन को संयत करना चाहिये। अप्रमाद से भय, त्याग से लोभ तथा प्राज्ञ से दंभ का परिहार करना चाहिये।[2] झूठे व्यक्ति के साथ वार्त्तालाप करना अच्छा नहीं होता। ध्यान, वेदाध्ययन, दान, सत्यवचन-ह्री, आर्जव, क्षमा, शौच, आचार, संशुद्धि, इन्द्रियनिग्रह आदि तेजवर्धक एवं पापनाशक होते हैं। सर्वभूत में समदृष्टि रखने वाला योगी काम व क्रोध को जीतकर ब्रह्मपद पर आसीन होता है। साधना का उपयुक्त समय गंभीर रात्रि है। समस्त इन्द्रियों को अन्तर्मुखी करके, मन के साथ बुद्धि को एकाग्र करे और फिर परमपुरुष के ध्यान में तल्लीन हो जाय। एकान्तभाव से भगवान के चरणों में मन व प्राण समर्पित करने को ही योग कहते हैं। जिन उपायों द्वारा चंचल चित्त को वश में किया जा सके, उनको अपनाना साधना की पहली सीढ़ी है। पर्वतगुहा, देवायतन, या शून्य गृह में स्थिर चित्त होकर निवास करना चाहिए। योगाभ्यास के लिये निर्जनता बहुत उपयोगी है। निष्ठा सहित छह मास तक योगाभ्यास करने से उसका फल मिल जाता है। स्त्री एवं शूद्र को भी योगाभ्यास का अधिकारी बताया है। श्रद्धा सहित चाहे कोई भी गुरु के चरणों में उपस्थित हो, वही साधना के इस पथ पर अग्रसर हो सकता है। योग का चरम फल कैवल्य प्राप्ति है, यह श्रुति स्मृति में बार-बार दोहराया गया है।[3] निन्दा और प्रशंसा मनुष्य के धैर्य को खत्म करती हैं, विशेषतया योग मार्ग पर चलने का अभिलाषी व्यक्ति यदि दूसरे की निन्दा

---

१. शान्ति २३५ वाँ अध्याय।

२. शांति २३९ वाँ अध्याय, शांति २७३ वाँ अध्याय, वन २१० वाँ अध्याय।
नाहं शक्योनुऽपायेन हन्तु भूतेन केनचित्। अश्व १३।१२-१९

३. शांति २३९ वाँ अध्याय। शांति २५२ वाँ अध्याय। शांति २७५ वाँ अध्याय।

या प्रशंसा की ओर ध्यान दे तो अंत में अवनति के गर्त्त में गिरेगा। इसलिये उसे उन दोनों से ऊपर उठना चाहिये। आहार विहार में संयम रखने की बात भी कई स्थानों पर कही गई है। कहा है योगी के लिए कण, पिण्यक (तिल की खल) आदि खाद्य हितकर हैं। घी आदि चिकने पदार्थ न खाने से बलवृद्धि होती है।[1] शास्त्रीय विधिपूर्वक योगाभ्यास करने से साधक ब्रह्मत्व प्राप्त करता है, और मर्त्य-जगत् के हर प्राणी से ऊपर उठकर संकल्प मात्र से भूतजगत् की सृष्टि कर सकने लायक क्षमता उसमें आ जाती है। इस प्रकार वह असीम आनन्द का उपभोग करता है।[2] यौगिक उपकरणों में ध्यान को सर्वश्रेष्ठ बताया है। वाशिष्ठ योग-विधि में कहा गया है कि ध्यान दो प्रकार का होता है—भावना और प्रणिधान। दोनों प्रकार के ध्यान ही अज्ञान पर विजय पाने के लिये प्रधान अवलम्बन हैं। मन की एकाग्रता ध्यान का साधारण लक्षण है। प्राणायाम का स्थान दूसरा है। प्राणायाम भी सगुण व निर्गुण के भेद से दो प्रकार है। भावना में वस्तुतत्त्व की अपेक्षा नहीं होती जैसे कि शालिग्राम में भी विष्णु की भावना की जाती है, किन्तु प्रणिधान वस्तुतत्त्व सापेक्ष होता है। प्राणायाम के साथ-साथ जप एवं ध्यान भी चल सकता है, इस प्रकार का प्राणायाम सगर्भ या सगुण कहलाता है और केवल प्राणवायु की क्रिया वाला प्राणायाम निर्गुण होता है। योगी को स्तंभ के समान अकम्प्य तथा गिरि की तरह निश्चल होना चाहिये। उसका लक्ष्य हर क्षण भगवान की ओर होना चाहिये। परमपुरुष की ओर लक्ष्य रहने से, वही परमपुरुष योगी के अज्ञान रूपी अंधकार को दूर करके उसे परम ज्योतिर्मय स्वरूप के दर्शन कराते हैं और तब योगी मन व वचन से अगोचर अचिन्त्य अवस्था में पहुँच जाता है। वही प्रकृत योग है। यही योगी की साधना की चरितार्थता है।[3] नदी, निर्झर के तट पर, पर्वत गुहा में, निकुंज में रहने का एकमात्र उद्देश्य चित्त को स्थिर करना है। वन्य जीव-जन्तुओं के साथ सौहार्द्र स्थापित करके, उनके साथ एकत्र वास करने से चित्त शांत होता है। अरण्य केवल वृक्ष-लता आदि की समष्टि नहीं है, बल्कि उसकी

---

१. कणानां भक्षणे युक्तः पिण्याकस्य च भारत।
स्नेहानां वर्जने युक्तो योगी बलमवाप्नुयात्। इत्यादि। शांति ३००। ४३, ४४। शांति २७७ वाँ अध्याय।

२. कथा च येयं नृपते प्रसक्ताः देवे महावीर्यमतौ शुभेयम्।
योगी स सर्वानभिभूय मर्त्यान्नारायणात्मा कुरुते महात्मा॥
शांति ३००।६२

३. शांति ३०६ वाँ अध्याय।

विनम्र, शांत, स्निग्ध सम्पदा साधक को आकर्षित करती है। इसी कारण उमा-महेश्वर संवाद में अरण्य की गुरु से तुलना की गई है।[१]

योगज विभूति––योगसिद्ध व्यक्ति के शरीर का ह्रास या वृद्धि नहीं होती। तीर्थोपाख्यान में कहा गया है कि मंकणक नामक एक सिद्धपुरुष थे। एक बार उनके शरीर में कहीं कुशाग्र चुभ गया तो उन्होंने देखा कि उस क्षत स्थान से रक्त न गिरकर एक प्रकार का शाकरस झर रहा है। यह देखकर उनके आनन्द की सीमा न रही। शरीर की क्षयवृद्धि न होना एक बहुत बड़ी योगसिद्धि है।[२] तापस की अपमृत्यु कभी नहीं होती। जल, अग्नि, वायु आदि भूतजगत् पूर्णरूपेण उसके अधीन होता है। वह उनका स्वेच्छापूर्वक व्यवहार कर सकता है। जल की शीतलता, अग्नि की उष्णता तथा वायु की चंचलता उसकी इच्छानुसार दूसरा रूप बदल लेती है। प्राणिसमूह पर योगी का जितना प्रभाव होता है, उतना ही जड़ वस्तुओं पर भी होता है।[३] योगी के वरदान के प्रभाव से श्रेयसाधन एवं अभिशाप के फलस्वरूप नाश, इन दोनों के प्रचुर उदाहरण महाभारत में मिलते हैं। उनका उद्भव भी योगज विभूति से ही होता है। किन्तु योगी व्यक्ति के वर या अभिशाप देने से उसकी मनःशक्ति क्षीण होती है। संयत मन की अमित शक्ति से सब वस्तुओं की उपलब्धि होती है एवं आकांक्षा सत्य में परिणत हो जाती है। परन्तु यत्र-तत्र इस विभूति का माहात्म्य दिखाना संगत नहीं है।[४] योग के बल से दूसरे के मन की बात भी जानी जा सकती है। व्यास, नारद, सनत्कुमार आदि ऋषि किसी के स्मरण मात्र से उपस्थित हो जाते थे, इस प्रकार के उदाहरण भी महाभारत में अगणित मिलते हैं। एक स्थान से दूसरे स्थान पर जल्दी पहुँचने के लिये योगी आकाश मार्ग से यातायात कर सकता है। नारद, सनत्कुमार आदि सिद्ध पुरुषों की इस प्रकार की विभूतियाँ जगह-जगह वर्णित हैं। आकाशवाणी भी शायद आकाशगामी योगियों की भविष्यवाणी होती थी।[५]

इन्द्रियों के सहयोग से आंतरिक तेज के द्वारा दूसरे को अभिभूत करना भी

---

१. वनर्नित्यैर्वनचरैर्वनस्थैर्वनगोचरैः।
वनं गुरुमिवासाद्य वस्तव्यं वनजीविभिः॥ अनु १४२।१३

२. पुरा मंकणकः सिद्धः कुशाग्रेणेति विश्रुतम्।
क्षतः किल करे राजंस्तस्य शाकर सोऽस्रवत्। शल्य ३८।३९

३. नैषमृत्युरनिष्टो नो निःसृतानां गृहात् स्वयम्। इत्यादि। आश्र ३७।२७, २८

४. न च ते तपसो नाशमिच्छामि तपतां वर॥ इत्यादि। अश्व ५३।२५, २६

५. वागुवाचाशरीरिणी। आदि ७४।१०९

एक प्रकार की योगविभूति है। ब्रह्मचारिणी सुलभा ने राजर्षि जनक की शक्ति की परीक्षा लेने के उद्देश्य से उनके शरीर में योगबल से अपना इन्द्रियतेज संचालित किया था। उन्होंने अपने अन्तःकरण को राजर्षि के अन्तःकरण में प्रवेश करा कर उनकी ज्ञानगरिमा की भली भाँति परीक्षा ली थी। सुलभा की योगविभूति देखकर राजर्षि विस्मय से अभिभूत हो गये थे।[1] विपुल नामक एक ब्रह्मचारी ने अजितेन्द्रिया गुरुपत्नी को योग के द्वारा ही लम्पट के चंगुल से छुड़ाया था। उसने अपनी तेजस्विता से गुरुपत्नी की इन्द्रियों को इतना शिथिल कर दिया था कि उसमें हिलने डुलने की भी शक्ति नहीं रह गयी थी।[2] विदुर ने योगक्रिया द्वारा युधिष्ठिर के शरीर में प्रवेश करके शरीर त्याग किया था।[3]

योगविभूति के प्रभाव से इच्छा करते ही रूप बदला जा सकता है। ब्रह्मचारिणी सुलभा ने योगबल से अपना रूप त्याग कर अनवद्य रूप धारण किया था।[4]

योगविभूति का एक और चमत्कारिक उदाहरण महाभारत में मिलता है, जिसे पढ़कर हर व्यक्ति चकित रह जाता है। वह यह कि व्यास ने अपने योगबल से कुरुक्षेत्र में निहित वीरों को परलोक से लाकर धृतराष्ट्र आदि को दिखाया था।[5] तप के प्रभाव से पुत्र उत्पन्न करने का वर्णन भी आया है।[6] यद्यपि कहा यह गया है कि पुत्र का जन्म मृत पति से हुआ था, किन्तु इसका तात्पर्य कुछ और ही लगता है।

योग का चरम फल पाने के लिये दीर्घकाल तक तपस्या करनी पड़ती है, परन्तु उस पथ पर अग्रसर होते ही साधक की शक्ति में नाना प्रकार की विभूतियों का संचार स्पष्ट रूप से अनुभूत होने लगता है। साधक जब चाहे अपनी योगशक्ति के भिन्न-भिन्न रूप दिखाकर दर्शकों को आश्चर्यचकित कर सकता है। हठयोगी तो आमतौर पर ऐसी अलौकिक क्रियाएँ करते रहते हैं। किन्तु जो सच्चे रूप में योग मार्ग

---

१. सुलभा त्वस्य धर्मेषु मुक्तो नेति ससंशया।
सत्त्वं सत्वेन योगज्ञा प्रविवेश महीपतेः॥ इत्यादि। शांति ३२०।१६-१८

२. नेत्राभ्यां नेत्रयोरस्या रश्मिं संयोज्य रश्मिभिः।
विवेश विपुलः कायमाकाशं पवनो यथा॥ अनु ४०।५७

३. ततः सोऽनिमिषो भूत्वा राजानं तमुदैक्षत।
संयोज्य विदुरस्तस्मिन् दृष्टिं दृष्ट्या समाहितः॥ इत्यादि।
आश्र २६।५५-३०

४. तत्र सा विप्रहायाथ पूर्वरूपं हि योगतः।
अविभ्रदनवद्यांगी रूपमन्यदनुत्तमम्॥ शांति ३२०।१०

५. आश्र ३२ वाँ अध्याय।

६. सा तेन सुषुवे देवी शवेन भरतर्षभ। आदि १२१।३६

पर अग्रसर होना चाहता है, वह यदि इन चक्करों में पड़ जाय और उसी की ओर आकृष्ट होकर बीच पथ में यात्रा समाप्त कर दे तो यह उसके लिये परिताप का विषय बन जाता है। यद्यपि सांसारिक लोगों के लिये इन सिद्धियों का प्रलोभन कम नहीं है, लेकिन प्रकृत योगी को तो कम से कम इन सब क्षुद्र विषयों से दूर रहना चाहिये। योग साधना के अंतिम लक्ष्य तक न पहुँच सकने वाले बहुत से योगी अपनी योगविभूति से ही संतुष्ट होकर उसके आश्चर्यों से अभिभूत हो जाते हैं। योगी का यह अविवेक आत्महत्या के अन्तर्गत आ जाता है। आंशिक योग-सिद्धि से नाना प्रकार की योगविभूतियाँ अधीन हो जाती हैं, स्थान व काल का व्यवधान योगी के प्रत्यक्ष में किसी प्रकार की बाधा नहीं पहुँचा पाता।[1]

युक्त व युंजान योगी—योगी दो प्रकार के होते हैं—युक्त और युंजान। युक्त योगी नियत आत्मसमाहित होता है। भूत, भविष्यत् और वर्त्तमान ये तीनों इसके निर्मल अन्तर में प्रतिफलित होते हैं। उसकी आत्मा का ईश्वर के साथ इतना घनिष्ठ संबंध होता है कि किसी भी प्रकार का बाहरी कोलाहल उसकी समाधि भंग नहीं कर पाता। युंजान योगी ठीक उस मनुष्य के समान होता है जिसे तलवार के डर से दोनों हाथों में तेल से लबालब भरा कटोरा लेकर सीढ़ियों से ऊपर चढ़ना पड़े। उस समय तेल की एक बूंद भी नीचे न गिरने देने के लिये उसे जितनी स्थिरता व संयत दृष्टि की आवश्यकता होती है, उतनी युंजान योगी के लिए किसी वस्तु की ओर चित्त लगाने में आवश्यक होती है। जो योगी ध्यानस्थ होकर किसी वस्तु का तत्त्व तो समझ जाय, परन्तु ध्यान के बिना सदा आत्मस्थ होने का अभ्यस्त न हो, वह 'युंजान' कहलाता है।[2]

योगी को मृत्युभय नहीं—योगी कभी मृत्यु से भयभीत नहीं होता। जन्म-मृत्यु के गूढ़ रहस्य से वह भली भाँति परिचित होता है। योगी अज्ञानता को ही यथार्थ मृत्यु समझता है और अज्ञान की निवृत्ति ही उसकी दृष्टि में अमरत्व प्राप्ति होती है। सनत्कुमार के उपदेश में यह तत्त्व विशद रूप से वर्णित हुआ है।[3]

कैवल्य परिच्छेद—उद्योग पर्व में सनत्कुमार के उपदेश में योग का निगूढ़ तत्त्व अच्छी तरह समझाया गया है। वहाँ उपदेष्टा तो हैं सनत्कुमार और श्रोता

---

१. अश्व ४२ वाँ अध्याय।

२. शान्ति ३१६ वाँ अध्याय। नीलकंठ देखिये।

३. प्रमादं वै मृत्युमहं ब्रवीमि तथाऽप्रमादममृतत्वं ब्रवीमि। इत्यादि।
उद्योग ४२।४-११

भूयो भूयो जन्मनोऽभ्यासयोगाद् योगी योगं सारमार्गं विचिन्त्यत। इत्यादि
अश्व १३।१०

धृतराष्ट्र हैं। उसमें योगविद्या को ब्रह्मविद्या का अंग माना गया है। कहा है—मनुष्य परमपुरुष का ज्ञान होते ही जन्म मृत्यु से छूट जाता है, इसके अलावा और कोई रास्ता नहीं है। सब विद्याओं और उपासनाओं की चरम सार्थकता भी यहीं है। अयोगी व्यक्ति कभी ब्रह्मतत्त्व से परिचित नहीं हो पाता। भला अकृतात्मा मनुष्य किस प्रकार कृतात्मा भगवान के स्वरूप को जान सकता है। जो परम शांतिस्वरूप हैं, उसको प्राप्त करने का श्रेष्ठ उपाय योग है। सनत्कुमार ने बार-बार कहा है कि "सनातन परम पुरुष को एकमात्र योगी ही जान सकते हैं"।[1] और यह जानना ही योगसाधना का परम उपेय या कैवल्य है।

महाभारतीय योग की विशिष्टता—भगवान् पतंजलि ने योगसूत्र में कहा है कि, शौच, सन्तोष, तपस्या, स्वाध्याय एवं ईश्वरप्रणिधान ये अष्टांग योग के बहिरंग नियम हैं। इससे पता चलता है कि ईश्वर-प्रणिधान पाँच नियमों में से एक है, अतएव इस मत के अनुसार ईश्वर को छोड़ देने से भी योगसिद्धि नहीं हो सकती। नाना उपायों में ईश्वर प्रणिधान भी एक उपाय है। योगी यदि भक्तिपूर्वक ईश्वर को अपना कर्मफल अर्पित कर दे तो ईश्वर की कृपा से उसके लिये प्रकृति पुरुष का ज्ञान सहज हो जाता है। किन्तु केवल इससे ईश्वर का साक्षात्कार नहीं होता, यही पातंजल का सिद्धान्त है। महाभारत के योगदर्शन में ईश्वर कहते हैं, "मुझमें चित्त लगाओ, मेरी भक्ति करो, पूजा करो, मुझे नमस्कार करो, इस प्रकार पूर्ण रूप से मेरे ऊपर निर्भर होकर मेरे साथ अपनी आत्मा का योग करने पर मुझमें मिल जाओगे।"[2] इससे पता लगता है कि योग के द्वारा ईश्वर को पाया जा सकता है। योगी अपनी आत्मा को समाहित करके ईश्वर में स्थितिरूप मुक्ति या शांति लाभ करता है। यही योग का चरम लक्ष्य है। ईश्वर के साथ जीव के योग के अर्थ में ही महाभारत में योग शब्द व्यवहृत हुआ है।[3]

---

१. नाकृतात्मा कृतात्मानं जातु विद्याज्जनार्द्दनम्। इत्यादि। उद्योग ६९।१७-२१

आगमाधिगताद् योगाद्वशी तत्त्वे प्रसीदति। इत्यादि। उद्योग ६९। २१। उद्योग ३६।५२

योगिनस्तं प्रपश्यन्ति भगवन्तं सनातनम्। उद्योग ४६ वाँ अध्याय।

२. मन्मना भव मद्भक्तो मद्याजी मां नमस्कुरु। इत्यादि। भीष्म ३३।३४

३. युञ्जन्नेवं सदात्मानं योगी नियतमानसः।
शान्तिं निर्वाणपरमां मत्संस्थानधिगच्छति॥ भीष्म ३०।१५

पूर्वोत्तर मीमांसा

पूर्वोत्तर मीमांसा का एकत्व—महाभारत से पता चलता है कि मीमांसा सूत्रकार महर्षि जैमिनी व्यासदेव के ही शिष्य थे।[1] गुरु के आदेशानुसार उन्होंने मीमांसा सूत्र का प्रणयन किया, यह प्रसिद्ध है। वेद के कर्मकांड को लेकर ही साधारणतः मीमांसादर्शन की रचना हुई है। महाभारत में मीमांसोक्त प्रमाण या विधि आदि का कोई विशेष विवरण नहीं मिलता, प्रसंगवश कुछ यागयज्ञों के फल एवं कुछ आवश्यक कर्तव्यों का उल्लेख किया गया है। महाभारत के मतानुसार धर्ममीमांसा और ब्रह्ममीमांसा अर्थात् कर्मकांड और ज्ञानकांड पृथक् शास्त्र नहीं हैं, वरन् मीमांसा के रूप में दोनों एक ही हैं। कर्म द्वारा चित्त के निर्मल न होने तक ज्ञानकांड का उपदेश पल्ले नहीं पड़ता। शास्त्रविहित नित्य व नैमित्तिक कर्म का फल चित्तशुद्धि है, स्वर्गादि फल तो आनुषंगिकमात्र हैं। काम्य कर्म का फल स्वर्ग आदि काम्य वस्तु की प्राप्ति होता है। विहित नित्य कर्मों का यथायथ रूप से अनुष्ठान करने के लिये कर्मकांड का ज्ञान होना अत्यन्त आवश्यक है। इसीलिये वर्णाश्रमधर्मियों में कर्मकांड को अधिक महत्त्व दिया जाता है।[2]

कर्मकांड की उपयोगिता—वेद की महिमा का बखान तरह-तरह से किया गया है। कहा है—शब्दब्रह्म एवं परब्रह्म दोनों का ही तत्त्व जानना चाहिये।[3] शब्दब्रह्म को समझने के लिये कर्मकांड का ज्ञान होना आवश्यक है। गर्भाधान से लेकर अन्त्येष्टि क्रिया तक हर संस्कार में मन्त्र का विशेष स्थान है। शास्त्रोक्त विधि से अनुष्ठान न करने से संस्कार सम्पन्न नहीं होता और संस्कारच्युत व्यक्ति का ब्रह्मविद्या पर कभी अधिकार नहीं हो सकता। पूरा का पूरा कर्मकांड ज्ञानकांड पर अधिकार प्राप्ति का उपदेश देता है। कर्मकांड की उपेक्षा करके मोक्षपथ

---

१. विविक्ते पर्वततटे पाराशर्यो महातपाः।
वेदानध्यापयामास व्यासः शिष्यन्महातपाः। शान्ति ३२७।२६, २७

२. नास्तिक्यमन्यथा च स्याद्वेदानां पृष्ठतः क्रिया।
एतस्यानन्तमिच्छामि भगवन् श्रोतुमञ्जसा। शांति २६८।६७ (नीलकंठ)

३. वेदाः प्रमाणं लोकानां न वेदाः पृष्ठतः कृताः।
द्वे ब्रह्मणी वेदितव्ये शब्दब्रह्म परं च यत्॥ इत्यादि। शांति २६९।१, २

का संधान पाना मूर्खता है। अतएव प्रत्येक व्यक्ति को कर्मकांड के आदेश शिरोधार्य करके इसके अनुसार अनुष्ठान सम्पन्न करके चित्त को विशुद्ध बनाना चाहिये।[1]

कर्म का प्रधान उद्देश्य मोक्षलाभ—सरल स्वभावी, सत्यनिष्ठ, स्वधर्मरत मनुष्य का अनुष्ठित कर्म ही उसकी बंधनमुक्ति का कारण बनता है।[2] वाह्य अनुष्ठान ही सब कुछ नहीं है, यागयज्ञ का भी मूल लक्ष्य आध्यात्मिक ज्ञान की ओर होता है, केवल वाह्य अनुष्ठानों को प्रधान समझना मनुष्य का भ्रम है। जो व्यक्ति वैदिक प्रशंसा से आकृष्ट होकर काम्यकर्म के लिये उतावले हो उठते हैं एवं स्वर्गलाभ को ही परम पुरुषार्थ समझते हैं, उन्हें केवल भोग-ऐश्वर्य लाभ के सूचक वैदिक वचनों की प्रशंसा के अलावा और कुछ सोचने-समझने का अवकाश ही नहीं मिलता। फलस्वरूप एकमात्र भोग की ओर चित्त आकर्षित होने से कभी भी निश्चयात्मक बुद्धि का उदय नहीं हो पाता। ऐसे व्यक्ति यज्ञ आदि का सम्पादन करने पर भी प्रकृत यज्ञपुरुष नहीं बन पाते।[3] महाभारत में विवेचित यज्ञतत्त्व गभीर आध्यात्मिक भाव का द्योतक है। समस्त अनुष्ठानों एवं ज्ञानकांड का अंतिम साध्य वही परम पुरुष है, अतएव जब तक इस पुरुषतत्त्व का ज्ञान नहीं होता, तब तक अनुष्ठान आवश्यक है। गीता में कहा गया है कि जिस प्रकार वृहद् जलाशय के होते हुए क्षुद्र कूप के जल की कोई आवश्यकता नहीं होती, उसी प्रकार भक्तिशाली ब्रह्मनिष्ठ व्यक्ति के लिये वेद आदि शास्त्र अनावश्यक होते हैं।[4] चाहे कोई भी अनुष्ठान किया जाय, पर उसका वास्तविक लक्ष्य भगवत्प्राप्ति होना चाहिये। यहाँ तक खाना-पीना आदि जीवन की प्रधान क्रियाएँ भी उन्हीं के उद्देश्य से करनी चाहिये। यागयज्ञ का अन्तर्निहित गूढ़तत्त्व भी यही है। अपने सब अनुष्ठान उस परम पुरुष को समर्पित किये बिना वह पूरे नहीं होंगे।[5]

---

१. कृतशुद्धशरीरो हि पात्रं भवति ब्राह्मणः।
आनन्त्यमत्र बुद्ध्येदं कर्मणां तद् ब्रवीमि ते॥ शांति २६९।३

२. ऋजूनां समनित्यानां स्वेषु कर्मषु वर्त्तताम्।
सर्वमानन्त्यमेवासीदिति नः शाश्वती श्रुतिः॥ शांति २६९।१८

३. यामिमां पुष्पितां वाचं प्रवदन्त्यविपश्चितः।
वेदवादरताः पार्थ नान्यदस्तीति वादिनः॥ इत्यादि भीष्म २६।४२-४४

४. यावानर्थ उदपाने सर्वतः संप्लुतोदके।
तावान् सर्वेषु वेदेषु ब्राह्मणस्य विजानतः॥ भीष्म २६।४६

५. यत् करोषि यदश्नासि यज्जुहोषि ददासि यत्।
यत्तपस्यापि कौन्तेय तत् कुरुष्व मदर्पणम्॥ भीष्म ३३।२७

यज्ञ में दी गई आहुति भी उन्हीं को समर्पित होती है, यही महाभारत का सिद्धांत है। भक्तिभाव सहित पत्र, पुष्प, फल, जल, चाहे कुछ भी निवेदित किया जाय; भगवान उसे ग्रहण करके भक्त के अनुष्ठान को सार्थक बना देते हैं।[1] फल की आकांक्षा न रखते हुए यदि केवल भगवान को प्रसन्न करने के हेतु यज्ञ आदि सम्पन्न किये जायँ, तो वह बंधन का कारण नहीं बनते। कर्ममात्र ही बन्धन का हेतु है, यह सिद्धान्त गलत है। ईश्वर की आराधना के उद्देश्य से चाहे कुछ भी किया जाय, वह बंधन का हेतु नहीं बनता।[2] श्रीमद्भागवतगीता में यज्ञ की सृष्टि एवं प्रसार का जो वर्णन किया गया है, उससे पता लगता है कि अनुष्ठित कर्म का आभ्यंतर सत्य होता है, अर्थात् सब कर्मों में भगवत् उपलब्धि ही क्रियाकांड का मूल रहस्य है। कृष्ण ने कहा है—सृष्टि के आरंभ में यज्ञ एवं यज्ञ की अधिकारी प्रजा की सृष्टि करके प्रजापति बोले—"इस यज्ञ का अनुष्ठान करके तुम वृद्धि को प्राप्त होओ, यज्ञ तुम्हारा अभीष्ट पूर्ण करे। यज्ञ के द्वारा तुम देवता आदि को प्रसन्न करो और देवता भी अन्न आदि की वृद्धि करके तुम्हारा कल्याण करें। जो व्यक्ति देवता को दिया जानेवाला अन्न उन्हें न देकर स्वयं खायेगा, वह चोर होगा। जो यज्ञ का अवशिष्ट अन्न भोजन के रूप में ग्रहण करेगा, वह सब पापों से मुक्त हो जायगा और जो केवल अपने उद्देश्य से भोजन बनायेगा, वह पापाचारी पाप का ही आहार करेगा। अन्न से भूतजगत की उत्पत्ति होती है और अन्न की उत्पत्ति मेघ से होती है। अन्न का जनक मेघ यज्ञ से उत्पन्न होता है और यज्ञ का उद्भव याज्ञिक अनुष्ठाता के कर्म से होता है। कर्म वेदजनित हैं और वेद की उत्पत्ति अक्षर परब्रह्म से हुई है। अतएव सर्वव्यापक होते हुए भी परब्रह्म इस यज्ञ में ही प्रतिष्ठित हैं"।[3] यज्ञ कितना महान होता है, यह ऊपर की पंक्तियों से अच्छी तरह पता चल जाता है। इस प्रकार यज्ञ से मनुष्य के अन्दर परार्थपरता का जन्म होता है। जीवन

---

१. पत्रं पुष्पं फलं तोयं यो मे भक्त्या प्रयच्छति।
तदहं भक्त्युपहृतमश्नामि प्रयतात्मनः॥ भीष्म ३३।२६

२. यज्ञार्थात् कर्मणोऽन्यत्र लोकोऽयं कर्मबन्धनः।
तदर्थं कर्म कौन्तेय मुक्तसंगः समाचर॥ भीष्म २७।९

३. सहयज्ञाः प्रजाः सृष्ट्वा पुरोवाच प्रजापतिः।
अनेन प्रसविष्यध्वमेष वोऽस्त्विष्टकामधुक्॥ इत्यादि। भीष्म २७। १०-१५

बभूव यज्ञो देवेभ्यो यज्ञः प्रीणाति देवताः॥ इत्यादि। शांति १२१। ३७-३९

केवल अपने सुख के लिये नहीं होता, प्रत्येक कार्य करते हुए इस बात का ध्यान रखना चाहिये कि उस कार्य से दूसरों का उपकार हो। अपने को दूसरों के लिये उत्सर्ग करने का नाम यज्ञ है। यज्ञ केवल कहने से ही नहीं हो जाता। पंच महायज्ञ हिन्दुओं के नित्यकर्मों में से एक है। उसके उदार उद्देश्य की ओर लक्ष्य रखते हुए यज्ञ का सम्पादन करने से याज्ञिक का चित्त निर्मल हो जाता है। काम्ययज्ञ आदि द्वारा प्राप्त फल दीर्घकाल तक स्थायी नहीं रहता, पुण्य के क्षय होने पर पुनः स्वर्ग-लोक से मर्त्यलोक में आने का भय रहता है। इसलिये काम्य कर्म की अपेक्षा नित्य व नैमित्तिक कर्म चित्तशुद्धि के लिये श्रेष्ठ हैं। कर्मकांड व ज्ञानकांड में वस्तुतः किसी प्रकार का विवाद या असामञ्जस्य नहीं है, यह प्रतिपादित करने के लिये कर्मकांड को ज्ञानकांड का परिपूरक बताया है।

यज्ञ आदि कर्मों की प्रशंसा—यथायथ रूप से यज्ञ आदि क्रियाओं के सम्पन्न होने पर उस अनुष्ठान रूप धर्म से ही ब्रह्मजिज्ञासा उत्पन्न होती है, यज्ञ कभी मनुष्य को निराश नहीं करता।[1] यज्ञ वगैरह नित्य नैमित्तिक अनुष्ठान आवश्यक कर्त्तव्य समझकर करने चाहिये। कर्म में शिथिलता आने पर, वह फल नहीं देता। नित्य-नैमित्तिक कर्म में जो श्रद्धा नहीं रखता, उसके इहलोक एवं परलोक दोनों बिगड़ते हैं।[2] संसार में अर्थसंचय की कोई नापतौल नहीं है। गृहस्थ की संचय की लालसा यद्यपि स्वाभाविक है, किन्तु अतिसंचय को बिल्कुल गर्हित बताया है। महाभारत में कहा है—जो आवश्यकता से अधिक है, उस पर तुम्हारा कोई अधिकार नहीं है, उस सम्पदा के अधिकारी देवता होते हैं। वह धन यज्ञ में उत्सर्ग कर देना चाहिये। विषय-वासनाओं की पूर्ति के लिये उस धन के व्यय करने से मनुष्य पाप का भागी बनता है। विधाता मनुष्य को धन उत्सर्ग करने के लिये देते हैं, अगर उनकी इच्छा पूर्ण न करके उस धन को अपने ऊपर खर्च किया जाय तो चोर में और उस मनुष्य में क्या अन्तर रह जाता है? अर्जित धन का त्याग करना ही एकमात्र सद्व्यय है। व्यर्थ के कार्यों में खुले हाथ खर्च करना और सत्कार्यों में कंजूसी दिखाना, ये दोनों ही दूषणीय हैं। उपर्युक्त वचन उपनिषद् के 'मा गृधः कस्य स्विद्धनम्' इस श्लोक को चरितार्थ करते हैं।[3] द्रोणपर्व और शान्तिपर्व के षोड़शराजिक प्रकरण

---

१. येषां धर्मे च विस्पर्द्धा तेषां तज्ज्ञानसाधनम्। उद्योग ४२।२८

२. शान्ति २६७ वाँ अध्याय।

३. तत्र गाथां यज्ञगीतांकीर्त्तयन्तिपुराविदः।
त्रयीमुपाश्रितां लोके यज्ञसंस्तरकारिकाम्॥ इत्यादि। शान्ति २६। २४-३१

में यागयज्ञ का माहात्म्य बताया गया है। बहुत से पंडितों का मत है कि "उस काल में अनुष्ठेय यज्ञ आदि क्रियाओं में किंचित् शिथिलता आ गई थी, इसीलिये वर्णित राजाओं के चरित्र को उभारकर दिखाया गया है।" किंतु उसको समर्थित करने का कोई हेतु महाभारत में नहीं मिलता।

यज्ञ के उपकरण व पद्धति—साधारणतः देवताओं के उद्देश्य से अग्नि में आहुति देने को यज्ञ कहते हैं। महाभारत में, दो युद्धों का वर्णन मिलता है, जिससे यज्ञ की अनुष्ठान पद्धति के बारे में थोड़ी बहुत धारणा लगायी जा सकती है। यज्ञ में सर्वोपरि स्थान अध्वर्यु का होता है। होता का स्थान द्वितीय माना गया है इसके बाद उद्गाता एवं ऋत्विक का स्थान आता है स्रुक, आज्य, विशुद्धमन्त्र, कपाल, पुरोडाश, ईध्मा, शामित्र, यूप, सोम, चमस आदि यज्ञ के उपकरण हैं। यज्ञ की समाप्ति के बाद पुनश्चिति, अवभृथ-स्नान, आदि क्रियाएँ सम्पन्न करनी पड़ती हैं।[1] यज्ञ के लिये चषाल, चमस, स्थाली, पात्री, स्रुच, श्रुव, स्फ्य, हविर्धान, इड़ा, वेदी, पत्नीशाला आदि और भी बहुत सी वस्तुओं की आवश्यकता पड़ती है।[2] अग्नि प्रज्वलित करने के लिये अग्निहोत्री को अरणी सदा अपने पास रखनी पड़ती थी। रगड़ने के लिये एक लकड़ी का दंड भी रखना पड़ता था, जिसे मन्थ कहा जाता था।[3] युधिष्ठिर के यज्ञ में लकड़ी के इक्कीस यूप बनाये गये थे, उनमें छह बिल्व के, छह पलाश के, छह खदिर के, दो देवदारु के और एक श्लेष्मातक का था। कुछ यूप सुवर्ण के भी थे।[4]

नित्ययज्ञ—नित्ययज्ञ में केवल अग्निहोत्र का उल्लेख मिलता है। पंच महा-यज्ञ यज्ञ तो था, पर उसके सब यज्ञों में आहुति नहीं डाली जाती थी, केवल दैवयज्ञ होमस्वरूप था।

अश्वमेध—जिन काम्य यज्ञों का विवरण मिलता है, उनमें अश्वमेघ ही प्रधान है। अश्वमेघ की प्रशंसा जगह जगह मिलती है। युधिष्ठिर के अश्वमेघ

---

१. अस्य यज्ञस्य वेत्ता त्वं भविष्यसि जनार्दन। इत्यादि। उद्योग १४१। २९-५१। शान्ति ९८।१५-४१

२. चषालयूपचमसाः स्थाल्यः पात्र्यः स्रुचः स्रुवाः।
तेष्वेव चास्य यज्ञेषु प्रयोगाः सप्त विश्रुताः॥ वन १२१।५

३. अरणीसहितं मन्थं समासक्तं वनस्पतौ। वन ३१०।१२

४. ततो यूपोच्छ्रये प्राप्ते षड् बैल्वान भरतर्षभ।
खादिरान् बिल्वसमितांस्तावतः सर्ववर्णिनः॥ इत्यादि। अश्व ८८। २७-२९

यज्ञ का विस्तृत वर्णन अश्वमेघपर्व में हुआ है। उसमें यज्ञ में काम आने वाले द्रव्यों की भी एक संक्षिप्त तालिका दी हुई है।[1] धृतराष्ट्र ने भी पांडु द्वारा अर्जित धन से कई अश्वमेघ यज्ञ किये थे।[2] अश्वानुसरण क्रिया यों तो शास्त्रीय थी, किंतु अश्वमेघ-अनुष्ठान के पूर्व पूरे देश में एक छत्राधिपति के रूप में अपना परिचय देना केवल दीक्षितों का नियम था। इस नियम की रक्षा करने के हेतु हर दिशा में योद्धाओं के साथ अश्व भेजा जाता था। जो राजा बिना किसी झगड़े के अश्व को छोड़ देते थे वे अश्व प्रेरित करने वाले की अधीनता स्वीकार कर लेते थे। और जो अपनी वीरता प्रदर्शित करने के लिये अश्व को बाँध लेते थे, उन्हें अश्वरक्षकों से युद्ध करना पड़ता था। याज्ञिक के पक्ष की विजय होने पर समझा जाता था कि यज्ञ निर्विघ्न समाप्त होगा। युधिष्ठिर के अश्वरक्षक के रूप में स्वयं अर्जुन निकले थे। उन्हें भी बहुत से विपक्षियों का सामना करना पड़ा था; किंतु अंत में यज्ञ निर्विघ्न समाप्त हो गया था।

राजसूय—राजसूय यज्ञ करने का अधिकारी एकमात्र क्षत्रिय होता है। इसका एक यह नियम भी है कि जिस वंश में राजसूय यज्ञ करनेवाला जीवित होगा, उसका कोई दूसरा वंशज वह यज्ञ नहीं कर सकेगा।[3] युधिष्ठिर का राजसूय यज्ञ प्रसिद्ध है। इसका विस्तृत विवरण सभापर्व में मिलता है।

सर्वमेध व नरमेध—नरमेध यज्ञ का प्रचलन भी उन दिनों था। महाभारत में एक जगह व्यास युधिष्ठिर से कहते हैं—"हे राजन्, तुम राजसूय, अश्वमेघ, सर्वमेघ एवं नरमेध यज्ञ करो।"[4]

शम्याक्षेप—'शम्याक्षेप' नामक एक यज्ञ का उल्लेख भी मिलता है। उसका नियम यह था कि यजमान एक लाठी को ढेले की तरह फेंकता था। वह लाठी जितनी दूर जाकर गिरती थी, वहाँ तक यज्ञमंडल बनाया जाता था।[5]

साद्यस्क—'साद्यस्क' याग का केवल नाम ही दिया है। उसके अनुष्ठान की विधि के संबंध में कुछ नहीं बताया है। साद्यस्क याग के अधिकारी केवल राजर्षि होते हैं। युधिष्ठिर ने अरण्यवास के समय यह यज्ञ किया था।[6]

---

१. स्फ्यश्च कूर्चश्च सौवर्णो यच्चान्यदपि कौरव ॥ इत्यादि । अश्व ७२।१०,११

२. अश्वमेधशतैरीजे धृतराष्ट्रो महामखैः । आदि ११४।५

३. न स शक्यः क्रतुश्रेष्ठो जीवमाने युधिष्ठिरे। वन २५४।१३

४. राजसूयाश्वमेधौ च सर्वमेधञ्च भारत ।
नरमेधञ्च नृपते त्वमाहर युधिष्ठिर ॥ अश्व ३।८

५. सहदेवोऽयजन् यत्र शम्याक्षेपेण भारत । वन ९७।५।अनु ३।१०।२८

६. ईजे राजर्षियज्ञेन साद्यस्केन विशाम्पते ॥ वन २३९।१६। अनु १०३।२८

ज्योतिष्टोम---'ज्योतिष्टोम' यज्ञ कई प्रकार का होता है, बस इतना ही इस यज्ञ के बारे में बताया गया है।[1]

राक्षस---पराशर ऋषि ने पितृहत्या के प्रतिशोधस्वरूप 'राक्षस' यज्ञ किया था।[2]

सर्पसत्र---जनमेजय ने पितृहत्या का प्रतिशोध लेने के लिये 'सर्पयज्ञ' का अनुष्ठान किया था।[3]

पुत्रेष्टि---सृष्टि प्रक्रिया भी एक प्रकार का यज्ञ है। प्रजापति कश्यप ने पुत्र कामना से यज्ञ किया था। प्राचीन काल में पुत्र कामना से बहुत यज्ञ होते थे। दीर्घकाल तक अपुत्रक रहने पर बहुत से लोग यज्ञ करते थे।[4]

वैष्णव---'वैष्णव' यज्ञ राजसूय यज्ञ के समान होता है। यह यज्ञ दुर्योधन ने किया था।[5]

अभिचार आदि---शत्रु का अनिष्ट करने के लिये बहुत से लोग अभिचार क्रिया का अनुष्ठान करते थे। मारण, उच्चाटन, वशीकरण आदि का नाम अभिचार है। अभिचार क्रिया के लिये रक्तपुष्प, तरह-तरह की औषधि, कटुक व कंटकान्वित नाना प्रकार के फलमूल की आवश्यकता होती थी। इस क्रिया की विधि अथर्ववेद में मिलती है।[6]

यज्ञमंडप---यज्ञ का मंडप बनाने से पहले शास्त्रीय विधान के अनुसार भूमि नापने का नियम था। भूमि के माप से यज्ञ के शुभ अशुभ फल का आभास मिल जाता था।[7]

यज्ञ में पशुहनन पर मतभेद---यज्ञ में पशुओं का वध करना उचित है या नहीं, इस संबंध में उस समय भी मतभेद था। मोक्षपर्व के नारायणीय अध्याय में कहा गया है कि एक बार इस बात को लेकर याज्ञिक ऋषियों और देवताओं में विवाद खड़ा हो गया था। ऋषि पशुवध के विपक्ष में थे और देवता पक्ष में। जब विवाद

---

१. बहुधा निःसृतः कायाज्योतिष्टोमः क्रतुर्यथा॥ वन २२१।३२
२. ईजे च स महातेजाः सर्ववेदविदाम्बर।
ऋषी राक्षस सत्रेण शाक्त्रेयोऽथ पराशरः॥ आदि १८१।२
३. आदि ५१ वाँ अध्याय।
४. यजतः पुत्रकामस्य कश्यपस्य प्रजापते॥ आदि ३१।५। सभा १७।२१
५. एष ते वैष्णवो नाम यज्ञः सत्पुरुषोचितः। वन २५४।१९
६. औषध्यो रक्तपुष्पाश्च कटुकाः कण्टकान्विताः।
शत्रूणामभिचारार्थमथर्वेषु निर्दशिताः॥ अनु ९८।३०
७. आदि ५१ वाँ अध्याय।

बहुत बढ़ गया तो झगड़ा निपटाने के लिये नृपश्रेष्ठ उपरिचर वसु को मध्यस्थ बनाया गया। वसु ने देवताओं का पक्ष लिया। उस पर ऋषियों ने उन्हें श्राप दे दिया और फलस्वरूप अंतरिक्ष में चलने-फिरने आदि योगशक्तियों से वे वंचित हो गये। यहाँ तक कि शाप के प्रभाव से बाध्य होकर उन्हें एक गर्त्त में प्रवेश करना पड़ा। यह कांड देखकर देवताओं ने बहुत दुखी होकर राजा को वरदान दिया। उस वर के प्रभाव से भूगर्भ में रहते हुए भी वे याज्ञिकों द्वारा प्रदत्त घृतधार से अपनी क्षुधा-तृष्णा मिटाने लगे। बहुत समय पश्चात नारायण के प्रसाद से उन्हें मुक्ति मिली थी।[1] इस उपाख्यान से पता चलता है कि पशुवध वैध हिंसा होते हुए भी बिल्कुल निर्दोष नहीं माना जाता था। उसमें भी हिंसाजनित पाप की आशंका मानी जाती थी। पक्षपात करने के कारण उपरिचर वसु को इतना दुःख भोगना पड़ा। (कापिल सांख्य का भी यही मत है।)

पशुहनन का पक्ष ही प्रबल—कोई कोई यह भी कहता है कि जो अंश वैध हिंसा को पापजनक मानकर लिखे गये हैं, उन पर बौद्ध प्रभाव है। किंतु यह समीचीन प्रतीत नहीं होता। सांख्य-दर्शन के मतानुसार भी हर प्रकार की हिंसा पापजनक है। यज्ञ में की गई पशुहिंसा से पाप और यज्ञ के अनुष्ठान से पुण्य का बंध एक साथ होता है। यह कहकर वे इस समस्या का समाधान करते हैं। ब्राह्मण गीता में कहा गया है कि हिंसा के बिना मनुष्य जीवित ही नहीं रह सकता। हर श्वास-प्रश्वास के साथ हमें हिंसा करनी पड़ती है; अतएव शास्त्रीय विधान के अनुसार यज्ञ आदि में की गई हिंसा से पाप नहीं लगता।[2]

पशु के सिर पर तक्षा का अधिकार—पशु के सिर का अधिकारी यूपनिर्माता बढ़ई है, यह नियम स्वयं देवेन्द्र ने बनाया था। यह विधान वृत्रासुर के निधन के समय से शुरू हुआ था।[3]

मंत्रशक्ति—मंत्र के प्रभाव से यज्ञ की अग्नि से पुत्र-कन्या आदि की उत्पत्ति के भी बहुत से उदाहरण मिलते हैं। धृष्टद्युम्न और द्रौपदी का जन्म भी इसी प्रकार हुआ था। बहुत से परवर्त्ती दार्शनिकों ने उपनिषद् में कथित पंचाग्नि विद्या की आलोचना करते हुए इन दोनों को प्रमाणस्वरूप लिया है। अतः इसको केवल रूपक कहकर बातों में उड़ा देना संगत है कि नहीं, यह विवेचनीय विषय है। कुछ

---

१. शांति ३३७ वाँ अध्याय॥ अनु ११५।५६-५८

२. अश्व २८ वाँ अध्याय। भीष्म ४०।२४

३. शिरः पशोस्ते दास्यन्ति भागं यज्ञेषु मानवाः।
एष तेऽनुग्रहस्तक्षन् क्षिप्रं कुरु मम प्रियम्॥ उद्योग ९।३७

लोगों का यह मत भी है कि इन उपाख्यानों की रचना यागयज्ञ के प्रति मनुष्य की श्रद्धा उभारने के उद्देश्य से हुई है। सत्य चाहे कुछ भी हो, परन्तु इतना तो अवश्य कहा जा सकता है कि इन घटनाओं को पढ़ने से यज्ञ में मन्त्र की प्रधानता का अनुमान लग जाता है।[१]

दक्षिणा---यज्ञ की समाप्ति पर ऋत्विकों को यथाविधान दक्षिणा दी जाती थी। दक्षिणा इतनी और इस प्रकार की देने का नियम था कि वृत पुरुष सन्तुष्ट हो जायँ। दक्षिणा के बिना यज्ञ की पूर्ण समाप्ति नहीं होती थी : प्राचीन काल में शिविपुत्र ने यज्ञ की समाप्ति पर दक्षिणास्वरूप अपना पुत्र प्रदान किया था।[२]

अर्घ्य प्रदान---यज्ञ में उपस्थित व्यक्तियों में सर्वश्रेष्ठ व्यक्ति को अर्घ्य देना यजमान का कर्त्तव्य माना जाता था। युधिष्ठिर के राजसूय यज्ञ में श्रीकृष्ण को अर्घ्य दिया गया था। भीष्म के कथन से पता चलता है कि आचार्य, ऋत्विक, ससुराल का कोई संबंधी मित्र, स्नातक एवं नृपति ये छह अर्घ्य के प्रापक माने जाते थे। कृष्ण के अन्दर ये छहों गुण विद्यमान थे। उस सभा में उन जैसा कोई दूसरा गुणवान व्यक्ति उपस्थित नहीं था, इसलिये उन्हीं को अर्घ्य दिया गया था।[३]

अन्नदान---यज्ञ में उपस्थित सब व्यक्तियों को अन्न पान आदि द्वारा परितृप्त किया जाता था। विशेषतया ब्राह्मणों की तो दक्षिणा के साथ अर्चना भी की जाती थी। इन सब विषयों के बारे में युधिष्ठिर के राजसूय यज्ञ का वर्णन करते हुए बहुत कुछ बताया गया है।[४]

अवभृथ-स्नान---यज्ञ की समाप्ति पर दीक्षित यजमान शास्त्रीय विधान के अनुसार जो स्नान करता था वह अवभृथस्नान-कहलाता था। यह स्नान भी यज्ञ के करणीय कृत्यों के अन्तर्गत गिना जाता था।[५]

सोम-संग्रह का नियम---सोमयज्ञ में सोम का संग्रह करने का नियम था, किंतु

---

१. उत्तस्थौ पावकात्तस्मात् कुमारो देवसन्निभः। आदि १६७।३९, ४४

२. कस्मिंश्चिच्च पुरा यज्ञे शैब्येन शिविसूनुना।
दक्षिणार्थेऽथ ऋत्विग्भ्यो दत्तः पुत्रः पुरा किल॥ अनु ९३।२५

३. आचार्यमृत्विजञ्चैव संयुजञ्च युधिष्ठिर।
स्नातकञ्च प्रियं प्राहुः षडर्घ्यार्हान् नृपं तथा॥ सभा ३६।२३। सभा ३८।२२

४. यथा देवास्तथा विप्रा दक्षिणान्नमहाधनैः।
ततृपुः सर्ववर्णाश्च तस्मिन् यज्ञे मुदान्विताः॥ सभा ३५।१९

५. ततश्चकारावभृथं विधिदृष्टेन कर्मणा॥ आदि ५८।१४

उसका क्रय-विक्रय नहीं होता था। किसी दूसरी वस्तु के विनिमय अथवा दान-ग्रहण करके ही वह संग्रहीत किया जाता था। सोम का विक्रय अति निन्दनीय बताया है। कहा है सोम के विक्रय से पदच्युति होती है।[1]

सोमपायी——सोमपान करने का हर व्यक्ति को अधिकार नहीं था। बहुत धनवान व्यक्तियों को छोड़कर कोई भी सोमरस नहीं पी सकता था। कहा है कि जिसके घर में कम से कम तीन साल के लिये पर्याप्त अन्न वगैरह सुरक्षित हो, वही सोमरस पीने का अधिकारी है। दरिद्र व्यक्ति को इसका अधिकार नहीं दिया गया है।[2]

होमाग्नि——काष्ठ द्वारा प्रज्वलित मंत्रपूत अग्नि में ही होम करने का नियम था। दूसरी अग्नि होम के लिये निषिद्ध बताई है।[3]

यागयज्ञ की लौकिक उपयोगिता——प्राचीन काल के यज्ञमंडप ज्ञान चर्चा के अन्यतम केन्द्र थे, यह हम 'शिक्षा' प्रबंध में पहले ही बता चुके हैं। यागयज्ञ का शास्त्रीय महत् उद्देश्य तो था ही परन्तु साथ ही साथ वह लौकिक रूप से भी बहुत उपयोगी सिद्ध होता था। यज्ञ में बहुत से लोगों को बिना मूल्य भोजन मिलता था। यज्ञमंडप में शास्त्रीय आलोचना की भी व्यवस्था की जाती थी, जिससे वहाँ उपस्थित व्यक्तियों को बाध्य होकर अपने अपने अधीत शास्त्रों पर आलोचना करनी पड़ती थी।[4] यज्ञ के उपलक्ष्य में हर श्रेणी के लोग बहुत सी बातों में उपकृत होते थे। सामाजिक कल्याण के लिये यज्ञ बहुत उपयोगी सिद्ध होता था। भिन्न-भिन्न देशों से आये अतिथियों को एक दूसरे से परिचित होने व देशभ्रमण का संयोग मिलने में यज्ञानुष्ठान सहायता पहुँचाता था।

महाभारतीय कर्मकांड की विशिष्टता——यज्ञ शब्द सर्वत्याग रूप व्यापक अर्थ में भी लिया गया है। भगवद्गीता में कहा गया है कि यज्ञ से ही प्रजापति ने प्रजा की सृष्टि की थी, यज्ञ का हविष्यान्न खाने से सब पाप दूर हो जाते हैं, यज्ञ का अवशिष्ट ही अमृत है और उस अमृतभक्षण के फलस्वरूप सनातन ब्रह्मलोक की प्राप्ति होती है, नित्य सर्वगत ब्रह्म यज्ञ में ही प्रतिष्ठित है। यज्ञ में काल का विचार नहीं

---

१. विक्रीणातु तथा सोमम्। अनु ९३।१२६

२. यस्य त्रैवार्षिकं भक्तं पर्याप्तं भृत्यवृत्तये।
अधिकं चापि विद्येत स सोमं पातुमर्हति॥ शांति १६५।५

३. जुहोतु च स कक्षाग्नौ। अनु ९३।१२३

४. तस्मिन् यज्ञे प्रवृत्ते तु वाग्मिनो हेतुवादिनः।
हेतुवादान् बहूनाहुः परस्परजिगीषवः॥ अश्व ८५।२७

होता, मनुष्य का संपूर्ण जीवन ही एक महायज्ञ है। यज्ञ स्वरूप त्याग के माध्यम से मनुष्य सारे जगत् के साथ संबंध स्थापित कर सकता है और अंत में अमरत्व का अधिकारी बनता है। त्याग, तपस्या, योग, वेदाध्ययन, ज्ञानार्जन आदि सब यज्ञ हैं जिसकी जिस यज्ञ में रुचि होती है, वह उसी में संलग्न रहता है।[1] यह संसार कर्मभूमि है, कर्म करने के लिये ही हमारा जन्म हुआ है। फल की ओर देखना व्यर्थ है। परलोक हमारी फलभूमि है। अतएव कामना का त्याग करके केवल कर्म करते जाना ही हमारा आदर्श होना चाहिये।[2] ब्राह्मणसंहिता एवं उपनिषद् के ये दोनों एक ही महायज्ञ या महाज्ञान के पथप्रदर्शक हैं। वेदपंथी कर्ममीमांसा एवं ब्रह्ममीमांसा की सहायता से सब शास्त्रों की व्याख्या करते हैं। इसीलिये उनके सब कर्मों एवं तपस्या का चरम लक्ष्य वह परमपुरुष होता है।[3] सकाम यज्ञ महाभारत के मतानुसार प्रशस्त नहीं है। महाभारत में वर्णित कर्मकांड कर्मयोग का अपूर्व उपदेश देता है। अपना सब कुछ ईश्वर को अर्पित करता हूँ; इस भावना के साथ कर्म किया जाय तो वह बंधन का हेतु नहीं बनता।[4]

कर्म का स्वरूप अत्यन्त दुर्बोध है। कवि शिह्लन मिश्र ने कहा है—'नमस्तत् कर्मभ्यो विधिरपि न येभ्यः प्रभवति'। और श्रीकृष्ण ने कहा है—'गहना कर्मणो गतिः' (भीष्म २८।१७)। अतः निष्काम, सर्वसंकल्पत्यागी, निरहंकारी, आत्मकाम एवं ईश्वर की तृप्ति के उद्देश्य से कर्म करने वाले योगी का कर्म ही वास्तविक कर्म कहलाता है।[5] इस प्रकार कर्मरत रहकर ही जनक आदि कर्मवीरों ने सिद्धिलाभ किया था।[6] महाभारत के कर्मकांड

---

१. द्रव्ययज्ञास्तपोयज्ञा योगयज्ञास्तथापरे।
स्वाध्यायज्ञानयज्ञाश्च यतयः संशितव्रताः॥ भीष्म २८।२८

२. कर्मभूमिरियं ब्रह्मन् फलभूमिरसौ मता। इत्यादि। वन २६०।३५। भीष्म २७।८
कर्मण्येवाधिकारस्ते मा फलेषु कदाचन। इत्यादि। भीष्म २६।४७। भीष्म २७।१९

३. ब्रह्मार्पणं ब्रह्महविर्ब्रह्माग्नौ ब्रह्मणा हुतम्।
ब्रह्मैव तेन गन्तव्यं ब्रह्मकर्मसमाधिना॥ भीष्म २८।२४

४. यस्य सर्वे समारंभाः कामसंकल्पवर्जिताः। इत्यादि। भीष्म २८।१९ २१

५. भीष्म ३०।४। भीष्म ४२।११, १७, ५७। भीष्म २६।७१। भीष्म २९।१०

६. कर्मणैव हि संसिद्धिमास्थिता जनकादयः। भीष्म २७।२०

में ईश्वर का स्थान ही प्रधान है और यही इसकी विशेषता है, जो कर्ममीमांसा में नहीं है।[1]

वेदान्त का अधिकारी—उत्तर मीमांसा या वेदान्त की व्याख्या महाभारत में जगह जगह हुई है। मोक्षधर्म, श्रीमद्‌भागवतगीता एवं सनत्सुजातीय प्रकरण में वेदान्त के बहुत से सिद्धान्त गृहीत हुए हैं। उन प्रकरणों को उपनिषद के भाष्य एवं वार्त्तिक के रूप में ग्रहण किया जा सकता है। यह पहले ही कहा जा चुका है कि कर्मकांड का प्रथम उद्देश्य चित्तशुद्धि है। कर्म के द्वारा जब चित्त शुद्ध हो जाता है तो भगवान का स्वरूप जानने की इच्छा जागरूक होती है और उसी समय से जिज्ञासु व्यक्ति वेदान्त-श्रवण का अधिकारी हो जाता है।

शिष्य की भलीभाँति परीक्षा करके ही आचार्य ब्रह्मविद्या का उपदेश देते थे, यह हम पहले ही अन्य प्रकरण में बता चुके हैं। राग-द्वेष से विमुक्त एवं ब्रह्मचारी ही ब्रह्मज्ञान का अधिकारी माना जाता है और ऐसे मनुष्य को दिया हुआ उपदेश ही फलता-फूलता है।[2] ब्रह्मविद्याध्ययन गुरुकुल में रहकर ही करना पड़ता था। इसके लिए बहुत त्याग की आवश्यकता पड़ती है।[3]

श्रवण, मनन और निदिध्यासन—अध्यात्मतत्त्व समझने के लिये श्रवण, मनन और निदिध्यासन बहुत आवश्यक है। आत्मा का गूढ़ स्वरूप ध्यान के द्वारा ही बुद्धि में प्रतिबिंबित होता है। श्रवण एवं मनन के बाद स्थिर चित्त होकर ध्यान लगाने से योगी को उस परम ज्योतिस्वरूप भगवान के दर्शन हो जाते हैं। निवात, निष्कम्प दीपशिखा के समान निश्चल चित्त ही निदिध्यासन के उपयुक्त होता है। चित्त जब तक शांत व स्थिर नहीं होगा, ध्यान नहीं लगाया जा सकता।[4]

अद्वैतवाद वगैरह—अद्वैतवादी, द्वैतवादी, विशिष्टाद्वैतवादी आदि सब सम्प्रदायों के आचार्यों ने महाभारत को और विशेषतया भगवद्‌गीता को बहुत श्रद्धा के

---

१. मयि सर्वाणि कर्माणि संन्यस्याध्यात्मचेतसा। इत्यादि। भीष्म २७। ३०। भीष्म ३३।२७,२८

२. बुद्धौ विलीने मनसि प्रचिन्त्या, विद्या हि सा ब्रह्मचर्येण लभ्या। इत्यादि। उद्योग ४४।२। उद्योग ४२।४६

३. आचार्ययोनिमिह ये प्रविश्य। इत्यादि। उद्योग ४४।६। शांति २४५। १६।२०। शांति ३२५ वाँ अध्याय।

४. एवं सर्वेषु भूतेषु गूढात्मा न प्रकाशते।
दृश्यते त्वग्रया बुद्‌ध्या सूक्ष्मया सूक्ष्मदर्शिभिः॥ इत्यादि। शांति २४५। ५-१२

साथ वेदान्तशास्त्र के उपदेश का साधन माना है। प्रत्येक ने महाभारत के उन अंशों की, जो उनके मत का समर्थन करते हैं, अपने ढंग से व्याख्या की है। अतएव यह कहना कठिन है कि महाभारत किस मत का समर्थन करता है। सनत्सुजात प्रकरण में अद्वैत प्रतिपादक बातें ही अधिक मिलती हैं। धृतराष्ट्र के प्रश्न के उत्तर में सनत्कुमार ने कहा है—जीव और ईश्वर में वस्तुतः कोई भेद नहीं है, शरीर के साथ आत्मा का योग होने के कारण घटाकाश-न्याय और जलचन्द्र-न्याय से वह पृथक् प्रतीत होते हैं। परमात्मा और आत्मा में जिस प्रकार कोई भेद नहीं है, उसी प्रकार दृश्यमान प्रपंच और ईश्वर में भी कोई अन्तर नहीं है। यह विश्वसृष्टि इन्द्रजाल की तरह है। विकार अर्थात् माया के योग से परमात्मा संसार को प्रकाशित करते हैं। माया यद्यपि उनकी शक्ति है, किंतु वास्तव में शक्ति और शक्तिमान में कोई अन्तर नहीं होता।[1]

आर्थिक रूप से दरिद्र होते हुए भी जो व्यक्ति ईश्वर की उपासना में दृढ़चित्त होता है वही दुर्द्धर्ष एव ब्रह्मप्राप्तिरूप कैवल्यमुक्ति का अधिकारी होता है।[2] ब्रह्म ही इस जगत की प्रतिष्ठा है, वही संसार का उपादान कारण है, प्रलयकाल में सम्पूर्ण जगत उसी में विलीन हो जाता है। ब्रह्म ही निर्द्वैत, अनामय एवं जगदाकार में विवर्त्तित है। जो व्यक्ति उसके उस स्वरूप को समझ लेता है वही ब्रह्मत्व को प्राप्त होता है।[3] वनपर्व के अष्टावक्रवन्दि संवाद में भी अद्वैतवाद का समर्थन अधिक हुआ है। टीकाकार नीलकंठ ने इस प्रकरण के उपसंहार में जिस संग्रह-श्लोक की रचना की है उसमें भी अंतिम शब्द 'अद्वैतभागष्टावक्रः' है।[4]

ब्रह्म और जीव—वृहत्, ब्रह्म, महत् आदि पर्यायवाचक शब्द हैं। सर्वापेक्षा जो महत् है, वही ब्रह्म है; उससे बड़ा विश्व में और कुछ नहीं है।[5] महाभारत में

---

१. दोषो महानत्र विभेदयोगे, ह्यनादियोगेन भवन्ति नित्याः।
तथास्य नाधिक्यमुपैति किञ्चिदनादियोगेन भवन्ति पुंसः॥ उद्योग ४२।२०, २१

२. अनाढ्या मानुषे वित्ते आढ्या दैवे तथा क्रतौ।
ते दुर्द्धर्षा दुष्प्रकम्प्यास्तान् विद्याद् ब्रह्मणस्तनुम्॥ उद्योग ४२।३९

३. सा प्रतिष्ठा तदमृतं लोकास्तद् ब्रह्म तद्यशः।
भूतानि यज्ञिरे तस्मात् प्रलयं यान्ति तत्र हि॥ उद्योग ४४।३०, ३१

४. वन १३४ वाँ अध्याय।

५. बृहद् ब्रह्म महच्चेति शब्दाः पर्यायवाचकाः। शांति ३३६।२
मत्तं परतरं नान्यत् किञ्चिदस्ति धनञ्जय। भीष्म ३१।७

ईश्वर, विराट, हिरण्यगर्भ आदि शब्द किसी पारिभाषिक अर्थ में प्रयुक्त नहीं हुए हैं, ये शब्द ब्रह्म के ही वाचक हैं। जिसको जानने के बाद और कुछ सीखना शेष नहीं रह जाता, वही ईश्वर या ब्रह्म है।[1] जो सुख-दुख से परे है, जिसका स्वरूप समझने के बाद जीव आवागमन से छूट जाता है, वही परमब्रह्म है, वही एकमात्र वेद्य है।[2] श्रीमद्भगवतगीता के अध्ययन से पता लगता है, कि जीव ही अज्ञान-मुक्त होकर परमतत्व को प्राप्त होता है। परमार्थिक दृष्टि से दोनों में कोई भेद नहीं है, यह कहा जा सकता है। जीव भगवान का ही अंश होता है। त्रिगुणात्मक प्राकृत गुण के साथ जब तक जीव का योग रहता है, तब तक ही उसका जीवत्व होता है और इन सब गुणों से रहित होते ही जीव ब्रह्म बन जाता है। जीव का जन्म-मरण नहीं होता। केवल कर्मफल भोगने के लिये शरीर के साथ उसका जो संयोग होता है। वही जन्म और उस संयोग का टूटना मृत्यु है।[3] शुभ तथा अशुभ कृतकर्मों का फल भोगने के लिये आत्मा शरीर के साथ संयुक्त होती है।[4] शरीर और शरीरी (आत्मा) में जो भेद है, उसकी मनुवृहस्पतिसंवाद में विशद व्याख्या हुई है।[5]

उत्तरायण और दक्षिणायन में मृत्यु होने का फल—ज्ञानी पुरुष चाहे जब शरीर त्याग करे, उसको मुक्ति मिलने में कोई बाधा बीच में नहीं आती, यही वेदान्तदर्शन की मान्यता है। किन्तु महाभारत का सिद्धान्त इससे भिन्न है। शरशय्याशायी भीष्म को देखकर हंसरूपी महर्षि आपस में कह रहे थे—"भीष्म महात्मा पुरुष हैं, वे भला दक्षिणायन में शरीर त्याग कैसे करेंगे ?" भीष्म ने भी उनकी बात सुनकर उत्तरायण के आने तक शरीर नहीं छोड़ा था।[6] ब्रह्मसूत्र के शांकर-भाष्य में कहा गया है कि भीष्म को पिता से इच्छामृत्यु का जो वरदान मिला था, उसके प्रदर्शन के हेतु उन्होंने जल्दी प्राण नहीं छोड़े थे।[7] देवयान व पितृयान मार्ग (आत्मा) से उनके लोकान्तरगमन का वर्णन भी महाभारत में मिलता है।[8]

---

१. यो वेद वेदं स च वेद वेद्यम्। उद्योग ४३।५३
२. वेद्यं सर्प परं ब्रह्म निर्द्दुःखमसुखञ्च यत्। इत्यादि। वन १८०।२२
३. आत्मा क्षेत्रज्ञ इत्युक्तः संयुक्तः प्राकृतैर्गुणैः।
तैरेव तु विनिर्मुक्तः परमात्मेत्युदाहृतः॥ इत्यादि। शांति १८७।२३-२७
४. शुभाशुभं कर्मफलं भुनक्ति। शान्ति २०१।२३
५. शान्ति २०२ वें अध्याय से २०६ वें अध्याय तक।
६. भीष्म ११९ वां अध्याय।
७. ब्रह्मसूत्र ४।२।२०
८. भीष्म ३२ वां अध्याय।

गीता

सोलह गीता—महाभारत में निम्नलिखित १६ गीता मिलती हैं। भीष्मपर्व में श्रीमद्‌भागवतगीता, २५वें अध्याय से ४२वें अध्याय तक। शान्तिपर्व में उतथ्यगीता, ९० और ९१वाँ अध्याय। वामदेवगीता, ९२ से ९४वें अध्याय तक। ऋषभगीता १२५वें से १२८वें अध्याय तक। ब्रह्मगीता गाथा १३६वाँ अध्याय। षड्‌जगीता, १६७वाँ अध्याय। शम्पाकगीता, १७६वाँ अध्याय। मंकिगीता १७७वाँ अध्याय। बोध्यगीता १७८ वाँ अध्याय। विचख्नुगीता, २६४वाँ अध्याय। हारीतगीता, २७७वाँ अध्याय। वृत्रगीता, २७८वाँ और २७९ वाँ अध्याय। पराशरगीता, २९० से २९८वें अध्याय तक। हंसगीता २९९वाँ अध्याय। अश्वमेधपर्व में अनुगीता १६वें से १९वें अध्याय तक और ब्राह्मणगीता, २० से ३४वें अध्याय तक।

श्रीमद्‌भागवतगीता और अनुगीता एक ही है। राज्यप्राप्ति के बहुत दिन बाद अर्जुन ने एक बार श्रीकृष्ण से कहा, "भगवन्, युद्ध से पहले आपने मुझे जो उपदेश दिया था, वह मुझे स्मरण नहीं रहा। कृपा करके वह उपदेश मुझे पुनः एक बार दीजिये।" अर्जुन के वचन सुनकर पहले तो कृष्ण ने उनकी अन्यमनस्कता के लिये थोड़ी भर्त्संना की और फिर संक्षेप में फिर से भगवत्‌गीता का सार समझाया, यही अनुगीता है। पांडवगीता या प्रपन्नगीता, भगवतीगीता आदि पौराणिक संग्रह ग्रंथ हैं।

गीता वेदान्त का स्मृतिप्रस्थान—'गीता' शब्द से लोग श्रीमद्‌भगवत्‌गीता का ही अर्थ लगाते हैं। गीता महाभारतरूपी रत्नहार की मध्यमणि है। गीता के अलावा वनपर्व का अष्टावक्रवन्दि संवाद, द्विजव्याध संवाद, यक्षयुधिष्ठिर संवाद, उद्योगपर्व का सनत्सुजातीय प्रकरण, शान्तिपर्व का मोक्षधर्म एवं अश्वमेधपर्व का गुरुशिष्यसंवाद आध्यात्मशास्त्र के रूप में प्रख्यात है। किंतु गीता का माहात्म्य सबसे अधिक है। गीता में उपनिषदों का दर्शनतत्त्व ही संक्षिप्त रूप में प्रकट हुआ है। उपनिषद्, गीता और ब्रह्मसूत्र—ये तीन वेदान्त के प्रस्थान माने जाते हैं। उपनिषद् को श्रुतिप्रस्थान, गीता को स्मृतिप्रस्थान और ब्रह्मसूत्र को न्यायप्रस्थान कहा है। गीता को उपनिषद्, ब्रह्मविद्या और योगशास्त्र भी कहा गया है। गीता के हर अध्याय की समाप्ति पर "श्रीमद्‌भगवद्‌गीतासूपनिषत्सु ब्रह्मविद्यायाम् योगशास्त्रे श्रीकृष्णार्जुनसवादे" उक्त है। "ब्रह्मसूत्रपदैश्चैव हेतुमद्भिर्वि-

निश्चितैः---(भीष्म ३७।४) गीता के इस श्लोक में 'ब्रह्मसूत्रपद' शब्द देखकर कोई कोई पाश्चात्य पंडित कहते हैं कि, गीता की रचना ब्रह्मसूत्र के बाद हुई है। किन्तु ब्रह्मसूत्र में भी इस प्रकार के सूत्र मिलते हैं, जिनमें गीता की ओर इंगित है। (देखिये ब्रह्मसूत्र ४।२।२०।२१) इससे प्रतीत होता है कि इन दोनों ग्रंथों की रचना एक ही काल में हुई है, क्योंकि दोनों के रचयिता भी एक ही हैं।

गीता का प्रक्षिप्तवाद (?) खंडन---बहुत से पाश्चात्य पंडितों का मत है कि गीता के रचयिता महर्षि व्यास नहीं हैं, किसी दूसरे महापंडित ने बाद में इसे महाभारत में जोड़ा है। इसलिये गीता प्रक्षिप्त है। उनका तर्क यह है कि युद्ध के प्रारम्भ में अठारह अध्यायों में वर्णित दार्शनिक उपदेश देना कभी संभव नहीं हो सकता, यह बिल्कुल विसदृश एवं असंगत है। किन्तु इनके इस तर्क का आधार दृढ़ नहीं है। गीता के उपदेश के लिये वह स्थान और काल पूर्णतया अनुकूल था। कृष्ण के भक्त और अभिन्न सखा बीरश्रेष्ठ अर्जुन गीता के श्रोता थे और वक्ता स्वयं भगवान श्रीकृष्ण थे। अतः जीवनमरण के उस संधिक्षण में कर्मयोग, ज्ञानयोग एवं भक्तियोग का उपदेश देना किंचितमात्र भी अस्वाभाविक नहीं था। योग के प्रभाव से युद्धारंभ के कोलाहल में भी वक्ता एवं श्रोता को अपना-अपना कार्य करने में जरा भी असुविधा नहीं हुई। अर्जुन को जब वैराग्य हुआ था, तब तक युद्ध आरंभ नहीं हुआ था। शंखनिनाद, व्यूह-रचना आदि कार्य हो रहे थे। कृष्ण और अर्जुन के वार्तालाप के बाद भी युधिष्ठिर ने भीष्म, द्रोण आदि गुरुजनों की पादवन्दना करके युद्ध की अनुमति माँगी थी। युद्ध तो इसके बहुत देर बाद शुरू हुआ था। सम्पूर्ण गीता का उपदेश देने में तीन घंटे से अधिक समय नहीं लग सकता। अर्जुन तो स्वयं युद्ध के लिये प्रस्तुत थे फिर कार्यकाल में विषाद कैसा? इसके उत्तर में बहुत से लोग कहते हैं कि कार्यक्षेत्र में यह दुर्बलता अस्वाभाविक नहीं है महाभारत में जगह-जगह गीता के अनुरूप वर्णन मिलता है। आदिपर्व के आरंभ में ही धृतराष्ट्र का विलाप वर्णित है। उसमें भी धृतराष्ट्र ने संजय से कहा है कि कृष्ण के विश्वरूप प्रदर्शन का संवाद सुनकर उन्होंने विजय की आशा पहले ही छोड़ दी थी।[1] अनुगीतापर्व के प्रारंभ में श्रीकृष्ण अर्जुन से कहते हैं, मैंने उस समय योगयुक्त होकर तुम्हें परम गुह्य तत्त्व का उपदेश दिया था।" गुरु-शिष्य संवाद में उपदेश का उपसंहार करते हुए फिर भगवान अर्जुन से कहते हैं--"मैंने महायुद्ध के आरंभ में भी तुम्हें इसी तत्त्व का उपदेश दिया था।" नारायणीय प्रकरण में भी

---

१. यदाश्रौषं कल्मषेनाभिपन्ने रथोपस्थे सीदमानेऽर्जुने वै।
कृष्णं लोकान् दर्शयानं शरीरे तदा नाशंसे विजयाय संजय॥ आदि १।१८१

श्रीमद्भगवद्गीता का नाम लिया गया है।[1] गीता के संबंध में ये सब कथन इतने स्पष्ट हैं कि गीता महाभारत में बाद को जोड़ी गई है, इसका स्वतः ही खंडन हो जाता है और यदि गीता को प्रक्षिप्त माना जाय तो अनुगीता पर्व और गुरुशिष्यसंवाद को भी प्रक्षिप्त मानना पड़ेगा। गीता प्रक्षिप्त नहीं है, इसके पक्ष में एक तर्क और दिया जा सकता है, वह यह कि गीता का जो स्थान भीष्मपर्व में निर्दिष्ट हुआ है, वह महाभारत के किसी भी संस्करण में भिन्न नहीं हैं। गीता का सन्निवेश सब ग्रंथों में एक ही जगह पर हुआ है। पर्वसंग्रहाध्याय में भी गीता का नाम आया है और अनुक्रमणिकाध्याय में धृतराष्ट्र के विलाप में गीता का उल्लेख मिलने के संबंध में तो हम पहले ही कह चुके हैं।

गीता का उपदेश—परवर्ती हर श्रेणी के ग्रंथकार ने गीता को सादर अपनाया है। गीता केवल दार्शनिक मीमांसा का ग्रंथ नहीं है; बल्कि यह मनुष्य को अपने आदर्श पर चलते हुए अंत में भगवान का स्वरूप जानकर निरवच्छिन्न शान्ति लाभ का मार्ग भी दिखाती है। गीता में उपनिषद् के बहुत से वचन उद्धृत हुए हैं। आस्तिक दर्शन के परस्पर विरोधी मतवादों का उत्कृष्ट सामञ्जस्य गीता में प्रदर्शित हुआ है। इसलिये श्रौतमार्गावलम्बी मनीषियों ने इसे सर्वप्रधान स्मृतिप्रस्थान ग्रंथ माना है। गीता में प्रधानतः तीन योगों की समीक्षा की गई है, यथा कर्म, ज्ञान और भक्ति। इन तीनों योगों के परिपूरक रूप में दूसरे उपदेश भी दिये गये हैं।

कर्मयोग—गीता में कर्म का उपदेश तो शतमुखों से दिया गया है। गीता का आरम्भ ही कर्मयोग से हुआ है। विरक्त अर्जुन को कर्म के लिये प्रेरित करने के उद्देश्य से गीता का उपदेश दिया गया था। कर्म के बिना कोई प्राणी एक पल भी जीवित नहीं रह सकता। राजर्षि जनक आदि ने कर्म द्वारा ही सिद्धिलाभ किया था। कर्म करना मनुष्य का स्वभाव है, कर्म के बिना जीवन निश्चल हो जाता है, अतः मनुष्य कर्म करने के लिये बाध्य है। कर्म के बिना नैष्कर्म्यरूप तत्त्वज्ञान की प्राप्ति नहीं होती।[2] कर्त्तव्य कर्म का अनुष्ठान करते रहना और अच्छे या बुरे किसी भी प्रकार के फल की आकांक्षा न रखना ही प्रकृत कर्मयोग है। अनासक्त होकर

---

१. **पूर्वमप्येतदेवोक्तं युद्धकाल उपस्थिते।**
मया तव महाबाहो तस्मादत्र मनः कुरु॥ अश्व ५१।४९
समुपोढ़ष्वनीकेषु कुरुपांडवयोर्मृधे।
अर्जुने विमनस्के च गीता भगवता स्वयं॥ शान्ति ३४८।८

२. **न हि कश्चित् क्षणमपि जातु तिष्ठत्यकर्मकृत्। इत्यादि। भीष्म**
२७१५, ४,८

कर्म करना ही कर्मसंन्यास है।[1] कर्म करने से पहले यह देख लेना चाहिये कि वह कर्म धर्मानुकूल है या नहीं, यदि धर्मसंगत हो तो फिर बिना भविष्य की चिंता किये कर्म करते रहना चाहिये। सुख-दुख, लाभ-हानि जय-पराजय सबको समान समझना चाहिये। ऐसा कर्म निष्काम कर्म कहलाता है।[2] किंतु इस निष्काम कर्म का अनुष्ठान हर किसी के लिये संभव नहीं है। विशिष्ट सा विक प्रकृति के लोग ही फल की आसक्ति का त्याग कर पाते हैं।[3] कर्मसन्यास और कर्मयोग इन दोनों में कर्मयोग को ही श्रेष्ठ माना है। रागद्वेष आदि से विमुक्त जो व्यक्ति मात्र भगवान की तृप्ति के उद्देश्य से कर्म करता है वह कर्मी होते हुए भी सर्वत्यागी सन्यासी कहलाता है। सन्यास और कर्मयोग दोनों को परस्पर संबद्ध बताया गया है। कहा है— जो दोनों में से एक की उपासना करेगा, उसे दोनो का फल मिलेगा।[4] जिस योगी का लक्ष्य ज्ञानयोग हो उसे सर्वप्रथम निष्काम कर्म की उपासना करनी चाहिये और चित्तविक्षेपक कर्मों का पूर्णतया त्याग करना चाहिए। जो व्यक्ति इन्द्रियों के भोग्य रूप, रस, गंध आदि एवं उनके भोग के अनुकूल कर्म की ओर प्रवृत्त नहीं होता उसी का कर्मयोग निर्मल एवं विशुद्ध कहलाता है।[5] कर्म के निमित्त शरीर को कष्ट देना एकान्त गर्हित है। उपवास, व्रत कर्मानुष्ठान के आवश्यक अंग नहीं है। कर्म का प्रधान उद्देश्य चित्तशुद्धि है। मन और इन्द्रियाँ उच्छृंखल न हों, इस प्रकार विषयभोग करना निन्दनीय नहीं है। इन्द्रियों को संयत न करके उनके

---

१. यज्ञार्थात् कर्मणोऽन्यत्र लोकोऽयं कर्मबन्धनः।
तदर्थं कर्म कौन्तेय मुक्तसंगः समाचर॥ इत्यादि। भीष्म २७।९। भीष्म २६।४७। भीष्म ३०।१। भीष्म ४०।२४

२. सुखदुःखे समे कृत्वा लाभालाभौ जयाजयौ।
ततो युद्धाय युज्यस्व नैवं पापवाप्स्यसि॥ इत्यादि। भीष्म २६।३८, ५१। भीष्म २७।३०। भीष्म २८।१९

३. त्यक्त्वा कर्मफलासंगं नित्यतृप्तो निराश्रयः।
कर्मण्यभिप्रवृत्तोऽपि नैवकिञ्चित् करोति सः॥ इत्यादि। भीष्म २८। २०-२३

४. संन्यासः कर्मयोगश्च निःश्रेयसकरावुभौ।
तयोस्तु कर्मसन्यासात् कर्मयोगो विशिष्यते॥ इत्यादि। भीष्म २९।२-४

५. अनासृतः कर्मफलं कार्यं कर्म करोति यः।
स संन्यासी च योगी च न निरग्निर्न चाक्रियः॥ इत्यादि। भीष्म ४१।६। भीष्म ३०।१६, १७

पूर्ण निरोध की चेष्टा करना वृथा है, उसका फल उल्टा होता है। उत्कट निरोध द्वारा शरीर को कष्ट देना गीता में बहुत ही बुरा बताया है। योगी को शारीरिक धर्म के नियमों का यथायथ पालन करते हुए संयतभाव से जीवनयापन करना चाहिये। इस प्रकार सुचारु रूप से कर्त्तव्य-पालन करने का उपदेश ही गीता का कर्मयोग देता है।[1] गीता के नवें अध्याय में श्रीकृष्ण कहते हैं, "हे कौन्तेय, तुम जो कुछ भी करो, मुझे समर्पित कर दो। जो कुछ खाओ, दान करो, तपस्या करो, यज्ञ करो, सब मेरे उद्देश्य से करो। ऐसा करने से तुम अपने कर्मजनित अच्छे-बुरे फल से विमुक्त हो जाओगे और वह कर्म तुम्हारे लिये संसारबन्धन का हेतु नहीं बनेगा तथा अन्त में युक्तात्मा होकर तुम मुझी में विलीन हो जाओगे।"[2] गीता के उपसंहार में पुनः भगवान कहते हैं—"मुझमें चित्त लगाने से मेरे प्रसादलब्ध ज्ञान के द्वारा मुझी को प्राप्त करोगे, मेरी शरण में आओगे तो मैं ही तुम्हें सब पापों से विमुक्त करूँगा"।[3]

ज्ञानयोग—सात्विक कर्मयोग की बिशुद्धि से ज्ञान योग की उत्पत्ति होती है, यह गीता के छठवें अध्याय के शुरू में ही बताया गया है। अतएव कर्मयोग के बाद ही ज्ञानयोग की समीक्षा करना उचित है। ज्ञानयोग की परिणति आत्मज्ञान में है। विषण्णचित्त अर्जुन को कृष्ण ने सांख्ययोग के माध्यम से आत्मतत्त्व का ही उपदेश दिया था। कहा है, जीव नित्य होता है, अग्नि उसे जला नहीं सकती, जल उसे आर्द्र नहीं कर सकता और वायु भी उसका कुछ नहीं बिगाड़ सकती है। आत्मा अव्यक्त और अविकारी होती है। वह जन्म और मृत्यु से परे होती है, शरीर के विनाश के साथ उसका विनाश नहीं होता। आत्मा का यह स्वरूप समझ पाते ही मनुष्य के सब दुख दूर हो जाते हैं।[4] अतएव आत्मज्ञान के उद्देश्य

---

१. कर्शयन्तः शरीरस्थं भूतग्राममचेतसः।
माञ्चैवान्तःशरीरस्थं तान् विद्ध्यासुरनिश्चयान्॥ इत्यादि। भीष्म ४१।
६। भीष्म ३०।१६, १७। भीष्म २७।३३

२. यत् करोषि यदश्नासि यज्जुहोसि ददासि यत्।
यत्तपस्यसि कौन्तेय तत्कुरुष्व मदर्पणम्॥ इत्यादि। भीष्म ३३।२७,२८

३. मन्मना भव मद्भक्तो मद्याजी मां नमस्कुरु।
मामेवैष्यसि सत्यं ते प्रतिजाने प्रियोऽसि मे॥ इत्यादि। भीष्म ४२।
६५, ६६

४. नैनं छिन्दन्ति शस्त्राणि नैनं दहति पावकः।
न चैनं क्लेदयन्त्यापो न शोषयति मारुतः॥ इत्यादि। भीष्म २६।२३-२५

से की गई साधना ज्ञानयोग की प्रथम सीढ़ी है। ज्ञानयोग में प्रतिष्ठित होने पर साधक ज्ञानयज्ञ का अधिकारी बन जाता है। द्रव्यमय दैवयज्ञ आदि की अपेक्षा ज्ञानयज्ञ श्रेष्ठ होता है, क्योंकि सब यज्ञों का चरम लक्ष्य ज्ञान ही है, सबका अन्तर्भाव तत्त्वज्ञान में जाकर होता है। ज्ञानयोग का हेतु कर्मयोग है।[1] आत्मज्ञान के लिये गुरु का उपदेश अत्यावश्यक है। अर्जुन ने भी पूर्णतया कृष्ण का शिष्यत्व ग्रहण करके, उनके चरणों में रहते हुए परमज्ञान प्राप्त किया था।[2] तत्त्वज्ञान की प्राप्ति के उपरांत मनुष्य का मोह खत्म हो जाता है और वह सम्पूर्ण जगत का दर्शन अपनी आत्मा में ही करके आत्मा-परमात्मा का अभेद अच्छी तरह समझ जाता है।[3] प्रज्वलित अग्नि जिस प्रकार काष्ठस्तूप को भस्मराशि में परिणत कर देती है, उसी प्रकार ज्ञानरूपी अग्नि सब कर्मों को भस्म कर देती है अर्थात् प्रारब्ध कर्मफल को छोड़कर दूसरे कृत कर्मों का शुभ या अशुभ फल ज्ञानी को नहीं भोगना पड़ता। निष्काम कर्मयोग भक्तियोग के समान होता है; उसका अनुष्ठान किये बिना तत्त्वज्ञान नहीं होता। एक बार तत्त्वज्ञान हो जाने पर ज्ञानी सदा के लिए मुक्त हो जाता है।[4]

ज्ञानयोग के अधिकारी के संबंध में हम ऊपर यथेष्ट बता चुके हैं। अब उसके अनधिकारी के विषय में भी कुछ कह देना अनुचित नहीं होगा। जो व्यक्ति आचार्यों के उपदेश पर ध्यान नहीं देता, उसे अगर किसी तरह ज्ञान हो भी जाय तो उसकी नींव दृढ़ नहीं होती; कालान्तर में संशयालु हो जाने के कारण वह लक्ष्यभ्रष्ट हो जाता है और तब उसके दोनों लोक अंधकारपूर्ण हो जाते हैं।[5] जो व्यक्ति अपना

---

१. श्रेयान् द्रव्यमयाद् यज्ञाज् ज्ञानयज्ञः परन्तप।
सर्वं कर्माखिलं पार्थ ज्ञाने परिसमाप्यते॥ इत्यादि। भीष्म २८।३३-३९

२. तद्विद्धि प्रणिपातेन परिप्रश्नेन सेवया।
उपदेक्ष्यन्ति ते ज्ञानं ज्ञानिनस्तत्त्वदर्शिनः॥ इत्यादि। भीष्म २८।३४,
३। भीष्म २६।७

३. यज्ज्ञात्वा न पुनर्मोहमेवं यास्यसि पांडव।
येन भूतान्यशेषेण द्रक्ष्यस्यात्मन्यथो मयि॥ इत्यादि। भीष्म २८।३५, ३६

४. यथैधांसि समिद्धोऽग्निर्भस्मसात् कुरुतेऽर्जुन।
ज्ञानाग्निः सर्वकर्माणि भस्मसात् कुरुते तथा॥ इत्यादि। भीष्म २८।
३७-३९

५. अज्ञश्चाश्रद्दधानश्च संशयात्मा विनश्यति।
नायं लोकोऽस्ति न परो न सुखं संशयात्मनः॥ भीष्म २८।४०

आत्मबोध केवल शरीर के सुख के लिये विनष्ट कर देता है उसका कोई कर्म ज्ञान का हेतु नहीं बनता।[1] गीता के प्रायः सभी परवर्ती अध्यायों में ज्ञानयोग की थोड़ी बहुत व्याख्या अवश्य हुई है। किसी-किसी भाष्यकार ने तो एकमात्र ज्ञान को मुक्ति का कारण बताया है और किसी किसी ने भक्ति को भी सहयोगी माना है। पहले गुरु के उपदेश पर और बाद में भगवान पर पूर्णतया निर्भर न रहने से जब मुक्ति नहीं मिलती तो भक्ति को अलग किया जा सकता है कि नहीं, यह विवेचनीय विषय है। लेकिन गीता में कर्मयोग को स्पष्टतया ज्ञानयोग का साधन बताया है।[2]

भक्तियोग—निष्काम कर्म द्वारा आत्मज्ञान होने पर भक्ति स्वतः ही मन में घर बना लेती है। जो योगी एकमात्र ज्ञानयोग की उपासना में ही जीवन व्यतीत कर देता है, वह एक अनिवर्चनीय अपार्थिव आस्वाद से वंचित रहता है। श्रीकृष्ण ने गीता में कहा है, "जो एकाग्रचित्त होकर श्रद्धासहित मेरी उपासना करता है, उसी को मैं सर्वश्रेष्ठ योगी मानता हूँ।.जो सत्परायण व्यक्ति अनन्य भक्तिभाव सहित मुझे पूजता है उसे मैं जरामरण से मुक्त कर देता हूँ। सन्तुष्ट, अप्रमादी, संयतचित्त व दृढ़निश्चयी भक्त मुझे परम प्रिय है। निस्पृह, निराकांक्षी, निःस्वार्थी, आरंभपरित्यागी, समभावी, रागद्वेषहीन, स्थिरबुद्धि भक्त पर सदा मेरी कृपादृष्टि रहती है।[3] गीता के उपसंहार में श्रीकृष्ण ने कहा है—"विशुद्ध प्रज्ञा से उद्‌भासित व्यक्ति ब्रह्म में अवस्थित होता है, उसे किसी भी वस्तु की आकांक्षा नहीं रह जाती। ऐसा समदर्शी ज्ञानी पुरुष सर्वभूत में मेरे दर्शन करता है, यही पराभक्ति है। इस पराभक्ति के प्रसाद से ही मनुष्य मेरे सच्चिदानन्द एवं सर्वव्यापक स्वरूप को यथायथ जान पाता है। और अंत में वह परमप्रिय भक्त मेरे अन्दर समा जाता है।[4]

भक्तिभाव सहित एकमात्र उन पर निर्भर रहने के सिवाय जीव की कोई गति नहीं है, यह भी कृष्ण ने अर्जुन से कहा है। आगे कहते हैं—"जो मेरा आश्रय लेकर कार्य करता है, वह मेरे प्रसाद से शाश्वत अव्यय पद पर आसीन होता है। अतएव हे अर्जुन, तुम अपने समस्त कर्म मुझे अर्पित करके योग का आश्रय लेकर मेरा ध्यान

---

१. योगसंन्यस्तकर्माणं ज्ञानसंछिन्नसंशयम्।
आत्मवन्तं न कर्माणि निवध्नन्ति धनञ्जय॥ भीष्म २८।४१

२. न हि ज्ञानेन सदृशं पवित्रमिह विद्यते। भीष्म २८।३८

३. भीष्म ३६ वाँ अध्याय।

४. ब्रह्मभूतः प्रसन्नात्मा न शोचति न कांक्षति।
समः सर्वेषु भूतेषु मद्‌भक्तिं लभते पराम्॥ इत्यादि। भीष्म ४२।५४, ५५

करो।"[१] एकाग्रचित्त होकर भगवान को आत्मसमर्पण किये बिना कोई साधना सफल नहीं हो सकती, यही गीता का उपदेश है। सर्वभूत के अन्तर्यामी की शरण में जाने से मनुष्य को शाश्वत पद मिलता है।[२] नित्यप्रति भक्तिसहित भगवान का भजन करने से आत्मा में शुभ बुद्धि का उदय होता है।[३] गायत्रीमन्त्र का अर्थ भी यही है। जो हमें शुभ बुद्धि की प्रेरणा देते हैं, उनका भजन करना चाहिये, यही गायत्री का तात्पर्य है।

गीता में वर्णित भक्तियोग की व्याख्या में तीनों योगों में भक्तियोग को सर्वोपरि स्थान दिया है। ज्ञान के बाद शुद्धा या परा भक्ति आती है और उसका चरम साध्य परमेश्वर है। अतएव यह निष्कर्ष निकलता है कि केवल ज्ञान द्वारा ईश्वर की अनुभूति होने के सिद्धान्त का गीता अनुमोदन नहीं करती। 'भक्ति के बिना मुक्ति नहीं है', यही गीता का गीत है।

गीता का दर्शन—यों तो गीता में अद्वैत के समर्थक श्लोक भी मिलते हैं,[४] किन्तु यदि बिना किसी भाष्यकार की ओर देखे नि पक्ष भाव से कहा जाय तो, गीता में द्वैतवाद ही अधिक स्पष्ट है। किसी किसी का मत है कि गीता में अद्वैतवाद के बीच में द्वैतवाद का समर्थन किया है। जब आत्मा निष्काम कर्म द्वारा ज्ञानयोग में उन्नीत हो जाती है तो भक्ति के प्रभाव से वह एक ऐसे स्थान पर पहुँच जाती है, जहाँ उसकी अपनी कोई इच्छा ही नहीं रह जाती। तब वह ईश्वर की इच्छा से अपनी इच्छा को पूर्णतया मिलाकर उन्हीं के आदेश से कर्त्तव्य कर्म करती जाती है। इस प्रकार अद्वैत के अन्दर द्वैतभाव ही जीव की चरम उन्नति है।[५]

महाभारत में और भी अनेक स्थानों पर द्वैतवाद सुस्पष्ट है। नमस्कार श्लोक में ही नारायण एवं नरोत्तम नर को प्रणाम करके ग्रंथ का आरंभ किया गया है। बद्रिकाश्रम में नर-नारायण की तपस्या की चर्चा भी कई जगह हुई है, उसमें भी

---

१. चेतसा सर्वकर्माणि मयि संन्यस्य मत्परः।
बुद्धियोगमुपाश्रित्य मच्चित्तः सततं भव॥ इत्यादि। भीष्म ४२।५७, ५८

२. तमेव शरणं गच्छ सर्वभावेन भारत।
तत्प्रसादात् परां शांतिं स्थानं प्राप्स्यसि शाश्वतम्॥ भीष्म ४२।६२

३. तेषां सततयुक्तानां भजतां प्रीतिपूर्वकम्।
ददामि बुद्धियोगं तं येन मामुपयान्ति ते॥ भीष्म ३४।१०

४. वासुदेवः सर्वम्। इत्यादि। भीष्म ३१।१९। भीष्म ३३।२९। भीष्म ३४।८। भीष्म ३५।१३ भीष्म ३९।७

५. क्षितीन्द्रनाथ ठाकुर की गीता की भूमिका देखिये।

द्वतवाद का आभास मिलता है। आदर्श-पुरुष नर, नारायण को पाने के लिये व्याकुल रहता है और नारायण भी नर अर्थात् समस्त जगत् के कल्याण के निमित्त तपस्या में लीन हैं; फलस्वरूप नर घनिष्ठ आत्मीय व सखा के रूप में नारायण के साथ मिलकर उनके ईप्सित मानवकल्याण में सहायता पहुँचाता है। किन्तु वह स्वयं कभी भी 'नारायण' नहीं बनता। नर और नारायण सदा से उपासक और उपास्य रूप में ही रहे हैं। गीता में कृष्ण अर्जुन से कहते हैं, "हे पार्थ, इस परम पुरुष को एकमात्र भक्ति के द्वारा ही प्राप्त किया जा सकता है, यह सर्वभूत उसी में अवस्थित है, वही सारे जगत् में व्याप्त है।"[1] इस कथन से पता लगता है कि भूतजगत के ईश्वर में अवस्थित होते हुए भी स्वयं ईश्वर भूतजगत् में विवर्त्तित या परिणत नहीं है। यह द्वैतभाव कृष्ण के और भी बहुत से कथनों में परिस्फुट हुआ है। क्षेत्र क्षेत्रज्ञविभागयोग में कहा गया है कि, "पुरुष प्रकृति में अवस्थित रहकर स्वाभाविक सुख दुःख का भोग करता है। ये गुण ही सद् असद् योनि में जन्मग्रहण के हेतु होते हैं। इस शरीर में ही एक और भी पुरुष प्रतिष्ठित है। वही उपद्रष्टा, अनुमन्ता, भर्त्ता, भोक्ता, महेश्वर एवं परमात्म शब्दों में कथित होता है। जो इस पुरुष और सगुण प्रकृति को जानते हैं, वे किसी भी प्रकार से जीवन-यापन करते हुए मुक्त हो सकते हैं। उसी पुरुष को समझने के लिये कोई ध्यानयोग कोई ज्ञानयोग, कोई सांख्ययोग और कोई कर्मयोग का अवलम्बन लेता है।[2]

पंद्रहवें अध्याय में (पुरुषोत्तम योग) जीव और ईश्वर का द्वैतभाव अच्छी तरह समझाया गया है। भगवान कहते हैं—क्षर और अक्षर ये दो प्रकार के पुरुष प्रसिद्ध हैं। समस्त भूतशरीर क्षर में सम्मिलित है और कूटस्थ पुरुष अर्थात् जीवात्मा अक्षर के नाम से विख्यात है। क्षर और अक्षर से जो भिन्न है, वही उत्तमपुरुष या परमात्मा कहलाता है। वह निर्विकार परमात्मा तीनों लोकों का पालन करता है। मैं चूँकि क्षर का अतिक्रम कर चुका हूँ और अक्षर से उत्तम हूँ, इसलिये लोक और वेद में पुरुषोत्तम के नाम से विख्यात हूँ।"[3] आगे कृष्ण का यह कथन

---

१. पुरुषः स परः पार्थ भक्त्या लभ्यस्त्वनन्यथा।
यस्यान्तःस्थानि भूतानि येन सर्वमिदं ततम्॥ भीष्म ३२।२२

२. पुरुषः प्रकृतिस्थो हि भुंक्ते प्रकृतिजान् गुणान्।
कारणं गुणसंगोऽस्य सदसद्योनिजन्मसु। इत्यादि। भीष्म ३७।२१-२४

३. द्वाविमौ पुरुषौ लोके क्षरश्चाक्षर एव च।
क्षरः सर्वाणि भूतानि कूटस्थोऽक्षर उच्यते॥ इत्यादि। भीष्म ३९। १६-१८

"शरीर को क्षेत्र कहते हैं और इस क्षेत्र को जाननेवाला क्षेत्रज्ञ (जीव) कहलाता है", जहाँ द्वैत का समर्थक है; वहाँ इसके तुरंत बाद का—"हे अर्जुन, समस्त क्षेत्रों में क्षेत्रज्ञ मुझे ही समझना। क्षेत्र और क्षेत्रज्ञ का ज्ञान ही प्रकृत ज्ञान है।"[१] यह कथन भ्रांति पैदा करता है। इसी प्रकार गीता के दूसरे अध्याय में जीव के जो लक्षण बताये हैं, उनसे अद्वैत का आभास तो मिलता है पर वह स्पष्ट नहीं है क्योंकि उसके आगे ही कृष्ण कहते हैं—"मैं कभी नहीं था, तुम कभी नहीं थे या ये राजा कभी नहीं थे, यह सोचना गलत है और हम सब आगे फिर कभी नहीं होंगे यह भी सही नहीं है।"[२] इसमें तो साफ साफ आत्मा और परमात्मा की भिन्नता झलकती है। पुरुषोत्तम योग के आरंभ में परमपद या परमधाम की महिमा का वर्णन करने के साथ ही साथ भगवान का यह कथन "यह सनातन जीव मेरा ही अंश है"[३] संगत प्रतीत नहीं होता क्योंकि उसी में आगे परमात्मा को क्षर और अक्षर से भिन्न बताया है।[४] और फिर निराकार परमात्मा का अंश हो भी कैसे सकता है? अंश का तात्पर्य तो एक खंड से होता है। इसलिये 'ममैवांशः'[५] इत्यादि शब्दों की व्याख्या दूसरी तरह से करनी पड़ेगी। "अंशो नानाव्यपदेशात्"—(२।३।४३) इस आशंका से ब्रह्मसूत्र के भाष्य में श्रीमद्शंकराचार्य ने भी 'अंश' शब्द का गौण अर्थ लिया है। उनके मतानुसार अंश शब्द अंशतुल्य के अर्थ में प्रयुक्त हुआ है। अतएव हमें भी गीता में प्रयुक्त 'ममैवांश' के अंश शब्द का अर्थ अंशतुल्य ही लेना पड़ेगा, तभी उससे होने वाला अद्वैत का भ्रम दूर होकर द्वैत भाव स्पष्ट होगा। समस्त जीव परमात्मा के आदेश का पालन करते हैं, उसी की इच्छा के अनुसार जीव की इच्छा नियन्त्रित होती है अतः जीव उसके अंशतुल्य है। गुणत्रयविभागयोग के प्रारंभ में कृष्ण कहते हैं—"मैं तुम्हें सबसे उत्तम ज्ञान दे रहा हूँ। इस ज्ञान की उपलब्धि के बाद ही मुनिगण शरीर-बंधन से मुक्त हुए हैं। जो इस ज्ञान का आश्रय लेता है, वह मेरे साधर्म्य को प्राप्त होकर सृष्टिकाल में फिर से उत्पन्न भी नहीं होता

---

१. क्षेत्रज्ञश्चापि मां विद्धि सर्वक्षेत्रेषु भारत।
क्षेत्रक्षेत्रज्ञयोर्ज्ञानं यत्तज् ज्ञानं मतं मम।। भीष्म ३७।२

२. न त्वेवाहं जातु नासं न त्वं नेमे जनाधिपाः।
न चैव न भविष्यामः सर्वे वयमतः परम्।।
भीष्म २६।१२

३. ममैवांशो जीवलोके जीवभूतः सनातनः।। भीष्म ३९।२

४. उत्तमः पुरुषस्त्वन्यः परमात्मेत्युदाहृतः। भीष्म ३९।१७

५. भीष्म ३९।७

और प्रलयकाल में व्यथित भी नहीं होता।"[१] इस कथन से स्पष्ट हो जाता है कि जीव को परमात्मा का केवल साधर्म्य लाभ होता है, वह परमात्मा के साथ मिलकर एक नहीं होता।

उपयुक्त समीक्षा से यही निष्कर्ष निकलता है कि गीता और महाभारत में बिल्कुल स्पष्ट रूप से द्वैत या अद्वैत किसी एक का समर्थन नहीं हुआ है। यह विषय सदा से विवादास्पद रहा है। द्वैतवादी आचार्यों ने जिन कथनों की व्याख्या द्वैत के समर्थन में की है; उन्हीं की व्याख्या अद्वैतवादियों ने अद्वैत के पक्ष में कर ली है, अतः यह कहना कठिन है कि इन दोनों ग्रंथों में ग्रंथकार ने कौन सा दर्शन अपनाया है। हाँ, श्लोकों की सरल व्याख्या से अवश्य द्वैतवाद स्पष्ट होता है।

जगत और ब्रह्म—जगत् यद्यपि ब्रह्म से भिन्न है, तथापि उसी से इसकी उत्पत्ति हुई है और उसी के सहारे यह विधृत है। कृष्ण अर्जुन से कहते हैं—हे पार्थ, तुम मुझे सर्वभूत का चिरंतन बीज समझना। मैं ही सबका प्रवर्तक हूँ। मैं ही सृष्टि का कर्त्ता और नियन्ता हूँ। प्रकृति मेरे ही अधिष्ठान में इस चराचर विश्व की सृष्टि करती है और मेरी अध्यक्षता में ही यह जगत् नित्य नूतनता में परिवर्तित होता है। मेरी अपेक्षा श्रेष्ठ कुछ और नहीं है। माला में पिरोई मणियाँ जिस प्रकार सूत्र के आश्रित होती है, उसी प्रकार यह विश्व मेरे सहारे अवस्थित है।[२] भूमि, जल, अग्नि, वायु, आकाश, मन, बुद्धि, और अहंकार ये मेरी आठ प्रकृतियाँ अपरा कहलाती हैं। जीवस्वरूप जो प्रकृति है वह इनकी अपेक्षा प्रकृष्ट और भिन्न है और उसी के आधार पर यह जगत टिका हुआ है। हे अर्जुन, समस्त भूतजगत की उत्पत्ति इस परा और अपरा प्रकृति से ही हुई हे। ये दोनों प्रकृतियाँ मुझसे ही प्रादुर्भूत हुई हैं, अतः मैं ही निखिल जगत की सृष्टि और संहार का कारण हूँ।"[३] सर्वव्यापक वायु जिस प्रकार निरन्तर आकाश में रहते हुए भी आकाश से लिप्त नहीं होती, उसी प्रकार चराचर विश्व भी ईश्वर में विधृत है। परस्पर असंश्लिष्ट

---

१. परं भूयं प्रवक्ष्यामि ज्ञानानां ज्ञानमुत्तमम्।
यज्ज्ञात्वा मुनयः सर्वे परां सिद्धिमितो गताः॥ इत्यादि। भीष्म ३८। १, २

२. बीजं मां सर्वभूतानां विद्धि पार्थ सनातनम्। इत्यादि। भीष्म ३१। १०, ७। भीष्म ३३।१०

३. भूमिरापोऽनलो वायुः खं मनो बुद्धिरेव च।
अहंकार इतीयं मे भिन्ना प्रकृतिरष्टधा॥ इत्यादि।
भीष्म ३१।४-६

होते हुए भी आधार आधेय का भाव तो बना ही रहता है।[1] प्रलयकाल में समस्त जगत् ईश्वर की ही त्रिगुणात्मक माया में विलीन हो जाता है और सृष्टिकाल में पुनः उन्हीं से प्रादुर्भूत होता है। परमात्मा यद्यपि विश्वसृष्टि के विधायक हैं, तब भी विश्व इनको बंधन में नहीं बाँध पाता; उनके सब कर्म अनासक्त, उदासीन व्यक्ति के समान होते हैं।[2] विभूतियोग में कहा गया है कि भगवान ही विश्व के प्राण हैं, यह विश्व उनकी तुलना में बहुत ही क्षुद्र है। ईश्वर को स्पष्टतया जगत का उपादानस्वरूप न मानकर निमित्तकारण माना है।

आत्मा व परमात्मा का संबंध—भूतजगत यद्यपि परमात्मा में विधृत है, तथापि आत्मा का संबंध परमात्मा से निकटतर है। जगत के वह नियन्ता हैं, किंतु आत्मा के साथ उनका संबंध अधिक मधुर है। पिता के साथ पुत्र का, मित्र के साथ मित्र का जो सम्पर्क होता है, वही परमात्मा के साथ आत्मा का होता है। विश्वरूपदर्शन में अर्जुन प्रार्थना करते हुए कहते हैं—"हे देव, मेरे अपराध सहन करो।"[3] आत्मा परमात्मा को घनिष्ठ रूप में पाना चाहती है और इसीलिये उससे मिलने के लिये व्याकुल रहती है। इसी व्याकुलता की उत्पत्ति के बाद योगसाधना होती है।

मुक्ति—निष्काम कर्मयोग, ज्ञानयोग एवं भक्तियोग की साधना से आत्मा निष्कलुष होकर चिरशांति का उपभोग करती है। तब उसके सब बन्धन छिन्न हो जाते हैं, कर्म, ज्ञान आदि उसे अज्ञान में आबद्ध नहीं रहने देते। भगवत् प्रीति के उद्देश्य से किया गया कर्म ही साधक को मुक्ति का आस्वादन कराता है। गीता के मतानुसार भगवान का साधर्म्यलाभ एवं भगवान के अन्दर वास करना ही मुक्ति या परमपद प्राप्ति है।[4] जिस व्यक्ति का मन साम्यभावी हो जाता है, उसे

---

१. **यथाकाशस्थितो नित्यं वायुः सर्वत्रगो महान्।**
तथा सर्वाणि भूतानि मत्स्थानीत्युपधारय॥ भीष्म ३३।६

२. **सर्वभूतानि कौन्तेय प्रकृतिं यान्ति मामिकाम्।**
कल्पक्षये पुनस्तानि कल्पादौ विसृजाम्यहम्॥ इत्यादि। भीष्म ३३।७।९

३. **पितेव पुत्रस्य सखेव सख्युः, प्रियः प्रियायार्हसि देव सोढुम्। भीष्म ३५।४४**

४. **जन्मबंधविनिर्मुक्ताः पदं गच्छन्त्यनामयम्। भीष्म २६।५१**
बहवो ज्ञानतपसा पूता मद्भावमागताः। भीष्म २८।१०
योगयुक्तो मुनिर्ब्रह्म न चिरेणाधिगच्छति। भीष्म २९।६, १७, २०, २४, २९

इस लोक में ही परम पद मिल जाता है, समदर्शी व्यक्ति ब्रह्म में ही स्थित होता है। जब तक जीव मुक्त नहीं होता, पृथ्वी पर उसका आवागमन बना रहता है। किन्तु ब्रह्म की प्राप्ति के पश्चात् फिर जन्म ग्रहण नहीं करना पड़ता।[1] भगवान के आशीर्वाद के बिना शाश्वत अव्यय पद प्राप्त करना जीव के लिये संभव नहीं है। परा भक्ति के द्वारा ही आत्मा परमात्मा से मिलकर मुक्त होती है।[2]

---

१. इहैव तैर्जितः सर्गो येषां साम्ये स्थितं मनः।
निर्दोषं हि समं ब्रह्म तस्माद् ब्रह्मणि ते स्थिताः॥ भीष्म २९।१९
आब्रह्मभुवनाल्लोकाः पुनरावर्त्तिनोऽर्जुन।
मामुपेत्य तु कौन्तेय पुनर्जन्म न विद्यते॥ भीष्म ३२।१६
२. मत्प्रसादादवाप्नोति शाश्वतं पदमव्ययं॥ भीष्म ४२।५६-५८

पंचरात्र

पंचरात्र का परिचय--पंचरात्र शास्त्र को भागवत शास्त्र, भक्तिमार्ग एवं सात्वत दर्शन भी कहा जाता है। ब्रह्मपुराण (जन्म खंड १३२वाँ अध्याय) में पंचरात्र शब्द का अर्थ बताया गया है। जिस शास्त्र में सात्विक, नैर्गुण्य, सर्वतत्पर, राजसिक एवं तामसिक इन पाँच प्रकार के रात्र या ज्ञान की समीक्षा हो, वह पंचरात्र कहलाता है।[1] ईश्वर संहिता के इक्कीसवें अध्याय में कहा गया है कि शांडिल्य, औपगायन, मौञ्जायन, कौशिक और भारद्वाज इन पाँचों ऋषियों ने दीर्घकाल तक वासुदेव की तपस्या की थी। तपस्या से सन्तुष्ट होकर भगवान वासुदेव ने अलग-अलग पाँचों को पाँच दिन तक मुक्ति-पथ का प्रदर्शन करने के लिये जिन शास्त्रों का उपदेश दिया था, वही पंचरात्र के नाम से प्रसिद्ध हैं। नारदीय पंचरात्र में कुल मिलाकर सात प्रस्थानों का उल्लेख किया गया है। यथा--ब्राह्म, शैव, कौमार, वाशिष्ठ, कापिल, गौतमीय और नारदीय। अन्यत्र वाशिष्ठ, नारदीय, कापिल, गौतमीय और सनत्कुमारीय इन पाँच पंचरात्र प्रस्थानों का नाम मिलता है। नारद पंचरात्र नामक एक तन्त्रशास्त्रीय ग्रंथ भी है। अहिर्बुध्न्य संहिता, ईश्वर संहिता, कपिञ्जल संहिता, जयाख्य संहिता, पराशर संहिता पाद्मतन्त्र, सात्वत संहिता, विष्णु संहिता आदि पंचरात्र ग्रंथ तो मुद्रित भी हुए हैं। नारदीय संहिता, परम संहिता, अनिरुद्ध संहिता आदि हस्तलिखित ग्रंथ भी भारत के विभिन्न स्थानों में मिलते हैं। बड़ौदा के ओरियन्टल इन्स्टिट्यूट से प्रकाशित जयाख्य संहिता की प्रस्तावना में बहुत से ग्रंथों की तालिका दी हुई है।

चतुर्व्यूहवाद--पंचरात्र के मतानुसार वासुदेव, संकर्षण, प्रद्युम्न एवं अनिरुद्ध ये चतुर्व्यूहवाद प्रचलित हैं। इनमें वासुदेव को जगत्कारिणीभूत विज्ञानरूप साक्षात् परमब्रह्म माना जाता है। वासुदेव से द्वितीय व्यूह संकर्षण संज्ञक जीव की, संकर्षण से तृतीय व्यूह प्रद्युम्नसंज्ञक मन की और प्रद्युम्न से चतुर्थ व्यूह अनिरुद्ध नामक अहंकार की उत्पत्ति मानी है। कहा है--संकर्षण, प्रद्युम्न और अनिरुद्ध ये तीनों व्यूह भी भगवान वासुदेव की मायास्वरूप हैं और उनसे अभिन्न हैं। इसीलिये संकर्षण आदि को उन्हीं का अवतार माना जाता है। संक्षेप में यही सात्वत सिद्धान्त

---

१. वाचस्पत्य अभिधान ४१९३ वाँ पृष्ठ।

है।[१] सात्वत संहिता, पौष्कर संहिता, परम संहिता, शाण्डिल्यसूत्र आदि इस मत के प्रामाणिक ग्रंथ कहलाते हैं।

पंचरात्र की प्रामाणिकता—ब्रह्मसूत्र में दूसरे अध्याय के दूसरे पाद की समाप्ति पर शांकरभाष्य में पंचरात्रमत या भागवत् मत का तर्क द्वारा खंडन किया गया है। शंकराचार्य ने कहा है कि जीव की उत्पत्ति मानने पर उसकी अनित्यता भी माननी पड़ेगी, जो श्रुतिविरुद्ध है। श्रुति के अनुसार जीव नित्य है। महर्षि व्यास ने भी "नात्माऽश्रुतेर्नित्यत्वाच्च ताभ्यः" (ब्रह्मसूत्र २।३।१७) इस सूत्र में जीव को नित्य बताया है। भागवत शास्त्र में उल्लिखित है कि शाण्डिल्य को जब चतुर्वेद का अध्ययन करने के बाद भी श्रेयःलाभ नहीं हुआ तो उन्होंने सात्वतशास्त्र का अध्ययन किया। इस कथन में वेद की निन्दा झलकती है, अतः भागवत शास्त्र की उपर्युक्त कल्पना असंगत प्रतीत होती है। ऐसे शास्त्र को प्रामाणिक नहीं माना जा सकता। भाष्यकार आचार्य रामानुज ने शंकर के भाष्य में दोष निकालकर युक्ति-प्रमाण की सहायता से पंचरात्र का साधुत्व स्थापित किया है। रामानुजाचार्य ने महाभारत के आधार पर ही अपना मत दिया है। महाभारत में कहा गया है कि सब पंचरात्र शास्त्रों के वेत्ता स्वयं भगवान है।[२] रामानुज भाष्य में उद्धृत अंश महाभारत का पाठान्तर है। उसमें कहा गया है कि भगवान् मात्र वेत्ता ही पंचरात्र के वक्ता भी हैं। "पंचरात्रस्य कृत्स्नस्य वक्ता नारायणः स्वयम्।" नीलकंठ ने अपनी टीका में कहा है कि सब शास्त्रों की प्रामाणिकता सिद्ध करने के लिये विशिष्ट कर्त्ता का नाम जोड़कर शास्त्रों की प्रशंसा की गई है।[३] सांख्य, योग, पांचरात्र, वेद, पाशुपद आदि सभी शास्त्रों को ज्ञानस्वरूप बताया गया है।[४] पंचरात्र शास्त्र भी भगवत्प्रणीत है—यह कहने का तात्पर्य यही है कि अलौकिक पुरुष का संबंध शास्त्र से जोड़ने पर उसकी प्रामाणिकता के विजय में संशय नहीं रह सकता। सांख्य और योग एक ही शास्त्र हैं। वेद और आरण्यक भी परस्पर भिन्न नहीं हैं; पंच-

---

१. नित्यं हि नास्ति जगति भूतं स्थावरजंगमम्।
ऋते तमेकं पुरुषं वासुदेवं सनातनम्। इत्यादि। शांति ३३९।३२-४२
वासुदेव तदेतत्ते मयोद्गीतं यथातथम्।। इत्यादि। भीष्म ६५।६९-७२

२. पाञ्चरात्रस्य कृत्स्नस्य वेत्ता तु भगवान् स्वयम्। शांति ३४९।६८

३. प्रामाण्यसिद्धये विशिष्टकर्तृकत्वेन सर्वाणि स्तौति। नीलकंठ, शांति ३४९।६५-६८

४. सांख्यं योगं पाञ्चरात्रं वेदाः पाशुपतं तथा।
ज्ञानान्येतानि राजर्षे विद्धि नानामतानि वै।। शांति ३४९।६४

रात्ररूप भक्तिशास्त्र भी इन्हीं के साथ संलग्न हैं अर्थात् भक्तिवाद को छोड़ देने से साधना अधूरी रह जाती है और सब शास्त्रों का चरम लक्ष्य मुक्तिलाभ ही है।[1]

पंचरात्र का उद्देश्य---श्रुतिप्रधान, विचारप्रधान व भक्तिप्रधान सब शास्त्रों में ईश्वर को चरम उपेय माना है। शास्त्रीय पद्धति के अनुसार विचार करने पर अवगत होता है कि प्रस्थान भेद दिखाने के निमित्त विभिन्न शास्त्रों में विभिन्न प्रकार की व्याख्या तो अवश्य हुई है, परन्तु तत्वविश्लेषण से स्पष्ट हो जाता है कि एकमात्र ईश्वर का तत्त्व निरूपण और मोक्ष का पथ-प्रदर्शन ही आस्तिक शास्त्रों का ध्येय है। समुद्र से प्रसृत जलराशि जिस प्रकार पुनः समुद्र में ही प्रवेश करके स्थिरता एवं पूर्णता को प्राप्त होती है, उसी प्रकार निखिल ज्ञानराशि भी नारायण से उत्पन्न होकर उनके तत्त्वनिरूपण में ही सार्थक होती है। यही सात्वतशास्त्र का मर्म है। नारद ने भी यही तत्त्व प्रकट किया है।[2]

वेदान्त भाष्यकार आचार्य रामानुज ने कहा है कि, सांख्य में कथित पच्चीस तत्त्वों, योगशास्त्र में वर्णित साधन-प्रणाली एव वेदोक्त कर्मकांड की सत्यता में किसी प्रकार का मतभेद नहीं है। उपर्युक्त शास्त्र एवं आरण्यक शास्त्रों का प्रयोग वास्तव में ब्रह्म का स्वरूप समझाने के लिये होता है। पंचरात्र का वर्णनीय विषय भी यही सत्य है। शारीरिक सूत्र में सांख्य आदि शास्त्रों का अस्तित्व तो स्वीकृत हुआ है, किन्तु उनके तत्त्व की ब्रह्मात्मकता का निराकरण किया गया है। दूसरे शास्त्रों में वर्णित वेदविरुद्ध वचनों का भी खंडन हुआ है, लेकिन ब्रह्मतत्त्व का विरोध कहीं नहीं मिलता। इसीलिये महाभारत में कहा गया है कि सांख्य, योग, पंचरात्र, वेद तथा पाशुपत शास्त्रों की साधुता के संबंध में एकमात्र आत्मा ही प्रमाण है अथवा आत्मविवेचन में ही इनकी सर्वजनसिद्ध प्रामाणिकता है, अतएव तर्क द्वारा इन शास्त्रों को 'न स्यात्' नहीं करना चाहिये। महाभारत के बंगीय संस्करण में उक्त कथन के तृतीय और चतुर्थ चरण का रूप भिन्न है। उनका तात्पर्य यह है

---

१. एवमेकं सांख्ययोगं वेदारण्यकमेव च।
परस्परांगान्येतानि पांचरात्रञ्च कथ्यते॥ शांति ३४८।८१

२. सर्वेषु च नृपश्रेष्ठ ज्ञानेष्वेतेषु दृश्यते।
यथागमं यथान्यायं निष्ठा नारायणः प्रभुः॥ इत्यादि। शांति ३४९।६८-७०

यथा समुद्रात् प्रसृता जलौघास्तमेव राजन् पुनराविशन्ति। शांति ३४९।८३-८५

कि ये सब शास्त्र ज्ञान के हेतु हैं, शास्त्र तो नाना प्रकार के हैं पर उनमें वर्णित तत्त्वज्ञान एक ही है। अतः सब शास्त्र ही प्रामाणिक हैं।[1]

पंचरात्र की उपादेयता—मोक्षधर्म के ३३५वें अध्याय में पंचरात्र शास्त्र की प्रक्रिया एवं प्रतिपाद्य विषय विशद रूप से वर्णित हुआ है। कहा है—पंचरात्रविद भगवद्भक्तों के चरण जिस घर में पड़ते हैं, वह घर पवित्र हो जाता है।[2] पंचरात्र शास्त्र चतुर्वेद के समान हैं। मरीचि, अत्रि, अंगिरा, पुलस्त्य, पुलह, क्रतु और वशिष्ठ इन सातों ऋषियों एवं स्वायंभुव पंचरात्र शास्त्र के प्रणेता हुए हैं।[3] नारायण की आज्ञा से जगत् के हित के निमित्त देवी सरस्वती ने तपस्वी ऋषियों के अन्तर में प्रवेश करके उनसे पंचरात्र की रचना कराई।[4] मोक्षधर्म के नारायणीय अध्यायों में बहुत से भागवत् तत्त्वों की व्याख्या की गई है जो सात्वतदर्शन के ही अंतर्गत आते हैं। विश्वोपाख्यान में कहा गया है कि, ब्राह्मण, क्षत्रिय, वैश्य एवं साधुचरित्र शूद्र अपने-अपने कर्म द्वारा सात्वतविधि के अनुसार द्वापरयुग के अंत में और कलियुग के प्रारम्भ में वासुदेव की पूजा करेंगे।[5] महाभारत में तो कहीं भी पंचरात्र को अवैदिक नहीं बताया है, किंतु नीलकंठ ने अपनी टीका में पंचरात्र के सिद्धान्त को वैदिक नहीं माना है।[6] नीलकंठ ने आगे यह भी कहा है कि "यद्यपि पंचरात्र की वर्णनपद्धति वैदिक शास्त्रों की वर्णन पद्धति से नहीं मिलती, तथापि चरम सिद्धान्त तो सबका ही एक है। नारायण ही सर्वव्यापी हैं, सब तत्त्वों के सार हैं, और अनादि अनन्त स्वरूप हैं, इस संबंध में किसी प्रकार का मतभेद नहीं है।"[7]

---

१. सांख्यं योगः पंचरात्रं वेदाः पाशुपतं तथा।
ज्ञानान्येतानि राजर्षे विद्धि नानामतानि वै॥ शांति ३४९।६४
(आत्मप्रमाणान्येतानि न हन्तव्यानि हेतुभिः॥ रामानुजसम्मत पाठ)

२. पंचरात्रविदो मुख्यास्तस्य गेहे महात्मनः।
प्रायाणं भगवत्प्रोक्तं भुञ्जते वाग्रभोजनम्॥ शान्ति ३३५।२५

३. वेदैश्चतुर्भिः समितं कृतं मेरौ महागिरौ। इत्यादि। शांति ३३५।२८-३२

४. नारायणानुशिष्टा हि तदा देवी सरस्वती।
विवेश तानृषीन् सर्वान् लोकानां हितकाम्यया॥ इत्यादि। शांति ३३५। ३५–३८

५. वासुदेव इति ज्ञेयो यन्मां पृच्छसि भारत। इत्यादि। भीष्म ६६। ३८–४०

६. पांचरात्रमतस्यावैदिकस्य। इत्यादि। नीलकंठ शांति ३७१।२२
पांचरात्रशास्त्रस्य पुम्प्रणीतत्त्वं वेदविरुद्धत्वञ्च सूचितम्। नीलकंठ शांति ३४९।७३

७. तथापि अवान्तरतात्पर्यभेदेऽपि परमतात्पर्यं त्वेकमेव। नीलकंठ। ३४९।७३

सांख्य, योग, पंचरात्र, वेद, आरण्यक आदि शास्त्र एक ही परम पुरुष के माहात्म्य वर्णन के उद्देश्य से लिखे गये हैं। सब आस्तिक शास्त्रों का चरम प्रतिपाद्य वही परम पुरुष है। जो भक्तिमार्ग का अनुसरण करते हुए एकाग्र चित्त से उपासना में रत रहते हैं, वह नारायण के साथ मिलकर एक हो जाते हैं।[1] भगवत आराधना के बिना चित्त एकाग्र नहीं हो सकता और चित्त के एकाग्र न होने तक बुद्धि परमेश्वर की ओर नहीं लग सकती। चंचला बुद्धि साधक को पथभ्रष्ट करती है। परमतत्त्व को जानने के लिये भक्तिमार्ग का अवलम्बन अत्यन्त आवश्यक है, मात्र ज्ञान के द्वारा उसे प्राप्त नहीं किया जा सकता। इसीलिये भक्तिमार्ग के श्रेष्ठ शास्त्र पंचरात्र को इतना आदर दिया जाता है।[2]

---

१. पंचरात्रविदो ये तु यथाक्रमपरा नृप।
एकान्तभावोपगतास्ते हरिं प्रविशन्ति वै॥ शांति ३४९।७२, १, २

२. भक्त्या मामभिजानाति यावान् यश्चास्मि तत्त्वतः। भीष्म ४२।५५
स्माद्भक्तौ कृत्स्नस्य शास्त्रफलस्यान्तर्भावोऽस्ति। नीलकंठ, शांति ३५१।२२

अवैदिक मत

पूर्वपक्ष के रूप में अथवा प्रसंगवश तो महाभारत में कहीं-कहीं अवैदिक मत का थोड़ा बहुत उल्लेख मिलता है; किंतु विशेष रूप से उसकी समीक्षा नहीं की गई है।

लोकायत एवं चार्वाक—मृत्यु के समय दुर्योधन ने विलाप करते हुए चार्वाक नामक एक मित्र का नाम लेकर कहा था—"वाक्विशारद, परिव्राजक मित्र चार्वाक युद्ध में इस प्रकार मेरी मृत्यु का संवाद सुनकर अवश्य ही प्रतीकार करेगा।"[1] नीलकंठ ने अपनी टीका में कहा है—चार्वाक ब्राह्मण वेशधारी एक राक्षस का नाम था।[2]

युद्ध समाप्त होने पर जब युधिष्ठिर पुनः सिंहासन पर बैठे तो वहाँ उपस्थित ब्राह्मणों ने आशीर्वाद देकर उनके कल्याण की कामना की। पुण्याहवाचन से जिस समय गगन मुखरित हो रहा था उसी समय एक भिक्षु वेशधारी ब्राह्मण ने स्वयं को ब्राह्मणों का प्रतिनिधि बताकर असंख्य जाति-बांधवों का नाश करने के हेतु युधिष्ठिर को बहुत धिक्कारा। उसके वाक्यवाणों से व्यथित होकर युधिष्ठिर ने समागत ब्राह्मणों से कातरस्वर में क्षमा माँगी। उस भिक्षुक ब्राह्मण के इस अशिष्ट व्यवहार से लज्जित होकर अन्य ब्राह्मण बोले—"महाराज, यह व्यक्ति हमारा प्रतिनिधि नहीं है; इसने जो कुछ कहा है, वह हमारे द्वारा अनुमोदित नहीं है।" यह कहकर तपोनिष्ठ ब्राह्मणों ने ध्यान-नेत्र से इस ब्राह्मण का स्वरूप देखा और बोले—"राजन्, यह दुर्योधन का मित्र चार्वाक राक्षस है जो परिव्राजक के वेष में दुर्योधन के प्रियकार्यों का सम्पादन करने के उद्देश्य से भ्रमण करता फिरता है।" इसके बाद उन क्रुद्ध ब्राह्मणों ने अपने तेज के प्रभाव से उस भिक्षुक को भस्म कर दिया।[3] इस उपाख्यान के 'चार्वाक' नाम में किसी प्रकार की व्यंजना है या नहीं, तथा वेदवित् तपोनिष्ठ ब्राह्मणों ने उसकी हत्या की, इस कथन में चार्वाक मत के खण्डन का आभास है क्या; यह विवेचनीय है। जनकवंशी राजा की राज्यसभा

---

१. यदि जानाति चार्वाकः परिव्राड् वाग्विशारदः।
करिष्यति महाभागो ध्रुवं सोऽपचितिं मम॥ शल्य ६४।३२

२. चार्वाको ब्राह्मण वेषधारी राक्षसः। नीलकंठ

३. शांति ३८वाँ अध्याय।

उन दिनों शास्त्रचर्चा का एक वृहत् केन्द्र थी। शत-शत आचार्य वहाँ रहकर ज्ञान-विज्ञान की किरणों से सम्पूर्ण देश को प्रकाशित करते थे। राजर्षि की राज्य-सभा में प्रायः आस्तिक एवं नास्तिक दर्शन के महापंडितों में शास्त्रार्थ होता रहता था। नास्तिक मत का खंडन करने में लब्धप्रतिष्ठ शास्त्रज्ञों को विशेष सम्मान दिया जाता था।[1]

लोकायत दर्शन के पंडितों में बहुत से सिद्धान्त प्रचलित हैं। कोई कहता है, शरीर के नाश के साथ ही आत्मा भी नष्ट हो जाती है, तो कोई शरीर को ही अविनश्वर मानता है। कुछ पंडित शरीर से अलग आत्मा का अस्तित्व ही नहीं मानते।[2] कहा है—पार्थिव, वायवीय, तैजस एवं जलीय परमाणु एक साथ मिलकर शरीर-रूप में प्रकट होते हैं। इनके एकत्र होने पर सुरा की मादकता की तरह शरीर में चैतन्य का आविर्भाव होता है। वह चैतन्य स्वाभाविक नियमानुसार शरीर में ही प्रादुर्भूत होता है, घट आदि जड़ पदार्थों में उसकी उत्पत्ति नहीं होती। देहरूप आत्मा का विनाश होने पर भी आत्मा नामक दूसरे पदार्थ का अस्तित्व जिस आगम में स्वीकृत है, वह आगम प्रत्यक्ष विरुद्ध होने के कारण अप्रामाणिक है।[3] लोकायत-दर्शन में प्रत्यक्ष को ही प्रामाणिक माना गया है। प्रत्यक्ष से अगोचर किसी भी वस्तु की सत्ता स्वीकृत करना उनके मत के विरुद्ध है। क्लेश, दुःख, जरा, व्याधि आदि को ही मृत्यु की क्षुद्र अवस्थाएँ माना गया है। इन्द्रिय वगैरह के विनाश से शरीर की जो हानि होती है, वह भी आंशिक मृत्यु कहलाती है। लोकायत दर्शन-शास्त्री कहते हैं—आत्मा का पृथक् अस्तित्व स्वीकार करने की क्या आवश्यकता है? अग्निहोत्र आदि श्रुति की प्रामाणिकता प्रत्यक्ष विरुद्ध है एवं उसमें श्रद्धा रखना एक श्रेणी के लोगों की स्वार्थपरता है अतः श्रुति सर्वथा अप्रामाणिक है।[4]

---

१. तस्य स्म शतमाचार्या वसन्ति सततं गृहे।
दर्शयन्तः पृथग्धर्मान् नानाश्रमनिवासिनः॥ शांति २१८।४। नीलकंठ देखिये

२. स तेषां प्रेत्यभावे च प्रत्यजातौ विनिश्चये।
आगमस्थः सभूयिष्ठमात्मतत्त्वेन तुष्यति॥ शान्ति ३१८।५

३. दृश्यमाने विनाशे च प्रत्यक्षे लोकसाक्षिके।
आगमात् परमस्तीति ब्रुवन्नपि पराजितः॥ शांति २१८।२४, २५

४. अनात्मा ह्यात्मनो मृत्युः क्लेशो मृतुर्जरामयः।
आत्मानं मन्यते मोहात्तदसम्यक् परं मतम्॥ इत्यादि। शांति २१८। २४, २५

दूसरे दार्शनिकों द्वारा स्वीकृत अनुमान आदि के मूल में जो प्रत्यक्ष है, उसे तो मानना ही पड़ेगा, फिर प्रत्यक्ष के अतिरिक्त किसी दूसरे प्रमाण को क्यों माना जाय।[1]

ईश्वर, अदृष्ट आदि पदार्थों को अनुमान द्वारा सिद्ध करने की चेष्टा करना व्यर्थ है। शरीर से शरीर की सृष्टि होती है, यही प्रत्यक्ष सिद्ध है। दूसरे अदृश्य पदार्थों को सिद्ध करने में पांडित्य का प्रदर्शन करना केवल ढोंग है।[2] शरीर से जीव पृथक् है, इसका खंडन करने के लिये चार्वाकदर्शन में कहा गया है कि सम्भावित वृहत् वटवृक्ष के पत्र, पुष्प, फल, मूल आदि जिस प्रकार प्रच्छन्न रूप से बीज में ही निहित होते हैं, उसी प्रकार शरीर के कारणभूत शुक्रबीज में ही मन, बुद्धि, अहंकार, चित्त, शरीर की आकृति आदि वस्तुएँ प्रच्छन्न रहती हैं, यथासमय स्वतः ही उनका आविर्भाव हो जाता है। गाय घास खाती है, किन्तु उसकी परिणति दुग्ध रूप में होती है। तंडुल, गुड़ आदि नाना द्रव्यों का कल्क जिस प्रकार दो तीन दिन रक्खा रहे तो उसमें मादक शक्ति उत्पन्न हो जाती है, उसी प्रकार नानागुणविशिष्ट शुक्र से अथवा चतुर्भूत संयोग से चैतन्य की उत्पत्ति हो जाती है। चुम्बक जिस प्रकार लोहे को संचालित करता है, उसी प्रकार उत्पन्न चैतन्य इन्द्रियों को उनके विषय-ग्रहण में नियुक्त रखता है। जैसे सूर्यकांत मणि का संयोग सूर्यरश्मि से होने पर ही अग्नि की उत्पत्ति होती है, मिट्टी या जल के साथ संयोग होने पर नहीं होती, ठीक उसी तरह पार्थिव आदि असंगत भेद से ही प्रत्येक इन्द्रिय का ग्राह्य विषय भिन्न हो जाता है। घ्राणेन्द्रिय के साथ किसी चीज का संयोग होने पर गंध, चक्षु इन्द्रिय के साथ संयोग होने पर रूप गृहीत होगा। इस प्रकार हर इन्द्रिय का ग्राह्य विषय भिन्न हो जाता है। भोग्य वस्तुओं के भोग के लिये शरीर के अलावा जीव की भी स्वीकृति आवश्यक नहीं है। अग्नि में जैसे जलशोषक-तत्त्व गुण स्वतः ही वर्तमान होता है, वैसे ही भूतसंघात या शरीर में भोक्तृत्व गुण सदा रहता है।[3]

वनवास के समय द्रोपदी ने दुःख प्रकट करते हुए युधिष्ठिर से जो बातें कही

---

१. प्रत्यक्षं ह्येतयोर्मूलं कृतान्तैतिह्ययोरपि।
प्रत्यक्षेणागमो भिन्नः कृतान्तो वा न किञ्चन॥ शांति २१८।२७

२. यत्र यत्रानुमानेऽस्मिन् कृतं भावयतोऽपि च॥
चान्यो जीवः शरीरस्य नास्तिकानां मते स्थितः॥ शांति २१८।२८

३. रेतो वटकणीकायां घृतपाकाधिवासनम्।
जातिः स्मृतिरयस्कान्तः सूर्यकान्तोऽम्बुभक्षणम्॥ शान्ति २१८।२९।
(नीलकंठ टीका)

अध्रुवं देहाद्वदन्त्येके नैतदस्तीति चापरे। अश्व ४९।२

हैं, उनमें भी चार्वाकदर्शन का आभास मिलता है। भगवान के पक्षपात आदि के संबंध में द्रौपदी ने बहुत कुछ कहा है।[1] द्रौपदी की बातें सुनकर युधिष्ठिर बोले—"तुम्हारे वचन ऐसे तो सुनने में बहुत ही मधुर एवं शोभनीय हैं, परन्तु उनसे नास्तिकता प्रकट होती है।"[2] लोकायत दर्शन को मानने वाले पाप और पुण्य नहीं मानते। "जब तक पृथ्वी पर रहो, आनन्द से रहो", यही उनका सिद्धान्त है।[3] किन्तु महाभारत में नास्तिकों का नरकभोग निश्चित बताकर बड़ी निपुणता के साथ लोकायत, चार्वाक आदि दर्शनों का निराकरण किया गया है।[4]

सौगत आदि मत—सौगत मत के कुछ सिद्धान्तों की आलोचना भी 'पाखण्ड-खंडन' नामक अध्याय में हुई है। सौगत मतावलम्बी रूप, विज्ञान, वेदना, संज्ञा और संस्कार ये पाँच स्कंध मानते हैं। इन पाँचों की स्वीकृति में ही उनके ऐहिक और पारत्रिक सब व्यवहार प्रतिपादित हो जाते हैं। नित्य-चैतन्य नामक किसी पदार्थ को ये भी नहीं मानते। पाँच स्कंध और चित्त का आधार, इस तरह ये शरीर को षड़ायतन कहते हैं। बौद्ध मत में अज्ञान, संस्कार, विज्ञान, नाम, रूप, षड़ायतन, स्पर्श, वेदना, तृष्णा, उपादान, भव, जाति, जरा, मरण, शोक, परिवेदना, दुख और दुर्मनस्ता—ये अठारह पदार्थ कहीं संक्षेप में तो कहीं विस्तार में विवेचित हुए हैं। इनमें पूर्व-पूर्व के पदार्थ पर-पर पदार्थ के निमित्त माने गये हैं। कोई कोई सौगत अज्ञान आदि पदार्थों को देहांतर प्राप्ति का कारण बताता है। अज्ञान के नष्ट होने पर देह या सत्त्व का नष्ट होना ही उनके मतानुसार मोक्ष है।[5] शून्यवादी बौद्ध शून्य को जगत् का कारण बताते हैं।[6]

बौद्ध संन्यासियों को क्षपणक कहा जाता था। नीलकंठ ने कहा है, क्षपणक

---

१. न मातृपितृवद् राजन् धाता भूतेषु वर्त्तते।
रोषादिव प्रवृत्तोऽयं यथायमितरे जनः॥ इत्यादि। वन ३०।३८-४३

२. वल्गु चित्रपदं श्लक्ष्णं याज्ञसेनि त्वया वचः।
उक्तं तच्छ्रुतनस्माभिर्नास्तिक्यन्तु प्रभाषसे॥ वन ३१।१

३. पुण्येन यशसा चान्ये नैतदस्तीति चापरे। अश्व ४९।९

४. हिंसापराश्च ये केचिद् ये च नास्तिकवृत्तयः।
लोभमोहसमायुक्तास्ते वै निरयगामिनः॥ अश्व ५०।४

५. अविद्या कर्मतृष्णा च केचिदाहुः पुनर्भवे।
कारणं लोभमोहौ तु दोषाणान्तु निषेवणम्॥ इत्यादि। शांति २१८।
३२-३५ नीलकंठ देखिये।

६. नास्त्यस्तीत्यपि चापरे। इत्यादि। अश्व ४९।३। वन १३४।८

शब्द का अर्थ पाखंडी भिक्षु है।[1] उस काल में पाखण्ड शब्द वेदनिन्दक नास्तिक के अर्थ में ही प्रयुक्त होता था। मार्कण्डेय सभास्यापर्व में उल्लिखित है कि कलियुग में बहुत से लोग एड्रूक की पूजा करेंगे। जिस स्तंभ या भित्ति के अन्दर मृत व्यक्ति की अस्थियाँ रखी जाती हैं उसे एड्रूक कहते हैं। अस्थि या भस्मस्थापन बौद्धधर्म प्रवर्त्तित है. जो किसी भी वैदिक शास्त्र में नहीं मिलता। महाभारत में भी इसकी निन्दा की गई है।[2] बौद्ध मतानुसार वर्ण या आश्रमव्यवस्था द्वारा किसी धर्म का पालन नहीं होता। स्तम्भ आदि का पूजन एवं चैत्यवन्दना को ही वे धर्म के वाह्य अंग मानते हैं।[3]

महाभारत में पशुहनन के द्वारा जो यज्ञ निष्पन्न होते हैं. उनकी कठोरता के साथ निन्दा की गई है। इस पर बौद्धधर्म का प्रभाव स्पष्ट दिखाई देता है, क्योंकि वैदिक शास्त्रों में यद्यपि हिंसा की निन्दा हुई है, तथापि वैध हिंसा की तो प्रशंसा ही की गयी है। यज्ञ में की गई हिंसा वैदिक मतानुसार वैध हिंसा मानी गई है।[4] वैध हिंसा को भी 'क्षत्रयज्ञ' कहा गया है। जिन अध्यायों में 'क्षत्रयज्ञ' की निन्दा हुई है उन पर जिस प्रकार बौद्ध प्रभाव होने की कल्पना की जा सकती है, उसी प्रकार यौगिक आत्मयज्ञ रूप तपस्या को श्रेष्ठ बताने के उद्देश्य से उन्हें सार्थक कहना भी असंगत नहीं है। क्योंकि बहिरंग यागयज्ञ की निन्दा करने के बाद कहा गया है—आत्मा ही यज्ञभूमि है, उसका तत्त्वानुशीलन ही महायज्ञ है, स्थानविशेष में यज्ञानुष्ठान का कोई मूल्य नहीं है।[5]

याज्ञिक का वृथा मांस खाना भी प्रशंसनीय नहीं माना गया है, क्योंकि अहिंसा का उत्तम आदर्श तो मांस बिलकुल न खाना ही है।[6] उक्त कथन भी बौद्ध प्रभावित है, यह निश्चित रूप से नहीं कहा जा सकता; क्योंकि वैदिक शास्त्रों में भी मांस-भक्षण अच्छा नहीं बताया है। धर्म के नाम पर सुरा, मधु, माँस, मत्स्य आदि का

---

१. सोऽपश्यदथ पथि नग्नं क्षपणकमागच्छन्तम्। आदि ३।१२६

२. एड्कान् पूजयिष्यन्ति वर्जयिष्यन्ति देवताः। इत्यादि। वन १९०।६५-६७

३. आश्रमास्तात चत्वारो यथा संकल्पिताः पृथक्।
तान् सर्वाननुपश्य त्वं समश्रित्येति गालव॥ शांति २८७।१२ (नीलकंठ)

४. शान्ति २७१ वाँ अध्याय।
पशुयज्ञै कथं हिंसैर्मादृशो यष्टुमर्हति। इत्यादि। शांति २७६।३२, ३३

५. जाजले तीर्थमात्मैव मास्म देशातिथिर्भव। शांति २६२।४१

६. यदि यज्ञांश्च वृक्षांश्च यूपांश्चोद्दिश्य मानवाः।
वृथामांसं न खादन्ति नैष धर्मः प्रशस्यते॥ शांति २६४।८

व्यवहार करने को बुरा कहा है।[1] महाभारत में इस प्रकार के उदाहरण देखकर कुछ लोग कहते हैं कि महाभारत शाक्यसिंह बुद्ध का परवर्ती ग्रंथ है। किन्तु इस मन्तव्य के मूल में भी कोई दृढ़ युक्ति नहीं है। शाक्यसिंह के जन्म से दो हजार वर्ष पहले भी बौद्धधर्म प्रचलित था। शाक्यसिंह इस धर्म के आदि प्रवर्त्तक नहीं थे, वे तो इस मत के परवर्ती अन्यतम साधक एवं प्रचारक मात्र थे; वैदिक ग्रंथों में भी अहिंसा आदि की यथेष्ट प्रशंसा की गई है। मात्र 'अहिंसा' शब्द देखकर बौद्धधर्म से तात्पर्य समझना उचित नहीं है।

अश्वमेधपर्व के गुरु-शिष्य संवाद में सन्दिहान ऋषियों ने उस काल में प्रचलित विभिन्न मतों के संबंध में ब्रह्मा से एक प्रश्न पूछा है—"भगवान, धर्म की गति विचित्र है, हम किस मत को मानकर चलें? एक सम्प्रदायी कहते हैं, शरीर के नाश के बाद भी आत्मा का अस्तित्व रहता है, लेकिन लोकायत मतवादी इस बात को नहीं मानते। सप्तभंगीनयवादी जैन धर्मावलम्बी हर वस्तु को संदिग्ध बताते हैं तो तैर्थिक सम्प्रदायी हर वस्तु को निःसंशय अर्थात्, पृथक् रूप में अवस्थित मानते हैं। तार्किकवादी अधिकांश वस्तुओं की सृष्टि और विनाश में विश्वास रखते हैं, और इसके विपरीत मीमांसक जगत्प्रवाह की नित्यता स्थापित करने में जुटे हुए हैं। शून्यवादी बौद्ध शून्यवाद का समर्थन करते हैं तो सौगत वस्तुमात्र को ही क्षणिक मानते हैं। कुछ लोग कहते हैं कि विज्ञान ही ज्ञेय और ज्ञातृरूप में विभक्त है और कुछ लोग सब वस्तुओं को परस्पर भिन्न बताते हैं। कुछ आचार्य ब्रह्म के अलावा किसी वस्तु की सत्ता स्वीकार नहीं करते तो कुछ पंडित असाधारण कर्म को ही कारण रूप में ग्रहण करते हैं। किसी सम्प्रदाय में देश और काल का सर्वकारणत्व स्वीकृत हुआ है, लेकिन दूसरा सम्प्रदाय ऐसा भी है जो दृश्यमान जगत को स्वप्न-जाल की तरह मिथ्या मानता है। आचार-व्यवहार में भी बहुत विभिन्नता है—कोई जटा व अजिन धारण करता है तो कोई सिर घुटवा कर घूमता है। कोई नग्नता का ही पक्षपाती है। किसी सम्प्रदाय में नैष्ठिक ब्रह्मचर्य को महत्त्व दिया गया है तो किसी में गार्हस्थधर्म को श्रेष्ठ बताया है। किसी धर्म के अनुयायी उपवास आदि द्वारा शरीर के पीड़न को धर्म मानते हैं, तो दूसरे धर्मावलम्बी इसके विरोधी हैं। एक सम्प्रदाय कर्मलिप्तता का पक्षपाती है, इसके विपरीत दूसरा सम्प्रदाय संन्यास को श्रेष्ठ मानता है। कुछ लोग मोक्ष को चरम पुरुषार्थ कहते हैं तो कुछ लोग भोग को ही सब प्रकार के सुखों का हेतु बताते हैं। एक अकिंचनता का पक्ष-

---

१. सुरां मत्स्यान्मधु मांसमासवकृसरौदनम्।
धूर्तैः प्रवर्तितं ह्येतन्नैतद्वेदेषु कल्पितम्॥ शान्ति २६५।९

पाती है तो दूसरा अर्थ को ही मोक्ष के आसन पर आसीन करता है। कुछ पंडित वैदिक हिंसा में दोष नहीं मानते; लेकिन कुछ पंडित इस प्रकार की हिंसा की भी निंदा करते हैं। कोई पुण्यजनक कर्म करने में व्यस्त हैं, इसके विपरीत दूसरे सम्प्रदायी पुण्य का अस्तित्व ही नहीं स्वीकार करते। कोई यज्ञ की प्रशंसा करता है तो कोई तपस्या की। कोई ज्ञान को श्रेष्ठ बताता है तो कोई संन्यास को।[1]

उस काल में साधना व दार्शनिक सिद्धान्तों को लेकर जो भिन्न मत प्रचलित थे, उनके बारे में एक साधारण सी धारणा उपर्युक्त अंश से लगाई जा सकती है। महाभारत के परवर्ती अध्यायों में नास्तिकवाद का खंडन करके आस्तिक मतवादों में सामञ्जस्य स्थापित किया गया है।

महाभारत विशाल समद्र की तरह एक ऐसा वृहत् ग्रंथ है; जिसकी गहराई तक पहुँचना अत्यन्त कठिन है। इस ग्रंथ को लेकर अनेकों ग्रंथों की रचना की जा सकती है। अब तक इसकी आलोचना में न जाने कितने ग्रंथ हर भाषा में लिखे जा चुके हैं और आगे भी लिखे जाते रहेंगे, किंतु विवाद न तो खत्म हुआ और न होगा; क्योंकि हर आलोचक इस ग्रंथ को अपनी दृष्टि से देखता है और अपने समर्थन के लिए थोड़े बहुत श्लोक खोज ही लेता है।

हमने यद्यपि निष्पक्ष आलोचना का प्रयत्न किया है, तथापि कहीं कोई त्रुटि हो गई हो तो पाठकों से क्षमा-प्रार्थना करते हैं।

---

१. अश्व ४९ वाँ अध्याय।

आखिर क्या हुआ?

आखिर क्या हुआ ?

लोकनाथ यशवंत

अनुवाद

ओमप्रकाश वाल्मीकि

प्रस्तावना

बाबुराव बागूल

वाणी प्रकाशन

वाणी प्रकाशन

4695, 21-ए, दरियागंज, नयी दिल्ली 110 002

शाखा

अशोक राजपथ, पटना 800 004

फ़ोनः +91 11 23273167 फ़ैक्स: +91 11 23275710

www.vaniprakashan.in

vaniprakashan@gmail.com

AAKHIR KYA HUA?

by Loknath Yashwant

Translated by Omprakash Valmiki

ISBN : 978-93-5072-936-6

Collection of Poetry

प्रथम संस्करण 2015

मूल्य : ₹ 175

हर्ष प्रिंटर्स, दिल्ली-110 093 में मुद्रित

वाणी प्रकाशन का लोगो मक़बूल फ़िदा हुसेन की कूची से

कोलकाता और काशी में आदमी द्वारा आदमी को खिंचनेवाले रिक्शावालों के लिए...
यह अमानुषता देखकर भी हमारे भीतर कुछ नहीं हिलता...

भूमिका

खुद की लेखनकृति को 'स्वगत' के नाम पर चार शब्दों का थिगला जोड़ते हुए मैं काफी संकोच का अनुभव कर रहा हूँ। इसके दो कारण हैं। एक यह कि कलाकार द्वारा अभिव्यक्ति के लिए एक माध्यम को स्वीकारने के बाद उसके पूरक के रूप में अन्य माध्यमों का प्रश्रय लेना रिवाज के खिलाफ है और दूसरा यह कि जो कहना है वह कविता द्वारा कह चुकने के बाद मन में कुछ और शेष रह जाना ठीक भी नहीं होता। इन दोनों बातों का एहसास होते हुए भी मैं खुद की कविता पर लिख रहा हूँ, इसका कारण दलित साहित्य का विशेष सन्दर्भ है। दलित साहित्य का जन्म जिस विशेष सन्दर्भ में हुआ, उस सन्दर्भ को आम आदमी तक पहुँचाना ही दलित साहित्य का उद्देश्य है। जागृति का यह काम सामान्य भाषा की तुलना में साहित्य द्वारा अधिक प्रखर और ज्वालाग्रही के रूप में करें : यह उससे जुड़ी उम्मीद है। साथ ही यह भी सच है कि कला के माध्यम को कितना भी आसान किया जाये तब भी वह सभी तक पहुँच नहीं पाता। वह और लोगों तक पहुँचे इसलिए उसका रसग्रहण करना जरूरी हो जाता है। दलित चेतना का इतिहास देखने से यह स्पष्ट हो जाता है कि उसके लिए कला नवीन ही नहीं अपितु उसका आस्वाद लेना भी नया है। इसी कारणवश दीर्घकालीन परम्परा के समाज से जुड़े कला से सम्बन्धित पैरामीटर दलित समाज पर लागू नहीं किये जा सकते। यही वजह है कि कविता प्रस्तुत करते समय उसका सन्दर्भ गद्य में देना, मुझे उचित और पर्याप्त लगता है। कविता सार शब्द की तरह एक तात्विक प्रकार है इसलिए दर्शन को जैसे विवेचन की जरूरत होती है, ठीक उसी तरह कविता के लिए भी वह आवश्यक हो जाता है तब इसमें कोई आश्चर्य की बात नहीं होनी चाहिए। अर्थात्, कविता को समझने के लिए समीक्षा की उपयुक्तता साबित हो जाती है और लोग वही करते हैं। परन्तु कवि के रूप में यह बात मैं खुद ही करूँ इसका कारण यह है कि कवि के जीवन्त होने के बावजूद उसे क्या कहना है इस बात को दावे के साथ कहने वाले आलोचक साहित्य क्षेत्र में कम नहीं हैं। अपनी आँखों से अपना यूँ पोस्ट मार्टम् होते हुए देखने के बजाय यदि कलाकार ही उसे क्या कहना है इस बात को कह दे तो उसमें गलत क्या है? इन्हीं दो कारणों की वजह से मेरे पद्य को गद्य लेखन की छाँव प्राप्त हो गयी है।

वर्तमान सन्दर्भों से ही कलाकार के व्यक्तित्व का गठन होता रहता है। मैं भी उससे भिन्न नहीं हूँ। मैंने जब कविता लिखना शुरू किया, तब मेरा भावनिक पोषण करने वाला आंबेडकरी आन्दोलन अपना एक पड़ाव पूरा कर नयी चुनौती तक पहुँच चुका था। यह नयी चुनौती मुझे इशारा कर रही थी। बाबासाहब ने अपने विचार तथा कृति द्वारा दलितों को स्वत्व का एहसास दिला दिय और यहीं से उनका मुक्तिसंग्राम शुरू हुआ। भारत की स्वतन्त्रता प्राप्ति तथा डॉ. बाबासाहब की मृत्यु ये दो घटनाएँ इस संग्राम के दो महत्त्वपूर्ण पड़ाव रहे। स्वतन्त्रता प्राप्ति के बाद भारतीय गणतन्त्र का भविष्य सूत्रबद्ध करने की आवश्यकता आ गयी। संविधान निर्माता के रूप में बाबासाहब को इसका एहसास था कि दलितों के अधिकारों और आकांक्षाओं की संवैधानिक व्यवस्था केवल शब्दों तक ही सीमित रहेगी। अतः उन्होंने आन्दोलनों का दबाव बनाये रखा। परन्तु दुःख इस बात का था कि मशाल तो बुझ भी गयी। वड़वानल जलता रहा, इस तरह उनका आन्दोलन आगे सरकता ही रहा। इसी दौरान भारतीय समाज व्यवस्था तथा अर्थ व्यवस्था पर 'जैसे थे' वालों की पकड़ अधिक मजबूत होने लगी और पूर्व की तरह दलितों को सामयिक लाभों से वंचित रखने की नीति जारी रही। इन सब घटनाओं को देखते हुए मुझे विश्वास हुआ कि चार समझदारी की बातें करने तथा बेहतरीन और बेजोड़ तर्क करने से अधिकार प्राप्त नहीं होते, न ही सामंजस्य अथवा समरसता जैसी फालतू कल्पनाओं के आधार पर न्याय मिलता, अपितु न्याय प्राप्त करने के लिए प्रखर आन्दोलन यही एक मात्र विकल्प है। हम एक निर्णायक बिन्दु के पास आकर खड़े हैं—मेरा यह एहसास 'अब हो ही जाने दो' इस एक शब्द समूह से निकल चुका था और वही मेरे काव्यसंकलन का शीर्षक बन गया था। इस संग्रह की कविताओं के शीर्षक भले ही भिन्न-भिन्न हों तो भी 'अब हो ही जाने दो! यह उन सभी कविताओं का निचोड़ है। इस संकलन की कविताओं की अन्तिम पंक्तियाँ अगर निरन्तरता से कोई पढ़े तो इन सभी कविताओं में से एक ही शीर्षक प्रवाहमान दिखाई देगा। अन्तिम संघर्ष की भाषा बोलने वाली यह कविता उसका मूल्य चुकाने के लिए भी तैयार है। यह कविता हथियार की कविता है—

"कई दिनों से चुपचाप बैठे हुए
संतप्त जनों का समूह जब सड़क पर उतर आता है,
तब अर्थहीन रूप से पड़े हुए पत्थर हथियार बन जाते हैं
अब, आपकी तरह मुझे भी ये हथियार महत्त्वपूर्ण लगते हैं।"

अन्याय करने वाले को वह कहती है—'पहले जोहार (नमस्कार) करने वाले इन हाथों में अब तीक्ष्ण हथियार हैं और आगे वह धमकी भी देती है कि

"आपके भवन की नींव हमारी है,
हम उसे कभी भी हिला सकते हैं"

'अब हो ही जाने दो! की कविताओं का समय शत्रु को खोज निकालने तथा हथियारों को निर्णायकी तेज करने का समय था। इस कारण वे मूलतः बहिर्मुखी हो गयी हों तब भी हमारे आन्दोलन की तेज धार को भोथरा करने वाली इकाइयाँ इसमें शामिल नहीं हुई हैं ना, यह एक सन्देह मेरे मन में हमेशा रहता था। क्योंकि कम ही सही, इसके प्रमाण मिल रहे थे। इस कारणवश आशंकित चेतना की कोंपलें इस काव्यसंग्रह में बीच-बीच में अंकुरित होती हुई दिखायी देती हैं। क्षोभ को रास्ता देने वाले मोर्चे निकालना, यह तो दलितों के दैनंदिन जीवन का एक अंग सा बन गया था। उनकी सामाजिक लड़ाई की ज्योति उससे जलायी रखी जा रही थी। परन्तु अस्मिता का यह युद्ध जब पूरे जोश में था तब समझौते की भाषा बीच-बीच में सुनायी दे रही थी। 'लीडर' नामक-क्रान्ति का व्यापार करने हेतु उत्सुक एक नयी जमात आकार ले रही थी। इस खतरे की लाल बत्ती को दिखाने वाली कुछ कविताएँ मेरे भीतर इन दिनों अंकुरित हुईं—

"निर्णायकी समय में ही
हम मोर्चे से भाग निकलें
और सड़क पर एक छक्के ने
हमें गाँडू कहा"

विराट मोर्चे का रूपान्तरण सभा में हो जाने की त्रासदी से व्यथित होकर मेरा आशावादी मन अन्तिम लड़ाई का स्वप्न बुन ही रहा था। इस दुर्दम्य आशावाद के कारण 'अब हो ही जाने दो! का नारा मुझमें जाग उठा। मेरी इस कविता के बाद मैंने जिसकी उम्मीद की थी, वैसा कुछ भी घटित नहीं हुआ। तप्त लावा ठंडा हो जाये वैरो दलित आन्दोलन की लड़ाई की धार भोथरी होती जा रही थी। दलितों के स्वार्थी नेतृत्व ने दलित आन्दोलन की दिशा को अपनी गिल्कियत समझ लिया और दिशा बतलाने वाली उँगलियों को ही काटकर फेंक दिया। प्रचंड सुरंग की बात को खो जाने के कारण मैं बेचैन हो गया और जो हुआ वह क्यों हुआ, इस बात पर सोचने लगा। अपनी असफलता का ठीकरा बाह्य घटकों पर फोड़कर हमारे तथाकथित नेता अलग तो हो गये पर एक कलाकार के रूप में यथार्थ का एहसास रखना मेरे लिए जरूरी हो गया। इसी भूमिका के तहत मैं अपनी असफलता के कारणों का मुआयना करने लगा। जो आन्दोलन स्व-परीक्षण नकारता है वह अन्धा होकर दिशाहीन हो जाता है, इस इतिहास को ध्यान में रखते हुए 'आँखें भीतर घुमाकर' मैं प्रश्न पूछने लगा—

हमने ही गलती की
भावनाओं के बहाव में बह गये,
और दिमाग को जंग लग गयी।

❑❑

नेता हरामखोर निकले,
तो फिर हम उन्हें कैसे झेल गये?

इससे यह हुआ कि धीरे-धीरे मेरी उँगलियाँ दलित नेतृत्व की ओर मुड़ने लगीं। क्योंकि अनपढ़, दरिद्री लेकिन नवजाग्रत समाज में नेतृत्व का कितना महत्त्व होता है, यह स्वयं बाबासाहब के उदाहरण से सिद्ध हो चुका था। इसी वजह से मेरे बाद मेरे समूह का क्या होगा इसकी उन्हें चिन्ता थी। ''महत्प्रयास से यहाँ तक लाये गये काफिले को आगे ले जाइये, उन्हें पीछे मत खींचिएगा'' यह बात उन्होंने बड़ी आत्मीयता से कही थी। परन्तु बाद के नेतृत्व ने इस काफिले का मुँह ही मोड़ दिया। बाबासाहब के प्रति जनसामान्य के दिल में जो सम्मान, आत्मीयता रही उसका लाभ उठाने वाले बहुरुपिये नये-नये नाम लेकर समूह का इस्तेमाल अपने स्वार्थ हेतु करने लगे। हर क्षण उनके नाम का उपयोग कर स्वार्थ साधने वाले ये स्वार्थी लोग उत्तराधिकार के अधिकारों की उधार ली गयी रोशनी से चमकने लगे। इसका परिणाम एक ही हुआ कि शस्त्र की भाषा बोलने वाले दलित आन्दोलन की लड़ाई अब पावती पुस्तकों से आगे ठेलने लगे। इन पावती पुस्तकों ने समाज के नेताओं की संख्या के इतने टुकड़े कर दिये कि इन टुकड़ों में जयंतियों, पुण्यतिथियों की पावतियाँ कटने लगीं। जिस एकता के लिए बाबासाहब ने अपने जीवन को कुर्बान किया था, उन्हीं बाबासाहब की जयंतियाँ और पुण्यतिथियाँ गुटों-गुटों में मनायी जायँ, इससे उनका और अपमान क्या हो सकता है? पोथी को नकारने वालों को ही बाद के नेतृत्व ने पोथीबद्ध कर दिया—

औरों को पोथीनिष्ठ कहते-कहते
हमारे सिरों पर भी पोथियाँ आ गयी।

❑❑

विद्रोह की भाषा करने वाले सत्ताधारी बनकर
लार टपकाने लगे।

'अब हो ही जाने दो! आम आदमी के मन को जो कचोट रहा था, उसे कविता में कह चुकने के बाद मैं भी उनके साथ वह सब हो जाने की प्रतीक्षा कर रहा था। परन्तु इस कड़वे सत्य के अनुभव के बाद 'और आखिर क्या हुआ?' यह कहना भी मुझे मेरा कर्तव्य लगने लगा। संक्षेप में 'और आखिर क्या हुआ?'

यह काव्यसंग्रह हिसाब-किताब जाँचने वाले का, स्व-परीक्षण का रिपोर्ट कार्ड है। शत्रु से न घबराने वाले आम आदमी का यह आन्दोलन धोखेबाज को भी क्षमा नहीं करता। यह बात इस आन्दोलन को जैसे सिद्ध कर देती है, वैसे ही इससे सम्बन्धित साहित्य को भी विद्रोह की भाषा करते समय स्व-परीक्षणात्मक लिखना चाहिए—यह मेरा मानना है।

हमारे आन्दोलन का रूपान्तरण अन्ततः व्यवस्था में क्यों हो गया, इस पर विचार करते समय हमेशा ऐसा ही क्यों होता है—यह एक ऐतिहासिक प्रश्न मेरे सम्मुख उपस्थित हुआ। क्योंकि गौतमबुद्ध जैसे महान प्रज्ञावंत द्वारा उचित दिशा देने के बावजूद भी बाद का समूह यथासम्भव अपने मूल की ओर लौटा, यह इतिहास है। गौतमबुद्ध, बाबासाहब आम्बेडकर जैसे ज्ञानसूर्यों के उदय के बाद भी ऐसी स्थिति क्यों हो गयी? यह बेचैन करने वाला प्रश्न मुझे सताने लगा। और इसके उत्तर में मन में जो भी तरंगें उठीं, उसकी कविता हो गयी। जैसे : दलितों के वंशज भारत में ही नहीं बल्कि विश्व इतिहास में सभी ओर बिखरे हुए हैं।

राजे लोग पालकियों में बैठते हैं।
वैसे धर्मगुरु, सन्त, महन्त आदि
लेकिन कहार वही है
अनादी।

कोई भी क्रान्ति ऐसी पालकी क्यों बन जाती है, इसका उत्तर खोजते समय वह उत्तर मुझे सिर्फ एक शब्द में मिल गया—'व्यवस्था'। क्रान्ति वास्तव में प्रस्थापित व्यवस्था की तोड़ फोड़ करती है। उसकी आवश्यकता भी होती है। परन्तु उसके साथ नयी क्रान्तिकारी व्यवस्था भी लानी पड़ती है। उसे लाने में लम्बा समय लगता है और इस बीच क्रान्ति के उद्गाता गुजर जाते हैं। और जिन पर यह उत्तरदायित्व आता है, उनमें वह कुव्वत न होने से परिवर्तन की प्रक्रिया धीमी हो जाती है। दलितों की उपजातियाँ इस सम्बन्ध में सबसे बड़ा प्रमाण हैं। जातिव्यवस्था खत्म करने हेतु हमने बौद्ध धम्म को स्वीकारा। परन्तु जातिव्यवस्था की जड़ें इस नये घर में भी हम लेकर आये। इसलिए हिन्दु धर्म में जब थे, तब की सभी उपजातियाँ आज भी जैसी की तैसी हैं। संक्षेप में, अन्ततः यही हुआ कि सभी भीतर की जेल से बाहर गये। नाम भले ही नये हो गये लेकिन रीति पुरानी ही रही। इसलिए जेल से छूटने के बाद हम—

"अब हम खुले हैं, स्वतन्त्र है,
ऐसा कहने पर
पुजारी गालों ही गालों में मुस्कराया"

ईश्वर के अस्तित्व को ही नकारने वाले बुद्ध को ही 'ईश्वर' बनाने वाली व्यवस्था ने इसी कारण हमारे धम्म परिवर्तन की उपेक्षा की। व्यवस्था की यह ताकत ही गुलामी का सच्चा कारण होती है यह बात ध्यान में आने के बाद व्यवस्था के इस असली रूप को प्रतिबिम्बित करना मेरी कविताओं का उद्देश्य है, यह तय हो गया। 'ईसा मसीह के पीछे निकले हुए हम पोप के पीछे कब गये, पता ही नहीं चला।' ऐसा कहते समय व्यवस्था कितनी धूर्तता और धीमे कदमों से कार्यरत होती है—इसका मुझे एहसास हुआ। बाधा आने पर रास्ता बदलने वाले पानी की तरह विरोध होते ही व्यवस्था अन्याय का रूप बदल देती है और नये रूप के इस अन्याय को समझने में हमें देर लगती है। कहारों को राजा की तरह मताधिकार देने के बावजूद उनके कन्धों पर उतना ही बोझ स्थायी रूप से देने में व्यवस्था कामयाब हो जाती है। इस दृष्टि से व्यवस्था को हम महान बहुरुपिया कह सकते हैं। क्योंकि वह बाह्यरूप बनाये रखते हुए आन्तरिक रूप से बदलती जाती है। अधिकांश लोग उसके बाह्य रूप के जाल में फँस जाते हैं और उन्हें कोई भी नेतृत्व चलता है, परन्तु नेतृत्व के चेहरे पर सम्माननीय व्यक्ति की छाप होना जरूरी होता है। व्यवस्था की यह पाखंडी नीति किसी की समझ में न आय—इसमें व्यवस्था की चालाकी होती है। इनमें भी जो अति चालाक व्यवस्थाएँ हैं वे तो शत्रु के स्थान पर मित्र का आभास पैदा करती हैं और मित्र की ओर शत्रु के रूप में ऊँगली उठायी जाय, ऐसा षड्यन्त्र रचती है। इसी से मित्रवत् मसीहा की सामान्य लोगों के हाथों से हत्या हो और धर्मगुरु की मृत्यु अलबत्ता वृद्धावस्था में हो—ऐसा विरोधाभास निर्माण किया जाता है। यह व्यवस्था क्रान्तिकारों के समर्थनकर्ताओं में कल्पनाओं की गड़बड़ी निर्माण कर उनमें 'फूट' डालती है और फिर इस विभाजन के आधार पर मुट्ठीभर लोग स्थायी बनकर असंख्य लोगों पर बिंदास्त शासन करते रहते हैं। कैदी ही एक दूसरे पर नजर रखेंगे तो जेलर को चिन्ता किस बात की? 'बोकड' शीर्षक की मेरी कविता इस व्यवस्था को स्पष्ट करने वाली है। व्यवस्था अगर चिरन्तन है तो 'बोकड' भी चिरन्तन होता है—यह मेरा नया साक्षात्कार है।

संक्षेप में कह दूँ कि शत्रु जब मित्र का रूप लेकर आता है तब मूल मित्र शत्रु हो जाता है और हमारे हाथों मित्र की ही हत्या हो जाती है। आगे जब कभी इस गलती का एहसास हो जाता है तब गलती को सुधारने के रूप में उनके मन्दिर बनाये जाते हैं और विशेष बात यह होती है कि हमें गुमराह करने वाले ही वहाँ पुजारी के रूप में उपस्थित होते हैं। यही इतिहास की त्रासदी है और मुझ जैसे आम आदमी की यही वर्तमान व्यथा और कथा भी है।

—लोकनाथ यशवंत

लेखा-जोखा आन्दोलन का

लोकनाथ यशवंत का यह दूसरा कविता संग्रह उचित समय के बाद लोगों के सम्मुख आ रहा है। आपका पहला काव्यसंग्रह 'अब हो ही जाने दो!' काफी चुनौतीपूर्ण था और वह काफी चर्चित भी रहा। उसे अनेक पुरस्कार भी प्राप्त हुए। उस पर काफी लिखा भी गया।... 'आखिर क्या हुआ!' यह दूसरा काव्यसंग्रह भी काफी खलबली मचाने वाला है। उस खलबली के सम्बन्ध में थोड़े से विवेचन की जरूरत है।

सर्वप्रथम डॉ. बाबासाहब आम्बेडकर भारत के दलितों के राजनीतिक संगठन के उच्चतम नेता रहे हैं। ठीक इसी प्रकार दलितों की बन्धमुक्ति आन्दोलन के वे सर्वप्रथम क्रान्तिकारक नेता रहे हैं। ठीक इसी प्रकार दलित साहित्य आन्दोलन के वे सर्वश्रेष्ठ नायक भी हैं। यूँ देखा जाये तो वे ही दलित साहित्य के महालेखक और महाकवि भी हैं। उनके सामाजिक आन्दोलन, उनके राजनीतिक आन्दोलन, उनके वैचारिक आन्दोलन, उनका महानाट्यात्मक संघर्षशील जीवन, उनका विचारों से समृद्ध लेखन, दलित समाज को, दलित राजनीतिक आन्दोलन को, आर्थिक-सामाजिक आन्दोलन को आदर्शभूत तथा मार्गदर्शक साबित हुआ है। प्रत्येक दलित परिवार की माँ को अपना बेटा डॉ. आम्बेडकर की तरह वीर, विद्वान और देश तथा समाज को थर्रा डालने वाला तूफान बन जाये—ऐसा लगता है। मतलब दलित माँ आँधी-तूफान, दावाग्नि ही मेरी कोख से जन्म ले, ऐसा सपना देखती रहती है।

डॉ. बाबासाहब आम्बेडकर ऐसे सर्वव्यापी हो चुके हैं। दलित जीवन तथा दलित मन का एक क्षण भी ऐसा नहीं, जहाँ आम्बेडकर नहीं हैं। यह एक बात तथा दूसरी बात यह है कि यहाँ अस्पृश्यता हजारों वर्षों से रही है। उसके विरोध में डॉ. बाबासाहब आम्बेडकर की तरह एक भी राजा, महाराजा, सन्त अथवा ईश्वर ने आवाज नहीं उठाई थी, किसी भी युग में नहीं। अपवाद केवल महात्मा बुद्ध, सन्त कबीर और आधुनिक काल में महात्मा फुले और शाहू महाराज का है। मतलब भारतीय वर्ण वर्चस्ववादी यथार्थ के ये दो पहलू हैं। एक पहलू महात्मा फुले और डॉ. बाबासाहब आम्बेडकर का तथा दूसरा पहलू हजारों वर्षों से वर्ण वर्चस्ववाद का समर्थन करने वाले हिन्दू सन्त और सम्पूर्ण हिन्दू ईश्वर का।

तो फिर दलित साहित्य कैसे होगा? ईश्वरीय सत्ता का समर्थन करने वाला होगा कि ईश्वरीय सत्ता का विरोध करने वाला? पुरोहितशाही का समर्थन करने वाला होगा कि उसका विरोध करने वाला होगा? यह बहुत साफ है कि वह

ईश्वरशाही और ब्राह्मणशाही का विरोध करने वाला होगा। फ्रेंच, रूसी तथा अंग्रेजी भाषाओं में भी ईश्वरशाही के विरोध में बड़े-बड़े लेखकों ने लेखन किया है। ठीक उसी तरह दलित साहित्य में भी ईश्वरशाही और पुरोहितशाही के विरोध में दलित लेखक उठ खड़े हुए हैं—ऐसा दिखायी देगा।

विश्व साहित्य के श्रेष्ठ लेखकों ने जिस प्रकार मनुष्य की महत्ता का समर्थन किया अैर इसके लिए स्वतन्त्रता, समता और भाईचारे की मुनादी दी, ठीक उसी प्रकार दलित साहित्य में भी स्वतन्त्रता, समता और भाईचारे की गुरुगर्जना होती रही। फ्रेंच, रूसी, अंग्रेजी भाषाओं में स्थित अराजकता की समाप्ति होकर यहाँ निह्यलिज्म, समाजवाद आदि कल्पनाओं का समर्थन हुआ, ठीक उसी प्रकार दलित साहित्य ने भी अपने जन्म से ही इन तत्त्वगामियों का समर्थन किया। यूँ देखा जाये तो दलित समाज सबसे अल्पसंख्य और अन्य बातों में कमजोर रहा, वर्ण वर्चस्ववादी हिन्दू समाज व्यवस्था में किसी भी प्रकार की पूर्वपरम्परा और साहित्यिक इतिहास न रखने वाला रहा है। परन्तु, इस समाज का नया साहित्य विश्व में चर्चित कलाकृतियों का आत्मउद्गार निकालने लगा। यह चमत्कार कैसे घटित हुआ? महार-मातंगों (महाराष्ट्र की दो प्रमुख दलित जातियाँ), चमार, भंगियों के लड़के रूसो, बाल्टेअर, दोस्तोवस्की के महावाक्य जन्मते ही कैसे और क्यों बोलने लगे? इसका कारण डॉ. बाबासाहब आम्बेडकर हैं। इसका कारण डॉ. आम्बेडकर की बिजली की तरह आँखें चौंधियाँ डालने वाले ग्रन्थ हैं। भारतीय साहित्य के अन्तर्गत दलित साहित्य की यह ठोस रूप में महसूस की जाने वाली विशिष्टता और विश्वसाहित्य से सहजता से जुड़ पाने की क्षमता अथवा विश्व साहित्य से उसकी समानता, यह एक चमत्कार है। यह चमत्कार किसने किया? विश्व साहित्य का पठन, मनन, चिन्तन न करते हुए भी तथा किसी भी प्रकार के साहित्य की पूर्वपरम्परा न होते हुए भी दलित साहित्य ईश्वरशाही तथा पुरोहितशाही और वर्ण वर्चस्ववाद के विरोध में जाता है, इसका क्या कारण है? इसका कारण डॉ. बाबासाहब आम्बेडकर हैं।

'दाँत के लिए हाथी को मारने का गणित' यह लोकनाथ यशवंत की कविता डॉ. बाबासाहब आम्बेडकर के प्रभाव से तैयार हुई है। बाबासाहब के समय के लोगों ने अपने बन्धनों की मुक्ति के लिए अपने प्राणों की बाजी लगायी। अपार त्याग किया। अनेक संकट झेले और बन्धन मुक्ति का आन्दोलन सफल कर बतलाया। परन्तु बाबासाहब और उनकी पीढ़ी खत्म होते ही 'भाईसाहब' यह एक नया अध्याय दलित आन्दोलन में उभरकर आया। ये 'भाईसाहब' आम्बेडकर जी के संघर्ष के आदर्शों से आये हैं या ब्राह्मण के आदर्शों से? मुझे लगता है कि 'भाईसाहब' यह ब्राह्मणों के अनुकरण से आयी हुई जाति है। इसी कारण इस

कवि को यह गणित समझ लेने में कठिनाई हो रही है। क्योंकि कवि के सामने दलित आन्दोलन की आम्बेडकर की पीढ़ी के त्यागमय, संघर्षमय हजारों आदर्श हैं। इन तेजस्वी आदर्शों से कवि का मन अभिभूत है। उसकी समझ में यह नहीं आता कि वर्ण वर्चस्ववाद का अत्यधिक समर्थन करने वाली ब्राह्मणी मानसिकता और उसमें से आकार लेने वाले 'भाईसाहब' कहाँ और वर्ण वर्चस्ववादी परम्परा का विरोध करने वाले आम्बेडकर के आन्दोलन के अर्धशिक्षित, शिक्षित, वीर योद्धा कहाँ? ये ब्राह्मणी अहंकार और तिरस्कार को लेकर जीने वाले भाईसाहब कहाँ? इस यथार्थ के कारण कवि के मन में तीव्र उपरोध खड़ा हो जाता है और एक आक्रामक कविता विस्फोट की तरह फूट पड़ती है 'दाँत के लिए हाथी को मार देने वाला यह गणित। एक दूसरी कविता में परमिट के लिए पूँछ हिलाने वाले लोग कवि को दिखलायी देते हैं। कौन हैं ये लोग? आम्बेडकर की तरह मुझे भी वीर, विद्वान पुत्र हो, ऐसी उम्मीद रखने वाली माँ के गर्भ से इस पूँछ हिलाने वाली पीढ़ी का जन्म कैसे और क्यों हुआ?

क्यों? कैसे? हिन्दू धर्म ने मुझे अछूत किया, मुझे दीन दरिद्री रखा, मुझे वंचित, उपेक्षित माना, अब मुझे हिन्दू धर्म व्यवस्था की तरह रहना नहीं है। इस महत्त्वाकांक्षा से प्रेरित ये लोग खुद का गठन कर रहे हैं। इस कारीगरी से और काम से क्रान्तिकारी ही जन्म लेंगे, परन्तु इस गठन के कार्यकाल में ब्राह्मणी कुसंस्कार का दाग मन पर पड़ जाता है और क्रान्तिकारी की जगह अवसरवादी मध्यमवर्ग आकार लेता है। मुझे अछूत के रूप में रहना नहीं है इसलिए कुछ लोग खुद को 'साहब' बना लेते हैं तो कुछ खुद को ब्राह्मण करार देते हैं। इस कारण स्वाभाविक रूप से साहबों और ब्राह्मणों का सुप्रसिद्ध तुच्छतावाद और अहंवाद इन लोगों में पूर्णरूप से उत्तर आता है। कवि को इस वर्ग के विकृत वर्ग चरित्र का तीव्र एहसास होता है और उसे प्रश्न पड़ता है कि विद्रोह की संतति होने के बजाय ये लार टपकाने वाले कैसे और क्यों जन्मे? और कवि के मन में गुस्से के निरन्तर विस्फोट होने लगते हैं और इसमें से 'वर्तमान' शीर्षक की कविता–फिर से एक भयंकरता उजागर करने वाली कविता–का जन्म हो जाता है। इस कविता में वर्णित अवस्था बेचैन करने वाली है परन्तु वह यथार्थ भी है। कवि को यह व्यापक बेचैनी 6.12.56 इस कविता में भी अत्यन्त तीखे शब्दों में व्यक्त होती है।

आप चले क्या गये
और सब हो गया कीचड़ ही कीचड़
❑❑
मेंढक राजा बनकर बैठे गये

घड़ियाल विधवा हो गयी और
छक्के मसीहा की वाणी बोलने लगे

❑❑

हम ऐसे दरिद्री कि
सब कुछ खुली आँखों से देख रहे हैं।

बाबा साहब के चले जाने के बाद स्वार्थपरक वृत्ति पैबस्त करने की अपमानित राजनीति कवि देख चुका है और उसे इसके पूर्व की प्रज्वलित परिवर्तनवादी राजनीति याद आती हैं। परिणामस्वरूप कवि फिर से बेचैन! प्रखर परिवर्तन की माँग करने वाले बाबासाहब, बुद्ध प्रामाण्य देने वाले बाबासाहब, मानवता की करुणा से युक्त होकर जूझनेवाले बाबासाहब, वर्णवर्चस्व का विश्लेषण करने वाले बाबासाहब, विषमता की सभी जड़ें उखाड़ फेंकने के लिए नकार, विद्रोह और खुद विरोधक की भूमिका स्वीकारने वाले बाबासाहब, लोगों के लिए सुन्दर-सुन्दर सपने साकार करने वाले बाबासाहब, अनेक वैचारिक आदर्श देने वाले बाबासाहब! यह सबकुछ कवि की आँखों के सामने होता है। बाबासाहब को मानने वाले नेताओं की यह जमात वास्तव में वैचारिक सांस्कृतिक विद्रोह करने वाली जमात होनी चाहिए थी। परन्तु उसमें खाई पैदा करने वाले कैसे क्यों दिखाई दे रहे हैं? खाई पैदा करने वालों की संख्या हिसाब में जुड़ न जायें, इतनी कम भी नहीं है, इस बात को स्वीकार करते हुए कवि पूछता है कि खाई पैदा करने वालों की संख्या इतनी बढ़ी कैसे? इस पर विचार होना चाहिए। मुझे लगता है कि हिन्दू संस्कृति ने दलित समाज के माथे पर दुःख, दैन्य, दरिद्रता हजारों वर्षों से लिख दी है और बाबासाहब के आन्दोलनों से सत्ता, सम्पत्ति हाथ में आने की सम्भावना भी निर्माण हुई है। फिर इस सत्ता, सम्पत्ति की ओर जाने के जो रास्ते हैं, उनमें खाई पैदा करना भी एक रास्ता है। लोग खाई पैदा करने लगे, सत्ता पाने और सम्पत्ति इकट्ठा करने हेतु! यह सारा दोष वर्ण व्यवस्था का है। हिन्दू समाज व्यवस्था, ब्राह्मण-क्षत्रियों की सुरक्षा तथा इन दोनों के लिए ही निर्माण हुई है इसलिए अन्य वर्णों में गुणों तथा कर्तृत्व के होने के बावजूद उन्हें किसी भी प्रकार के अवसर यहाँ नहीं दिये गये। इस भीषण सामाजिक स्थिति के परिणामस्वरूप खाइयाँ पैदा करने का एक वर्ग यहाँ निर्माण हुआ परन्तु डॉ. आम्बेडकर तथा उनकी जुझारू पीढ़ी का आदर्श आँखों के सामने रखने वाले कवि के मन में कालसर्प की तरह यह प्रश्न फन उठाकर आता है। इस आम्बेडकरी आदर्श का 3, 13 के बजाय 26 कैसे और क्यों हुआ? और फिर कवि अपनी एक कविता के जरिये विद्रोह करता है। चिढ़ कर पिस्तौल उठाता है। ट्रिगर दबाता है और सामने जो व्यक्ति है उस पर पिस्तौल दागता है। सामने आईना है। वह टूटकर ढह जाता है। यह आत्मपरीक्षण भयंकर है। यह इतना कठोर है कि कवि को उस आइने में खुद का

प्रतिबिम्ब खाई पैदा करने वालों की तरह दिखलाई देता है। मतलब हर एक को अपनी खोज करनी होगी। हर व्यक्ति में बाबासाहब द्वारा लात मारकर निकाल बाहर की गयी लाचारी फिर से स्थापित हो रही है, ऐसा दिखाई दे रहा है। परन्तु कवि जैसे स्वयं को खोजता है, वैसे अन्य लोग अपने खुद के भीतर उतर कर अपनी तलाश नहीं कर रहे हैं।

आम आदमी की अनेक दिक्कतों के महाकाय प्रश्न हमारे समक्ष खड़े हैं। परन्तु हम सब बिल्कुल ठंडेपन से उनकी उपेक्षा कर रहे हैं और व्यक्तिगत स्तर पर नीचे से ऊपर ले जाने की प्रतियोगिता में दौड़ते रहते हैं। दौड़ने वालों में से कोई साहब हो गये, कोई ब्राह्मण हो गये, तो कुछ पक्के सनातन ब्राह्मण हो गये और अधिकांश लोग हिन्दू धर्म द्वारा निर्माण किये गये दुःख, दैन्य, दासता के कीचड़ में फँस गये। इस विकराल यथार्थ के एहसास से कवि पूरी ताकत से उठ खड़ा होता है।

देखा जाये तो लोग केवल खुद की मुक्ति के लिए लालायित हो चुके हैं। युद्धोन्मुख होकर ईंधन की तरह उछल रहे हैं। परिवर्तन की लहर पूरे देश, देश-विदेशों में आगे बढ़ते हुए दिखाई दे रही है। देखने की इच्छा रखने वाले को यह लहर दिखायी देती है। भगवान बुद्ध ने देखने की बात को अत्यधिक महत्त्व दिया है। वे सम्यक दृष्टि को अत्यन्त महत्त्वपूर्ण मानते हैं। इस कवि के पास भगवान बुद्ध की यह सम्यक दृष्टि है। सामान्यजनों की वेदना से व्याकुल, व्यथित होने वाली और उछल कर ऊपर उठने वाली उसकी दृष्टि! इस वजह से उसे हर घर से आये हुए, अपना ही कफन सर पर बाँधकर संघर्ष के लिए तैयार खड़े लोग दिखलाई देते हैं। इस समझदारी, समृद्धि, सुखशान्ति के लिए उत्सुक लोगों का सेनापति पद स्वीकारने वाले बाबासाहब के बाद का एक भी सेनापति उसे दिखलाई नहीं देता। लोग और नेता इनमें बढ़ी हुई खाई को देखकर वह बेचैन हो जाता है और फिर यह कवि लोगों की ओर से कह देता है कि "हम भले ही दरिद्री है, तब भी सबकुछ लुटा देंगे, जान भी देंगे।" परन्तु ऐसा दिखलाई देता है कि दगाबाज वहाँ सुरक्षित हैं और युद्धोन्मुख लोग लड़ते हुए बुरी तरह से पीटे जा रहे हैं।

भारतीय दलितों का आन्दोलन बाबासाहब आम्बेडकर से शुरू हो जाता है। 1927 में महाड़ के सत्याग्रह की तुलना बाबासाहब, पेरिस कम्युनवालों के साथ कर रहे थे। उसके बाद उन्होंने स्टेट एंड मायनोरिटीज में उद्योग व्यवसाय और कृषि के राष्ट्रीयकरण की अवधारणा प्रस्तुत की और इसमें वह स्टेट सोशलिजम का समर्थन करते हैं। जाति की जन्म देने वाली 'स्त्री' अगर स्वतन्त्र हो गयी तो जातियाँ खत्म हो जायेंगी इसीलिए वह हिन्दू स्त्री की स्वतन्त्रता, स्वावलम्बन का समर्थन करने वाले हिन्दू कोड बिल को प्रस्तुत करते हैं और यह बिल पारित नहीं

हो सका, इसलिए मन्त्रिपद से त्यागपत्र देते हैं।

1956 में वे बुद्ध धम्म का स्वीकार करते हैं और दलित जनता के सम्मुख एक महावाक्य का कार्यक्रम देते हैं—"मुझे भारत को बौद्धमय करना है।"

1956 के बाद आधी सदी बीत गयी है तब भी भारत बौद्धमय नहीं हुआ है न ही सोशलिज़्म की उनकी अवधारणा सार्वजनिक हो पायी है भाजपा से सन्धान बाँधे, कांग्रेस में विलीन हो जाये, कांग्रेस से गठजोड़ करें ऐसे कहने वाले अनेक दलित नेता हैं। परन्तु स्टेट सोशलिज़्म अथवा भारत बौद्धमय करने की बाबासाहब की दोनों घोषणाओं को लेकर कहीं भी कोई भी छोटा-बड़ा कार्यक्रम अथवा छोटा-बड़ा काम दिखलाई नहीं देता—यह कड़वी सच्चाई है। कवि कोई राजनीतिक कार्यकर्ता तो है नहीं। एक सीधा-सादा कर्मचारी हैं उसे सीधे-सादे प्रश्न उलझाले हैं। स्टेट सोशालिज्म पर यहाँ विचार मंथन क्यों नहीं हुआ और भारत बौद्धमय करने का कोई प्रोजेक्ट यहाँ भी नहीं चल रहा है। चल रहे हैं केवल झगड़े, सौदेबाजी, सम्पत्ति, प्रतिष्ठा और पुरस्कार प्राप्त करने की जी तोड़ प्रतियोगिता। ऐसे लोगों को कवि 'उचक्का' कहता है। यह शब्द वास्तव में कठोर है। परन्तु इस शब्द के पीछे आम आदमी की भावना प्रकट होती है।

बाबासाहब आम्बेडकर के विचारों में स्थित तूफान देशभर के शूद्र, अतिशूद्र युवकों के मन में बोने की जिम्मेदारी नेताओं और कार्यकर्ताओं की है। परन्तु यह काम जितना लेखक कवियों ने किया है, उतना राजनीतिक नेताओं ने किया है—ऐसा नहीं लगता। इतिहास कहता है कि भगवान बुद्ध का प्रचार भगवान बुद्ध के उतने ही ज्ञानी और सत्वशील भिक्षुओं ने किया और बौद्ध धर्म पूरे एशिया में फैल गया। ठीक इसी प्रकार ईसा मसीह का विचार उनके निष्ठावान अनुयायियों ने दुनियाभर में फैलाया। कार्ल मार्क्स का विचार उसके उतने ही ईमानदार अनुयायियों ने विश्वभर में फैलाया और यूरोप, एशिया, अमरीका में उसके अनुसार क्रान्तियाँ भी हुईं। परन्तु बाबासाहब के सन्दर्भ में यह नहीं हुआ। बाबासाहब के बुद्धिमान शिष्य वर्गेतर की भावना से इतने पछाड़े गये कि कोई वकील हुआ, कोई एम.बी.बी.एस. हुआ, कोई इंजीनियर, कोई प्रशासक और कोई मन्त्री हो गया। मतलब बाबासाहब द्वारा प्रेरित की गयी बुद्धिमत्ता अधिक सम्पत्ति प्राप्त करने की भावना से इतनी लपेट ली गयी है कि वह व्यक्तिगत लाभ के लिए ही कार्यरत रही और यही आदर्श परिवारों में फैलते गया। आम्बेडकरी आन्दोलन की सन्तान की वर्गगत प्रतियोगिता को देखते हुए स्टेट सोशिलिज़्म और भारत बौद्धमय करने का स्वप्न उपेक्षित हो गया।

तुझे पचास बार मातृभाषा में
समझाकर कह चुका हूँ कि

क्रान्ति का नाम कहीं पर भी, कभी भी, कैसे भी
मत लेते जा!
❑❑
हिजड़ों को मूँछें शोभा नहीं देती।

यह वाक्य रचना अत्यन्त विस्फोटक है और अत्यन्त साहसपूर्ण भी। परन्तु इस सत्य को नकार भी नहीं सकते। महापुरुष के शिष्य महापुरुष जितने ही कर्तव्य सम्पन्न थे। परन्तु यहाँ का अशोक काम्बले कभी किसी समय झोपड़पट्टी में रहता था—अधिकारी हो जाने के बाद "पूरी झोपड़पट्टी उखाड़ कर फेंक दो" इस आदेश के नीचे अपने सुन्दर हस्ताक्षर कर अपनी असलियत खोल देता है। फिर कवि कहता है कि "हम कमजोरों ने एक ओर बन्धु का जनाजा बाँध दिया।" ये सारे चित्र यथार्थदर्शी और सत्य हैं। इनकी अगर खोज की जाये तो हमें यह बात स्पष्ट हो जाती है कि वर्ग बदलने की भावना अत्यन्त मजबूत रही जबकि धर्म परिवर्तन अथवा समाज परिवर्तन की भावना उतनी तीव्र नहीं रह पायी।

"जीजस को कीलें ठोंकते समय
जिन्होंने आँसू बहाये
वे अलबत्ता कुछ भी नहीं कर सके,
❑❑
ऐसों से मैं आज भी दूर हूँ।"

इस कविता की अन्तिम पंक्ति के आँसू बहाने वालों में कवि शामिल नहीं है। मुझे उसकी यह ईमानदार स्वीकृति महत्त्वपूर्ण लगती है। लोकनाथ यशवंत की यह कविता दलित कविताओं में एक महत्त्वपूर्ण कविता है। इन शब्दों में आत्मसमीक्षा है। आज के दलित जीवन का जीवन्त चित्रण है। और कवि को सूझा एक प्रबोधनात्मक उत्तर भी है।

लोकनाथ यशवंत की कविता 'ईसा मसीह को कीलें ठोंकने वाली हिंस्र सत्ता से दूर है' यूँ देखा जाये तो प्रत्येक जनकवि, कलाकार हमेशा सरकारी सत्ता, उनके दमन से दूर ही रहता है। दूर ही नहीं, वह उसका विरोधक भी होता है। अच्छे लोककवि की प्रमुख विशेषता यह होती है कि वह हमेशा जनता का पक्षधर होता है और प्रस्थापितों का विरोध करता है। वाम पंथी विचार उसके काव्य की प्रमुख विशेषता होती है और उसके काव्य की शक्ति भी होती है। लोकनाथ यशवंत की कविता सामान्यजन की कविता है। कवि नग्न व्यवस्था का आईना सहजता तथा स्पष्टता से बतला देता है और इसीलिए उनकी कविता सभी शोषितों की कविता बन जाती है।

—बाबुराव बागूल

क्रम

वर्तमान

आपने संविधान लिखा
और हम गाफिल हो गये

❑❑

हक की लड़ाई लड़ते लड़ते
हमें अनाथ करने वाले 'नायक' बन गये
और
परमिट के लिए पूँछ हिलाने लगे।

❑❑

दूसरों को पोथीनिष्ठ कहते-कहते,
हमारे सिर पर भी पोथियाँ विराजमान हो गयी।

❑❑

विद्रोह की भाषा कहने वाले सत्ता में आने के बाद,
लार टपकाने लगे।

❑❑

जिनके कन्धों पर विश्वास से सिर रखा था,
वे बख्तरबन्द गाड़ियों में मुँह छिपाकर जा रहे हैं।

❑❑

यहाँ का रिवाज ही निराला
आदमियों के पुतले और पुतलों में जान।

❑❑

किस पर विश्वास करें?
थोड़ा भी झुककर देखो तो दो की जगह
चार पैर दिखाई देते हैं साबुत!

दाँत के लिए हाथी को मारने का गणित

भाई साहब, आप आवाज देते ही
सभी कमजोर, निर्बल देह
कड़ी धूप में मोर्चे में शामिल हो गये
❑❑
हमारी मासूम बुझी-सी आँखें
आपके इन्तजार में परेशान हुईं
आप आये ही नहीं
❑❑
बच्चे भूख-प्यास से बेहाल होने लगे
आप अलबत्ता गायब ही रहे।
❑❑
पूरा जत्था नारे देते हुए
आपकी जयजयकार करते हुए आगे बढ़ने लगा
लेकिन आपका नामोनिशान ही नहीं
❑❑
परन्तु मोर्चा जब कचहरी तक पहुँच गया
आप सामने दिखायी दिये
खुद को तानकर जोर शोर से
बुलन्द नारे देते हुए!
❑❑
पूरा झुंड अब आपकी ही मुट्ठी में।
❑❑
भाई साहब,
यह नया गणित समझने में काफी जटिल है।

छः बारह छप्पन

आप चले क्या गये
और सब हो गया कीचड़ ही कीचड़
❑❑
मेंढक राजा बनकर बैठ गये
घड़ियाल विधवा हो गयी और
छक्के मसीहा की वाणी बोलने लगे,
❑❑
हम ऐसे दरिद्री कि
सब कुछ खुली आँखों से देख रहे हैं।

आँखें घुमाकर भीतर देख लेंगे

कहीं, कुछ भी न होते हुए
नालायकों ने सालों-साल सत्ता का उपभोग किया
हम अलबत्ता
पूरी श्रद्धा से दरियाँ ही उठाते रहे।

❑❑

गलती हमारी थी,
भावनाओं में बह गये
और दिमाग को जंग लग गया।

❑❑

नेता हरामखोर निकले
तो हम उन्हें क्यों झेलते रहे?

अध्यक्ष

सबको खुश करने वाला पसन्द आने वाला
हमेशा का धुआँधार भाषण देने के बाद
एक गरीब दबे कुचले बन्धु ने
नागफनी-सा सवाल खड़ा किया कि—
हमारा इतना पतन क्यों हुआ?
आन्दोलन के बारह कैसे बजे?
❑❑
जवाब मिलते ही मैंने
हाथ में धरी पिस्तौल का ट्रिगर दबाया
और सामने वाला आईना चकनाचूर हो गया

राजनीति

मनहूस जीवन से उभरते वक्त ही
आप हमारे आँगन में आये,
और हमारी सारी जिन्दगी को घुन लग गयी।

❑❑

आपके अनुगामी बनने के बाद,
हम आपके ही भजन गाने लगे,
आपका प्रचार प्रसार करने लगे,
खुद को भुलाकर आपके कार्यकर्ता हो गये।

❑❑

आपने यकायक पार्टी बदली
और हमारी सारी जवानी
नष्ट-भ्रष्ट हो गयी।

रिपब्लिकन

यकायक बाबा मुड़कर बोले—
"बाहर के दुश्मनों के साथ लड़ने का जालिम अस्त्र
मैंने तुम्हें दिया है।"
लेकिन आपने
दगाबाजों की क्या व्यवस्था की है?
❑❑
हम कार्यकर्ता इस पर
अभी भी प्रश्न बनकर खड़े!

अँधेरा

बहुत बड़ी संख्या में लोग
चिढ़कर, दौड़ते हुए घरों से
सड़क पर आ गये
और मील के पत्थर के पास
इन्तजार करते हुए बैठे

जनता के लिए सब कुछ गँवा देने वाले नेता का!

अन्दर की बात

एक दूसरे के सहारे से
खड़े हुए हग अगर
एक हो गये तो,
जिम्मेदारी सबकी होगी
और
सारा गणित चूक जाएगा
❑❑
यह नहीं होना चाहिए इसलिए
'एक हो जाओ' कहने वाले को हमने
एक होकर धीरे से मार गिराया।

झूठ

भाई,
हमारे पास कुछ भी न होने के बावजूद!
हम आपके लिए कुछ भी कर सकते हैं
आप पर हम सब कुछ न्यौछावर कर देंगे
और वक्त आने पर जान भी दे देंगे...।
❑❑
लेकिन,
आप भाई जैसा
बर्ताव न करते हुए
डाकू जैसा सलूक क्यों करते हो?

घूसखोरी

हमारे बीच घुस गये दुश्मन ने चाल चली
चकमा देते हुए
हम सबको वह किले के बाहर ले आया
❑❑
जहाँ दुश्मन नहीं था,
वहाँ हमारी गोलाबारी शुरू हो गयी।
❑❑
और दगाबाज सुरक्षित रह गया।

पावती बुक

जो भी घर की दहलीज पर आता है
मुँह पर आपकी ही फोटो चिपकाकर आता है
ऐसे लोगों को चन्दा नहीं दें तो क्या करें?
❑❑
जो तथाकथित नयी सोच ही दे नहीं पाते
ऐसे लोगों को,
चोर उचक्के न कहा जाये तो क्या कहें?

बेईमान

'सारी झोपड़पट्टी उखाड़कर फेंक दो'
इस आदेश पर
अधिकारी अशोक काम्बले ने
लफ्फेदार दस्तखत ठोंक दिये
❑❑
हम मजबूरों ने
एक और भाई का जनाज़ा निकाला।

भविष्य

विरोधकों ने उँगलिया चटखा दीं,
तो समर्थकों ने उँगली ही तोड़ दी!

❑❑

ठहरो एहसानफरामोशो,
अगली नस्ल
तुम्हें अवांछित स्थानों पर तोड़ने मरोड़ने वाली है।

आन्दोलन

महामहिम जी,
गली में दो जगह आपकी जयंतियाँ मनायी गयीं,
पुण्यतिथि भी दो जगह मनती हुई दिखायी दी,
पूर्ण सत्य का दावा करते हुए सब खड़े।
❑❑
शान्तिपूर्वक इन दोनों को जोड़कर देखा
तो एक झूठ पैदा हुआ।

दुकानदारी

तुझे पचासों बार
मातृभाषा में समझाया गया कि
क्रान्ति के नाम का उच्चारण कहीं भी, कभी भी, कैसे भी
मत कर
❑❑
हिजड़ों को मूँछें शोभा नहीं देती रे!

घटना

हर एक के पास
तुम्हारी तोड़ी हुई दिशादर्शक उँगली
छिपाकर रखी गयी हुई...
❑❑
फिर भी
सरेआम उँगली की खोजबीन जारी है।
❑❑
मैं अलबत्ता अभी भी निराश नहीं हूँ
राह देख रहा हूँ कि सभी उँगलियों से कब पुतले उगेंगे।
❑❑
इसलिए माँ-बहनो,
झूले में झूलने वाले शिशुओं की हिम्मत बाँधती चलो।

रेत में डूबा हुआ जहाज

मैं अपनी सोच में जब डूबा रहता हूँ
तब
समिति के गिने चुने स्वयंघोषित नेता
घर पर आ जाते हैं।
कई बार बन्द हो चुका
पार्टी की एकता का
खाता फिर से खोल देते हैं।
❑❑
रेगिस्तान में डूबे इस लड़खड़ाते जहाज से
मुझे भयंकर चिढ़ है।
❑❑
बाबासाहब की दिशादर्शक उँगली
हम एहसानफरामोशों पर उठी है 'नालायक' कहकर,
यह मैं कहने वाला ही था कि,
मेरा छोटा यमक रेंगते-रेंगते आता है
और जूता उठा देता है!

स्वगत

तू... अबे तूही!
कितना गाँडू है तू।

❑❑

उपनाम सुनते ही...जाति ढूँढ़ने लगा?
थूँ ऽ ऽ ऽ तेरी जिन्दगी पर

❑❑

जाति धर्म के बारे में तुम जैसे घटिया लोग ही सोचते हैं।

❑❑

सच कहे तो तुझे
जूतों से पीटना चाहिए।

संस्कार

जेल से छूटते समय हम
जंजीरों के साथ ही बाहर आये

❑❑

अब हम आज़ाद हैं
यह कहते ही,
पुजारी मंद-मंद मुस्कुराने लगा।

धर्मान्तर

और अन्ततः क्या हुआ?
हम सब अन्दर की जेल से छूटकर
बाहर की जेल में आ गये!

धर्म

पालतू कुत्ते की तरह
धर्म को सहलाते-सहलाते
हाथों में तलवार कब आ गयी
इसका पता ही नहीं चला।

सबकास्ट

जेलर बिन्दास सो गया है
क्यों कि,
कैदी अब
एक दूसरे पर
कड़ी नजर रखे हुए हैं।

दीक्षा

कपड़ों के लिए
मोहताज लोगों ने
कफन पाने के एवज में
मौत को गले लगाया।
❑❑
और इतिहास ने
एक बार फिर
खुद को दोहराया!

अब हमारा क्या?

आपने हमारी सादगी का
नाजायज फायदा उठाया।

❑❑

देखते ही देखते
आप आकाश को छूने लगे
हमारे कन्धों पर टिके तुम्हारे पैरों का
बोझ बढ़ता ही गया

❑❑

तुम्हारी महानता के बारे में
हमें कुछ नहीं कहना।

❑❑

सिर्फ
इतना बताइये कि
अब हमारा क्या?

कबीर

कबीर,
जीने के लिए हम नालायक हैं
इस बात को बहुत पहले ही
साबित कर दिया है इस व्यवस्था ने।

❑❑

मोम से बने दिलों को
दुनिया की भट्ठी में कोई भविष्य नहीं है,
इस कठोर सच्चाई से नंगा बच्चा भी हमें सहजता से अवगत कराता है।

❑❑

कबीर,
आपने दुनिया की जिन हसीन तस्वीरों को आँखों में संजोया था,
ते खुलेआम मज़ाक़ का विषय बन गयी हैं

❑❑

जीने के सारे सन्दर्भ इतने बदल चुके हैं कबीर,
कि सदगुण दुर्गुणों में परिवर्तित हो गये हैं।

❑❑

कालबाह्य आदर्शों के कारण
हम कबाड़ बन चुके हैं
अपने ही घर के अँधेरे कमरे में।

❑❑

कबीर,
गरीबी पर चादर फैलाने वाले आप,
लेकिन यहाँ भूकम्प पीड़ितों के लिए दिये गये कपड़े
शहर के बाजार में बेच रहे हैं सम्मानित साहू।
दुनिया ने हरामखोरी में बहुत तरक्की की है कबीर,
और हम हैं कि नवनीत-हृदय साथ लेकर अपने में ही डूबे हुए हैं।
आपके निर्भीक/निडर मन की किसे कद्र है कबीर?
उसे तो कब का अपदस्थ कर दिया गया है।

❑❑

जो भी आता है वह ईसा में
एक कील ठोंककर ही चला जाता है
अब तो ईसा कीलों का बन चुका है।

❑❑

कबीर,
अपना तो हो गया है भोपाल,
इस ज़हरीली हवा में न भाग सकते हैं न दौड़ सकते हैं हम
न देख सकते हैं, न बन्द कर सकते हैं आँखों की पलकें
साँस लेते ही मौत गले लगा लेती है कसकर।

❑❑

इन मक्कारों ने,
आपके मन की मस्जिद को पहले ही ध्वस्त कर दिया है

❑❑

जिन्दगी कितनी हसीन, सीधी, खुशफ़हम थी कबीर
इन दरिंदों ने दुनिया खराब कर डाली हमारी ही आँखों के सामने!

❑❑

दोहे लिखकर दुनिया को सन्देश देने का
कुछ भी लाभ नहीं हुआ है कबीर!
इन दलालों ने परमाणु अस्त्रों की गठरी को
आखिर उठा ही लिया है सिर पर!

मुक्तछन्द

मेरे जाग जाने से पहले ही
मेरा लड़का सुबह की खुली ताजी हवा में
घूमकर लौट आता है।

❑❑

कल मेरे ऑफिस आकर बोला
पप्पा, आप इन बौने-नाटे लोगों को साहब क्यों कहते हो?
मैं जवाब दे पाता
इससे पहले ही उसने मेरे होठों पर हाथ रख दिया।

❑❑

जाते वक्त वह कहकर गया कि
पप्पा, इन लाशों के बीच
आपने इतने दिन कैसे गुजारे?
मैं नौकरी नहीं करूँगा
हिजड़ों की जिन्दगी नहीं जिऊँगा।
जहाँ लात मारूँगा वहीं से पेट्रोल निकालूँगा।

❑❑

बेटा,
हमारा मामला तो कभी सही नहीं रहा
लेकिन तुम्हारा भविष्य उज्ज्वल है।

खुद के बारे में दो शब्द

प्रकृति प्रदत्त हमें कुछ भी तो नहीं मिला मन मुताबिक
जन्म से लेकर प्रदेश तक,
बहुत नाराज हैं हम, फालतू बातों से भी चिढ़ जाते हैं इन दिनों हम,
हमसे बातचीत करते समय सोच समझ कर बोला करो,
यह हाथ कब उठेंगे, कोई भरोसा नहीं
❑❑
हमारे हिस्से रेत के घर आये हैं
हमारे बच्चे ताश के पत्तों के घरों में रहते हैं,
(और वे इन दिनों उस पर सीमेंट की छत चढ़ाने
की सोच में हैं।)
❑❑
आजकल औरों को गालियाँ देना हमने छोड़ दिया है,
चौबीसों घंटे खुद के मत्थे ही दोष मढ़ते रहते हैं
स्पष्ट बोलना भी छोड़ दिया है हमने,
(जिससे आपकी प्रादेशिक भावनाओं को ठेस पहुँचती है)
आजकल
एक तेज चमकीली लम्बी तलवार लेकर
घूमते हैं हम
अकेले-अकेले!

माधुरी अग्निहोत्री कहती है, मैं तुमसे प्रेम करती हूँ

आजकल किसी भी बात के बारे में कुछ भी महसूस नहीं होता
दंगल में कितने मरे? गोलीबारी में कितने खत्म हुए?
मिलावट से कितने गुजरे? हादसे में कितने?
गुजरात में कैसा हुआ?
❑❑
गर्भवती औरत पर कितनों ने किया बलात्कार?
बिल्डर ने बालबच्चों सहित कितनी जलाई झोंपड़ियाँ?
बलवे में कितनी तलवारें लाल हुईं?
अब मेरी चेतना ही नपुंसक हो गयी है।
❑❑
जिन्दा लाश हूँ मैं!
❑❑
शायद इसलिए,
माधुरी अग्निहोत्री कहती है—
यार, पांडुरंग खोब्रागडे! मैं तुमसे बेहद प्यार करती हूँ!

पृथ्वी का कब का विस्फोट हो जाता!

मैं और आप जैसे ईमानदारों का
ऐसा ही हाल होगा,
❑❑
बाबाजी, यह भी सच है कि,
हम, आप जैसे एक दो लोगों से ही
दुनिया टिकी हुई है।

मुट्ठियाँ भींचे हुए हाथों का जत्था

चौखटों में बन्द खोये हुए चेहरे,
खून के धब्बे अंकित होते गये ... दूर पगडंडी पर
सीमा के उस पार से आये हुए करुण सुर को सुनकर
बेचैन हो जाती है जान,
चमड़े की गन्ध फैले हुए इस माहौल में!
❑❑
पत्थरों के महापर्वत भी चारों ओर से आकाश को चूमते हुए
मोतियाबिन्द वाली आँखों से,
पेड़ों के ढाँचों के अलावा और कुछ भी क्यों नहीं दिखाई दे रहा है?
ऐ गुस्सा हुए जन हो! आपकी एकसंघ चेतना की आवाज एक बार तो
मेरे कानों तक पहुँचने दो
यहाँ का सब कुछ बदलने के लिए!

हमारा पगलाया-सा चेहरा...

इतना घमंड किस काम का,
आपकी अर्थी को हम ही कन्धा देने वाले हैं,

❑❑

आपका हँसना उधार लिया हुआ है,
बर्ताव में भी पाखंड है,
सोने का दाँत दिखाने का कोई मतलब नहीं!

❑❑

हमारी औकात को हम जानते हैं
आप अपनी देख लीजिए,
आपके दफना दिये गये मृत शरीर पर हम ही पत्थर रखने वाले हैं।

❑❑

आप हमें नीचा कहते गये और हम आप पर भारी होते गये
यह पगलाये-से दिखते चेहेरे पर
मत जाना

साँप की कविताएँ

साँप के बारे में अपनी अनेक गलतफहमियाँ
समय पर दूर करना जरूरी है।

2.

सभी साँप जहरीले नहीं होते,
हम उनके डर से ही मर जाते हैं
और मन का चोर अन्ततः दगा दे जाता है।

3.

वास्तविकता में सपेरे को ही होता है साँप से डर
लेकिन वह पूरी चालाकी से साँप के 'कब्जे में होने' की बात बताता है।

4.

साँप केंचुली में आने पर अन्धा हो जाता है
परन्तु उस पर हमारा समझदार पैर पड़ता क्यों है?

5.

मनुष्य ने साँप को काटा ऐसा हुआ नहीं कभी
अन्यथा, साँप ही निश्चित मर जाता।

6.

साँपों का मनुष्य से कोई लेना-देना नहीं
परन्तु दहशत के लिए हमें ही उनकी जरूरत पड़ती है।

7.

बिल में दूध डालकर आदमी ही उसे बाहर निकलने के लिए मजबूर करता है
और उसे कुचलते समय खुद ही साँप बन जाता है,
इसीलिए तो दोहरी जीभ वाले
मनुष्य को देख कर मैं आतंक से काँपने लगता हूँ।

स्वार्थी

बहुत साफ-साफ कह रहा हूँ कि
अब आप पर हमारा भरोसा नहीं रहा।

❑❑

हमारी कमजोरियों का आपने खूब फायदा उठाया
हम उसमें पिसते गये, इस बात का आपको मलाल ही नहीं?

❑❑

हमारे जीवन की उस छोटी-सी करुणामय कविता को
सुनने की भी आपकी इच्छा नहीं।

❑❑

हमें जो भी मिला वह सब त्रासदी से भरपूर रहा
और जो बचा वह भी त्रासदीपूर्ण ही है।

❑❑

आपकी तथाकथित महानता आपको मुबारक हो।

❑❑

आपके प्रतीकात्मक झंडे सुविधा के अनुसार
डंडे में बदल जाते हैं लेकिन यह अच्छा नहीं।

हमारे गाँव को गिद्धों ने देख लिया

तेज तर्रार नजरों का एक गिद्ध
चक्कर लगाकर चला गया...और
मौत के एहसास से
हराभरा खेत लोहे का हो गया।

❑❑

खेतों ने मिट्टी को नकारा
रबड़ की गाँव भूमि पत्थर हो गयी...
माँ की नजर से व्यवहार बोलने लगा
जब एक गिद्ध अपनी नजर से गाँव को देखकर चला गया।

❑❑

यहाँ के पेड़ अब सीमेंट के हो जायेंगे,
हमारे होंठ पानी माँगकर सूख जायेंगे।

❑❑

एक बिल्डर इधर आ क्या गया,
हमारा रुई जैसा दिल कंकरीट का हो गया।

हमाल

राजे लोग पालकियों में बैठते हैं।

वैसे धर्मगुरु, सन्त, महन्त आदि
लेकिन कहार वही हैं
अनादी!

आय हैव नो मदर लैंड

कल हमारे गाँव में बरसात ही नहीं हुई
यह मैं किसी दिक्कत के बिना बोल सकता था
अगर तेरी तरह मेरा भी देश होता।
❑❑
मेरे मार्गदर्शक ने असहनीय यातना से कहा था
कि मेरी अपनी मातृभूमि ही नहीं है!
जहाँ मातृभूमि ही नहीं
वहाँ गाँव कहाँ से लाऊँ?
अकाल में मेंढक को कन्धों पर बाँधकर
नाचना भी बन्द कर दिया है इन दिनों हमने,
क्योंकि
हमारे दर्द की बारिश पराये गाँव में क्यों बरसे?
❑❑
ऐ, तू आ भी जा! अगर कभी याद आयी तो,
मेरी बेचैन हरी छावनी देखने के लिए!
लेकिन
तेरे यहाँ की पीढ़ियों से जतन किया गया मन्दिर का पीतल का घंटा
साथ लाने के लिए कतई मत भूलना!

जोतिबा फुले

महात्मा के नाम पर
बैंगन, आलू, टमाटर, टिंडे की दुकानें लग गयीं।
❑❑
यह कैसे हुआ?
कब हुआ?
कुछ पता ही नहीं चला...!

लोकतन्त्र

हत्यारों ने अपनी आँख की किरकिरी बने आदमी को मार दिया
उसका पुतला खड़ा कर दिया
और
एक अन्य जयंती को परम्परा प्रदान की

❑❑

यह चालाकी अब मेरे सामने नहीं चलेगी।

मेजॉरिटी

जीजस को कीलें ठोंकते समय
जिन्होंने आँसू बहाये
वे कुछ भी नहीं कर पाये।
❑❑
ऐसे लोगों से मैं अब भी दूर रहता हूँ।

खबर

साहब
आप गाँव में आने वाले हैं, यह ऐलान होते ही
हम मंडप के सामने, भीड़ के पीछे
एड़ियों पर खड़े होकर आपकी राह देखते हुए
थक गये।

❑❑

आपके आने का कोई नामोनिशां नहीं।

❑❑

आप आये और मलाई गटककर निकल गये
इसकी जानकारी भी हमें नहीं।

दिशा

लोगों!
आपकी और हमारी दिशायें अलग हैं
हमारे आड़े होने पर ही
आप खड़े हो जाते हैं।

तजुर्बा

मेरे कन्धों पर रखा हुआ आपका प्यार भरा हाथ
थोड़ा हटा लीजिए

❑❑

आपके इन प्यार भरे जालिम हाथों ने ही
हमारे रहनुमाओं को मिट्टी बना डाला।

❑❑

जल्दी से हाथ हटाइए
वर्ना उसे कन्धों से उखाड़ दूँगा...!

बकरा

व्यवस्था ने माथे पर तिलक लगाकर
भरपेट खिलाया
उसके बाद
अदब से गले में माला पहनाकर
झुक कर प्रणाम भी किया
और
बैंड बाजा के साथ बारात निकाली।
❑❑
मान सम्मान के इस नशे के आलम में ही
छुरी गले के आरपार हो गयी।

हथौड़ा

यह हथौड़ा
इस बेचारे पत्थर पर ही
मारता रहा मैं बेशुमार।

❑❑

अब
सिर्फ एक बार इसे,
जुल्मखोरों के सिर पर मारता हूँ।

प्रगतिशील

हमारे सबसे बड़े साहब के साथ
उनके ही कक्ष में भरपूर चर्चा हुई
मार्क्स...लेनिन...माओ...स्तालिन...चार्वाक
सब पर विस्तार से मन्थन हुआ
धुआँधार विचार विमर्श के बाद
साहब अधिकारियों के पेशाबघर में गये
और
हम मजदूरों के।

प्रतिक्रिया

अनाड़ी मनसाराम बाबा
तिरंगी डफली को
दनादन पीटता रहा,
गुस्सा ठंडा होने तक...।

❑❑

हमें भी अपनी प्रतिक्रिया
शोषणकर्ताओं की पीठ पर दर्ज करनी चाहिए।

अगम्य

येशू के पीछे निकले हुए हम
पोप के पीछे कब हो लिए
कुछ पता ही नहीं चला...!

खारिज

ओए आकाश में रहने वाले तथाकथित खुदाओ!
हिटलर ने जब लाखों यहूदियों को घटा दिया
तब आपका मेजॉरिटी जोड़ कहाँ था?
❑❑
मैं फरियाद कर्ता
आकाश की ओर मुंतसिर होकर
तुम्हारे अस्तित्व के बारे में सीधा सादा-सा सवाल पूछ रहा हूँ।
❑❑
...और जवाब के इन्तजार में काफी देर रुकने के बाद
आखिर तुम्हें ही खारिज कर देता हूँ।

यह ऐसा ही है

खुद को वारिस कहलाने वाली नाजायज फौज,
जी रही है,
जयन्ती-पुण्यतिथि का बहाना बनाकर।
❑❑
उनमें
वही महान!
जिसका भीख का कटोरा बड़ा।

सैनिक

बुलन्द नारों के साथ
योद्धाओं ने आवेश के साथ गाँव छोड़ दिया
□□
साल-दर-साल बीत गये
सीमा पार के जर्जर योद्धा
अभी भी लड़ रहे हैं आपस में,
जंग खाये हुए हथियारों के साथ
दुश्मन को निर्णायकी बनाकर!

सपेरा

टूटे फूटे किलों की दीवारों के पास चलने वाला सपेरों का खेल
मैं बचपन से देखता आ रहा हूँ
इसमें सपेरा वही, साँप और नेवला भी वही,
साँप और नेवले की लड़ाई की भाषा भी वही,
बदले होंगे, तो केवल लोग।
❏❏
मैं बूढ़ा हो गया हूँ, साँप-नेवले की लड़ाई देखने के इन्तजार में
मुझसे बुजुर्ग मर गये,
बिना निकर की उनकी पैदाइशी, भीड़ में खड़ी है अभी
मैं भी जल्दी ही खत्म हो जाऊँगा
सपेरे का यह खेल यूँ ही जारी रहने वाला है,
परन्तु मेरा नाती वहाँ खड़ा नहीं होगा।

❏❏